权威性 科学性 准确性 实用性

2016年 长三角年鉴

Yangtze River Delta Yearbook（2016）

孙克强 / 主编

长三角城市经济协调会办公室
长　江　经　济　网
长　三　角　智　库
协办

长江三角洲政区示意图

山东省
河南省
湖北省
江西省
福建省
黄海
东海
江苏省
安徽省
浙江省
上海市
徐州市
连云港市
宿迁市
淮北市
亳州市
宿州市
淮安市
盐城市
蚌埠市
阜阳市
淮南市
扬州市
泰州市
滁州市
南通市
合肥市
南京市
镇江市
六安市
马鞍山市
常州市
苏州市
无锡市
芜湖市
铜陵市
安庆市
池州市
宣城市
湖州市
嘉兴市
舟山市
黄山市
杭州市
绍兴市
宁波市
衢州市
金华市
台州市
丽水市
温州市
图例
省、直辖市政府驻地
地级市政府驻地
省、直辖市边界
地级市边界
海岸线

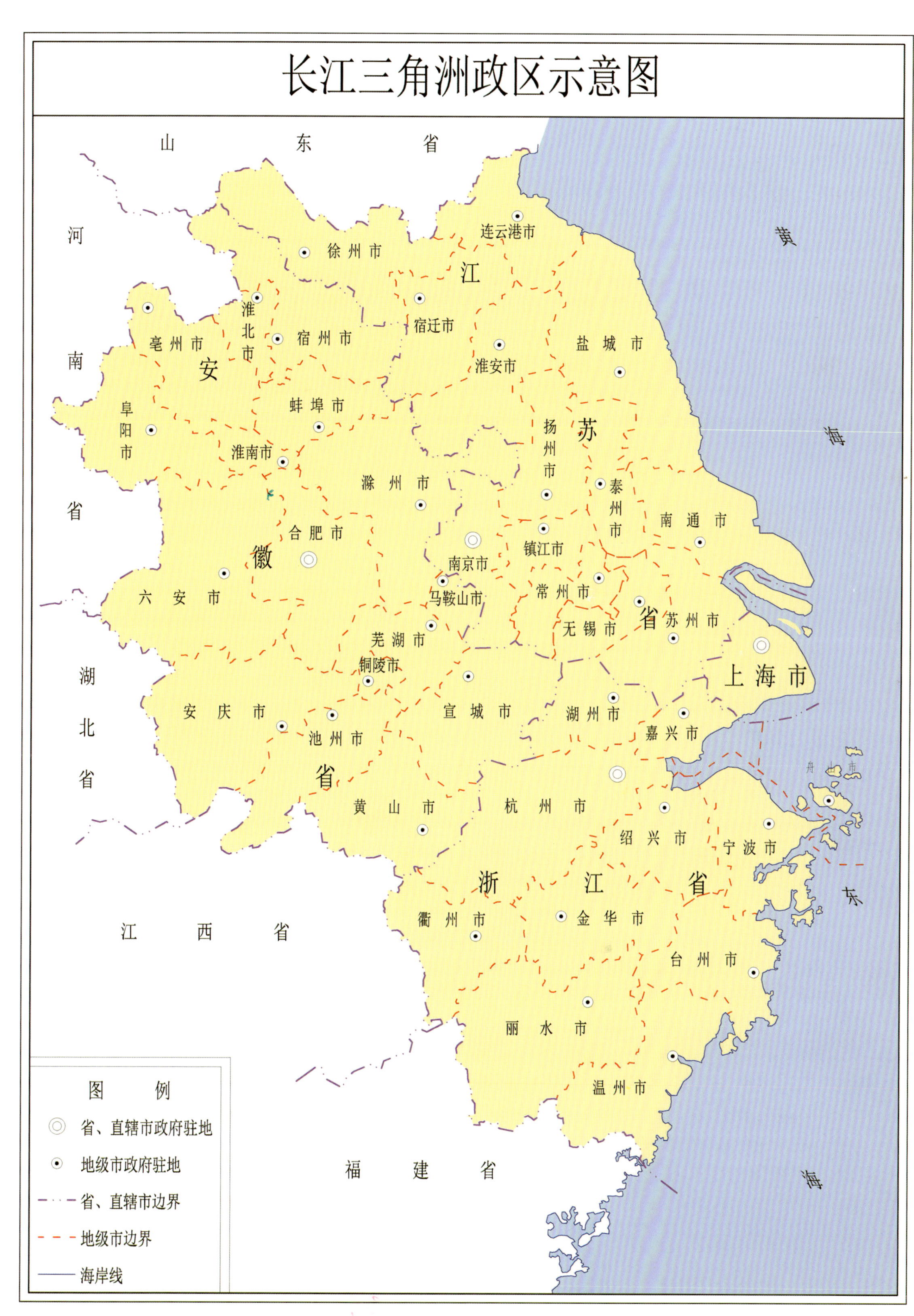

长三角城市经济协调会

长江三角洲城市经济协调会的前身是1992年建立的长江三角洲15个城市协作部门主任联席会议制度。为推动和加强长江三角洲地区经济联合与协作，促进长江三角洲地区的可持续发展，由区域内的上海、无锡、宁波、舟山、苏州、扬州、杭州、绍兴、南京、南通、泰州、常州、湖州、嘉兴、镇江（按城市笔画为序）等15个城市，经过沟通协商，于1997年升格为长江三角洲城市经济协调会。在2003年8月第四次会议上，台州市被接纳为正式成员。2010年3月26日，第十次会议正式吸收合肥、盐城、马鞍山、金华、淮安、衢州为会员。2013年4月13日，第十三次市长联席会议正式吸收芜湖、连云港、徐州、滁州、淮南、丽水、宿迁、温州等8个城市为会员。常务主席方是上海市，常设联络处设在上海市人民政府合作交流办公室。

长江经济网：WWW.yangtze.org.cn

长江经济网在有长三角联合网的基础上升格而成，主要面向长江经济带地区的政府部门、高等院校、研究机构、金融机构、企业集团、产业园区及海内外关心长江经济带发展的各类机构，为他们提供关于长江经济带地区专业的、一线的、动态的经济信息、形势分析、统计数据、文献资料等。

长江经济网，具有五大功能：（1）长江经济带地区最具权威的专业门户网站；（2）覆盖上海、江苏、浙江、安徽、江西、湖南、湖北、贵州、云南、四川、重庆沿江区域；（3）聚焦长江沿岸地区的经济发展与最新动向；（4）定期发布长三角地区和长江经济带的经济形势分析与预测报告；（5）建立大容量的长江文献统计数据库。

《长三角年鉴》编辑部

《长三角年鉴》 编纂指导委员会

（排名不分先后）

江苏省苏州市

苏州高新区

苏州工业园区

苏州创投

2015年，面对错综复杂的国内外经济环境，苏州认真贯彻落实党的十八大和十八届三中、四中、五中全会精神，坚持稳中求进工作总基调，紧紧围绕"五个迈上新台阶"和"强富美高"总要求，以提高经济发展质量和效益为中心，统筹抓好稳增长、促改革、调结构、重生态、惠民生、防风险等各项工作，立足当前，着眼长远，主动作为，攻坚克难，全市经济社会在转型升级中实现了平稳发展。

经济保持平稳运行。全市实现地区生产总值1.45万亿元，按可比价计算比上年增长7.5%。全年实现地方公共财政预算收入1560.8亿元，比上年增长8.1%；其中税收收入1338.6亿元，增长7.6%，税收收入占公共财政预算收入的比重达85.8%。全市规模以上工业产值3.05万亿元，增长0.2%；其中电子、电气、钢铁、通用设备、化工、纺织六大支柱行业实现产值20484亿元，比上年增长1.4%。全社会固定资产投资6124亿元，其中，新兴产业投资1440.5亿元，增长2.9%，高新技术产业投资663亿元，增长13.3%。社会消费品零售总额4424.8亿元，增长8.8%。对外贸易形势基本稳定，全市进出口总额3053.5亿美元，其中实现出口1814.6亿美元，比上年增长0.2%。

金鸡湖夜景

高新技术企业

太湖风光

产业升级成效显现。服务业加快发展。实现服务业增加值7170亿元，增长9 %，高出GDP增幅1.5个百分点，占地区生产总值比重为49.5%，首次形成"三二一"产业结构。以金融、现代物流为代表的生产性服务业发展迅猛，全市新增各类金融机构41家，实现金融业增加值1140亿元以上；苏州港实现货物吞吐量5.4亿吨和集装箱运量510.2万标箱，分别增长13.4%和17.8%。新兴产业稳步发展。纳米技术及生物医药、医疗器械，机器人等战略性新兴产业发展势头良好，制造业领域新兴产业实现产值1.49万亿元，增长2.2%，占规上比重达48.7%，同比提高1.2个百分点。传统产业优化提升。突出智能化改造，全市技改投入超过1520亿元；扎实推进"关停不达标企业、淘汰落后产能、改善生态环境"三年专项行动计划，完成关停、淘汰落后企业1116家。现代高效农业加快建设。全年新增现代农业园区面积10.9万亩，吴江获批国家现代农业示范区。大力发展高效设施农业，新增高标准农田8万亩，农业机械化水平达到88%。

创新活力持续跃升。企业创新主体地位增强。全市省级以上工程中心(实验室)、企业技术中心和工程技术研究中心累计分别达到57家、328家和585家；新增高新技术企业712家，全年实现高新技术产业产值1.4万亿元，增长2.7%，占全市规上工业产值比重45.9%。创新载体加快建设。中科院科技服务网络苏州中心启动运营，中科院上海硅酸盐研究所苏州工研院开工建设；与清华大学签署创新行动计划合作协议，与北京大学合作共建苏州独墅湖创业大学。苏州工业园区纳米技术、苏州高新区医疗器械产业成功创建首批省产业技术创新中心。创业创新环境优化。培育创客文化，建设以金鸡湖创业长廊为主的众创空间集群，全市国家级、省级孵化机构分别新增8家和47家。科技金融高效结合，科技信贷风险补偿资金池规模超过7亿元，“科贷通”累计为科技型中小企业提供银行信贷支持33.3亿元。知识产权运用保护加强。全市专利申请量和授权量分别为9.9万件和6.2万件，万人有效发明专利拥有量达到27.4件，比上年增加8.9件。张家港市成为国家知识产权示范城市和版权示范城市。人才集聚效应显现。全市人才总量227万人，其中高层次人才17.8万人。新增国家“千人计划”人才30人，累计187人，其中创业类人才107人，创业人才数量列全国大中城市首位。

重点改革深入推进。政府职能转变取得重要进展。在“5张清单”的基础上编制市级部门责任清单，出台加强事中事后监管意见，探索建立信用管理新模式；取消下放行政审批事项9项，全面推行并联审批，“多图联审”和“多评合一”全面展开；苏州工业园区获批相对集中行政许可权改革国家试点。市场主体活力有效激发。各市（县）、区均已实施“三证合一”、“一照一码”登记制度，新增私营企业6.5万家，累计达到35.7万家，注册资本超过1.5万亿元，增长31.5%。金融创新成效显现。工业园区外汇资本金意愿结汇试点成果扩至全市，昆山深化两岸产业合作试验区台企“跨境贷”业务试点和张家港保税区外债宏观审慎管理试点启动实施。新增上市公司8家，累计达到100家;全市新三板挂牌企业158家，居全国第四位。开放力度不断加大。上海自贸区可复制可推广的35项改革举措已借鉴复制29项。苏州工业园区获批国家开放创新综合试验，常熟高新技术产业开发区升格为国家级，常熟、吴江、吴中三家出口加工区转型为综合保税区。城乡一体化改革试点纵深推进。农村土地承包经营权确权登记颁证工作全面开展，吴中区被列入全国农村集体资产股份权能改革试点。全市农村集体资产突破1600亿元，村均收入达到776万元。

生态环境持续优化。生态建设步伐加快。出台生态红线区域保护实施方案和生态补偿条例实施细则，生态文明建设“十大工程”完成180亿元年度投资。加快“细胞工程”建设，省生态村占比达到63%、市生态村占比达到83%。加强生态修复和湿地保护，建成国家级湿地公园4个，全年新增城市绿地430万平方米，苏州和昆山成功创建国家生态园林城市。环境治理持续加强。全市实施大气污染防治项目323个，淘汰燃煤小锅炉1730个、黄标车和老旧机动车73521辆，市区PM2.5年均浓度同比下降12.1%，较2013年下降17.1%，达到国家和省考核目标要求。太湖流域水环境综合整治、阳澄湖生态优化行动深入推进，湖体水质持续提升，地表水好于Ⅲ类水质的比例66.7%，集中式饮用水水源地水质达标率保持100%。节能减排扎实推进。积极开展“能效之星”创建活动，新增三星级以上企业37家。推进国家循环经济示范城市和低碳城市试点建设，加快建立重点单位温室气体排放报告制度，在冶金、化工、纺织等领域开展循环经济改造。严把环保准入门槛，落实两个“一律不批”，从严控制低水平重复建设项目，全年共劝退、拒批不符合环保要求建设项目179个。

民生改善力度加大。居民收入稳步增长。实现富民增收与经济发展同步、劳动报酬增长与劳动生产率提高同步。城镇居民人均收入达到5.04万元，农村居民人均收入达到2.57万元，分别增长8%和9%。就业形势总体良好。加强以高校毕业生、就业困难人员为重点的各类就业群体帮扶，苏州籍高校毕业生就业率达到98.6%，城镇新增就业17万人，全市城镇登记失业率控制在2%以内。社会保障体系进一步健全。全市城镇职工社会保险覆盖率、城乡居民养老保险和医疗保险覆盖率均保持在99%以上，全市城乡最低生活保障标准从原700元/月提高到750元/月。新增养老机构床位6099张，日间照料中心247个，助餐点114个，全市千名老人拥有养老床位47.3张。扩大住房保障覆盖面，全市新开工建设各类保障性住房26427套，建成28275套。公共服务不断优化。推进新建41所公办学校、幼儿园实事工程，完成全市新三年校安工程目标。落实医药卫生体制改革省级试点，公立医院医药价格综合改革全面启动，苏大附儿院、苏大附一院主体迁建工程投入使用。公共文化服务体系进一步完善，市档案馆新馆、现代传媒广场如期建成。环古城河、石湖景区健身步道建成开放。

太湖湿地公园　退思园　拙政园

浙江省杭州市

2015年，杭州市实现地区生产总值10050.21亿元，比上年（指2014年，下同）增长10.2%；财政总收入2238.75亿元，增长11.0%；城镇和农村居民年人均可支配收入分别达到48316元和25719元，分别增长8.3%和9.2%；城镇登记失业率1.74%，居民消费价格指数上升1.8%。人口自然增长率5.4‰。

经济转型升级加快推进。全市固定资产投资5556.32亿元，比上年增长12.2%。社会消费品零售总额 4697.23亿元，增长11.8%；网络零售额2679.83亿元，增长42.6%。全市货物进出口总额4132.43亿元，比上年下降1.0 %。其中：进口总额1024.40亿元，下降11.3%；出口总额3108.03亿元，增长2 .9%。全市跨境电子商务进出口总额215.07亿元，占全市外贸进出口的5.2%。其中，进口73.94亿元，出口141.13亿元。经济结构继续优化，三次产业比重为2.9：38.9：58.2。2015年，杭州信息经济成为转型升级的重要支点。信息经济产业实现增加值2313.85亿元，增长25.0%，占全市生产总值的23%。其中，电子商务、数字内容产业分别增长34.5%、35.5%，云计算与大数据、物联网、互联网金融、"智慧物流"分别增长29.6%、12.7%、33.5%和8.4%。全市实现工业增加值3497.83亿元，增长5.5%；规模以上工业实现利税1559.68亿元，增长4.4%，其中利润891.12亿元，增长2.4%。

城市功能品质持续提升。杭州城市总体规划（修订）获得国务院批复。G20杭州峰会筹备工作顺利开展，场馆设施改造提升和环境重点整治项目有力推进。杭新景高速公路建德段等市域交通项目竣工，东湖快速路、文一路地下通道等市区交通项目快速推进，秋石高架三期四期、环城北路地下通道、吉鸿快速路等治堵重点工程建成开通。地铁4号线首通段、1号线下沙延伸段建成运营，轨道交通初步成网。打通"断头路"12条，新建停车泊位50156个。新增（改建）公共自行车服务点100处，新增（更新）公共自行车3000辆。推行公交优先优惠新措施，主城区公共交通分担率有新提升。道路分类保洁项目获中国人居环境范例奖。全国社区治理和服务创新实验区通过考核验收。

城乡统筹加快发展。深入实施城乡区域统筹"六大西进"行动，落实区县（市）协作资金3.78亿元、项目92个，落实"联乡结村"帮扶资金1.68亿元。农村"三权一房"确权登记颁证和农村供销、生产、信用合作"三位一体"改革深入推进，村级股份制改革进一步深化。加快建设"美丽县城"、小城市和中心镇，推进193个中心村和62个"美丽乡村"、精品村建设，开展杭派民居建设试点12个，培育民宿示范村（点）57个，乡村旅游（民宿）游客突破3000万人次。

4月28日，第十一届中国国际动漫节开幕

11月1日，2015年中国（杭州）国际电子商务博览会闭幕

10月20日，中国（杭州）跨境电子商务综试区·江干园区开园

玉皇山南基金小镇俯瞰

生态保护不断加强。国家生态文明先行示范区建设扎实推进。市本级通过国家生态市技术评估，萧山区、富阳区通过国家生态区考核验收，桐庐县、淳安县入选首批国家生态保护与建设示范区，临安市成为“国家园林城市”，杭州经济开发区被评为国家生态工业示范区。深化“五水共治”，实现1845条乡镇级以上河道“河长制”全覆盖，完成84条137千米黑臭河整治、16座污水处理厂提标改造，新增污水管网239千米。加快“五气共治”，半山和萧山电厂燃煤发电机组关停，主城区“无燃煤区”基本建成，淘汰黄标车81079辆。杭州成为无钢铁生产企业、无燃煤火电机组、无黄标车“三无”城市。投入使用新能源汽车11053辆，累计22131辆，总量居全国城市第三位。全年环境空气优良天数242天，比上年增加14天，PM2.5浓度下降12.3%。推进“五废共治”，处置各类垃圾和废物552.62万吨。完成“三改”2168.85万平方米、拆违2057.89万平方米。关停转迁落后产能企业426个，单位生产总值能耗下降3%。

社会保障水平有效提高。全市一般公共财政预算民生支出921.92亿元，占一般公共预算支出75%以上。棚户区改造和保障性安居工程开工47394套、竣工57530套。新增机构养老床位5782张，改扩建居家养老服务照料中心774个。全市新增中小学、幼儿园73所，新增外籍人员子女学校3所。浙江音乐学院建成使用。杭州成为全国城市公立医院综合改革试点，医养护一体化全科医生签约人数52万人。新建和改造残疾人庇护中心、康复托养机构245家。出台实施特殊药品大病保险政策。群众文化建设继续加强，新建农村文化礼堂107个。

在党中央、国务院关心支持和省市共同努力下，杭州成为2016年G20峰会举办城市，并成功获得2022年亚运会主办权、获批设立中国（杭州）跨境电子商务综合试验区和建设国家自主创新示范区。在全国25个答辩城市中，杭州成为2015年国家“两创示范”15个入围城市之一。被中国城市竞争力研究会评为“中国最美丽城市”第一名，中国十大创新城市、最具国际影响力十大城市、城市文化形象竞争力排行榜前十。被欧洲货币集团评为2015年首届“中国最佳城市”。连续第12次被评为“中国最具幸福感城市”，并获“2015中国小康社会建设示范奖”。

钱江新城灯光秀全景

江苏省南京市

南京地处长江下游中部，长江自西向东横穿南京市区，长江岸线共308公里。南京是江苏省省会城市，现辖11个区，全市行政区域总面积6587平方公里，常住人口823.59万人。

“一带一路”节点城市

南京是“海上丝绸之路”重要城市。在明初和六朝两个时期，作为都城的南京，是国家组织、实施海上物质文化交流的核心地。

“海上丝绸之路·中国史迹”联合申遗。南京已与广州、泉州、宁波等城市共同开展“海上丝绸之路·中国史迹”联合申遗，现有龙江船厂遗址、浡泥国王墓、洪保墓、郑和墓4处“海上丝绸之路”遗产点。

综合交通枢纽和物流节点。南京港是通江达海的江海转运枢纽港，长江-12.5米深水航道已初步贯通至南京，5万吨级以上的船舶可直达南京。南京现已开通驶往中亚五国的“中亚班列”及直达莫斯科的“中欧班列”。

长江经济带门户城市。南京处在沿海、长江“T”字发展轴的重要节点。

对外开放高地。南京“走出去”步伐加快，2015年离岸外包执行额在全国21个服务外包示范城市中继续保持领先优势，新增境外投资项目规模和数量均列江苏省首位。南京也是中国国内举办国际性会议最多的城市之一。

南京都市圈。长三角城市群规划针对南京都市圈的发展提出，要加快建设南京江北新区，辐射带动淮安等市发展，促进与合肥都市圈融合发展。江北新区是江苏省唯一的国家级新区，承接长江经济带国家重大发展战略。

长三角区域中心城市

长三角城市群规划将南京定位为特大城市，南京的城市规模等级仅次于上海。

现代服务业中心。2015年，南京金融业增加值突破1000亿元，已成为服务业中规模最大的产业，南京接待旅游者总数首次破亿，旅游增加值占全市地区生产总值的比重首次突破7%。南京是江苏省首个跨境电子商务“进出兼通”城市。

历史文化名城。南京公共文化设施更加完善，牛首山文化旅游区、金陵大报恩寺遗址景区于2015年开放运行。文化产业发展提质增效，“创意南京”文化产业融合公共服务平台获评文化部“文化科技创新奖”。

最具幸福感城市。南京推动节能减排，使用清洁能源的公交车占比超过50%，在2015年联合国巴黎气候大会期间揭晓的“C40城市奖”获奖名单上，南京获得全球城市交通领袖奖。体育事业健康发展，南京成为世界上第一个被国际轮滑联合会授予“世界轮滑之都”称号的城市。

国家创新型城市

南京“两院”院士数量、研发投入占GDP比重、万人发明专利拥有量、国家“千人计划”人才数、国家级科技平台数、国家科技成果奖获奖数等6项指标，在中国同类城市中位居前列。

科教中心。南京现有普通高等学校53所，在2016年QS亚洲大学排名350强中，南京地区共有7所高校上榜，在中国城市中名列第三。南京2015年科技进步对经济增长贡献率超过61%，达到发达国家水平，在英国《自然》杂志发布的《2015中国自然指数》中，位居中国科研产出城市排行榜第三。

软件与新兴产业。南京2015年新兴产业年主营业务收入接近6000亿元，其中南京智能电网产业整体实力排名中国城市第一、先进轨道交通装备产业综合排名第一、新型显示产业规模居第二。在“第十九届中国国际软件博览会”上，中国（南京）软件谷荣获“2015年度中国软件行业最佳园区奖”。

创业创新。南京大力推动创新要素向企业集聚，全市建有校企联盟超千家，2015年在宁高校院所应用技术成果就地转化率接近50%，企业吸纳技术成果项目交易金额居中国同类城市首位。

安徽省合肥市

大湖名城　创新高地

【地理位置】合肥，安徽省省会，居皖之中，地处长江、淮河之间，因东淝河、南淝河由此发源而得名，是全国唯一环抱五大淡水湖之一巢湖的省会城市，是正在建设中的“大湖名城、创新高地”，是长三角世界级城市群副中心和“一带一路”节点城市，是皖江示范区、合肥都市圈、合芜蚌试验区核心城市，是“全国文明城市”。现辖肥东、肥西、长丰、庐江4个县和县级巢湖市（代管），瑶海、庐阳、蜀山、包河4个区和国家高新技术产业开发区、国家经济技术开发区、新站综合开发试验区、合肥巢湖经济开发区4大开发区。全市总面积1.14万平方公里，常住人口779万人。

【历史沿革】合肥历史悠久。自秦置县，至今有2200多年历史，素有“江南唇齿，淮右襟喉”和“江淮首郡，吴楚要冲”之称。人文底蕴深厚，宋代名臣包拯、晚清重臣李鸿章、台湾首任巡抚刘铭传、诺贝尔物理学奖获得者杨振宁等都是合肥人。

【生态环境】合肥环境宜居宜业。合肥坐拥八百里烟波浩渺的巢湖，城湖共生、产城一体、生态宜居，是国家首批命名的3个全国园林城市之一和“国家森林城市”，多次荣膺“中国人居环境范例奖”。目前，城市建成区绿化覆盖率达46%，人均公共绿地13平方米，森林覆盖率达到26.8%，是全国唯一城区拥有两个国家级森林公园的城市。

【区位优势】合肥区位优越。承东启西、连南接北，正在成为全国重要的区域性综合交通枢纽。现有6条铁路、7条高速公路在此交汇；随着近年铁路建设步伐的迈进，已实现1小时到南京，2小时到上海、武汉、杭州，3个多小时到北京。未来合肥还将形成“一横两纵四射”“米”字形的高铁路网布局，3小时内可通达国内诸多重要城市。4E级新桥国际机场设计年吞吐能力1200万人次，1500吨级货轮可从合肥新港通江达海，开通了新亚欧大陆桥国际货运班列。

高新俯瞰　　环巢湖大道　　美丽巢湖

水天一色　靓丽滨湖

天鹅湖俯瞰

巢湖湿地美

【开放合作】合肥充满开放活力。先后同180多个国家和地区建立经贸往来，与日本久留米、美国哥伦布等11个城市结为友好城市，相继与宁波、佛山、南京、广州等城市签署全面合作框架协议，是皖江城市带承接产业转移示范区核心城市、长三角城市经济协调会成员城市。现有39家境外世界500强企业在肥投资。相继被评为“全国投资环境50优城市”、“全国十大经商成本最低城市”、“中国最佳投资城市”。

【科教资源】合肥科教资源丰富。是全国重要的科教基地、唯一的国家科技创新型试点市、国家创新型试点市，也是世界科技城市联盟会员城市。中国第一台窗式空调、微型电子计算机及世界第一台VCD、仿生洗衣机、变容式冰箱等均诞生于合肥。现有中科大等高等院校60所，中科院合肥物质科学研究院、中电科38所等中央驻肥科研机构13家，各类研发机构959家，省部级重点实验室和工程试验室150个、国家大科学工程5个，进入“千人计划”的海归人才159人，在肥工作的两院院士82名，各类科技人员60多万。

【产业基础】合肥产业基础雄厚。现有37个工业行业、200多个工业门类，拥有汽车、装备制造、家用电器、电子信息等一大批重点产业，是全国最大的家电城，全国最大的挖掘机、叉车、轮胎生产基地之一，全国汽车及零部件出口基地，是我国为数不多的全系列汽车生产基地，拥有江淮、安凯、昌河等知名自主汽车品牌。近年来，新型平板显示、智能语音、新能源汽车、太阳能光伏、公共安全等战略性新兴产业呈爆发式增长，确立在全国先发优势，集成电路、燃气轮机、生物医药、高端医疗与装备、智能机器人与智能制造等产业加快推进，正在形成新的突破。2015年，战略性新兴产业产值占全市工业30%，增加值增长21.9%，对工业增长的贡献率达54.2%；高新技术产业增加值占GDP比重达22.2%，国家高新技术企业数居全国省市城市第8位。

【经济发展】在全国26个省会城市中，合肥主要经济指标总量大多从“十五”末的第17位、18位，提升至前10位，或接近前10位。2015年，全市生产总值5660.3亿元，同比增长10.5%；完成固定资产投资6153.35亿元，同比增长15.4%；规模以上工业总产值9312.8亿元，实现增加值2255.65亿元，同比增长11.3%；财政收入1000.5亿元，同比增长13.6%，其中地方财政收入571.54亿元，增长14.2%；社会消费品零售总额2183.65亿元，增长12%。

【愿景展望】面向“十三五”，合肥市将站在“四个全面”战略布局的高度，不断解放思想，深化改革开放，树立新标杆、谋求新跨越，瞄准长三角世界级城市群副中心和“一带一路”节点城市，努力开创“大湖名城、创新高地”建设新局面，在全省率先全面建成小康社会，初步形成长三角世界级城市群副中心的综合功能，人均收入达到长三角城市群平均水平，生态环境质量居全国省会城市先进水平。

浙江省衢州市

衢州市位于浙江省西部，钱塘江源头，地处浙闽赣皖四省边际，现辖龙游、开化、常山3个县，柯城、衢江2个区和江山市，地域面积8844平方公里，总人口254万。

文化古城展新姿。衢州始建于东汉初平三年（公元192年），至今已有1800多年的建城史，是国家级历史文化名城。衢州孔氏南宗家庙是全国仅有的两座孔氏家庙之一，江山清漾村被专家学者公认为“江南毛氏发祥地”和毛泽东祖籍地，烂柯山有“围棋仙地”之美誉，是围棋文化发源地。2015年，全市按照“绿色发展、生态富民、科学跨越”总要求，以生态文明建设力促转型升级，全面推进“一个中心、两大战役”，奋力干好“四件大事”，大力推动“五个转型”，全市经济社会取得长足发展，地区生产总值较上年增长6.6%，一般公共预算收入增长8.8%，固定资产投资增长12.8%，社会消费品零售总额增长9.4%，外贸出口增长14.1%，城镇和农村居民人均可支配收入分别增长8.6%和10%。

交通要地连四省。衢州历来有“四省通衢”之称，区位交通具有重要战略地位。民航、铁路、公路、水运齐全。浙赣铁路、杭长高铁、九景衢铁路横贯全境。杭金衢、杭新景高速公路和黄衢南、龙丽温高速公路形成“两横两纵”路网框架。杭长高铁开通，衢州到杭州1小时，到上海2小时车程。综合交通十大工程列入2016年政府投资重点项目，高铁站片区基础设施配套工程投资约3亿元，计划于2017年底建成衢州市新地标，衢江航运塔底枢纽工程、市综合客运枢纽、西区城市综合体、汽车客运东站等工程加快推进。

中国儒学馆—弘扬孔子文化、打造文化强市

转型发展添活力。积极应对经济下行压力，聚焦产业、企业和项目，全面落实保稳促调各项措施，打好转型升级“组合拳”。新兴产业投资增长16.5%，阿里巴巴、京东、腾讯等国内实力电商入驻衢州，“花园258”、淘宝衢州馆、柯城电商小镇、衢州粮网等一批电商平台建设加快推进；行业整合、对接大企业大集团、破产重组、企业上市等取得重大突破；“大干项目、干大项目”持续推进，韩国晓星、均瑶乳业、艾森药业、西安隆基、苏州稀土电缆等一批高端项目顺利落地。

全域旅游增魅力。衢州是浙江的生态屏障，是国家级生态示范区、国家森林城市，也是全国9个生态良好的地区之一和全国12个具有国际意义的生物多样性分布中心之一。全市森林覆盖率达71.5%，地表水质绝大部分达到一、二级饮用水标准。境内山川秀美、地貌多姿，是首个国家休闲区创建试点城市，有世界自然遗产地江郎山，有5个国家森林公园、2个国家级自然保护区和湿地公园以及一批4A级风景区，市内信安湖区域的书院大桥、景观桥、江滨隧道、古城墙遗址公园等项目全面启动，乡村休闲旅游持续升温，周边1小时左右车程还有黄山、三清山、武夷山、千岛湖等著名景区。

衢州绿色产业集聚区—宜业宜居新城

第六届衢州·烂柯杯中国围棋冠军赛

“十佳休闲旅游城市”牌匾

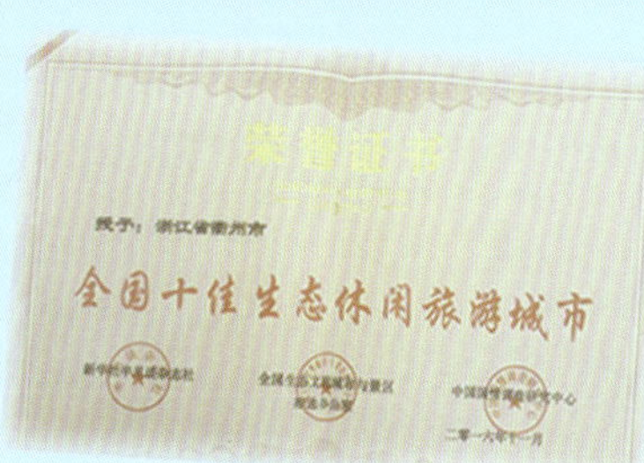

“十佳休闲旅游城市”证书

中韩（衢州）产业合作园开园仪式

江苏省淮安市

2016年11月29日，江苏省委书记李强就贯彻落实省第十三次党代会精神来淮调研

2016年10月14日，石泰峰省长来淮安调研经济运行情况

实联化工（江苏）有限公司

淮安地处长江三角洲北部，是一代伟人周恩来的故乡，总面积1.01万平方公里，户籍人口560.2万人，现辖三县四区以及淮安经济技术开发区、淮安工业园区、淮安生态新城、淮安盐化新材料产业园区、宁淮现代服务业集聚区，拥有国家历史文化名城、国家卫生城市、国家园林城市、国家环保模范城市、中国优秀旅游城市、中国淮扬菜之乡、中国运河之都等称号。

淮安这座城市集中体现了“南北兼容”的鲜明特征：**一是处于中国南北地理的分割带**。地处中国秦岭淮河一线，千里淮河穿境而过。淮安以南是地理中国的南方，以北则是地理中国的北方。独特的地理环境使淮安蕴藏着丰富的矿产资源，岩盐探明储量居世界前列，凹凸棒土储量占全球50%，芒硝储量为华东之最。**二是处于中国南北气候的过渡带**。淮安兼有南北气候特征，四季分明、风光旖旎，水系发达、生态优良，京杭大运河、古淮河、盐河、里运河等四河穿过主城区，洪泽湖、白马湖、高邮湖、宝应湖、里下河湖区等五湖镶嵌境内，湿地资源在全国名列前茅，空气环境质量年均优良天数占比保持在85%以上，在淮安可以“白天深呼吸、晚上数星星”。独特的气候条件使淮安物产丰饶、农作物种类多样，是全国著名的商品粮基地。**三是处于中国南北文化的融合带**。淮安因地处南北分界和大运河的关键节点，历史上曾是“南船北马”、“九省通衢”的“运河之都”。正因如此，淮安地方文化兼具南方细腻含蓄与北方粗犷豪放的特征，是典型的以兼容并蓄、开放包容为特质的运河文化。独特的文化使淮安这座城市人杰地灵，新中国开国总理周恩来、千古名将韩信、小说大家吴承恩等众多名人以及《西游记》、《老残游记》等历史巨著均诞生于此，这里还是中国四大传统菜系之一淮扬菜的主要发源地。

淮安涟水机场

美丽清纯洪泽湖

宁淮现代服务业集聚区南北交流展示中心

盱眙天泉湖金陵山庄

现代化城市综合体万达广场

近年来，淮安积极抢抓江苏省委、省政府支持加快苏北重要中心城市建设政策机遇，经济社会保持健康较快发展势头，主要经济指标增幅连续十年位居江苏省前列，省里正式发文认定淮安以市为单位总体达到省定2003年版全面建设小康社会标准，新打造了国家台资企业产业转移集聚服务示范区、大学科技园等平台，开放了一类航空口岸，开启了“高铁梦”，综合实力不断迈上新的台阶。目前全市拥有各类企业4万多家，盐化新材料、特钢、电子信息、食品四大主导产业和高端装备制造、新能源汽车及零部件两大战略性新兴产业加速形成，已逐步成为江苏新兴制造业基地。

富士康淮安科技城

未来几年是淮安科学跨越发展的关键时期，全市上下正以贯彻习近平总书记视察江苏重要讲话精神和“把周总理的家乡建设好，很有象征意义”的嘱托要求为动力，以“打造增长极，共筑崛起梦”为统揽，以提高发展质量和效益为中心，以保障和改善民生为根本，落实江苏省第十三次党代会“两聚一高”总体部署，大力实施创新驱动、工业强市、开放引领、全民创业、城乡一体化、绿色发展战略，统筹推进经济、政治、文化、社会、生态文明建设和党的建设各项工作，奋力谱写“迈上新台阶，建设新江苏”的淮安精彩篇章。

中国·盱眙国际龙虾节万人龙虾宴

浙江省宁波市

宁波简称“甬”，历史文化底蕴深厚，“书藏古今，港通天下”是城市形象主题口号。宁波是中国东南沿海重要的港口城市，长江三角洲南翼经济中心，国家历史文化名城。2015年在第七次中日韩文化部长会议上，宁波市被授予2016“东亚文化之都”。当年宁波市再次蝉联全国文明城市称号，成为全省唯一、全国六个之一的“四连冠”文明城市。市境行政区域土地面积9816.23平方千米，其中市区面积2461.76平方千米；全市建成区面积501.4平方千米，其中市区建成区面积321.91平方千米。2015年，宁波市辖6区3县级市2县，下设67个街道办事处、76个镇、10个乡，有703个社区（居委会）、2535个村民委员会。年末，全市户籍人口586.6万人，其中市区人口232.1万人。

推进全面发展。2015年，宁波市全面实施市委“六个加快”和“双驱动四治理”战略决策，扎实推进经济社会转型发展三年行动计划，实现地区生产总值8011.49亿元，比上年增长8.0%。三次产业之比为3.6：49.0：47.4。按常住人口计算，全市人均地区生产总值102475元，按年平均汇率折合为16453美元。在规模以上工业35个行业大类中，有9个行业增加值超过100亿元，其中汽车制造业实现增加值327.9亿元，增长32.2%。产业结构升级稳步推进，装备制造业、高端装备制造业、节能环保制造业和高新技术产业增加值增速分别为5.9%、4.9%、4.8%和4.4%。积极发展休闲农业、都市农业，创建国家现代农业示范区，渔山列岛海域成为国家级海洋牧场示范区。完成财政总收入2072.73亿元。推进现代化枢纽港建设，宁波舟山港货物全年吞吐量8.9亿吨，居全球港口首位。

实施内外联动。2015年，宁波口岸进出口总额1936.4亿美元，外贸自营进出口总额1004.7亿美元，其中出口714.3亿美元。有进出口实绩企业15587家。民营企业（包括私营企业和集体企业）出口额占全市出口总额的65.9%，出口额增长2.1%，拉动全市出口增长1.3个百分点。全年与“一带一路”沿线国家进出口总额251.4亿美元。新批外商投资项目444个，合同利用外资76.5亿美元，增长9.0%；实际利用外资42.3亿美元，增长5.2%。第三产业实际利用外资19.4亿美元。新批境外投资企业和机构226家。完成境外承包工程劳务合作营业额19.1亿美元，增长13.1%。国内招商引资实到资金827.2亿元，增长11.0%；达成浙商回归项目929个，实到资金727.0亿元，增长10.5%。举办各类会展项目301个，县级以上举办商务会议

宁波国际海洋生态科技城成立（图为梅山岛）

湾头大桥

梅山国际汽车物流中心——中信汽车堆场

（论坛）85个、特色节庆活动36个。获“中国十佳品牌会展城市”“2015年度全国会展业金五星——优秀会展城市奖”等。旅游经济总收入1233.3亿元，增长15.5%；接待国内外游客8077.8万人次，增长15.2%。

提升城乡品质。完善大交通体系，加快三门湾大桥、杭州湾大桥杭甬高速连接线建设，栎社国际机场三期扩建、穿山港铁路支线和宁波至奉化城际铁路开工建设，铁路货运北环线全线通车，宁海通用机场获批。优化城乡基础设施，新江桥、夏禹路建成通车，主干道快速化改造稳步实施。建设“美丽宁波”行动计划，开展“海绵城市”、地下综合管廊城市和垃圾分类试点。新增公园绿地181公顷。轨道交通2号线一期工程开通运营。全年轨道交通进站客流3775.7万人次，日均客流约20万人次。新增公共自行车网点267个，新投放公共自行车8944辆，累计建成公共自行车网点1259个，投放公共自行车33278辆。完成黑臭河整治45条，计113.8千米；深化提升整治河道29条，计55.8千米。年末有国家级生态县（市）区4个，国家级生态乡镇96个。

持续改善民生。全市居民人均可支配收入41373元，增长8.7%。其中，城镇居民人均可支配收入47852元，增长8.4%；农村居民人均可支配收入26469元，增长9.0%。城乡居民人均收入之比比上年略有缩小。城镇新增就业人员17.8万人，7万名失业人员实现再就业，其中困难人员1.7万人。推进社保制度统一并轨，提高低保和养老金标准，扩大医疗救助范围，医保参保人员大病保险制度实现全覆盖。实施持证残疾人免费乘坐市区公共汽车、地铁政策。以成片危旧住宅区为重点的棚户区改造有序开展，提供保障性安居工程3.2万套。出台历史文化名城保护规划，加快市图书馆新馆建设，组建宁波交响乐团，新闻客户端“甬派”上线运营，它山堰成为世界灌溉工程遗产，文明城市创建深入推进。拥有各类医疗卫生机构4069个，其中医院132家；拥有床位3.2万张，其中医院床位2.9万张。市、县两级慈善机构募集善款4.55亿元，救助支出5.28亿元，受助困难群众38.7万人次。

参与长三角合作。2015年，宁波市继续推动和参与长三角区域合作和城市间合作交往，港口经济圈建设纳入长三角城市群规划。组织参加长三角协调会第15次市长联席会议、长江沿岸中心城市经济协调会、长江经济带旅游产业合作推广活动、长江流域园区与产业合作对接等活动。5月19～23日，“上海·宁波周”举办，活动达成合作项目29个，引进投资646.51亿元，其中制造业项目9个，总投资322.31亿元；现代金融、旅游开发、健康养老、电子商务等项目20个，总投资324.2亿元。11月3～6日，“武汉·宁波周”举办，活动达成合作项目45个，总投资170.87亿元，其中现场签约25个项目。

2015（首届）宁波国际马拉松赛

点赞好支书——宁波市首届“金雁奖”揭晓仪式

宁波市第七届全民读书月启动仪式暨“2015年秋季城市萤火虫换书大会”

首届中国（宁波）创客创业大赛总决赛

宁波舟山港穿山港区

江苏省常州市

2015年，面对错综复杂的国内外宏观环境和艰巨繁重的改革发展任务，常州市不断创新工作举措，转变工作作风，狠抓工作落实，经济社会发展各项工作都取得了新成效。实现地区生产总值5273.2亿元，增长9.2%；一般公共预算收入466.3亿元，增长7.5%；固定资产投资3399亿元，增长6.7%；社会消费品零售总额达1990.5亿元，增长10.3%；规模以上工业总产值11454.3亿元，增长5.3%。

着力狠抓重大项目。引进中航锂电、瑞声射频模组等3个投资超100亿元或10亿美元项目，以及北汽集团常州产业基地、中兴能源云计算华东基地、百度大数据产业园等6个超50亿元或5亿美元项目，北汽集团新能源汽车动力电池、艾莱奥特通用飞机整机制造等项目落户我市，众泰汽车、东风整车顺利下线，查特深冷LNG储罐一期、爱科农机等大项目竣工投运。

加快经济转型升级步伐。十大产业链企业完成产值对全市规模以上工业经济增长的贡献率超过50%，碳材料、太阳能光伏、轨道交通、汽车及零部件等产业链快速发展。金融业增加值、电子商务交易额均实现两位数增长，12301国家智慧旅游公共服务平台基本建成，我市成为全国唯一的“旅游+互联网”创新示范城市，天目湖旅游度假区被评为首批国家级旅游度假区。苏南国家自主创新示范区建设全面推进，省智能装备产业技术创新中心落户科教城。

深入推进改革开放。圆满完成部分行政区划调整，生产力布局进一步优化。在全省率先公布市政府部门责任清单，完成市县两级政府机构改革任务，不动产统一登记制度改革全面实施。深化医药卫生体制改革，所有城市公立医院实施药品零差率销售。常州出口加工区、武进出口加工区获批综合保税区并通过验收。

提高城乡建设管理水平。常溧高速、延政西路西延、金武路快速化改造建成通车，地铁1号线等在建工程进展顺利，新孟河工程金坛先导段启动实施。推进生态绿城建设和国家森林城市创建，建成环高架、环湖东路等生态绿道，基本建成横塘河湿地公园、新龙生态林等多个公园绿地，实现扩绿4万亩，连网600公里，全市森林覆盖率提高0.8个百分点。大力开展城市环境综合整治，城市精细化管理水平得到提高。成功创成国家级节水型城市。

加大社会事业建设力度。实施108个中小学布局调整和校安工程项目，就读四星级高中人数超过高中生总数的70%；高考本二以上达线率达77.46%，比上年提高6个百分点。青果巷历史文化街区保护利用工程顺利推进，恽代英纪念馆建成开放；文化产业增加值占地区生产总值的比重达5.63%，列全省第二。免费提供12类45项基本公共卫生服务，各辖市（区）全面创成全国基层中医药工作先进单位，城乡居民基本医疗保险管理体制实现整合。为民办实事各项任务全面完成。

江苏省丹阳市

丹阳，古称曲阿，后取“丹凤朝阳”之意而得名。全市总面积1047平方公里，常住人口近100万，下辖10个镇、1个省级经济开发区（曲阿街道）、云阳街道和练湖度假区。综合实力在全国百强县中居第20位，先后获得“国家卫生城市”、“国家生态市”、“中国和谐城市”、“长三角最具投资价值县市”等称号，并入选“中国特色魅力城市200强”。2015年，全市实现GDP1070亿元，一般公共预算收入67亿元，实际利用外资4亿美元。

南京师范大学中北学院迁址丹阳

源远流长的历史孕育了丹阳深厚的文化底蕴。凤凰山遗址的出土证实了丹阳6000多年的文明史，葛城遗址的发现证明了丹阳是吴文化的发祥地。西晋玉乳泉、南朝石刻、北宋嘉山寺、明朝万善塔等众多名胜古迹更是丹阳悠久历史的有效见证。这里文风炽盛，董永与七仙女的故事广为流传，岳氏报本、陈东上书等动人故事名扬天下。这里人杰地灵，不仅孕育了春秋季子、齐梁帝王等历史名人，更诞生了马相伯、吕凤子、吕叔湘、匡亚明等近现代名家。这里文物众多，延陵季子碑、江南第一梵钟、上海战役总前委旧址等历史文物赋予了丹阳“江南文物之邦”的美誉。

国家科学技术奖励大会

皇塘镇江南生物姜建新获得全国科技进步二等奖

生机勃发的产业培植了丹阳殷实的工业资源。经过多年的发展，丹阳发达的工业形成了面向全国的强劲辐射力，在工业百强县中居第28位。“眼镜之都”、“钻头王国”、“灯具世界”、“木业航母”已成为城市的代名词。目前，全市拥有各类企业15000多家，其中规模以上793家、销售超亿元130家、超10亿16家、超百亿3家、各类上市挂牌企业41家。作为丹阳城市名片的眼镜产业，拥有从事眼镜行业及相关配套的工贸企业2000多家，年产镜架、镜片占全国总产量的80%，占世界总产量的50%，已成为亚洲乃至世界最大的眼镜集散、研发、生产基地。汽车及零部件产业走上了品牌发展之路，不仅有农用车、大客车的整车生产能力，卡车、消防车、新能源汽

萬善公園

中国丹阳国际眼镜城

江苏省丹阳中等专业学校

爱在乡村在丹北举办

车、运动型多用途汽车等整车生产也初具规模。位于开发区的日本汽车零部件产业园吸纳企业23家，成为专业化汽车零部件产业集聚区。五金工具产业迈向了模具钢、特钢发展序列。木业产业的人造板也做到了亚洲第一、全球前列。在不断夯实传统产业的基础上，今年，丹阳抢抓发展“窗口期”机遇，全面实施“中国制造2025”丹阳“5+2”行动计划，促进新兴产业加快发展。利用军民结合产业示范基地优势，聚焦新材料、航空航天、新医药等新兴产业发展，培育了独具丹阳特色的新的经济增长点。顺应“互联网+”发展大势，与制造业深度融合，加快推进“电商平台+制造”，加快建设电子商务产业园，探索实践跨境电子商务等电商新模式。目前，全市已有2000多家企业开展电子商务，被评为省首批电子商务示范市。把握产业集群化发展趋势，顺利启动科技小镇一期工程，全力打造“6+1”重点产业园区，科创园、孵化器正逐渐成为新兴产业发展的新动力和新载体。

开放创新的理念开辟了丹阳集聚的人才福地。丹阳连续9年被评为全国科技进步先进县（市），成为国家知识产权示范城市。科技创新专项资金设立、争取省重大科技成果转化专项扶持资金、“国家科技兴贸基地”建设等多个方面在全省县级市领先。目前，我市拥有370名高层次人才，其中19人入选国家“千人计划”，80人入选省“双创计划”，被评为省高层次人才创新创业基地。与中科院排名前10位的研究所中的7家建立了战略合作关系，建有2家省级重点实验室、50家省级研发平台、9个院士工作站和34个省级研究生工作站，40多名院士在丹阳担任特别顾问，掌握了20多项国际领先、160多项填补国内空白的“第一”、“唯一”技术。以此为基础，我市充分利用苏南自主创新示范区相关政策机遇，积极打造创客空间、咖啡屋等一批优质的智能型、创新型孵化器，加快培育形成具有鲜明特色的“众创空间”。以产业为纽带推进科技与金融深度融合，大力推动企业在“新三板”上市，充分发挥高新技术创业投资基金和天使投资基金作用，助推有条件的中小微科技型企业快速成长，形成了创新驱动的活跃局面。

城乡貌美的环境赋予了丹阳浓韵的水乡气息。2012年，丹阳拉开了旧城改造和新城建设的大幕。姜家园、金鸡饭店等一批重点片区改造如火如荼，万善公园、南师大中北学院等一批重点民生工程落地生根，金鹰天地、吾悦广场等一批重大城市综合体拔地而起。在实施城建重点项目的同时，丹阳传承历史韵味，做优做特美丽乡村和生态文明两大文章。坚持“以水为脉、以绿为韵，以文为魂”的理念，加快水环境治理，加快实施水晶山、练湖等生态板块建设，打造城市“绿肺”，形成了河畅、水清、岸绿、景美的独特风韵。依循“道法自然、因地制宜、可持续发展”的原则，加快新型城镇化建设步伐，打造一批“一村一品、一村一景、一村一业”的特色乡村，营造独具江南水乡特色田园风光与乡土风情。

和谐共享的体系绘就了丹阳幸福的民生画卷。随着经济快速发展，丹阳的教育、文化、卫生等社会事业成效喜人，民生支出占公共财政预算支出的比重达80%，实现了经济社会和谐发展的新成就。持续加大教育投入，优化教育资源配置，加快教育综合改革步伐，先后被省政府授予省学前教育改革发展示范区、省义务教育优质均衡发展县（市、区）称号。文化事业繁荣发展，全国文明城市创建工作稳步推进，城市“15分钟文化圈”和农村“十里文化圈”逐步形成。城乡医疗卫生服务网络进一步健全，建立了农村三级医疗卫生服务网络，社区卫生服务站达标率达100%。城镇居民、农民收入持续增长，2015年城镇居民人均可支配收入38546元；农民人均可支配收入19891元。社会保障体系日趋完善，全面实施新型农村社会养老保险制度，建立了覆盖城乡、惠及全民的社会养老保障体系，基本做到“应保尽保”。深入推进平安、法治建设，连续12次被评为省“平安县（市、区）”，连续三轮被评为省法治创建工作先进单位，获全国法治创建工作先进县（市）称号，老百姓的安全感、满意度逐年增强。

编写说明

近年来，长江三角洲地区的发展引起了人们的广泛关注，以长江三角洲的发展为对象的研究活动正在迅速兴起。为组织和协调区域内的重要学术研究力量，进一步加强对长江三角洲地区的跟踪报道与深入研究，从2005年12月起，我们分别与上海社会科学院、江苏省社会科学院、浙江省社会科学院和安徽省社会科学院的部分研究人员决定共同研究长三角地区经济、社会、文化与生态等方面的问题，并从2006年开始，共同组织编写与出版《长三角年鉴》。

在对长三角地区的定义上，学术界与实际工作部门的同志曾经有多种不同的解释。一种观点认为，“长三角”主要是指上海市全境与江苏省的苏南及苏中8市，以及浙江省的7个城市，共16个城市。这被称为“小长三角”。一种观点认为，“长三角”主要是指上海市与江苏省、浙江省三个省市区的全部行政区域。这被称为“长三角”。一种观点认为，“长三角”主要是指上海市、江苏省、浙江省与安徽省等省市。这被称为“大长三角”。

本年鉴中使用的“长江三角洲地区”原来主要是指上海市、江苏省、浙江省三个省市行政区域。后来又加上安徽省的全部行政区域。即使用的是“大长三角”的概念。

《长三角年鉴》重点分析长三角地区年度经济社会发展的基本情况与基本成就。但在年鉴的部分内容中也使用了前几年的发展数据，主要用于说明事情发展变化的过程，便于使用者从历史变化的角度对长三角地区的发展有一个整体认识。部分数据使用了相关地区的政府工作报告和年度统计公报中的材料。

《长三角年鉴》主要开设以下栏目：长三角区域概况，重点介绍和分析本区域的自然条件与自然状况、气候与行政区划等方面的基本情况；长三角地区经济社会发展总报告，介绍和分析长三角地区总体发展情况，长三角地区三次产业结构和市县发展情况，同时对一年中上海市、江苏省、浙江省和安徽省及各省辖市经济社会发展的主要进展与主要成就进行分析和研究；长三角地区区域发展报告，重点分析和研究一年来上海市、江苏省、浙江省和安徽省及各省辖市经济发展基本情况；长三角地区产业经济与社会发展报告，重点是从长三角整体的角度对区域内年度经济与社会发展的主要方面进行分析和总结；长三角地区经济社会发展重要指标，用经济发展数据和社会发展数据介绍、分析和研究长三角地区总体和各市县综合实力，居民收入，经济国际化水平，社会财富等；重要文献，主要介绍一年中上海市、江苏省、浙江省和安徽省政府制定和实施的重要文件；大事记。

《长三角年鉴》采用篇章编纂法编写，篇下设章，篇和章的标题分别使用不同字体和字号以示区别，篇目标明于页眉，以便于检索。

编　者

2016年12月

目 录
Content

长三角年鉴(2016)
Yangtze River Delta Yearbook 2016

第四篇　长三角地区区域经济社会发展报告 …… 73

Volume 4　The overall report of social and economic development of provincial and their jurisdiction cities in the Yangtze River Delta Region

第一篇

特　载

长江三角洲城市群发展规划

2016 年 6 月

长江三角洲城市群(以下简称长三角城市群)是我国经济最具活力、开放程度最高、创新能力最强、吸纳外来人口最多的区域之一,是"一带一路"与长江经济带的重要交汇地带,在国家现代化建设大局和全方位开放格局中具有举足轻重的战略地位。为优化提升长三角城市群,在更高层次参与国际合作和竞争,进一步发挥对全国经济社会发展的重要支撑和引领作用,依据《国家新型城镇化规划(2014—2020年)》《长江经济带发展规划纲要》《全国主体功能区规划》《全国海洋主体功能区规划》,特制定本规划,作为长三角城市群一体化发展的指导性、约束性文件。

长三角城市群在上海市、江苏省、浙江省、安徽省范围内,由以上海为核心、联系紧密的多个城市组成,主要分布于国家"两横三纵"城市化格局的优化开发和重点开发区域。规划范围包括:上海市,江苏省的南京、无锡、常州、苏州、南通、盐城、扬州、镇江、泰州,浙江省的杭州、宁波、嘉兴、湖州、绍兴、金华、舟山、台州,安徽省的合肥、芜湖、马鞍山、铜陵、安庆、滁州、池州、宣城等 26 市,国土面积 21.17 万平方公里,2014 年地区生产总值 12.67 万亿元,总人口 1.5 亿人,分别约占全国的 2.2%、18.5%、11.0%。

规划期为 2016—2020 年,远期展望到 2030 年。

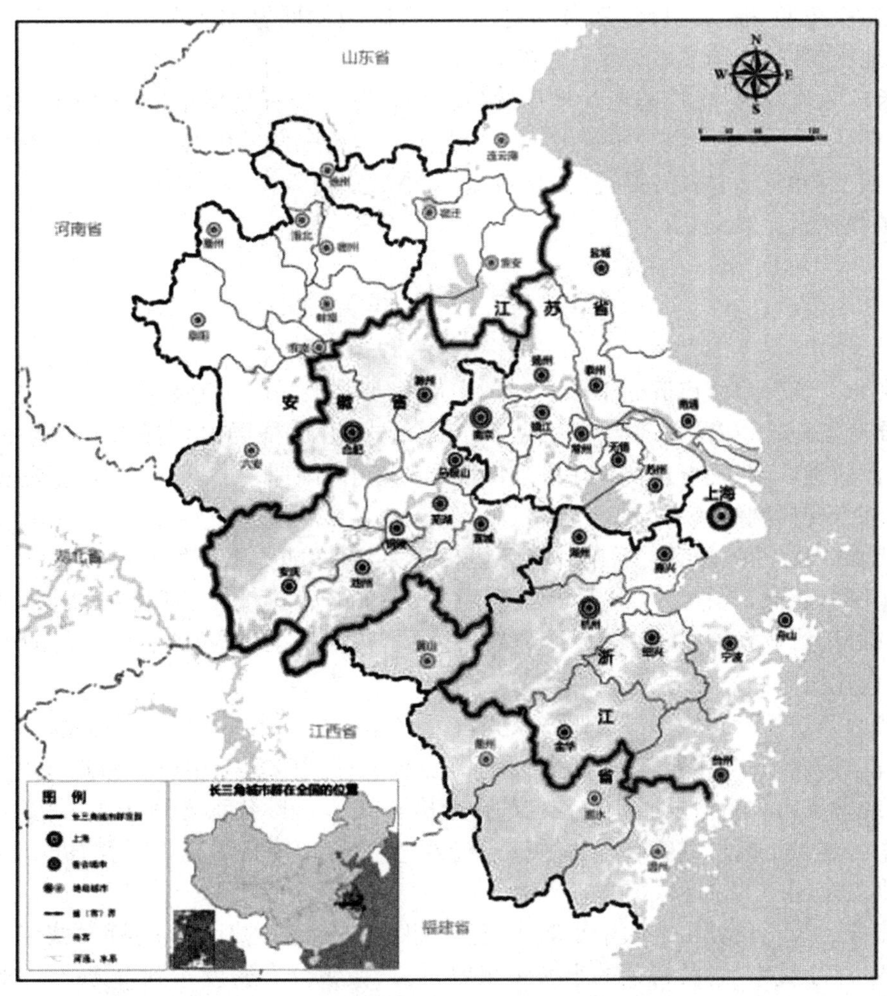

图 1 长三角城市群范围图

第一章 规划背景

长三角城市群正处于转型提升、创新发展的关键阶段，必须立足现有基础，针对突出矛盾和问题，紧紧抓住重大机遇，妥善应对风险挑战，实现更大跨越，成为我国经济社会发展的战略支撑。

第一节 重大意义

以改革创新推动长三角城市群协调发展，有利于促进产业升级，推进以人为核心的新型城镇化，加快农业现代化，辐射带动周边区域和中西部地区发展，增强国家竞争力。

优化提升长三角城市群，是加快形成国际竞争新优势的必由之路。长三角城市群是我国参与国际竞争的重要平台。优化提升长三角城市群，全面提高开放水平，集聚创新要素，形成与国际通行规则相适应的投资、贸易制度，培育具有全球影响力的科技创新高地，有利于提升国际国内要素配置能力和效率，带动国家竞争力的全面增强。

优化提升长三角城市群，是促进区域协调发展的重要途径。长三角城市群是我国经济社会发展的重要引擎，是长江经济带的引领发展区。优化提升长三角城市群，有利于促进经济增长和市场空间由东向西、由南向北梯次拓展，推动人口经济布局更加合理、区域发展更加协调，对推动长江经济带创新发展，辐射中西部地区，带动全国发展都具有重要作用。

优化提升长三角城市群，是提高城镇化质量的重要举措。长三角城市群是我国城镇化基础最好的地区之一，有条件在更高起点上提升城镇化质量。优化提升长三角城市群，有利于有序推进农业转移人口市民化，优化城市群的空间格局，促进大中小城市和小城镇协调发展，提升城市品质和居民生活质量，为我国新型城镇化探索经验。

第二节 发展基础

区位优势突出。长三角城市群处于东亚地理中心和西太平洋的东亚航线要冲，是“一带一路”与长江经济带的重要交汇地带，在国家现代化建设大局和全方位开放格局中具有举足轻重的战略地位。交通条件便利，经济腹地广阔，拥有现代化江海港口群和机场群，高速公路网比较健全，公铁交通干线密度全国领先，立体综合交通网络基本形成。

自然禀赋优良。长三角城市群滨江临海，环境容量大，自净能力强。气候温和，物产丰富，突发性恶性自然灾害发生频率较低，人居环境优良。平原为主，土地开发难度小，可利用的水资源充沛，水系发达，航道条件基础好，产业发展、城镇建设受自然条件限制和约束小，是我国不可多得的工业化、信息化、城镇化、农业现代化协同并进区域。

综合经济实力强。长三角城市群产业体系完备，配套能力强，产业集群优势明显。科教与创新资源丰富，拥有普通高等院校300多所，国家工程研究中心和工程实验室等创新平台近300家，人力人才资源丰富，年研发经费支出和有效发明专利数均约占全国30%。国际化程度高，中国(上海)自由贸易试验区等对外开放平台建设不断取得突破，国际贸易、航运、金融等功能日臻完善，货物进出口总额和实际利用外资总额分别占全国的32%和55%。

城镇体系完备。长三角城市群大中小城市齐全，拥有1座超大城市、1座特大城市、13座大城市、9座中等城市和42座小城市，各具特色的小城镇星罗棋布，城镇分布密度达到每万平方公里80多个，是全国平均水平的4倍左右，常住人口城镇化率达到68%。城镇间联系密切，区域一体化进程较快，省市多层级、宽领域的对话平台和协商沟通比较通畅。

表 1 长三角城市群各城市规模等级

规模等级		划分标准（城区常住人口）	城 市
超大城市		1000 万人以上	上海市
特大城市		500 万—1000 万人	南京市
大城市	Ⅰ型大城市	300 万—500 万人	杭州市、合肥市、苏州市
	Ⅱ型大城市	100 万—300 万人	无锡市、宁波市、南通市、常州市、绍兴市、芜湖市、盐城市、扬州市、泰州市、台州市
中等城市		50 万—100 万人	镇江市、湖州市、嘉兴市、马鞍山市、安庆市、金华市、舟山市、义乌市、慈溪市
小城市	Ⅰ型小城市	20 万—50 万人	铜陵市、滁州市、宣城市、池州市、宜兴市、余姚市、常熟市、昆山市、东阳市、张家港市、江阴市、丹阳市、诸暨市、奉化市、巢湖市、如皋市、东台市、临海市、海门市、嵊州市、温岭市、临安市、泰兴市、兰溪市、桐乡市、太仓市、靖江市、永康市、高邮市、海宁市、启东市、仪征市、兴化市、溧阳市
	Ⅱ型小城市	20 万人以下	天长市、宁国市、桐城市、平湖市、扬中市、句容市、明光市、建德市

第三节 突出矛盾

上海全球城市功能相对较弱，中心城区人口压力大。与纽约、东京、伦敦等全球城市相比，上海城市国际竞争力和国际化程度不够，落户上海的世界 500 强企业总部仅为纽约 10%，外国人口占常住人口比重仅 0.9%。一般性加工制造和服务业比重过高，国际经济、金融、贸易和航运中心功能建设滞后。公共资源过度集中，人口过度向中心城区集聚，带来了交通拥堵、环境恶化、城市运营成本过高等“大城市病”问题。

城市群发展质量不高，国际竞争力不强。制造业附加值不高，高技术和服务经济发展相对滞后，高品质的城市创业宜居和商务商业环境亟需营造。城市间分工协作不够，低水平同质化竞争严重，城市群一体化发展的体制机制有待进一步完善。人均地区生产总值、地均生产总值等反映效率和效益的指标，与其他世界级城市群相比存在明显差距。

表 2 长三角城市群与其他世界级城市群比较

城市群	中国长三角城市群	美国东北部大西洋沿岸城市群	北美五大湖城市群	日本太平洋沿岸城市群	欧洲西北部城市群	英国中南部城市群
面积（万平方公里）	21.2	13.8	24.5	3.5	14.5	4.5
人口（万人）	15033	6500	5000	7000	4600	3650
GDP（亿美元）	20652	40320	33600	33820	21000	20186
人均 GDP（美元/人）	13737	62030	67200	48315	45652	55305
地均 GDP（万美元/平方公里）	974	2920	1370	9662	1448	4485

注：①长三角城市群数据为 2014 年统计数据。②美国东北部大西洋沿岸城市群包括波士顿、纽约、费城、巴尔的摩、华盛顿等城市及其周边市镇。北美五大湖城市群包括芝加哥、底特律、克利夫兰、匹兹堡、多伦多、蒙特利尔等城市及其周边市镇。日本太平洋沿岸城市群包括东京、横滨、静冈、名古屋、大阪、神户、长崎等城市及其周边市镇。欧洲西北部城市群包括巴黎、阿姆斯特丹、鹿特丹、海牙、安特卫普、布鲁塞尔、科隆等城市及其周边市镇。英国中南部城市群包括伦敦、伯明翰、利物浦、曼彻斯特、利兹等城市及其周边市镇。相关数据来源于中科院南京地理与湖泊研究所研究报告。

*城市包容性不足，外来人口市民化滞后。*长三角城市群是我国外来人口最大的集聚地，也是外来人口落户门槛最高的区域之一。城市群内约有2500万人未在常住城市落户，未能在教育、就业、医疗、养老、保障性住房等方面均等化享受城镇居民基本公共服务。城市内部二元矛盾突出，给经济社会发展带来诸多风险隐患。

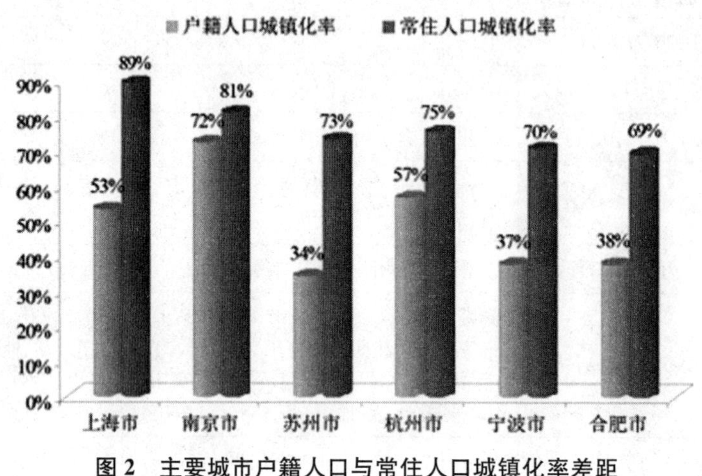

图2　主要城市户籍人口与常住人口城镇化率差距

*城市建设无序蔓延，空间利用效率不高。*2013年长三角城市群建设用地总规模达到36153平方公里，国土开发强度达到17.1%，高于日本太平洋沿岸城市群15%的水平，后续建设空间潜力不足。上海开发强度高达36%，远超过法国大巴黎地区的21%、英国大伦敦地区的24%。粗放式、无节制的过度开发，新城新区、开发区和工业园区占地过大，导致基本农田和绿色生态空间减少过快过多，严重影响到区域国土空间的整体结构和利用效率。

*生态系统功能退化，环境质量趋于恶化。*生态空间被大量蚕食，区域碳收支平衡能力日益下降。湿地破坏严重，外来有害生物威胁加剧，太湖、巢湖等主要湖泊富营养化问题严峻，内陆河湖水质恶化，约半数河流监测断面水质低于III类标准；近岸海域水质呈下降趋势，海域水体呈中度富营养化状态。区域性灰霾天气日益严重，江浙沪地区全年空气质量达标天数少于250天。城市生活垃圾和工业固体废弃物急剧增加，土壤复合污染加剧，部分农田土壤多环芳烃或重金属污染严重。

第四节　重大机遇

国家“一带一路”和长江经济带战略的实施，为长三角城市群充分发挥区位优势和开放优势，更高层次更高水平参与国际合作和竞争带来了新空间。国家新型城镇化战略实施，提出把城市群作为推进新型城镇化的主体形态，为创新长三角城市群空间管理模式和提升城镇化质量提供了新动力。全面深化改革进入新阶段，市场在资源配置中起决定性作用和更好发挥政府作用，为创新长三角城市群发展模式、建立健全一体化发展体制机制注入了新活力。我国发展进入新常态，要求经济增长更多依靠科技进步、劳动者素质提升和管理创新，为长三角更好发挥科教创新优势，推动创新发展、转型升级带来了新契机。生态文明理念和绿色城镇化要求，为推进长三角城市群绿色转型，促进生态环境步入良性循环轨道指明了新路径。

第二章　建设具有全球影响力的世界级城市群

深入推进长三角城市群建设，必须坚持世界标准、瞄准国际标杆，充分发挥要素集聚和空间集中效应，补齐短板、消除瓶颈，全面提升国际竞争力和可持续发展能力。

第一节 指导思想

全面贯彻党的十八大和十八届三中、四中、五中全会以及中央城镇化工作会议、中央城市工作会议精神，按照“五位一体”总体布局和“四个全面”战略布局，牢固树立和贯彻落实创新、协调、绿色、开放、共享的新发展理念，着力加强供给侧结构性改革，加快培育新的发展动能，以上海建设全球城市为引领，以共建全球科技创新集群为支撑，以共守生态安全为前提，以健全包容共享的体制机制为保障，构建网络化、开放型、一体化发展格局，持续在制度创新、科技进步、产业升级、城乡统筹、全方位开放、绿色发展等方面走在全国前列，联手打造具有全球影响力的世界级城市群，加快形成国际竞争新优势，更好服务于“一带一路”建设和长江经济带发展战略，充分发挥对全国经济社会发展的重要支撑和引领作用。

第二节 基本原则

——统筹规划，合理布局。根据资源环境承载能力、现有基础和发展潜力，优化国土空间开发格局，科学确定城市群边界、最小生态安全距离和空间结构，统筹经济社会发展、人口空间分布、陆海资源利用、生态建设和环境保护、基础设施建设和对内对外开放，形成引领全国在更高层面参与国际合作和竞争的强大引擎。

——分工协作，协同发展。从提升区域整体竞争力出发，发挥各地比较优势，协调处理好上海与其他城市、沿海沿江城市与腹地城市、中心城市与中小城市的关系，明确城市功能定位，强化错位发展，协同推进城乡发展一体化和农业现代化，形成优势互补、各具特色的协同发展格局。

——改革引领，创新驱动。坚持科技创新和制度创新并进，整合科技创新资源，强化科技成果转化，共建技术创新链和区域协同创新体系，率先实现经济转型升级。加快制度创新和先行先试，率先接轨国际经贸规则，率先建立一体化体制机制，当好改革开放排头兵、科学发展先行者。

——生态文明，绿色发展。将绿色城镇化理念全面融入城市群建设，尊重自然格局，依托现有山水脉络等优化城市空间布局形态，构建形成绿色化的生产生活方式和城市建设运营模式，推进生态共保环境共治，加快走出一条经济发展和生态文明建设相辅相成、相得益彰的新路子。

——市场主导，政府引导。遵循城市群演进的客观规律，充分发挥市场配置资源的决定性作用，增强城市群转型升级的内生动力，更好发挥政府在空间开发管制、基础设施布局、公共服务供给、体制机制建设等方面的作用，有效提升城市群发展质量。

第三节 战略定位

总体定位。顺应时代潮流，服务国家现代化建设大局，从战略高度优化提升长三角城市群，打造改革新高地、争当开放新尖兵、带头发展新经济、构筑生态环境新支撑、创造联动发展新模式，建设面向全球、辐射亚太、引领全国的世界级城市群。

围绕总体定位，加快在以下发展定位上实现突破：

——最具经济活力的资源配置中心。围绕上海国际经济、金融、贸易、航运中心建设以及中国（上海）自由贸易试验区建设，加快制度创新和先行先试，成为资源配置效率高、辐射带动能力强、国际化市场化法制化制度体系完善的资源配置中心。

——具有全球影响力的科技创新高地。瞄准世界科技前沿领域和顶级水平，建立健全符合科技进步规律的体制机制和政策法规，最大程度激发创新主体、创业人才的动力、活力和能力，成为全球创新网络的重要枢纽，以及国际性重大科学发展、原创技术发明和高新科技产业培育的重要策源地。

——全球重要的现代服务业和先进制造业中心。加快推进产业跨界融合，重点发展高附加值产业、高增值环节和总部经济，加快培育以技术、品牌、质量、服务为核心的竞争新优势，打造若干规模和水平居国际前列的先进制造产业集群，形成服务经济主导、智能制造支撑的现代产业体系。

——亚太地区重要国际门户。服务国家"一带一路"战略，提高开放型经济发展水平，打造在亚太乃至全球有重要影响力的国际金融服务体系、国际商务服务体系、国际物流网络体系，在更高层次参与国际合作和竞争。

——全国新一轮改革开放排头兵。加快推进简政放权、放管结合、优化服务改革，统筹综合配套改革试点和开放平台建设，复制推广自由贸易试验区、自主创新示范区等成熟改革经验，在政府职能转变、要素市场一体化建设、公共服务和社会事业合作、体制机制创新等方面先行先试。在提升利用外资质量和水平、扩大服务业对外开放、集聚国际化人才、探索建立自由贸易港区等方面率先突破，加快探索形成可复制可推广的新经验新模式，形成引领经济发展新常态的体制机制和发展方式。

——美丽中国建设示范区。牢固树立并率先践行生态文明理念，依托江河湖海丰富多彩的生态本底，发挥历史文化遗产众多、风景资源独特、水乡聚落点多面广等优势，优化国土空间开发格局，共同建设美丽城镇和乡村，共同打造充满人文魅力和水乡特色的国际休闲消费中心，形成青山常在、绿水常流、空气常新的生态型城市群。

第四节 发展目标

中期目标。到 2020 年，基本形成经济充满活力、高端人才汇聚、创新能力跃升、空间利用集约高效的世界级城市群框架，人口和经济密度进一步提高，在全国 2.2%的国土空间上集聚 11.8%的人口和 21%的地区生产总值。

——集约紧凑、疏密有致的空间格局基本形成。空间开发管制和环境分区控制制度全面建立，建设用地蔓延趋势得到有效遏制，开发强度得到有效控制，划入生态保护红线的区域面积占比稳定在 15%以上，基本形成与资源环境承载能力相适应的总体格局。城市开发边界、永久基本农田和生态保护红线制度得到有效实施，特大城市和大城市建设用地实现由增量扩张向存量挖潜转变，上海建设用地规模实现减量化。

——高附加值现代产业体系和区域协同创新体系全面形成。服务经济为主导、智能制造为支撑的现代产业体系更加健全，优势制造领域竞争力进一步增强，形成一批具有较强国际竞争力的跨国公司和产业集群。区域协同创新体系更加完善，科技创新能力显著增强，引领和支撑国家创新驱动发展的核心作用进一步凸显。

——保障有力的支撑体系和生态格局全面建立。枢纽型、功能性、网络化的基础设施体系全面建成，省际基础设施共建共享、互联互通水平显著提升。生态环境质量总体改善，区域突出环境问题得到有效治理，一体化、多层次、功能复合的区域生态网络基本形成，江河湖海、丘陵山地等多元化生态要素得到有效保护，江南水乡、皖南古村、滨海渔庄的历史文脉得到有效保护和传承。

——城市群一体化发展的体制机制更加健全。阻碍生产要素自由流动的行政壁垒和体制机制障碍基本消除，统一市场基本形成，户籍人口城镇化率稳步提高，公共服务共建共享、生态环境联防联治的机制不断健全，城市群成本分担和利益共享机制不断创新，省际毗邻重点地区一体化步伐加快，多元化主体参与、多种治理模式并存的城市群治理机制建设取得突破。

远期目标。到 2030 年，长三角城市群配置全球资源的枢纽作用更加凸显，服务全国、辐射亚太的门户地位更加巩固，在全球价值链和产业分工体系中的位置大幅跃升，国际竞争力和影响力显著增强，全面建成全球一流品质的世界级城市群。

第三章 构建适应资源环境承载能力的空间格局

依据资源环境承载能力，优化提升核心地区，培育发展潜力地区，促进国土集约高效开发，形成“一核五圈四带”网络化空间格局。

第一节 强化主体功能分区的基底作用

依据主体功能区规划，按照国土开发强度、发展方向以及人口集聚和城乡建设的适宜程度，将国土空间划分为优化开发区域、重点开发区域、限制开发区域三种类型。优化开发区域，是指资源环境承载能力出现阶段性饱和的地区，主要分布在上海、苏南、环杭州湾等地区。要率先转变空间开发模式，严格控制新增建设用地规模和开发强度，适度扩大农业和生态空间。

重点开发区域，是指资源环境承载能力还具有较大潜力的地区，主要分布在苏中、浙中、皖江、沿海部分地区。要强化产业和人口集聚能力，适度扩大产业和城镇空间，优化农村生活空间，严格保护绿色

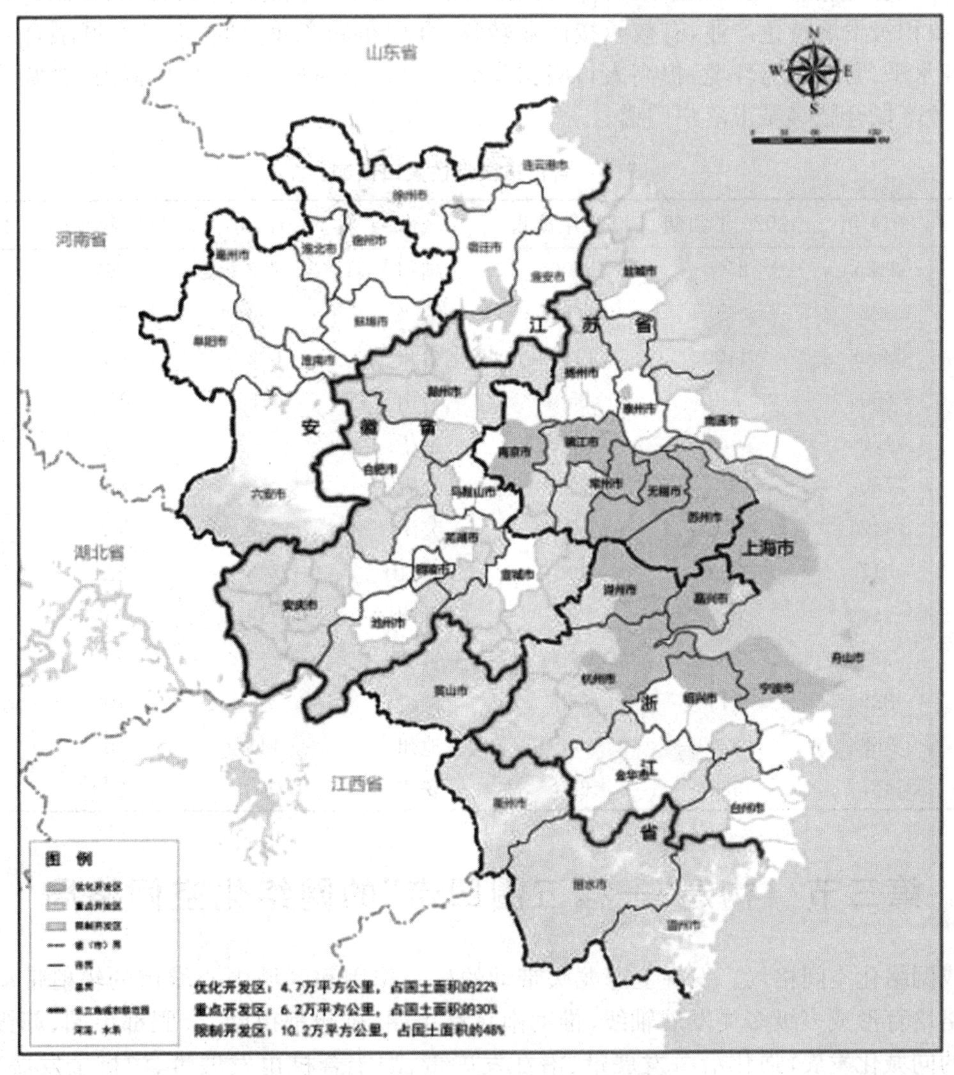

图 3 长三角城市群主体功能区示意图

生态空间。

限制开发区域，是指生态敏感性较强、资源环境承载能力较低的地区，主要分布在苏北、皖西、浙西等的部分地区。要严格控制新增建设用地规模，实施城镇点状集聚开发，加强水资源保护、生态修复与建设，维护生态系统结构和功能稳定。

第二节 推动人口区域平衡发展

严格控制上海中心城区人口规模。合理确定全市特别是中心城区人口规模调控目标，坚持政府引导与市场机制相结合，推动以产业升级调整人口存量、以功能疏解调控人口增量。优化公共服务资源配置，引导人口向郊区、重点小城镇和临沪城市合理分布。采取积分制等方式设置阶梯式落户通道调控落户规模和节奏。探索建立户籍人口有进有出、双向流动的新机制。

适度控制其他优化开发区域人口过快增长。特大城市中心城区等其他优化开发区域，采取完善卫星城配套功能、强化与周边中小城市联动发展等措施，推动人口合理分布；通过产业升级和功能疏解等方式，有效控制人口过快集聚。

引导人口加快向重点开发区域集聚。合肥、南通、扬州、泰州、宁波、绍兴、台州、芜湖、马鞍山、滁州、宣城等城市，要积极发展特色产业，有效承接产业转移，合理布局产业空间，促进产城融合，提升公共产品和公共服务水平，营造宜居环境，提高人口吸引集聚能力。全面放开芜湖、马鞍山、盐城、泰州等城市落户限制，有效降低合肥等城市落户门槛。

表3 各市市域常住人口预测

单位：万人

城市	2014年	2020年预期	2030年预测	城市	2014年	2020年预期	2030年预测
上海	2426	2500	2500	湖州	292	297	307
南京	822	950	1060	绍兴	496	534	551
苏州	1059	1100	1150	台州	602	625	660
无锡	650	720	850	舟山	115	150	200
常州	470	570	650	金华	544	554	565
南通	730	870	910	合肥	770	860	1000
扬州	447	560	570	芜湖	362	430	530
镇江	317	360	400	马鞍山	223	260	330
泰州	464	560	580	滁州	399	460	560
盐城	722	755	800	宣城	257	290	340
杭州	889	940	950	铜陵	74	100	130
宁波	768	820	900	池州	143	160	180
嘉兴	457	590	690	安庆	538	570	630

第三节 构建“一核五圈四带”的网络化空间格局

促进形成网络化空间格局。发挥上海龙头带动的核心作用和区域中心城市的辐射带动作用，依托交通运输网络培育形成多级多类发展轴线，推动南京都市圈、杭州都市圈、合肥都市圈、苏锡常都市圈、宁波都市圈的同城化发展，强化沿海发展带、沿江发展带、沪宁合杭甬发展带、沪杭金发展带的聚合发展，构建“一核五圈四带”的网络化空间格局。

提升上海全球城市功能。按照打造世界级城市群核心城市的要求，加快提升上海核心竞争力和综合服务功能，加快建设具有全球影响力的科技创新中心，发挥浦东新区引领作用，推动非核心功能疏解，推进与苏州、无锡、南通、宁波、嘉兴、舟山等周边城市协同发展，引领长三角城市群一体化发展，提升服务长江经济带和"一带一路"等国家战略的能力。

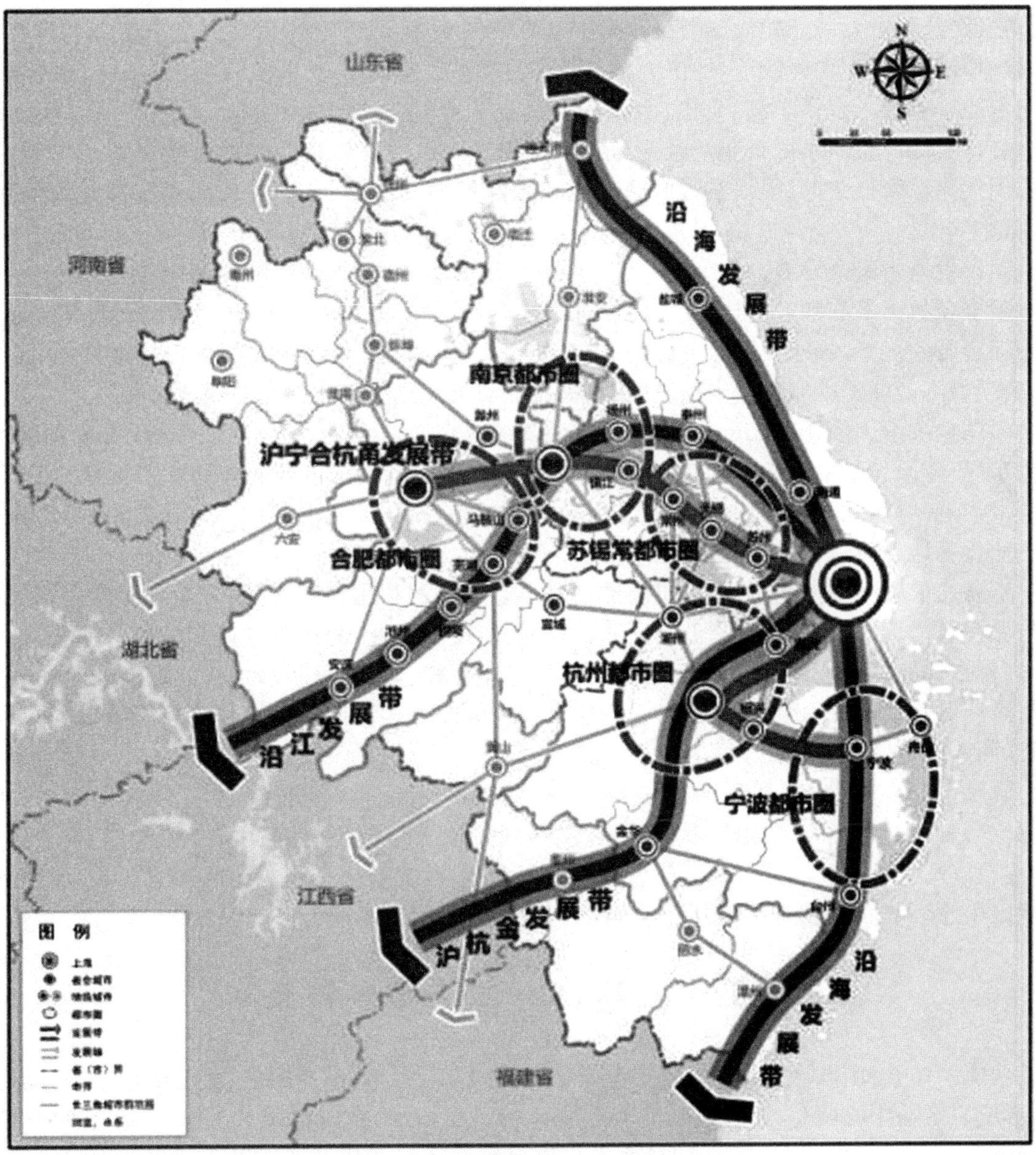

图4 长三角城市群空间格局示意图

促进五个都市圈同城化发展。

——南京都市圈。包括南京、镇江、扬州三市。提升南京中心城市功能，加快建设南京江北新区，加快产业和人口集聚，辐射带动淮安等市发展，促进与合肥都市圈融合发展，打造成为区域性创新创业高地和金融商务服务集聚区。

——杭州都市圈。包括杭州、嘉兴、湖州、绍兴四市。发挥创业创新优势，培育发展信息经济等新业态新引擎，加快建设杭州国家自主创新示范区和跨境电子商务综合试验区、湖州国家生态文明先行示范区，建设全国经济转型升级和改革创新的先行区。

——合肥都市圈。包括合肥、芜湖、马鞍山三市。发挥在推进长江经济带建设中承东启西的区位优势和创新资源富集优势，加快建设承接产业转移示范区，推动创新链和产业链融合发展，提升合肥辐射带动功能，打造区域增长新引擎。

——苏锡常都市圈。包括苏州、无锡、常州三市。全面强化与上海的功能对接与互动，加快推进沪苏通、锡常泰跨江融合发展。建设苏州工业园国家开放创新综合试验区，发展先进制造业和现代服务业集聚区，推进开发区城市功能改造，加快生态空间修复和城镇空间重塑，提升区域发展品质和形象。

——宁波都市圈。包括宁波、舟山、台州三市。高起点建设浙江舟山群岛新区和江海联运服务中心、宁波港口经济圈、台州小微企业金融服务改革创新试验区。高效整合三地海港资源和平台，打造全球一流的现代化综合枢纽港、国际航运服务基地和国际贸易物流中心，形成长江经济带龙头龙眼和“一带一路”战略支点。

促进四条发展带聚合发展。

——沪宁合杭甬发展带。依托沪汉蓉、沪杭甬通道，发挥上海、南京、杭州、合肥、宁波等中心城市要素集聚和综合服务优势，积极发展服务经济和创新经济，成为长三角城市群吸聚最高端要素、汇集最优秀人才、实现最高产业发展质量的中枢发展带，辐射带动长江经济带和中西部地区发展。

——沿江发展带。依托长江黄金水道，打造沿江综合交通走廊，促进长江岸线有序利用和江海联运港口优化布局，建设长江南京以下江海联运港区，推进皖江城市带承接产业转移示范区建设，打造引领长江经济带临港制造和航运物流业发展的龙头地区，推动跨江联动和港产城一体化发展，建设科技成果转化和产业化基地，增强对长江中游地区的辐射带动作用。

——沿海发展带。坚持陆海统筹，协调推进海洋空间开发利用、陆源污染防治与海洋生态保护。合理开发与保护海洋资源，积极培育临港制造业、海洋高新技术产业、海洋服务业和特色农渔业，推进江海联运建设，打造港航物流、重化工和能源基地，有序推进滨海生态城镇建设，加快建设浙江海洋经济示范区和通州湾江海联动开发示范区，打造与生态建设和环境保护相协调的海洋经济发展带，辐射带动苏皖北部、浙江西南部地区经济全面发展。

——沪杭金发展带。依托沪昆通道，连接上海、嘉兴、杭州、金华等城市，发挥开放程度高和民营经济发达的优势，以中国(上海)自由贸易试验区、义乌国际贸易综合改革试验区为重点，打造海陆双向开放高地，建设以高技术产业和商贸物流业为主的综合发展带，统筹环杭州湾地区产业布局，加强与衢州、丽水等地区生态环境联防联治，提升对江西等中部地区的辐射带动能力。

第四节 打造一体化城乡体系

构筑功能一体、空间融合的城乡体系。培育区域性生产、贸易、高端服务、交通运输、创新、旅游等特色职能，形成以区域中心城市为核心、功能节点城市(镇)为纽带、乡村地域为支撑，生态空间开敞、城乡风貌各异，紧凑型、网络化的一体化城乡体系。推进市域城乡一体化发展。以市域空间为整体推进规划和建设，严格划定城市开发边界、永久基本农田和生态保护红线，统筹城镇建设、基础设施布局、农田保护、产业集聚、村落分布、生态涵养，推进农村一二三产业融合发展，加强“菜篮子”工程建设。

强化特大镇对城乡体系的支撑作用。要加快推进特大镇行政管理体制改革，开展特大镇功能设置试点和设市模式改革创新试点，在降低行政成本和提升行政效率的基础上不断拓展特大镇功能，充分发挥长三角城市群数量众多的特大镇作为区域生产网络重要节点的作用。

第四章 创新驱动经济转型升级

实施创新驱动发展战略，营造大众创业万众创新良好生态，立足区域高校科研院所密集、科技人才资源丰富优势，面向国际国内聚合创新资源，健全协同创新机制，构建协同创新共同体，培育壮大新动能，加快发展新经济，支撑引领经济转型升级，增强经济发展内生动力和活力。

第一节 共建内聚外合的开放型

创新网络构建协同创新格局。建设以上海为中心、宁杭合为支点、其他城市为节点的网络化创新体系。强化上海创新思想策源、知识创造、要素集散等功能，加快张江国家自主创新示范区建设，重点提升原始创新和技术服务能力。挖掘苏浙皖创新资源，加快苏南国家自主创新示范区、杭州国家自主创新示范区、合芜蚌自主创新综合试验区建设，集中打造南京、杭州、合肥、宁波等创新节点，重点提升应用研究和科技成果转化能力。

培育壮大创新主体。建立健全企业主导产业技术研发创新的体制机制，促进创新要素向企业集聚。鼓励大型企业发挥创新骨干作用，加快培育科技型中小企业和创新型企业，支持企业整合利用国内外创新资源。深化科研院所改革，推动企业、高校和科研机构加强产学研合作，探索建立具有国际一流水平的创新实验室和创新中心，加快区域科技成果转化。

共建共享创业创新平台。大力推进大众创业万众创新，加快“双创”示范基地建设，完善创业培育服务，打造创业服务与创业投资结合、线上与线下结合的开放式服务载体。积极融入全球创新网络，依托丰富科教资源，加快推进创新平台建设。打通学科间、院校间、机构间的界限，建设世界级大科学设施集群，打造以基础性和原创性研究为主的协同创新平台。研究建立长三角城市群技术交易中心和专利信息资源库，加强科技资源交流共享。联合组建技术转移服务机构，加快推进国家技术转移东部中心建设，打通高校、科研机构和企业间科技成果转移转化通道，打造主要面向市场和应用的成果转化平台。加强检验检测公共技术服务平台建设。构建军民融合服务创新平台，推动先进技术双向转移转化。

第二节 推进创新链产业链深度融合

强化主导产业链关键领域创新。以产业转型升级需求为导向，聚焦电子信息、装备制造、钢铁、石化、汽车、纺织服装等产业集群发展和产业链关键环节创新，改造提升传统产业，大力发展金融、商贸、物流、文化创意等现代服务业，加强科技创新、组织创新和商业模式创新，提升主导产业核心竞争力。

依托优势创新链培育新兴产业。积极利用创新资源和创新成果培育发展新兴产业，加强个性服务、增值内容、解决方案等商业模式创新，积极稳妥发展互联网金融、跨境电子商务、供应链物流等新业态，推动创新优势加快转化为产业优势和竞争优势。

第三节 营造创新驱动发展良好生态

优化专业服务体系。鼓励共建创新服务联盟，培育协同创新服务机构，强化技术扩散、成果转化、科技评估和检测认证等专业化服务。发展“孵化+创投”模式，建设创客空间，集成提供创业辅导、市场开拓、融资担保等链式孵化服务。在充分利用现有科技资源、统筹考虑现有科研布局的基础上，支持科研院所、科技中介按程序设立异地分支机构，提供专利挖掘、申请、维护和管理等服务。加强中小企业公共服务平台网络建设，增加知识产权、教育培训、投融资等一站式服务。有条件的地方继续探索通过创新券、创业券等新模式，加强对创新企业在人才培训、管理咨询、检验检测、质量品牌等方面的公共服务。

健全协同创新机制。加强区域创新资源整合，集合优质资源与优势平台，加快形成科教资源共建共享的机制，推进人才联合培养和科技协同攻关。优化区域创新组织方式，设立长三角城市群协同创新中心，深化区域创新研发、集成应用、成果转化协作。深入实施知识产权战略行动计划，完善统一的知识产权价值评估机制，健全长三角城市群知识产权审判体系。鼓励社会资本投资知识产权运营领域，创新知识产权投融资产品，探索知识产权证券化，完善知识产权信用担保机制。充分利用国家科技成果转化引导基金，通过股权投入、风险补偿等形式，支持科技研发与成果转化。

营造有利于创新人才脱颖而出的环境。实施更加积极的人才政策，加强区域联动，加大引进具有世界水平的科学家、科技领军人才、工程师和高水平创新团队力度。探索构建创新型人才培养模式，积极培养高技能人才、职业经理人和中层管理人员。完善人才激励机制，健全科研人才双向流动机制，充分激发人才活力。

第五章　健全互联互通的基础设施网络

统筹推进交通、信息、能源、水利等基础设施建设，推进军地资源优化配置、功能兼容、合理共享，构建布局合理、设施配套、功能完善、安全高效的现代基础设施网络，提升基础设施互联互通和服务水平。

第一节　构筑以轨道交通为主的综合交通网络

完善城际综合交通网络。依托国家综合运输大通道，以上海为核心，南京、杭州、合肥为副中心，以高速铁路、城际铁路、高速公路和长江黄金水道为主通道的多层次综合交通网络。增强京沪高铁、沪宁城际、沪杭客专、宁杭客专等既有铁路城际客货运功能。推进沪宁合、沪杭、合杭甬、宁杭、合安、宁芜安等主要骨干城际通道建设。规划建设上海—南通—泰州—南京—合肥、南通—苏州—嘉兴、上海—苏州—湖州、上海—嘉兴—宁波、安庆—黄山等铁路(含城际铁路)，以及上海—南通跨江通道等城际通道建设，提高城际铁路对5万以上人口城镇、高等级公路对城镇的覆盖水平。

优化区域高速公路布局，健全区域协作机制，加强高速公路管理设施与安全防护设施建设，提升沪宁合、宁杭、合芜等高速公路的通行能力、应急保障能力和安全防护水平。发挥长三角高等级航道作用，提升城际货运能力。提升综合交通枢纽辐射能力。着力打造上海国际性综合交通枢纽，加快建设南京、杭州、合肥、宁波等全国性综合交通枢纽，以及南通、芜湖、金华等区域性综合交通枢纽，提升辐射能力与水平。按照“零距离换乘，无缝化衔接”的要求，着力打造集铁路、公路、民航、城市交通于一体的综合客运枢纽，大力推进综合货运枢纽和物流园区建设。以上海国际航运中心为核心，优化整合沿海沿江港口，形成分工合理、协同发展、军民融合的长三角现代化港口群。构建以上海为核心、分工协作、差异化发展的多层级机场体系。拓展上海浦东国际机场国际辐射功能，提升上海虹桥、杭州、南京等枢纽机场能力，强化合肥、宁波、无锡等干线机场能力，建设芜湖、蚌埠、滁州等支线机场，推进军民合用机场建设。大力发展通用航空，合理布局通用机场建设。实现长三角城市群航线网络覆盖全球各大区域的主要国家和城市，连通国内省会城市、重要枢纽及干支线民用运输机场。深化机场群与综合交通运输体系的融合。推进以枢纽机场为核心的临空经济区发展。

加快打造都市圈交通网。加快上海城市轨道交通网建设，提升中心城区地铁、轻轨网络化水平，建设连通中心城区和郊区城镇的市域(郊)铁路，适时研究延伸至苏州、南通、嘉兴等临沪地区。加快构建各都市圈同城化交通网，强化南京、杭州、合肥、苏州、宁波城市轨道交通网，推进无锡、常州等城市轨道

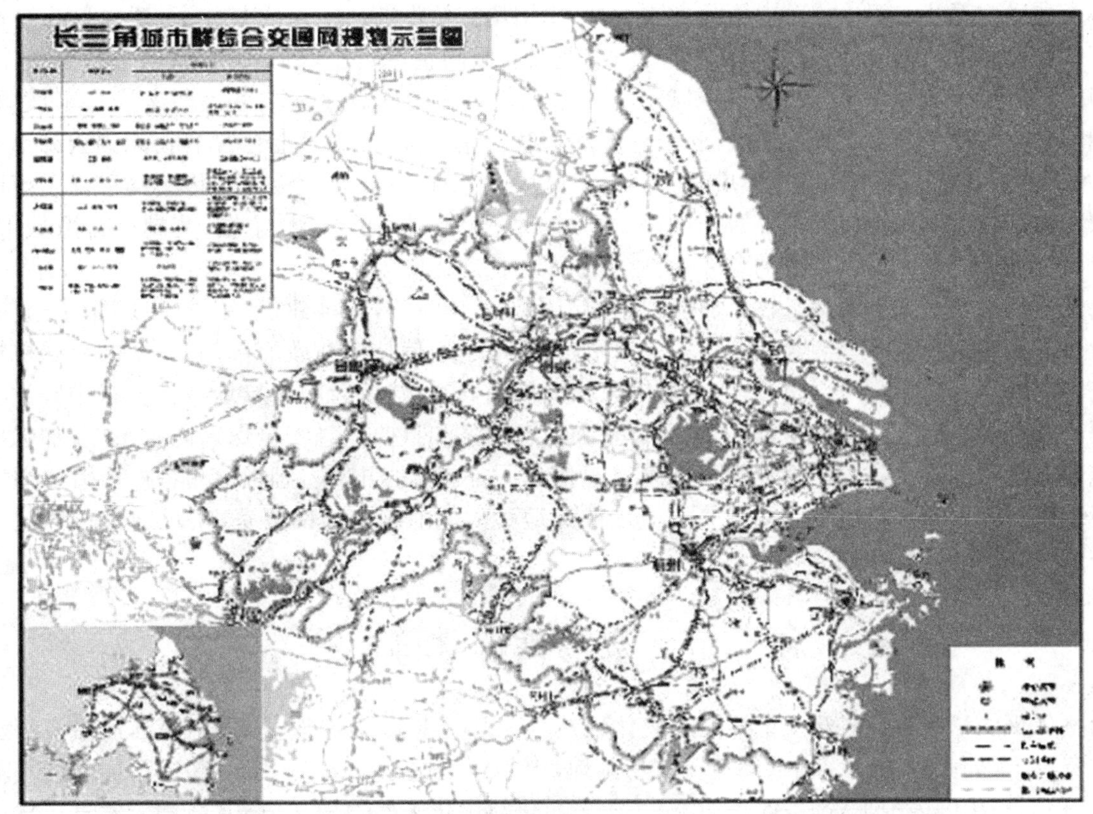

图 5 长三角城市群综合交通网规划示意图

交通主骨架建设，加快都市圈城际铁路（市域铁路）建设，形成中心城市与周边重要城镇间以轨道交通为骨干、公路交通为基础的交通网络。

畅通对外综合运输通道。统筹协调长三角城市群对外通道建设，打造长江黄金水道及长三角高等级航道网，规划建设沿江高速铁路，构筑与长江中游、成渝以及滇中、黔中城市群间的大能力、高速化运输通道。建设沿海铁路，强化与海峡西岸、山东半岛等地区间的联系。打通跨区域高速公路主通道、普通国省干线通道的“断头路”。

提升运输服务能力与水平。强化中心城市之间点对点高速客运服务、中心城市与节点城市及节点城市之间快速客运服务、中心城区与郊区之间通勤客运服务。推进城市群内客运交通公交化运营，提供同城化交通服务，推行不同客运方式客票一体联程和不同城市一卡互通。加快发展铁水、公铁、空铁和江河海联运，加快船型标准化改造，发展精益物流、共同配送等多样化专业化城际货运服务。强化信息资源整合，实现城市群交通信息互通共享。

第二节 构建泛在普惠的信息网络

实现高速网络普遍覆盖。加快建设覆盖区域、辐射周边、服务全国、联系亚太、面向世界的下一代信息基础设施。完善区域网络布局，加快通信枢纽和骨干网建设，推进网间互联宽带扩容，优化主要城市的通信网络结构，提升网络质量。积极发挥上海亚太信息通信枢纽和南京等国家级互联网骨干直联点作用，实施新跨太平洋国际海底光缆工程，加快互联网国际出入口带宽扩容，全面提升流量转接能力。促进骨干网、城域网、数据中心和支撑系统 IPv6 升级改造。加快实现无线局域网在热点区域和重点线路全覆盖，率先实现城市固网宽带全部光纤接入。

率先建成智慧城市群。推动电子政务平台跨部门跨城市横向对接和数据共享，建立城市群政务信息共享和业务协同机制。加强政府与基础电信企业及互联网企业合作，充分整合政府和社会数据，提升城市间协同运用大数据水平。积极推进城市群内地理信息高精度数据全域覆盖和交换共享，建立统一的地理信息公共服务平台。推广大数据、云计算和物联网应用，加快建设上海、杭州、无锡云计算示范城市，上海、浙江、江苏国家物联网重大应用示范工程区域试点省市，以及无锡国家传感网创新示范区和盐城国家物联网技术应用推广基地。协同推进上海、南京、杭州、合肥、苏州、宁波、芜湖等智慧城市建设，统一建设标准，开放数据接口，推动政务、交通等方面的智慧化应用。

促进跨区域信息安全联防联控。加强智慧城市网络安全管理，积极建设“京沪干线”量子通信工程，推动量子通信技术在上海、合肥、芜湖等城市使用，促进量子通信技术在政府部门、军队和金融机构等应用。完善跨网络、跨行业、跨部门、跨省市的应急联动机制，积极建设合肥等异地数据灾备中心。在城市群内同步规划、同步设计、同步建设、同步运行基础信息网络和重要信息安全保密防护设施，加强要害信息设施和信息资源安全防护。稳步降费完善普惠信息服务。增强电信企业服务能力，多措并举实现电信资费合理下降。鼓励电信企业逐步取消城市群异地移动电话漫游通话资费，实现通信一体化和电信市场一体化，降低信息沟通成本。

第三节　提高能源保障水平

调整优化能源结构和布局。统筹推进液化天然气（LNG）接收站建设，积极利用浙江沿海深水岸线和港口资源，布局大型 LNG 接收、储运及贸易基地，谋划建设国家级 LNG 储运基地。加强油气输送通道建设，积极利用国内国际资源，促进油源、气源多元化。优化天然气使用方式，新增天然气应优先用于替代燃煤，鼓励发展天然气分布式能源等高效利用项目，限制发展天然气化工项目，有序发展天然气调峰电站。按照“炼化储一体化”原则，优化炼油产业结构和布局，统筹新炼厂建设与既有炼厂升级改造，集约化发展炼油加工产业。推进苏北沿海、浙江沿海、安徽南部核电规划建设。积极开发利用清洁能源，大力发展陆上、浅近海风电和光伏发电，推动沿海地区发展海洋能发电，稳步拓展生物质能利用方式，科学利用地热能。除在建项目外，原则上不再新建单纯扩大产能的煤矿项目，加快淘汰煤矿落后低效产能，严格控制煤炭产能增长。按照安全优先、区别对待、按需消纳、互惠互利的原则，积极稳妥利用区外来电。结合区域内电力电量平衡情况，按照国家小火电关停和煤炭等量替代等相关要求，适度建设清洁高效煤电。全面实施燃煤电厂节能改造。

推进能源基础设施互联互通。完善长三角主干网架结构，加快皖电东送、浙江沿海东电西送、江苏北电南送电力输送通道建设，与“西电东送”、“北电南送”主通道实现互联互通。加快区际区内石油管网建设，推进宁波、舟山等原油储备基地建设，创建国家级石油储备中心，构建清洁快速便捷的油品供应体系。完善天然气主干管网布局，配套建设天然气门站和大型 LNG 调峰站，加快天然气管网互联互通，增加主干线管道双向输送功能。推动完善沿长江清洁能源供应通道建设。加快建设长三角大型煤炭储配基地，重点在沿海沿江地区建设一批煤炭物流园区。完善煤炭应急储备体系建设。

加快能源利用方式变革。降低能源消费强度，加强能源消费总量控制。建立健全用能权初始分配制度，培育发展交易市场。推动建筑用能绿色化发展，提高建筑节能设计标准，推进建筑节能改造，推广被动式超低能耗建筑，新建的政府投资公共建筑、大型公共建筑应当至少利用一种可再生能源，加快节能产品推广。强化工业领域节能，力争主要工业领域单位产品能耗达到并优于世界先进水平。推进交通运输节能，加快提升车用燃油品质，加快发展 LNG 车辆、船舶，积极发展纯电动汽车和插电式混合动力汽车。

第四节 强化水资源安全保障

提升水资源保障能力。按照"节水优先"的要求，大力推进灌区改造、雨洪资源利用等节约水、涵养水的工程。充分发挥丰富的地表水资源优势，以解决水质性缺水和保障饮水安全为重点，强化重大引提调水工程建设。加强青草沙水库等重要水源地保护，加强长江口咸潮倒灌控制，加快太湖流域水环境综合治理骨干引排工程、舟山大陆引水等工程建设，推进引江济淮工程前期工作。强化饮用水水源地保护，加大应急备用水源工程建设力度，实施管网互联互通工程，建立江河水、水库水和海水淡化互济的供水保障体系。扩大海水淡化和中水回用规模，在新增工业园区推行海水利用。实行最严格水资源管理制度，加快划定用水总量、用水效率和水功能区限制纳污红线。建立水资源水环境监测预警机制，促进经济社会发展与水资源环境承载能力相协调。

完善防洪防潮减灾综合体系。加强防灾减灾综合能力建设，提高应对各种灾害和突发事件的能力。实施长江干流、钱塘江干流、太湖环湖大堤及骨干出入湖河道、长江主要支流、主要入海河流等综合治理工程，提高防洪防潮能力。加强沿海、沿江、环湖、沿河城市堤防和沿海平原骨干排涝工程建设。统筹流域、区域、城市水利治理标准与布局，依托流域和区域治理，强化城市内部排水系统和蓄水能力建设，有效解决城市内涝问题。推进病险水库和大中型病险水闸除险加固，全面消除安全隐患。加强河道洲滩的管理与控制利用，统筹协调主要江河上下游和重点海堤防洪减灾，建设山洪、台风灾害防治区监测预警系统，加强工程调度，提高防洪防潮减灾应急能力。在山洪灾害重点区域构建非工程措施与工程措施相结合的山洪灾害综合防御体系。

第六章 推动生态共建环境共治

长三角地区既是经济发达和人口密集地区，也是生态退化和环境污染严重地区。优化提升长三角城市群，必须坚持在保护中发展、在发展中保护，把生态环境建设放在突出重要位置，紧紧抓住治理水污染、大气污染、土壤污染等关键领域，溯源倒逼、系统治理，带动区域生态环境质量全面改善，在治理污染、修复生态、建设宜居环境方面走在全国前列，为长三角率先发展提供新支撑。

第一节 共守生态安全格局

外联内通共筑生态屏障。强化省际统筹，推动城市群内外生态建设联动，建设长江生态廊道，依托黄海、东海、淮河—洪泽湖共筑东部和北部蓝色生态屏障，依托江淮丘陵、大别山、黄山—天目山—武夷山、四明山—雁荡山共筑西部和南部绿色生态屏障。

严格保护重要生态空间。贯彻落实国家主体功能区制度，划定生态保护红线，加强生态红线区域保护，确保面积不减少、性质不改变、生态功能不降低。加强自然保护区、水产种质资源保护区的生态建设和修复，维护生物多样性。严格保护沿江、湖泊、山区水库等饮用水水源保护区和清水通道，研究建立太湖流域生态保护补偿机制，保障饮用水安全。全面加强森林公园、重要湿地、天然林保护，提升水源涵养和水土保持功能。加强风景名胜区、地质遗迹保护区管控力度，维护自然和文化遗产原真性和完整性。严格控制蓄滞洪区及其他生态敏感区域人工景观建设。严格保护重要滨海湿地、重要河口、重要砂质岸线及沙源保护海域、特殊保护海岛及重要渔业海域。严格控制特大城市和大城市的建设用地规模，发挥永久基本农田作为城市实体开发边界作用。

实施生态建设与修复工程。实施湿地修复工程，推进外来有害生物除治，恢复湿地景观，完善湿地

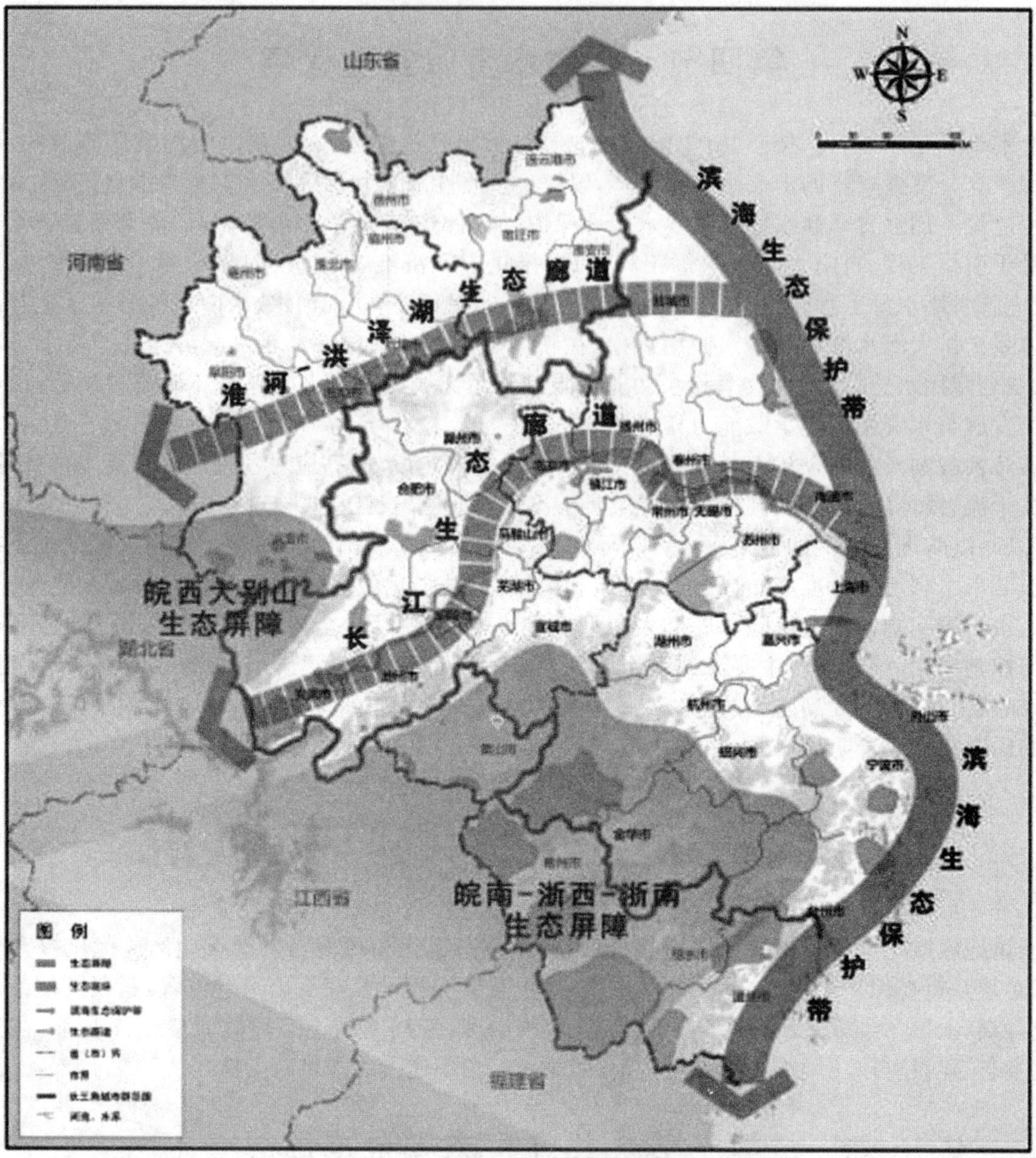

图 6　长三角城市群生态屏障示意图

生态功能。实施退耕还林和防护林建设工程，深入推进水土保持林、水源涵养林建设，维持和改善物种栖息地生态环境。实施小流域水土流失治理工程，综合采用水土保持耕作、林草种植与工程性措施，保护小流域水土资源。实施矿山恢复治理工程，综合整治关停宕口，推进山体复绿，加大河口和海湾典型生态系统保护力度。实施海洋生态整治修复工程，有效恢复受损的湿地、岸滩、海湾、海岛、河口、珊瑚礁等典型海洋生态系统。

第二节　推动环境联防联治

深化跨区域水污染联防联治。以改善水质、保护水系为目标，建立水污染防治倒逼机制。在江河源头、饮用水水源保护区及其上游严禁发展高风险、高污染产业。加大农业面源污染治理力度，实施化肥、农药零增长行动，进一步优化畜禽养殖布局和合理控制养殖规模，大力推进畜禽养殖污染治理和资源化

利用工程建设。对造纸、印刷、农副产品加工、农药等重点行业实施清洁化改造，加强长江、钱塘江、京杭大运河、太湖、巢湖等的水环境综合治理，完善区域水污染防治联动协作机制。实施跨界河流断面达标保障金制度。整治长江口、杭州湾污染，全面清理非法和设置不合理的入海排污口，入海河流基本消除劣Ⅴ类水体，沿海地级及以上城市实施总氮、总磷、重金属污染物排放总量控制，强化陆源污染和船舶污染防治。实施秦淮河、苕溪、滁河等山区小流域以及苏南、杭嘉湖、里下河、入海河流等平原河网水环境综合整治工程。

*联手打好大气污染防治攻坚战。*完善长三角区域大气污染防治协作机制，统筹协调解决大气环境问题。优化区域能源消费结构，积极有序发展清洁能源，新增特高压输电，建立煤炭消费减量化硬目标，全面推进煤炭清洁利用，到2017年上海、江苏、浙江实现煤炭消费总量负增长。上海、江苏、浙江新建项目禁止配套建设自备燃煤电站；耗煤项目要实行煤炭减量替代；除热电联产外，禁止审批新建燃煤发电项目；现有多台燃煤机组装机容量合计达到30万千瓦以上的，可按照煤炭等量替代的原则建设大容量燃煤机组。长三角城市群加快现有工业企业燃煤设施天然气替代步伐，到2017年基本完成燃煤锅炉、工业窑炉、自备燃煤电站的天然气替代改造任务。限制高硫石油焦的进口。加快产业布局结构优化调整，提升区域落后产能淘汰标准，推进重点行业产业升级换代。严格执行统一的大气污染物特别排放限制，加快推进煤电机组超低排放改造，到2017年上海、江苏、浙江10万千瓦及以上煤电机组全部完成超低排放改造。到2018年安徽省30万千瓦及以上煤电机组全部完成超低排放改造。加快钢铁、水泥、平板玻璃等重点行业及燃煤锅炉脱硫、脱硝、除尘改造，确保达标排放。推进石化、涂装、包装印刷、涂料生产等重点行业挥发性有机物污染治理。加大黄标车和老旧车辆淘汰力度，推进港口船舶、非道路移动机械大气污染防治，加强对区域超标排放船舶的监管执法力度，确保到2030年城市空气质量全面达标。

*全面开展土壤污染防治。*坚持以防为主，点治片控面防相结合，加快治理场地污染和耕地污染。制定长三角土壤环境质量标准体系，建立污染土地管控治理清单。搬迁关停工业企业改造过程中应当防范二次污染和次生突发环境事件。搬迁关停工业企业应当开展场地环境调查和风险评估，未进行场地环境调查及风险评估、未明确治理修复责任主体的，禁止土地出让流转。集中力量治理耕地污染和大中城市周边、重污染工矿企业、集中污染治理设施周边、重金属污染防治重点区域、集中式饮用水源地周边、废弃物堆存场地的土壤污染。对水、大气、土壤实行协同污染治理，防止产生新的土壤污染。加强规划管控，严格产业项目、矿产资源开发的环境准入，从源头上解决产业项目和矿产资源开发导致的土壤环境污染问题。

*严格防范区域环境风险。*坚持人民利益至上，牢固树立安全发展理念，强化重点行业安全治理，加强危险化学品监管，建立管控清单，重点针对排放重金属、危险废物、持久性有机污染物和生产使用危险化学品的企业和地区开展突发环境事件风险评估，深入排查安全隐患特别是危险化学品和高毒产品在生产、管理、储运等各环节的风险源，健全完善责任体系，提高环境安全监管、风险预警和应急处理能力，跨区域集中统筹配置危险品处置中心。加快淘汰高毒、高残留、对环境和人口健康危害严重物质的生产、销售、储存和使用，推广有毒有害原料（产品）替代品。强化沿江、沿海、沿湾化工园区和油品港口码头的环境监管与风险防范，建设安全城市群。加强城镇公用设施使用安全管理，健全城市抗震、防洪、排涝、消防、应对地质灾害应急指挥体系，完善城市生命通道系统，加强城市防灾避难场所建设，增强抵御自然灾害、处置突发事件和危机管理能力。进一步落实企业主体责任、部门监管责任、党委和政府领导责任，加快健全隐患排查治理体系、风险预防控制体系和社会共治体系，依法严惩安全生产领域失职渎职行为，确保人民群众生命财产安全。

第三节　全面推进绿色城市建设

*推进城市建设绿色化。*严格城市“三区四线”规划管理，合理安排城市生态用地，适度扩大城市生态

空间，修复城市河网水系，保护江南水乡特色，让人们看得到风景、记得住乡愁。统筹规划地下地上空间开发，推进城市地下综合管廊建设，建立健全包括消防、人防、防洪、防震和防地质灾害等在内的城市综合防灾体系。推广低冲击开发模式，加快建设海绵城市、森林城市和绿色低碳生态城区。发展绿色能源，推广绿色建筑和绿色建材，构建绿色交通体系。

节约集约利用资源。以节地、节水和节能为重点，强化优化开发区域的城市重要资源总量利用控制，优化重点开发区域的城市资源利用结构和增速控制，加快推动资源循环利用，建设城市静脉产业基地，提升城市群资源利用总体效率。

推进产业园区循环化和生态化。严格控制高耗能、高排放行业发展，支持形成循环链接的产业体系。以国家级和省级产业园区为重点，推进循环化改造和生态化升级，实现土地集约利用、废弃物交换利用、能量梯级利用、废水循环利用和污染物集中处理。深入推进园区循环化改造试点和生态工业示范园区建设。倡导生活方式低碳化。培育生态文化，引导绿色消费，鼓励低碳出行，倡导简约适度、绿色低碳、文明节约的生活方式。推行"个人低碳计划"，开展"低碳家庭"行动，推进低碳社区建设。

第四节　加强环境影响评价

密切跟踪本规划实施对区域生态系统、环境、人民群众健康产生的影响，重点对资源占用、生态影响、污染排放等方面可能产生的不良影响进行监测评估。对纳入规划的重大基础设施建设项目依法履行环评审批程序，严格土地、环保准入，合理开展项目选址或线路走向设计。建立统一、高效的环境监测体系和跨行政区环境污染与生态破坏联合防治协调机制。把环境影响问题作为规划中期评估的重要内容，视中期评估结果对规划相关内容作相应完善。

第七章　深度融入全球经济体系

放眼全球，接轨世界，深化开放，全面提升国际化水平和全球资源配置能力。

第一节　提升对外开放层次

提高利用外资质量和水平。积极有效引进境外资金、先进技术和管理运营模式，鼓励外资更多投向先进制造、高新技术、节能环保、现代服务业。鼓励外资通过并购等方式参与产业链整合，参与公共基础设施等领域建设。鼓励和支持外资机构将总部、研发中心、运营中心设在长三角地区。

有序扩大服务业对外开放。扩大银行、保险、证券、养老等市场准入，引导外资更多地投向服务业领域。鼓励外资企业设立生产性服务业企业，以及各类功能性、区域性总部和分支机构等。发挥中国（上海）自由贸易试验区在服务业领域先行先试的作用。推进江苏昆山与台湾地区的服务业合作试点。

营造国际化营商环境。完善法治化、国际化、便利化营商环境，率先建立同国际贸易投资规则相适应的体制机制。积极探索实行准入前国民待遇加负面清单管理模式，促进内外资企业一视同仁、公平竞争。建立便利跨境电子商务等新型贸易方式的体制，健全服务贸易促进体系。推进大通关建设，加快建设单一窗口，全面推进通关一体化。加强技术性贸易壁垒的预警、研判和应对，不断完善技术性贸易措施体系，有效破解贸易壁垒和化解贸易磨擦。加快建立社会信用体系，健全市场主体的信用信息数据库和信用信息共享机制，充分发挥企业信用信息公示系统等信用信息平台的作用。

第二节 建设高标准开放平台

加快各类海关特殊监管区域整合优化和开放平台创新升级。从类型、功能、政策和管理四方面推进海关特殊监管区域整合，逐步将各类海关特殊监管区域整合为综合保税区。促进海关特殊监管区域发展保税加工、保税物流和保税服务等多元化业务。规范完善海关特殊监管区域税收政策，促进区内企业参与国际市场竞争。优化结转监管，提升管理效能，促进区域内外生产加工、物流和相关服务业的深度融合，打造高水平对外开放平台。加快建设一批新的双边多边开放合作平台，加快金砖国家新开发银行及亚太示范电子口岸网络运营中心建设，高起点推进中德合作（安徽）智慧产业园、中澳现代产业园（舟山）、中意宁波生态园等的建设。

推进自由贸易试验区建设并加快推广可复制经验。瞄准国际标杆，深化自由贸易试验区改革开放，加快转变政府职能，探索体制机制创新，在建立以负面清单为核心的外商投资管理制度，以贸易便利化为重点的贸易监管制度、以资本项目可兑换和金融服务业开放为目标的金融创新制度、以政府职能转变为核心的事中事后监管制度等方面，不断探索形成可复制、可推广的试点经验，率先在长三角城市群实现全覆盖。

探索建立自由贸易港区。依托舟山港综合保税区和舟山江海联运服务中心建设，探索建立舟山自由贸易港区，率先建立与国际自由贸易港区接轨的通行制度。

第三节 加速集聚国际化人才

大力引进国际英才。建立紧缺国际人才清单和移民职业清单制度，重点招揽最有价值的科技、投资、营销、创意等人才。建立海外高层次人才储备库和留学回国人员数据库，定期发布紧缺人才需求报告，拓宽国际人才招揽渠道。在制定外籍高层次人才认定标准基础上，全面放开科技创新创业人才、一线科研骨干、紧缺急需专业人才的永久居留政策，放宽其他国际人才长期居留许可的申请条件。放宽紧缺领域国际移民的准入限制，在上海率先探索放宽特殊人才国籍管理。完善外籍人员就医和子女教育政策，塑造开放包容、多元融合的社会氛围。

加快推进国际化人才培育。充分利用国际国内优质教育资源，采取合作办学、国（境）外培训、岗位实践等方式，加快培养具有国际视野、通晓国际规则和拥有跨文化交流与沟通能力的本土国际化人才。建立和完善市场导向的国际化人才培养模式，支持企业成为国际化人才开发的主体。鼓励与促进人才国际交流合作，推进职业资格国际互认。

深化人文交流。在科教文卫、旅游体育等领域广泛开展人文交流合作，支持中外合作办学，推进“中以常州创新园”等的建设。构建官民并举、多方参与的人文交流机制，鼓励丰富多样的民间文化交往，提升区域和国家软实力。

第四节 培育本土跨国公司

培育壮大跨国经营市场主体。支持有条件的企业通过直接投资、收购参股等方式，在境外建设技术研发中心、品牌营销网络等，培育形成一批规模大、效益好、竞争力和带动力强的本土跨国公司，深度融入全球产业链、价值链、物流链，加快培育国际竞争新优势。促进外贸稳定发展和转型升级，引导劳动密集型企业和加工贸易向中西部和东北地区梯度转移。

健全企业境外投资服务保障体系。健全企业“走出去”政策咨询、风险评估、信息和融资服务等中介服务体系，研究建立企业境外投资“一站式”综合服务平台。建立健全境外投资风险防范机制，鼓励对外投资企业在境内投保出口信用保险、劳务保险等避险工具。健全境外融资担保机制与外汇管理制度，拓宽企业融资渠道。完善境外法律支援体系，健全知识产权境外维权和应对机制。简化境外设立企业和投资项目核准手续，简化境外投资企业人员出国（境）审批手续。研究将上海金融市场交易系统功能拓展至“一带一路”沿线国家（地区），推动人民币跨境结算，促进相关交易以人民币计价。

第八章　创新一体化发展体制机制

创新联动发展机制，遵循市场发展规律，以建设统一大市场为重点，加快推进简政放权、放管结合、优化服务改革，推动市场体系统一开放、基础设施共建共享、公共服务统筹协调、生态环境联防共治，创建城市群一体化发展的“长三角模式”。

第一节　推动要素市场一体化建设

建设产权交易共同市场。依托三省一市产权交易市场，逐步实现联网交易、统一信息发布和披露。探索将交易种类拓展至国有企业实物资产、知识产权、农村产权、环境产权等各类权属交易，实现交易凭证互认。推进水、矿产、森林等资源使用权跨省交易。加强碳排放管理合作，依托上海碳排放交易平台，率先在长三角城市群开展碳排放交易，推进长三角区域内排污权交易工作。

提高金融市场一体化程度。在城市群范围积极推广自贸试验区金融改革可复制试点经验。切实发挥长三角金融协调发展工作联席会议等平台的作用，加快推进金融信息、支付清算、票据流通、信用体系、外汇管理一体化，提升金融服务实体经济能力。强化金融监管合作和风险联防联控，合力打击区域内非法集资，建立金融风险联合处置机制。做实“信用长三角”合作机制，推动征信体系互联互通。

建立土地（海域）高效配置机制。坚持最严格的耕地保护制度和最严格的节约用地制度，强化土地利用总体规划实施管理，严格控制新增建设用地占用耕地。完善城乡建设用地增减挂钩政策，实行城镇建设用地增量供给与存量挖潜相结合，探索实行城镇建设用地增加规模与吸纳农业转移人口落户数量挂钩机制。实行长期租赁、先租后让、租让结合、弹性出让等多种方式相结合的工业用地供应制度，建立健全城镇低效用地再开发激励约束机制和存量建设用地退出激励机制。依托现有基础探索建立城乡统一的建设用地交易市场，优化建设用地配置依法科学配置海域资源，严格围填海项目审查，优先保障国家重大战略项目用海需求，推进海域资源市场化配置。

推动资源市场一体化。创新和完善长三角人口服务和管理制度，加快实施户籍制度改革和居住证制度，统筹推进本地人口和外来人口市民化，加快消除城乡区域间户籍壁垒，促进人口有序流动、合理分布和社会融合。统筹规划、联合共建一批重要资源储备基地，完善安全风险防范机制。健全跨区域资源基础设施网络共享机制，鼓励第三方公平使用，提高网络资源配置效率。推进长三角城市群数据信息交易，促进数据信息基础设施互联互通，建立安全可信、公正透明的隐私保护与定价交易规则，推动数据信息交易有序开展。

第二节　建立基本公共服务一体化发展机制

推进社会保障一体化。运用信息化手段提高养老保险待遇资格协助认证效率，便利异地居住人员享受养老保险待遇，加快推进城市群内养老保险关系转移接续。鼓励联建或跨市共建养老服务设施。加快推进省际医疗保险合作，实现退休异地安置人员就医医疗费用联网实时结算。健全工伤保险合作机制。探索在享受基本社会服务方面率先打破户籍限制，并建立相应的财政支出统筹分担机制。

提高教育发展质量和共享水平。加快完善现代教育体系，全面提高教育质量，推进多种形式的教育合作，率先实现教育现代化。加快基本公共教育均衡发展，加强教师队伍特别是乡村教师队伍建设，推进城乡义务教育公办学校标准化建设。完善现代职业教育体系，加强职业教育基础能力建设，推进职业教育产教融合。率先推行高等教育改革创新试点，提升大学创新人才培养能力，推进世界一流大学和一流学科建设。

推进医疗合作机制建设。推进医改综合试点，加快建立药品出厂价格信息可追溯机制，全域推广"两票制"，鼓励"一票制"。全面建立分级诊疗制度，以提高基层医疗服务能力为重点，完善服务网络、运行机制和激励机制，提升区域基层医疗服务能力。加强区域医疗卫生人才联合培养，鼓励发展医联体或跨区办医，促进医疗卫生信息互联互通，扩大远程医疗合作平台联结服务的城市和医疗机构范围。推进并完善重大疾病联防联控和应对突发公共卫生事件联动机制，构建共同应对突发公共卫生事件的机制，建立应急物资跨省调配机制和重大灾害事件紧急医疗救援联动机制。

加快构建现代公共文化服务体系。以需求为导向，扩大社会力量参与，加强多层次文化供给。推动区域公共文化服务协同发展，深入实施基本公共文化服务标准化、均等化工程，提高公共文化服务社会化、专业化水平，建设全面覆盖、互联互通的公共文化设施网络体系。继续推进公共文化设施免费开放。加强重点文艺院校和重大文化设施建设。深度挖掘丰富的文化资源，实施地方戏曲振兴、传统工艺传承、当代文学提升、影视精品打造、网络文艺发展、基层文艺繁荣等文化工程。加强历史文化名城、名镇、名村和历史文化街区保护，联合建设非物质文化遗产保护体系。

加强劳动保障监察合作机制建设。完善劳动保障监察委托协查制度、劳动者工资支付异地救济制度、同一单位异地用工情况通报制度、跨地区劳动派遣用工协查和信息通报制度，统一政策执行标准、条件、程序，切实保障跨地区就业劳动者权益，探索跨行政区劳动保障监察执法联动机制。加强劳动人事争议调解仲裁机构交流协作，提高跨地区争议案件处理效能。推动公共事务协同治理。推动社会治理由单个城市向城市群协同治理转变，形成全覆盖的社会管理和服务网络。加强城市群应急管理合作，共建食品安全、旅游安全、灾害防治和安全生产等保障体系。协同加强流动人口管理和服务。建立社会治安综合治理联动机制，消除公共安全盲区。按照统一规划、统一标准、统一监测、统一执法、统一评估的要求，统筹城市群生态环境质量管理。探索多个城市联合资助第三方开展跨区域环境治理的新模式。

第三节　健全成本共担利益共享机制

研究设立长三角城市群一体化发展投资基金。在相关城市自愿协商的基础上，研究设立长三角城市群一体化发展投资基金。分期确定基金规模，采用直接投资与参股设立子基金相结合的运作模式，鼓励社会资本参与基金设立和运营，重点投向跨区域重大基础设施互联互通、生态环境联防共治、创新体系共建、公共服务和信息系统共享、园区合作等领域。完善基金治理结构，构建基金支出监督和绩效评估机制，确保基金合理高效利用。

建立地区间横向生态保护补偿机制。推广新安江流域水环境补偿试点经验，界定流域生态保护区和生态服务受益区，合理确定转移支付标准，严格监督转移支付资金使用，促进生态补偿横向转移支付常态化、制度化。加强跨省（市）界环境污染纠纷协调，建立环境污染赔偿机制，制定具体赔付补偿办法。探索建立区域生态建设投入激励机制。

建立合理的税收利益共享和征管协调机制。在充分尊重各方意愿的基础上，研究探索产业转移税收利益共享机制。按照统一税制、公平税负、促进公平竞争的原则，加强区域税收优惠政策的规范管理，减少税收政策洼地，促进要素自由流动。建立省际互认的征收管理制度，构建税收信息沟通与常态化交流机制，实现税源、政策和稽查等信息共享，建立区域税收利益争端处理和稽查协作机制。

第九章 规划实施

本规划由上海市、江苏省、浙江省、安徽省人民政府和国务院有关部门共同组织实施。相关地区和部门要高度重视、开拓创新、协同配合、攻坚克难，确保规划目标和任务如期完成。

第一节 加强组织领导

健全长三角三省一市政府层面的"三级运作"机制，强化议事决策功能，充分发挥长三角地区合作与发展联席会议的组织协调功能。有关部门要切实履行职能，研究制定支持长三角城市群发展的具体措施，在有关规划编制、体制创新、政策措施、项目安排、重点领域改革试点等方面给予积极支持。发展改革委、住房城乡建设部要加强对规划实施情况的跟踪分析和督促检查，适时组织开展规划实施情况评估。

第二节 推动重点工作

三省一市人民政府要依据本规划的总体部署，共同研究制定三年行动计划和年度工作计划，协同推进重点任务落实。抓紧编制出台交通基础设施、生态建设和环境保护、基本公共服务体系等专项规划。建立交通、资源环境、信息、市场、公共服务、产业等专项合作机制，分领域策划和推进具体合作事项及项目。完善激励约束机制，督促各地区采取共同行动策略，保障合作的持续稳定开展。深化"放管服"改革，继续大力削减行政审批事项，加强监管创新和优化服务，增强政府执行力和公信力，建设廉洁高效、人民满意的政府。

第三节 营造良好舆论环境

加强舆论引导，突出宣传推进长三角城市群一体化发展的重要意义和重大举措，准确解读规划和相关配套政策。及时公布一体化发展进展情况，增强公众对城市群一体化发展的认同感，引导各类市场主体积极参与城市群一体化建设，畅通公众意见反馈渠道，形成全社会关心、支持和主动参与长三角城市群发展的良好氛围。

第二篇

长三角区域概况

第一章　自然地理

一、上海市

上海，简称沪。位于北纬31度14分，东经121度29分。它北界长江，东濒东海，南临杭州湾，西接江苏、浙江两省。2004年末，上海全市面积6340.5km²，占全国总面积的0.06%，其中陆地面积6218.65km²，水面面积121.85km²。上海地处长江三角洲东缘，位于我国南北海岸的中心，长江由此入海，交通便利，腹地广阔，地理位置优越，是一个良好的江海港口。

上海市全境除西南部有少数残丘外，全为坦荡低平的长江三角洲冲击平原的一部分，平均高度海拔4m左右。南北长约120km，东西宽约100km。其中区域面积5299.29km²，县域面积1041.21km²。上海的崇明岛是我国的第三大岛，由长江挟带下来的泥沙冲积而成。面积为1200.00km²。此外长兴岛面积为88.54km²，横沙岛面积为55.74km²。

上海地区天然河港密布，多属太湖流域，主要河流有黄浦江及其支流吴淞江(苏州河)。黄浦江深约7～9m，宽400m左右，全长80.0km，苏州河宽70～80m，全长125.0km，其中在上海市境内的长度为53.1km。

二、江苏省

江苏省位于我国大陆东部沿海中心、长江下游，东濒黄海，东南与浙江和上海毗邻，西接安徽，北接山东。省际陆地边界线3383km，面积10.72万km²，占全国的1.12%，人均国土面积在全国各省区中最少。

江苏省跨江滨海，平原辽阔，水网密布，湖泊众多。海岸线954km，长江横穿东西425km，京杭大运河纵贯南北718km。乡级以上河道2万余条，其中列人省骨干河道名录的有727条。面积在0.5km²以上、城市市区内湖泊、作为城市饮用水水源的湖泊(湖荡)有137个，湖泊面积达6260km²，湖泊率为6%，居全国之首。全国五大淡水湖，江苏得其二，太湖2338km²，居第三，洪泽湖1780km²，居第四，此外还有高宝湖、高邮湖、邵伯湖、骆马湖、微山湖等大小湖泊290多个，其中50km²以上的湖泊12个。平原、水域面积分别占69%和17%，比例之高居全国首位。低山丘陵面积占14%，集中分布在西南和北部。连云港云台山玉女峰是全省最高峰，海拔625m。

三、浙江省

浙江省地处中国东南沿海长江三角洲南翼，东临东海，南接福建，西与江西、安徽相连，北与上海、江苏接壤。境内最大的河流钱塘江，因江流曲折，称之江，又称浙江，省以江名，简称“浙”，省会杭州。浙江省东西和南北的直线距离均为450km左右，陆域面积10.18万km²，为全国的1.06%，是中国面积最小的省份之一。

浙江地形复杂，山地和丘陵占70.4%，平原和盆地占23.2%，河流和湖泊占6.4%，耕地面积仅208.17万公顷，故有“七山一水两分田”之说。地势由西南向东北倾斜，大致可分为浙北平原、浙西丘陵、浙东丘陵、中部金衢盆地、浙南山地、东南沿海平原及滨海岛屿等六个地形区。省内有钱塘江、瓯江、灵江、苕溪、甬江、飞云江、鳌江、京杭运河(浙江段)等八条水系；有杭州西湖、绍兴东湖、嘉兴南湖、宁波东钱湖四大名湖及人工湖泊千岛湖。

浙江位于我国东部沿海，处于欧亚大陆与西北太平洋的过渡地带，该地带属典型的亚热带季风气候区。浙江境内地形起伏较大，浙江西南、西北部地区群山峻岭，中部、东南地区以丘陵和盆地为主，东北地区地势较低，以平原为主；全省大陆面积中，山地丘陵占 70.4%，平原占 23.2%，河流湖泊占 6.4%。浙江海岸线全长 2253.7km，沿海共有 2161 个岛屿，浅海大陆架 22.27 万 km^2。

四、安徽省

安徽大地，既兼跨中国大陆南北两大板块，又位近欧亚大陆板块与北太平洋板块的衔接之处，无论是地质发育历史、地层发育、岩浆活动、地壳变质，还是构造活动，构造体系，多处多有所别，尤其是南北差异明显，矿产种类较多。地貌类型比较齐全，既有山地、丘陵，又有台地、平原。各类型所占比例，对生产来说，比较适当。山地、丘陵、台地、平原面积分别占全省土地总面积的 15.3%、14.0%、13.0%、49.6%（其余 8.1%为大水面），极有利于以农耕为主的农、林、牧、渔、副各业的全面发展。境内河流众多，河网密布。流域面积在 100km^2 以上的河流共 300 余条，总长度约 1.5 万 km。自北向南依次属淮河、长江、钱塘江 3 大水系。淮河干流和长江干流自西向东横穿全省，钱塘江发源于安徽南部山区。在安徽省境内，淮河干流属中游河段，长江干流属下游河段，钱塘江属上游河段。大小湖泊有 580 多个，总面积 35 万公顷。其中，0.67 万公顷（10 万亩）以上的大型湖泊 14 个，666.7 公顷（万亩）至 0.67 万公顷（10 万亩）的中型湖泊 37 个。湖泊主要分布于长江、淮河沿岸，其中长江水系湖泊面积 25.3 万公顷，占安徽全省湖泊总面积的 70%左右；淮河水系湖泊面积 9.7 万公顷，占安徽全省湖泊总面积的 30%左右。安徽省地处暖温带和亚热带的过渡地区，具有地形复杂，成土母质多样，水热条件变化大的特点，加上农耕历史悠久，导致了土壤类型多种多样。根据 1979 年开始的第二次土壤普查资料，安徽省共有 5 个土纲，8 个亚纲，13 个土类，34 个亚类，111 个土属，218 个土种。5 个土纲分别是铁铝土纲、淋溶土纲、潴育土纲、半水成土纲和人为土纲。13 个土类分别是红壤、黄壤、黄棕壤、黄褐土、棕壤、石灰（岩）土、紫色土、石质土、粗骨土、山地草甸土、砂姜（礓）黑土、潮土和水稻土。土地总面积约 13.96 万 km^2，占中国土地总面积的 1.45%，位居全国各省、市、自治区的第二十二位。安徽省地处于中国南北方的过渡之处，气候上的南北过渡特征十分明显，且地貌类型多样，山地、丘陵、平原岗地兼备，自然环境复杂多样，从而使植物和动物资源十分丰富而多样。

第二章　气　　候

一、上海市

上海属北亚热带季风性气候，四季分明，日照充分，雨量充沛。上海气候温和湿润，春秋较短，冬夏较长。全年平均气温 18.1℃，极端最高气温 38.0℃，极端最低气温一 4.6℃，蒸发量 941.4mm，日照 1929.6 小时，降雨量 1158.1mm，蒸发量 941.4mm，降雨日 114.0 天，无霜期 296 天，晴天天数 104。全年 50%左右的雨量集中在 5 至 9 月的汛期，汛期有春雨、梅雨、秋雨三个雨期。

二、江苏省

江苏省位于亚洲大陆东岸中纬度地带，属东亚季风气候区，处在亚热带和暖温带的气候过渡地带。江苏省地势平坦，一般以淮河、苏北灌溉总渠一线为界，以北地区属暖温带湿润、半湿润季风气候；以南地区属亚热带湿润季风气候。江苏东临黄海，地处长江、淮河下游，海洋对江苏的气候有着显著的影响。在太阳辐射、大气环流以及江苏特定的地理位置、地貌特征的综合影响下，气候呈现四季分明、季风显著、冬冷夏热、春温多变、秋高气爽、雨热同季、雨量充沛、降水集中、梅雨显著、光热充沛、气象灾害多发等特点。

江苏省年降水量为 715～1280mm，江淮中部到洪泽湖以北地区降水量少于 1000mm，以南地区降水量在 1000mm 以上，降水分布是南部多于北部，沿海多于内陆。与同纬度地区相比，江苏省雨水充沛，年际变化小，年降水变率在 12%～24%之间。夏季 6 月和 7 月间，受东亚季风的影响，淮河以南地区进人梅雨期，梅雨期降水量常年平均值大部地区在 250mm 左右，一般在江淮梅雨开始之后的一周左右，江苏省淮北地区进人“淮北雨季”此时往往是全省暴雨频发，强降水集中的时段。

三、浙江省

浙江省受东亚季风影响，冬夏盛行风向有显著变化，降水有明显的季节变化。由于浙江位于中、低纬度的沿海过渡地带，加之地形起伏较大，同时受西风带和东风带天气系统的双重影响，各种气象灾害频繁发生，是我国受台风、暴雨、干旱、寒潮、大风、冰雹、冻害、龙卷风等灾害影响最严重地区之1′。

浙江气候总的特点是：季风显著，四季分明，年气温适中，光照较多，雨量丰沛，空气湿润，雨热季节变化同步，气候资源配制多样，气象灾害繁多。浙江年平均气温 15℃～18℃，极端最高气温 33℃～43℃，极端最低气温－2.2℃～17.4℃；浙江省年平均雨量在 980～2000mm，年平均日照时数 1710～2100 小时。

四、安徽省

（一）季风明显，四季分明

安徽省各地四季分明，春暖”，夏炎”，秋爽”，冬寒”的气候明显。若按平均气温划分四季，候平均气温<10℃为冬季、>22℃为夏季，10℃～22℃之间为春秋，全省各地四季分配大致是：春秋各 2 个月，夏冬各4个月，冬夏长，春秋短。因南北气候差异明显，淮北冬长于夏，江南则夏长于冬。季节的开始日期，春夏先南后北，秋冬先北后南，前后约差5～15天，春季差别最大，夏季差别最小。

（二）气候温和，雨量适中

安徽省年平均气温在14℃～17℃之间，属于温和气候型。冬季1月平均气温在－1℃～4℃之间，夏季7月平均气温为28℃～29℃左右，年较差各地小于30℃，所以大陆性气候不明显。除少数年份外，一般寒期和酷热期较短促。全省年降水量在750～1700mm之间，有南多北少，山区多、平原丘陵少等特点。淮北一般在900mm以下，江南、沿江西部和大别山区在1200mm以上，1000mm的等雨量线横贯江淮丘陵中部。山区降水一般随高度增加，黄山光明顶年平均雨量达2300mm。从全国降水量分布图上看，安徽省雨量比较适中，一般年份都能满足农作物生长发育的需要。

（三）春温多变，秋高气爽

4、5月是冬季风向夏季风转换的过渡时期，南北气流相互争雄，进退不定，锋面带南北移动，气旋活动频繁，气候变化无常，因此，时冷时暖、时雨时晴是全省春季气候的一大特色。春季气温上升不稳定，日际变化大，春温低于秋温，春雨多于秋雨。3、4、5三个月降水量约占全年降水量的20％～38％，自北而南增大。江南雨季来得早，全年雨量集中期在4、5、6三个月，沿江西部、屯溪、祁门一带春雨甚至多于夏雨。春温低、春雨多，特别是长时间的低温连阴雨，对早稻及棉花等春播作物的苗期生长不利。秋季，除地面常有冷高压盘据外，高空仍有副热带暖高压维持，大气层结比较稳定，秋高气爽，晴好天气多。

秋季9—11月降水量只占全年降水量的15％～20％左右，南北差异不大。因此，安徽省各地常出现夹秋旱和秋旱。少数年份，在夏季风撤退和冬季风加强过程中，气旋、锋面，带来的秋风秋雨，对秋收秋种不利。

（四）梅雨显著，夏雨集中

梅雨期最长为(954年)达57天，梅雨量超过正常年份降水量的1～2倍，发生了百年不遇的洪涝灾害。1958、1959、1966、1967、1978和1994等年，由于梅雨期很短或者空梅，造成了严重干旱乃至百年未见的大旱。可见梅雨量的多寡与安徽省旱涝灾害及农业生产的关系极大。

第三章 自然资源

一、上海市

上海基本上无一次常规能源，煤、石油、水力的储藏和生产，所需的能源都要靠其他省市的支援。但是，上海具有一定数量和较高质量的“二次能源”生产，产品主要是电力、石油制品、焦煤和煤气(包括液化石油气)。其他可以利用开发的能源还有沼气、风能、潮汐及太阳能。

上海全市面积6340.5km^2，占全国总面积的0.06%，耕地面积24.57万公顷。南北长约120km，东西宽约100km。其中区域面积5299.29km^2，县域面积1041.21km^2。境内辖有崇明、长兴、横沙三个岛屿，其中崇明岛面积1041.21km^2，是我国的第三大岛。区域土地总面积根据上海市土地利用现状调查结果为7945.58km^2。其中，长江水面面积1106.98km^2，占13.93%。扣除沿海滩涂等未利用土地和长江水面面积的全市陆域土地总面积为6377.10km^2。

上海地区河湖众多，水网密布，水资源丰富，是著名的江南水乡，水面积占全市总面积的11%。上海河网大多属黄浦江水系，黄浦江源自太湖，全长113km，流经市区，江道宽度300～770m，平均360m。黄浦江江宽水深，终年不冻，是上海的水上要道。全市年水资源总量27亿m^3，人均占有量200m^3。

上海滨临东海，有丰富的水产资源，据统计，东海、黄海的水产资源有700多种。此外，上海地处长江口，这里江面宽阔，海淡水交汇，是鱼类索饵、繁殖、栖息的场所，有各种鱼类108种，其中经济鱼类有20多种。上海有众多的天然湖泊，螺蚬蚌等底栖生物资源比较丰富。稠密的水网，为淡水养殖提供了良好的条件。

二、江苏省

全省耕地面积6875万亩，人均占有耕地0.86亩。沿海未围滩涂面积5001.67km^2，约占全国滩涂总面积的1/4，居全国首位。江苏是著名的“鱼米之乡”农业生产条件得天独厚，农作物、林木、畜禽种类繁多。粮食、棉花、油料等农作物几乎遍布全省。种植利用的林果、茶桑、花卉等品种260多个，蔬菜80多个种类、1000多个品种，江苏蚕桑闻名全国，名茶有“碧螺春”等。

水资源：江苏地处江、淮、沂沭泗流域下游和南北气候过渡带，河湖众多，水系复杂，特殊的地理位置和水系特点，给江苏带来丰富的水资源优势。江苏省本地水资源量321.6亿m^3；多年平均过境水量9492亿m^3，其中长江径流占95%以上。

矿产资源：本省地跨华北地台和扬子地台两大地质构造单元，有色金属类、建材类、膏盐类、特种非金属类矿产是江苏矿产资源的特色和优势。目前已发现的矿产品种有133种，探明资源储量的有68种，其中铌钽矿、含钾砂页岩、泥灰岩、凹凸棒石粘土、二氧化碳气等矿产查明资源储量居全国前列。

生物资源：本省野生动物资源为数较少，鸟类主要是野鸡、野鸭，沿海有丹顶鹤、白鹤、天鹅等珍稀飞禽，沿海地区还建有世界上第一个野生麋鹿保护区。植物资源非常丰富，约有850多种，尚有可利用和开发前途的野生植物资源600多种。全省渔业资源丰富。沿海有吕四、海州湾、长江口、大沙等。四大渔场，盛产黄鱼、带鱼、鲳鱼、虾类、蟹类及贝藻类等水产品。内陆水面有4000多万亩，养殖面积1140万亩，河蟹、虾类、河豚等养殖闻名全国。被称为“长江三鲜”的鲥鱼、刀鱼、河豚和“太湖三白”的白鱼、银鱼、白虾，都是水中珍品。

森林资源：通过大力植树造林和森林资源保护管理，本省森林面积、蓄积和森林覆盖率持续快速增长,2014 年林地面积达 2915 万亩,活立木总蓄积达 8760 万 m^3,林木覆盖率提高到 22.2%。

湿地资源:江苏湿地资源丰富。江苏省湿地总面积为 4230 万亩,其中自然湿地 2917 万亩,人工湿地 1313 万亩。湿地的分布,沿海以近海与海岸湿地为主,苏南以湖泊、河流、沼泽类型为主,里下河地区以河流湖泊为主,苏北以人工输水河与运河为主。

三、浙江省

(一)森林资源

最新完成的五年一次森林资源清查于 2005 年 12 月正式对外公布结果。清查显示,浙江省现有林地面积 667.97 万公顷,其中森林面积 584.42 万公顷。森林覆盖率为 60.5%。活立木总蓄积 1.94 亿 m^3,其中森林蓄积 1.72 亿 m^3。森林面积中,乔木林面积 420.18 万公顷,竹林面积 78.29 万公顷,国家特别规定灌木林面积 85.95 万公顷。森林按起源分,天然林面积 316.98 万公顷,人工林面积 267.44 万公顷。毛竹总株数 16.61 亿株。经济林面积 112.52 万公顷。乔木林中,针叶林、阔叶林、针阔混交林的面积比为 61:29:10,乔木林(不包括乔木经济林)单位面积蓄积量为 43.76m^3/公顷,其中天然乔木林 40.77m^3/公顷,人工乔木林 50.69m^3/公顷。乔木林单位面积年均生长量为 4.16m^3/公顷,平均郁闭度 0.53,单位面积平均株数 1266 株/公顷,平均胸径 10.4cm。

浙江省的森林覆盖率、毛竹面积和株数位于全国前茅。其中竹林面积占全国的 1/7,竹业产值约占全国的 1/3,竹产业对发展浙江省农村经济、增加农民收人发挥了重要的作用。

通过对有关森林生态因子的调查表明,浙江省的森林群落结构比较完整,具有乔木林、灌木林、草本三层完整结构的面积占了乔木林的 54.2%,只有乔木层的简单结构的面积仅占乔木林的 1.5%。森林的健康状况良好,健康等级达到健康、亚健康的森林面积比例分别为 88.45%和 8.23%;健康等级为中等和不健康的面积比例占 3.07%和 0.25%。森林受各种灾害的受灾程度以轻中度为主,没有受害的森林面积占 97.54%。森林生态系统的多样性总体上属中等偏上水平,森林植被类型、森林类型、乔木林龄组类型较丰富。调查还显示,全省有林地面积中,森林生态功能好、中、差 3 个等级的比例分别为 0.37%、78.04%和 2.59%。全省森林的生态功能指数为 0.4628,森林生态功能总体评价属中等偏下,说明浙江省创建“绿色浙江”生态浙江”尚任重道远。

(二)海洋资源

浙江省海洋资源十分丰富,拥有海域面积约 26 万 km^2,相当于陆域面积的 2.56 倍;大陆海岸线和海岛岸线长达 6500km,占全国海岸线总长的 20.3%;大于 500m^2 的海岛有 3061 个,占全国岛屿总数的 40%;港口、渔业、旅游、油气、滩涂五大主要资源得天独厚,组合优势显著,为加快海洋经济发展提供了优越的区位条件、丰富的资源保障和良好的产业基础。

(三)水资源

浙江地形自西南向东北呈阶梯状倾斜,西南以山地为主,中部以丘陵为主,东北部是低平的冲积平原,“七山一水两分田”是浙江地形的概貌。境内有西湖、东钱湖等容积 100 万 m^3 以上湖泊 30 余个,海岸线(包括海岛)长 6400 余千米。自北向南有苕溪、京杭运河(浙江段)、钱塘江、甬江、椒江、瓯江、飞云江和鳌江等 8 条主要河流,钱塘江为第一大河,上述 8 条主要河流除苕溪、京杭运河外,其余均独流入海。

浙江地处亚热带季风气候区,降水充沛,年均降水量为 1600mm 左右,是我国降水较丰富的地区之一。全省多年平均水资源总量为 937 亿 m^3,但由于人口密度高,人均水资源占有量只有 2008m^3,最少的舟山等海岛人均水资源占有量仅为 600m^3。

由于独特的地理位置和气候条件，浙江历来是洪涝台旱灾害的多发地区。一是洪涝台旱等灾害交替发生，每年5、6月份梅雨集中，易成洪涝，7、8月份受太平洋副热带高压控制，容易发生干旱，8—10月份沿海地区又常受台风袭击，建国以来有30次台风在浙江登陆，造成巨大损失；二是由于江河源短流急，洪水暴涨暴落，平原地区地势低洼，河口受潮水顶托，排水不畅，洪涝台灾害造成的损失巨大；三是由于人口密度高，水资源地区分布不均，加上随着经济社会的快速发展和水污染的加剧，水资源供需矛盾日益突出。

浙江人民有着悠久的治水历史，史传大禹治水"大会诸候于会稽"丽水通济堰、鄞县它山堰、钱塘江明清古海塘等古代著名水利工程流传至今。

（四）矿产资源

截至2015年底，已发现固体矿产113种，已探明储量的有67种（油气未列人），矿产地4730处（其中普通建筑用石、砂、粘土矿产3510处）。叶蜡石、明矾石探明资源储量居全国之冠，分别占全国的53%、52%。萤石、伊利石居第二位，分别占20%、39%。硅藻土名列第三，占11%。沸石第四，占10%。排列第五到第十位的有硅灰石、高岭土、珍珠岩、大理石、花岗石、膨润土等。可以满足省内需求的矿产有叶蜡石、硅藻土、水泥灰岩、熔剂灰岩、萤石、硅灰石、膨润土、明矾石、沸石、电石灰岩和建筑石料等矿产；主要依托国内供应的有煤炭、天然气、磷、硫、铅、锌、稀土等矿产；主要依赖国外供应的有石油、铁、钾盐、铜、铝等矿产。

截至2015年底，全省共有各类矿山企业4606个，开发利用矿产共H种。全省各类矿山企业采掘矿石总量3.93亿吨，年产量列前五位的矿产分别为建筑用凝灰岩、水泥用灰岩、砖瓦用粘土、建筑用砂岩和建筑用安山岩。

（五）土地资源

根据2015年度全省土地利用变更调查结果，全省土地利用构成中，农用地面积为12961.2万hm^2，占全省土地总面积的82.0%，建设用地面积为1360.2万km^2，占8.6%，未利用地面积为1488.2万km^2，占9.4%。

2004年全省耕地面积减少94.5万km^2、增加46.8万km^2，增减相抵净减少47.7万km^2。全省减少耕地面积中，农业结构调整减少耕地50.3万km^2，占53.2%；建设占用耕地36.7万km^2，占38.8%；生态退耕6.0万km^2，占6.4%；灾毁及其他减少耕地1.5万km^2，占1.6%。全省新增耕地面积中，通过土地开发、复垦、整理新增耕地37.2万km^2，占79.5%；农业结构调整及其他新增耕地9.6万km^2，占20.5%。

年末全省耕地面积2997.9万km^2，比上年度净减少47.7万km^2；可调整土地面积116.4万km^2，比上年度净增加41.3万km^2。二者合计3114.3万km^2。扣除2014年度生态退耕和灾毁耕地面积，表明浙江省2004年度继续实现了耕地总量动态平衡。

（六）资源特色

浙江属于亚热带季风气候，气温适中，四季分明，光照充足，雨量充沛。全省多年平均水资源总量为937亿m^3，按单位面积计算居全国第4位，但人均水资源拥有量仅2004m^3，低于全国人均水平。

浙江是我国高产综合性农业区，茶叶、蚕丝、水产品、柑橘、竹制品等在全国占有重要地位。森林覆盖率达59.4%，居全国前列。树种资源丰富，素有"东南植物宝库"之称。野生动物种类繁多，有123种动物被列入国家重点保护野生动物名录。

浙江矿产资源以非金属矿产为主。石煤、明矾石、叶蜡石、水泥用凝灰岩、建筑用凝灰岩等储量居全国首位，萤石居全国第2位。

浙江海域面积26万km^2。面积大于500m^2的海岛有3061个，是全国岛屿最多的省份，其中面积495.4km^2的舟山岛为我国第四大岛。海岸线总长6486.24km，居全国首位，其中大陆海岸线2200km，居全国第5位。岸长水深，可建万吨级以上泊位的深水岸线290.4km，占全国的1/3以上，10万吨级以上泊位的深水岸线105.8km。东海大陆架盆地有着良好的石油和天然气开发前景。

浙江旅游资源非常丰富，素有“鱼米之乡、丝茶之府、文物之邦、旅游胜地”之称。全省有重要地貌景观800多处、水域景观200多处、生物景观100多处。人文景观100多处，自然风光与人文景观交相辉映，特色明显，知名度高。

四、安徽省

（一）土地资源

全省耕地422万公顷，林地329万公顷，水面105万公顷。长江、淮河分别流经安徽416km和430km，平原、丘陵、山地各占三分之一。

（二）水资源

全省水资源总量约680亿m^3。主要河流分属淮河、长江、钱塘江三大水系，其中淮河水系6.69万km^2（包括废黄河470km^2、复兴河163km^2），长江水系6.6万km^2，钱塘江水系6500km^2。

（三）动植物资源

全省森林植被具有明显的从北到南的过渡特征，淮河以北属于暖温带落叶阔叶林地带，多杨、槐、桐；淮河以南属北亚热带长绿、落叶阔叶混交林地带和中亚热带长绿阔叶林地带，多松、杉、竹。

全省林业用地440.35万公顷，约占国土总面积的31.7%，与耕地面积接近。湿地面积2.9万km^2，约占国土总面积的20%。森林总面积360.07万公顷，森林覆盖率26.06%（林木绿化率30.3%），活立木总蓄积量1.626亿m^3。

全省野生动植物资源丰富、种类繁多。有高等植物4245种，占全国种数的14.2%，其中国家一级保护植物6种，二级保护植物25种。脊椎动物44目121科742种，占全国种数的14.1%，其中国家一级保护野生动物21种、二级保护的70种，世界特有的野生动物扬子鳄和白鳍豚就产在安徽中部的长江流域。

全省林副产品丰富，盛产苹果、梨等水果，板栗、山核桃、银杏等干果，木瓜、杜仲等木本药材以及香菇、木耳等，其中：砀山酥梨、太和香椿、金寨板栗、宁国山核桃、宣州木瓜、水东蜜枣、泾县青檀等林副产品闻名遐迩。

（四）矿产资源

安徽省矿产种类较全，储量丰富。截至2011年全省已发现的矿种为158种（含亚矿种）。查明资源储量的矿种126种（含普通建筑石料矿种），其中能源矿种6种，金属矿种22种，非金属矿种96种，水气矿产2种。

第四章　行政区划

一、上海市

别称沪或申。市政府驻黄浦区人民大道200号。2015年末，全市总面积6340.50平方千米。户籍常住人口1433.62万人，常住人口2415.27万人。辖黄浦、徐汇、长宁、静安、普陀、虹口、杨浦、闵行、宝山、嘉定、浦东新区、金山、松江、青浦、奉贤15个市辖区和崇明县（合计16个县级行政区划单位，比上年底减少1个），104个街道（比上年底增加4个）、107个镇、2个乡（合计213个乡级行政单位），4154个居委会（比上年底增加32个）、1593个行政村（比上年底减少12个）。

县级以上行政区划及驻地一览

黄浦区（外滩街道）　徐汇区（徐家汇街道）　长宁区（江苏路街道）　静安区（江宁路街道）
普陀区（真如镇街道）　虹口区（嘉兴路街道）　杨浦区（平凉路街道）　闵行区（莘庄镇）
宝山区（友谊路街道）　嘉定区（新成路街道）　浦东新区（花木街道）　金山区（山阳镇）
松江区（方松街道）　青浦区（夏阳街道）　奉贤区（南桥镇）
崇明县（城桥镇）

行政区划变更情况

★　2015年10月13日，《国务院关于同意上海市调整部分行政区划的批复》（国函〔2015〕183号）：同意撤销上海市闸北区、静安区，设立新的上海市静安区，以原闸北区、静安区的行政区域为新的静安区的行政区域，静安区人民政府驻江宁路街道常德路370号。【11月4日举行撤销闸北区、静安区设立新的静安区工作大会】

◎　2015年6月1日，市政府（沪府〔2015〕40号）批复同意奉贤区庄行镇政府驻地从庄良路80号迁移至新苑路8号。

◎　2015年6月16日，市政府（沪府〔2015〕44号）批复同意闵行区设立浦锦街道，行政区域范围为：东至浦星路，南至丰收村和亭子村南面现有村界，西至黄浦江，北至浦东新区范围；面积约23.99平方公里；街道办事处驻地为浦锦路1246号。对浦江镇行政区划作相应调整，其行政区域范围为：东至浦东新区，南与奉贤区接壤，西至浦星路、丰收村和亭子村南面现有村界、黄浦江，北与浦东新区接壤；面积约78.51平方公里；镇政府驻地为联航路1515号。

◎　2015年7月15日，市政府（沪府〔2015〕51号）批复同意松江区设立九里亭街道，行政区域范围为：东至小涞港，南至沪松公路，西至G15高速公路，北至G50高速公路；面积约6.79平方公里；街道办事处驻地为九杜路333号。九亭镇行政区划作相应调整，其行政区域范围为：东至小涞港，南与新桥镇接壤，西至北泖泾，北至沪松公路；面积约26.13平方公里；镇政府驻地为康亭路1号。

◎　2015年7月15日，市政府（沪府〔2015〕52号）批复同意松江区设立广富林街道，行政区域范围为：东至通波塘，西至油墩港，南至文翔路，北至辰花公路；面积约19.05平方公里；街道办事处驻地为人民北路2456号。对方松街道行政区划作相应调整，其行政区域范围为：东至通波塘，西至油墩港，南至G60高速公路，北至文翔路；面积约14.76平方公里；街道办事处驻地为人民北路1111号。

◎　2015年10月23日，市政府（沪府〔2015〕75号）批复同意普陀区万里街道办事处从富平路518号迁移至真金路459号。

◎ 2015 年 10 月 23 日，市政府（沪府〔2015〕76 号）批复同意普陀区长风新村街道办事处从枣阳路 251 弄 99 号迁移至中山北路 3500 号。

◎ 2015 年 11 月 30 日，市政府（沪府〔2015〕86 号）批复同意奉贤区设立西渡街道，行政区域范围为：东至金汇港及南桥镇北新村、五宅村、益民村村界，南至发展村、金港村、益民村村界，西至南竹港，北至黄浦江。西渡街道办事处驻地为西闸公路 1276～1278 号。南桥镇行政区域相应调整为：东至金汇港，南至平庄公路，北至大叶公路（发展村、金港村、益民村村界），西至沙港。

区县概况

黄浦区面积 20.46 平方千米。户籍人口 88.71 万人（2014 年末数据，下同）；常住人口 68.20 万人，其中外来人口 18.08 万人。辖 10 个街道：南京东路街道、外滩街道、半淞园路街道、小东门街道、豫园街道、老西门街道、五里桥街道、打浦桥街道、淮海中路街道、瑞金二路街道。区政府驻外滩街道延安东路 300 号。

徐汇区面积 54.93 平方千米。户籍人口 91.82 万人；常住人口 110.97 万人，其中外来人口 28.55 万人。辖 12 个街道、1 个镇：天平路街道、湖南路街道、斜土路街道、枫林路街道、长桥街道、田林街道、虹梅路街道、康健新村街道、徐家汇街道、凌云路街道、龙华街道、漕河泾街道、华泾镇。区政府驻徐家汇街道漕溪北路 336 号。

长宁区面积 37.19 平方千米。户籍人口 59.24 万人；常住人口 69.86 万人，其中外来人口 17.41 万人。辖 9 个街道、1 个镇：华阳路街道、江苏路街道、新华路街道、周家桥街道、天山路街道、仙霞新村街道、虹桥街道、程家桥街道、北新泾街道、新泾镇。区政府驻江苏路街道长宁路 599 号。

静安区面积约 36.8 平方千米。户籍人口约 97.35 万人；常住人口约 109.7 万人，其中外来人口约 26.9 万人。辖 13 个街道、1 个镇：江宁路街道、石门二路街道、南京西路街道、静安寺街道、曹家渡街道、天目西路街道、北站街道、宝山路街道、共和新路街道、大宁路街道、彭浦新村街道、临汾路街道、芷江西路街道、彭浦镇。区政府驻江宁路街道常德路 370 号。【调整前，原静安区面积 7.62 平方千米，户籍人口 29.31 万人，常住人口 24.86 万人；原闸北区面积 29.18 平方千米，户籍人口 68.04 万人，常住人口 84.85 万人，区政府驻天目西路街道大统路 480 号】

普陀区面积 55.53 平方千米。户籍人口 89.26 万人；常住人口 129.61 万人，其中外来人口 34.75 万人。辖 8 个街道、2 个镇：曹杨新村街道、长风新村街道、长寿路街道、甘泉路街道、石泉路街道、宜川路街道、万里街道、真如镇街道、长征镇、桃浦镇。区政府驻真如镇大渡河路 1668 号。

虹口区面积 23.48 平方千米。户籍人口 78.30 万人；常住人口 83.82 万人，其中外来人口 18.22 万人。辖 8 个街道：欧阳路街道、曲阳路街道、广中路街道、嘉兴路街道、凉城新村街道、四川北路街道、提篮桥街道、江湾镇街道。区政府驻嘉兴路街道飞虹路 518 号。

杨浦区面积 60.73 平方千米。户籍人口 108.86 万人；常住人口 132.37 万人，其中外来人口 26.75 万人。辖 11 个街道、1 个镇：定海路街道、平凉路街道、江浦路街道、四平路街道、控江路街道、长白新村街道、延吉新村街道、殷行街道、大桥街道、五角场街道、新江湾城街道、五角场镇。区政府驻平凉路街道江浦路 549 号。

闵行区总面积 370.75 平方千米。户籍人口 104.52 万人；常住人口 202.40 万人，其中外来人口 85.56万人。辖 4 个街道、9 个镇：江川路街道、古美街道、新虹街道、浦锦街道、莘庄镇、七宝镇、颛桥镇、华漕镇、虹桥镇、梅陇镇、吴泾镇、马桥镇、浦江镇，1 个工业区（莘庄工业区）。区政府驻莘庄镇沪闵路 6258 号。

宝山区总面积 270.99 平方千米，其中水域面积 16.46 平方千米。户籍人口 93.60 万人；常住人口 202.40 万人，其中外来人口 85.56 万人。辖 3 个街道、9 个镇：吴淞街道、友谊路街道、张庙街道、罗店镇、大场镇、杨行镇、月浦镇、罗泾镇、顾村镇、高境镇、庙行镇、淞南镇。区政府驻友谊路街道密山路

5号。

嘉定区总面积464.20平方千米，其中水域面积36平方千米。户籍人口58.83万人；常住人口156.62万人，其中外来人口91.40万人。辖3个街道、7个镇：新成路街道、真新街道、嘉定镇街道、南翔镇、安亭镇、马陆镇、徐行镇、华亭镇、外冈镇、江桥镇，1个新区管委会（菊园新区）、1个市级工业区（嘉定工业区）。区政府驻新成路街道博乐南路111号。

浦东新区面积1429.67平方千米。户籍人口288.44万人；常住人口545.12万人，其中外来人口235.65万人。辖12个街道、24个镇：潍坊新村街道、陆家嘴街道、周家渡街道、塘桥街道、上钢新村街道、南码头路街道、沪东新村街道、金杨新村街道、洋泾街道、浦兴路街道、东明路街道、花木街道、川沙新镇、高桥镇、北蔡镇、合庆镇、唐镇、曹路镇、金桥镇、高行镇、高东镇、张江镇、三林镇、惠南镇、周浦镇、新场镇、大团镇、康桥镇、航头镇、祝桥镇、泥城镇、宣桥镇、书院镇、万祥镇、老港镇、南汇新城镇。区政府驻花木街道世纪大道2001号。

金山区面积586.05平方千米。户籍人口51.79万人；常住人口79.71万人，其中外来人口26.96万人。辖1个街道、9个镇：石化街道、朱泾镇、枫泾镇、张堰镇、亭林镇、吕巷镇、廊下镇、金山卫镇、漕泾镇、山阳镇。区政府驻山阳镇金山大道2000号。

松江区总面积605.64平方千米，其中水域面积31.17平方千米。户籍人口60.571万人；常住人口175.59万人，其中外来人口109.08万人。辖6个街道、11个镇：岳阳街道、永丰街道、方松街道、中山街道、九里亭街道、广富林街道、泗泾镇、佘山镇、车墩镇、新桥镇、洞泾镇、九亭镇、泖港镇、石湖荡镇、新浜镇、叶榭镇、小昆山镇。区政府驻方松街道园中路1号。

青浦区总面积670.14平方千米，其中水域面积121.18平方千米。户籍人口46.90万人；常住人口120.83万人，其中外来人口72.49万人。辖3个街道、8个镇：夏阳街道、盈浦街道、香花桥街道、朱家角镇、练塘镇、金泽镇、赵巷镇、徐泾镇、华新镇、重固镇、白鹤镇。区政府驻夏阳街道公园路100号。

奉贤区面积687.39平方千米。户籍人口52.69万人；常住人口116.76万人，其中外来人口60.81万人。辖1个街道、8个镇：西渡街道、南桥镇、奉城镇、庄行镇、金汇镇、四团镇、青村镇、柘林镇、海湾镇。区政府驻南桥镇解放东路928号。

崇明县总面积1185.49平方千米，其中水域面积120.18平方千米。户籍人口67.78万人；常住人口70.16万人，其中外来人口15.19万人。辖16个镇、2个乡：城桥镇、堡镇、新河镇、庙镇、竖新镇、向化镇、三星镇、港沿镇、中兴镇、陈家镇、绿华镇、港西镇、建设镇、新海镇、东平镇、长兴镇、新村乡、横沙乡。县政府驻城桥镇人民路68号。

二、江苏省

简称苏。省会南京（省政府驻南京市鼓楼区北京西路68号）。2015年末，全省辖13个地级市，55个市辖区、21个县级市、21个县（合计97个县级行政区划单位），442个街道、767个镇、71个乡、1个民族乡（合计1281个乡级行政单位），7007个居委会、14487个村委会。

县级以上行政区划及驻地一览

南京市（玄武区） 辖11个市辖区

玄武区（梅园新村街道） 秦淮区（五老村街道） 建邺区（沙州街道） 鼓楼区（宁海路街道）
浦口区（江浦街道） 栖霞区（仙林街道） 雨花台区（雨花街道） 江宁区（东山街道）
六合区（龙池街道） 溧水区（永阳街道） 高淳区（淳溪街道）

无锡市（滨湖区） 辖5个市辖区，代管2个县级市

梁溪区(崇安寺街道) 锡山区(东亭街道) 惠山区(堰桥街道) 滨湖区(太湖街道)
新吴区(新安街道)
江阴市(澄江街道) 宜兴市(宜城街道)

徐州市(云龙区) 辖5个市辖区、3个县,代管2个县级市
鼓楼区(牌楼街道) 云龙区(黄山街道) 贾汪区(大泉街道) 泉山区(奎山街道)
铜山区(铜山街道)
新沂市(新安街道) 邳州市(东湖街道)
丰县(中阳里街道) 沛县(汉源街道) 睢宁县(睢城镇)

常州市(新北区) 辖5个市辖区,代管1个县级市
天宁区(天宁街道) 钟楼区(北港街道) 新北区(河海街道) 武进区(湖塘镇)
金坛区(西城街道)
溧阳市(溧城镇)

苏州市(姑苏区) 辖5个市辖区,代管4个县级市
姑苏区(苏锦街道) 虎丘区(狮山街道) 吴中区(长桥街道) 相城区(元和街道)
吴江区(滨湖街道)
常熟市(虞山镇) 张家港市(杨舍镇) 昆山市(玉山镇) 太仓市(娄东街道)

南通市(崇川区) 辖3个市辖区、2个县,代管3个县级市
崇川区(虹桥街道) 港闸区(永兴街道) 通州区(金新街道)
启东市(汇龙镇) 如皋市(如城街道) 海门市(海门街道)
海安县(中城街道) 如东县(城中街道)

连云港市(海州区) 辖3个市辖区、3个县
连云区(墟沟街道) 海州区(浦东街道) 赣榆区(青口镇)
东海县(牛山街道) 灌云县(侍庄街道) 灌南县(新安镇)

淮安市(淮安区) 辖4个市辖区、4个县
清河区(府前街道) 淮安区(淮城镇) 淮阴区(王营镇) 清浦区(城南乡)
涟水县(涟城镇) 洪泽县(高良涧街道) 盱眙县(盱城街道) 金湖县(黎城镇)

盐城市(亭湖区) 辖3个市辖区、5个县,代管1个县级市
亭湖区(新城街道) 盐都区(新都街道) 大丰区(大中镇)
东台市(东台镇)
响水县(响水镇) 滨海县( ) 阜宁县(金沙湖街道) 射阳县(合德镇)
建湖县(塘河街道)

扬州市(邗江区) 辖3个市辖区、1个县,代管2个县级市
广陵区(汶河街道) 邗江区(邗上街道) 江都区(仙女镇)
仪征市(真州镇) 高邮市(高邮街道)
宝应县(安宜镇)

镇江市(京口区) 辖3个市辖区,代管3个县级市
京口区(正东路街道) 润州区(七里甸街道) 丹徒区(宜城街道)
丹阳市(曲阿街道) 扬中市(三茅街道) 句容市(崇明街道)

泰州市(海陵区) 辖3个市辖区,代管3个县级市
海陵区(城中街道) 高港区(口岸街道) 姜堰区(三水街道)
兴化市(昭阳镇) 靖江市(靖城街道) 泰兴市(济川街道)

宿迁市(宿豫区) 辖2个市辖区、3个县

宿城区(双庄镇)　宿豫区(豫新街道)
沭阳县(梦溪街道)　泗阳县(众兴镇)　泗洪县(青阳镇)

行政区划变更情况

★ 2015年4月28日,《国务院关于同意江苏省调整常州市部分行政区划的批复》(国函〔2015〕75号):一、同意撤销常州市武进区和戚墅堰区,设立新的武进区,以原武进区(不含奔牛镇、郑陆镇、邹区镇)和戚墅堰区的行政区域为新设立的武进区的行政区域,武进区人民政府驻湖塘镇延政中大道28号。二、同意撤销县级金坛市,设立常州市金坛区,以原金坛市的行政区域为金坛区的行政区域,金坛区人民政府驻西城街道华阳南路88号。三、同意将原武进区的奔牛镇划归常州市新北区管辖,将原武进区的郑陆镇划归常州市天宁区管辖,将原武进区的邹区镇划归常州市钟楼区管辖。【苏政发〔2015〕54号】

2015年9月11日,《江苏省政府关于调整常州市钟楼区和武进区部分行政区划的批复》(苏政复〔2015〕93号):同意将钟楼区邹区镇的礼河、长汀、河头、仕尚4个村委会划归武进区西湖街道办事处管理。

★ 2015年7月23日,《国务院关于同意江苏省调整盐城市部分行政区划的批复》(国函〔2015〕120号):同意撤销县级大丰市,设立盐城市大丰区,以原大丰市的行政区域为大丰区的行政区域,大丰区人民政府驻大中镇大华东路1号。

★ 2015年10月13日,《国务院关于同意江苏省调整无锡市部分行政区划的批复》(国函〔2015〕184号):一、同意撤销无锡市崇安区、南长区、北塘区,设立无锡市梁溪区,以原崇安区、南长区、北塘区的行政区域为梁溪区的行政区域,梁溪区人民政府驻崇安寺街道解放南路688号。二、同意设立无锡市新吴区,将无锡市锡山区的鸿山街道和滨湖区的江溪、旺庄、硕放、梅村、新安街道划归新吴区管辖,以鸿山、江溪、旺庄、硕放、梅村、新安6个街道的行政区域为新吴区的行政区域,新吴区人民政府驻新安街道和风路28号。

★ 2015年5月16日,淮安市政府驻地由清河区健康西路140号迁至淮安区翔宇南道1号。

◎ 2015年1月9日,省政府(苏政复〔2015〕3号)批复同意滨海县撤销东坎镇,设立东坎、坎南、坎北3个街道。

◎ 2015年1月9日,省政府(苏政复〔2015〕4号)批复同意调整灌云县部分行政区划:撤销侍庄乡,设立侍庄街道;撤销东王集乡,设立东王集镇;撤销图河乡,设立图河镇。

◎ 2015年1月28日,省政府(苏政复〔2015〕10号)批复同意调整金坛市部分行政区划:撤销尧塘镇,设立尧塘街道;以金城镇部分区域设立东城街道、西城街道;将金城镇的王母观、新河、岳阳3个村委会划归指前镇管辖。

◎ 2015年3月24日,省政府(苏政复〔2015〕22号)批复同意调整南通市通州区部分行政区划:撤销金沙镇、先锋镇、兴东镇,设立金沙街道、先锋街道、金新街道、兴东街道;撤销平潮镇、平东镇,设立新的平潮镇;撤销十总镇、骑岸镇,设立新的十总镇;撤销东社镇、五甲镇,设立新的东社镇;撤销兴仁镇、四安镇,设立新的兴仁镇(并将原四安镇九总渡、龙坝2个村委会划归西亭镇管辖)。

◎ 2015年3月24日,省政府(苏政复〔2015〕23号)批复同意调整如东县部分行政区划:撤销掘港镇和苴镇,设立掘港街道、城中街道、苴镇街道(并将原苴镇的何丫、环东、近海3个村委会划归长沙镇管辖)。

◎ 2015年5月18日,省政府(苏政复〔2015〕40号)批复同意调整金湖县部分行政区划:撤销银集镇、涂沟镇,设立银涂镇。

◎ 2015年5月18日,省政府(苏政复〔2015〕41号)批复同意调整盱眙县部分行政区划:撤销盱城镇、古桑乡、王店乡，设立盱城街道、太和街道、古桑街道、天泉湖镇。

◎ 2015年，省政府（苏政复〔2015〕60号）批复同意调整海安县部分行政区划：撤销海安镇，设立中城街道、南城街道、西城街道、北城街道。

◎ 2015年，省政府（苏政复〔2015〕69号）批复同意：南京市溧水区撤销永阳镇、柘塘镇，设立永阳街道、柘塘街道；南京市高淳区撤销淳溪镇、古柏镇，设立淳溪街道、古柏街道。

◎ 2015年9月11日，省政府（苏政复〔2015〕92号）批复同意：启东市撤销启隆乡，设立启隆镇；海门市撤销海永乡，设立海永镇。

◎ 2015年11月12日，省政府（苏政复〔2015〕116号）批复同意调整溧阳市溧城镇行政区划：同意设立昆仑街道，将溧城镇的濑江新村等7个居委会和陶家等16个村委会划归昆仑街道管理。

◎ 2015年，盐城市政府（盐政复〔2015〕17号）批复同意阜宁县新城街道更名为金沙湖街道。

★ 2015年6月27日，《国务院关于同意设立南京江北新区的批复》（国函〔2015〕103号）同意设立南京江北新区。南京江北新区位于江苏省南京市长江以北，包括南京市浦口区、六合区和栖霞区八卦洲街道，规划面积788平方公里。

三、浙江省

简称浙。总面积约10.18万平方千米。省会杭州（省政府驻杭州市西湖区省府路8号）。2015年末，全省常住人口为5539万人。辖11个地级市，36个市辖区、20个县级市、33个县、1个自治县（合计90个县级行政区划单位），444个街道、641个镇、251个乡、14个民族乡（合计1350个乡级行政单位），4366个居委会、27904个村委会。

县级以上行政区划及驻地一览

杭州市（拱墅区）　9区2县2县级市

上城区（清波街道）　下城区（文晖街道）　江干区（采荷街道）　拱墅区（拱宸桥街道）
西湖区（灵隐街道）　滨江区（西兴街道）　萧山区（北干街道）　余杭区（临平街道）
富阳区（富春街道）
建德市（新安江街道）　临安市（锦城街道）
桐庐县（城南街道）　淳安县（千岛湖镇）

宁波市（江东区）　6区2县3县级市

海曙区（鼓楼街道）　江东区（百丈街道）　江北区（中马街道）　北仑区（新碶街道）
镇海区（招宝山街道）　鄞州区（首南街道）
余姚市（兰江街道）　慈溪市（白沙路街道）　奉化市（锦屏街道）
象山县（丹东街道）　宁海县（跃龙街道）

温州市（鹿城区）　4区5县2县级市

鹿城区（五马街道）　龙湾区（永中街道）　瓯海区（娄桥街道）　洞头县（北岙街道）
瑞安市（安阳街道）　乐清市（城东街道）
永嘉县（北城街道）　平阳县（昆阳镇）　苍南县（灵溪镇）　文成县（大峃镇）
泰顺县（罗阳镇）

嘉兴市（南湖区）　2区2县3县级市

南湖区（东栅街道）　秀洲区（新城街道）
海宁市（海州街道）　平湖市（当湖街道）　桐乡市（梧桐街道）

嘉善县(罗星街道)　海盐县(武原街道)

湖州市(吴兴区)　2区3县

吴兴区(八里店镇)　南浔区(南浔镇)

德清县(武康镇)　长兴县(雉城街道)　安吉县(昌硕街道)

绍兴市(越城区)　3区1县2县级市

越城区(塔山街道)　柯桥区(柯桥街道)　上虞区(百官街道)

诸暨市(暨阳街道)　嵊州市(剡湖街道)

新昌县(南明街道)

金华市(婺城区)　2区3县4县级市

婺城区(白龙桥镇)　金东区(多湖街道)

兰溪市(兰江街道)　义乌市(稠城街道)　东阳市(江北街道)　永康市(东城街道)

武义县(壶山街道)　浦江县(浦阳街道)　磐安县(安文镇)

衢州市(柯城区)　2区3县1县级市

柯城区(信安街道)　衢江区(樟潭街道)

江山市(双塔街道)

常山县(天马街道)　开化县(华埠镇)　龙游县(龙洲街道)

舟山市(定海区)　2区2县

定海区(昌国街道)　普陀区(东港街道)

岱山县(高亭镇)　嵊泗县(菜园镇)

台州市(椒江区)　3区4县2县级市

椒江区(海门街道)　黄岩区(西城街道)　路桥区(路北街道)

温岭市(太平街道)　临海市(古城街道)

玉环县(玉城街道)　三门县(海游街道)　天台县(始丰街道)　仙居县(南峰街道)

丽水市(莲都区)　1区6县1自治县1县级市

莲都区(万象街道)

龙泉市(龙渊街道)

青田县(鹤城街道)　缙云县(五云街道)　遂昌县(妙高街道)　松阳县(西屏街道)

云和县(浮云街道)　庆元县(松源街道)　景宁畲族自治县(红星街道)

行政区划变更情况

★ 2015年7月23日,《国务院关于同意浙江省调整温州市部分行政区划的批复》(国函〔2015〕122号):同意撤销洞头县,设立温州市洞头区,将温州市龙湾区灵昆街道划归洞头区管辖。以原洞头县和龙湾区灵昆街道的行政区域为洞头区的行政区域,洞头区人民政府驻北岙街道县前路12号。【8月10日《浙江省人民政府关于调整温州市部分行政区划的通知》(浙政发〔2015〕24号)】【洞头区政府于9月1日正式挂牌成立】

四、安徽省

别称皖。省会合肥(省政府驻合肥市庐阳区长江中路221号)。全省辖16个地级市,43个市辖区、6个县级市、56个县(合计105个县级行政区划单位)。

蜀山区辖 4 个市辖区、4 个县，代管 1 个县级市

瑶海区(明光路街道)庐阳区(亳州路街道)蜀山区(三里庵街道)包河区(骆岗街道)

长丰县(水湖镇)肥东县(店埠镇)肥西县(上派镇)庐江县(庐城镇)

巢湖市(卧牛山街道)

鸠江区辖 4 个市辖区、4 个县

镜湖区(邢家山社区)弋江区(利民路街道)鸠江区(官陡街道)三山区(三山街道)

芜湖县(湾沚镇)繁昌县(繁阳镇)南陵县(籍山镇)无为县(无城镇)

蚌山区辖 4 个市辖区、3 个县

龙子湖区(解放街道)蚌山区(天桥街道)禹会区(金城社区)淮上区(小蚌埠镇)

怀远县(城关镇)五河县(城关镇)固镇县(城关镇)

田家庵区辖 5 个市辖区、1 个县

大通区(大通街道)田家庵区(公园街道)谢家集区(平山街道)八公山区(新庄孜街道)

潘集区(田集街道)

凤台县(城关镇)

雨山区辖 3 个市辖区、3 个县

花山区(霍里街道)雨山区(雨山街道)博望区(博望镇)

当涂县(姑孰镇)含山县(环峰镇)和县(历阳镇)

相山区辖 3 个市辖区、1 个县

杜集区(高岳街道)相山区(相南街道)烈山区(杨庄街道)

濉溪县(濉溪镇)

铜官区辖 2 个市辖区、2 个县

铜官区(乌木山社区)郊区(桥南街道)

铜陵县(五松镇)枞阳县(枞阳镇)

大观区辖 3 个市辖区、6 个县，代管 1 个县级市

迎江区(宜城路街道)大观区(德宽路街道)宜秀区(大龙山镇)

桐城市(文昌街道)

怀宁县(高河镇)潜山县(梅城镇)太湖县(晋熙镇)宿松县(孚玉镇)

望江县(华阳镇)岳西县(天堂镇)

屯溪区辖 3 个市辖区、4 个县

屯溪区(昱东街道)黄山区(甘棠镇)徽州区(岩寺镇)

歙县(徽城镇)休宁县(海阳镇)黟县(碧阳镇)祁门县(祁山镇)

琅琊区辖 2 个市辖区、4 个县，代管 2 个县级市

琅琊区(凤凰社区)南谯区(北门社区)

天长市(天长街道)明光市(明光街道)

来安县(新安镇)全椒县(襄河镇)定远县(定城镇)凤阳县(府城镇)

颍州区辖 3 个市辖区、4 个县，代管 1 个县级市

颍州区(清河街道)颍东区(河东街道)颍泉区(中市街道)

界首市(东城街道)

临泉县(城关街道)太和县(城关镇)阜南县(鹿城镇)颍上县(慎城镇)

埇桥区辖 1 个市辖区、4 个县

埇桥区(埇桥街道)

砀山县(砀城镇)萧县(龙城镇)灵璧县(灵城镇)泗县(泗城镇)

金安区辖 3 个市辖区、5 个县

金安区(中市街道)裕安区(平桥乡)叶集区(叶集镇)

寿县(寿春镇)霍邱县(城关镇)舒城县(城关镇)金寨县(梅山镇)

霍山县(衡山镇)

谯城区辖 1 个市辖区、3 个县

谯城区(花戏楼街道)

涡阳县(城关街道)蒙城县(城关街道)利辛县(城关镇)

贵池区辖 1 个市辖区、3 个县

贵池区(池阳街道)

东至县(尧渡镇)石台县(仁里镇)青阳县(蓉城镇)

宣州区辖 1 个市辖区、5 个县,代管 1 个县级市

宣州区(西林街道)

宁国市(西津街道)

郎溪县(建平镇)广德县(桃州镇)泾县(泾川镇)绩溪县(华阳镇)

旌德县(旌阳镇)

★ 2015 年 10 月 13 日,《国务院关于同意安徽省调整铜陵市六安市安庆市部分行政区划的批复》(国函〔2015〕]181 号):一、同意将安庆市枞阳县划归铜陵市管辖。二、同意撤销铜陵市铜官山区、狮子山区,设立铜陵市铜官区,以原铜官山区、狮子山区的行政区域为铜官区的行政区域,铜官区人民政府驻乌木山社区木鱼山大道 666 号。三、同意设立六安市叶集区,将霍邱县的叶集镇、三元镇、孙岗乡划归叶集区管辖,以叶集镇、三元镇、孙岗乡的行政区域为叶集区的行政区域,叶集区人民政府驻叶集镇花园路 88 号。

★ 淮南市调整部分行政区划:将八公山区的李冲回族乡(以及凤台经济开发区及其管理的社区)划归凤台县托管(淮〔2015〕66 号)。【2015 年 7 月 1 日正式移交;2013 年 10 月 1 日,将凤台县的李冲回族乡整建制和城关镇淮河以南的芦塘、西魏、淮丰、胜利、拐集、灯塔、山赵、夏湾、淮滨、黑龙潭 10 个社区正式划归淮南市八公山区管辖】

★ 黄山市调整部分行政区划:将徽州区岩寺镇长源村、仙和村,西溪南镇长林村(约 15 平方千米、0.7 万人)和休宁县万安镇蕉充村、霞高村、陈坑村、瓯山村(约 20 平方千米、0.6 万人)划归屯溪区新潭镇管辖。

◎ 霍山县撤销单龙寺乡,设立单龙寺镇(皖民地函〔2015〕69 号)。

◎ 利辛县撤销刘家集乡,设立城北镇(皖民地函〔2015〕140 号)。

◎ 怀远县撤销古城乡,设立古城镇(皖民地函〔2015〕142 号);撤销褚集乡,设立褚集镇(皖民地函〔2015〕143 号)。

◎ 临泉县撤销城关镇、田桥乡,设立城关街道、邢塘街道、田桥街道(皖民地函〔2015〕237 号)。

◎ 祁门县撤销新安乡,设立新安镇(皖民地函〔2015〕265 号)。

第三篇

长三角地区经济社会发展总报告

第一章　长三角地区生产总值

2015 年，新常态下长三角地区经济仍保持平稳增长态势，呈现出“经济中速增长、转型加快推进、质量效益提升”的特征，经济增长速度、效益仍领先于全国，对全国经济增长起到极大的支撑作用。

一　长三角地区生产总值总体情况

2015 年，长三角地区经济总量扩大，地区生产总值达到了 160131.95 亿元，增长率为 6.98%。

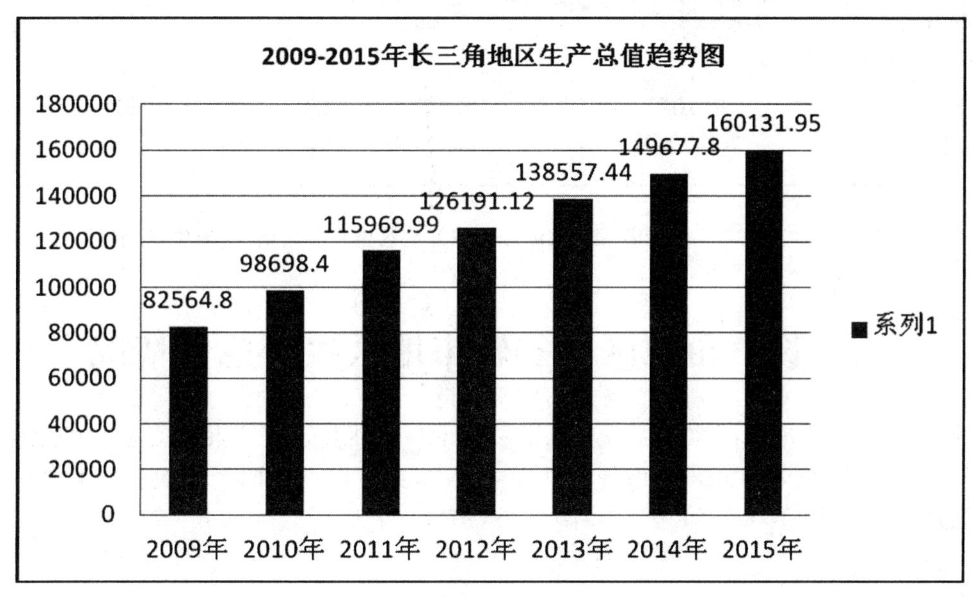

图 1　2009—2015 年长三角地区生产总值总体情况(单位:亿元)

二　上海市、江苏省、浙江省和安徽省地区生产总值情况

2015 年，长三角地区积极应对不断加大的经济下行压力，着力稳增长、促改革、调结构、惠民生、防风险，三省一市地区生产总值保持了平稳增长，其中江苏第一，为 70116.38 亿元，按可比价格计算，较上年增长 8.5%，低于上年 0.2 个百分点；浙江次之，达 42886.49 亿元，较上年增长 8%，高于上年 0.4 个百分点；上海第三，为 25123.45 亿元，较上年增长 6.9%，低于上年 0.1 个百分点；安徽第四，为 22005.63 亿元，较上年增长 8.7%，增速回落 0.5 个百分点。

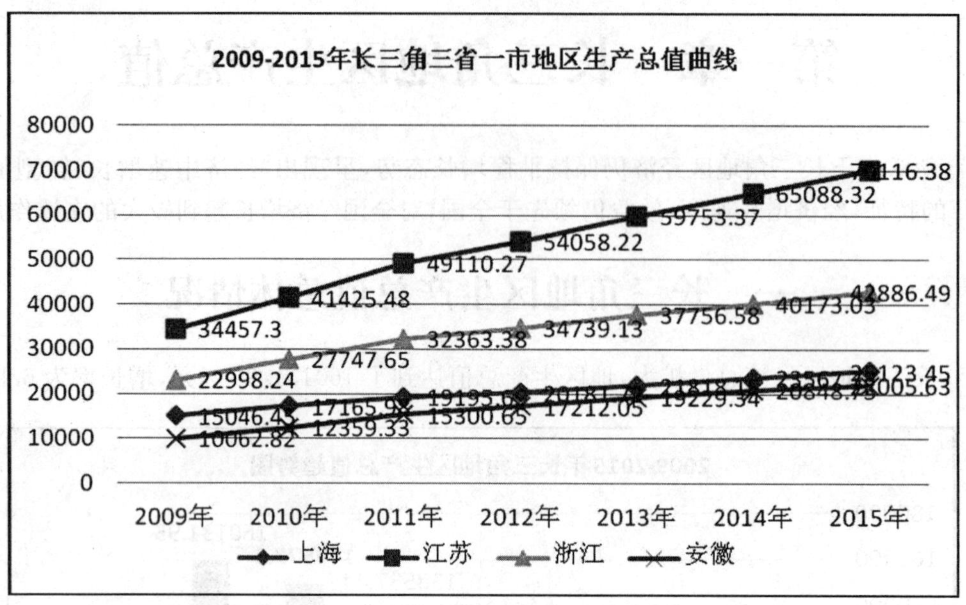

图 2　2009—2015 年上海、江苏、浙江和安徽地区生产总值情况(单位:亿元)

三　长三角地区各省辖市地区生产总值情况

2015 年,长三角 40 个地级市地区生产总值排名前十与上年排次完全相同,只有个别地级市排次发生变化,泰州市、宿迁市、丽水市和舟山市各上升 1 个名次,铜陵市上升两个名次。前五名依次是苏州市(14504.07 亿元)、杭州市(10050.21 亿元)、南京市(9720.77 亿元)、无锡市(8518.26 亿元)和宁波市(8003.61 亿元)。

表 1　2015 年长三角地区各省辖市地区生产总值情况(单位:亿元)

地　区	总值	排名	地区	总值	排名
苏州市	14504.07	1	连云港市	2160.64	21
杭州市	10050.21	2	宿迁市	2126.19	22
南京市	9720.77	3	湖州市	2084.26	23
无锡市	8518.26	4	安庆市	1417.43	24
宁波市	8003.61	5	马鞍山市	1365.30	25
南通市	6148.40	6	滁州市	1305.70	26
合肥市	5660.27	7	阜阳市	1267.45	27
徐州市	5319.88	8	蚌埠市	1253.05	28
常州市	5273.15	9	宿州市	1235.83	29
温州市	4618.08	10	衢州市	1146.13	30
绍兴市	4465.97	11	丽水市	1103.29	31
盐城市	4212.50	12	舟山市	1092.85	32
扬州市	4016.84	13	六安市	1016.49	33

续表

地　区	总值	排名	地区	总值	排名
泰州市	3687.90	14	宣城市	971.46	34
台州市	3553.85	15	亳州市	942.61	35
嘉兴市	3517.81	16	铜陵市	911.60	36
镇江市	3502.48	17	淮南市	901.08	37
金华市	3402.34	18	淮北市	760.39	38
淮安市	2745.09	19	池州市	544.74	39
芜湖市	2457.32	20	黄山市	530.90	40

四　长三角地区各县(市)地区生产总值情况

2015年，长三角地区有6个县(市)撤县为区，分别是江苏的金坛县、赣榆县和大丰市，浙江的富阳市、洞头县，安徽的铜陵县，调整后，江苏是42个县(市)，浙江是54个县(市)，安徽是61个县(市)和上海1个县(市)，总计158个县(市)。

各县市地区生产总值较去年均有扩大。前十名排序中仅义乌市较上年提升一位，其余保持原位。

图2　2015年长三角地区各县(市)地区生产总值情况(单位:亿元)

地区	总值	排名	地区	总值	排名	地区	总值	排名
昆山市	3080.01	1	德清县	392.15	54	广德县	184.60	107
江阴市	2880.86	2	海盐县	383.48	55	怀宁县	181.68	108
张家港市	2229.82	3	丰　县	370.33	56	利辛县	173.79	109
常熟市	2044.88	4	阜宁县	363.20	57	灵璧县	172.44	110
宜兴市	1285.66	5	泗阳县	362.24	58	固镇县	171.53	111
慈溪市	1137.07	6	泗洪县	361.32	59	三门县	169.95	112
太仓市	1100.08	7	滨海县	361.30	60	仙居县	169.25	113
丹阳市	1070.25	8	长丰县	360.96	61	五河县	162.55	114
义乌市	1045.05	9	无为县	355.55	62	砀山县	159.49	115
诸暨市	1026.61	10	新昌县	345.30	63	舒城县	158.53	116
海门市	915.02	11	平阳县	340.94	64	泗　县	158.01	117
温岭市	827.15	12	涟水县	340.87	65	凤阳县	154.71	118
余姚市	826.21	13	桐庐县	334.48	66	临泉县	154.45	119
如皋市	812.46	14	永嘉县	330.92	67	定远县	153.45	120
启东市	803.14	15	盱眙县	320.13	68	宿松县	153.06	121
乐清市	774.60	16	奉化市	319.80	69	界首市	145.27	122
靖江市	748.32	17	建德市	318.75	70	霍山县	144.74	123
泰兴市	740.77	18	安吉县	303.04	71	和　县	135.23	124
溧阳市	738.15	19	灌云县	300.13	72	歙　县	133.71	125

续表

地区	总值	排名	地区	总值	排名	地区	总值	排名
邳州市	731.71	20	天长市	291.29	73	阜南县	133.38	126
瑞安市	720.51	21	崇明县	291.20	74	东至县	133.02	127
海宁市	701.15	22	兰溪市	285.36	75	潜山县	131.30	128
海安县	680.44	23	灌南县	281.63	76	寿　县	130.57	129
如东县	672.69	24	巢湖市	273.07	77	来安县	129.68	130
东台市	670.23	25	当涂县	271.18	78	含山县	123.02	131
兴化市	667.40	26	江山市	257.50	79	明光市	120.21	132
桐乡市	653.12	27	响水县	244.30	80	全椒县	117.38	133
沭阳县	630.13	28	怀远县	239.25	81	郎溪县	110.01	134
沛　县	605.84	29	宁国市	234.07	82	常山县	108.80	135
肥西县	551.85	30	濉溪县	233.23	83	龙泉市	107.69	136
新沂市	507.63	31	洪泽县	230.81	84	开化县	101.56	137
高邮市	483.86	32	桐城市	227.13	85	望江县	98.49	138
平湖市	483.64	33	繁昌县	226.09	86	太湖县	97.57	139
永康市	483.31	34	涡阳县	223.75	87	金寨县	88.81	140
肥东县	481.73	35	霍邱县	223.50	88	遂昌县	88.74	141
扬中市	475.80	36	庐江县	221.14	89	嵊泗县	86.00	142
句容市	468.50	37	萧　县	219.75	90	松阳县	85.97	143
临安市	467.57	38	凤台县	218.93	91	泾　县	82.79	144
临海市	464.84	39	蒙城县	216.66	92	青阳县	79.96	145
东阳市	464.31	40	金湖县	216.53	93	磐安县	78.10	146
长兴县	462.26	41	淳安县	207.42	94	岳西县	76.95	147
宝应县	458.02	42	岱山县	206.45	95	泰顺县	74.21	148
睢宁县	451.89	43	颍上县	205.42	96	休宁县	72.13	149
嵊州市	444.92	44	武义县	204.03	97	文成县	72.06	150
玉环县	436.59	45	芜湖县	196.46	98	庆元县	57.02	151
宁海县	433.15	46	浦江县	196.44	99	绩溪县	56.10	152
建湖县	431.05	47	龙游县	195.86	100	祁门县	54.10	153
苍南县	423.55	48	枞阳县	194.66	101	云和县	54.04	154
嘉善县	423.09	49	青田县	192.36	102	景宁自治县	44.43	155
象山县	410.20	50	太和县	190.73	103	旌德县	33.56	156
仪征市	408.19	51	缙云县	189.49	104	黟　县	26.24	157
射阳县	407.61	52	天台县	188.28	105	石台县	22.09	158
东海县	393.54	53	南陵县	186.66	106			

第二章　长三角地区第一产业发展情况

一　长三角地区第一产业发展总体情况

2015年,长三角地区第一产业仍保持了增长态势,第一产业产值达到8385.47亿元,增长率为5.77%。

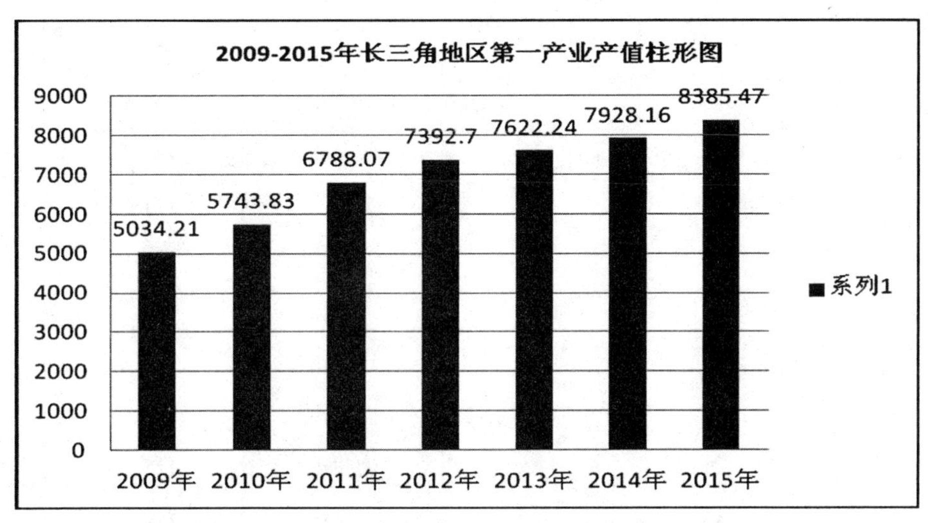

图3　2009—2015年长三角地区第一产业产值情况(单位:亿元)

二　上海市、江苏省、浙江省和安徽省第一产业发展情况

2015年,长三角三省一市第一产业增加值分别为,江苏3987.9亿元,按可比价格计算,比上年增长3.2%,高于上年0.3个百分点;安徽2456.7亿元,比上年增长4.2%,增幅比上年回落0.4个百分点,浙江1833亿元,比上年增长1.5%,增幅比上年回升0.1个百分点;上海109.82亿元,比上年下降13.2%。

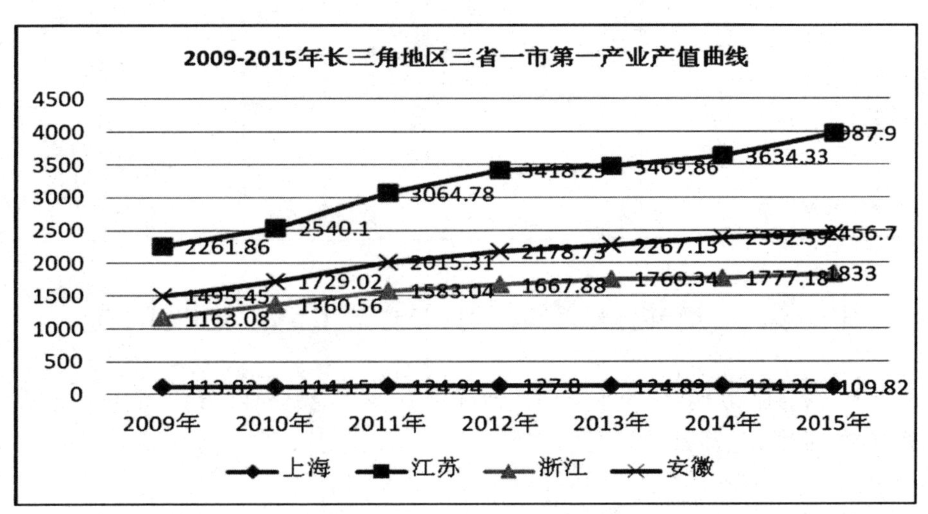

图4　2009—2015年上海市、江苏、浙江和安徽第一产业产值情况(单位:亿元)

三 长三角地区各省辖市第一产业发展情况

2015 年，长三角三省一市农业生产基本稳定，效益农业持续发展，40 个地市的第一产业产值大都保持稳定增长，个别地市有所下降。排在前五位的是：盐城市(516.53 亿元)、徐州市(504.76 亿元)、南通市(354.90 亿元)、淮安市(307.67 亿元)和杭州市(287.95 亿元)。

表 3 2015 年长三角地区各省辖市第一产业产值情况(单位：亿元)

地　区	总值	排名	地区	总值	排名
盐城市	516.53	1	安庆市	185.93	21
徐州市	504.76	2	六安市	180.46	22
南通市	354.90	3	常州市	146.55	23
淮安市	307.67	4	金华市	141.03	24
杭州市	287.95	5	嘉兴市	139.09	25
阜阳市	286.28	6	无锡市	137.72	26
宁波市	284.68	7	镇江市	132.89	27
连云港市	282.69	8	温州市	129.57	28
宿州市	268.26	9	湖州市	122.60	29
合肥市	263.43	10	宣城市	121.30	30
宿迁市	258.11	11	芜湖市	120.02	31
扬州市	241.86	12	淮南市	111.51	32
南京市	232.39	13	舟山市	111.01	33
台州市	229.75	14	丽水市	91.36	34
滁州市	221.53	15	衢州市	84.46	35
泰州市	218.93	16	马鞍山市	79.46	36
苏州市	215.71	17	池州市	70.57	37
绍兴市	198.94	18	淮北市	59.33	38
亳州市	195.04	19	黄山市	55.11	39
蚌埠市	188.55	20	铜陵市	47.24	40

四 长三角地区各县(市)第一产业发展情况

2015 年长三角地区各县(市)第一产业增加值情况见下表，大部分县(市)产值总量上升，排前十位的分别是邳州市、兴化市、东台市、沛县、沭阳县、射阳县、睢宁县、丰县、高邮市、宝应县，均为江苏属县。

表 4　2015 年长三角地区各县(市)第一产业产值情况(单位:亿元)

地区	总值	排名	地区	总值	排名	地区	总值	排名
邳州市	104.59	1	涡阳县	44.19	54	来安县	21.50	107
兴化市	93.62	2	砀山县	42.67	55	江山市	21.39	108
东台市	87.92	3	余姚市	42.36	56	义乌市	21.10	109
沛　县	85.59	4	寿　县	42.32	57	新昌县	21.09	110
沭阳县	81.68	5	句容市	41.32	58	乐清市	20.91	111
射阳县	78.41	6	宁海县	41.12	59	怀宁县	20.80	112
睢宁县	77.51	7	濉溪县	40.86	60	宁国市	20.76	113
丰　县	69.53	8	常熟市	40.76	61	海盐县	20.74	114
高邮市	66.34	9	响水县	40.35	62	德清县	20.61	115
宝应县	65.63	10	临海市	40.29	63	靖江市	20.55	116
临泉县	65.53	11	临安市	39.72	64	瑞安市	19.54	117
启东市	65.45	12	无为县	38.14	65	广德县	18.71	118
如东县	64.97	13	嵊州市	37.86	66	含山县	18.20	119
怀远县	63.27	14	宿松县	37.23	67	芜湖县	18.46	120
肥东县	63.12	15	太仓市	37.21	68	金寨县	18.26	121
温岭市	62.37	16	凤阳县	36.66	69	东阳市	17.59	122
新沂市	61.93	17	枞阳县	34.06	70	歙　县	17.42	123
东海县	61.89	18	明光市	32.72	71	泾　县	16.71	124
象山县	61.37	19	淳安县	32.04	72	武义县	15.64	125
如皋市	60.47	20	长兴县	32.01	73	岳西县	15.35	126
灌云县	59.81	21	天长市	31.76	74	平湖市	14.71	127
长丰县	57.88	22	岱山县	31.70	75	平阳县	14.48	128
滨海县	55.97	23	洪泽县	31.58	76	郎溪县	14.41	129
萧　县	55.72	24	金湖县	30.94	77	仙居县	14.20	130
泗洪县	55.38	25	建德市	30.48	78	龙游县	13.71	131
定远县	54.31	26	张家港市	30.34	79	龙泉市	13.40	132
海安县	53.77	27	舒城县	30.06	80	霍山县	13.23	133
涟水县	53.14	28	玉环县	29.39	81	松阳县	13.22	134
阜宁县	52.97	29	巢湖市	29.06	82	天台县	12.75	135
泗阳县	52.74	30	奉化市	29.03	83	开化县	12.33	136
盱眙县	51.98	31	昆山市	28.88	84	休宁县	12.07	137
海门市	51.80	32	凤台县	28.87	85	扬中市	11.87	138
五河县	51.29	33	南陵县	28.57	86	磐安县	11.33	139
丹阳市	50.94	34	苍南县	28.29	87	遂昌县	10.74	140

续表

地区	总值	排名	地区	总值	排名	地区	总值	排名
泗　县	50.93	35	桐乡市	28.14	88	永嘉县	10.67	141
固镇县	50.75	36	桐城市	27.28	89	缙云县	10.05	142
灵璧县	50.71	37	当涂县	26.27	90	青阳县	9.86	143
诸暨市	50.60	38	东至县	26.18	91	浦江县	9.66	144
宜兴市	50.34	39	安吉县	26.17	92	繁昌县	8.64	145
肥西县	50.25	40	望江县	25.63	93	永康市	8.52	146
慈溪市	49.71	41	全椒县	24.77	94	绩溪县	8.06	147
泰兴市	49.10	42	三门县	24.73	95	常山县	7.93	148
灌南县	48.23	43	兰溪市	24.40	96	庆元县	7.76	149
蒙城县	47.86	44	界首市	23.67	97	青田县	7.71	150
霍邱县	47.77	45	潜山县	23.45	98	文成县	7.71	151
太和县	47.54	46	嘉善县	23.39	99	泰顺县	7.32	152
溧阳市	46.32	47	和　县	23.35	100	景宁自治县	6.61	153
江阴市	46.28	48	太湖县	23.12	101	旌德县	6.47	154
颍上县	46.13	49	嵊泗县	22.97	102	祁门县	5.96	155
庐江县	45.72	50	崇明县	22.90	103	云和县	4.40	156
建湖县	45.19	51	桐庐县	22.86	104	石台县	3.93	157
阜南县	44.60	52	仪征市	21.69	105	黟　县	3.52	158
利辛县	44.31	53	海宁市	21.57	106			

第三章　长三角地区第二产业发展情况

一　长三角地区第二产业发展总体情况

2015 年，长三角地区第二产业产值总量增大，增速进一步放缓，三省一市总产值达到了 70693.95 亿元，增长率为 2%。

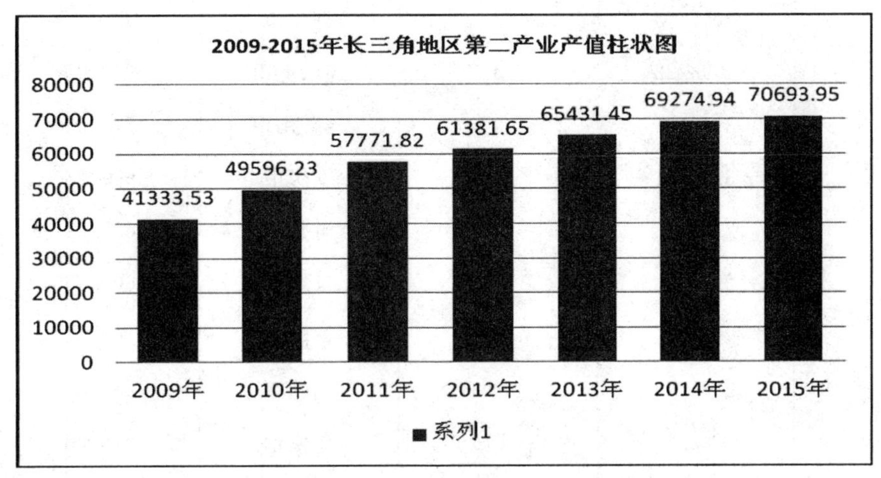

图 5　2009—2015 年长三角地区第二产业产值情况(单位：亿元)

二　上海市、江苏省、浙江省和安徽省第二产业发展情况

2015 年，长三角地区三省一市工业结构持续调整优化，国企效益下滑的大势中企业的质量效益有所提升，战略性新兴产业和高科技产业产值增长快于传统产业。江苏第二产业产值为 32044.45 亿元，增长 8.4%；浙江第二产业产值为 19711.67 亿元，增长 5.4%；安徽第二产业产值为 10946.83 亿元，增长 8.4%；上海第二产业产值为 7991 亿元，增长 1.2%。

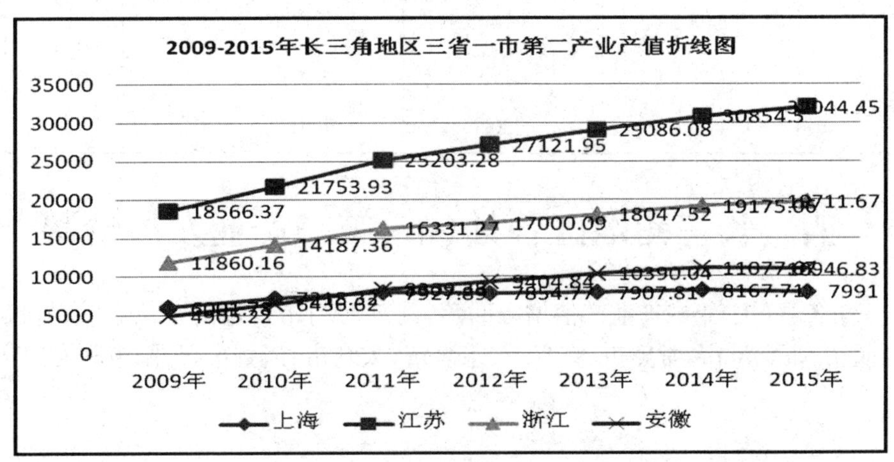

图 6　2009—2015 年上海市、江苏、浙江和安徽第二产业产值情况(单位：亿元)

三　长三角地区各省辖市第二产业发展情况

2015 年，长三角地区 40 个地市第二产业产值有增有减，排在前五位的依然是，苏州市（7045.12 亿元）、无锡市（4197.43 亿元）、宁波市（4098.22 亿元）、南京市（3916.77 亿元）和杭州市（3909.01 亿元）。

表 5　2015 年长三角地区各省辖市第二产业产值情况（单位：亿元）

地　区	总值	排名	地区	总值	排名
苏州市	7045.12	1	宿迁市	1031.33	21
无锡市	4197.43	2	湖州市	1021.05	22
宁波市	4098.22	3	连云港市	959.00	23
南京市	3916.77	4	马鞍山市	773.62	24
杭州市	3909.01	5	安庆市	685.78	25
南通市	2977.53	6	滁州市	657.01	26
合肥市	2977.28	7	蚌埠市	600.98	27
常州市	2516.04	8	铜陵市	562.93	28
徐州市	2355.06	9	衢州市	534.83	29
绍兴市	2252.87	10	阜阳市	516.38	30
温州市	2022.59	11	丽水市	503.91	31
扬州市	2012.10	12	宣城市	473.33	32
盐城市	1923.47	13	宿州市	468.85	33
嘉兴市	1850.68	14	六安市	468.37	34
泰州市	1811.04	15	舟山市	449.63	35
镇江市	1726.96	16	淮北市	441.57	36
台州市	1567.65	17	淮南市	433.33	37
金华市	1549.15	18	亳州市	370.18	38
芜湖市	1405.43	19	池州市	251.33	39
淮安市	1176.66	20	黄山市	211.75	40

四　长三角地区各县（市）第二产业发展情况

2015 年长三角各县（市）第二产业产值增幅回落，江苏海门市挤进前十位，其余排位与去年相同，分别是昆山市、江阴市、张家港市、常熟市、宜兴市、慈溪市、太仓市、诸暨市、丹阳市和海门市。

表 6　2015 年长三角地区各县(市)第二产业产值情况(单位:亿元)

地区	总值	排名	地区	总值	排名	地区	总值	排名
昆山市	1695.68	1	当涂县	187.84	54	蒙城县	83.70	107
江阴市	1584.42	2	仪征市	186.44	55	金湖县	83.31	108
张家港市	1190.76	3	泗阳县	185.31	56	天台县	81.16	109
常熟市	1064.27	4	象山县	184.69	57	淳安县	77.00	110
宜兴市	659.05	5	桐庐县	181.73	58	舒城县	73.44	111
慈溪市	656.05	6	苍南县	175.48	59	和　县	71.90	112
太仓市	564.53	7	新昌县	175.37	60	来安县	70.91	113
诸暨市	542.80	8	东海县	173.71	61	潜山县	70.51	114
丹阳市	540.95	9	永嘉县	171.15	62	砀山县	70.19	115
海门市	471.59	10	建德市	166.02	63	仙居县	69.23	116
余姚市	468.35	11	繁昌县	162.33	64	郎溪县	68.15	117
如皋市	401.57	12	丰　县	160.32	65	固镇县	66.80	118
乐清市	390.97	13	阜宁县	159.27	66	歙　县	66.58	119
启东市	389.13	14	泗洪县	154.91	67	凤阳县	66.53	120
海宁市	384.45	15	兰溪市	149.22	68	宿松县	64.42	121
靖江市	384.08	16	滨海县	148.98	69	含山县	62.96	122
义乌市	381.49	17	巢湖市	148.13	70	三门县	62.77	123
肥西县	373.30	18	射阳县	147.61	71	灵璧县	55.95	124
溧阳市	367.07	19	宁国市	146.31	72	泗　县	55.85	125
泰兴市	357.97	20	桐城市	146.08	73	东至县	54.86	126
温岭市	356.34	21	平阳县	145.83	74	全椒县	53.69	127
瑞安市	329.00	22	奉化市	143.29	75	五河县	53.61	128
桐乡市	328.14	23	安吉县	140.07	76	常山县	53.22	129
海安县	323.18	24	灌南县	136.86	77	定远县	49.50	130
肥东县	318.07	25	灌云县	133.52	78	利辛县	47.96	131
如东县	314.83	26	凤台县	132.71	79	龙泉市	46.16	132
邳州市	313.59	27	涟水县	132.51	80	太湖县	43.78	133
沭阳县	293.28	28	芜湖县	132.01	81	阜南县	43.20	134
永康市	292.81	29	崇明县	130.70	82	望江县	42.57	135
平湖市	284.62	30	江山市	129.98	83	岳西县	42.07	136
东台市	279.21	31	盱眙县	128.57	84	青阳县	41.62	137
沛　县	277.91	32	濉溪县	120.78	85	明光市	41.26	138
兴化市	268.49	33	怀宁县	113.84	86	开化县	40.15	139
扬中市	249.82	34	响水县	113.68	87	松阳县	38.92	140

续表

地区	总值	排名	地区	总值	排名	地区	总值	排名
临安市	244.81	35	浦江县	112.47	88	临泉县	38.26	141
玉环县	240.78	36	南陵县	111.95	89	磐安县	37.02	142
长兴县	235.16	37	颍上县	110.22	90	寿　县	35.97	143
嘉善县	231.74	38	青田县	109.81	91	金寨县	34.61	144
海盐县	228.86	39	霍邱县	109.71	92	泾　县	34.34	145
长丰县	224.79	40	武义县	107.88	93	遂昌县	34.34	146
宁海县	224.30	41	枞阳县	106.97	94	休宁县	30.30	147
句容市	223.85	42	岱山县	106.14	95	绩溪县	27.57	148
东阳市	223.31	43	缙云县	104.92	96	云和县	27.34	149
嵊州市	220.25	44	怀远县	101.83	97	庆元县	24.01	150
高邮市	215.53	45	龙游县	101.44	98	泰顺县	23.11	151
新沂市	212.36	46	庐江县	100.15	99	文成县	22.01	152
德清县	211.01	47	霍山县	98.88	100	祁门县	20.74	153
无为县	210.48	48	广德县	96.02	101	旌德县	14.89	154
临海市	206.17	49	洪泽县	95.46	102	嵊泗县	13.22	155
宝应县	204.00	50	涡阳县	95.26	103	景宁自治县	12.91	156
睢宁县	192.72	51	萧　县	90.90	104	黟　县	11.26	157
天长市	191.85	52	界首市	84.54	105	石台县	8.17	158
建湖县	189.25	53	太和县	83.87	106			

第四章　长三角地区第三产业发展情况

一　长三角地区第三产业发展总体情况

2015 年，长三角地区第三产业比重继续提高，生产产值保持了较高速的增长，弥补了工业增速回落的影响。第三产业产值达到 81052.53 亿元，增长率为 11.8%。

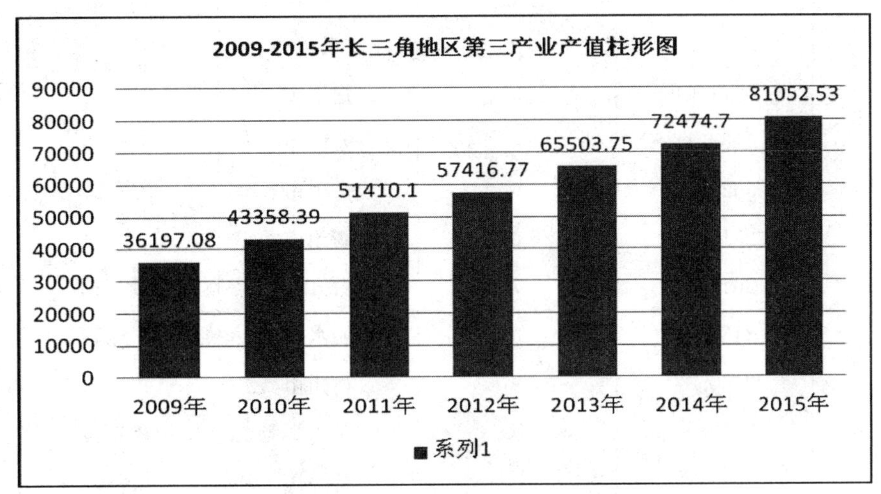

图 7　2009－2015 年长三角地区第三产业产值情况（单位：亿元）

二　上海市、江苏省、浙江省和安徽省第三产业发展情况

2015 年，长三角三省一市第三产业发展态势良好，现代服务业发展迅速，消费市场总体平稳，稳中有升。排序依次是江苏 34085.88 亿元，按可比价格计算，较上年增长 9.3%；浙江 21341.91 亿元，增长 11.3%；上海 17022.63 亿元，增长 10.6%；安徽 8602.11 亿元，增长 10.6%。

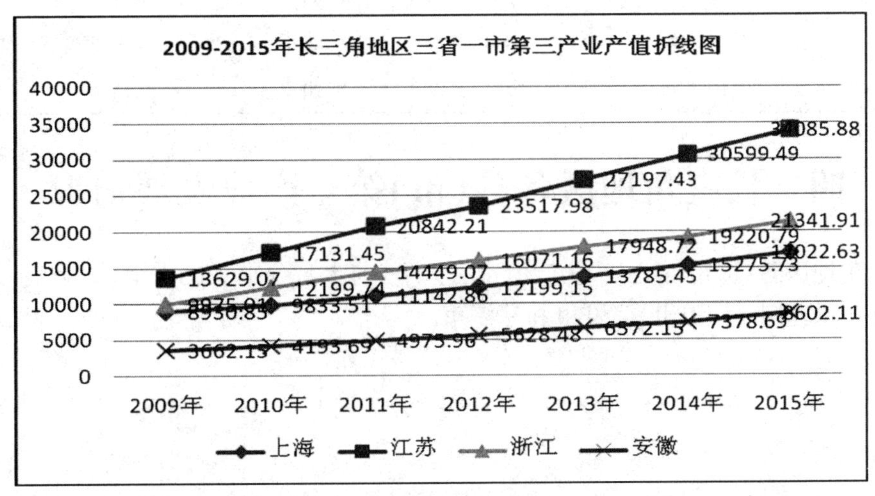

图 8　2009－2015 年上海、江苏、浙江和安徽第三产业产值情况（单位：亿元）

三　长三角地区各省辖市第三产业发展情况

2015年长三角地区40个地市的第三产业产值均高于上年，前五位排名与上年相同，依然是苏州市(7243.24亿元)、杭州市(5853.25亿元)、南京市(5571.61亿元)、无锡市(4183.11亿元)和宁波市(3620.71亿元)。

表7　2015年长三角地区各省辖市第三产业产值情况(单位:亿元)

地　区	总值	排名	地区	总值	排名
苏州市	7243.24	1	芜湖市	931.87	21
杭州市	5853.25	2	连云港市	918.95	22
南京市	5571.61	3	宿迁市	836.75	23
无锡市	4183.11	4	安庆市	545.72	24
宁波市	3620.71	5	舟山市	532.21	25
南通市	2815.97	6	衢州市	526.84	26
常州市	2610.56	7	马鞍山市	512.22	27
温州市	2465.92	8	丽水市	508.02	28
徐州市	2460.07	9	宿州市	498.72	29
合肥市	2419.57	10	阜阳市	464.79	30
绍兴市	2014.15	11	蚌埠市	463.53	31
盐城市	1772.50	12	滁州市	427.15	32
扬州市	1762.88	13	亳州市	377.39	33
台州市	1756.45	14	宣城市	376.83	34
金华市	1712.16	15	六安市	367.65	35
泰州市	1657.93	16	淮南市	356.24	36
镇江市	1642.63	17	铜陵市	301.43	37
嘉兴市	1528.04	18	黄山市	264.04	38
淮安市	1260.76	19	淮北市	259.49	39
湖州市	940.60	20	池州市	222.84	40

四　长三角地区各县(市)第三产业发展情况

2015年长三角地区各县(市)第三产业产值排名如下，前十名分别是昆山市、江阴市、张家港市、常熟市、义乌市、宜兴市、太仓市、丹阳市、诸暨市和慈溪市。

表 8　2015 年长三角地区各县(市)第三产业产值情况(单位:亿元)

地区	总值	排名	地区	总值	排名	地区	总值	排名
昆山市	1355.45	1	滨海县	156.35	54	繁昌县	55.12	107
江阴市	1250.16	2	涟水县	155.22	55	舒城县	55.03	108
张家港市	1008.72	3	泗洪县	151.03	56	固镇县	53.98	109
常熟市	939.85	4	阜宁县	150.95	57	桐城市	53.77	110
义乌市	642.46	5	永嘉县	149.10	58	枞阳县	53.64	111
宜兴市	576.27	6	新昌县	148.84	59	寿　县	52.29	112
太仓市	498.34	7	奉化市	147.48	60	东至县	51.98	113
丹阳市	478.36	8	丰　县	140.48	61	凤阳县	51.53	114
诸暨市	433.21	9	盱眙县	139.58	62	宿松县	51.41	115
慈溪市	431.31	10	崇明县	137.60	63	泗　县	51.23	116
温岭市	408.44	11	安吉县	136.80	64	临泉县	50.65	117
海门市	391.63	12	海盐县	133.88	65	嵊泗县	49.81	118
瑞安市	371.97	13	桐庐县	129.89	66	歙　县	49.72	119
乐清市	362.72	14	肥西县	128.30	67	定远县	49.64	120
如皋市	350.41	15	泗阳县	124.19	68	开化县	49.08	121
启东市	348.56	16	建德市	122.24	69	颍上县	49.07	122
靖江市	343.69	17	兰溪市	111.74	70	龙泉市	48.12	123
泰兴市	333.70	18	无为县	106.93	71	常山县	47.65	124
溧阳市	324.76	19	灌云县	106.80	72	怀宁县	47.04	125
余姚市	315.50	20	江山市	106.13	73	砀山县	46.63	126
邳州市	313.53	21	洪泽县	103.77	74	明光市	46.23	127
兴化市	305.29	22	金湖县	102.28	75	南陵县	46.15	128
海安县	303.49	23	肥东县	100.54	76	芜湖县	45.99	129
东台市	303.10	24	淳安县	98.38	77	阜南县	45.57	130
桐乡市	296.84	25	灌南县	96.54	78	泰顺县	43.78	131
海宁市	295.13	26	巢湖市	95.88	79	遂昌县	43.66	132
如东县	292.90	27	天台县	94.37	80	文成县	42.33	133
沭阳县	255.17	28	响水县	90.27	81	含山县	41.85	134
沛　县	242.34	29	仙居县	85.82	82	和　县	39.98	135
新沂市	233.34	30	蒙城县	85.11	83	全椒县	38.91	136
东阳市	223.41	31	涡阳县	84.30	84	潜山县	37.34	137
苍南县	219.78	32	三门县	82.45	85	来安县	37.28	138
临海市	218.38	33	利辛县	81.51	86	界首市	37.06	139
扬中市	214.11	34	龙游县	80.71	87	金寨县	35.94	140

续表

地区	总值	排名	地区	总值	排名	地区	总值	排名
句容市	203.33	35	武义县	80.50	88	松阳县	33.84	141
高邮市	201.98	36	长丰县	78.29	89	霍山县	32.63	142
仪征市	200.06	37	庐江县	75.26	90	泾　县	31.73	143
建湖县	196.61	38	青田县	74.84	91	太湖县	30.68	144
长兴县	195.09	39	缙云县	74.52	92	望江县	30.29	145
宝应县	188.39	40	浦江县	74.31	93	休宁县	29.76	146
嵊州市	186.81	41	怀远县	74.15	94	磐安县	29.75	147
平湖市	184.31	42	萧　县	73.14	95	青阳县	28.48	148
临安市	183.04	43	濉溪县	71.59	96	郎溪县	27.45	149
永康市	181.98	44	广德县	69.87	97	祁门县	27.39	150
睢宁县	181.66	45	岱山县	68.60	98	庆元县	25.25	151
射阳县	181.59	46	天长市	67.68	99	景宁自治县	24.91	152
平阳县	180.62	47	宁国市	67.00	100	云和县	22.31	153
嘉善县	167.95	48	霍邱县	66.01	101	绩溪县	20.47	154
宁海县	167.73	49	灵璧县	65.79	102	岳西县	19.53	155
玉环县	166.42	50	太和县	59.33	103	旌德县	12.19	156
象山县	164.14	51	五河县	57.65	104	黟　县	11.45	157
德清县	160.53	52	凤台县	57.36	105	石台县	9.99	158
东海县	157.94	53	当涂县	57.07	106			

第五章　长三角地区财政收入情况

一　长三角地区财政预算收入情况

长三角地区财政预算收入逐年增加，至2015年突破两万亿，达20812.33亿元。

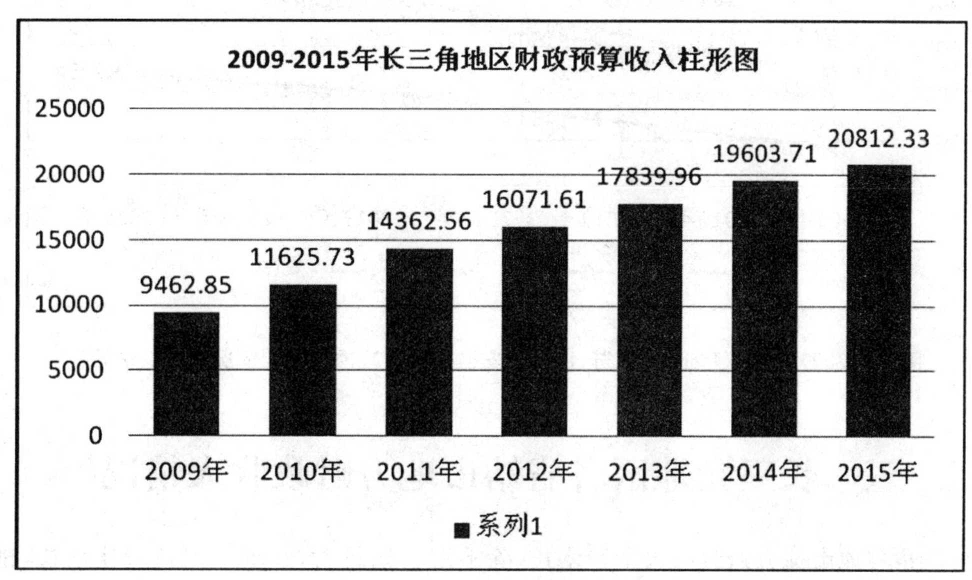

图9　2009—2015年长三角地区财政预算收入情况(单位:亿元)

二　上海市、江苏省、浙江省和安徽省财政收入情况

2015年，江苏实现一般公共预算收入8028.59亿元，较上年增长11%，其中，税收收入6610.1亿元，占比达82.3%；上海实现一般公共预算收入5519.50亿元，较上年增长13.3%，其中，税收3819.98亿元，占比69.21%；浙江实现一般公共预算收入4809.94亿元，较上年增长7.8%，其中，税收收入4168亿元，占比为86.7%；安徽实现一般公共预算收入2454.3亿元，较上年增长10.6%，其中，税收收入1799.89，亿元占比为73.3%。

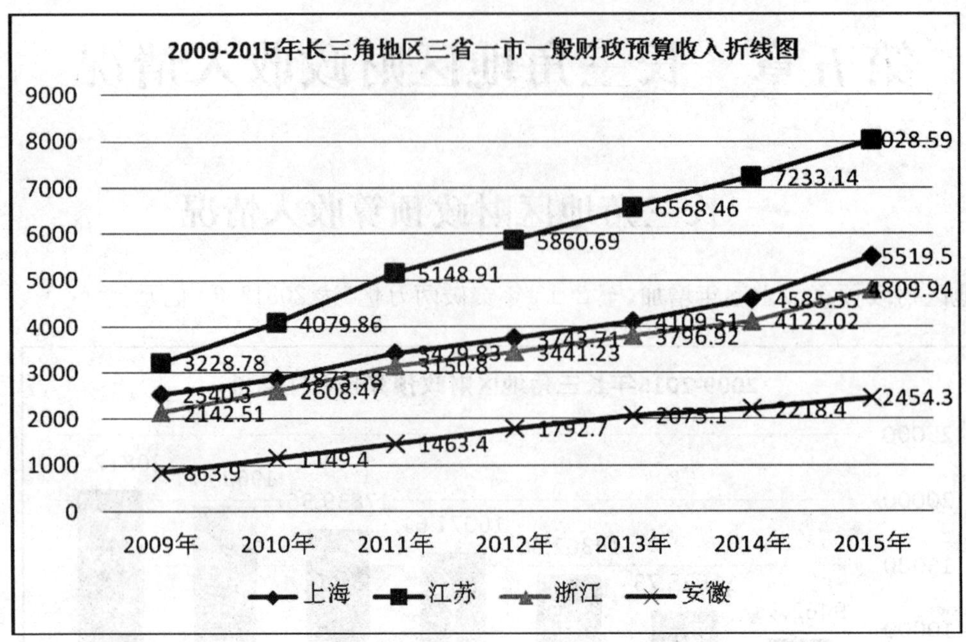

图 10　2009－2015 年上海、江苏、浙江和安徽一般财政预算收入情况(单位:亿元)

三　长三角地区各省辖市地方财政收入情况

2015 年长三角各地市地方财政收入平稳增长,除上海增幅较大,江苏也保持较快增长,排前五名的依然是苏州市(1560.76 亿元)、杭州市(1233.88 亿元)、南京市(1020.03 亿元)宁波市(1006.41 亿元)和无锡市(830.00 亿元)。

表 9　2015 年长三角地区各省辖市财政收入情况(单位:亿元)

地　区	总值	排名	地区	总值	排名
苏州市	1560.76	1	芜湖市	263.47	21
杭州市	1233.88	2	宿迁市	235.67	22
南京市	1020.03	3	湖州市	191.31	23
宁波市	1006.41	4	滁州市	143.73	24
无锡市	830.00	5	宣城市	131.56	25
南通市	625.64	6	马鞍山市	130.81	26
合肥市	571.54	7	阜阳市	120.04	27
徐州市	530.68	8	蚌埠市	119.68	28
盐城市	477.50	9	舟山市	112.72	29
常州市	466.28	10	安庆市	106.57	30
温州市	403.07	11	六安市	103.33	31
绍兴市	362.89	12	丽水市	94.50	32
嘉兴市	350.34	13	衢州市	94.01	33

续表

地　区	总值	排名	地区	总值	排名
淮安市	350.31	14	宿州市	86.02	34
扬州市	336.75	15	亳州市	81.36	35
泰州市	316.56	16	淮南市	77.31	36
金华市	309.68	17	黄山市	71.60	37
镇江市	302.85	18	池州市	71.30	38
台州市	298.02	19	铜陵市	66.81	39
连云港市	291.77	20	淮北市	60.23	40

四　长三角地区各县(市)地方财政收入情况

2015年，长三角地区各县(市)地方财政收入保持了不同程度的增长，其中江苏有8个县(市)进入前十名，海门市、如皋市较上年分别上升2、3个位次，进入前十，浙江有2个县(市)进入前十名。

表10　2015年长三角地区各县(市)财政收入情况(单位:亿元)

地区	总值	排名	地区	总值	排名	地区	总值	排名
昆山市	284.76	1	扬中市	34.03	54	岱山县	12.60	107
江阴市	218.92	2	奉化市	33.82	55	岱山县	12.60	108
张家港市	174.22	3	泗阳县	33.68	56	定远县	12.32	109
常熟市	157.70	4	涟水县	33.32	57	利辛县	12.29	110
太仓市	114.54	5	高邮市	33.24	58	来安县	12.07	111
慈溪市	112.26	6	安吉县	32.96	59	霍邱县	11.93	112
宜兴市	102.50	7	临安市	32.56	60	涡阳县	11.83	113
义乌市	79.25	8	响水县	32.54	61	五河县	11.81	114
海门市	78.40	9	海盐县	31.63	62	青阳县	11.60	115
如皋市	77.10	10	泗洪县	31.59	63	泾　县	11.50	116
启东市	76.86	11	繁昌县	30.64	64	怀宁县	11.39	117
余姚市	75.10	12	宝应县	30.49	65	萧　县	11.33	118
沭阳县	71.75	13	苍南县	30.02	66	界首市	11.32	119
诸暨市	71.59	14	嵊州市	29.17	67	歙　县	11.03	120
东台市	71.55	15	新昌县	28.00	68	缙云县	11.01	121
海宁市	69.12	16	长丰县	27.84	69	舒城县	10.66	122
丹阳市	67.06	17	当涂县	27.79	70	含山县	10.34	123
乐清市	64.15	18	桐庐县	26.97	71	固镇县	10.10	124
邳州市	62.38	19	永嘉县	26.36	72	明光市	9.84	125
海安县	62.06	20	芜湖县	26.06	73	东至县	9.77	126

续表

地区	总值	排名	地区	总值	排名	地区	总值	排名
靖江市	61.61	21	平阳县	25.67	74	霍山县	9.76	127
沛　县	59.30	22	洪泽县	25.21	75	常山县	8.68	128
如东县	58.54	23	肥东县	25.13	76	寿　县	8.52	129
溧阳市	56.19	24	宁国市	24.54	77	临泉县	7.93	130
桐乡市	55.00	25	金湖县	23.91	78	枞阳县	7.68	131
崇明县	55.00	26	天长市	23.45	79	泗　县	7.33	132
瑞安市	54.72	27	兰溪市	22.20	80	金寨县	7.32	133
温岭市	54.12	28	无为县	21.85	81	磐安县	7.32	134
泰兴市	52.79	29	广德县	21.28	82	休宁县	7.29	135
新沂市	51.33	30	射阳县	20.56	83	文成县	7.26	136
建湖县	50.61	31	凤台县	18.72	84	阜南县	7.19	137
平湖市	50.58	32	武义县	18.61	85	灵璧县	7.18	138
东阳市	48.62	33	南陵县	18.36	86	泰顺县	7.15	139
永康市	44.49	34	巢湖市	17.87	87	龙泉市	7.14	140
睢宁县	43.68	35	怀远县	17.30	88	遂昌县	7.12	141
长兴县	43.18	36	郎溪县	17.19	89	宿松县	7.11	142
丰　县	43.09	37	淳安县	17.14	90	绩溪县	7.00	143
宁海县	41.57	38	庐江县	16.94	91	砀山县	6.91	144
东海县	41.02	39	颍上县	16.27	92	嵊泗县	6.90	145
兴化市	40.85	40	凤阳县	16.25	93	开化县	6.88	146
句容市	40.01	41	濉溪县	16.16	94	潜山县	6.72	147
仪征市	39.44	42	太和县	16.05	95	景宁自治县	5.45	148
灌云县	39.32	43	蒙城县	15.76	96	祁门县	5.33	149
阜宁县	39.17	44	江山市	15.35	97	松阳县	5.26	150
灌南县	38.85	45	浦江县	15.16	98	旌德县	4.89	151
滨海县	38.65	46	天台县	15.03	99	望江县	4.65	152
临海市	38.01	47	青田县	14.93	100	太湖县	4.40	153
象山县	37.95	48	和　县	14.92	101	云和县	4.29	154
肥西县	37.39	49	三门县	14.50	102	岳西县	4.24	155
德清县	37.36	50	全椒县	14.44	103	庆元县	3.55	156
嘉善县	35.55	51	桐城市	14.22	104	黟　县	3.38	157
盱眙县	34.98	52	仙居县	13.47	105	石台县	1.61	158
玉环县	34.50	53	龙游县	12.66	106			

第六章　长三角地区城镇居民可支配收入情况

一　上海市、江苏省、浙江省和安徽省城镇居民可支配收入情况

2015年长三角地区城镇居民可支配收入持续增加，上海以人均收入52962元位列第一，较上年增长11%；浙江其次，人均收入43714元，较上年增长8.22%；江苏第三，人均收入37173元，较上年增长8.23%；安徽第四，人均收入26936元，较上年增长8.44%。

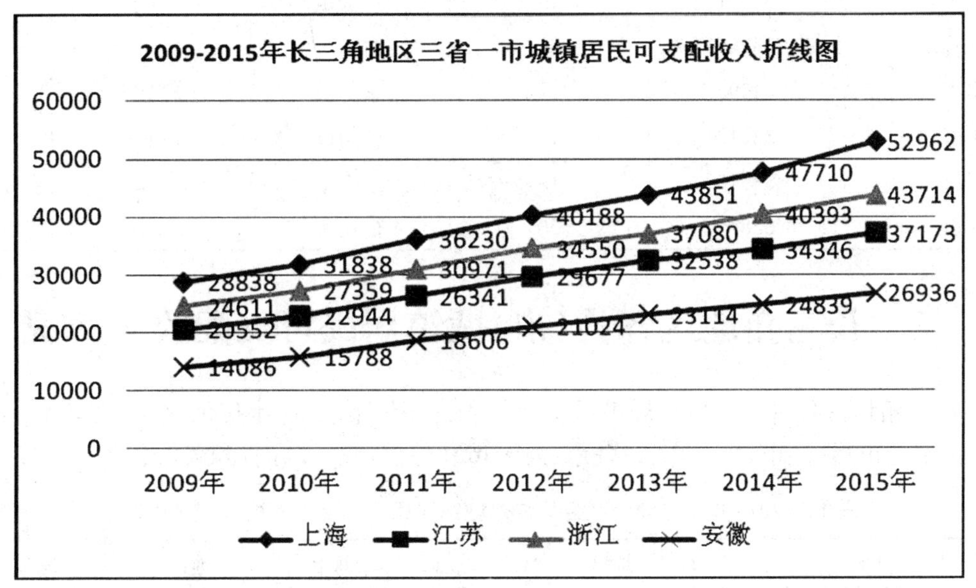

图11　2009—2015年上海市、江苏省、浙江省和安徽省城镇居民可支配收入情况(单位:元)

二　长三角地区各省辖市城镇居民可支配收入情况

长三角地区40个地级市城镇居民可支配收入逐年增加，2015年，排名第一的仍为江苏苏州市，达50390元，其次为杭州、宁波、绍兴和南京市，见下表。

表11　2015年长三角地区各省辖市城镇居民可支配收入情况(单位:元)

地　区	总值	排名	地区	总值	排名
苏州市	50390	1	合肥市	31989	21
杭州市	48316	2	铜陵市	31748	22
宁波市	47852	3	芜湖市	29766	23
绍兴市	46747	4	宣城市	28602	24
南京市	46104	5	盐城市	28200	25
嘉兴市	45499	6	淮南市	28106	26

续表

地　区	总值	排名	地区	总值	排名
无锡市	45129	7	淮安市	28105	27
舟山市	44845	8	蚌埠市	26369	28
温州市	44026	9	黄山市	26226	29
台州市	43266	10	徐州市	26219	30
金华市	43193	11	连云港市	25728	31
常州市	42710	12	淮北市	25690	32
湖州市	42238	13	池州市	24279	33
镇江市	38666	14	滁州市	24168	34
南通市	36291	15	安庆市	23966	35
马鞍山市	35262	16	宿州市	23630	36
泰州市	34092	17	阜阳市	23496	37
衢州市	33212	18	亳州市	23120	38
扬州市	32946	19	六安市	22238	39
丽水市	32875	20	宿迁市	22233	40

三　长三角地区各县(市)城镇居民可支配收入情况

2015年长三角地区各县(市)城镇居民可支配收入排序见下表，前十位依次是：义乌市、玉环县、昆山市、江阴市、张家港市、常熟市、太仓市、诸暨市、海宁市和慈溪市。江苏省和浙江省各占五席。

表12　2015年长三角地区各县(市)城镇居民可支配收入情况(单位：元)

地区	总值	排名	地区	总值	排名	地区	总值	排名
义乌市	56586	1	龙泉市	34130	54	庐江县	24248	107
玉环县	51586	2	遂昌县	33997	55	来安县	24227	108
昆山市	50749	3	仪征市	33808	56	歙　县	24008	109
江阴市	50701	4	泰兴市	33800	57	休宁县	24000	110
张家港市	50618	5	如皋市	33792	58	祁门县	23887	111
常熟市	50413	6	青田县	33787	59	桐城市	23841	112
太仓市	50134	7	淳安县	33432	60	潜山县	23735	113
诸暨市	49545	8	缙云县	32266	61	响水县	23642	114
海宁市	48325	9	兰溪市	32177	62	阜宁县	23528	115
慈溪市	47182	10	宁国市	31479	63	涟水县	23325	116
瑞安市	46949	11	仙居县	31201	64	含山县	23258	117
海盐县	46941	12	兴化市	31170	65	太和县	23235	118
嘉善县	46574	13	云和县	31053	66	黟　县	23202	119
平湖市	46470	14	广德县	30849	67	东至县	23194	120
乐清市	46352	15	武义县	30713	68	泾　县	23173	121

续表

地区	总值	排名	地区	总值	排名	地区	总值	排名
余姚市	45359	16	东台市	30330	69	固镇县	23155	122
温岭市	44743	17	磐安县	30084	70	蒙城县	23090	123
桐乡市	44725	18	文成县	30032	71	怀远县	23000	124
嵊州市	44506	19	高邮市	29007	72	颍上县	22998	125
宁海县	44324	20	松阳县	28669	73	濉溪县	22955	126
新昌县	43881	21	泰顺县	28609	74	五河县	22940	127
象山县	43565	22	金湖县	28454	75	新沂市	22901	128
永康市	42823	23	庆元县	28454	76	利辛县	22781	129
宜兴市	42750	24	肥西县	28433	77	灌南县	22657	130
德清县	42662	25	盱眙县	28359	78	霍山县	22443	131
长兴县	42512	26	当涂县	28347	79	沭阳县	22098	132
扬中市	42407	27	景宁自治县	28296	80	全椒县	21962	133
奉化市	41894	28	郎溪县	28169	81	定远县	21900	134
临安市	41230	29	常山县	28126	82	望江县	21745	135
东阳市	41229	30	洪泽县	28120	83	泗阳县	21720	136
安吉县	41132	31	芜湖县	27488	84	阜南县	21656	137
嵊泗县	40072	32	繁昌县	27397	85	临泉县	21580	138
岱山县	39732	33	建湖县	27393	86	睢宁县	21478	139
临海市	39676	34	无为县	27232	87	石台县	21415	140
桐庐县	39348	35	南陵县	26957	88	舒城县	21399	141
丹阳市	38574	36	开化县	26617	89	明光市	21377	142
溧阳市	38445	37	凤台县	26423	90	灌云县	21240	143
建德市	38102	38	邳州市	26334	91	泗洪县	21191	144
崇明县	37940	39	长丰县	26131	92	丰　县	21094	145
句容市	37548	40	巢湖市	25753	93	太湖县	20844	146
海门市	37404	41	绩溪县	25542	94	涡阳县	20643	147
靖江市	36790	42	东海县	25281	95	旌德县	20579	148
苍南县	36525	43	沛　县	25163	96	枞阳县	20552	149
平阳县	36386	44	青阳县	24870	97	岳西县	20217	150
浦江县	35468	45	宝应县	24746	98	霍邱县	20055	151
天台县	35276	46	砀山县	24735	99	金寨县	19902	152
永嘉县	35161	47	肥东县	24615	100	宿松县	19859	153
江山市	34848	48	天长市	24604	101	凤阳县	19391	154
三门县	34771	49	怀宁县	24522	102	寿　县	19386	155
启东市	34566	50	射阳县	24460	103	灵璧县	19148	156
海安县	34445	51	滨海县	24451	104	萧　县	18200	157
如东县	34338	52	界首市	24436	105	泗　县	17947	158
龙游县	34189	53	和　县	24249	106			

第七章　长三角地区农村居民可支配收入情况

一　上海市、江苏省、浙江省和安徽省农村居民可支配收入情况

2015 年长三角地区农村居民可支配收入持续攀升，上海为 23205 元，排名第一，较上年增长9.49%；浙江第二，人均收入 21125 元，较上年增长 9.04%；江苏第三，人均收入 16257 元，较上年增长 8.68%；安徽第四，人均收入 10821 元，较上年增长 9.13%。

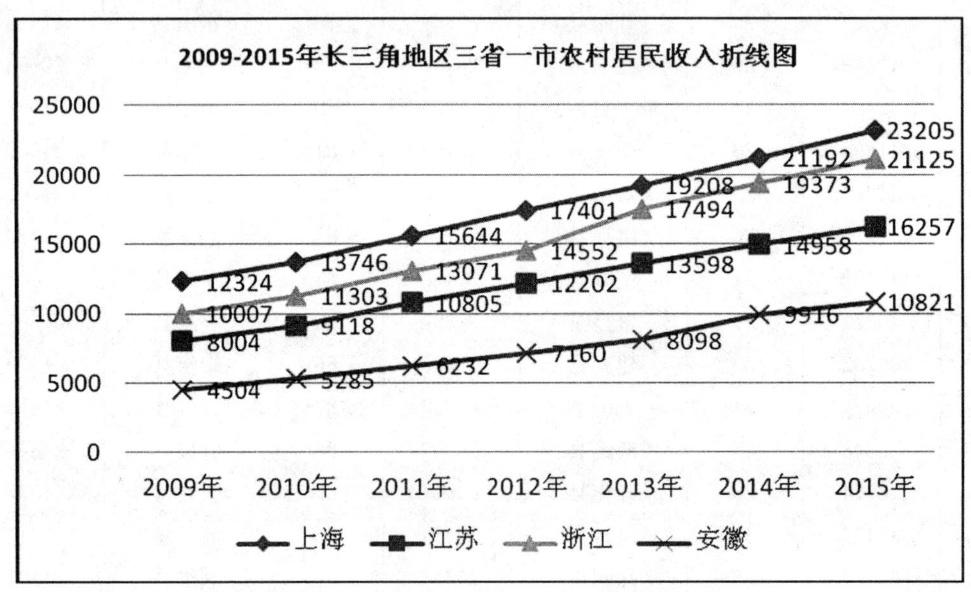

图 12　2009—2015 年上海市、江苏省、浙江省和安徽省农村居民可支配收入情况（单位：元）

二　长三角地区各省辖市农村居民可支配收入情况

2015 年长三角 40 个地级市农村居民可支配收入保持稳定增长，尤以浙江省增长显著，江苏省苏州市被挤出前五名，前五位均为浙江属市。

表 13　2015 年长三角地区各省辖市农村居民可支配收入情况（单位：元）

地　区	总值	排名	地区	总值	排名
嘉兴市	26838	1	盐城市	15748	21
宁波市	26469	2	合肥市	15733	22
舟山市	25903	3	丽水市	15000	23
杭州市	25719	4	徐州市	13982	24
绍兴市	25648	5	淮安市	13128	25
苏州市	25580	6	连云港市	12778	26
湖州市	24410	7	宿迁市	12772	27

续表

地　区	总值	排名	地区	总值	排名
无锡市	24155	8	宣城市	12309	28
常州市	21912	9	黄山市	11872	29
温州市	21235	10	蚌埠市	11552	30
台州市	21225	11	池州市	11511	31
金华市	20297	12	铜陵市	11169	32
南京市	19483	13	淮南市	10139	33
镇江市	19214	14	滁州市	10070	34
南通市	17267	15	安庆市	9985	35
衢州市	16884	16	淮北市	9882	36
扬州市	16619	17	亳州市	9738	37
泰州市	16410	18	六安市	9197	38
马鞍山市	16331	19	宿州市	9140	39
芜湖市	15964	20	阜阳市	9001	40

三　长三角地区各县(市)农村居民可支配收入情况

2015 年，长三角地区 158 个县(市)农村居民可支配收入排在前十位的依然是浙江省居多，前十位依次是：义乌市、海宁市、诸暨市、海盐县、桐乡市、慈溪市、嘉善县、平湖市、余姚市和江阴市，海盐县和慈溪市较上年各调升一位。

表 14　2015 年长三角地区各县(市)农村居民可支配收入情况(单位:元)

地区	总值	排名	地区	总值	排名	地区	总值	排名
义乌市	28433	1	龙游县	17099	54	泗阳县	12800	107
海宁市	28004	2	苍南县	17023	55	睢宁县	12655	108
诸暨市	27885	3	永嘉县	16938	56	泗洪县	12477	109
海盐县	27360	4	浦江县	16549	57	涟水县	12259	110
桐乡市	27357	5	海安县	16549	58	青阳县	12089	111
慈溪市	27295	6	肥西县	16479	59	郎溪县	12034	112
嘉善县	27203	7	泰兴市	16392	60	灌云县	11881	113
平湖市	26974	8	肥东县	16162	61	黟　县	11855	114
余姚市	26500	9	仪征市	16138	62	歙　县	11807	115
江阴市	26012	10	仙居县	15930	63	桐城市	11747	116
岱山县	25998	11	龙泉市	15906	64	固镇县	11745	117
昆山市	25978	12	如东县	15827	65	祁门县	11700	118
常熟市	25811	13	建湖县	15687	66	休宁县	11677	119
张家港市	25715	14	高邮市	15608	67	怀远县	11670	120
太仓市	25643	15	如皋市	15532	68	五河县	11594	121
玉环县	25171	16	兴化市	15527	69	东至县	11527	122

续表

地区	总值	排名	地区	总值	排名	地区	总值	排名
嵊泗县	25060	17	宝应县	15507	70	灌南县	11408	123
德清县	24934	18	常山县	15333	71	怀宁县	11349	124
乐清市	24891	19	兰溪市	15307	72	凤台县	11341	125
长兴县	24672	20	巢湖市	15142	73	泾　县	11020	126
宁海县	24319	21	射阳县	15136	74	金寨县	10328	127
象山县	24228	22	缙云县	14772	75	全椒县	10291	128
奉化市	23950	23	淳安县	14632	76	绩溪县	10139	129
温岭市	23739	24	长丰县	14614	77	蒙城县	10003	130
临安市	23736	25	沛　县	14441	78	来安县	9908	131
瑞安市	23671	26	洪泽县	14385	79	旌德县	9900	132
安吉县	23556	27	金湖县	14352	80	界首市	9840	133
嵊州市	22616	28	庐江县	14312	81	濉溪县	9810	134
桐庐县	22504	29	遂昌县	14196	82	定远县	9413	135
东阳市	22430	30	无为县	14171	83	砀山县	9335	136
宜兴市	21910	31	阜宁县	14138	84	明光市	9331	137
扬中市	21885	32	和　县	14138	85	枞阳县	9247	138
永康市	21715	33	含山县	14130	86	太和县	9229	139
新昌县	21624	34	云和县	14108	87	霍邱县	9226	140
临海市	20973	35	天长市	14070	88	灵璧县	9191	141
建德市	20051	36	邳州市	14028	89	涡阳县	9115	142
丹阳市	19892	37	广德县	13983	90	萧　县	9097	143
溧阳市	19880	38	宁国市	13748	91	潜山县	9069	144
海门市	18986	39	滨海县	13683	92	颍上县	9035	145
崇明县	18795	40	武义县	13672	93	霍山县	9007	146
三门县	18788	41	景宁自治县	13663	94	利辛县	9007	147
江山市	18325	42	磐安县	13400	95	望江县	8933	148
启东市	18287	43	盱眙县	13295	96	宿松县	8845	149
当涂县	18107	44	东海县	13286	97	凤阳县	8823	150
东台市	18097	45	新沂市	13281	98	岳西县	8797	151
靖江市	18045	46	松阳县	13267	99	太湖县	8759	152
芜湖县	17774	47	文成县	13174	100	泗　县	8752	153
繁昌县	17657	48	开化县	13124	101	临泉县	8592	154
天台县	17401	49	响水县	13088	102	阜南县	8591	155
平阳县	17372	50	庆元县	12973	103	寿　县	8524	156
句容市	17355	51	泰顺县	12973	104	舒城县	8503	157
南陵县	17322	52	沭阳县	12940	105	石台县	8084	158
青田县	17103	53	丰　县	12850	106			

第四篇

长三角地区区域经济社会发展报告

第一章　上海市 2015 年经济社会发展报告

2015 年，在党中央、国务院和中共上海市委、上海市人民政府的坚强领导下，全市全面贯彻党的十八大和十八届三中、四中、五中全会及中央经济工作会议精神，积极应对各种风险挑战，主动适应经济发展新常态，坚持稳中求进工作总基调，全面落实国家稳增长、促改革、调结构、惠民生、防风险一系列重大政策措施，全力推进创新驱动发展、经济转型升级，国民经济保持平稳增长，发展质量和效益不断提高，民生持续改善，人民生活水平进一步提升。

一、上海市 2015 年经济发展概况

(一)综合经济

1. 经济总量

全年实现上海市生产总值(GDP)25123.45 亿元，比上年增长 6.9%。其中，第一产业增加值 109.82 亿元，下降 13.2%；第二产业增加值 7991 亿元，增长 1.2%；第三产业增加值 17022.63 亿元，增长 10.6%。第三产业增加值占上海市生产总值的比重为 67.8%，比上年提高 3.0 个百分点。按常住人口计算的上海市人均生产总值为 10.31 万元。三次产业结构比重为 0.4∶31.8∶67.8。

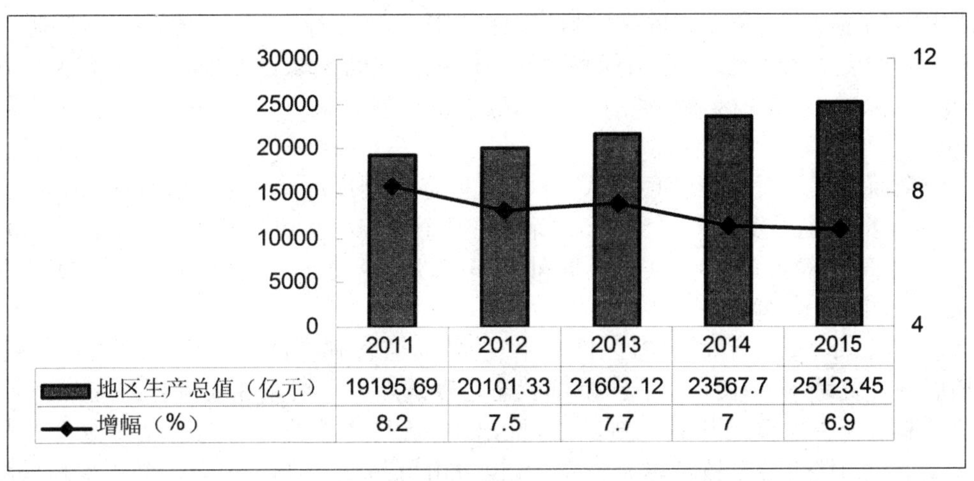

	2011	2012	2013	2014	2015
地区生产总值（亿元）	19195.69	20101.33	21602.12	23567.7	25123.45
增幅（%）	8.2	7.5	7.7	7	6.9

图 1　2011—2015 年上海市生产总值及增长速度

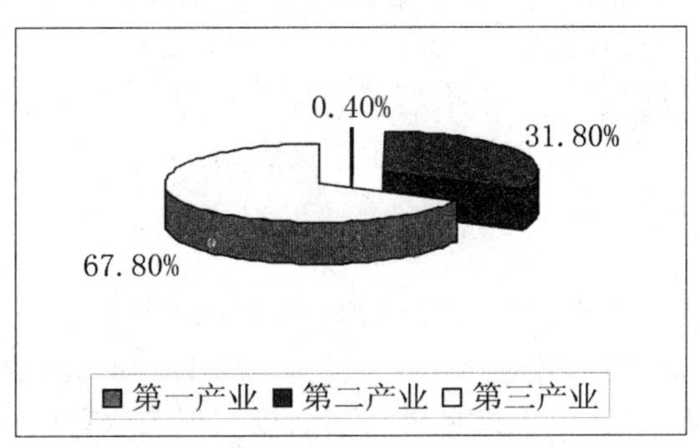

图 2　2015 年上海市三次产业结构图

在上海市生产总值中，公有制经济增加值12045.56亿元，比上年增长7.2%；非公有制经济增加值12919.43亿元，增长6.7%。非公有制经济增加值占上海市生产总值的比重为51.8%，比上年提高0.1个百分点。

全年战略性新兴产业增加值3746.02亿元，比上年增长4.5%。其中，制造业增加值1673.49亿元，下降0.1%；服务业增加值2072.53亿元，增长8.7%。战略性新兴产业增加值占上海市生产总值的比重为15.0%。

2. 财政收支

全年一般公共预算收入5519.50亿元，比上年增长13.3%。一般公共预算支出6191.56亿元，增长19.5%。

3. 物价指数

以上年价格为100，全年居民消费价格指数为102.4，其中，食品类价格指数为102.9，居住类价格指数为104.6；固定资产投资价格指数为97.0；工业生产者出厂价格指数为96.1，工业生产者购进价格指数为90.6。

以上年末价格为100，新建住宅销售价格指数为115.5，其中商品住宅价格指数为118.2；以上年价格为100，新建住宅销售价格指数为103.0，其中商品住宅价格指数为103.5。

4. 固定资产投资

全年完成全社会固定资产投资总额6352.70亿元，比上年增长5.6%。其中，第三产业投资占全社会固定资产投资总额的比重为84.8%；非国有经济投资占全社会固定资产投资总额的比重为68.9%。

5. 自由贸易区建设

年内完成中国(上海)自由贸易试验区扩区，实施范围扩展至120.72平方公里。其中，上海外高桥保税区、上海外高桥保税物流园区、洋山保税港区、上海浦东机场综合保税区4个海关特殊监管区域28.78平方公里，陆家嘴金融片区34.26平方公里，金桥开发片区20.48平方公里，张江高科技片区37.20平方公里。

在新扩区域全面推行负面清单管理模式，深化商事登记制度改革，实现企业新设、变更的“一口受理、信息共享、并联办事、统一发证”。全年区内新增注册企业18269户。其中，内资企业14943户，注册资本9078亿元；外商投资企业3326户，合同外资396.26亿美元。全年对外直接投资中方投资额229.10亿美元，占全市的57.4%。

创新“一线放开、二线安全高效管住、区内自由”的贸易监管制度，海关、检验检疫等部门推出32项创新举措。拓展国际贸易“单一窗口”功能，货物状态监管试点扩大到保税区所有物流企业。

实施自贸试验区新一轮金融开放创新试点，推出40条具体措施。启动自由贸易账户外币服务功能，年内共有42家机构接入分账核算单元体系，开设自由贸易账户44186个。全年保税区域跨境人民币结算总额12026.40亿元，跨境人民币境外借款业务金额69.82亿元，跨境双向人民币资金池业务收支总额3392.07亿元。黄金国际版正式运行，累计成交4795吨，占上海黄金交易所黄金交易量的14.1%。

深入推进以政府职能转变为核心的事中事后监管制度创新。完成2014年度年报公示企业13.61万户，占应报送企业数的84.7%，重点行业年报公示率达到98%。

(二)农业经济

全年全市实现农业总产值287.84亿元，比上年下降12.7%。其中，种植业145.90亿元，下降16.7%；林业12.19亿元，增长33.7%；牧业64.23亿元，下降11.4%；渔业54.49亿元，下降10.7%；农林牧渔服务业11.04亿元，下降7.5%。上海域外市属农场实现农业总产值24.84亿元，增长12.6%。

全年全市农作物播种面积34.16万公顷，比上年减少4.8%，其中粮食播种面积16.19万公顷，减少1.8%。粮食产量112.08万吨，比上年下降0.7%；生牛奶产量27.69万吨，增长2.4%；水产品产量

30.18万吨，增长0.5%。

至年末，全市有1631家企业、7590个产品获得“三品一标”农产品认证。其中，绿色食品证书使用企业191家，绿色食品275个；无公害农产品证书使用企业1432家，无公害农产品7289个。

至年末，全市累计建成设施粮田面积86.53千公顷，市级蔬菜标准园150家，标准化畜禽养殖场317家，标准化水产养殖场270家。至年末，全市有农业产业化龙头企业387家，农民专业合作社6302家，经农业主管部门认定的粮食家庭农场3555个。

（三）工业和建筑业

全年实现工业增加值7109.94亿元，比上年增长0.5%。全年完成工业总产值33211.57亿元，下降0.5%，其中规模以上工业总产值31049.57亿元，下降0.8%。在规模以上工业总产值中，国有控股企业11528.27亿元，增长0.7%。

全年节能环保、新一代信息技术、生物医药、高端装备、新能源、新材料和新能源汽车等战略性新兴产业制造业完成工业总产值8064.12亿元，比上年下降1.1%。

全年六个重点行业完成工业总产值20769.44亿元，比上年下降0.2%，占全市规模以上工业总产值的比重为66.9%。

全年规模以上工业产品销售率为99.5%。全年原油加工量2521.83万吨，比上年增长12.6%；工业机器人产量2.11万套，增长23.1%；手机产量6747.50万台，增长4.7%；汽车产量242.97万辆，下降1.8%。

全年规模以上工业企业实现利润总额2650.59亿元，比上年下降0.9%，实现税金总额2049.41亿元，增长10.2%。规模以上工业企业亏损面为23.4%。

全年实现建筑业总产值5652.47亿元，比上年增长2.8%；房屋建筑施工面积36659.77万平方米，增长4.8%；竣工面积7258.69万平方米，下降4.3%。

（四）服务业

1.国内贸易

全年实现社会消费品零售总额10131.5.76亿元，比上年增长8.1%，其中无店铺零售额1250.60亿元，增长26.9%。网上商店零售额1091.35亿元，增长31.6%，占社会消费品零售总额的比重为10.9%，比上年提高1.5个百分点。

全年实现批发和零售业增加值3826.42亿元，比上年增长4.3%。

全年实现商品销售总额9.34万亿元，比上年增长6.4%，其中批发销售额8.44万亿元，增长6.1%。

至年末，全市购物中心数达163家，其中建筑面积10万平方米以上的购物中心71家。全年购物中心实现营业收入1288.58亿元，比上年增长17.2%；剔除新开店因素，同口径增长5.4%。

2.交通运输和邮电

全年实现交通运输、仓储和邮政业增加值1130.88亿元，比上年增长7.3%。

全年各种运输方式完成货物运输量91238.68万吨，比上年增长1.0%。旅客发送量18571.34万人次，增长7.9%。

全年上海港口货物吞吐量达到71739.64万吨，比上年下降5.0%；集装箱吞吐量3653.70万国际标准箱，增长3.5%。集装箱水水中转比例为45.0%，国际中转比例为6.9%。上海浦东、虹桥两大国际机场全年共起降航班70.58万架次，增长7.7%；进出港旅客达到9918.90万人次，增长10.6%。其中，国内航线进出港旅客6643.88万人次，增长9.4%；国际及地区航线进出港旅客3275.02万人次，增长13.2%。

全年上海港接待邮轮靠泊341艘次，其中以上海为母港的邮轮317艘次。邮轮旅客吞吐量164.26万人次，比上年增长35.2%。

至年末，全市轨道交通运营线路达到15条。全年优化调整公交线路280条，其中新辟68条。至年末，公交运营车辆达1.65万辆，其中新能源公交车3116辆；运营出租车4.89万辆。全年市内公共交通客运量66.41亿人次，比上年增长0.9%。其中，轨道交通客运量30.68亿人次，增长8.5%；公共汽电车客运量25.48亿人次，下降4.4%。

至年末，全市拥有各类民用汽车282.32万辆，比上年增长10.6%，其中私人汽车208.71万辆，增长13.8%。

全年完成邮政业务总量385.75亿元，比上年增长24.2%；电信业务总量780.3亿元，增长30.5%。邮政业全年完成邮政函件业务10.06亿件、包裹业务341.30万件、快递业务17.08亿件；快递业务收入455.25亿元。年末固定电话用户797.3万户，其中住宅电话461.5万户。移动电话用户3259.9万户，比上年末减少32.8万户。移动电话用户普及率134.4部/百人。

3.旅游业

全年实现旅游产业增加值1535.64亿元，比上年增长3.0%。

至年末，全市已有星级宾馆247家，旅行社1276家，A级旅游景区(点)98个，红色旅游基地34个。

全年接待国际旅游入境者800.16万人次，比上年增长1.1%。其中，入境外国人614.64万人次，增长0.6%；港、澳、台同胞185.52万人次，增长3.0%。在国际旅游入境者中，过夜旅游者653.59万人次，增长2.2%。全年接待国内旅游者27569.42万人次，增长2.8%，其中外省市来沪旅游者13924.39万人次，增长6.8%。全年入境旅游外汇收入59.6亿美元，增长4.5%；国内旅游收入3004.73亿元，增长1.9%。

4.金融、证券和保险

全年实现金融业增加值4052.23亿元，比上年增长22.9%。

全年新增各类金融单位93家。其中，货币金融服务单位17家；资本市场服务单位57家；保险业单位19家。至年末，全市各类金融单位达到1430家。其中，货币金融服务单位618家；资本市场服务单位350家；保险业单位382家。至年末，全市各类金融单位中，在沪经营性外资金融单位达到230家。

至年末，全市中外资金融机构本外币各项存款余额103760.60亿元，比年初增加13328.75亿元；贷款余额53387.21亿元，比年初增加4880.58亿元。

全年通过上海证券市场股票筹资8712.96亿元，比上年增长1.2倍；发行公司债17413.67亿元，增长4.9倍。至年末，上海证券市场上市证券5914只，比上年末增加2156只，其中股票1125只，增加86只。

全年金融市场交易总额达到1462.73万亿元，比上年增长1.0倍。上海证券交易所总成交金额266.37万亿元，增长1.1倍，其中股票成交金额133.10万亿元，增长2.5倍。上海期货交易所总成交金额63.56万亿元，增长0.5%。中国金融期货交易所总成交金额417.76万亿元，增长1.5倍。银行间市场总成交金额704.26万亿元，增长94.8%。上海黄金交易所总成交金额10.78万亿元，增长68.8%。

全年保险公司原保险保费收入1125.16亿元，比上年增长14.0%。其中，财产险公司原保险保费收入385.89亿元，增长12.5%；寿险公司原保险保费收入739.27亿元，增长14.9%。全年保险赔付支出473.59亿元，增长25.1%。其中，财产险赔款支出191.38亿元，增长8.0%；寿险给付229.25亿元，增长44.7%；健康险赔款给付44.28亿元，增长18.0%；意外险赔款支出8.69亿元，增长57.9%。

5.房地产业

全年完成房地产开发投资3468.94亿元，比上年增长8.2%。其中，住宅投资1813.32亿元，增长5.1%；办公楼投资654.54亿元，增长22.4%；商业营业用房投资467.67亿元，增长2.1%。商品房施工面积15095.33万平方米，增长2.8%；竣工面积2647.18万平方米，增长14.4%。商品房销售面积2431.36万平方米，增长16.6%，其中住宅销售面积2009.17万平方米，增长12.8%。全年商品房销售额5093.55亿元，增长45.5%，其中住宅销售额4319.93亿元，增长47.8%。全年存量房买卖登记面积2647.83万平方米，增长66.9%。

6. **城市信息化**

全年实现信息产业增加值 2747.64 亿元，比上年增长 9.8%。其中信息服务业增加值 1753.49 亿元，增长 12.0%。

至年末，全市光纤到户覆盖总量达 910 万户，比上年末增加 69 万户，实际使用用户达到 454.9 万户，新增 45.7 万户。家庭宽带平均接入带宽达 30M。下一代广播电视网(NGB)覆盖 680 万户家庭，比上年末增加 80 万户。全市第四代移动通信(4G)网络已基本全覆盖，第三代移动通信技术(3G)和第四代移动通信技术(4G)用户总数达到 2211.3 万户，比上年末增加 547.1 万户。互联网上网人数 1773 万人，互联网上网人数普及率为 73.1%。城市公共区域 WLAN 接入热点累计达 14.2 万个；新建 450 处 i—Shanghai 接入场所，总量达 900 处。互联网宽带接入用户 551.1 万户，比上年末增加 19.0 万户。各类互联网数据中心(IDC)机架数总量达 6.0 万个，比上年末增加 1.9 万个。IPTV 用户数达 177 万户，减少 23 万户。数字电视用户数达 662 万户，增加 58 万户。

全年完成电子商务交易额 16452 亿元，比上年增长 21.4%。其中，B2B 交易额 12312 亿元，增长 15.7%，占电子商务交易额的 74.8%；网络购物交易额 4140 亿元，增长 42.6%，占 25.2%。全年口岸税费电子支付系统电子单证传输量为 27015 万张，实现电子支付金额 12445 亿元，下降 2.7%。

至年末，共有 120 万家单位持有有效法人数字证书"一证通"153 万张。至年末，"市民信箱"累计注册用户 483.10 万人，比上年增长 6.8%。

年内市公共信用信息服务平台正式开通运行。至年末，市公共信用信息服务平台已有包含行政机关、司法机关、公用事业单位在内的 99 家信息源单位，归集信息事项 3444 个，基本覆盖全市常住人口及 138 万企业法人、事业法人和社会组织法人。

(五)开放型经济

1. **对外贸易**

全年上海关区货物进出口总额 50838.17 亿元，比上年下降 4.2%。其中，进口 19772.45 亿元，下降 5.4%；出口 31065.72 亿元，下降 3.3%。

全年上海市货物进出口总额 28060.88 亿元，比上年下降 2.1%。其中，进口 15832.33 亿元，增长 0.5%；出口 12228.56 亿元，下降 5.3%。按市场分，对欧盟进口 3514.07 亿元，下降 11.9%；出口 2250.06亿元，下降 5.8%；对美国进口 1772.70 亿元，增长 8.7%；出口 2829.60 亿元，下降 7.6%；对东盟进口 1948.45 亿元，增长 4.4%；出口 1366.73 亿元，下降 5.0%；对日本进口 1772.65 亿元，下降 7.6%；出口 1325.00 亿元，下降 7.5%。

2015 年上海市进出口总额及其增长速度

指　标	绝对值(亿元)	比上年增长(%)
上海市货物进出口总额	28060.88	−2.1
上海市货物进口总额	15832.33	0.5
#国有企业	2860.47	21.8
外商投资企业	10543.02	1.7
私营企业	2316.14	−0.8
#一般贸易	8101.17	−0.2
加工贸易	2161.43	−5.0
#机电产品	8185.37	−4.3
#高新技术产品	5266.66	4.6
上海市货物出口总额	12228.56	−5.3
#国有企业	1577.63	−8.0

续表

指　标	绝对值(亿元)	比上年增长(%)
外商投资企业	8201.53	-5.7
私营企业	2337.02	-2.4
#一般贸易	5204.19	-3.7
加工贸易	5233.87	-7.4
#机电产品	8573.53	-4.1
#高新技术产品	5354.66	-2.1

全年上海市服务贸易进出口总额(按国际收支统计口径,下同)1966.72 亿美元,比上年增长12.2%。其中,出口 525.31 亿美元,增长 6.4%;进口 1441.41 亿美元,增长 14.5%。服务贸易进出口总额占全市对外贸易总额的比重为 30.3%,提高 3.0 个百分点。

2.对外合作

全年新设外商直接投资合同项目 6007 项,比上年增长 27.9%;合同金额 589.43 亿美元,增长 86.5%;全年外商直接投资实际到位金额 184.59 亿美元,增长 1.6%。全年第三产业实际到位金额 159.38亿美元,下降 2.7%,占全市实际利用外资的比重为 86.3%。至年末,在上海投资的国家和地区达 165 个。在上海落户的跨国公司地区总部达到 535 家,投资性公司 312 家,外资研发中心 396 家。年内新增跨国公司地区总部 45 家,其中亚太区总部 15 家;投资性公司 15 家;外资研发中心 15 家。

全年备案和核准对外直接投资项目 1338 项,比上年增长 1.3 倍;对外直接投资中方投资额 398.97 亿美元,增长 2.8 倍。签订对外承包工程合同金额 111.00 亿美元,增长 1.9%;实际完成营业额 74.55 亿美元,增长 0.7%;派出人员 5866 人次,下降 31.2%。对外劳务合作派出人员 14369 人次,下降 20.9%。至年末,上海对外承包工程和劳务合作涉及的国家和地区达 178 个。

全年举办各类展览会项目 851 个,总展出面积 1512.98 万平方米,比上年增长 22.0%。其中,国际展览会项目 292 个,展出面积 1124.06 万平方米,增长 24.8%;国内展览会项目 559 个,展出面积 388.92 万平方米,增长 14.4%。

二、上海市 2015 年社会发展概况

(一)人口、人民生活

至年末,全市常住人口总数为 2415.27 万人。其中,户籍常住人口 1433.62 万人,外来常住人口 981.65 万人。全年常住人口出生 18.19 万人,出生率为 7.52‰;死亡 12.28 万人,死亡率为 5.07‰;常住人口自然增长率为 2.45‰。全年户籍常住人口出生 10.38 万人,出生率为 7.25‰;死亡 11.5 万人,死亡率为 8.03‰;户籍常住人口自然增长率为-0.78‰。

全市户籍人口平均期望寿命达到 82.75 岁。其中,男性 80.47 岁,女性 85.09 岁。

据抽样调查,全年全市居民人均可支配收入 49867 元,比上年增长 8.5%,扣除价格因素,实际增长 6.0%。其中,城镇常住居民人均可支配收入 52962 元,增长 8.4%,扣除价格因素,实际增长 5.9%;农村常住居民人均可支配收入 23205 元,增长 9.5%,扣除价格因素,实际增长 6.9%。全市居民人均消费支出 34784 元,比上年增长 5.2%。其中,城镇常住居民人均消费支出 36946 元,增长 5.0%;农村常住居民人均消费支出 16152 元,增长 9.0%。

(二)就业、社会保障

全年新增就业岗位 59.66 万个,其中,农村富余劳动力实现非农就业 10.33 万个。全年新安置就业

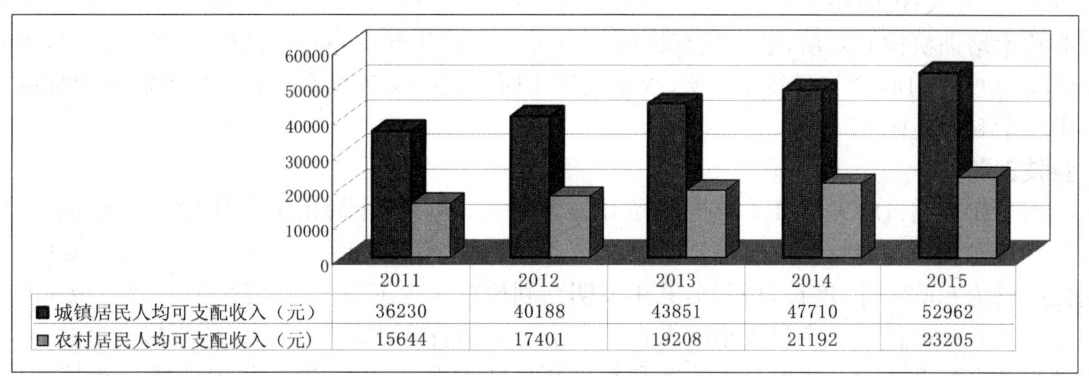

图 3　2011—2015 年上海市城市和农村居民家庭人均可支配收入对比

困难人员 13358 人，新消除零就业家庭 168 户。全年帮扶引领成功创业人数 10592 人，帮助 9776 名长期失业青年实现就业。全年共完成职业培训 51 万人，其中，农民工职业培训 24.55 万人。至年末，累计有 771 人入选国家“千人计划”，676 人入选上海“千人计划”。高技能人才占技能劳动者比例达到 30.2%。至年末，全市城镇登记失业人员 24.81 万人，城镇登记失业率为 4.1%。

全年新建和筹措各类保障性住房和实施旧住房综合改造 19.7 万套，基本建成 20.5 万套。完成中心城区二级旧里以下房屋改造 65.9 万平方米。至年末，城镇居民人均住房建筑面积 35.5 平方米，折合人均住房居住面积 18.1 平方米。居民住宅成套率达到 96.8%。

至年末，全市共有 1493.80 万人（包括离退休和“镇保”人员）参加城镇职工基本养老保险，有 89.77 万人参加城乡居民基本养老保险。城镇最低生活保障标准从上年的每人每月 710 元提高到 790 元，农村最低生活保障标准从每人每月 620 元提高到 790 元，城乡低保标准实现统一。月最低工资标准从 1820 元提高到 2020 元，小时最低工资标准从 17 元提高到 18 元。

至年末，全市共有 1377.32 万人（包括离退休人员）参加职工基本医疗保险。至年末，城镇居民基本医疗保险的参保人数达 262.87 万人。

至年末，全市民政部门共有各类提供住宿的收养性社会服务机构 706 个，床位 12.97 万张，其中养老机构 699 家，床位 12.6 万张。在全市养老机构中，由社会投资开办的有 344 家，床位 5.8 万张。至年末，全市有社区居家养老服务社 244 家，为 30.2 万名老年人提供居家养老服务。社区老年人日间服务中心 442 家，社区老年人助餐服务点 634 个。

全年各级政府支出城镇居民最低生活保障金 14.20 亿元、农村居民最低生活保障金 1.94 亿元、农村五保供养资金 0.18 亿元、粮油帮困资金 0.55 亿元、医疗救助金 2.67 亿元（含资助参保金 3319.8 万元）。年内新办福利企业 10 家，新安置 180 名残疾人就业。

（三）教育与科技创新

1. 教育

至 2014—2015 学年末，全市共有普通高等学校 67 所，普通中等学校 875 所，普通小学 764 所，特殊教育学校 29 所。普通小学毕业生数有所增加，普通高等学校和普通中等学校的毕业生数均有所减少。全市共有 48 家机构培养研究生，全年招收研究生 4.60 万人，在校研究生 13.83 万人，毕业研究生 3.79 万人。实施新的高中学业水平考试、高中学生综合素质评价制度，制定高等教育布局结构规划、现代职业教育体系规划，启动高校“高峰”、“高原”学科建设，教育综合改革试点稳步推进。九年义务教育入学率保持在 99.9%以上，高中阶段新生入学率达 97.1%。

至 2014—2015 学年末，全市共有民办普通高校 20 所，在校学生 10.01 万人；民办普通中学 117 所，在校学生7.39万人；民办小学173所，在校学生13.94万人。全市共有成人中高等学历教育学校33所，成人职业技术培训机构636所，老年教育机构291所。全市共有校外教育机构22所。其中，少年宫（含青少年活动中心）17所，少年科技站4所，少年之家1所。统一义务教育公办学校资源配置标准，在郊区新开办中小学和幼儿园67所。

2. 科技创新

全年用于研究与试验发展（R&D）经费支出925亿元，相当于上海市生产总值的比例为3.7%。

全年受理专利申请100006件，比上年增长22.5%，其中受理发明专利申请46976件，增长20%。全年专利授权量为60623件，增长20.1%，其中发明专利授权量为17601件，增长51.5%。至年末，全市有效发明专利达69982件。全市科技小巨人企业和小巨人培育企业共1427家，高新技术企业6071家，技术先进型服务企业253家。年内全市认定和复审高新技术企业2089家。年内认定高新技术成果转化项目603项，其中电子信息、生物医药、新材料等重点领域项目占83.4%。至年末，共认定高新技术成果转化项目10500项。全年经认定登记的各类技术交易合同2.25万件，比上年下降10.8%；合同金额707.99亿元，增长6.0%。

（四）文化、卫生和体育

1. 文化事业

年内成功举办第三十二届"上海之春"国际音乐节、第十七届中国上海国际艺术节、第三届市民文化节等重大文化活动。全年市民参与文化活动人数达到1233.9万人次。完成公共文化服务人员"三年万人培训计划"，三年共培训公共文化服务人员10150人次。至年末，全市有市、区（县）级文化馆、群众艺术馆25个，艺术表演团体233个，市、区（县）级公共图书馆25个，档案馆44个，博物馆100个。全市共有公共广播节目21套，公共电视节目25套。有线电视用户754.83万户，有线数字电视用户640.42万户。全年生产电视剧52部，共2102集；动画电视3318分钟。全年共出版报纸10.80亿份、各类期刊1.27亿册、图书3.53亿册；摄制完成44部影片。

2. 卫生事业

在公立医院实施医药分开，启动新一轮社区卫生服务综合改革，探索分级诊疗制度，医药卫生体制改革向纵深推进。开展改善医疗服务行动，在公立医院公益性评价、医疗服务价格调整、质量保障、信息公开等方面探索建立一系列新机制、新制度，医疗卫生服务水平进一步提高。至年末，全市共有医疗卫生机构5016所，卫生技术人员17.02万人。全年全市医疗机构共完成诊疗人次数2.65亿人次。全年共批准单独夫妻再生育申请1.73万例，占同期再生育审批总量的68%。全市婴儿死亡率为4.58‰，孕产妇死亡率为6.66/10万。

3. 体育事业

年内成功举办国际滑联花样滑冰锦标赛、F1中国大奖赛、上海国际马拉松赛等71项国际性体育赛事和全国跳水锦标赛、全国艺术体操冠军赛、中国足球超级联赛等93项全国性体育赛事。上海运动员在第一届全国青年运动会上获得30枚金牌、19枚银牌和28枚铜牌，在第三届全国智力运动会上获得14枚金牌、6枚银牌和6枚铜牌。市民体育大联赛全年参赛市民达到238万人。至年末，全市共建成社区健身苑点9905个、社区公共运动场390处、农民体育健身工程1033个、百姓健身房125个、百姓健身步道317条、百姓游泳池37个。上海市民体质达标率达到97.1%，连续3次位列全国第一。

（五）城市基础建设

全年完成城市基础设施建设投资1425.08亿元，比上年增长34.8%。其中，交通运输邮电通信投资854.89亿元；市政建设投资374.10亿元；公用事业投资66.73亿元。

优化重大工程前期工作机制，开工建设8号线三期、15号线、18号线等88公里轨道交通线，中环线

全线贯通，轨道交通11号线迪士尼段、12号线西段、13号线部分区段建成通车。至年末，全市轨道交通运营线路长度达到617.53公里，公交专用道路达到312.4公里。国家会展中心建成运营，迪士尼主题乐园主体结构基本建成。

全市自来水日供水能力1137万立方米，与上年持平。全年供水总量为31.22亿立方米，下降1.6%；售水总量为24.58亿立方米，比上年下降1.0%。全年全市用电量1405.55亿千瓦时，增长2.7%。年内全面实现城市管道燃气天然气化，至年末，全市家庭人工煤气用户0户，家庭液化气用户335.5万户，家庭天然气用户651.8万户。

（六）环境保护和绿地建设

加强资源节约和环境保护。完成生态保护红线划示。实施经营性用地全生命周期管理，低效建设用地减量7平方公里。启动实施第六轮环保三年行动计划，环保投入相当于全市生产总值的比例保持在3%左右。全面完成中小锅炉、窑炉的清洁能源替代和黄标车淘汰，新增新能源汽车4.4万辆。出台水污染防治行动计划，完成建成区直排污染源截污纳管，城镇污水处理率达到91%。全面启动金山地区环境综合整治。积极探索重点区域环境综合治理新机制，第一批11个地块治理取得阶段性成果。

全年全社会用于环境保护的资金投入708.83亿元，相当于上海市生产总值的比例为2.8%。

全年环境空气质量优良率（AQI）为70.7%，比上年下降6.3个百分点。二氧化硫年日均浓度17微克/立方米，比上年下降5.6%；可吸入颗粒物（PM10）年日均浓度69微克/立方米，下降2.8%；细颗粒物（PM2.5）年日均浓度53微克/立方米，上升1.9%；二氧化氮年日均浓度46微克/立方米，上升2.2%；一氧化碳年日均浓度0.9毫克/立方米，上升12.5%；臭氧日最大8小时滑动平均值达标率89.9%，下降3.0个百分点。全市平均区域降尘量4.9吨/平方公里·月，比上年下降10.2%。

年末，城市污水处理厂日处理能力达794.6万立方米，比上年末增长0.9%；城镇污水处理率达到91%，比上年提高1.2个百分点。全年清运生活垃圾789万吨，生活垃圾无害化处理率达到100%，比上年提高5个百分点；年内新增2020个垃圾分类收集处置场所，实现生活垃圾分类居住区覆盖家庭400万户；“绿色账户”激励机制覆盖105万户。

全年新建绿地1190公顷，其中公园绿地515公顷；新增造林面积3241公顷，其中人工造林3241公顷。至年末，人均公园绿地面积达到7.6平方米，建成区绿化覆盖率达到38.5%，全市森林覆盖率达到15.0%。至年末，自然保护区达到4个，其中国家级自然保护区2个。

（七）安全生产

全年共发生道路交通、工矿商贸、火灾、铁路交通、农业机械生产安全事故5954起，造成死亡1147人，分别比上年下降19.2%和3.3%。其中，工矿商贸生产安全事故295起，造成死亡226人，分别上升4.2%和0.4%；道路交通事故1044起，造成死亡868人，分别下降10.9%和3.8%；火灾事故4606起，造成死亡52人，分别下降21.9%和11.9%；铁路交通事故2起，下降60.0%，未发生人员死亡。农业机械事故7起，上升40.0%，死亡1人。全年亿元生产总值生产安全事故死亡人数为0.046人。

三、上海市在长三角地区经济发展中的地位

上海市是中国最著名的工商业城市和国际都会，是全国最大的综合性工业城市，亦为中国的经济、交通、科技、工业、金融、贸易、会展和航运中心。上海港货物吞吐量和集装箱吞吐量均居世界第一，是一个良好的滨江滨海国际性港口.正在向现代化国际大都市目标迈进的上海，肩负着面向世界、服务全国、联动“长三角”的重任。31个省市“转型发展指数”整体呈“金字塔型”分布，上海处于塔顶位置。2015年，在党中央、国务院和中共上海市委的坚强领导下，全市认真贯彻落实党的十八大和十八届三中、四中、五中全会精神，积极应对严峻复杂的外部环境影响和经济下行压力加大等挑战，主动适应经济发展

新常态，全面贯彻落实国家稳增长、促改革、调结构、惠民生、防风险各项政策措施，全力以赴推进创新驱动发展、经济转型升级，全市经济运行保持总体平稳、稳中有进、进中提质的态势，结构调整成效进一步显现，发展质量和效益进一步提高，改革开放和创新转型积极效应加快释放，社会民生保障持续改善，完成了市十四届人大三次会议和"十二五"规划确定的目标任务。

(一)地区生产总值

2011—2015年上海市地区生产总值所占比重分别为：16.56%、16.00%、15.70%、15.75%和15.69%，整体呈现下滑的态势，2014年逆势轻微上扬。5年间，占比累计减少了0.87个百分点，减少趋势明显，情势有待改善。在泛长三角中排名为第3位，在泛长三角41市（苏浙两省24个地级市、上海市和安徽省16市，下同）排名为第1位。

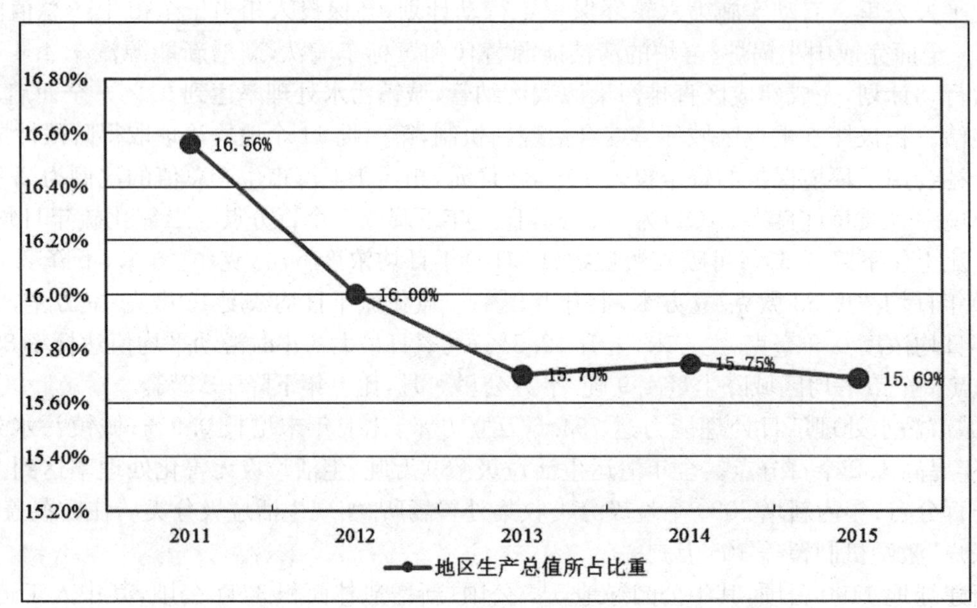

图4 2011—2015年上海市地区生产总值在泛长三角(江苏、浙江和安徽三省及上海市三省一市，下同)所占比重的变化趋势

2015年对复杂的外部环境，上海经济运行平稳，创新转型和结构性改革的积极效应不断显现。整个"十二五"期间，上海以年均不到5%的投资增幅，拉动了年均7.5%的GDP增长，提质增效成果明显。全市生产总值达到2.5万亿元，比上年增长6.9%，"十二五"年均增长7.5%，人均生产总值超过10万元。居民消费价格上涨2.4%，城镇登记失业率为4.1%。投资、消费平稳增长，全社会固定资产投资总额增长5.6%，社会消费品零售总额增长8.1%。全市一般公共预算收入达到5519.5亿元，增长13.3%，"十二五"年均增长13.9%。全市居民人均可支配收入增长8.5%，其中城镇和农村常住居民收入分别增长8.4%和9.5%。

2015年上海经济最大的特征是"稳中求进"。"稳"主要指经济增速稳定，从2011年至今，上海经济增速从8.2%缓慢回落到7%左右，年均降幅不到0.3个百分点，展示出良好的韧性和抗波动能力。

(二)地方财政一般预算收入

2011—2015年上海市地方财政一般预算收入在泛长三角所占比重为：26.00%、25.23%、24.83%、25.25%和26.52%，2014年逆势上扬，五年时间累计增幅为0.52个百分点。在泛长三角三省一市中排第2位，在泛长三角41市排名为第1位。

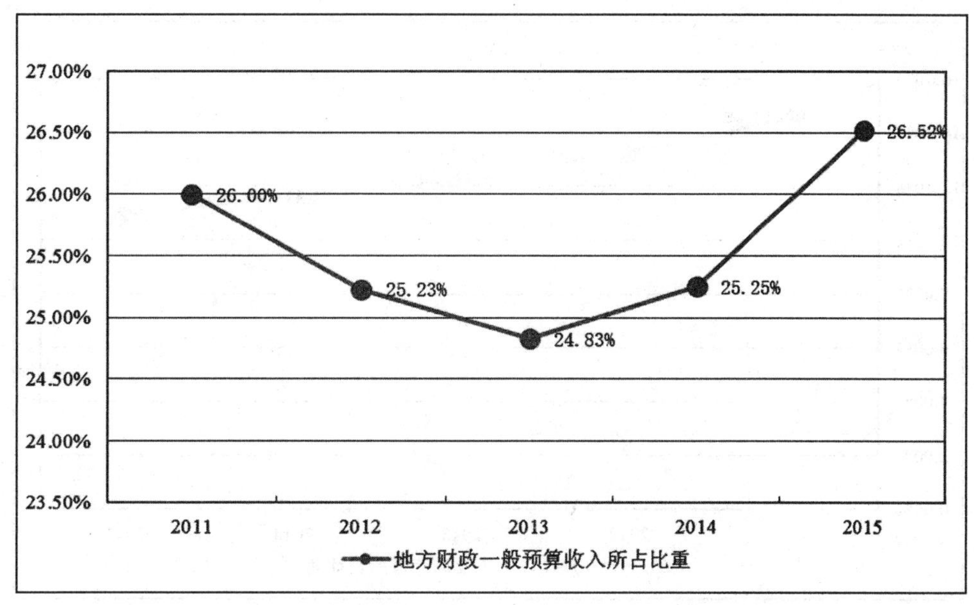

图5　2011—2015年上海市地方财政一般预算收入在泛长三角所占比重变化趋势

2015年,全市一般公共预算收入5519.5亿元,为预算的105.9%,比2014年同口径(下同)增长13.3%(需要说明的是,全市财政收入实现平稳较快增长,主要得益于本市结构调整、创新转型效应不断显现,其中也包含了部分特殊因素,特别是证券市场交易量大幅度增长,带动金融业财政收入增长)。加上中央财政税收返还和补助收入649.3亿元,上年结转收入、调入资金、动用预算稳定调节基金、动用历年结余等1033.8亿元,以及本市地方政府一般债务收入801亿元,收入总量为8003.6亿元。全市一般公共预算支出6191.6亿元,完成调整预算的103.8%,增长19.5%。加上上解中央财政支出206.5亿元、地方政府一般债务还本649亿元、增设预算周转金47.8亿元、补充预算稳定调节基金812.1亿元、结转下年支出96.6亿元,支出总量为8003.6亿元。全市一般公共预算收支执行基本平衡。

市本级一般公共预算收入2806.1亿元,为预算的107.3%,增长14.8%。加上中央财政税收返还和补助收入649.3亿元,上年结转收入、区县上解收入、调入资金、动用预算稳定调节基金、动用历年结余等523.5亿元,以及本市地方政府一般债务收入801亿元,收入总量为4779.9亿元。市本级一般公共预算支出2333.5亿元,完成调整预算的99.6%,增长24.8%。加上上解中央财政支出206.5亿元、市对区县税收返还和转移支付1050.9亿元、地方政府一般债务还本145亿元、地方政府一般债务转贷支出677亿元、增设预算周转金43.8亿元、补充预算稳定调节基金279.7亿元、结转下年支出43.5亿元,支出总量为4779.9亿元。市本级一般公共预算收支执行基本平衡。

(三)规模以上工业总产值

2011—2015年上海市规模以上工业总产值在泛长三角的占比分别为:14.59%、13.27%、12.18%、11.66%和10.88%,五年时间持续下滑,已累计减少了3.71个百分点。在泛长三角三省一市中排名为第4位,在泛长三角41市排名为第1位。

2015年,上海市规模以上工业(以下简称工业)企业完成工业总产值31049.57亿元,比上年同期下降0.8%。其中,12月份完成工业总产值2785.47亿元,比去年同月下降3.2%。工业产销率为99.5%,与上年同期持平。工业企业完成出口交货值7568.95亿元,下降1.6%。

六个重点工业行业共完成工业总产值20769.44亿元,比上年同期下降0.2%,呈现出三升三降发展态势。其中,石油化工及精细化工制造业完成3375.31亿元,增长7.1%,在六个重点工业行业中增速最

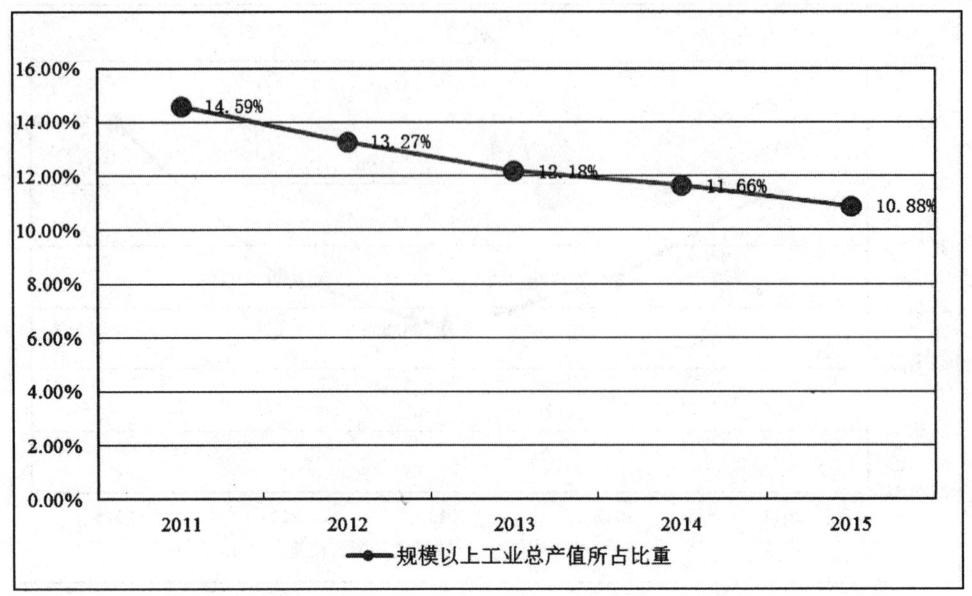

图6　2011—2015年上海市规模以上工业总产值在泛长三角所占比重的变化趋势

高；生物医药制造业完成904.89亿元，增长2.0%；成套设备制造业完成4001.94亿元，增长0.3%；电子信息产品制造业完成6159.55亿元，下降1.8%；汽车制造业完成5168.22亿元，下降2.3%；精品钢材制造业完成1159.53亿元，下降7.6%。

（四）进出口总额

2011—2015年上海市进出口总额在泛长三角的占比分别为：33.05%、32.68%、32.13%、32.52%和32.43%，继2014年逆势大幅上扬后，2015年小幅下滑，较2011年下降了0.62个百分点。在泛长三角三省一市中排第2位，在泛长三角41市排名为第1位。

2015年12月份，上海市实现外贸进出口总额2571.35亿元，同比下降2.9%。其中，出口1038.37亿元，下降9.7%；进口1532.98亿元，增长2.3%。1—12月，上海市累计实现外贸进出口总额28060.88亿元，同比下降2.1%。从贸易方式看，12月份上海市一般贸易出口458.28亿元，下降4.6%，进口886.28亿元，增长14.1%；加工贸易出口411.56亿元，下降18.6%，进口148.5亿元，下降32.1%。

（五）实际外商直接投资金额

2011—2015年上海市实际外商直接投资金额在泛长三角地区所占比重分别为19.99%、20.90%、22.41%、24.39%和25.18%，五年时间持续增长，累计增幅达5.19个百分点。上升态势强劲。在泛长三角三省一市中排第2位，在泛长三角41市排名为第1位。

利用外资规模再创新高。上海合同利用外资达到589亿美元，同比增长86%，再创年度引资新高，规模位居全国首位。实际利用外资在高位基础上继续保持增长，达到184.59亿美元，同比增长1.6%，连续16年实现增长。

2015年，上海服务业实际利用外资159.38亿美元，占全市实到外资的86.3%，服务业为主的引资结构继续巩固。商贸业、租赁和商务服务业利用外资稳步增长；以融资租赁为主的金融服务业、以互联网＋为代表的信息服务业利用外资快速增加，实际利用外资同比增幅均超过70%；医疗、养老、旅游、文化产业的外商投资日趋活跃。制造业实际利用外资达24.9亿美元，同比增长了42.8%，占全市实到外资的比重升至13.5%，化工、生物医药、电子设备制造领域利用外资大幅增加。

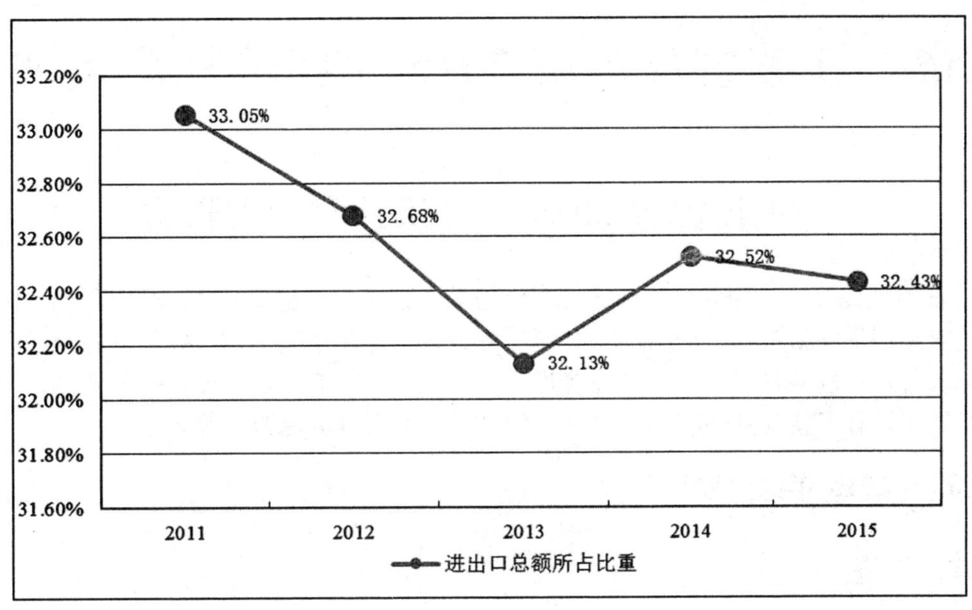

图 7　2011—2015 年上海市进出口总额在泛长三角所占比重的变化趋势

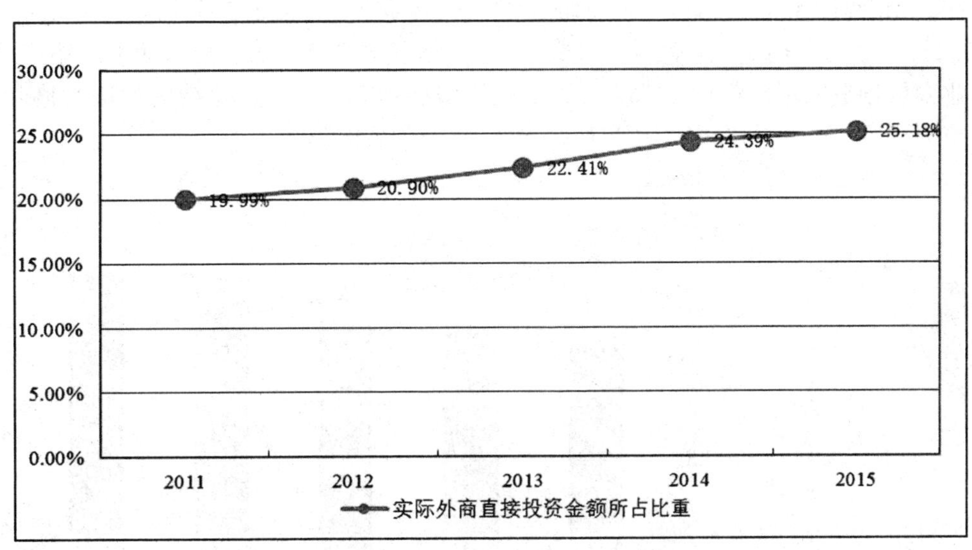

图 8　2011—2015 年上海市实际外商直接投资金额在泛长三角所占比重的变化趋势

越来越多的跨国公司选择上海作为其全球战略和协同体系的核心，并不断拓展贸易、研发等功能。去年全年新设跨国公司地区总部 45 家，其中汉高、恩智浦、亚什兰等 15 家企业设立了亚太区总部，新增投资性公司 15 家。截至 2015 年底，累计落户上海的跨国公司地区总部、投资性公司分别达 535 家、312 家，上海已成为中国内地跨国公司地区总部落户最多的城市。同时，积极鼓励外资研发中心参与上海科技创新中心建设，全年共引进费森尤斯医药、中芯国际集成电路等外资研发中心 15 家，累计达到 396 家。

第二章 江苏省及各市 2015 年经济社会发展报告

一 江苏省 2015 年经济社会发展报告

2015 年，面对错综复杂的宏观经济环境和艰巨繁重的改革发展稳定任务，全省坚持稳中求进工作总基调，主动适应经济发展新常态，统筹做好稳增长、促改革、调结构、惠民生、防风险各项工作，经济社会发展总体平稳、稳中有进、稳中有好，主要经济指标保持在合理区间，综合实力再上新台阶，转型升级取得新进展，发展质量有了新提升，社会事业获得新进步，民生改善呈现新成效。

一、江苏省 2015 年经济发展状况

(一)综合经济

1. 经济总量

经济运行总体平稳。全年实现地区生产总值 70116.38 亿元，比上年增长 8.5%。其中，第一产业增加值 39865.0 亿元，增长 3.3%；第二产业增加值 32044.45 亿元，增长 8.3%；第三产业增加值 34085.88 亿元，增长 9.4%。全省人均生产总值 87995 元，比上年增长 8.3%。全社会劳动生产率持续提高，全年平均每位从业人员创造的增加值达 147314 元，比上年增加 10584 元。产业结构加快调整。三次产业增加值比例调整为 5.7∶45.7∶48.6，实现产业结构“三二一”标志性转变。

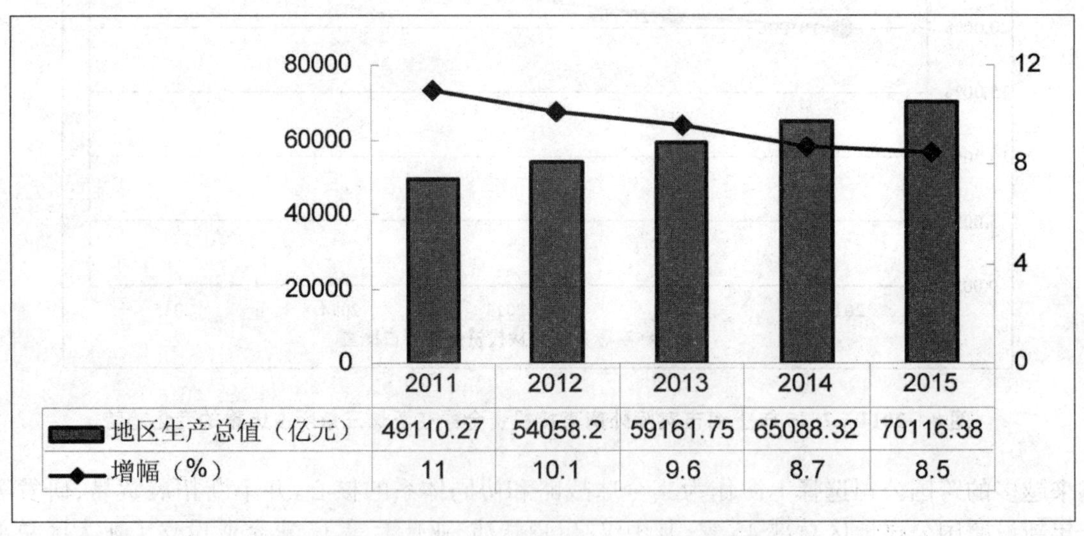

图 1 2011—2015 年江苏省地区生产总值及增长速度

全年服务业增加值占 GDP 比重提高 1.6 个百分点。全年实现高新技术产业产值 6.1 万亿元，比上年增长 7.6%；占规上工业总产值比重达 40.1%，比上年提高 0.6 个百分点。战略性新兴产业销售收入 4.5 万亿元，比上年增长 10.4%；占规上工业总产值比重达 29.4%，比上年提高 0.7 个百分点。经济活力继续增强。全年非公有制经济实现增加值 47398.7 亿元，比上年增长 8.8%，占 GDP 比重达 67.6%，其中私营个体经济占 GDP 比重为 43.4%，分别比上年提高 0.2 个和 0.6 个百分点。年末全省工商部门登记的私营企业达 182.2 万户，当年新增 39.4 万户，注册资本 72965.4 亿元，比上年增长 30.7%；个体

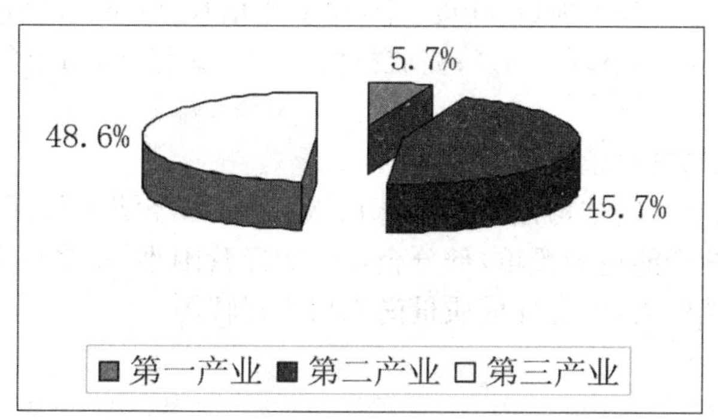

图 2　2015 年江苏省三次产业结构图

户 387.2 万户，当年新增 63.7 万户。新型城镇化成效显著。年末城镇化率为 66.5%，比上年提高 1.3 个百分点。区域发展更趋协调。苏南现代化建设示范区引领带动作用逐步显现，苏中融合发展、特色发展加快推进，苏北大部分指标增幅继续高于全省平均水平，苏中、苏北经济总量对全省的贡献率达 46.2%，比上年提高 1.4 个百分点；沿海开发有力推进，沿海地区实现生产总值 12521.5 亿元，比上年增长 10.1%，对全省经济增长贡献率达 19.4%。

2. 财政收支

财税实力明显增强。全年完成一般公共预算收入 8028.59 亿元，比上年增长 11%；上划中央四税 5005.17 亿元，增长 9.2%；基金预算收入 4618.1 亿元，比上年下降 14.7%。

财政支出结构不断优化。全年一般公共预算支出 9687.58 亿元，比上年增长 14.3%。一般公共预算支出中，教育支出 1746.22 亿元，比上年增长 14.2%；公共安全支出 519.92 亿元，增长 9.1%；社会保障和就业支出 838.06 亿元，增长 17.8%；城乡社区事务支出 1535.59 亿元，增长 24.3%；科学技术支出 371.96 亿元，增长 11.8%。

3. 物价指数

消费价格温和上涨。全年居民消费价格比上年上涨 1.7%，其中城市上涨 1.7%，农村上涨 1.5%。分类别看，食品上涨 3.0%，烟酒及用品上涨 1.9%，衣着上涨 3.0%，家庭设备用品及维修服务上涨 2.8%，医疗保健及个人用品上涨 1.6%，交通和通信下跌 2.7%，娱乐教育文化用品及服务上涨 1.8%，居住上涨 0.9%。在食品中，粮食上涨 2.6%，肉禽及其制品上涨 5.3%，水产品上涨 1.8%，鲜菜上涨 10.3%，油脂下跌 5.3%，蛋下跌 7.2%。工业生产者价格低位运行。全年工业生产者出厂价格比上年下跌 4.7%，其中生产资料下跌 5.6%，生活资料下跌 0.4%。影响工业生产者出厂价格下跌较大的类别中，石油加工和炼焦加工业下跌 21.9%，黑色金属冶炼和压延加工业下跌 18.9%，化学纤维制造业下跌 12.3%，化学原料和化学制品制造业下跌 10.8%，有色金属冶炼和压延加工业下跌 8.3%。全年工业生产者购进价格下跌 7.9%；农业生产资料价格下跌 0.4%。

4. 固定资产投资

固定资产投资平稳增长。全年完成固定资产投资 45905.17 亿元，比上年增长 10.5%。其中，国有及国有经济控股投资 10004.9 亿元，增长 7.4%；港澳台及外商投资 3902.4 亿元，下降 6.1%；民间投资 31997.8 亿元，增长 14.0%，占固定资产投资比重达 69.7%。分类型看，完成项目投资 37751.5 亿元，比上年增长 13.3%；房地产开发投资 8153.7 亿元，下降 1.1%。

投资结构持续调优。第一产业投资 232.2 亿元，比上年增长 12.2%；第二产业投资 22891 亿元，增长 12.8%；第三产业投资 22782 亿元，增长 8.3%。第二产业投资中，工业投资 22757.5 亿元，增长 12.4%，其中制造业投资 21210.6 亿元，增长 11.0%。高新技术产业投资 7535.5 亿元，增长 9.7%，占工业投资比重达 33.1%。

重点项目扎实推进。全年新开工项目44962个，比上年增长25.6%；完成投资26972.2亿元，增长20.2%。其中，亿元项目4536个，下降2.6%；完成投资10006.3亿元，与上年持平。200个省级重大项目进展顺利。

5.经济社会发展中存在的主要矛盾和问题

全省经济社会发展仍面临一些结构性矛盾和深层次问题，如经济下行压力加大，创新能力不够强，新增长点支撑不足，部分行业产能过剩严重，部分企业生产经营困难，城乡区域发展不够平衡，基本公共服务供给不足，收入差距仍然较大，生态环境质量尚未根本好转等。

（二）农业建设

1.农业生产平稳

粮食总产实现"十二连增"，全年总产量达3561.34万吨，比上年增产70.72万吨，增长2.0%；夏粮1271.7万吨，增长1.4%；秋粮2289.7万吨，增长2.4%。全年粮食播种面积542.5万公顷，比上年增加4.9万公顷；棉花面积9.4万公顷，减少3.8万公顷；油料面积47.5万公顷，减少2.4万公顷；蔬菜面积143.1万公顷，增加5.9万公顷。

2.林牧渔业总体稳定

全年造林面积4.26万公顷，比上年下降30%。全年猪牛羊禽肉产量369.43万吨，比上年下降2.7%；禽蛋总产量196.2万吨，增长0.8%；牛奶总产量59.6万吨，下降1.9%；水产品总产量522.1万吨，增长0.6%，其中淡水产品372.9万吨，海水产品149.2万吨，分别增长1.2%和下降0.8%。

3.现代农业加快推进

高标准农田比重超过50%，农业科技进步贡献率提高到65%，家庭农场、农民合作社分别达到2.8万家和7.2万个，农村产权交易市场建设进展顺利。全省有效灌溉面积达402.6万公顷，新增有效灌溉面积3.4万公顷，新增节水灌溉面积21.4万公顷；新增设施农业面积4.2万公顷；年末农业机械总动力4827.5万千瓦，比上年增长3.8%。

（三）工业和建筑业

1.工业运行保持平稳

全年规模以上工业增加值比上年增长8.3%，其中轻工业增长7.6%、重工业增长8.6%。分经济类型看，国有工业增长1.6%，集体工业增长10.4%，股份制工业增长10%，外商港澳台投资工业增长6%。在规模以上工业中，国有控股工业增长2.1%，私营工业增长11%。

2.企业效益稳步改善

全年规模以上工业企业实现主营业务收入149841.41亿元，比上年增长4.8%；利税15907.1亿元，增长9.3%；利润9617.1亿元，增长9.1%。企业亏损面13.8%，比上年末上升0.9个百分点。规模以上工业企业总资产贡献率、主营业务收入利润率和成本费用利润率分别为16.8%、6.5%和7%。

3.先进制造业增势良好

全年规模以上工业中，汽车制造业实现产值7128.8亿元，比上年增长9.6%；医药制造业产值3551.6亿元，增长14.5%；专用设备制造业产值5943.4亿元，增长6%；电气机械及器材制造业产值16910.3亿元，增长8.7%；通用设备制造业产值8803.8亿元，增长6.2%；计算机、通信和其他电子设备制造业产值19334.4亿元，增长9.4%。

4.建筑业稳定发展

全年实现建筑业总产值24785.8亿元，比上年增长0.8%；竣工产值20431.4亿元，增长8.0%；竣工率达82.4%；全省建筑企业实现利税总额1750.4亿元，增长1.4%；建筑业劳动生产率为29.7万元/人，增长0.2%；建筑业企业房屋建筑施工面积215592万平方米，增长1.2%；竣工面积76823.9万平方米，

与上年持平，其中住宅竣工面积 56384.4 万平方米，增长 1.6%。

（四）服务业

1. 国内贸易

消费品市场平稳运行。全年实现社会消费品零售总额 25876.77 亿元，比上年增长 10.3%。按经营单位所在地分，城镇消费品零售额 23252.3 亿元，增长 10.2%；乡村消费品零售额 2624.5 亿元，增长 10.9%。按消费类型分，商品零售额 23456.7 亿元，增长 10.3%；餐饮收入额 2420.1 亿元，增长 10.5%。在限额以上企业商品零售额中，粮油、食品、饮料、烟酒类增长 9.5%，服装、鞋帽、针纺织品类增长8.2%，金银珠宝类增长 5.6%，日用品类增长 6.7%，五金、电料类增长 10.6%，书报杂志类增长 11.1%，家用电器和音像器材类增长 9.5%，中西药品类增长 14.2%，通讯器材类增长 18.1%，文化办公用品类增长 17.7%，家具类增长 14.5%，石油及制品类下降 2%，建筑及装潢材料类增长 19%，汽车类增长 4.7%。

2. 交通运输、邮电

交通运输业基本平稳。全年旅客运输量、货物运输量分别比上年增长－1.3%和 2.5%，旅客周转量、货物周转量分别增长 1.0%和 5.0%。完成规模以上港口货物吞吐量 20.8 亿吨，比上年增长 3.1%，其中外贸货物吞吐量 4.0 亿吨，增长 4.7%；集装箱吞吐量 1605.5 万标准集装箱，增长 7.0%。年末全省公路里程 15.9 万公里，比上年新增 1283.8 公里。其中，高速公路里程 4539.1 公里，新增 50.8 公里。铁路营业里程 2679.2 公里，铁路正线延展长度 4569.7 公里。年末民用汽车保有量 1247.9 万辆，净增 143.9 万辆，比上年末增长 13.0%。年末个人汽车保有量 1076.9 万辆，净增 141.2 万辆，比上年末增长 15.1%。其中，个人轿车保有量 773.9 万辆，净增 108.2 万辆，比上年末增长 16.3%。

邮政电信业较快发展。全年邮政电信业务总量 2280.6 亿元，比上年增长 35.7%。分业务类型看，邮政行业业务总量 516 亿元，增长 43.7%；电信业务总量 1764.6 亿元，增长 33.5%。邮政电信业务收入 1244.3 亿元，比上年增长 7.9%。分类型看，邮政行业业务收入 407.2 亿元，增长 36.0%；电信业务收入 837.1 亿元，下降 2.0%。年末局用交换机总容量 1758.8 万门。年末固定电话用户 1973 万户，比上年末减少 160.6 万户。分城乡看，城市电话用户 1218 万户，乡村电话用户 755 万户。年末移动电话用户 8227.3 万户，比上年末增加 156.9 万户。年末电话普及率达 128.1 部/百人。长途光缆线路总长度 3.9 万公里，新增 2591.8 公里。年末互联网宽带接入用户 1625.4 万户，新增 102 万户。

3. 旅游业

旅游业较快增长。全年接待境内外游客 62238.7 万人次，比上年增长 8.4%；实现旅游业总收入 9050.1 亿元，增长 11.1%。接待入境过夜旅游者 305 万人次，增长 2.7%。其中：外国人 200.8 万人次，增长 1.9%；港澳台同胞 104.2 万人次，增长 4.1%。旅游外汇收入 35.3 亿美元，增长 16.3%。接待国内游客 61933.7 万人次，增长 8.4%，实现国内旅游收入 8769.3 亿元，增长 11.5%。

4. 金融、证券和保险业

金融信贷规模稳步扩大。年末全省金融机构人民币存款余额 107873 亿元，比年初增加 11766.8 亿元，比上年末增长 11.7%。其中，住户存款比年初增加 2861.5 亿元，同比少增 1.1 亿元；非金融企业存款比年初增加 3961.9 亿元，同比多增 934.0 亿元。年末金融机构人民币贷款余额 78866.3 亿元，比年初增加 9285.1 亿元，比上年末增长 13.4%。其中，中长期贷款比年初增加 5960.8 亿元，同比多增 428.2 亿元；短期贷款比年初增加 1524.7 亿元，同比多增 756.2 亿元。

证券交易市场稳定发展。全年证券市场完成交易额 60.4 万亿元。分类型看，证券经营机构股票交易额 35.1 万亿元，增长 262.1%；期货经营机构代理交易额 30.5 万亿元，增长 55.3%。年末全省境内上市公司 276 家，省内上市公司通过首发、配股、增发、可转债、公司债在上海、深圳证券交易所筹集资金 1214 亿元，比上年增加 512.5 亿元。江苏企业境内上市公司总股本 2154.3 亿股，比上年增长 34.9%；市价总值 36720.5 亿元，增长 87.1%。年末全省共有证券公司 6 家，证券营业部 683 家；期货公司 10 家，期货营业部135家；证券投资咨询机构2家。

保险行业快速发展。全年保费收入1989.9亿元，比上年增长18.2%。分类型看，财产险收入672.2亿元，增长10.9%；寿险收入1083.9亿元，增长18.2%；健康险和意外伤害险收入233.8亿元，增长45.4%。全年赔付额732.6亿元，比上年增长18.8%。其中，财产险赔付403亿元，增长19.8%；寿险赔付268.2亿元，增长15.7%；健康险和意外伤害险赔付61.4亿元，增长26.2%。

(五)开放型经济

1.对外贸易

进出口小幅下降。全年进出口总额5456.14亿美元，比上年下降3.2%。其中，出口总额3386.68亿美元，下降0.9%；进口总额2069.45亿美元，下降6.7%。出口总额中，对美国出口728亿美元，比上年增长3.7%；对欧盟出口607.9亿美元，下降4.3%；对日本出口280.8亿美元，下降9%；对韩国出口166.8亿美元，增长0.2%；对东盟出口351.1亿美元，增长2.6%；对台湾省出口137.8亿美元，下降3%；对香港特别行政区出口347.9亿美元，下降0.2%；对俄罗斯出口34.7亿美元，下降29%；对印度出口96.3亿美元，增长11.8%；对拉丁美洲出口189.3亿美元，下降1.4%；对非洲出口87亿美元，下降6.4%。

江苏省2015年进出口贸易主要分类情况

指　标	绝对数(亿美元)	比上年增长(%)
出口总额	3386.7	−0.9
＃一般贸易	1552.5	−2.0
加工贸易	1479.6	−0.8
＃工业制成品	3285.6	−1.1
初级产品	51.0	−9.0
＃机电产品	2247.5	1.5
＃高新技术产品	1310.9	1.3
＃国有企业	307.4	0.4
外商投资企业	1938.9	−2.5
私营企业	1068.2	1.3
进口总额	2069.5	−6.7
＃一般贸易	835.8	−7.3
加工贸易	817.1	−5.5
＃工业制成品	1749.5	−4.9
初级产品	253.4	−23.3
＃机电产品	1268.2	−1.7
＃高新技术产品	907.6	0.4
＃国有企业	142.2	−12.3
外商投资企业	1434.3	−5.1
私营企业	455.9	−8.0

2. **境外投资加快发展**

全年新批外商投资企业 2580 家，新批协议外资 393.6 亿美元；实际到账注册外资 242.7 亿美元，比上年下降 13.8%。新批及净增资 9000 万美元以上的外商投资大项目 235 个。全年新批境外投资项目 879 个，比上年增长 19.4%；中方协议投资 103 亿美元，比上年增长 42.8%。

3. **开发区经济稳定发展**

全省开发区实现业务总收入 18.7 万亿元，比上年增长 12%；一般公共预算收入 3850 亿元，比上年增长 13.5%；全省开发区实现进出口总额 4395 亿美元，占全省总量的 80.6%；其中，出口总额 2671 亿美元，占全省总量的 78.9%；实际到账注册外资 193 亿美元，占全省总量的 79.5%。

二、江苏省 2015 年社会发展概况

(一)人口、人民生活

人口总量增长缓慢。年末全省常住人口 7976.3 万人，比上年末增加 16.24 万人，增长 0.2%。在常住人口中，男性人口 4014.65 万人，女性人口 3961.65 万人；0～14 岁人口 1064.09 万人，15～64 岁人口 5912.89 万人，65 岁及以上人口 999.32 万人。全年人口出生率 9.05‰，比上年下降 0.4 个千分点；人口死亡率为 7.03‰，提高 0.01 个千分点；人口自然增长率 2.02‰，比上年下降 0.41 个千分点。

居民生活水平不断提高。根据城乡一体化住户抽样调查，全年全省居民人均可支配收入 29539 元，比上年增长 8.7%。按常住地分，城镇居民人均可支配收入 37173 元，增长 8.2%；农村居民人均可支配收入 16257 元，增长 8.7%。全体居民人均可支配收入中位数 25095 元，比上年增长 10.1%。全省居民人均可支配收入中，按五等份分组，低收入组人均可支配收入 8485 元，增长 12.3%；中低收入组人均可支配收入 16614 元，增长 10.8%；中等收入组人均可支配收入 25122 元，增长 9.9%；中高收入组人均可支配收入 36374 元，增长 6.1%；高收入组人均可支配收入 68590 元，增长 6.3%。全省居民人均消费支出 20556 元，比上年增长 7.3%。

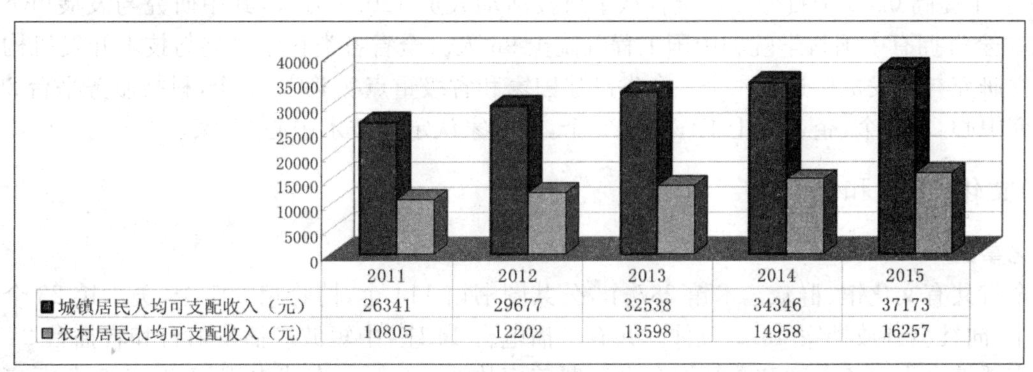

图 3　2011—2015 年江苏省城乡居民收入对比一览

(二)　就业和社会保障

1. **就业形势趋向稳定**

年末全省就业人口 4758.5 万人，第一产业就业人口 875.56 万人，第二产业就业人口 2046.16 万人，第三产业就业人口 1836.78 万人。城镇地区就业人口 3076.22 万人，城镇登记失业率 3.0%；促进失业人员再就业 77.74 万人，其中就业困难人员就业 13.34 万人；新增农村劳动力转移 20.97 万人。

2. **社保体系逐步完善**

城乡居民医疗和养老保险基本实现全覆盖，社会保险主要险种覆盖率达 95%以上。年末全省企业

职工基本养老保险(含参保离退休人员)、城镇职工基本医疗保险(含参保退休人员)、失业保险参保人数分别达2653.58万人、2428.25万人和1490.91万人,分别比上年末增长3.4%、2.8%和3.4%。年末享受企业职工基本养老保险离退休人员640.09万人,享受城镇职工基本医疗保险退休人员610.33万人。年末城乡居民基本养老保险参保人数1315.84万人,领取基础养老金人数1022.96万人。年末城镇居民基本医疗保险参保人数(含人社部门经办的新型农村合作医疗)为1586.75万人,比上年末增长10.5%。保障性安居工程建设有序推进,全省新开工保障性住房29.22万套,基本建成31.78万套,分别完成年度目标的109.8%和113.5%。

(三)教育和科学技术

1.教育事业

全省共有普通高校137所。普通高等教育本专科招生44.9万人,在校生171.6万人,毕业生48.4万人;研究生教育招生5.1万人,在校生15.6万人,毕业生4.3万人。高等教育毛入学率达52.3%,比上年提高1.3个百分点。全省中等职业教育在校生达68万人(不含技工学校)。九年义务教育巩固率100%,高中阶段教育毛入学率99.1%,基本普及高中阶段教育。特殊教育招生0.4万人,在校生2.3万人。全省共有幼儿园6759所,比上年增加1687所;在园幼儿250.7万人,比上年增加16.6万人。

2.科技与创新

科技创新能力不断增强。区域创新能力连续七年保持全国第一。全省科技进步贡献率达60%,比上年提高1个百分点。全年授权专利25万件,其中发明专利3.6万件。全年共签订各类技术合同2.5万项,技术合同成交额达700亿元,比上年增长6.8%。全省企业共申请专利27.5万件。

高新技术产业较快发展。组织实施省重大科技成果转化专项资金项目182项,省资助资金投入15.3亿元,新增总投入119亿元。全省按国家新标准认定高新技术企业累计达1万家。新认定省级高新技术产品9802项,已建国家级高新技术特色产业基地139个。

科研投入比重提高。全社会研究与发展(R&D)活动经费1788亿元,占地区生产总值比重为2.55%,比上年提高0.05个百分点。全省从事科技活动人员120.3万人,其中研究与发展(R&D)人员74.6万人。全省拥有中国科学院和中国工程院院士96人。全省各类科学研究与技术开发机构中,政府部门属独立研究与开发机构达144个。全省已建国家和省级重点实验室97个,科技服务平台290个,工程技术研究中心2989个,企业院士工作站329个,经国家认定的技术中心95家。

(四)文化、卫生和体育

1.文化事业

年末全省共有文化馆、群众艺术馆287个,公共图书馆114个,博物馆301个,美术馆23个,综合档案馆118个,向社会开放档案43.1万件。共有广播电台14座,中短波广播发射台和转播台21座,电视台14座,广播综合人口覆盖率和电视综合人口覆盖率均为100%。有线电视用户2285.5万户,与上年基本持平。生产故事影剧片19部。全年报纸出版26.8亿份,杂志出版1.2亿册,图书出版5.5亿册。

2.卫生事业

年末共有各类卫生机构32015个。其中医院、卫生院2622个,卫生防疫防治机构165个,妇幼卫生保健机构109个。各类卫生机构拥有病床40.7万张,其中医院、卫生院拥有病床37.9万张。共有卫生技术人员48.7万人,其中执业医师、执业助理医师18.3万人,注册护士20万人,卫生防疫防治机构卫生技术人员7352人,妇幼卫生保健机构卫生技术人员8244人。新型农村合作医疗人口覆盖率达98%以上。县级公立医院综合改革全面启动。

3.体育事业

江苏体育健儿在重大比赛中获世界冠军14项,获金牌199人次,获银牌182人次,获铜牌134人次。

全民健身活动广泛开展，圆满举办第二届夏季青年奥林匹克运动会，成功举办第十八届省运会和第九届省残运会。

(五)生态建设和节能减排

生态建设成效显著。制定生态文明建设规划，划定全省生态红线保护区域。年末全省设立自然保护区31个，其中国家级自然保护区3个，面积达56.7万公顷。深入开展工业废气、机动车尾气、城市扬尘等各类污染物综合治理，建立大气污染防治区域联防联控机制，实现燃煤大机组脱硫脱硝全覆盖，PM2.5平均浓度同比下降12.1%。深入开展重点流域治理，太湖流域水质持续改善，南水北调江苏段水质达标。加强绿色江苏建设，林木覆盖率提高到22.5%，国家生态市(县、区)达到35个。

节能减排顺利推进。大力实施节能减排重点工程，鼓励发展循环经济，严格控制高耗能项目，加快淘汰落后产能，推动重点耗能企业能效提升。全省电力行业关停小火电机组52.6万千瓦。单位GDP能耗下降、化学需氧量、二氧化硫、氨氮、氮氧化物排放削减均完成年度目标任务。

(六)安全生产

安全生产形势良好。事故起数和死亡人数实现“双下降”，全年发生各类生产经营事故3121起，死亡2055人，比上年分别下降5.51%和7.18%。亿元GDP生产安全事故死亡率为0.073，比上年下降8.75%。

三、江苏省在长三角地区经济发展中的地位

2015年，江苏大力推进区域协调发展，区域发展特色进一步彰显，苏南转型升级步伐不断加快，苏中融合发展特色发展加快推进，苏北全面小康社会建设取得新成效。

(一)地区生产总值

近年来，江苏省地区生产总值在泛长三角地区稳居第一位，所占比重呈现明显的逐年增加趋势。2011—2015年，江苏省地区生产总值在长三角所占比重分别为42.36%、42.86%、43.01%、43.49%和43.79%，五年累计增幅高达1.43个百分点。增长态势强劲。

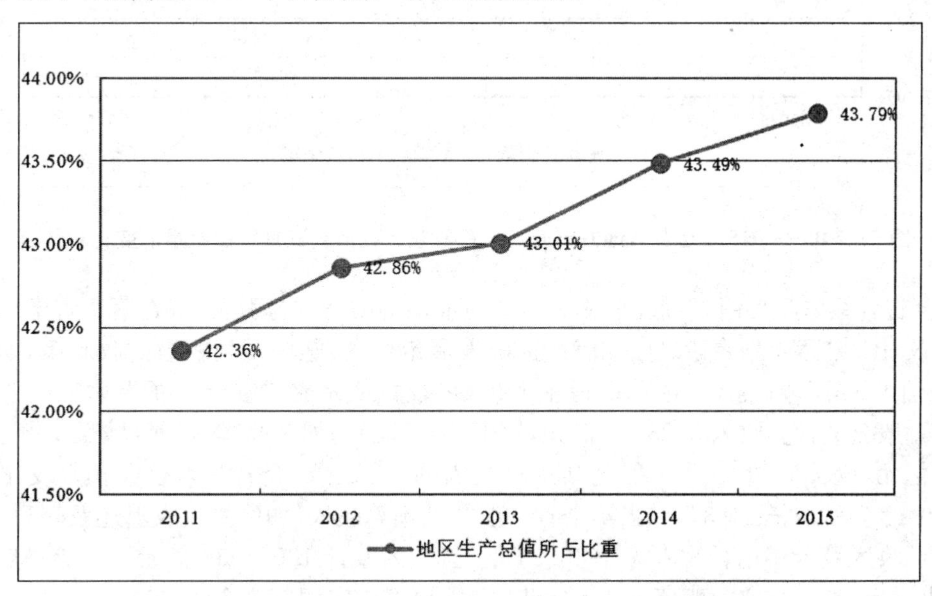

图4　2011—2015年江苏省地区生产总值在泛长三角
(江苏、浙江、安徽和上海市三省一市，下同)所占比重的变化趋势

2015年，在泛长三角地区41市(苏浙两省24个地级市、安徽省16个地级市和上海市，下同)地区生产总值所占比重排名的前十位中，江苏省13个地级市占据6席，与去年持平。

2015年，江苏大力推进区域协调发展，区域发展特色进一步彰显，苏南转型升级步伐不断加快，苏中融合发展特色发展加快推进，苏北全面小康社会建设取得新成效。2015年，江苏省生产总值(GDP)达到70116.38亿元；全省人均GDP为88085.24元，高于全国平均水平。从各地级市来看，苏州、南京和无锡GDP总量领先，分别为14504.07亿元、9720.77亿元和8518.26亿元。从人均GDP来看，苏州、无锡和南京位列前三，苏州市人均GDP为136947.12元，折合21987.53美元；无锡市人均GDP为21040.42美元；南京市人均GDP为18995.84美元。人均GDP低于全国平均水平的地市为2个，宿迁市人均GDP最低，为6994.77美元。(注：常住人口数据采用2014年末数据，2015年美元兑人民币平均汇率6.2284)

(二)地方财政一般预算收入

2011—2015年，江苏省地方财政一般预算收入在泛长三角地区的占比分别是39.03%、39.50%、39.69%、39.83%和38.58%，五年整体下跌0.45个百分点，2015年突然出现下跌。在泛长三角地区稳居第一位。2015年，在泛长三角地区41市地方财政一般预算收入所占比重排名的前十位中，江苏省13个地级市占据5席，较去年减少一席。

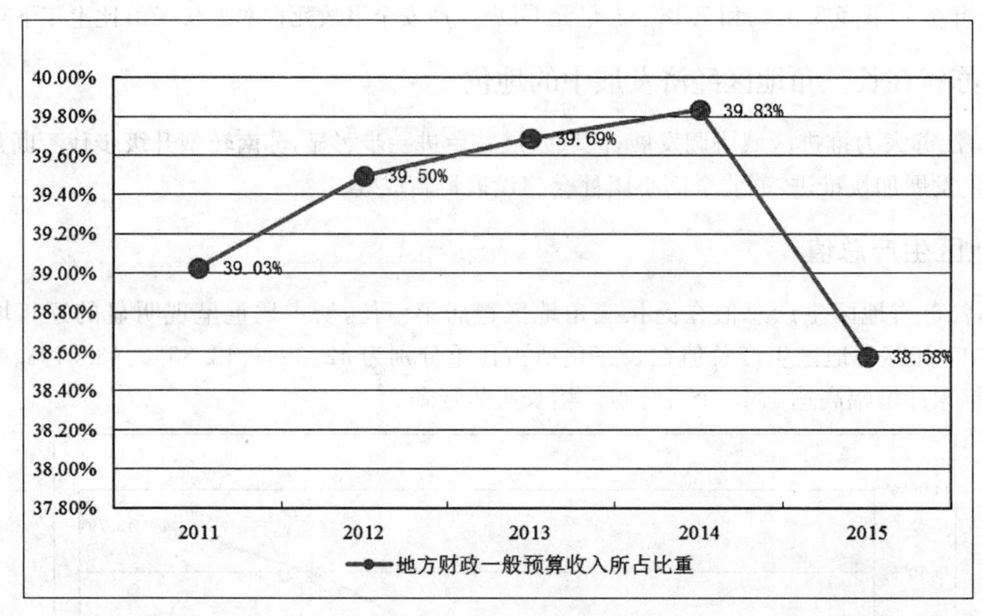

图5 2011—2015年江苏省地方财政一般预算收入在泛长三角所占比重的变化趋势

2015年，全省各级财政部门以习近平总书记系列重要讲话精神为引领，认真落实省十二届人大三次会议的有关决议，围绕"迈上新台阶、建设新江苏"的发展定位，实施一系列积极财政政策，财政收入稳步增长，支出绩效不断提高，财税体制改革取得重大进展，较好地完成了省十二届人大三次会议确定的预算任务。全省一般公共预算收入8028.59亿元，比上年(下同)增加795.44亿元，增长11%。其中，税收收入6610.12亿元，增长10.1%，占一般公共预算收入的82.3%。全省一般公共预算支出9681.47亿元，增加1209.02亿元，增长14.3%。当年全省一般公共预算收入，加中央税收返还及转移支付收入、地方政府一般债券收入及上年结转收入等4943.94亿元，收入共计12972.53亿元。当年一般公共预算支出，加上解中央支出、地方政府一般债务还本支出、安排预算稳定调节基金等2609.93亿元，当年支出共计12291.4亿元。收支相抵，预计结转下年支出681.13亿元。省级一般公共预算收入683.81亿元，增长11.7%。省级一般公共预算支出994.33亿元，增长5.2%。省级一般公共预算收入，加中央税收返还

和转移支付收入、地方政府一般债券收入、下级上解收入及上年结转收入等5072.14亿元，收入共计5755.95亿元。省级一般公共预算支出，加上解中央支出、对市县税收返还及转移支付支出、地方政府一般债务转贷支出、地方政府一般债务还本支出、安排预算稳定调节基金等4701.81亿元，当年支出共计5696.14亿元。收支相抵，预计结转下年支出59.81亿元。

(三)规模以上工业总产值

2011—2015年，江苏省规模以上工业总产值在泛长三角地区的占比分别是48.42%、49.97%、51.11%、51.05%和52.05%，整体呈增长的态势，累计增幅高达3.63个百分点。2015年所占比重占据着第一的位置。

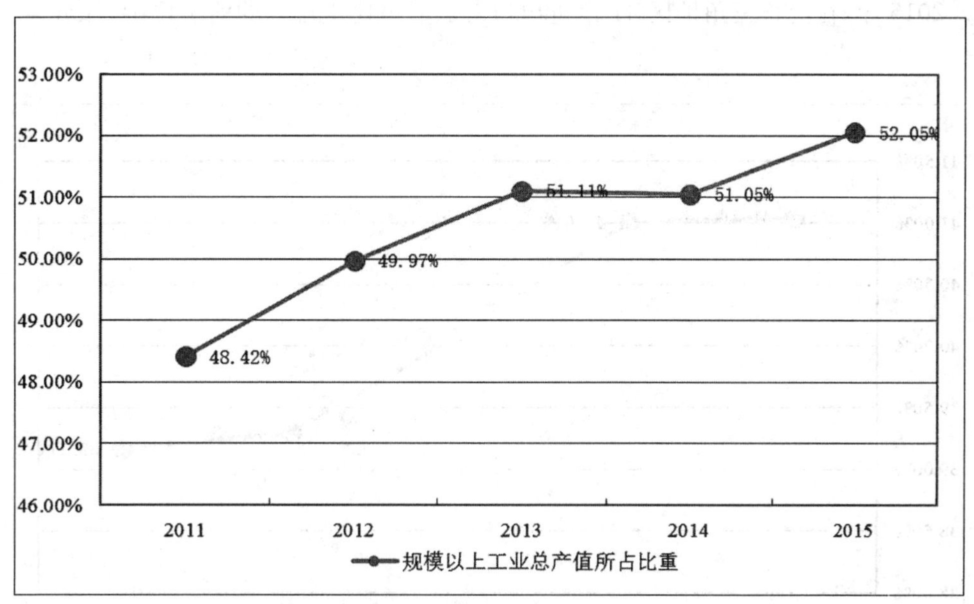

图6　2011—2015年江苏省规模以上工业总产值在泛长三角所占比重的变化趋势

2015年，在泛长三角地区41市规模以上工业总产值所占比重排名的前十位中，江苏省13个地级市占据7席，较去年增加一席。

2015年，江苏实现规模以上工业同比增长8.3%，年内增加值累计增速在8.1%～8.3%间小幅波动，保持合理区间运行；从季度来看，四个季度规上工业增加值分别增长8.2%、8.4%、8.3%、8.3%，年内生产保持平稳增长。

一是部分行业较快增长。2015年，列统的40个工业大类行业中，31个行业产值保持增长，其中6个行业增速超过10%，主要集中在医药、皮革毛皮及制鞋、酒饮料、食品等消费品行业，分别增长14.5%、13.7%、11.6%、10.3%。金属制品机械和设备修理业、非金属矿采选业分别增长20%、15.7%。

二是非公经济较为活跃。全省规模以上工业企业中非公企业(非国有控股、集体控股企业)实现产值13.5万亿元，同比增长7.6%，增速比全部规模以上工业快1.4个百分点；占规模以上工业总产值比重达88.5%，比2014年提高0.9个百分点。

三是消费品制造业增速逆势上扬。全省消费品类制造业实现产值3.1万亿元，同比增长8.4%，比2014年提高0.3个百分点，高于全省规上工业平均增速2.2个百分点，其中，医药、酒饮料、皮革毛皮及制鞋、食品均实现两位数增长。

四是高耗能行业生产放缓占比贡献均下降。全省七大高耗能行业实现产值同比增长2.5%，比2014年回落3.8个百分点，低于全省规模以上工业产值平均增速3.7个百分点，年内呈现逐级回落之势；占全省规模以上工业产值比重为 31.1%，与 2014 年相比下降 1.1 个百分点，年内占比呈下降之势。

五是部分符合转型升级方向的细分行业两位数增长。2015 年，中药饮片加工制造业产值增长 20.9%，生物药品制造业产值增长 17.7%，信息化学品制造产值增长 15.7%，医疗仪器设备及器械制造业产值增长 15.7%，计算机整机制造业产值增长 15.1%，通信设备制造业产值增长 14.7%，光伏设备及元器件制造业产值增长 14.3%，航空航天器及设备制造业产值增长 11.4%。

(四)进出口总额

2011—2015 年，江苏省进出口总额在泛长三角地区的占比分别是 41.04%、41.01%、40.10%、39.29%和 39.17%，整体呈下跌趋势，累计降幅达 1.84 个百分点，但始终保持着泛长三角地区三省一市第一的位置。2015 年，在泛长三角地区 41 市进出口总额所占比重排名的前十位中，江苏省 13 个地级市占据 4 席。

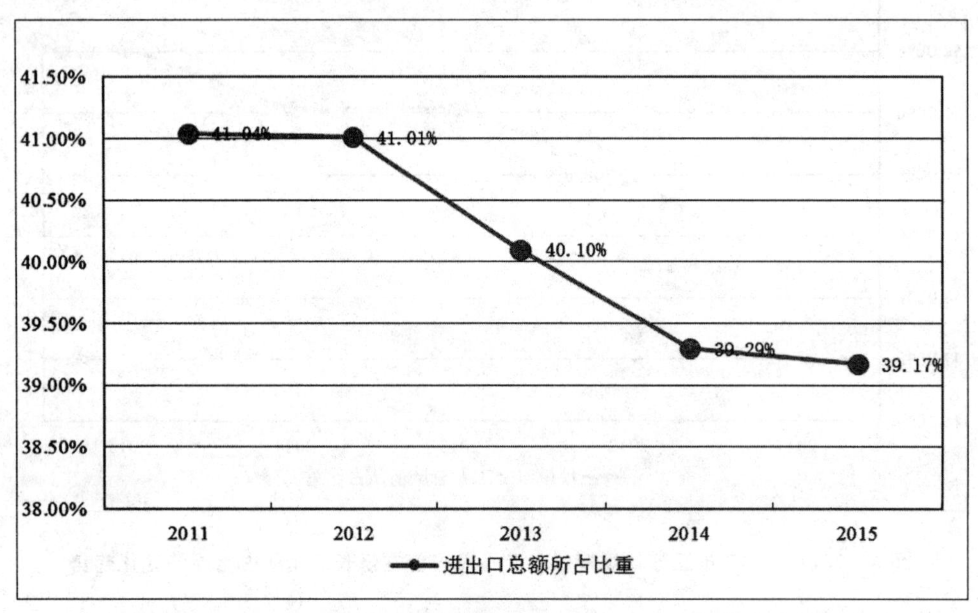

图 7　2011—2015 年江苏省进出口总额在泛长三角所占比重的变化趋势

2015 年，进出口总体情况好于全国。2015 年江苏省进出口、出口、进口均好于全国平均水平，其中：进出口总额下降 3.2%，降幅比全国浅 4.8 个百分点，在沿海主要省市中仅次于浙江省；出口方面，江苏省下降 0.9%，降幅比全国浅 1.9 个百分点，在沿海主要省市中仅好于上海。

一般贸易走势疲弱，加工贸易趋向平稳。2015 年全省一般贸易方式进出口 2388.3 亿美元，下降 3.9%，占全省进出口总额 43.8%，占比比(较)去年同期下降 0.3 个百分点。其中，一般贸易出口下降 2.0%，进口下降 7.3%。同期，加工贸易方式进出口 2296.7 亿美元，下降 2.6%，占全省进出口总额 42.1%，占比增长 0.3 个百分点。其中，出口下降 0.8%；进口下降 5.5%。

国有和外资企业下滑明显，民营企业降幅较小。2015 年，全省民营企业进出口 1524.1 亿美元，下降 1.7%。其中，出口增长 1.3%，进口下降 8.0%。同期，外商投资企业进出口 3373.2 亿美元，下降3.6%。其中，出口下降 2.5%，进口下降 5.1%。国有企业进出口 449.6 亿美元，下降 4.0%。其中，出口增长 0.4%，进口下降 12.3%。

对美国、东盟出口增长，主要市场进口全线下滑。2015 年，江苏省对美国、东盟和韩国出口分别增长 3.7%、2.6%和 0.2%。美国超越欧盟重新成为江苏省第一大贸易伙伴，东盟超越韩国、日本成为江苏省第三大贸易市场。同期，对日本出口和进口分别下降 9.0%和 13.3%。当前，江苏省前五大贸易伙伴分

别为：美国 867.6 亿美元，欧盟 847.3 亿美元，东盟 596.5 亿美元，韩国 585.0 亿美元，日本 528.2 亿美元。当期，对香港出口和进口分别下降 0.2%和 16.5%。

（五）实际外商直接投资金额

2011—2015 年，江苏省实际外商直接投资金额在泛长三角地区的占比分别是 50.98%、49.22%、44.41%、37.83%和 33.11%，整体呈下降趋势，2015 年较上年减少了 4.72 个百分点，较 2011 年减少了 17.87 个百分比。

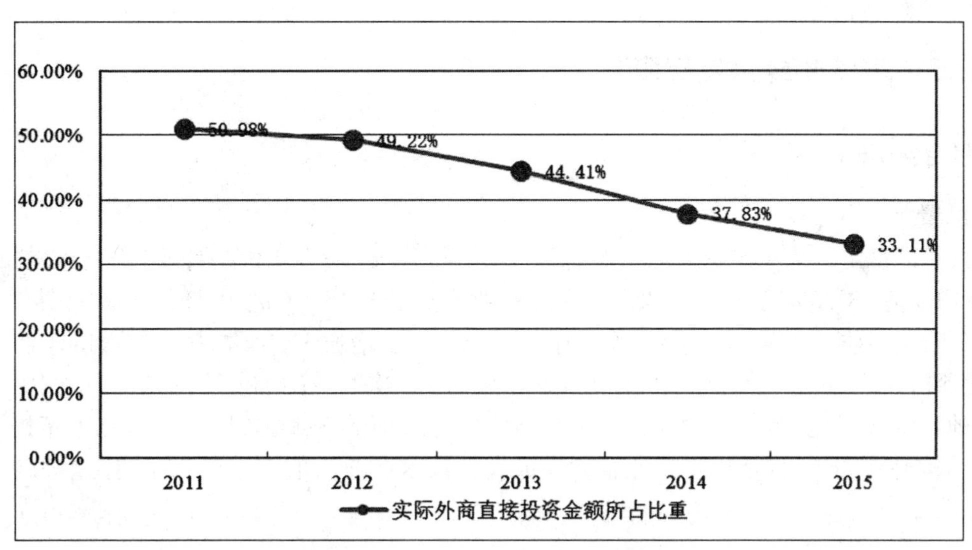

图 8　2011—2015 年江苏省实际外商直接投资金额在泛长三角所占比重的变化趋势

2015 年，在泛长三角地区 41 市实际外商直接投资金额所占比重排名的前十位中，江苏省 13 个地级市占据 4 席，较去年减少一席。

利用外资是江苏开放型经济发展的重要特色，江苏实际利用外资自 2003 年到 2014 年保持了十二年的全国第一。但 2013 年以来，江苏利用外资呈下降态势，并在 2015 年被广东超过。江苏利用外资企稳回升的基础还不牢固，要保持在全国的位次不后移仍面临不少挑战。

作为江苏外资利用第一大市，苏州实际利用外资的情况可谓全省风向标。苏州市国民经济和社会发展统计公报显示，从 2013 年开始至 2015 年的三年间，苏州实际利用外资额依次为 87 亿美元、81.2 亿美元、70.2 亿美元，较上年降幅分别为 5.1%、6.67%、13.7%。这与全省数据的变化曲线保持了一致性。

苏州之后，南京、无锡、南通、常州分别以 33.35 亿、32 亿、25.84 亿、24.87 亿美元跻身江苏省实际利用外资排行榜前五。其中，南京市实际使用外资规模已连续 4 年位列全省第二。而南京引资领域近年已出现调整，结构趋优：由原来主要集中在房地产、商贸零售等行业，逐渐向总部机构、金融服务、会展物流、文化创意、电子商务等现代服务业领域拓展。

二、南京市 2015 年经济社会发展报告

2015 年，面对复杂多变国内外经济环境，全市人民在市委、市政府的正确领导下，按照“四个全面”战略布局总要求，瞄准建设“四个城市”“强富美高”新南京奋斗目标，坚持稳中求进工作总基调，主动适应经济发展新常态，统筹推进稳增长、调结构、惠民生、防风险各项工作，大力发展创新型、服务型、枢纽型、开放型、生态型“五型经济”，有序展开“迈上新台阶、建设新南京”工作布局，经济社会发展成绩斐然，实现“十二五”规划圆满收官。

一、南京市 2015 年经济发展概况

（一）综合经济

1. 经济总量

经济运行总体稳定。全年实现地区生产总值 9720.77 亿元，按可比价格计算，比上年增长 9.3%。其中，第一产业增加值 232.39 亿元，增长 3.4%；第二产业增加值 3916.11 亿元，增长 7.2%，其中全部工业增加值 3395.26 亿元，增长 8.0%；第三产业增加值 5572.27 亿元，增长 11.3%。按常住人口计算，全年人均地区生产总值达到 118171 元，按平均汇率折算为 18973 美元。三次产业增加值比例调整为 2.4∶40.3∶57.3。服务业主体地位继续强化，服务业增加值占全市地区生产总值的比重达到 57.3%，比上年提高 1.5 个百分点。工业结构升级加快，规模以上工业企业完成高新技术产业产值占全市工业的比重为 45.3%。

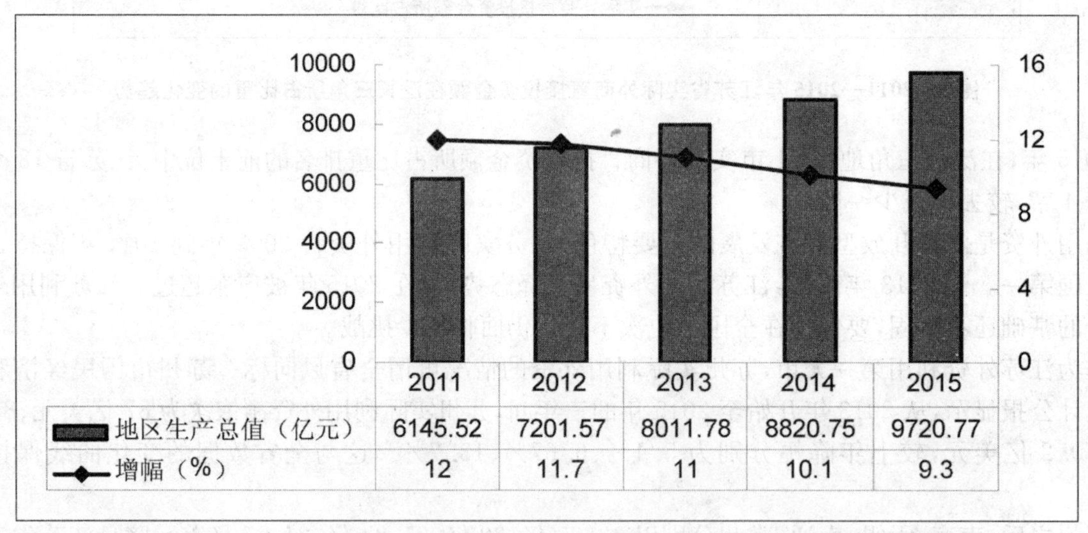

图 1　2011—2015 年南京市地区生产总值及增长速度

2. 财政收支

财政收支结构优化。全年完成一般公共预算收入 1020.03 亿元，比上年增长 12.9%（剔除原政府性基金收入后同口径增长 9.3%）。其中，税收收入 838.67 亿元，比上年增长 10.8%，占一般公共预算收入的比重为 82.2%。民生领域支出增长较快。

全年一般公共预算支出 1045.18 亿元，比上年增长 13.5%。其中，住房保障支出增长 44.0%、教育支出增长 29.3%、社会保障和就业支出增长 21.8%、交通运输支出增长 21.6%、医疗卫生与计划生育支出增长 18.5%，增幅均高于一般公共预算支出平均水平。

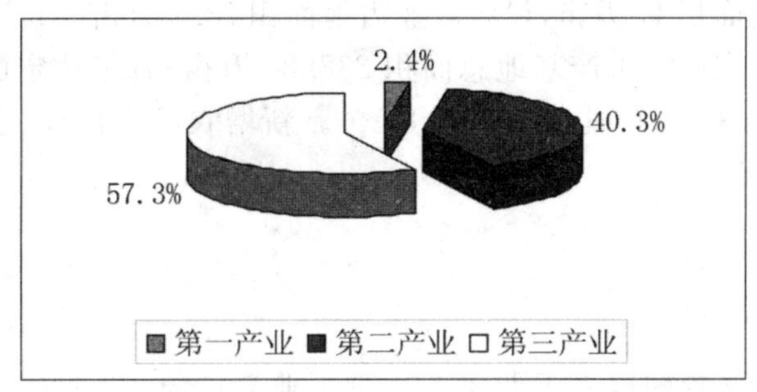

图2 2015年南京市三次产业结构图

3.物价指数

居民消费价格温和上涨。全年城市居民消费价格总水平比上年上涨2.0%。其中,食品类上涨2.3%,居住类上涨1.1%。商品零售价格上涨0.6%。

全年工业生产者出厂价格比上年下跌9.5%。其中,生产资料价格下跌10.9%,生活资料价格下跌2.9%;轻工业类价格下跌2.4%,重工业类价格下跌10.9%。全年工业生产者购进价格下跌9.2%。

4.固定资产投资

投资稳中趋优。全年完成全社会固定资产投资5484.47亿元,比上年增长0.4%。其中,国有及国有经济控股投资1962.24亿元,下降10.6%;外商及港澳台投资442.05亿元,下降2.6%。

分产业看,第一产业投资36.95亿元,比上年增长5.9%;第二产业投资2093.03亿元,下降4.0%,其中工业投资2071.66亿元,下降3.7%;第三产业投资3354.49亿元,增长3.4%。三次产业投资比例为0.7∶38.2∶61.1。

分行业看,工业投资结构趋优,全年完成工业技改投资1064.91亿元,比上年增长11.8%;占工业投资的比重为51.4%,同比提高7.1个百分点。火力发电、建材、冶金、石化等高耗能行业投资348.12亿元,比上年下降12.8%,占工业投资的比重为16.8%,同比回落1.7个百分点。现代服务业投资增长较快,软件和信息技术服务业投资增长18.1%,生态保护和环境治理、教育、卫生等公共服务领域投资分别增长84.0%、89.5%和22.0%。

5.民营经济

民营经济活力增强。商事制度改革、大众创业、万众创新等工作积极推进,民营经济发展活力增强。年末工商部门登记的私营企业30.76万户,其中当年新增11.06万户,分别比上年增长53.3%、185.8%;私营企业注册资本8811亿元,其中当年新增2328亿元,分别比上年增长56.1%、108.2%。个体工商户38.31万户,其中当年新增5.63万户。民营经济实现增加值4279.21亿元,可比价增长10.2%,占地区生产总值比重达到44.0%。民营工业总产值增长1.4%,高于规模以上工业3个百分点,比重达到30.0%;民间投资增长9.7%,高于全社会投资9.3个百分点,比重达到56.5%;贸易中民营经济成分销售额(营业额)增长14.8%,高于全市平均增幅4.1个百分点,比重达到69.5%。

(二)农业

农业生产平稳。全年完成农林牧渔及农林牧渔服务业总产值415.27亿元,比上年增长8.0%。

全年粮食种植面积234.32万亩,比上年下降0.57%;油料种植面积64.80万亩,下降6.9%;蔬菜播种面积129.28万亩,下降0.8%。全年粮食总产量114.06万吨,比上年下降0.6%;油料产量10.83万吨,下降5.6%;蔬菜产量304.81万吨,下降1.2%。

全年肉类(猪、牛、羊、禽)总产量10.47万吨,比上年下降11.5%;禽蛋产量7.20万吨,下降4.3%;牛奶产量7.97万吨,下降2.1%;水产品产量22.87万吨,下降0.1%。

全年"菜篮子"蔬菜基地面积17万亩，设施农业占地面积73.2万亩。新增高标准农田面积12万亩。年末通过省级认定的无公害农产品生产基地总面积238.30万亩，省级认定的无公害农产品801个，有效使用绿色食品标志产品149个，有机食品基地89个。新增农民合作社、土地股份合作社232家、77家，总数达到2358家、839家。

(三)工业和建筑业

1.工业

工业生产总体稳定。全年规模以上工业企业实现工业总产值13065.80亿元，比上年下降1.6%。在规模以上工业中，国有及国有控股企业下降9.9%，私营企业增长3.7%；股份制企业下降4.1%，外商及港澳台投资企业增长1.5%。

分行业看，全市37个工业大类行业中，有23个行业保持增长。高技术制造业增长6.0%，占规上工业总产值比重为24.3%。装备制造业增长3.8%，占规上工业总产值比重为54.3%。钢铁、石化等七大高耗能行业产值占全市工业的比重下降到28.7%，同比回落3.9个百分点。

全年规模以上工业企业实现产品销售产值12793.48亿元，比上年下降2.0%；出口交货值1975.46亿元，增长6.1%。规模以上工业企业实现主营业务收入12175.58亿元，比上年下降5.7%；工业利税1743.45亿元，增长10.0%；盈亏相抵后利润总额828.91亿元，增长8.9%。

2.建筑业

全市具有资质等级的总承包和专业承包建筑业企业完成建筑业总产值3028.32亿元，比上年下降5.9%，其中在外省完成建筑业总产值1151.91亿元，增长0.1%。建筑业竣工产值2584.75亿元，增长10.4%。

(四)服务业

1.国内贸易

市场消费稳定增长。全年实现社会消费品零售总额4590.17亿元，比上年增长10.2%。分行业看，批发和零售业零售额4193.01亿元，增长10.8%；住宿和餐饮业零售额397.16亿元，增长4.1%。

在限额以上企业(单位)商品零售额中，文化办公用品类增长33.4%，家用电器和音像器材类增长20.0%，通讯器材类增长19.7%，建筑及装潢材料类增长18.2%，金银珠宝类增长17.2%，日用品类增长15.9%，中西药品类增长14.8%，粮油、食品类增长12.5%，服装、鞋帽、针纺织品类增长9.7%。

2.交通运输和邮电

交通、邮电和旅游业总体平稳。全年货物运输总量29823.87万吨，比上年下降6.2%。货物运输周转量2940.07亿吨公里，比上年下降46.9%。全年港口货物吞吐量21455万吨，比上年增长2.2%，其中，外贸货物吞吐量2251万吨，增长14.0%。港口货物吞吐量中，集装箱吞吐量293万标箱，比上年增长6.0%。

全年旅客运输总量15929.11万人次，比上年增长4.3%。旅客运输周转量403.42亿人公里，比上年增长6.9%。

年末机动车保有量224.06万辆，比上年末增加17.83万辆，增长8.6%。民用汽车197.93万辆，比上年末增加25.73万辆，增长14.9%，其中本年新注册28.85万辆。其中，私人汽车172.07万辆，比上年末增加23.51万辆，增长15.8%；私人汽车中轿车126.50万辆，比上年末增加16.57万辆，增长15.1%，其中本年新注册18.93万辆。

全年完成邮电业务总量(按2010年价格计算)250.92亿元，比上年增长18.8%。其中，邮政业务总量102.54亿元，增长57.9%；电信业务总量148.38亿元，增长11.7%。全年完成邮电业务收入(按现价计算)185.68亿元，比上年增长6.1%。其中，邮政业务收入77.14亿元，增长40.6%；电信业务收入

108.54 亿元，增长 0.8%。全年完成国际国内快递业务量 50251.90 万件，比上年增长 77.0%。年末拥有移动电话用户 1034.80 万户；拥有固定电话用户 248.25 万户；拥有宽带用户 308.30 万户。

3. 旅游业

全年实现旅游总收入 1688.12 亿元，比上年增长 11.0%。接待海内外旅游者 10234 万人次，增长 8.0%。其中，接待国内旅游者 10175.19 万人次，增长 8.0%；接待入境旅游者 58.81 万人次，增长 3.9%。全年实现国际旅游创汇收入 5.75 亿美元，增长 4.0%。经旅行社组织出境旅游人数 70.98 万人次，增长 5.5%。年末共有 A 级景区 55 家，其中 4A 级以上高等级景区 19 家；省级旅游度假区 4 家。拥有星级宾馆饭店 94 家，其中五星级以上酒店 20 家。拥有各类旅行社 567 家，其中具有组织出境游资质的旅行社 39 家。

4. 金融和保险

金融市场发展态势较好。全年金融业增加值突破 1000 亿元，达到 1122.23 亿元，可比增长 16.1%，占全市地区生产总值的比重达到 11.5%，比上年提高 0.6 个百分点。

存贷款增长较快。年末金融机构本外币各项存款余额 26471.69 亿元，比年初增加 3975.60 亿元，比上年末增长 16.9%。其中住户存款 5651.58 亿元，比年初增加 183.06 亿元；非金融企业存款 9975.23 亿元，比年初增加 1011.36 亿元。年末金融机构本外币各项贷款余额 18951.70 亿元，比年初增加 2500.09亿元，比上年末增长 15.2%。其中住户贷款 4081.54 亿元，比年初增加 987.11 亿元；非金融企业及机关团体贷款 14745.50 亿元，比年初增加 1509.30 亿元。

金融创新继续深化。年末金融业总资产突破 5 万亿元，比上年增长 25.2%。全年新增上市企业 7 家，募集资金 53 亿元，年末共有境内外上市企业 77 家。新增备案创投企业 2 家，累计备案创投企业（含省级在宁企业）59 家。年末共有 96 家企业挂牌或者获准挂牌新"三板"，共有证券营业部 133 家。

保险市场发展稳定。全年实现保费收入 310.53 亿元，比上年增长 25.0%。分类型看，财产险收入 103.53 亿元，增长 4.1%；寿险收入 207.00 亿元，增长 38.8%。全年累计赔付额 103.91 亿元，比上年增长 13.2%。其中财产险赔付 57.80 亿元，增长 10.9%；寿险赔付 46.11 亿元，增长 16.2%。

5. 房地产业

全年完成房地产开发投资 1429.02 亿元，比上年增长 27.0%。其中，住宅投资 1080.97 亿元，增长 35.8%。全年商品房销售面积 1543.16 万平方米，比上年增长 27.8%，商品房销售额 1772.89 亿元，增长 31.1%。

（五）开放型经济

1. 对外贸易

进出口总额下降。全年完成进出口总额 532.70 亿美元，比上年下降 7.0%。其中，出口总额 315.09 亿美元，下降 3.4%；进口 217.61 亿美元，下降 11.6%。

从出口商品市场看，对欧盟、美国、东盟三大经济体出口额 169.22 亿美元，比上年增长 0.4%，占全市出口总额的 53.7%。

从出口商品构成看，全年高新技术产品出口 75.12 亿美元，比上年下降 1.0%，占全市出口总额的 23.8%。机电产品出口 161.25 亿美元，比上年下降 1.0%，占全市出口总额的 51.2%。

2. 利用外资

招商引资富有成效。全年新批外商投资企业 250 家。注册合同外资 61.72 亿美元，增长 25.4%。实际使用外资 33.35 亿美元，增长 1.3%。分产业看，第一产业使用外资 0.04 亿美元，下降 38.1%；第二产业使用外资 7.77 亿美元，下降 15.7%；第三产业使用外资 25.54 亿美元，增长 8.1%。分行业看，制造业利用外资占比 21.8%，房地产业占比 30.6%，金融租赁服务业占比 13.7%，租赁和商务服务业占比 10.5%，批发零售和住宿餐饮业占比 9.3%，软件信息服务业占比 3.5%，科研技术服务业占比 3.3%。

全年全市省级以上开发区合同利用外资 38.14 亿美元，比上年增长 52.7%，占全市合同利用外资的 61.8%；实际使用外资 18.32 亿美元，比上年下降 6.5%，占全市实际使用外资的 54.9%。

3. 对外经济

“走出去”步伐加快。全年新增境外投资项目 170 个(含新增)，比上年增长 54.6%；中方协议投资额 20.62 亿美元，增长 40.6%。对外承包工程完成营业额 33.34 亿美元，增长 17.4%。

二、南京市 2015 年社会发展概况

(一)人口、人民生活

人口低速平稳增长。年末全市常住人口 823.59 万人，比上年末增加 1.98 万人，增长 0.24%。其中，城镇常住人口 670.40 万人，占总人口比重(常住人口城镇化率)为 81.4%，比上年末提高 0.48 个百分点。在常住人口中，0～14 岁人口为 84.02 万人，占比 10.2%；15～64 岁人口 651.49 万人，占比 79.1%；65 岁及以上人口 88.08 万人，占比 10.7%。年末全市户籍总人口为 653.40 万人，比上年末增加 4.68 万人。

居民收支稳定增长。根据城乡一体化住户抽样调查，全年全体居民人均可支配收入 40455 元，比上年增长 8.5%。按常住地分，城镇居民人均可支配收入 46104 元，增长 8.3%；农村居民人均可支配收入 19483 元，增长 10.3%。城镇居民人均可支配收入中位数为 42813 元，增长 8.6%；农村居民人均可支配收入中位数为 18931 元，增长 10.5%。全年全体居民人均生活消费支出 24876 元，比上年增长 7.7%，其中食品支出占比为 26.5%。其中，城镇居民人均生活消费支出为 27794 元，增长 7.5%，其中食品支出占比为 26.0%；农村居民人均生活消费支出为 14041 元，增长 9.5%，其中食品支出占比为 30.1%。

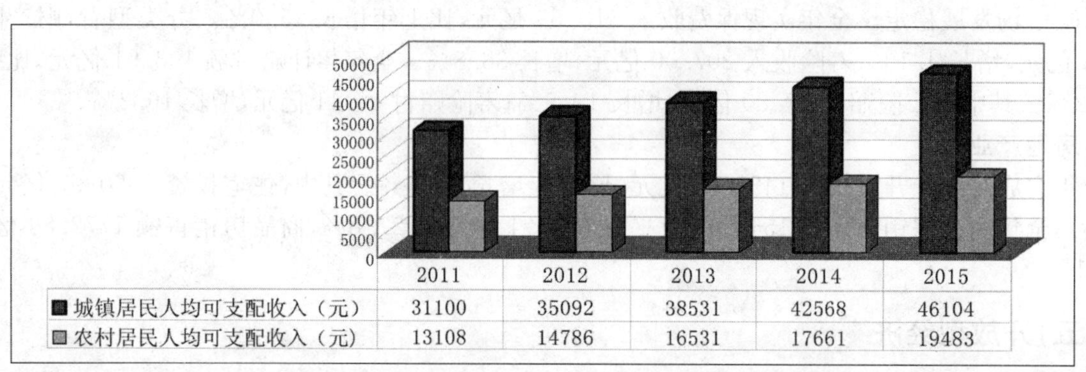

	2011	2012	2013	2014	2015
城镇居民人均可支配收入（元）	31100	35092	38531	42568	46104
农村居民人均可支配收入（元）	13108	14786	16531	17661	19483

图 3 2011—2015 年南京市城乡居民收入对比一览

(二)就业

就业形势总体稳定。全年新增城镇就业 22.23 万人，援助困难人员就业 1.40 万人，培育自主创业者 1.59 万人。新增城镇就业中大学以上人员占比达 57.24%。年末城镇登记失业率为 1.9%。

(三)社会保障

社会保障扩面提标。年末全市城镇社会保险五大险种累计参保人数为 1441.46 万人次，其中城镇职工基本养老保险参保人数 299.04 万人、城镇职工基本医疗保险参保人数 388.37 万人、失业保险参保人数 253.61 万人、工伤保险参保人数 254.81 万人、生育保险参保人数 245.63 万人。城乡低保和居民基础养老金实现全城同标，城乡低保标准和基础养老金标准分别统一提高到每人每月 700 元和 310 元。

企业退休人员人均月养老金达到2659元，位列全省第一。全年新开工各类保障房301万平方米，竣工296万平方米。四大保障房片区9所配建学校顺利开学。年末全市城乡居民享受最低生活保障9.88万人，享受国家抚恤、补助等各类优抚人员达到2.15万人。

养老服务能力不断提高。年末全市福利收养单位拥有床位5.20万张，收养人员2.33万人。其中，社会福利院拥有床位6892张，年末收养人员2492人。全市建立城镇各类社区服务设施6148个，区、街镇社区服务中心118个。社会化养老服务工作初见成效，城乡社区居家养老服务设施1372个。在全国首次提出“社区40%服务用房用于养老”理念，目前总面积达45.4万平方米；建成社区康复点811个。现有养老机构307家，各类养老床位数6.98万张，其中当年新增养老机构床位4771张，城乡居家养老服务中心覆盖率达100%。

（三）教育和科学技术

1. 教育事业

教育事业全面发展。全市在宁普通高等学校53所（不含部队院校，含9所独立学院），在校学生（不含研究生）70.62万人，比上年增加0.39万人。在宁高校及研究生培养机构在校研究生10.64万人，比上年增加0.34万人。共有普通中学223所，在校学生21.99万人，比上年减少0.29万人；中等职业学校（含成人中专）27所，在校学生7.06万人，比上年减少0.27万人。共有小学350所，在校学生35.80万人，比上年增加1.87万人；共有幼儿园828所，在园儿童20.74万人，比上年增加2.00万人。全市共有小班化教育的中小学174所。

2. 人才、科学技术和创新

科技创新能力增强。全市纳入备案的众创空间80余家。全年共向科技型中小企业发放5500万元科技创新券。市级以上孵化载体总数达158家，其中国家级20家、省级50家。年末全市科技创业特别社区建成载体面积710万平方米，先后引进科技型企业3732家，毕业企业382家，成功集聚各类人才1599名。

年末在宁中国科学院院士46人、中国工程院院士37人；共有省、市级企业院士工作站62家；各级工程技术研究中心718家，其中国家级17家、省级320家；省市科技公共技术服务平台119家；省级以上重点实验室89家，其中国家31家、省级58家。全年共引进世界500强和中国500强企业研发机构20家，总数达到100家。

科技创新成果丰硕，全年南京地区共有24项重大科技成果获得国家科学技术奖励，其中自然科学奖二等奖2项，技术发明奖二等奖（通用）5项，科技进步奖（通用项目）特等奖1项、一等奖1项、二等奖15项。全年签订各类输出技术合同25351项，合同成交总额198.33亿元，增长10.1%。全年受理专利申请56099件，其中发明专利27825件；专利授权28104件，其中发明专利8244件，分别增长23.0%和56.6%。全年企业发明专利申请10798件、发明专利授权2883件，分别增长10.6%和64.1%。

（四）文化、卫生和体育

1. 文化事业

文化事业繁荣发展。文化惠民富有成效，年末全市共有文化馆14个，公共图书馆15个（不含教育系统、企事业组织的图书馆，下同），文化站100个，博物馆56个，市级以上文物保护单位516处，拥有国家级历史文化街区2个，省级历史文化街区7个，国家级历史文化名镇（村）3个。全年共创建市级“示范文化站”9个、文化活动室标准化建设点81个、星级示范农家书屋61家、数字农家书屋100家，完成160家农家书屋的出版物更新。举办首个江苏全民阅读日暨第十一届江苏读书节、第十二届南京读书节启动活动，新增30个书吧等新型阅读空间。有线电视用户249.87万户（不含电信等非广电有线系统的电视用户），其中数字电视用户234.53万户。文化产业实力增强，全年文化及相关产业增加值占地区生产总值的比重预计达到6%。新命名南京市文化产业基地7个，共创建江苏省文化产业示范基地(园区)19个，创建国家文化产业示范基地12个。规模以上文化企业1034家。秦淮特色文化产业园获评“第五届国家级文化产业试验园区”。“创意南京”文化产业融合公共服务平台获评文化部“文化科技创新奖”。

2. 卫生事业

卫生事业持续发展。全市各类医疗卫生机构2337个，其中医院、卫生院及社区卫生服务中心336个，疾病预防控制中心17个，妇幼卫生保健机构14个。年末各类卫生机构共有病床4.66万张，其中医院、卫生院床位数4.16万张，分别比上年增加0.3、0.25万张。各类卫生机构共有卫生技术人员6.51万人，其中执业(助理)医师2.23万人，注册护士3.50万人，分别比上年增加0.31、0.07、0.77万人。累计建成社区卫生服务中心(卫生院)139个、社区卫生服务站(村卫生室)691个。社区卫生服务城市人口覆盖率达到100%。共建立13所市级惠民医院。

3. 体育事业

体育事业健康发展。成功举办首届南京国际马拉松赛、2015年世界体育舞蹈精英赛等国际赛事；南京体育健儿以26枚金牌、21枚银牌、27枚铜牌、74枚奖牌、769分的优异成绩获得第一届全国青年运动会金牌、奖牌、总分第二名(仅次于广州)。广泛组织开展各类群体活动达2000多项次，惠及健身群众达200多万人次；人均拥有公共体育设施面积预计达3.15平方米。

(五)城乡建设

重点项目建设提速推进。围绕提升城市功能、优化空间布局，一批重大项目建设加快实施。宁安高铁建成投运，宁高新通道、地铁3号线、扬子江隧道建成通车，5条轨道交通线路同步建设。智能交通、智慧社区、智慧医疗等信息惠民示范工程加快推进。中新江心洲生态科技岛、南部新城、麒麟科技园等板块加快建设。大报恩寺遗址公园、牛首山文化旅游区一期、银杏湖主题乐园建成开园，江苏大剧院主体工程完工，大校场机场顺利搬迁。江北新区一批重大基础设施项目全面启动。宁镇扬一体化、宁淮挂钩合作项目积极进展。全年城市基础设施投资927.11亿元，占全社会固定资产投资的比重达16.9%。

公共交通运营能力增强。全年新增、更新公交车1243辆，新辟公交线路20条、优化调整线路54条。年末公交运营线路共计592条；城市公共汽车运营线路网长度达9654公里；公共汽车运营车辆8359辆10281标台，其中纯电动和燃气公交车4335辆。使用清洁能源的公交车占比达51.8%。轨道交通实现网络化运营，有轨交通运营车辆数1090辆2746标台，运营里程达225.4公里。出租车总数14239辆。全年城市公共交通完成客运总量20.57亿人次，比上年增长9.5%，其中地铁承担客运人数占比达到34.8%。

新型城镇化建设步伐加快。老五县与市区户口实现通迁。新市镇建设工作全面启动，试点街镇实施土地综合整治2.9万亩。全年竣工农民集中居住区30万平方米，完成40个市级美丽乡村示范村创建工作，基本建成100个美丽乡村示范村和1000多平方公里示范区。新建改造四级以上农村公路400公里、农路桥梁35座，在全省率先实现镇村公交全覆盖。

(六)节能减排和生态环境

节能降耗成效显著。全年全社会用电量495.18亿千瓦时，比上年增长5.3%。其中工业用电量300.54亿千瓦时，增长4.0%。规模以上工业综合能源消费量3670.95万吨标准煤，比上年增长0.9%，增速同比期回落2.2个百分点。单位工业增加值能耗同比下降6.7%，降幅同比扩大0.8个百分点；规模以上工业煤炭消费量比上年下降1.3%。

生态环境持续改善。首次开展排污权交易拍卖，化学需氧量、氨氮、二氧化硫、氮氧化物等四项主要污染物成交比例达100%。有序实施金陵石化及周边、梅山、大厂地区和长江二桥至三桥沿岸地区等四大片区工业布局调整。铁北、两桥、滨江、燕子矶等片区改造全面实施。全年完成城中村、危旧房改造面

积 254 万平方米。新增绿化造林面积 4.2 万亩。建成区绿化覆盖率达 44.1%。狠抓大气污染防治，实施 58 个重点大气污染防治工程，加强扬尘污染防治和机动车尾气污染控制，全年全市建成区空气质量达到国家二级标准天数 235 天，达标率为 64.4%，比上年上升 12.3 个百分点。全年建成区 PM2.5 平均浓度比上年下降 23.0%。大力推进水环境综合整治，水环境功能区达标率 64.5%。推动 14 个规模化畜禽养殖场重点减排工程。

三、南京市在长三角地区经济发展中的地位

2015 年，南京认真贯彻党的十八大和十八届三中、四中、五中全会精神以及省委、省政府和市委的决策部署，面对错综复杂国内外经济形势，南京市主动适应经济发展新常态，全力以赴稳增长，主要指标增势稳定。

（一）地区生产总值

2011—2015 年南京市地区生产总值在泛长三角所占比重分别为 5.29%、5.62%、5.73%、5.80%和 5.98%，连续五年增加。2015 所占比重比 2011 年增加了 0.69 个百分点。2015 年南京市地区生产总值在泛长三角地区 41 个市排名第 4 位。

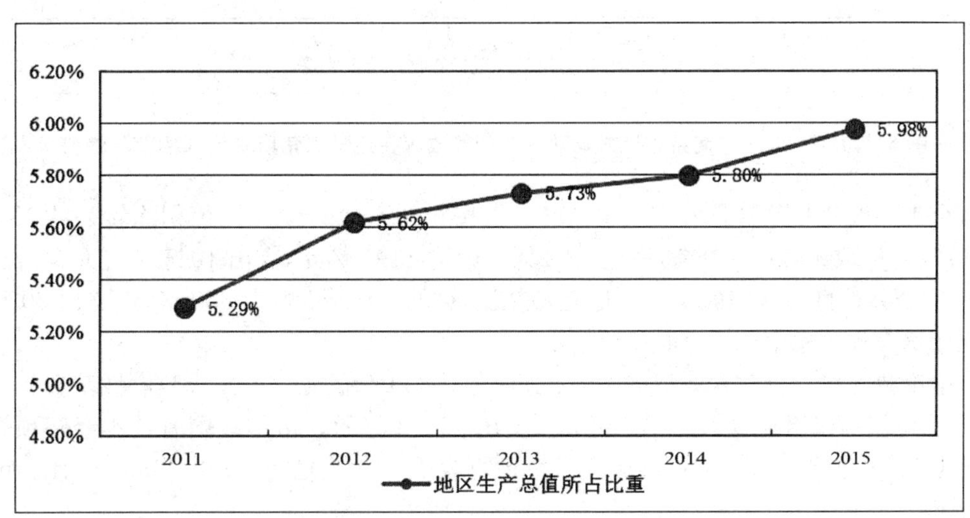

图 4　2011—2015 年南京市地区生产总值在泛长三角（江浙 24 个地级市、安徽省 16 个地级市和上海市，下同）所占比重的变化趋势

2015 年，全市完成地区生产总值（GDP）总量 9720.77 亿元，按可比价计算，比上年增长 9.3%。其中第一产业实现增加值为 232.39 亿元，可比增长 3.4%；第二产业实现增加值为 3916.11 亿元，可比增长 7.2%；第三产业实现增加值为 5572.27 亿元，可比增长 11.3%。

全年经济总体保持了平稳上升势头。2015 年一季度、上半年、前三季度、全年的可比增长分别为 9.1%、9.2%、9.2%、9.3%，总体上呈现小幅上扬态势。2015 年全省及苏南地区 GDP 可比增幅分别为 8.5%和 8.3%，南京市分别高于全省和苏南地区平均增幅 0.8 个和 1.0 个百分点

服务业占全市经济增量的 65.5%。2015 年全市新增经济总量 900.02 亿元，其中第一产业新增 18.14亿元，第二产业新增 292.35 亿元，尤其是第三产业新增 589.53 亿元最为突出，占全部新增经济总量达 65.5%。南京的 GDP 总量居全省第二，与总量第一位的苏州差距从 2013 年的 5003.92 亿元缩小到 2015 年 4783.3 亿元。

（二）地方财政一般预算收入

2011—2015年南京市地方财政一般预算收入在泛长三角所占比重分别为5.13％、5.28％、5.12％、5.31％和5.22％，2015年较上年减少了0.09个百分点。2015年南京市地方财政一般预算收入在泛长三角地区41个市中排名第4位，与去年保持一致。

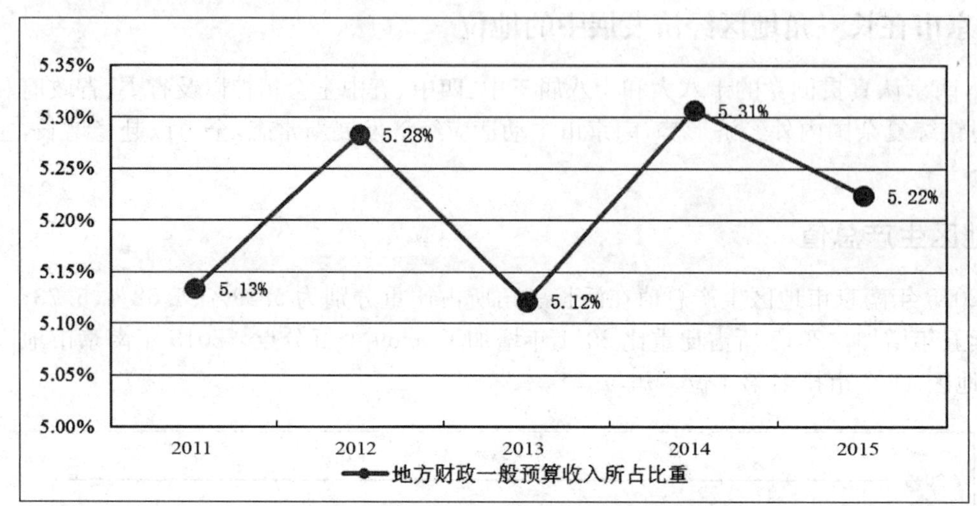

图5　2011—2015年南京市地方财政一般预算收入在泛长三角所占比重的变化趋势

2015年，全市一般公共预算收入完成1020亿元，按年初人代会预算口径剔除转列的11项基金后，同口径增长9.3％，完成预算的101％，税比82.2％。财力1198亿元，支出1045.2亿元，增长13.5％。

市本级一般公共预算收入完成142.8亿元，完成预算的102％。财力380亿元，支出302.2亿元，增长10.4％，预计增设预算稳定调节基金18亿元。

2015年，全市政府性基金收入完成892.8亿元；支出880.3亿元。市本级政府性基金收入579.8亿元(其中：国有土地使用权出让收入505.4亿元)，支出452.3亿元。市本级国有资本经营预算收入完成1.58亿元，支出1.58亿元。市本级社会保险基金预算收入519.9亿元，支出433.2亿元。市本级财政实现了收支平衡。

（三）规模以上工业总产值

2011—2015年南京市规模以上工业总产值在泛长三角所占比重分别为4.70％、4.81％、4.85％、4.76％和4.53％，其中2015年比上年下降了0.23个百分点。2015年南京市规模以上工业总产值在泛长三角地区41个市中排名第6位。

全年实现规模以上工业增加值同比增长8.1％(可比价)，各季度累计增速保持在8.1％～8.7％区间；规模以上工业增加值月度增量在240～280亿元的区间内稳步提升。全年工业用电量300.54亿千瓦时，同比增长4.0％。受主要大宗商品价格下滑以及主动进行结构调整升级等因素的影响，工业生产处于低速运行状态。规模以上工业企业实现工业总产值13065.8亿元，同比下降1.6％。列统的37个工业大类行业中有23个行业产值保持增长。其中，医药制造业增长8.6％，通用设备制造业增长5.7％，计算机、通信和其他电子设备制造业增长5.8％，仪器仪表制造业增长6.9％。

2015年，全市规上工业企业在营收出现减少、经济效益下滑的形势下，研发经费投入出现了多年以来的首次减少，但从R&D经费投入占主营业务收入的比重这一衡量企业研发投入强度的指标观察，该比重较上年还略有提升，表明全市工业企业在面临经济下行压力的新形势下，依然注重创新投入，为今

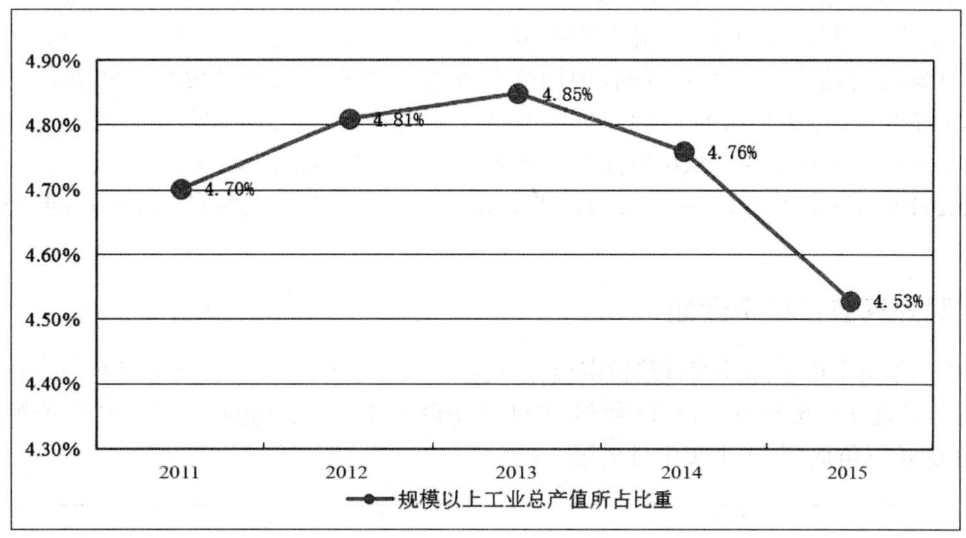

图6　2011—2015年南京市规模以上工业总产值在泛长三角所占比重的变化趋势

后更好地发展积蓄活力。

全市规上服务业企业营业收入增长呈现稳中趋快的态势，1季度全市2599家规上服务业企业合计实现营业收入928.26亿元，同比增长15.1%，较去年1季度提升了7.1个百分点。自去年1—4月起，收入增速维持在2位数的增长区间内。信息传输、商务服务、交通运输、科学研究等重点行业收入增速稳步提升，对规上服务业增长贡献凸显。部分生活服务类行业受市场环境、政策调整等影响营业收入增速上升较为快，现代新兴服务业也正成为全行业增长新引擎。

(四)进出口总额

2011—2015年南京市进出口总额在泛长三角所占比重分别为4.36%、4.13%、4.06%、3.99%和3.82%，整体呈下降趋势。2015年较2011年下降了0.54个百分点。2015年南京市进出口总额在泛长三角地区41个市中排名第6位。

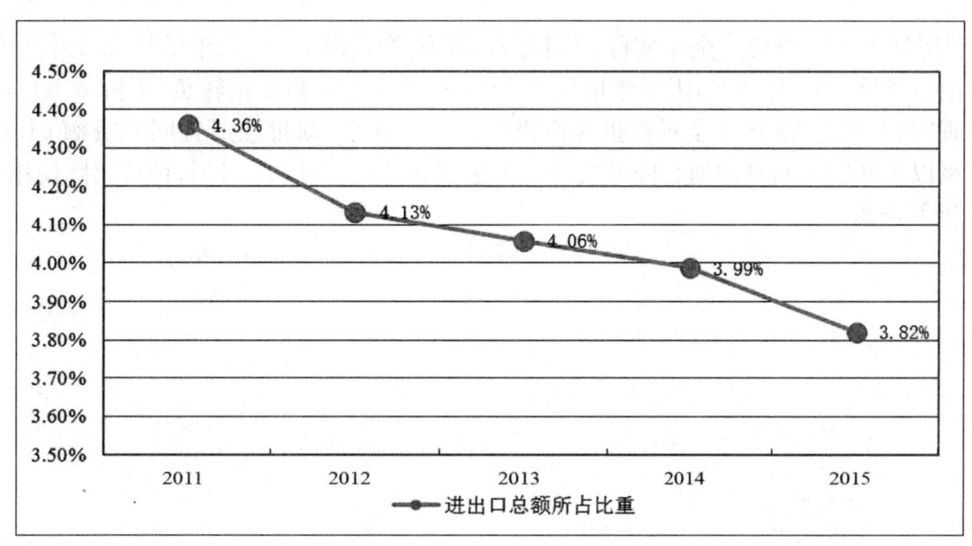

图7　2011—2015年南京市进出口总额在泛长三角所占比重的变化趋势

2015 年，出口回落幅度收窄。据海关数据统计，全年累计进出口总额达 532.7 亿美元，比上年下降 7.0%。其中，出口额 315.1 亿美元，下降 3.4%；进口额 217.6 亿美元，下降 11.6%。从出口全年走势看，尽管各季度累计增速均处于下降区间，但回落幅度总体收窄。从出口贸易方式看：一般贸易出口 207.2 亿美元，占出口总额的 65.8%，同比提升 0.3 个百分点；加工贸易 97.5 亿美元，占出口总额的 30.9%，同比提升 0.2 个百分点。从出口商品构成看：高新技术产品出口 75.12 亿美元，占出口总额的 23.8%，同比提升 0.5 个百分点；机电产品出口 161.25 亿美元，占出口总额的 51.2%，同比提升 1.2 个百分点。

（五）实际外商直接投资金额

2011—2015 年南京市实际外商直接投资金额在泛长三角所占比重分别分 5.65%、5.68%、5.38%、4.40%和 4.55%，近几年出现下滑，2015 年较 2011 年下降了 1.1 个百分点。2015 年南京市实际外商直接投资金额在泛长三角地区 41 个市中排名第 5 位。

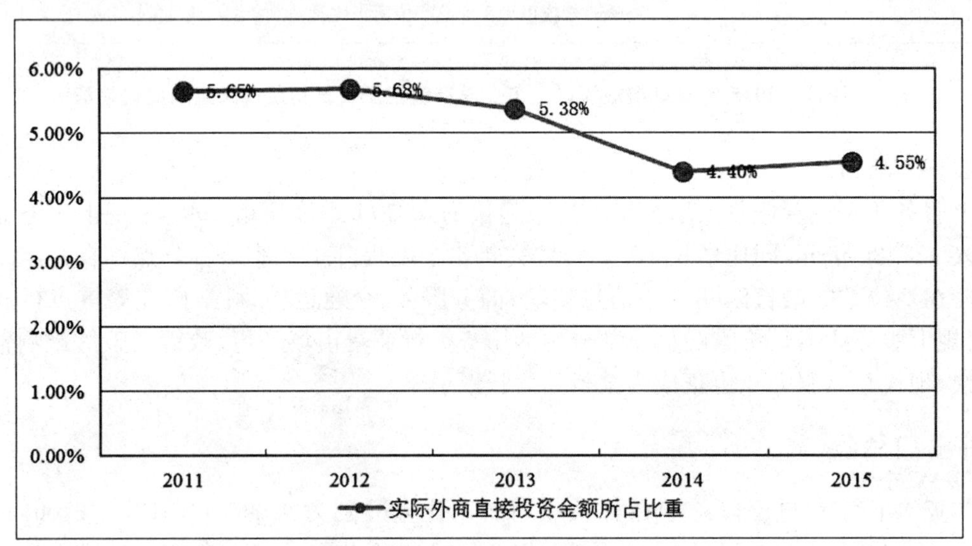

图 8　2011—2015 年南京市实际外商直接投资金额在泛长三角所占比重的变化趋势

2015 年利用外资小幅增长。全年实际使用外资 33 亿美元以上，比上年增长 0.3%。从全年走势看，累计增速由一季度增长 19.7%，上半年增长 8.2%，前三季度增幅由正转负（下降 6.0%），到全年实现正增长，呈现“高开低走”态势。全年新批外商投资企业 249 个，新批注册合同外资额 61.64 亿美元。全市 12 个省级以上开发区新批注册合同外资 37.72 亿美元，比上年增长 51%；预计实际使用外资 12.53 亿美元，比上年下降 36%。

三　无锡市2015年经济社会发展报告

2015年，全市上下以"四个全面"战略布局为统领，围绕建设"强富美高"新无锡总目标，坚持稳中求进工作总基调，统筹做好稳增长、促改革、调结构、惠民生、防风险各项工作，全市经济社会发展各项事业取得了新进步。

一、无锡市2015年经济发展概况

(一)综合经济

1. 经济总量

全市实现地区生产总值8518.26亿元，按可比价格计算，比上年增长7.1%。按常住人口计算人均生产总值达到13.09万元。产业结构升级加快。全市实现第一产业增加值137.72亿元，比上年下降0.1%；第二产业增加值4197.43亿元，比上年增长5.0%；第三产业增加值4183.11亿元，比上年增长9.6%；三次产业比例调整为1.6∶49.3∶49.1。

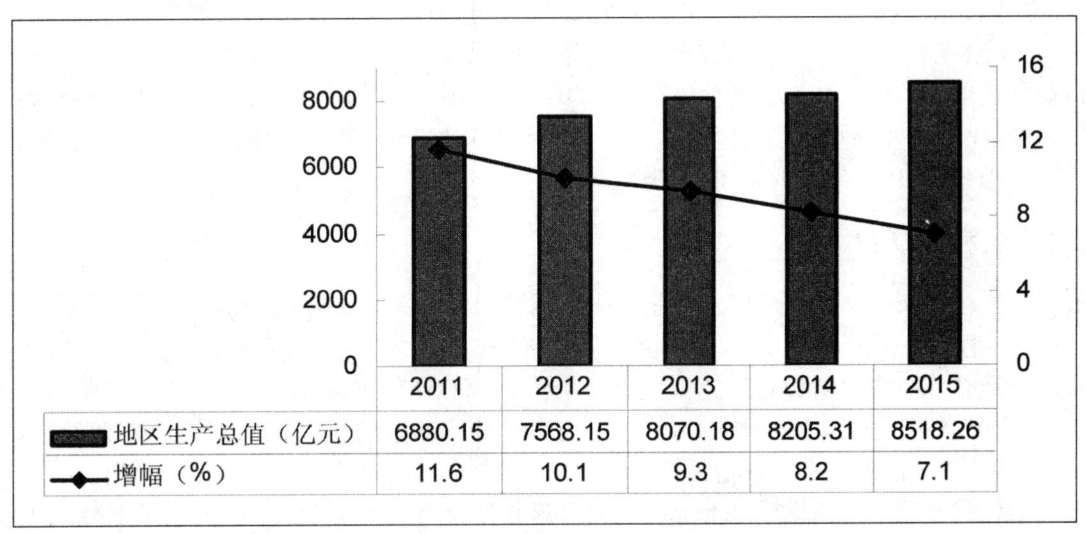

	2011	2012	2013	2014	2015
地区生产总值（亿元）	6880.15	7568.15	8070.18	8205.31	8518.26
增幅（%）	11.6	10.1	9.3	8.2	7.1

图1　2011—2015年无锡市地区生产总值及增长速度

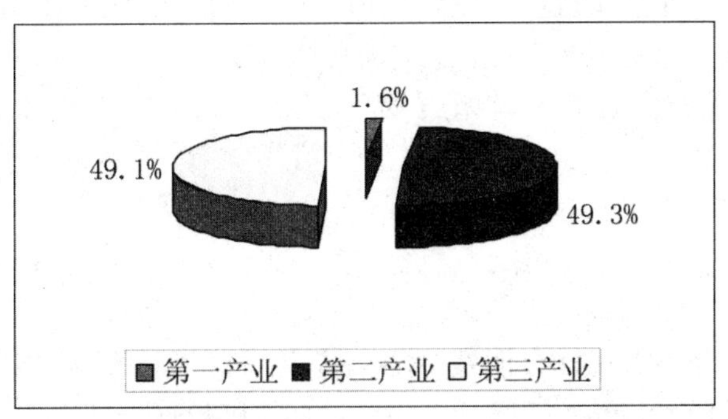

图2　2015年无锡市三次产业结构图

2. 财政收支

财政收入稳步提高。全年一般公共预算收入830亿元，比上年增长8.1%。财政支出结构继续调整。一般公共预算支出820.85亿元，比上年增长9.7%。

3. 物价水平

全年市区居民消费价格指数(CPI)为101.8，比上年回落0.4个百分点。其中服务项目价格指数为102.1，消费品价格指数为101.6，商品零售价格指数为100.0。

4. 固定资产投资

固定资产投资小幅增长。全年固定资产投资完成4901.19亿元，比上年增长7.0%。分产业投向：第一产业投资10.21亿元，比上年下降22.7%，第二产业投资1976.53亿元，比上年增长13.2%，第三产业投资2914.45亿元，比上年增长1.4%。

(二)农业

农业生产小幅下降。全年粮食总产量72.28万吨，比上年下降6.4%；油料总产量8634吨，比上年下降8.1%，其中油菜籽6866吨，比上年下降8.9%；茶叶总产量6710吨，比上年增长2.6%；水果总产量17.69万吨，比上年下降4.9%。主要畜产品中，肉类总产量7.60万吨，比上年下降14.0%，其中猪牛羊肉5.33万吨，比上年下降15.7%；禽蛋总产量2.77万吨，比上年增长3.4%；奶牛存栏0.71万头，与上年持平；全年水产品产量12.53万吨，比上年下降3.6%。

种植业结构继续调整。全年粮食种植面积为102千公顷，比上年减少6.99千公顷；油料种植面积为3.8千公顷，比上年减少0.36千公顷；蔬菜种植面积49.09千公顷，比上年增加1.69千公顷；水果种植面积15.94千公顷，比上年减少0.24千公顷。

(三)工业和建筑业

工业生产小幅增长。全市规模以上工业企业实现增加值2953.34亿元，比上年增长4.4%。分经济类型看，国有企业总产值下降11.2%，集体企业总产值增长0.4%，股份制企业总产值增长2.9%，外商及港澳台商投资企业总产值增长0.8%，其他经济类型企业总产值下降4.5%。全市统计的279只主要工业产品中，产品产量比上年增长的有132只，占全市统计产品数的47.3%。在全市跟踪统计的22种重点产品中，有9种产品的产量实现增长。

工业效益保持平稳。全市规模以上工业实现主营业务收入14113.97亿元，比上年下降0.1%；工业产销率97.2%，比上年下降0.6个百分点；工业企业实现利税1247.75亿元，比上年增长0.1%；实现利润886.22亿元，比上年增长2.0%。

建筑业稳步发展。全年全社会建筑业完成增加值360.60亿元，比上年增长7.6%；实现建筑业总产值601.62亿元，比上年下降7.5%。施工房屋建筑面积3530.38万平方米。1个建设工程项目获得鲁班奖，22个建设工程项目获江苏省优质工程奖“扬子杯”(房屋建筑工程)，95个建设工程项目获无锡市“太湖杯”优质工程奖。

(四)服务业

1. 国内贸易

消费品市场发展良好。全年实现社会消费品零售总额2847.61亿元，比上年增长9.2%。其中，批发和零售业零售额2632.96亿元，比上年增长9.3%，住宿和餐饮业零售额214.65亿元，比上年增长8.3%。按经营地统计，城镇社会消费品零售总额2429.70亿元，比上年增长9.3%；乡村社会消费品零售总额417.92亿元，比上年增长8.6%。在限额以上批发和零售业零售额中，通讯器材类增长14.2%；粮油、食品类增长7.6%；家具类增长6.8%；文化办公用品类增长6.1%；书报杂志类增长6.0%。

2. 交通、邮电业

交通运输能力持续提升。年末全社会拥有车辆168.23万辆，比上年增长9.1%。其中汽车143.38万辆，比上年增长12.2%。私人汽车拥有量年末达到117.90万辆，比上年增长14.9%。

客货运量小幅增加。全年完成客运量9983.56万人次，比上年增长2.4%；完成货运量16136.80万吨，比上年增长5.3%。全市港口吞吐量19864.24万吨，比上年下降5.0%。全年空港旅客吞吐量460.93万人次，比上年增长10.3%。

邮政通讯发展快速。全年邮电业务总量158.41亿元，发送函件4602.57万件。全年规模以上快递服务企业业务量完成26662.38万件，比上年增长44.1%。率先建成国内高标准全光网城市，覆盖用户超过526万户，城域网出口带宽3.44T。建设4G基站累计达到15610个。全市移动电话年末用户数达到883.47万户，其中4G手机用户达到389.55万户。固定互联网宽带接入用户245.92万户，移动互联网宽带接入用户665.79万户。

3. 旅游业

旅游业发展趋稳。全年共接待国内游客8043.33万人次，比上年增长6.2%；接待旅游、参观、访问及从事各项活动的入境过夜旅游者39.13万人次，比上年下降2.9%。旅游总收入达1389.29亿元，比上年增长10.0%。全市拥有年接待游客10万人以上的景区50个，国家5A级景区3家，国家4A级景区26家，3A级景区13家，2A级景区16家。省星级乡村旅游区78个。年末全市拥有星级宾馆48家，其中五星级宾馆14家，四星级宾馆14家。全市拥有旅行社170家，其中出境游组团社19家。

4. 金融、保险业和证券

金融存贷款持续增加。年末金融机构各项本外币存款余额达13181.25亿元，比上年增长6.1%；各项本外币贷款余额9525.99亿元，比上年增长5.5%。存款中，非金融企业存款余额5965.25亿元，比上年增长6.1%；住户存款余额4693.94亿元，比上年增长2.7%。贷款中，非金融企业及机关团体贷款7955.49亿元，比上年增长3.9%；住户贷款1561.57亿元，比上年增长14.2%。全年现金净投放348.2亿元。

保险业收入较快增长。全年实现保费收入218.53亿元，比上年增长17.3%。其中财产险收入81.11亿元，比上年增长9.3%；人寿险收入137.42亿元，比上年增长19.5%。保险赔款支出70.35亿元，比上年增长50.4%。保险给付支出20.84亿元，比上年增长10.7%。

证券交易市场规模扩大。全年证券市场完成交易额5.34万亿元，比上年增长1.45倍。本年新增企业境内上市公司6家，累计94家；全市证券交易开户总数133.58万户，托管市值2507.91亿元，增长75.9%。年末全市共有证券公司2家，证券营业部90家。本年新三板企业挂牌67家，累计挂牌104家。

5. 房地产业

全年房地产业实现增加值405.95亿元，比上年增长7.5%。完成房地产开发投资991.66亿元，比上年下降21.9%，商品房施工面积为6589.02万平方米，比上年下降3.5%，竣工面积1180.03万平方米，比上年增长23.1%。全年商品房销售面积986.91万平方米，比上年增长14.4%，商品房销售额776.32亿元，比上年增长19.2%。

（六）开放型经济

1. 对外贸易

对外贸易呈现下降。全年实现对外贸易进出口总额684.67亿美元，比上年下降7.7%。其中，进口总额262.35亿美元，比上年下降12.4%；出口总额422.32亿美元，比上年下降4.5%。一般贸易实现出口额218.34亿美元，总量占比达51.7%。

2. 利用外资

利用外资总量稳定。全年批准外资项目358个，协议注册外资55.33亿美元，到位注册外资32.11亿美元，增长3.0%。制造业利用外资占到位注册外资比重达到58.7%，全年完成总投资超3000万美元的重大外资项目 65 个。至 2015 年底全球 500 强企业中有 96 家在无锡市投资兴办了 182 家外资企业。

3. **服务外包产业**

服务外包产业快速增长。全市服务外包产业接包合同总额 152.5 亿美元，比上年增长 26.6%，执行金额 127.1 亿美元，比上年增长 28.9%；离岸外包合同总额 101.1 亿美元，比上年增长 28.1%，离岸执行金额 81 亿美元，比上年增长 27.5%。

4. **对外经济**

对外经济合作势头良好。全年完成境外投资项目 115 个，中方投资额达到 17.47 亿美元，比上年增长 20.3%，其中 1000 万美元以上项目 33 个。

二、无锡市 2015 年社会发展概况

(一)人口、人民生活

人口规模逐步扩大。年末全市户籍人口 480.90 万人，比上年增长 0.8%。全年出生人口 40571 人，出生率 8.47‰；死亡人口 33769 人，死亡率 7.05‰，人口自然增长率为 1.42‰。年末全市常住人口 651.10万人，比上年增长 0.2%，其中城镇常住人口 490.93 万人，比上年增长 1.4%，城镇化率 75.40%。

居民收入稳步增加。全体居民人均可支配收入 39461 元，比上年增长 8.2%。城镇常住居民人均可支配收入 45129 元，比上年增长 8.1%。农村常住居民人均可支配收入 24155 元，比上年增长 8.5%。全体居民人均消费支出 25954 元，比上年增长 7.9%，城镇常住居民人均消费支出 29466 元，比上年增长 7.7%。农村常住居民人均生活消费支出 16469 元，比上年增长 9.0%。

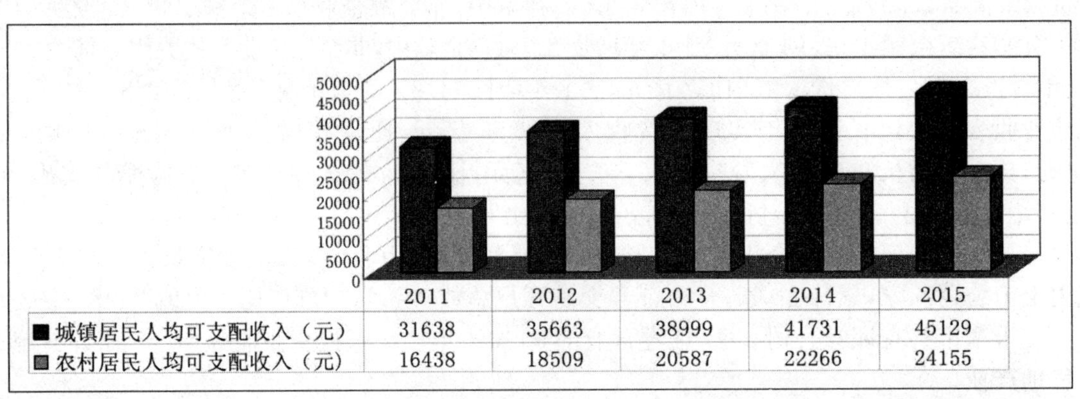

	2011	2012	2013	2014	2015
■城镇居民人均可支配收入（元）	31638	35663	38999	41731	45129
■农村居民人均可支配收入（元）	16438	18509	20587	22266	24155

图 3　2011—2015 年无锡市城乡居民收入对比一览

(二)就业与社会保障、福利

1. **就业**

就业和再就业有效推进。全年新增城镇就业 14.85 万人，各类城镇下岗失业人员实现就业再就业 7.42 万人，帮助就业困难人员再就业 1.99 万人。全市城镇登记失业率为 1.89%。

2. **社会保障**

社会保障统筹实施。全市企业职工基本养老保险人数达到 236.27 万人，扩面 6.53 万人。全市参加城镇职工基本医疗保险人数达到 307.53 万人，扩面 7.66 万人。全市参加失业保险职工人数为 200.37万人，扩面 4.27 万人。全市参加工伤保险人数 198 万人，扩面 4.18 万人。全市参加生育保险人数 197.29 万人，扩面 6.81 万人。市区月低保标准提高至 700 元。年末在领失业保险金人数为 4.28 万人。企业离退休人员养老金社会化发放率达 100%。

社会福利事业不断提升。城乡居民最低生活保障对象 34574 人；全年共发放低保金 1.82 亿元。实施城乡医疗救助 25.35 万人次，支付救助金 7755.87 万元；实施临时救助 43704 人次，发放救助金 4527.95万元。全市重点优抚对象 6592 人。保障性安居工程建设有序推进，全市新开工保障性住房 10922 套，基本建成 11375 套(户)。

(三)教育和科学技术

1. 教育事业

教育事业协调发展。全市共有普通高校 12 所，普通高等教育在校生 11.53 万人。中等职业教育在校生 6.7 万人。九年义务教育巩固率 100%，学前教育、高中阶段教育毛入学率 100%，普及高中阶段教育。特殊教育学校在校生 949 人。全市共有幼儿园 370 所，在园幼儿 17 万人。

2. 科学技术

科技人才不断加强。全市共有国家、省级工程技术研究中心 506 家，国家、省级高技术研究重点实验室 10 家，国家级国际合作基地 9 家，省级外资研发中心 41 家，省级国际技术转移中心 8 家。2015 年入选国家"千人计划"8 人，累计培育国家"千人计划"专家 79 人，目前全市共有"千人计划"人才 226 人。

科技产出水平提高。全市高新技术产业产值占规模以上工业总产值比重达到 42.3%，比上年提高 1.1 个百分点。全年按新标准认定高新技术企业 352 家，省级高新技术产品 946 个。

科技创新成绩明显。全市发明专利申请量达 24197 件，比上年增长 6.2%；发明专利授权量达 5480 件，比上年增长 95.6%。全市获国家、省科技计划到位经费 4.88 亿元。

质量检验能力增强。全市共有国家级检测中心 10 个，国家级型式评价实验室 1 个，国家级检测重点实验室 7 个，全年省级监督抽查该市产品 786 批次，强制性产品认证获证企业 1067 家，法定计量技术机构 3 家，强制检定计量器具 72.34 万台件，2015 年新增主导和参与制修订国际、国家、行业标准 93 项。

(四)文化、卫生和体育

1. 文化事业

文化事业和文化产业加快推进。年末共有艺术表演团体 53 个，文化馆 10 个，公共图书馆 10 个，文化站 80 个，博物(纪念)馆 60 个。全市人民广播电台节目 8 套，电视台节目 10 套，有线电视总用户达 165 万户。电视人口总覆盖率和广播人口覆盖率均达 100%。全年规模以上文化企业 575 家，动漫企业 176 家。全市档案馆 10 个，已向社会开放档案 15.77 万卷(件、册)。

2. 卫生事业

卫生事业健康发展。全市拥有卫生医疗机构 2243 个，其中综合医院 84 家，社区卫生服务中心(卫生院)89 家，社区卫生服务站(村卫生室)710 家，护理院 11 家，疗养院 7 家。年末全市共有卫生技术人员 4.45 万人，其中执业(助理)医师 1.67 万人；拥有医疗床位 3.74 万张，其中医院、社区卫生服务中心(卫生院)3.62 万张。全市实际参合农民 55.05 万人，人口覆盖率 100%。全市各级医疗机构全年完成诊疗 5005.98 万人次，比上年增长 5.6%。

3. 体育事业

体育事业蓬勃发展。全市新增公共体育设施面积 34.90 万平方米，新增各级社会体育指导员 1023 人。国民体质总体达标率达 96.8%。创建成全省首批公共体育服务体系示范区，成功举办无锡国际马拉松赛等一批大型国际赛事。全年无锡籍运动员在全国以上各级各类比赛中共取得 48 个冠军，其中 2 项世界冠军。全市体育彩票销售达到 22.78 亿元，增长 14.9%。

4. 民族宗教领域和谐稳定

年末有宗教活动场所 270 处，教职人员 785 名(不含散居道士)。

(五)城乡建设

完善城乡基础设施。加快太湖新城、锡东新城、惠山新城、马山国际旅游度假区等重点片区建设，完成古运河风光带核心段提升改造工程，西环线、北中路、广石路等一批城市道路建成通车，地铁 1 号线南延工程、3.4 号线一期、苏锡常南部高速公路前期工作扎实推进。统筹实施老城区更新改造，整治改造棚户区(危旧房)、旧住宅区分别达 57.7 万、327 万平方米，竣工拆迁安置房 244.7 万平方米。市区拆除违法建筑 17.7 万平方米，完成 14 条主要道路包装出新和 42 条背街小巷综合改造，增设 1000 余家苏邮便民服务点和快递示范门店。加大电网建设投入，中心城区、太湖新城高可靠性供电示范区建设加快推进。提升城区排水防涝能力，成功经受 2014 年夏天超历史极值水位的考验

(六)资源、环境和绿化

用地分配更趋务实。全年全市国有建设用地供应总量 1810.29 公顷，其中，工矿仓储用地 626.54 公顷；房地产用地 531.39 公顷，基础设施等其他用地 652.36 公顷。

水资源充分利用。年末全市水资源总量 40.1 亿立方米，比上年增长 38.7%，全年总用水量 25.30 亿立方米，比上年下降 33.1%。其中，生活用水下降 10.2%，工业用水(不含火电用水)增长 10.6%，农业用水下降 12.9%，生态补水下降 11.2%。

2015 年，无锡市把生态文明建设作为可持续发展的重要战略，切实加强环境治理和保护，城乡生态环境质量持续改善。强化环境综合治理。持续加强太湖水污染防治，加快新沟河延伸拓浚等重点工程建设，加强入湖河道整治和饮用水源保护，积极开展蓝藻打捞处置，连续第八年实现太湖安全度夏。市区环境空气达标天数比例(AQI)为 64.1%，集中式饮用水水源地水质达到国家和省考核标准，全市功能区昼间和夜间噪声达标率分别为 87%和 73%。PM2.5 平均浓度较 2013 年下降 18.7%。

深入推进“绿色无锡”建设，市区新增绿地面积 500 公顷，人均公园绿地面积 14.91 平方米，建成区绿化覆盖率达到 42.98%。

(七)生产安全

安全生产“双下降”。全年发生各类事故 1616 起，死亡 499 人，各类事故起数、死亡人数连续第 14 年实现“双下降”。亿元 GDP 生产安全事故死亡率 0.059 人/亿元。

三、无锡市在长三角地区经济发展中的地位

2015 年，无锡市上下认真落实各项决策部署，宏观经济保持了总体平稳的发展态势。全市经济运行总体平稳，工业生产保持稳定，财政税收稳步运行，工业投入增速继续回升，社会消费有所提升，市场物价总体保持稳定。2015 年的经济运行还是保持了总体平稳的态势，人均 GDP 从 2010 年的 9.2 万元开始，一直保持上涨姿态，一路从 2011 年的 10.7 万元，2012 年的 11.7 万元，2013 年的 12 万元，2014 年的 12.6 万元，到 2015 年的 13.09 万元，实现了“十二五”的圆满收官。但是，目前整体形式仍旧处于“爬坡过坎”的关键阶段，无锡经济仍需加快结构调整和转型升级，实现“十三五”发展的良好开局。

(一)地区生产总值

2011—2015 年无锡市地区生产总值在泛长三角所占比重为 5.92%、5.90%、5.77%、5.39%和 5.24%，总体是下降态势。2015 年所占比重较 2014 年下降了 0.15 个百分点，较 2011 年下降了 0.68 个百分点。2015 年无锡市地区生产总值在泛长三角地区 41 个市中排名第 5 位。

2015 年全市实现生产总值(GDP)8518.3 亿元，按可比价计算比上年增加 7.1%。其中，第一产业增加值 137.7 亿元，下降 0.1%；第二产业增加值 4197.4 亿元，增长 5.0%；　第三产业增加值 4183.1 亿

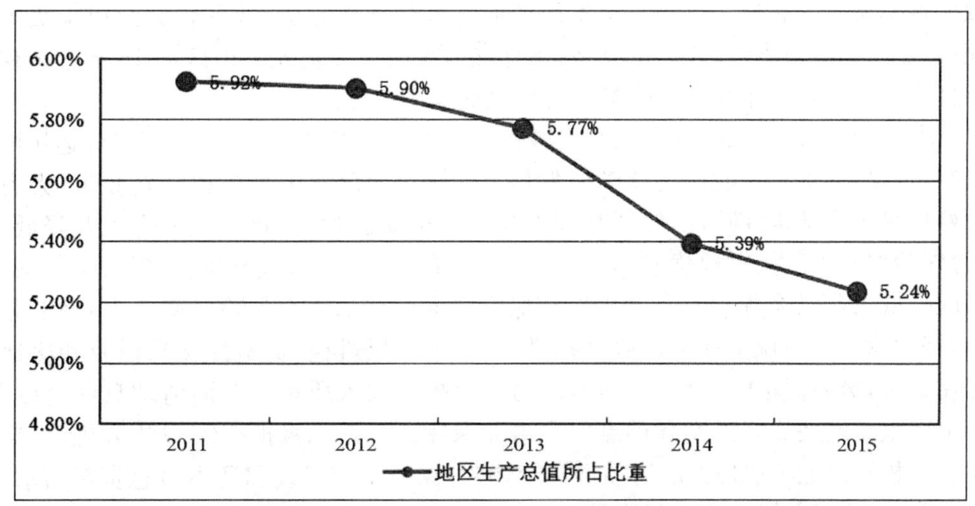

图 4 2011—2015 年无锡市地区生产总值在泛长三角(苏浙两省 24 个地级市、安徽 16 个地级市和上海市,下同)所占比重的变化趋势

元,增长 9.6%。人均 GDP 达到 13.09 万元,比上年人均上涨 4500 多元,在全省处于领先位置。此外,同为三大指标数据之一的"就业形势"显示,去年城镇登记失业率下降了 1.89%,全年新增就业 14.85 万人。而消费价格指数(CPI)也保持稳定,居民消费价格总指数为 101.8。2015 年无锡居民人均可支配收入 39461 元,同比增长 8.2%,其中城镇常住居民人均可支配收入 45129 元,增长 8.1%,农村常住居民人均可支配收入 24155 元,增长 8.5%,居民收入稳步增加。

(二)地方财政一般预算收入

2011—2015 年无锡市地方财政一般预算收入在泛长三角所占比重为 4.97%、4.74%、4.38%、4.51%和 4.25%,2015 年较 2011 年减少了 0.72 个百分点。2015 年无锡市地方财政一般预算收入在泛长三角地区 41 个市中排名第 6 位。

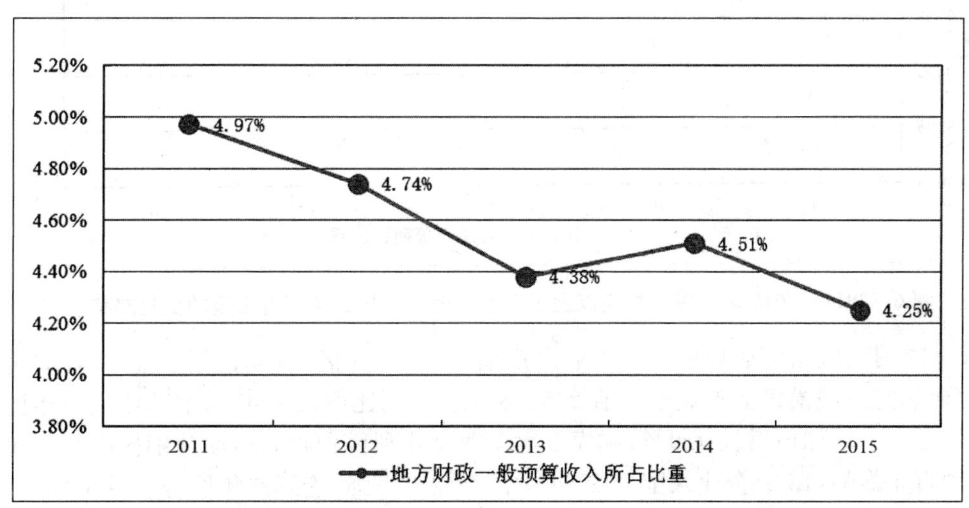

图 5 2011—2015 年无锡市地方财政一般预算收入在泛长三角所占比重的变化趋势

2015 年全市一般公共预算收入完成 830 亿元,增长 8.1%,完成年度预算的 100.1%;全市一般公共预算支出完成820.8亿元，增长9.7%，完成年度预算的104.5%。

市本级政府性基金收入完成34亿元；市本级政府性基金支出完成33.8亿元。市本级国有资本经营预算收入完成2.2亿元，市本级国有资本经营预算支出完成2.2亿元。市区2015年社会保险基金收入完成301.4亿元；市区2015年社会保险基金支出完成257.5亿元。

财源建设有所成效，财税收入基本实现稳定增长。积极适应经济发展新常态，综合运用财税政策工具，优化公平税负环境，促进经济财税持续健康发展。一是全面落实国家减税清费政策，大力支持实体经济发展。用好用足国家结构性减税、停征减征部分行政事业性收费、政府性基金以及降低失业保险、医疗保险、生育保险费率等各类财税优惠政策，累计取消或免征行政事业性收费项目128项、降低收费项目18项，市区降低失业保险费率1%、基本医疗保险费率0.8%、生育保险费率0.4%。二是积极创新财税增收举措，努力营造公平税负环境。认真推进"营改增"、反避税、资本性交易税收和房地产税收等增收措施的深化落实，努力促进收入稳定增长，全力以赴提高收入质量。全面清理盘活财政存量资金，集中财力支持全市重点发展战略落实和重点民生事业保障。三是积极把握宏观政策机遇，努力促进全市均衡协调发展。积极向上争取地方政府债券资金，有力保障城市建设和还本付息资金需求；实施新一轮市对区财政体制，加大对老城区的倾斜支持力度；进一步完善事权与支出责任，推进全局性重大基础设施共建、共享、共担机制，为地铁、公交等公共交通事业的建设运营提供财力保障。

(三)规模以上工业总产值

2011—2015年无锡市规模以上工业总产值在泛长三角所占比重为6.61%、6.07%、5.71%、5.20%和5.11%，连续五年呈现下降的趋势，累计降幅为1.5个百分点，情况有待改善。2015年无锡市规模以上工业总产值在泛长三角地区41个市中排名第3位。

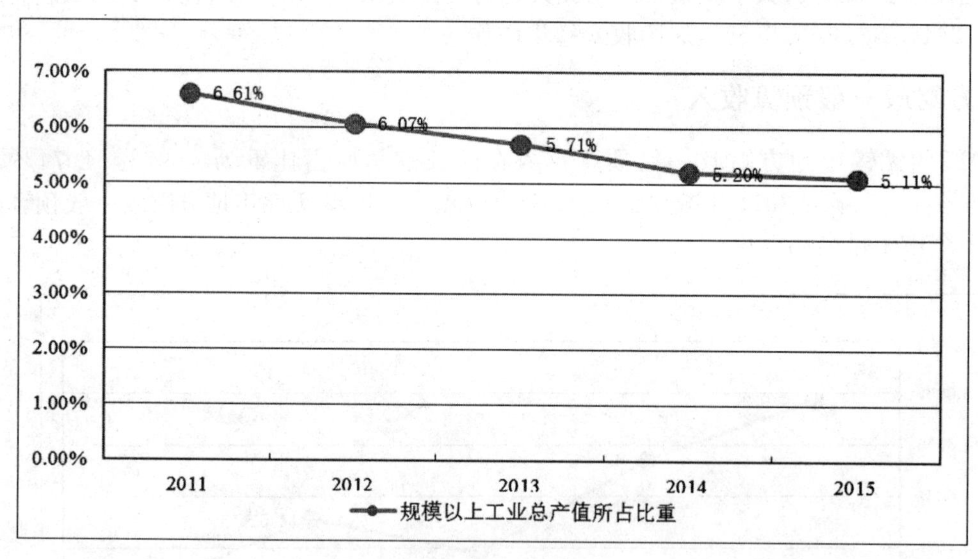

图6　2011—2015年无锡市规模以上工业总产值在泛长三角所占比重的变化趋势

2015年，1—12月无锡市完成规模以上工业总产值14698.76亿元，同比增长1.8%，增速比上半年提升2.0个百分点，完成规模以上工业增加值2953.34亿元，同比增长4.4%，增速比上半年提高0.5个百分点。规模以上工业增加值增长4.9%，规模以上工业企业利税和利润增速分别提高2.4和6.5个百分点。继续推动百企做强，15家企业入围2015年中国企业五百强，连续八年居全省首位。

(四)进出口总额

2011—2015年无锡市进出口总额在泛长三角所占比重为5.51%、5.30%、5.12%、5.17%和

4.91%，出现连续下跌。2014年小幅上扬，2015年较2011年下跌了0.6个百分点。2015年无锡市进出口总额在泛长三角地区41个市中排名第4位，排名较靠前。

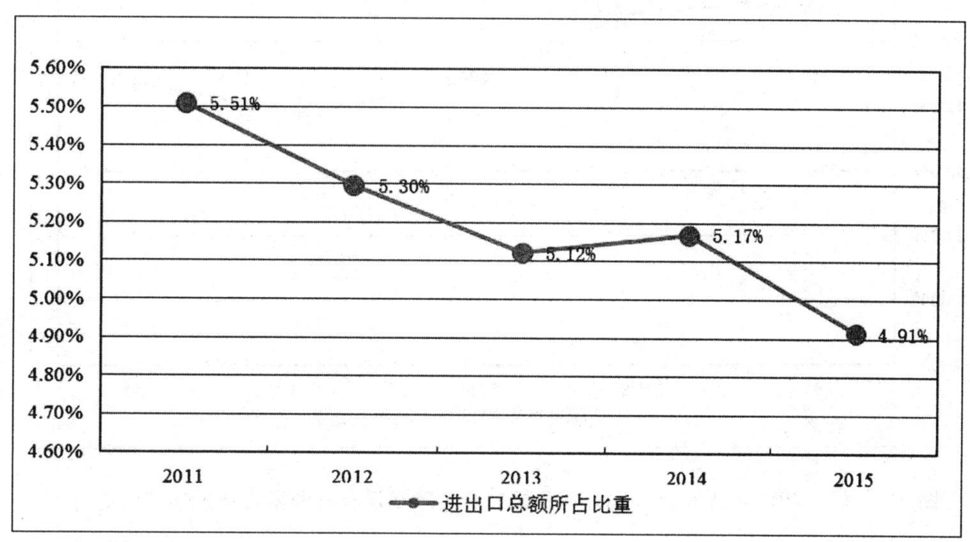

图7　2011—2015年无锡市进出口总额在泛长三角所占比重的变化趋势

2015年全年的全市进出口总额也呈现下降的疲态。实现进出口总额684.7亿美元，比上年下降7.7%。其中，出口总额为422.3亿美元，下降4.5%；进口总额为262.4亿元，下降12.4%。1—10月，全市进出口总额573.82亿美元，同比下降6.4%，增速较三季度下滑0.4个百分点。其中，出口355.12亿美元，下降2.3%，增速较三季度下滑0.2个百分点；进口218.7亿美元，下降12.4%，比三季度下滑0.7个百分点。

分类别看，加工贸易出口额下降1.2%，降幅与三季度持平；高新技术产品出口回落，同比增长1.3%，比三季度回落了0.9个百分点，机电、纺织产品出口回落，分别增长2.7%和-3.2%，比三季度回落了0.3个和0.6个百分点。

(五)实际外商直接投资金额

2011—2015年无锡市实际外商直接投资金额在泛长三角所占比重为5.55%、5.52%、4.46%、3.89%和4.36%，2015年止跌上扬，2015年与上年比下降了0.47个百分点，较2011年下降了1.19个百分点。2015年无锡市实际外商直接投资金额在泛长三角地区41个市中排名第6位。

2015年，无锡市共新登记外商投资企业394户，其中法人企业168户，投资总额41.17亿美元，注册资本21.13亿美元，外方认缴18.95亿美元。在新登记的168户法人企业中，投资总额1000万美元以上企业共48户，占比新设法人户数的28.57%，投资总额5000万美元以上企业23户，占比新设法人户数的13.69%。截至2015年12月23日，无锡市共有外商投资企业6172户，其中法人企业4392户，投资总额943.90亿美元，注册资本497.48亿美元，外方认缴414.16亿美元。无锡市去年新设外商投资企业数量规模趋于放缓，整体呈现三个特点：

一是投资热点行业集中在科研技术服务业和制造业。从投资规模来看，今年新设的168户法人企业中，科研及技术服务业、制造业是外商投资的热点行业，科研及技术服务业投资总额15.71亿美元，占比38.16%，制造业投资总额14.30亿美元，占比34.73%。无锡在近几年制造业的回归有智能化、绿色化、“高大新”的特点，随着传统产业的转型升级，鼓励科技研发、创新创造的氛围日益浓厚，无锡引进外资集中科研技术服务业企业的发展顺应了这一趋势。

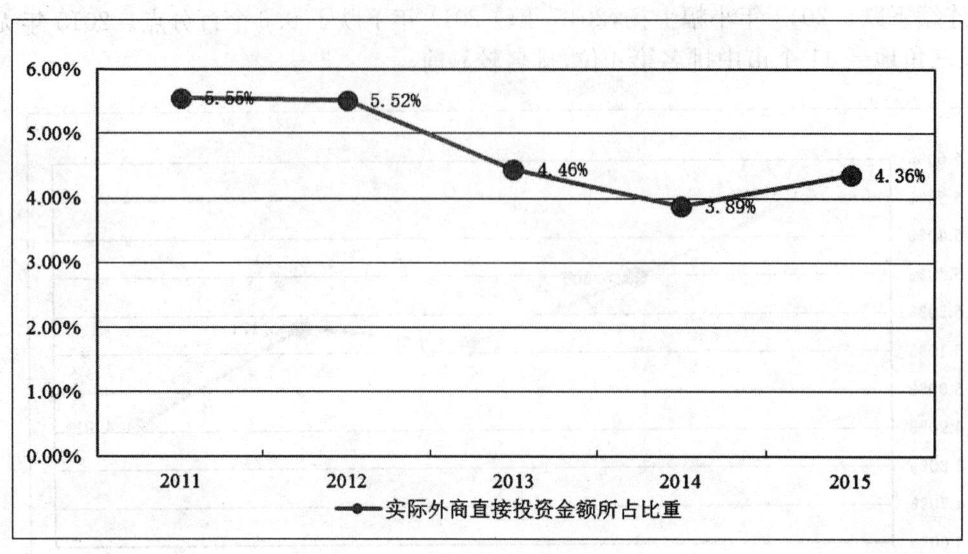

图8　2011—2015年无锡市实际外商直接投资金额在泛长三角所占比重的变化趋势

二是新设外资企业投资来源地以亚洲为主。新设的外商投资企业中投资来源地为亚洲的共112家，占总数的66.67%；欧洲的有23家，占比13.69%；北美洲的有17家，占比10.12%。其中投资来源地为亚洲的外资企业涉及投资总额为32.05亿美元，占比投资总额的77.85%，投资比重排名第一；投资来源地为欧洲的外资企业涉及投资总额为6.39亿美元，占比15.53%，投资比重排名第二。

三是外资企业增资情况同比减少。2015年全年共有139户外资企业办理的增资登记，增加投资总额39.04亿美元、增加注册资本26.17亿美元、增加外方认缴19.58亿美元，分别较上年同期下降了6.72%、6.15%和9.75%。共有10户外资企业办理了减资登记，减少投资总额1.21亿美元、减少注册资本0.89亿美元、减少外方认缴0.43亿美元，分别较上年同期下降了63.24%、48.77%和73.54%。

四　徐州市2015年经济社会发展报告

2015年，面对错综复杂的国内外经济环境，全市上下认真贯彻落实党的十八大和十八届四中、五中全会精神，紧紧围绕建设"强富美高"新徐州总目标，坚持稳中求进工作总基调，深入实施"八项工程"，全力推进"三重一大"①，主动适应新常态，统筹做好稳增长、促改革、调结构、惠民生、防风险等各项工作，全市经济运行总体平稳、稳中有进、稳中有好，各项社会事业取得新进展。

一、徐州市2015年经济发展概况

(一)综合经济

1. 经济总量

2015年，全市实现地区生产总值(GDP)5319.88亿元，按可比价计算，较上年增长9.5%。其中，第一产业实现增加值504.76亿元，增长3.5%；第二产业实现增加值2355.06亿元，增长9.8%；第三产业增加值2460.06亿元，增长10.2%。人均GDP达61511元，较上年增长9.0%。

产业结构持续优化调整。全市三次产业增加值比例调整为9.5∶44.3∶46.2，第三产业增加值比重较上年提高1个百分点，首次超过二产1.9个百分点，产业结构实现由"二三一"向"三二一"的转变。全市规模以上工业实现高新技术产业产值4505.26亿元，同比增长11.3%，占规模以上工业总产值比重为36.2%，较上年提高1.3个百分点；高耗能产业产值增长7.1%，增速低于规模以上工业1.4个百分点，占规模以上工业产值比重同比下降0.4个百分点。

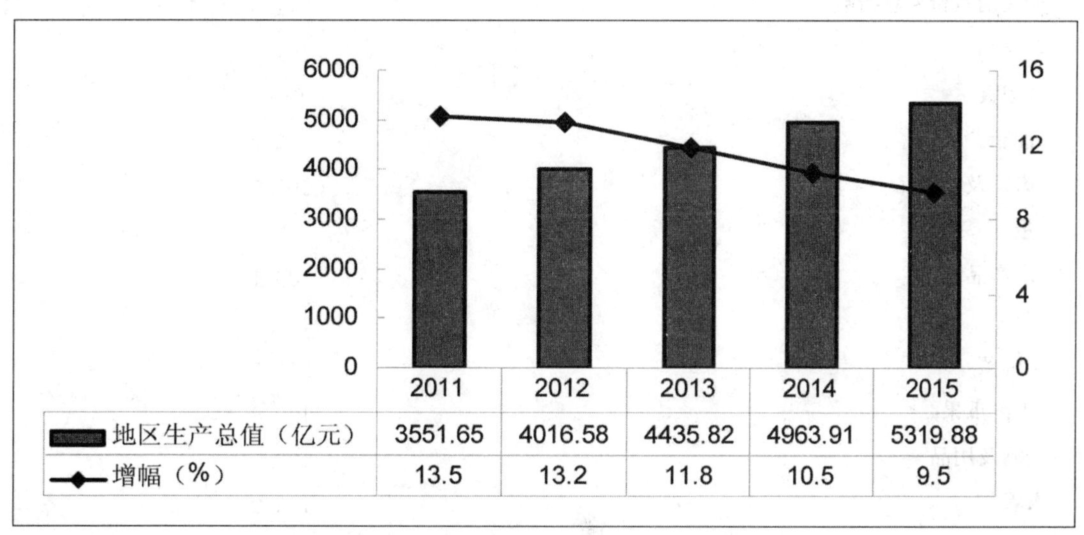

	2011	2012	2013	2014	2015
地区生产总值（亿元）	3551.65	4016.58	4435.82	4963.91	5319.88
增幅（%）	13.5	13.2	11.8	10.5	9.5

图1　2011—2015年徐州市地区生产总值及增长速度

2. 财政收支

财税实力稳步增强。全年完成一般公共预算收入530.68亿元，比上年增长12.4%；上划中央四税282.25亿元，增长8.4%；基金预算收入327.88亿元，比上年下降33.3%。

财政支出结构不断优化。全年一般公共预算支出752.42亿元，比上年增长13.8%。一般公共预算

① "三重一大"：重大产业项目，重大城建项目，重大基础设施项目，关系到国计民生的大事。

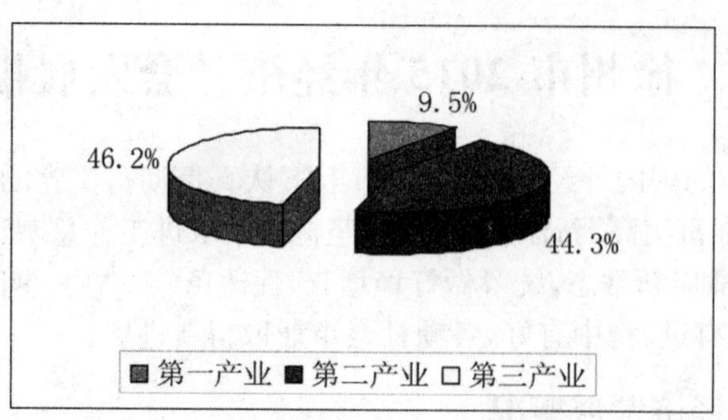

图2　2015年徐州市三次产业结构图

支出中，教育支出148.07亿元，增长11.8%；社会保障和就业支出67.51亿元，增长2.3%；医疗卫生支出58.62亿元，增长10.6%；节能环保支出20.81亿元，增长46.0%；城乡社区事务支出107.21亿元，增长19.9%；农林水事务支出130.95亿元，增长19.6%。

3. **物价指数**

物价水平温和上涨。全市城市居民消费价格总水平较上年上涨1.5%，涨幅较上年回落0.6个百分点。

2015年城市居民消费价格总水平涨跌情况
（以上年同期为100）

指　标	比上年增长(%)
居民消费价格总指数	101.5
#食品	103.2
#粮食	98.9
油脂	103.0
肉禽及其制品	105.5
蛋	87.2
水产品	105.1
菜	113.7
#鲜菜	114.2
干鲜瓜果	100.8
烟酒及用品	102.8
衣着	103.2
家庭设备用品及维修服务	102.2
医疗保健和个人用品	101.9
交通和通讯	97.6
娱乐教育文化用品及服务	100.9
居住	100.1

4. **固定资产投资**

固定资产投资较快增长。全年完成固定资产投资4266.12亿元，较上年增长16.5%。其中，国有及国有经济控股投资763.97亿元，增长44.1%；外商及港澳台商投资企业完成投资130.25亿元，增长

22.2%；民间投资2951.81亿元，增长13.7%，其中，私营企业完成投资2010.31亿元，增长16.6%。分类型看，项目投资完成3795.89亿元，增长18.5%；房地产投资470.22亿元，增长0.3%。

投资结构持续优化。分产业看，第一产业完成投资48.95亿元，比上年增长16.5%；第二产业投资2334.68亿元，增长18.1%；第三产业投资1882.49亿元，增长13.9%。第二产业投资中，工业投资2309.56亿元，增长16.8%，其中，制造业投资2070.58亿元，增长18.5%；高新技术产业投资590.20亿元，增长39.1%，占全市投资比重达13.8%，较上年提高2.3个百分点。主要工业行业中，农副食品加工业投资146.41亿元，纺织业129.74亿元，木材加工业123.82亿元，化学原料和化学制品制造业153.35亿元，医药制造业104.81亿元，分别增长22.8%、29.3%、45.7%、40.3%和56.1%。

重点项目建设进展良好。全年新开工项目3252个，比上年增加791个；完成投资3200.49亿元，同比增长28.9%，其中，亿元以上项目425个，较上年增加86个，完成投资1245.91亿元，增长19.0%。轨道交通、三环北路等一批重大基础设施项目加快实施，郑徐客专、骆马湖第二水源地等项目开工建设，黄河故道综合开发、空军机场迁建等项目进展顺利。徐工重型汽车、考伯斯煤焦油一体化、必康新医药等一批重大制造业项目建成投产，苏宁商务广场等服务业重大项目实现主体竣工。

（二）农业和农村建设

农业生产形势较好。全年粮食播种面积1104.41万亩，同比增长0.5%。粮食亩产426.4公斤，下降0.1%。粮食总产量470.92万吨，增长0.4%，其中，夏粮产量202.60万吨，下降1.0%；秋粮产量268.32万吨，增长1.4%。全年棉花产量2.60万吨，油料产量11.20万吨。

现代农业较快发展。全年新增设施农业面积10.6万亩，改造升级10.3万亩，累计达204.45万亩，占全市耕地面积比重达22.0%，总量、占比连续十年保持全省领先；新增设施渔业面积0.49万亩，累计达9.65万亩；新建高标准农田40.39万亩，累计建成435.53万亩。

林牧渔业生产稳定发展。全年成片造林面积6.10万亩，比上年增长35.0%。全年猪牛羊禽等肉类总产量101.45万吨，同比增长1.7%；生猪、羊分别出栏550.88万头和437.14万只，分别增长3.6%和4.8%，家禽出栏2.57亿只，增长4.9%；年末生猪存栏299.61万头，增长0.2%，羊存栏228.85万只，下降1.1%，家禽存栏9666.31万只，下降1.0%。全年水产品产量18.79万吨，增长1.0%。

农村生产生活条件不断改善。至2015年末，全市250.5万农村人口饮水安全问题得到解决。累计完成10375个村庄环境整治，改造农村危房3.3万户。年末有效灌溉面积767.14万亩，当年新增10.08万亩；节水灌溉面积453.40万亩，当年新增47.40万亩；年末农业机械总动力684.57万千瓦，比上年增长4.2%。

（三）工业和建筑业

工业经济缓中趋稳。2015年，全市规模以上工业企业2853家，较上年增加31家。规模以上工业增加值比上年增长9.3%，其中，轻工业增长12.9%，重工业增长7.4%。分经济类型看，国有工业增加值增长1.3%；股份制工业增长10.8%；外商及港澳台投资工业增长4.6%。在规模以上工业中，国有控股工业下降6.6%，民营工业增长13.7%。

企业效益总体稳定。全市规模以上工业企业实现主营业务收入12234.92亿元，比上年增长7.7%；利税1788.79亿元，增长9.3%；利润984.01亿元，增长9.3%。企业亏损面为4.8%，较上年扩大0.6个百分点。规模以上工业企业总资产贡献率、主营业务收入利润率和成本费用利润率分别为30.6%、8.0%和8.9%，均与上年基本持平。

主导产业增长态势平稳。列统的37个工业行业大类中，32个行业保持正增长，其中，产值前十位行业共实现产值8348.68亿元，同比增长8.3%。重点培育的六大千亿元产业产值达10989.58亿元，增长7.7%，其中，食品与农副食品加工业、煤盐化工业、建材业、装备制造业分别增长10.4%、10.9%、7.8%

和5.4%;冶金业增长10.5%,首次进入千亿元行列;能源业下降5.4%。列统的188种产品中有64种产品产量较上年下降,105种产品产量增速较上年有所回落。

先进制造业增势较好。全市规模以上工业企业中,医药制造业实现产值542.66亿元,同比增长17.4%;专用设备制造业438.35亿元,增长8.9%;电气机械和器材制造业851.74亿元,增长10.0%;计算机、通信和其他电子设备制造业360.30亿元,增长8.5%;仪器仪表制造业670.07亿元,增长11.2%;汽车制造业61.68亿元,增长10.0%。

建筑业发展态势平稳。年末全市资质以上建筑企业达430家,当年新增20家,其中,新增特级资质企业1家、一级资质企业4家、二级资质企业6家,二级以上企业达208家。全年实现建筑业总产值1361.22亿元,比上年增长3.0%。全年房屋建筑施工面积11718.43万平方米,增长1.0%,其中新开工面积5373.14万平方米,增长15.6%。全年建筑业竣工产值1118.16亿元,增长4.5%,竣工率达82.1%,比上年提高1.2个百分点。

(四)服务业

1.国内贸易

消费品市场总体平稳。全年实现社会消费品零售总额2358.45亿元,比上年增长12.4%。按经营单位所在地分,城镇消费品零售额1953.13亿元,增长12.1%;乡村消费品零售总额405.32亿元,增长13.6%。按消费形态分,批发业实现零售额378.36亿元,增长12.9%;零售业零售额1788.14亿元,增长12.4%;住宿业38.71亿元,增长9.5%;餐饮业153.24亿元,增长11.1%。全年限额以上单位实现零售额1672.12亿元,增长13.5%。按商品类别分,限额以上单位中,粮油食品类零售额212.41亿元,增长24.4%;服装鞋帽类145.40亿元,增长15.0%;化妆品类25.51亿元,增长20.7%;日用品类71.09亿元,增长20.9%;建筑及装潢材料类175.49亿元,增长22.5%;汽车类351.92亿元,增长5.4%;石油及制品类73.93亿元,下降2.3%。

2.交通、邮电

交通运输业基本平稳。全市年末公路里程16511.73公里,本年新增84.15公里,较上年增长0.5%,其中,高速公路458.57公里。全年完成公路货运量16909万吨、水路货运量5656万吨,合计增长2.7%;分别完成公路、水路货物周转量427.91亿吨公里和194.46亿吨公里,分别增长5.5%和14.7%;完成公路旅客运输量13347万人次,公路旅客周转量79.66亿人公里,分别下降11.4%和1.6%。完成港口货物吞吐量9030.26万吨,下降1.9%;集装箱吞吐量2160标准集装箱,下降60.5%。年末输油管道6616公里,增长0.6%;管道货物运输量12881万吨,下降1.4%;管道货物周转量623.25亿吨公里,增长1.2%。观音机场全年航空旅客运输量131.85万人次,增长4.0%;航空货物运输量7039.40万吨,增长11.0%。年末铁路营业里程348.78公里,铁路正线延展长度672.39公里,全年完成铁路客运量4336.82万人,货运量3639万吨。年末民用汽车保有量85.15万辆,比上年末增长12.6%,本年净增9.55万辆;年末私人汽车保有量76.30万辆,增长14.8%,净增9.84万辆,其中,私人轿车保有量46.26万辆,增长19.4%,净增7.52万辆。

邮政电信快速发展。全年邮政电信业务总量98.89亿元,比上年增长19.3%。分业务类型看,邮政行业业务总量24.09亿元,增长61.9%;电信业务总量74.80亿元,增长9.9%。邮政电信业务收入74.97亿元,增长4.7%,其中,邮政行业业务收入17.33亿元,增长42.4%;电信业务收入57.64亿元,下降3.0%。年末固定电话123.22万户,比上年末减少12.07万户;移动电话用户901.28万户,比上年末增加183.68万户;电话普及率达118.2部/百人。长途光缆线路总长度1340公里;年末互联网宽带接入用户190.75万户,新增35.99万户。

3.旅游业

旅游业较快增长。全年接待境内外游客4008.69万人次,比上年增长12.3%;实现旅游总收入

491.87亿元，增长14.3%。接待入境过夜旅游者3.38万人次，增长14.6%。其中，外国人2.48万人次，增长11.8%；港澳台同胞0.89万人次，增长22.9%。旅游外汇收入3861.44万美元，增长29.8%。接待国内游客4005.31万人次，增长12.3%，实现国内旅游收入485.99亿元，增长14.8%。

4. 金融、证券和保险

金融信贷规模稳步扩大。年末全市金融机构人民币存款余额4747.01亿元，比年初增加450.92亿元，比上年末增长10.5%。其中，住户存款2780.60亿元，比年初增加315.56亿元，同比多增4.70亿元；非金融企业存款1163.22亿元，比年初增加63.95亿元，同比多增12.32亿元。年末金融机构贷款余额3069.90亿元，比年初增加345.11亿元，比上年末增长12.7%。其中，中长期贷款1382.43亿元，比上年末增长18.9%；短期贷款1446.50亿元，比上年末增长3.5%。

证券交易市场稳定发展。年末全市共有证券公司2家，证券营业部22家；期货经纪公司6家，期货营业部6家。全年证券市场交易额17978.61亿元，其中，证券经营机构股票交易额16197.18亿元，增长193.0%；期货经营机构代理交易额1781.44亿元。年末全市境内上市公司10家，上市公司通过首发、配股、增发、可转债、公司债在上海、深圳证券交易所募集资金357.84亿元，比上年增长7.5%。上市公司总股本271.4亿股，市价总值1002.86亿元。

保险事业健康发展。全年实现保费收入132.75亿元，比上年增长31.4%。其中，财产险收入40.63亿元，增长13.2%；寿险收入87.23亿元，增长42.5%；健康险和意外伤害险收入4.89亿元，增长23.3%。全年赔付额23.73亿元，比上年增长5.2%。其中，财产险赔付19.92亿元，增长2.4%；寿险赔付1.85亿元，增长20.4%；健康险和意外伤害险赔付1.96亿元，增长24.1%。

5. 房地产业

房地产市场缓中趋稳。房地产投资增速减缓，全年房地产开发投资470.22亿元，比上年增长0.3%，增速同比回落22.9个百分点。其中，住宅开发投资338.80亿元，增长6.9%；商业营业用房投资76.22亿元，下降19.2%；办公楼投资27.44亿元，下降10.4%。建设规模稳步增长，全年房屋施工面积3816.70万平方米，增长13.2%；新开工面积1073.66万平方米，与上年持平；竣工面积671.77万平方米，增长32.1%。商品房销售增速平稳，全年商品房销售面积790.51万平方米，增长7.1%，其中住宅684.83万平方米，增长5.3%；商品房销售额431.29亿元，增长12.4%，其中住宅342.57亿元，增长8.8%。

（五）开放型经济

1. 对外贸易

外贸进出口同比下降。全年实现进出口总额54.13亿美元，比上年下降9.6%。其中，出口总额43.89亿美元，下降6.1%；进口总额10.23亿美元，下降22.0%。分贸易方式看，一般贸易出口额36.20亿美元，同比下降7.2%；加工贸易出口额7.57亿美元，下降1.7%。出口结构有所优化，机电产品出口额19.16亿美元，下降3.2%，光伏产品1.05亿美元，增长7倍，占出口总额比重分别提高1.4和49.4个百分点。分出口市场看，向欧盟出口4.80亿美元，下降27.3%；对美国出口5.06亿美元，下降14.2%；对拉丁美洲出口3.55亿美元，下降27.6%；对日本出口2.02亿美元，下降8.2%；对非洲出口4.43亿美元，增长30.3%。

2. 对外经济

对外经济合作发展良好。利用外资出现下降，全年新批外商投资企业109个，较上年减少80个；新批协议外资15.89亿美元，同比下降47.4%；新批及净增资3000万美元以上项目26个，较上年增加2个；实际到账外资14.28亿美元，下降13.9%。对外投资增势良好，全年新批境外投资项目31个，较上年增加9个；中方协议外资7.35亿美元，增长196.0%。

4. 开发区建设

开发区外向型经济回落。全市省级以上开发区实现进出口总额46.14亿美元，同比下降7.4%，其中，出口总额37.25亿美元，下降3.4%，分别占全市总量的85.2%和84.9%，较上年分别提高1.9和2.4个百分点。实际到账外资7.59亿美元，下降41.4%，占全市比重同比回落25个百分点。

二、徐州市2015年社会发展概况

(一)人口、人民生活

人口总量适度增长。年末全市户籍人口1028.70万人，较上年增长0.5%。分性别看，男性533.06万人，女性495.64万人，男女性别比为107.55∶100；分城乡看，城镇人口591.24万人，占全市总人口的57.5%，乡村人口437.46万人，占比为42.5%。全年出生人口为15.20万人，出生率为14.8‰；死亡5.92万人，死亡率为5.8‰。全年人口自然增长9.28万人，自然增长率为9‰。总人口中60岁以上人口为180.43万人，占总人口的17.5%，较上年上升4个百分点。年末常住人口866.90万人，比上年增加4.07万人，增长0.5%。

居民收入持续增长。根据城乡住户抽样调查，全年全市居民人均可支配收入20425元，比上年增长9.0%。其中，城镇居民人均可支配收入26219元，增长8.9%；农村居民人均可支配收入13982元，增长9.1%，农村居民收入增速连续7年快于城镇居民。全市居民人均生活消费支出13174元，增长8.3%，其中，城镇居民人均生活消费支出16143元，增长7.6%；农村居民人均生活消费支出9873元，增长9.6%。

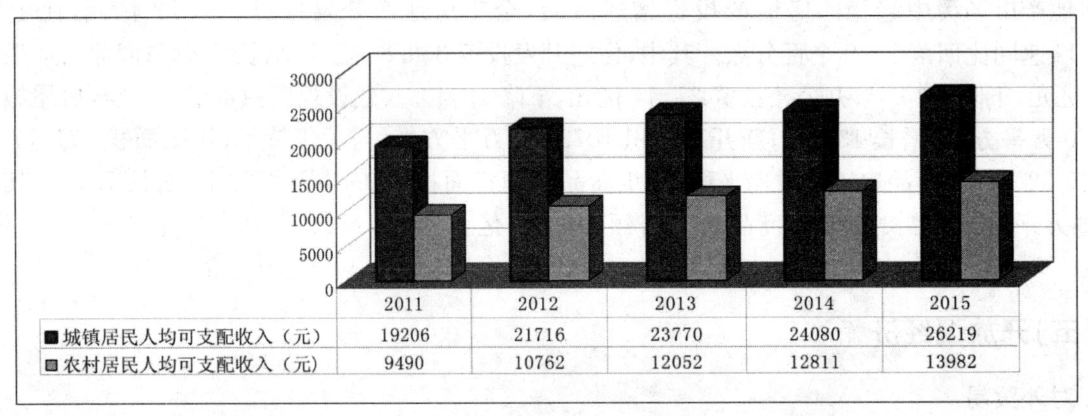

图3　2011—2015年徐州城乡居民收入对比一览

(二)就业和社会保障

就业情况总体稳定。全年新增城镇就业11.86万人，失业人员再就业8.60万人，新增农村劳动力转移6.16万人。年末城镇登记失业人数3.16万人，较上年下降1.0%，登记失业率为1.89%，较上年下降0.02个百分点。

社会保障体系不断完善。年末职工养老保险、城乡居民养老保险参保人数分别达116.48万人和318.03万人，较上年分别增长2.0%和0.2%，城乡基本养老保险覆盖率达96.7%，较上年提高0.2个百分点；城镇居民医疗保险、职工医疗保险参保人数分别达141.72万人和156.10万人，城乡基本医疗保险覆盖率达97.0%，较上年提高0.9个百分点。全市城乡低保标准提高到每人每月558元和380元，18.35万困难群众基本生活得到保障。全年实施医疗救助37.59万人次，支出救助金1.99亿元。年末

各类养老机构达255家，养老床位5.46万张，千名老人拥有机构养老床位32.7张。

保障性安居工程建设有序推进。全市实际新开工建设公共租赁住房2573套，完成目标任务的160.8%，基本建成2895套，完成目标任务的115.8%；实际新开工建设经济适用住房373套，完成目标任务的128.6%，基本建成3382套，完成目标任务的105.0%。新增廉租住房租赁补贴367户，完成目标任务的101.9%。

（三）教育与科技创新

1. 教育事业

教育事业协调发展。全市共有普通高校9所，普通高等教育本专科招生5.10万人，在校生16.78万人，毕业生5.02万人。研究生教育招生0.38万人，在校生1.14万人，毕业生0.33万人。普通高中招生3.90万人，在校生12.76万人，毕业生5.09万人。基础教育质量提升，全市共有幼儿园841所，在园幼儿39.91万人；小学924所，在校学生84.10万人；初中242所，在校学生22.0万人。小学学龄儿童入学率为97.9%，小学、初中在校生巩固率均达到100%。

2. 科学技术

科技创新能力持续增强。全年重大科技成果转化专项资金项目总投入5.93亿元，较上年增长43.6%。全年新增省级工程技术研究中心8家，累计达157家；新增4家省级以上科技企业孵化器，其中国家级2家，年末科技企业孵化器达36家，其中国家级7家，省级22家，在孵企业达1500家以上。全市新增省级高新技术企业74家，省级高新技术企业总数达253家。

科技创新成绩明显。全年专利申请受理量12481件，专利申请授权量8599件；发明专利授权量1304件，比上年增长92.9%，发明专利拥有量3259件，比上年增长55.4%。全市获省级以上科技奖励17项，其中国家技术发明奖1项，国家科技进步奖5项。全市获国家、省级科技计划立项支持493项，到位扶持资金达2.3亿元。全市科技进步贡献率达54%，比上年提高2.9个百分点。

质量检验能力显著增强。全市共有产品质量检验机构138个，其中国家检测中心3个、国家级公证检验实验室3个、省级产品质量监督检验中心5个；全年监督抽查产品116种1065批次，比上年增长78.0%。完成强制性产品认证的企业225家，较上年增长32.0%。共有法定计量技术机构8个，其中省级计量中心1个，强制检定计量器具220.69万台件。全年制定、修订地方标准4项，较上年增加1项。

（四）文化、卫生和体育

1. 文化事业

公共文化服务水平稳步提高。年末全市共有艺术表演团体9个、文化馆9个、博物馆21个、美术馆1个，共有公共图书馆8个，公共图书馆总藏量316.28万册、电子图书藏量594.78万册。共有电影放映单位28家、广播电台8座、中短波广播发射台和转播台10座、电视台8座，广播和电视综合人口覆盖率均达到100%。有线电视用户264.79万户，较上年下降2.4%，有线电视入户率95.3%。全年报纸出版1.03亿份，期刊杂志出版25.69万册，图书出版7016.31万册。

2. 卫生事业

卫生事业加快发展。年末全市共有各类卫生机构4601个，其中，医院、卫生院283个，三级医院达到16家，卫生防疫防治机构13个，妇幼保健机构12个。各类卫生机构拥有病床4.79万张，其中，医院、卫生院床位4.46万张，每千人拥有病床数5.56张，较上年增长4.3%。共有各类卫生技术人员5.17万人，其中，执业医师、执业助理医师2.02万人，注册护士2.14万人。卫生防疫防治机构卫生技术人员465人，妇幼卫生机构卫生技术人员891人。完成新一轮社区卫生服务机构提档升级，城乡基本卫生服务网络更加健全，乡镇卫生院159个，床位9998张，卫生技术人员1.08万人，新型农村合作医疗保险实现全覆盖。

3. **体育事业**

体育事业蓬勃发展。全民健身深入开展，徐州跻身省体育强市。2015 年，徐州体育健儿在 14 个项次国际比赛中获得 9 金、1 银、4 铜；在 19 个项次全国比赛中获得 12 金、5 银、2 铜。2 人被授予“国际级运动健将”，11 人被授予“运动健将”称号。年末全市共有 47 名国家一级运动员、112 名国家二级运动员，参加省级注册运动员 2042 名，向省优秀运动队输送 21 名运动员。

(五)城乡建设

城建重点工程进展顺利。7 大类 150 项城建重点工程开(复)工 129 项，开工率达 86.0%。三环西路高架快速路、兴隆路北延二期、新淮海西路综合整治、铜沛路东段改建、凤凰山生态文化景区(二期)、城东环状休闲公园一期、城北休闲公园(鼓楼辖区)等 61 项工程已竣工。轨道交通 1 号线、三环北路高架快速路、观音机场二期、徐沛快速通道等重大基础设施建设加快。金山东路东延、二环北路西延等项目正紧张施工；城东环状休闲公园、城北休闲公园、滨河公园等生态文明工程和市立医院迁建、街坊中心建设等民生幸福工程的实施进一步改善了人居环境。市区全年实施棚户区改造项目 105 个，面积约 852.28万平方米，全年交付棚改安置房 56.39 万平方米。

村庄环境整治成效明显。按照“六整治”、“六提升”和“三整治”、“一保障”的要求，全市 10375 个自然村全部完成整治任务，并顺利通过省整治办全域验收考核。创建省“三星级”康居乡村 70 个，省“美丽乡村”项目 20 个。重点中心镇建设顺利推进，完成整治项目 174 个，完成投资 20.44 亿元；全市 11756 户农村危房改造任务全面完成。

(六)环境保护和节能减排

生态修复有力有效。制定生态文明建设规划，生态红线区保护规划编制实施，“五大行动计划”成效显著。年末全市自然保护区 5 个，面积 2.17 万公顷。林木覆盖率、建成区绿化覆盖率分别提升到 32.6%和 43.6%。大气污染治理工程扎实开展，市区 PM2.5 浓度较上年下降 3.0%，全年空气质量达标天数为 234 天，占全年的 64.1%。水环境功能区三类以上水体占比达 79.0%，重点断面水质稳定达标。城乡生活垃圾收运处置体系建成运行，市区(含贾汪、铜山)生活垃圾全面实行无害化处理，镇村生活垃圾集中收运率提升到 95.0%。

节能减排成效显著。全市严格按照国家过剩产能化解政策淘汰落后产能，严控高耗能高污染项目，推动重点耗能企业能效提升。单位 GDP 能耗下降率完成年度目标任务，化学需氧量、氨氮、二氧化硫、氮氧化物排放削减完成省定任务。获批“建节能减排财政政策综合示范市”

(七)安全生产

安全生产形势良好。事故总量和死亡人数继续实现“双下降”。全年发生各类事故 944 起，死亡 376 人，比上年分别下降 0.2%和 1.5%。亿元 GDP 生产安全事故死亡人数 0.071 人，比上年下降 7.8%。

三、徐州市在长三角地区经济发展中的地位

2015 年，面对错综复杂的宏观经济环境，全市上下认真贯彻落实中央和省一系列决策部署，坚持稳中求进工作总基调，积极适应经济发展新常态，深入实施“八项工程”，全力突破“三重一大”，认真落实推动经济发展迈上新台阶各项政策措施，全市经济平稳增长，总体呈现缓中趋稳、稳中向好发展态势，主要经济指标增速高于全国、全省，部分指标增速环比回升。但受宏观环境、市场需求和自身结构性矛盾等因素影响，经济下行压力依然较大，增长回升基础还需进一步巩固。

(一)地区生产总值

2011—2015 年徐州市地区生产总值在泛长三角所占比重分别为 3.06%、3.13%、3.17%、3.26%和 3.27%，已连续五年出现增加，其中 2015 年比上年占比增加了 0.01 个百分点，五年累计增加了 0.21 个百分点。2015 年徐州市地区生产总值在泛长三角地区 41 个市所占比重中与上年比保持不变，排名第 9 位。

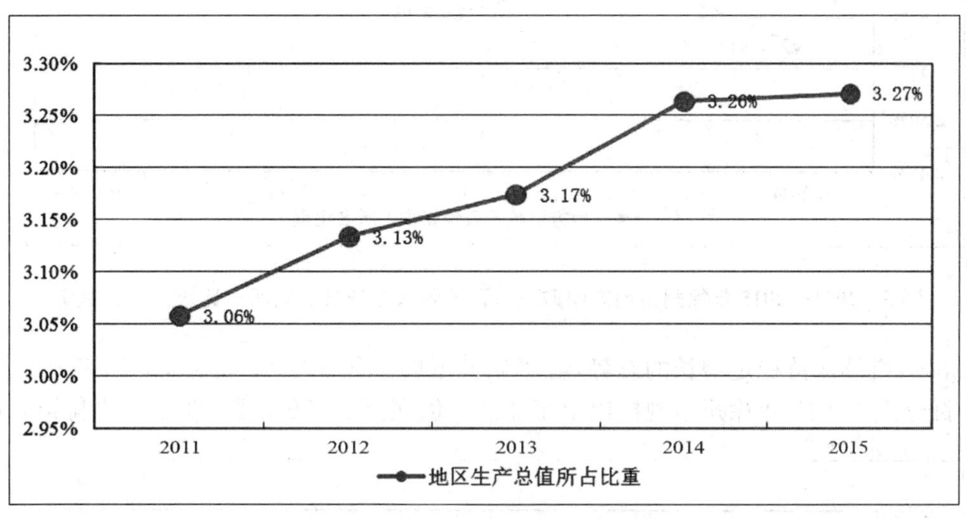

图 4　2011—2015 年徐州市地区生产总值在泛长三角(苏浙两省 24 个地级市、安徽 16 个地级市和上海市，下同)所占比重的变化趋势

2015 年全市实现地区生产总值 5319.88 亿元，按可比价计算，同比增长 9.5%，增速高于全省平均水平 1 个百分点，高于全国(6.9%)2.6 个百分点，总量继续居全省第 5 位。分三次产业看，第一产业实现增加值 504.76 亿元、增长 3.5%，第二产业增加值 2355.06 亿元、增长 9.8%，第三产业增加值2460.06 亿元、增长 10.2%。上半年全市实现地区生产总值 2605.77 亿元，按可比价计算，同比增长 9.5%。其中，第一产业增加值 241.19 亿元，增长 3.1%；第二产业增加值 1273.37 亿元，增长 9.8%；第三产业增加值 1091.21 亿元，增长 10.1%。

(二)地方财政一般预算收入

2011—2015 年徐州市地方财政一般预算收入在泛长三角所占比重分别为 2.57%、2.64%、2.61%、2.77%和 2.71%，2015 年比上年减少 0.06 个百分点，五年累计增加了 0.14 个百分点。2015 年徐州市地方财政一般预算收入在泛长三角地区 41 个市中排第 9 位。

全市一般公共预算收入 530.68 亿元，完成年度预算 102.1%，增长 12.4%，其中：税收收入 429.13 亿元，增长 11%；非税收入 101.55 亿元，增长 18.2%。全市一般公共预算支出 752.42 亿元(预计，下同)，完成调整预算 96.8%，增长 13.7%，其中：教育支出 148.07 亿元，增长 12.2%；农林水支出 130.95 亿元，增长 18.3%；城乡社区支出 107.21 亿元，增长 10.2%；社会保障和就业支出 67.51 亿元，增长 4.7%；一般公共服务支出 61.69 亿元，增长 7.6%；医疗卫生与计划生育支出 58.62 亿元，增长 11.9%；公共安全支出 35.24 亿元，增长 5.4%；科学技术支出 19.18 亿元，增长 9.7%。

(三)规模以上工业总产值

2011—2015 年徐州市规模以上工业总产值在泛长三角所占比重分别为 3.16%、3.73%、4.03%、

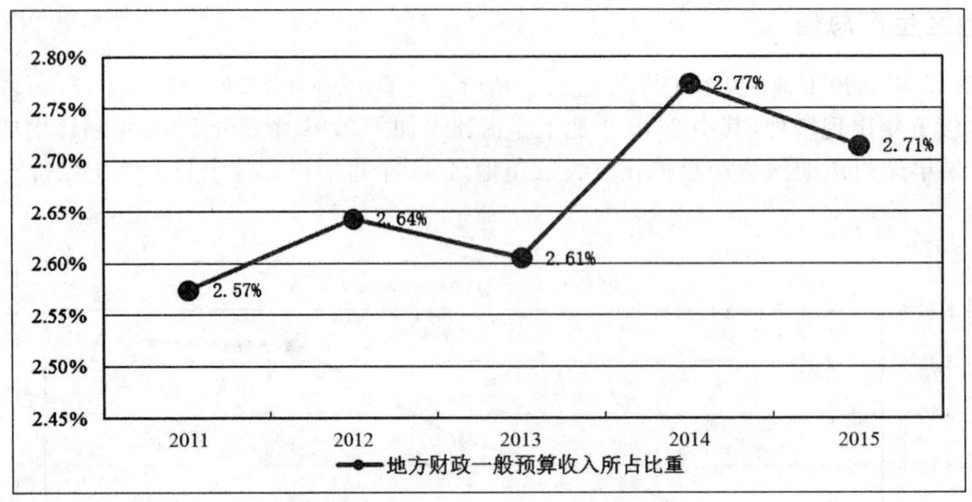

图 5 2011—2015 年徐州市地方财政一般预算收入在泛长三角所占比重的变化趋势

4.11％和 4.28％，继续保持稳定增长的态势，五年累计增幅达 1.12 个百分点，2015 年所占比重比上年增加 0.17 个百分点。2015 年徐州市规模以上工业总产值在泛长三角地区 41 个市中排第 8 位。

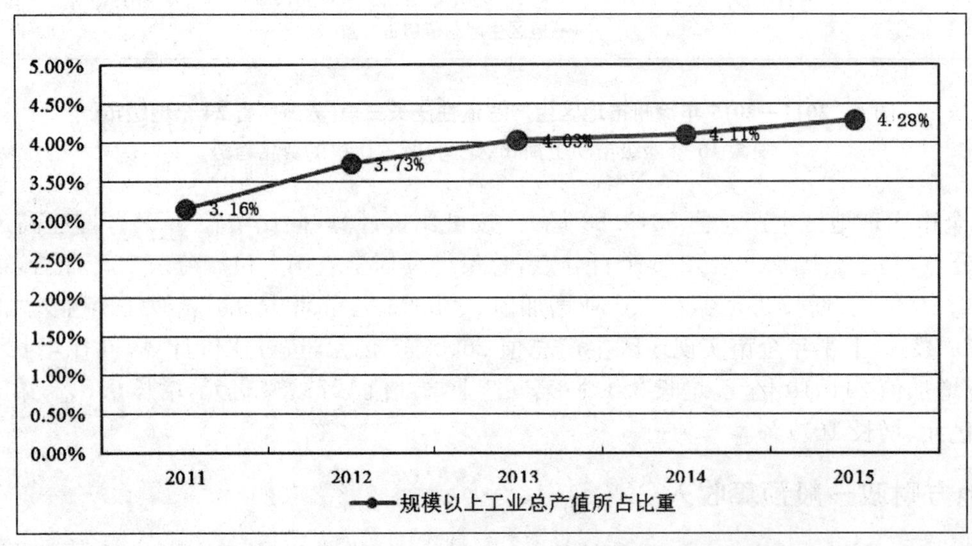

图 6 2011—2015 年徐州市规模以上工业总产值在泛长三角所占比重的变化趋势

2015 年，徐州市规模以上工业增加值同比增长 9.3％，增幅高于全省 1 个百分点。分经济类型看，国有企业增长 1.3％、股份制企业增长 10.8％、外商及港澳台投资企业增长 4.6％、民营工业企业增长 13.7％；分行业大类看，列统的 37 个工业行业大类中有 32 个保持增长，其中，纺织业、医药制造业、仪器仪表制造业、化学原料和化学制品制造业、电气机械和器材制造业分别增长 19.1％、17.4％、11.2％、10.8％和 10.0％。上半年，全市实现规模以上工业增加值 1253.14 亿元，同比增长 9.4％，增速与今年一季度持平，高于全省 1.1 个百分点。其中，6 月份增长 10.5％，增速较 4、5 月份分别提高 1.2 和 1.9 个百分点。民营工业较快增长。上半年实现工业增加值 923.40 亿元，增长 16.7％，增速快于全市 7.3 个百分点，占比同比提高 0.6 个百分点。行业增长态势良好。列统的 37 个行业中有 30 个保持增长，9 个行业增速同比上升，先进制造业保持较快增速，其中，化学原料和化学制品制造业、医药制造业、电气机械

和器材制造业、计算机、通信和其他电子设备制造业、仪器仪表制造业等分别增长 12.1%、19.3%、16.6%、13.6%和 19.5%。

(四)进出口总额

2011—2015 年徐州市进出口总额在泛长三角所占比重分别为 0.48%、0.62%、0.46%、0.42%和 0.38%，2015 年较去年跌幅为 0.04 个百分点；2015 年较 2011 年减少了 0.1 个百分点。2015 年徐州市进出口总额在泛长三角地区 41 个市排名第 23 位，亟需改善。

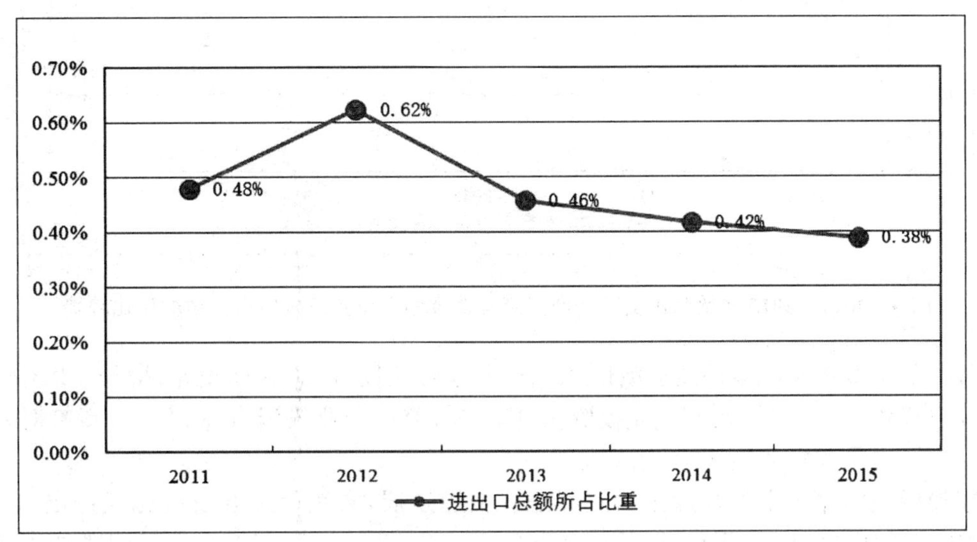

图 7　2011—2015 年徐州市进出口总额在泛长三角所占比重的变化趋势

徐州作为联结东西贯通南北的淮海经济区中心城市，对外贸易发展较早，截至 2015 年底，全市进出口备案企业 2500 余家，自营进出口实绩企业 1187 家，其中进出口过亿美元 8 家，1000 万美元以上企业 88 家，500 万美元以上的企业 54 家，500 万以下企业 1035 家。

当前，进出口产品结构不断优化。本市出口产品主要以工程机械、木制品、农药、光伏产品、农产品、钢铁制品和纺织服装等七大类产品为主，占到全市出口总量的 66.67%，其中工程机械、木制品和农产品出口优势突出，2015 年出口额分别占全市总量的 25.28%、13.55%、8.37%。

同时，进出口市场不断拓展、贸易方式不断优化、出口基地和品牌建设不断跃升。全市共与 189 个国家和地区开展贸易往来，2015 年全市对亚洲出口 23.3 亿美元，对北美出口 5.65 亿美元，对欧洲出 5.48亿美元，出口前 3 位的亚洲、北美洲、欧洲地区总量占到出口总量的 75%以上；2015 年全市一般贸易进出口 44.8 亿美元，同比下降 10%，占全市进出口的 82.9%，加工贸易占比持续增加，比去年同期增长 2.2 个百分点；徐州拥有两个国家级外贸转型示范基地，分别是大蒜和地坪地材出口基地，成为苏北唯一一个连续两年创成两个国家级外贸转型示范基地的城市。

(五)实际外商直接投资金额

2011—2015 年徐州市实际外商直接投资金额在泛长三角所占比重分别为 2.32%、2.34%、2.00%、2.22%和 1.95%，五年整体减少了 0.37 个百分点。2015 年徐州市实际外商直接投资金额在泛长三角地区 41 个市中排第 13 位。

2015 年，对外经济合作进展顺利。全年新批外商直接投资企业 189 家，新批协议外资 30.21 亿美元，实际到账外资 16.58 亿美元，比上年增长 15.0%。新批及净增资 3000 万美元以上的大项目 24 个。

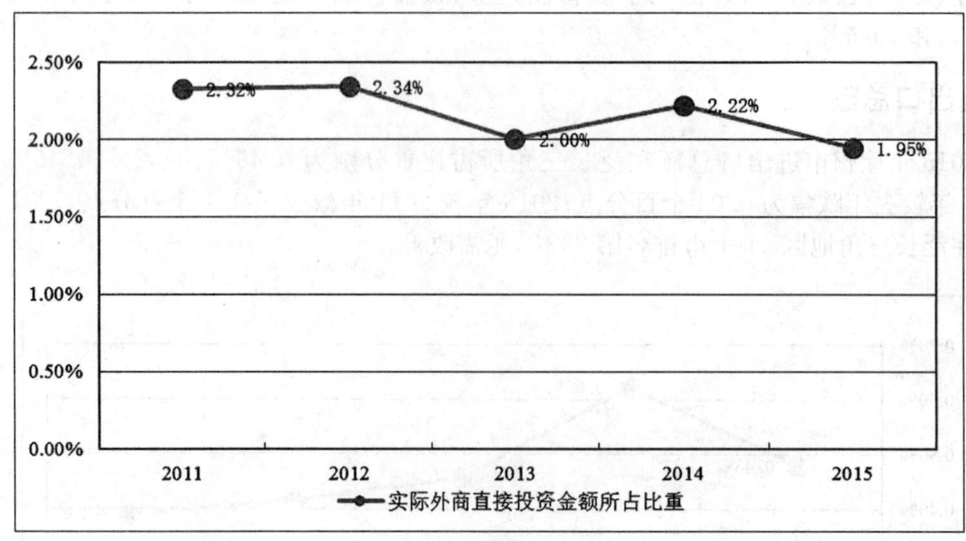

图8　2011—2015年徐州市实际外商直接投资金额在泛长三角所占比重的变化趋势

对外投资增势良好。全年新批境外投资项目22个，中方协议投资2.48亿美元，增长22.3%。其中，千万美元以上项目投资占84.4%，民营企业投资占98.7%，第三产业投资占53.8%。新签对外承包工程合同额2.72亿美元，完成营业额2.99亿美元。

开发区建设成效明显。全市开发区外向型经济平稳发展，省级以上开发区完成进出口总额43.87亿美元，其中出口总额32.95亿美元，分别占全市总量的73.3%和70.5%。实际到账外资12.22亿美元，占全市总量的73.7%。

五　常州市2015年经济社会发展报告

2015年，面对错综复杂的宏观经济环境和艰巨繁重的改革发展任务，全市上下在市委、市政府的正确领导下，积极适应经济发展新常态，坚持开拓创新，加快转型发展，扎实做好稳增长、调结构、促改革、惠民生、防风险等各项工作，经济社会运行呈现总体平稳、稳中有优的态势。

一、常州市2015年经济发展概况

（一）综合经济

1. 经济总量

经济运行保持平稳。全年实现地区生产总值5273.15亿元，按可比价格计算增长9.2%，其中第一产业增加值146.55亿元，增长3.2%；第二产业增加值2516.04亿元，增长8.5%；第三产业增加值2610.56亿元，增长10.5%。全年服务业增加值占GDP比重达到49.5%，较上年提高1.5个百分点，服务业占比首次超过第二产业，经济结构实现由“二三一”向“三二一”的新格局转变。全市按常住人口计算的人均生产总值达112221元，按平均汇率折算达18018美元。三次产业结构比例为2.8∶47.7∶49.5。

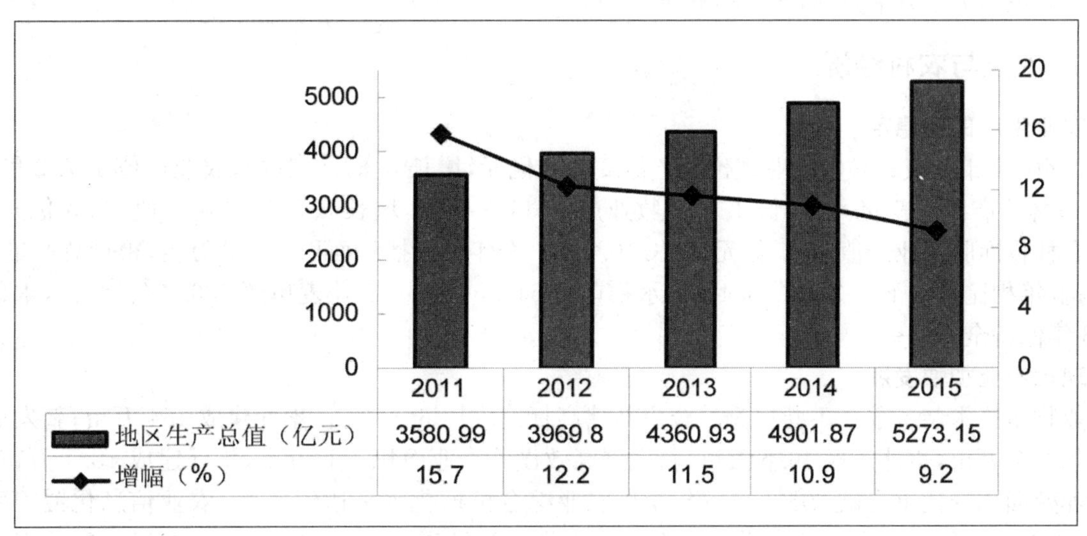

	2011	2012	2013	2014	2015
地区生产总值（亿元）	3580.99	3969.8	4360.93	4901.87	5273.15
增幅（%）	15.7	12.2	11.5	10.9	9.2

图1　2011—2015年常州市地区生产总值及增长速度

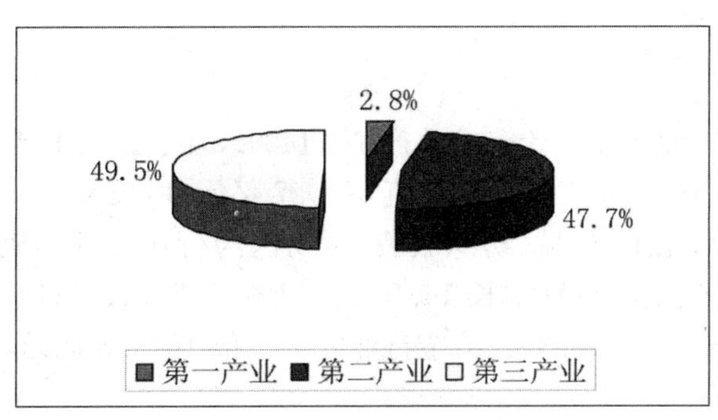

图2　2015年常州市三次产业结构图

2. 财政收支

财政收入平稳增长。全年实现一般公共预算收入466.3亿元，增长7.5%，其中税收收入373.7亿元，增长7.3%，税收占比达到80.1%。主要税种中，增值税(含营改增)完成70.8亿元，增长6.4%；营业税完成113.8亿元，增长19.1%；企业所得税完成42.6亿元，增长1.4%。全年一般公共预算支出479.2亿元，增长10.2%。一般公共预算支出中教育支出76.5亿元，增长12.2%；科学技术支出23.5亿元，增长8.4%；社会保障和就业支出53.2亿元，增长8.3%；医疗卫生与计划生育支出39.2亿元，增长22.4%。

3. 物价水平

居民消费价格温和上涨。全年居民消费价格总指数为101.6，八大类消费品价格中交通和通讯类价格下降4.4%，食品、衣着、家庭设备用品及维修服务、医疗保健和个人用品、居住、烟酒用品、娱乐教育文化用品及服务七大类消费价格指数分别为104.0、103.1、102.4、101.4、101.2、101.1、100.9。

4. 固定资产投资

投资结构不断优化。2015年全市完成固定资产投资3399亿元，增长6.7%，其中工业投资1756.1亿元，增长6.5%，服务业投资1636.7亿元，增长7.1%。投资结构不断优化，全市高新技术产业投资794.6亿元，增长13.9%，增幅高于全市固定资产投资增幅7.2个百分点；工业投资中技改投入1160.2亿元，占工业投资比重66.1%，较上年提高6.2个百分点。房地产投资持续下滑，2015年全市完成房地产开发投资508亿元，同比下降25.5%。全年商品房开发面积3948.2万平方米，比上年下降11.5%，其中新开工面积637.8万平方米，比上年下降30.4%。

(二)农业与农村经济

1. 农业生产保持稳定

2015年，全市完成农林牧渔业现价总产值271.8亿元，增长5.8%。其中，农业产值147.2亿元，增长6.1%；林业产值1.9亿元，增长4.8%；牧业产值38.8亿元，增长3.5%；渔业产值68.3亿元，增长5.5%；农林牧渔服务业产值15.6亿元，增长10.7%。全年粮食播种面积214.2万亩，粮食总产量108.3万吨，与上年相比分别下降3.2%、3.4%。水稻单产643.5公斤/亩、小麦单产356.3公斤/亩，水稻单产连续13年保持全省第一。

2. 现代农业加快发展

农业物质技术装备水平不断提升。全市新建高标准农田6.3万亩，累计建成134万亩；新发展设施农业面积2.7万亩，累计建成46.5万亩；新发展高效设施渔业面积1.6万亩，累计建成18.1万亩，占全市水产养殖面积的比重突破30%；2015年全市农业综合机械化水平达到87%，农业信息化覆盖率达到60%，分别较上年提高1个、3个百分点。农业产业化经营稳步推进，全市91家市级以上农业产业化龙头企业实现销售618亿元，增长9.6%。

(三)工业、建筑业

1. 工业生产增幅趋缓

2015年，全市规模以上工业企业累计完成总产值11454.3亿元，比上年增长5.3%，规模以上工业增加值增长8.5%。全市规模以上重工业完成产值8790.7亿元，增长4.9%；轻工业完成产值2663.6亿元，增长7.7%。七大行业中，化工、机械、纺织服装、生物医药行业分别完成工业总产值1952.8亿元、4602.7亿元、976亿元、278.8亿元，分别增长14.9%、9.3%、7.2%、7%；电子、建材行业分别完成产值656.1亿元、376.4亿元，增长4.8%、0.3%；冶金行业完成产值1849.8亿元，下降9.5%。

2. 十大产业链贡献提升

2015年，全市十大产业链规模以上工业企业累计完成产值3816.8亿元，增长8.9%，增速高出全市规模以上工业3.6个百分点，对全市规模以上工业产值的贡献份额达到52.6%。十大产业链中，太阳能

光伏、汽车及零部件、轨道交通三大产业分别完成产值633.6亿元、656.2亿元、411.5亿元，分别增长25.6%、15.8%和13.1%。

3.建筑行业发展平缓

建筑企业全年完成施工产值1288.5亿元，比上年增长0.3%；施工面积10007.7万平方米，下降6.9%；竣工面积3448.6万平方米，下降9.5%。建筑业按施工产值计算的全员劳动生产率为28.5万元/人，比上年下降0.2%。

（四）服务业

1.国内贸易

消费市场保持稳定。2015年全市实现社会消费品零售总额1990.5亿元，增长10.3%，增幅与全省平均增幅持平，与上年相比下降2.8个百分点。按消费形态分，批发业实现零售额240.1亿元，增长9.4%；零售业实现零售额1585.7亿元，增长10.1%；餐饮业实现零售额149.9亿元，增长14.2%；住宿业实现零售额14.8亿元，增长4%。按单位经营所在地分，城镇消费品零售额1861.1亿元，增长10.6%，农村消费品零售额129.4亿元，增长5.7%。

2.交通运输和邮电

交通运输业平稳发展。年末全市公路总里程9000公里，其中高速公路306公里。全年营业性客运量8293.4万人，比上年下降0.8%，货运量1.3亿吨，比上年增长2.8%。公路客运量6577万人，比上年下降2.8%，公路旅客周转量40.7亿人公里，下降2.9%；公路货运量1.1亿吨，增长3.4%，公路货物周转量116.4亿吨公里，增长4.7%。全年铁路客运量1369.2万人，增长11%。全年民用航空旅客吞吐量181.1万人次，货物邮吞吐量1.8万吨。全年港口货物吞吐量8984万吨，其中常州长江港货物吞吐量3619万吨。年末全市民用汽车拥有量96.8万辆，其中私人汽车82.2万辆，分别比上年增长10.9%和13.1%。

邮政通信业较快发展。全年邮政业务总量29.3亿元，比上年增长34.3%，全年邮政业务总收入26.0亿元，比上年增长31.6%。邮政业全年发送特快专递1.2亿件，增长46.9%。全市规模以上快递企业主营业务收入17.4亿元，增长40%。全年通信业务收入52.7亿元，比上年下降2.2%。年末全市固定电话用户133.0万户，移动电话用户533.9万户，其中3G用户132.2万户，4G用户260.4万户。年末互联网用户达199.8万户，增长25.3%，其中宽带网用户199.5万户，增长26.7%。

3.金融、保险和证券

金融信贷平稳运行。截至年末，全市金融机构人民币存款余额7438.7亿元，比年初新增512.3亿元，增长7.4%，其中住户存款3193.8亿元，增长4.7%。全市金融机构人民币贷款余额5354.6亿元，比年初新增564.8亿元，增长11.8%，住户贷款余额1233.8亿元，增长15.2%。金融改革创新取得积极进展，成功组建运营江南金融租赁有限公司。

保险业稳步发展。截至年末，全市保险公司共67家，其中产险公司28家，寿险公司39家。全年保费总收入156.6亿元，比上年增长15.6%，其中寿险104.9亿元，增长17.0%，财产险51.7亿元，增长13.2%。全年保险赔(结)款支出55.1亿元，比上年增长12.5%，其中寿险21.7亿元，下降6.5%，财产险33.4亿元，增长29.5%。

证券市场趋于活跃。截至年底，全市证券营业部总数达40个，资金账户总数96万户，持有A股市值1246.5亿元。证券市场全年各类证券交易总额32172.3亿元，比上年增长229%。其中，A股交易额28946.8亿元，增长275.9%；B股交易额35亿元，增长408.4%；基金成交额749.4亿元，增长132.0%；债券成交额2441.1亿元，增长39.6%。截至年末，全市共有上市公司38家，其中境内24家、境外14家，累计募集资金409亿元。年内新增上市企业两家，分别是常州强力电子新材料股份有限公司、常州腾龙汽车零部件股份有限公司，共募集资金7.1亿元。

4. 旅游业

2015 年全市实现旅游总收入 731 亿元，比上年增长 11.7%，其中国内旅游收入 718.4 亿元，比上年增长 12.3%，旅游外汇收入 1.21 亿美元，增长 18.8%；旅游接待总人数 5455.7 万人次，比上年增长 9.1%，其中接待国内游客 5443.0 万人次，增长 9.1%，入境过夜旅游者 12.7 万人次，比上年增长 5.4%。截至年底，全市共有省级以上旅游度假区 4 家，其中国家级旅游度假区 1 家；国家 A 级景区 33 家，其中 5A 级旅游区 2 家，4A 级旅游区 9 家；全国工农业旅游示范点 17 家，江苏省四星级乡村旅游点 25 家，江苏省工业旅游点 3 家，江苏省自驾游基地 6 家；旅行社 140 家，1 家旅行社进入全省旅行社 20 强；星级酒店 56 家，其中五星级酒店 8 家，四星级酒店 21 家。旅游产品不断丰富和升级，天目湖旅游度假区成功创建为首批国家级旅游度假区，金坛长荡湖成功创建为省级旅游度假区，春秋淹城国家 5A 级景区景观质量通过国家级评审，华夏宝盛园、江南环球港等新景区建成开放。2015 年，常州成为大陆游客赴台湾自由行城市，常州机场新开通日本、台湾等多条境外航线。

(五)开放型经济

1. 对外贸易难中求进

2015 年，全市完成外贸出口 1319.2 亿元，比上年增长 0.5%。全年对“一带一路”国家和地区出口良好，其中对印度、东盟、中东分别出口 8.7 亿元、27.3 亿元、10.7 亿元，增长 27.6%、12.3%、5%。全年完成高新技术产品出口 217.4 亿元，增长 9.7%；机电产品出口占全市出口总额的比重达 54.1%，较上年提高1.6 个百分点。全年完成服务贸易进出口额 80 亿元，增长 5.1%；一般贸易出口 979 亿元，增长 0.5%。

2. 外资项目有所突破

全年全市实际到账注册外资 24.9 亿美元，新增协议注册外资 3000 万美元以上项目 16 个，其中总投资超 10 亿美元的瑞声射频模组项目成功签约，波士顿锂电池、联合光伏、顺风光电科技等 3 个项目总投资超 5 亿美元。全年新增世界 500 强投资项目 5 个、增资项目 2 个，数量创近年新高。

3. 对外合作不断加强

全年新备案境外投资项目 67 个，中方协议投资额 7.55 亿美元，同比增长 61.7%，其中涉及“一带一路”国家和地区项目 12 个，中方协议投资额 3.6 亿美元，占比达到 47.8%。全年完成服务外包合同额 3.8亿美元，增长 21.5%；服务外包执行额 3.2 亿美元，增长 17.7%。

4. 开发区建设提档升级

全市开发区实现一般公共预算收入 299.7 亿元，完成工业投入 1323.8 亿元，基础设施建设投入 297.4 亿元，全年实际到账外资 22.5 亿美元，新批协议注册外资 23.6 亿美元。西太湖科技产业园获批筹建省级高新区，常州高新区、武进高新区和武进经发区成功创建国家生态示范园区，中以、中德等国际合作园区加快建设。

5. 对外交流不断深化

全年接待外宾 197 批、1025 人次，接待外国驻华使领馆官员 28 批、161 人次，外国友好城市团组 38 批、215 人次，外国来访记者 4 批、8 人次。2015 年新缔结友城两个，分别是智利拉塞雷纳市和巴西库里蒂巴市。

二、常州市 2015 年社会发展概况

(一)人口、人民生活

人口规模逐步扩大。截至年末，全市常住人口 470.1 万人，比上年末增长 0.1%，其中城镇人口 329.1 万人，城镇化率达到 70.0%。全市户籍总人口 370.9 万人，增长 0.6%。其中，男性 183.6 万人，增长0.4%；女性 187.3 万人，增长 0.8%。户籍人口出生率 9.6‰，人口死亡率 7‰，人口自然增长率为 2.7‰。

2015 年全市居民人均可支配收入 35379 元，增长 8.3%，其中城镇居民人均可支配收入 42710 元，增

长 8.2%，农村居民人均可支配收入 21912 元，增长 8.8%，城乡收入比为 1.95∶1。全市居民人均消费支出 22234 元，增长 7.9%，其中城镇居民人均消费支出 25358 元，增长 7.5%，农村居民人均消费支出 14764 元，增长 9.1%。2015 年，城镇居民恩格尔系数 28%，农村居民恩格尔系数 31.7%，分别较上年下降 0.3 个、0.1 个百分点。

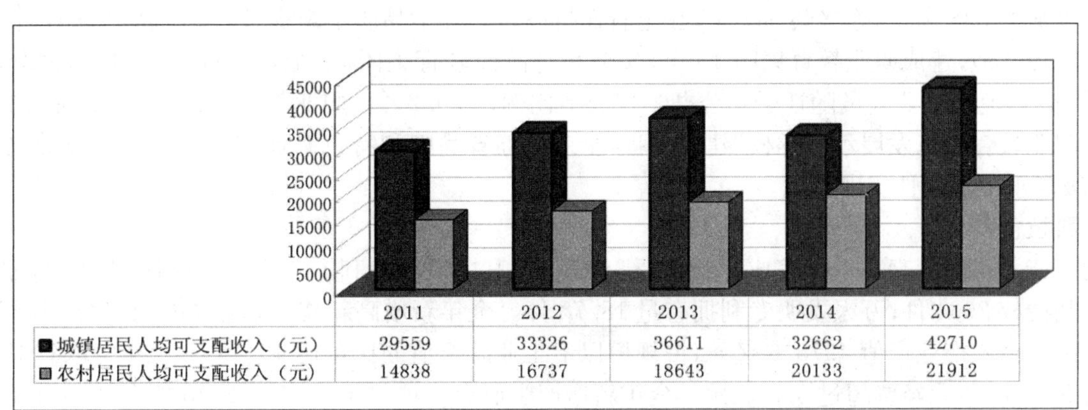

	2011	2012	2013	2014	2015
■城镇居民人均可支配收入（元）	29559	33326	36611	32662	42710
■农村居民人均可支配收入（元）	14838	16737	18643	20133	21912

图 3　2011—2015 年常州市城乡居民收入对比一览

（二）就业与社会保障

1. 就业工作积极推进

全市城镇新增就业 13.3 万人，扶持创业 12979 人，援助困难群体就业 11362 人，期末城镇登记失业率继续控制 4%以内。成功组织“第二届常州市大学生创业大赛”，征集创业项目 330 个。在全省首推以“招工即招生、入企即入校、企校双师联合培养”为主要内容的企业新型学徒制。大力促进残疾人从业创业，全年新增残疾人就业 853 人。全年新增高技能人才 3.85 万人，每万名劳动者中高技能人才 824 人，位居全省第一。

2. 住房保障工作有效推进

保障性安居工程建设稳步推进，全年新开工保障房 19065 套，基本建成 15847 套。全年新增公共租赁住房家庭 953 户，其中实物配租家庭 710 户，租金补贴家庭 243 户。2015 年全市城镇住房保障体系健全率 86.8%，居全省第一。

3. 社会保障提质增效

截至年末，全市企业职工养老保险参保人数 133.8 万人，比上年增长 2.5%；城镇职工基本医疗保险参保人数 188.1 万人，增长 5.5%；城镇失业保险参保人数 108.7 万人，增长 3.3%。养老、医疗、失业三大保险综合覆盖率达 98%。连续第 11 年调整企业退休人员基本养老金，人均增幅超过 10%。

4. 社会福利事业不断提升

全市城乡低保标准实现大幅提高，天宁区、钟楼区、新北区城乡低保标准为 670 元/月，金坛区、溧阳市城乡低保标准均为 590 元/月，武进区城乡低保标准为 620 元/月。2015 年全市 23351 户、39734 人纳入低保范围，其中城镇低保对象 7906 户、13123 人，农村低保对象 15445 户，26611 人，累计发放保障金 1.77 亿元。全年医疗直接救助 152977 人次、医疗直接救助金额 5907.5 万元。年末全市拥有各类养老机构 108 个，养老机构床位数 21968 张，收养人数 12274 人。全年发行福利彩票 11.02 亿元。2015 年，全市各级慈善会募集到账资金 1.18 亿元，发放（支出）各类救助金 8646 万元，惠及困难对象 16 万人次。

（三）教育和科学技术

1. 教育事业

截至年末，全市拥有各级各类学校 691 所，在校学生 79.32 万人，教职工 5.7 万人。大力推进现代化学校建设，全市实施学校建设项目108个，完成投资16亿元。2015年全市教育现代化建设综合得分为87.4，位居全省第三。教育教学质量不断提高，全市本二以上达线率达77.46%，职业学校对口单招本科录取率连续16年位居全省第一。在2015年全国职业院校技能大赛中获得一等奖8个，二等奖3个；在全省职业学校技能大赛中获一等奖51个、二等奖120个，获奖数量、层次均居全省前列；五大学科竞赛获省一等奖共335个，二等奖共547个，在全省保持高位。办学品质不断提升，16所高中的17个项目建成省级课程基地，建成职业教育集团10个、义务教育阶段教育集团37个，热点高中统招名额分配比例保持在70%，流动就业人员随迁子女公办学校吸纳比例达90.2%。职业教育全国领航，高标准完成"国家中等职业教育改革发展示范学校"建设工程，全市江苏省品牌和特色专业增至45个，建成并投入使用5个省级高水平示范性实训基地。

2. 科技创新

创新能力不断提高。全年完成专利申请38559件，其中发明专利13211件；专利授权21585件，其中发明专利授权2664件；万人发明专利拥有量18.78件。全年新增高新技术企业140家，累计1126家；规模以上高新技术产业产值4975.6亿元，占规模以上工业总产值的比重达43.4%。全年争取省级以上科技项目530项，争取经费超过5.3亿元。全年新增产学研合作项目1116项。2015年全社会研究与发展(R&D)活动经费占地区生产总值比重为2.61%。

创新平台加快建设。全年新增省级以上企业研发机构73家，累计建成"两站三中心"1159个，其中省级以上602家。新增孵化器、加速器16家，累计108家；新增孵化、加速面积超100万平方米，累计达800多万平方米。积极推进江苏省智能装备产业技术创新中心及4家省产业研究院预备研究所建设，其中2家正式挂牌；完成20家市级重大公共研发机构的建设和提升。

推进苏南国家自主创新示范区建设。"一核两区多园"的常州苏南国家自主创新示范区建设框架基本形成。"中国以色列常州创新园"建设步伐加快；"常州国家科技领军人才创新驱动中心"成效明显；科教城省科技服务示范区特色鲜明；武进高新区及江南石墨烯研究院被列为科技部科技服务业区域和行业试点。

(四)文化、卫生和体育

1. 文化事业

年末全市共有艺术表演团体11个，群众艺术馆、文化馆8个，博物馆24个；公共图书馆4个，全年总流通217.2万人次；自办广播节目7套，电视台节目7套，有线电视、数字电视用户分别达117.6万户、116.6万户。不断加强历史文化保护与传承，青果巷历史文化街区保护利用工程顺利推进，恽代英纪念馆建成开放。2015年，国务院正式批复常州成为国家历史文化名城。文化精品生产再获丰收，原创大型锡剧《夕照青果巷》成功亮相第二届江苏省艺术展演月，获"省文华优秀剧目奖"，被列为全省重点剧目明年晋京演出，《龙城谍恋》《幸福的红萝卜》《千古词帝》《帝国的最后一夜》等作品成绩突出。文化惠民活动扎实有效开展，组织全市10多家民办博物馆、100多个社会文化团体、近2000名艺术家和文艺工作者全心参与，惠及市民再超百万。文化产业加快发展，"中华龙城(常州)创意产业基地一期"项目入选文化部2015年文化金融合作项目，常州创意产业基地荣获"国家电子商务示范区"称号。环太湖艺术城、东方盐湖城、华夏宝盛园等重点文化产业项目加快推进。2015年全市文化产业增加值占地区生产总值的比重达5.63%。

2. 卫生事业

年末全市共有各级各类医疗卫生机构1196个，拥有总床位24263张，卫生技术人员2.96万人，其中执业(助理)医师12009人、注册护士12531人，全市每千人拥有执业(助理)医师2.55人。深入推进综合医改，11家城市公立医院和7家县级公立医院同步实施医药价格综合改革，取消以药补医机制；构建分级诊疗制度，8所二级以上医院与基层医疗机构共建380张床位的21个特色专科；大力发展社会资本办

医，全年新增非公立医疗机构 72 家，床位 1200 张。稳步夯实基层基础，新农合参合率继续保持 100%，人均筹资标准达到 603 元，住院实际补偿比达 56.03%；实施基层医疗机构提档升级工程，新建和改扩建基层医疗机构 11 家。规范开展公共卫生服务，全市基本公共卫生服务人均补助标准达 50 元，服务内容扩大到 12 类 45 项；传染病发病率低于全省平均水平，数字化预防接种门诊建成率达 72.2%，全市居民电子健康档案建档率 80.7%。大力提升优质医疗，推进市妇保院、市一院钟楼院区、市三院公卫临床中心等重点建设项目，配合行政区划调整，增设 3 个急救分站。不断创优计生服务，实施单独两孩政策，受理城镇单独夫妇再生育申请 2114 对。

3. 体育事业

全市拥有体育场地 12340 个，其中体育场 26 个，体育馆 29 个。公共体育服务体系建设取得阶段性成果，常州市和辖市区全部创建成为“第一批江苏省公共体育服务体系示范区”。有序推进各级各类体育健身设施建设，年内开工建设 1 个区级全民健身中心，完成 4 个乡镇全民健身活动中心建设，建成 32 个全民健身示范工程，为自然村（居民小区）新建和更新 637 个健身路径，免费开展国民体质测试超 3 万人次。实施“提升农民体育工程”，乡镇农村“10 分钟体育健身圈”建设逐步推进。全年共成功举办中国羽毛球大师赛、西太湖国际半程马拉松赛、环太湖国际公路自行车赛（武进赛段）、第七届 U21 青年女曲亚洲杯赛、中塞国际男篮对抗赛等 5 项次国际性比赛，以及 26 项次全国比赛（含体育协会赛事）、14 项次省级比赛。2015 年，常州市共有 13 名运动员获得国际性比赛前三名，63 名运动员获得全国性比赛前三名；其中，2015 年 8 月俄罗斯喀山游泳世锦赛上，常州籍运动员史婧琳、沈铎和队友夺得女子 4×100 米混合泳接力赛金牌，全市世界冠军总人数达到 20 人。全年共组织中小学生田径、游泳、篮球、排球、足球、乒乓球、羽毛球、网球、棋类、射击、举重等 20 项 47 次中小学生体育比赛。

（五）城乡建设

1. 路网建设持续推进

常溧高速、延政西路西延、金武路快速化改造建成通车，地铁 1 号线等在建工程进展顺利。劳动西路（五星路—龙江路）、三堡街（长江路—五星路）、福阳路（青洋路—北塘河西路）和飞龙西路等新建和大修工程建成通车，永宁北路（新一路—横塘河西路）、新堂北路（新一路—龙汇路）、新一路和龙汇路（竹林北路—新堂北路）等新建工程基本具备通车条件。

2. 公共交通服务不断完善

截至年底，全市公交线路 306 条，公交营运车辆 3135 辆，营运出租汽车 3680 辆。城市居民公共交通出行分担率 28.9%，镇村公交开通率 100%。

3. 公共服务能力提升

全年全社会用电量 408 亿千瓦时，比上年增长 3.3%，其中城乡居民生活用电 34.4 亿千瓦时，增长 6%。全年实现城市供水 2.5 亿立方米，供气 3.9 亿立方米，安装照明设施 8307 套、9338 盏，污水处理总量 1.72 亿立方米。城市公用基础设施不断完善，建成 30 万立方米/日德胜河应急取水工程，自来水深度处理工艺改造工程西石桥水厂项目、魏村水厂项目顺利开工建设，改造、新建城市管道 68.2 公里，市区老小区雨污分流改造和污水提升工程基本完成。

（六）生态环境与城市绿化

生态绿城建设不断深化。年末建成区绿地面积 9782.1 公顷，其中公园绿地面积 2478.7 公顷。市区人均公园绿地 13.9 平方米，建成区绿化覆盖率达到 43.1%。建成环高架及延伸段、丽华路、光华路、大明路生态绿道、横塘河湿地公园和白荡河绿地。扎实推进村庄规划建设示范工作，完成 7 个美丽乡村示范村检查验收，推进 8 个美丽乡村示范村建设，农村人居环境持续提升。2015 年常州市获得中国人居环境奖。

环境质量持续改善。2015年，全市完成大气污染防治项目1270项，水环境整治项目356项。全市空气质量优良天数258天，比上年增加22天，优良率70.7%。市区PM2.5平均浓度59微克/立方米，比上年下降18.1%。饮用水源地水质达标率稳定保持100%，地表水好于Ⅲ类水质的比例为74.3%。

三、常州市在长三角地区经济发展中的地位

2015年，国际和国内经济发展的环境和条件都发生了深刻变化，经济运行持续面临较大的下行压力。面对复杂局面，常州市紧紧围绕苏南现代化示范区建设目标，坚持稳中求进的工作总基调，以"重大项目突破年"活动为抓手，全力做好稳增长、调结构、促改革、重生态、惠民生各项工作，不断夯实经济发展基础，激发增长内生动力，提高经济发展质量效益，强化持续发展长效机制，全市经济社会发展总体平稳。

（一）地区生产总值

2011—2015年，常州市地区生产总值在泛长三角所占比重分别为3.08%、3.10%、3.12%、3.22%和3.24%，呈现逐年增长的态势，累计增幅为0.16个百分点，其中，2015年所占比重比上年增加了0.02个百分点。2015年常州市地区生产总值在长三角地区41个市中排名第10位，保持比较靠前的位置。

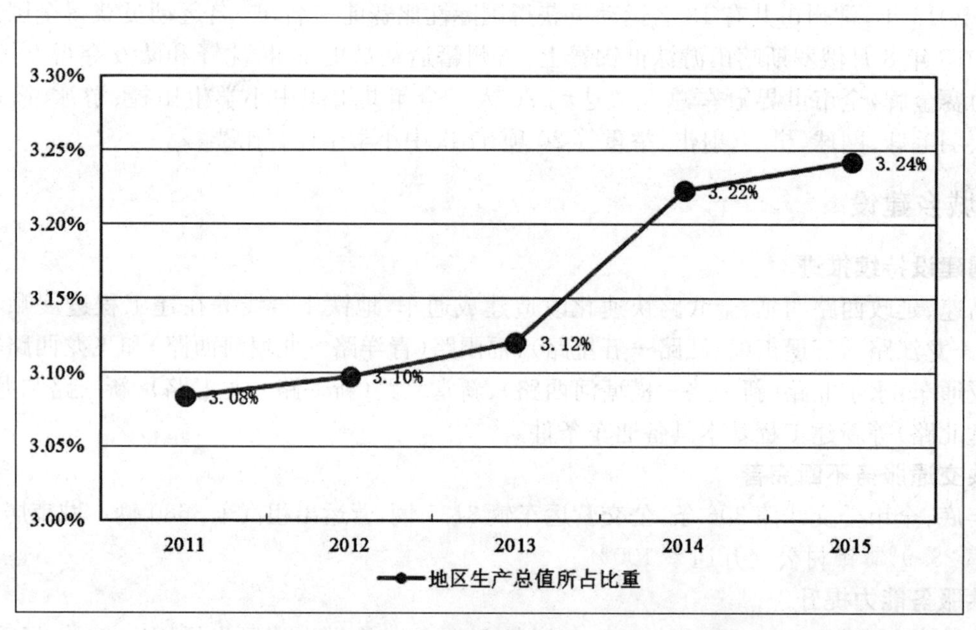

图4　2011—2015年常州市地区生产总值在泛长三角(苏浙两省24个地级市、安徽省16个地级市和上海市，下同)所占比重的变化趋势

2015年，常州市全年实现地区生产总值5273.2亿元，按可比价格计算，比上年增长9.2%，其中第一产业增加值146.6亿元，增长3.2%；第二产业增加值2516.2亿元，增长8.5%；第三产业增加值2610.4亿元，增长10.5%。农业生产保持稳定，现代农业发展加快。2015年，常州市农林牧渔业实现现价总产值271.8亿元，增长5.8%。全年粮食播种面积214.2万亩，粮食总产量108.4万吨，与上年相比分别下降3.2%、3.4%。水稻亩产643.5公斤、小麦亩产356.3公斤，水稻亩产连续13年保持全省第一。农业现代化工程加快推进，2015年常州市新建高标准农田6.26万亩，累计建成134万亩，占耕地面积的比重为59.7%；新发展高效设施农业面积2.66万亩，累计建成46.5万亩，占耕地面积的比重

为20.6%。

服务业经济发展良好，三产占比首超二产。2015年，常州市服务业保持良好发展，对常州市经济稳定增长发挥了重要的作用。全年第三产业增加值增幅高于常州市GDP增幅1.3个百分点，第三产业增加值占比达到49.5%，较上年提高1.5个百分点，首次超过第二产业，经济结构实现由“二三一”向“三二一”的新格局转变。全年服务业完成税收329.4亿元，增长7.7%，增幅高于全部税收0.5个百分点。全年规模以上服务业企业实现营业收入762亿元，增长12.4%。旅游市场持续向好，全年国内旅游总收入718.4亿元，增长12.2%，旅游总人数5443万人次，增长9.1%。快递等新兴业务发展迅猛，2015年常州市规模以上快递企业营业收入17.4亿元，增长40%，增幅较上年提高了17.8个百分点。

(二)地方财政一般预算收入

2011—2015年，常州市地方财政一般预算收入在泛长三角所占比重分别为2.84%、2.73%、2.52%、2.55%和2.39%，整体呈持续下滑态势，其中，2015年较上年下降了0.16个百分比，较2011年下降了0.45个百分点。2015年常州市地方财政一般预算收入在泛长三角地区41个市中排名第11位，较去年下滑一位。

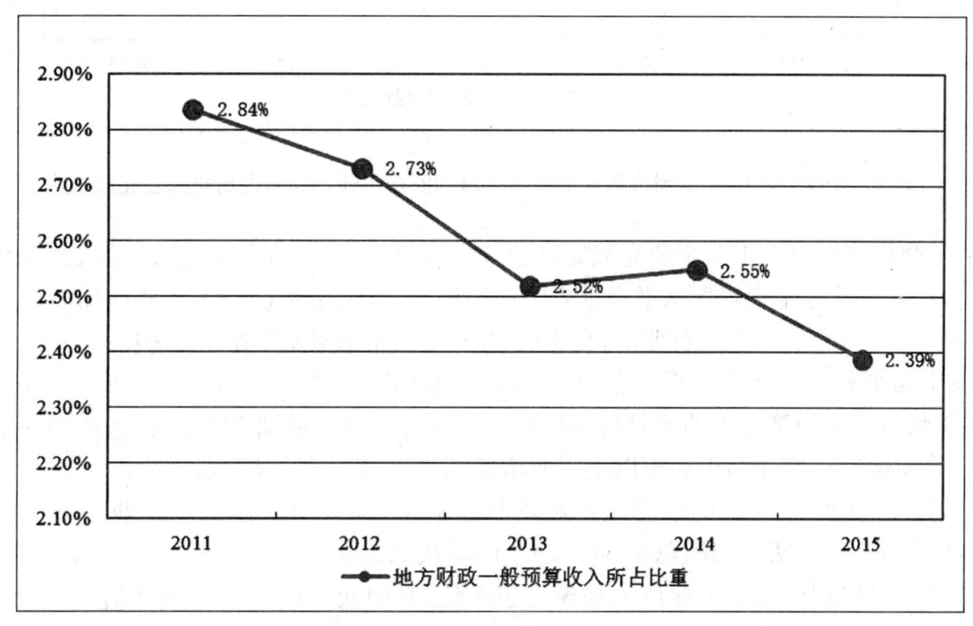

图5　2011—2015年常州市地方财政一般预算收入在泛长三角所占比重的变化趋势

2015年全市一般公共预算收入完成466.28亿元，较上年增长7.5%，增收32.40亿元。全市一般公共预算支出预计完成456.70亿元，增长5.0%，增支21.77亿元。其中市级一般公共预算支出预计完成122.95亿元。全市一般公共预算收入加上上级补助收入、下级上解收入、地方政府债券收入、上年结余结转和调入资金，减去一般公共预算支出、上解上级支出、补助下级支出、地方政府债券支出等收支相抵后，年终结余结转39.71亿元。市级一般公共预算收入加上上级补助收入、下级上解收入、地方政府债券收入、上年结余结转和调入资金等，总收入合计325.86亿元，减去一般公共预算支出、上解上级支出、补助下级支出、地方政府债券支出、安排预算稳定调节基金等合计310.16亿元，年终结余结转15.70亿元。

(三)规模以上工业总产值

2011—2015年，常州市规模以上工业总产值在泛长三角所占比重分别为3.76%、3.77%、3.86%、

3.98%和3.90%，整体呈上扬态势，2015年出现下跌，2015年所占比重较2011年上升了0.14个百分点。2015年常州市规模以上工业总产值在泛长三角地区41个市中排名第9位。

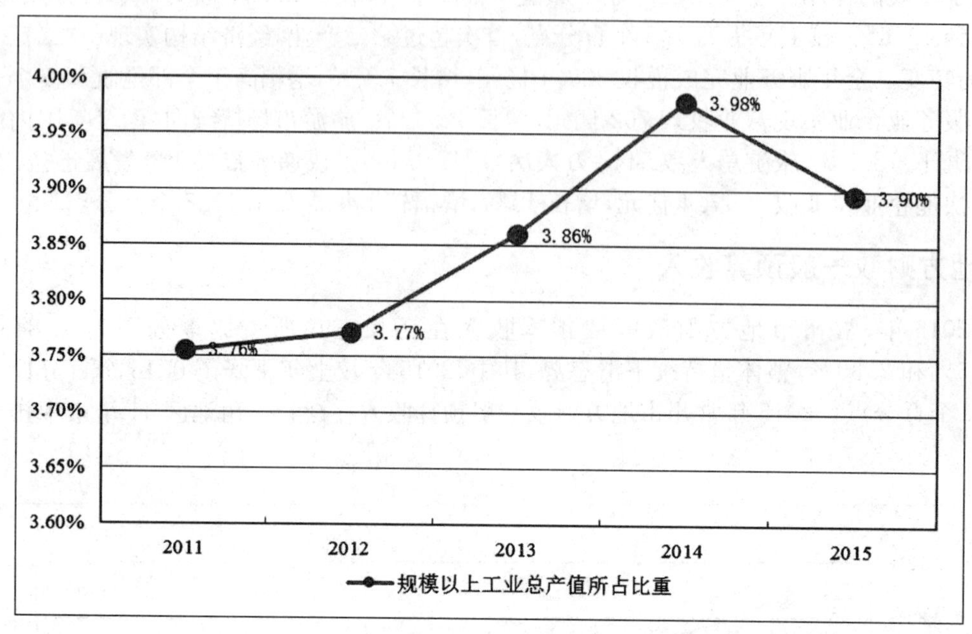

图6　2011—2015年常州市规模以上工业总产值在泛长三角所占比重的变化趋势

2015年，常州市规模以上工业企业完成总产值11454.3亿元，比上年增长5.3%，增幅较上年回落5.9个百分点，增速处于近年来较低水平。据省统计局核定，常州市规模以上工业增加值增长8.5%，增幅较上年回落2.9个百分点。主要行业中，化工、机械行业发展较快，产值分别增长14.9%、9.3%，高于规模以上工业平均水平9.6个、4个百分点；冶金行业产值持续下降，全年下降9.5%。十大产业链取得较快发展，对常州市工业经济增长的贡献份额明显提升。全年十大产业链规模以上工业企业完成产值3816.8亿元，增长8.9%，增速高出规模以上工业增速3.6个百分点，以占到常州市总量33.3%的产值规模，创造了52.6%的产值增量贡献度。企业效益稳定增长，全年规模以上工业企业实现利税总额1058.2亿元，增长10.1%；实现利润总额647.4亿元，增长9.8%。

全市六个辖市（区）规模以上工业产值规模均超千亿，其中武进区全年完成产值4360.9亿元，占全市规模以上工业的比重近四成，达到38.1%，新北区完成产值2652.7亿元，占比23.2%，溧阳市完成产值1340.1亿元，占比11.7%，天宁区、钟楼区和金坛区规模以上工业产值规模均首次突破千亿，全年分别完成产值1097.0亿元、1001.1亿元和1002.4亿元，占全市规模以上工业的比重均接近一成。

（四）进出口总额

2011—2015年，常州市进出口总额在泛长三角所占比重分别为2.18%、2.17%、2.13%、2.01%和2.01%，2013—2014年大幅下跌，2015年较2011年下跌了0.17个百分点。2015年常州市进出口总额在泛长三角地区41个市中排名第11位。

2015年常州市完成出口总额1319.2亿元，同比增长0.5%。从主要出口商品看，高新技术产品出口增长较快，全年实现出口增长9.7%；机电产品占常州市出口的54.1%，同比提高1.6个百分点。全年常州市实际到账注册外资24.9亿美元，新增协议注册外资3000万美元以上项目16个，其中总投资超10亿美元的瑞声射频模组项目成功签约，波士顿锂电池、联合光伏、顺风光电科技等3个项目总投资超5亿美元。

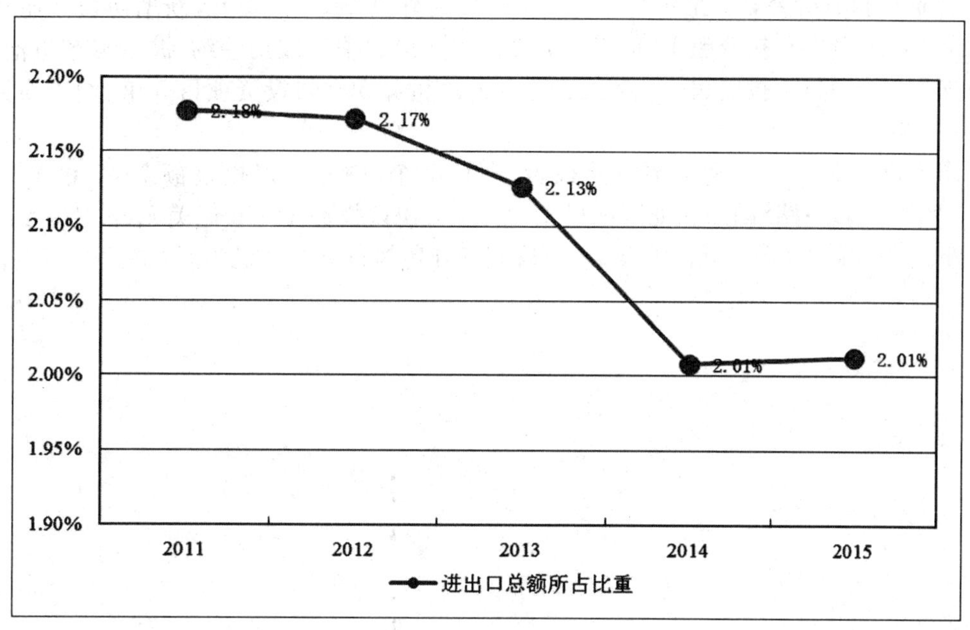

图7　2011—2015年常州市进出口总额在泛长三角所占比重的变化趋势

(五)实际外商直接投资金额

2011—2015年,常州市实际外商直接投资金额在泛长三角所占比重分别为4.84%、4.62%、4.15%、3.22%和2.35%,呈现持续下跌态势,2015年较2014年下降了0.87个百分点,较2011年下跌了2.49个百分点。2015年常州市实际外商直接投资金额在泛长三角地区41个市中排名第12位,较去年下滑了四位。

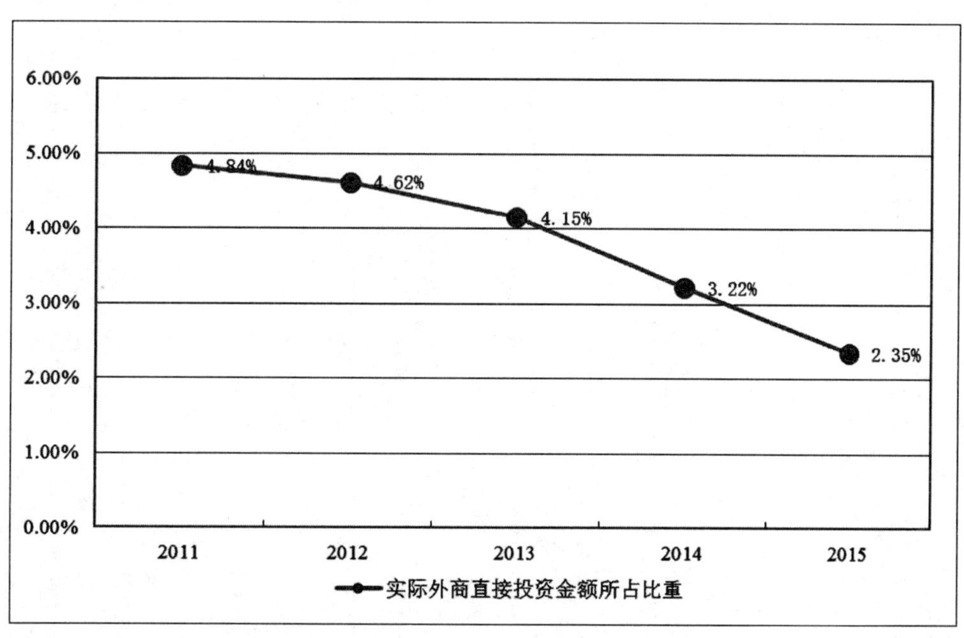

图8　2011—2015年常州市实际外商直接投资金额在泛长三角所占比重的变化趋势

2015年外资项目有所突破。全年全市实际到账注册外资24.9亿美元，新增协议注册外资3000万美元以上项目16个，其中总投资超10亿美元的瑞声射频模组项目成功签约，波士顿锂电池、联合光伏、顺风光电科技等3个项目总投资超5亿美元。全年新增世界500强投资项目5个、增资项目2个，数量创近年新高。

对外合作不断加强。全年新备案境外投资项目67个，中方协议投资额7.55亿美元，同比增长61.7%，其中涉及“一带一路”国家和地区项目12个，中方协议投资额3.6亿美元，占比达到47.8%。全年完成服务外包合同额3.8亿美元，增长21.5%；服务外包执行额3.2亿美元，增长17.7%。

六　苏州市2015年经济社会发展报告

2015年，面对复杂多变的宏观经济环境和艰巨繁重的改革发展任务，全市上下在苏州市委、市政府的正确领导下，坚持稳中求进工作总基调，紧紧围绕"五个迈上新台阶"和"强富美高"的总要求，主动适应经济发展新常态，以提高经济发展质量和效益为中心，统筹抓好稳增长、促改革、调结构、重生态、惠民生、防风险等各项工作，全市经济运行总体平稳，综合实力再上新台阶，结构调整取得新进展，改善民生取得新成效，社会事业取得新发展。

一、苏州市2015年经济发展概况

（一）综合经济

1. 经济总量

全市实现地区生产总值14504.07亿元，按可比价计算比上年增长7.5%，人均地区生产总值（按常住人口计算）136702元，按年平均汇率折算超过2.1万美元。三次产业增加值比例调整为1.5∶48.6∶49.9。

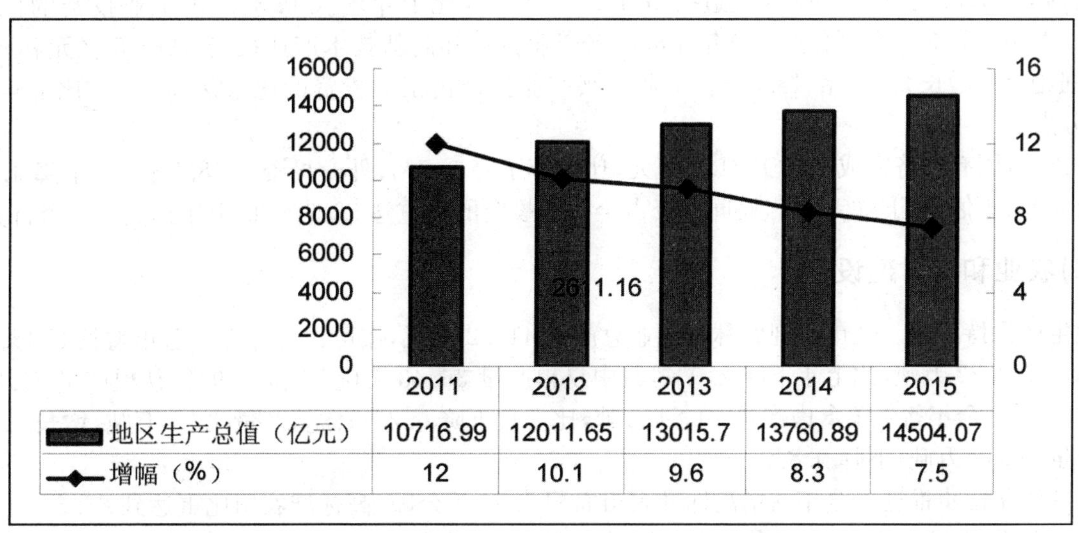

图1　2011—2015年苏州市地区生产总值及增长速度

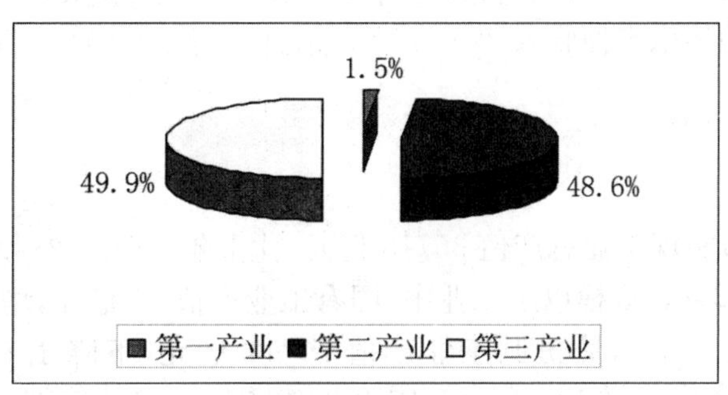

图2　2015年苏州市三次产业结构图

2. **财政收支**

全年实现地方公共财政预算收入1560.8亿元，比上年增长8.1%。其中税收收入1338.6亿元，增长7.6%，税收收入占公共财政预算收入的比重达85.8%。四大主体税（增值税、营业税、企业所得税、个人所得税）完成税收961.4亿元，增长11.3%，占税收收入的比重达71.8%，比上年提高2.4个百分点。全年地方公共财政预算支出1527.0亿元，比上年增长17.1%。其中城乡公共服务支出1195.8亿元，比上年增长19.6%，城乡公共服务支出占公共财政预算支出的78.3%。

3. **物价水平**

市区居民消费价格总水平比上年上涨1.6%，涨幅比上年回落0.5个百分点。八大类商品及服务价格"七升一降"。其中食品类价格比上年上涨2.4%，烟酒类价格上涨1.5%、衣着类价格上涨3.3%，家庭设备用品及维修服务价格上涨3.9%，医疗保健和个人用品价格上涨2.2%，娱乐教育文化用品及服务价格上涨3.6%，居住类价格上涨2.0%；交通和通信类价格比上年下降5.6%。

4. **固定资产投资**

固定资产投资结构优化。全年完成全社会固定资产投资6124.4亿元，比上年下降1.7%。分产业看，第一产业完成投资3.86亿元，下降11.3%；第二产业完成投资2204.2亿元，下降4.5%，其中工业投资2200.5亿元，下降4.6%。第三产业完成投资3916.3亿元，与上年持平，占全社会固定资产投资的比重达63.9%。

从结构看，全市完成工业技术改造投资1525.9亿元，比上年增长0.3%，占工业投资的比重达69.3%，比上年提高3.4个百分点。全年完成新兴产业投资和高新技术产业投资1440.5亿元和663.0亿元，分别比上年增长2.9%和13.3%。工业新兴产业投资占工业投资的比重达60.3%，比上年提高3.5个百分点。

分主体看，国有经济完成投资1721.6亿元，比上年下降0.7%；外商投资1118.5亿元，下降4.8%；民间投资3284.4亿元，下降1.1%，民间投资占全社会投资的比重达53.6%，比上年提高0.3个百分点。

（二）农业和农村建设

农业生产保持稳定。全市实现农林牧渔业总产值415.2亿元，按可比价计算比上年增长3.4%。全年粮食总产108.22万吨，比上年下降2.0%，其中夏粮产量36.43万吨，下降1.9%；秋粮产量71.79万吨，下降2.1%。全年猪牛羊禽肉产量10.84万吨，比上年下降5.2%；禽蛋产量4.34万吨，增长1.9%；水产品产量26.47万吨，下降0.8%。

农业现代化稳步推进。全年新增高标准农田面积5.33千公顷，高标准农田比重达到68.5%。年末设施农(渔)业面积46.8千公顷，现代农业园区总面积70.6千公顷。年末无公害农产品、绿色食品和有机食品数量达1800只。农业综合机械化水平达88%，农业现代化综合指数连续五年位居全省首位。

城乡一体化发展深化提质。年末全市农村各类合作组织4535家，持股农户比例超过96%。农村集体经济总资产1610亿元，村均年稳定性收入776万元，均比上年增长8.1%。全市167个村完成农村承包土地确权登记颁证工作。

（三）工业和建筑业

工业生产平稳增长。全市实现工业总产值35718亿元，比上年下降0.2%。其中规模以上工业总产值30546亿元，比上年增长0.2%。规模以上工业中，国有工业产值55亿元，增长11.1%；外商及港澳台资工业产值19540亿元，增长1.3%；股份制工业产值10711亿元，下降1.5%。大型工业企业产值16677亿元，比上年增长2.5%；中小微工业企业产值13869亿元，比上年下降2.4%。百强工业企业实现产值12721亿元，比上年增长5.9%。

主导行业稳定发展。电子、电气、钢铁、通用设备、化工、纺织六大支柱行业实现产值20484亿元，比

上年增长1.4%，占规模以上工业总产值的比重达67.1%，其中占规模以上工业产值32.6%的电子信息产业产值9946亿元，比上年增长6.4%，高于规模以上工业增速6.2个百分点。

新兴产业引领增长。全市实现制造业新兴产业产值14870亿元，比上年增长2.2%，占规模以上工业产值的比重达48.7%，比上年提高1.2个百分点。新材料、新能源、生物医药、新一代信息技术、高端装备制造、节能环保等产业成为新先导产业。纳米技术及材料应用、机器人及精密装备、生物医药及医疗器械、轨道交通及高端装备制造业等高技术行业较快增长，其中生物技术和新医药产值比上年增长9.5%、高端装备制造业产值增长4.4%、汽车制造业产值增长17.6%。

企业效益稳定改善。规模以上工业企业实现利税2086亿元，其中利润1510亿元，分别比上年增长3%和2%。规模以上工业企业亏损面26%，比上年扩大2.3个百分点。规模以上工业全员劳动生产率21万元/人，比上年增长3%。规模以上工业总资产贡献率8.5%。规模以上工业经济效益综合指数220%，比上年提高3个百分点。

建筑业低稳发展。全市完成建筑业总产值1956亿元，比上年下降7.6%，其中建筑、安装工程产值1942亿元，下降7.5%。竣工产值1642亿元，比上年增长5.1%，竣工率为84%。全市资质以上建筑业企业房屋施工面积10882万平方米，比上年下降7.8%，其中新开工面积2780万平方米，下降29.9%。年末拥有总承包和专业承包资质建筑企业1424家，实现利税150亿元，比上年下降2.9%。建筑业全员劳动生产率32.6万元/人，比上年提高4.2%。建筑业企业在外省完成建筑业产值430亿元，比上年增长7.7%。

（四）服务业

全年实现服务业增加值7170亿元，比上年增长9%，占GDP比重达49.5%，比“十一五”末提高7.9个百分点，形成“三二一”发展格局。全年实现高新技术产业产值14030亿元，比上年增长2.7%，占规模以上工业总产值的比重达45.9%，比“十一五”末提高9.3个百分点。

1. 国内贸易

全年实现社会消费品零售总额4424.8亿元，比上年增长9.0%。其中批发和零售业零售额3887.2亿元，增长8.6%；住宿和餐饮业零售额537.6亿元，增长11.8%。按经营单位所在地分，城镇消费品市场实现零售额3864.7亿元，比上年增长9.0%；农村消费品市场实现零售额560.1亿元，比上年增长8.8%。限额以上批发零售贸易企业零售额中，服装、鞋帽、针纺织品零售额比上年增长7.1%；日用品零售额下降5.2%；汽车零售额增长1.0%；通讯器材零售额增长16.1%；家用电器和音像器材零售额增长9.0%；金银珠宝零售额下降12.5%；建筑及装潢材料零售额增长3.6%。

年末全市拥有商品交易市场589个，其中亿元以上市场82个，实现成交额5850亿元，比上年增长2.0%。全市拥有国家级特色(著名)商业街17条。新型商业模式迅猛发展。全年电子商务交易额突破7000亿元，比上年增长40%。限额以上批发和零售业实现互联网零售额比上年增长18.0%。

2. 交通运输、邮电业

交通运输平稳发展。年末公路总里程13238.9公里，其中高速公路550.2公里。全市完成公路、水路客运量3.88亿人次，旅客周转量133.98亿人公里，分别比上年下降2.7%和2.9%。公路、水路完成货运量1.34亿吨，货物周转量209.08亿吨公里，分别比上年增长3.3%和4.3%。

全年铁路旅客发送量3742.43万人次，比上年增长7.0%。铁路货物发送量66.78万吨，货物到达量110.07万吨。苏州港港口货物吞吐量5.4亿吨，比上年增长13.4%，其中外贸货物吞吐量1.42亿吨，比上年增长15.5%；集装箱运量510.2万标箱，比上年增长17.8%。

汽车保有量继续增加。年末拥有汽车268.6万辆，其中私家汽车229.3万辆，分别比上年增长11.7%和13.8%。

邮电业务快速发展。全年邮政业务收入108.53亿元，比上年增长37.2%。电信业务收入186.32

亿元，比上年下降5.0%。全年发送快递5.63亿件，增长52.6%，实现快递业务收入88.54亿元，增长40.7%。年末固定电话用户269万户；移动电话用户1611万户，其中4G用户729万户。年末互联网宽带用户数达402.73万户，比上年末净增45.45万户。

3.金融、证券和保险

金融运行保持稳定。年末全市金融机构人民币存款余额23659亿元，比年初增加2040亿元，比年初增长9.4%。年末金融机构人民币贷款余额19200亿元，比年初增加1946亿元，比年初增长11.3%。其中短期贷款余额6633亿元，比年初增加122亿元；中长期贷款余额11403亿元，比年初增加1403亿元。

金融创新持续深入。全年新增各类金融机构41家，总数达759家。金融总资产3.8万亿元，比上年增长11.8%。新增上市公司8家，累计达100家，募集资金累计1180亿元。上市公司再融资19家，募集资金208亿元。新增新三板企业158家，累计挂牌企业229家。全年新增债券融资685.7亿元，同比多增52.7亿元。

年末全市证券交易开户总数191万户。证券机构托管市值总额7135亿元，比上年增长98%。全年各类证券交易额8.3万亿元，比上年增长219%。期货市场交易额5.8万亿元，比上年增长66%。

保险业健康平稳运行。新增保险机构1家，年末保险机构75家，各类分支机构894家。全年保费收入368.3亿元，比上年增长18.1%，其中财产险收入159.6亿元，增长11.5%；人身险收入208.7亿元，增长23.8%。保障水平不断提升。全年保险赔款和给付支出136.6亿元，比上年增长23.5%。保险深度、保险密度分别为2.5%和3469元/人。

4.旅游业

旅游市场健康发展。全市实现旅游总收入1884.5亿元，比上年增长11%。全年接待入境过夜游客149.7万人次，旅游外汇收入17.9亿美元。全年接待国内游客10630.6万人次，比上年增长6%。年末全市共有5A级景区6家(11个点)、4A级景区33家。阳澄湖半岛旅游度假区创建为国家级旅游度假区，年末省级以上旅游度假区10家，其中国家级2家。

5.房地产业

房地产市场明显回暖。全年完成房地产开发投资1865亿元，比上年增长5.7%。商品房新开工面积2153.4万平方米，比上年下降31.4%；商品房施工面积11285.9万平方米，比上年增长3.5%；竣工面积1653.1万平方米，比上年增长8.2%。全年商品房销售面积2133.7万平方米，比上年增长33.4%，其中住宅销售面积1940.9万平方米，增长34.2%。

(五)开放型经济

1.对外贸易

对外贸易规模保持稳定。全市实现进出口总额3053.5亿美元，比上年下降1.9%，其中出口1814.6亿美元，比上年增长0.2%。从经营主体看，国有企业实现进出口153.2亿美元，比上年增长10.9%；外资企业实现进出口2123.6亿美元，下降2.9%；私营企业实现进出口693.9亿美元，下降0.8%。主体市场中，对美国出口比上年增长2.9%，对日本出口下降8.1%，对欧盟出口下降1.9%，三大主体市场出口额932.2亿美元，占全市出口的比重为51.4%，保持稳定。对新加坡、越南、印度和巴基斯坦等"一带一路"沿线国家分别实现进出口64.8亿美元、46.5亿美元、46.4亿美元和4.1亿美元，分别比上年增长1.3%、24.5%、7.9%和26.3%。

外贸结构进一步优化。全市加工贸易出口978.7亿美元，比上年下降0.4%。一般贸易出口531.8亿美元，比上年下降0.4%，一般贸易出口占比为29.3%。机电产品出口1428.6亿美元，比上年增长1.3%，占全市出口的78.7%。高新技术产品出口992.4亿美元，比上年增长1.4%，占全市出口的比重为54.7%。全市服务外包接包合同额119.3亿美元，离岸执行额62.5亿美元，分别比上年增长14.9%

和 14.0%。全市服务贸易规模达到 125 亿美元。

2. 利用引资

使用外资层次提升。全年实际使用外资 70.2 亿美元，其中服务业实际使用外资 26.7 亿美元，占实际使用外资的 38.1%；战略性新兴产业和高技术项目实际使用外资 33.8 亿美元，占实际使用外资的 48.2%。新引进和培育各类具有地区总部特征或共享功能的外资企业 35 家，累计超过 200 家。148 家世界 500 强企业在苏州有投资企业 400 多家。

3. 对外经济合作

"走出去"步伐加快。全年新批境外投资项目中方协议投资额 20.5 亿美元，比上年增长 20.4%。其中第三产业项目中方协议投资额 12.6 亿美元，占 61.5%；民营企业境外中方协议投资额 17.7 亿美元，占 86.4%。全年新签对外工程承包合同额 18.8 亿美元，完成营业额 10.4 亿美元，分别比上年增长 39.5%和 9.2%。"一带一路"战略带动效应显现，全市企业对"一带一路"沿线国家协议投资额 5.9 亿美元，比上年增长 48%。

4. 开发区建设

开发区经济转型提速。苏州工业园区获批全国首个开放创新综合试验区。常熟高新技术产业开发区升格为国家级，全市国家级开发区升至 14 家；常熟、吴江、吴中三家出口加工区转型为综合保税区，全市综保区（保税港区）数量增至 8 家；苏州工业园区综保区贸易功能区通过验收，内外贸一体化发展加速推进；张家港保税区获批开展国家企业外债宏观审慎管理试点。

二、苏州市 2015 年社会发展概况

（一）人口、人民生活

年末全市常住人口 1061.60 万人，其中城镇人口 794.08 万人。户籍人口 667.01 万人，户籍人口出生率为 9.94‰，比上年下降 1.75 个千分点；户籍人口自然增长率 3.02‰，比上年下降 1.95 个千分点。

城乡居民收入平稳增长。根据抽样调查，全体常住居民人均可支配收入 42987 元，比上年增长 8.2%。其中城镇常住居民人均可支配收入 50390 元，比上年增长 8%；农村常住居民人均可支配收入 25580 元，比上年增长 9%。城乡居民最低生活保障标准由每人每月 700 元调整至 750 元。

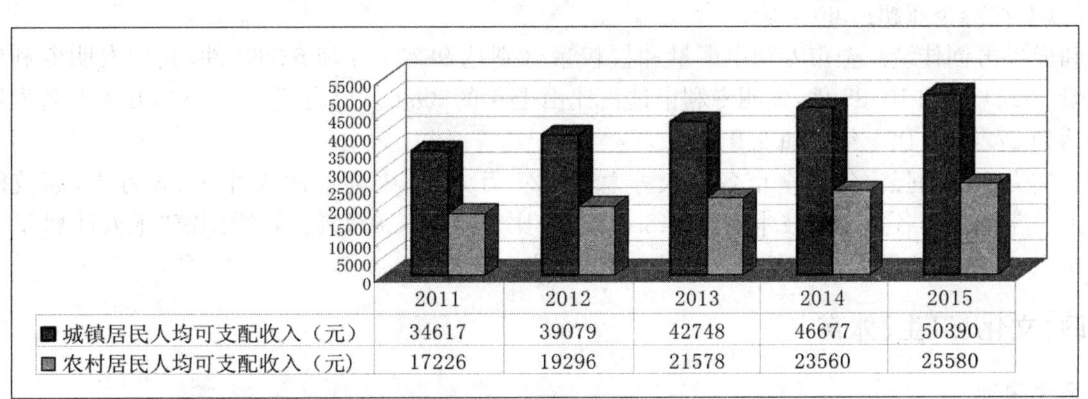

	2011	2012	2013	2014	2015
■ 城镇居民人均可支配收入（元）	34617	39079	42748	46677	50390
■ 农村居民人均可支配收入（元）	17226	19296	21578	23560	25580

图 3　2011—2015 年苏州市城乡居民收入对比一览

（二）就业与社会保障

就业总量保持平稳，就业结构持续优化，就业质量逐步提高。全市新增就业 17 万人，开发公益性岗位 1 万个，城镇就业困难人员实现就业 2.1 万人。城镇登记失业率控制在 2%以内。苏州籍高校毕业生

就业率达到98.6%。全年免费城乡劳动者职业技能培训5万人。推进大众创业、万众创新，累计建成各类创业基地235家，孵化面积超过520万平方米。

加大社会保障制度改革力度，城乡社会保障体系进一步完善。年末全市企业职工养老保险缴费人数468.41万人，比上年增加5.45万人；参加城镇职工基本医疗保险人数609.9万人，比上年增加16.07万人；参加失业保险人数421.99万人，比上年增加21.06万人。年末企业养老保险享受人数138.99万人。年末城乡居民社会养老保险参保人数48.18万人，其中领取基础养老金人数44.5万人；参加居民医疗保险人数279.43万人。全市城镇职工社会保险覆盖率、城乡居民养老保险和医疗保险覆盖率均保持在99%以上。企业退休人员月人均增加养老金198.3元。全市新增缴存公积金职工73.7万人，年末缴存住房公积金职工数达253.1万人，全年职工提取公积金219.6亿元。

年末全市拥有各类养老机构234个，养老机构床位总数64014张，日间照料中心613个，助餐点737个，助浴点18个。年末全市2.1万户、共计3.6万人享受低保，全年发放低保金2.29亿元。全年社会救助支出21亿元。全市新开工建设保障性住房26427套，基本建成28275套，为1247户困难家庭发放住房租赁补贴。

(三)教育与科技创新

1.教育事业

教育现代化快速推进。年末全市拥有各级各类学校(含外来工子弟学校)744所，在校学生123.47万人，毕业生24.81万人，专任教师7.91万人。其中普通高等院校21所，独立学院4所，普通高等学校在校学生21.48万人，毕业生5.72万人。高等教育毛入学率68.1%。成人高等学校在校学生3.36万人，毕业生1.34万人。年末拥有幼儿园(含民办)731所，在园幼儿30.09万人。

2.科技事业

科技创新加快推进。全市财政性科技投入86.9亿元，占公共财政预算支出的5.7%。研究与试验发展经费支出占地区生产总值的比重达到2.68%。全市新增高新技术企业712家，累计3478家。新增省级以上工程技术研究中心73家，累计585家；新增省级以上企业技术中心48家，累计328家；新增省级以上工程中心(实验室)10家，累计57家；年末省级以上公共技术服务平台58家，其中国家级15家。全市拥有省级以上科技孵化器89家，其中国家级和省级分别为31家和58家，孵化面积超470万平方米，省级以上在孵企业超过6000家。

专利成果再创佳绩。全市专利申请量和授权量分别达98704件和62263件，其中发明专利申请量和授权量43241件和10488件，发明专利申请占比由上年的39.6%提高至43.8%。万人有效发明专利拥有量达到27.4件，比上年增加8.9件。

创新实力不断增强。年末全市各类人才总量227万人，其中高层次人才17.8万人，高技能人才49.2万人。年末拥有各类专业技术人员148.5万人，比上年增长8.7%。新增国家“千人计划”30人，累计达187人，其中创业类人才107人，居全国城市首位。

(四)文化、卫生、体育

1.文化事业

公共文化服务体系进一步完善。年末全市共有文化馆11个、文化站98个、公共图书馆11个、博物馆40个。着力培育文化创意产业，全市形成了以8个国家级、15个省级和55个市级文化产业示范园区(基地)为主体的产业空间格局，全年文化产业主营业务收入4100亿元，比上年增长15%。文化保护与传承进一步加强。启动国家“海上丝绸之路”和“江南水乡古镇”申遗工作。全市现有市级以上文物保护单位816处，其中全国重点文物保护单位59处、省级112处。共有国家级历史文化名镇13个、名村5个。

2. **卫生事业**

医疗卫生服务能力持续增强。年末全市拥有各类卫生机构3102个，其中医院、卫生院272个，卫生防疫、防治机构11个，妇幼保健机构11个。年末卫生机构拥有床位6万张，其中医院病床5.29万张；拥有卫生技术人员6.8万人，其中执业医师和执业助理医师2.65万人、注册护士2.67万人，分别比上年增长4.3%和5.1%。苏州大学附属第一医院平江新院和附属儿童医院园区总院投入使用，苏州科技城医院基本建成。

3. **体育事业**

年末全市公共体育设施面积3352万平方米，人均公共体育设施面积3.16平方米。环古城河健身步道建成开放，全市建成健身步道1118公里。五卅路市民健身中心的篮球馆、羽毛球馆、游泳馆和保龄球馆建成对外开放。全年体育彩票销售38.88亿元。成功举办第53届世界乒乓球锦标赛、环金鸡湖国际半程马拉松赛、苏州太湖国际马拉松等比赛。

（五）城市建设和公用事业

1. **城市建设**

全年完成基础设施投资1070.9亿元，比上年增长4.8%。中环快速路主线全线通车。常嘉高速公路昆山至吴江段、张家港疏港高速公路等工程加快建设。沪通铁路苏州段建设有序推进。轨道交通2号线延伸线、4号线及支线工程、轨道交通3号线平稳推进。1000千伏特高压淮上线工程和智能电网应用先行区、示范区加快建设。23项“智慧苏州”重点项目顺利推进。“千兆苏州”全光网顺利建成。苏州市入选国家首批地下综合管廊试点城市。

2. **公用事业**

全年全社会用电量1311.7亿千瓦时，比上年增长3.4%。其中工业用电量1074.2亿千瓦时，增长2.9%；城乡居民生活用电94.6亿千瓦时，比上年增长8.3%。全市拥有区域供水厂22座，总供水能力697.5万立方米/日。新建、改建城镇生活污水处理厂24座，新增生活污水处理能力35.75万吨/日，年末生活污水处理能力达到327.99万吨/日。城镇生活污水处理率达到94.5%，农村生活污水处理率达到60%。

市区（不含吴江，下同）自来水日供水能力达到235万立方米。市区管道天然气供气总量7.75亿立方米。市区新辟公交线路28条，其中社区巴士（微循环公交）线路9条，年末营运线路332条，线路总长达到7078.2公里；全年公交运客总量6.15亿人次。大力发展绿色低碳交通。新购新能源和清洁能源公交车608辆。年末市区营运出租汽车4803辆。年末城市轨道交通运营线路总长70.5公里，全年运营总里程729.96万列公里，线网客流总量13784.2万人次。全市新增农村客运（公交）班线14条，行政村农村客运班车通达率、镇村公交开通率均保持100%。

（六）环境保护与节能降耗

全市环保投入576亿元，比上年增长7.2%，占地区生产总值的比重达4.0%。突出抓好生态文明建设“十大工程”，实施95个重点项目，完成投资180亿元。全市空气质量达标天数（按AQI标准统计）比例为68.2%。市区PM2.5年均浓度比上年下降12.1%。主要监测断面水质Ⅲ类以上比例66.7%。集中式饮用水水源地水质达标率保持100%。农村新增林地、绿地768公顷，陆地森林覆盖率为29.56%。市区新增绿地面积430万平方米，建成区绿化覆盖率42.7%，市区建成区人均公园绿地面积14.99平方米。全市建成美丽村庄示范点10个、三星级康居乡村100个。全市划定生态红线保护面积3205.52平方公里，占市域土地面积的37.76%。苏州市和昆山市成功创建国家生态园林城市。

节能减排扎实推进。劝退、拒批不符合环保要求建设项目179个。整治燃煤小锅炉1730台。关停、淘汰落后产能企业1116家。新增三星级以上“能效之星”企业37家，累计达393家。单位地区生产总值能耗、主要污染物排放总量削减完成省下达的任务。

三、苏州市在长三角地区经济发展中的地位

2015 年，面对复杂多变的国际环境和艰巨繁重的国内改革发展稳定任务，苏州市各地区各部门在党中央国务院的正确领导下，坚持稳中求进工作总基调，按照宏观政策要稳、微观政策要活、社会政策要托底的总体思路，统筹稳增长、促改革、调结构、惠民生、防风险，认真执行十二届全国人大二次会议审议批准的 2015 年国民经济和社会发展计划，扎实做好各方面工作，经济社会发展在新常态下保持总体平稳。苏州常住人口增长继续放缓，劳动力总量继续下降，就业结构进一步优化，城镇化水平稳步推进，人口发展保持良好态势。

（一）地区生产总值

2011—2015 年苏州市地区生产总值在长三角所占比重分别为 9.23%、9.37%、9.31%、9.05%和 8.92%，2014、2015 年出现了大幅下跌，2015 年较上年下降了 0.13 个百分点，较 2011 年下降了 0.31 个百分点。2015 年苏州市地区生产总值在泛长三角地区 41 个市中排名第 2 位。

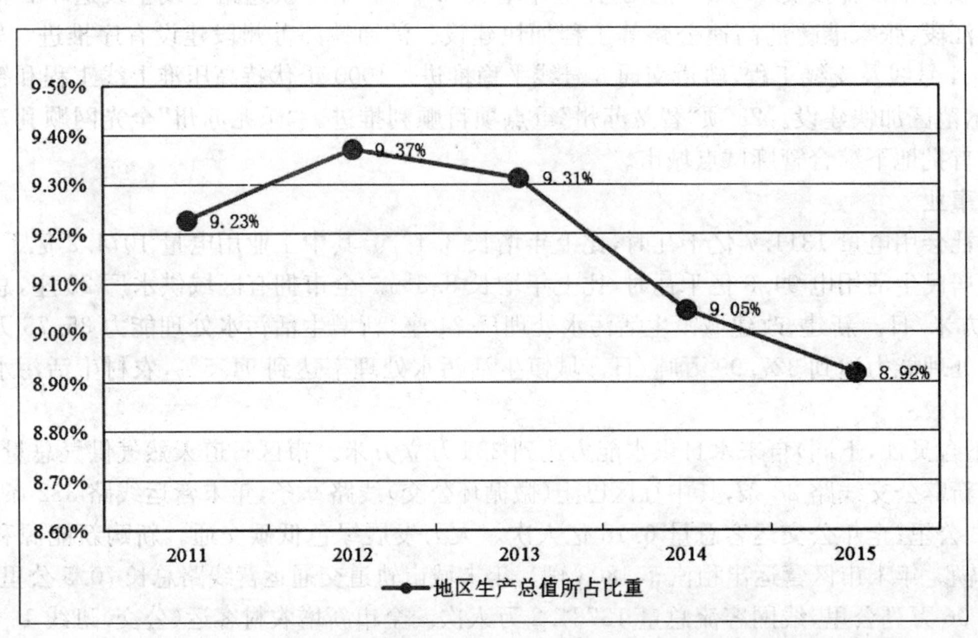

图 4　2011—2015 年苏州市地区生产总值在泛长三角（苏浙两省 24 个地级市、安徽省 16 个地级市和上海市，下同）所占比重的变化趋势

2015 年，全市实现地区生产总值 1.45 万亿元，按可比价计算比上年增长 7.5%，人均地区生产总值（按常住人口计算）13.63 万元，按年平均汇率折算超过 2.1 万美元。

2015 年全市各级积极化解工业投资需求不足和工业经济下行压力加大的矛盾，在工业投资稳总量的前提下，注重投资质量和效益，不断加大有效投入，加快投资结构转型，全年工业投资呈现稳步回升的态势。2015 年，苏州市工业投资完成 2201 亿元，比上年下降 4.6%，占全社会固定资产投资的 35.9%，比重下降 1.1 个百分点，其中制造业完成投资 2046 亿元，下降 8.4%。前 10 月顺利实现"工业投入总量达 1800 亿元，技改投入占比再提高 1 个百分点"的全年工业投资目标任务。工业投资三大转型指标占比明显提升，显示转型升级成效。工业新兴产业投资实现正增长。2015 年，苏州市新兴产业投资完成 1440 亿元，比上年增长 2.9%，其中工业新兴产业投资完成 1327 亿元，增长 1.4%，占新兴产业的比重为

92.1%，占工业投资的60.3%，占比提高3.5个百分点。高新技术产业投资增势显著。2015年，苏州市高新技术产业投资完成663亿元，比上年增长13.3%，占工业投资比重为30.1%，占比提高4.8个百分点。工业技改投资占比明显提升。2015年，苏州市工业技改投资保持持续回升态势，年末实现正增长，工业技改投资完成1526亿元，比上年增长0.3%，占工业投资的69.3%，占比提高3.3个百分点，技改投入占比超过再提高1个百分点的年度目标任务要求。

(二)地方财政一般预算收入

2011—2015年苏州市地方财政一般预算收入在泛长三角所占比重分别为8.90%、8.68%、8.20%、8.48%和7.99%，五年整体呈下跌，2015年比上年减少了0.49个百分点，五年累计跌幅达0.91个百分点。2015年苏州市地方财政一般预算收入在泛长三角地区41个市中排名第2位。

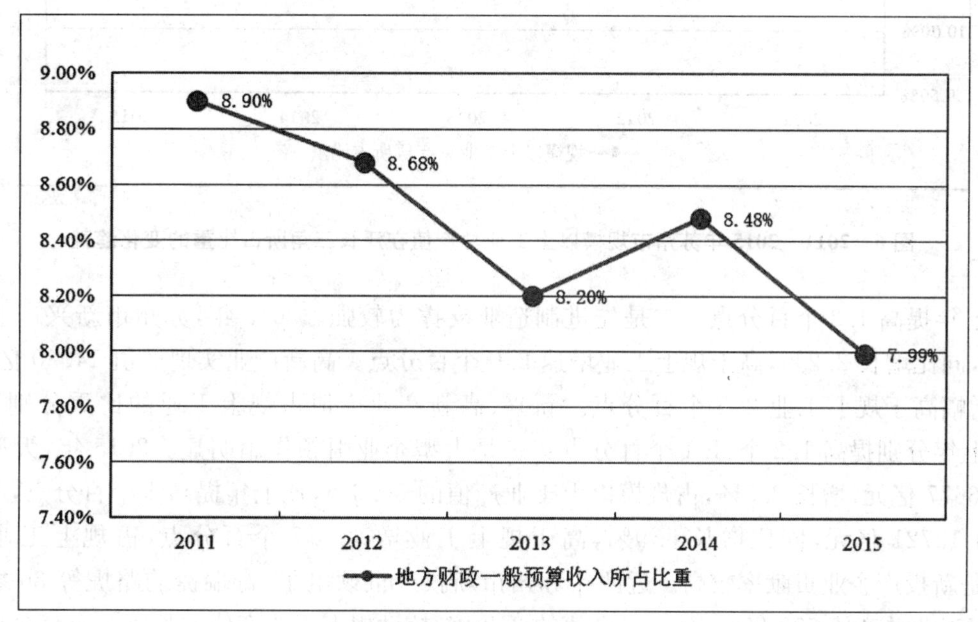

图5 2011—2015年苏州市地方财政一般预算收入在泛长三角所占比重的变化趋势

2015年，苏州市各级财税部门主动适应经济发展新常态，积极应对各种风险和挑战，不断创新工作方法，完善保障措施，财政收入实现稳定优质增长。全市完成地方公共财政预算收入1560.8亿元，增收116.9亿元，增长8.1%，其中税收收入完成1338.6亿元，增长7.6%，税收占地方公共财政预算收入的比重为85.8%，收入总量、增量、税收占比继续保持全省第一。

(三)规模以上工业总产值

2011—2015年苏州市规模以上工业总产值在泛长三角所占比重分别为12.62%、12.09%、11.65%、10.93%和10.62%，五年时间持续下跌，2015年较上年下跌0.31个百分点，五年累计跌幅达2.0个百分点。2015年苏州市规模以上工业总产值在泛长三角地区41个市中排名第2位。

2015年以来，面对国内外宏观经济形势复杂多变的严峻挑战，苏州工业生产坚持“稳中求进，稳中求质”的总基调，努力克服和化解工业经济下行压力，全年规上工业产值以0.2%的小幅增长收尾，具体来看，四大因素支撑2015年苏州市工业生产增长：一是电子信息行业发展较快。2015年，苏州市电子信息行业实现产值9946亿元，同比增长6.4%，高于规上工业增速6.2个百分点，占规上工业产值的比重达

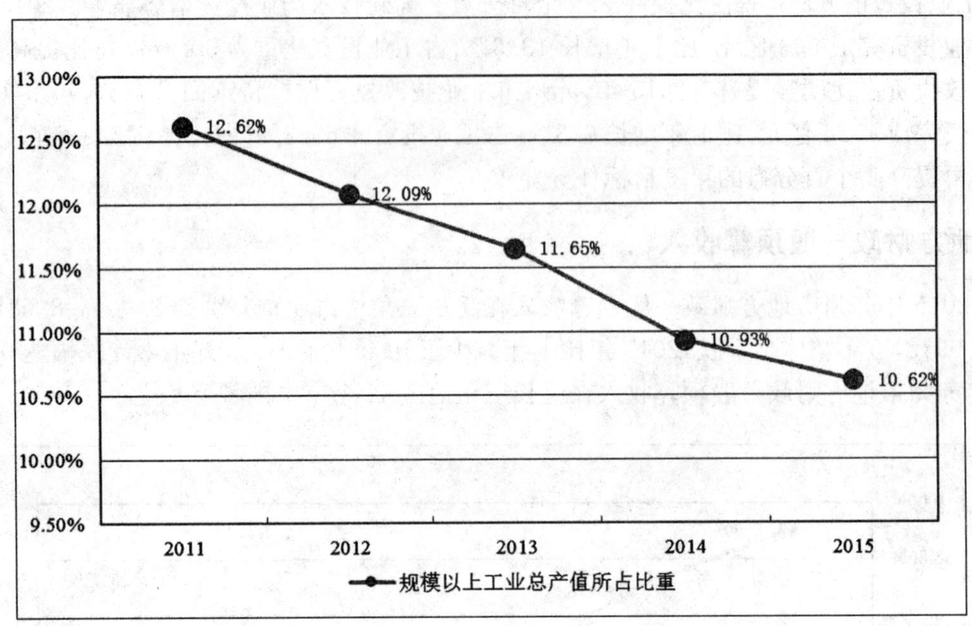

图 6　2011—2015 年苏州市规模以上工业总产值在泛长三角所占比重的变化趋势

32.6%，比上年提高 1.3 个百分点。二是先进制造业支撑力较强。2015 年，苏州市新兴产业实现产值 14870 亿元，同比增长 2.2%，高于规上工业增速 2.0 个百分点。高新产业实现产值 14030 亿元，同比增长 2.7%，增幅高于规上工业 2.5 个百分点。新兴、高新产业产值占规上工业的比重分别达 48.7%、45.9%，比上年分别提高 1.2 个、1.1 个百分点。三是大型企业引领作用明显。2015 年，大型工业企业实现产值 16677 亿元，增长 2.5%，占规模以上工业产值的 54.6%，比上年提高 1 个百分点，其中百强企业实现产值 12721 亿元，同比增长 5.9%，高于规上工业增速 5.7 个百分点，占规上工业的比重达 41.6%。四是新投产企业贡献率较高。近两年苏州市新投产世硕电子、奇瑞捷豹路虎等 36 家工业企业 2015 年实现工业总产值 578 亿元，是上年产值的 3.2 倍，拉动规上工业产值增长 1.3 个百分点。

市规上工业实现销售收入 29869 亿元，同比下降 1.5%。实现利税 2134 亿元，其中利润 1518 亿元，分别同比增长 3.7%、4.3%，增速分别高于销售收入 5.2.5.8 个百分点。企业亏损面 25.6%，比去年同期上升 1.9 个百分点。

全市规上工业企业经济效益综合指数 222.2%，同比提升 4.2 个百分点，工业效益运行质量持续优化。七大构成指标两升五降，其中反映企业经营成果、劳动技术水平的成本费用利润率、全员劳动生产率两项指标同比上升，反映企业负债水平的逆向指标资产负债率同比下降，总资产贡献率、资本保值增值率、流动资产周转率及产品销售率四大指标同比下降。

分地区看，盈利水平好于销售。辖区十个板块盈利呈现“七升三降”，仅姑苏、高新区及常熟三个地区利润下降。销售呈现“二升八降”，除园区、昆山销售收入实现正增长外，其余八大板块均有不同程度下降。分经济类型看，民营工业好于外资。全市规上民营企业实现利润 450 亿元，同比增长 9.7%，增速高于外资工业 6.8 个百分点。外资工业实现利润 1021 亿元，同比增长 2.9%，占规上工业比重 67.3%，占比比 2014 年下降 1.2 个百分点。

（四）进出口总额

2011—2015 年苏州市进出口总额在泛长三角所占比重分别为 22.88%、22.87%、22.52%、21.70%

和 21.91%，整体呈持续下行态势，2015 年较上年上升了 0.21 个百分点，五年累计下降了 0.97 个百分点。2015 年苏州市进出口总额在泛长三角地区 41 个市中排名第 2 位。

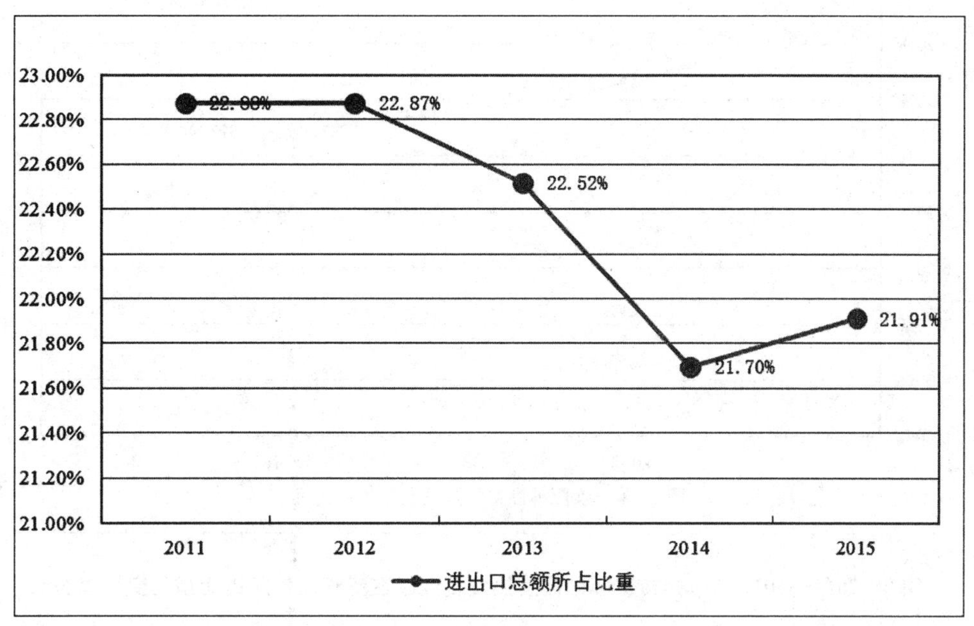

图 7　2011—2015 年苏州市进出口总额在泛长三角所占比重的变化趋势

2015 年苏州市外贸进出口 18957.1 亿元人民币，比上年(下同)下降 0.9%。值得关注的是，对出口增长贡献较大的主要是手机等通信设备，出口 1188.8 亿元，增长 45.8%。苏州外贸进出口 18957.1 亿元人民币，比上年下降 0.9%。其中出口 11264.1 亿元，增长 1.2%；进口 7693 亿元，下降 3.8%；贸易顺差 3571.1 亿元，扩大 13.9%。去年全国进出口总值为 24.59 万亿元，比上年下降 7%，其中江苏省进出口 3.39 万亿元，下降 2.2%。同期，苏州市进出口总值占全国的比重为 7.7%，占全省的比重为 56%，全市外贸整体跌幅分别小于全国和全省平均跌幅 6.1 个百分点和 1.3 个百分点。

对外贸易出口总量排名前六位的国家(地区)分别是美国、欧盟、香港、东盟、日本和台湾。据海关数据显示，2015 年苏州市对上述六地共实现出口额 1413.25 亿美元，同比下滑 0.1%，六地出口额占全市出口总量的比重达 77.9%。其中苏州市对美国、香港和东盟分别实现出口额 439.88 亿美元、227.73 亿美元和 151.71 亿美元，同比分别增长 2.9%、0.5%和 4.3%，对欧盟、日本和台湾分别实现出口额345.58 亿美元、146.73 亿美元和 101.61 亿美元，同比分别下降 1.9%、8.1%和 1.8%。

(五)实际外商直接投资金额

2011—2015 年苏州市实际外商直接投资金额在泛长三角所占比重分别为 14.29%、12.61%、11.61%、10.87%和 8.18%，2011 至 2015 年连续五年出现下降，累计降幅达 6.11 个百分点。2015 年苏州市规模以上工业总产值在泛长三角地区 41 个市排名第 3 位，较去年下滑一位。

2015 年，苏州新设外商投资项目 860 个，新增注册外资 89.39 亿美元，比上年增长 4.2%，实际使用外资 70.19 亿美元，比上年下降 13.6%，与上年相比使用外资结构进一步优化。

引进外资总量占全省的比重保持稳定。2015 年，全市新设外资项目数、新增注册外资额分别占全省的 33.3%和 22.7%，与上年相比分别提高了 3.4 和 2.8 个百分点，继续保持全省前列。投资方式更加丰富。全年有 589 家外资企业增资扩股，新增注册外资 51.21 亿美元，占引资总额的 57.3%，比上年提高

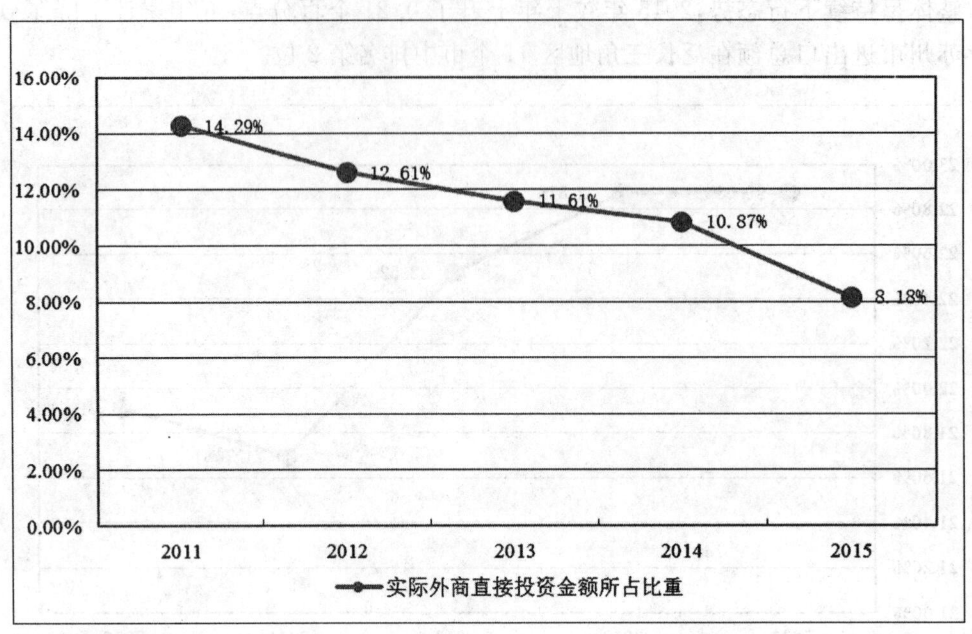

图 8 2011—2015 年苏州市实际外商直接投资金额在泛长三角所占比重的变化趋势

5.8 个百分点。战略性新兴产业和高技术项目使用外资占比提升。2015 年全市战略性新兴产业和高技术项目实际使用外资 33.86 亿美元，占全市的 48.2%，比重比上年提高 1.2 个百分点。服务业渐成使用外资主线。全年服务业新设项目数 624 个，注册外资 45.80 亿美元，比上年分别增长 8.5%和 36.5%，占全市的比重由上年的 63.5%和 39.1%分别提升到 72.6%和 51.2%。服务业实际使用外资 26.74 亿美元，占全部的 38.1%，比上年提高 0.5 个百分点。

七　南通市2015年经济社会发展报告

2015年，全市上下全面贯彻党的十八大和十八届三中、四中、五中全会精神，认真落实习近平总书记系列讲话特别是视察江苏重要讲话精神，主动认识新常态，积极适应新常态，奋力引领新常态，在省委、省政府的正确领导下，紧紧围绕“两个率先”，全力落实“八项工程”、实现“八个领先”，抢抓机遇、应对挑战，统筹推进经济、政治、文化、社会、生态文明建设和党的建设。国民经济总体处于稳健运行的合理区间，发展质态继续优化，转型升级成效显现，积极因素不断积累。但宏观环境仍然复杂严峻，下行压力不减。

一、南通市2015年经济发展概况

(一)综合经济

1. 经济总量

全市实现生产总值6148.4亿元，按可比价格计算，比上年增长9.6%。其中：第一产业增加值354.9亿元，增长2.9%；第二产业增加值2977.5亿元，增长9.7%；第三产业增加值2816.0亿元，增长10.5%。人均GDP达到84236元。按2015年平均汇率计算，人均GDP为13525美元，增长8.1%。

产业结构继续优化。全市三次产业结构演进为5.8∶48.4∶45.8。全年实现服务业增加值2816.0亿元，增长10.5%，占GDP比重达到45.8%。“两新”产业较快发展，完成高新技术产业产值6202.5亿元，增长14.6%，占规模以上工业比重达到45.0%，同比提高1.4个百分点。六大新兴产业完成产值4552.4亿元，增长10.6%，占规模以上工业的比重达到33.1%，与上年持平。

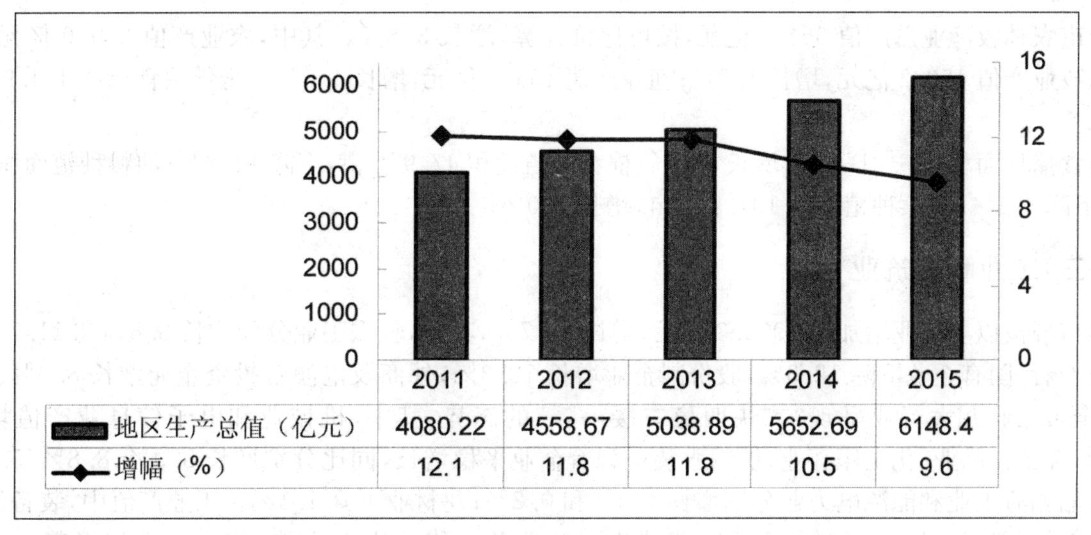

	2011	2012	2013	2014	2015
地区生产总值（亿元）	4080.22	4558.67	5038.89	5652.69	6148.4
增幅（%）	12.1	11.8	11.8	10.5	9.6

图1　2011—2015年南通市地区生产总值及增长速度

2. 财政收支

全年一般公共预算收入625.6亿元，增长13.8%，其中，税收收入521.1亿元，增长13.9%，税收占比达到83.3%，比上年同期提高0.1个百分点。增值税下降1.8%，营业税增长28.4%，企业所得税增长30.6%，契税下降7.6%。全年一般公共预算支出748.4亿元，增长15.2%。地方公共财政预算支出中，用于社会保障与就业、科学技术、教育、医疗卫生、环境保护等民生方面的财政投入达561.7亿元，占一般公共预算支出的比重达到75.0%，比上年提高1个百分点。

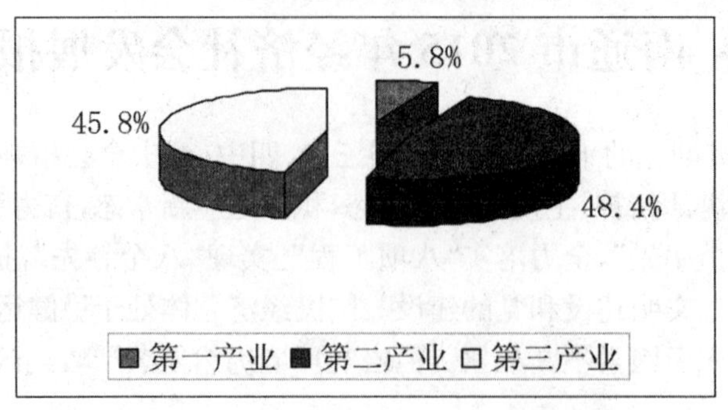

图2 2015年南通市三次产业结构图

3. 物价指数

市区居民消费价格总指数101.8，物价总水平比上年增长1.8%，其中，服务项目价格上涨2.6%，消费品价格上涨1.4%。八大类消费价格呈现“七涨一降”的态势。

4. 固定资产投资

全市完成固定资产投资额4376.0亿元，比上年增长12.3%，其中，民间投资3380.2亿元，增长16.8%，占固定资产投资的比重达77.2%，提高2.9个百分点；工业投资2223.8亿元，增长8.7%，其中技改投资1526.1亿元，增长25.0%，占工业投资的比重达到68.6%，比上年提高9.0个百分点。全市服务业投资达到2143.7亿元，增长16.5%。完成基础设施投资678.0亿元，增长8.9%。

(二)农林牧渔业

全市农林牧渔业总产值664.2亿元，按可比价计算，增长3.8%。其中，农业产值290.6亿元，增长2.9%；牧业产值150.2亿元，增长1.7%；渔业产值156.6亿元，增长4.6%。全年粮食亩产434.9公斤，增长0.7%。

粮食播种面积775.31万亩，增长0.3%；棉花种植面积47.9万亩，下降14.2%；油料种植面积182.4万亩，下降4.1%；蔬菜种植面积199.2万亩，增长7.0%。

(三)工业和建筑业

全市规模以上工业增加值2902.3亿元，增长10.7%，其中，轻重工业分别增长8.8%和11.7%。分经济类型看，国有企业下降12.5%，股份制企业增长12.3%，外商及港澳台投资企业增长8.0%。分行业看，全市工业九大行业呈现“二快四稳二缓一降”的态势，其中，机械业和电子信息业产值均增长15.1%；轻工食品业、化工医药业、纺织服装业和冶金业平稳增长，同比分别增长8.9%、8.8%、5.6%和5.6%；船舶海工业和能源电力业分别增长4.1%和0.2%；建材业下降1.1%。工业产值中，装备制造业产值6694.8亿元，增长11.1%，占全市规模以上工业总产值的比重达48.6%，比上年提高1.1个百分点。

全市规模以上工业主营业务收入13350亿元，增长8.1%；利税总额1635.5亿元，增长11.3%；利润总额1027.7亿元，增长10.2%。亏损企业亏损总额40.5亿元，增长26.4%。

规模以上工业企业中，七大高耗能行业产值增长4.8%，占规模以上工业产值比重为30.3%，同比下降1.2个百分点。初步核算，全市能源消费总量2660.17万吨标准煤，万元地区生产总值能耗为0.452吨标准煤，比上年下降5.31%。

2015年，全市建筑业增加值526.2亿元，增长10.4%。全市建筑企业承建施工面积6.84亿平方米，增长0.3%。全市建筑队伍人数160万人，建筑队伍遍及35个国家和地区，年末出国人数0.79万人；年

末全市拥有特级资质建筑企业15家，拥有一级建造师8685人。

（四）服务业

1.国内贸易

全年社会消费品零售总额2379.46亿元，增长9.9%。其中，城市消费品零售额1749.5亿元，增长10.1%；农村消费品零售额629.9亿元，增长9.1%。分行业看，批发和零售业消费品零售额2177.5亿元，增长9.8%；住宿和餐饮业消费品零售额202.0亿元，增长10.2%。

限额以上贸易单位商品零售额中，汽车类零售额比上年增长4.7%，石油及制品类增长2.5%，粮油食品类增长7.6%，烟酒类增长9.7%，服装鞋帽针织品类增长11.0%，日用品类下降3.7%，金银珠宝类下降5.6%，家用电器和音像器材类增长7.7%。

2.交通、邮政电信业

2015年南通市公铁水、江海河联运体系加快构建，沪通长江大桥快速建设，宁启铁路复线电气化改造试运营，海启高速开工。全年交通运输、仓储及邮政业增加值220.3亿元，比上年增长3.1%。兴东国际机场陆续开通仁川、大阪、台北等3条国际（地区）航线，年末国内航线15条，开通周航班量110班，下降9.8%；完成旅客运输量突破百万人次，达到116.2万人次，增长24.6%；全年民航货邮吞吐量3.61万吨，增长13.3%。年末铁路南通站始发列车13对；全年铁路客运量257.5万人次，增长1.6%；货运量84.3万吨，下降7.5%。全年公路货运量111662万吨，增长3.4%；公路客运量9948万人次，下降0.5%。

南通港全年货物吞吐量22077万吨，增长1.1%。其中，进港13043万吨，增长0.2%；外贸吞吐量5152万吨，增长7.0%。集装箱吞吐量75.9万标准箱，增长6.7%，其中，外贸航线31.3万标准箱，下降1.1%。

年末全市机动车保有量194.95万辆，比上年末减少0.41万辆。其中，载客汽车108.51万辆，增加16.68万辆；载货汽车7.04万辆，增加0.05万辆；摩托车77.7万辆，减少17.08万辆。年末全市个人汽车保有量达102.84万辆，比上年末增加15.90万辆。

全年实现邮政业务收入28.6亿元，增长25.0%，电信业务收入62.64亿元，与上年基本持平。年末全市固定电话用户205.78万户，比上年减少26.31万户，其中，城市电话用户135.64万户，增加24万户；住宅电话用户157.35万户，减少21.53万户。年末移动电话用户934.07万户，净增142.69万户。年末互联网用户860.87万户，新增71.65万户，其中固定宽带互联网用户206.07万户，新增15.13万户，无线宽带互联网用户654.8万户，增加56.52万户。

全年用电量349.2亿千瓦时，增长4.8%。分产业看，第一产业用电量6.8亿千瓦时，增长12.5%；第二产业用电量258.2亿千瓦时，增长3.7%，其中，工业用电量253.1亿千瓦时，增长4.2%；第三产业用电量37.3亿千瓦时，增长7.6%。城乡居民生活用电量47.0亿千瓦时，增长7.5%。

全市拥有发电装机容量931.3万千瓦，其中燃煤火电厂装机670.4万千瓦，占全市总装机容量的72%，风力发电、光伏发电、生物质发电装机容量分别为148.4万千瓦、34.3万千瓦、3.7万千瓦，占全市总装机容量的比重分别为15.9%、3.7%、0.4%。

3.金融和保险业

全年金融机构新增本外币存款1242.7亿元，年末存款余额9843.4亿元，其中，储蓄存款余额5075.4亿元，比年初增长450.1亿元；非金融企业存款余额3101.5亿元，比年初增长523亿元。全年金融机构新增贷款822.4亿元，年末各项贷款余额6081.3亿元。

全年发放住房公积金贷款56.1亿元，比上年增长27.5%；本年提取公积金53.6亿元，增长23.6%。全年新增公积金开户人数11.8万人，至年末已开户职工人数90.6万人。

年末全市拥有保险机构75家，保险行业从业人员2.4万人。全年保费收入179.3亿元，比上年增长16.4%，其中，财产险收入54.5亿元，增长11.8%；人寿险收入104.2亿元，增长15.8%。全年已决赔款及给付72.6亿元，增长5.7%。

年末全市上市公司32家，其中境内上市公司27家，比上年新增2家。上市公司通过首发、配股、增发、可转债、公司筹集资金598.7亿元，比上年增加141.7亿元。企业境内上市公司总股本170亿股，增长61.2%；市价总值3559.2亿元，增长152.2%。

4.旅游业

全年接待海内外旅游者3404.5万人次，实现旅游总收入463.5亿元，分别增长10.4%和12.5%。其中，接待国内旅游者3387.2万人次，实现国内旅游收入453亿元，分别增长10.5%和13.1%；接待人境旅游者17.3万人次，同比下降7.6%，实现外汇收入11668万美元，增长8.1%。年末全市拥有旅游星级饭店86家，旅行社150家，A级旅游景区51处，省(市)级旅游度假区7个，星级乡村旅游点54个，全国农业旅游示范点2个，全国工农业旅游示范点7个。

5.房地产业

全年房地产开发投资690.9亿元，增长1.8%。商品房施工面积5378.1万平方米，增长2%，其中，住宅施工面积3993.3万平方米，增长1.1%。全市商品房竣工面积1265.8万平方米，增长22.8%，其中，住宅竣工面积992.1万平方米，增长15.7%。商品房销售面积938.0万平方米，增长2.0%，其中住宅858.1万平方米，增长1.8%。

(五)开放型经济

1.对外贸易

全年进出口总值315.79亿美元，下降0.2%，其中，出口总值228.3亿美元，增长1.5%；进口总值87.5亿美元，下降4.5%。年末与南通市建立进出口贸易关系的国家和地区209个。全市有5406家企业有进出口业务，增长6.9%。

2.外经合作

全年新批外商投资项目315个，比上年增长2.6%，其中，千万美元以上项目168个，比上年增长3.7%；新批协议注册外资50.15亿美元，下降1.6%；实际到账注册外资23.16亿美元，增长0.5%。

全年新批设立境外企业78家，中方协议投资额11.4亿美元。新签对外承包劳务合同额11.7亿美元，下降37.1%；完成对外承包劳务营业额24.4亿美元，增长7.6%；新派劳务人员1.42万人次，增长51.2%；年末在外劳务人员2.52万人，增长7.9%。

二、南通市2015年社会发展概况

(一)人口、人民生活

年末全市常住人口730.0万人，其中，城镇人口达到458.2万人，增长2.7%，城镇化率62.8%，比上年提高1.7个百分点。年末户籍人口766.8万人，比上年减少0.86万人。全市人口出生率7.60‰，人口死亡率8.98‰，人口自然增长率－1.38‰。

城乡居民收入稳步增加。全体居民人均可支配收入27584元，比上年增长8.9%，按常住地分，城镇居民人均可支配收入36291元，比上年增长8.7%；农村居民人均可支配收入17267元，比上年增长9.1%。

全体居民人均消费支出18358元，比上年增长7.9%，按常住地分，城镇居民人均消费支出23680元，增长7.5%；农村居民人均消费支出12052元，增长9.1%。年末，城镇居民家庭每百户拥有电冰箱109.6台，空调202.1台，移动电话249.5部，家用电脑98.4台，家用汽车53.1辆。农村居民家庭每百户拥有电冰箱104.3台，空调129.9台，移动电话242.7台，家用电脑59.2台。

年末全市城镇居民人均住房建筑面积47.3平方米，比上年增长4.0%。农村居民人均住房面积59.3平方米，比上年下降8.1%。

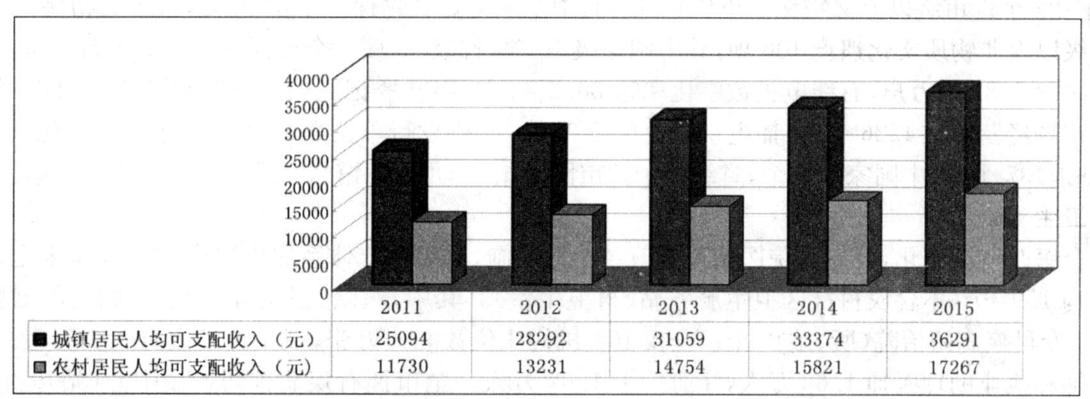

	2011	2012	2013	2014	2015
城镇居民人均可支配收入（元）	25094	28292	31059	33374	36291
农村居民人均可支配收入（元）	11730	13231	14754	15821	17267

图 3　2011—2015 年南通市城乡居民收入对比一览

(二)就业与社会保障

就业持续增加。全年新增城镇就业人数 8.24 万人，新增转移农村劳动力 2.63 万人。全年提供就业岗位 35.9 万个。年末从业人员达 460.0 万人，其中，第一产业 97.2 万人，第二产业 214.5 万人，第三产业 148.3 万人。劳动生产率稳步提高。全年全员劳动生产率为 127595 元/人，比上年提高 10.5%。

年末全市参加企业职工基本养老保险人数 328.5 万人，比上年末增加 13.8 万人；参加失业保险人数 100.76 万人，比上年末增加 2.06 万人；参加基本医疗保险人数(在职)达 183 万人，比上年末增加6.29 万人；参加工伤保险人数为 126.84 万人，比上年末增加 4.63 万人。

年末全市拥有各类养老机构 239 家，床位数 42357 张，其中，农村敬老院 96 家，床位 22438 张。全市拥有养老床位总数(含社区养老)65161 张。年末农村五保对象 20886 名，集中供养 10374 人，农村五保集中供养能力达到 107.4%。全年结婚登记 63564 对。

(三)教育与科技

1. 教育

教育领域综合改革统筹推进，联合办学、中考改革深入实施。全市拥有普通高等学校 8 所，年末在校学生 9.0 万人；成人高校 2 所，在校学生 2.29 万人；中等职业教育学校 20 所，在校学生 6.16 万人；普通高中 49 所，在校学生 8.3 万人；普通初中 162 所，在校学生 15.51 万人；小学 322 所，在校学生 32.56 万人；特殊教育学校 7 所，在校学生 0.1 万人；各级各类幼儿园 443 所，在园儿童 16.42 万人。

2. 科技

年末全市拥有高新技术企业 750 家；新增省级高新技术产品 836 项；新建省级工程中心 34 家，省级企业院士工作站 3 家；新建市级工程技术研究中心 74 家，企业院士工作站 1 家。全年有 24 项科技成果获江苏省科技进步奖，其中，一等奖 1 项，二等奖 3 项，三等奖 20 项。年末，全市共建成科技孵化器 50 家，其中国家级 9 家、省级 27 家。全年专利申请量 34770 件，比上年增长 25.6%；专利授权量 25970 件，增长 109.6%；其中，发明专利申请量 8741 件，增长 3.4%，发明专利授权量 2217 件，增长 137.9%，万人发明专利拥有量 15.06 件，增长 30.6%。全社会研发投入占 GDP 的比重达到 2.55%，比上年提高 0.05 个百分点。

(四)文化、卫生与体育

1. 文化

年末全市拥有文化馆 9 个，文化站 97 个，公共图书馆 10 个，“农家书屋”1614 个。全市拥有博物馆

(纪念馆)22个。市级以上文物保护单位91处,其中全国重点文物保护单位10处,省级文物保护单位22处。市级以上非物质文化遗产106项,其中国家级10项,省级53项。全市拥有广播电视台7座,年末数字电视用户228.98万户,有线电视数字化率达86.2%。全年共登记一般作品版权2.15万件。年末全市文化市场经营单位1226个,广播电视行业单位29个,印刷发行单位2013个。全市拥有文化产业示范园区(基地)37个,其中国家级2个,省级5个。市图书馆(少儿图书馆)新馆10月1日正式开馆。

2.卫生

综合医改持续深化,公立医院医药价格改革全面实施,分级诊疗体系加快构建。2015年末全市拥有卫生机构1597个(不含农村社区卫生服务站、村卫生室)。其中,医院、卫生院306个,妇幼保健院(所、站)7个,专科疾病防治院(所、站)3个。全市卫生机构床位数3.6万张,卫生技术人员4.1万人。其中,执业医师和执业助理医师1.68万人,注册护士1.67万人。全市拥有疾病预防控制中心(站)9个,卫生技术人员473人;卫生监督所8个,卫生技术人员259人;乡镇卫生院101个,床位0.73万张,卫生技术人员0.73万人。

市区(不含通州区)共建成城市社区卫生服务中心22个,以街道(镇)为单位建成率100%。累计建成农村社区卫生服务站、村卫生室1551个,行政村覆盖率100%。全市新型农村合作医疗参合率99.91%。农村自来水普及率100%。

3.体育

全年成功承办6项次国际赛事、6项次全国赛事、7项次省级赛事。全市新增晨晚练健身点276个,各级各类全民健身活动参与群众超过10万人次。省级足球改革发展试点启动。体育彩票全年实现销售额12.2亿元。

(五)城乡建设

以新型城镇化促进城乡发展一体化取得新进展。发挥规划对城乡统筹发展的引领作用,形成城市"多规合一"初步成果。中心城市功能持续完善。381个城建项目完成投资178亿元,市区组团连接和重点片区交通进一步优化。新城区商业商务功能增强,观音山新城配套建设加快,市北新城重点功能板块特色显现,南部新城形象不断提升,一批连接通州区和主城区的骨干道路建成通车。"两河两岸"绿廊建设快速实施,星岛水岸区域功能性项目加快集聚。唐闸等历史文化保护项目有序推进,南通·1895园区获批海峡两岸文创产业合作区。建设国家现代农业示范区开局良好。农业现代化水平保持苏中苏北第一。粮食生产实现"十二连增",设施农(渔)业达174万亩,高标准农田达377万亩。现代农(渔)业园区、农产品加工集中区建设加强。"全托管"经营主体达1145家,建成省级以上龙头企业77家、省级示范家庭农场28家。南通农产品特色馆等电商平台上线交易。国家农业科技园区获批建设。城乡环境整治深入实施。市容环境整治和市区水环境整治任务全面完成,获批省优秀管理城市。启动农村环境"四位一体"长效管理升级版建设,河道清障管护等工作取得突破,"美丽乡村"、"水美乡村"建设试点有力展开。

(六)环境保护

落实生态红线区域保护规划,国家生态文明先行示范区和国家海洋生态文明建设示范区获批。实施212个节能及循环经济项目、44个重点污染减排项目,一批环境基础设施建成运行。全年市区(含通州区)新增绿地710公顷,城市绿化覆盖率42.8%;日供水能力达到160万立方米,水质综合指标合格率100%;市区燃气普及率、用水普及率、生活垃圾无害化处理率均达到100%。全年市区新增路灯、景观灯26395盏,城市道路亮灯率达到99.5%。

2015年全市共新建(改造)燃煤火电、热电机组脱硫设备5套、脱硝设施2套、完成7台超低排放火电热电机组改造,锅炉平均脱硫效率达80%以上、综合脱硝效率达60%以上,烟尘排放基本达到重点区

域特别排放限值。全市各地根据实际划定了禁燃区范围。

2015年全市环境质量保持稳定，环境空气主要污染物年平均值为：二氧化硫30微克/立方米，二氧化氮38微克/立方米，可吸入颗粒物88微克/立方米，PM2.5浓度为58微克/立方米，其中二氧化硫和二氧化氮年均值符合国家空气质量二级标准，可吸入颗粒物和PM2.5年均值超过国家空气质量二级标准；全年空气质量指数达到良好以上的天数达247天，占全年有效监测天数的67.7%。长江南通段主流水质符合国家地面水质环境质量Ⅲ类水质标准，饮用水源地水质达标率100%。区域环境噪声平均值为53.4分贝，交通干线噪声平均值为66.0分贝，均符合国家环境噪声质量标准。

（七）安全生产

全年共发生各类安全生产事故1047起，死亡162人，比上年分别下降13.3%和1.2%，其中，工矿商贸企业（含建筑业）发生生产安全亡人事故19起，死亡21人。全市共发生火灾2939起，死亡12人，伤5人，受灾1414户，烧毁建筑面积3.1万平方米，直接财产损失949.9万元。全市共发生一般以上交通事故1284起，死亡432人，伤1187人。

三、南通市在长三角地区经济发展中的地位

2015年，在省委、省政府的正确领导下，南通市紧紧围绕“两个率先”，全力落实“八项工程”、实现“八个领先”，主动认识新常态，积极适应新常态，奋力引领新常态，国民经济总体处于稳健运行的合理区间，经济运行稳中有进，稳中有好，发展质态继续优化，转型升级成效显现，积极因素不断积累。初步核算，全市生产总值突破6000亿元，达到6148.4亿元，按可比价计算，比上年增长9.6%。

（一）地区生产总值

2011—2015年南通市地区生产总值在泛长三角所占比重分别为3.51%、3.56%、3.61%、3.72%和3.78%，呈现持续增加的态势，累计增幅为0.27个百分点，2015年较上年增加了0.06个百分点。2015年南通市地区生产总值在泛长三角地区41个市中排名第7位，在长三角地区中继续保持靠前的位置。

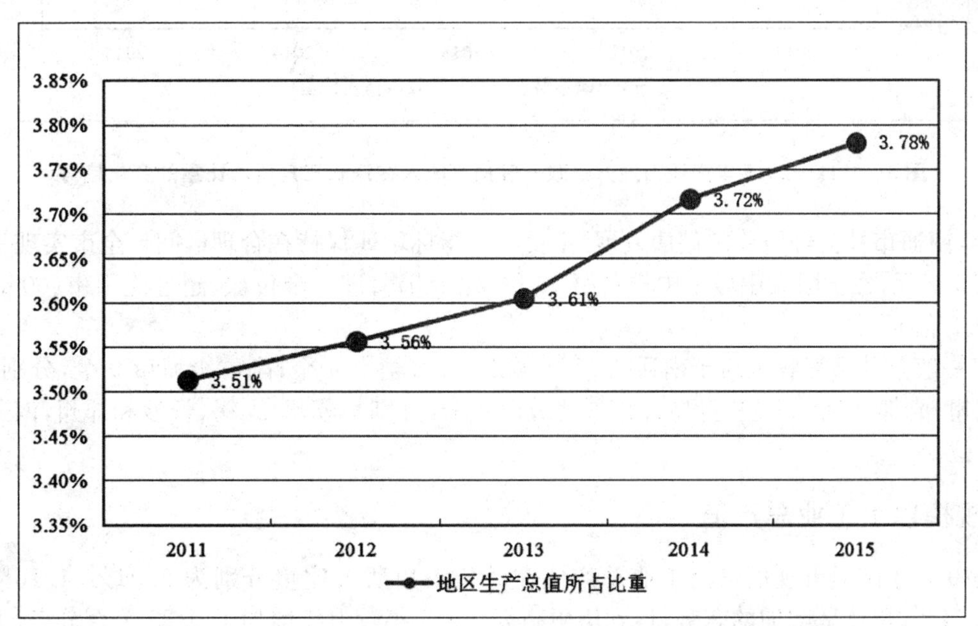

图4　2011—2015年南通市地区生产总值在泛长三角（苏浙两省24个地级市、安徽省16个地级市和上海市，下同）所占比重的变化趋势

从经济总量看，2015 年全国 GDP 突破 6000 亿元的大中城市共 25 个，南通市排名第 22 位，比上年前进 3 个位次，超过泉州市（6137.7 亿元）、唐山市（6103.1 亿元）和济南市（6100.2 亿元）。地级市中居全国第 8 位，位次比上年前移 2 个位次，前 7 位分别是苏州市（14504.1 亿元）、无锡市（8518.3 亿元）、长沙市（8510.1 亿元）、佛山市（8003.9 亿元）、郑州市（7315.2 亿元）、烟台市（6446.1 亿元）和东莞市（6275.1 亿元）。从发展速度来看，在 GDP 突破 6000 亿元的 25 个城市中，南通市 GDP 增速排名第 5 位，前 4 位分别是重庆市（11.0%）、杭州市（10.2%）、郑州市（10.1%）和长沙市（9.9%）。在全国地级市前 10 位的城市中，南通市 GDP 增速列郑州和长沙之后。

（二）地方财政一般预算收入

2011—2015 年南通市地方财政一般预算收入在泛长三角所占比重分别为 3.02%、3.03%、2.99%、3.23%和 3.20%，整体呈现增加的态势，累计增幅为 0.18 个百分点，2015 年较上年减少了 0.03 个百分点。2015 年南通市地方财政一般预算收入在泛长三角地区 41 个市中排名第 7 位。

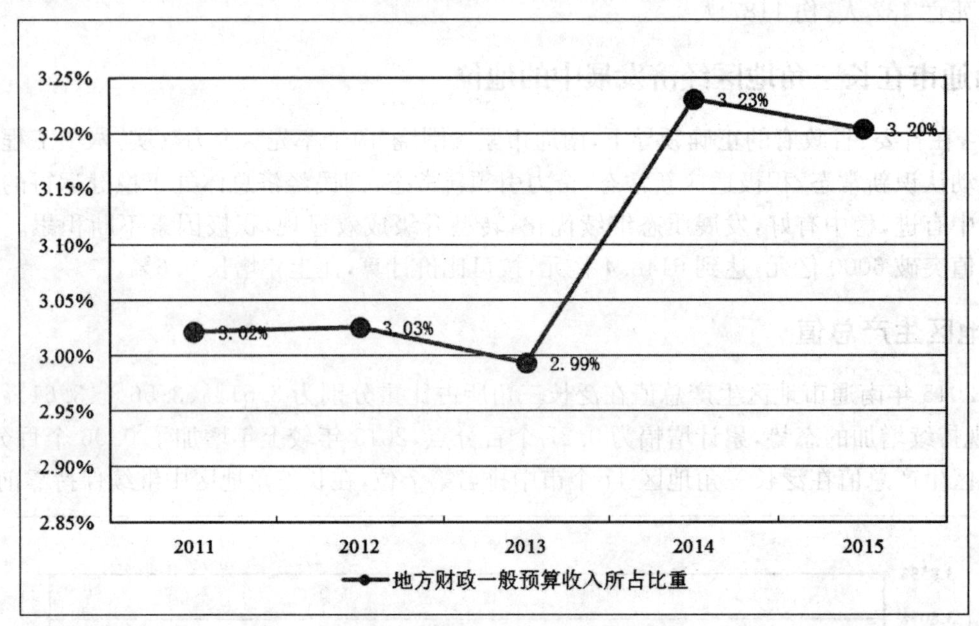

图 5　2011—2015 年南通市地方财政一般预算收入在泛长三角所占比重的变化趋势

2015 年，南通市社会经济稳定健康发展，主要经济指标增速保持在合理区间。全市实现一般公共预算收入 625.6 亿元，在全国大中城市中排名第 18 位，比上年前进 2 个位次，超过沈阳市（606.2 亿元）和大连市（579.9 亿元）。

2015 年一般公共预算收入高于南通的 17 个城市中：直辖市 4 个；副省级城市 9 个，分别是深圳、广州、武汉、杭州、成都、南京、宁波、青岛、西安；地级市 4 个，分别是苏州、无锡、长沙和郑州，南通市居全国地级市第 5 位。

（三）规模以上工业总产值

2011—2015 年南通市规模以上工业总产值在泛长三角所占比重分别为 3.94%、4.16%、4.35%、4.51%和 4.74%，总体呈增加的态势，达到历史新高，2015 年较上年增加了 0.23 个百分点，五年时间累积增加了 0.8 个百分点。2015 年南通市规模以上工业总产值在泛长三角地区 41 个市中排名第 5 位，排在比较靠前的位置。

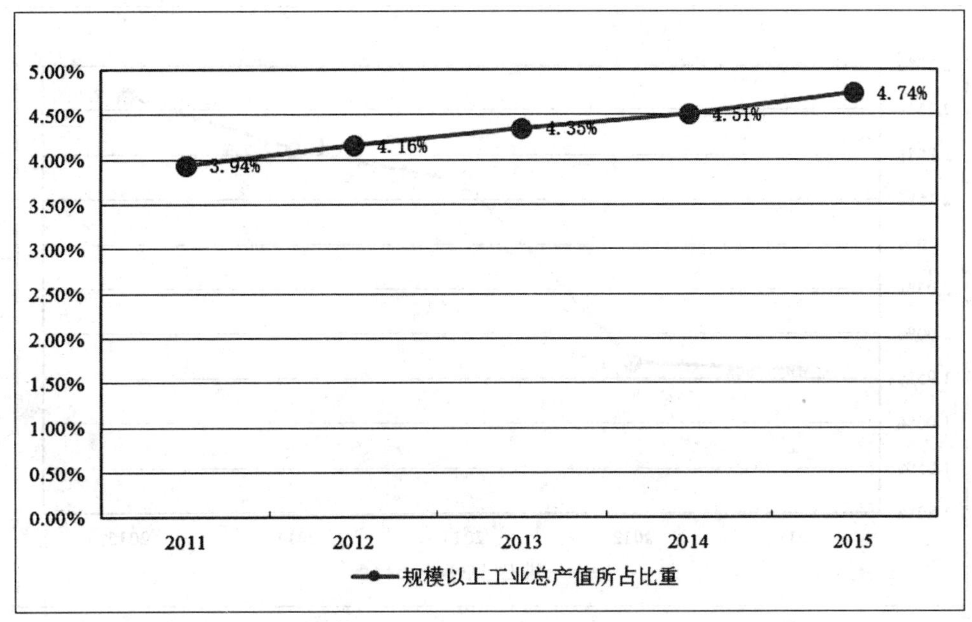

图 6　2011—2015 年南通市规模以上工业总产值在泛长三角所占比重的变化趋势

2015 年全市规模以上工业主营业务收入 13350 亿元，增长 8.1%；利税总额 1635.5 亿元，增长 11.3%；利润总额 1027.7 亿元，增长 10.2%。亏损企业亏损总额 40.5 亿元，增长 26.4%。规模以上前 20 强服务业企业实现营业收入 316.92 亿元，占全部规模以上服务业的 34.9%，收入同比增速为 26.2%，高于规模以上企业平均水平 12.4 个百分点，拉动全市规模以上服务业增长 8.8 个百分点，对全市规模以上服务业支撑作用明显增强。规模以上服务业企业中共有科学研究和技术服务业企业 569 家，占全部规模以上服务业企业的 28.4%，是所有行业中单位数最多的行业。1—11 月，该行业实现营业收入 116.53 亿元，占全部规模以上服务业企业的 14.2%，同比增长 15.3%。

(四)进出口总额

2011—2015 年南通市进出口总额在泛长三角所占比重分别为 1.96%、1.97%、2.17%、2.21%和 2.27%，2015 年延续往年态势继续上升，2013 年增幅最大，较上年上升 0.20 个百分点，五年时间累积增加了 0.31 个百分点。2015 年南通市进出口总额在泛长三角地区 41 个市中排名第 8 位，较去年上升两位。

2015 年，全年进出口总值 315.8 亿美元，下降 0.2%，其中，出口总值 228.3 亿美元，增长 1.5%；进口总值 87.5 亿美元，下降 4.5%。年末与南通市建立进出口贸易关系的国家和地区 209 个。全市有 5406 家企业有进出口业务，增长 6.9%。

《中国海关》杂志发布 2015 年度“中国外贸百强城市”名单，深圳、苏州、上海分别占据综合排名的前三甲，南通市以 70.1 的综合得分位列榜单第 40 名。江苏省共有 11 座城市入围前 100 强，除苏州、南通外，南京、无锡、常州、镇江也入围前 50 强，分居第 12、第 15、第 27、第 46 位。

(五)实际外商直接投资金额

2011—2015 年南通市实际外商直接投资金额在泛长三角所占比重分别为 3.43%、3.03%、3.05%、3.08%和 3.16%，2012 年下跌后，2013 年以来止跌上扬，2015 年较上年上涨了 0.08 个百分数，五年累计下降了 0.27 个百分点。2015 年南通市实际外商直接投资金额在泛长三角地区 41 个市排名第 9 位。

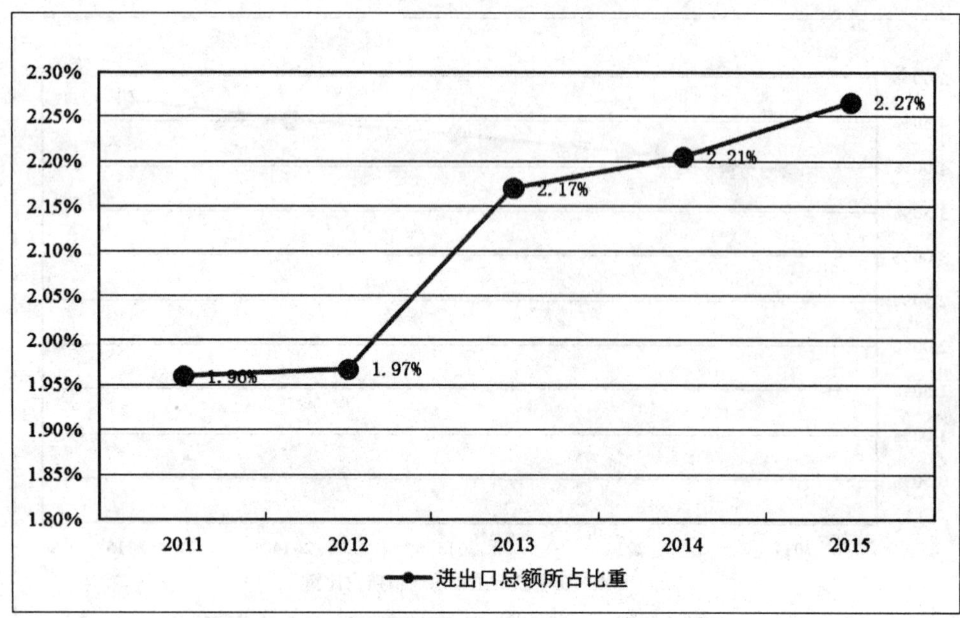

图7　2011—2015年南通市进出口总额在泛长三角所占比重的变化趋势

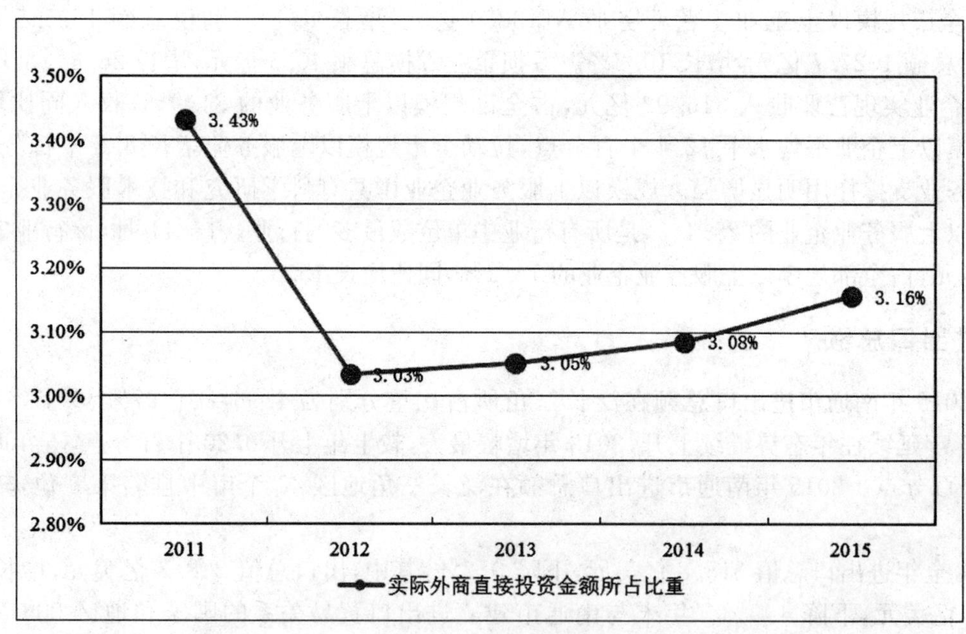

图8　2011—2015年南通市实际外商直接投资金额在泛长三角所占比重的变化趋势

2015年，1—3月，全市经确认实际利用外资7.57亿美元，完成年度工作目标任务的25.2%，同比增长0.87%，增幅超全省8个百分点；在全省的占比为9.25%，比去年同期提高0.7个百分点，总量列全省第4位。

数据显示，一季度服务业提质增速。全市服务业实际利用外资3.6亿美元，同比增长20.95%，增幅超过全省15.2个百分点；占比由去年的39.7%提高到今年同期的47.6%，超过全省1.6个百分点。受车王、贝斯等融资租赁公司拉动，类金融业实际利用外资在全市服务业中占比达到了10.6%。

制造业转型加快。全市制造业实际利用外资3.92亿美元，占全市的51.8%，比去年同期下降7.2

个百分点。化学原料及化学制品、通用设备、通信电子设备、医药制造业等主要行业占比58.3%，较去年同期提升了13.2个百分点，其在全市制造业的占比分别为20.2%、16.4%、10.98%、10.7%。高技术产业类实际利用外资0.86亿美元，同比增长143.2%，占全市的11.3%，比去年同期提高6.6个百分点。

重大项目取得突破。全市新批及净增资3000万美元以上项目16个，同比增长128.6%，合计协议外资3.14亿美元，占全市的39%。其中9000万美元以上项目3个，同比增加2个。19个到账1000万美元以上项目共计到账3.9亿美元，占全市的51.5%。富嘉融资租赁成功引进，全市外资类金融企业增加到9家，融资租赁行业蓄势待发。

引资方式多元化拓展。全市共有景明实业、新溢光电等30家企业增资扩股，同比净增1家；合计增加协议外资2.26亿美元，同比增长50.7%；占全市的28%，比上年同期提高14.1个百分点。外资并购等新兴引资方式成效明显。华滋海工、五棵树园林等项目通过外资嫁接方式相继落户。

八　连云港市 2015 年经济社会发展报告

2015 年连云港市紧紧抓住国家“一带一路”建设的重大战略机遇，坚持稳中求进的工作总基调，以改革创新促发展，以扩大开放求突破，着力加快转型升级，促进经济提质增效。全市经济运行稳中有进，战略地位不断提升，综合实力日益增强，产业发展、城乡面貌、港口建设、人民生活发生显著变化。

一、连云港市 2015 年经济发展概况

（一）综合经济

1. 经济总量

经济总量不断扩大，2015 年全市地区生产总值 2160.64 亿元，较上年增长（下同）10.8%；总量迈上 2000 亿元新台阶，较上年增加 194.75 亿元，增速较上年快 0.6 个百分点。人均地区生产总值 48416 元，增长 10.3%，较上年增加 4139 元。全市三次产业结构由上年的 13.3∶45.3∶41.4 调整为 2015 年的 13.1∶44.4∶42.5，第一产业增加值占 GDP 的比重下降 0.2 个百分点，第二产业占比下降 0.9 个百分点，第三产业占比提高 1.1 个百分点。

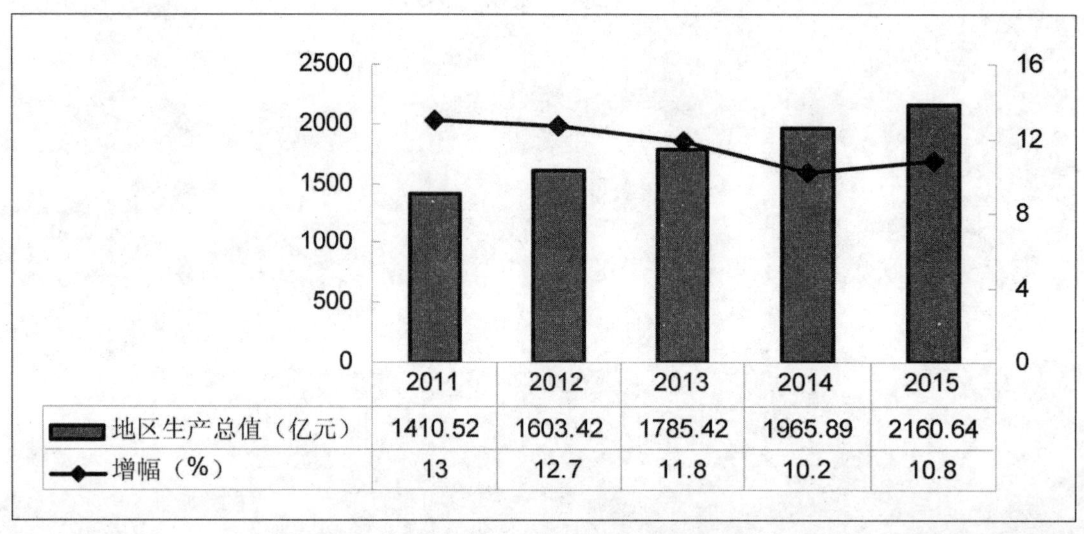

	2011	2012	2013	2014	2015
地区生产总值（亿元）	1410.52	1603.42	1785.42	1965.89	2160.64
增幅（%）	13	12.7	11.8	10.2	10.8

图 1　2011—2015 年连云港市地区生产总值及增长速度

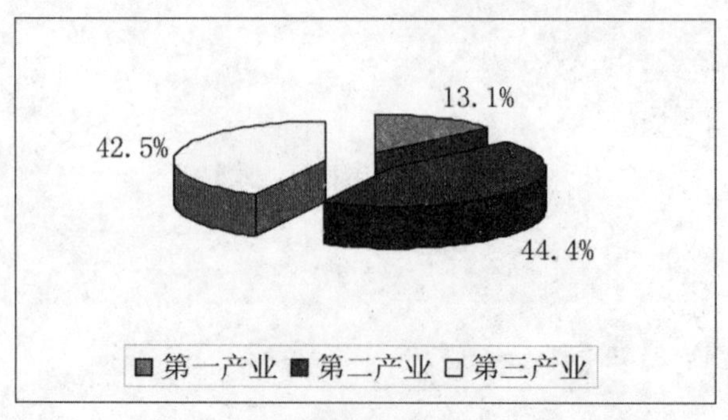

图 2　2015 年连云港市三次产业结构图

2. **财政收支**

2015 年一般公共预算收入 291.77 亿元，较上年增加 30 亿元，增长 11.5%。其中，税收收入 237.55 亿元，占一般公共预算收入的 81.4%。一般公共预算支出 429.78 亿元，增长 14.5%。用于民生支出超过七成，其中教育支出 72.48 亿元，增长 7.6%；社会保障和就业 35.52 亿元，增长 21.1%；医疗卫生 28.65亿元，增长 23.5%；城乡社区事务 87.12 亿元，增长 17.5%。

3. **物价水平**

物价平稳运行。城市居民价格涨幅运行在 2%以下。2015 年 CPI 比上年上涨 1.8%。八大类居民消费品和服务价格同比“七涨一跌”，其中医疗保健和个人用品类涨 3.6%，涨幅最大；衣着类涨 3.4%，涨幅次之；烟酒类涨 3.1%，食品类涨 2.4%，家庭设备用品及维修服务类涨 2.2%，娱乐教育文化用品及服务类涨 1.3%，居住类涨 1.0%；交通和通信类则下跌 1.4%。工业生产者出厂价格指数为 94.4，工业生产者购进价格指数为 88.6。

4. **固定资产投资**

投资总量不断扩大。2015 年固定资产投资 2077.35 亿元，增长 21.0%。其中，工业投资 1265.61 亿元，增长 21.7%；服务业投资 786.11 亿元，增长 18.6%。

基础设施和民间投资明显增加。2015 年基础设施投资 495.20 亿元，增长 45.6%，增幅较固定资产投资高 24.6 个百分点。其中，电力、热力、燃气及水的生产和供应业投资 171.60 亿元，增长 66.4%；信息传输、软件和信息技术服务业投资 4.10 亿元，增长 150.1%；水利、环境和公共设施管理业投资 210.0 亿元，增长 24.9%。民间投资 1205.80 亿元，增长 22.6%，民间投资占固定资产投资的比重达 64.4%，较上年高 1.3 个百分点。

高新技术投资和技改投资明显增强。2015 年高新技术产业投资 329.30 亿元，增长 20.1%。其中智能装备制造、医药制造、新材料制造分别增长 74.5%、9.5%和 15.6%。技术改造投资 593.30 亿元，增长 78.1%。

（二）农林牧渔业

农业生产形势较好。2015 年农林牧渔业总产值 549.03 亿元，增长 3.7%。粮食丰产丰收。粮食面积稳中有增，播种面积 753.9 万亩，比上年增加 1.2 万亩；粮食亩产 480 公斤，比上年增加 3 公斤；总产 362.15 万吨，比上年增加 2.82 万吨。其中，夏粮播种面积 364.2 万亩，比上年增加 0.7 万亩；亩产 394 公斤，比上年增加 0.4 公斤；总产 143.32 万吨，比上年增加 0.43 万吨。秋粮播种面积 389.7 万亩，比上年增加 0.5 万亩；亩产 562 公斤，比上年增加 5 公斤；总产 218.83 万吨，比上年增加 2.39 万吨。

农业现代化建设有序推进。2015 年农业增加值 282.69 亿元，增长 3.6%。高效设施农业面积翻番，形成食用菌、泥鳅等十大特色主导产业，创建花果山农业出口示范区、赣榆现代农业示范区等国家级农业园区 4 家，省级以上龙头企业达到 50 家，获批国家地理标志保护产品 9 个。高效设施农业面积 108.5 万亩，占耕地面积比重达 18.4%。农产品出口 5.92 亿美元，增长 19.9%，建成十个农产品出口创汇基地。

（三）工业和建筑业

1. **工业经济**

工业经济运行平稳。2015 年规模以上工业总产值 5574.55 亿元，增长 13.2%；增加值 1156.50 亿元，增长 12.9%；销售收入 5416.66 亿元，增长 12.2%；利税总额 678.33 亿元，增长 10.9%；利润总额 420.87 亿元，增长 13.0%；资产负债率为 52.3%。

高新产业快速发展。2015 年高新技术产业产值 2181.15 亿元，增长 19.0%；总量占全市规模以上工业总产值的 39.1%，增幅高出 5.8 个百分点，对全市工业总产值增长的贡献率达 53.4%，拉动全市工业总产值增长7.1个百分点。

临港产业平稳发展。产业集中程度不断提高，2015年石化产业和装备制造业产值均超过千亿，分别达到1201.53亿元、1053.72亿元；冶金业产值接近千亿，为974.19亿元。以上三大产业产值占全市规模以上工业总产值的57.9%。工业产值过亿元企业854家，较上年增加110个；亿元以上企业占规模以上工业企业的比重为52.2%，较上年高3.6个百分点。

2.建筑业

建筑业发展稳定。2015年建筑业总产值629.68亿元，增长7.9%。其中，建筑工程产值616.04亿元，增长7.4%，占总产值的97.8%；安装工程产值10.96亿元，增长33.7%。在省外完成的建筑业总产值259.43亿元，增长9.1%。

（四）服务业

1.国内贸易

2015年社会消费品零售总额830.71亿元，增长12.4%。其中批发业64.69亿元，增长12.3%；零售业688.64亿元，增长11.3%；住宿业9.71亿元，增长11.5%；餐饮业67.70亿元，增长24.4%。

网上零售发展迅速。2015年限额以上贸易单位网上零售额3.06亿元，增长102.8%。分商品种类看，百货类网上零售2821万元，增长25.8倍；体育用品及器材12981万元，增长133.7%；医药及器械类1759万元，增长86倍；汽车配件类3279万元，增长159%；五金类2167万元，增长7.0%；珠宝首饰类4777万元，下降21.7%；其他类2057万元，增长37.0%。

2.港口、交通运输与邮电

港口支撑作用提升。2015年港口货物吞吐量2.11亿吨，增长0.3%，其中内贸吞吐量首次跨上亿吨台阶，达到1.11亿吨，增长11.1%，增幅较上年高6.9个百分点；集装箱运量501万标箱。依托港口优势，全市石油化工、钢铁冶金、机械装备等临港产业不断发展，三大产业的支撑作用不断增强。全市20强企业中，16个企业是与港口有关的产业，前四大企业均为近几年投产的百亿元以上临港石化、钢铁企业。

交通运输平稳运行。2015年全市交通运输客运总量5601万人次。其中地方公路客运量5058万人次，地方交通旅客周转量33.55亿人公里，较上年分别下降6.9%和4.7%；水路客运周转量7704万人公里，增长4.0%。地方公路货运量9508万吨，增长13.1%，地方公路货运周转量189.34亿吨公里，增长12.4%；地方水路货运量1722万吨，增长2.3%，地方水路货运周转量124亿吨公里，增长1.5%。民航机场飞机起降7802架次，增长11.8%；民航机场旅客吞吐量70.90万人次，增长24.7%。

邮政通讯业务增长较快。2015年邮政通讯业务收入38.86亿元，增长2.3%。其中邮政行业业务收入9.44亿元，增长28.8%。邮政行业中快递业务收入5.08亿元，增长44.8%，增速比邮政业务收入快16.0个百分点，总量占邮政业务收入的53.8%，较上年高6.1个百分点；快递业务量5197.48万件，增长45.0%，较上年高4.1个百分点。2015年末，全市电话用户502.09万户，其中移动电话用户423.61万户。互联网用户351.62万户，较年初增长27.9%，其中固定宽带接入用户82.69万户，较年初增长22.1%。

3.金融和保险业

金融信贷稳健运行。2015年末金融机构存款余额2163.92亿元，比年初增加276.14亿元，同比增长14.7%。其中，企事业单位存款696.79亿元，比年初增加128.09亿元；居民储蓄存款1055.97亿元，比年初增加103.43亿元。金融机构贷款余额1827.40亿元，比年初增加219.98亿元，同比增长13.7%。

保险市场稳定增长。2015年保险费总收入62.16亿元，增长25.5%，较全省平均水平高7.3个百分点。其中寿险保费收入35.90亿元，增长33.8%，较全省平均水平高15.6个百分点；财产保费收入

19.59亿元，增长15.2%，较全省平均水平高4.3个百分点。健康险保费收入增长21.7%，意外险保费收入增长3.8%。各类保险赔付支出19.59亿元，增长14.1%。其中财产险赔付支出9.77亿元，占全市保险赔付支出的49.9%。全市保险赔付率为36.6%。

(五)对外经济

对外贸易受宏观经济形势影响较大。2015年进出口总额80.45亿美元，增长0.2%。其中出口额40.56亿美元，下降6.9%，进口额39.78亿美元，增长8.3%。2015年实际利用外资8.01亿美元，下降16.1%。

二、连云港市2015年社会发展概况

(一)人口、人民生活

人口规模有序扩大。2015年末户籍总人口530.56万人，比上年末增加4.04万人，其中市区220.72万人。常住总人口447.37万人，较上年末增加2.20万人，其中市区207.73万人。常住人口出生率11.92‰，自然增长率4.93‰。

居民收入增长较快。2015年全市居民人均可支配收入19418元，增长9.1%。城镇居民人均可支配收入25728元，增长9.0%。其中工资性收入14018元，增长8.7%；经营净收入5125元，增长6.1%；财产性收入2033元，增长10.1%；转移性收入4552元，增长13.2%。城镇居民人均消费17259元，增长7.8%。农村居民人均可支配收入12778元，增长9.2%。其中工资性收入5908元，增长9.6%；家庭经营收入4528元，增长6.9%；财产性收入164元，增长12.6%；转移性收入2177元，增长13.1%。农村居民人均消费支出9052元，增长9.3%。

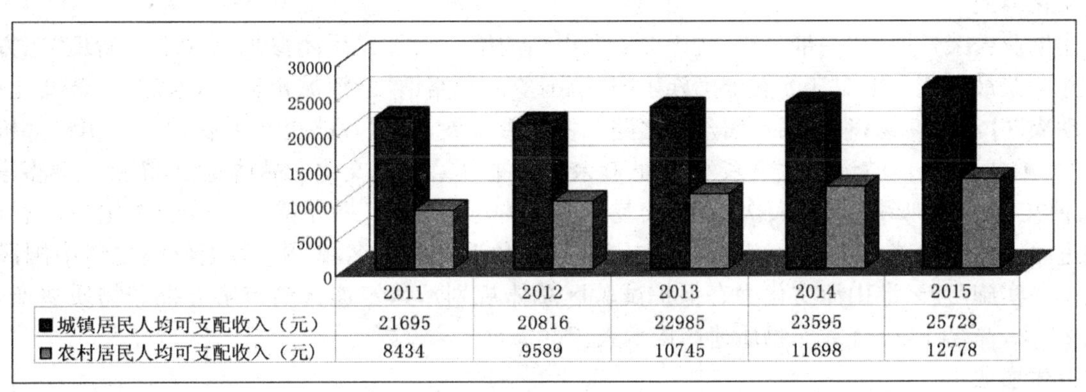

	2011	2012	2013	2014	2015
■城镇居民人均可支配收入（元）	21695	20816	22985	23595	25728
■农村居民人均可支配收入（元）	8434	9589	10745	11698	12778

图3　2011—2015年连云港市城乡居民收入对比一览

(二)就业、社会保障

创业带动就业有效开展。打造新型众创空间，新增省级创业示范基地4家，组建大学生村官创业学院。城镇新增就业人员8.6万人，城镇失业人员再就业2.16万人，新增转移农村劳动力3.85万人。完成各级各类培训25.78万人次，开展企业职工技能培训2.3万人，实训基地新建成电子商务和生物制药两个实训项目。在全省率先建立高校毕业生储备制度，率先将就业困难人员社保补贴由10类扩大到15类，高校毕业生就业率稳定在90%以上，零就业、零转移家庭保持动态为零，城镇登记失业率2.05%。

社会保障体系取得新发展。覆盖城乡居民的社保体系基本形成，职工“五险”覆盖率稳定在95%以上；在苏北率先实现城乡居民养老保险制度一体化，参保覆盖率达99.9%。完成企业退休人员基本养老

金“十一连”调和城乡居保基础养老金“四连”调工作，启动实施职工大病保险制度，截止到2015末累计发行社保卡235万张。在全省率先实现机关事业单位离退休人员养老金社会化发放。大病保险制度实现参保人群全覆盖。

(三)教育与科技创新

1.教育事业

教育事业健康快速发展。教育现代化发展水平不断提高。全市中小学国家教育信息化达标率80%，学校光纤接入率100%，公共资源平台和公共管理平台覆盖率100%。职业教育特色创新发展。职业教育招生2.03万人，创建省高水平现代化学校3所、省高水平示范性实训基地2个、省级品牌和特色专业7个，新增五年制高职专业1个。高等教育发展层次提升。淮海工学院启动博士联合培养工作，国家级博士后科研工作站获批。新增本专科教学基地10个、研究生实践基地8个、省级品牌专业4个，申报双创人才项目12个。教师队伍优质资源实现共享。开展“百位名师百乡行”47场，创建农村中小学自主发展示范校40所，选派农村教师出国培训55人。培养乡村骨干班主任和骨干教师1350名。

2.科学技术

科技创新取得较大进展。创新能力提升，全社会R&D投入占GDP的比重1.7%左右，科技进步贡献率达到53%，获评“全国科技进步先进市”。连云港高新区升格为国家级高新区；新获批建设国家级农业科技园区、省级东海高新区；重点产业领域突破一批关键核心技术，荣获国家科技进步一等奖1项、二等奖6项；荣获中国专利奖金奖3项；恒瑞医药成功向美国市场转让创新药品，康缘药业智能制造经验全国推广，正大天晴、豪森药业等4家企业跻身全国医药企业创新力20强。

(四)文化、卫生与体育

1.文化事业

文化事业繁荣发展。“一带一路”文化交流取得新成绩。女子民乐团参加乌兹别克斯坦“东方旋律”艺术节并荣获最高奖。组织江苏女子民族乐团“中国梦·丝路情”沿海城市巡演，参加“江苏文化产业伊犁行活动周”并演出5场；举办第二届丝绸之路艺术摄影大展，首届丝路摄影大展佳作亮相首都机场“文化国门”。承办2015西游记文化节系列活动50余项。举办第七届文化产品博览会，招展400多家企业、8000余种文化产品，吸引10万人次参观，交易额达8000余万元。举办首届西游记文化与创意产业论坛。推进海上丝绸之路申遗，连云港成为《中国世界文化遗产预备名单》中“海上丝绸之路中国段”的申遗点之一。实施《连云港山海文化生态保护试验区总体规划》，认定连云港市第五批非物质遗产名录传承基地24家，命名13个优秀非物质遗产传承人。

2.卫生事业

卫生工作取得积极进展。公立医院改革稳妥推进，10家城市公立医院分步实施医药价格综合改革。深化城乡对口支援，下派城市医生278名。鼓励引导社会资本举办医疗机构，新增3家社会力量举办医疗机构。新型农村合作医疗制度持续完善，参合率为99.75%，人均筹资标准由400元提高到480元，大病保险筹资标准由每人15元提高到20元，大病保险起付线调整到12000元，各分段补偿比例提高5个百分点。基层卫生服务能力明显增强。争取省扶持基层医疗卫生机构基础设施建设项目10个、设备装备项目20家267台件、配备救护车5台。大力推进社区卫生服务机构家庭医生制度，社区医生与105235户居民家庭签订服务协议，签约服务居民35.8万人，签约率32.3%。开展食品安全风险常规监测和专项监测。新增农村无害化卫生户厕3.1万座，全市农村无害化卫生户厕普及率75.44%。

(五)城市建设和城乡统筹

城市布局不断优化。2015年末市区建成区面积204平方公里，比上年末增加10平方公里。东部城

区立足“一带一路”交汇点先行区目标定位，统筹推进连云区和连云新城建设，实施上合组织物流园中哈（连云港）保税仓工程一期、高公岛国家一级渔港等重大基础设施项目，港口产业服务功能显著提升，8平方公里连云新城商务核心区基本建成。海州城区协调推进老城区改造和新区开发，完成电机厂地块、原纺织厂宿舍地块等旧城改造项目，加快第一人民医院、解放路小学滨河分校等城市功能提升工程建设。高新区加快新世界文化城、第一人民医院新院区、万达广场等公共设施建设，完成科技创业城、连云港实验学校等配套工程。赣榆城区进一步推进与中心城区融合，海湾开发不断加快，琴岛天籁“六横八纵”路网框架全面拉开，秦山岛旅游发展加快推进，形成以链串珠式海湾开发格局。

城市功能日益完善。一是市政道路桥梁。全年实施项目95个，投资34亿元。海滨大道建成通车、西大堤改造竣工使用，维修改造秦东门大街、镇海路等破损道路66条，打通建国东路、人民东路等“断头路”9条，人均道路面积达21m^2。二是公用事业。全年实施项目91个，投资35亿元。饮用水输水泵站工程主体完成，海州水厂改建加快推进；东海尾水管道基本贯通，污水厂提标升级和区域污水截流实现突破，大浦、城南、墟沟、恒隆四个污水处理厂平均负荷率均超过86%。新增供水、污水、燃气管网各20公里，改造供水、污水、燃气管道共20公里，新增燃气用户10000户；城市供水普及率100%，城市污水处理率85%，燃气普及率99.98%。

民生工程持续推进。一是老旧小区改造。完成600条100公里背街小巷改造，疏通、改造、维修下水道120公里；完成沈圩社区、陇海花园等70个老旧小区改造。二是河道整治。全年投资2亿元，完成东盐河、西盐河、玉带河、龙尾河污水排口截流整治，截流污水3万吨/日；河岸种植绿化2.3公顷，建成管网12.5公里。三是扬尘治理。按照9个100%目标要求，全市建筑工地扬尘整治达标率99%，部分工地扬尘控制达到省内领先水平。四是旧城改造。全市棚户区改造新开工9447套，基本建成8301套，其中市区新开工6503套，基本建成5627套。全市完成旧城改造房屋征收550万m^2，其中市区249万m^2。

城乡统筹加快推进。2015年末全市城镇化率58.7%，比上年末高1.58个百分点。完成村庄整治1210个，实现市域村庄整治全覆盖并通过省级全域验收，实施美丽乡村示范试点建设11个，完成农村危旧房改造4340户，实施渔民上岸工程372户。“十二五”期间，开展苏北地区重点中心镇行动9个，临海城镇培育行动9个，2015年底全面完成所有建设项目。全年新建城镇污水处理厂14座，新增配套管网110公里，新增处理能力2万吨/日，实现建制镇污水处理设施覆盖率90%目标。全年新建供水水厂2座，新增配套管网284公里，新增供水能力16万吨/日，实现区域供水覆盖率85%目标。

（六）生态建设

生态文明建设取得新成绩。落实166项生态文明建设工程。东海县建成国家级生态县，赣榆区通过国家级生态区技术评估。国家级、省级生态乡镇覆盖率分别为25%、75%，建成国家级生态村7个，省级生态村60个。推进农村环境综合整治，76个涉农乡镇（街道）农村环境综合整治全覆盖。建成大气环境监测超级站，实现对空气中挥发性有机物、离子组分等实时解析。2015年全市优良天数累计260天，优良率71.2%，与上年相比优良天数增加10天，优良率上升1.8%。市区PM2.5浓度均值55ug/m^3，比上年下降9.8%；PM10浓度均值94ug/m^3，比上年下降15.3%。全市86个水质监测断面达标率69.8%，水质达到Ⅲ类及以上断面占52.3%，Ⅳ类水比例24.4%，Ⅴ类水比例1.2%，劣Ⅴ类水比22.1%。其中42个省控断面中水质达到Ⅲ类及以上断面占45.2%，劣Ⅴ类占28.6%。

三、连云港市在泛长三角地区经济发展中的地位

2015年，连云港市积极应对复杂多变的宏观经济形势，坚持以改革创新促发展，以扩大开放求突破。江苏沿海三市紧紧抓住国家“一带一路”建设重大机遇，各展所长，经济保持稳定增长。从增速来看，连云港总体好于盐城与南通。主要经济指标增长快于全省，对全省经济增长的贡献也有所增强。

(一)地区生产总值

2011—2015 年连云港市地区生产总值在长三角所占比重分别为 1.21%、1.25%、1.28%、1.29%和 1.33%，累计增幅为 0.12 个百分点，2015 年较上年增幅为 0.04 个百分点。2015 年连云港市地区生产总值在泛长三角地区 41 个市排名第 22 位，比较靠后。

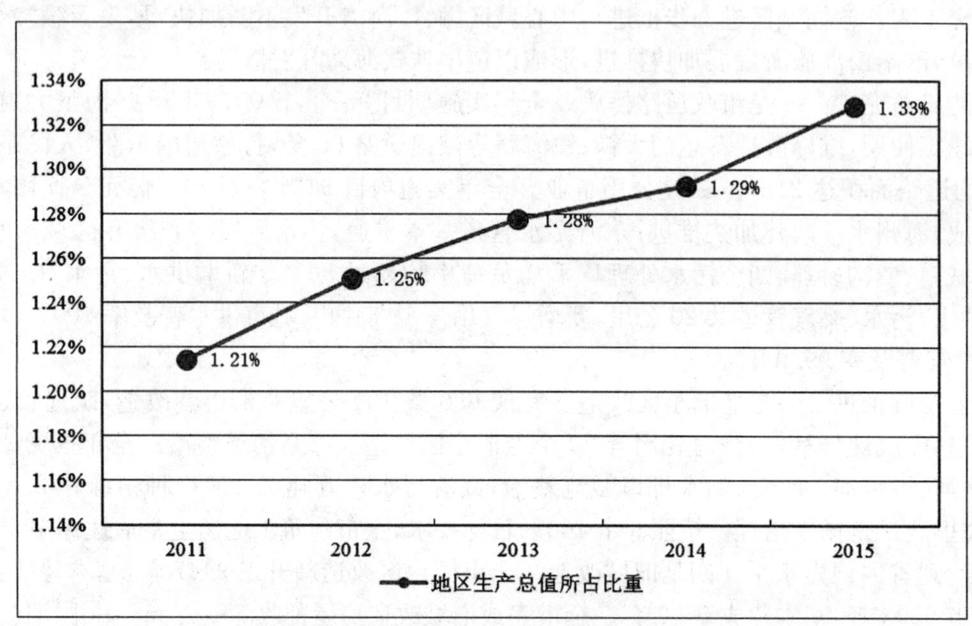

图 4　2011—2015 年连云港市地区生产总值在泛长三角(苏浙两省 24 个地级市、安徽省 16 个地级市和上海市，下同)所占比重的变化趋势

2015 年沿海三市地区生产总值 12521.54 亿元，总量占全省的 17.9%。其中连云港 2160.64 亿元，增长 10.8%，增速居全省第一，沿海三市之首；盐城 4212.5 亿元，增长 10.5%，增速居全省第二；南通 6148.4 亿元，增长 9.6%，增速居全省第七。连云港增速明显快于盐城和南通，南通总量领先优势明显，接近三市一半，连云港总量居沿海三市之末。沿海三市三次产业结构比重由 2014 年的 10.1∶48.5∶41.4 调整为 9.2∶46.8∶44.0。二三产业比重较 2014 年高 0.9 个百分点，但仍低于全省平均水平 3.5 个百分点。分地区看，南通产业结构明显优于盐城、连云港。

(二)地方财政一般预算收入

2011—2015 年连云港市地方财政一般预算收入在泛长三角所占比重分别为 1.46%、1.51%、1.44%、1.54%和 1.49%，2015 年较上年减少了 0.05 个百分点。2015 年连云港市地方财政一般预算收入在泛长三角地区 41 个市中的排名达到第 21 位，但仍比较靠后。

2015 年全市一般公共预算收入安排为 293 亿元，完成 291.8 亿元，增长 11.5%，完成年度预算的 99.5%，完成省下达任务的 100.6%。分县区完成情况如下：东海县完成 41 亿元，增长 10.3%；灌云县完成 39.3 亿元，增长 10.5%；灌南县完成 38.8 亿元，增长 10.4%；赣榆区完成 44.5 亿元，增长 10.8%；市区(不含赣榆区，下同)完成 128.2 亿元，增长 12.9%。

沿海三市进出口总额 477.43 亿美元，增长 1.2%，总量占全省的 8.8%，增幅高于全省平均 4.4 个百分点。其中，连云港 80.45 亿美元，增长 0.2%，增速居全省第四，总量居沿海三市之末；盐城 81.19 亿美元，增长 8.0%，增速居全省第一，沿海三市之首；南通 315.79 亿美元，下降 0.2%，增速居全省第五、沿海

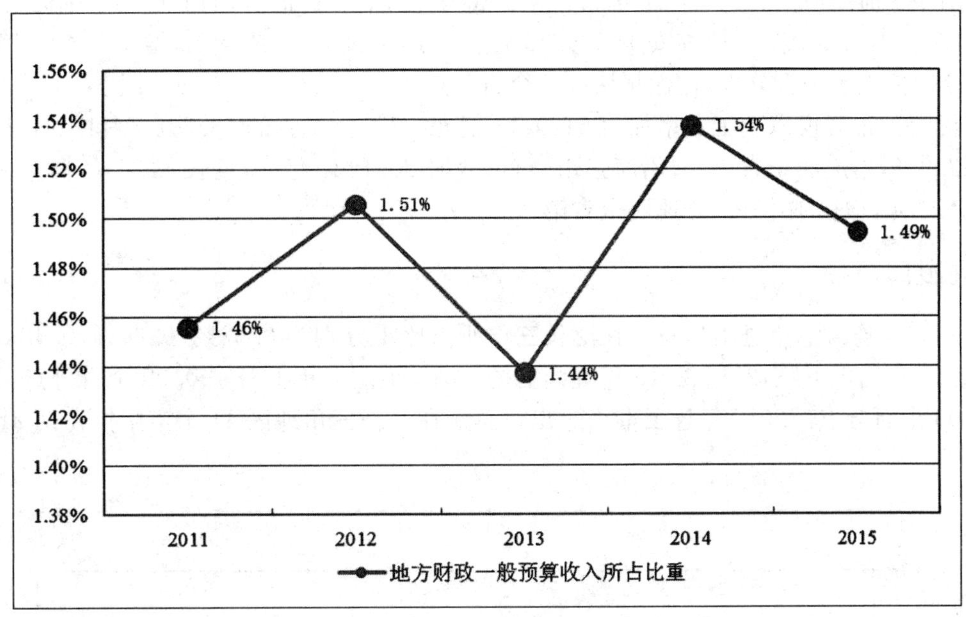

图5　2011—2015年连云港市地方财政一般预算收入在泛长三角所占比重的变化趋势

三市之末。

(三)规模以上工业总产值

2011—2015年连云港市规模以上工业总产值在泛长三角所占比重分别为1.19%、1.44%、1.58%、1.75%和1.91%，继续保持持续增长的态势，累计增幅为0.72个百分点，2015年较上年增加了0.16个百分点。2015年连云港市规模以上工业总产值在泛长三角地区41个市中排在第19位。

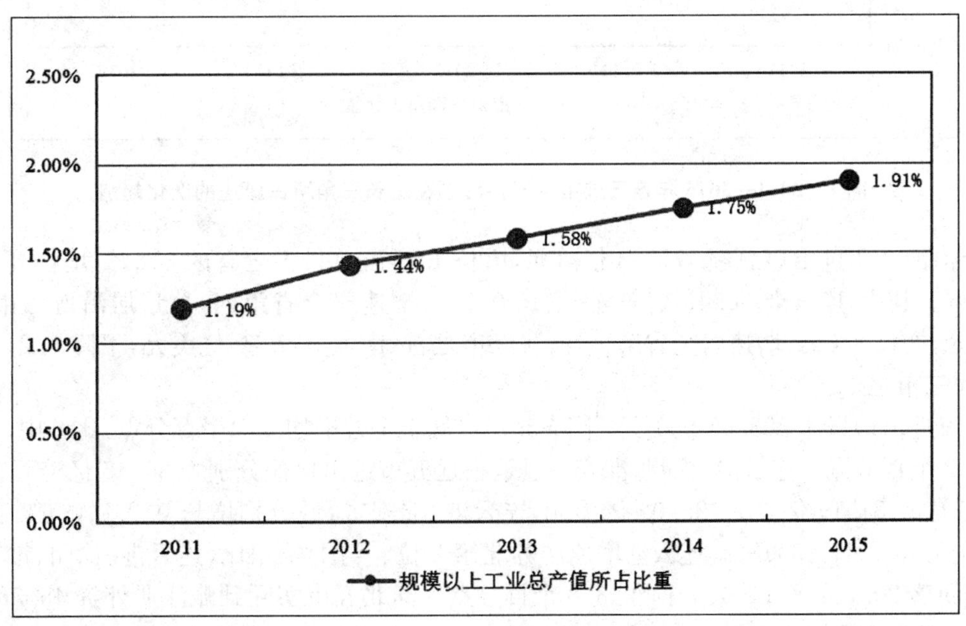

图6　2011—2015年连云港市规模以上工业总产值在泛长三角所占比重的变化趋势

2015年苏北五市规模以上工业增加值8403.98亿元，增长11.0%，高于全省平均2.7个百分点，比苏中、苏南地区分别高0.4、4.7个百分点。连云港规模以上工业增加值1156.50亿元，占苏北的13.8%，比宿迁多162.28亿元，比淮安少326.75亿元。连云港增长12.9%，增幅列苏北第1位，较宿迁、淮安、盐城均快1.4个百分点，比徐州快3.6个百分点。

2015年沿海三市规模以上工业增加值6120.11亿元，总量占全省的18.3%。其中，连云港1156.50亿元，增长12.9%，增速居全省第一，沿海三市之首；盐城2061.27亿元，增长11.5%，增速居全省第二；南通2902.34亿元，增长10.7%，增速居全省第六。

(四)进出口总额

2011—2015年连云港市进出口总额在泛长三角所占比重分别为0.52%、0.60%、0.48%、0.56%和0.58%，在2013年出现下跌，2014、2015年继续上扬，2015年比上年上升了0.02个百分点，五年时间累积上升了0.06个百分点。2015年连云港市进出口总额在泛长三角地区41个市中排在第21位，较上年下滑一位。

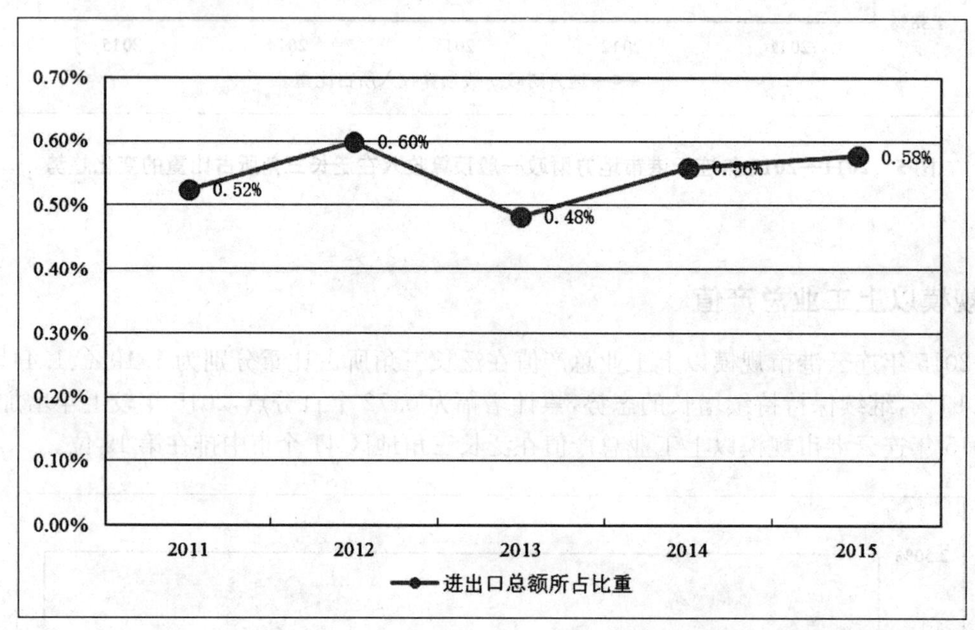

图7　2011—2015年连云港市进出口总额在泛长三角所占比重的变化趋势

2015年沿海三市进出口总额477.43亿美元，增长1.2%，总量占全省的8.8%，增幅高于全省平均4.4个百分点。其中，连云港80.45亿美元，增长0.2%，增速居全省第四，总量居沿海三市之末；盐城81.19亿美元，增长8.0%，增速居全省第一，沿海三市之首；南通315.79亿美元，下降0.2%，增速居全省第五、沿海三市之末。

苏北五市进出口累计283.05亿美元，下降3.7%，低于全省平均0.5个百分点，比苏中、苏南地区分别低2.9、0.2个百分点。连云港、徐州、淮安、盐城、宿迁五市进出口额分别为80.45亿美元、54.13亿美元、41.30亿美元、81.19亿美元、25.99亿美元，连云港、淮安、盐城分别增长0.2%、0.6%和8.0%，徐州、宿迁分别下降9.6%、30.8%，连云港增速居苏北第2位。与上年相比，连云港、徐州、淮安、盐城、宿迁增速分别回落20.7、4.8、11.6、7.1和43.8个百分点。苏北五市实际到账注册外资45.36亿美元，下降17.9%，低于全省平均4.1个百分点。

(五)实际外商直接投资金额

2011—2015 年连云港市实际外商直接投资金额在泛长三角所占比重分别为 0.97%、1.01%、1.16%、1.28%和 1.09%,2014 年保持了 2013 年的涨势,2015 年出现下降,较上年减少 0.19 个百分点,较 2011 年上升了 0.12 个百分点。2015 年连云港市实际外商直接投资金额在泛长三角地区 41 个市中排在第 22 位,下降了两位。

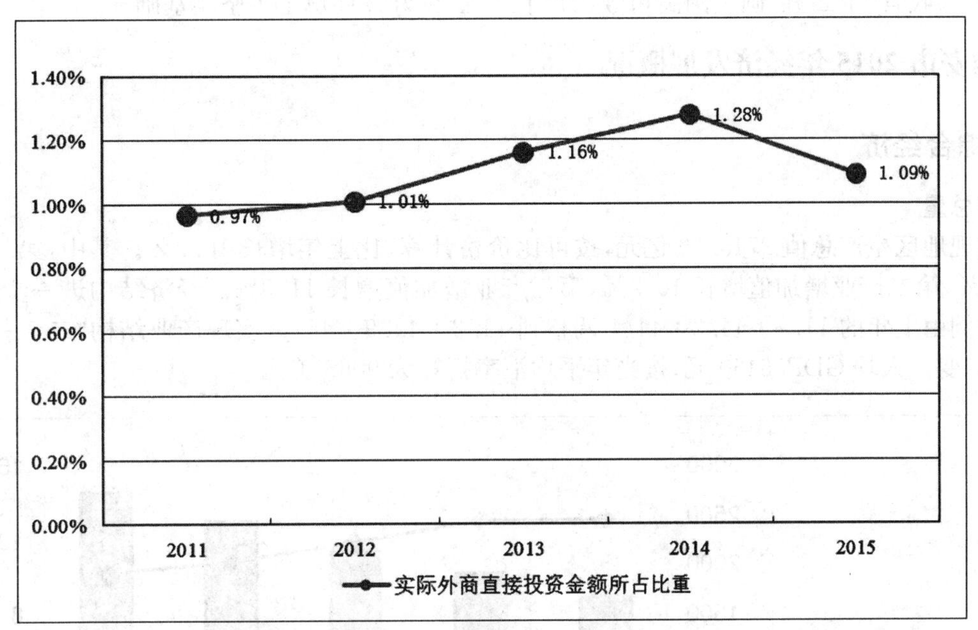

图 8　2011—2015 年连云港市实际外商直接投资金额在泛长三角所占比重的变化趋势

2015 年沿海三市实际利用外资 39.12 亿美元,下降 9.2%,总量占全省的 16.1%,增幅高于全省平均 4.6 个百分点。其中,连云港 8.01 亿美元,下降 16.1%,增速居全省第八;盐城 7.95 亿美元,下降 24.1%,总量居三市之末;南通 23.16 亿美元,增长 0.5%,增速居全省第六、沿海三市之首。

九　淮安市 2015 年经济社会发展报告

2015 年，面对错综复杂的外部环境和不断加大的经济下行压力，全市上下深入贯彻落实中央和省委、省政府决策部署，积极适应新常态，牢牢把握“上水平”工作主线，统筹推进稳增长、调结构、促改革、惠民生、重生态、防风险各项工作，全市经济社会发展呈现出“稳中趋好、质态提升、投资加强、民生改善”的良好态势，为收官“十二五”画上圆满句号，为“十三五”良好开局奠定了坚实基础。

一、淮安市 2015 年经济发展概况

（一）综合经济

1. 经济总量

全市实现地区生产总值 2745.09 亿元，按可比价格计算，比上年增长 10.3%。其中，第一产业增加值增长 3.6%，第二产业增加值增长 10.9%，第三产业增加值增长 11.3%。经济结构进一步优化，三次产业结构比例由上年的 11.7∶44.2∶44.1 调整到 11.2∶42.9∶45.9，实现产业结构“二三一”到“三二一”历史性转变。人均 GDP56460 元，按当年平均汇率折算为 9065 美元。

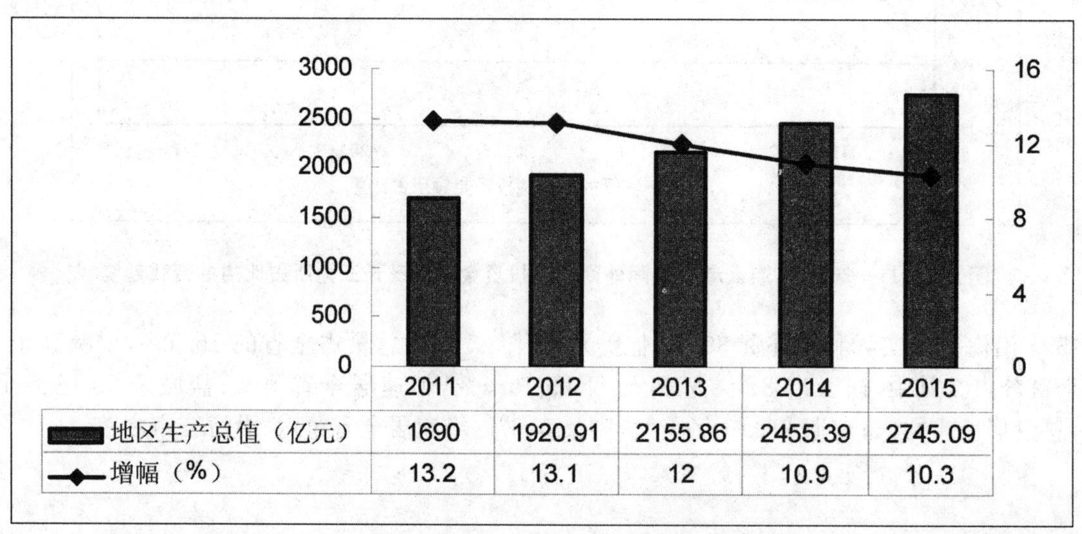

图 1　2011—2015 年淮安市地区生产总值及增长速度

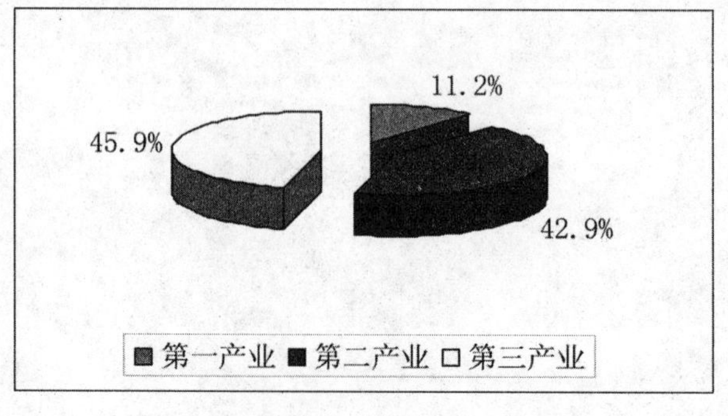

图 2　2015 年淮安市三次产业结构图

2. **财政收支**

财政收入稳步增长。全年财政总收入 510.13 亿元，比上年增长 10.1%。其中，上划中央四税收入 159.82 亿元，增长 3.1%；一般公共预算收入 308.51 亿元，增长 13.5%。一般公共预算支出 513.41 亿元，增长 19.0%，其中市级完成一般公共预算支出 117.07 亿元，比上年增长 26.8%；县区级完成一般公共预算支出 396.34 亿元，增长 16.9%。全市政府性基金支出 147.42 亿元，增长 13.7%。

3. **物价指数**

居民消费价格低位运行。全年居民消费价格指数比上年上涨 1.5%。八大类商品价格"七涨一跌"：食品类涨 1.0%，烟酒类涨 1.7%，衣着类涨 3.7%，家庭设备用品及维修服务类涨 2.8%，医疗保健和个人用品类涨 2.6%，娱乐教育文化用品及服务类涨 2.7%，居住类涨 0.8%，交通和通信类跌 0.4%。

4. **固定资产投资**

固定资产投资快速增长。完成规模以上固定资产投资 2203.24 亿元，比上年增长 22.7%。其中工业投资 1295.11 亿元，增长 28.3%；房地产开发投资 283.69 亿元，下降 20.7%。民间投资 1544.23 亿元，增长 40.8%，占全市规模以上投资 70.1%。全市在建亿元项目 725 个，计划总投资 2062.04 亿元，比上年增长 28.6%；完成投资 1179.69 亿元，增长 21.5%。新开工亿元以上项目 456 个，其中超十亿元重特大项目 4 个，五亿元以上项目 12 个。江苏富强新材料、中兴智慧产业园等一批重大项目开工建设，淮河入海水道二级航道建设获得国家批准。

(二)农林牧渔和水利业

农业生产稳定发展。粮食连续 12 年丰收，全年粮食总产量 467.22 万吨，比上年增加 0.03 万吨。其中夏粮 177.37 万吨，下降 1.1%；秋粮 289.85 万吨，增长 0.7%。全年粮食种植面积 987.36 万亩，减少 0.43 万亩。油料面积 44.70 万亩，减少 2.43 万亩，蔬菜面积 144.74 万亩，增加 2.84 万亩。完成造林面积 3.18 万亩。肉类总产量 30.48 万吨，下降 2.6%，其中猪牛羊肉产量 19.42 万吨，下降 4.5%；禽肉产量 11.00 万吨，增长 1.0%。禽蛋总产量 13.27 万吨，增长 2.0%。牛奶总产量 3.76 万吨，增长 4.5%。全年水产品总产量 26.35 万吨，增长 1.0%。年末农业机械总动力 620.2 万千瓦，增长 9.1%。

水利建设成效明显。完成水利建设投资 31.2 亿元。淮河入江水道整治、洪泽湖大堤加固、分淮入沂整治等治淮工程基本完成；黄河故道水利综合治理全面启动。古黄河水利枢纽、堂子巷枢纽建成使用，北门桥控制交通桥工程实现通车。10 条计 32 千米城市河道疏浚整治任务圆满完成，东风泵站、月湖泵站等 23 个中心城市建设项目相继建成投入使用。兴建各类小型田间建筑物 9472 座，新建防渗渠道 896 千米；整治村庄河塘 1986 个，改造农桥 624 座，解决农村饮水不安全人口 60.08 万人。金湖县荷花荡获批国家级水利风景区，国家水生态文明城市、节水型城市、水情教育基地创建全面启动，北京路水厂废黄河水源地达标建设通过省级验收。

(三)工业和建筑业

工业经济较快增长。完成规模以上工业增加值 1483.25 亿元，比上年增长 11.5%。其中国有工业增加值 121.33 亿元，增长 4.1%；集体工业增加值 4.65 亿元，增长 5%；股份制工业增加值 902.83 亿元，增长 12.6%；外商港澳台投资工业增加值 375.33 亿元，增长 10.2%。大中型工业企业增加值 658.77 亿元，增长 6.8%。轻工业企业增加值 653.59 亿元，增长 9.9%；重工业企业增加值 829.67 亿元，增长 12.8%。

转型升级加速推进。"4+2"优势特色产业实现产值 3902.80 亿元，比上年增长 17.9%，占全市规模以上工业比重 58%，比上年提高 2.8 个百分点。其中，盐化新材料、特钢、电子信息、食品四大主导产业实现产值 3452.80 亿元，增长 17.4%，占全部规模以上工业企业产值比重 51.3%。高端装备制造、新能源汽车及零部件两大战略性新兴产业实现销售 450 亿元，增长 21.5%。节能降耗成效明显，单位 GDP 能耗下降率 6.84%，完成省定目标。

骨干企业支撑有力。全市有规模以上工业企业2511户，全年实现主营业务收入6608.73亿元，比上年增长16.6%；利税653.66亿元，增长21.2%；利润384.60亿元，增长27%。其中销售100亿元以上企业4户，50亿元以上企业8户，10亿元以上企业70户。全市百户重点企业销售、利税、利润占全市比重分别为30.9%、34.5%和39.4%。

建筑业平稳发展。全市具有资质等级的总承包和专业承包建筑企业586户。全年完成建筑业增加值191.50亿元，比上年增长4.6%。完成建筑业总产值1323.70亿元，增长7.9%，其中建筑工程产值1276.48亿元，增长7.4%。

（四）服务业

1.国内贸易

消费市场运行平稳。全年实现社会消费品零售总额970.74亿元，比上年增长12.3%。按经营单位所在地统计，城镇消费品零售额865.77亿元，增长12.1%；乡村消费品零售额104.97亿元，增长13.1%。按消费形态统计，批发零售业完成零售额874.22亿元，增长12.3%；住宿餐饮业实现零售额96.51亿元，增长11.4%。

消费热点保持活跃。限额以上单位实现社会消费品零售额494.83亿元，比上年增长14.7%。其中粮油、食品类增长7.4%，烟酒类增长18.6%，化妆品类增长12.2%，金银珠宝类增长11%，电子出版物及音像制品类增长9.8%，五金电料类增长21.7%，家具类增长21%，石油及制品类增长11.8%，建筑及装潢材料类增长20%，机电产品及设备类增长23.4%，汽车类增长18.4%。

2.交通运输与邮电

交通运输业较快发展。全市完成交通基础设施建设投资42.30亿元。现代有轨电车一期工程、高良涧船闸扩容工程建成投入使用。南马厂大道、开发大道北接线建成通车，京杭运河黄码大桥半幅通车，连淮扬镇铁路、徐宿淮盐铁路、503省道机场连接线、235、346省道涟水绕城段、348省道洪泽南环段、南门立交、淮海路古淮河桥改造等重点项目开工建设，宿扬高速、235国道盱眙段、新港二期等在建工程快速推进。年末公路总里程13272.80公里，比上年增加198.60公里，其中高速公路里程403.40公里，一级公路里程620.10公里。完成公路、水路客运量8531万人次、周转量47.15亿人公里，分别比上年增长1.1%和1.8%；货运总量12023万吨、周转量362.06亿吨公里，分别增长6%和7.5%；完成港口集装箱吞吐量13.50万标箱，增长31%；港口货物吞吐量8004万吨，增长12.7%；完成航空旅客吞吐量50.5万人次，完成航空货邮吞吐量3754吨，比上年增长9.8%。淮安—台湾实现直航，季节性旅游航线、经停航线和航空快递等加快发展。

邮电通讯业平稳发展。全年邮电业务收入35.95亿元，比上年增长3.4%。其中，电信业务收入25.56亿元，下降5.2%；邮政业务收入10.39亿元，增长33.1%。全市年末固定电话用户67.97万户，下降16.6%。全年移动电话用户368.57万户，下降0.6%；年末互联网注册用户76.11万户，增长5.7%。

3.旅游业

旅游业快速发展。全年实现旅游收入266.87亿元，比上年增长13.2%。接待国内旅游人数2323.79万人次，增长11.2%；实现国内旅游收入264.02亿元，增长14%。接待入境过夜游客1.47万人次，比上年增长7.8%；其中，外国人7902人次，港澳台同胞6773人次。全年旅游外汇收入1558.15万美元，比上年增长18.7%。全市共有国家A级旅游景区41家，其中淮安市周恩来故里旅游景区获批为国家5A级旅游景区，4A级景区12家；省星级乡村旅游区41家，省级自驾游基地3家，省级旅游度假区2家，省级生态旅游区2家。星级旅游饭店48家，其中五星级旅游饭店1家。旅行社109家，其中四星级旅行社2家、出境社2家。持证导游4176人。里运河文化旅游区、白马湖生态旅游度假区入选全国优选旅游项目，西游记文化体验园入选储备项目。

4.金融和保险

金融市场运行平稳。年末金融机构本外币存款余额2356.91亿元，比年初增加319.04亿元，增长

15.7%。其中住户存款1187.73亿元，比年初增加128.89亿元，增长12.2%。年末金融机构本外币贷款余额1879.29亿元，比年初增加243.70亿元，增长14.9%。

全年保险公司保费收入62.24亿元，比上年增长7.5%。其中财险收入21.35亿元，增长18.1%；寿险收入40.89亿元，增长2.7%；健康险和意外伤害险收入2.40亿元，增长21.9%。保险赔款和给付支出21.87亿元，其中财产险11.93亿元，寿险9.9亿元，健康险和意外伤害险1.19亿元。

(五)开放型经济

1.对外贸易

对外经贸稳步增长。累计完成进出口总额41.3亿美元，比上年增长0.6%。其中，出口30.1亿美元，下降4.8%；进口11.2亿美元，增长18.7%。全市实现加工贸易进出口额17.7亿美元，增长23.5%；一般贸易进出口20.2亿美元，下降20.5%；其他贸易方式累计进出口3.4亿美元，增长1.6倍。全市机电、高新技术产品分别出口11.1亿美元、4.9亿美元，分别增长23.9%、302.8%。其中，电子信息产品出口5.1亿美元，增长1.4倍，为全市最大出口产品类别。全年累计完成外经营业额1.05亿美元，增长11%；完成外经合同额3217万美元，增长20.2%。全年新签对外承包工程项目4个。新批境外投资企业5家，增长25%，中方协议投资额3458万美元，增长12.6%。

2.利用外资

利用外资质态提升。全市新批外资项目167个，协议外资21.7亿美元，比上年增长3.4%；注册外资实际到账12.1亿美元，增长5.1%。新设立总投资超3000万美元项目46个，其中1亿美元以上项目13个。敏安电动汽车、爱美森木业、大量科技等一批重大项目落户。新开工外资项目104个，新竣工外资项目81个。开工项目到账外资11亿美元，占到账外资比重84.7%，比上年提高4.7个百分点。全年到账台资3.6亿美元，比上年增长6.2%。第十届台商论坛集中签约台资项目58个，总投资15.1亿美元。

3.开发园区建设

开发园区发展迅速。开发园区新批外资项目79个，其中3000万美元以上项目26个。注册外资实际到账8.9亿美元，增长1.6%，占全市比重73.4%；进出口总额35.8亿美元，下降3.4%，占全市比重86.7%。

二、淮安市2015年社会发展概况

(一)人口、人民生活

人口规模小幅增长。年末户籍总人口564.45万人，比上年增加4.2万人，增长0.8%。年末常住总人口487.20万人，比上年增加1.99万人，增长0.4%。城镇常住人口283.31万人，农村常住人口203.89万人。常住人口出生率11.5‰，死亡率7.51‰，自然增长率3.99‰。

居民收入稳步提高。全体常住居民人均可支配收入20840元，比上年增长9.1%；人均生活消费支出12349元，增长8.6%。按常住地划分，城镇居民人均可支配收入28105元，增长8.9%，人均生活消费支出15867元，增长7.9%；农村居民人均可支配收入13128元，增长9.3%，人均生活消费支出8615元，增长9.9%。城镇常住居民人均住房面积43.8平方米，农村常住居民人均住房面积50.7平方米。

(二)就业与社会保障

就业形势保持稳定。全年城镇新增就业6.67万人，下岗失业人员再就业3.59万人，其中困难群体再就业6546人。年末城镇登记失业率为2.2%，保持在较低水平。新增转移农村劳动力2.16万人，城乡劳动者职业技能培训2.75万人。

社会保障体系不断完善。年末全市参加城乡居民基本养老保险人数120.62万人，参保率99.5%。

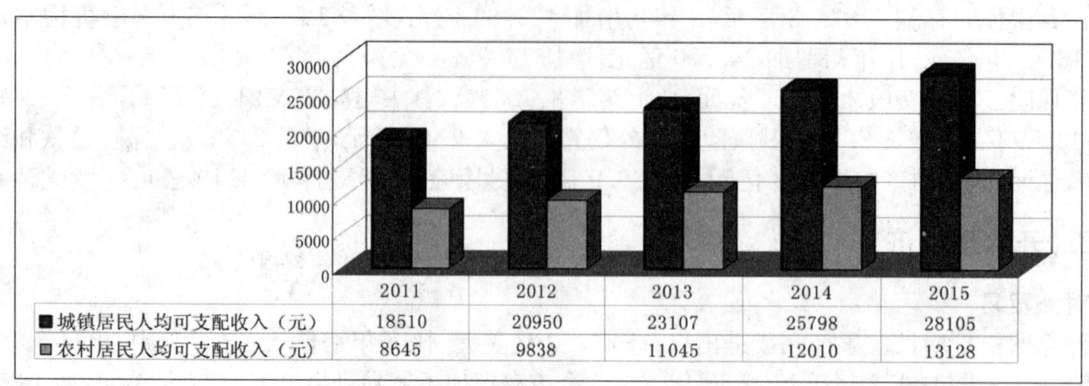

	2011	2012	2013	2014	2015
■城镇居民人均可支配收入（元）	18510	20950	23107	25798	28105
■农村居民人均可支配收入（元）	8645	9838	11045	12010	13128

图3　2011—2015年淮安市城乡居民收入对比一览

参加企业养老保险职工人数88.90万人，比上年增加2.60万人，其中农民工参保人数6.80万人，个体灵活就业人员参保人数37.10万人。参加城镇职工基本医疗保险、工伤保险、生育保险、失业保险人数分别为84.01万人、51.16万人、46.87万人和63.3万人，分别比上年增加1.08万人、4.90万人、4.81万人和1.10万人。企业离退休人员养老金按时足额100%社会化发放，全年支付24.40万名企业离退休人员养老金52.5亿元。全年共征缴当期养老保险费47.80亿元，清理企业往年欠缴养老保险费6184万元。全市24.30万名企业退休人员纳入社区管理服务，管理率达100%。组织12.94万名企业退休人员参加第四轮免费体检。累计为1.5万人次特困人员办理贷款，发放贷款资金1.1亿元。

（三）教育与科技创新

1.教育

教育事业协调发展。全市拥有各类各级学校982所，在校生86.24万人，教职工6.67万人。其中：幼儿园485所，在园幼儿17.21万人；小学282所，在校生34.43万人；初中150所，在校生13.68万人；普通高中29所，在校生7.50万人；中等职业学校22所，在校生6.53万人；特殊教育学校7所，在校生0.10万人；普通高校7所，在校生6.79万人。全市教育发展基本形成较为优质的现代国民教育体系和较为完善的终身教育体系，实现区域教育基本现代化。在苏北率先通过义务教育基本均衡国家督导认定，成为全国义务教育学校管理标准实验区。

2.科技创新

科技创新能力增强。全年研究与试验发展（R&D）经费支出45亿元，比上年增长12.5%。实现高新技术产业产值1687.22亿元，增长14.5%。完成专利申请15941件，增长5.6%，其中发明专利申请4406件，增长26.1%。专利授权9365件，增长40.6%。新增国家高新技术企业74家，新认定市级高新技术企业89家、市创新型领军企业10家，省民营科技企业累计达320家。

创新载体发展迅速。上海交大、兰州大学、钢铁研究总院华东分院等知名高校院所新来淮设立研究机构14个；新获批省级工程技术研究中心12家、省级企业研究生工作站12个，新建市级工程技术研究中心100家、企业院士工作站2家、企业重点实验室1家，市级以上企业“两站三中心”累计达804家。盱眙凹土科技产业园获批省产学研协同创新基地，清城创意谷获批省级众创空间，金湖青年众创集聚区获批省级众创集聚区，新认定市级众创空间10家，全市省级以上孵化器孵化面积累计达88万平方米。

（四）文化、卫生和体育

1.文化

文化事业繁荣发展。全市万人拥有公共文化设施面积1553平方米，公共文化服务设施覆盖率92.8%，人均公共图书馆总藏量0.914册。有线电视总户数151.89万户，比上年增长3.5%；新增农村

有线电视用户 4.40 万户，农村有线电视入户率 93%，有线电视村民小组接通率 100%。京剧《如姬》荣获第二届江苏文华大奖；版画《祈福千年船坞我家》荣获第二届文华美术奖。淮安软件园被国家版权局授予“全国版权示范园区(基地)”。市公共数字文化综合服务平台项目获得国家级创建资格，盱眙县入围第三批省级公共文化服务体系示范区创建名单。

2. **卫生**

卫生服务体系健全。全市拥有各类卫生计生机构(不含村卫生室)800 个。其中，疾病预防控制机构 9 个，卫生监督机构 10 个，综合医院 35 个，专科医院 13 个，中医院 6 个，中西医结合医院 1 个，妇幼卫生保健机构 9 个，卫生院 129 个，社区卫生服务中心(站)79 个，计划生育技术服务机构 119 个。各类卫生计生机构实有病床 25966 张，其中医院病床数 16654 张，卫生院病床数 7301 张；卫生技术人员 3.05 万人，其中执业(助理)医师 12037 人，注册护士 13503 人；疾病预防控制机构卫生技术人员 448 人，卫生监督机构卫生技术人员 188 人；妇幼卫生保健机构卫生技术人员 1105 人，计划生育技术服务机构卫生技术人员 165 人。分级诊疗深入推进，创成 11 个国家级“群众满意的乡镇卫生院”，顺利通过国家卫生城市复审。

3. **体育**

体育事业蓬勃发展。成功创建首批省级公共体育服务体系示范区。全市 137 个城市社区全面建设“10 分钟体育健身圈”，新建健身步道 70.5 公里。各县区场地器材等硬件条件显著提升，城市社区均已达到或超过“二室一场一路径”的标准。成功举办全市第八届万人自行车环市行、“舞动幸福·最美淮安”妇女广场舞比赛、第六届省健身气功交流比赛、“全民健身日”等系列全民健身活动。承办全国男子排球冠军赛、全国武术套路冠军赛等国家级赛事 7 项，江苏省青少年田径锦标赛和游泳锦标赛等省级赛事 14 项。全市 625 名运动员参加 2015 年省青少年运动赛，获得金牌 99.5 枚、银牌 65 枚、铜牌 66.5 枚。

(五)环境保护

环境保护能力提高。建成苏北首个省级生态市，国家生态市创建即将迎来环保部组织的技术评估。累计投入 13.9 亿元，完成京杭运河清浦段清淤疏浚与生态修复等 23 个国家淮河流域项目。全市设立自然保护区 5 个，其中省级自然保护区 2 个，自然保护区面积 7.09 万公顷。市区空气质量优良天数 246 天，优良率 67.4%；城市水域功能区水质优良率 81.6%，集中式饮用水源地水质达标率 100%；市区区域环境噪声平均等效声级 54.1 分贝，声环境质量等级较好；市区交通噪声平均等效声级 64.8 分贝，声环境质量等级为好。化学需氧量和二氧化硫排放量分别比上年削减 1791.48 吨和 3099.75 吨。金湖县、清浦区在苏北率先获得国家生态县区命名，洪泽县通过国家生态县考核验收，盱眙县、淮安区和淮阴区通过国家生态县区技术评估。

三、淮安市在长三角地区经济发展中的地位

2015 年，淮安市牢牢把握"上水平之年"工作主线，统筹推进稳增长、调结构各项工作，总体经济发展呈现出"稳中趋好、质态提升"的良好态势。但受各方面因素影响，经济运行面临的压力依然较大。

(一)地区生产总值

2011—2015 年，淮安市地区生产总值在泛长三角所占比重分别为 1.46%、1.50%、1.54%、1.61% 和 1.69%，连续多年出现持续的增长，累计增幅为 0.23 个百分点，2015 年较 2014 年上升 0.08 个百分点。2015 年淮安市地区生产总值在泛长三角地区 41 个市中排名第 20 位。

2015 年，淮安市实现地区生产总值 2745.09 亿元，按可比价计算，增长 10.3%，较前三季度上升 0.1 个百分点。其中，一产增加值 307.67 亿元，增长 3.6%，二产增加值 1176.66 亿元，增长 10.9%，三产增加值 1260.76 亿元，增长 11.3%。

三产占比首次超二产，淮安市第三产业快速发展，增速快于二产 0.4 个百分点。三次产业结构由

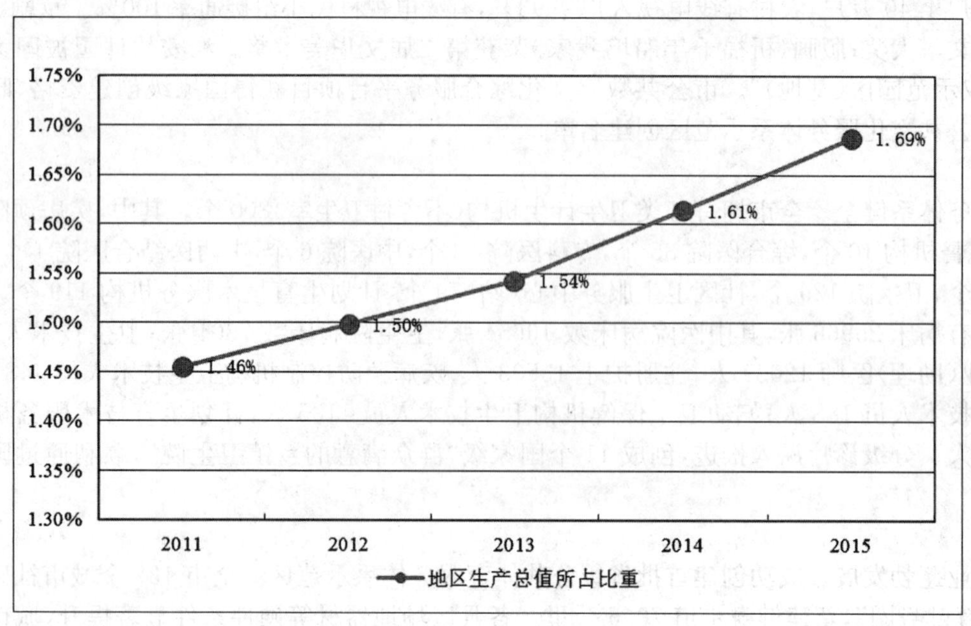

图4 2011—2015年淮安市地区生产总值在泛长三角(苏浙两省24个地级市、安徽省16个地级市和上海市,下同)所占比重的变化趋势

2014年的11.7∶44.2∶44.1调整为11.2∶42.9∶45.9。第三产业增加值占GDP的比重首次高过第二产业,实现了由"二三一"到"三二一"的成功转型。

服务业发展质态良好,金融业保持快速增长,各季增加值增速保持在15%～16%之间。全年金融业增加值占GDP的比重达到3.5%,比上年提升0.2个百分点。营利性服务业发展迅速,增速逐季加快,全年增长21.3%,占GDP的比重较上年提升了1.1个百分点。批发和零售业、住宿和餐饮业和房地产业平稳发展,增速较缓,三个行业各季度增速均保持在6%～9%之间。交通运输仓储和邮政业增加值增长较缓,全年仅增长5.3%,低于第三产业6个百分点。

农林牧渔业缓增,全市实现农林牧渔业增加值313.39亿元,增速为3.6%,比一季度提高了0.5个百分点,比上半年和前三季度提高0.2个百分点。

工业经济持续拉动,全部工业增加值985.66亿元,增长10.9%,拉动全市GDP增长4.5个百分点。2015年以来,工业经济持续稳增,规模以上工业增长较快,各月累计增加值增速保持在11.3%以上。全年实现规上工业总产值6723.73亿元,比上年增长16.8%,其中,"4+2"优势特色产业加速集聚,占全部规模以上工业比重达到了58%。

其他服务业较快发展,增加值占GDP的比重较上年提升了1.8个百分点。其中,营利性服务业增加值全年增长21.1%,非营利性服务业增加值增长11.5%,分别高于第三产业增速9.8和0.2个百分点。与前三季度相比,增速分别提升了2.7和0.2个百分点。

房地产业逐渐升温。一季度,商品房销售面积同比下降4.9%,6月份起增长速度持续加快,全年达到了14.6%。

贸易行业平稳缓增,批发业商品销售额增长速度逐季提升,由一季度11.5%增长到全年的16.6%;住宿业营业额增长速度由一季度的11.7%增长到全年的14.8%;零售业商品销售额和餐饮业营业额各季增长速度小幅波动,全年达到15.7%和18.2%。

(二)地方财政一般预算收入

2011—2015年,淮安市地方财政一般预算收入在泛长三角所占比重分别为1.65%、1.68%、

1.67%、1.81%和1.79%，整体呈现增长的态势，累计增幅达0.14个百分点，2015年较上年下降了0.02个百分比。2015年淮安市地方财政一般预算收入在泛长三角地区41个市排名第15位。

2015年，全区实现一般公共预算收入439434万元，增长12.05%。全区完成一般公共预算支出663624万元，增长7.66%。其中，一般公共服务支出71743万元，减少16.56%；国防支出4832万元，增长99.75%；公共安全支出20950万元，增长18.99%；教育支出75646万元，增长2.26%；科学技术支出19503万元，减少18.69%；文化体育与传媒支出7124万元，增长56.64%；社会保障和就业支出87679万元，增长5.06%；医疗卫生与计划生育支出63224万元，增长1.96%；节能环保支出16291万元，增长6.66%；城乡社区支出112799万元，增长35.81%；农林水支出157228万元，增长10.8%；交通运输支出9266万元，增长24.23%；资源勘探信息等支出1432万元，减少19.28%；商业服务业等支出1489万元，减少11.79%；国土海洋气象等支出256万元，减少34.53%；住房保障支出11752万元，增长18.18%；粮油物资储备支出457万元，增长75.77%；其他支出（含金融支出、国债还本付息支出）1953万元，增长135.59%。

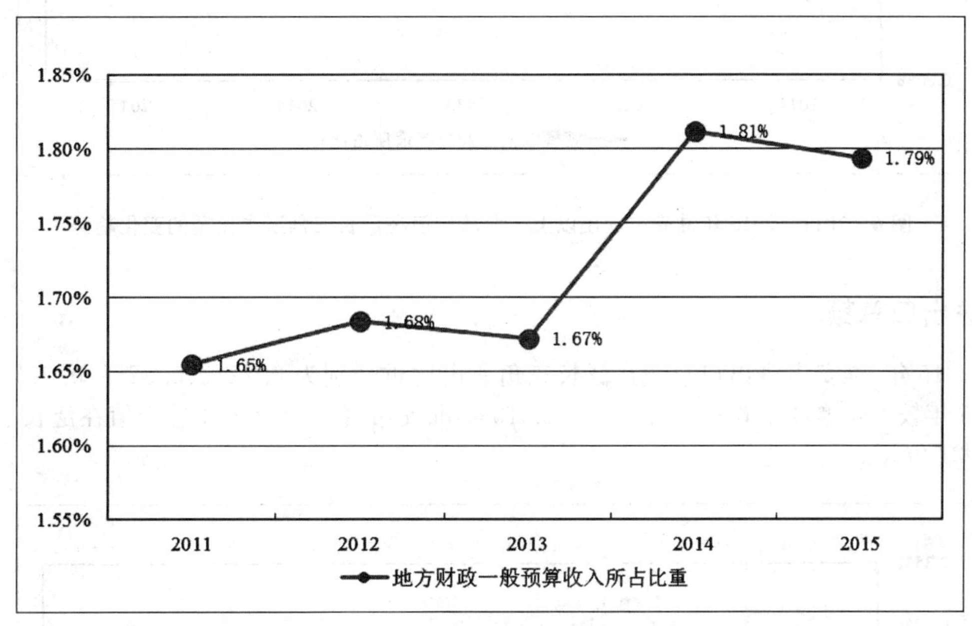

图5　2011—2015年淮安市地方财政一般预算收入在泛长三角所占比重的变化趋势

（三）规模以上工业总产值

2011—2015年，淮安市规模以上工业总产值在泛长三角所占比重分别为1.34%、1.66%、1.84%、2.04%和2.30%，呈现逐年增加的趋势，累计增幅为0.96个百分点，2015年较上年仅增长0.26个百分点。2015年淮安市规模以上工业总产值在泛长三角地区41个市排名第19位。

2015年，全市规模以上工业实现工业总产值6726.73亿元，超过年初目标1.8个百分点；完成工业增加值1483.25亿元，完成年初目标的114.1%，按可比价计算，比上年增长11.5%，完成了全年目标。总体看全年工业生产呈现稳中有升的态势。

全市规模以上工业企业利润增长较快，利润率稳中有升。2015年，实现利润总额384.6亿元，同比增长27%，高于产值增速10.2个百分点。企业主营业务收入利润率始终保持在10%以上，2015年，实现利润率15.1%，比去年同期提高了0.9个百分点。富誉电子科技（淮安）有限公司、宏恒胜电子科技（淮安）有限公司、富准精密模具（淮安）有限公司、淮安市振达钢管制造有限公司和淮安双汇食品有限公司等五家企业盈利水平较去年同期大幅提升，江苏金象赛瑞化工科技有限公司扭亏为盈。

规模以上工业增加值同比增长11.5%，在全省及苏北均居第二位，高于全省平均水平3.2个百分点。

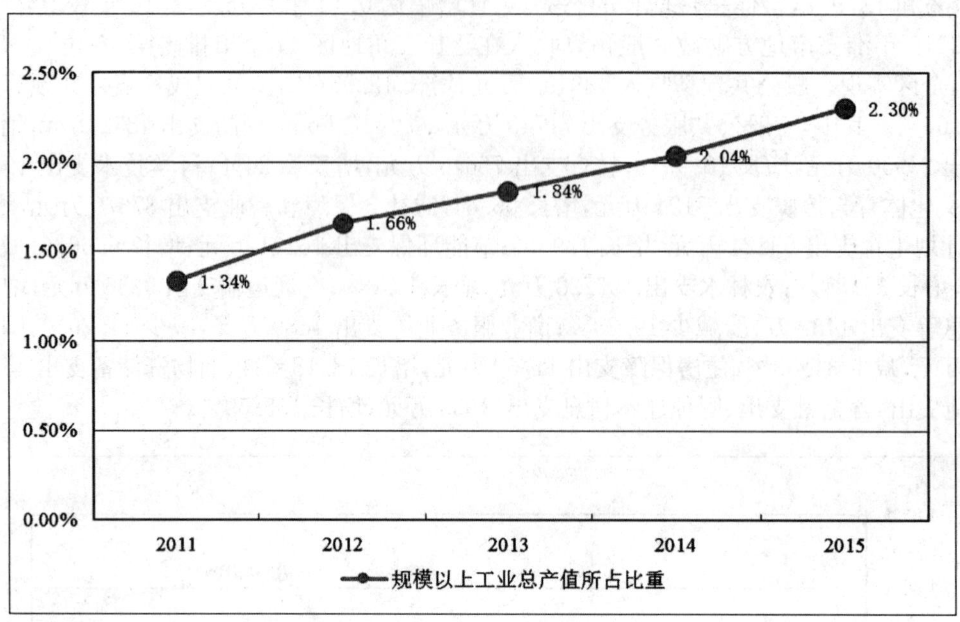

图 6　2011—2015 年淮安市规模以上工业总产值在泛长三角所占比重的变化趋势

(四)进出口总额

2011—2015 年,淮安市进出口总额在泛长三角所占比重分别为 0.22%、0.32%、0.27%、0.29%和 0.30%,2015 年较上年增加了 0.01 个百分点。2015 年淮安市规模以上工业总产值在泛长三角地区 41 个市排名第 21 位。

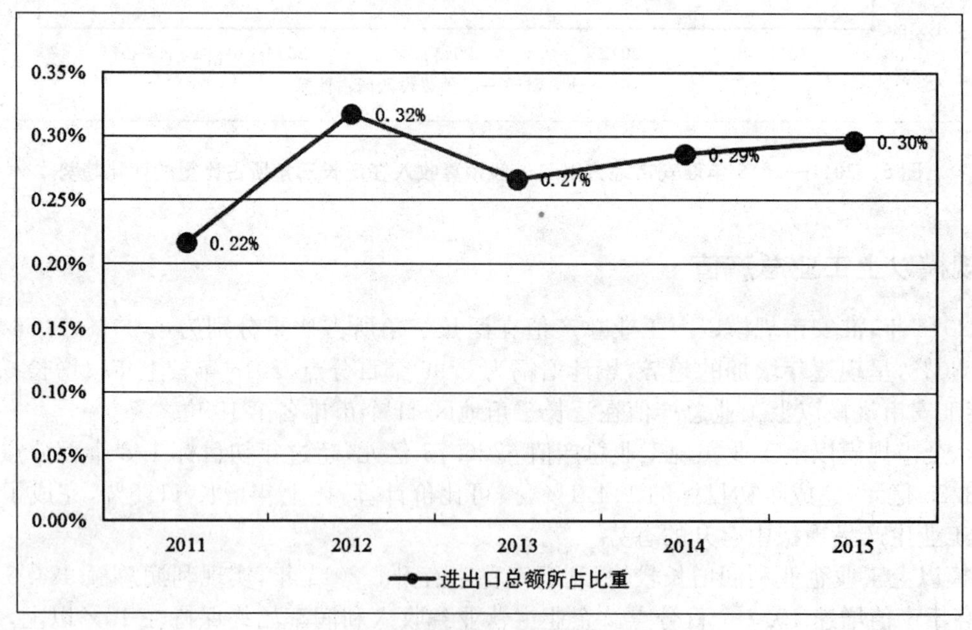

图 7　2011—2015 年淮安市进出口总额在泛长三角所占比重的变化趋势

2015 年,淮安市外贸进出口实现了逆势增长。全市累计实现外贸进出口 256.4 亿元人民币,同比增长 1.6%,增速位于全省第三位,高于全省外贸增速。其中进口 69.6 亿元人民币,增长 20%。

加工贸易快速增长，对全市拉动作用明显。2015年，淮安市加工贸易进出口值为109.8亿元，同比增长23.6%，占全市外贸的42.8%，较2014年上升7.8个百分点。2015年，综保区进出口68亿元，增长1.8倍，其中综保区物流货物进出口16.9亿元，激增10.8倍。

外商投资企业进出口增长较快，民营企业进出口回落调整。2015年，淮安市外商投资企业进出口总值为150.2亿元，同比增长20.4%，占全市外贸比重由2014年的48.9%提升至58.5%，依然占主导地位，其中台资企业进出口10.4亿元，增长11.9%。

对美国和香港贸易亮点突出，对欧盟进出口下降，贸易伙伴多元化取得积极进展。2015年，淮安市对欧盟以及美国进出口分别为40.5亿元与65.6亿元，同比分别下降8.7%与增长42.2%，两者合计占全市进出口的41.3%，仍旧处于主导地位；对香港进出口26.9亿元，增长1.4倍。2015年，淮安市贸易伙伴多元化取得积极进展，全年对拉丁美洲进出口13.9亿元，同比增长19.3%；对澳大利亚进出口5.1亿元，增长1.5%。

进出口企业数量持续增加，前20位企业进出口值占比超六成。2015年，淮安市有进出口实绩的企业为713家，比2014年增加3家，其中，累计进出口超10亿元、5亿元、1亿元和5000万元人民币的企业为4家、12家、41家和74家。进出口规模前20家企业累计进出口154.8亿元，占全市进出口总值的60.3%。

（五）实际外商直接投资金额

2011—2015年，淮安市实际外商直接投资金额在泛长三角所占比重分别为2.57%、2.92%、1.54%、1.60%和1.65%，2013年呈现大幅下跌的态势，2015年小幅上扬，较上年上升了0.05个百分点，5年下降了0.92个百分点。2015年淮安市实际外商直接投资金额在泛长三角地区41个市排名第16位。

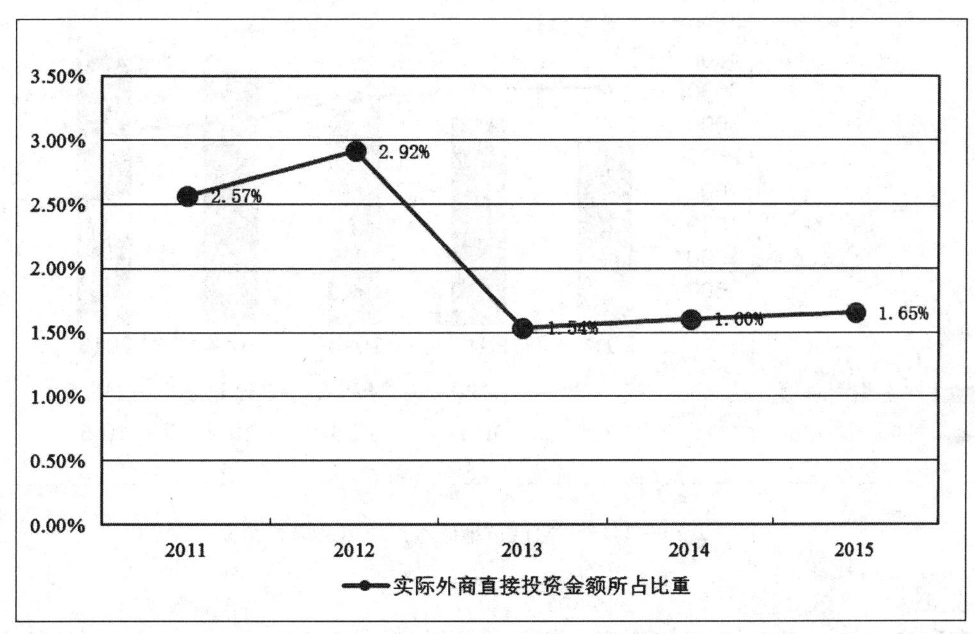

图8　2011—2015年淮安市实际外商直接投资金额在泛长三角所占比重的变化趋势

2015年，全市累计新批总投资3000万美元以上外资大项目46个，其中总投资1亿美元以上项目13个，两项指标均居苏北第一。

全市上下按照“高端研究、路径策划、快速反应”思路，对与淮安市“4+2”优势特色产业关联度高的世界500强企业、知名跨国公司战略布点等信息加强重点研究，全力突破重大项目，成功引进总投资1亿美元爱美森木业、总投资1亿美元敏安电动汽车研发中心、总投资1亿美元大量科技等一批科技含量高、产品质量好的外资大项目。借助台商论坛平台，市商务局牵头承担第十届台商论坛项目签约活动，成功签约台资项目58个，其中总投资3000万美元以上项目22个。

十　盐城市 2015 年经济社会发展报告

2015 年是“十二五”规划收官之年，也是全面深化改革取得重要进展之年，为“十三五”实现良好开局奠定了坚实的基础。面对错综复杂的宏观形势和艰巨繁重的改革发展稳定任务，在市委、市政府的正确领导下，全市上下坚持稳中求进的总基调，围绕“三先”①追求、“四城”②定位、“六大发展”③战略布局，积极探索、克难求进，经济社会发展呈现出“总体稳定、结构优化、质量提升、民生改善”的运行态势。

一、盐城市 2015 年经济发展概况

(一)综合经济

1. 经济总量

2015 年，全市实现地区生产总值 4212.5 亿元，按可比价计算，比上年增长 10.5%；其中第一产业实现增加值 516.53 亿元，比上年增长 3.6%；第二产业实现增加值 1923.47 亿元，比上年增长 10.5%；第三产业实现增加值 1772.5 亿元，比上年增长 12.5%。产业结构持续优化。三次产业增加值比例调整为 12.3：45.7：42，二三产业比重比上年提高了 0.5 个百分点，人均地区生产总值达 58299 元(按 2015 年年平均汇率折算约 9100 美元)，比上年增长 10.5%。

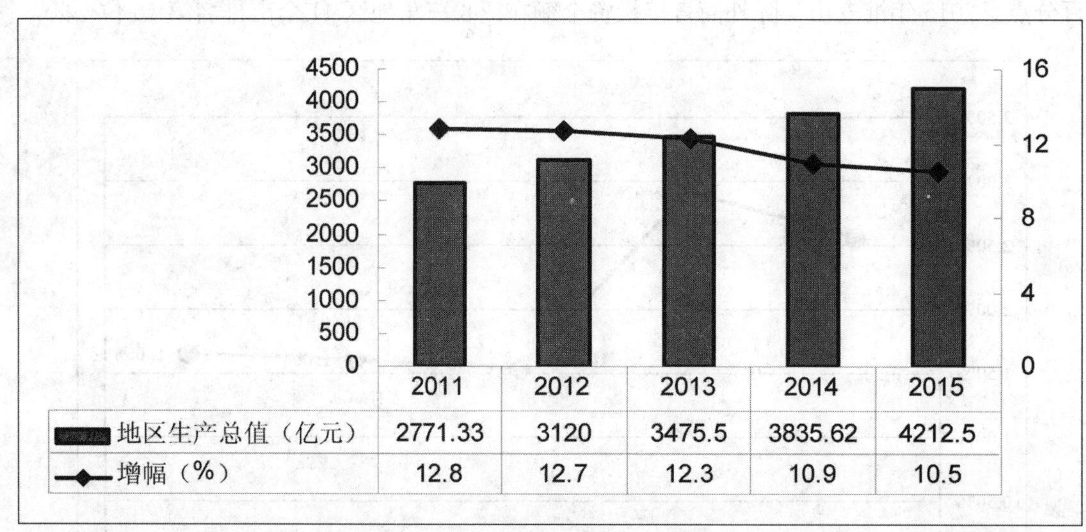

	2011	2012	2013	2014	2015
地区生产总值（亿元）	2771.33	3120	3475.5	3835.62	4212.5
增幅（%）	12.8	12.7	12.3	10.9	10.5

图 1　2011—2015 年盐城市地区生产总值及增长速度

2. 财政收支

财政收支稳步增加。2015 年，全市实现一般公共预算收入 477.5 亿元，比上年增长 14.2%，其中税收收入 384.3 亿元，比上年增长 12.6%，税收占公共财政预算收入的比重达 80.5%。主体税种保持稳定，营业税 190.7 亿元，增长 30.3%，增值税 27 亿元，比上年下降 8.1%，企业所得税 25.4 亿元，比上年下降 6.8%。一般公共预算支出 746.1 亿元，比上年增长 23.9%。

---

① “三先”：实现沿海当先，苏北领先，全省争先。

② “四城”：努力建设创业、开放、生态、幸福盐城。

③ “六大发展”：推进产业转型发展、沿海开放发展、城乡统筹发展、生态绿色发展、民生优先发展、社会和谐发展。

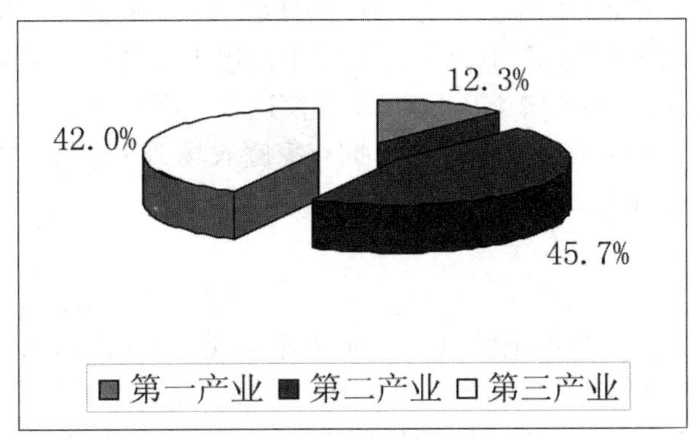

图 2　2015 年盐城市三次产业结构图

3. **物价指数**

物价水平温和上涨。2015 年，市区居民消费价格总指数（CPI）同比上涨 1.6%。八大类商品价格“七升一降”：食品类上涨 3.9%，烟酒类上涨 3.5%，衣着类上涨 1.7%，家庭设备及维修服务类上涨 2.5%，医疗保健和个人用品类上涨 0.8%，娱乐教育文化用品及服务类上涨 1.5%，居住类上涨 0.4%；交通和通信类下降 0.8%。全市工业生产者出厂价格指数（PPI）同比下降 1.5%，工业生产者购进价格指数（IPI）同比下降 5%。

4. **固定资产投资**

投资结构更加优化。2015 年，全市完成固定资产投资 3372.9 亿元，比上年增长 22.6%，其中工业投资 2003.1 亿元，比上年增长 20.4%。投资结构进一步优化，全市第一产业完成投资 39.1 亿元，比上年增长 18.4%；第二产业完成投资 2009 亿元，比上年增长 20.8%；第三产业完成投资 1324.8 亿元，比上年增长 25.6%。民间投资 2725.6 亿元，比上年增长 26.1%，高于投资增速 3.5 个百分点，对全市投资增长的贡献率达 90.7%，拉动全市投资增长 20.5 个百分点。

重点领域投资较快。2015 年，全市工业技改投资 1310.7 亿元，比上年增长 34.4%；高新技术产业投资 520.4 亿元，比上年增长 26.2%；四大支柱产业投资 1364.3 亿元，比上年增长 24.4%。基础设施投资 478.4 亿元，比上年增长 28.9%。文化投资势头强劲。文化产业投资 139.6 亿元，比上年增长 26.7%。

新开工项目稳定增长。2015 年，全市新开工项目 4316 个，比上年增加 954 个；新开工项目计划总投资 2876.3 亿元，比上年增长 32.2%。亿元及以上新开工项目 511 个，其中 5 亿元以上 94 个，10 亿元以上 36 个。新开工项目多数集中在制造业行业，其中通用设备制造业、化学原料和化学制品制造业、纺织业、专用设备制造业等行业新开工项目数均在 200 个以上。

（二）农林牧渔业

农业生产形势良好。2015 年，全市实现农林牧渔业总产值 1073.5 亿元，可比价增长 2.7%。粮食总产量连续十二年实现增收。全市粮食总产量达 708.1 万吨，比上年增长 0.7%；粮食播种面积 1471.6 万亩，比上年增加 3.4 万亩。粮食亩产 481.2 公斤，比上年增加 2.3 公斤。棉花播种面积 41 万亩，比上年减少 34.6 万亩，总产 3.0 万吨。全市油料作物播种面积 137.7 万亩，比上年减少 10.1 万亩，油料总产量 28.2 万吨。

农业产业化进程加快。2015 年，全市拥有农业产业化龙头企业 1612 个，比上年增加 69 个；农民专业合作组织 9603 个，比上年增加 576 个。拥有大中型拖拉机 26464 台、联合收割机 24508 台。农业机械总动力 666.9 万千瓦，比上年增长 5.0%，农用排灌动力机械 8.3 万台、100.6 万千瓦，分别比上年增长 0.6%和 0.8%。机耕作业面积 1162.8 千公顷，机械植保面积 1162.7 千公顷。推广联耕联种面积 459.8 万亩。

现代农业规模扩大。2015年，全市高效设施农业发展取得显著成效。全年累计新增设施农业20.8万亩，总规模达207.8万亩，占耕地面积比重16.9%。新建千亩以上连片设施农业基地36个、百亩以上连片基地298个，16个"菜篮子"工程蔬菜新增4.9万亩、总规模达19.88万亩。全市拥有无公害农产品、绿色食品、有机农产品总数2009个，年内新增491个。全市拥有家庭农场2883家，年内新增1137家。农村劳动力转移201.3万人，其中劳务输出126.4万人。

（三）工业和建筑业

工业生产总体平稳。2015年，全市规模以上工业企业实现总产值8532.2亿元，比上年增长15.0%，实现增加值2061.3亿元，比上年增长11.5%。其中轻、重工业分别比上年增长11.3%和11.6%。民营工业持续向好。2015年，全市民营企业实现增加值1466.8亿元，比上年增长13.8%，占规模以上工业比重71.6%，增长贡献率达84.5%。全市规模以上工业企业实现利税总额869.2亿元，比上年增长6.9%，其中利润479.0亿元，比上年增长2.7%。全年工业用电量206.3亿千瓦时，比上年下降1.3%。

支柱产业稳定发展。2015年，全市工业企业实现全口径开票销售4279.5亿元，比上年增长7.5%，其中汽车、机械、纺织、化工四大传统支柱产业实现工业开票销售2990.7亿元，增长0.7%，占工业总量的70%。其中汽车产业实现开票1045亿元，比上年下降4.2%，东风悦达起亚汽车公司销售汽车61万辆，比上年有所下降。

高技术产业发展加快。2015年，全市高新技术产业实现产值2455.4亿元，比上年增长20.1%，占全市规模以上工业产值的比重为28.8%，分别比上年提高4.8个和1.2个百分点。2015年，高新技术产业产值对全市规模以上工业增长贡献率达40.4%，比上年提高8.1个百分点。

建筑业稳步增长。2015年，全市完成建筑业总产值1344.8亿元，比上年增长4.5%，实现增加值271.8亿元，比上年增长4.6%。建筑企业房屋施工总面积达11786万平方米，比上年增长11.9%；房屋建筑竣工面积4300万平方米，比上年下降1.5%，其中住宅竣工面积3018万平方米，比上年下降0.8%。

（四）服务业

1.国内贸易

消费市场保持平稳。2015年，全市社会消费品零售总额完成1468.6亿元，比上年增长11.9%。分城乡看，乡村消费增速领先城镇，全年城乡分别实现社会消费品零售总额1391.8亿元和76.8亿元，比上年增长11.8%和12.6%。分行业看，消费市场平稳增长。批发、零售、住宿、餐饮业分别实现零售额179.6亿元、1140.9亿元、15.2亿元和132.9亿元，比上年分别增长10.2%、12.2%、10.0%和11.3%。分规模看，限额以上零售额70.3亿元，比上年增长12.8%；限额以下零售额748.3亿元，比上年增长11%。

在限额以上批发和零售业主要经营类别中，信息类消费需求趋旺。通讯器材类消费3.9亿元，比上年增长45.3%；居民生活消费增长较快，食品类消费64.2亿元，比上年增长14.6%，穿着类消费50.5亿元，比上年增长8%，汽车类消费167.1亿元，比上年增长15.5%；健康类消费增长较快，中西药品消费31.8亿元，比上年增长18.6%；家电、娱乐类消费63.8亿元、1.5亿元，分别比上年增长15.4%和6.5%。

2.交通运输和邮电业

运输能力逐步增强。截至2015年底，全市共有公路总里程19526公里，其中国道654公里、省道1271公里；拥有等级公路17603公里，其中高速公路359公里，一级公路1394公里，二级公路2495公里。全市基本形成以高速公路为主骨架，以国省干线为支撑，以农村公路为配套的通达城乡的公路网络。全社会客运量9473万人，比上年增长0.4%，客运周转量83.8亿人公里，比上年增长0.2%；全社会货运量15572万吨，比上年增长4.8%，货运周转量391.8亿吨公里，比上年增长5.0%。航班8840架次，旅客运输量85.2万人次，分别比上年增长59.7%、61.1%，货邮吞吐量3005.7吨，比上年增长39%。沿海港口货物吞吐量7574.8万吨，比上年增长24.1%，其中外贸1717.7万吨，比上年增长157%。

邮电业务平稳发展。2015年，全市完成邮电业务总量64.6亿元，比上年增长12.2%。邮政业务收

入 12.4 亿元，比上年增长 24.9%，其中规模以上快递企业实现业务收入 5.1 亿元，比上年增长 40.3%。电信业务收入 52.2 亿元，比上年增长 9.6%。

3. **旅游业**

2015 年，全市共接待海内外游客 2271.3 万人次，比上年增长 12.5%；其中入境游客接待量 4.9 万人次，比上年增长 16.5%。全年实现旅游外汇收入 5865.7 万美元，比上年增长 30%。2015 年全市新增国家 5A 级旅游景区 1 家、4A 级 2 家、3A 级 3 家。中华麋鹿园创成 5A 级景区，黄海海滨森林公园创成国家级森林公园，九龙口国家级湿地公园创建通过专家评审。生态湿地游、民俗文化游、康体养生游和乡村旅游成为新的旅游热点。

4. **金融和保险**

信贷规模持续扩大。2015 年，全市共有银行业金融机构 40 家，年内净增 1 家。金融机构年末本外币存款余额 4414.8 亿元，比上年末增长 18.7%，其中居民储蓄存款 2367.8 亿元，比上年末增长 14.5%。金融机构年末本外币贷款余额 3077.5 亿元，比上年末增长 18.2%，其中中长期贷款 1359.5 亿元，比上年末增长 19.8%。

保险业健康发展。2015 年，全市拥有保险市场主体 71 家，其中市级产险公司 22 家，寿险公司 32 家，保险专业中介一级法人机构 14 家，保险经纪公司 3 家。保险分支机构及营销网点 638 个，保险从业人员 30340 人。全市实现保费收入 105.4 亿元，比上年增长 20.3%，其中财产险 32.6 亿元，比上年增长 21.9%；人身险 72.8 亿元，比上年增长 19.6%。全市各项赔偿和给付 35.9 亿元，比上年增长 5.9%。

5. **房地产业**

房地产销售有所回升。2015 年，全市房地产开发投资 367.7 亿元，比上年下降 3.2%，增速同比回落 19.2 个百分点，其中住宅投资完成 274.3 亿元，比上年下降 0.1%，增速同比回落 10.2 个百分点。商品房销售有所回暖。2015 年，全市实现商品房销售面积 716.5 万平方米，比上年增长 14.7%；商品房销售额 341.4 亿元，比上年增长 8.7%，其中住宅销售额 284.3 亿元，比上年增长 19.9%。

（五）开放型经济

1. **对外经济**

对外贸易稳中有进。2015 年，全市实现进出口总额 81.2 亿美元，比上年增长 8.0%；其中出口 51.2 亿美元，比上年增长 16.6%，进口 30.0 亿美元，比上年下降 4.1%。新批利用外资项目 146 个，比上年增长 15.9%。注册外资实际到账 8.0 亿美元，比上年下降 24.1%。

2. **开发园区建设**

加快开发园区转型升级，盐城市成为中韩两国政府确定的产业园地方合作重点城市，省政府出台专项政策支持中韩盐城产业园建设。盐城高新区获批国家级高新区，城南新区、建湖高新区创成省级高新区。

二、盐城市 2015 年社会发展概况

（一）人口、人民生活

人口总量保持稳定。2015 年末，全市户籍人口 828 万人，比上年末减少 0.5 万人，其中城镇人口 476.9 万人，乡村人口 351.1 万人。全年人口出生率为 11.8‰，死亡率为 7.4‰，自然增长率为 4.4‰。年末常住人口 722.85 万人，城镇化率 60.1%，比上年提高 1.6 个百分点。

生活水平不断提高。2015 年，全体居民人均可支配收入 22419 元，比上年增长 9.1%。城镇常住居民人均可支配收入 28200 元，比上年增长 9.1%；人均消费支出 16539 元，比上年增长 7.6%。农村常住居民人均可支配收入 15748 元，比上年增长 9.3%；人均生活消费支出 11819 元，比上年增长 9.6%。

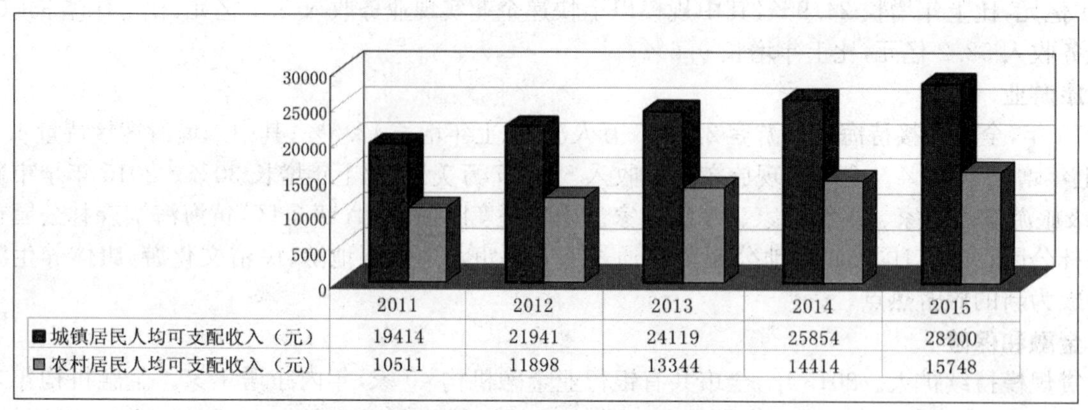

	2011	2012	2013	2014	2015
■城镇居民人均可支配收入（元）	19414	21941	24119	25854	28200
■农村居民人均可支配收入（元）	10511	11898	13344	14414	15748

图3　2011—2015年盐城市城乡居民收入对比一览

（二）就业、社会保障

城镇就业基本稳定。2015年，全市从业人员445.7万人，其中第一产业从业人员114.7万人，第二产业从业人员156.9万人，第三产业从业人员174.1万人。私营企业从业人员136.8万人，个体从业人员47.7万人。新增城镇就业人员11.1万人。城镇登记失业率保持1.89%的较低水平。

社会保障日臻完善。2015年，全市城乡居民大病保险实现全覆盖，建立困难群众保障援助和市区困难群众托底救助制度，全市35.7万困难群众基本生活有稳定来源，14万低收入人口完成脱贫。新建各类保障性住房2.5万套，完成农村五保供养服务机构提档升级项目，大市区养老呼叫服务平台投入运营，城市社区居家养老服务中心(站)实现全覆盖。

（三）教育与科学技术

1.教育

教育事业协调发展。2015年，全市共有普通高校5所，招生1.7万人，在校生7万人，毕业生1.5万人；普通中专7所，在校生2.3万人；职业高中10所，在校生2.7万人；普通中学276所，在校生26.6万人；小学326所，在校生44.2万人。全市初中毕业生升学率98%，在校生年巩固率99.6%；小学毕业生升学率97.9%，在校生年巩固率99.8%。学龄儿童入学率100%。幼儿园在园幼儿23.5万人，学前三年幼儿入园率为98.3%。全市共有教职工数8万人，其中专任教师6.6万人。

2.科技

创新能力不断增强。2015年，全市科技研发投入占地区生产总值的比重为1.8%。全市国家级高新技术企业384家，新增149家。571个项目获批省高新技术产品，创历年新高。申请专利22353件，比上年增长12.1%，其中发明专利3686件，比上年增长25.2%；授权专利7840件，其中发明专利463件，比上年增长72.3%和71.5%；万人有效发明专利拥有量2.44件，比上年增长39.4%。

（四）文化、卫生与体育

1.文化事业

文化建设成果丰硕。文化惠民工程扎实推进。改造提升文化基础设施，市图书馆新增智慧盐城图书馆APP平台服务方式，手机客户端可为读者提供各类电子书90多万种。继续开展“盐渎风”全民读书活动。群众文化活动有效开展。2015年，全市共完成送文艺演出1087场、放映公益电影27160场，送图书20万册。着力打造文艺精品。原创现代大型淮剧《小镇》成为全省2015年第一部重点投入的剧目。淮剧《良心》获国家艺术基金资助项目。

2. **卫生事业**

卫生体系更加健全。2015 年，全市拥有卫生计生机构 3242 个，其中医院、卫生院 284 个，卫生监督机构 10 个，妇幼卫生机构 11 个。各类卫生机构拥有床位 3.72 万张，在职职工 4.96 万人，其中执业(助理)医师 1.78 万人，注册护士 1.46 万人。

3. **体育事业**

体育事业健康发展。2015 年，盐城市成功举办了沿海湿地国际公路自行车赛，20 支代表队近 200 名运动员"骑越湿地、逐梦盐城"。成功举行了盐城市第七届运动会。广泛开展全民健身活动，积极开展群众体育活动，在全省率先实现公共体育服务体系示范区全覆盖，"10 分钟体育健身圈"不断完善。继续加大社会体育指导员培训力度。青少年校园足球活动成果丰硕，获得"团体一等奖"、"国家级青少年校园足球特色学校"等称号。

(五)城市建设

城市建设成效显著。2015 年，市区 55 公里的内环高架快速路网工程全面开工建设，完成工程量的 60%。市区新辟公交线路 7 条，新增公交线路里程 181.5 公里。市区拥有公交车 961 辆、出租车 1250 辆。倡导低碳环保出行，建设自行车服务站点 400 个，投放城市公共自行车 10000 辆。全面改善农村运输条件，行政村班车通达率达 100%。盐城至南京、徐州高速铁路(客运专线)开工建设，盐城至连云港快速铁路加快推进。阜建高速公路建成通车，实现"县县通高速"。获评全国新一轮社会管理综合治理优秀市，"厚德盐城"成为城市新名片。

(六)生态环境建设

生态环境持续改善。绿色发展已经成为盐城鲜明特色。2015 年，加快沿海重点园区生态化改造，积极创建国家森林公园和国家湿地公园，顺利通过绿化模范城市验收。积极推动绿色盐城建设，新增绿化造林 14.1 万亩，林木覆盖率达 25.9%；整治城乡环境，开展城乡河道综合整治行动，实施通榆河沿线环境专项整治；实施大气污染防治行动计划，夏秋两季秸秆禁烧实现"零火点"，连续两年空气质量全省最好，使盐城真正成为"一个让人打开心扉的地方"。

三、盐城市在长三角地区经济发展中的地位

2015 年，作为"十二五"的收官之年，盐城市积极应对新常态，牢牢把握经济工作主动权，坚持稳中求进总基调，突出质量和效益中心，实现经济平稳健康增长。1 至 11 月份，12 项主要经济指标中 11 项高于全省平均水平，8 项增速全省前三，6 项增速全省第一，经济增长的稳定性、平衡性和持续性不断增强。

(一)地区生产总值

2011—2015 年盐城市地区生产总值在泛长三角所占比重分别为 2.39%、2.43%、2.49%、2.52%和 2.59%，继续保持稳定的增长趋势，五年累计增加了 0.20 个百分点，2015 年比上年增加了 0.07 个百分点。2015 年盐城市地区生产总值在泛长三角地区 41 个市位居第 13 位。

2015 年，1—8 月份，全市投资产业结构进一步优化，第三产业占比提高。全市第一产业投资完成 26.6 亿元，增长 23.1%；第二产业投资完成 1258.2 亿元，增长 19.6%；第三产业投资完成 748.9 亿元，增长 31.6%。全市三次产业投资结构为 1.3∶61.9∶36.8，第一产业投资占比与去年持平，第二产业占比下降 2.1 个百分点，第三产业投资占比提高 2.1 个百分点。

(二)地方财政一般预算收入

2011—2015 年盐城市地方财政一般预算收入在泛长三角所占比重分别为 2.18%、2.25%、2.26%、2.46%和 2.45%，保持整体增长的态势，累计增幅为 0.27 个百分点，2015 年较上年减少了 0.01 个百分

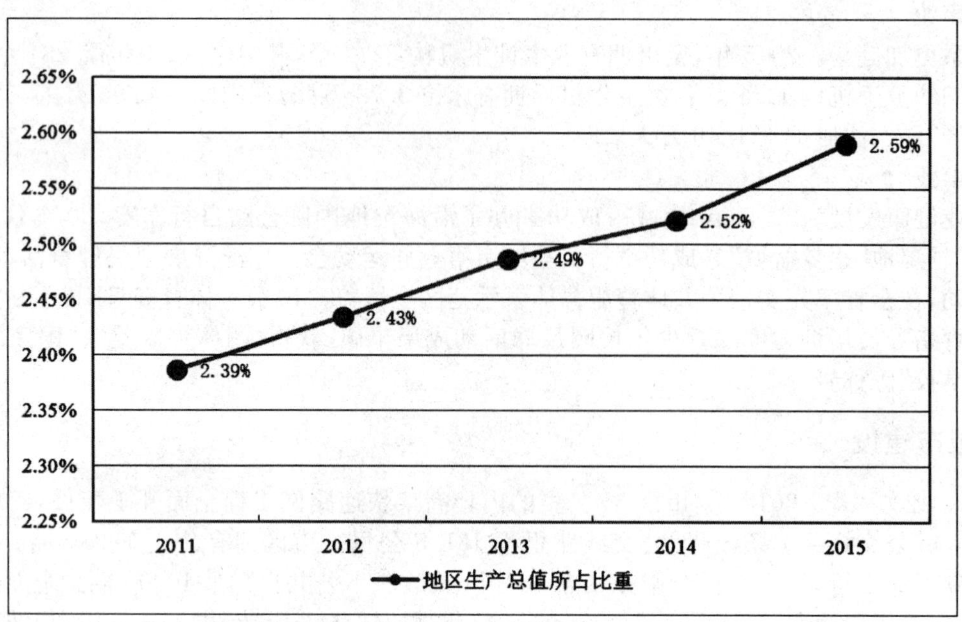

图 4　2011—2015 年盐城市地区生产总值在泛长三角(苏浙两省 24 个地级市、安徽 16 个地级市和上海市,下同)所占比重的变化趋势

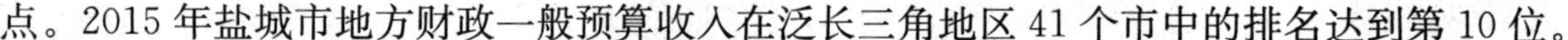
点。2015 年盐城市地方财政一般预算收入在泛长三角地区 41 个市中的排名达到第 10 位。

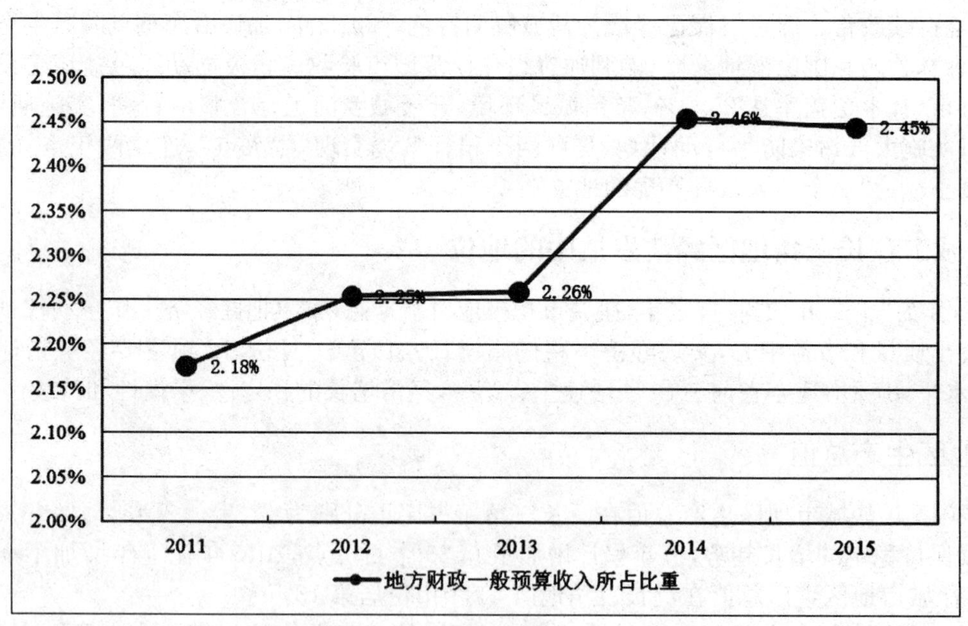

图 5　2011—2015 年盐城市地方财政一般预算收入在泛长三角所占比重的变化趋势

2015 年,全市实现一般公共预算收入 4774995 万元,完成预算(调整预算,下同)的 102%,比上年增收 594764 万元,增长 14.2%。一般公共预算支出 7460871 万元,完成预算的 93.8%,比上年增支 1428807 万元,增长 23.7%。市本级实现一般公共预算收入 758546 万元,完成预算的 98.7%,比上年增收 78492 万元,增长 11.5%,其中市开发区和城南新区分别完成预算的 98.9%、97.1%。一般公共预算支出 1150675 万元,完成预算的 92.4%,比上年增支 305704 万元,增长 36.2%。

（三）规模以上工业总产值

2011—2015 年盐城市规模以上工业总产值在泛长三角所占比重分别为 1.98%、2.34%、2.47%、2.61%和 2.90%，整体呈增长的态势下，持续上涨，2015 年较上年增幅为 0.29 个百分点。2015 年盐城市规模以上工业总产值在泛长三角地区 41 个市中排在第 15 位。

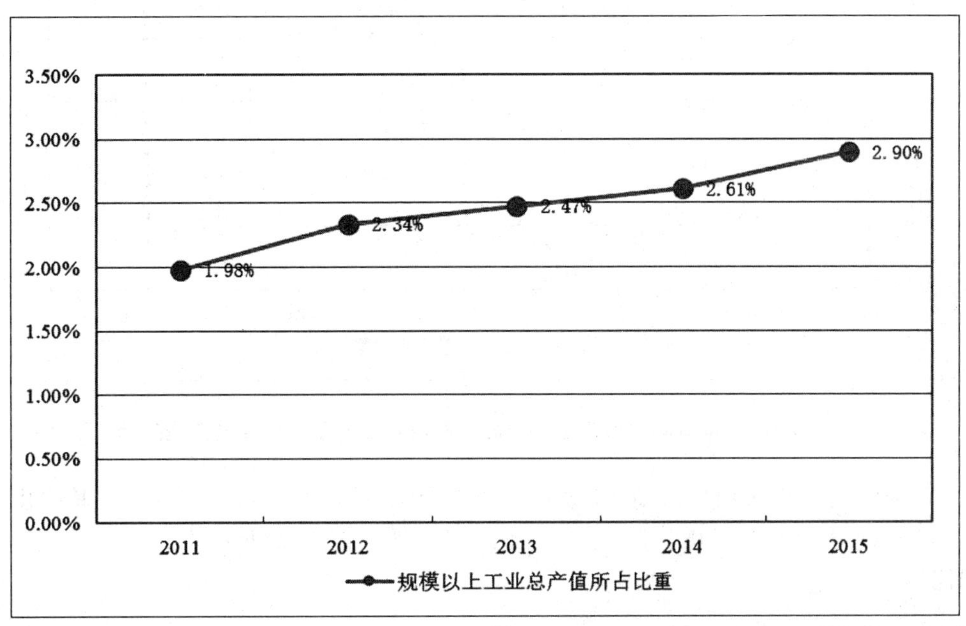

图 6　2011—2015 年盐城市规模以上工业总产值在泛长三角所占比重的变化趋势

2015 年，盐城市规上中小工业企业生产经营状况稳定，呈现出稳中有进、稳中趋好的良好发展态势，各项经济效益指标明显提高，位居全省前列。全市拥有规模以上中小工业企业 2937 户，数量列苏北第一，全省第五位；规上中小工业企业实现总产值 6583.3 亿元，同比增长 18.4%，主营业务收入 6316.1 亿元，同比增长 15.8%，增幅均居全省第三位；实现利税总额 686.4 亿元，同比增长 18.3%，利润总额384.7 亿元，同比增长 14.9%，出口产品交货值 227.2 亿元，同比增长 9%，三项增幅均居全省第二位。

（四）进出口总额

2011—2015 年盐城市进出口总额在长三角所占比重分别为 0.40%、0.43%、0.48%、0.52%和 0.58%，连续多年保持小幅增长的态势，累计增幅为 0.18 个百分点，其中，2015 年较上年增加了 0.06 个百分点，创历史最高水平。2015 年盐城市进出口总额在泛长三角地区 41 个市中排在第 20 位。

2015 年，对外贸易保持增长态势，进出口商品总值 503.5 亿元人民币，同比增长 9.1%，连续 10 个月增速列全省各省辖市首位。其中出口持续显著增长，出口商品总值 317.7 亿元，同比增长 17.7%，增幅列全省第一。12 月当月，全市进出口商品总值 49.2 亿元，其中出口 32.7 亿元，进口 16.5 亿元。

按贸易方式统计，一般贸易占比八成，增长显著，加工贸易增速放缓。去年全市一般贸易进出口 409.1 亿元，同比增长 14.3%，其中出口 261.2 亿元，增长 23%；进口 147.9 亿元，增长 1.7%。

按商品类别统计，机电产品为主要进出口商品，太阳能电池出口、粮食进口倍增。去年，全市机电产品进出口 224.4 亿元，同比增长 8.3%，占同期全市进出口总值的 44.6%。同期，全市出口太阳能电池 4.8 亿元，增长 2.9 倍。

韩国是最大的贸易伙伴国，全市对主要贸易伙伴国家的进出口增长显著。

民营企业增长势头强劲，占全市外贸比重显著提升。2015 年，民营企业实现进出口总值 278.6 亿

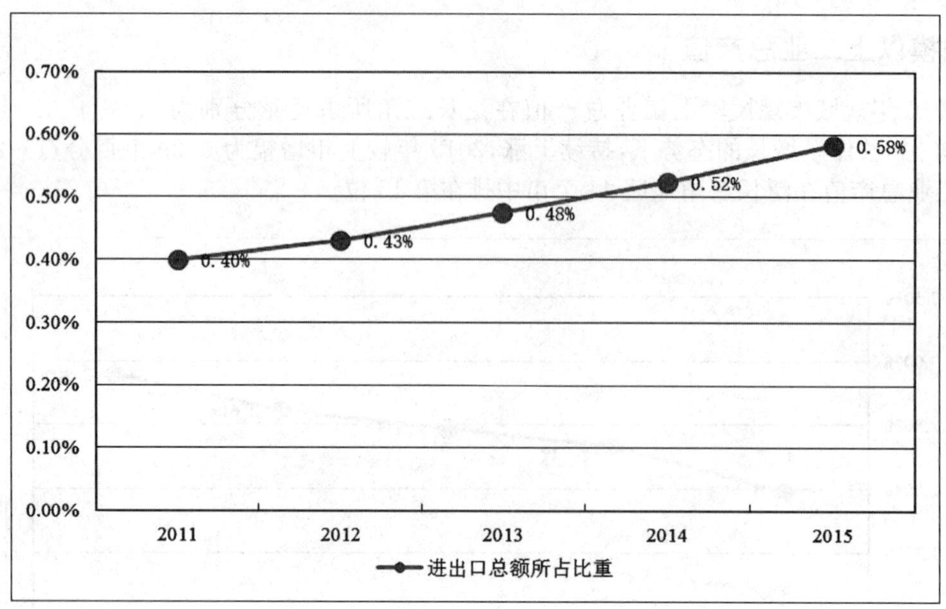

图 7 2011—2015 年盐城市进出口总额在泛长三角所占比重的变化趋势

元，同比增长 17.5%，占全市进出口总值 55.3%，比重比去年同期提升 4 个百分点。其中出口 222.1 亿元，同比增长 25.1%，对全市出口增长起主要推动作用。外商投资企业进出口 222.2 亿元，其中出口 93.1亿元，同比增长 3.7%。

(五)实际外商直接投资金额

2011—2015 年盐城市实际外商直接投资金额在泛长三角所占比重分别为 2.67%、2.90%、2.07%、1.40%和 1.08%，整体呈下跌态势，五年跌幅为 1.59 个百分点，2015 年较 2014 年下降了 0.32 个百分点。2015 年盐城市进出口总额在泛长三角地区 41 个市中排在第 24 位，下降了六位。

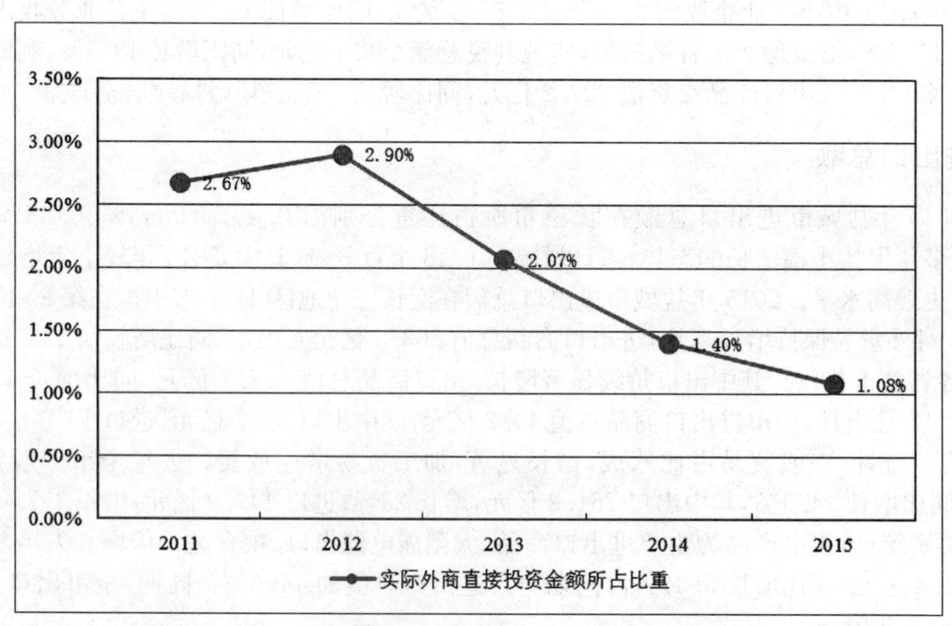

图 8 2011—2015 年盐城市实际外商直接投资金额在泛长三角所占比重的变化趋势

2015 年，新批外商投资项目 146 个，其中服务业利用外资项目 62 个，占 42.47%，这是利用外资工作取得的新突破。利用外资结构趋于优化。高新技术产业发展势头良好，新批项目数占总量的 14.38%，同比增长 50%。新兴产业和现代服务业成为外资投向新目标，新批项目数分别占总量的 52.05%和 27.4%。融资租赁、健康美容、大数据以及互联网+等服务业利用外资稳步增长，实际利用外资同比增长 30.31%，汇聚源国际、鑫和国际等一批融资租赁项目获批，中澳跨境电商平台成功落户，高丽亚娜健康美容项目正式签约，诺亚农业观光旅游项目开工建设。

重点项目支撑扎实有力。2015 年，全市在建外资项目 138 个，列入市重点外资项目 68 个，注册外资实际到账 4.01 亿美元，占全市实际到账总量的 50.44%。国家级盐城经济技术开发区摩比斯三电项目，累计完成 1.5 亿美元总投资，2015 年上半年竣工投产。东台市领镒精密电子制造项目，当年注册外资一次性到账 2750 万美元，2015 年 6 月提前竣工投产，并实现开票销售。

十一 扬州市 2015 年经济社会发展报告

2015 年，扬州市积极应对复杂的国内外经济环境和经济发展新常态，坚持"稳中求进、进字当先，创新驱动、转型升级"总基调，统筹做好稳增长、促改革、调结构、惠民生、防风险各项工作，全市经济运行总体平稳、稳中有进，综合实力迈上新台阶，经济结构进一步优化，改革创新稳步推进，城市建设成效显著，民生幸福持续改善。

一、扬州市 2015 年经济发展概况

（一）综合经济

1. 经济总量

全市实现地区生产总值 4016.84 亿元，可比价增长 10.3%。人均地区生产总值 89646 元，增长 10.2%。产业结构不断优化，其中，第一产业增加值 241.86 亿元，增长 3.5%；第二产业增加值 2012.1 亿元，增长 10.6%；第三产业增加值 1762.88 亿元，增长 10.8%。三次产业结构由上年的 6.1∶51.0∶42.9调整为 6.0∶50.1∶43.9。

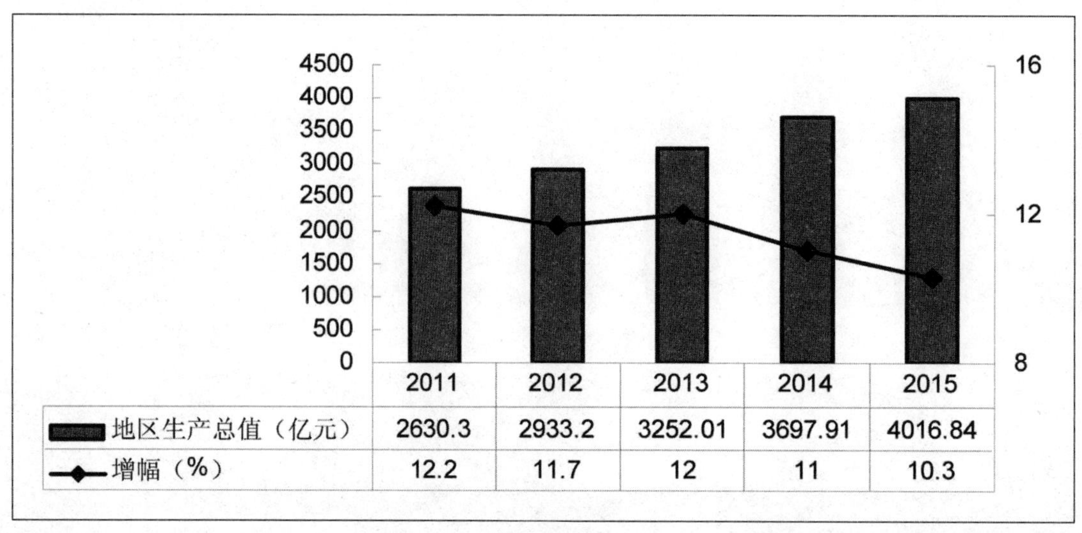

图 1 2011—2015 年扬州市地区生产总值及增长速度

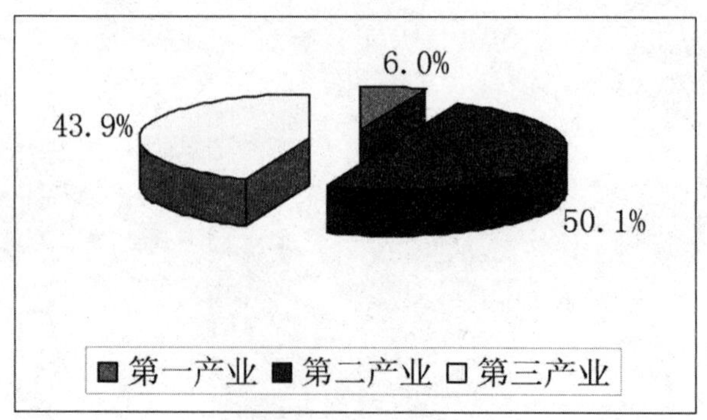

图 2 2015 年扬州市三次产业结构图

2. **财政收支**

全市财政总收入515.18亿元，增长10%。公共财政预算收入336.75亿元，增长14.1%，其中，税收收入274.67亿元，增长13.4%。主体税种中，增值税、营业税、企业所得税、个人所得税合计完成177.82亿元，增长11.1%。其中，增值税42.64亿元，增长7.1%；营业税100.96亿元，增长19.2%；企业所得税25.01亿元，下降1.2%；个人所得税9.21亿元，下降10.1%。

全市公共财政预算支出435.28亿元，增长16.2%，其中一般公共服务支出54.36亿元，增长6.7%；教育支出74.96亿元，增长10.8%；科学技术支出12.94亿元，增长31.8%；社会保障和就业支出33.40亿元，增长17.2%；医疗卫生与计划生育支出32.60亿元，增长30.2%；节能环保支出14.58亿元，增长111.3%。

3. **物价指数**

市场物价基本稳定，市区居民消费品价格指数为101.7。其中，消费品价格上涨1.3%，服务项目价格上涨2.4%。构成居民消费品价格指数的八大类指数分别是：食品类103.3.居住类101.9、医疗保健和个人用品类101.3.烟酒及用品类101.8、衣着类100.3.家庭设备用品及维修服务类101.0、交通和通信类98.6、娱乐教育文化用品及服务类101.0。商品零售价格总指数为100.5。

4. **固定资产投资**

全市完成固定资产投资2856.82亿元，增长18.2%，其中，建设项目投资2478.65亿元，增长20.5%；房地产开发投资378.18亿元，增长4.9%。从产业来看，第一产业投资16.15亿元，增长6.6%；第二产业投资1511.17亿元，增长13.6%；第三产业投资1329.50亿元，增长24.2%。一、二、三产业投资占投资的比重为0.6∶52.9∶46.5。

全市开工重大项目429个，完成投资1563.0亿元，增长14.3%，占全市投资比重54.7%。其中，工业项目173个，完成投资780亿元；服务业项目136个，完成投资586.7亿元。

基础设施建设加快推进，连淮扬镇铁路扬州段全线开工，宁启铁路复线电气化改造全面完成。文昌路西延、新万福路及万福大桥建成通车。352省道江都段、宿扬和江广高速加快建设。西部交通客运枢纽建成启用。城市南部快速通道、金湾路、611省道沿湖大道、芒稻船闸扩建工程、界首运河大桥等开工建设。高邮运东船闸扩建工程建成通航，长江六圩弯道应急护岸工程、淮河入江水道整治主体工程完工。

（二）农业

粮食生产实现"十二连丰"，全年粮食总产量314.41万吨，与2014年持平略增。生猪出栏132.72万头，下降2.2%。家禽出栏4184万只，增长1.6%。年末生猪存栏72.72万头，下降1.6%。家禽存栏1464万只，下降1.9%。肉类总产量18.16万吨，下降0.3%。实现农林牧渔业总产值460.3亿元，增长6.6%。

全市水产养殖面积118万亩，比上年扩大1万亩。特种水产养殖面积103.4万亩，同比扩大1.3万亩。实现水产品产量39.8万吨，比上年增加0.15万吨。

全市种植面积在100亩以上的家庭农场2005个，其中列入市级名录的家庭农场有349个，经营面积6.7万亩。全市各级农业龙头企业达375家，其中国家级4家，省级50家，市级148家，县级173家。市级以上农（渔）业园区54家，其中：国家级1家、省级8家、市级45家。新增农业园区面积10.8万亩，总面积达163.6万亩，园区化率达38.3%。江都区成为本市首家国家现代农业示范区。

（三）工业和建筑业

全市2762家规模以上工业完成总产值9822.98亿元，增长8.4%，工业增加值增长10%。产值过亿元的工业企业1463家，比上年增加19家，占全部规上企业的53.0%。亿元企业完成产值9221.8亿元，占全市规模以上工业的93.9%。其中完成产值100亿元以上的企业6家，50～100亿元的13家，30～50亿元的21家，10～30亿元的131家，5～10亿元的233家，1～5亿元的1059家。

新兴产业完成产值2895.8亿元，增长10.1%。“三新”产业完成产值1137.8亿元，占全市的11.6%，增长11.6%，其中，80家新材料企业完成产值476.6亿元，增长5.3%；93家新光源企业完成产值309.7亿元，增长13.5%；44家新能源企业完成产值361.9亿元，增长19.1%。

五大千亿级产业累计完成产值6791.6亿元，增长8.6%，其中，汽车产业1326.1亿元，增长16.5%；机械装备产业3398.8亿元，增长8.1%；新能源和新光源产业671.6亿元，增长16.5%；石化产业1076.4亿元，下降3.4%；船舶产业318.7亿元，增长6.9%。

规模以上工业企业实现主营业务收入9383.1亿元，增长7.6%；实现利税1085.8亿元，增长7.1%；利润624.4亿元，增长6.4%。

全社会用电量211.50亿千瓦时，增长3.5%。第一产业用电量4.09亿千瓦时，增长11.7%；第二产业154.85亿千瓦时，增长3.0%，其中，工业用电152.49亿千瓦时，增长3.1%；第三产业23.41亿千瓦时，增长5.2%；城乡居民生活用电29.14亿千瓦时，增长4.0%。

全市实现建筑业总产值3167.4亿元，增长7.6%；建筑业增加值263.06亿元，增长4.5%。房屋建筑施工面积25288.3万平方米，增长2.4%；竣工产值2751.4亿元，增长15.5%；竣工面积10619.8万平方米，增长13.8%。

(四)服务业

1.国内贸易

全市社会消费品零售总额1236.96亿元，增长9.7%，其中，批发业166.50亿元，增长11.3%；零售业930.19亿元，增长7.3%；住宿业19.10亿元，增长27.2%；餐饮业121.17亿元，增长23.1%。城镇消费品零售额1147.82亿元，增长9.7%；乡村消费品零售额89.14亿元，增长8.8%。

限额以上批发和零售企业中，粮油、食品类零售额26.34亿元，增长3.6%；饮料类零售额3.32亿元，增长1%；烟酒类10.86亿元，增长14.7%；服装、鞋帽、针纺织品类零售额34.55亿元，下降0.9%；日用品类零售额11.12亿元，下降0.9%；化妆品类零售额6.1亿元，增长4.8%；金银珠宝类零售额13.52亿元，下降10.8%；家用电器和音像器材类零售额32.45亿元，增长0.5%；汽车类零售额145.16亿元，增长8.7%。

2.交通运输和邮电

全市货运总量和货运周转量分别完成1.2亿吨和318.53亿吨公里，分别增长3.1%、4.0%。客运量和旅客周转量完成4667.7万人和35.3亿人公里，分别下降2.8%、2.9%。港口货物吞吐量11027万吨，下降9.1%；集装箱吞吐量62万标箱，增长10.3%。

年末全市公路里程10652.43公里，新增126.99公里。年末高速公路里程270.91公里。

全市邮政通讯业务收入56.9亿元，增长4.1%。其中，通讯业务收入40.4亿元，下降4.3%；邮政业务收入16.5亿元，增长32.6%。年末电话用户603.95万户，下降1.6%，其中移动电话用户488.61万户，增长0.2%。互联网宽带接入用户122.26万户，增长12.1%。

3.金融、保险和证券

年末人民币存款余额4719.40亿元，增长9.6%，其中，住户存款余额2376.68亿元，比年初增加214.1亿元。人民币贷款余额3095.77亿元，比年初增加363.4亿元。其中，短期贷款余额1404.39亿元，比年初增加90.18亿元；中长期贷款余额1484.02亿元，比年初增加195.58亿元；个人消费贷款665.51亿元，比年初增加109.26亿元。

全市各类保险机构实现保费收入123.81亿元，增长44.7%。其中，财产险保费收入31.55亿元，增长14.9%；人身险保费收入92.26亿元，增长58.8%。保险赔款总支出18.74亿元，增长10.4%，其中

财产险支出15.84亿元，增长11.4%；人身险支出2.90亿元，增长4.9%。

全市证券公司营业部累计开户46.68万户，比上年增加11.5万户。证券交易额18767.79亿元，增加12600.74亿元，其中股票交易额16332.48亿元，增加11816.02亿元，占交易额的87.02%；基金交易完成额495.04亿元，增加91.80亿元，占交易额的2.64%。

4. 旅游业

全市旅游总收入600.71亿元，增长12.2%。全年接待入境过夜游客5.12万人次，下降4.3%。旅游外汇收入5588.45万美元，增长13.6%。主要封闭式景区接待游客909.52万人次，增长12%。全市拥有国家A级景区34家，其中5A级1家、4A级8家、3A级13家。省星级乡村旅游区(点)30家，其中四星级11家。共有星级饭店61家，其中五星级4家、四星级12家。星级饭店客房出租率67.4%，同比持平。旅行社132家，其中出境游组团社4家。

5. 房地产业

全市房地产开发投资378.18亿元，增长4.9%，其中，住宅投资298.51亿元，增长4.0%；商业营业用房投资43.58亿元，增长13.7%；办公楼投资13亿元，增长17.8%。商品房施工面积2726.99万平方米，增长3.9%，其中，新开工面积629.94万平方米，下降21.7%；商品房竣工面积643.55万平方米，增长6.1%；商品房销售面积638.30万平方米，增长0.5%。

(五)开放型经济

1. 对外贸易

全市进出口总额103.38亿美元，增长3.3%，其中，出口77.11亿美元，增长0.4%；进口26.27亿美元，增长12.7%。从贸易结构看，一般贸易出口52.99亿美元，下降4.4%；加工贸易出口23.37亿美元，增长19.2%。主要出口贸易伙伴中，美国出口17.86亿美元，增长11.1%；欧盟出口16.38亿美元，下降3.4%；东盟出口6.10亿美元，增长15.2%；香港出口5.91亿美元，增长2.7%；拉丁美洲出口5.55亿美元，下降12.8%。

2. 利用外资

全市实际利用外资到账8.48亿美元，新批项目81个，协议外资15.78亿美元。全市完成外经营业额7.37亿美元，增长16%，其中，工程承包完成外经营业额6.78亿美元，增长18%；全年累计境外投资项目26个，中方协议投资额2.36亿美元。扬州泰州机场获批一类航空口岸并开通5条国际(地区)航线。

二、扬州市2015年社会发展概况

(一)人口、人民生活

年末全市户籍总人口461.12万人，比上年末减少2146人。全市登记出生人口4.13万人，出生率8.95‰；死亡人口3.30万人，死亡率7.16‰。人口自然增长率为1.79‰。年末市区户籍总人口为297.39万人，增长1.54%。年末全市常住人口448.36万人，常住人口城镇化率为62.8%，比上年提高1.6个百分点。

全体居民人均可支配收入26253元，增长8.7%，其中，城镇常住居民人均可支配收入32946元，增长8.7%；农村常住居民人均可支配收入16619元，增长8.7%。全体居民人均生活消费支出16720元，增长8.0%，其中，城镇常住居民人均生活消费支出19780元，增长7.4%；农村常住居民人均生活消费支出12316元，增长9.3%。

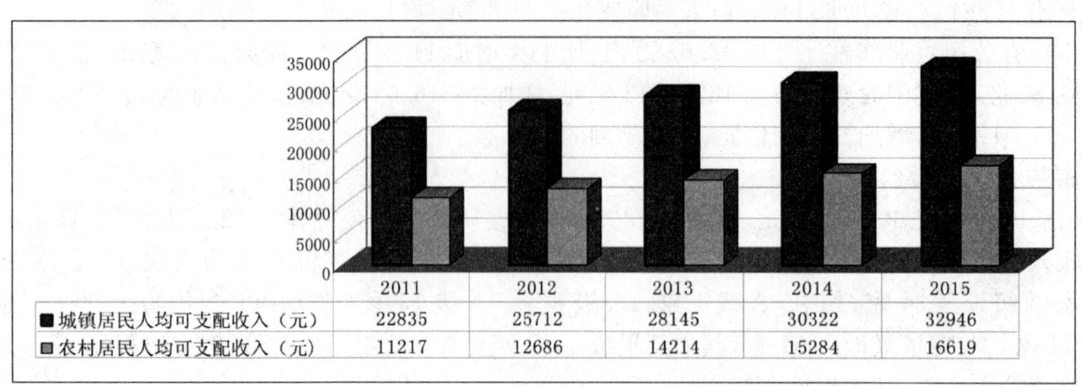

	2011	2012	2013	2014	2015
■城镇居民人均可支配收入（元）	22835	25712	28145	30322	32946
■农村居民人均可支配收入（元）	11217	12686	14214	15284	16619

图3 2011—2015年扬州市城乡居民收入对比一览

(二)就业、社会保障与福利

1. 就业

全市新增城镇就业70562人，新增转移农村劳动力49305人，期末城镇登记失业率2.01%。城镇失业人员再就业70171人，就业困难人员再就业6508人。

2. 社会保障

市区三区社会保险和民政福利实现“同城同步同标”。年末企业职工基本养老保险、城镇职工基本医疗保险、失业保险参保人数分别达106.00万人、120.51万人和63.69万人。年末城乡居民基本养老保险参保人数94.65万人，基础养老金发放率达100%。年末城镇基本医疗保险参保人数为203.83万人。全面实施城镇居民大病保险制度，推进全市社会保险“一卡通”。全市企业退休人员养老金连续11年提高标准，2015年末人均养老金2152元/月，市区2332元/月。

3. 社会福利

社会福利事业不断提升，城乡居民最低生活保障对象71987人，累计资金支出18202.82万元；临时救助27756户，支出1442.2万元；城乡医疗救助336275人次，累计支出7319.26万元。市区城乡低保标准统一提高至每月575元。

市区新建和筹集公共租赁住房1436套(间)。发放经济适用房货币化补贴312户，发放金额4731万元。租赁补贴325户。

(三)教育与科技创新

1. 教育

2015年扬州市所有县(市、区)创成国家级义务教育基本均衡县。新(改)建公办幼儿园6所，创成省优质园5所，64所学校创成省义务教育现代化学校。全市共有幼儿园290所，小学205所，普通中学166所，普通高校7所。在园幼儿103516人，小学在校生人数216263人，普通中学在校生人数178843人，普通高校在校生人数80923人。全市幼儿园毛入学率为99.1%，义务教育入学率和高中阶段教育毛入学率达100%，全市高考本二以上达线率为49%。

2. 科技创新

大力实施“科教合作新长征”和“科技产业合作远征”计划，签订产学研合作协议669项，落户校企研创中心56家，国际标准化组织饲料机械技术委员会秘书处落户扬州。新开发高新技术产品1509项，创历史新高，获批省高新技术产品数达838项；民营科技型企业达8931家；22个科技产业综合体已建成309万平米，投入使用219.5万平方米，其中产业用房190.5万平方米，累计入驻企业达741家；新增西

安交大扬州科技创业园、江苏红旗光电科技创业园2家省级科技企业孵化器，30家“众创空间”启动建设，投入使用面积15.5万平方米；省级以上“三站三中心”达462家。

全市高新技术企业总数达640家，实现高新技术产业产值4922.52亿元，增长10.1%，占规上工业总产值的比重44.5%；全市共申请专利24814件，增长9.27%；全市专利授权13948件，增长17.8%，其中发明专利授权754件，增长61.5%。

全市新增国家级博士后工作站10家。引进高层次领军人才188名、产业急需的专业技术人才1631名。入选省创新团队2个、创新人才28名和省“双创博士”83名。

（四）文化、卫生和体育

1. 文化

市文化馆获全国优秀文化馆评分第一。“四位一体”全民阅读服务体系列入全国示范项目。486非遗集聚区建成开放。成功举办“烟花三月”国际经贸旅游节。承办江苏大运河旅游推广月和中外丝路城市美食文化交流活动。完成第一次全国可移动文物普查。隋炀帝墓遗址公园一期工程完工。南河下入选国家首批历史文化街区。《扬州市志（1988－2005）》编纂发行。圆满举办市第十二届运动会暨“爱祖国、爱家乡”群众歌咏大会。年末全市共有文化馆、群众艺术馆7个，公共图书馆7个。共有广播电台6座，中短波广播发射台和转播台13座，广播综合人口覆盖率和电视综合人口覆盖率均达100%，有线数字电视缴费用户108.80万户。

2. 卫生

有序推进分级诊疗，组建苏北人民医院医疗集团，18家农村区域性医疗卫生中心开工建设。新创成省示范社区卫生服务中心（乡镇卫生院）5个，新农合保障水平持续提升，全市新农合人均筹资人均不低于480元，参保率达99.7%。年末共有各类卫生机构1980个，其中医院、卫生院136个。各类卫生机构拥有病床20121张，其中医院、卫生院病床17864张。共有卫生技术人员24326人，其中执业（助理）医师9826人，注册护士9938人。

3. 体育

扬州及所辖6个县（市、区）全部被首批命名为江苏省公共体育服务体系示范区。成功举办扬州市第十二届运动会。江苏省第十九届运动会各项筹备工作正式启动。扬州马拉松再次被评为国际田联金标赛事。

（五）城乡建设

重大基础设施建设实现新突破。连淮扬镇铁路扬州段全线开工，宁启铁路复线电气化改造全面完成。扬州泰州机场获批一类航空口岸并开通5条国际（地区）航线。352省道江都段、宿扬和江广高速加快建设。西部交通客运枢纽建成启用。城市南部快速通道、金湾路、611省道沿湖大道、芒稻船闸扩建工程、界首运河大桥等开工建设。高邮运东船闸扩建工程建成通航，长江六圩弯道应急护岸工程、淮河入江水道整治主体工程完工。

城市功能和管理水平不断完善。围绕建城2500周年，按序时推进100项城庆重大城建项目和30项政府主导城建项目，市民中心和科技馆、廖家沟中央公园主体工程、新体育场、李宁体育园等项目建成或运营。实施头桥水厂扩建工程，完成六圩污水处理厂三期工程。建成全市域桥梁信息管理系统与市区地下管线信息系统。着力推进文明城市建设长效化管理，开展农贸市场、交通秩序等7个专项整治，拆违拆破拆烂309处，在文明城市省级考评中名列前茅。创成省首批优秀管理城市。

新农村建设加快推进。编制完成《新型城镇化与城乡发展一体化规划》。新改建农村公路328公里、桥梁98座。疏浚县乡河道202条，整治村庄河塘5031个。完成农村危房改造3091户，实施渔民上岸安居850户。农村无害化卫生户厕基本普及。新创省级绿化示范村87个、“优美乡村”10个。全面完成人均年纯收入低于5000元人口的脱贫任务。宝应获批全省农业开发高标准农田建设整县推进试点县,争取省以上资金 5.66 亿元。农机、粮食、供销、气象在“三农”工作中发挥重要作用。

(六)生态环境

编制完成《扬州市生态文明建设规划》。认真落实市人大通过的《关于切实加强全市水环境保护和大气污染防治的决议》。完成 28 项淮河流域水污染防治工程。整治淘汰小型燃煤锅炉 509 台。全面取缔古城和景区核心区露天烧烤。对市区 92 个重点工地、635 辆渣土车安装实时监控设备。PM2.5 年平均浓度比 2013 年下降 21.7%。全市 16 家集中式生活饮用水源地水质良好,均达到地表水Ⅲ类标准,达标率为 100%。实施节能改造项目 101 项、循环经济项目 22 项,获批国家循环经济示范城市。启动 10 大生态中心和城市公园体系建设,全市成片造林 3.1 万亩,市区新增绿地 127.5 万平米。疏浚县乡河道 202 条,整治村庄河塘 5031 个。新创省级绿化示范村 87 个、“优美乡村”10 个。创成省国土资源节约集约模范市、省大气污染防治工作优秀城市。

三、扬州市在长三角地区经济发展中的地位

2015 年,面对复杂的宏观经济环境形势和艰巨的改革发展任务,在市委、市政府的领导下,全市工业战线认真贯彻党的十八大五中全会精神,积极把握和适应经济发展新常态,克难求进,开拓进取,全市工业经济保持平稳健康发展势头。

(一)地区生产总值

2011—2015 年扬州市地区生产总值在泛长三角所占比重分别为 2.26%、2.29%、2.33%、2.43%和 2.47%,保持持续增长的态势,累计增幅为 0.21 个百分点,其中 2015 年较上年增长了 0.04 个百分点。2015 年扬州市地区生产总值在泛长三角地区 41 个市中排名第 14 位。

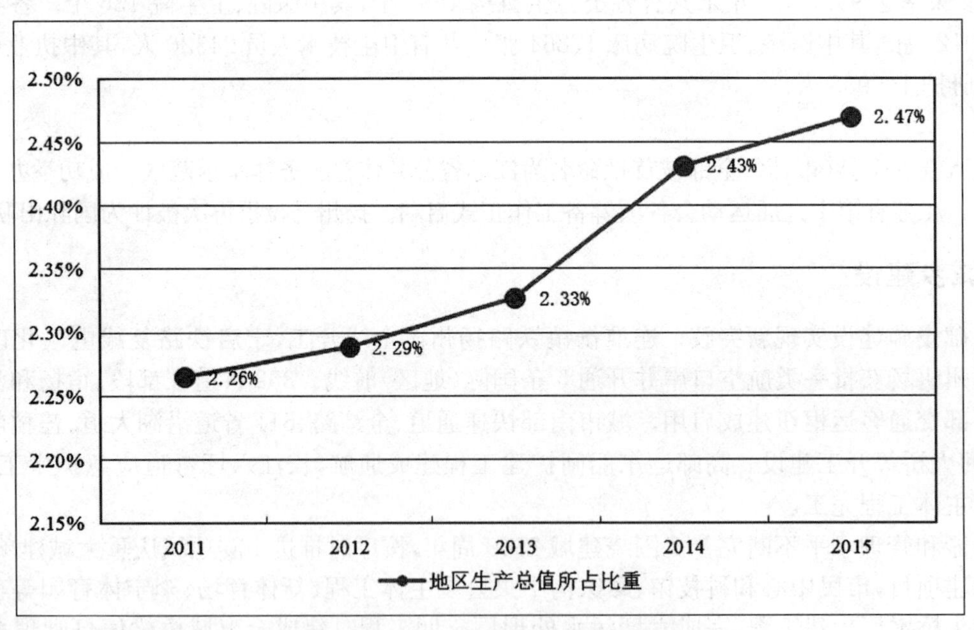

图 4　2011—2015 年扬州市地区生产总值在泛长三角(苏浙两省 24 个地级市、安徽省 16 个地级市和上海市,下同)所占比重的变化趋势

2015 年,扬州市实现地区生产总值 4016.84 亿元,按可比价计算,同比增长 10.3%,增幅全省排名第 3 位,高于省均 1.8 个百分点。分产业看,第一产业实现增加值 241.93 亿元,增长 3.5%;第二产业实现增加值 2011.97 亿元,增长 10.6%;第三产业实现增加值 1762.94 亿元,增长 10.8%,三产占比为

43.9%，同比提高1个百分点。第三产业对GDP增长的贡献率为40.7%，拉动GDP增长4.2个百分点。扬州市人均GDP达89646元，同比增长10.2%。按美元兑人民币年均汇率1∶6.3865折算，扬州市人均GDP达14037美元。

(二)地方财政一般预算收入

2011—2015年扬州市地方财政一般预算收入在泛长三角所占比重分别为1.76%、1.62%、1.60%、1.73%和1.72%，2015年较上年减少了0.01个百分点，总体减少了0.04个百分点。2015年扬州市地方财政一般预算收入在泛长三角地区41个市中的排名达到第16位。

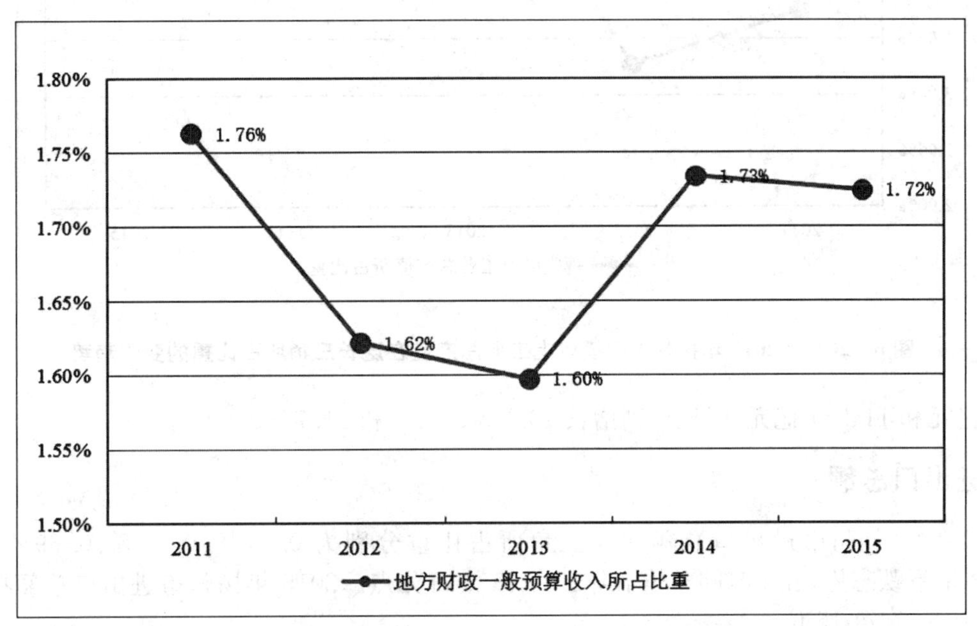

图5　2011—2015年扬州市地方财政一般预算收入在泛长三角所占比重的变化趋势

2015年扬州全市一般公共预算收入完成336.75亿元，同比增长14.1%，增幅位居全省第二位。其中，税收收入274.67亿元，增幅13.4%，税收占比81.6%。这是继2014年之后，扬州一般公共预算收入增幅再次名列全省第二。全市一般公共预算收入从"十一五"期末的167.78亿元，增加到2015年的336.75亿元，"十二五"期间年均增幅15.0%，实现翻番。其中，税收收入从"十一五"期末的121.08亿元，增加到2015年的274.67亿元，年均增幅17.8%，实现翻番。税收占比从"十二五"期初的71.3%提高到2015年的81.6%。

(三)规模以上工业总产值

2011—2015年扬州市规模以上工业总产值在泛长三角所占比重分别为3.08%、3.03%、3.26%、3.19%和3.23%，总体呈上涨态势，2014年小幅下跌，五年时间累积增幅达0.15个百分点。2015年扬州市规模以上工业总产值在泛长三角地区41个市中排在第13位。

2015年全市完成规上工业增加值2250.23亿元，同比增长10%，增幅高于省均1.7个百分点。2015年全市规模以上工业企业累计完成产值9822.98亿元，同比增长8.4%。分各县(市、区)来看，1—12月份，市区合计完成工业总产值5748.4亿元，同比增长8.6%，高于全市平均增幅0.2个百分点，其中开发区、广陵区、邗江区和江都区分别完成工业总产值1301.3亿元、693.6亿元、1375.8亿元和2377.7亿元，同比分别增长6.9%、0.8%、11.7%和10.4%。县市合计完成工业总产值3234.2亿元，同比增长9.8%，高于全市平均增幅1.4个百分点，其中宝应县、仪征市和高邮市分别完成工业总产值993.4亿

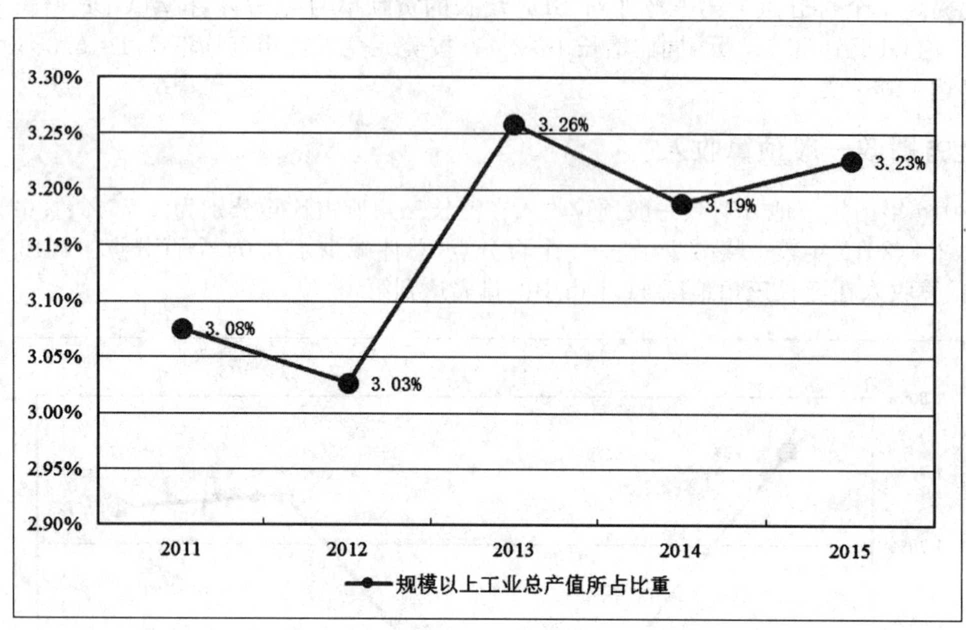

图 6 2011—2015 年扬州市规模以上工业总产值在泛长三角所占比重的变化趋势

元、1091.4 亿元和 1149.4 亿元,同比分别增长 10.3%、7.3%和 11.7%。

(四)进出口总额

2011—2015 年扬州市进出口总额在长三角所占比重分别为 0.77%、0.76%、0.69%、0.70%和 0.74%,整体呈下跌态势,五年时间整体下降了 0.03 个百分点。2015 年扬州市进出口总额在泛长三角地区 41 个市中排在第 16 位。

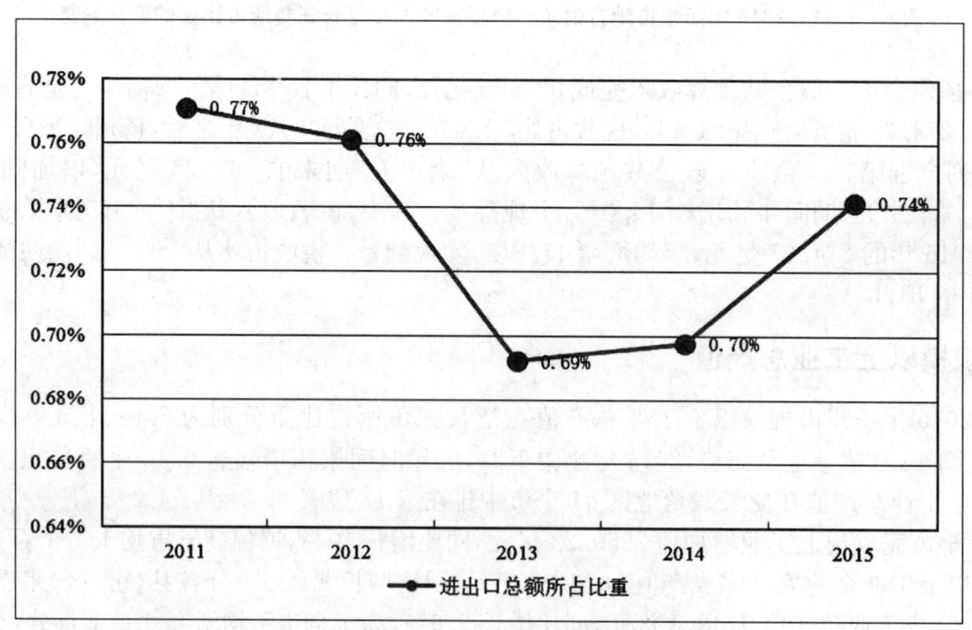

图 7 2011—2015 年扬州市进出口总额在泛长三角所占比重的变化趋势

2015 年,扬州市全年实现外贸进出口总值 103.38 亿美元,同比增长 3.3%,总量和增幅分别列全省

第 6 位、第 2 位；其中，出口 77.1 亿美元，同比增长 0.4%，增幅列全省第 6 位；进口 26.27 亿美元，同比增长 12.7%，增幅列全省第 2 位。

（五）实际外商直接投资金额

2011—2015 年扬州市实际外商直接投资金额在泛长三角所占比重分别为：3.33%、2.94%、2.44%、1.86%和 1.16%，比重持续下降，2015 年比上年下降了 0.7 个百分点，五年时间下降了 2.17 个百分点。2015 年扬州市实际外商直接投资金额在泛长三角地区 41 个市中排在第 21 位，下滑了七位。

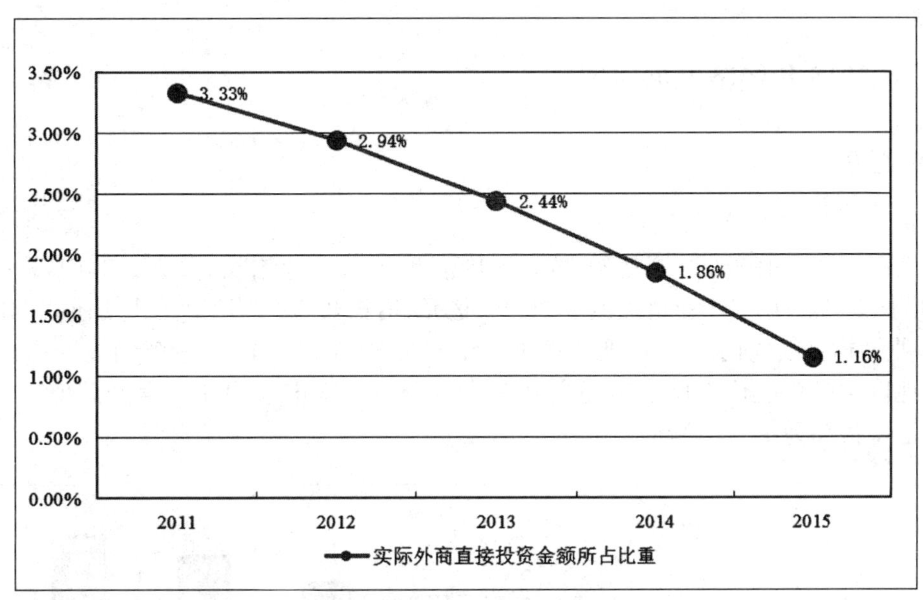

图 8　2011—2015 年扬州市实际外商直接投资金额在泛长三角所占比重的变化趋势

2015 年，扬州市新增外资企业法人 67 户，投资总额 14.25 亿美元，注册资本 9.47 亿美元，其中外方认缴额 6.69 亿美元。截至 12 月 25 日，全市共有外资企业 1811 户，其中法人 1364 户，投资总额 307.21 亿美元，注册资本 187.26 亿美元，外方认缴额 156.23 亿美元。2015 年度全市外资发展有 4 大亮点值得关注。一是重大项目约占三成。全年新增注册资本 1000 万美元以上的外资企业法人 24 户，占全市新发展外资企业法人的 35.8%，其投资总额、注册资本和外方认缴额分别为 12.82 亿美元、8.38 亿美元、5.76 亿美元。其中，注册资本 3000 万美元及以上的外资企业法人 9 户，其投资总额、注册资本和外方认缴额分别为 9.03 亿美元、5.93 亿美元、3.62 亿美元；5000 万美元及以上的外资企业法人 5 户，其投资总额、注册资本和外方认缴额分别为 6.42 亿美元、4.56 亿美元、2.61 亿美元。二是中外合资比重加大。全年新发展中外合资企业法人 26 户，其投资总额、注册资本和外方认缴额分别为 9.78 亿美元、6.2 亿美元和 3.42 亿美元，同比分别增加 18.18%、603.6%、421.01%、489.66%，分别占新发展外资企业法人总数的 38.81%、68.63%、65.47%、51.12%。数据显示，相较于独资企业，外商更倾向于选择与境内企业合资经营，共担风险、合作共赢。三是民资融入步伐加快。全年共有 38 家外资企业有民资投入，较去年多 3 家；共投入民资 3.43 亿美元，同比增加 248.51%。投入民资居前 3 位的外资企业依次为，扬州信义汽车租赁有限公司、明发集团扬州房地产开发有限公司和扬州奥锐特药业有限公司，分别投入民资 12000 万美元、5923.08 万美元和 2962.4 万美元，投资方分别为江苏东义汽车服务有限公司、福建省尚鸿建设工程有限公司和上海奥锐特实业有限公司。四是增资扩股空前活跃。全年共有 47 户外资企业增资，共增加注册资本 15.72 亿美元，其中外方增资 14.1 亿美元，同比分别增长 50.14%、66.47%，相当于新发展数的 166%、211%，存量外资企业增资扩股势头十分强劲。数据显示，随着近年来各级党委政府净化企业发展环境、提升服务水平成效日显，外商对本市发展前景充满信心。

十二　镇江市 2015 年经济社会发展报告

2015 年，面对依然错综复杂的国内外经济环境，全市上下按照市委、市政府总体部署，坚持“生态领先特色发展”的战略路径和“稳中奋进”的工作总基调，扎实做好稳增长、调结构、抓创新、促改革、惠民生各项工作，同心同德，励精图治，奋力作为，攻坚克难，采取有力举措推动经济社会稳定发展，主要指标保持在合理区间，结构调整稳步推进，质量效益持续提升，新旧动力加快转换，民生福祉有效改善，“十二五”发展圆满收官。

一、镇江市 2015 年经济发展概况

(一)综合经济

1. 经济总量

全年实现地区生产总值 3502.48 亿元，按可比价格计算，比上年增长 9.6%。其中，第一产业增加值 132.89 亿元，增长 3.6%；第二产业增加值 1726.96 亿元，增长 9.5%；第三产业增加值 1642.63 亿元，增长 10.2%。产业结构继续优化，三次产业比例由上年的 3.7∶50.2∶46.1 调整为 3.8∶49.3∶46.9，服务业增加值占地区生产总值比重比上年提高 0.8 个百分点。全市人均地区生产总值 110351 元，增长 9.5%，按年均汇率折算为 17720 美元。

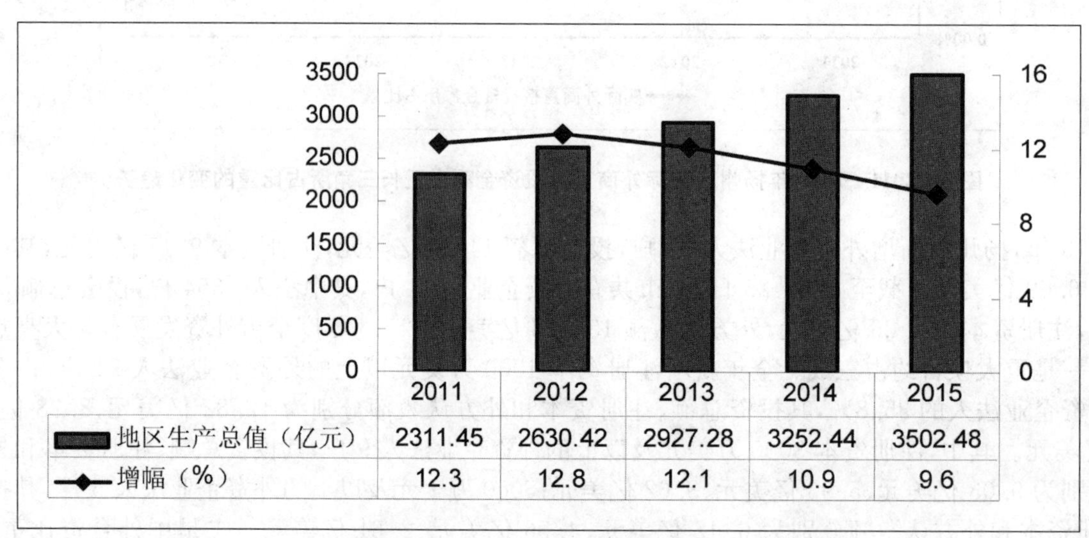

	2011	2012	2013	2014	2015
地区生产总值（亿元）	2311.45	2630.42	2927.28	3252.44	3502.48
增幅（%）	12.3	12.8	12.1	10.9	9.6

图 1　2011—2015 年镇江市地区生产总值及增长速度

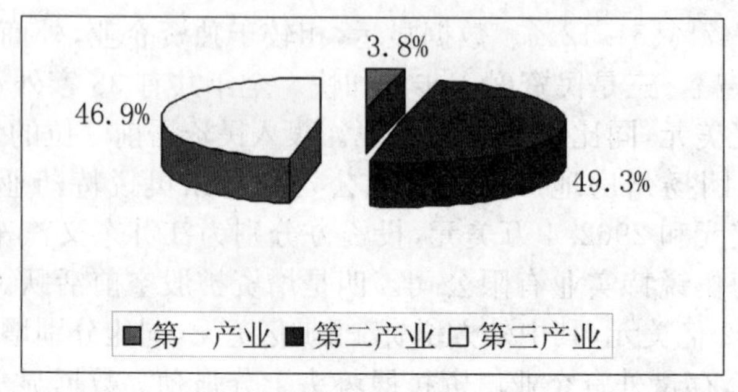

图 2　2015 年镇江市三次产业结构图

2.**财政收支**

财政收支稳定增长。全年实现财政总收入711.98亿元,比上年增长8.5%。其中,一般公共预算收入302.85亿元,增长9.0%。在一般公共预算收入中,税收收入245.40亿元,增长7.2%,占比重81.0%。分税种看,分别完成增值税、营业税、企业所得税、个人所得税34.5亿元、110.89亿元、22.54亿元、13.90亿元,增长6.8%、14.1%、5.8%、34.4%。全年完成财政总支出626.52亿元,比上年增长10.4%。其中,一般公共预算支出351.62亿元,增长12.2%。在一般公共预算支出中,民生类支出250亿元,占比重71.0%,比上年提高2.2个百分点。

3.**物价指数**

消费物价低位运行。全年居民消费价格总指数101.5,比上年上涨1.5%。其中,消费品价格上涨1.3%、服务项目价格上涨2.0%。八大类消费品价格:食品类上涨2.9%,衣着类上涨3.7%,家庭设备用品及维修服务类上涨1.6%,医疗保健和个人用品类上涨0.8%,娱乐教育文化用品及服务类上涨1.0%,居住类上涨1.2%;烟酒类下降0.5%,交通和通信类下降2.6%。

4.**固定资产投资**

投资保持较快增长。全年固定资产投资完成2541.07亿元,比上年增长18.6%。分产业看,第一产业投资2.78亿元,增长41.1%;第二产业投资1391.74亿元,增长21.1%,其中制造业1288.23亿元,增长16.7%;第三产业投资1146.55亿元,增长15.7%。分注册类型看,内资企业2311.75亿元,增长24.1%,其中民间投资1674.40亿元,增长18.9%;外商及港澳台商投资229.32亿元,下降20.1%。

(二)农林牧渔业

农业生产形势稳定。全年实现农林牧渔业总产值231.86亿元,按可比价格计算,比上年增长3.8%。全年粮食作物播种面积175.17千公顷,比上年减少0.70千公顷,下降0.4%;全年粮食产量125.15万吨,比上年减少0.87万吨,下降0.7%;油料产量5.81万吨,比上年减少0.12万吨,下降2.0%;蔬菜产量123.38万吨,增长2.8%;水果产量13.44万吨,增长2.9%。全年新增“三品一标”(无公害农产品、绿色食品、有机农产品和农产品地理标志)产品120个,累计拥有919个。

牧渔业生产有增有减。生猪存栏39.88万头,比上年下降1.7%;生猪出栏59.8万头,增长3.8%。家禽存栏571.72万只,增长2.4%;家禽出栏1680.4万只,下降0.6%。肉类总产量8.16万吨,增长1.2%。禽蛋产量2.67万吨,增长6.1%。牛奶产量1.84万吨,下降18.5%。水产品产量9.78万吨,增长3.1%。

农业现代化进程稳步加快。全年新增新型农业经营主体规模经营面积2.91千公顷,累计65.31千公顷,占家庭承包经营面积比重59.2%,提高4.5个百分点。新增高标准农田面积3.67千公顷,累计72.89千公顷,高标准农田占比重46.4%,提高6.3个百分点。新增设施农(渔)业面积1.93千公顷,累计36.14千公顷,设施农(渔)业面积占比重19.2%,提高1.5个百分点。年末农机总动力154.55万千瓦,农业机械化总水平81.5%。

(三)工业、建筑业

工业经济缓中趋稳。年末拥有规模以上工业企业2843家,实现工业总产值8781.90亿元,比上年增长7.8%,其中大中型企业总产值5781.24亿元,增长8.8%。分轻重工业看,轻工业总产值1484.81亿元,增长4.7%;重工业总产值7297.10亿元,增长8.5%。分门类看,采矿业总产值61.62亿元,下降3.3%;制造业总产值8562.45亿元,增长8.3%;电力、热力、燃气及水生产和供应业总产值157.83亿元,下降8.4%。分经济类型看,国有及国有控股企业总产值538.35亿元,增长7.1%;外商及港澳台商投资企业总产值2900.72亿元,增长10.0%;民营企业总产值5367.15亿元,增长6.7%,其中私营企业3642.56亿元,增长6.9%。

产品产销衔接良好。50种工业产品中28种产品产量实现增长，规模以上工业产品产销率为98.4%。实现出口交货值458.65亿元，比上年增长6.2%。

企业效益良好。全市规模以上工业实现主营业务收入8533.25亿元，比上年增长7.8%；实现利税、利润总额889.68亿元、575.67亿元，比上年分别增长11.3%、12.4%。规模以上工业销售利润率、成本费用利润率6.7%、7.2%，比上年分别提高0.3、0.2个百分点；规模以上工业企业全员劳动生产率为31.54万元/人，比上年增长7.1%。

转型步伐持续加快。全年"六大战略性"新兴产业（新材料、高端装备制造、新能源、航空航天、生物技术与新医药、新一代信息技术）实现销售收入3927.24亿元，比上年增长10.4%，占规模以上工业销售收入比重46.2%，提高1个百分点；高新技术产业全年完成总产值4270亿元，比上年增长11.3%，占规模以上工业产值比重48.6%，提高0.5个百分点。

建筑业生产出现负增长。年末拥有施工总承包和专业承包建筑资质企业381家，比上年减少10家。全年建筑业企业实现总产值541.5亿元，比上年下降2.2%；完成房屋建筑施工面积、竣工面积2362.4万平方米、926.9万平方米，比上年分别下降2.4%、2.8%；全年实现利润总额17.5亿元，比上年下降18.3%。

（四）服务业

1.国内贸易

消费市场稳定增长。全年实现社会消费品零售总额1113.71亿元，增长11.0%，其中限额以上企业（单位）553.63亿元，增长8.6%；限额以下企业（单位）560.08亿元，增长13.4%。按经营单位分，城镇市场实现零售额1049.94亿元，增长10.1%；乡村市场实现零售额63.77亿元，增长27.7%。按消费业态分，批发业零售额180.65亿元，增长23.5%；零售业零售额806.55亿元，增长7.8%；餐饮业零售额115.87亿元，增长14.2%；住宿业零售额10.63亿元，增长18.9%。

从限额以上批发和零售业分类商品零售情况看，汽车类128.05亿元，增长5.1%；石油及制品类86.84亿元，增长4.9%；通讯器材类5.67亿元，增长8.9%；日用品类17.21亿元，增长10.1%；家用电器和音像器材类30.89亿元，下降0.1%；化妆品类5.52亿元，增长9.1%；金银珠宝类14.83亿元，增长4.5%；文化办公用品类8.98亿元，增长20.4%；服装类39.51亿元，增长6.7%；粮油食品、饮料烟酒类48.12亿元，增长13.3%。电商零售快速增长，"农联·亚夫在线"启动运营，惠龙易通建成全国首个标准化大型物流电商平台。全市限额以上批发和零售业实现网上销售额3.52亿元，比上年增长27.9%。

2.交通、邮电

交通运输业发展平稳。全年完成客运量5579.3万人次，比上年增长0.8%，其中公路客运量4519万人次，增长0.2%；旅客周转量261470万人公里，增长0.1%。完成货运量9034.31万吨，比上年增长3.7%，其中公路货运量7298万吨，增长3.8%；货物周转量777335万吨公里，增长4.5%。全年完成港口货物吞吐量14789万吨，比上年下降6.9%，其中长江港13010万吨，下降7.5%。完成港口集装箱吞吐量40.71万TEU，比上年增长8.4%。

交通基础设施更加完善。沪宁高速丹阳东互通建成通车，五凤口高架建设主体基本完成，G312镇江城区段加快推进。全年新增公路里程69公里，年末累计7333公里，其中高速公路182公里，公路里程网密度191公里/百平方公里。"惠民公交"工程扎实推进，市区年末拥有公交营运车辆1349辆、公交线路118条、公交场站78个，比上年分别增加76辆、14条、4个；公交日均客运量41.6万人次，增加1.6万人次；拥有出租车1573辆，增加100辆。城市居民公共交通出行分担率23.5%，比上年提高0.4个百分点。年末拥有私人汽车35.4万辆，比上年增加4.7万辆，其中轿车35.3万辆，增加4.5万辆。

邮电通信保持较快增长。全年完成邮电业务总量70.4亿元，比上年增长11.2%，其中：邮政业务总量11.5亿元，增长29.2%；电信业务总量58.9亿元，增长8.3%。快递业务发展势头强劲，全年完成快

递业务量5007.88万件，比上年增长37.6%，实现业务收入5.59亿元，增长26.2%。年末电话总用户396.8万户，比上年下降9.6%，其中：固定电话用户87.23万户，下降10.3%；移动电话用户309.57万户，下降2.5%，其中4G用户122.99万户，增长15.8%。互联网宽带接入用户数346.16万户，比上年增长9.3%，其中移动互联网用户数254.35万户，增长6.0%。

3. 旅游业

旅游业发展态势良好。组建成立旅游发展委员会。句容戴庄村获评"中国最美休闲乡村"称号，成功举办第七届长江国际音乐节，西津渡音乐厅主体完工，象山公园一期工程竣工并对外开放。全年共接待国内游客4802.68万人次，比上年增长9.5%；接待旅游、参观、访问及从事各项活动的入境过夜旅游者5.3万人次，比上年增长17.7%；旅游总收入621.23亿元，比上年增长12%。年末拥有A级景区43个，其中国家5A级景区2家，国家4A级景区6家，3A级景区10家。拥有省级旅游度假区3家，省星级乡村旅游点95家，其中四星级20家、三星级42家；拥有星级宾馆34家，其中五星级宾馆3家；拥有旅行社120家，其中星级旅行社31家。

4. 金融、保险和证券

金融业运行整体较好。年末全市拥有金融机构和类金融机构数249家，比上年新增12家，其中银行业金融机构30家、保险机构54家、证券营业部25家、小额贷款公司43家、创投机构22家。年末金融机构本外币存款余额4056.71亿元，比年初增加338.33亿元；年末金融机构本外币贷款余额3023.85亿元，比年初增加288.66亿元。

保险市场发展态势良好。全年实现保费收入80.05亿元，比上年增长14.8%。其中，财产险、人身险保费收入22.88亿元和57.17亿元，分别增长11.1%和16.4%。全年各类保险赔付支出27.4亿元，比上年增长15.5%。其中，财产险、人身险赔付支出13.36亿元和14.04亿元，分别增长20.5%和11.1%。

资本市场加快发展。全年证券累计成交额5070.39亿元，比上年增长22.3%；新开资金账户数8.37万户，累计25.08万户。全年新增新三板和区域股权交易市场挂牌企业44家，上市企业市价总值771.21亿元，比上年增长19.1%；上市企业募集资金总额116.38亿元，增长20.8%。

5. 房地产业

房地产市场平稳。全年房地产开发投资完成355.78亿元，比上年增长11.5%，其中住宅投资269.80亿元，增长11.0%。商品房施工面积3195.95万平方米，增长7.3%，其中住宅2434.66万平方米，增长10.0%；商品房竣工面积660.93万平方米，增长10.2%，其中住宅545.49万平方米，增长10.8%。商品房销售面积597.88万平方米，增长14.9%。其中住宅540.54万平方米，增长14.1%；商品房销售额328.96亿元，增长3.9%，其中住宅281.65亿元，增长4.6%。

(五)开放型经济

1. 对外贸易

外贸出口低位企稳。全年实现进出口总额100.64亿美元，比上年下降2.4%。其中：出口68.74亿美元，增长4.1%；进口31.90亿美元，下降13.9%。按贸易方式分，一般贸易进出口70.81亿元，下降0.7%，占比重70.4%，其中出口50.47亿元，增长6.8%；加工贸易进出口24.46亿元，下降7.6%，占比重24.3%，其中出口16.95亿元，下降3.8%。从国别地区看，对亚洲出口33.34亿美元，增长8.6%；其中对香港出口6.32亿美元，增长82.9%；对东盟组织出口7.80亿美元，增长12.3%。对欧洲出口10.45亿美元，下降6.9%，其中对欧盟出口8.36亿美元，下降5.1%。对美国出口14.34亿美元，增长8.2%。"一带一路"沿线市场加快成长，全年与印度、新加坡、马来西亚、巴基斯坦、土耳其、波兰等国实现出口交易额20.86亿美元，比上年增长3.7%。从企业类型看，国有企业出口3.99亿美元，增长2.8%；外商投资企业出口55.31亿美元，下降10.3%；民营企业出口39.86亿美元，增长17.2%。从主要贸易产品看，高新技术产品出口 7.87 亿美元，增长 24.1%；机电产品出口 29.35 亿美元，增长 5.9%；纸及纸制品出口 7.41 亿美元，下降 7.4%。

2. **利用外资**

实际利用外资持平略增。全年实际利用外资 13.06 亿美元，比上年增长 0.8%。其中，第一产业 1.17亿美元，下降 31.7%；第二产业 6.20 亿美元，增长 17.6%；第三产业 5.68 亿美元，下降 4.8%。全年工商新注册外商投资企业数 93 家，比上年下降 20.5%；新批千万美元以上项目 44 项，比上年下降 41.3%。全年协议利用外资 14.58 亿美元，下降 38.8%。服务贸易保持良好发展态势，全年实现服务外包合同额 12.69 亿美元，比上年增长 15.9%，其中离岸服务外包合同额 6.08 亿美元，增长 15.4%；实现服务外包执行额 11.75 亿美元，比上年增长 18.1%，其中离岸服务外包执行额 5.88 亿美元，增长 18.4%。

二、镇江市 2015 年社会发展概况

(一)人口、人民生活

人口总量结构保持稳定。年末常住人口 317.65 万人，比上年增加 0.51 万人，人口出生率 7.97‰，人口死亡率 6.96‰，人口自然增长率为 1.01‰。年末户籍人口 271.67 万人，比上年减少 0.4 万人，其中男性 134.46 万人，减少 0.35 万人；女性 137.21 万人，减少 0.05 万人。

居民生活水平稳步改善。全年全体居民人均可支配收入 31263 元，比上年增加 2413 元，增长 8.4%；全体居民人均消费支出 19570 元，比上年增加 1391 元，增长 7.7%。分城乡看，城镇常住居民人均可支配收入 38666 元，增加 2914 元，增长 8.2%，其中工资性收入、经营净收入、财产净收入、转移净收入 25484 元、5012 元、3361 元、4809 元，分别增长 7.4%、9.6%、11.3%、8.7%。城镇常住居民人均生活消费支出 22859 元，增加 1549 元，增长 7.3%。农村常住居民人均可支配收入 19214 元，增加 1597 元，增长 9.1%，其中工资性收入、经营净收入、财产净收入、转移净收入 12508 元、4076 元、695 元、1935 元，分别增长 8.0%、13.2%、7.1%、8.3%。农村常住居民人均生活消费支出 14217 元，增加 1136 元，增长 8.7%。年末城镇、农村居民人均住房面积 43.6 和 55.4 平方米。年末城镇百户家庭拥有汽车 43 辆、电脑 112 台、移动电话 254 部；农村百户家庭拥有汽车 28 辆、电脑 65 台、移动电话 249 部。

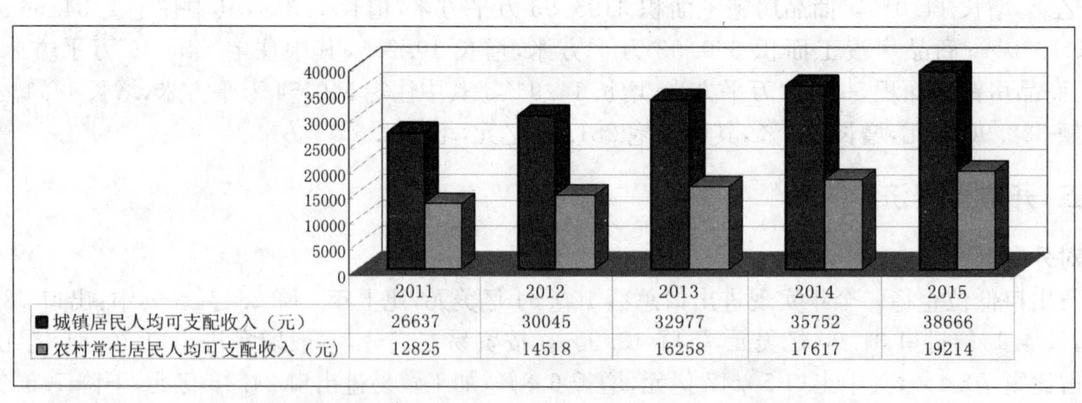

图 3　2011—2015 年镇江市城乡居民收入对比一览

(二)就业与社会保障

1. **就业**

就业形势总体稳定。大力实施“大众创业、万众创新”，全年认定市级众创空间 19 家。全年新增城

镇就业7.93万人，城镇失业人员再就业人数3.53万人，新增转移农村劳动力1.38万人，城镇登记失业率1.89%。年末全市从业人员193.1万人，比上年增加0.4万人，其中第一产业22.9万人、第二产业88.9万人、第三产业81.3万人。全年新增登记注册私营个体从业人员14.11万人，其中私营企业8.65万人、个体工商户5.46万人。

2.社会保障

民生保障水平不断提高。年末基本养老保险参保人数116.64万人，其中城镇职工基本养老保险89.35万人，城乡居民养老保险27.29万人；医疗保险参保人数308.55万人，其中城镇职工基本医疗保险88.05万人，城乡居民医疗保险220.5万人；失业保险参保人数51.1万人。企业退休人员养老金"十一连增"，企业退休人员月度养老金提高至2072元，增加150元。"百村万户"双达标三年行动计划圆满收官。全年发放低保对象救助金1.28亿元，比上年增长13.1%。年末拥有各类养老床位2.63万张，每千名老人拥有床位数40张。

(三)教育与科技创新

1.教育

教育现代化进程不断加快。扎实推进教育综合改革和国家学前教育体制改革试点工作，丹阳市、扬中市和润州区跻身全省首批17个"义务教育优质均衡发展示范区"。年末全市拥有各类学校247所，在校学生37.02万人，专任教师2.65万人；拥有幼儿园222所，在园幼儿6.95万人，专任教师0.40万人。拥有国家级实验教学示范中心3个，国家人才培养模式创新实验区2个，部省级重点实验室、工程技术研究中心37个。

2.科技

载体建设水平不断提升。苏南自主创新示范区"一区十四园"布局基本形成，国家高新区挂牌运作。全年新增国家高新技术企业101家，累计528家；拥有省级以上高新技术产品2675项，当年新认定278项；拥有国家、省级工程技术研究中心168家，省级以上科技企业孵化器32家，省级科技公共服务平台12家，省级重点实验室6家，省级产业研究院1家，企业院士工作站19家。新增国家"千人计划"16人、省"双创计划"68人，新引进创新创业人才团队180个；每万劳动力中研发人员数135人年，比上年增加3.9人年。

研发创新能力不断提升。全年科技进步贡献率60.5%，比上年提高0.8个百分点。全年研究与发明(R&D)经费投入占GDP比重为2.55%，比上年提高0.05个百分点。创成省可持续发展试验区，知识产权示范城市考核在全国地级示范市中排名第四。全年专利授权量14136件，比上年增长11.3%，其中发明专利授权量2797件，增长119.7%；万人发明专利拥有量18.5件，比上年增加5.6件。

(四)文化、卫生与体育

1.文化

文化事业繁荣发展。文化广场标准化建设及示范应用项目通过国家文化创新工程重点项目验收，睿泰数字出版产业园正式开园，"淘文化网"—镇江市公共文化产品和服务社会化运作平台投入运行。原创动画片《茅山小道士》获第四届国际原创动漫大赛"民族动漫特别奖"，扬剧《花旦当家》荣获江苏省"文华奖"，"梅庵派古琴艺术""白蛇传传说""茅山道教音乐"成为国家级非遗项目。年末共有艺术表演团体4个，文化馆8个，公共图书馆9个，文化站54个，博物(纪念)馆14个。年末有线电视总用户100.32万户，有线电视入户率99.0%。年末拥有市(县)级以上文物保护单位296处，其中全国重点保护文物单位13处，省级重点保护文物单位42处。组织开展2645场"文心系列""欢乐家园"等品牌文化惠民活动，加快推进"书香镇江"建设，年末全市居民综合阅读率达88.1%。

2. 卫生

医疗卫生水平稳步提升。年末拥有各类卫生机构943个，其中医院、卫生院91个，社区卫生服务中心35个，卫生防疫防治机构7个，妇幼保健机构7个，村卫生室307个。卫生机构床位14637张，其中医院、卫生院12392张，社区卫生服务中心1357张。年末拥有卫生技术人员18985人，其中执业医师及执业助理医师7658人，注册护士7965人。各级医疗机构全年完成诊疗2399.18万人次，比上年增长5.0%。公立医院分级诊疗制度进一步完善，共有16家基层医疗卫生机构开设了康复联合病房，政策范围内住院费用报销比例76.5%，城乡居民大病保险实现全覆盖，全年减轻群众医药费用负担1.78亿元。

3. 体育

体育事业蓬勃发展。被命名为江苏省公共体育服务体系示范区，承办国家乒乓球队争位赛、CBA江苏男篮主场赛、首届镇江国际半程马拉松赛等大型赛事，创成3个国家级航空飞行营地。年末拥有全国校园足球特色学校39所。镇江体育健儿在国内外大赛中共夺得65枚奖牌，其中金牌24枚、银牌20枚。在全国首届青运会上，镇江籍运动员获得5项冠军。全年实现体育彩票销售额7.42亿元，比上年增长29.3%。

(五)城乡建设

城乡面貌发生新变化。连淮扬镇铁路征地拆迁进展顺利，镇江长江大桥开始施工。长江－12.5米深水航道二期工程全面施工。五凤口高架主体完工，312国道镇江城区段改线工程主线贯通，泰州大桥镇江连接线工程全线施工，沪宁高速丹阳东互通建成通车。成为首批国家海绵城市建设试点。解放路南段改造等十大亮点工程全面完成。“7＋1”改造加快征收拆迁扫尾，赴上海、厦门城建招商富有成效；市区完成危旧房解危和空斗墙改造10万平方米。建成引航道水利枢纽、焦南闸等水利工程。全市完成293个城市环境综合整治项目，主城区8个街道街巷实现保洁市场化。丹徒区世业镇农村污水管网实现全覆盖。句容市下蜀镇建成美丽宜居镇、戴庄村成为“中国最美休闲乡村”；丹阳市陈山村等10个自然村建成美丽宜居村庄。

(六)生态建设

生态建设取得明显成效。以低碳“镇江模式”走上国际舞台为标志，生态建设跃上新台阶。应邀参加第21届联合国气候变化大会和中美气候领袖峰会，作为全国低碳试点城市的唯一代表，成功举办“城市主题日·镇江”主题边会，为国家低碳建设作出积极贡献，赢得国际社会普遍赞誉；央视《新闻联播》用2分49秒报道了“探索中国低碳发展之路的‘镇江模式’”，新华社、《朝闻天下》、《求是》杂志以及各大媒体都进行了详细报道。创成国家级工业绿色转型发展试点城市，“生态云”一期上线运行。完成谏壁和西南“两大片区”重点治污项目103个，关闭企业128家。全年单位GDP能耗排放强度0.5073万元/吨标准煤，比上年下降7.4%；单位GDP化学需氧量、二氧化硫、氨氮、氮氧化物排放强度分别比上年下降1.5%、1.1%、0.2%、2.4%。完成造林面积1.57万亩，林木覆盖率达26.8%，市区建成区绿化覆盖率42.6%。全年新增19个省级生态村，累计达123个，生态乡镇实现全覆盖。全年空气质量良好天数比例、地表水优于Ⅲ类水质比例分别为70%、73%，PM2.5平均浓度比上年下降13.0%。

三、镇江市在长三角地区经济发展中的地位

国务院正式批准《长江三角洲地区区域规划》，将把长三角建成“亚太地区重要的国际门户、全球重要的现代服务业和先进制造业中心、具有较强竞争力的世界城市群”作为发展定位。由于长三角区域城市发展基础不同，16城市之间经济发展水平还存有较大差异，镇江作为长三角的一员，近年来加快长三角一体化进程，经济和社会发展稳中奋进，但对比长三角洲城市仍有较大差距。2014年，镇江市在省委、省政府和市委的正确领导下，全面贯彻党的十八大、十八届一中、二中、三中全会和习近平总书记系列重

要讲话精神，扎实推进“八项工程”(1)，全力实施“四大行动”(2)，取得了经济社会发展的新成就。

(一)地区生产总值

2011—2015年镇江市地区生产总值在泛长三角所占比重分别为1.99%、2.05%、2.09%、2.14%和2.15%，持续增加，2015年较上年增幅达0.01个百分点，较2011年增加了0.16个百分点。2015年镇江市地区生产总值在泛长三角地区41个市排名第18位。

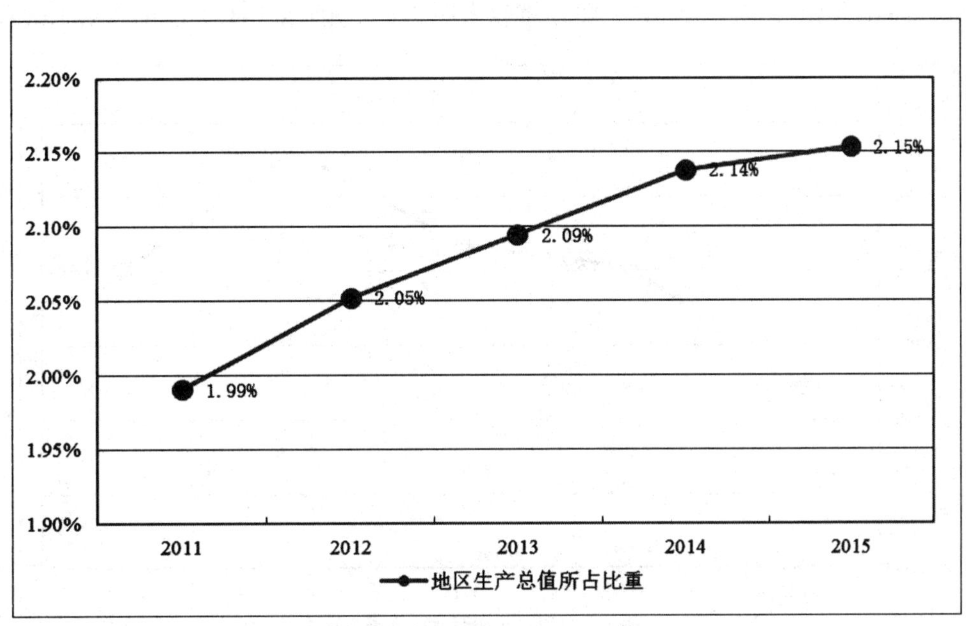

图4　2011—2015年镇江市地区生产总值在泛长三角(苏浙两省24个地级市、安徽省16个地级市和上海市，下同)所占比重的变化趋势

经济运行总体平稳。全年实现地区生产总值3502.48亿元，增长9.6%，其中：第一产业增加值132.89亿元，增长3.6%；第二产业增加值1726.96亿元，增长9.5%；第三产业增加值1642.63亿元，比上年增长10.2%。人均地区生产总值110351元，比上年增长9.5%。运行质量稳步提高。一般公共预算收入占GDP比重8.7%，比上年提高0.2个百分点。

全市1—9月份实现生产总值2561.92亿元，同比增长9.5%。面对持续的宏观经济下行压力，镇江经济在运行总体平稳同时，不断向更好质态转型升级。总体平稳首先体现在工农业生产上。前三季度，农业形势稳中向好，由于秋粮丰收在望，“以秋补夏”，全年粮食总产量有望实现十二连增。工业方面，全市规模以上工业增加值同比增长9.9%，高于全省1.6个百分点。主要列统产品产量过半实现正增长，36个行业大类30个产值实现正增长。前三季度全市经济的转型升级，更加吸引眼球。以产业结构的优化为例。前三季全市服务业增加值增长快于GDP、二产0.6和0.8个百分点，占GDP比重提高1个百分点达45.3%，对GDP增长的贡献率达58.7%，同比提高3.4个百分点。而“两新”产业继续引领增长，高新技术产业产值占规模以上工业产值比重48.6%，对产值增长的贡献率达66.7%；新兴产业销售收入占规模以上工业销售比重46.2%，对销售增长的贡献率达71.7%。

全市经济创新驱动步伐加快，前三季度R&D经费支出增长12.6%，占GDP比重2.63%，同比提高0.13个百分点。全市新增专利授权数9640件，增长22.7%，万人发明专利拥有量达18.13件，同比增加6件，超过了15件的“现代化标准”。前三季度，全市节能降耗也成效明显，高耗能行业投资下降13.8%，占比重仅为9.5%，同比下降3.5个百分点。六大高耗能行业综合能耗下降7.3%，增幅同比回落16.3

个百分点。预计单位 GDP 能耗同比下降 8.5%,降幅超过年度目标 5 个百分点,超额完成省下达的目标任务。

(二)地方财政一般预算收入

2011—2015 年年镇江市地方财政一般预算收入在泛长三角所占比重分别为 1.47%、1.55%、1.57%、1.63%和 1.55%,整体呈增长态势,五年累计增幅达 0.08 个百分点,其中 2015 年较上年减少了 0.08 个百分点。2015 年镇江市地方财政一般预算收入在泛长三角地区 41 个市排名第 19 位。

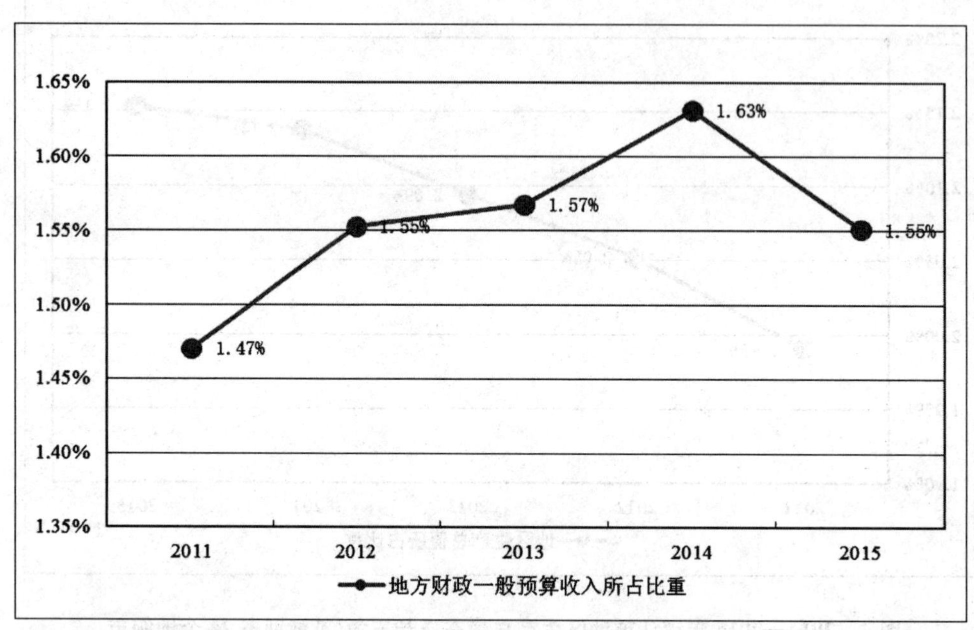

图 5　2011—2015 年镇江市地方财政一般预算收入在泛长三角所占比重的变化趋势

2015 年,上半年,全市一般公共预算收入 1519466 万元,完成年度预算的 50.6%,同比增长 5.3%。其中税收收入 1237440 万元,占一般公共预算收入总量的 81.4%。上半年,市本级(含市直和新区,下同)一般公共预算收入 603694 万元,完成年度预算的 53.8%,同比增长 5.1%。其中,市直 353050 万元,新区 250644 万元。市本级政府性基金收入 231869 万元,受土地出让收入大幅下滑影响,同比下降 2.6%,完成年度预算的 26.3%,其中,市直 55014 万元,新区 176855 万元。市本级社保基金收入 247904 万元,完成年度预算的 43%,同比增长 23%。市本级国有资本经营收入 53424 万元,完成年度预算的 84.9%,其中,市直 30283 万元,新区 23141 万元。

(三)规模以上工业总产值

2011—2015 年镇江市规模以上工业总产值在泛长三角所占比重分别为 2.36%、2.57%、2.76%、2.92%和 2.95%,连续多年实现增长,累计增幅为 0.59 个百分点,其中 2015 年较上年增长 0.03 个百分点。2015 年镇江市规模以上工业总产值在泛长三角地区 41 个市排名较上年保持不变,排名第 14 位。

2015 年,前三季度全市经济的转型升级,更加吸引眼球。以产业结构的优化为例。前三季全市服务业增加值增长快于 GDP、二产 0.6 和 0.8 个百分点,占 GDP 比重提高 1 个百分点达 45.3%,对 GDP 增长的贡献率达 58.7%,同比提高 3.4 个百分点。而"两新"产业继续引领增长,高新技术产业产值占规模以上工业产值比重 48.6%,对产值增长的贡献率达 66.7%;新兴产业销售收入占规模以上工业销售比重 46.2%,对销售增长的贡献率达 71.7%。

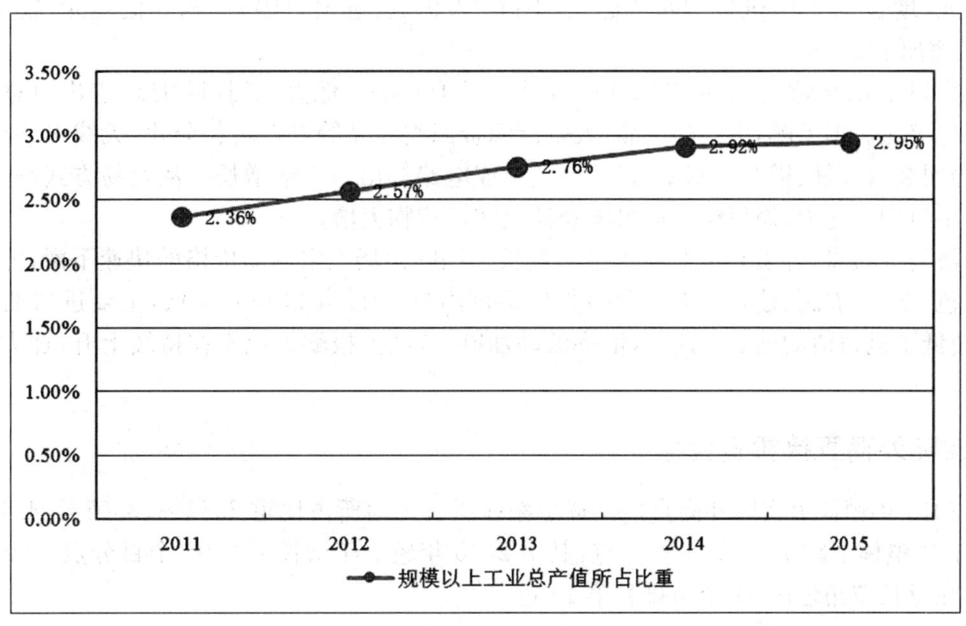

图 6　2011—2015 年镇江市规模以上工业总产值在泛长三角所占比重的变化趋势

(四)进出口总额

2011—2015 年镇江市进出口总额在泛长三角所占比重分别为 0.77%、0.85%、0.72%、0.72%和 0.72%,2012 年到达顶峰,2013—2014 年下跌,2015 年较 2011 年下跌了 0.05 个百分点。2015 年镇江市进出口总额在泛长三角地区 41 个市排名第 19 位。

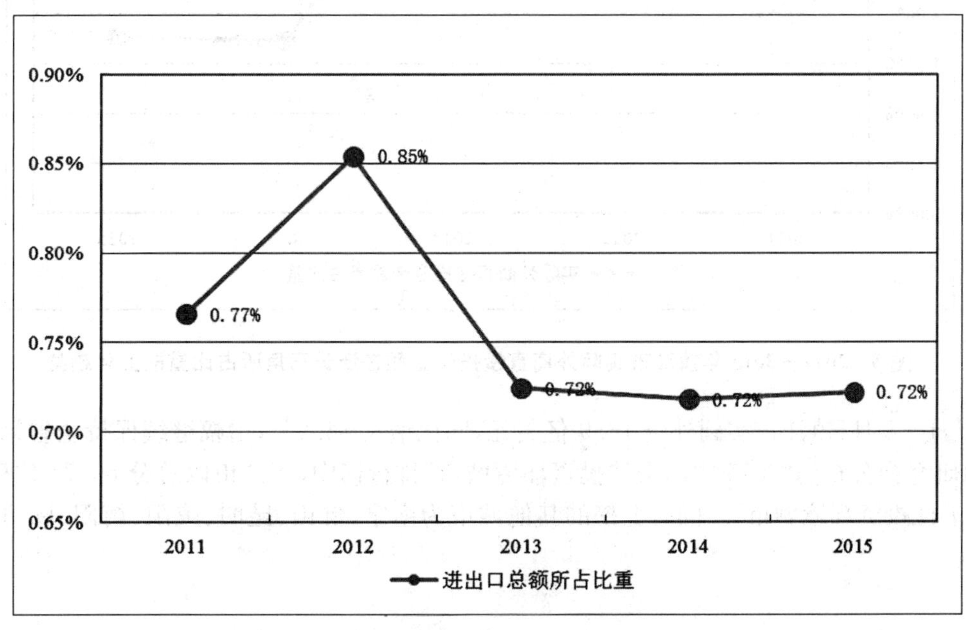

图 7　2011—2015 年镇江市进出口总额在泛长三角所占比重的变化趋势

2015 年外贸进出口总额为 100.6 亿美元,比上年同期(下同)下降 2.4%。其中出口 68.7 亿美元,增长 4.1%,进口 31.9 亿美元,下降 13.9%。以人民币计,进出口总额为 624.9 亿元,下降 1.3%,其中,出口426.7亿元，增长5.2%，进口198.2亿元，下降12.9%。进出口顺差36.8亿美元，较2014年同期28.9亿美元增加了27.3%。

外贸进出口平稳开局，全年基本保持在每月7亿美元至9亿美元间，12月份进出口总额创年内高点，达13.1亿美元。据了解，去年化工品、大宗能源资源类商品等进口增长分化，无线电话机、机动多用途船、灯具照明装置零件、铝合金制矩形的厚板、集成电路等出口成倍增长。从贸易方式增长情况来看，一般贸易进出口增长乏力，而保税区进出境仓储或转口货物大增。

世界经济复苏缓慢，外贸环境制约进出口增长。国际市场大宗商品价格的快速下滑，能源、化工、橡塑、纺织、有色、钢铁、农副、建材八大行业指数轮番创出自2011年以来的新低，主要进口商品价格大幅下跌，自然拉低了进口值的增长。此外，汇率波动加剧、劳动力报酬等成本在持续上升，加大了企业的出口难度。

(五)实际外商直接投资金额

2011—2015年镇江市实际外商直接投资金额在泛长三角所占比重2.86%、3.05%、4.13%、1.73%和1.78%，五年整体下跌了1.08个百分点，其中2015年较上年增长了0.05个百分点。2015年镇江市进出口总额在泛长三角地区41个市排名第15位。

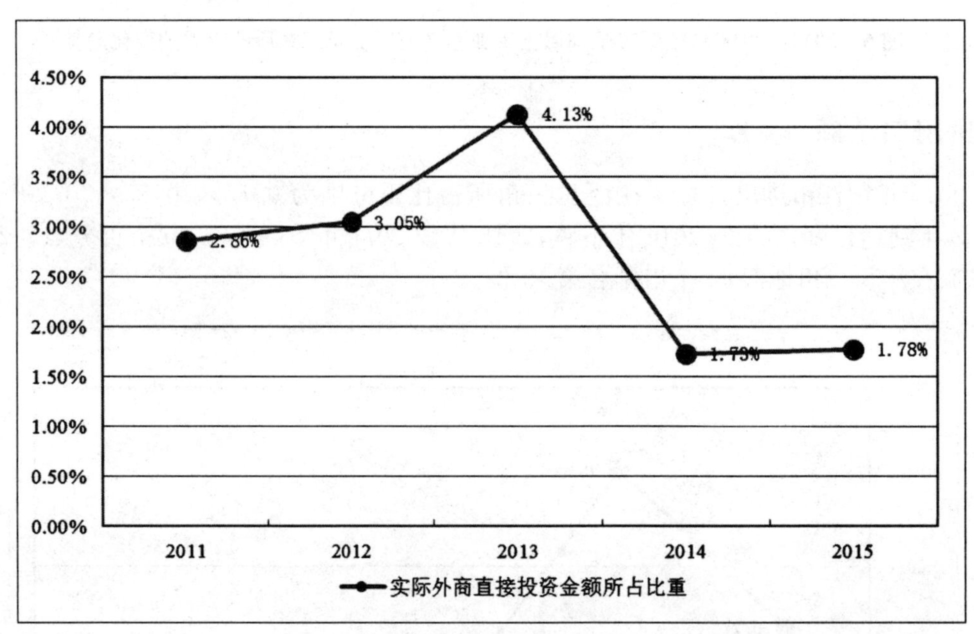

图8　2011—2015年镇江市实际外商直接投资金额在泛长三角所占比重的变化趋势

2015年，1—8月，镇江市实到外资16.9亿美元，同比增长86.2%，增幅继续保持全省第一。在中国城市竞争力研究会公布的“2015中国十佳投资环境城市”排行榜中，镇江市以总分80.71位列第九，成为“2015中国十佳投资环境城市”。同时上榜的其他城市为南宁、佛山、昆明、咸阳、衡阳、廊坊、六盘水、潮州和四平。

十三　泰州市 2015 年经济社会发展报告

2015 年，面对错综复杂的国内外形势和不断加大的经济下行压力，在市委、市政府的正确领导下，全市上下以“思想再解放”为先导、以“项目大突破”为抓手、以“城建新提升”为目标，在生产、需求、供给、效益方面精准发力，“三大主题”工作成效显著，全年经济运行总体平稳，尤其下半年以来经济发展呈现稳中有进、稳中攀升的良好势头。

一、泰州市 2015 年经济发展概况

(一)综合经济

1. 经济总量

全市实现地区生产总值 3687.9 亿元，比上年增长 10.2%。其中，第一产业增加值 218.93 亿元，增长 3.4%；第二产业增加值 1811.04 亿元，增长 10.2%；第三产业增加值 1657.93 亿元，增长 11.2%。三次产业结构调整为 5.9∶49.1∶45.0。按常住人口计算，全年人均地区生产总值 78756 元，增长 10.1%，人均地区生产总值按当年汇率折算达 12645 美元。

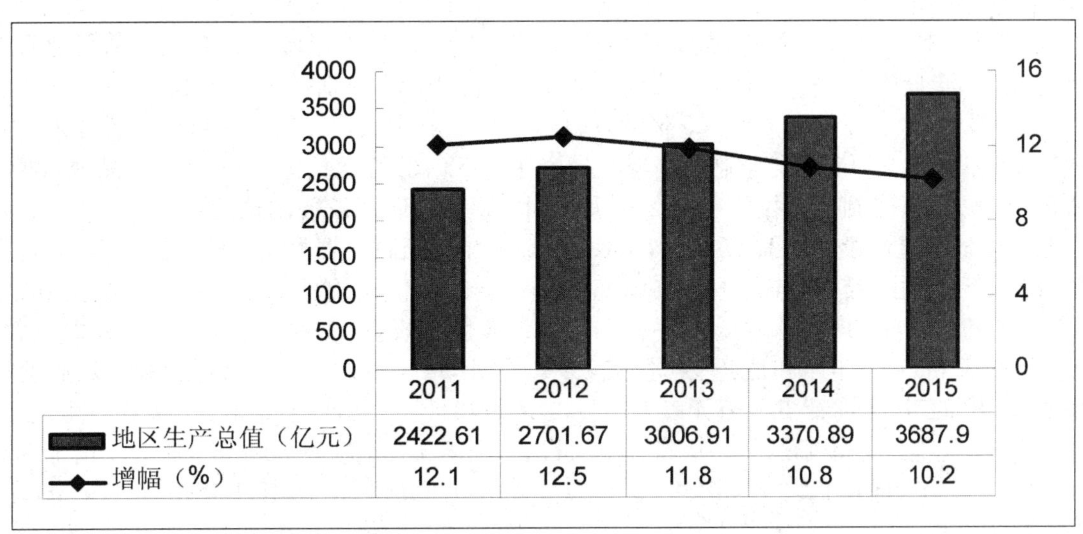

图 1　2011—2015 年泰州市地区生产总值及增长速度

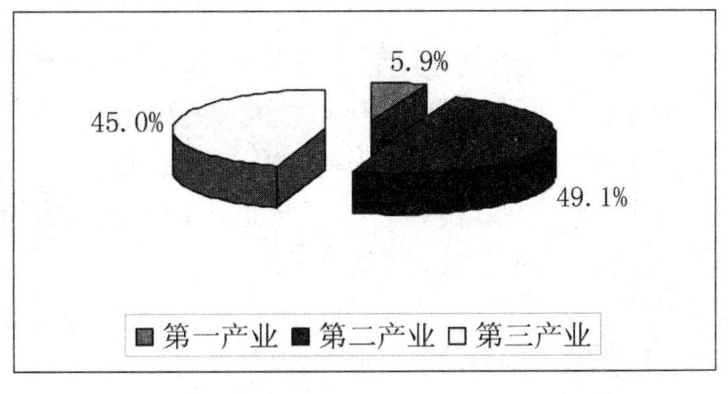

图 2　2015 年泰州市三次产业结构图

2. 财政收支

财政收支平稳增长。全年完成公共财政预算收入322.22亿元，比上年增长13.9%，其中，税收收入完成262.09亿元，增长13.7%，税收收入占公共财政预算收入的比重为81.3%。全年公共财政预算支出432.30亿元，比上年增长16.5%，公共财政预算支出中，公共安全支出25.10亿元，增长10.5%；教育支出68.66亿元，增长15.9%；科学技术支出8.03亿元，增长4.9%；文化体育与传媒支出6.72亿元，下降7.4%；社会保障和就业支出36.94亿元，增长17.3%；医疗卫生支出39.87亿元，增长26.5%；节能环保支出9.46亿元，下降6.2%；城乡社区事务支出59.08亿元，增长27.8%；交通运输支出10.11亿元，增长6.6%。

3. 物价水平

居民消费价格温和上涨。全年市区居民消费价格指数(CPI)比上年上涨1.7%，涨幅较上年回落0.4个百分点。从调查类别看，构成总指数的八大类商品和服务价格分别呈"七涨一跌"走势，其中食品类价格上涨3.4%、烟酒类价格上涨1.9%、衣着类价格上涨2.1%、家庭设备用品及维修服务价格上涨1.8%、医疗保健和个人用品价格上涨1.0%、娱乐教育文化用品及服务类价格上涨1.9%、居住类价格上涨0.6%；交通和通信类价格下降2.0%。工业生产者价格持续下跌。全年工业生产者出厂价格指数(PPI)为96.0，跌幅较上年扩大2.9个百分点；工业生产者购进价格指数(IPI)为90.6，跌幅较上年扩大7.1个百分点，PPI、IPI双创"十二五"新低。

4. 固定资产投资

固定资产投资快速增长。全年固定资产投资2695.66亿元，比上年增长22.6%。从行业看，一产投资6.19亿元，二产投资1641.27亿元，三产投资1048.21亿元，分别比上年增长－40.4%、36.1%和6.6%。在二产投资中，工业投资1634.63亿元，增长36.6%，其中农副食品加工和食品制造业投资62.16亿元，增长69.5%；化学原料和化学制品制造业投资121.53亿元，增长1.3%；金属制品业投资190.71亿元，增长28.6%；医药制造业投资71.42亿元，增长5.1%；通用设备制造业投资230.43亿元，增长32.2%；专用设备制造业投资141.17亿元，增长58.5%；电气机械和器材制造业投资112.13亿元，增长40.2%。在三产投资中，交通运输、仓储和邮政业投资153.63亿元，增长12.9%；科学研究和技术服务业投资43.46亿元，增长380.6%；水利、环境和公共设施管理投资11.82亿元，下降23.2%；教育投资24.91亿元，下降11.7%；卫生和社会工作投资19.46亿元，增长28.1%；文化、体育和娱乐业投资16.94亿元，增长21.8%。从类别看，500万元以上项目投资2448.18亿元，比上年增长28.1%；房地产开发投资247.48亿元，比上年下降14.2%。从新开工项目看，全年新开工项目3808个，比上年增加938个，完成投资1983.37亿元，增长22.8%。其中，亿元以上新开工项目336个，比上年增加179个，完成投资569.16亿元，增长31.6%；5亿元以上新开工项目36个，比上年减少2个，完成投资196.87亿元，下降10.6%；10亿元以上新开工项目22个，与上年持平，完成投资155.33亿元，增长0.6%。

(二)农林牧渔业

农业生产形势较好。粮食生产十二连增，全年总产量达329.35万吨，比上年增产0.8万吨，增长0.3%。其中，夏粮123.17万吨，比上年下降0.8%；秋粮206.19万吨，比上年增长0.9%。粮食播种面积为656.2万亩，比上年减少1.8万亩，下降0.3%。其中，棉花播种面积5.6万亩，比上年减少7.6万亩；油料播种面积69.2万亩，比上年增加2.5万亩；蔬菜播种面积129.3万亩，比上年增加4.3万亩。粮食单产501.9公斤/亩，比上年每亩增加2.6公斤，增长0.5%。

林牧渔业发展稳定。全年肉类产量26.19万吨，比上年下降2.4%；禽蛋产量12.02万吨，比上年增长0.3%；牛奶产量4.58万吨，比上年下降5.7%；水产品产量39.36万吨，比上年增长2.3%。全市成片造林面积2768.3公顷，林木覆盖率23.0%。

农业现代化建设深入推进。全年新增设施农业面积5333公顷、设施渔业面积491公顷。全年工商登记合作社(包含专业合作、土地合作、社区合作、村经济合作社)7800家，其中专业合作社5800家，614

家合作社列入政府优先扶持名录;家庭农场3561家,110家家庭农场创成市级示范性家庭农场。全市有效灌溉面积达276.8千公顷,新增有效灌溉面积0.33千公顷,新增节水灌溉面积9.5千公顷;年末农业机械总动力268.3万千瓦,比上年增长3.1%。深入实施全面小康村建设"十百千"提升工程。建成全面小康示范村100个、十强村10个。

(三)工业和建筑业

工业增长稳中趋缓。全年规模以上工业增加值比上年增长11.0%,比上年回落0.5个百分点;规模以上工业总产值11173.68亿元,增长14.9%。分轻重工业看,轻工业产值2952.85亿元,增长11.9%;重工业产值8220.83亿元,增长16.0%。分经济类型看,国有、集体、股份制、外商和港澳台投资企业分别完成产值89.06亿元、152.92亿元、7867.42亿元、2484.96亿元,分别增长-9.9%、29.6%、17.2%、7.1%。分企业规模看,大中型、小微型企业分别完成产值5411.26亿元、5762.42亿元,分别增长10.4%、19.4%。分重点行业看,金属制品、通用设备制造、船舶及相关装置制造、电气机械和器材制造、专用设备制造业分别实现产值1085.14、715.77、1033.12、1470.44、615.40亿元,分别增长16.1%、20.3%、9.7%、11.1%、15.6%;食品、纺织、医药、建材、冶金分别实现产值813.48、579.72、720.86、180.09、687.08亿元,分别增长10.6%、13.8%、8.0%、7.1%、9.4%。

工业经济稳中有进。全市规模以上工业企业实现主营业务收入10826.48亿元,比上年增长15.9%;实现利润848.83亿元,比上年增长19.2%;实现利税1450.73亿元,比上年增长20.9%。企业亏损面6.96%,比上年末上升1.9个百分点。小微企业发展势头良好。规模以上工业小微企业工业总产值5762.42亿元,增长19.4%;主营业务收入5596.68亿元,增长20.2%;利税总额695.69亿元,增长28.4%;利润总额397.76亿元,增长27.0%。

民营企业发展步伐加快。全年实现规模以上民营工业企业增加值比上年增长12.5%,其中私营企业增长14.3%;民营工业企业实现产值8196.25亿元,比上年增长18.2%,其中私营企业实现产值4565.11亿元,增长20.5%;民营工业企业实现利税1044.43亿元,比上年增长24.4%,其中私营企业实现利税562.53亿元,增长27.4%;民营工业企业实现利润608.25亿元,比上年增长22.7%,其中私营企业实现利润321.80亿元,增长24.9%。年末全市工商部门登记的私营企业达7.75万户,当年新增0.91万户;注册资本3326.54亿元,比上年增长26.1%;从业人员107.24万人,比上年增长7.5%。年末全市工商部门登记的个体户23.04万户,当年新增1.71万户,注册资本608.44亿元,比上年增长11.8%;从业人员45.1万人,比上年增长9.4%,其中城镇从业人员33.48万人。

建筑业稳定发展。年末具有资质的建筑业企业685家;建筑业增加值247亿元,增长4.4%;建筑业总产值2662.55亿元,增长11.6%;竣工产值2286.6亿元,增长9.9%;建筑业企业房屋建筑施工面积26882.13万平方米,增长8.2%,其中新开工面积11700.08万平方米,增长8.7%。

(四)服务业

全年实现服务业增加值1643.56亿元,增长11.2%,占GDP比重达45.0%,比上年提高1.6个百分点。服务业税收收入稳步提升。全年完成服务业税收收入216.30亿元,比上年增长13.9%,服务业税收收入占全部税收的比重为47.5%,比上年提升1.6个百分点。

1.国内贸易

消费品市场运行平稳。全年社会消费品零售总额1001.64亿元,比上年增长10.9%。从城乡市场看,城镇消费品零售额928.45亿元,增长10.7%,乡村消费品零售额73.19亿元,增长12.4%。从消费形态看,批发和零售业863.59亿元,增长11.5%,住宿和餐饮业138.05亿元,增长6.8%。从限额以上单位看,全年限额以上社会消费品零售总额392.0亿元,增长8.0%;其中,限额以上批发零售业零售额373.0亿元,增长8.2%;限额以上住宿餐饮业零售额19.0亿元,增长3.6%。

基本生活类商品稳中有降。全年限额以上粮油、食品类商品零售额46.47亿元,比上年增长8.5%;

饮料类商品零售额3.94亿元，比上年增长4.0%；烟酒类商品零售额10.48亿元，比上年增长17.8%；服装鞋帽针纺织品商品零售额33.25亿元，比上年增长10.6%；日用品类商品零售额7.47亿元，比上年下降5.2%；金银珠宝类商品零售额9.59亿元，比上年增长2.4%，化妆品商品零售额3.62亿元，比上年增长6.2%；书报杂志类商品零售额4.65亿元，比上年下降2.3%；文化办公用品商品零售额2.23亿元，比上年增长7.4%；汽车商品零售额102.80亿元，比上年增长12.3%；石油及制品类商品零售额50.35亿元，比上年下降4.2%。

2. 交通运输和邮电

交通运输增长平稳。全年公路客运量8996万人，比上年增长1.0%；公路客运周转量546834万人公里，比上年增长1.7%；公路货运量2489万吨，比上年增长6.6%；公路货运周转量688281万吨公里，比上年增长10.8%；水路货运量15118万吨，比上年增长3.2%；水路货运周转量7510426万吨公里，比上年增长12.6%。港口货物吞吐量19495万吨，比上年增长5.1%；其中泰州港区吞吐量16800万吨，增长6.2%，外贸吞吐量1472万吨，下降9.7%。年末民用汽车拥有量53.88万辆，比上年增长13.3%；其中私人汽车拥有量47.47万辆，增长15.5%。

邮政电信稳中有降。全年邮政业务总量5.09亿元，比上年增长13.6%。邮电业务收入40.42亿元，下降1.0%。年末移动电话用户422.99万户，比上年增长4.4%。电信互联网宽带接入用户68.66万户，比上年增长5.2%。函件1176.29万件，比上年下降17.9%；包件4.14万件，比上年下降25.3%；报纸和杂志累计11498.97万件，比上年下降8.2%；特快专递205.12万件，比上年增长757.2%。

3. 旅游业

旅游业发展较快。全年接待国内旅游者2037.34万人次，比上年增长10.2%；实现国内旅游收入241.54亿元，比上年增长13.1%。全年入境过夜旅游人数3.19万人次，比上年增长6.4%；创汇2922.24万美元，比上年增长4.7%。年末国家A级以上景点37个，其中，AAAA级景点7个，AAAAA级景点1个；全国工农业旅游示范点6个，国家红色旅游经典景区2个，江苏省星级乡村旅游点52个。全市旅行社个数119个，持有导游员资格证书的人员1458人，旅游星级饭店数30个，其中三星级21个、四星级5个、五星级1个。秋雪湖生态景区创成国家4A级旅游景区，国家A级旅游景区数量在全省排名前移2位。泰兴市宣堡镇、曲霞镇印达村创成省级特色旅游景观名镇(村)，田园牧歌景区评为全国休闲农业与乡村旅游五星级示范园区，泰兴市黄桥镇祁巷村、靖江市生祠镇东进村评为中国乡村旅游模范村，姜堰区溱湖绿洲评为中国乡村旅游模范户，18家单位评为中国乡村旅游金牌农家乐。旅游项目总投入61.5亿元，比上年增长40%，增速列全省第四名；全年新开工的亿元以上旅游项目达9个，数量创历史新高。

4. 金融、保险和证券

金融市场规模不断扩大。深化财税、金融、投融资改革，引入第三方开展财政资金绩效评价，设立中小企业转贷资金，获准筹建苏州银行、平安银行泰州分行，组建市凤城国资控股有限公司。年末全市金融机构人民币各项存款余额4441.70亿元，比年初增加496.68亿元，其中住户人民币存款余额2242.46亿元，比年初增加217.32亿元。金融机构人民币各项贷款余额3228.08亿元，比年初增加476.58亿元，其中住户人民币贷款余额857.85亿元，比年初增加92.57亿元；人民币贷款中，短期贷款1281.91亿元，中长期贷款843.48亿元，分别比年初增加85.36、192.91亿元。

保险事业快速发展。全年保险业务收入113.72亿元，比上年增长31.7%；其中，财产险收入29.70亿元，增长19.2%；人寿险收入84.02亿元，增长36.8%。全年赔款和给付37.26亿元，增长20.0%；其中，财产性赔付16.69亿元，增长18.2%；人寿险赔付20.57亿元，增长21.6%。

证券市场发展迅速。全年证券交易额11000.08亿元，比上年增长253.7%；其中，股票交易额9841.14亿元，增长311.7%；基金交易额175.18亿元，下降36.8%；债券交易额12.21亿元，增长60.4%。全年期货交易额868.22亿元，比上年增长78.2%。

5. 房地产业

房地产开发降幅收窄。全年房地产开发投资247.48亿元，比上年下降14.2%；其中住宅投资

198.93亿元，下降10.8%。商品房施工面积2296.12万平方米，比上年下降5.3%，其中住宅1824.17万平方米，下降3.9%；商品房新开工面积422.28万平方米，比上年下降25.1%，其中住宅340.70万平方米，下降26.0%；商品房竣工面积563.48万平方米，比上年增长2.0%，其中住宅435.98万平方米，增长7.4%；商品房销售面积529.99万平方米，比上年增长19.8%，其中住宅491.17万平方米，增长20.7%；商品房待售面积405.49万平方米，比上年增长45.3%，其中住宅279.99万平方米，增长54.5%；商品房销售额312.59亿元，比上年增长22.9%，其中住宅276.28亿元，增长21.5%。

(五)开放型经济

1. 对外贸易

对外贸易难中求进。全年完成进出口总额102.29亿美元，比上年下降6.1%；出口63.77亿美元，增长3.2%；进口38.53亿美元，下降18.3%。按贸易方式分，出口额中，一般贸易出口40.05亿美元，下降1.5%；加工贸易出口22.97亿美元，增长15.9%。进口额中，一般贸易进口27.08亿美元，下降7.8%；加工贸易进口7.92亿美元，下降16.4%。按企业性质分，出口额中，外商投资企业出口35.56亿美元，下降0.9%；民营企业出口26.00亿美元，增长7.4%。进口额中，外商投资企业进口25.29亿美元，下降13.5%；民营企业进口12.60亿美元，下降28.0%。按商品类别分，出口额中，机电产品出口31.94亿美元，增长20.3%，农产品出口2.47亿美元，增长5.0%。进口额中，机电产品进口6.77亿美元，下降33.8%，农产品进口11.72亿美元，增长27.7%。按产销国别分，对亚洲出口24.92亿美元，下降6.1%；对非洲出口1.80亿美元，增长13.2%；对欧洲出口11.46亿美元，下降15.2%；对拉丁美洲出口8.91亿美元，增长135.0%；对北美洲出口13.09亿美元，下降7.6%；对大洋洲出口3.58亿美元，增长64.7%。

2. 开放型经济平稳发展

全年新批协议注册外资12.55亿美元，比上年下降49.4%；实际到账注册外资10.66亿美元，比上年增长13.4%。

二、泰州市2015年社会发展概况

(一)人口、人民生活

人口平稳增长。年末167.92万户，户籍总人口507.85万人，其中市区163.54万人，其中女性248.93万人，性别比104.01。当年出生人口4.67万人，人口出生率9.20‰；死亡人口4.25万人，人口死亡率8.36‰；人口自然增长率0.84‰。年末全市常住人口464.16万人，其中市区162.25万人。新型城镇化扎实推进。年末常住人口城镇化率为61.55%，比上年提高1.4个百分点。

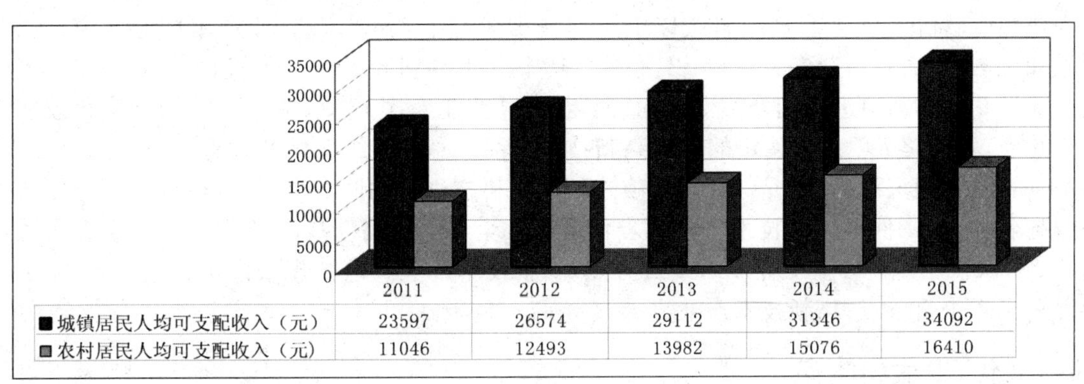

	2011	2012	2013	2014	2015
■城镇居民人均可支配收入（元）	23597	26574	29112	31346	34092
■农村居民人均可支配收入（元）	11046	12493	13982	15076	16410

图3　2011—2015年泰州市城乡居民收入对比一览

居民生活持续改善。全年城镇常住居民人均可支配收入 34092 元，农村常住居民人均可支配收入 16410 元，均比上年增长 8.8%，剔除价格因素，实际均增长 7.0%。城镇常住居民、农村常住居民人均生活消费支出分别为 21008 元和 11844 元，分别增长 7.6%和 9.2%。

(二)就业与社会保障

就业形势整体良好。积极推进城乡统筹就业，着力解决困难群众就业问题。全年新增城镇就业 9.95万人，农村劳动力转移 1.23 万人，城镇失业人员再就业 5.60 万人，就业困难人员就业 5799 人，城镇登记失业率 1.89%。

保障水平不断提高。城乡基本社会保险覆盖率达 98.0%，年末全市城镇职工基本养老保险参保人数达 83.78 万人，城乡居民社会养老保险参保人数达 120.34 万人，基本医疗保险参保人数达 470.57 万人，失业保险参保人数达 63.78 万人，工伤保险参保人数达 82.52 万人。城乡低保户数分别为 8119 户、47861 户，低保人数分别为 12987、73593 人。全年累计投入低保资金 2.2 亿元，城市居民最低生活保障标准提高到 570 元/月/人，农村提高到不低于 420 元/月/人，靖江市、海陵区、高港区、医药高新区实现城乡低保标准一体化。医疗救助比例提高到 70%，全年救助城乡困难群众 22.4 万人次，累计支出资金 8664.2 万元。发挥临时救助应急救难功能，对因病、因灾及子女就学等原因造成基本生活出现暂时困难的家庭发放一次性生活补助金，累计投入资金 2573 万元，救助困难家庭 8 万户次。

(三)教育和科学技术

1.教育事业

教育现代化建设开局良好。学前教育优质资源不断扩大。新创建成省优质园 12 所，全市省优质园达 203 所，占成型幼儿园总数的 69.0%，比上年提高 8 个百分点。义务教育全域均衡发展成为全国典型。新创建义务教育现代化学校 48 所，累计占比达 75%；全市 123 所中小学创建成"管理标准"示范校，占比达 39%。新增四星级高中 2 所，新增省级课程基地 3 个，省前瞻性教学改革实验项目 2 个。创成省品牌特色专业、省高水平现代化实训基地各 5 个。一所职业学校创建成国家职业教育改革发展示范校，一所职业学校通过省首批高水平现代化学校验收。申报 7 个教育部现代学徒制试点项目，推进 12 个省现代职业教育体系项目试点工作。新创建省级高水平农科教结合示范基地 1 个、社区教育示范区 2 个、居民学校 86 个、社区教育中心 19 个。年末全市拥有小学 156 所，在校学生 22.15 万人；初中 150 所，在校学生 10.81 万人；高中 37 所，在校学生 6.34 万人；职业高中 3 所，在校学生 0.57 万人；普通中等专业学校 9 所，在校学生1.71 万人；普通高等学校 7 所，在校学生 5.62 万人；特殊教育学校 5 所，在校学生 576 人。

2.科技创新

科技创新能力不断提升。全市科技进步贡献率达 59.2%，比上年提高 0.5 个百分点。全年新增高新技术企业数(新标准)137 家，新增省级以上工程技术研究中心 13 家、企业技术中心 3 家、工程中心 4 家。加强知识产权保护，新获专利授权 13484 件，其中发明专利 651 件。积极打造人才高地，全年引进高层次人才 2095 人，新引进长期外国专家 62 人，新增高技能人才 19384 人。全市获国家科技奖 5 项，自然科学奖 6 项，发明奖 7 项。新认定的省级高新技术产品 10 项，组织实施的省重大科技成果转化专项资金项目 11 项，认定国家重点新产品项数 12 项。新增省科技创新团队 3 个，省双创博士企业创新类 3 名，新增中国驰名商标 11 件。高新技术产业化步伐加快。全年实现高新技术产业产值 4751.99 亿元，比上年增长 16.0%，快于规模以上工业 1.1 个百分点，高新技术产业产值占规模以上工业的比重为 42.5%，比上年提高 1.3 个百分点；高新技术产业完成投资 472.17 亿元，增长 20.6%。

(四)文化、卫生和体育

1.文化事业

文化事业蓬勃发展。全市建成村(社区)综合性文化服务中心百余家，成为全省唯一一家省级"村和

社区综合性文化服务中心建设”试点城市；海陵区、姜堰区加快文化设施建设力度，全力打造城市“15 分钟文化圈”和农村“十里文化圈”，成功获得省公共文化服务体系建设示范区创建资格。培育“康泰之州、富泰之州、祥泰之州”城市形象品牌，成功举办 2015 中国泰州梅兰芳艺术节取得新成效。成功举办泰州市第三届文化产业产品展示会，共有 70 余家有实力的文化企业参展，数百种文化产品、几十种非遗项目亮相，获得了社会广泛好评。举办第二届“胡瑗读书节”，共举办 93 项读书活动，努力满足多层次、多元化的社会阅读需求。全市城市影院票房收入突破 1 个亿，达 15345 万元，比上年增长 59.8%。年末全市公共图书馆总藏量 270.75 万册，电子图书藏量 34.23 万册，电视综合人口覆盖率 100%，有线电视入户率 98.3%。人均拥有公共文化设施面积 0.18 平方米。

2. 卫生事业

卫生事业加快发展。年末拥有各类卫生机构 1970 家，其中医院、卫生院 175 家，卫生防疫防治机构 12 个，妇幼卫生保健机构 6 个；各类卫生机构拥有病床 21874 张，其中医院、卫生院 21500 张；拥有卫生技术人员 31000 人，其中执业（助理）医师 11300 人、注册护士 8769 人。其中乡镇卫生院 151 个，床位 7204 张，卫生技术人员 7198 人；乡村医生和卫生员 3959 人。新型农村合作医疗人口覆盖率 100%。

3. 体育事业

体育事业持续发展。创成“江苏省体育服务体系示范区”，城市社区“10 分钟体育健身圈”全部建成并通过省级验收，农村“20 分钟体育健身圈”建设全面启动迅速。全市拥有市属体育单项协会 34 个、团体会员 320 个、个人会员近 4 万人；城乡晨晚练健身点 2500 多个，达到每万人拥有 5 个健身点目标。连续 8 年，市体育局被国家体育总局授予“全国群众体育优秀组织奖”。“姜堰溱潼会船节”“凤城河公开水域全国邀请赛”“溱湖铁人三项赛”等品牌赛事活动在全国有较大影响。创成省级高水平体育后备人才基地 1 个，国家级、省级体育俱乐部 31 个，省级体育传统校 11 所。拥有市级校园足球布局学校 38 所、市级校园篮球特色学校 54 所。第一届全国青年运动会上，夺 3 金 2 银 2 铜。人均拥有公共体育设施面积 2.93 平方米。

（五）城乡建设

城乡建设扎实推进。中心城市建设速度加快。西客站片区、西南城河景观带等老城改造项目进展顺利，稻河古街区建成开街。现代服务业聚集区（金融服务区）、省泰中新校区、市人民医院新区医院等新城重点工程取得积极进展，周山河生态环境工程启动实施。东风路、永定路快速化改造有序推进，东环高架路建成通车。城市环境综合整治项目全面完成，济川路立面改造与亮化工程顺利竣工。重大基础设施建设统筹推进。新一轮港口建设各项前期工作全面展开，泰镇高速、阜兴泰高速泰州段和京沪高速江广段扩容完成序时任务，宁启铁路复线电气化改造全面完工，泰东河、川东港整治等重点水利工程加快实施。新型城镇化建设力度加大。加快培育小城市，落实流动人口“同城待遇”，城镇化率提高到 61.6%。办好新一轮农村实事，乡镇管道燃气覆盖率达 80%，镇村公交开通率达 67%，新改建农村公路 338 公里，新整治县乡村河道 1002 条。

（六）生态环境与节能减排

生态文明建设成效显著。市本级通过省级生态市考核验收，姜堰、海陵、高港通过国家级生态区考核验收，泰兴、靖江分别通过国家级生态市考核验收和技术评估，兴化通过省级生态市考核验收，新增 4 个国家级生态镇。实施大气环境监测和重污染天气预警，狠抓重点流域水污染防治和饮用水源地专项整治，城市空气质量达到及好于二级标准天数比例达到 71.2%，环境污染治理项目 1316 个；地表水好于Ⅲ类水质比例达到 84.2%；城镇污水达标处理率达 85.5%，生活垃圾无害化处理率达 80.8%，村庄环境整治达标率 100%。加强绿色泰州建设，城镇建成区绿化覆盖率 33.4%。

节能降耗持续推进。全市规模以上工业综合能源消费量为 782.89 万吨标准煤，比上年增长 13.9%，其中电力、热力生产和供应业 321.13 万吨标准煤，增长 55.4%；化学原料和化学制品制造业

177.14 万吨标准煤，下降 1.6%。规模以上工业万元产值能耗为 0.07 吨标准煤/万元，比上年下降 1.4%，其中电力、热力生产和供应业 4.32 吨标准煤/万元，增长 2.3%；化学原料和化学制品制造业 0.13 吨标准煤/万元，下降 16.9%。高耗能制造业完成投资 257.28 亿元，比上年增长 4.4%，高耗能制造业占工业投资的比重下降 4.9 个百分点。

（七）安全生产

安全生产形势保持稳定。全市发生各类安全生产事故 194 起，死亡 124 人，事故起数、死亡人数比上年分别下降 14.9%、10.8%，死亡人数控制在省下达指标范围内，占 93.2%。重点行业领域安全形势保持平稳。全市工矿商贸企业死亡人数、生产经营性道路交通死亡人数和农业机械死亡人数都在省下达控制指标以内。危化品、人员密集场所、造拆船、烟花爆竹等重点行业领域安全生产形势总体稳定。较大事故得到有效控制。全市共发生三起较大事故，占省下指标的 75%。从地区看，泰兴、兴化、海陵各发生一起较大事故。从行业看，道路交通发生较大事故两起，建筑施工发生较大事故一起，未发生工贸企业较大及以上事故。全市亿元 GDP 生产安全事故死亡 0.005 人，下降 95.5%。

三、泰州市在长三角地区经济发展中的地位

2015 年，面对复杂多变的宏观经济形势，泰州市通过全力推进三大主题工作，打出稳增长、调结构和促转型的政策“组合拳”，主动适应新常态、积极引领新常态。

（一）地区生产总值

2011—2015 年泰州市地区生产总值在长三角所占比重为 2.09%、2.11%、2.15%、2.22% 和 2.27%，继续保持增长态势，其中，2015 年比上年增加 0.05 个百分点，五年时间累积增加了 0.18 个百分点。2015 年泰州市地区生产总值在泛长三角地区 41 个市排名第 15 位。

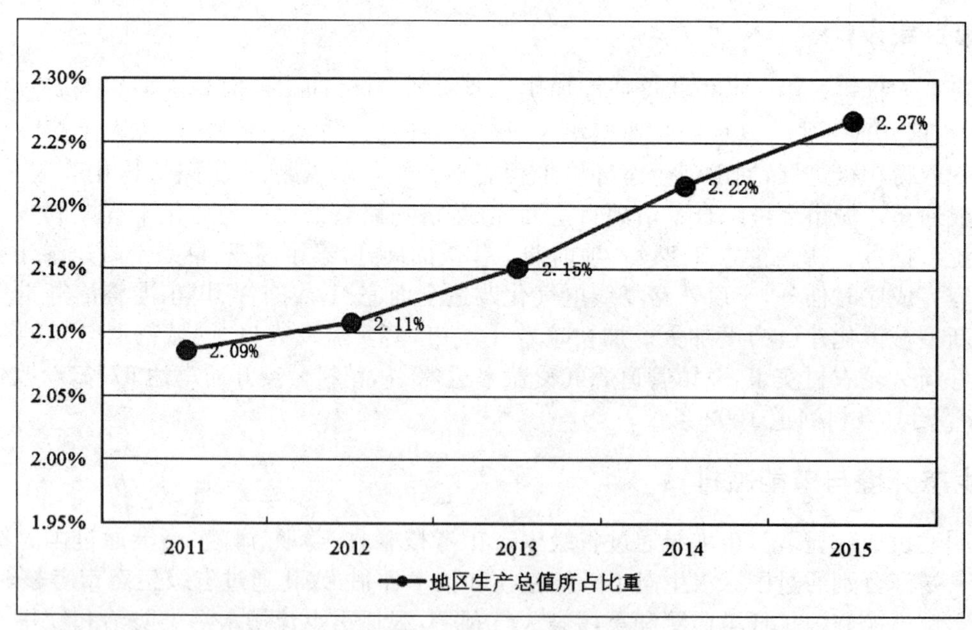

图 4　2011—2015 年泰州市地区生产总值在泛长三角（苏浙两省 24 个地级市、安徽省 16 个地级市和上海市，下同）所占比重的变化趋势

2015 年，全市完成地区生产总值 3655.53 亿元，同比增长 10.2%，高于前三季度 0.2 个百分点，增幅在全省、沿江八市分别居第 5 位和第 2 位。

农业生产保持稳定。2015年，全市实现农业总产值379.53亿元，增长4.9%；农业增加值227.32亿元，增长3.4%，同比提升0.1个百分点。粮食生产喜获丰收，全年粮食总产量达329.35万吨，同比增加0.83万吨，增长0.25%。高效农业、设施农业深入推广，全年新增设施农业面积5333公顷、设施渔业面积491公顷、家庭农场1500多家。工业生产稳中趋缓、缓中有进。2015年，全市规模以上工业总产值突破万亿，共计11173.68亿元，增长14.9%，高于前三季度0.8个百分点；规模以上工业增加值同比增长11.0%，高于前三季度0.2个百分点。服务业发展缓中有升。2015年，全市完成服务业增加值1643.56亿元，同比增长11.2%，高于前三季度0.7个百分点。其中，金融业、营利性服务业增势强劲，增加值分别增长12.1%、16.5%。

(二)地方财政一般预算收入

2011—2015年泰州市地方财政一般预算收入在泛长三角所占比重为1.76%、1.61%、1.55%、1.63%和1.62%，2015年较去年减少了0.01个百分点，五年下降了0.14个百分点。泰州市地方财政一般预算收入在泛长三角地区41个市排名第17位。

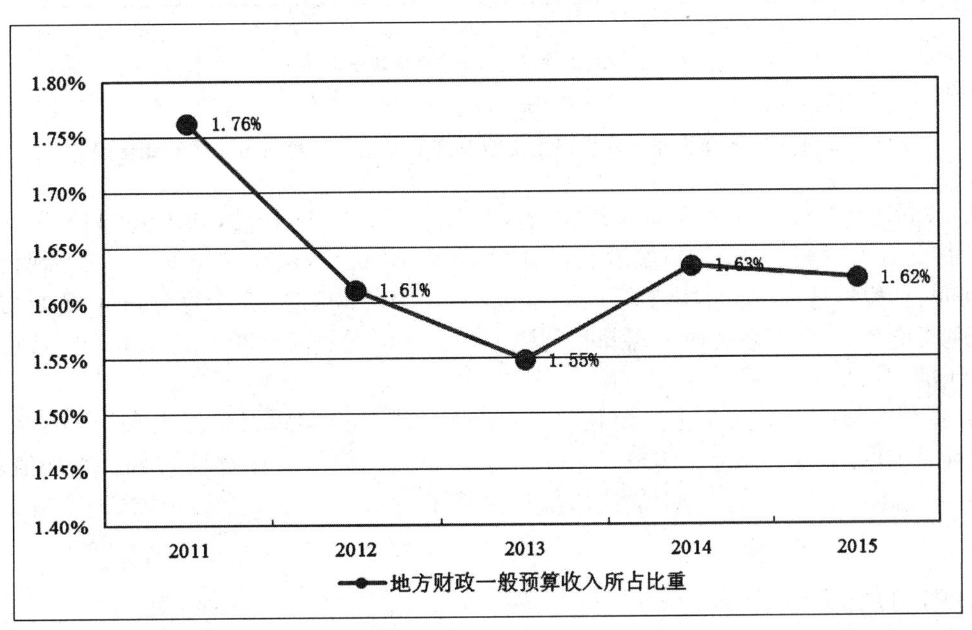

图5　2011—2015年泰州市地方财政一般预算收入在泛长三角所占比重的变化趋势

2015年全市完成一般公共预算收入322.22亿元，占预算的105.4%，比2014年实绩增长13.9%，其中：税收收入262.09亿元、非税收入60.13亿元。市本级2015年一般公共收入预算为20.31亿元，其中：税收收入10.21亿元、非税收入10.1亿元。

(三)规模以上工业总产值

2011—2015年泰州市规模以上工业总产值在泛长三角所占比重为2.64%、3.00%、3.26%、3.48%和3.88%，保持明显增长的态势，累计增幅为1.24个百分点，2015年与上年比增加了0.4个百分点。2015年泰州市规模以上工业总产值在泛长三角地区41个市排名第10位。

2015年，泰州市规模以上工业生产增长良好，工业产值总量突破万亿元大关，全年累计实现产值11173.68亿元，同比增长14.85%。实现工业增加值2465.38亿元，同比增长11%。增加值总量占全省7.38%，比去年提高0.5个百分点。增加值增幅比全省平均水平高2.7个百分点，列全省第五位，沿江八市第一位。2015年1—12月，全市规模以上工业企业年度产值首次突破万亿元大关，实现现价产值

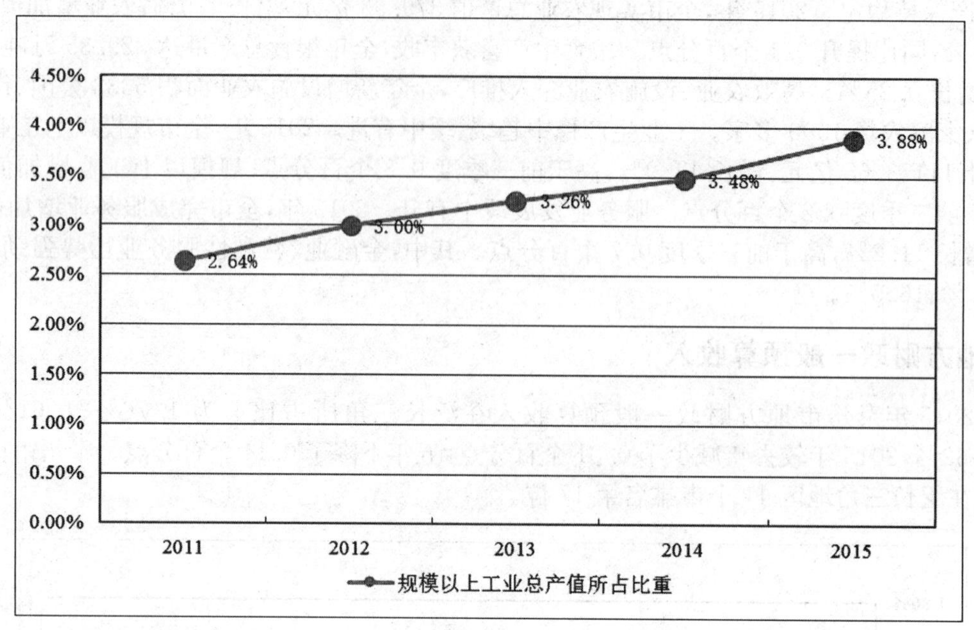

图 6　2011—2015 年泰州市规模以上工业总产值在泛长三角所占比重的变化趋势

11173.68 亿元，同比增长 14.85%，累计实现主营业务收入 10826.48 亿元，同比增长 15.92%；实现利润总额 848.83 亿元，同比增长 19.18%；实现利税总额 1450.73 亿元，同比增长 20.94%。现价产值、主营业务收入、利润、利税累计增幅分别比上半年提高 0.69、1.24、2.05、2.49 个百分点。12 月份当月，规模以上工业实现现价产值、主营业务收入、利润、利税 1007.16 亿元、1014.20 亿元、133.60 亿元、247.10 亿元，同比分别增长 16.25%、22.40%、21.60%、25.01%。

2015 年，泰州市规模以上工业生产增长良好，工业产值总量突破万亿元大关，全年累计实现产值 11173.68 亿元，同比增长 14.85%。实现工业增加值 2465.38 亿元，同比增长 11%。增加值总量占全省 7.38%，比去年提高 0.5 个百分点。增加值增幅比全省平均水平高 2.7 个百分点，列全省第五位，沿江八市第一位。

(四)进出口总额

2011—2015 年泰州市进出口总额在泛长三角所占比重为 0.84%、0.78%、0.76%、0.76%和 0.73%，五年时间占比减少了 0.11 个百分点。2015 年泰州市进出口总额在泛长三角地区 41 个市排名第 17 位。

对外贸易难中求进。全年完成进出口总额 102.3 亿美元，比上年下降 6.1%；出口 63.77 亿美元，增长 3.2%；进口 38.53 亿美元，下降 18.3%。按贸易方式分，出口额中，一般贸易出口 40.05 亿美元，下降 1.5%；加工贸易出口 22.97 亿美元，增长 15.9%。进口额中，一般贸易进口 27.08 亿美元，下降 7.8%；加工贸易进口 7.92 亿美元，下降 16.4%。按企业性质分，出口额中，外商投资企业出口 35.56 亿美元，下降 0.9%；民营企业出口 26.00 亿美元，增长 7.4%。进口额中，外商投资企业进口 25.29 亿美元，下降 13.5%；民营企业进口 12.60 亿美元，下降 28.0%。按商品类别分，出口额中，机电产品出口 31.94 亿美元，增长 20.3%，农产品出口 2.47 亿美元，增长 5.0%。进口额中，机电产品进口 6.77 亿美元，下降 33.8%，农产品进口 11.72 亿美元，增长 27.7%。

(五)实际外商直接投资金额

2011—2015 年泰州市实际外商直接投资金额在泛长三角所占比重为 2.25%、1.99%、1.77%、1.26%和 1.45%，五年时间下跌了 0.8 个百分点。2015 年泰州市实际外商直接投资金额在泛长三角地

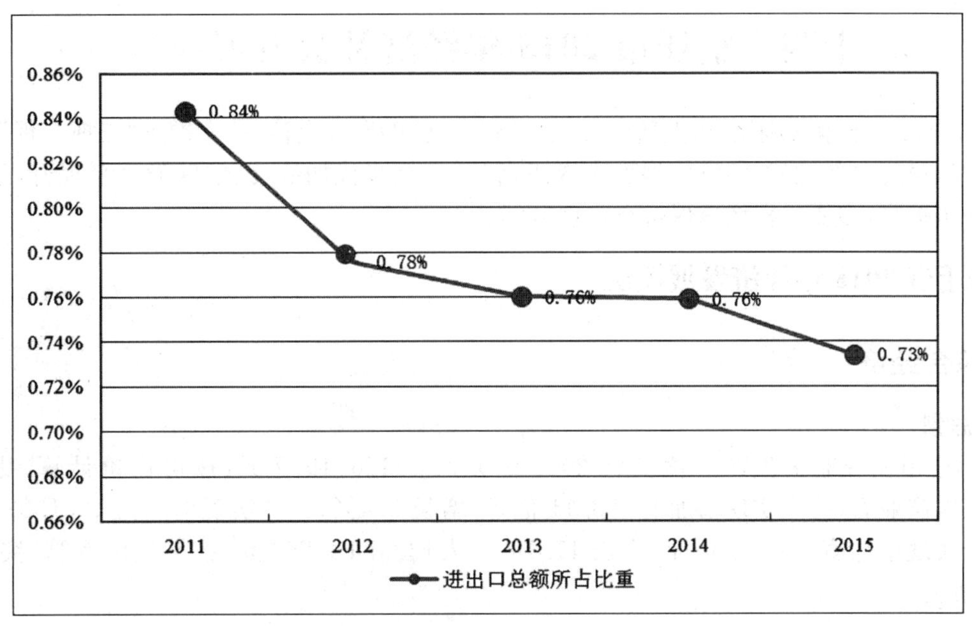

图7　2011—2015年泰州市进出口总额在泛长三角所占比重的变化趋势

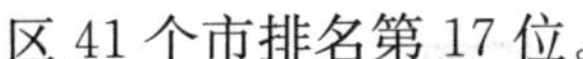

区41个市排名第17位。

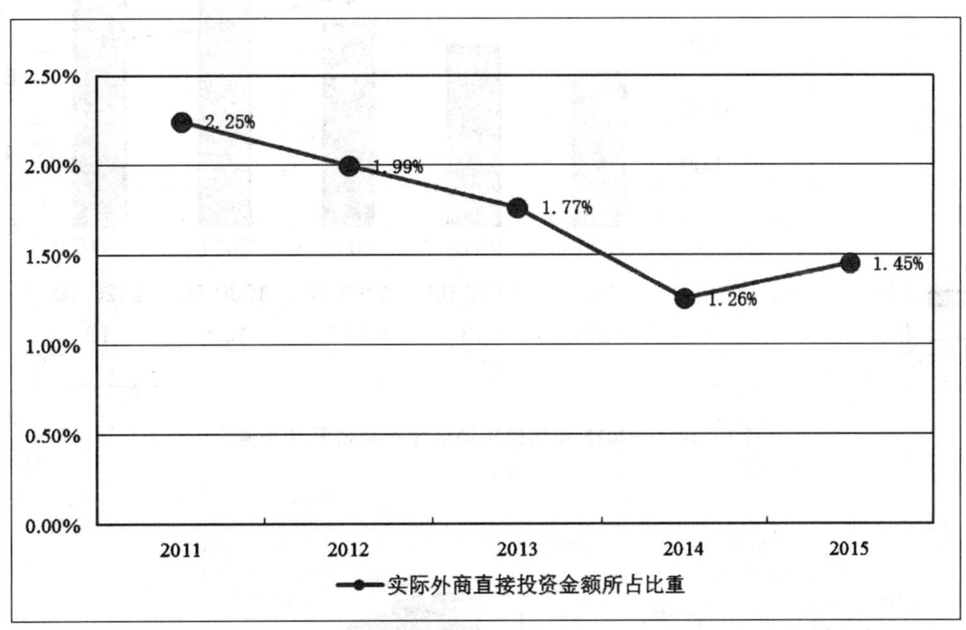

图8　2011—2015年泰州市实际外商直接投资金额在泛长三角所占比重的变化趋势

2015年全年新批3000万美元以上项目24个，实际利用外资9.4亿美元。稳定外经外贸，完成进出口总额108.9亿美元，实现外经营业额7.9亿美元。加快中国医药城产业化步伐，签约落户医药类项目128个，在建产业化项目103个，新增投产企业30家。高港汽车零部件产业园创成省级科技产业园，锡山经济开发区兴化工业园、江阴高新区黄桥工业园和昆山高新区姜堰工业园先后获批。推进新一轮沿江开发，编制实施沿江转型升级规划，泰州港核心港区5万吨级集装箱码头开港运营。海关、国检、海事、边检为开放开发作出积极贡献。

十四　宿迁市 2015 年经济社会发展报告

2015 年，全市上下紧紧围绕“迈上新台阶、建设新宿迁”的发展定位，扎实推进“三抓三促”，主动适应经济新常态，积极应对新挑战，经济发展稳中求进，转型升级步伐加快，民生保障水平提升，经济运行质量、效益进一步提高，主要指标增速保持在合理区间。

一、宿迁市 2015 年经济发展概况

(一)综合经济

1. 经济总量

2015 年，全市实现地区生产总值突破 2000 亿元，达 2126.19 亿元，按可比价计算，比上年增长 10.0%。分三次产业看，一产实现增加值 258.11 亿元，增长 3.4%；二产实现增加值 1031.33 亿元，增长 10.9%；三产实现增加值 836.75 亿元，增长 11.1%。人均 GDP43853 元，按平均汇率算，突破 7000 美元，达 7041 美元。

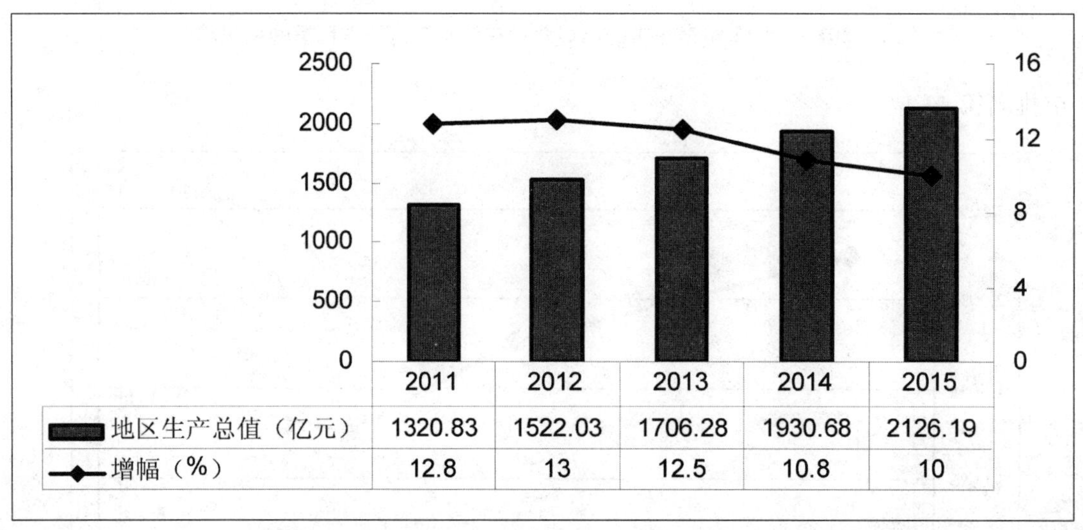

	2011	2012	2013	2014	2015
地区生产总值（亿元）	1320.83	1522.03	1706.28	1930.68	2126.19
增幅（%）	12.8	13	12.5	10.8	10

图 1　2011—2015 年宿迁市地区生产总值及增长速度

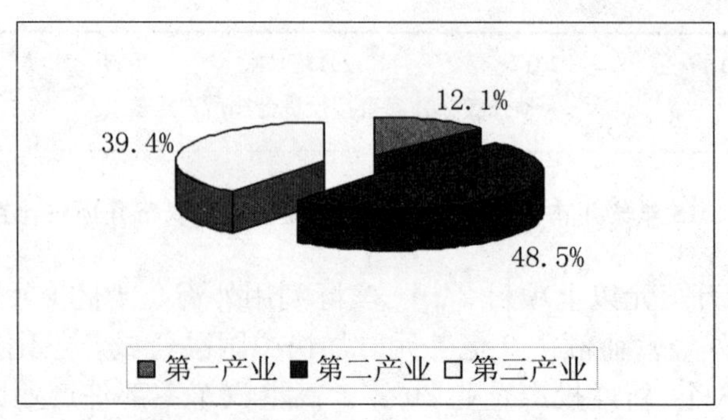

图 2　2015 年宿迁市三次产业结构图

经济结构进一步优化。一是产业结构不断优化。三次产业结构调整为 12.1∶48.5∶39.4，其中一

产比重较上年下降0.7个百分点，二产和三产比重较上年分别提高0.2个和0.5个百分点。工业占GDP的比重达41.1%，较上年提高0.6个百分点。二是新特产业发展壮大。四大特色产业产值占规上工业产值比重达60.9%，比上年提高0.5个百分点。四大新兴产业实现产值357.59亿元，增长11.2%。智能家电、绿色建材集聚成势，双双获批省级先进制造业基地。三是新型服务业态加速成长。电子商务异军突起，中国"互联网+创业"大会成功举办，中国宿迁电子商务产业园区创成国家电子商务示范基地，快递业务量和业务收入均居全国第17位，电子商务交易额达460亿元，增长74.9%。金融业实现较快发展，金融体系不断完善，金融业增加值增长16.3%。

2.财政收支

财政收支平稳增长。2015年，全市实现财政总收入411.98亿元，比上年下降1.4%。其中一般公共预算收入完成235.67亿元，增长12.2%。一般公共预算收入中税收占比83.6%，居全省第二位。建筑业税收增幅明显回落，房地产税收相对稳定。全市建筑业入库地方税收51.6亿元，增长3.7%，增幅较上年回落13.7个百分点；房地产业入库地方税收76.4亿元，增长9.7%，增幅较上年提高1.2个百分点。全市完成财政总支出492.3亿元，比上年增长4.9%。其中一般公共预算支出405.7亿元，增长17.4%。财政支出不断优化，提升民生保障水平。全市一般公共预算安排教育支出85.7亿元，增长10.5%；农林水支出83.1亿元，增长17.6%；社会保障和就业支出52.2亿元，增长50.9%；医疗卫生与计划生育支出34.9亿元，增长29.1%。

3.物价水平

消费价格涨幅回落。居民消费价格总体温和上涨，涨幅明显回落。居民消费价格总水平(CPI)同比上涨1.6%，涨幅比2014年回落0.8个百分点。八大类消费价格呈现"五升三降"格局。"五升"即为：食品上涨4.1%、烟酒上涨3.9%、衣着上涨2.0%、医疗保健和个人用品上涨2.2%、娱乐教育文化用品及服务上涨0.2%；"三降"即为：家庭设备用品及维修服务下降0.5%、交通和通信下降2.5%、居住下降0.1%。

4.固定资产投资

投资保持较快增长。全市在建施工项目共2251个，比上年增加631个。其中新开工项目1886个，比上年增加627个。全市固定资产投资完成1838.97亿元，比上年增长17.9%。一、二、三产业投资分别完成12.24亿元、1228.36亿元和598.37亿元，比上年分别增长50.8%、19.9%和13.5%。三次产业投资分别占投资总量的0.7%、66.8%和32.5%。民间投资仍是主力。全市民间投资完成1546.86亿元，比上年增长13.5%，占全部投资的84.1%。

工业投资快速增长。经济发展新常态下，始终坚持以工兴市、产业强市不动摇，工业投资仍为全市投资增长的主动力。全市工业投资完成1223.99亿元，比上年增长19.6%；工业投资占全部投资的66.6%，占比居全省第一，比全省平均水平高17.0个百分点。

(二)农业

农业经济平稳发展。全市实现农林牧渔业增加值264.76亿元，可比价增长3.6%。其中农业169.22亿元，林业10.86亿元，牧业35.30亿元，渔业43.10亿元，农林牧渔服务业6.27亿元，分别比上年增长3.1%、3.0%、2.0%、5.9%和14.7%。

粮食生产实现丰收。持续开展粮食高产创建活动，全市建成优质稻麦生产基地200万亩，粮食生产实现丰收。全年粮食作物播种面积865.95万亩，比上年增加0.76万亩；粮食总产386.63万吨，比上年减少2.53万吨，减产0.6%，但仍属丰收。其中夏粮生产受不利天气影响出现减产，总产156.71万吨，比上年减少4.48万吨；秋粮总产229.92万吨，比上年增加1.96万吨。全年粮食平均单产446.5公斤/亩，比上年减少3.3公斤/亩，减产0.7%。

造林抚育扎实推进。大力开展植树造林工作，实施村庄绿化、绿色通道、农田防护林等五大林业重点工程建设,持续增加造林总量,全年共植树983万株,成片造林5.54万亩,新建省级绿化示范村90个,森林抚育面积达24.25万亩。林下经济效益不断提升,全年建立林下经济示范基地88个,示范面积3万亩,辐射推广面积10万亩,其中泗阳县被认定为国家林下经济示范基地。全市林地总面积335万亩,成片林面积293万亩,农田林网630万亩,林木覆盖率达30.1%,位居全省第二。

畜牧饲养稳中转型。全年生猪出栏263.85万头,年末存栏146.27万头,分别比上年下降0.1%和0.6%。家禽出栏7610万只,比上年下降1.5%;存栏3978万只,比上年增长1.1%。全年肉类总产量34.03万吨,与上年持平。加快生态畜禽转型,全年新增省部级畜禽健康养殖示范场20家,生猪大中型规模养殖比重达到71%,位居全省首位。

渔业生产提质增效。围绕洪泽湖、成子湖、骆马湖三大板块,全力提升基础设施水平,打造主导产品和品牌,全年新增设施渔业面积2.23万亩,三大板块中河蟹、青虾、花鲢等主导品种养殖比重超过70%;水产品出口创汇超2500万美元,河蟹出口连续十年居全省首位。全市实现水产品产量26.6万吨,比上年增长0.9%。

现代农业稳步发展。全市新增设施农业面积6.3万亩,累计达到106.63万亩。8个省级现代农业产业园区新增固定资产投资千万元以上农业产业化项目15个,新增入园经营主体167个,推广农业"三新"科技成果95项。农业"三品"覆盖率进一步提高,全年新增"三品"130个,累计建成6个全国绿色食品(原料)标准化生产示范基地、18个水产标准化健康养殖场、13个省级农产品质量安全示范基地,累计认定"三品"产地面积达610万亩,占耕地面积的比重为92.8%,居全省首位。

(三)工业和建筑业

工业经济稳中趋优。2015年,全市工业经济稳步发展,质量和结构出现积极变化。全部工业增加值比上年增长10.9%。规模以上工业企业实现增加值994.22亿元,增长11.5%,高出全省水平3.2个百分点,高出全国水平5.4个百分点,增速居全省第二。经济效益稳步提升。全市规模以上工业企业实现主营业务收入3666.35亿元,增长12.6%;实现利税总额509.80亿元,增长10.3%,其中利润总额359.12亿元,增长11.0%。

新兴产业稳中求进。全市四大新兴产业实现产值357.59亿元,比上年增长11.2%。其中,智能家电实现产值11.83亿元,增长184.0%;功能材料实现产值260.11亿元,增长8.7%;绿色建材实现产值67.21亿元,增长13.0%;智能电网实现产值18.43亿元,下降1.0%。

高新技术产业增长较快。全市高新技术企业实现产值754.67亿元,增长14.8%,高于全市规模以上工业产值增速0.9个百分点;高新技术企业产值占规模以上工业总量的19.8%。

骨干企业发展壮大。全市拥有大中型企业204户,其中大型企业31户。33户企业主营业务收入超十亿元,洋河酒厂主营业务收入超百亿元。

主要产品有增有降。列入全市统计范围的工业产品共141个,其中65.3%的产品产量增长,增幅在30%以上的有31个,占22.0%。

建筑业稳步发展。2015年末,全市列统总承包和专业承包的建筑业企业有362家,全年完成建筑业总产值737.42亿元,比上年下降2.11亿元;完成竣工产值754.43亿元,比上年增长31.7%。全市房屋建筑施工面积6929万平方米,比上年下降2.0%;房屋建筑竣工面积3515万平方米,比上年增长21.2%。其中住宅竣工面积2842万平方米,比上年增长30.8%。

(四)服务业

1.国内贸易

国内消费稳步增长。2015年,全市实现社会消费品零售总额626.64亿元,比上年增长11%。按消费形态分,批发和零售业实现547.14亿元,增长10.8%;住宿和餐饮业实现79.50亿元,增长11.7%。

按城乡市场分，城镇实现 498.11 亿元，增长 11.3%；乡村实现 128.54 亿元，增长 9.7%。

限额以上批发和零售企业实现社会消费品零售额 216.45 亿元，比上年增长 8.1%。其中，粮油食品类、服装鞋帽针纺织品类和日用品类分别实现 16.74 亿元、9.65 亿元和 5.21 亿元，分别增长 4.0%、9.3%和 3.1%；烟酒类和饮料类分别实现 4.73 亿元和 3.17 亿元，分别增长 13.2%和 6.6%；汽车类和石油及制品类分别实现 63.73 亿元和 40.45 亿元，分别增长 8.3%和−1.7%；书报杂志类实现 23.33 亿元，增长 32.9%；家用电器和音像器材类实现 20.02 亿元，增长 7.6%。限额以上住宿和餐饮业实现零售额 10.50 亿元，比上年增长 5.2%。

2. 交通运输和邮电

交通运输业低速增长。2015 年，全市完成客运量 7176 万人，比上年增长 3.5%；实现旅客运输周转量 47.7 亿人公里，比上年增长 4.4%。受水路货运量下滑影响，2015 年，全市完成货运量 5035 万吨，比上年下降 8.2%。其中，公路货运 3861 万吨，增长 5.0%；水路货运 1174 万吨，下降 35.0%。实现货物运输周转量 163.5 亿吨公里，比上年下降 8.2%。其中，公路货物周转量 129.3 亿吨公里，增长 5.3%；水路货物周转量 34.3 亿吨公里，下降 37.9%。完成港口货物运输吞吐量 1468 万吨，比上年下降 36.4%。2015 年 12 月，徐宿淮盐铁路全面开工建设，计划总工期 4 年。

邮政通信业快速发展。2015 年，全市邮政通信业实现邮电业务总收入 65.66 亿元，比上年增长 23.5%。其中，邮政快递业务收入 36.92 亿元，增长 46.2%；电信业务收入 28.73 亿元，增长 3.0%。快递业务快速发展，全年完成快递业务量 2.79 亿件，比上年增长 54.4%；实现快递业务收入 32.86 亿元，增长 51.8%，快递业务量和业务收入均排全省第三位。年末全市有各类电话用户 468.30 万户，比上年末减少 22.27 万户，其中移动电话用户 411.38 万户，比上年末减少 4.21 万户；固定电话用户 56.92 万户，比上年末减少 18.06 万户。年末有国际互联网用户 339.30 万户，比上年末净增 14.30 万户。其中宽带用户 91.56 万户，比上年末净增 14.29 万户。

3. 旅游业

旅游业快速发展。2015 年末，全市有旅游景点 44 个，其中 4A 级 8 个，3A 级 16 个，旅游竞争力明显增强。全年实现旅游总收入 175.6 亿元，比上年增长 20.5%。其中旅游外汇收入 759.28 万美元，增长 39.0%。全年接待国内外游客 1602.5 万人次，增长 18.8%；接待入境过夜游客 0.47 万人次，增长 14.6%。旅游投资总额达 110.95 亿元，增长 42.1%。

4. 金融和保险业

金融业发展较快。全年金融业实现增加值 93.17 亿元，比上年增长 16.3%，快于服务业增速 5.2 个百分点。金融服务体系更加健全，浦发银行、民生银行、太平洋保险、华泰证券等大型金融机构相继入驻，各类金融机构达 128 家。全市金融机构人民币各项存款余额 1819.81 亿元，比年初增加 220.46 亿元，增长 13.8%。其中，住户存款余额 949.51 亿元，比年初增加 113.37 亿元。全市金融机构人民币各项贷款余额 1696.70 亿元，比年初增加 213.65 亿元，增长 14.4%。

保险体系逐步健全。全市市级专业保险机构 32 家。其中人寿保险 14 家，财产保险 18 家。全市共实现保费收入 56 亿元，较上年增长 24%。其中财险保费收入 20.98 亿元(含农业险 1.82 亿元)，增长 17.5%；人身险保费收入 37 亿元，增长 32%。

5. 房地产业

房地产投资略有下降。全年房地产开发投资完成 362.53 亿元，比上年下降 3.9%。全市商品房施工面积 3959.58 万平方米，比上年下降 0.2%。其中商品住宅施工面积 3056.05 万平方米，比上年增长 3.8%。全市商品房销售面积 610.93 万平方米，比上年增长 4.6%。其中住宅销售面积 556.98 万平方米，增长 6.2%。全市商品房销售额 233.74 亿元，比上年增长 9.1%。其中住宅销售额 199.90 亿元，增长 13.1%。

(五)开放型经济

1. 对外贸易

对外经济下降明显。2015 年，全市实现进出口总额 25.99 亿美元，比上年下降 30.8%。其中出口 18.50 亿美元，下降 37.1%；进口 7.49 亿美元，下降 8.1%。全年出入境检验检疫 19902 批次，比上年增长 5.9%；出入境检验检疫金额达 13.9 亿美元，比上年增长 27.9%。全年新批外商投资企业 27 家，新批及净增资 3000 万美元以上企业 11 个，新批协议外资 8.02 亿美元。全市实际使用外资 2.98 亿美元，比上年下降 55.0%。

2. 园区建设

园区工业平稳发展。2015 年，全市开发区(园区)共有规模以上工业企业 961 户，比上年增加 28 户；完成工业产值首破两千亿元，达 2040.42 亿元，比上年增长 12.5%；实现主营业务收入 1966.41 亿元，比上年增长 10.8%；利税总额 188.77 亿元，比上年增长 5.5%；实现利润总额 134.30 亿元，比上年增长 6.5%。

投资质量有所提升。2015 年，全市开发区(园区)完成固定资产投资 830.70 亿元，比上年增长 9.0%。其中工业投资完成 708.18 亿元，比上年增长 11.3%；占总投资的 85.3%，提升 1.8 个百分点。高新技术产业投资份额不断提高，完成 204.55 亿元，比上年增长 41.4%；占开发区工业投资的 28.9%，比上年提升 6.2 个百分点。

财政收入进一步增强。2015 年，全市省级以上开发园区实现一般公共预算收入 97.06 亿元，比上年增长 20.1%；占全市一般公共预算收入的 41.2%，对全市一般公共预算收入贡献超过四成。

外贸外资一增一降。2015 年，全市开发区本地企业进出总额实现 22.39 亿美元，占全市总量的 87.0%；比上年增长 8.8%，增速比全市快 6.3 个百分点。外资引进大幅下降。全年开发区实际利用外资总额 2.86 亿美元，比上年下降 55.5%。

二、宿迁市 2015 年社会发展概况

(一)人口、人民生活

2015 年末，全市户籍总户数 149.28 万户，比上年减少 0.19 万户。户籍总人口 586.28 万人，比上年增加 5.54 万人。常住人口 485.38 万人，比上年增加 1.06 万人。常住人口出生率 12.87‰，死亡率 7.78‰，人口自然增长率 5.09‰。全市城镇常住人口 269.53 万人，比上年增加 9.26 万人，增长 3.6%。

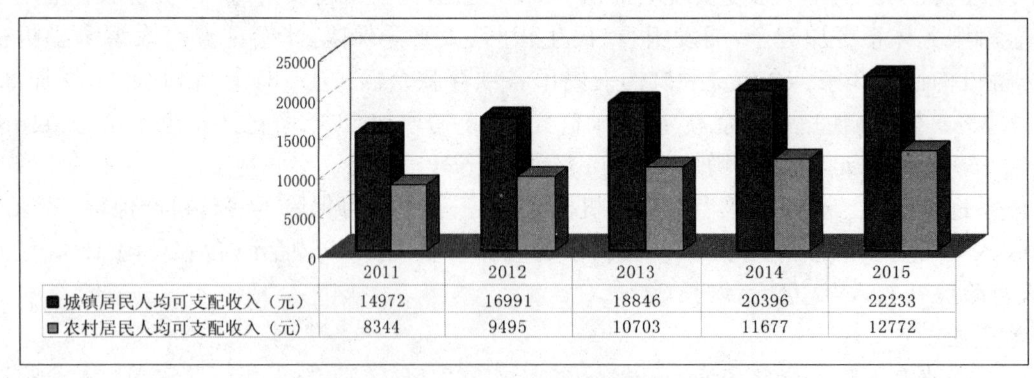

	2011	2012	2013	2014	2015
城镇居民人均可支配收入（元）	14972	16991	18846	20396	22233
农村居民人均可支配收入（元）	8344	9495	10703	11677	12772

图 3　2011—2015 年宿迁市城乡居民收入对比一览

居民生活水平持续改善。2015 年，全市居民人均可支配收入为 17342 元，比上年增长 9.1%，扣除价格因素，实际增长 7.4%。按收入来源分，工资性收入 9431 元，增长 8.2%；经营净收入 4693 元，增长

9.7%;财产净收入661元,增长9.8%;转移净收入2557元,增长11.4%。按常住地分,城镇居民人均可支配收入22233元,比上年增长9.0%;农村居民人均可支配收入12772元,比上年增长9.4%。全市居民人均消费支出11328元,比上年增长8.4%,恩格尔系数为35.3%。

(二)就业、社会保障

就业形势趋向稳定。年末全市就业人员281.6万人,第一产业就业人员99.6万人,第二产业就业人员99.3万人,第三产业就业人员82.7万人。城镇地区就业人员152.8万人,城镇新增就业人数4.86万人,城镇登记失业率2%。

社会保障体系更加完善。继续推进社会保险扩面“幸福行动”,城乡居民基础养老金最低标准提高到每人每月105元,城乡低保标准提高到490元/月和370元/月,城乡居民养老保险统筹并轨,城乡居民社会养老保险覆盖率达98%以上。新农合政策范围住院补偿比例提高到75%,大病保险实现全覆盖。全市新建养老服务项目11个,新增床位3000张,养老床位总数达3.4万张,每千名老人拥有养老床位45.23张,养老服务社会满意度位居全省第一。新建居家养老服务中心(站)127个,老年人助餐点85个。全面完成农村敬老院“三有三能六达标”改造任务。完成棚户区改造14万户,基本建成各类保障性住房13万套,居民住房条件有效改善。

(三)教育和科学技术

1.教育事业

教育事业稳步发展。教育事业在内涵质量、均衡发展和民生服务等方面都得到全面提升。启动实施第二期学前教育五年行动计划,新建、改扩建幼儿园51所,新增省优质园14所,全市省优质园达239所,占比65.5%。全市所有县区高水平通过全国义务教育发展基本均衡县(区)创建国家督导认定。成功创建省四星级高中2所,三星级高中1所。2015年全市高考本科达线15034人,本科达线率42.1%。其中被清华、北大录取27人,居全省第四。全市高中学业水平测试获得4A考生人数达4356人,比上一年净增2686人。创建省高水平现代化中等职业教育改革发展示范校2所。省技能大赛获得奖牌114枚,其中金牌6枚,银牌28枚,奖牌总数比上一年净增21枚。2015年对口高考技能考试过关率达99.72%,位居全省前列,本专科达线率达96.4%。

2.科学技术

科技创新成绩显著。2015年,全社会研究与发展(R&D)活动经费支出32.05亿元,占地区生产总值比重为1.51%,比上年提高0.16个百分点。全市新增国家高新技术企业55家,总数达184家;新认定省级科技型中小企业120家;新增省级企业研发机构61家,总数达219家。全市专利申请量达到9507件,比上年增长8.2%;专利授权量5151件,增长19.6%。其中企业专利申请量7792件,授权量4282件,PCT专利申请量9件。

质量强市稳步推进。获批创建全国质量强市示范城市。品牌建设成绩显著。2015年,全市新增2个中国驰名商标,累计达到17件;新增17件江苏省著名商标,累计达到108件;新获批27个江苏名牌,累计达到123个;新获批27个市级名牌,累计达到185个。洋河股份获评2015年度江苏省质量奖。建有国家白酒产品质检中心和省玻璃产品质检中心等10个国家级、省级质检中心和国家实验室。

(四)文化和卫生

1.文化事业

公共文化服务不断提升。市文化馆、图书馆、博物馆、美术馆和各县区图书馆、文化馆全部实现免费开放,开展各类展览、展演活动80余场次。建成苏北第二家数字图书馆和24小时自助图书馆,开通移动图书馆、手机图书馆。全市各级文化部门共送戏530余场次、送电影16000多场次、送图书达12万册。

新增有线电视用户15万户，累计达139.6万户，入户率达95%；新增数字用户7.43万户，累计达37万户；80%的乡镇完成数字电视整转。城市数字影院增至15家，银幕增至87块，座位数达12271座。

2. 卫生事业

医疗卫生事业稳步发展。市、县卫生计生机构改革全面到位，乡镇医疗卫生改革试点取得圆满成功，全市1310个村卫生室、112个社区卫生服务站全部达到标准化要求、全部实施国家基本药物制度。全市医疗卫生资产达到120.6亿元，千人拥有床位增加到4.28张。市第一人民医院建成投入运营，市公共卫生服务中心、市体检康复中心加快建设。新农合保障水平提高到480元，全年补偿1657万人次、16.09亿元，大病保险赔付4.6万人次、5978万元；基本公共卫生服务覆盖包括流动人口在内的全体居民，免费为基层群众诊疗21800余人次。

（五）城市建设

城市建设再上新台阶。积极推进以人为核心的城镇化，全面加快城乡协调发展。全市城镇化率达55.53%，较上年提高1.79个百分点，中心城市建成区扩大到85平方公里、人口增加到75万。荣获中国人居环境奖城市、国家卫生城市、国家节水型城市、全国绿化模范城市、省优秀管理城市等称号，国家环保模范城市创建取得阶段性成果，文明城市直接晋升全国提名城市。

（六）环境保护和节能减排

生态环境逐步改善。通过国家环境保护模范城市技术评估。大气污染防治强力推进，空气质量明显改善。2015年，全市PM2.5平均浓度为61.0$\mu g/m^3$，比2013年下降17.6%；市区环境空气质量达到优良天数累计242天，达标率67.0%，比2013年提高5.3个百分点，全面达到国家和省考核优秀目标。全市生态红线范围占国土面积提高到32.2%。高水平实施绿化工程。以五大廊道建设为载体，推进全民植树造林工程，全市新增林地26万亩，植树7688万株，林木覆盖率提高到30.1%。

环保基础设施进一步完善。千方百计加大资金投入，不断提升环保基础设施水平。雨污管网不断完善，逐步完善污水收集系统，雨污分流区域面积达127平方公里。污水处理设施不断健全，市区及县城先后建成投运污水处理厂18座，污水处理能力达59万吨/日，中心城市污水处理率达93%。先后建成光大垃圾焚烧发电厂、有机生物处置中心、危险废物填埋场等一批垃圾处理设施，道路机械化清扫率达到74.2%，生活垃圾无害化处理率提高至100%。

节能减排成效明显。按照“管住增量、调整存量、上大压小、扶优汰劣”的思路，从源头控制高污染高耗能企业，淘汰和改造升级落后产能。相继关停或迁移一批重点污染企业，化学需氧量和二氧化硫减排提前完成“十二五”削减目标。能源利用效率显著提升。2015年，全市单位GDP能耗0.52吨标准煤/万元，比上年下降7.2%；单位工业增加值能耗为0.46吨标准煤/万元，下降10.8%；单位GDP电耗为812.93千瓦时/万元，下降6.1%。

三、宿迁市在长三角地区经济发展中的地位

2015年，面对复杂多变的宏观经济形势，宿迁市上下深入贯彻落实党的十八大、十八届三中四中全会和习近平总书记系列重要讲话精神，围绕建设高质量全面小康社会的奋斗目标，更大力度推进改革创新、更大力度推进结构优化、更大力度改善国计民生，努力促进经济社会各领域协调发展。

（一）地区生产总值

2011—2015年宿迁市地区生产总值在长三角所占比重为1.14%、1.19%、1.22%、1.27%和1.31%，连续多年比重明显增加，累计增幅为0.17个百分点，其中2015年较上年增长0.04个百分点。2015年宿迁市地区生产总值在泛长三角地区41个市排名第23位。

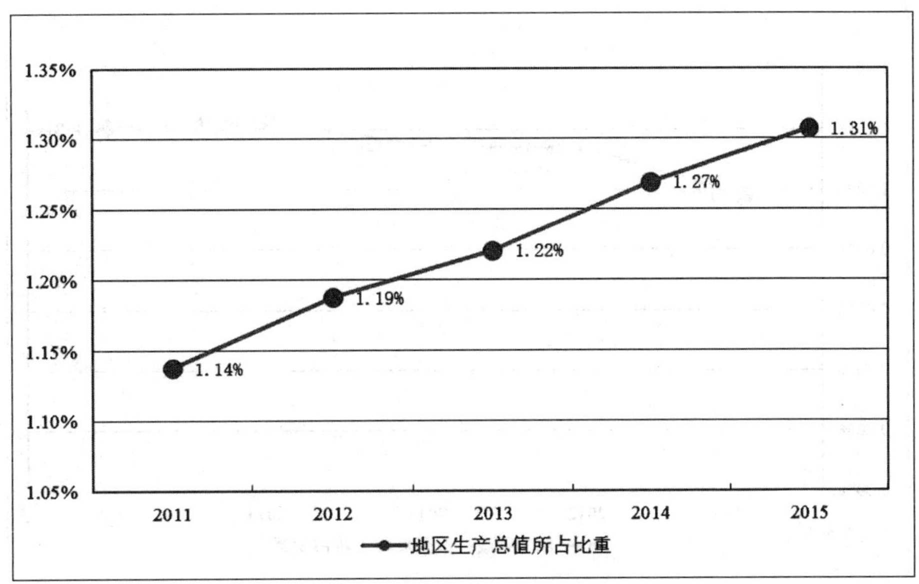

图 4　2011—2015 年宿迁市地区生产总值在泛长三角(苏浙两省 24 个地级市、安徽省 16 个地级市和上海市,下同)所占比重的变化趋势

2015 年,GDP 达 2110 亿元,人均地区生产总值达 7000 美元,达到中上等收入国家(地区)水平,一般公共预算收入达 235.7 亿元,固定资产投资达 1839 亿元,社会消费品零售总额达 626.6 亿元,主要经济指标增速位居全省前列。同时,经济结构进一步优化,三次产业占比调整到 12.3∶48.5∶39.2,呈现协调并进的良好局面,工业化率突破 40%,实现从工业化初期向中期的跨越。居民收入稳步增长。全体居民、城镇居民和农村居民人均可支配收入分别为 17342 元、22233 元和 12772 元,比上年分别增长 9.1%、9.0%和 9.4%,增速均居全省前三位。

(二)地方财政一般预算收入

2011—2015 年宿迁市地方财政一般预算收入在泛长三角所占比重为 0.98%、1.14%、1.14%、1.23%和 1.21%,五年增幅为 0.23 个百分点,其中 2015 年较上年减少了 0.02 个百分点。2015 年宿迁市地方财政一般预算收入在泛长三角地区 41 个市排名第 23 位。

2015 年,一般公共预算收入 235.7 亿元,完成预算的 101.1%,比上年执行数(下同)增长 12.2%,其中税收收入 197 亿元,增长 9.0%,税收占比 83.6%;非税收入 38.7 亿元,增长 31.7%,主要是受 7 项政府性基金转列一般公共预算以及部分非税集中入库较多影响,增长较快。一般公共预算支出 405.7 亿元(含上级补助、上年结转等来源安排的支出),完成预算的 96.6%,增长 17.4%。初步测算,全市一般公共预算总来源 445 亿元,其中:当年一般公共预算收入 235.7 亿元、上级税收返还及转移支付补助 175 亿元、上年结转收入 19.4 亿元、地方政府新增一般债券 14.9 亿元。一般公共预算总支出 453.7 亿元,其中:当年一般公共预算支出 405.7 亿元、上解上级支出 31 亿元、结转下年支出 17 亿元。当年收支缺口 8.7 亿元,主要通过向上争取特殊扶持、调入资金等渠道弥补,实现当年收支平衡。

(三)规模以上工业总产值

2011—2015 年宿迁市规模以上工业总产值在泛长三角所占比重为 0.69%、0.95%、1.09%、1.21%和 1.36%,继续保持增长的态势,累计增幅为 0.67 个百分点,其中 2015 年较上年增加 0.15 个百分点。2015 年宿迁规模以上工业总产值在泛长三角地区 41 个市排名保持不变,排名第 24 位。

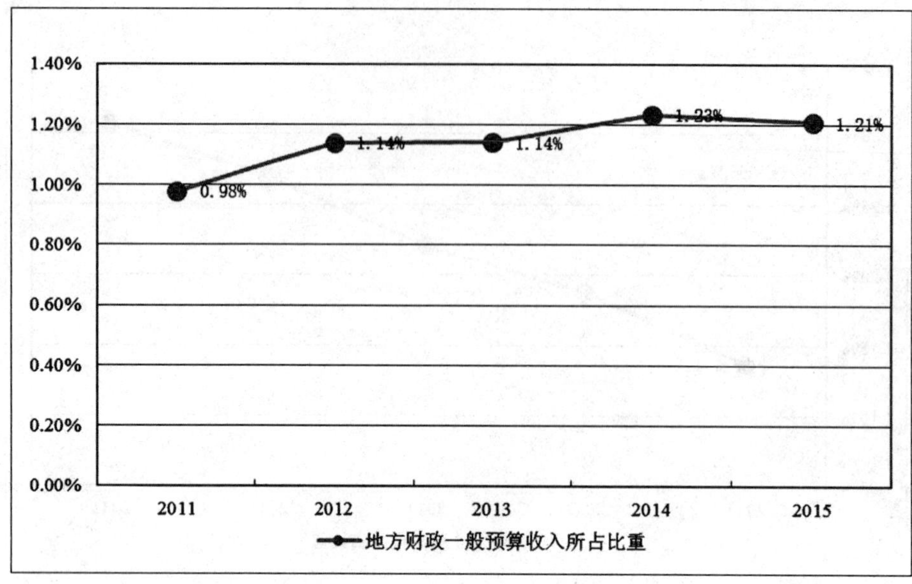

图 5　2011—2015 年宿迁市地方财政一般预算收入在泛长三角所占比重的变化趋势

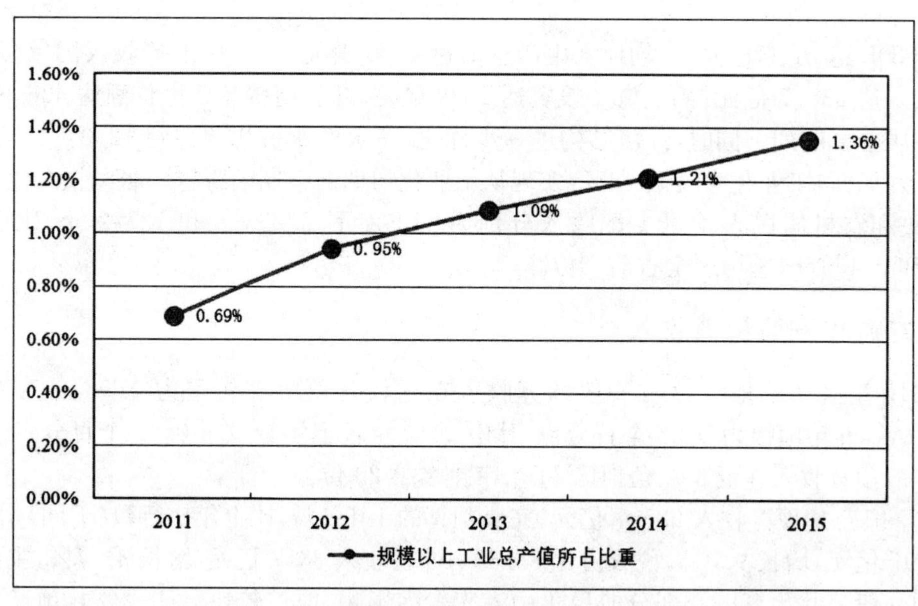

图 6　2011—2015 年宿迁市规模以上工业总产值在泛长三角所占比重的变化趋势

2015 年，工业生产增长较快。全市规模以上工业实现增加值 994.22 亿元，比上年增长 11.5%，高出全省平均水平 3.2 个百分点，增速居全省第二。全市工业用电量 106.04 亿千瓦时，增长 2.1%，高出全省平均水平 1.3 个百分点。

（四）进出口总额

2011—2015 年宿迁市进出口总额在泛长三角所占比重为 0.16%、0.21%、0.24%、0.26% 和 0.19%，五年整体上增加了 0.03 个百分点。2015 年宿迁进出口总额在泛长三角地区 41 个市排名第 29 位。

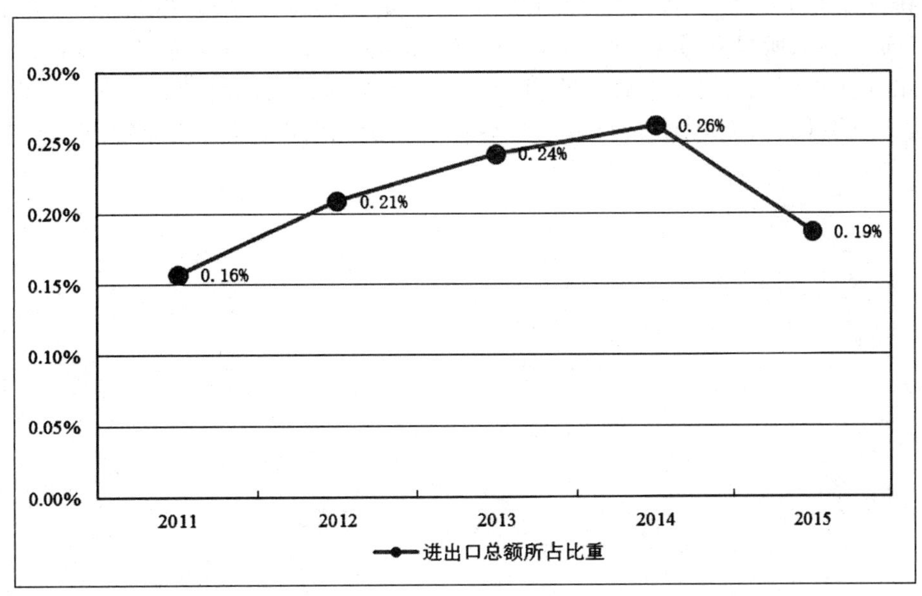

图7　2011—2015年宿迁市进出口总额在泛长三角所占比重的变化趋势

2015年，新增外贸备案企业270家，全市累计备案登记企业达到了2086家，其中有241家企业进出口额超百万美元，可功科技、瑞声精密电子等60家企业进出口额超千万美元。特别是在2015年11月，宿豫区被认定为“江苏省玻璃制品出口基地”，成为全市获批的第一个省级出口基地，秀强玻璃等6家企业被认定为出口基地的骨干企业。

(五)实际外商直接投资金额

2011—2015年宿迁市实际外商直接投资金额在泛长三角所占比重为0.30%、0.62%、0.68%、0.89%和0.41%，所占比重虽然不大，2015年较上年减少0.48个百分点，五年累计增幅达0.31个百分点。2015年宿迁实际外商直接投资金额在泛长三角地区41个市排名第31位。

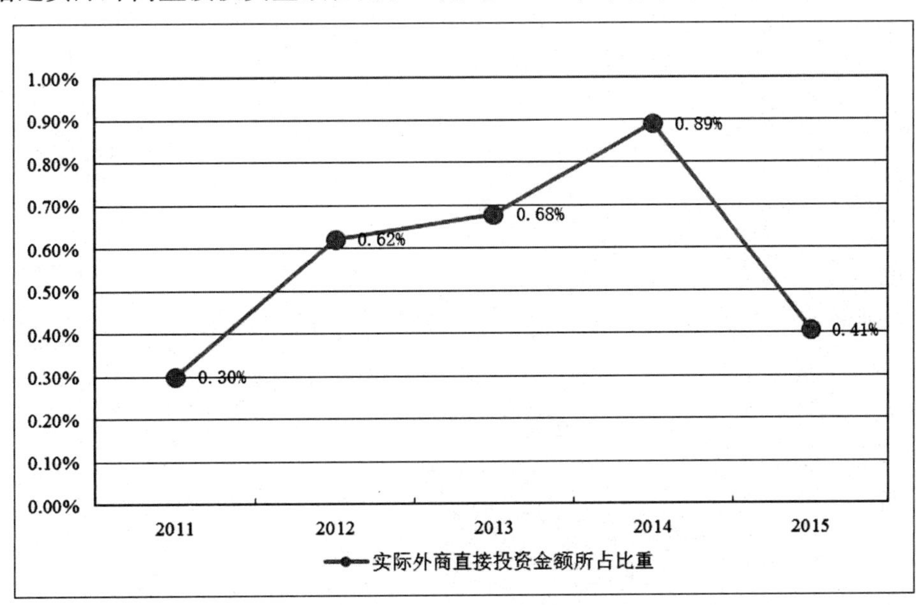

图8　2011—2015年宿迁市实际外商直接投资金额在泛长三角所占比重的变化趋势

2015年，新批外资项目27个，协议注册外资8.02亿美元，实际使用外资2.98亿美元，利用外资获得新拓展；项目质态也有所提升，新批项目平均单体规模达到了3750万美元，同比增长70%；先后在德国杜塞尔多夫和英国伯明翰举办了投资说明会，9个项目顺利签约。同时，在2015年新批了6家境外投资企业，特别是玖久集团、雷克电源、精科电器先后在乌兹别克斯坦、孟加拉、印度等“一带一路”沿线国家投资建厂。

第三章　浙江省及各市 2015 年经济社会发展报告

一　浙江省 2015 年度经济社会发展报告

2015 年是不平凡的一年。面对错综复杂的宏观环境和繁重艰巨的改革发展稳定任务，省政府全面落实党的十八大和十八届三中、四中、五中全会精神，深入贯彻习近平总书记系列重要讲话精神和考察浙江时的重要指示，认真执行省委各项决策部署，主动适应经济发展新常态，坚定不移打好转型升级系列组合拳，统筹推进经济社会发展，全面完成了省十二届人大三次会议确定的各项目标任务。

一、浙江省 2015 年经济发展状况

（一）综合经济

1. 经济总量

全年地区生产总值（GDP）42886.49 亿元，比上年增长 8%。其中，第一产业增加值 1832.91 亿元，第二产业增加值 19711.67 亿元，第三产业增加值 21341.91 亿元，分别增长 1.5%、5.4%和 11.3%，第三产业对 GDP 的增长贡献率为 65.7%。三次产业增加值结构由上年的 4.4∶47.7∶47.9 调整为 4.3∶45.9∶49.8，三产比重提高 1.9 个百分点。信息经济和现代服务业等核心产业的引领支撑作用进一步显现。全年信息经济核心产业增加值 3310 亿元，增长 15.1%，占 GDP 的 7.7%，比重比上年提高 0.6 个百分点。

全年人均 GDP 为 77644 元（按年平均汇率折算为 12466 美元），增长 7.6%。全员劳动生产率为 11.5万元/人，比上年提高 7.7%。

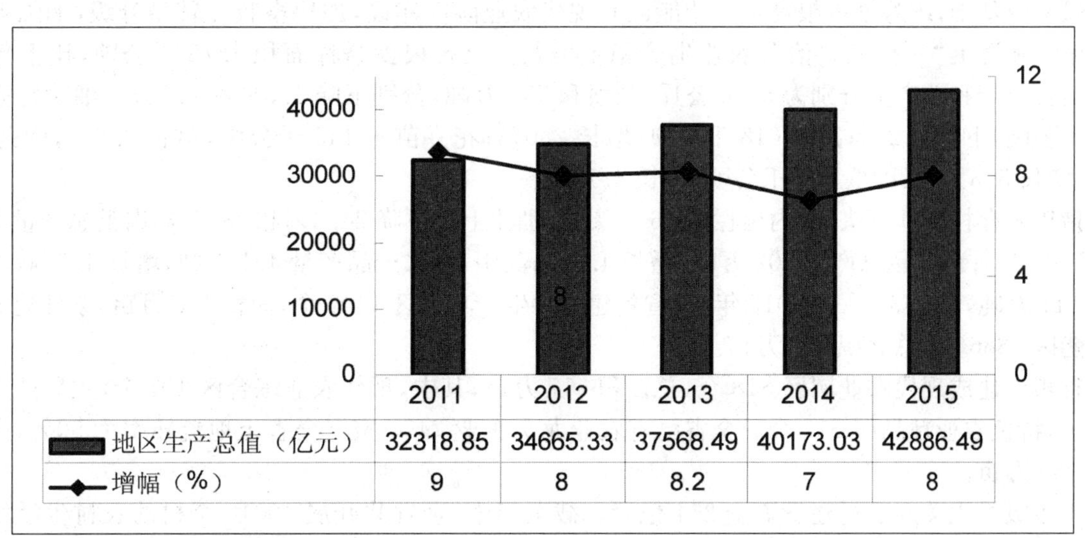

图 1　2011—2015 年浙江省地区生产总值及增长速度

2. 财政收入

全年财政总收入 8549.47 亿元，比上年增长 8.7%；地方公共财政预算收入 4809.94 亿元，增长

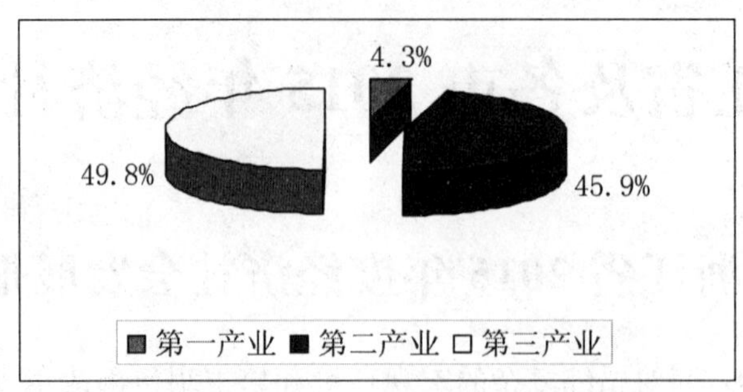

图 2　2015 年浙江省三次产业结构图

7.8%。

3. **物价水平**

全年居民消费价格比上年上涨 1.4%，其中，食品类价格上涨 3.3%。商品零售价格下降 0.1%。农业生产资料价格上涨 0.9%。工业生产者出厂价格下降 3.6%，工业生产者购进价格下降 5.5%。固定资产投资价格下降 2.6%。

4. **固定资产投资**

全年固定资产投资 26665 亿元，比上年增长 13.2%。非国有投资 17662 亿元，增长 8.3%，占固定资产投资的 66.2%，其中民间投资 16109 亿元，增长 9.2%，占固定资产投资的 60.4%。

在固定资产投资中，第一产业投资 339 亿元，比上年增长 28.7%。第二产业投资 8803 亿元，增长 11%，其中工业投资 8747 亿元，增长 11%；在工业投资中，工业技术改造投资 6701 亿元，增长 23.6%，占工业投资的 76.6%。第三产业投资 17523 亿元，增长 14.1%。全年投资项目 48022 个，比上年增长 2.2%，其中新开工项目 30106 个，增长 8.8%。

（二）农业和农村建设

加强农业基础，统筹推进粮食生产功能区和现代农业园区建设，加快畜牧业转型升级，加强浙江渔场修复振兴和海上“一打三整治”，农业生产稳定增长。全省粮食播种面积 1278 千公顷，比上年增长 0.9%；粮食单产和总产量分别为 5886 公斤/公顷和 752 万吨，分别下降 1.5%和 0.7%。油菜籽播种面积 122 千公顷，下降 3.2%；蔬菜 618 千公顷，增长 2.0%；花卉苗木 145 千公顷，增长 3.9%；中药材 39 千公顷，增长 5.6%；果用瓜 100 千公顷，增长 4.7%。

生猪年末存栏 730 万头，年内出栏 1316 万头，分别比上年下降 24.3%和 23.7%；肉类总产量 130 万吨，下降 16.6%；水产品总产量 602 万吨，增长 4.7%，其中，海水产品产量 491 万吨，增长 4.9%；淡水产品产量 111 万吨，增长 3.7%。2015 年，全省新建粮食生产功能区 1445 个，面积 105 万亩，累计建成粮食生产功能区 7886 个，总面积 677 万亩。

全省累计建成现代农业园区 818 个，总面积 517 万亩；其中，现代农业综合区 107 个，主导产业示范区 200 个，特色农业精品园 511 个。全省已有农业龙头企业 7470 家。全省土地流转率为 50%，累计流转面积 955 万亩。

全年各级投入美丽乡村建设资金 254 亿元。截至年末，全省共开展 10010 个村的农村生活污水治理，受益农户（已接入和正在接入）245 万户；开展农村垃圾减量化资源化处理试点村 104 个。全省 98%的村实现生活垃圾集中收集处理，79%的村实现生活污水有效治理，农村生活污水治理农户受益率为 66%，已有 58 个县（市、区）成为美丽乡村创建先进县。全省在建历史文化村落保护利用重点村 130 个，保护利用一般村 649 个；农家乐特色村 897 个、特色点（各类农庄、山庄、渔庄）2389 个。“千万农民素质提升工程”培训总人数为 35 万人。

（三）工业和建筑业

1. 工业增加值

全年规模以上工业增加值13193亿元，比上年增长4.4%，轻、重工业增加值分别为5689和7505亿元，分别增长3.5%和4.8%。规模以上工业销售产值64544亿元，增长0.2%，其中出口交货值11707亿元，下降3.7%。

规模以上工业中，高新技术产业增加值4910亿元，增长6.9%，占规模以上工业的比重为37.2%，对规模以上工业增长贡献率为55.7%；装备制造业增加值4856亿元，增长6.3%，占规模以上工业的比重为36.8%。在规模以上工业中，健康产品制造、节能环保产业增加值分别增长6.2%、5.9%；新一代信息技术和物联网、新能源、新能源汽车、新材料、生物、海洋新兴产业增加值分别增长15.1%、17.1%、10.9%、8.1%、6.6%和6.1%。规模以上工业新产品产值21555亿元，增长13.8%；新产品产值率32.2%，比上年提高3.7个百分点。

全年规模以上工业企业实现利润3718亿元，比上年增长5%。其中，国有及国有控股企业581亿元，增长9.1%；股份制企业534亿元，增长19.1%；外商及港澳台投资企业1039亿元，增长3.7%；私营企业1271亿元，增长2.9%。劳动生产率为19.3万元/人，按可比价计算增长8.1%。

2. 建筑业

全年建筑业增加值2563亿元，比上年增长9.4%。资质以上总承包和专业承包建筑企业完成建筑业总产值23980亿元，增长5.8%；实现利润598亿元，增长3.8%；税金总额686亿元，增长10.3%。

（四）服务业

1. 国内贸易

全年社会消费品零售总额19784.74亿元，比上年增长10.9%，扣除价格因素增长11%。按经营地分，城镇消费品零售额16523亿元，增长10.6%；乡村消费品零售额3262亿元，增长12.4%。按消费类型统计，商品零售额17797亿元，增长11.1%；餐饮收入额1988亿元，增长9.8%。全省网络零售额7611亿元，比上年增长49.9%，其中，省内居民网络消费4012亿元，增长39.6%。

在限额以上批发零售贸易业零售额中，汽车类零售额比上年增长5.5%，石油及制品类下降7.1%，食品饮料烟酒类增长17.2%，服装、鞋帽、针纺织品类增长23.8%，中西药品类增长11.8%，日用品类增长16.5%，金银珠宝类增长16.9%，通讯器材类增长73.6%，家具类增长59.3%，五金、电料类增长27.5%，建筑及装潢材料类增长43.3%。

年末全省已登记商品交易实体市场名称4243家，交易额为2.05万亿元，比上年增长5.3%。

2. 交通运输、邮电

全年交通运输、仓储和邮政业增加值1599亿元，比上年增长5.7%。

全年铁路、公路和水运完成货物周转量9878亿吨公里，比上年增长3.5%；旅客周转量1063亿人公里，增长0.5%。港口完成货物吞吐量13.8亿吨，下降0.7%，其中，沿海港口完成11亿吨，增长1.6%；内河港口完成2.8亿吨，下降8.7%。

全年邮电业务总量2392亿元，比上年增长42%。其中，邮政业务总量811亿元，增长50.5%；电信业务总量1581亿元，增长38%。年末本地电话交换机容量1132万门，比上年减少636万门；移动电话交换机容量11423万户，增加282万户。移动电话用户7466万户，比上年增加95万户，普及率135.6部/百人；本地电话用户1500万户，减少142万户，普及率27.2线/百人；（固定）互联网宽带接入用户1316万户，增加40万户，普及率23.9户/百人；移动互联网用户5430万户，增加365万户。全省快递业务量38.3亿件，比上年增长55.9%。

3. 旅游业

全年实现旅游总收入 7139 亿元，比上年增长 13%。其中，接待国内旅游者 5.25 亿人次，增长 9.7%，实现国内旅游收入 6720 亿元，增长 13%；接待入境旅游者 1012 万人次，增长 8.8%，实现旅游外汇收入 67.9 亿美元，增长 13.7%。

4. 金融、证券和保险

年末全部金融机构本外币各项存款余额 90302 亿元，比上年末增长 10.2%，其中人民币存款余额增长 9.4%。全部金融机构本外币各项贷款余额 76466 亿元，比上年末增长 7.1%，其中人民币贷款余额增长 8%。年末住户本外币存款余额 34787 亿元，比上年末增长 6.5%。

年末共有境内上市公司 299 家，累计融资 5181 亿元；其中，中小板上市公司 127 家，占全国中小板上市公司总数的 16.4%；创业板上市公司 50 家，占全国创业板上市公司总数的 10.2%。

全年保险业实现保费收入 1435 亿元，比上年增长 14.1%。其中，财产险保费收入 647 亿元，增长 10.7%；人身险保费收入 789 亿元，增长 17.1%。支付各类赔款及给付 559 亿元，比上年增长 17.7%。其中，财产险赔付支出 380 亿元，人身险赔付支出 179 亿元。

5. 房地产业

全年房地产开发投资 7112 亿元，比上年下降 2.1%，其中，住宅投资 4451 亿元，下降 3.1%。商品房销售面积 5985 万平方米，增长 28%；商品房销售额 6299 亿元，增长 28%。

（五）对外经济

1. 对外贸易

全年货物进出口总额 3468 亿美元，比上年下降 2.1%。其中，出口 2763 亿美元，增长 1.2%；进口 705 亿美元，下降 13.4%。民营企业出口 12579 亿元，增长 7.1%，占全省出口总值的 73.2%，拉动全省出口增长 5.0 个百分点。机电产品出口 7236 亿元，增长 4.7%；高新技术产品出口 1047 亿元，增长 10%。全省跨境电子商务出口 270 亿元，增长 34.7%。

全年服务贸易进出口额 442 亿美元，比上年增长 16%，其中，出口 285 亿美元，增长 16.5%；进口 158 亿美元，增长 15.3%。

2015 年进出口主要分类情况

指　　标	绝对数(亿元)	比上年增长(%)
货物进出口总额	21566	−1.1
货物出口额	17174	2.3
其中：一般贸易	13361	0.3
加工贸易	1827	−8.9
市场采购贸易	1766	42.6
其中：机电产品	7236	4.7
高新技术产品	1047	10.0
货物进口额	4392	−12.5
其中：一般贸易	3230	−9.6
加工贸易	679	−21.8
其中：机电产品	823	−7.8

2. **外资状况**

新批外商直接投资项目 1778 个，比上年增加 228 个；合同外资 278 亿美元，实际利用外资 170 亿美元，分别增长 14%和 7.4%。第二产业投资势头良好，合同外资 103 亿美元，实际利用外资 72 亿美元，分别增长 7.6%和 21.4%。其中制造业实际利用外资 69 亿美元，增长 27.4%，占实际利用外资总额的 40.9%，比重比上年提高 4.8 个百分点。第三产业合同外资 175 亿美元，实际利用外资 97 亿美元，分别比上年增长 20.1%、下降 1.2%，占外资总额的比重分别为 62.8%和 57.1%。

3. **对外承包**

对外承包工程完成营业额 401 亿元，比上年增长 26.4%；全省外派劳务人员实际收入总额 9.5 亿元。经审批和核准的境外投资企业和机构共计 760 家，比上年增加 183 家；对外直接投资额 908 亿元，增长 1.5 倍；实际投资 350.5 亿元，增长 54.9%。

二、浙江省 2015 年社会发展概况

(一)人口、人民生活

据 2015 年全省 1%人口抽样调查推算，年末全省常住人口为 5539 万人，比上年末增加 31 万人。其中，男性人口为 2836.5 万人，女性人口为 2702.5 万人，分别占总人口的 51.2%和 48.8%。全年出生人口 58.1 万人，出生率为 10.52‰；死亡人口 30.4 万人，死亡率为 5.50‰；自然增长率为 5.02‰。城镇化率为 65.8%，比上年提高 0.93 个百分点。

根据城乡一体化住户调查，全年全体居民人均可支配收入 35537 元，比上年增长 8.8%，扣除价格因素增长 7.3%。其中，城镇常住居民和农村常住居民人均可支配收入分别为 43714 元和 21125 元，增长 8.2%和 9%，扣除价格因素分别增长 6.7%和 7.5%。全年全体居民人均可支配收入中位数 31499 元，比上年增加 2919 元，增长 10.2%。其中，城镇常住居民人均可支配收入中位数 40161 元，比上年增加 3757 元，增长 10.3%；农村常住居民人均可支配收入中位数 20665 元，比上年增加 2205 元，增长 11.9%。

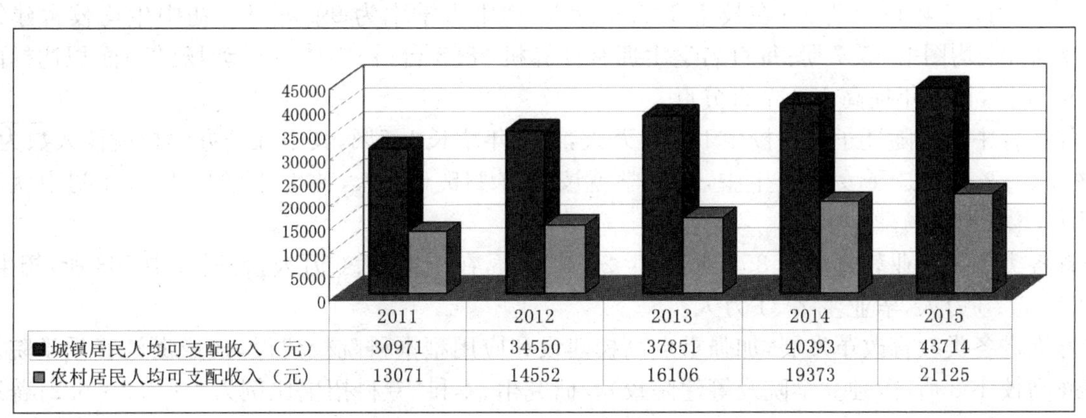

图 3 2011—2015 年浙江省城乡居民收入对比一览

全体居民人均生活消费支出 24117 元，比上年增长 6.9%，扣除价格因素增长 5.4%。其中，城镇常住居民和农村常住居民人均生活消费支出分别为 28661 元和 16108 元，增长 5.2%和 11.1%，扣除价格因素分别增长 3.7%和 9.6%。

年末居民人均住房建筑面积 48.0 平方米，其中，城镇常住居民人均住房建筑面积 40.5 平方米，农村常住居民人均住房建筑面积 61.3 平方米。

(二)就业与社会保障

1.就业

全年新增城镇就业人数110.5万人,其中42.95万名城镇失业人员实现再就业。年末城镇登记失业率为2.93%,比上年下降0.03个百分点。

2.社会保障和福利

全年参加企业基本养老保险人数2398万人,参加城镇职工基本医疗保险人数1993万人,参加失业保险人数1260万人,参加工伤保险人数1930万人,参加生育保险人数1285万人。正常缴费企业退休人员基本养老金月均水平超过2750元;城乡低保基础养老金最低标准提高到120元;因工死亡职工供养亲属抚恤金月人均提高130元。

年末在册低保对象66.5万人,其中,城镇7.3万人,农村59.2万人(含五保对象2.6万人)。低保资金(含各类补贴)支出25.8亿元;城乡低保平均标准分别为每人每月653元和570元,分别比上年增长11.2%和17%。获得生活补助的城乡低收入家庭持证重度残疾人7.3万名,发放补助金额5.35亿元,比上年增长11.5%。

全年共支出医疗救助资金10.1亿元,比上年增加0.3亿元。中央和省财政投入补助资金3.1亿元,新增各类养老机构床位数3.6万张,新建成社区居家养老服务照料中心6120个。

年内共发行各类福利彩票146.7亿元,比上年增加8.9亿,共筹集公益金40.7亿元。

(三)教育和科学技术

1.教育事业

加快义务教育均衡发展,推进职业教育和普通教育互通、中高职教育贯通,实施高考招生制度改革,开展大中小学课程改革。全省共有小学3303所,招生59.9万人;在校生357万人,比上年增长0.7%,小学学龄儿童入学率为99.99%。小学生均校舍建筑面积8.2平方米;生均图书26.8册;每百名学生拥有计算机17.1台;小学体育运动场(馆)面积达标的学校比例为97.3%,比上年提高1.9个百分点。共有初中1712所,招生48.9万人;在校生147.9万人,初中入学率为99.99%。初中生均校舍建筑面积18.3平方米;生均图书45.7册;每百名学生拥有计算机28.3台;初中体育运动场(馆)面积达标的学校比例为97.6%,比上年提高1.3个百分点。

义务教育中小学随迁子女在校生146.1万人,比上年增长1.5%,其中在公办学校就读人数为105.9万人,占72.5%。随迁子女在校生中,在小学就读的有115.6万人,比上年增长1%;在初中就读的有30.5万人,增长3.7%。

全省各类中等职业教育学校357所,招生22.9万人,在校生64.6万人;普通高中563所,招生26万人,在校生77.3万人,毕业生27.1万人。

统筹推进各类教育改革发展,加强重点高校建设和应用型本科院校建设,建成浙江音乐学院。全省共有普通高校108所(含独立学院及筹建院校)。研究生、本科、专科招生比例为1∶7.2∶6.2;普通高考录取率为87.1%,高等教育毛入学率为56%。全年研究生招生21496人,其中,博士生2421人,硕士生19075人,招生总数比上年增长6.6%。

义务教育中小学专任教师31.5万人,比上年增长1.6%。中等职业教育专任教师3.35万人,生师比15.6∶1;专任教师学历合格率为96.3%。双师型教师占专任教师和专业课教师的比例分别为44%和77.1%。普通高等学校专任教师中副高职称以上教师所占比例为45%;具有硕士以上学位教师比例为78.8%。

全省共有幼儿园8909所,在园幼儿190.2万人。幼儿园专任教师11.6万人,比上年增加0.4万人;幼儿教师学历合格率为99.8%。

2. **科学技术**

全年全社会研究和发展(R&D)经费支出1000亿元，相当于地区生产总值的比例为2.33%，比上年提高0.07个百分点。地方财政科技支出251亿元，比上年增长20.6%。

全省有国家认定的企业技术中心93家(含分中心)。新认定高新技术企业1046家，累计7905家。新培育科技型中小企业8536家，累计23930家。全年专利申请量、授权量分别为30.7万件和23.5万件，分别比上年增长17.5%和24.6%，其中发明专利授权量为2.33万件，增长74.6%。

(四)文化、卫生和体育

1. **文化事业**

深化文化体制改革，积极推进基本公共文化服务全覆盖。年末全省共有公共图书馆100个，文化馆102个，博物馆223个，隶属文化部门艺术表演团体57个。全省有线广播电视用户数1538万户，比上年增长2.6%；广播、电视人口综合覆盖率分别为99.6%和99.7%。全年制作电视剧66部2906集；制作影片57部，比上年增长50%；制作动画片55部27256分钟，部数和时长分别增长34.1%和43.3%。全省新闻出版广播影视业营业收入比上年增长8%。影视制作机构1435家，其中上市公司32家。全省14家图书出版社，共出版图书14139种，总印数3.9亿册，比上年增长5.4%；公开发行报纸69种；出版期刊227种。

2. **卫生事业**

统筹推进医疗、医药和医保改革，完善药品集中采购机制。年末共有卫生机构3.1万个(含村卫生室)。各类医院床位数23.8万张，比上年增长11.7%。卫生技术人员40.4万人，增长7.7%；其中，执业(助理)医师15.7万人，注册护士15.9万人，分别增长7.8%和9.6%。医院年诊疗24621万人次，增长2.9%。孕产妇死亡率5.28/10万，5岁以下儿童死亡率4.65‰，婴儿死亡率3.27‰。

全年省预约诊疗服务平台预约请求量670.6万人次，预约成功量为482.7万次，比上年分别增长23.2%和20.9%。日均预约成功量13224次；新增注册用户130.1万人，增长3.8%，日均注册量为4564人次。全年完成新接入医院16家，累计接入医院220家。

3. **体育事业**

浙江运动员在各类国际性、洲际性、全国性比赛中共获得世界锦标赛冠军10个、世界杯分站赛冠军10个、世界青年锦标赛冠军4个，亚洲锦标赛冠军8个、亚洲青年锦标赛冠军12个，全国各类比赛冠军204个。共创建省级青少年体育俱乐部20个，青少年户外体育活动营地5个。年末全省共有省级青少年体育俱乐部404所，国家级青少年体育俱乐部148所；省级青少年户外活动营地54个，国家级营地6所。全年共销售体育彩票108.8亿元，比上年增加1.7亿元，增长1.6%。

(五)城乡建设

把统筹城乡发展与统筹区域发展结合起来，加快城市发展和美丽乡村建设，支持原26个欠发达县加快发展，推动城乡发展一体化、全省发展一盘棋。制定实施杭州、宁波、温州和金华—义乌都市区规划纲要，积极推进中心城市功能建设和都市区综合交通体系建设，都市区龙头带动作用进一步增强。加快区域中心城市和县城建设，深化中心镇改革和小城市培育试点，城市经济快速发展。加快农村基础设施和公共服务体系建设，打造“浙派民居”，加强历史文化村落保护，新农村建设水平不断提高。深入实施主体功能区战略，实行重点生态功能区生态环境财政奖惩制度。

(六)资源、环境保护和生态建设

全年全省平均降水量为2042毫米(折合降水总量2116亿立方米)，全省总水资源量为1430.6亿立方米，比多年平均955.4亿立方米多49.7%；人均水资源量为2590立方米。

全省完成造林更新面积39.7千公顷，比上年减少26.2%，其中，人工造林19.6千公顷，无林地和疏林地封育10.6千公顷，迹地更新9.5千公顷。全省森林抚育面积233.2千公顷，比上年增加0.5%。完成义务植树6600万株，比上年减少2.9%。根据2015年浙江省森林资源年度监测结果显示，全省森林覆盖率为60.91%(含灌木林)。全省新增水土流失治理面积682平方公里。

全省有气象雷达观测站点10个，卫星云图接收站点25个，区域自动气象观测站2482个。全省霾平均日数53天，比上年减少16.7天。全省11个设区城市环境空气PM2.5年均浓度平均为47微克/立方米，比上年下降11.3%；11个设区城市日空气质量达标天数(AQI)比例范围为59.7%—90.8%，平均为78.2%；69个县级以上城市日空气质量达标天数(AQI)比例范围为59.7%—99.4%，平均为85.0%。

全省221个省控断面中，Ⅰ～Ⅲ类水质断面占72.9%，比上年提高9.1个百分点；满足水环境功能区目标水质要求断面占75.1%。11个设区城市的主要集中式饮用水水源地水质达标率为92.8%，县级以上城市集中式饮用水水源地水质达标率为89.4%。全省145个跨行政区域河流交接断面中，满足水环境功能区目标水质要求断面占73.1%。全省近岸海域共发生赤潮12次，累计面积约837.5平方公里，其中有害赤潮3次，有害面积78.5平方公里，与上年同期相比，赤潮发生次数下降6次，减少面积882.5平方公里。

全省城市污水排放量29.9亿立方米，比上年增长2%；城市污水处理量26.9亿立方米，增长2.2%；城市污水处理率90.1%，比上年提高0.16个百分点；城市生活垃圾无害化处理率99.96%；城市用水普及率99.93%；城市燃气普及率99.66%；人均公园绿地面积13.33平方米，比上年增长3.7%。

全年累计建成国家级生态县16个，国家环境保护模范城市7个，国家级生态乡镇691个，省级生态县(市、区)62个，省级环保模范城市12个。

全年规模以上工业企业能源消费比上年增长2.1%，单位工业增加值能耗下降2.2%。其中，千吨以上和重点监测用能企业能源消费分别比上年增长0.7%和0.9%，单位工业增加值能耗分别下降2.8%和3.3%。

(七)社会安全

全年共发生各类事故16767起、死亡4815人、受伤16174人，分别比上年下降5.5%、4%和6.5%。其中，发生较大事故33起、死亡124人，比上年减少7起、22人；发生重大事故1起、死亡14人，与上年持平、减少2人。道路交通共发生事故16271起、死亡4280人、受伤16153人，分别比上年下降5.2%、3.2%、6.5%。

三、浙江省在长三角地区经济发展中的地位

2015年，全省深入贯彻习近平总书记系列重要讲话精神和考察浙江时的重要指示，全面落实中央和省委、省政府的决策部署，主动适应经济发展新常态，坚定不移打好转型升级系列组合拳，七大产业加快发展，新经济动能不断成长累积，占经济总量的比重明显上升。

(一)地区生产总值

按总量来讲，多年来浙江省地区生产总值在泛长三角地区位居第二位。2011—2015年浙江省地区生产总值在泛长三角所占比重分别为27.88%、27.49%、27.31%、26.84%和26.78%。浙江省地区生产总值在泛长三角占比呈现持续下降，2015年与2011年相比下降了1.1个百分点。

2015年，在泛长三角地区41市(苏浙两省24个地级市、安徽省16个地级市和上海市，下同)地区生产总值所占比重排名的前十位中，浙江省11个地级市仅占据2席。

2015年，浙江省GDP现价总量为42886.5亿元，与初步核算数相同，按可比价格计算，比上年增长8.0%，增幅比全国高1.1个百分点。人均GDP为77644元，约合12466美元(按年平均汇率6.2284测

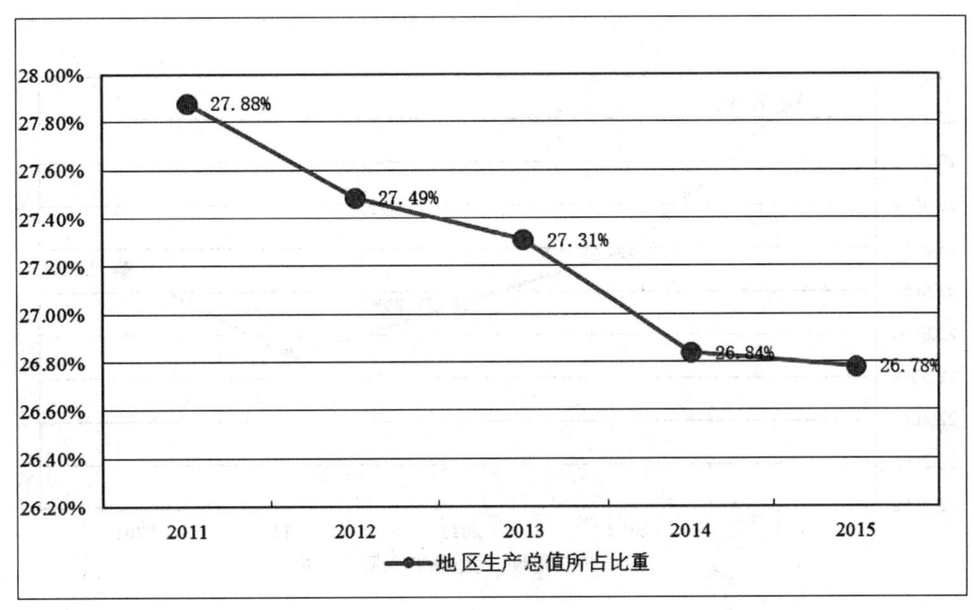

图—2015 年浙江省地区生产总值在泛长三角(江苏省、浙江省、安徽省和上海市)所占比重的变化趋势

算),同比增长 7.6%。其中,第一产业增加值 1832.9 亿元,同比增长 1.5%;第二产业增加值 19711.7 亿元,同比增长 5.3%,其中工业增加值为 17217.5 亿元,同比增长 4.9%;第三产业增加值 21341.9 亿元,同比增长 11.3%。从各产业对 GDP 增长的贡献率来看,第一产业对 GDP 增长贡献率为 0.7%;第二产业对 GDP 增长贡献率为 33.6%;第三产业对 GDP 增长贡献率最大,为 65.7%。

根据各产业统计监测制度测算,2015 年,全省全社会信息经济核心产业实现总产出 12070 亿元;增加值 3373 亿元,按现价计算,比上年增长 18.2%,占全省生产总值(GDP)的 7.9%,比重比上年提高 0.8 个百分点。健康产业总产出 5392 亿元;增加值 1978 亿元,增长 12.1%,占全省 GDP 的 4.6%,比重比上年提高 0.2 个百分点。旅游产业总产出 7409 亿元;增加值 2930 亿元,增长 11.2%,占 GDP 的 6.8%,比重比上年提高 0.2 个百分点。金融产业总收入 13537 亿元;增加值 3111 亿元,增长 5.7%,占 GDP 的 7.3%,比重与上年持平。

(二)地方财政一般预算收入

2011—2015 年浙江省地方财政一般预算收入在泛长三角所占比重分别为 23.88%、23.19%、22.94%、22.70%和 23.11%,2015 年逆势上扬,2015 年较 2011 年下跌了 0.77 个百分点。

2015 年,全省一般公共预算收入 4809.53 亿元,增长 7.8%;加上转移性收入 4072.08 亿元,收入合计 8881.61 亿元。全省主要科目收入情况。增值税 614.02 亿元,增长 7.1%,其中:省级 20.63 亿元;营业税及改征增值税 1397.20 亿元,增长 11.2%,其中:省级 159.02 亿元;企业所得税 661.76 亿元,增长 4.2%,其中:省级 56.28 亿元;个人所得税 265.74 亿元,增长 22.2%,其中:省级 11.39 亿元;非税收入 641.78 亿元,增长 5.7%,其中:省级 93.35 亿元。

全省一般公共预算支出 6648.09 亿元,完成预算的 107.3%,增长 21.1%,剔除使用结转资金、调入预算稳定调节基金以及中央转移支付资金增加等不可比因素后,可比增长 8.5%;加上转移性支出 2233.52 亿元,支出合计 8881.61 亿元。

(三)规模以上工业总产值

2011—2015 年浙江省规模以上工业总产值在泛长三角所占比重分别为 25.36%、24.60%、

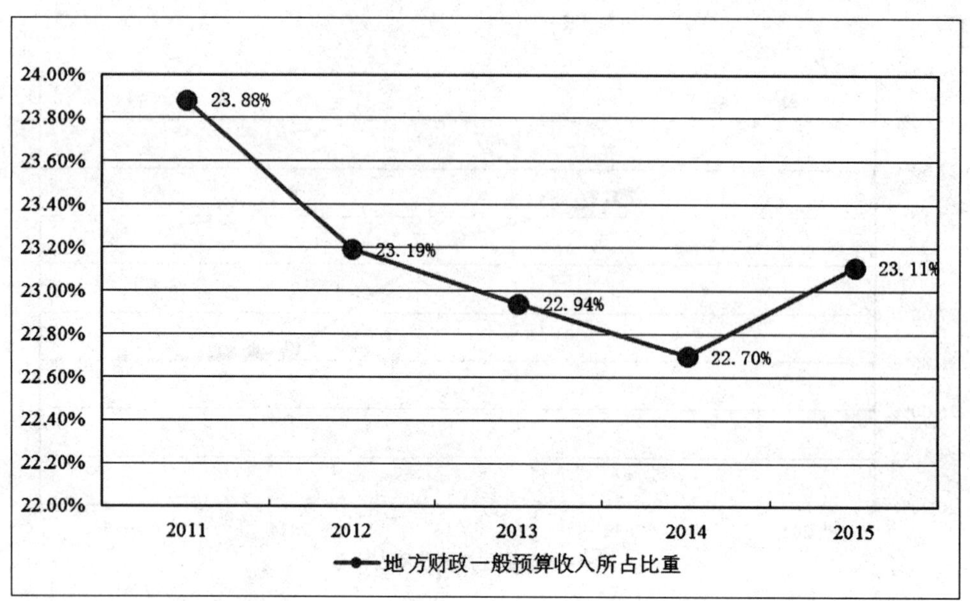

图5　2011—2015年浙江省地方财政一般预算收入在泛长三角所占比重的变化趋势

23.90%、23.93%和23.21%，总体上呈现下降趋势，只有2014年有小幅度回升，累计降幅达2.15个百分点。

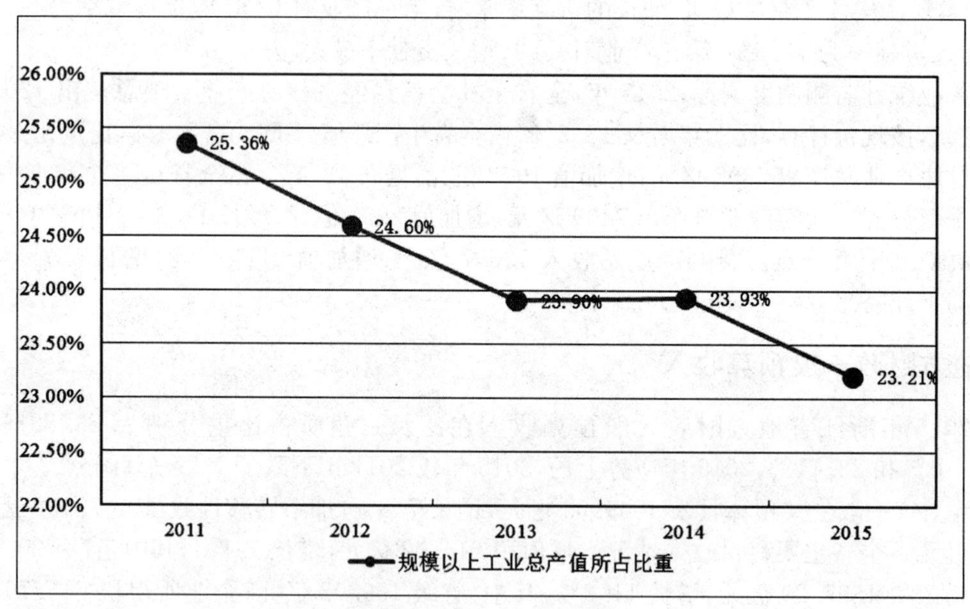

图6　2011—2015年浙江省规模以上工业总产值在泛长三角所占比重的变化趋势

2015年，浙江省规模以上工业总产值在泛长三角地区三省一市的排名中，为第2位；在泛长三角地区41市地方财政一般预算收入所占比重排名的前十位中，浙江省11个地级市占据2席，较去年减少一席。

2015年，在全省规模以上工业中，节能环保产业实现总产值5030亿元；增加值1068亿元，按可比价格计算，比上年增长6%，占规模以上工业增加值的8.1%。时尚制造业总产值6131亿元；增加值1320亿元，增长6%，占10%。高端装备制造业总产值8585亿元；增加值1743亿元，增长7.5%，占13.2%，

增速均高于全部规模以上工业 4.4%的平均增速。

(四)进出口总额

2011—2015 年浙江省进出口总额在泛长三角所占比重分别为 23.52%、23.36%、24.44%、24.75%和 24.90%，总体上呈现增长态势，五年间增加了 1.38 个百分点，其中 2015 年较上年上升了 0.15 个百分点。

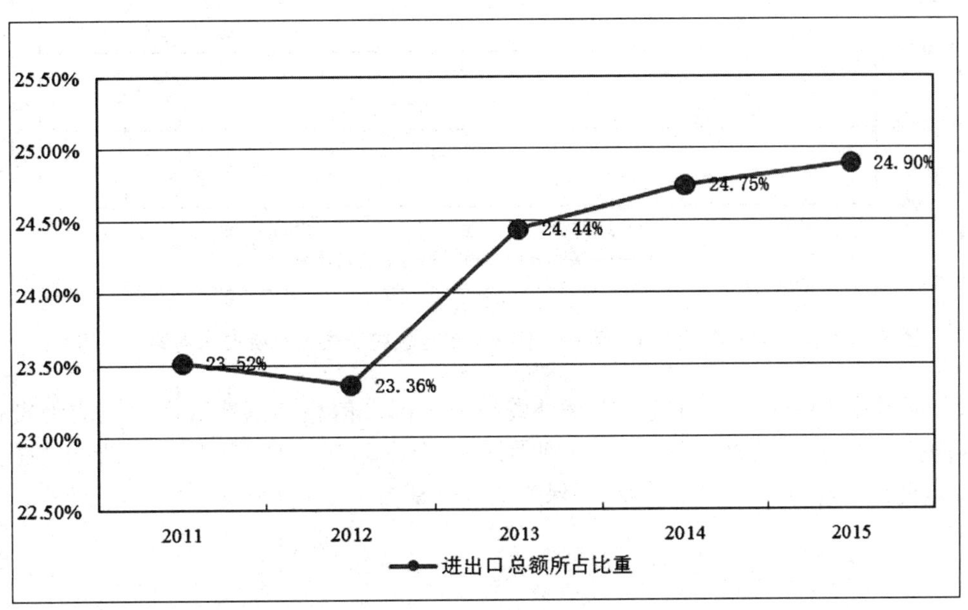

图 7　2011—2015 年浙江省进出口总额在泛长三角所占比重的变化趋势

2015 年，浙江省进出口总额在泛长三角地区三省一市的排名为第 3 位；在泛长三角地区 41 市地方财政一般预算收入所占比重排名的前十位中，浙江省 11 个地级市占据 5 席。

2015 年，全省进出口总值 5456.1 亿美元，比去年同期(下同)下降 3.2%。其中，出口 3386.7 亿美元，下降 0.9%；进口 2069.5 亿美元，下降 6.7%。进出口总体情况好于全国。2015 年全省进出口、出口、进口均好于全国平均水平，其中：进出口总额下降 3.2%，降幅比全国浅 4.8 个百分点，在沿海主要省市中仅次于浙江省；出口方面，全省下降 0.9%，降幅比全国浅 1.9 个百分点，在沿海主要省市中仅好于上海。

(五)实际外商直接投资金额

2011—2015 年浙江省实际外商直接投资金额在泛长三角所占比重分别为 18.51%、17.99%、18.91%、21.21%和 23.13%，2011—2012 年连续两年呈现下跌姿态，2013—2015 年止跌上扬，大幅上涨，2015 年较 2011 年增加了 4.62 个百分点。

2015 年，浙江省实际外商直接投资金额在泛长三角地区三省一市的排名为第 3 位；在泛长三角地区 41 市地方财政一般预算收入所占比重排名的前十位中，浙江省 11 个地级市占据 3 席。

2015 年，1—11 月，全国设立外商投资企业 23648 家，同比增长 11%；实际使用外资金额 7043.3 亿元人民币(折 1140.4 亿美元)，同比增长 7.9%。11 月当月，全国设立外商投资企业 2626 家，同比增长 27.7%；实际使用外资金额 649 亿元人民币(折 103.6 亿美元)，同比增长 1.9%。

《2015 年中国浙江投资报告》显示，2015 年国外投资者信心指数为 126.07，而制造业投资者信心指数为 126.17。环比看，外商投资信心出现回升，政府效率改进明显。外资企业收入预期整体乐观，但高

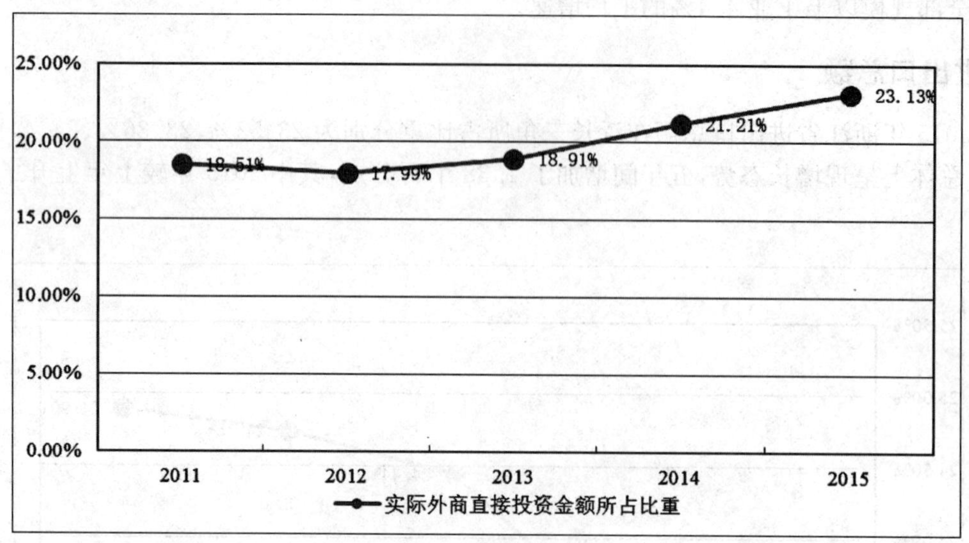

图8 2011—2015年浙江省实际外商直接投资金额在泛长三角所占比重的变化趋势

增长预期放缓，而看中中国市场潜力成为未来外资投资主因。信息和消费等产业正成为投资浙江新趋势。其中，外商投资者对浙江投资意愿分布分别为：信息产业17%、消费产业16%、低端制造业11%，高端制造业10%；此外，金融产业、健康产业、环保产业也分别占7%、6%和2%。

二　杭州市 2015 年度经济社会发展报告

2015 年是“十二五”规划的收官之年，也是杭州加快转型升级的关键一年，更是经济发展全面迈入新常态的重要一年。全市上下在市委、市政府的领导下，以加快“一号工程”推进为着力点，以集聚创新动能为支撑点，以深化改革增强体制活力为突破点，以发展和改善民生为落脚点，全力以赴推动经济行稳致远。全年经济总量实现历史性突破，成为全国第十个进入“万亿”方阵的城市，增速重回两位数增长。“十二五”时期杭州经济社会发展迈上了新台阶。

一、杭州市 2015 年经济发展概况

（一）综合经济

1. 经济总量

2015 年，全市实现生产总值 10050.21 亿元，比上年增长 10.2%。其中第一产业增加值 287.95 亿元，第二产业增加值 3909.01 亿元，第三产业增加值 5853.25 亿元，分别增长 1.8%、5.6%和 14.6%。人均生产总值 139653 元。

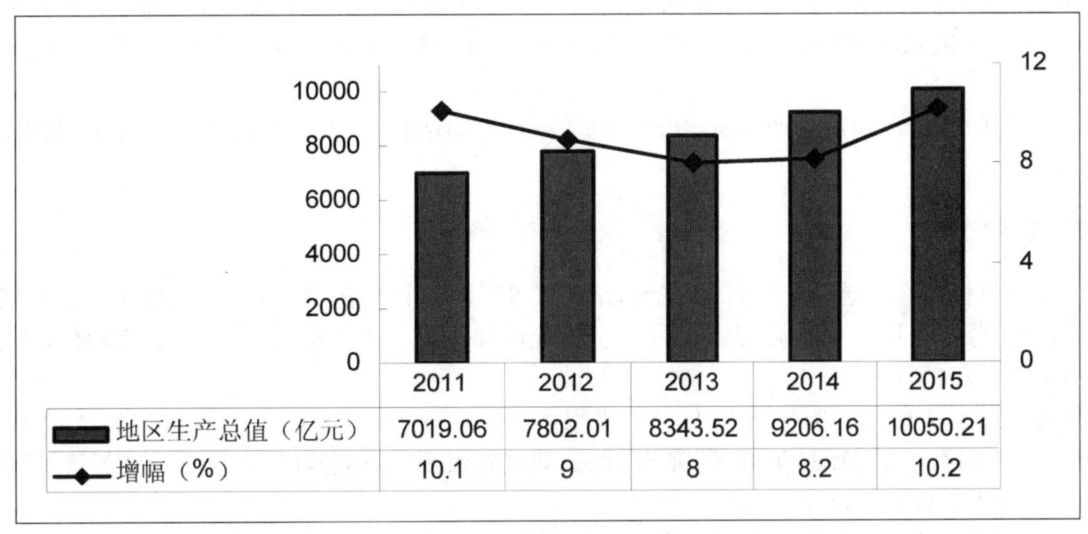

图 1　2011—2015 年杭州市地区生产总值及增长速度

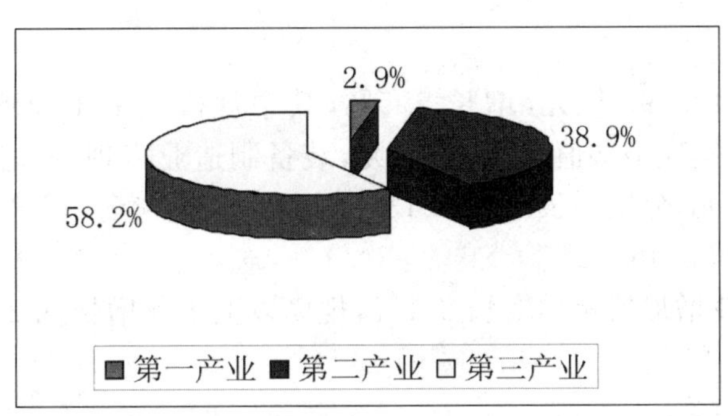

图 2　2015 年杭州市三次产业结构图

“十二五”期间，全市生产总值年均增长9.1%，低于“十一五”时期平均增速3.3个百分点。三次产业结构由2010年的3.5∶47.3∶49.2升级为2015年的2.9∶38.9∶58.2。

2.非公经济

全市民营经济实现增加值5951.72亿元，占全市的59.2%；实现财政收入912.56亿元，占全市财政总收入的40.8%。年末，全市私营企业33.47万户，比上年末增长21.3%；个体工商户38.61万户，增长11.8%。私营企业和个体工商户从业人员分别为258.74万人、79.45万人，增长16.1%和10.3%。

3.财政收支

全市财政总收入2238.75亿元，增长11.0%，其中地方一般公共预算收入1233.88亿元，增长9.8%。一般公共预算支出1205.48亿元，增长15.6%，其中用于民生支出921.92亿元，增长16.3%，增幅同比提高3.1个百分点；科学技术、住房保障等民生项目支出分别增长33.9%和31.3%。

“十二五”期间，地方一般公共预算收入和一般公共预算支出累计分别达到4851.54亿元和4556.18亿元，年均增长12.9%和14.3%，低于“十一五”时期平均增速8.9个和6.6个百分点。

4.市场价格

市区居民消费价格比上年上涨1.8%，涨幅同比回落0.2个百分点。八大类商品和服务项目价格呈“七升一降”格局。全市工业生产者出厂价格下降3.5%，工业生产者购进价格下降7.1%。

5.固定资产投资

全市固定资产投资5556.32亿元，增长12.2%。从产业投向看，第一产业31.47亿元，增长65.0%；第二产业931.78亿元，增长1.8%，其中工业930.01亿元，增长1.8%；第三产业4593.07亿元，增长14.3%。

“十二五”期间，全市固定资产投资21595.66亿元，年均增长15.9%，高于“十一五”时期平均增速0.2个百分点。

(二)农业

全市实现农林牧渔业增加值292.13亿元，增长1.8%。其中农业179.69亿元、林业39.76亿元、渔业29.46亿元，分别增长3.7%、4.5%和3.0%。牧业增加值38.79亿元，下降9.6%。农林牧渔服务业4.44亿元，增长7.1%。

全市粮食总产量63.38万吨，增长1.3%；水果产量78.96万吨，增长4.8%；水产品产量20.92万吨，增长0.1%；肉类产量27.84万吨，下降6.2%。新建省级现代农业园区18个，市级“菜篮子”基地42个，各级粮食生产功能区262个。

“十二五”期间，全市农林牧渔业增加值年均增长2.0%，低于“十一五”时期平均增速1.1个百分点。

(三)工业和建筑业

1.工业生产

全市实现工业增加值3497.92亿元，增长5.5%，其中规模以上工业增加值2903.30亿元，增长5.4%。规上战略性新兴产业实现增加值877.35亿元，装备制造业实现增加值1086.12亿元，高新技术产业实现增加值1212.60亿元，分别增长9.4%、13.5%和9.8%。新产品产值率由上年31.2%提高到35.2%。工业产品产销率为98.46%。

“十二五”期间，全市工业增加值年均增长8.1%，规模以上工业增长9.2%，低于“十一五”时期平均增速2.8个和5个百分点。

2.工业效益

全市规模以上工业企业实现利税1538.55亿元，增长4.4%，其中利润882.63亿元，增长2.4%。企业亏损面18.0%。

3. **建筑业**

全市实现建筑业增加值 414.04 亿元，增长 5.9%，全市有总承包和专业承包资格的建筑企业 1480 家，完成施工产值 4097.57 亿元，增长 3.2%；房屋建筑施工面积 28123.72 万平方米，下降 4.9%；房屋建筑竣工面积 10137.08 万平方米，增长 6.5%。

"十二五"期间，全市建筑业增加值年均增长 0.7%，低于"十一五"时期平均增速 7.1 个百分点。

（四）服务业

1. **国内贸易**

全市实现批发和零售业增加值 815.29 亿元，增长 2.3%。

全市社会消费品零售总额 4697.23 亿元，比上年增长 11.8%，扣除价格因素，实际增长 11.6%。其中商品零售额 4241.5 亿元，增长 12.3%，餐饮收入 455.73 亿元，增长 7.4%。城镇消费品零售额 4457.76亿元，增长 11.7%；乡村消费品零售额 239.47 亿元，增长 13.2%。

在限额以上批发零售贸易业零售额中，家具类、饮料类商品分别增长 65.8%和 46.6%，粮油食品类、服装鞋帽针纺织品类、烟酒类商品分别增长 18.5%、15.5%、10.5%，金银珠宝类、汽车类商品分别增长 12.6%、7.1%，石油及制品类下降 7.4%。

全市网络零售额 2679.83 亿元，增长 42.6%，全市居民网络消费额 1119.1 亿元，增长 38.2%。

"十二五"期间，全市社会消费品零售额年均增长 14.8%，低于"十一五"时期平均增速 3.1 个百分点。

2. **交通运输与邮电**

全市实现交通运输、仓储和邮政业增加值 299.73 亿元，增长 8.9%。

全社会货物运输总量 2.94 亿吨，增长 1.7%。旅客运输量 2.39 亿人次，下降 0.5%。至年末，萧山国际机场已开通航线 235 条，其中国际航线 32 条，港澳台航线 7 条。内地航线进出港旅客 2470.3 万人次，增长 10.1%；国际及地区航线进出港旅客 365.1 万人次，增长 18.3%。境内公路总里程达到 16210.02千米，其中高速公路 615.08 千米。

全市民用机动车拥有量达 273.35 万辆，其中私人汽车 184.91 万辆，比上年末分别增长 1.4%和 2.8%。

全市邮政企业和规模以上快递服务企业实现业务收入 159.69 亿元，增长 35.7%。规模以上快递服务企业业务量 12.57 亿件，增长 48.7%。建成并投入运营 1824 个便民"E 邮站"。实现电信业务收入 175.76 亿元，增长 3.3%。年末固定电话用户为 293.44 万户，下降 5.7%，移动电话用户为 1726.76 万户，增长 10.6%；宽带用户为 294.96 万户，增长 5.8%。

3. **旅游业**

全市实现旅游产业增加值 719.68 亿元，增长 12.8%。

旅游总收入达到 2200.67 亿元，增长 16.7%，其中旅游外汇收入 29.31 亿美元，增长 7.1%。接待入境旅游者 342 万人次，增长 4.7%；接待国内游客 1.2 亿人次，增长 13.5%。

至年末，全市各类旅行社达 685 家，增长 4.1%；星级宾馆达到 186 家，其中五星级 24 家，四星级 46 家；A 级景区 54 个，其中 5A 级景点 3 个，4A 级景点 34 个。

"十二五"期间，全市旅游总收入年均增长 16.5%，低于"十一五"时期平均增速 0.6 个百分点。

4. **金融、证券和保险**

全市实现金融业增加值 978.03 亿元，增长 15.2%。

年末全市金融机构达到 409 家，当年新增 35 家；外资金融机构 32 家，当年减少 17 家。全市金融机构本外币存款余额 29863.83 亿元，增长 13.9%；贷款余额 23327.95 亿元，增长 9.3%，其中住户贷款 5859.46 亿元，增长 19.1%，非金融企业及机关团体贷款 17241.85 亿元，增长 6.1%。

“十二五”期间，全市本外币存款余额、贷款余额年均分别增长11.8%和9.1%，低于“十一五”时期平均增速8.6个和13个百分点。

全年新增上市公司9家，募集资金255.98亿元。至年末，全市上市公司累计118家，实现上市融资3008.58亿元。新三板挂牌企业155家。

全市保费收入374.38亿元，增长16.8%，其中，财产险保费收入156.91亿元，增长11.2%，人身险保费收入217.47亿元，增长21.3%。支付各类保险赔款139.68亿元，增长17.3%，其中财产险93.72亿元，增长12.6%，人身险45.95亿元，增长28.4%。

“十二五”期间，全市保费收入年均增长13%。

5.房地产业

全市房地产开发投资2472.07亿元，增长7.4%。房屋施工面积11142.68万平方米，增长6.1%；竣工面积1665.23万平方米，增长10.9%。全年商品房销售面积1481.45万平方米，增长32.1%，其中住宅销售1291.64万平方米，增长35.9%。保障性安居工程项目开工47394套，竣工57530套。

“十二五”期间，全市房地产开发投资年均增长20.9%，高于“十一五”时期平均增速2.5个百分点。

（五）对外经济

1.对外贸易

全市货物进出口总额665.66亿美元(4132.43亿元)，下降2.1%(1.0%)。其中进口总额165亿美元(1024.40亿元)，下降12.3%(11.3%)；出口总额500.67亿美元(3108.03亿元)，增长1.8%(2.9%)。(不含省属出口444.65亿美元(2627.06亿元)，增长4.0%(5.5%))。出口总额中，机电产品出口201.92亿美元(1254.17亿元)，高新技术产品出口63.6亿美元(394.94亿元)，分别增长4.4%(5.5%)和6.2%(7.4%)。按贸易方式分，一般贸易出口433.78亿美元(2693.23亿元)，增长5.1%(6.2%)；进料加工贸易出口60.95亿美元(377.94亿元)，下降15%(14.2%)。出口市场中，大洋洲、北美洲、拉丁美洲、亚洲市场分别增长8.0%(9.2%)、6.3%(7.4%)、3.6%(4.6%)、3.4%(4.5%)；欧盟、欧洲市场分别下降1.6%(0.6%)和3.9%(2.9%)。全市服务贸易进出口190.33亿美元，增长25.4%。

“十二五”期间，全市货物进出口总额3252.91亿美元，其中出口2267.82亿美元，年均分别增长4.9%和7.2%，低于“十一五”时期平均增速7个和5.1个百分点。

2.对外合作

至年末，全市设立各类境外投资企业(机构)1341个，其中非贸易企业491个。境外合同投资26.49亿美元，其中非贸易性投资14.71亿美元，增长64.9%。对外承包工程和劳务合作营业额17.69亿美元，增长69.8%。离岸服务外包合同执行额51.94亿美元，增长26.7%。

3.利用外资

全市批准外商直接投资475项，实到外资71.13亿美元，增长12.3%。新批总投资3000万美元以上项目130个，总投资140.09亿美元，占新批外商项目总投资的84.9%。引进世界500强投资项目10个，至2015年末，有112家世界500强企业来杭投资188个项目。

“十二五”期间，全市累计实到外资284.07亿美元，年均增长10.3%，低于“十一五”时期平均增速10.2个百分点。

4.浙商回归

全市共引进内资项目2376个，到位资金1249.27亿元，增长18.5%。其中浙商回归项目到位资金660.58亿元，增长27.0%。

5.开发区建设

杭州经济技术开发区、杭州高新技术产业开发区、萧山经济技术开发区、杭州之江国家旅游度假区、余杭经济技术开发区、富阳经济技术开发区、临江国家高新区等7个国家级开发区全年实现规模以上企

业主营业务收入 8130.19 亿元，企业利润 586.3 亿元，分别增长 2.0%和 3.5%。

6. **跨境电子商务**

跨境电商综合试验区建设取得重大成效，一批管理制度和试点经验得到国务院高度肯定，并向全国复制推广。全市跨境电商进出口总额 215.07 亿元(34.64 亿美元)，占全市外贸进出口的 5.2%(5.2%)。其中，进口 73.94 亿元(11.91 亿美元)，出口 141.13 亿元(22.73 亿美元)。

二、杭州市 2015 年社会发展概况

(一)人口、人民生活

至年末，全市常住人口 901.8 万人，比上年末增加 12.6 万人，其中城镇人口 679.06 万人，占比 75.3%，比 2014 年提高 0.2 个百分点；人口出生率为 10.6‰，人口自然增长率为 5.4‰。全市户籍人口 723.55 万人，人口出生率为 9.81‰，人口自然增长率为 4.21‰。“十二五”期间，全市常住人口年均增长 0.7%，比“十一五”时期低 1.8 个百分点；累计增加 31.26 万人，增量比“十一五”减少 67.98 万人。

全市居民人均可支配收入 42642 元，增长 8.7%，扣除价格因素，实际增长 6.8%。其中城镇居民人均可支配收入 48316 元，增长 8.3%，农村居民人均可支配收入 25719 元，增长 9.2%，扣除价格因素，实际分别增长 6.4%和 7.3%。城镇居民人均生活消费支出 33818 元，农村居民人均消费支出 19334 元，分别增长 5.1%和 8.5%。

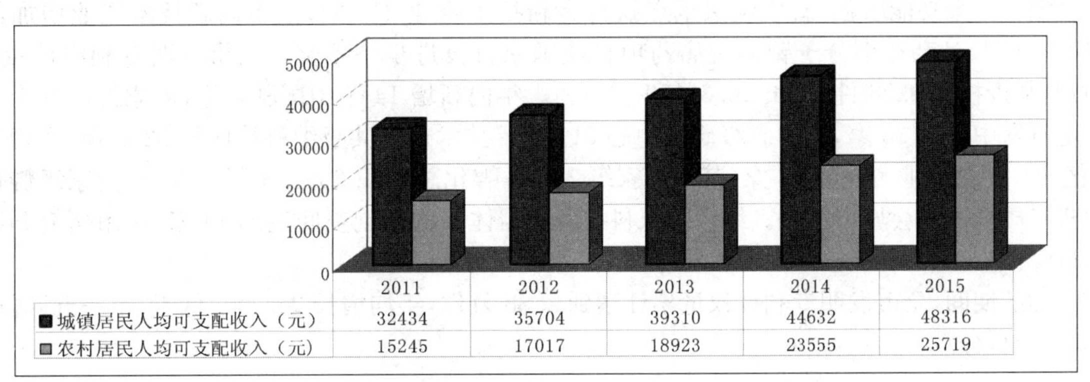

	2011	2012	2013	2014	2015
城镇居民人均可支配收入（元）	32434	35704	39310	44632	48316
农村居民人均可支配收入（元）	15245	17017	18923	23555	25719

图 3　2011—2015 年杭州市城乡居民收入对比一览

“十二五”期间，城镇居民人均可支配收入、农村居民人均可支配收入年均分别增长 9.8%和 11.7%。

年末，城镇居民人均现住房建筑面积 35.5 平方米，每百户居民家庭拥有家用汽车 48.7 辆、空调 207.3 台、家用电脑 110.1 台；农村居民人均现住房建筑面积 68.8 平方米，每百户农村居民家庭拥有家用汽车 38.2 辆、空调 147.6 台、家用电脑 69.6 台。

(二)就业、社会保障与社会福利

全市新增城镇就业人员 28.79 万人，安置失业人员再就业 14.22 万人。年末城镇登记失业率 1.74%。

年末全市参加基本养老保险人数达 668.65 万人，比上年末增加 5.2 万人；参加基本医疗保险 870.71万人，增加 30.5 万人；参加职工失业、工伤、生育保险人数分别达 349.42 万人、418.17 万人、326.65万人，比上年末净增 17.59 万人、11.52 万人和 17.42 万人。城乡基本医疗保险参保率为 98.96%。全年推出公共租赁住房配租房源 10821 套，新增廉租住房货币补贴保障家庭 740 户。市区城

乡居民最低生活保障标准由每人每月660元调整为744元，各县(市)最低生活保障标准同步提高。全市城镇享受最低生活保障人数1.39万人，农村享受最低生活保障7.43万人。

年末全市拥有城乡社区居家养老服务照料中心2329家，老年食堂1198家，分别比上年增加770家、106家。拥有各类福利院、敬老院316所，比上年增加8所，床位6.19万张，增长10.3%，收养人员2.3万人。开展第十五次"春风行动"，共募集社会帮扶资金5057万元。

(三)教育和科学技术

1. 教育事业

全市新增中小学、幼儿园73所，新增外籍人员子女学校3所，义务教育基本均衡县实现全覆盖。义务教育学校配套建设三年行动计划全面启动实施。全市共有小学443所，在校学生52.45万人；初中243所，在校学生21.3万人；普通高中75所，在校学生11.00万人。学前三年幼儿入园率为98.8%，初中毕业生升入各类高中比例为99.7%。优质学前教育覆盖面由上年的76.7%提升到78.6%；优质高中招生比例为86.4%，提高0.8个百分点。普通高等院校39所，在校学生47.56万人，其中在校研究生5.02万人，比上年分别增长0.2%和4.5%；毕业生12.5万人，比上年增长1.4%。高等教育毛入学率由上年的59.8%提高到60.4%。全市累计解决义务教育阶段外来务工人员子女入学26.71万人。

2. 科技

临江国家高新区获批，杭州高新区(滨江)、杭州经济开发区、城西科创产业集聚区、大江东产业集聚区等平台创新集聚功能增强，新增国家重点扶持高新技术企业311家，全市高新技术产业增加值达到1212.60亿元，贝达药业小分子靶向抗癌药项目获国家科技进步一等奖。全市发明专利申请量17777件，发明专利授权量8296件，增长20.3%和49.4%。年内新增14个中国驰名商标，累计146个。年末培育认定研发中心1438家，其中省级研发中心517家。技术市场共吸纳科技成果6243项，实现交易额77.42亿元。科技企业孵化器83家、其中国家级21家，孵化总面积239.36万平方米，国家级孵化器总量连续3年居全国省会城市第一。纳入国家科技孵化器体系的众创空间达到14家，全市研究和试验发展(R&D)经费支出相当于地区生产总值的3%。

"十二五"期间，全市发明专利授权量累计达到2.88万件，年均增长20.7%，低于"十一五"时期平均增速15.7个百分点。

(四)文化、卫生和体育

1. 文化事业

群众文化建设继续加强，新建农村文化礼堂107个。"最美现象"不断涌现，市民素质和文明程度有新提升。全市实现文化创业产业增加值2232.14亿元，增长20.4%。全市有各类专业艺术表演团体21个、文化馆15个、公共图书馆15个，图书馆藏书1785万册。图书馆实现与全球49个国家和地区1万余家图书馆间的馆际互借和文献传递业务，"数字图书资源进学校"项目已成功覆盖774所城乡中小学校。全年拍摄电视剧29部，共1221集。生产原创动画片14500分钟。摄制完成19部电影。出版报纸22亿份，各类杂志1800万册，图书2.9亿册。全市拥有非物质文化遗产保护项目334个。

2. 卫生事业

成为全国城市公立医院综合改革试点，医养护一体化全科医生签约人数达52万人；市中医院丁桥分院等4所市属重点新医院加快建设，新建和改造残疾人庇护中心、康复托养机构245家。出台实施特殊药品大病保险政策。年末，全市拥有各类医疗卫生机构4443个，其中医院244个，比上年末分别增加245个和26个。拥有床位6.3万张，其中医院床位5.6万张，分别增长12.9%和10.2%。有各类专业卫生技术人员9.36万人，其中执业(助理)医师3.45万人，注册护士3.8万人，分别增长9.3%、7.8%和9.5%。全市医疗机构完成诊疗人数11733.03万人次，增长4.9%。全市婴儿死亡率和5岁以下儿童死

亡率分别为2.32‰和3.0‰。每十万孕产妇死亡率为6.94人。

3.**体育事业**

全市共有3所国家级体育传统项目学校，1个国家级高水平体育后备人才基地，9所浙江省级体育后备人才基地。全市567所符合开放条件的公办中小学体育场地全部向社会开放。成功取得2022年亚运会举办权，成为第三个举办亚运会的中国城市。

（五）城乡统筹

城乡统筹发展加快，功能品质持续提升。杭州城市总体规划（修订）获得国务院批复。G20杭州峰会筹备工作顺利开展，场馆设施改造提升和环境重点整治项目有力推进。杭新景高速公路建德段等市域交通项目竣工，东湖快速路、文一路地下通道等市区交通项目快速推进，秋石三期四期、环城北路地下通道、吉鸿快速路等治堵重点工程建成开通。地铁四号线首通段、一号线下沙延伸段建成运营，轨道交通初步成网。打通"断头路"12条，新建停车泊位50156个。推行公交优先优惠新措施，主城区公共交通分担率有新提升。道路分类保洁项目荣获中国人居环境范例奖。全国社区治理和服务创新实验区通过考核验收。深入实施城乡区域统筹"六大西进"行动，落实区县（市）协作资金3.78亿元、项目92个，落实联乡结村帮扶资金1.68亿元。农村"三权一房"确权登记颁证和农村供销、生产、信用合作"三位一体"改革深入推进，村级股份制改革进一步深化。加快建设美丽县城、小城市和中心镇，推进193个中心村和62个美丽乡村、精品村建设，开展12个杭派民居建设试点，培育民宿示范村（点）57个，乡村旅游（民宿）游客突破3000万人次。

（六）环境保护

生态保护持续加强，环境整治成效明显。落实环境目标责任，加强生态环境建设，国家生态文明先行示范区建设扎实推进。市本级通过国家生态市技术评估，萧山、富阳通过国家生态区考核验收，桐庐、淳安入选首批国家生态保护与建设示范区，临安市成为"国家园林城市"，杭州经济开发区被评为国家生态工业示范区。深化"五水共治"，千岛湖配供水工程有序推进，闲林水库下闸蓄水。实现1845条乡镇级以上河道"河长制"全覆盖，完成84条137公里黑臭河整治、16座污水处理厂提标改造，新增污水管网239公里；农村生活污水治理保持全省领先。市控以上断面水质达标率85.1%，交接断面水质获省考核优秀。节水技术改造持续推进，全市万元生产总值用水量下降6%。完成防洪排涝项目221个，三堡排涝工程建成并在汛期发挥重要作用。

加快"五气共治"，杭钢集团转型升级取得实质性突破，半山和萧山电厂燃煤发电机组关停，主城区"无燃煤区"基本建成，淘汰黄标车81079辆，率先成为无钢铁生产企业、无燃煤火电机组、无黄标车"三无"城市。投入使用新能源汽车11053辆，累计达22131辆，总量居全国城市第三。全市建筑工地实施全方位扬尘管理。全年环境空气优良天数242天，比上年增加14天，PM2.5浓度同比下降12.3%。推进"五废共治"，处置各类垃圾和废物552.62万吨。

完成"三改"2168.85万平方米、拆违2057.89万平方米，完成"两路两侧""四边三化"专项问题自查和整治。关停转迁落后产能企业426家，单位生产总值能耗下降3%。节能减排财政政策综合示范工作获得全国优秀。严厉打击污染环境违法犯罪行为，查办案件67件，判处罪犯156名。

（七）安全生产

加强重点行业领域事故隐患排查治理和打违除患行动，各类事故起数、死亡人数连续12年下降，平安杭州建设取得积极成效。全年共发生各类事故2555起、死亡688人、受伤2616人，分别下降3.8%、0.6%、2.3%。亿元GDP安全生产事故死亡率由上年的0.077人降至0.0688人。

三、杭州市在泛长三角地区经济发展中的地位

2015 年，面对错综复杂的国际国内宏观环境，全市坚决贯彻落实中央、省、市一系列决策部署，深刻领会习总书记对杭州的新要求和新期望，以"一号工程"建设为统领，主动适应经济发展新常态，全年经济"稳开高走、质效提升、转型加快、民生改善"，实现了高起点上的新发展。

(一)地区生产总值

2011—2015 年杭州市地区生产总值在长三角所占比重分别为 6.04%、6.09%、5.97%、6.05%和 6.18%，2015 年较 2014 年增加了 0.13 个百分点，较 2011 年增加了 0.14 个百分点。2015 年杭州市地区生产总值在泛长三角地区 41 个市排名第 3 位，继上海、苏州之后。

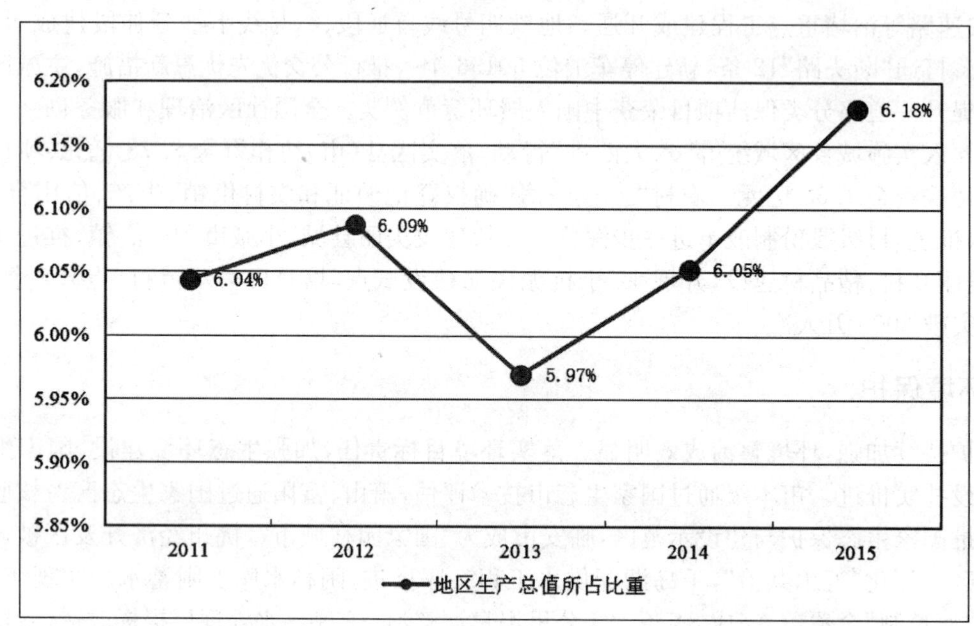

图 4　2011—2015 年杭州市地区生产总值在泛长三角(苏浙两省 24 个地级市、安徽省 16 个地级市和上海市，下同)所占比重的变化趋势

2015 年，全市实现地区生产总值 10053.58 亿元，成为第十个 GDP 总量跨越万亿元的城市；按可比价格计算，同比增长 10.2%，增速居全省第一、副省级以上城市第二。分产业看，第一产业增加值287.69 亿元，增长 1.8%；第二产业增加值 3910.6 亿元，增长 5.6%；第三产业增加值 5855.29 亿元，增长 14.6%。三次产业结构由上年的 3.0∶41.8∶55.2 调整为 2.9∶38.9∶58.2。

(二)地方财政一般预算收入

2011—2015 年杭州市地方财政一般预算收入在泛长三角所占比重分别为 6.35%、6.20%、5.27%、6.03%和 6.32%，2014—2015 年止跌上扬，五年累积跌幅达 0.03 个百分点。2015 年杭州市地方财政一般预算收入在泛长三角地区 41 个市排名第 3 位，位居上海和苏州之后。

2015 年全市地方一般公共预算收入 1233.88 亿元，比 2014 年(下同)同比增长 9.8%，占财政总收入比重为 55.1%。全市一般公共预算支出 1205.48 亿元，同比增长 15.6%。预计全市各区、县(市)均能达到收支平衡，略有结余。全市地方一般公共预算收入增长，主要是全市经济增长稳中提速，转型升级步伐加快，以信息经济为代表的创新型经济增长较快，房地产市场成交活跃，为一般公共预算收入增长奠

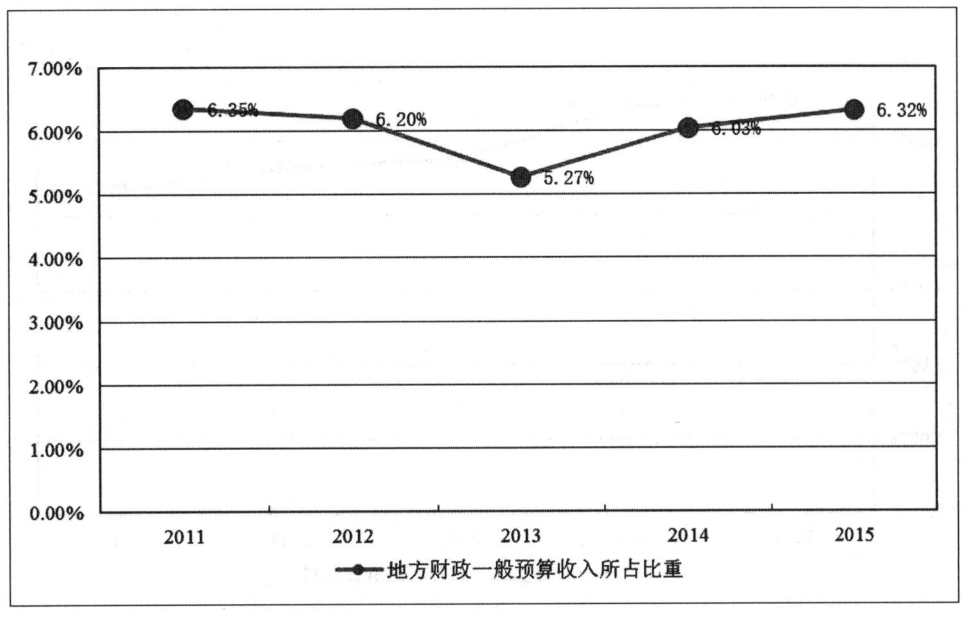

图5　2011—2015年杭州市地方财政一般预算收入在泛长三角所占比重的变化趋势

定重要基础。全市地方一般公共预算支出增长，主要是清理盘活存量资金、调入预算稳定调节基金加大对稳增长、调结构、惠民生的投入。

预算执行情况。2015年市区地方一般公共预算收入1081.69亿元，为预算的104.8%，同比增长10.3%；其中市本级地方一般公共预算收入157.79亿元。市本级一般公共预算支出273.57亿元，为调整预算的98.9%，同比增长23.7%；一般债券支出18亿元。一般公共预算支出增长较多，主要是清理盘活存量资金、调入预算稳定调节基金一次性因素。

(三)规模以上工业总产值

2011—2015年杭州市规模以上工业总产值在泛长三角所占比重分别为5.61%、5.45%、4.76%、4.63%和4.36%，已连续多年出现下降，五年累计降幅为1.25个百分点，2015年较上年减少了0.27个百分点。2015年杭州市规模以上工业总产值在泛长三角地区41个市排名第7位。

2015年，前三季度，杭州市规模以上工业实现增加值2063.63亿元，增长3.8%。工业转型升级取得新进展。规模以上高新技术产业、战略性新兴产业分别实现增加值850.18亿元和618.97亿元，增长9.1%和8.2%；装备制造业实现增加值735.89亿元，增长10.1%；规模以上工业全员劳动生产率18.49万元/人，增长5.1%，比上年同期提高0.9万元/人；规模以上工业企业实现新产品产值2937.39亿元，增长7.0%，新产品产值率达32.5%，同比提高2.6个百分点，高于全省2.3个百分点；高耗能行业占比下降，六大高耗能行业工业总产值占规模以上工业的31.0%，同比下降1.7个百分点。

(四)进出口总额

2011—2015年杭州市进出口总额在泛长三角所占比重分别为4.86%、4.62%、4.74%、4.74%和4.78%，呈现波浪式发展，2011—2015年累计减少量为0.08个百分点，2015年杭州市进出口总额在泛长三角地区41个市排名第5位，位居上海、苏州、宁波、无锡之后。

2015年，杭州市(不含省级公司)实现进出口总值3684.1亿元，比上年(下同)微增0.4%，全省下降1.1%；其中出口2760.7亿元，增长5.1%，高于全省2.8个百分点；进口923.4亿元，下降11.5%，降幅

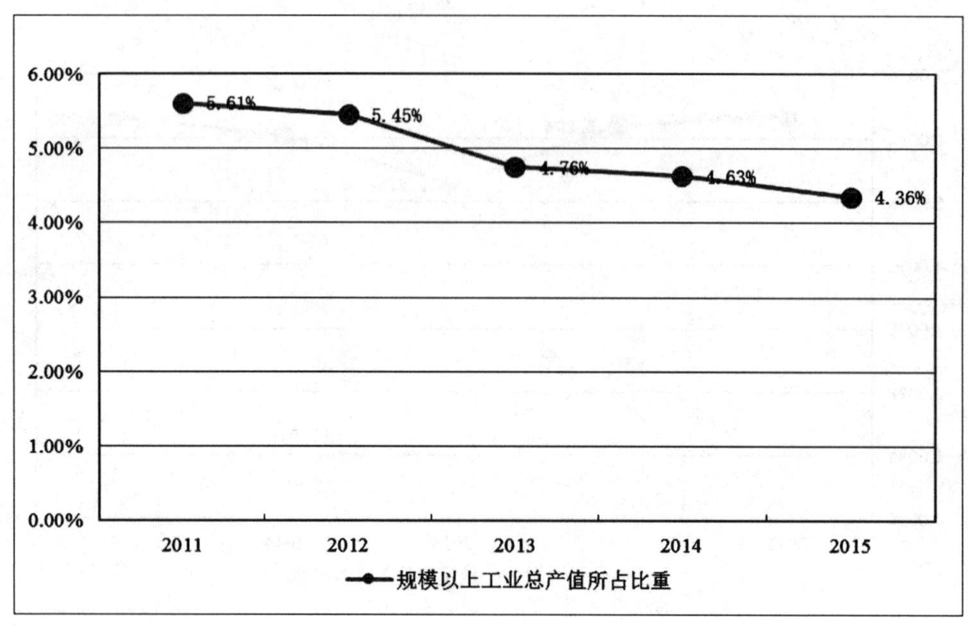

图 6　2011—2015 年杭州市规模以上工业总产值在泛长三角所占比重的变化趋势

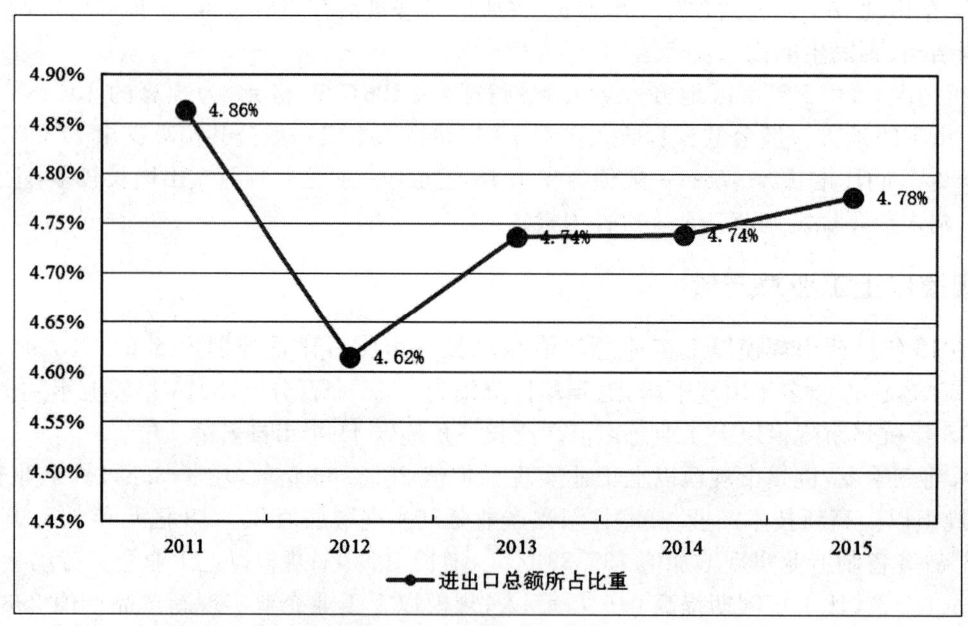

图 7　2011—2015 年杭州市进出口总额在泛长三角所占比重的变化趋势

小于全省 1 个百分点。12 月份，杭州市月度进出口值 369 亿元，同比增长 4.4%；其中出口 290 亿元，同比增长 10.1%，再创历史新高；进口 79 亿元，同比下降 12.4%。

2015 年，杭州市民营企业出口 1818.4 亿元，增长 12.1%，高于同期全市出口增速 7 个百分点，占同期全市出口总值的 65.9%，比重同比上升 4.1 个百分点，拉动全市外贸出口增速 7.4 个百分点。同期，外商投资企业出口 773.3 亿元，下降 8.9%，拖累增速 2.9 个百分点；国有企业出口 169 亿元，增长 10.7%，拉动增速 0.6 个百分点。

2015 年，欧盟、美国和东盟是杭州市前 3 大出口市场，分别对其出口 613.8 亿元、559 亿元和 299.2

亿元，分别增长 2.3%、9.5%和 3.4%，3 大市场合计占同期全市出口总值的 53.3%。同期，对印度出口增长 22.9%，对阿联酋出口增长 23%，对墨西哥出口增长 31.4%。此外，对日本出口下降 9.4%；对俄罗斯出口下降 21.3%；对巴西出口下降 10.9%。

(五)实际外商直接投资金额

2011—2015 年杭州市实际外商直接投资金额在泛长三角所占比重分别为 7.48%、6.82%、7.04%、8.48%和 9.69%，总体呈上升态势，2015 年较上年增加了 1.21 个百分点，五年增加了 2.21 个百分点。2015 年杭州市实际外商直接投资金额在泛长三角地区 41 个市排名第 3 位，位居上海之后。

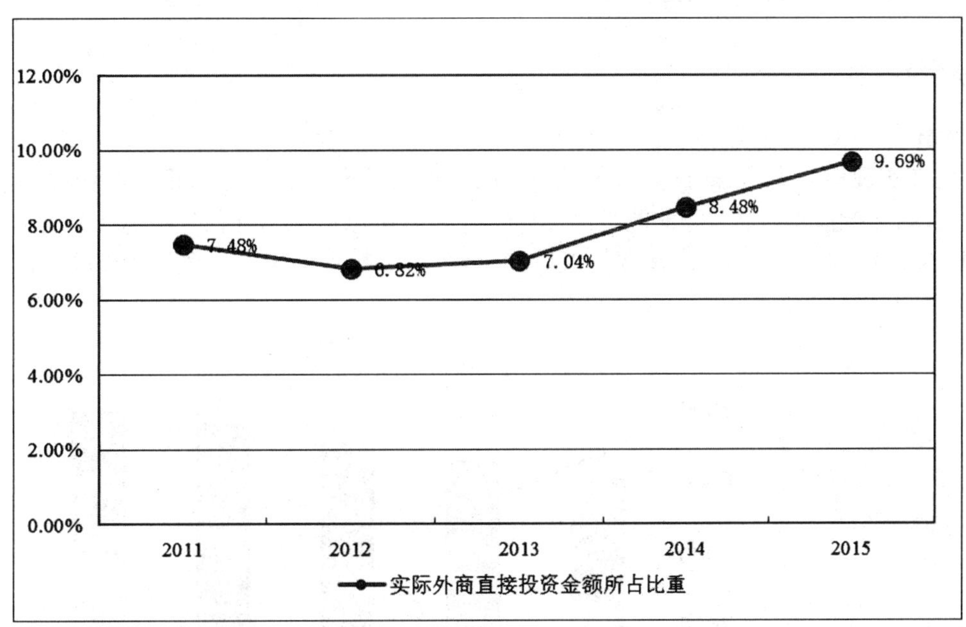

图 8　2011—2015 年杭州市实际外商直接投资金额在泛长三角所占比重的变化趋势

2015 年，又有 475 家外资企业落户杭州，实际到位外资 71.13 亿美元，同比增长 12.28%，杭州已连续 9 年在全省保持首位，在长三角 16 个重点城市和全国 15 个副省级城市中位于前列。

杭州市规模以上外商投资企业数占全市比例为 18%，贡献了 30%的营业收入、43%的利润总额、36%的纳税总额和 31%的就业人数。根据全国外商投资企业联合年报系统显示，全国十五个副省级城市中，杭州外商投资企业的营业总额、利润总额、单位平均效益均位列第三，纳税总额位列第四，说明杭州外商投资企业的质量效益均处于领先地位。

三　宁波市 2015 年度经济社会发展报告

2015 年，面对错综复杂的宏观经济环境和艰巨繁重的改革发展稳定任务，全市上下扎实推进“双驱动四治理”决策部署，深入实施“经济社会转型升级三年行动计划”，主动适应经济发展新常态，统筹推进经济社会发展，经济运行总体呈现平稳态势，产业结构得到优化，质量效益逐步提升，社会民生继续改善，为“十二五”发展划上圆满句号。

一、宁波市 2015 年经济发展概况

(一)综合经济

1. 经济总量

2015 年全市实现地区生产总值 8003.61 亿元，比上年增长 8.0%。其中，第一产业增加值 284.68 亿元，增长 1.8%；第二产业增加值 4098.22 亿元，增长 4.8%；第三产业增加值 3620.71 亿元，增长12.5%。三次产业之比为 3.6∶49.0∶47.4。按常住人口计算，全市人均地区生产总值为 102475 元(按年平均汇率折合 16453 美元)。

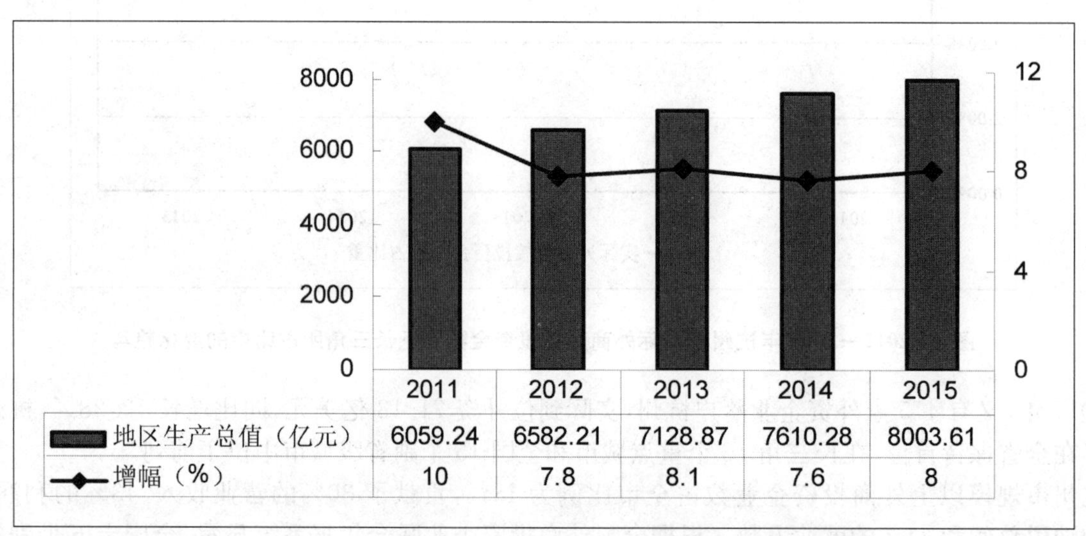

图 1　2011—2015 年宁波市地区生产总值及增长速度

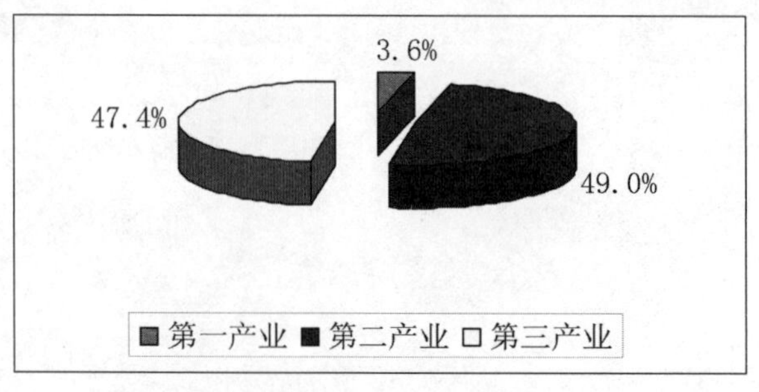

图 2　2015 年宁波市三次产业结构图

2.**财政收支**

2015年全市实现财政总收入2072.7亿元，比上年增长11.4%，其中一般公共预算收入1006.4亿元，增长8.2%。一般公共预算支出1252.6亿元，增长17.3%。节能环保、交通运输、社会保障和就业、城乡社区、医疗卫生与计划生育等支出分别增长56.6%、24.2%、23.5%、38.4%和13.0%。

3.**物价水平**

2015年宁波市区居民消费价格同比上涨1.8%，涨幅比全国、全省城市平均水平分别高0.3和0.4个百分点。在全国36个大中城市中列第10位。八大类商品和服务项目价格同比涨跌呈"七升一降"格局：食品类上涨4.5%，烟酒类上涨3.1%，衣着类上涨0.1%，家庭设备用品及维修服务类上涨0.8%，医疗保健和个人用品类上涨3.4%，娱乐教育文化用品及服务类上涨2.9%，居住类上涨1.0%；交通和通信类下降4.8%。全年工业生产者出厂价格同比下降6.0%，工业生产者购进价格同比下降7.6%。12月宁波新建住宅销售价格环比上涨0.3%，同比上涨3.4%，同比涨幅在全国70个大中城市中排第9位。

4.**固定资产投资**

2015年全市完成固定资产投资4506.6亿元，比上年增长13.0%。其中，民间投资2165.9亿元，增长10.8%。分产业看，第一产业投资47.8亿元，增长5.9%；第二产业投资1501.4亿元，增长18.7%；第三产业投资2957.4亿元，增长10.4%。三次产业投资额之比为1.1∶33.3∶65.6。分领域看，基础设施投资1290.1亿元，增长32.9%，其中交通运输仓储和邮政业、水利环境和公共设施业分别增长37.5%和39.9%；完成工业投资1499.9亿元，增长18.7%，其中工业技改投资1273.4亿元，增长35.4%；完成房地产投资1228.8亿元，下降7.5%。全年商品房销售面积1007.2万平方米，增长38.7%，其中住宅销售面积846.9万平方米，增长42.3%。

现代都市建设。中心城区路桥建设全年完成投资105亿元，新江桥、杭甬高速互通立交、机场快速干道永达路连接线等项目建成通车。新增公交专用道24公里，打通"断头路"10条，新辟专用停车位2.6万个，其中公共停车位2526个。全年新增公园绿地181公顷。城区道路清爽行动覆盖1211条，清扫面积达3694万平方米，一、二级道路机扫率达85%。智慧城管二期(第一阶段)完成建设，网格覆盖扩大至335平方公里。全年完成"三改"建筑面积2615.5万平方米，拆除违法建筑面积1938.6万平方米。

(二)农业和农村建设

发展休闲农业、都市农业，农业生产保持稳定，成功创建国家现代农业示范区，渔山列岛海域成为国家级海洋牧场示范区。

1.**农业生产**

农业生产。2015年全市实现农林牧渔业总产值449.1亿元，比上年增长1.8%。其中，完成农业产值213.9亿元，增长3.2%；林业产值13.4亿元，增长6.2%；牧业产值50.0亿元，减少9.6%；渔业产值164.7亿元，增长3.1%；农林牧渔服务业产值7.1亿元，增长10.0%。粮食作物播种面积201.1万亩，粮食总产量79.1万吨。全年肉类总产量下降11.7%，禽蛋产量下降11.9%，牛奶产量增长15.0%。全年完成水产品总产量103.3万吨，增长2.3%。全年新增市级农业龙头企业11家，累计达287家，其中年产值(销售额)上亿元的达84家。

2.**新农村建设**

2015年创建全面小康村45个，累计达613个。在农村生活垃圾集中收集处理全覆盖的基础上，推进62个村开展农村生活垃圾分类处理试点。农房"两改"稳步推进，全年共投入98.2亿元，续建和开工改建农村住房6.7万户，完成3.7万户，改建面积542.6万平方米。欠发达地区村庄整治建设进展顺利，共拆除危旧房26.7万平方米，新建安置房1.7万平方米，建设村级公共服务中心1.8万平方米。

(三)工业和建筑业

1.工业经济

2015年全市实现工业增加值3460.9亿元,比上年增长4.4%。其中规模以上工业企业实现增加值2575.4亿元,增长3.8%。分行业看,在规模以上工业35个行业大类中,有9个行业增加值超过100亿元,其中汽车制造业实现增加值327.9亿元,增长32.2%;烟草制品业增长16.5%,化学原料和化学制品业增长7.3%,石油加工业增长6.4%。分企业类型看,规模以上大型企业工业增加值下降0.6%,中、小型企业工业增加值分别增长3.4%和7.3%。分经济类型看,有限责任公司、国有企业增加值分别增长12.5%和12.3%;私营企业增长4.9%;港澳台投资企业与上年持平,外商投资企业下降3.1%。全年规模以上工业企业实现销售产值13262.2亿元,下降2.8%,其中出口交货值2847.7亿元,下降7.0%。全年规模以上工业企业实现利润总额753.4亿元,增长14.6%,实现利税总额1472.6亿元,增长13.5%;每百元主营业务收入成本为83.1元,主营业务收入利润率6.1%,比上年提高1个百分点。

2.工业创新转型

2015年全市规模以上工业科技活动经费支出184.5亿元,比上年增长6.6%。规模以上工业新产品产值4043.9亿元,增长12.4%,新产品产值率由上年的25.6%提高到29.4%,再创历史新高。产业结构升级稳步推进,全市装备制造业、高端装备制造业、节能环保制造业和高新技术产业增加值增速分别为5.9%、4.9%、4.8%和4.4%,均高于整个规模以上工业增速,占规模以上工业增加值的比重分别提高到45.4%、12.8%、5.1%和37.0%。

3.建筑业

2015年全市完成建筑业总产值4055.4亿元,比上年增长9.2%。房屋建筑施工面积28374.3万平方米,增长3.7%。全年建筑业从业人员平均人数112.5万人,比上年减少2.7万人。

(四)服务业

1.国内贸易

2015年全市商品销售总额1.78万亿元,比上年增长10.5%。全年完成社会消费品零售总额3349.63亿元,增长12.0%。分城乡看,城镇消费品市场实现零售额2754.8亿元,增长12.2%;农村消费品市场实现零售额594.9亿元,增长10.7%。分商品类别看,食品类商品零售额增长16.4%,服装、鞋帽及纺织品类增长39.3%,家用电器类增长22.2%,汽车类增长3.1%。年末全市限额以上贸易企业达3709家,全年实现营业收入11144.5亿元,实现利润总额103.8亿元。

2.港口、交通运输

港口生产。2015年宁波舟山港货物吞吐量8.9亿吨,居全球港口首位,其中宁波港货物吞吐量5.1亿吨。宁波港大宗散货三大主要货种呈现“两降一升”态势,全年完成铁矿石吞吐量9489.7万吨,比上年下降6.6%,煤炭吞吐量6102.0万吨,下降17.7%,原油吞吐量6498.6万吨,增长5.6%。全年宁波舟山港集装箱吞吐量2063万标箱,跃居全球第四,其中宁波港集装箱吞吐量1982.4万标箱,增长6.0%。宁波港全年新开及恢复航线28条,现共拥有航线236条,其中远洋干线118条,近洋支线66条,内支线20条,内贸线32条。海铁联运业务发展快速,全年共完成海铁联运17.1万标箱,增长26.2%。

交通基础设施。2015年全市完成交通基础设施投资186.7亿元。年末全市公路总里程达到11182.8公里,其中高速公路495.8公里,公路网密度达114.7公里/百平方公里。年内建成3个万吨级码头,万吨级码头总数达105个。

综合运输。2015年全社会完成货运量4.21亿吨,比上年增长4.1%,货物周转量2167.8亿吨公里,增长5.2%。其中,水路货运量1.68亿吨,货物周转量1800亿吨公里,分别增长4.1%和4.3%;公路货运量2.29亿吨,货物周转量367.8亿吨公里,分别增长4.5%和9.6%;铁路货物运输量2395万吨,增长

1.3%；民航货邮吞吐量8.76万吨，增长7.4%。全社会客运量1.42亿人次，下降13.8%。其中，公路客运量9430万人次，下降22.3%；水路客运量160万人次，下降6.5%；铁路客运量3954.1万人次，增长11.2%；民航客运量685.5万人次，增长7.8%。

公共交通体系。2015年全市新增公交标准运营车辆1167标台，年末共有8635标台；运营线路1058条，比上年增长51.6%。轨道交通2号线一期工程开通运营。全年轨道交通进站客流3775.7万人次，旅客周转量10928.6万人公里，日均客流约20万人次/天。年内新增公共自行车网点267个，新投放公共自行车8944辆，至年末，全市共建成公共自行车网点1259个，投放公共自行车33278辆；日均租车量10.2万辆次，增长43.0%。年末全市共有出租车6420辆，其中油、气双燃料车辆4078辆。

3.旅游业与会展

旅游业。2015年全市实现旅游总收入1233.3亿元，比上年增长15.5%。接待国内游客7920.3万人次，增长15.2%；实现国内旅游收入1183.9亿元，增长16.0%。接待入境游客157.5万人次，增长12.7%。年末全市共有星级酒店140家，其中五星级22家；共有4A级以上风景区32处，其中5A级1处。全年新增全国休闲农业与乡村旅游示范县1个，累计达4个，新增市级以上农家乐特色村(点)17个，累计达160个，其中省级村47个、点33个；农家乐休闲旅游接待游客3463.9万人次，营业收入33.8亿元，分别增长22.9%和21.9%。

会展业。2015年全市举办各类会展项目301个，其中举办展览会182个，展览总面积达202万平方米，展览面积2万平方米以上的大型展会数量达25个。县级以上举办商务会议(论坛)85个，特色节庆活动36个。年度荣获“中国十佳品牌会展城市”、“2015年度全国会展业金五星——优秀会展城市奖”等奖项。

4.银行、证券和保险业

银行业。2015年末金融机构本外币存款余额16175.3亿元，比上年增长12.5%；年末金融机构本外币贷款余额15754.7亿元，增长8.1%。年末全市银行业金融机构达63家，其中政策性银行3家，大型银行5家，股份制商业银行11家，城市商业银行12家，邮储银行1家，外资银行5家，农村合作金融机构9家，新型农村金融机构13家，非银行金融机构4家。

证券业。2015年全市证券成交总额9.3万亿元，比上年增长194.3%。其中股票和基金成交8.3万亿元，增长302.3%，证券客户交易结算资金余额266.4亿元，增长85.1%。期货代理交易量7938.3万手，代理交易额9.6万亿元，分别增长43.4%和80.0%。年末证券投资者开户数144.1万户，增长38.7%。年内新增证券公司分支机构19家，期货营业部3家，年末全市共有117家证券公司分支机构，1家证券投资咨询公司，1家期货公司和37家期货公司分支机构。年内新增境内上市公司6家，实现首发(IPO)融资38.2亿元；年末境内上市公司总数达51家，全年通过定向增发、公司债券等工具再融资110.8亿元。年内新增“新三板”挂牌公司54家，挂牌公司总数达到65家。

保险业。年末共有市级及以上产险机构31家、寿险机构24家、专业中介机构45家。全年全市实现保费收入228.3亿元，比上年增长10.3%。其中，财产险保费收入121.3亿元，增长8.7%；人身险保费收入107.0亿元，增长12.1%。全年共为5.8万家次企业和2127万人次提供了8.5万亿元的风险保障，赔付支出106.6亿元，增长12.6%。其中，财产险赔付支出78.1亿元，增长5.6%；人身险赔付支出28.5亿元，增长37.6%。

(五)对外经济

1.对外贸易

2015年全市口岸进出口总额1936.4亿美元，比上年下降11.4%。外贸自营进出口总额1004.7亿美元，下降4.0%，其中出口714.3亿美元，下降2.3%；进口290.4亿美元，下降8.0%。全年新增对外贸易经营备案登记企业3891家，累计达29858家；全年有进出口实绩企业15587家。民营企业(包括私营企业和集体企业）出口额占全市出口总额的65.9%，出口额增长2.1%，拉动全市出口增长1.3个百分点。从产品结构看，机电产品出口额占全市出口总额的54.4%；高新技术产品出口额占全市出口总额的6.4%。从贸易伙伴看，直接与宁波市开展贸易往来的国家和地区达219个，其中欧盟、美国、日本、拉丁美洲的贸易额占比分别为21.1%、17.5%、6.3%和7.2%。全年与“一带一路”沿线国家进出口总额251.4亿美元。

2.利用外资

2015年全市新批外商投资项目444个，合同利用外资76.5亿美元，比上年增长9.0%；实际利用外资42.3亿美元，增长5.2%，其中制造业实际利用外资22.2亿美元，增长21.8%，占全部外资的比重高达52.5%，比上年提高7.2个百分点。第三产业实际利用外资19.4亿美元，下降9.6%，其中房地产业实际利用外资10.0亿美元，下降9.9%。

3.对外合作

2015年全市新批境外投资企业和机构226家；核准中方投资额25.1亿美元，比上年增长36.6%，实际中方投资额12.8亿美元，增长49.5%。完成境外承包工程劳务合作营业额19.1亿美元，增长13.1%。全年承接服务外包执行额186.2亿元，增长32.4%，其中离岸服务外包执行额12.8亿美元，增长40.6%。年末全市服务外包企业1201家，从业人员4.7万人。

4.国内合作

积极开展“宁波周”、“宁波行”及浙商回归、对口帮扶等工作，2015年全市国内招商引资实到资金827.2亿元，比上年增长11.0%；达成浙商回归项目929个，实到资金727.0亿元，增长10.5%。加大援助力度，帮扶黔西南州项目81个，资金6309万元；支援万州三峡库区800万元。推进山海协作工程，全年实施山海协作产业合作项目184个，实际到位资金101.3亿元。

二、宁波市2015年社会发展概况

（一）人口、人民生活

人口规模。2015年末全市拥有户籍人口586.6万人，其中市区232.1万人。全年出生48612人，其中男性25213人，男女性别比为108∶100。人口出生率为8.31‰，自然增长率为1.84‰，比上年下降1.75个千分点，连续18年低于5‰。根据2015年1%人口抽样调查样本数据汇总推算，2015年末，全市常住人口为782.5万人；城镇人口占总人口的比重（即城镇化率）为71.1%。

居民收支。2015年宁波市居民人均可支配收入41373元，比上年增长8.7%。按城乡分，城镇居民人均可支配收入47852元，增长8.4%；农村居民人均可支配收入26469元，增长9.0%。城乡居民人均收入倍差为1.81，比上年缩小0.01。2015年宁波市居民人均生活消费支出26056元，增长7.1%。按城乡分，城镇居民人均生活消费支出29645元，增长6.3%，农村居民人均生活消费支出17800元，增长9.7%。

（二）就业与社会保障

1.就业

2015年全市城镇新增就业人员17.8万，7万名失业人员实现再就业，其中困难人员1.7万人。年末城镇登记失业率为2.01%。高校毕业生就业率保持在95%以上。全年完成技能人才培训22.4万人；各级投入农民培训资金共3943.1万元，完成各类农民培训11.1万人次。

2.社会保障

社会保险。推进“全民参保登记计划”，2015年末，全市职工基本养老、基本医疗、失业、工伤和生育保险参保人数分别为402.9万人、382.0万人、252.3万人、293.2万人和254.3万人，城乡居民养老保

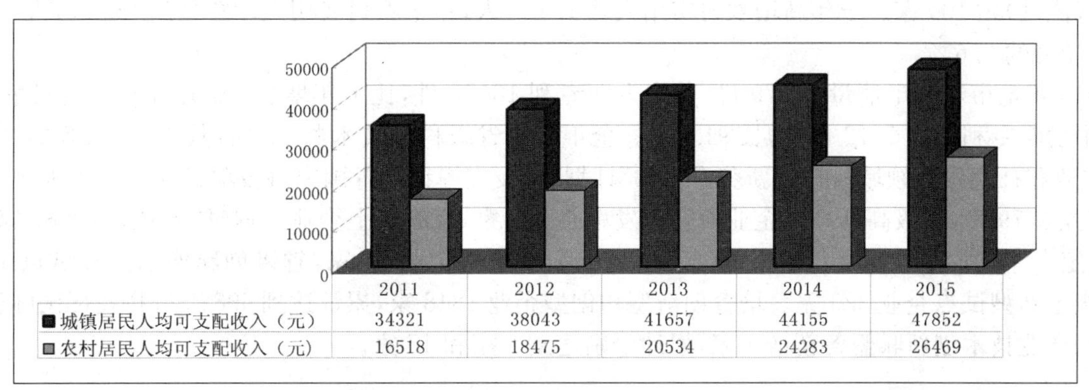

	2011	2012	2013	2014	2015
■城镇居民人均可支配收入（元）	34321	38043	41657	44155	47852
■农村居民人均可支配收入（元）	16518	18475	20534	24283	26469

图3　2011—2015年宁波市城乡居民收入对比一览

险、被征地人员养老保障、居民医保和新农合参保人数分别达131.9万人、40.5万人、112.8万人和231.5万人。社保待遇继续提高，全市企业退休人员人均增发养老金242元/月，失业保险金发放标准增至1395元/月，增加157元/月。全市累计发行社保卡646.8万张，实现社保卡医保就医结算市域和省域范围“一卡通”。

民生保障。2015年末全市拥有养老机构245家，比上年增加6家，床位46439张、在院人数24064人，分别增长10.6%和6.0%。年末全市共有最低生活保障对象4.9万人，低保资金实际支出2.5亿元。市区居民最低生活保障标准从月人均660元提高到744元。企业职工最低工资标准调整为1860元、1660元和1530元三档，分别比上年增加210元、190元和180元。无固定收入残疾人生活补贴标准由上年的每人每月100元调整为每人每月125元。年末全市农村五保对象集中供养4176人，集中供养率为98.0%，城镇“三无”对象集中供养1075人，集中供养率为100%。

保障性安居工程。全市新建成各类保障性安居工程3.2万套，交付入住1.8万套，新增保障中低收入住房困难家庭8863户。全市共启动棚改项目77个、涉及改造户数3.7万户、面积347.5万平方米，其中危改项目56个、涉及户数2.5万户、面积164.2万平方米。

慈善事业。2015年市县两级慈善机构募集善款4.6亿元，救助支出5.3亿元，受助的困难群众达38.7万人次。年末全市慈善机构累计募集已达50.6亿元，累计救助支出38.0亿元，受助296.1万人次。

(三)教育和科学技术

1.教育事业

2015年末全市共有各级各类学校2092所，在校学生总数131.3万人。其中，在甬高校16所，在校学生20.9万人，高等教育毛入学率为60%；普通高中84所，在校学生8.8万人；中职学校50所，在校学生6.9万人；初中205所，在校学生18.5万人；小学448所，在校学生48万人。年末全市共有全日制民办中小学(幼儿园)966所，在校(园)生17.9万人，占全市全日制中小学(幼儿园)在校(园)生数的63.9%。27万名随迁子女就学问题得到妥善解决。

2.人才与科技创新

2015年全市新增各类人才19.4万人，年末全市人才总量达187.2万人。其中，引进海外人才1597人，总量达7401人；新增博士、博士后679人，总量达4748人。新评审出市“3315计划”人才26人、高端创业创新团队27个，新增3个高端团队入选“浙江省领军型创新创业团队”。新建院士工作站13家，累计达90家；新建技能大师工作室12家，累计达50家；新建高技能人才公共实训基地4个，新增高技能人才3.2万人，总量达29.5万人。新增国家级博士后科研工作(流动)站6家、省级36家，累计建成省级以上工作(流动)站100家。全年新增农村实用人才1.4万人,年末农村实用人才总量达15.8万人,占农村实有劳动力的6.6%。

2015年全市专利申请量58779件,其中发明专利16056件,比上年增长23.9%;专利授权量46088件,其中发明专利授权5412件,增长91.1%。全年获得省级科学技术奖29项,其中一、二等奖9项;有61项农业和社会发展领域科技创新获得"863"计划、科技支撑计划等国家科技项目支持。年末全市共有企业研究院79家,省级高新技术企业研究开发中心313家,市级以上企业工程(技术)中心1082家(其中国家认定企业技术中心9家);国家级创新型试点和创新型企业15家,省级创新型示范和试点企业56家,市级创新型试点企业220家。培育创新型初创型企业1848家,累计达到6982家;科技部国际科技合作基地、产业技术创新联盟各新增1家,累计分别达到9家和15家。

(四)文化、卫生和体育

1. 文化事业

推进文化繁荣发展,出台历史文化名城保护规划,加快市图书馆新馆建设,组建宁波交响乐团,新闻客户端"甬派"上线运营,它山堰成为世界灌溉工程遗产,文明城市创建深入推进。全年建成100家公益电影放映基地和65个乡镇数字影厅,建成完善204家农村电影固定放映点;全市农家书屋流转更新30.8万册次,共建27个24小时自助图书馆(阳光房);"天然舞台"送高雅艺术进基层近300场,全市送戏下基层6000余场次。建立文化产业发展重点项目库,3个项目入围2015国家动漫企业项目资源库,5个项目入围2015国家文化金融合作项目库,13个项目入围2015国家文化产业重点项目库。2015年9月宁波荣膺"东亚文化之都"。

2. 卫生事业

2015年末全市拥有各类医疗卫生机构4069个,其中医院132个;拥有床位3.2万张,其中医院床位2.9万张。全市共有各类专业卫生人员6.7万人,卫生技术人员5.6万人,其中执业医师(含助理)2.2万人,注册护士2.2万人。按户籍人口统计,每千人床位数、卫技人员数、执业医师(含助理)数和注册护士数分别达到5.5张、9.6人、3.7人和3.7人。全市适龄儿童免疫规划疫苗接种率95.65%,婴儿死亡率及5岁以下儿童死亡率分别为2.05‰和2.89‰,孕产妇死亡率为2.2/10万。全国首家城市云医院——宁波云医院上线运营。

3. 体育事业

2015年全市共举办宁波国际马拉松、国际女排大奖赛、国际男子网球巡回赛等43项全国性以上赛事和活动。组团参加首届全国青年运动会,取得7金6银6铜的好成绩;组队参加省青少年比赛,共获得152.5枚金牌、105枚银牌、94枚铜牌,总分3616.5分,奖牌和总分双双位居全省第二。全市56个体育系统直属体育场馆全部向社会开放。全年体育彩票销售额达16.6亿元。

(五)城乡建设

完善大交通体系,加快三门湾大桥、杭州湾大桥杭甬高速连接线建设,栎社国际机场三期扩建、穿山港铁路支线和宁波至奉化城际铁路开工建设,铁路货运北环线全线通车,宁海通用机场顺利获批。优化城乡基础设施,新江桥、夏禹路建成通车,主干道快速化改造稳步实施,水库群联网联调和"两江同治6+1"工程启动建设,五大应急泵站建成投用。实施"提升城乡品质,建设美丽宁波"行动计划,扎实推进"三治理一提高"行动,开展"海绵城市"、地下综合管廊城市和垃圾分类试点,垃圾焚烧项目建设有序推进,乡镇污水处理设施实现全覆盖,农村生活污水治理覆盖率稳步提高。"三江六岸"品质提升步伐加快,中山路整治提升、"两路两侧"整治和城市门户区、高速出入口升级改造全面推进。大力改善生态环境,支持四明山区域生态发展,整治重污染行业,实施"黄标车"全面禁行,淘汰改造高污染燃料锅炉,镇海电厂搬迁有序推进,渔场修复振兴"一打三整治"行动成效明显。节能减排目标全面完成。

(六)生态建设

巩固“清三河”治理成效,全年完成黑臭河整治 45 条计 113.8 公里,深化提升整治河道 29 条计 55.8 公里。完善城镇集中式污水处理设施及其管网建设布局,实施 5 座集中式污水处理厂的新、扩建工程,日污水处理能力新增 25 万吨,全市累计投运城镇生活污水处理厂 18 座,处理能力达 179.5 万吨/日。继续开展黄标车淘汰工作,全年发放补贴资金 4.6 亿元,淘汰黄标车 5.1 万辆。深入开展排污权有偿使用和交易工作,实现新建项目排污权交易全覆盖,全年排污权交易 88 笔,交易金额 0.7 亿元,征收排污权有偿使用费 1.9 亿元。年末全市共有国家级生态县(市)区 4 个,省级生态县(市)区 9 个,国家级生态乡镇 96 个、省级生态乡镇(街道)120 个。

(七)平安宁波

2015 年全市共发生各类生产安全事故 2437 起、死亡 653 人、受伤 2289 人,分别比上年下降 6.2%、5.4%和 7.7%,连续第十一年实现同比下降。发生较大事故 2 起,死亡 7 人,比上年减少 7 人。全市共立案查处各类食品药品案件 4081 件,增长 27.1%,罚没款 6456.3 万元,增长 183%,移送公安机关涉嫌食品药品犯罪案件 65 件,犯罪嫌疑人 73 人。全年人民调解组织共调处各类民事纠纷 11.4 万件,调解成功 11.2 万件,成功率达 98.9%,防止民间纠纷引起的自杀 46 件、60 人次;防止民间纠纷转化为刑事案件 150 件、425 人次。

三、宁波市在泛长三角地区经济发展中的地位

2015 年,宁波市全市上下积极落实市委“双驱动四治理”决策部署,全面实施经济社会转型发展三年行动计划,经济运行总体平稳,结构调整取得进展,质量效益稳步提高。

(一)地区生产总值

2011—2015 年宁波市地区生产总值在长三角所占比重分别 5.22%、5.14%、5.10%、5.00%和 4.92%,所占比重减少,2015 年,较上年减少了 0.08 个百分点,较 2011 年减少了 0.3 个百分点。2015 年宁波市地区生产总值在泛长三角地区 41 个市排名第 6 位。

2015 年宁波市生产总值 8011.49 亿元。按常住人口计算,人均地区生产总值达到 102475 元,突破 10 万元大关,同比增长 6.9%。按年平均汇率折合 16453 美元。按可比价格计算,比上年增长 8.0%,增速位列全省第五位,比前三季度上升一位。三次产业比例为 3.6∶49.0∶47.4,第三产业比重同比提高 3.3 个百分点。三次产业对 GDP 的贡献率分别为 0.7%、32.7%和 66.6%,分别拉动全市经济增长 0.1、2.6 和 5.3 个百分点。分产业看,第一产业实现增加值 285.24 亿元,增长 1.8%;第二产业实现增加值 3924.46 亿元,增长 4.8%,其中工业实现增加值 3460.89 亿元,增长 4.4%;第三产业实现增加值 3801.79亿元,增长 12.5%。

(二)地方财政一般预算收入

2011—2015 年宁波市地方财政一般预算收入在泛长三角所占比重分别为 5.32%、5.23%、5.79%、5.06%和 5.15%,2015 年较上年增加了 0.09 个百分比,五年时间累积减少了 0.17 个百分点。2015 年宁波市地方财政一般预算收入在泛长三角地区 41 个市排名第 5 位。

2015 年,全市一般公共预算收入 1006.41 亿元,完成调整预算(以下简称“完成预算”)的 99.7%,比上年增长(以下简称“增长”)8.2%;加上地方政府一般债券收入 24 亿元和转移性收入 314.32 亿元(其中:中央税收返还等返还性收入 87.15 亿元,上级转移支付收入 92.85 亿元,调入资金 46.1 亿元,调入预算稳定调节基金 60.59 亿元,动用结转资金 27.63 亿元),全市一般公共预算可用资金为 1344.73 亿元。

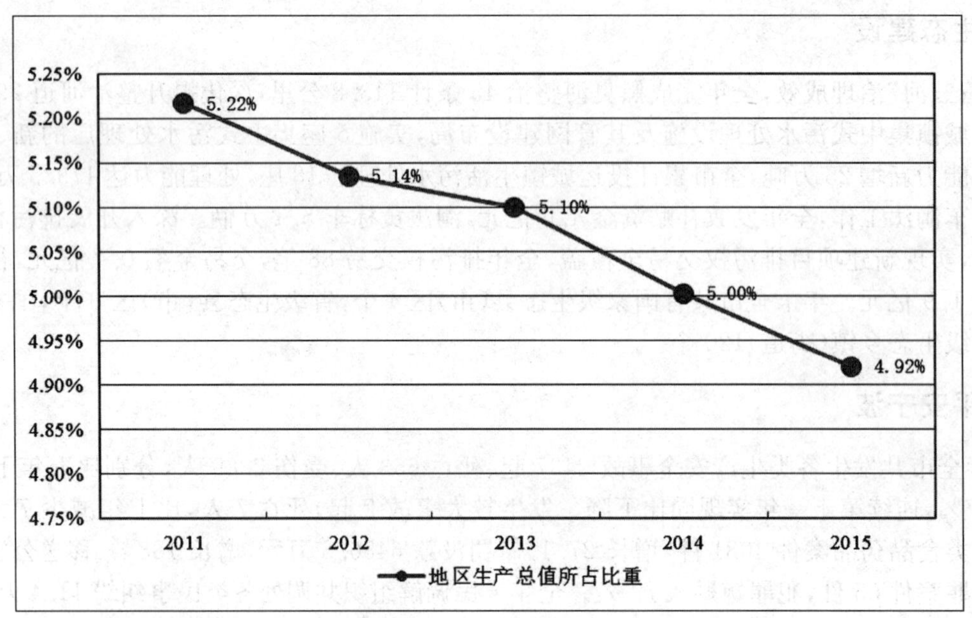

图 4　2011—2015 年宁波市地区生产总值在泛长三角(苏浙两省 24 个地级市、安徽省 16 个地级市和上海市，下同)所占比重的变化趋势

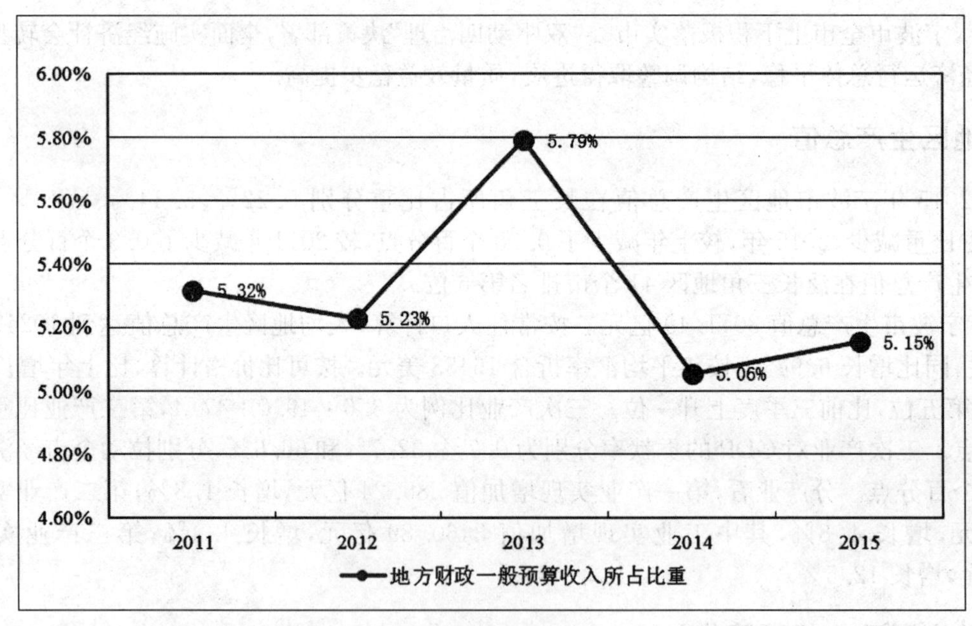

图 5　2011—2015 年宁波市地方财政一般预算收入在泛长三角所占比重的变化趋势

主要收入科目执行情况。增值税 189.43 亿元，完成预算的 96.5%；营业税 212.69 亿元，完成预算的 107.8%；企业所得税 147.02 亿元，完成预算的 98.1%；个人所得税 53.2 亿元，完成预算的 112.3%；城市维护建设税 69.16 亿元，完成预算的 102.4%。非税收入 158.25 亿元，完成预算的 109.4%。

(三)规模以上工业总产值

2011—2015 年宁波市规模以上工业总产值在泛长三角所占比重分别为 5.47%、5.11%、4.99%、

5.06%和4.87%，整体呈下跌趋势，五年跌幅达0.6个百分点，2015年较上年减少了0.19个百分点。2015年宁波市规模以上工业总产值在泛长三角地区41个市排名第4位，位居上海、苏州、无锡之后，保持着领先优势。

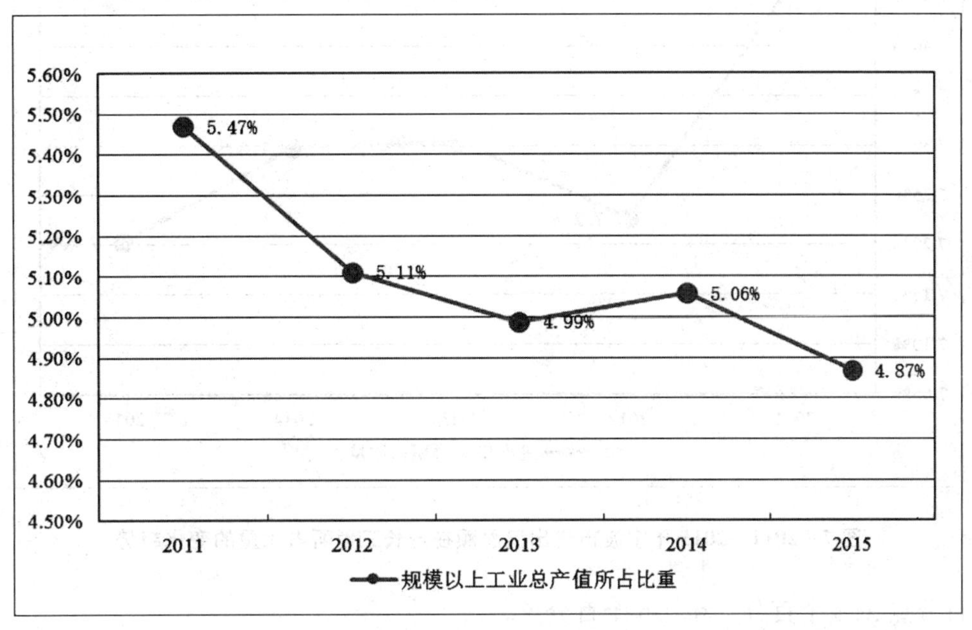

图6　2011—2015年宁波市规模以上工业总产值在泛长三角所占比重的变化趋势

2015年上半年，全市实现规模以上工业增加值1211.3亿元，同比增长5%，增速与全省持平，比一季度回落2.8个百分点。销售产值6270.4亿元，增长0.3%，出口交货值1362亿元，下降5.2%。分行业看，增加值占比前十大行业中，仅汽车制造业、化学原料和化学制品制造业、烟草制品业3个行业的增加值增长较快，分别增长52%、11.4%和8.8%，电力、热力的生产和供应业，纺织服装、服饰业，计算机、通信和其他电子设备制造业3个行业增加值同比有所下降，分别下降6.4%、4.6%和2.8%。装备制造业、高新技术产业增加值同比分别增长11.1%和5.6%，占规模以上工业增加值的比重分别为46.4%和36.9%，同比分别提高4和0.9个百分点。分经济类型看，国有企业增加值增长7.5%，集体企业增长3.8%，股份制企业增长4.4%，外商投资企业增长1.2%。分企业规模看，大中型企业实现增加值726.8亿元，增长2%，小型企业实现增加值474.5亿元，增长10.5%。

企业效益快速提升。上半年全市规模以上工业企业实现利润总额364.6亿元，同比增长25%（去年同期为下降0.8%）。每百元主营业务收入成本为83元，比去年同期下降2.3元。主营业务收入利润率6.1%，比上年同期提高1.2个百分点。

（四）进出口总额

2011—2015年宁波市进出口总额在泛长三角所占比重分别为7.47%、7.23%、7.30%、7.30%和7.20%。宁波市进出口总额占比在五年时间整体下降了0.27个百分点。2015年宁波市进出口总额在泛长三角地区41个市排名第3位，位居上海、苏州之后，始终保持着领先优势。

2015年宁波市外贸进出口总额6239.9亿元，以美元计价为1004.7亿美元。这是宁波外贸继2013年、2014年达到1000亿美元后，在严峻复杂的外贸形势下再次突破千亿美元。

海关数据统计显示，2015年宁波市外贸进出口总额同比（下同）下降2.9%；其中进口1803.3亿元，下降6.9%，出口4436.6亿元，下降1.2%，累计实现贸易顺差2633.3亿元；进出口、进口、出口分别优于

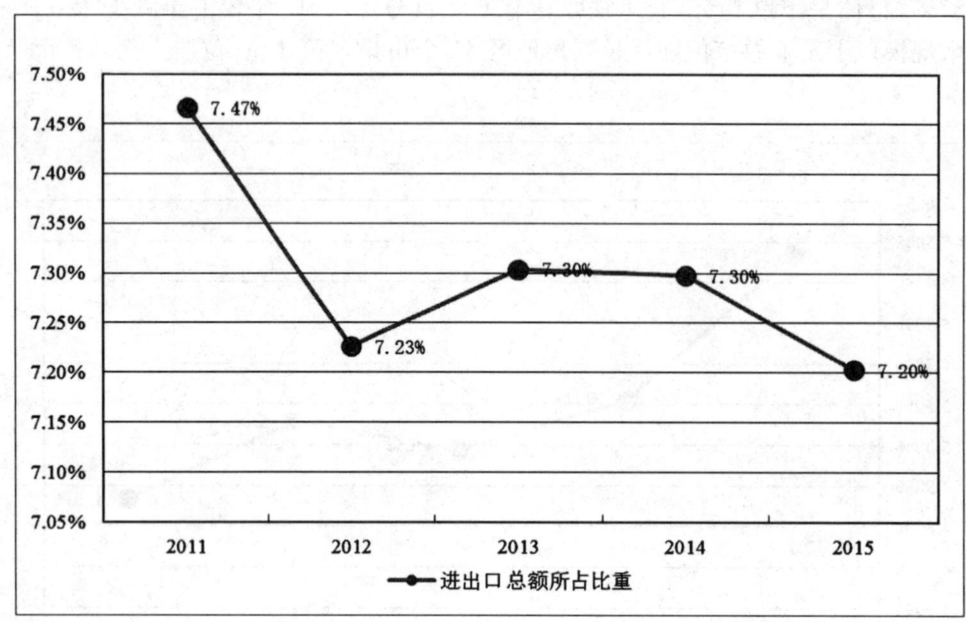

图7　2011—2015年宁波市进出口总额在泛长三角所占比重的变化趋势

全国4.1个百分点、6.3个百分点和0.6个百分点。

从单月进出口情况来看，2015年12月宁波市进出口达到年内最高，为664.1亿元，同比增长18.4%，其中进口、出口单项也均为年内最高。

据分析，欧盟、美国和东盟分别为宁波市前三大贸易伙伴。2015年宁波市分别对欧盟、美国和东盟进出口1318.8亿元、1090亿元和523.8亿元，分别下降4.1%、增长4.1%和下降1.7%，三者合计占同期全市进出口总额的47%。对部分新兴市场进出口稳步增长，其中对印度、伊朗、阿联酋和墨西哥分别进出口119.5亿元、111.6亿元、110亿元和96.8亿元，分别增长0.8%、8.8%、0.5%和17.1%。此外，2015年宁波市对"一带一路"沿线国家进出口1602.7亿元，下降4.1%。

2015年宁波市以一般贸易方式进出口5031.6亿元，下降1.2%，占同期全市进出口总额的80.6%，比2014年所占比重高1.4个百分点。加工贸易方式紧随其后，2015年合计进出口930亿元，下降11.1%，占同期全市进出口总额的14.9%。

2015年宁波市民营企业实现进出口总额3816.3亿元，增长4%，高出全市进出口6.9个百分点，占同期全市进出口总额的61.2%。同期，外商投资企业和国有企业进出口双降，分别进出口1994.8亿元和428.3亿元，分别下降11.1%和下降16.8%。

(五)实际外商直接投资金额

2011—2015年宁波市实际外商直接投资金额在泛长三角所占比重分别为4.45%、3.92%、4.37%、5.39%和5.77%，整体呈上升态势，累计增幅达1.32个百分点。2015年较上年增加了0.38个百分点。2015年宁波市实际外商直接投资金额在泛长三角地区41个市排名第4位。

2015年宁波实际利用外资42.3亿美元，比上年增长5.2%，规模是2010年的1.8倍。美国雪佛龙公司润滑油添加剂项目、首家台资银行兆丰银行等项目相继落户宁波。内资方面，去年实际引进资金827.2亿元，同比增长11%，规模达到2010年的3.5倍，五年来年均增长28.3%。其中浙商甬商回归727亿元，自2012年以来年均增长38.5%。与阿里巴巴集团合作的大数据云基地、海越新材料项目、吉利整车项目等重大项目相继开工建设。

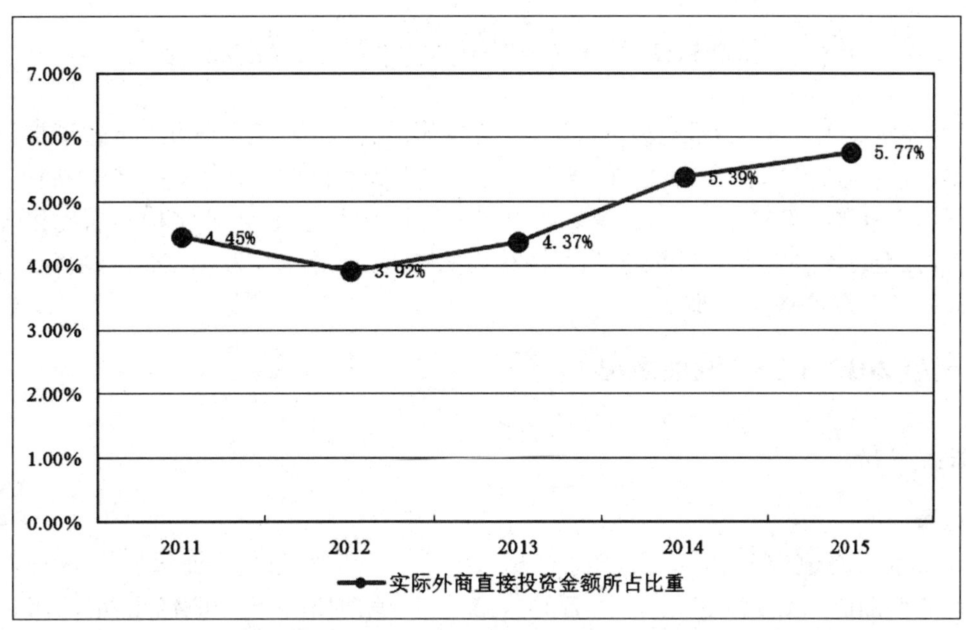

图8　2011—2015年宁波市实际外商直接投资金额在泛长三角所占比重的变化趋势

2015年，宁波继续优化引资结构，第三产业实际利用外资19.4亿美元，占外资总额的45.8%，比2010年提高近16个百分点，服务业合同并购金额占到并购总数的96.4%。2015年引进世界500强项目2个，引进综合性总部项目10个，区域性和功能性总部项目21个。

2015年，宁波自营进出口总额1004.7亿美元，连续第三年保持1000亿美元以上。宁波舟山港组建成立，集装箱吞吐量突破2000万标箱，超过香港位居全球港口第4位，货物吞吐量完成8.9亿吨，位居全球港口第1位。市承接离岸服务外包首次突破10亿美元大关，达到12.79亿美元，规模是2010年的5.7倍。

四　温州市2015年度经济社会发展报告

2015年，面对错综复杂的宏观形势和艰巨繁重的改革发展稳定任务，全市上下认真贯彻落实省委、省政府和市委、市政府决策部署，实施"五化战略"①，深化"十大举措"②，克难攻坚，奋力拼搏，全市经济运行在困难中逐步恢复平稳发展，"十二五"规划各项主要目标基本完成，产业结构不断优化升级，民生工作进一步改善，社会各项事业取得新的进步，经济社会发展迈上新台阶，为"十三五"经济社会发展、决胜全面建成小康社会奠定了坚实基础。

一、温州市2015年经济发展概况

(一)综合经济

1.经济总量

2015年全市生产总值4618.08亿元，比上年增长8.3%。其中，第一产业增加值129.57亿元，增长3.1%；第二产业增加值2022.59亿元，增长7.1%；第三产业增加值2465.92亿元，增长9.9%。按常住人口计算，人均地区生产总值50809元(按年平均汇率折算8158美元)，增长8.8%。国民经济三次产业结构为2.7∶45.5∶51.8，第三产业比重比上年提高1.7个百分点。

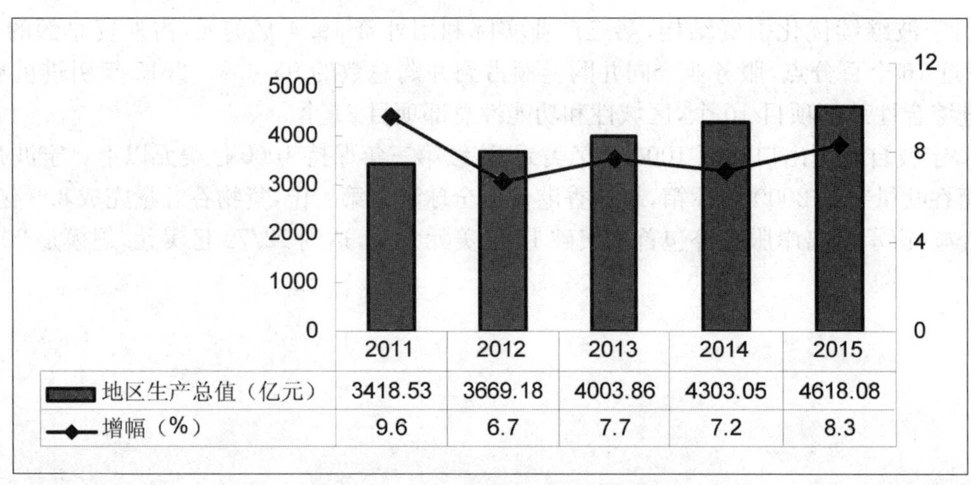

图1　2011—2015年温州市地区生产总值及增长速度

① "五化战略"：实施生态化、信息化、时尚化、都市化和国际化。

② 十大举措：1."两大回归"夯实经济基础"两大回归"即推动实体经济回归和温商回归，夯实经济基础，打造民营经济"升级版"。2."两大平台"加快转型升级"两大平台"即打造省级产业集聚区和小微企业园，加快产业转型升级，努力构建现代产业体系。3."两大空间"破解用地制约"两大空间"即开辟海涂围垦和低效用地再开发的空间，破解发展用地制约，创造新一轮发展空间新优势。4."两大突破口"打造美丽水乡"两大突破口"即治水和"三改一拆"，尽快改善发展硬环境，打造"美丽浙南水乡"。5."两大统筹"建设大都市区"两大统筹"即统筹城与乡、发达地区与欠发达地区，加快城乡一体化发展，努力建设生态型、组团型、智慧型大都市区。6."两大机遇"深化改革开放"两大机遇"即抓住改革试点和对台合作的机遇，深化体制改革和实施对台开放战略，为赶超发展提供强大动力。7."两大载体"实施创新驱动"两大载体"即依托创新平台和招才引智载体，实施创新驱动发展战略，努力开启赶超发展的强大引擎。8."两大抓手"不断改善民生"两大抓手"即重视民生工程建设和社会管理创新，不断改善民生，促进社会和谐稳定。9."两大舆论场"凝聚正能量"两大舆论场"即网络舆论和对外宣传，管好这两个舆论场，提升城市文明水平，凝聚赶超发展正能量。10."两大机制"改善发展软环境"两大机制"即建立完善目标责任考核和群众评议，强化制度建设，着力改善发展软环境。

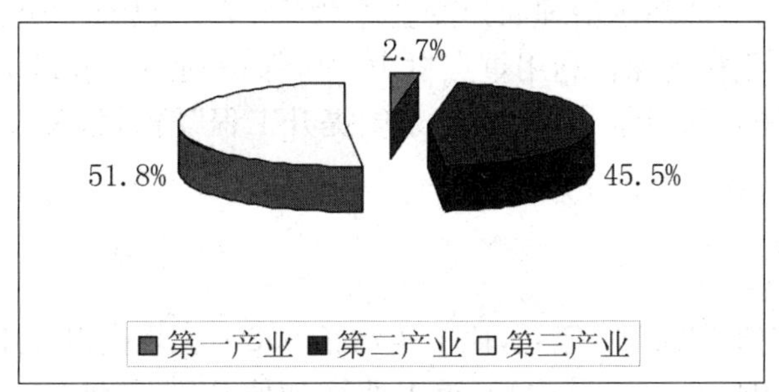

图 2　2015 年温州市三次产业结构图

2. 财政收支

全年财政总收入 677.92 亿元，比上年增长 6.5%；其中一般公共预算收入 403.07 亿元，增长 7.0%。全年一般公共预算支出 569.43 亿元，增长 9.7%，其中民生类财政支出 437.66 亿元，比上年增长 10.8%。城乡社区事务、卫生计生和节能环保等支出分别比上年增长 22.1%、20.1%和 17.8%。

3. 物价水平

全年居民消费价格指数(CPI)比上年上涨 0.7%。八大类商品和服务价格呈现"六涨二跌"态势。其中食品类、烟酒类、衣着类、家庭设备用品及维修服务类、医疗保健和个人用品类、娱乐教育文化用品及服务类同比分别上涨 2.4%、3.1%、2.8%、1.5%、1.5%和 2.2%；交通和通信类、居住类分别下降 4.9%、1.0%。全年工业生产者出厂价格(PPI)比上年下降 2.5%，工业生产者购进价格(IPI)下降 3.7%。

4. 固定资产投资

全年固定资产投资 3456.39 亿元，增长 13.2%。其中民间投资 2230.35 亿元，增长 16.6%，占全部投资比重为 64.5%。

全年完成工业投资 886.76 亿元，比上年增长 18.1%。其中工业技改投资完成 672.04 亿元，增长 24.0%；战略性新兴产业投资完成 250.67 亿元，增长 18.9%；装备制造业投资 440.91 亿元，增长 20.2%。电气、仪器仪表、通用设备、专用设备、汽车制造业投资增速分别为 20.2%、57.9%、10.3%、71.3%、0.5%。

(二)农业和农村建设

现代农业发展势头良好，农业"两区"建设提质增效。全市粮食播种面积为 184.41 万亩，比上年下降 0.8%；粮食总产量 75.97 万吨，与上年持平；粮食亩产 412 公斤，比上年增长 0.8%。在经济作物中，水果、蔬菜、糖料、茶叶等作物均有增长。

全年肉类总产量 12.43 万吨，比上年增长 1.8%，除猪肉、兔肉有所下降外，牛肉、羊肉、禽肉产量比上年均有增长。全年水产品总产量 61.65 万吨，比上年增长 5.1%。其中海洋捕捞 49.32 万吨，增长 6.9%；淡水捕捞 0.44 万吨，增长 2.1%；海水养殖 10.27 万吨，增长 2.5%；淡水养殖 1.63 万吨，比上年减少 21.4%。

全市新建粮食生产功能区 260 个，面积 17.8 万亩，累计建成粮食生产功能区 762 个，总面积 72.4 万亩。全市累计建成现代农业园区 346 个，总面积 131.5 万亩；其中，现代农业综合区 8 个，主导产业示范区 39 个，特色农业精品园 229 个，休闲观光示范园 51 个。全市已有农业龙头企业 804 家。全市土地流转率为 63%，累计流转面积 128.58 万亩。

全年投入美丽乡村建设资金 5.4 亿元。截至年末，全市共开展 1596 个村的农村生活污水治理，受益农户(已接入和正在接入)30.82 万户；开展农村垃圾减量化资源化处理试点村 53 个。全市 70%的村实现生活污水有效治理,农村生活污水治理农户受益率为76.7%,已有5个县(市、区)成为美丽乡村创建先进县。全市在建历史文化村落保护利用重点村10个,保护利用一般村70个;农家乐特色村48个、示范点(各类农庄、山庄、渔庄)174个。“千万农民素质提升工程”培训总人数为2.82万人。

(三)工业和建筑业

1.工业增加值

全年全市实现工业增加值1758.50亿元,比上年增长6.3%。规模以上工业企业4779家,实现工业增加值1091.32亿元,同比增长6.3%,其中轻、重工业增加值分别为416.01和675.30亿元,分别增长4.5%和7.5%。规模以上工业销售产值4698.43亿元,增长3.9%,其中出口交货值731.71亿元,下降2.8%。新产品产值1195.01亿元,增长27.8%;新产品产值率为23.9%,比上年提高4.2个百分点。

规模以上工业中,高新技术产业增加值401.37亿元,增长8.1%,占规模以上工业的比重为36.8%,对规模以上工业增长贡献率为46.6%;装备制造业增加值474.10亿元,增长7.7%,占规模以上工业的比重为43.4%;战略性新兴产业增加值237.67亿元,增长8.5%,占规模以上工业的比重为21.8%。电子信息制造业增加值110.66亿元,增长9.0%。电气、鞋业、服装、汽摩配、泵阀五大支柱产业增加值540.26亿元,比上年增长7.0%,占全部规模以上工业增加值比重49.5%。全年工业产值超亿元企业达963家,比上年净增加33家。

全年规模以上工业企业实现利润254.23亿元,比上年增长1.0%。其中,国有及国有控股企业25.31亿元,下降1.7%;股份有限公司54.72亿元,增长8.0%;外商及港澳台投资企业34.28亿元,增长3.4%;私营企业100.91亿元,增长0.3%。全员劳动生产率为14.66万元/人,按可比价计算增长11.2%。

2.建筑业

全年建筑业实现增加值343.74亿元,比上年增长11.5%。全市拥有总承包和专业承包资质的建筑企业683家,实现建筑业总产值1394.98亿元,增长11.1%;实现利润总额27.19亿元,同比增长10.6%,税金总额46.77亿元,增长11.9%。

(四)服务业

1.国内贸易

全年社会消费品零售总额2674.38亿元,同比增长11.0%。其中,城镇消费品零售额2277.82亿元,增长11.3%;乡村消费品零售额396.56亿元,增长9.1%。按行业分,批发零售贸易业零售额2348.68亿元,增长10.7%;住宿餐饮业零售额325.70亿元,增长12.9%。全市网络零售额893.55亿元,同比增长50.3%。

在限额以上批发零售业零售额中,汽车类零售额423.66亿元,同比增长11.3%;石油及制品类零售额156.80亿元,下降8.2%;粮油及食品类增长31.3%,日用品类增长18.2%,金银珠宝类增长47.6%,鞋服、针纺织品类增长26.5%,通讯器材类增长64.4%。

年末全市已登记商品交易实体市场466家,交易额为1157.17亿元,其中超亿元市场75个,年成交额851.81亿元。

2.交通运输、邮电

年末公路总里程14684公里,其中高速公路297公里,一级公路458公里,二、三级公路1848公里。公路绿化率71.8%。客运班车通村率92.3%。年末实有公共汽(电)车营运车辆3221辆,年载客量3.92亿人次。

年末机动车保有量202.68万辆,比上年末增加14.45万辆,其中载客汽车142.42万辆,载货汽车14.48万辆,摩托车45.31万辆。私人汽车143.33万辆,增加16.35万辆。全年货物运输量13428万

吨，比上年增长5.1%；旅客运输量21307万人次，下降4.6%。

全年邮电业务总量314.69亿元，比上年增长47.1%，其中电信业务总量237.17亿元，增长42.5%。年末固定电话用户数179.36万户，普及率19.7线/百人；移动电话用户数1122.49万户，普及率123.1部/百人。年末固定互联网宽带接入用户288.20万户，增加26.72万户，普及率31.6户/百人；移动互联网用户812.02万户，增加76.34万户。

全市邮政业务总量（含快递）77.52亿元，比上年增长63.2%。全年函件4423.67万件，包裹35.06万件，汇兑62.72万笔，订销报纸17639万份，订销杂志639万份。全市快递业务量3.76亿件，比上年增长73.6%。

全市电力系统最高负荷698.68万千瓦，增长3.6%。全年用电量344.00亿千瓦时，下降1.5%。其中工业用电量208.81亿千瓦时，下降3.9%；建筑业用电量8.48亿千瓦时，下降1.0%；服务业用电量45.36亿千瓦时，增长4.3%；居民生活用电量80.04亿千瓦时，增长1.7%。

3. 旅游业

全年接待海内外游客7681.56万人次，实现旅游总收入804.53亿元，分别比上年增长16.8%和18.1%。其中接待国内旅游人数7575.75万人次，增长16.8%，国内旅游收入770.32亿元，增长18.3%；接待入境游客105.81万人次，增长17.5%，国际旅游外汇收入5.49亿美元，增长14.5%。

4. 金融、证券和保险

年末金融机构本外币存款余额9577.46亿元，比上年末增长11.0%，其中人民币存款余额9127.02亿元，增长10.5%。年末人民币住户存款余额4487.04亿元，增长8.9%。年末金融机构本外币贷款余额7637.38亿元，增长4.0%，其中人民币贷款余额7527.16亿元，增长4.2%。

全年全市新增境内外上市公司3家，累计达17家；新增新三板挂牌企业24家，累计挂牌企业达31家；新增区域性资本市场挂牌企业425家，累计达561家；新增股份有限公司210家，累计达697家。全年实现证券交易额51701亿元，同比增长253.0%。

全年保险业保费收入166.47亿元，比上年增长15.0%。其中人身险保费收入95.54亿元，增长16.5%；财产险保费收入70.93亿元，增长13.0%。支付各类赔款及给付54.04亿元，比上年增长17.3%，其中人身险赔款16.70亿元，增长46.0%；财产险赔款37.34亿元，增长7.8%。

（五）对外经济

1. 对外贸易

全年货物进出口总额194.78亿美元，比上年下降6.3%。其中进口23.63亿美元，比上年增长6.0%；出口171.15亿美元，比上年下降7.7%。民营企业出口148.88亿美元，下降5.3%，占全市货物出口总额的87.0%，比上年提高2.3个百分点。外贸依存度为26.2%，其中出口依存度为23.0%，均比上年降低3.5个百分点。至年末，与温州市建立出口和进口贸易关系的国家和地区共计209个，有进出口业务的企业6239家。

2. 外资状况

全年新批外商直接投资项目44项，实际利用外资3.01亿美元，同比下降43.4%。全年温州市境外中方投资总额9.73亿美元，新批境外投资项目31个，增资项目2个，其中17个项目位于“一带一路”沿线国家（地区）。

二、温州市2015年社会发展概况

（一）人口、人民生活

年末全市户籍总人口811.21万人，其中市区人口165.93万人。从性别看，男性人口420.93万人，女性人口 390.29 万人，分别占总人口的 51.9%和 48.1%。年末全市常住人口为 911.7 万人，比上年增加 4.9 万人；城镇化率为 68.0%，比上年提高 0.8 个百分点。

全年全市居民人均可支配收入 36459 元，比上年增长 8.9%，扣除价格因素增长 8.1%。其中，城镇常住居民和农村常住居民人均可支配收入分别为 44026 元和 21235 元，增长 8.7%和 9.5%，扣除价格因素分别增长 7.9%和 8.7%。全市居民人均生活消费支出 24799 元，比上年增长 8.4%，扣除价格因素增长 7.6%。其中，城镇常住居民和农村常住居民人均生活消费支出分别为 29438 元和 15464 元，增长 8.3%和 8.8%，扣除价格因素分别增长 7.5%和 8.0%。城乡居民恩格尔系数分别下降到 31.9%和 39.4%。年末全市居民人均住房建筑面积 42.73 平方米，其中，城镇常住居民人均住房建筑面积 42.62 平方米，农村常住居民人均住房建筑面积 42.97 平方米。年末每百户城镇居民家用汽车拥有量 49.7 辆，每百户农村居民家用汽车拥有量 25.8 辆。

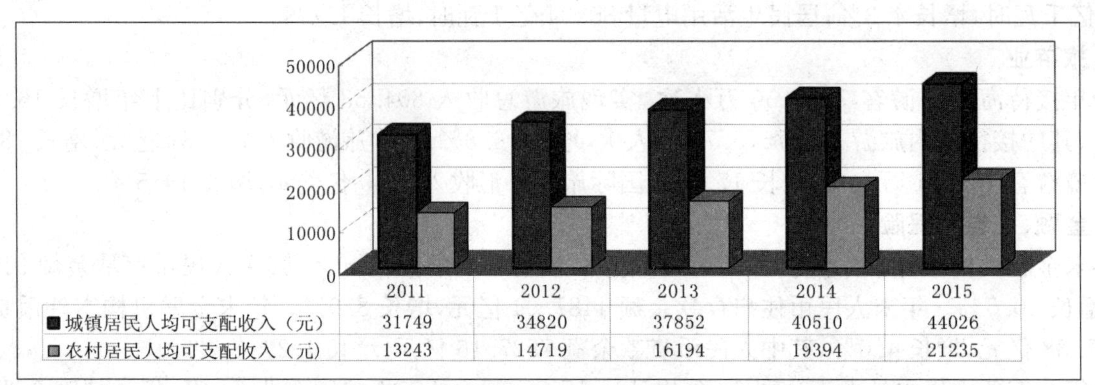

	2011	2012	2013	2014	2015
城镇居民人均可支配收入（元）	31749	34820	37852	40510	44026
农村居民人均可支配收入（元）	13243	14719	16194	19394	21235

图 3　2011—2015 年温州市城乡居民收入对比一览

年末全市住房公积金实缴单位 17245 家，实缴职工人数 50 万人，职工平均月缴存额 1376.17 元，全年缴存住房公积金 84.22 亿元，年末缴存余额 281.72 亿元，发放住房公积金贷款 68.26 亿元，累计发放贷款 427.63 亿元，年末贷款余额 266.57 亿元。全年保障性安居工程新开工面积 349.7 万平方米，其中公共租赁住房 51.73 万平方米，保障性安居工程竣工面积 232.43 万平方米。

全市设镇 77 个，街道办事处 67 个，乡 15 个。城市社区 229 个，居委会 152 个，建制村 5405 个。年末实有社会团体 3139 个。

（二）就业与社会保障

1. 就业

全年新增城镇就业人数 12.17 万人，城镇失业人员再就业人数 1.80 万人；年末城镇登记失业人数 2.81 万人，城镇登记失业率为 2.0%，比上年末上升 0.09 个百分点。

2. 社会保障

全年全市参加企业基本养老保险人数 256.94 万人，参加职工基本医疗保险人数 162.92 万人，参加失业保险人数 110.80 万人，参加工伤保险人数 240.19 万人，参加生育保险人数 101.04 万人。企业退休人员基本养老金月均水平为 2426 元；市区城乡居保基础养老金标准提高到 150 元。

年末在册低保对象 13.48 万人，其中，城镇 1.15 万人，农村 12.33 万人（含五保对象 0.54 万人），低保资金（含各类补贴）支出 4.99 亿元。获得生活补助的城乡低收入家庭持证重度残疾人 1.62 万名。全市慈善系统共募款 6.78 亿元，支出救助 5.20 亿元；资助贫困学生 25161 人，资助金额 3449.9 万元。全年办理结婚登记 72837 对。

(三)教育和科学技术

1. 教育事业

改造义务教育薄弱学校 57 所,创建标准化学校 182 所,各县(市、区)全部通过国家义务教育发展基本均衡评估。县域辖区幼儿园实现"零无证"。创建省级以上中职学校 30 所、中高职一体化职业院校 4 所,一批高等院校建设步伐加快。全市共有小学 563 所,招生 10.84 万人,在校生 63.33 万人,小学学龄儿童入学率为 100%。小学生均校舍建筑面积 6.32 平方米。共有初中 358 所,招生 8.18 万人,在校生 24.39 万人,初中入学率为 99.95%。初中生均校舍建筑面积 16.53 平方米。全市各类中等职业教育学校 43 所,招生 2.52 万人,在校生 6.43 万人;普通高中 100 所,招生 4.09 万人,在校生 12.36 万人,毕业生 4.14 万人。全市共有普通高校 8 所、本科独立学院 3 所,在校生 8.38 万人。全市共有幼儿园 1556 所,在园幼儿 32.62 万人。

全市幼儿园、小学、初中、普通高中和中职学校专任教师分别为 21790 人、34502 人、21137 人、10537 人和 4186 人,中级及以上专业技术职务教师比例分别为 5.46%、55.14%、70.59%、69.81%和 63.33%。

2. 科技与创新

年末全市拥有国家级科技创业服务中心 3 个(其中国家级大学科技园 1 家)、省级科技创业服务中心 5 个;国家级火炬计划特色产业基地 4 个、省级高新技术特色产业基地 12 个;国家级企业技术中心 5 家,省级企业研究院 44 家(其中省级企业重点研究院 9 家)、省级高新技术企业研发中心 229 家、市级企业研发中心 465 家;省级创新型试点城市(县、区)4 个、科技强县 6 个。全年新增高新技术企业 133 家,累计认定 831 家,新培育省级科技型中小企业 820 家,累计 2652 家;市级以上科技企业孵化器 16 家。全年专利申请量、授权量分别为 3.68 万件和 2.71 万件,分别比上年增长 17.1%和 11.2%,其中发明专利授权量为 1802 件,增长 88.9%。年末国家知识产权示范和优势企业 13 家、省级专利示范企业 103 家。

(四)文化、卫生和体育

1. 文化事业

温州文化艺术大楼和一批县级博物馆、文化中心建成投用,创新推出城市书房、文化驿站,建成农村文化礼堂 208 家。年末全市共有文化站 130 个,文化馆 12 个,公共图书馆 13 个,博物馆 40 个,电影放映单位 51 个。全年院线电影放映 50.20 万场次,观众 888.40 万人次;农村数字电影放映 5.14 万场次,观众 743.86 万人次。年末拥有国家级非物质文化遗产 35 个,省级非物质文化遗产 136 个,市级非物质文化遗产 861 个。公共图书馆藏书 9326 千册,比上年增加 1367 千册。全市广播节目综合人口覆盖率 98.65%,电视节目综合人口覆盖率 98.95%。

2. 卫生事业

深化公立医院改革,积极推进分级诊疗试点,市县两级门诊药费和住院药费实现"双下降"。全市有医疗卫生机构 5583 家,其中医院 133 家,卫生院(社区卫生服务中心)262 家,村卫生室 2550 家,各类诊所(卫生所、医务室)1871 家。年末各类医院床位数 35182 张,比上年增长 11.8%。卫生技术人员 56834 人,增长 10.5%;其中,执业(助理)医师 24310 人,注册护士 22030 人,分别增长 11.2%和 13.2%。医院年诊疗 3095.2 万人次,增长 2.4%。孕产妇死亡率 4.07/10 万,5 岁以下儿童死亡率 3.62‰,婴儿死亡率 2.66‰。

3. 体育事业

全市有公共体育场馆 36 个,独立设置的业余体校 9 所,各类公共体育设施和健身苑点 15052 个。全年温州市运动员在全国以上比赛获得奖牌 87 枚,其中世界冠军 2 枚,亚洲冠军 1 枚,全国冠军 32 枚。全年全市共有 5 个乡镇通过省级体育强镇的检查验收,累计 124 个;累计省级体育强县 11 个。全年发行体育彩票 17.17 亿元,比上年增长 7.8%。

(五)城乡建设

强化都市区发展理念,调整完善城市总体规划和土地利用总体规划。全面启动新一轮市区城中村改造,完成整村连片改造签约3000户。滨江商务区、中央绿轴等城市亮点区块形象初现,三垟湿地整村搬迁进度加快,乐清、瑞安、泰顺、苍南等县(市)新区展现新面貌,一批市政、商贸、文教等配套基础设施建成投用。开展征地拆迁"清零"百日攻坚行动,市域铁路S1线、甬台温高速复线、绕城高速西南线等重点项目建设全面提速。金温铁路扩能改造工程、大门大桥建成投用,瓯江南口大桥、机场T2航站楼主体工程完工,市域铁路S2线、瓯江北口大桥、通用航空基地开工建设。完成围垦造地3万亩,沿江沿海标准堤塘实现闭合。实施城镇低效用地再开发2.6万亩,清理批而未供、供而未用土地5.6万亩。加强农村交通、环保、饮用水等基础设施建设,新建(改造)农村公路640公里,建成投用镇级污水处理厂16座,新增城镇一二级污水管网430公里,新增污水日处理能力24.4万吨。市综合材料生态处置中心试运行。

(六)水资源、生态建设和环境保护

深化"五水共治"和"水岸同治",实施河道综合整治186公里,完成1596个村生活污水治理任务。"三改一拆""两路两侧"整治年度任务提前完成,拆除违法建筑1863万平方米,创建"无违建乡镇(街道)"26个。文成获得国家级生态县称号,洞头、泰顺入选首批国家级生态保护与建设示范区。创建美丽乡村精品线12条、精品村107个。实施大气污染防治"六大行动",超额完成燃煤锅炉、黄标车淘汰任务,空气环境质量优良天数达312天。"一打三整治"取得阶段性成效。

全年全市平均降水量为2068毫米(折合降水总量243.71亿立方米),全市水资源总量为155.74亿立方米,人均水资源量为1708立方米。全市完成造林面积11万亩,其中,人工造林5.44万亩,无林地和疏林地新封5.56万亩。全市森林抚育面积53.42万亩,森林覆盖率为60.03%。城市人均公园绿地面积13.4平方米。

全市已建成国家级生态示范区3个,省级生态县3个,全国环境优美乡镇35个,省级生态乡镇(街道)116个。全市顺利通过国家历史文化名城、国家环保模范城市评估验收,成功创建国家园林城市。

市区环境空气质量达到Ⅰ级标准的有67天,达到Ⅱ级标准的有245天,城市环境空气PM2.5年均浓度平均为44微克/立方米,比上年下降4.3%。全市地表水市控及市控以上站位76个,水质在Ⅰ至Ⅲ类的站位38个,占比50%,比上年提高4.7个百分点。县级以上集中式饮用水水源地水质达标率为100%。市区区域环境噪声昼间等效声级平均值54.8分贝;交通噪声等效声级平均值67.4分贝。

全市单位GDP能耗比上年下降5.5%,"十二五"期间累计下降22.1%。其中规模以上工业单位增加值能耗降低率比上年下降3.2%。全市化学需氧量(COD)排放量比上年下降4.95%,氨氮排放量下降4.10%,二氧化硫(SO_2)排放量比上年下降5.22%,氮氧化物排放量下降11.57%。市区污水排放量2.13亿立方米,污水处理量1.98亿立方米,污水处理率92.8%;城市生活垃圾无害化处理率100%。

(七)平安温州

全年共发生各类事故(不含火灾)1984起、死亡500人,同比分别下降8.6%和9.4%;发生较大事故5起、死亡21人,比上年减少1起。道路交通事故1937起、死亡449人,分别比上年下降7.9%和7.4%。

三、温州市在长三角地区经济发展中的地位

2015年,温州经济社会发展步入新常态的增长周期,市政府积极适应新的发展环境,全力落实"十大举措",推进"五大攻坚",努力克服和消除困扰经济社会发展的各种不利因素,经济社会发展总体平稳向

好。但是，温州市经济下行压力仍然存在，全年经济和社会发展计划的执行存在许多困难和问题。

（一）地区生产总值

2011—2015 年温州市地区生产总值在泛长三角所占比重分别为 2.94%、2.86%、2.86%、2.83%和 2.84%，整体呈下滑态势，五年累计减少了 0.1 个百分点。2015 年温州市地区生产总值在泛长三角地区 41 个市排名第 11 位。

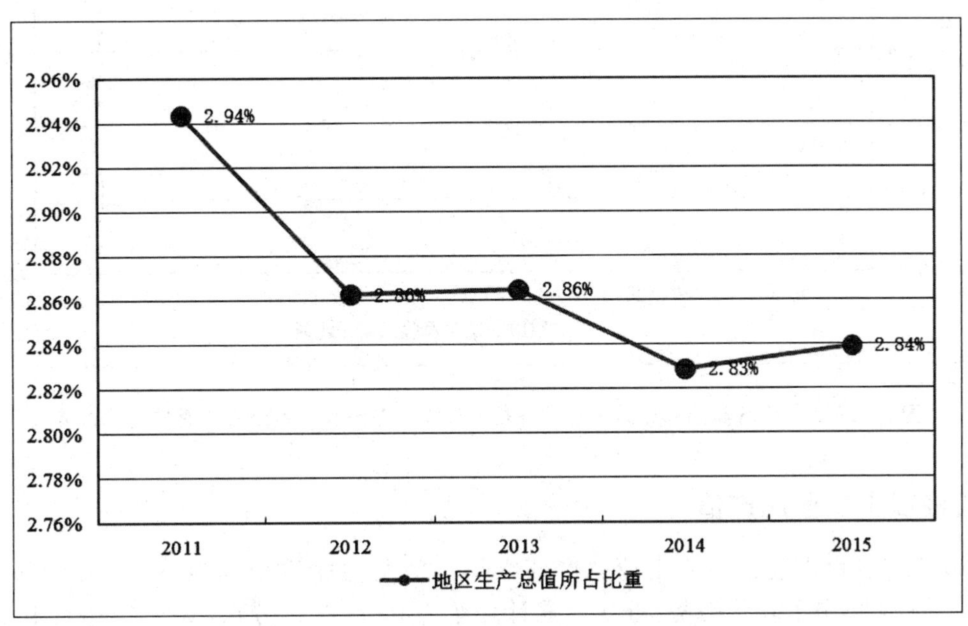

图 4　2011—2015 年温州市地区生产总值在泛长三角(苏浙两省 24 个地级市、安徽省 16 个地级市和上海市，下同)所占比重的变化趋势

2015 年，温州市实现生产总值(GDP)为 4619.84 亿元，按常住人口计算，人均 GDP 达 50809 元，同比增长 8.8%，增幅比上年提高 1.4 个百分点，按年平均汇率(1：6.1428)计算，合 8158 美元，比上年(7616 美元)增加 542 美元。

从全省各地市来看，全省人均 GDP 为 77644 元(按常住人口计算)，比上年增长 7.6%，按年平均汇率计算，合 12466 美元，是温州人均 GDP 的 1.53 倍，比上年的 1.57 倍有所缩小。从全省各市人均 GDP 增速看，杭州、温州、舟山增长较快，居前 3 位。

（二）地方财政一般预算收入

2011—2015 年温州市地方财政一般预算收入在泛长三角所占比重分别为 2.19%、2.09%、2.70%、2.07%和 2.06%，总体呈现下滑趋势，仅 2013 年逆势上扬，近 5 年减少了 0.13 个百分点，其中 2015 年较上年减少了 0.01 个百分点。2015 年温州市地方财政一般预算收入在泛长三角地区 41 个市排名第 12 位。

2015 年 1 至 12 月，温州市一般公共预算收入 403.1 亿元，可比增长 7%(同比增长 8.1%)，完成预算 101.5%，增幅位居全省第 8 位。全市地税部门共组织各项收入 619 亿元，同比增长 12.4%；其中税收收入 303 亿元，同比增长 3.9%。同时，温州市财税部门认真落实财税优惠政策，开展优惠政策落实专项检查，全面规范税收等优惠政策，全年共落实各项税费优惠 54.1 亿元。

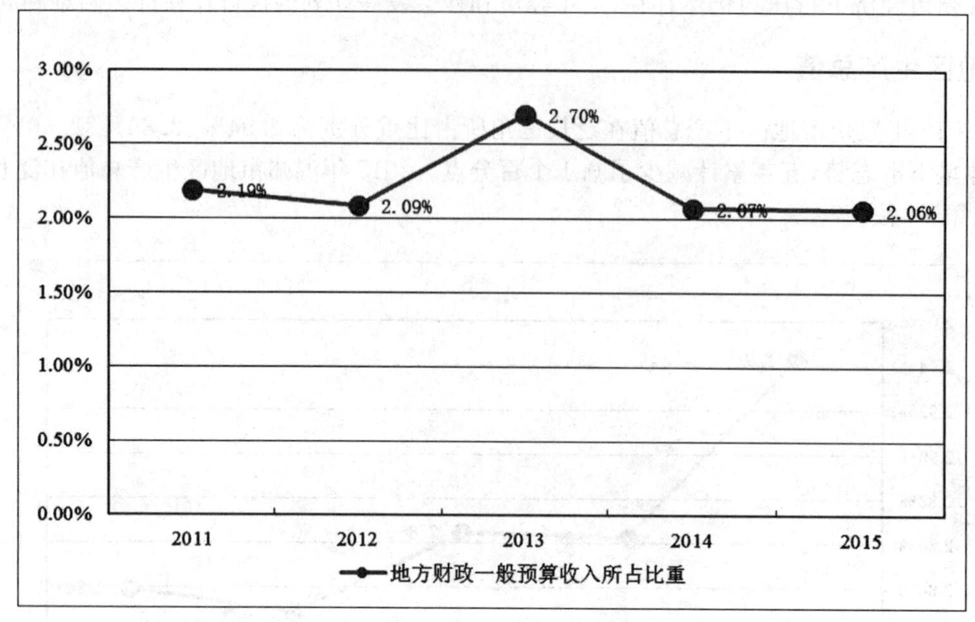

图5 2011—2015年温州市地方财政一般预算收入在泛长三角所占比重的变化趋势

(三)规模以上工业总产值

2011—2015年温州市规模以上工业总产值在长三角所占比重分别为1.99%、1.79%、1.73%、1.75%和1.74%,总体呈下降的态势,近5年累计降幅为0.25个百分点,其中2015年比上年减少了0.01个百分点。2015年温州市规模以上工业总产值在泛长三角地区41个市排名第20位。

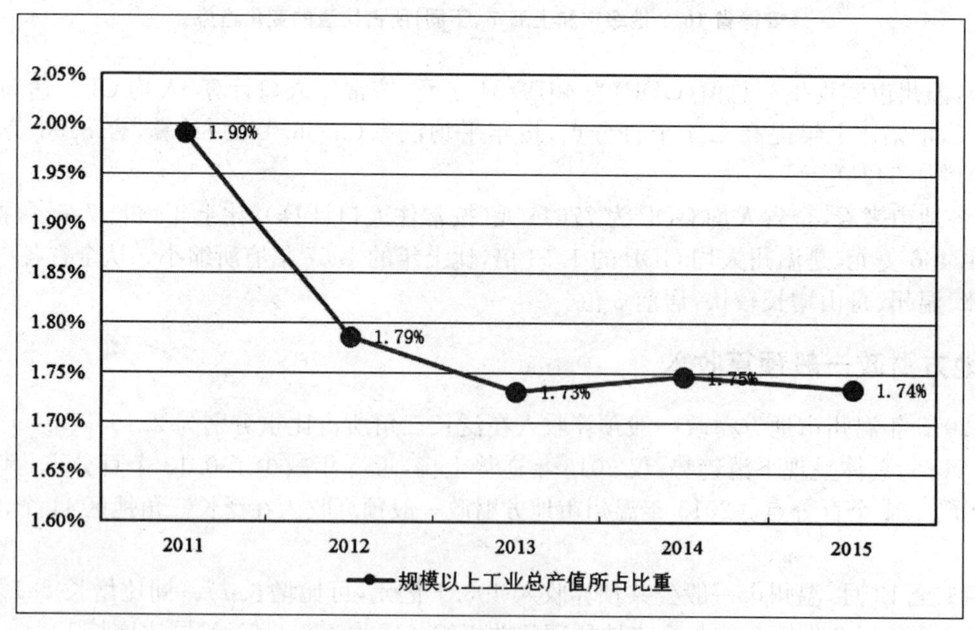

图6 2011—2015年温州市规模以上工业总产值在泛长三角所占比重的变化趋势

2015年,前三季度,规模以上工业增加值为764.67亿元,同比增长6.2%。销售产值3302.02亿元,同比增长3.1%,出口交货值516.25亿元,下降0.8%。大、中、小微企业工业增加值分别增长7.7%、

6.6%和5.5%。

1—8月,规模以上工业企业实现利润158.51亿元,同比增长2.5%。主营业务收入利润率为6.0%,每百元主营业务收入中的成本为83.7元。企业从业人员减少4.0%,劳动生产率为13.45万元/人(折年),按可比价计算增长10.5%。

2015温州市百强企业中,制造业为60家,服务业为29家,建筑业为11家。与上年相比,百强销售收入(营业收入)总额、净利润总额和资产总额分别增长了5.64%、14.04%和8.97%。其中,60家制造业实现销售额(营业收入)1264.7246亿元,占全市规模以上工业企业总产值的26.68%,比上年增加了1.18个百分点。诸多向好数据表明,百强企业在全市经济增长真正起到了支柱的作用。

(四)进出口总额

2011—2015年温州市进出口总额在泛长三角所占比重分别为1.64%、1.53%、1.50%、1.45%和1.40%,2015年延续以往继续下降,较上年下降了0.05个百分点,五年累计跌幅达0.24个百分点。2015年温州市进出口总额在泛长三角地区41个市排名第14位。

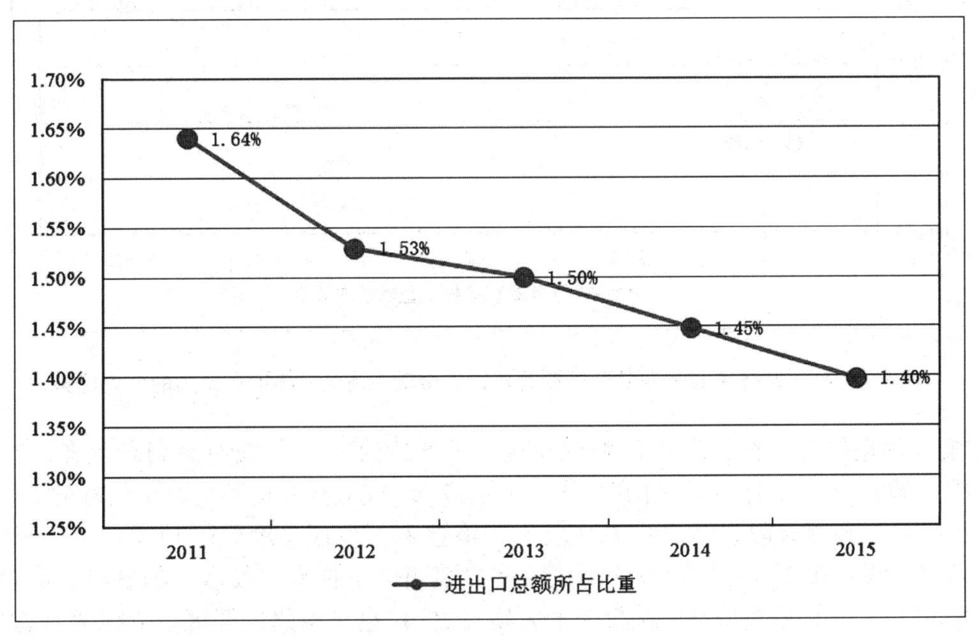

图7　2011—2015年温州市进出口总额在泛长三角所占比重的变化趋势

2015年1—12月,温州市进出口总值1208.26亿元人民币,较去年同期下降5.35%。其中出口1061.82亿元人民币,同比下降6.81%;进口146.44亿元人民币,同比增长6.85%。

2015年,温州市前10大出口商品仅眼镜出口实现增长,全年出口54.4亿元,同比增长5.42%;其余均呈下降态势,鞋、服装、箱包、阀门的降幅均在10%以上。从出口市场来看,全年对美国、东盟、加拿大、台湾出口保持增长,增幅分别达到6%、5.15%、5.8%和9.77%。同期,对欧盟、俄罗斯、韩国等出口下降明显,其中对俄罗斯出口下降达32.38%。此外,对一带一路沿线国家出口值同比下降10.93%,占同期温州市进出口总值的35.53%。

在进口方面,主要商品仍以铁合金、生牛马皮、初级形状塑料、原木等生产原材料为主。此外,温州市全年进口酒类4.18亿元,同比增长91.77%,其中啤酒进口2.22亿元,同比增长3.2倍;葡萄酒进口1.96亿元,同比增长18.52%。值得注意的是,受益于温州市“机器换人”政策的推进,去年温州市机电产品进口9.25亿元,同比增长12.68%。

(五)实际外商直接投资金额

2011—2015 年温州市实际外商直接投资金额在泛长三角所占比重分别为 0.16%、0.55%、0.67%、0.71%和 0.41%,2012—2014 年有所上扬,2015 年较 2014 年降幅达 0.3 个百分点,五年累计增加了 0.25个百分点。2015 年温州市实际外商直接投资金额在泛长三角地区 41 个市排名第 30 位,排位相当靠后。

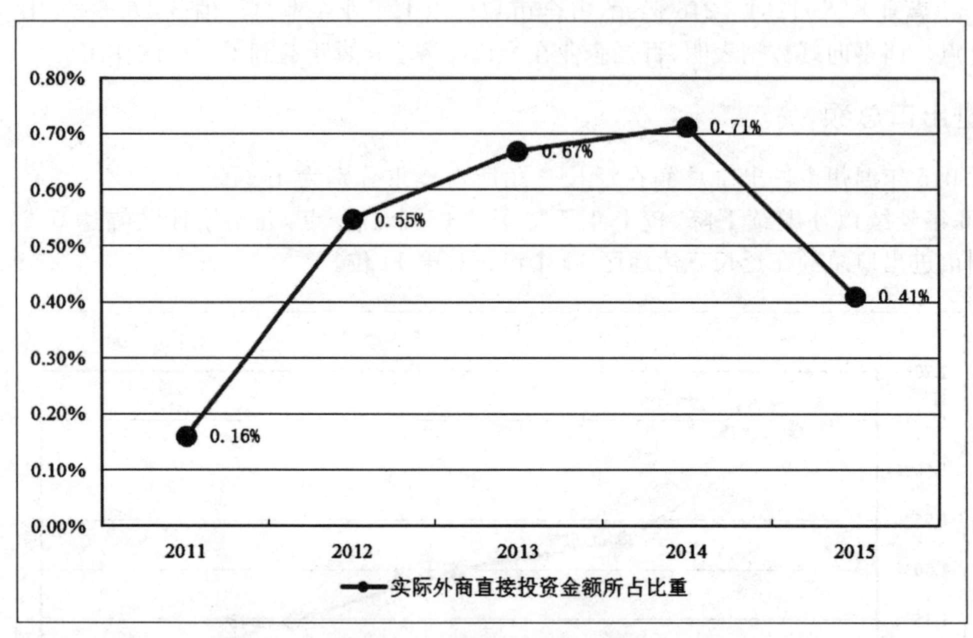

图 8　2011—2015 年温州市实际外商直接投资金额在泛长三角所占比重的变化趋势

2015 年实际利用外资突破 3 亿美元,顺利完成省市下达的 2015 年度外资目标任务。2015 年以来,外资形势异常严峻。1 至 11 月,实际利用外资 1.07 亿美元,仅完成年度外资目标任务的 35.6%。

百威英博(温州)啤酒有限公司正式摘牌温州经济技术开发区金海园区地块,首期出资 4000 万美元。这标志着该公司年产 120 万吨啤酒项目正式落户温州经济技术开发区。据悉,该项目总投资额约 20 亿元、占地 500 亩,是百威英博在中国投资最大项目之一,也是温州经开区设立以来单体总投资最大的制造业项目,刷新了经开区乃至温州市外资新的纪录。项目投产后,不仅会带来良好的经济效益和社会效益,还有望引领地区产业结构的调整与提升。

五　嘉兴市 2015 年度经济社会发展报告

2015 年，面对复杂多变的国内外经济形势，全市上下全面落实市委、市政府决策部署，牢固树立和贯彻落实创新、协调、绿色、开放、共享的发展理念，适应经济发展新常态，坚持稳中求进工作总基调，全力推进稳增长、促转型、抓改革、治环境、惠民生，经济社会保持了平稳健康发展，实现了“十二五”顺利收官，为“十三五”全面建成高水平小康社会奠定了坚实基础。

一、嘉兴市 2015 年经济发展概况

（一）综合经济

1. 经济总量

全市生产总值(GDP)3517.81 亿元，比上年增长 7.0%。其中，第一产业增加值 139.09 亿元，下降 2.7%；第二产业增加值 1850.68 亿元，增长 5.9%；第三产业增加值 1528.04 亿元，增长 9.6%。三次产业结构调整为 4.0∶52.6∶43.4。按常住人口计算，全年人均生产总值 76834 元(按年平均汇率折算为 12336 美元)，增长 6.7%。

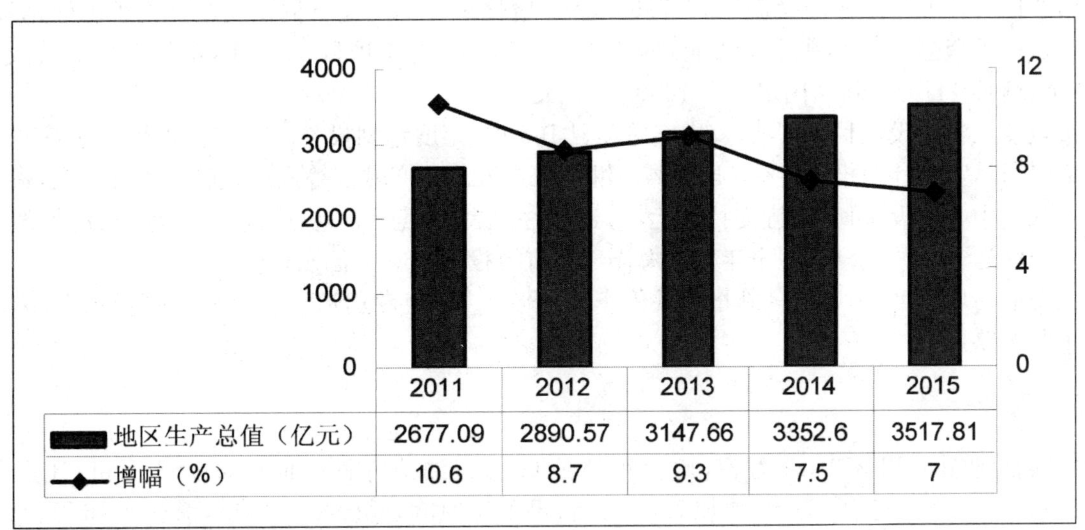

	2011	2012	2013	2014	2015
地区生产总值（亿元）	2677.09	2890.57	3147.66	3352.6	3517.81
增幅（%）	10.6	8.7	9.3	7.5	7

图 1　2011—2015 年嘉兴市地区生产总值及增长速度

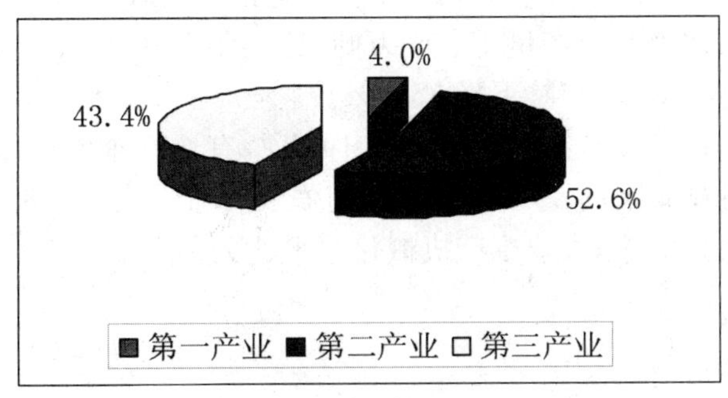

图 2　2015 年嘉兴市三次产业结构图

2.财政收支

全市财政总收入638.80亿元,比上年增长8.6%,其中一般公共预算收入350.35亿元,增长7.1%。各级财政用于民生支出330.03亿元,占一般公共预算支出的77.8%。

3.物价水平

市区城市居民消费价格同比上涨1.0%。从八大类情况看,食品类价格上涨2.0%;烟酒及用品类价格上涨4.1%;衣着类商品价格上涨1.2%;家庭设备用品及维修服务价格上涨1.7%;医疗保健和个人用品价格上涨6.6%;居住类价格上涨1.7%;交通和通信下降4.2%;娱乐教育文化用品及服务下降1.3%。

2015年嘉兴工业生产者出厂价格同比下跌3.6%,工业生产者购进价格同比下跌5.5%。

4.固定资产投资

2015年,全市固定资产投资额2513.82亿元,比上年增长13.2%,其中投资项目(单位)投资额2055.40亿元,增长21.2%;房地产开发投资额458.41亿元,下降12.8%。在固定资产投资中,第一产业投资额30.25亿元,增长20.4%;第二产业投资额1118.26亿元,增长11.6%;第三产业投资额1365.30亿元,增长14.3%。基础设施投资额526.99亿元,增长21.0%。

全市房屋施工面积4397.88万平方米,下降3.3%;房屋竣工面积612.03万平方米,下降3.1%,商品房销售面积640.63万平方米,增长28.8%。

全市非国有控股固定资产投资额1817.63亿元,增长8.5%,占全部固定资产投资额比重为72.3%。全市固定资产投资当年施工项目5592个,增长2.9%;当年新开工项目3667个,增长9.3%;建成投产项目3866个,增长14.0%;新增固定资产1898.16亿元。

全市重点工程建设项目116项,其中实施项目103项,年度计划投资总额216亿元,实际完成投资总额252.70亿元,完成计划投资目标117.0%。继续推进滨海港产城统筹发展试验区提升发展,参与中国舟山江海联运中心建设,研究制订支持航运(海运)业发展政策意见,重点突破黄姑塘线、海塘线和乍浦闸桥等海河联运"最后一公里"。全年完成海洋经济有效投资260.7亿元。

加大交通治堵力度,中心城区新增公共停车位588个、公交专用道13.3公里,打通由拳路、商务大道等5条断头路。

(二)农业

全年粮食种植面积274.16万亩,比上年增长0.3%;油菜籽种植面积23.68万亩,比上年下降2.0%;蔬菜种植面积131.16万亩,增加7.68万亩;果用瓜种植面积14.77万亩,增加1.16万亩;花卉苗木种植面积23.82万亩,增加3.96万亩。粮经面积比调整至57.1∶42.9。全年粮食总产量122.14万吨,增长0.5%;蔬菜总产量265.78万吨,增长4.9%。

年末全市生猪存栏32.85万头,比上年下降60.0%;生猪出栏数99.68万头,下降73.4%;肉类总产量14.27万吨,下降55.8%;水产品总产量15.05万吨,比上年下降8.0%,其中淡水产品产量14.92万吨,下降7.6%,海水产品产量0.13万吨,下降35.4%。

2015年,全市引进新品种263个,制定农业标准199项,有609个农产品通过国家级无公害农产品认证。全市已建成各类休闲农业园区99个,截止目前农民专业合作社885家。新建粮食生产功能区15.4万亩、省级现代农业园区18个,农业生产机械化水平达到76%。

(三)工业和建筑业

1.工业

2015年,全市工业增加值1668.57亿元,比上年增长5.7%,占全市生产总值的47.4%。规模以上(主营业务收入2000万元以上)工业企业数4946家,工业增加值1449.01亿元,增长5.6%,其中重工业

增加值 792.15 亿元，增长 6.4%；轻工业增加值 656.86 亿元，增长 4.4%。全市规模以上工业战略性新兴产业（省标）、高新技术产业和装备制造业增加值分别增长 14.6%、12.3%和 6.9%，占规模以上工业增加值比重分别为 28.4%、42.3%和 24.9%。

全市规模以上工业企业全年主营业务收入 6960.32 亿元，下降 0.4%；利税总额 652.57 亿元，增长 8.8%，其中利润总额 392.20 亿元，增长 7.4%。工业产品销售率 96.31%，总资产贡献率 10.20%，资本保值增值率 108.75%，成本费用利润率 5.95%，资产负债率由上年 58.37%下降为 56.58%，亏损率由上年 8.38%提升为 10.88%，新产品产值率由上年 35.74%上升为 37.79%。

2. 建筑业

2015 年，全社会建筑业增加值 182.98 亿元，比上年增长 8.0%。全市资质内建筑业企业完成建筑业总产值 907.89 亿元，较上年下降 7.8%。

（四）服务业

1. 国内贸易

2015 年，全市社会消费品零售总额 1494.57 亿元，比上年增长 11.0%，扣除价格因素增长 10.3%。从行业看，批发零售业零售额 1345.54 亿元，增长 10.7%，住宿餐饮业零售额 149.03 亿元，增长 13.1%。按经营地分，城镇消费品零售额 1268.79 亿元，增长 10.7%；乡村消费品零售额 225.78 亿元，增长 12.4%。全市电子商务网络零售额 835.6 亿元，比上年增长 36.8%。

2015 年末，全市拥有各类商品交易市场 300 个，比上年减少 27 个（2015 年省工商局对市场分类作了调整，同时将全年无成交额的市场剔除计算市场总数），全年成交额 1663.58 亿元，比上年增长 11.4%。

2. 交通运输、邮电

2015 年，全市公路通车里程 8088 公里，增长 0.3%，其中四级以上公路 8042 公里，增长 1.3%。各种运输方式（不包括铁路，下同）货物周转量 263.00 亿吨公里，增长 7.2%，其中，公路 107.78 亿吨公里，增长 3.6%；全年旅客周转量（营业性车辆）30.45 亿人公里，下降 3.9%。全年嘉兴港货物吞吐总量 6273.42 万吨，下降 8.8%，其中，外贸货物吞吐量 955.18 万吨，增长 6.0%，集装箱 122.78 万标箱，增长 6.2%。

全年邮电业务总量 109.66 亿元，增长 4.1%。其中，邮政业务总量 31.74 亿元，增长 30.3%；电信业务总量 77.92 亿元，下降 3.8%。年末城乡固定电话用户 124.29 万户，比上年末下降 8.1%。移动电话用户 602.27 万户，下降 2.0%。固定互联网用户 147.68 万户，增长 4.1%。快递业务量 2.39 亿件，比上年增长 64.8%。

3. 旅游业

全市接待海内外游客 6382.65 万人次，旅游总收入 679.44 亿元，分别增长 18.4%和 20.3%。其中，接待外国、港澳台游客 72.64 万人次，增长 2.8%，旅游外汇收入 2.53 亿美元，增长 11.5%；接待国内游客 6310.01 万人次，增长 18.6%，国内旅游收入 663.79 亿元，增长 20.5%。

4. 金融、证券和保险

年末全部金融机构本外币存款余额 5957.00 亿元，比上年末增长 4.6%，其中人民币存款余额 5775.41亿元，比上年末增长 4.5%；金融机构本外币贷款余额 4919.82 亿元，比上年末增长 6.0%，其中人民币贷款余额 4718.35 亿元，比上年末增长 7.4%。住户存款余额 2949.24 亿元，增长 4.7%。

年末全市上市公司 40 家，发行股票 41 个，累计募集资金 753.29 亿元，年末全市证券 A、B 股帐户共 138.26 万户，新增 54.77 万户。全年全市证券交易额 32856.20 亿元，比上年增长 224.0%，其中股票交易额 29078.12 亿元，增长 315.9%，基金交易额 837.02 亿元，增长 134.4%，期货交易额 17674.77 亿元，增长 104.9%。

全市保险业保费收入108.55亿元，比上年增长11.9%。其中，财产险保费收入50.26亿元，增长11.5%；人寿险保费收入58.28亿元，增长12.3%。全年赔付额30.49亿元，增长9.2%。其中，财产险赔付金额27.82亿元，增长9.0%；人寿险赔付金额（剔除期满给付）2.67亿元，增长11.6%。

（五）对外经济

1.对外贸易

2015年，全市进出口总值310.85亿美元，比上年下降7.8%，其中出口总值229.27亿美元，下降3.1%，进口总值81.58亿美元，下降19.1%。机电、服装及纺织类产品等居出口主导地位，机电产品出口57.9亿美元，增长2.4%，占全市出口比重33.5%；服装产品出口29.7亿美元，下降8.5%；纺织品出口32.1亿美元，增长0.9%，占比18.6%。高新技术产品出口8.14亿美元，增长14.4%。嘉兴市具有出口实绩的民营企业3869家，比上年同期增加355家，累计出口94.6亿美元，下降0.8%。

2.外资状况

全市新批外商投资项目249个，比上年增加3个；合同利用外资48.72亿美元，比上年增长10.3%；实际利用外资26.84亿美元，增长7.6%。新批境外投资项目49个，对外直接投资额6.22亿美元，比上年增长99.6%。全市引进内资项目1325个，实际到位内资306.90亿元，增长6.6%。

二、嘉兴市2015年社会发展概况

（一）人口、人民生活

2015年末全市户籍人口349.48万人，比上年末增加1.34万人。全市户籍人口出生率8.13‰，死亡率7.24‰，自然增长率0.89‰。全年迁入人口2.30万人，迁出人口1.10万人，人口机械增长率3.46‰。

根据全国1%人口抽样调查结果，结合相关部门人口数据推算，2015年嘉兴市常住人口总量458.5万人，其中城镇人口达到279.23万人，人口城镇化率达到60.9%，比上年提高1.7个百分点。

2015年，全市城镇居民人均可支配收入45499元，比上年增长8%，剔除价格上涨因素实际增长6.9%；农村居民人均可支配收入26838元，比上年增长8.8%，剔除价格上涨因素，实际增长7.7%。城镇居民人均生活消费支出25544元，增长10.9%；农村居民人均生活消费支出17522元，增长8.4%。城乡居民家庭恩格尔系数（即居民家庭食品消费支出占家庭消费总支出的比重）分别为30.0%和29.6%。年末城镇居民家庭人均住房建筑面积38.94平方米；农村居民人均生活用房建筑面积71.66平方米。

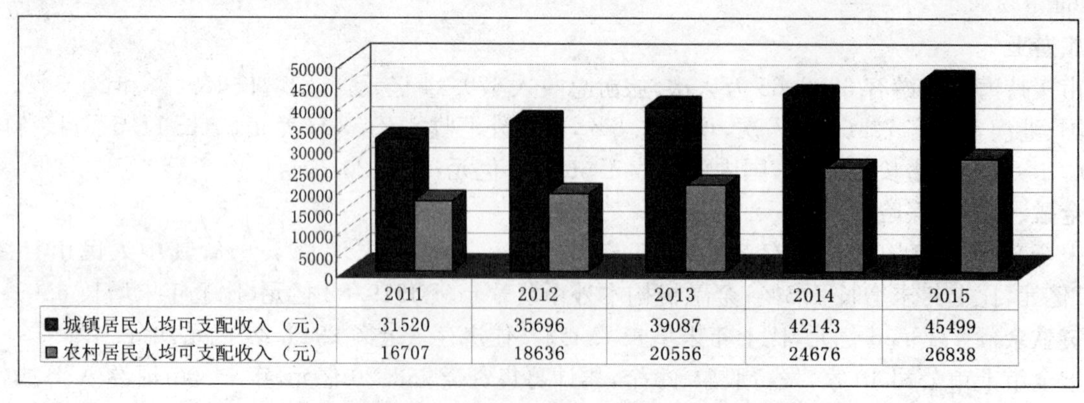

	2011	2012	2013	2014	2015
城镇居民人均可支配收入（元）	31520	35696	39087	42143	45499
农村居民人均可支配收入（元）	16707	18636	20556	24676	26838

图3 2011—2015年嘉兴市城乡居民收入对比一览

（二）就业与社会保障

1. **就业工作**

全市城镇新增就业人数10.3万人，比上年减少0.42万人。城镇登记失业率2.88%。年末全市共有职业介绍机构66家，全年举办各类劳动力招聘活动512次。

2. **社会保障**

全市城乡享受最低生活保障家庭1.32万户，比上年减少0.06万户；保障人数2.13万人。全市投入城乡最低生活保障资金1.12亿元，上升14.9%，提供城乡各种社会救济5.23万人次，比上年提升1079人次。

全市基本养老、基本医疗保险参保人数分别达到226万人和197万人，城乡低保标准统一提高到664元，最低月工资标准提高到1660元。失业保险参保人数达114.93万人，增长3.7%；领取失业保险金的人数2.65万人。

居家养老服务照料中心城乡社区覆盖率分别达到100%和91%。对74万名老年人实行政策性意外伤害保险。

（三）教育和科学技术

1. **教育事业**

2015年，全市拥有各类学校（含幼儿园）677所，在校生66.27万人。各类高等教育学校10所，在校生8.27万余人，其中全日制普通高校6所，在校生5.27万人；普通高中35所，在校生5.63万人；初级中学138所，在校生10.63万人；小学154所，在校学生24.58万人。初中、小学入学率和巩固率均达到100%。初中毕业生升高中段各类学校比例达99.12%。普通高校招生15627人，毕业学生11764人，比上年下降16.5%。高等自学考试报考人数1.94万人，获得大专以上文凭人数3877人；成人中等专业学历教育招收学生415人，毕业班学生822人。农村各类文化技术培训87万人次。全市各类民办学校64所，在校学生12.16万人。

2. **科技与创新**

2015年，全市发明专利申请量和发明专利授权量分别为5487件和1184件，全年获得市级以上各类科技成果95项，技术市场发展平稳，全年经认定登记技术交易金额12.81亿元，交易合同数973项。嘉兴科技城成为全省五大科技平台之一，秀洲高新技术产业园区升格为国家级高新技术产业开发区。市农科院水稻新品种选育成果获得国家科技进步二等奖。全市年末国家级高新技术企业达496家，省级科技型中小企业1623家，比上年增加319家，新增市级科技孵化器3家。全市科技金融专营机构达到10家，科技风险投资资金池规模达1.6亿元，对科技型企业贷款余额累计达441亿元；新增各类人才7.5万人。全市规模以上工业新产品产值2861.76亿元，增长6.9%。科技创新投入力度加大，全市研究与试验发展经费支出占全市生产总值比重2.69%。

（四）文化、卫生和体育

1. **文化事业**

2015年末，全市拥有文化艺术表演团体11个，艺术表演场所16个，文化馆8个，文化站73个，公共图书馆6个，图书总藏量748万册，图书总流通1191万人次。各类电影放映单位46家，广播电台6座，电视台6座，全市行政村有线电视联网率达到100%，广播和电视人口覆盖率均达100%。

2015年"文化有约"共推出项目（活动）3000余个（4550余场次），网站总访问量突破300万次，注册用户数达1.2万余人。全市已建成农村"文化礼堂"354家，开展"送戏下乡"1000多场、"文化走亲"近200场。城乡图书馆、文化馆总分馆建成率达到100%。推进国家公共文化服务体系示范区建设，成功举办国际漫画双年展和端午民俗文化节。

2.卫生事业

2015年末，全市共有医疗卫生机构1411个，各类卫生工作人员29620人，其中医生9837人，注册护士12046人，医疗床位23214张。平均每千人拥有医生2.81名，每千人拥有医院床位6.64张。全年急门诊病人3607万人次，住院67.7万人次。

全市已建成79个社区卫生服务中心，其中省级规范社区服务中心78个，社区卫生服务站769个。全市无偿献血45861人次，献血量1426万毫升；无偿献血占临床用血比例达100%。

全市镇、村合作医疗覆盖率均达100%，镇初保达标率为100%。全市农村自来水受益率100%，农村农户改厕率99.46%。

3.体育事业

推进公共体育设施免费开放，全市公办中小学校体育设施开放比例超95%，其中市区学校开放比例达100%。举办市第八届运动会暨第三届市民运动会。

(五)城乡建设

启动国家新型城镇化综合试点，扎实推进“多规合一”，完成嘉兴空间发展与保护总体规划编制。深入实施“三改一拆”，组织开展“公铁”沿线环境整治，拆除各类违法建筑1458.3万平方米，拆出土地1299万平方米，拆后利用率达到77.2%。获批国家海绵城市建设试点城市。加大交通治堵力度，中心城区新增公共停车位588个、公交专用道13.3公里，打通由拳路、商务大道等5条断头路。

(六)资源、生态环境与节能减排

2015年全市水资源总量38.76亿立方米，增长64.8%；人均水资源量845.34立方米(按当年常住人口计算)，增长64.2%；全市平均降水深1580.80毫米，增长26.6%。

全市机动车总量达156.08万辆，其中汽车91.6万辆，增长15.7%；私人汽车77.44万辆，增长18.6%。

实施“三改一拆”，组织开展“公铁”沿线环境整治，拆违1458万平方米，完成“三改”2688.9万平方米。成功入围国家海绵城市创建试点城市。开展治水攻坚战，新增污水达标入网企业2121家、农村生活污水治理受益农户13.5万户，全市跨行政区域河流交接断面水质考核获得优秀。实施“五气共治”，完善农作物秸秆综合利用机制，淘汰燃煤锅炉1603台、黄标车17815辆，市区空气优良率达到64.4%。

2015年，全市规模以上工业能源消费总量(等价热值，下同)1368.0万吨标煤，较上年增长0.6%，全市规模以上工业单位工业增加值能耗下降4.8%。八大高耗能行业能耗总量1071.9万吨标煤，增长1.6%，八大高耗能行业单耗下降6.2%。

(七)社会安全

建设“平安嘉兴”取得新成效。据调查，2015年全市人民群众安全感满意率达到96.21%。全年全市共发生各类安全生产事故(包括工矿商贸企业、道路交通、水上交通、渔业船舶事故)1239起，比上年减少100起，同比下降7.5%；死亡人数318人，比上年减少15人，同比下降4.5%。

三、嘉兴市在长三角地区经济发展中的地位

2015年，嘉兴市全市继续深入贯彻落实科学发展观，牢牢把握稳中求进的工作总基调，主动适应经济发展新常态，着力推进转型发展，全市经济运行总体稳定。

(一)地区生产总值

2011—2015 年嘉兴市地区生产总值在泛长三角所占比重分别为 2.31%、2.26%、2.25%、2.20%和 2.16%，总体呈下降趋势，2015 年较上年减少了 0.04 个百分点，较 2011 年减少了 0.15 个百分点。2015 年嘉兴市地区生产总值在泛长三角地区 41 个市排名第 17 位。

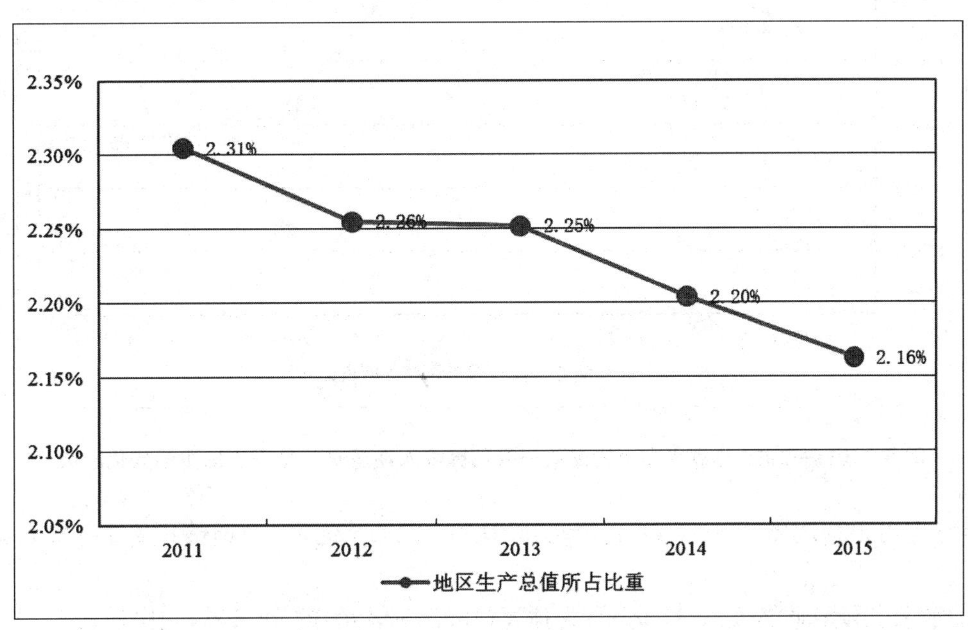

图 4　2011—2015 年嘉兴市地区生产总值在泛长三角(苏浙两省 24 个地级市、安徽省 16 个地级市和上海市，下同)所占比重的变化趋势

2015 年嘉兴经济增长在长三角地区处于居后位置，大部分指标增速均落后于长三角的平均水平，与长三角各城市发展差距较为明显。具体来看：全年地区生产总值增长 7%，低于长三角平均 1.2 个百分点，居 16 城市第 14 位；规模以上工业总产值增长 1.1%，低于长三角平均 1.3 个百分点，居 16 城市第 10 位；固定资产投资增长 13.2%，高于长三角平均 4.1 个百分点，居 16 城市第 5 位；房地产开发投资下降 12.8%，低于长三角平均 13.7 个百分点，居 16 城市第 12 位；社会消费品零售总额增长 11%，高于长三角平均 1.2 个百分点，居 16 城市第 4 位；进出口总额下降 7.8%，低于长三角平均 4.2 个百分点，居 16 城市第 15 位；出口总额同比下降 3.1%，低于长三角平均 0.5 个百分点，居 16 城市第 12 位；实际利用外资增长 7.6%，高于长三角平均 9.8 个百分点，居 16 城市第 6 位；城镇常住居民人均可支配收入增长 8%，低于长三角平均 0.3 个百分点，居 16 城市第 15 位；农村常住居民人均可支配收入增速均值为 9%，高于长三角平均 0.2 个百分点，居 16 城市第 11 位；公共财政预算收入增长 7.1%，低于长三角平均 3.7 个百分点，居 16 城市第 13 位。

(二)地方财政一般预算收入

2011—2015 年嘉兴市地方财政一般预算收入在泛长三角所占比重分别为 1.83%、1.86%、1.87%、1.80%和 1.79%，累积下跌了 0.04 个百分点，2015 年较上年下跌了 0.01 个百分点。2015 年嘉兴市地方财政一般预算收入在泛长三角地区 41 个市排名第 14 位。

全市一般公共预算收入 350.35 亿元，同比增长 7.1%，为预算(351.87 亿元)的 99.6%。全市一般公共预算当年支出年初预算为 305.68 亿元，执行中加上上级转移支付、上年结转以及地方政府债券转

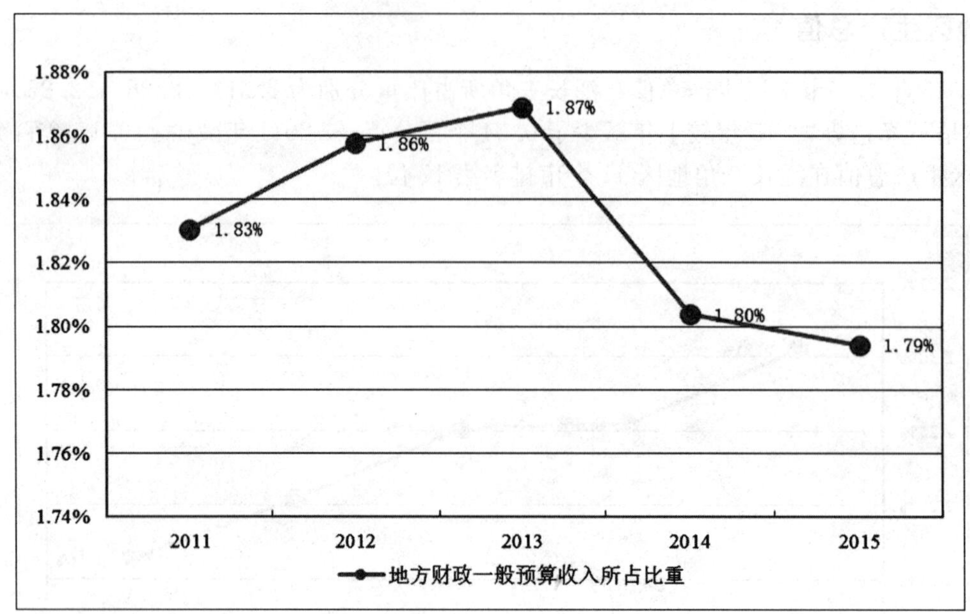

图5　2011—2015年嘉兴市地方财政一般预算收入在泛长三角所占比重的变化趋势

贷支出等，年终支出预算调整为455.43亿元，实际执行424.16亿元，为调整预算的93.1%，同比增长14.8%。

市本级一般公共预算收入108.47亿元，为预算(109.40亿元)的99.1%，同比增长6.1%。

市本级一般公共预算当年支出年初预算为88.45亿元，执行中加上级转移支付、上年结转以及地方政府债券转贷支出等，年终支出预算调整为167.31亿元，实际执行146.76亿元，为调整预算的87.7%，同比增长14.0%。

(三)规模以上工业总产值

2011—2015年嘉兴市规模以上工业总产值在泛长三角所占比重分别为2.62%、2.54%、2.64%、2.69%和2.66%，2015年较上年减少了0.03个百分点，较2011年增加了0.04个百分点。2015年嘉兴市规模以上工业总产值在泛长三角地区41个市排名第16位。

2015年，在经济发展进入新常态的大环境下，嘉兴工业经济继续呈现稳中趋缓的态势，规模以上工业增加值增长5.6%，利润总额增长7.4%。转型升级呈现诸多亮点，新生动力加快孕育，创新能力继续增强，做大做强初见成效等；但需求不足、资金回笼减缓、融资成本上升、制造业整体趋缓等问题不容忽视。全市工业生产总体平稳，增幅较上年有所回落。全市规模以上(以下简称“规上”)工业增加值1449.01亿元，增长5.6%(可比价，下同)，比全省平均水平高1.2个百分点，位列全省第五；增速较2014年回落2.1个百分点。

(四)进出口总额

2011—2015年嘉兴市进出口总额在泛长三角所占比重分别为2.17%、2.15%、2.31%、2.35%和2.23%，总体呈上升趋势，2015年较上年减少了0.12个百分点，五年累计增加了0.06个百分点。2015年嘉兴市进出口总额在泛长三角地区41个市排名第9位。

2015年，1—11月全市进出口增速略高于全国、低于全省平均，出口、进口增速均低于全国、全省平均。其中，出口、进口增速分别低于去年同期13.1个、18.8个百分点。从全省来看，全市出口、进口增速

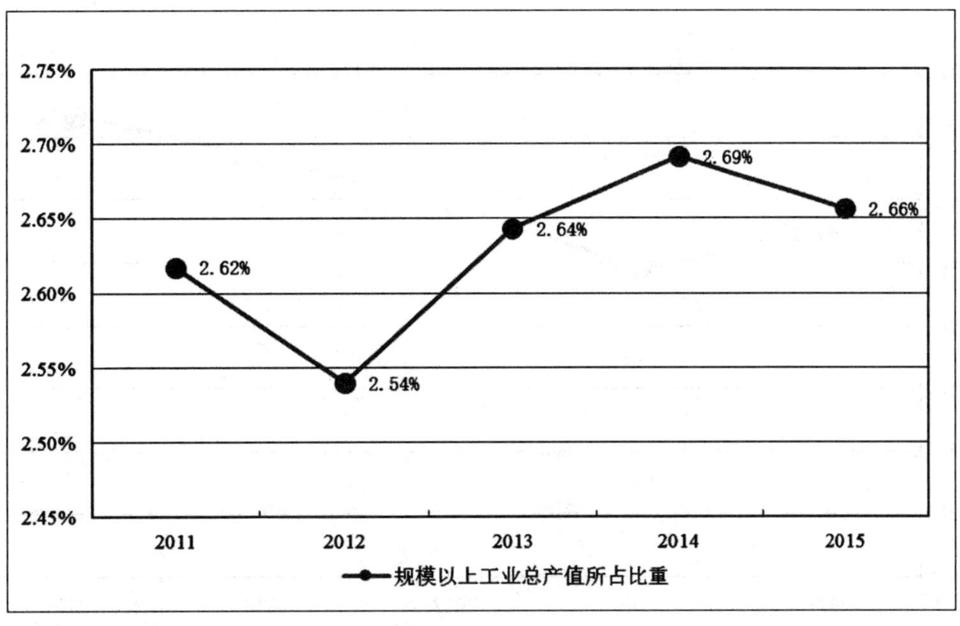

图 6　2011—2015 年嘉兴市规模以上工业总产值在泛长三角所占比重的变化趋势

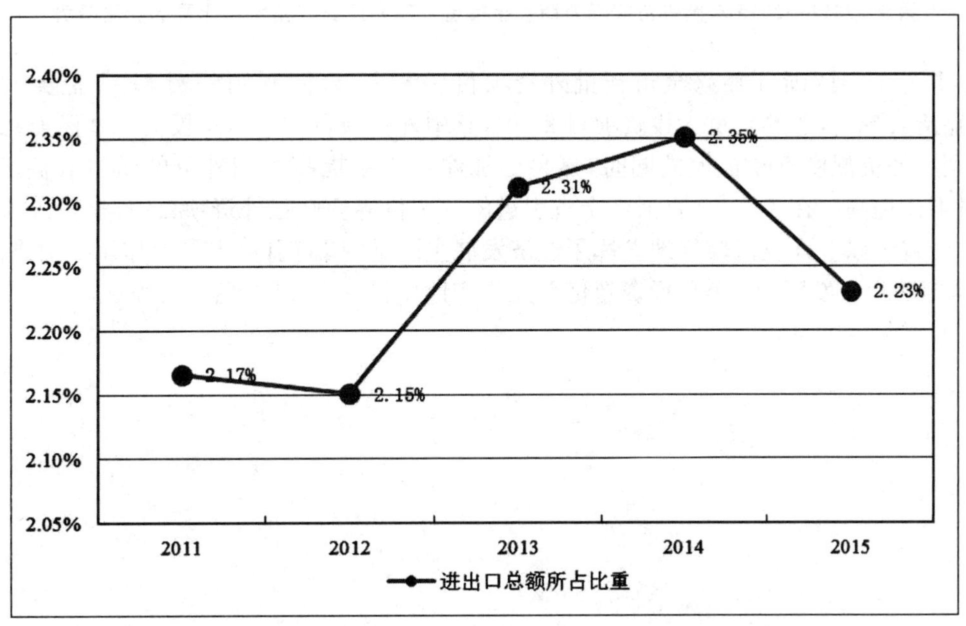

图 7　2011—2015 年嘉兴市进出口总额在泛长三角所占比重的变化趋势

均位列第 7 位。从各县(市、区)看,除海宁出口呈现正增长外,其它各地区出口下降。桐乡市、海盐县进口分别增长 0.7%、3.4%,其它各地区进口均呈两位数下降。

(五)实际外商直接投资金额

2011—2015 年嘉兴市实际外商直接投资金额在泛长三角所占比重分别为 2.73%、2.45%、2.94%、3.34%和 3.66%,2015 年较上年增加了 0.32 个百分点,较 2011 年增加了 0.93 个百分点。2015 年嘉兴市实际外商直接投资金额在泛长三角地区 41 个市排名第 7 位。

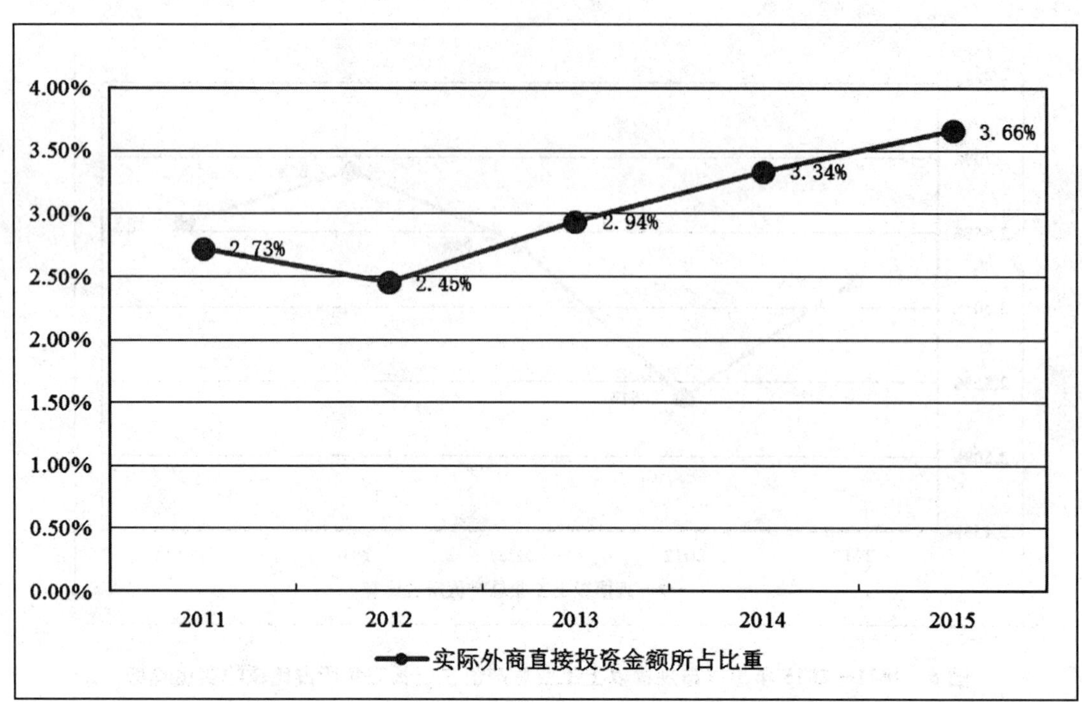

图8　2011—2015年嘉兴市实际外商直接投资金额在泛长三角所占比重的变化趋势

2015年，1至10月，浙江嘉兴全市新批外资项目198个，合同利用外资37.7亿美元，同比增长24%。就在嘉洽会现场，还签约重大投资项目22个，其中外资项目12个，总投资8.8亿美元。

在实现利用外资规模不断扩大的同时，嘉兴更加注重不断提高利用外资的质量效益，产业结构优化、项目质量不断提高。在1至10月浙江全省引进的5个世界500强外资项目中，嘉兴占3个。

嘉兴14个省级以上开发区较好地发挥了经济发展主阵地、招商引资主平台作用。引进的3个世界500强项目全部落户开发区，14个总投资超亿美元生产性项目中有12个落户开发区。

六　湖州市2015年经济社会发展报告

2015年，面对复杂严峻的外部环境，湖州市坚定不移地按照一心一意抓落实，持续打好项目建设和治水治气两大攻坚战，全力打造经济转型升级、城乡一体、生态文明"三个升级版"的工作思路，深入践行创新、协调、绿色、开放、共享五大发展理念，主动适应新常态，团结拼搏、克难攻坚，保持了经济社会发展稳中有进、稳中有好的良好态势，实现了"十二五"圆满收官，为"十三五"经济社会发展、决胜全面建成小康社会奠定了坚实基础。

一、湖州市2015年经济发展概况

（一）综合经济

1. 经济总量

全年实现地区生产总值（GDP）2084.26亿元，按可比价计算比上年增长8.3%。分产业看，第一产业增加值122.6亿元，增长1.7%；第二产业增加值1021.05亿元，增长6.5%，其中工业增加值920.47亿元，增长6.3%；第三产业增加值940.6亿元，增长11.9%。三次产业结构比例为5.9∶49.2∶44.9。按户籍人口计算的人均GDP为79025元，增长8.1%，折合12688美元；按常住人口计算的人均GDP为70899元，增长7.7%，折合11383美元。

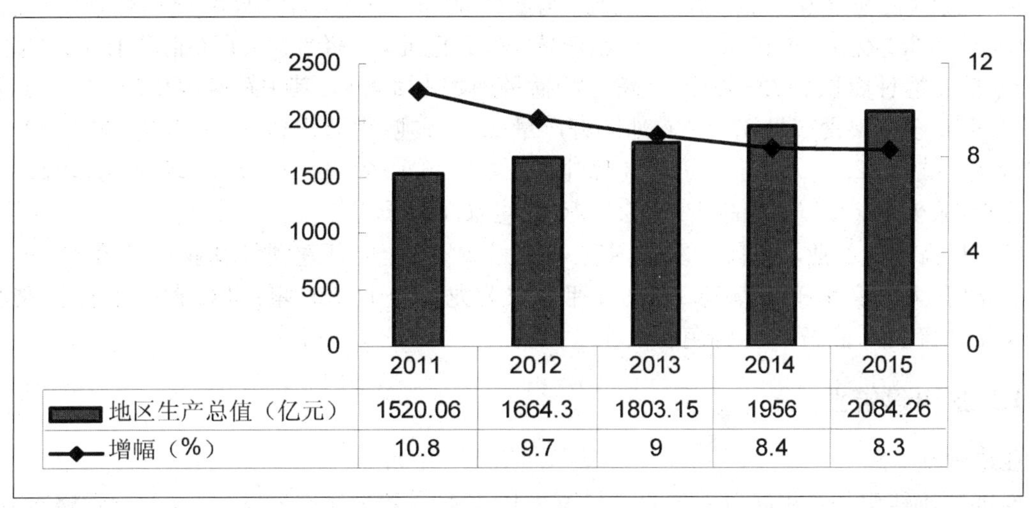

	2011	2012	2013	2014	2015
地区生产总值（亿元）	1520.06	1664.3	1803.15	1956	2084.26
增幅（%）	10.8	9.7	9	8.4	8.3

图1　2011—2015年湖州市地区生产总值及增长速度

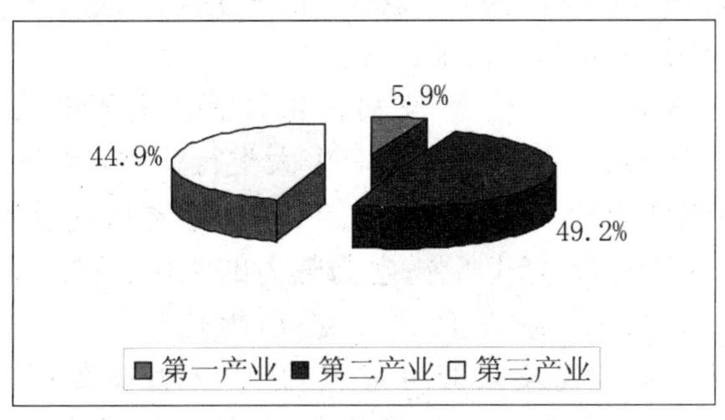

图2　2015年湖州市三次产业结构图

2. 财政收支

全年实现财政总收入327.8亿元，其中地方财政收入191.3亿元，分别比上年增长7.1%和7.3%。财政总收入占GDP的比重为15.7%。地方财政收入中，税收收入169.3亿元，增长8.3%，占比为88.5%；从主要税种看，增值税、营业税、企业所得税、个人所得税分别为32.5亿元、47.4亿元、21.5亿元和11.2亿元，分别增长9.6%、16.5%、-9.9%和45.7%。全年财政支出273.7亿元，增长13.2%，其中民生改善支出207.6亿元，增长13.6%。

3. 物价水平

全年城市居民消费价格总水平比上年上涨1.0%，其中服务项目价格上涨1.4%，消费品价格上涨0.8%。从八大类商品和服务价格看，食品上涨1.7%，烟酒及用品上涨2.5%，衣着上涨1.0%，家庭设备用品及维修服务上涨1.4%，医疗保健和个人用品上涨2.1%，交通和通信下降1.4%，娱乐教育文化用品及服务上涨2.4%，居住下降0.3%。

4. 固定资产投资

全年固定资产投资项目2219个，完成投资1402.6亿元，比上年增长12.9%。其中，基础设施投资324.3亿元，增长24.4%；非国有投资1077.2亿元，增长7.1%。按产业划分，第一产业投资8.3亿元，增长22.4%；第二产业投资612.7亿元，增长7.6%，其中工业投资612.6亿元，增长7.6%；第三产业投资781.6亿元，增长17.3%。

(二)农业和农村建设

全年实现农林牧渔业总产值213.4亿元，比上年增长1.1%。其中，农业产值94.2亿元，下降1.8%；林业产值22.2亿元，增长3.3%；牧业产值36.7亿元，下降9.2%；渔业产值50.3亿元，增长15.4%。全年粮食播种面积142.3万亩；经济作物播种面积102万亩，其中蔬菜面积56.4万亩，花卉苗木面积31.8万亩。全年粮食产量67万吨；油菜籽产量2.4万吨；生猪出栏97.3万头，减少29.3%；肉类产量13.0万吨，减少22.2%；蚕茧产量0.8万吨，减少15.6%；家禽出栏3650万羽，减少12.5%；禽蛋产量4.3万吨，减少11.3%；水产品产量35.3万吨，增加15.4%。

全市年末拥有现代农业示范园327个，其中省级100个；全年新建现代农业示范园38个，其中省级12个。年末拥有无公害水产品基地103个；拥有农业龙头企业239家；拥有省级无公害农产品基地121.5万亩，无公害农产品770只，绿色食品186只。

(三)工业和建筑业

1. 工业增加值

全力推进工业转型升级规模以上工业增加值增长6.4%，增速列全省第二位，其中战略性新兴产业、高新技术产业、装备制造业分别增长9%、9.8%和7.8%，高新技术产业对工业的贡献率达到61.3%。长兴县被列为全省唯一的工业转型升级示范区试点。统筹“四换三名”和“两化”深度融合，淘汰239家企业的落后产能，完成工业技改投资443.4亿元。

全年规模以上工业实现增加值770.6亿元，按可比价计算比上年增长6.4%，其中轻工业348.3亿元、重工业422.2亿元，分别增长7.1%和5.9%。33个大类行业中，有28个行业增加值实现增长，6个行业超过40亿元。其中，纺织业105.5亿元，增长5.3%；电气机械及器材制造业75.0亿元，增长9.7%；非金属矿物制品业69.3亿元，下降1.6%；电力热力的生产和供应业53.5亿元，增长7.3%；通用设备制造业51.9亿元，增长9.3%；家具制造业41.1亿元，增长5.5%。

全年规模以上工业实现主营业务收入4082.4亿元，比上年增长2.1%；利税396.4亿元，其中利润253.6亿元，分别增长9.1%、9.2%。10个工业行业达到了“主营业务收入超100亿元、利税超10亿元”，共实现主营业务收入2916.4亿元、利税总额284.7亿元，分别占全部规模以上工业的71.4%和

71.8%。7个行业利税超过20亿元。其中，纺织业51.6亿元，增长8.8%；电气机械及器材制造业42.0亿元，增长20.7%；通用设备制造业34.6亿元，增长8.9%；非金属矿物制品业28.9亿元，下降15.8%；电力、热力的生产和供应业27.4亿元，增长48.5%；化学原料及化学制品制造业24.7亿元，增长12.2%；木材加工及木、竹、藤、棕、草制品业21.0亿元，增长5.6%。

全年高新技术产业实现主营业务收入1774.3亿元，比上年增长6.3%；利税184.3亿元，其中利润124.1亿元，分别增长14.1%、14.0%。从利税看，新能源及节能产业增长60.7%，电子信息产业增长23.0%，生物医药产业增长12.0%，新材料产业增长10.0%，光机电一体化产业增长7.7%，资源与环境产业下降14.5%。

全年六大特色产业实现主营业务收入2408.8亿元，比上年增长2.8%；利税221.6亿元，其中利润145.8亿元，分别增长11.0%、8.9%。从利税看，新能源产业增长50.1%，先进装备产业增长12.0%，绿色家居产业、生物医药产业均增长10.8%，特色纺织产业增长6.6%，金属新材产业下降4.8%。

2. 建筑业

全市年末拥有建筑企业230家，其中一级资质企业43家、二级资质企业65家。全年建筑企业完成建筑业总产值621.6亿元，比上年增长5.2%，其中建筑工程产值547.81亿元，安装工程产值50.45亿元，分别增长4.5%和8.7%；房屋建筑施工面积4169.71万平方米，下降0.4%；竣工面积2031.81万平方米，增长12.5%。

（四）服务业

1. 国内贸易

全年实现社会消费品零售总额963.92亿元，比上年增长10.6%。其中，批发零售业863.6亿元，增长10.3%；住宿餐饮业100.3亿元，增长14.1%。限额以上批发零售贸易企业全年实现零售额372.7亿元，增长9.2%。其中，石油及制品类71.2亿元，增长0.7%；服装类40.7亿元，增长33.7%；食品类31.8亿元，增长21.7%；家用电器和音像器材类13.0亿元，增长3.2%；汽车类123.2亿元，金银珠宝类9.4亿元，分别下降0.2%和8.4%。

2. 交通运输、邮电

加快构建现代化综合交通网络体系。商合杭铁路湖州段、申嘉湖高速公路西延项目动工兴建，杭长高速公路北延、318国道南浔至吴兴段改造、五一大桥改建等工程加快建设，湖苏沪高铁、杭宁高速改扩建、长湖申航道西延和京杭运河湖州段整治等项目前期有序推进。全市年末公路通车里程达到7666公里，其中高速公路289公里、一级公路461.1公里、二级公路602.3公里。全年新建成农村联网公路140公里。全年完成客运量6047万人，比上年下降4.1%；客运周转量20.9亿人公里，下降5.6%。完成货运量13565万吨，增长2.7%，其中公路7819万吨，增长4.8%，水路5746万吨，增长0.1%；货运周转量146.7亿吨公里，增长2.4%，其中公路60.2亿吨公里，增长5.9%，水路86.5亿吨公里，增长0.1%。全年内河港口货物吞吐量8052万吨，下降5.1%，内河集装箱吞吐量18.5万标箱，增长52.7%。

全市年末汽车保有量达到55.31万辆，比上年增加8.16万辆，增长17.3%；私人汽车保有量50.56万辆，增加8.11万辆，增长19.1%，其中轿车36.25万辆，增加5.93万辆，增长19.6%。全年小型汽车上牌量9.74万辆，增长18.5%。

全年实现电信业务收入31.3亿元，比上年增长1.2%；全市年末固定电话用户89.14万户，比上年减少1.48万户；移动电话用户450.27万户，增加67.27万户；年末国际互联网宽带用户104.33万户，增加16.49万户。

3. 旅游业

全年接待国内外旅游人数7070.5万人次，比上年增长18.7%。其中，国内旅游人数7000.2万人次，增长18.7%；入境旅游人数70.3万人次，增长16.6%。全年实现旅游总收入700.0亿元，增长

39.1%。其中，国内旅游收入682.1亿元，增长39.4%；旅游外汇收入2.9亿美元，增长29.2%。全年旅游景区门票收入7.0亿元，增长60.8%。全市年末拥有星级宾馆46家，其中三星级以上宾馆39家。

4. **金融、证券和保险**

全市金融机构年末本外币存款余额3089.7亿元、贷款余额2535.0亿元，分别比上年增长9.8%、7.3%；年末本外币贷款余额比年初增加172.0亿元，同比少增38.7亿元；年末本外币住户存款余额1555.6亿元，比年初增加129.4亿元，同比少增7.5亿元。年末金融机构年末不良贷款余额为38.8亿元，比年初减少1.4亿元，不良贷款率为1.53%，比年初下降0.05个百分点。

全年证券营业机构股票成交额11277.0亿元，比上年增长254.4%，其中代理A股成交11176.6亿元，增长251.6%。浙江鼎力、佐力小贷、诺力股份、长安仁恒、永艺股份、星光农机、永兴特钢等7家企业分别在境内外证券市场成功上市，实现首发融资31.16亿元；升华拜克、美都能源、佐力药业、超威动力、尤夫股份、久立特材、金洲管道等7家上市公司通过上市公司平台实现再融资72亿元。全市年末已拥有上市公司22家，其中境外6家，境内16家。

全年保险公司保费收入65.8亿元，增长12.8%。其中，财产险保费收入30.5亿元，增长14.9%；寿险保费收入35.4亿元，增长11.0%。各项保险赔款和给付支出25.5亿元，增长31.5%。其中，财险赔款15.6亿元，增长15.0%；寿险赔款和给付支出9.9亿元，增长70.2%。

5. **房地产业**

全年完成房地产开发投资323.4亿元，比上年下降5.6%。全年房屋施工面积2396.5万平方米，下降3.0%；房屋竣工面积253.8万平方米，下降44.1%；商品房销售面积399.3万平方米，增长30.9%，其中住宅346.1万平方米，增长33.1%；商品房销售额274.8亿元，增长37.4%，其中住宅237.1亿元，增长44.6%。

(五)对外经济

1. **对外贸易**

全年外贸进出口总额102.6亿美元，比上年增长2.7%。其中，出口89.0亿美元，增长1.1%；进口13.5亿美元，增长14.3%。按出口贸易方式分，一般贸易出口80.8亿美元，增长0.6%；加工贸易出口7.7亿美元，增长0.5%。按出口企业性质分，生产企业出口50.1亿美元，增长2.3%；流通企业出口12.4亿美元，下降4.8%；外资企业出口26.1亿美元，增长0.01%。按主要出口产品分，机电产品出口29.8亿美元，增长4.7%，纺织原料及纺织制品出口28.2亿美元，下降3.8%。按主要出口市场分，北美洲出口增长较快，达到11.5%；大洋洲增长4.8%；亚洲、非洲、欧洲和拉丁美洲分别下降3.1%、6.4%、2.6%和4.7%。

2. **利用外资情况**

全年新批准及增减资利用外资项目185个。其中，外商投资企业107家，增资项目46个；总投资千万美元以上项目81个。全年合同外资16.6亿美元，比上年增长5.7%。全年实到外资9.4亿美元，比上年下降4.3%。其中，第一产业0.4亿美元，增长410.0%；第二产业3.1亿美元，下降48.0%；第三产业6.0亿美元，增长53.9%。

二、湖州市2015年社会发展概况

(一)人口、人民生活

全市年末户籍人口263.71万人，其中男性130.68万人、女性133.03万人；城镇人口122.81万人；60岁以上人口61.02万人，占总人口的23.1%，占比提高0.9个百分点。全年出生人口2.02万人，出生率为7.67‰；死亡人口1.92万人，死亡率为7.27‰；人口自然增长率为0.41‰。全年计划生育率为

97.3%。全年新增城镇就业 7.57 万人，帮扶下岗失业人员再就业 2.79 万人；年末城镇登记失业率为 2.67%。

据 619 户城镇居民家庭抽样调查，全年城镇居民人均可支配收入达到 42238 元，比上年名义增长 8.4%。其中，工资性收入增长 9.3%，经营性收入增长 5.2%，财产性收入增长 6.4%，转移性收入增长 11.6%。人均生活消费支出 26815 元，增长 7.8%。据 576 户农村居民家庭抽样调查，全年农村居民人均可支配收入达到 24410 元，比上年名义增长 9.0%。其中，工资性收入增长 9.7%，经营性收入增长 6.9%，财产性收入增长 10.8%，转移性收入增长 9.7%。人均生活消费支出 16112 元，增长 8.6%。按户籍人口计算的人均本外币住户存款余额达 58987 元。

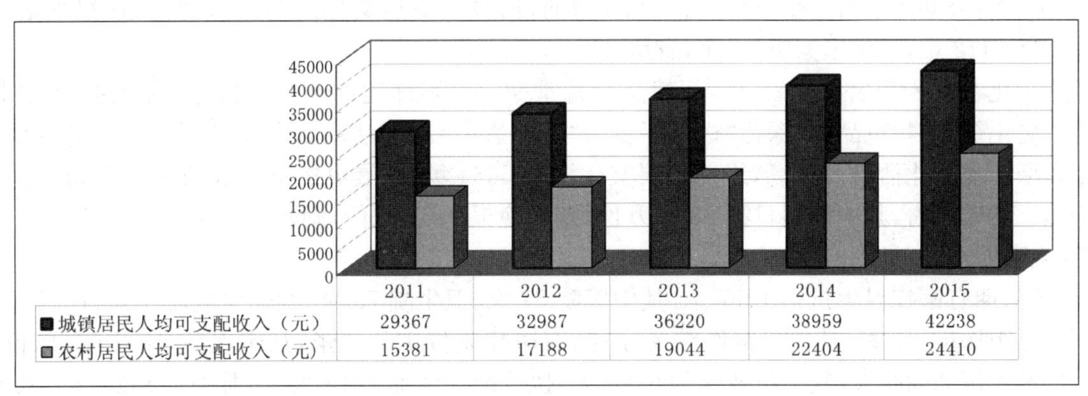

	2011	2012	2013	2014	2015
■城镇居民人均可支配收入（元）	29367	32987	36220	38959	42238
■农村居民人均可支配收入（元）	15381	17188	19044	22404	24410

图 3　2011—2015 年湖州市城乡居民收入对比一览

（二）社会保障

全市年末参加城镇基本养老保险人数达到 133.33 万人，比上年增加 5.94 万人；参加城镇职工基本医疗保险人数 111.01 万人，增加 6.86 万人；参加失业保险人数 64.47 万人，增加 2.85 万人；参加工伤保险人数 75.88 万人，增加 0.35 万人；参加生育保险人数 62.85 万人，增加 2.57 万人；参加生活保障和生活补助制度的被征地农民 8.30 万人，减少 4.38 万人。全市年末住房公积金正常缴存人数达到 28.32 万人，比上年增加 1.94 万人；全年归集住房公积金 38.59 亿元，增长 15.7%；当年发放个人住房贷款 41.23 亿元，增长 59.9%。

全市年末农村“五保”对象人数为 1575 人，城镇“三无”对象人数为 409 人。全年得到政府最低生活保障的家庭 18810 户，人数 30738 人，其中农村 25051 人、城镇 5687 人；全年发放低保保障金 15152 万元，比上年增加 16.5%；全市城镇和农村低保标准均为每人每月 664 元。全年销售社会福利彩票 10.01 亿元，筹集社会福利资金 2.6 亿元。

（三）教育和科学技术

1. 教育事业

全市年末拥有各级各类学校 454 所，全年招收学生 11.50 万人，在校学生 42.93 万人，毕业生 11.72 万人。高等教育毛入学率 56.62%，比上年提高 1.09 个百分点；初中毕业升高中段比例 99.08%，提高 0.03 个百分点；初中、小学入学率均为 100%；十五年教育毛入学率 99.39%，提高 0.26 个百分点。全市各类学校拥有专任教师 2.81 万人，其中中小学专任教师 1.87 万人；每百名中小学生拥有专任教师6.9 人。

2. 科技与创新

全年专利申请量 21822 项，比上年增长 9.7%；专利授权量 16653 项，比上年增加 3974 件，增长

31.3%，其中发明专利1647项，比上年增加947项，增长135.3%。全年经认定登记的技术成交项目240项，比上年减少38.3%；技术成交金额28394万元，比上年增长43.4%。全市年末拥有省级高新技术研究开发中心223家，比上年增加35家；拥有国家级高新技术企业450家，增加73家。全年获市级以上政府奖的科技成果68项，其中省级23项。全年列入国家级火炬项目45项，比上年增加7项。

（四）文化、卫生和体育

1.文化事业

全市年末拥有影剧院26个，全年演出173632场；文化馆、艺术馆6个，全年举办展览298个，组织文艺活动1418次；公共图书馆5个，总藏量220.4万册件；乡镇街道文化站94个；博物馆（纪念馆）31个；文物保护单位412个，其中国家级25个，省级41个。

深化"文化礼堂·幸福八有"工程，新建文化礼堂90个、累计达320个。打造"文化走亲"、"博物馆在行动"、"文化街景"特色品牌，深化"送书下乡"、"送电影下乡"等活动。全年共引进高雅艺术演出278场，举办大型广场文化活动804场，组织基层文化活动5634场，开展电影下乡放映1.4万场次。全年出版各类报纸3926万份，其中湖州日报1524万份，湖州晚报2168万份，湖州广播电视报234万份。

2.卫生事业

全市年末拥有医疗卫生机构1377个，其中医院51家、卫生院73家、妇幼保健院4家、社区卫生服务站733个；等级医院24家，其中三级医院8家；拥有医疗床位13568张，其中医院（卫生院）床位13254张；卫生技术人员20556人，其中执业医师6260人、执业助理医师1110人、注册护士8124人。按户籍人口计算，每万人拥有医院（卫生院）床位数50张，每万人拥有卫生技术人员数为78人，其中医生28人。全年婴儿死亡率、5岁以下儿童死亡率分别为3.60‰、4.53‰，分别比上年上升0.34和0.03个千分点。

3.体育事业

全年成功举办湖州市第八届运动会，参赛运动员达5938名，创历届市运会规模之最。全年共承办第六届环太湖国际公路自行车赛、全国极限运动会、op级帆船冠军赛及全国短道汽车拉力赛、全国场地自行车冠军赛、德清国际竹海马拉松赛和太湖图影国际马拉松赛、城山沟极限山地自行车速降赛、全国室外射箭锦标赛、中美男子篮球对抗赛、全国象棋甲级联赛、"生态杯"全国羽毛球邀请赛等30余项国际性、全国性和省级综合大型赛事。完成向上输送优秀体育人才7名，派出37支队伍467名运动员参加了21个项目的省级以上体育竞赛，取得金牌54枚、银牌41枚、铜牌53枚铜的好成绩。全年完成体育彩票销售6.02亿元。

（五）城乡建设

中心城市建设不断迈上新台阶。一体化推进南太湖滨湖区域规划建设，组团式推进湖州开发区西南分区、吴兴东部新区、南浔城区建设发展。中心城市外环道路全线基本建成，怡和家园、仁北小学全面竣工，市民服务中心、奥体中心主体工程顺利结顶，太湖水厂、五一大桥等项目加快建设。各县区一批重点城建项目扎实有序推进。"三改一拆"超额完成年度目标，交通治堵不断深化，城市精细化管理进一步加强。

美丽乡村建设进一步提档升级。由安吉县主导制订的美丽乡村建设指南成为国家标准，全市累计基本建成19条美丽乡村示范带。德清县在首次农村人居环境村村普查中得分全国最高。开展永久基本农田划定工作，提高垦造耕地奖励补助标准。湖州市农业科研与技术推广体制创新改革试验成果在全省推广。完成农村公路等级提升224.5公里，新增农村生活污水治理受益农户7.7万户，农村垃圾减量化、资源化利用和推广试点扎实推进，农业电力线路改造进一步加快。完成座家船清理拆解工作。

城乡体制改革向纵深推进。深入推进农村产权制度改革，"三权"确权进一步深化，各县区农村综合产权流转交易平台全面建成，全省首宗农村集体经营性建设用地拍卖入市在德清县顺利完成。湖州市

被列入全国中小城市综合改革试点。小城市培育和中心镇改革发展继续深化。"多规合一"试点稳步实施。在全省率先完成户籍制度改革,原来依附在户口性质上的城乡公共政策差别明显缩小。

(六)环境保护

大力推进"五水共治",连续第二年获得全省治水"大禹鼎"。全市地表水市控以上监测断面达到Ⅲ类以上标准的比例为94.3%,在全省率先实现市控断面消灭Ⅴ类和劣Ⅴ类水,功能区达标率为94.3%,比上年提高3.8个百分点;县级以上集中式饮用水源地水质达标率为100%;入太湖河流断面水质均达到或好于Ⅲ类水标准,市出境断面水质良好;市区空气优良率59.7%,比上年下降了1.1个百分点;市区PM2.5日均浓度为56.9微克/立方米,比上年下降10.9%。

生态文明制度和生态文化建设加快推进。围绕"绿水青山就是金山银山"重要思想提出十周年,举办一系列纪念和研讨活动,湖州生态文明建设的影响力进一步扩大。编制完成环境功能区划,率先开展国家生态文明标准化示范区建设,湖州市被列入自然资源资产负债表编制和领导干部自然资源资产离任审计国家试点,市级环境权益交易中心挂牌运行。成立中国生态文明研究院,开建浙江省自然博物园。推行《市民生态文明公约》,设立"湖州生态文明日",生态文明建设的公众认同感、参与度不断提升。

生态经济蓬勃发展。出台"生态+"行动实施意见,努力打造绿色发展高地。大力提升休闲旅游业发展水平,湖州市列入首批国家级旅游业改革创新先行区,国际乡村旅游大会永久会址落户湖州,成功创建国家级太湖旅游度假区和省级西塞山旅游度假区,南浔古镇成为全市首个国家5A级景区,安吉欢乐风暴乐园等一批项目建成运营,长兴太湖龙之梦乐园等一批项目成功签约,全市旅游总收入达到700亿元,增长39.1%。谋划和推动健康产业加快发展,鑫远?太湖国际健康城等一批项目开工建设。新能源汽车等新兴绿色产业快速发展,长兴县成为全省首个纯电动汽车及关键零部件产业发展基地。

(七)平安湖州

全年除火灾事故外共发生各类事故980起,死亡342人,直接经济损失1734万元,比上年分别下降0.31%、0.58%、9.58%。全市生产经营性火灾事故共发生411起,无死亡,直接经济损失1083万元。道路交通领域发生一次死亡3人以上较大事故2起,死亡6人,比上年增加1起、3人。工矿商贸企业从业人员十万人生产安全事故死亡率为2.443,道路交通万车死亡率为3.12,十万在校生非正常死亡率为0.15。

三、湖州市在长三角地区经济发展中的地位

2015年是"十二五"的收官之年,也是经济形势错综复杂的一年,湖州市商贸市场的发展也遇到不少新情况、新问题,但湖州市以建设"四个湖州"为目标,持续打好"两大攻坚战"、"三个升级版"等转型发展组合拳,在宏观经济下行压力持续加大的情况下,保持了全市经济平稳运行的态势。

(一)地区生产总值

2011—2015年湖州市地区生产总值在泛长三角所占比重分别为1.31%、1.30%、1.29%、1.29%和1.28%,最近5年所占比重持续下降,五年时间累计下跌了0.02个百分点。2015年湖州市地区生产总值在泛长三角地区41个市排名第24位。

2015年,全市地区生产总值迈上2000亿元台阶,达2084.27亿元,同比增长8.3%;人均地区生产总值达70899元,增长7.7%;财政总收入迈上300亿元台阶,达327.82亿元,增长7.1%,其中地方财政收入191.31亿元,增长7.3%;固定资产投资达1402.64亿元,增长12.9%;社会消费品零售总额接近万亿大关,达963.92亿元,增长10.6%;进出口总额迈上100亿美元台阶,达102.56亿元,增长2.7%,其中出口89.03亿元,增长1.1%。全市产业结构进一步优化,三次产业结构比例调整为:5.9∶49.2∶44.9,

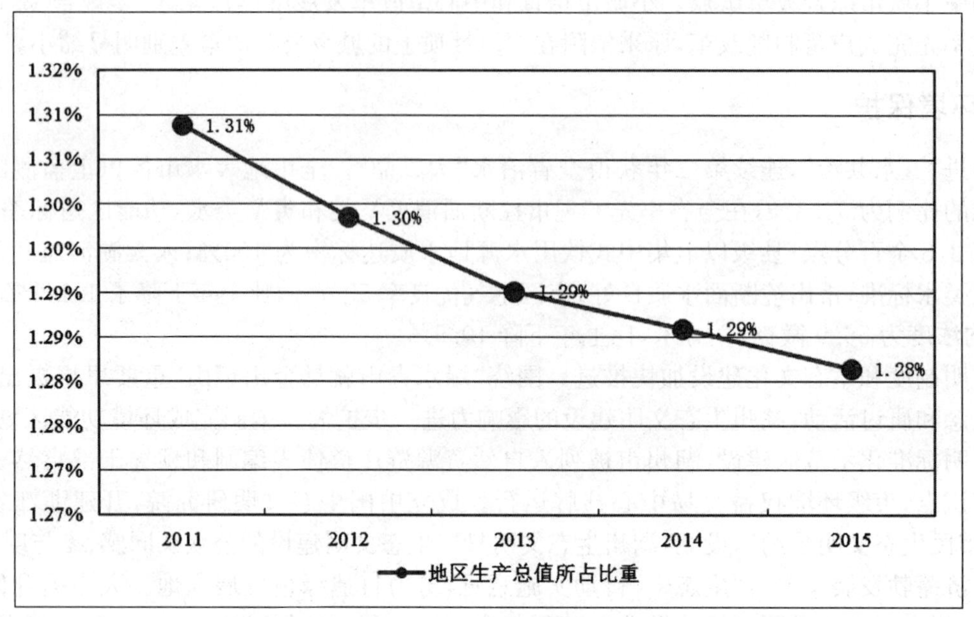

图4　2011—2015年湖州市地区生产总值在泛长三角(苏浙两省24个地级市、安徽省16个地级市和上海市,下同)所占比重的变化趋势

服务业占GDP比重超过"十二五"目标2.9个百分点,首次超越工业(44.4%),成为引领经济转型发展的新引擎。全年服务业实现增加值935.15亿元,同比增长11.9%,分别高于GDP和全部工业3.6和5.6个百分点,对GDP增长的贡献率为55.6%,超过全部工业17个百分点,拉动经济增长4.6个百分点,高于全部工业1.4个百分点。

(二)地方财政一般预算收入

2011—2015年湖州市地方财政一般预算收入在泛长三角所占比重0.99%、1.00%、1.22%、0.99%和0.99%,2015年较上年及2011年基本持平。2015年湖州市地方财政一般预算收入在泛长三角地区41个市中排名第24位。

2015年全市财政总收入327.82亿元,完成预算的99.1%,同口径比上年增长(以下简称"增长")7.1%(11项基金并入一般预算收入),增幅位列全省第八。全市地方财政收入191.31亿元,完成预算的99.4%,增长7.3%,增幅位列全省第六。全市财政支出273.74亿元,完成预算的115.2%,增长13.2%。

主要收入科目执行情况。增值税32.49亿元,完成预算的102.0%,增长9.6%,其中:市本级12.53亿元,完成预算的105.8%,增长14.2%;营业税47.36亿元,完成预算的106.4%,增长16.5%,其中:市本级20.88亿元,完成预算的104.2%,增长13.6%;企业所得税21.55亿元,完成预算的82.9%,比上年下降(以下简称"下降")9.9%,其中:市本级8.55亿元,完成预算的84.5%,下降9.2%;个人所得税11.20亿元,完成预算的128.8%,增长45.8%,其中:市本级3.40亿元,完成预算的98.5%,增长5.7%;非税收入22.00亿元,完成预算的104.2%,增长0.4%,其中:市本级9.22亿元,完成预算的104.3%,增长8.6%。

(三)规模以上工业总产值

2011—2015年湖州市规模以上工业总产值所占比重分别为1.31%、1.40%、1.47%、1.52%和

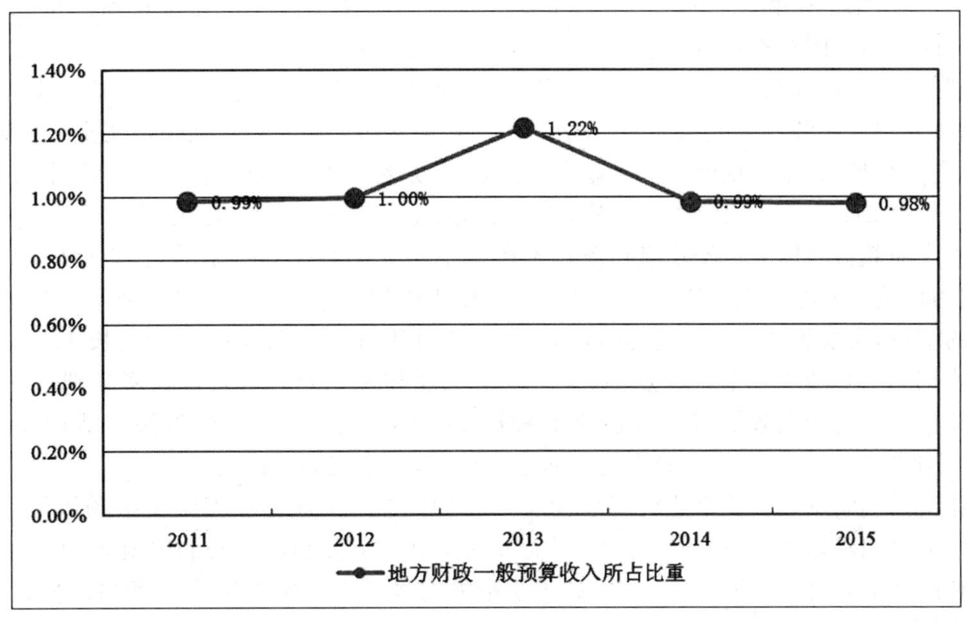

图 5　2011—2015 年湖州市地方财政一般预算收入在长三角所占比重的变化趋势

1.55%，整体呈上升发展态势，2015 年较上年增加了 0.03 个百分点，五年时间累计增加了 0.24 个百分点。2015 年湖州市规模以上工业总产值在泛长三角地区 41 个市中排名第 22 位。

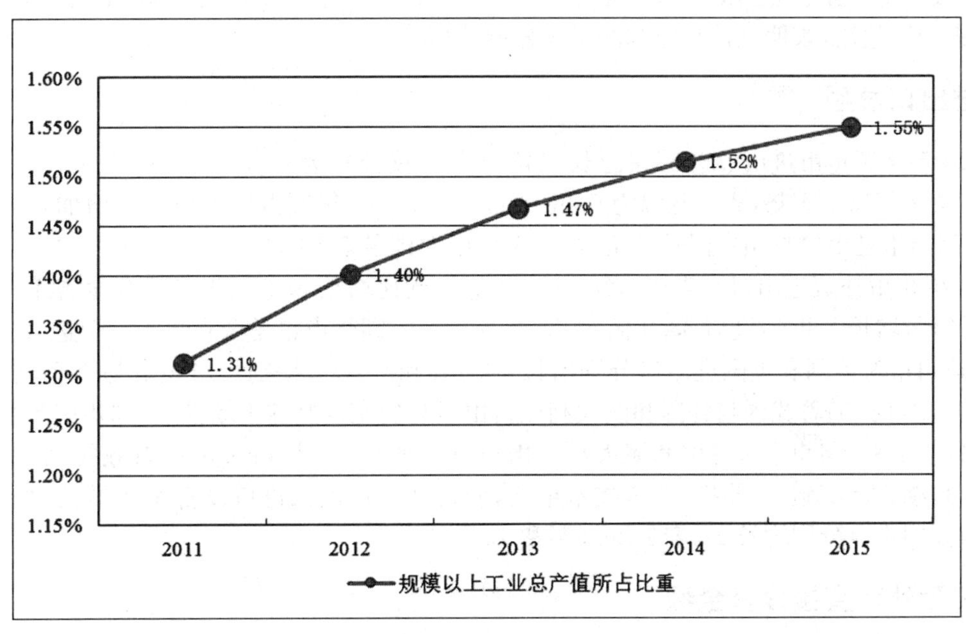

图 6　2011—2015 年湖州市规模以上工业总产值在泛长三角所占比重的变化趋势

2015 年，全市工业经济在“稳增长、调结构、促改革、优服务”一系列措施推动下，政策效应逐步显现，全年工业经济保持了平稳的发展态势，工业效益稳步提升，盈利能力也有所提高。但在国内经济增速换挡，市场需求依然不足的背景下，部分行业和企业生产经营依旧困难，全市工业企业效益增长下行压力较大，上升动力不足，仍需全市上下共同关注。2015 年，全市规模工业主营业务收入 4082.42 亿元，实现利税 396.36 亿元，其中利润 253.56 亿元，分别比上年增长 2.1%、9.1%和 9.2%，均高于全省平均水平，分别居全省第二位、第三位和第三位，一年来主要经济指标增速一直保持在全省前四位。从全年走势看，除1—2月因春节长假存在不可比因素外，总体运行基本平稳。

企业盈利能力有所提高。2015年全市规模以上工业主营业务收入利润率为6.2%，比上年提高0.4个百分点；每百元主营业务收入成本为86.0元，比上年减少0.2元。随着湖州市工业"腾笼换鸟"、"机器换人"步伐进一步加快，全年规模以上工业企业全员劳动生产率再创新高。2015年，全市规模以上工业全员劳动生产率21.7万元/人，比上年提高1.9万元/人、高于全省2.4万元/人。

高新技术产业效益高增长。湖州市高新技术产业不断强化科技创新驱动力，企业效益持续保持高增长态势，成为拉动工业经济效益增长的强劲引擎。今年以来全市高新技术产业利税、利润始终保持了两位数以上的增长，实现利税184.32亿元，增长14.1%，其中利润124.41亿元，增长14.0%，分别高于全市规模工业利润5.0和4.8个百分点，对全市规上工业利税和利润增长贡献率分别达到117.1%和113.2%。同时，企业的较高收益进一步强化了科技创新驱动力，2015年全市科技活动经费支出总额50.84亿元，同比增长7.2%，高于全省平均4.4个百分点，居全省第一位。

中小企业支撑利润发展。从企业规模来看，湖州市中、小型工业企业克服了市场依然复杂严峻、制约因素不断增多等困难，领跑效益增长，是拉动全市规模以上工业利润增长的主要动力。2015年，中小型企业实现利润207.22亿元，增长11.2%，高于全市平均水平2个百分点，利润额占规模以上工业利润的81.7%，对规模以上工业利润增长贡献率达到98%。

行业利润增长普遍放缓。从全市规模工业33个行业利润情况看，增幅比2014年回落的行业达19个，占57.6%。新增利润32.96亿元虽然分布在22个行业，但主要集中在少数行业，电力热力生产和供应业、电气机械和器材制造业、纺织业、家具制造业、汽车制造业五个行业合计新增利润20.79亿元，占63.1%，对规模以上工业企业利润增长贡献率达到97.4%，其中电力生产行业贡献率达到34.5%。新增利润行业集中度偏高，表明其他行业利润增长普遍放缓。

（四）进出口总额

2011—2015年湖州市进出口总额在泛长三角所占比重分别为0.66%、0.65%、0.69%、0.70%和0.73%，呈连续多年增长态势，累计涨幅为0.07个百分点，2015年所占比重较上年增加了0.03个百分点。2015年湖州市进出口总额在泛长三角地区41个市中排名第18位。

2015年，湖州市外贸进出口额累计达到633.3亿元，同比增长3.2%，增速排名全省第三位。其中，出口549.4亿元，增长1.6%，进口83.9亿元，增长15.3%。湖州市也是全省唯一一个进、出口均保持增长的地市。湖州市对美国和英国进出口分别增长14.1%和9.8%，特别是对美贸易高于全省对美增速7.7个百分点。同时，随着我国与韩国和澳大利亚自由贸易协定谈判的不断推进，湖州市与韩国、澳大利亚出口贸易日益活跃，湖州市对韩国和澳大利亚出口分别增长8.2%和5.3%，有效拉动了全市出口增长。另一方面，湖州市实施"机器换人"等技术革新，使得从发达国家进口设备快速增长，去年湖州市对美国、日本和德国进口分别增长22.5%、26.6%和128.9%。

（五）实际外商直接投资金额

2011—2015年湖州市实际外商直接投资金额在长三角所占比重分别为1.49%、1.41%、1.41%、1.32%和1.28%，整体呈下滑态势，2015年较上年减少了0.04个百分点，较2011年减少了0.21个百分点。2015年湖州市实际外商直接投资金额在泛长三角地区41个市中排名第19位。

全市完成实到外资94188万美元(折合人民币61.22亿元，含实到外方股东贷款7334万美元)，其中外商无形资产出资20574万美元，外商利润再投资1577万美元，跨境人民币出资17359万美元，实际到资同比减少4.3%；外资到位率为56.6%，实际投资完成省年度计划的89.7%。新批准及增减资项目共计185个，总投资272236万美元(折合人民币176.95亿元)，注册资本212874万美元(折合人民币

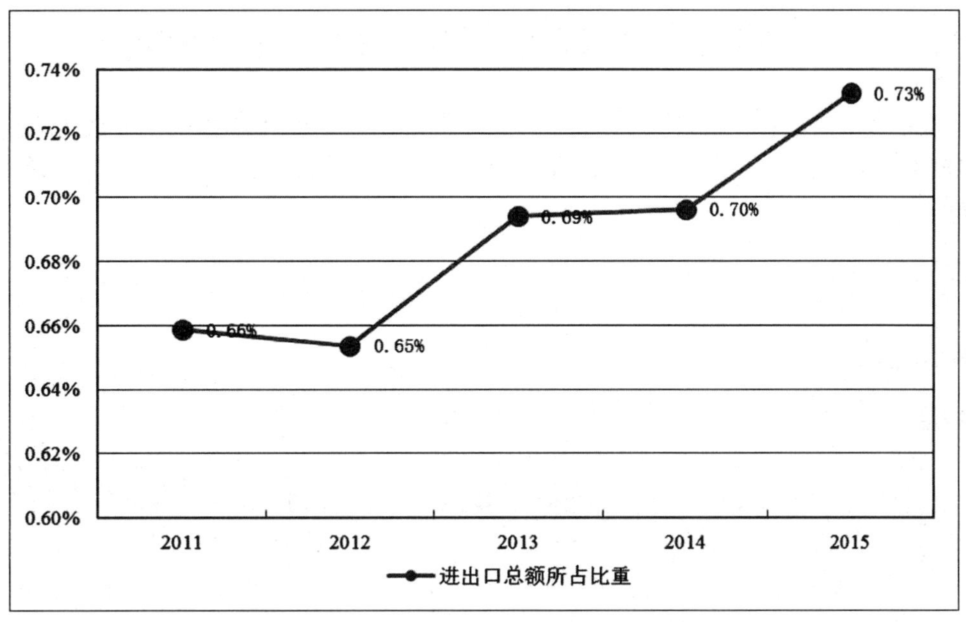

图 7　2011—2015 年湖州市进出口总额在泛长三角所占比重的变化趋势

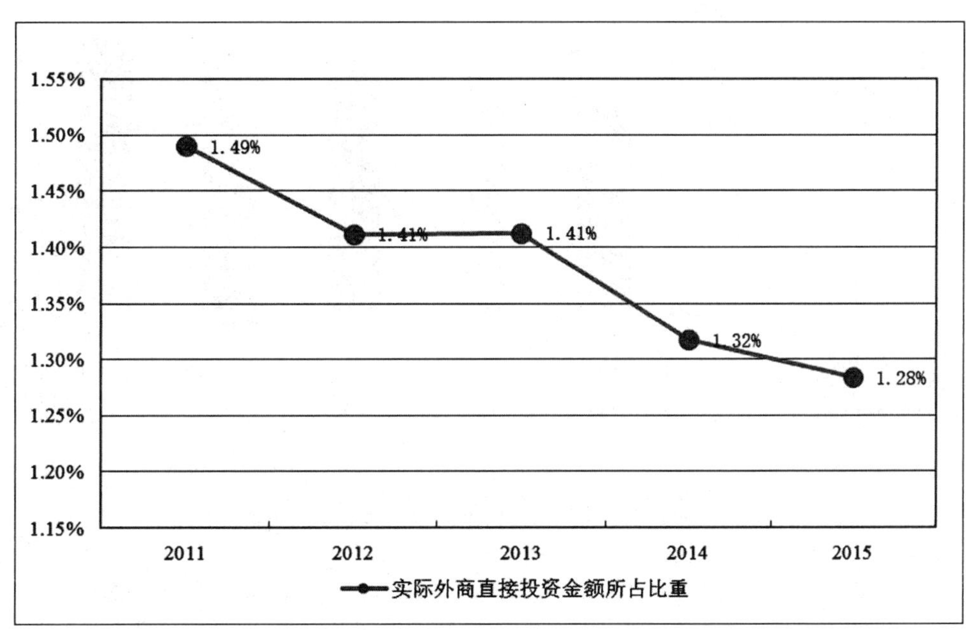

图 8　2011—2015 年湖州市实际外商直接投资金额在长三角所占比重的变化趋势

138.37亿元)，合同外资 166290 万美元(折合人民币 108.09 亿元，其中含股东贷款 7334 万美元)，合同外资同比增长 5.7%，完成市年度计划的 103.9%

七　绍兴市 2015 年度经济社会发展报告

2015 年，面对多重困难和严峻挑战，全市上下认真贯彻落实中央和省各项方针政策，主动适应新常态，坚定不移抓发展，千方百计惠民生，各项工作扎实推进，保持了经济社会平稳健康发展，为“十二五”发展划上圆满句号。

一、绍兴市 2015 年经济发展概况

(一)综合经济

1. 经济总量

2015 年全市生产总值(GDP)4465.97 亿元，比上年增长 7.1%。其中第一产业增加值 198.94 亿元，第二产业增加值 2252.87 亿元，第三产业增加值 2014.15 亿元，分别增长 1.8%、6.0%和 9.2%。GDP 总量列全省第四位，增速列全省第七位。人均 GDP(按常住人口计算)90017 元(按年平均汇率 6.2284 折算为 14453 美元)，增长 6.9%。人均 GDP 列全省第四位，增速列全省第六位。第一、二、三次产业结构由上年度的 4.5∶51.9∶43.6 调整为 4.5∶50.4∶45.1。

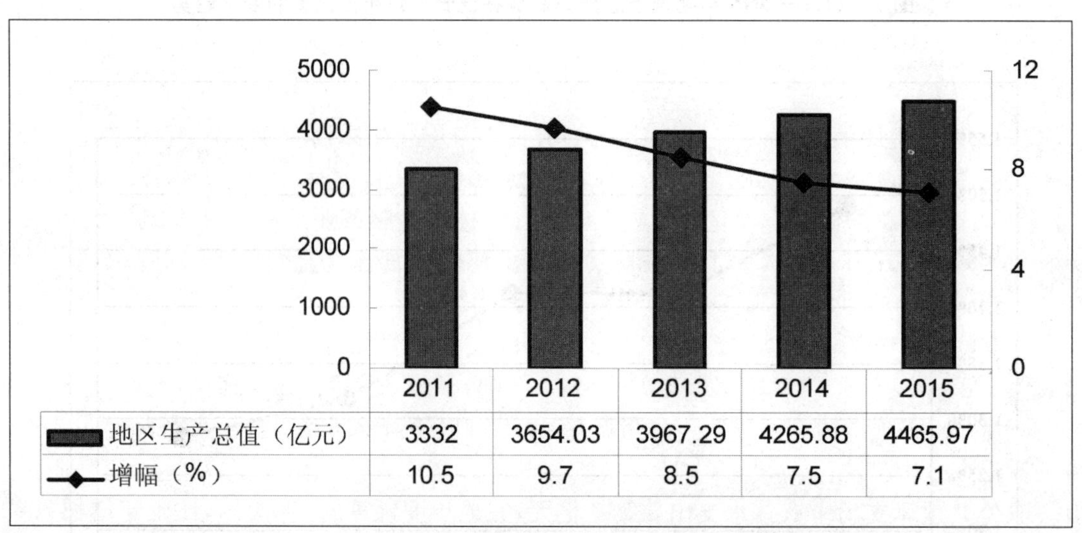

	2011	2012	2013	2014	2015
地区生产总值（亿元）	3332	3654.03	3967.29	4265.88	4465.97
增幅（%）	10.5	9.7	8.5	7.5	7.1

图 1　2011—2015 年绍兴市地区生产总值及增长速度

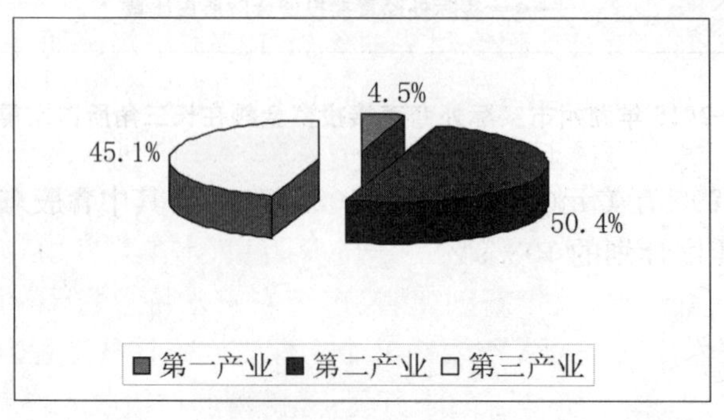

图 2　2015 年绍兴市三次产业结构图

2. **财政收支**

全年财政总收入 602.19 亿元，比上年增长 5.3%，其中一般公共预算收入 362.89 亿元，同比增长 5.8%。一般公共预算支出 421.37 亿元，同比增长 12.8%。

3. **物价水平**

全年居民消费价格比上年上涨 1.2%。调查的八大类商品价格“五涨三跌”，其中衣着类上涨6.2%，烟酒类上涨 4.1%，食品类上涨 3.0%，娱乐教育文化用品及服务类上涨 2.8%，医疗保健和个人用品类上涨 2.2%；交通和通信类下降 6.1%，家庭设备用品及维修服务类下降 0.9%，居住类下降 0.5%。商品零售价格下跌 0.2%。工业生产者出厂价格和购进价格分别下降 4.4%和 6.5%。

4. **固定资产投资**

全年固定资产投资 2582.84 亿元，比上年增长 12.1%。国有投资 549.57 亿元，增长 19%，占固定资产投资比重 21.3%；非国有投资 2033.27 亿元，增长 10.3%，占固定资产投资比重 78.7%，其中民间投资 1961.77 亿元，增长 11.6%，占固定资产投资比重 76.0%。

固定资产投资中，第一产业投资 21.54 亿元，比上年增长 33.5%；第二产业投资 1252.38 亿元，增长 13.2%；第三产业投资 1308.92 亿元，增长 10.7%。全年施工项目 4523 个，比上年增长 15.3%，其中新开工项目 3602 个，增长 26.7%。

全年工业投资 1252.38 亿元，比上年增长 13.2%，总量居全省第二位，增速居全省第四位。其中新兴产业投资 496.62 亿元，增长 10.8%，占工业投资比重 39.7%。

(二)农业和农村建设

全年农林牧渔业增加值 200.86 亿元，比上年增长 1.9%。农林牧渔业总产值 304.23 亿元，增长 2.0%。其中农业总产值 198.49 亿元，增长 3.6%；林业总产值 27.35 亿元，增长 4.0%；牧业总产值43.99 亿元，下降 7.3%；渔业总产值 32.06 亿元，增长 4.7%；农林牧渔服务业总产值 2.33 亿元，增长 7.5%。农作物播种面积 268.67 千公顷，比上年下降 0.1%。其中粮食作物播种面积 147.64 千公顷，下降 0.5%。粮食总产量 95.02 万吨，下降 2.8%。

年末生猪存栏 80.72 万头，比上年下降 23.2%。年内生猪出栏 170.52 万头，下降 12.0%。全年生猪饲养量 251.24 万头，下降 16.0%。肉类产量 154739 吨，下降 8.2%。其中猪肉产量 129390 吨，下降 6.5%；禽肉产量 20506 吨，下降 18.9%。禽蛋产量 40696 吨，下降 2.6%。全年水产品产量 106486 吨，比上年增长 3.4%。

全市一般公共预算支出中农林水支出 53.40 亿元，完成年度预算的 120.1%，比上年增长 7.6%。全力推进农村生活污水治理，新增农村生活污水治理村 963 个，完成省下达任务数的 100.4%；新增受益农户 36.78 万户，完成省下达任务数的 153%。累计投入农村生活污水治理资金超过 32.9 亿元。深入开展美丽乡村建设，继续推进美丽乡村先进县、先进乡镇、精品村和美丽农家四级创建活动，新昌县成功创建为省级美丽乡村先进县，新创建市级美丽乡村先进乡镇 12 个、市级美丽乡村精品村 15 个，美丽农家 1.73 万户。有序推进空心村改造建设，当年新完成 34 个空心村改造，累计投资 4.58 亿元，完成改造面积 692 亩，安置农户 882 户。全市农村生活垃圾集中有效处理建制村覆盖达到 89.7%，名列全省第二。健全农村环境设施长效管护机制，强化村庄卫生保洁、设施维护和绿化养护等工作。深入推进花卉绍兴建设，种植鲜花盆花面积达 2.5 万亩、木本观花植物 14.7 万亩、木本观叶植物 8.2 万亩，产值约 32.3 亿元。加快发展农家乐特色村、特色点，当年新创建省、市级农家乐特色村 10 个、特色点 8 个。开展农庄景区化建设，成功创建 3A 级农庄 1 个，2A 级农庄 2 个。深入实施扶贫工程。全市各地新启动经济薄弱村建设项目 885 个，建成 524 个，投入资金 16594 万元；经济薄弱村级收入增幅达 16%，全部消除了村级集体经济收入 8 万元以下的行政村；家庭人均年收入 4600 元以下农户 1071 户、1910 人已全部消除，提前半年完成省下达年度任务。

(三)工业和建筑业

1.工业增加值增长

全年全部工业增加值1957.85亿元,比上年增长5.8%,其中规模以上工业增加值增长5.8%。规模以上工业中,国有控股企业增加值增长3.3%,集体企业增加值下降19.4%,股份制企业增加值下降17.7%,外商投资企业增加值增长4.2%,港澳台商投资企业增加值增长5.4%,私营企业增加值增长4.6%。轻工业增加值增长5.3%,重工业增加值增长6.1%。

全年规模以上工业总产值9707.01,同比增长3.0%,其中新产品产值3463.85亿元,增长21.5%,占规模以上工业总产值比重35.7%,比重比上年提高4.7个百分点。销售产值9427.45亿元,增长2.7%,其中出口交货值1274.22亿元,下降3.7%,占规模以上工业销售产值比重13.5%,比重比上年下降0.7个百分点。

规模以上工业中,六大战略性新兴产业总产值3157.29亿元,同比增长3.5%,占规模以上工业比重32.5%,比重比上年提高2.4个百分点。其中,节能环保产业增长6.6%,生物医药产业增长5.8%,先进装备制造业增长5.1%,新兴信息产业增长4.5%,新能源产业增长2.6%,新材料产业同比持平。

规模以上工业中,四大传统产业总产值5512.86亿元,同比增长3.1%,占规模以上工业比重56.8%,比重比上年降低2.4个百分点。其中纺织产业增长2.6%,机械产业增长9.3%,化工产业增长3.6%,轻工食品增长1.6%。

全市规模以上工业企业生产化学纤维480.88万吨,增长1.8%;印染布产量182.65亿米,下降2.7%;染料产量62.15万吨,增长8.6%;领带产量14264.03万条,增长2.5%;袜子产量59.27亿双,下降7.1%;伞类制品产量16947.89万把,下降0.4%;珍珠饰品产量33.57亿元,下降12.1%。黄酒产量378179.15千升,下降12.7%;合成纤维聚合物产量170.25万吨,下降7.7%;化学药品原药产量9.62万吨,下降5.1%;太阳能电池产量70.35万千瓦,增长30.2%;家用燃气灶具产量105万台,增长44.2%;

全年规模以上工业利润总额528.98亿元,同比增长2.0%。其中,国有控股企业7.22亿元,下降30.7%;股份制企业69.01亿元,增长12.0%;港澳台投资企业68.87亿元,下降3.4%;外商投资企业43.29亿元,增长2.4%;私营企业253.22亿元,增长6.9%。主营业务利润率5.8%,同比持平。

2.建筑业

全年建筑业增加值298.95亿元,比上年增长7.9%。建筑业总产值6583.20亿元,增长6.6%;利润总额146.94亿元,下降3.8%;税金总额200.21亿元,增长9.8%

(四)服务业

1.国内贸易

全年社会消费品零售总额1621.06亿元,比上年增长9.0%。按销售单位所在地分:城镇市场消费品零售额1305.39亿元,增长9.1%;乡村市场消费品零售额315.67亿元,增长8.7%。按商品分类分:粮油、食品、饮料、烟酒类零售额58.16亿元,增长12.0%;金银珠宝类零售额33.77亿元,下降13.4%;石油及制品类零售额91.54亿元,下降18.1%;汽车类零售额301.53亿元,下降0.1%。分行业看,批发零售业零售额1488.11亿元,增长8.4%;住宿餐饮业零售额132.95亿元,增长15.7%。

年末有商品交易市场424个,比上年增加13个。其中成交额超亿元市场71个,超十亿元市场26个,超百亿元市场9个。全年商品市场成交额3123.84亿元,比上年增长7.5%,其中消费品市场成交额1947.03亿元,增长10.7%;生产资料市场成交额1176.79亿元,增长2.8%。中国轻纺城总成交额1381.85亿元,比上年增长11.6%。其中中国轻纺城成交额和钱清轻纺原料市场成交额分别为865.83亿元和516.02亿元,分别增长16.7%和4.0%。

2.交通运输、邮电

全年货物运输总量12271万吨，比上年增长3.6%，其中公路、水运货物运输总量分别为10866万吨、1405万吨，分别增长7.7%、1.1%。货物运输周转量1196809万吨公里，增长6.5%，其中公路、水运货运周转量880876万吨公里、315933万吨公里，分别增长7.6%、3.3%。

全年旅客运输总量10020万人，比上年增长2.0%，其中公路、水运旅客运输总量分别为9899万人、121万人，分别增长1.8%、17.5%。旅客运输周转量344391万人公里，比上年下降6.5%，其中：公路旅客运输周转量343888万人公里，下降6.6%；水运旅客运输周转量503万人公里，增长50.1%。年末公路通车里程9959公里，增长0.7%。

中心城市"一环六横八纵"快速路网建设方案和计划制订实施。35个项目已有11个开工建设。31省道北延越城区段建成通车，104国道柯桥段高架改建、钱滨线分别完成总投资的42%、33%，柯余高速公路西段线位方案通过省厅审查。全市最大的综合客运枢纽柯桥客运中心建成投用，上虞客运中心工程完成总投资的71%。绍兴北站枢纽完成竣工。全年全市重点交通基础设施建设项目完成投资71.2亿元，完成年度计划的140%。主城区公交车辆增加50辆，班次增加5.46%，线路优化35条。推进三区公交融合，统一编号规则，跨区线路达到33条，越城至上虞开通夜班公交。全市城乡客运一体化水平达到4A级。

年末全市民用车辆拥有量(车管所)132.21万辆，比上年末增长7.9%。其中汽车97.08万辆，增长14.1%。

全年邮电业务收入57.11亿元，比上年下降6.0%。年末电话用户数(含小灵通)144.09万户，下降4.5%；移动电话用户数(通话用户)537.26万户，增长0.9%。固定电话普及率32.52号线/百人，下降4.5%；移动电话普及率121.25部/百人，增长0.9%。互联网用户数(不含手机上网用户)164.50万户，增长6.7%。

3.旅游业

年末全市有旅行社138家，比上年增加1家。全年旅游总收入762.37亿元，比上年增长16.9%。其中，国内旅游收入746.12亿元，增长17.2%；旅游外汇收入26327.02万美元，增长5.4%。接待游客7275.94万人次，增长15.0%。其中，接待国内游客7202.46万人次，增长15.1%；接待入境游客73.48万人次，增长4.6%。

全市A级景区达到70处，数量名列全省第一。其中5A级、4A级、3A级、2A级景区各为1处、13处、30处、26处；省级旅游度假区6家，形成了每个区、县(市)都有省级旅游度假区的平台格局。

4.金融、证券和保险

年末金融机构本外币各项存款余额6948.91亿元，比上年末增长3.9%；贷款余额6047.93亿元，增长0.7%。

全年全市新增社会融资总量1046.44亿元，实现直接融资537.17亿元。成立浙越、东越两家资产管理公司，批量收购银行不良贷款93亿元。全市36家小额贷款公司累计发放贷款7946笔，238.46亿元。

全市共有上市企业60家，其中当年新增6家。"新三板"挂牌22家，浙江股交中心上柜163家。23家上市公司开展31次并购活动，并购金额167.22亿元。全市证券交易金额7.25万亿元，比上年增长208.71%；期货交易金额3.12万亿元，增长84.15%。组织开展"金融支持经济五大系列行动"，全市重大投资项目走访率达到100%，小微企业授信100亿元。推出小微企业应收账款融资、保单融资等一系列服务创新与产品创新。严厉打击逃废债行为。

年末全市有保险公司57家，其中产险28家，寿险29家。实现保费收入109.69亿元，比上年增长18.0%，总赔付金额37.13亿元，同比增长10.8%。其中产险收入51.52亿元，增长10.9%，赔款金额28.62亿元，增长6.0%；寿险收入58.17亿元，增长25.1%，赔款金额8.51亿元，增长30.7%。

5.房地产业

全年房地产开发投资622.65亿元，比上年增长1.5%。其中，住宅投资427.64亿元，下降8.2%。90平方米以下住宅投资增长13.4%，144平方米以上和别墅、高档公寓投资分别下降14.4%和7.2%；办公楼投资36.35亿元，增长30.4%；商业营业用房投资107.02亿元，增长58.2%。

全年商品房销售面积677.76万平方米，销售额548.70亿元，比上年分别增长27.5%和24.6%。房屋施工面积3822.27万平方米，下降6.6%；房屋竣工面积696.63万平方米，下降10.2%；待售面积614.54万平方米，增长43.7%。

(五)对外经济

1.对外贸易

全年货物进出口总额299.02亿美元，比上年下降13.8%，其中出口总额271.42亿美元，下降8.8%，进口总额27.60亿美元，下降44.0%。全市有进出口国家和地区210个，比上年增加1个。其中出口超1000万美元的国家和地区107个，比上年减少1个。美国、阿联酋、印度分别为出口额前三位国家，出口额分别为392325万美元、135357万美元、113904万美元。全市机电产品出口491919万美元，比上年下降0.9%；高新技术产品出口76080万美元，下降8.7%；化工产品出口189885万美元，下降3.5%；纺织服装出口1786509万美元，下降9.4%。有出口实绩企业8710家，比上年增加130家。出口超1000万美元企业571家，比上年减少67家。

2.利用外资

全年新批外资项目196只，比上年增加55只。合同利用外资15.76亿美元，比上年增长53.0%；实际利用外资9.42亿美元，比上年增长40.3%。新批(含增资)总投资1000万美元以上大项目74只，比上年增加19只。共有30多个国家和地区到绍兴投资，香港为绍兴市主要的外资来源地。全市开发区完成合同外资10.22亿美元，比上年增长50.7%；实际利用外资6.72亿美元，增长31.7%，分别占全市总量的64.8%和71.3%。

3.外经合作

全年新批境外投资企业48家，企业增资7家。境外投资企业总投资额171559万美元，其中中方投资额164897万美元，比上年增长171.4%。全市境外工程营业额18758万美元，比上年增长24.4%。

全年服务外包合同签订额11468.8万美元，离岸合同额11370.1万美元，离岸合同额比上年下降3.4%；完成合同执行额10041.3万美元，离岸执行额10003.2万美元，下降8.6%。

二、绍兴市2015年社会发展概况

(一)人口、人民生活

据市统计局1%人口变动抽样调查，年末常住人口496.8万人，比上年增加了1.2万人。

据市公安局2015年人口年报统计，年末户籍人口总户数161.43万户，基本与上年的161.48万户持平。户籍人口443.11万人，其中男性221.43万人，女性221.67万人，分别占总人口的49.97%和50.03%；全年出生人数32235人，出生率7.28‰；死亡人数30342人，死亡率6.85‰；人口自然增长率0.43‰，自然增长率比上年下降2.21个千分点。

根据城乡一体化住户调查，全年绍兴全体居民人均可支配收入38389元，比上年增长8.6%。其中，城镇常住居民人均可支配收入为46747元，增长8.3%，农村常住居民人均可支配收入为25648元，增长9.0%。

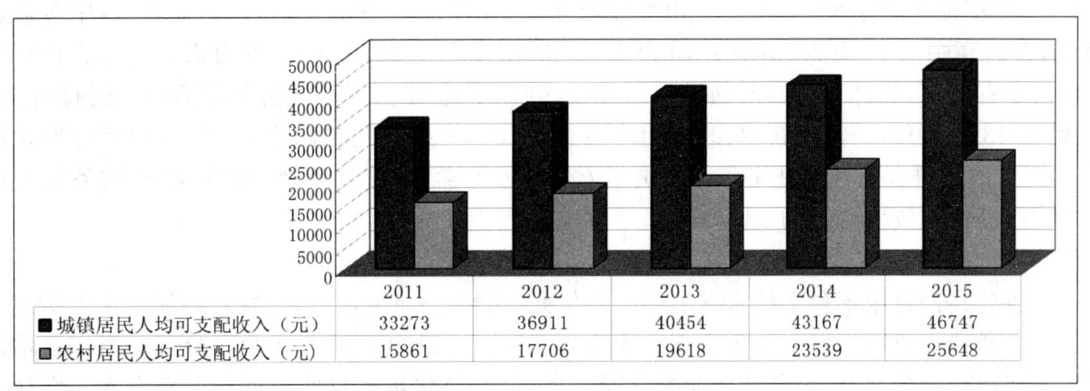

	2011	2012	2013	2014	2015
■城镇居民人均可支配收入（元）	33273	36911	40454	43167	46747
■农村居民人均可支配收入（元）	15861	17706	19618	23539	25648

图 3　2011—2015 年绍兴市城乡居民收入对比一览

(二)就业与社会保障

1. 就业

当年城镇新增就业人员 11.4 万人。城镇失业人员实现再就业 4.07 万人，就业困难人员实现再就业 1.24 万人。年末城镇登记失业人员 39940 人，比上年增长 4.8%，年末城镇登记失业率 2.56%，比上年下降 0.2 个百分点。

2. 社会保障

全市职工基本养老保险和城乡居民社会养老保险总参保人数 333.56 万人，职工基本医疗保险和城乡居民基本医疗保险总参保人数 487.52 万人。工伤保险总参保人数 193.74 万人，比上年下降 2.06%；失业保险总参保人数 122.64 万人，增长 5.0%；生育保险总参保人数 131.97 万人，下降 0.92%。

成功争创全国唯一智慧居家养老标准化试点。全市全年新增养老机构床位 3546 张，其中护理型床位 2663 张，新增社区居家养老服务照料中心 548 家，实现全市城市社区居家养老服务照料中心全覆盖。市区和诸暨市城乡低保标准分别为 630 元和 570 元，比上年分别增长 8.62%和 9.62%，农村标准达到城镇标准的 90.48%。嵊州市、新昌县分别为 611 元和 493 元，农村标准达到城镇标准的 80.7%。全市以县为单位，农村低保标准均超过城镇标准的 75%。加强避灾安置场所建设，新建避灾安置场所 135 个，累计建成总数达 1361 个，用于避灾面积 58.8 万平方米，可容纳 19.44 万人，实现乡镇级避灾安置场所 100%全覆盖，村级避灾安置点覆盖率 45%以上，全国领先。当年有 8 个社区被命名为“全国综合减灾示范社区”，10 个社区被命名为“全省综合减灾示范社区”。推进临时救助工作，全市全年临时困难群众 9740 户，2.34 万人次，支出临时救助金 1853.3 万元。医疗救助 109.14 万人次，支出救助金 1.08 亿元。积极开展慈善救助工作，全年共支出善款 1.09 亿元，救助 42.3 万人次。全年全市保障性安居工程住房竣工 10765 套，分配 9975 套，超额提前完成任务。持续推进危旧房屋整治改造工作，旧住宅区、旧厂区和城中村改造完成建筑面积 1520 万平方米。拆除违法建筑 1204.20 万平方米。

(三)教育和科学技术

1. 教育事业

年末有普通高校 9 所，中等职业教育学校 20 所。普通本专科招生 2.49 万人，在校生 8.38 万人，毕业生 2.08 万人。各类中等职业教育(含技工学校)招生 1.75 万人，在校生 5.15 万人，毕业生 1.85 万人。有 18 所中职学校 30 个专业开设“3＋2”职业教育，12 所中职学校 20 个专业开设“五年一贯制”职业教育。普通高中招生 3.21 万人，在校生 9.72 万人，毕业生 3.54 万；初中招生 4.38 万人，在校生 13.88 万人，毕业生 4.74 万人。初中毕业生升学率 99.27%。小学招生 4.06 万人，在校生 27.73 万人，毕业生

4.74万人，小学毕业生升学率100%。全市专任教师5.06万人，其中普通高校0.40万人，中等职业教育0.28万人，普通高中0.74万人，初中1.10万人，小学1.57万人，幼儿园0.78万人。义务教育标准化学校建设走在全省前列，累计有480所通过省厅验收，创建率达到94.67%，居全省第一。拥有幼儿园627所，在园幼儿13.09万人。其中新建、改建幼儿园45所，省等级幼儿园创建率94%，市级标准化幼儿园创建率76%。保障符合条件的外来务工人员子女100%入学，全市义务教育段接纳进城务工人员子女入学9.74万人，占在校生总数的23.4%。

2. 科技与创新

全市一般公共预算用于科学技术支出20.97亿元，增长13.6%，高于一般公共预算支出增速0.8个百分点。财政科技支出占一般公共预算支出比重为5.0%，比上年提高0.1个百分点。当年新增两家省级高新技术特色产业基地，市级科技企业孵化器4家，全市孵化场地总面积近百万平方米。新认定国家需要重点扶持高新技术企业109家、国家级知识产权优势企业3家、省级专利示范(优势)企业13家、省农业科技企业13家、省级科技型中小企业435家。15家企业入选省技术创新能力百强企业，入选数列全省第三位。新增省级工程技术研究中心1家，省级重点企业研究院4家，省级企业研究院11家，省级高新技术企业研发中心30家，总量保持全省前列。“绍兴市科技金融服务平台”进入试运营阶段。国家可持续发展实验区顺利通过科技部验收，创新型试点城市测评列全省第四，国家知识产权示范城市创建指标经省知识产权局测评为优秀。35项成果获省科技奖，获奖数连续第三年居省内各地市首位。全年共申请专利45059件、授权33030件，比上年分别增长59.9%、90.3%，增幅均列全省第一；其中发明专利申请7503件、授权1523件，增长62.5%、73.1%。

(四)文化、卫生和体育

1. 文化事业

年末有国有艺术表演团体7个；艺术表演团体全年演出781场次，比上年增加8场次，观众153.19万人次；广播电台1座，电视台1座，广播电视台5座。广播、电视综合覆盖率均达到100%；有国有剧院6个，全年演出528场次，观众34.27万人次；全市多厅电影院29个，电影放映28.20万场次(不包含农村电影2.64万场)，比上年增长24.9%。全市有群艺馆、文化馆(站)125个，公共图书馆7个，公共图书馆总藏量382.01万册，比上年增长13.5%。文物藏品实际数量89630件，比上年下降1.2%。

越城区图书馆、诸暨市图书新馆建成开放，全市公共图书馆实现全覆盖。7家公共图书馆实现“一卡通”服务和数字资源共享。嵊州市非物质文化遗产馆建成并对外开放。柯桥区建成“莲花书场”。农村应急广播体系建设全面完成，达到2188个行政村全覆盖。圆满承办第27届中国戏剧梅花奖(绍兴)现场竞演。举办绍剧惠民演出以及剧目展演月等活动。越剧《钗头凤》《屈原》、《梁山伯与祝英台》和绍剧小戏《奈何桥》4个剧目首次入选国家舞台艺术基金资助项目，数量位列全省地市级城市首位。“梅花奖”队伍扩大到7人次8朵，名列全国地市级城市前茅。绍剧研究院3位同志分别荣获第25届上海白玉兰主角奖、新人主角奖、新人配角奖。嵊州市越剧艺术保护传承中心赴新加坡开展经典越剧传统大戏展演，柯桥区小百花越剧艺术传习中心赴香港参加“越剧经典名剧名家展演”，新昌调腔保护传承发展中心赴台参加“2015年台湾亚太艺术节”交流演出。柯桥区安昌镇、新昌县小蒋镇南洲村分别评为省级非遗主题小镇和省级民俗文化村；新昌县(新昌调腔)被命名为第二批省级传统戏剧特色县。上虞区崧厦镇成功创建省级文化强镇。

2. 卫生事业

年末有卫生机构2520个(含村卫生室973个)，比上年增加21个。其中医院66个，增加21个；卫生院及分院(社区卫生服务中心、站)899个，减少5个。卫生机构床位数23385张，其中医院床位19273张，分别增长11.2%、14.9%。医生数12911人，注册护士数12546人，分别增长7.5%、12.9%。每万人拥有医疗床位52.78张，比上年增加5.29张；每万人拥有医生29.14人，比上年增加2.03人。

国家卫生城市顺利通过复审。启动创新药品集中采购与定价机制改革试点，在省中标价基础上平均降价5.5%。推进“5+7+x”重点项目建设，市立医院工程结顶，市口腔医院动工建设，嵊州新医院完成建设。已执业的非公医院有32家，共开放床位2800张。新建22家紧密型医联体，新创建全国群众满意卫生院14家，等级卫生院11家。推进分级医疗，全科医生规范签约81.51万人，高血压和糖尿病慢病规范管理率分别为70.28%和68.16%，建立电子健康档案406.94万份，基层医疗卫生机构门急诊人次占全市医疗机构门急诊人次比例达到60.1%。稳妥实施单独两孩政策，出生数4833人，出生人口性别比106.99(以女性为100)，继续保持正常水平。加强重大疫情防控，报告12例登革热本地病例和4例人感染H7N9禽流感病例，甲乙丙类传染病年报告发病率较上年下降29.52%。落实食品安全风险监测任务，完成食品安全企业标准备案169件。提升综合服务能力，市本级引进国内知名专家“名医工作室”10家。运行“掌上健康绍兴”APP，网上预约诊疗平台完成102万人次预约。

3.**体育事业**

年末有大型体育场馆24个，比上年增加1个，全市大型体育场馆均实行对外免费或低收费开放，开放率达到100%。成功举行绍兴市第八届运动会，来自全市各区、县(市)行业系统、民营企业共46支代表队4054名运动员参加比赛。开闭幕式期间，成功举办体育成就展、群先表扬等重大活动。通过省级体育强市评估成为浙江省首批体育强市。切实抓好全民健身工作，全市举办各级各类群众性赛事活动超过1000场，市本级超过200场次，其中规模较大的有举迎新系列健身、万人登山周、诸暨马拉松赛、全市三人制篮球赛、第七个全国“全民健身日”等重大群体活动。绍兴籍运动员在重大体育比赛中成绩优秀，获得田径亚锦赛的2项冠军，在田径世锦赛获得1项亚军，在全国皮划艇锦标赛获得8项冠军。体育产业发展势头良好，省运动休闲旅游节将落户柯桥，柯岩街道“酷玩小镇”成为第二批省特色小镇。体育彩票销售继续稳步增长，全年销量超过6.5亿元。

(五)资源和环境保护

全年全市共完成水利建设投资55.65亿元，占年度投资计划的115.9%，比上年增长16.6%；“防洪水”方面全年累计完成17座病险水库，35.76公里堤防除险加固，完工率分别为113.3%，119.2%；“保供水”方面完成新增改善灌溉面积7.22万亩，改善农村居民饮水4.13万人，完工率分别为167.9%和116.2%；“治污水”方面完成304.78公里农村河道综合整治，完工率150.9%；“抓节水”方面完成新增高效节水灌溉面积3.54万亩，完工率106.5%。

年末实有耕地面积199.34千公顷，比上年增长0.3%。其中水田137.73千公顷，与上年基本持平；旱地61.61千公顷，增长1.0%。

完成造林更新面积3.39万亩，其中平原绿化面积2.29万亩，四边绿化166.2公里、1833亩，超额完成任务。森林覆盖率54.03%。

成功创建国家森林城市。创建成功省级森林城镇36个(当年新建成4个)、森林村庄116个(当年新建成18个)，市级森林城镇59个(当年新建成8个)、森林村庄307个(当年新建成48个)。组织开展省级公益林扩面工作，省级以上重点生态公益林达到250万亩。完成森林抚育5.23万亩，建成公益林优质林230.1万亩。新增省级林业园区6个。有国家级湿地公园2个；市级以上森林公园26个，其中国家级4个、省级11个；各类林业休闲观光园85个，其中省级52个。

全年平均气温17.5℃，平均年降水量1920.5mm。

全年全市化学需氧量排放量比上年下降7.32%，完成年度任务366%；氨氮排放量比上年下降7.61%，完成年度任务217%；二氧化硫排放量比上年下降7.94%，完成年度任务397%；氮氧化物排放量比上年下降12.97%，完成年度任务288%。

全年深化治理黑河、臭河168公里，新建污水管网418公里。日空气质量(AQI)优良天数比例73.9%，比上年提高10.7个百分点。PM2.5均值56$\mu g/m^3$，比上年下降11.1%。参与省考核的跨行政区区域河流交接断面水质达标率、县级以上集中式饮用水水源地水质达标率均达到 100%。

规模以上工业万元增加值能耗、八大高耗能行业万元增加值能耗均同比下降 4.0%，万元生产总值能耗下降 3.9%。

（六）社会安全

全市全年共发生各类生产安全事故（除生产经营性火灾外）1399 起，比上年下降 8.32%；死亡 475 人，下降 4.62%。其中道路交通事故 1362 起，比上年下降 8.77%；死亡 435 人，下降 5.43%。发生较大事故 2 起，死亡 6 人。其中非生产经营性火灾较大事故 1 起，死亡 3 人；道路交通较大事故 1 起，死亡 3 人。

三、绍兴市在长三角地区经济发展中的地位

2015 年绍兴全市上下紧紧围绕中央“四个全面”战略布局和省委省政府重大决策部署，主动适应新常态，抓紧落实新举措，积极谋求新发展，各项工作扎实推进，经济总体实现平稳增长，呈现“缓中趋稳、稳中向好”的特征。

（一）地区生产总值

2011—2015 年绍兴市地区生产总值在泛长三角所占比重分别为 2.87%、2.85%、2.84%、2.80%和 2.75%，五年时间减少了 0.12 个百分点，2015 年较上年下跌了 0.05 个百分点。2015 年绍兴市地区生产总值在泛长三角地区 41 个市排名第 12 位。

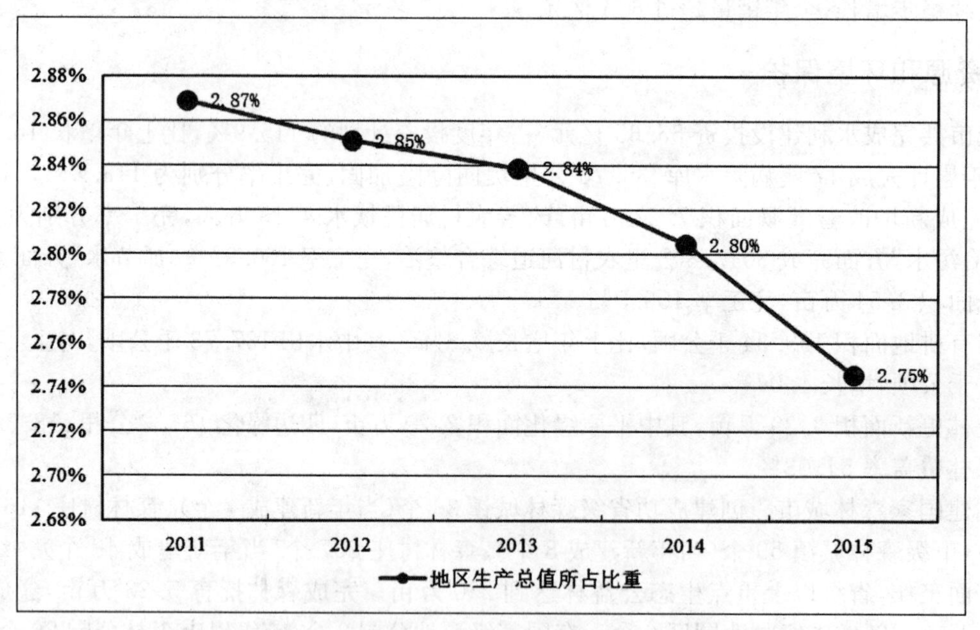

图 4　2011—2015 年绍兴市地区生产总值在泛长三角（苏浙两省 24 个地级市、安徽省 16 个地级市和上海市，下同）所占比重的变化趋势

2015 年，常住人口人均 GDP 首次突破 9 万元，由 2014 年的 86136 元提高到 90017 元。人均 GDP 水平超过全省平均 15.9%，位列全省第 4。人均 GDP 增长 6.9%，在全省位次比 2014 年提高了一位，从 2014 年的第 7 位提高到第 6 位。

(二)地方财政一般预算收入

2011—2015 年绍兴市地方财政一般预算收入在泛长三角所占比重分别为 1.94%、1.92%、1.92%、1.86%和 1.86%,2015 年较上年基本持平,较 2011 年减少了 0.08 个百分点。2015 年绍兴市地方财政一般预算收入在泛长三角地区 41 个市排名第 13 位。

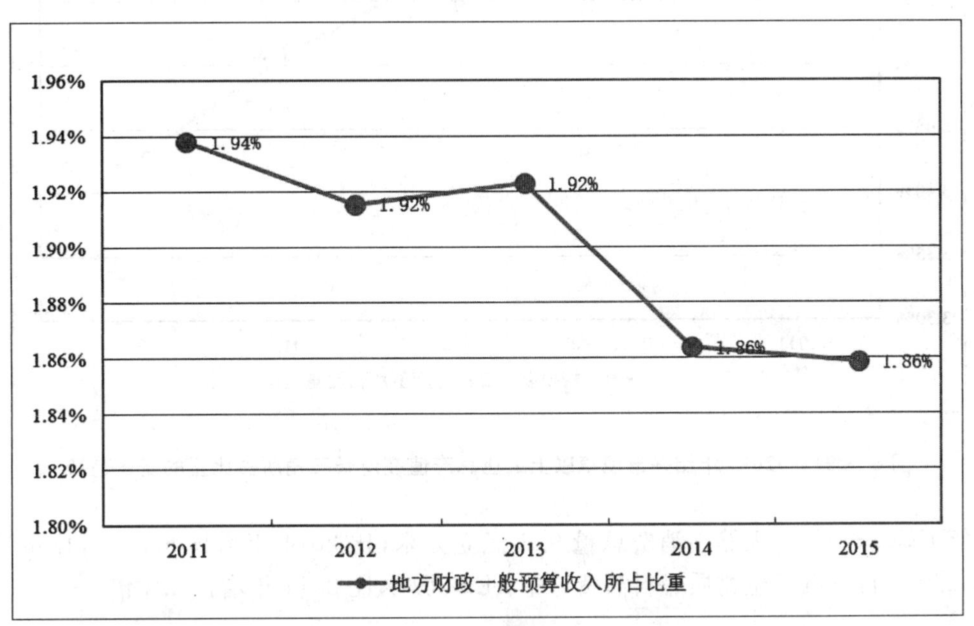

图 5 2011—2015 年绍兴市地方财政一般预算收入在泛长三角所占比重的变化趋势

2015 年,2015 年全市一般公共预算收入年度汇总预算为 361.01 亿元,实际执行数为 362.89 亿元,完成预算的 100.5%,按年初预算口径增长 7.8%(指当年实绩剔除转列的七项政府性基金,以下简称"同口径增长"),同比增长 5.8%(指上年实绩包含今年起转列的七项政府性基金,以下简称"同比增长")。2015 年市区(包括市级、越城区、柯桥区、上虞区,下同)一般公共预算收入年度汇总预算为 228.04 亿元,实际执行数为 234.13 亿元,完成预算的 102.7%,同口径增长 9.1%,同比增长 6.5%。

(三)规模以上工业总产值

2011—2015 年绍兴市规模以上工业总产值在泛长三角所占比重分别为 3.60%、3.60%、3.58%、3.51%和 3.42%,总体呈下降态势,2015 年较 2014 年减少了 0.09 个百分点,五年减少了 0.18 个百分点。2015 年绍兴市规模以上工业总产值在泛长三角地区 41 个市排名第 11 位。

2015 年,新产品、新技术、新模式、新业态的"四新"经济接续发展新动力,成为全市经济中的一抹亮色。从新兴产业看,2015 年,全市规上工业高新技术产业和装备制造业增加值 430.50 亿元和 453.24 亿元,分别增长 8.4%和 7.7%,规上工业新兴产业产值 3157.29 亿元,增长 3.5%,均快于规上工业平均水平。完成新兴产业投资 496.62 亿元,增长 10.8%,占工业投资比重达到 39.7%。从新兴业态看,2015 年,全市实现网络零售额 235.44 亿元,增长 58.6%;网购活跃拉动快递行业猛增,快递业务量 1.57 亿件,增长 66.5%,互联网对绍兴经济的渗透及改变,正变得越来越清晰,也越来越强势。

2015 年全市规上工业能源消费结构继续优化,煤炭等高排放品种消费量持续减少,天然气等清洁能源使用量不断增长。2015 年数据显示全市规模以上工业煤炭消费量 1028 万吨,其中原煤消费总量 1008 万吨,同比下降 4.1%,占能源消费总量比重比 2014 年下降 4.3 个百分点。燃料油消费总量 1.3 万

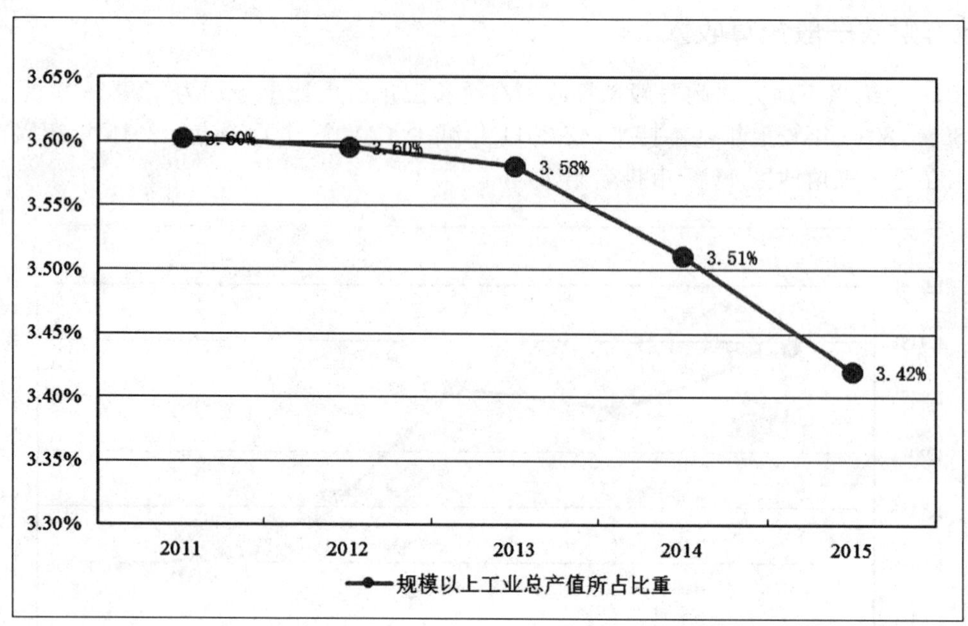

图6 2011—2015年绍兴市规模以上工业总产值在泛长三角所占比重的变化趋势

吨，比2014年下降53.0%。天然气消费总量9.3亿立方米，比2014年增长67.0%，比重达7.8%，比2014年上升2.9个百分点。生物质燃料消费总量54.6万吨，比2014年增长2.4倍。

(四)进出口总额

2011—2015年绍兴市进出口总额在泛长三角所占比重分别为2.55%、2.40%、2.43%、2.42%和2.15%。2015年，较上年减少了0.27个百分点，较2011年减少了0.40个百分比。2015年绍兴市进出口总额在泛长三角地区41个市排名第10位。

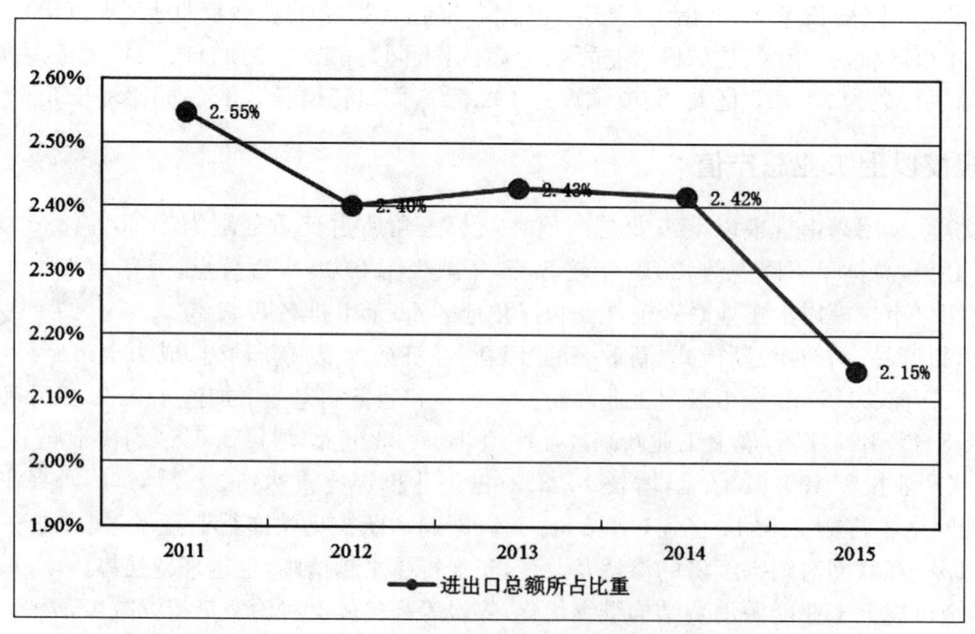

图7 2011—2015年绍兴市进出口总额在泛长三角所占比重的变化趋势

全年货物进出口总额 299.02 亿美元，比上年下降 13.8%，其中出口总额 271.42 亿美元，下降 8.8%，进口总额 27.60 亿美元，下降 44.0%。全市有进出口国家和地区 210 个，比上年增加 1 个。其中出口超 1000 万美元的国家和地区 107 个，比上年减少 1 个。美国、阿联酋、印度分别为出口额前三位国家，出口额分别为 392325 万美元、135357 万美元、113904 万美元。全市机电产品出口 491919 万美元，比上年下降 0.9%；高新技术产品出口 76080 万美元，下降 8.7%；化工产品出口 189885 万美元，下降 3.5%；纺织服装出口 1786509 万美元，下降 9.4%。有出口实绩企业 8710 家，比上年增加 130 家。出口超 1000 万美元企业 571 家，比上年减少 67 家。

(五)实际外商直接投资金额

2011—2015 年绍兴市实际外商直接投资金额在泛长三角所占比重分别为 1.28%、1.31%、1.08%、0.90%和 1.28%，2015 年较上年上升了 0.38 个百分点，五年时间所占比例基本未变。2015 年绍兴市实际外商直接投资金额在泛长三角地区 41 个市排名第 20 位。

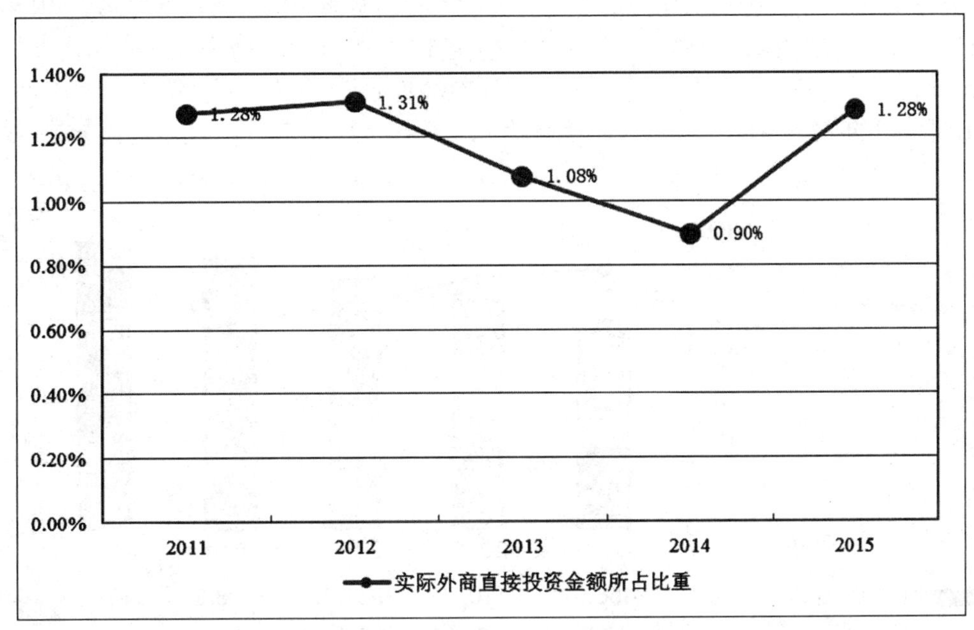

图 8 2011—2015 年绍兴市实际外商直接投资金额在泛长三角所占比重的变化趋势

全年新批境外投资企业 48 家，企业增资 7 家。境外投资企业总投资额 171559 万美元，其中中方投资额 164897 万美元，比上年增长 171.4%。全市境外工程营业额 18758 万美元，比上年增长 24.4%。

全年服务外包合同签订额 11468.8 万美元，离岸合同额 11370.1 万美元，离岸合同额比上年下降 3.4%；完成合同执行额 10041.3 万美元，离岸执行额 10003.2 万美元，下降 8.6%。

八　金华市 2015 年度经济社会发展报告

2015 年，面对错综复杂的宏观经济形势，市委、市政府带领全市上下全面贯彻落实中央、省委省政府的各项决策部署，紧紧围绕稳增长、调结构、促转型、惠民生等重点工作，凝心聚力，攻坚克难，主动适应新常态、努力实现新发展，打好转型升级组合拳。全市经济社会平稳发展，较好地完成年初确定的目标任务。

一、金华市 2015 年经济发展概况

(一)综合经济

1. 经济总量

2015 年全市实现生产总值(GDP)3402.34 亿元，按可比价计算，比上年增长 7.8%。其中：第一产业增加值为 141.03 亿元，增长 1.5%；第二产业增加值为 1549.15 亿元，增长 5.8%；第三产业增加值为 1712.16 亿元，增长 10.5%。全市人均生产总值达到 71391 元，增长 7.3%。第一、二、三产业增加值占生产总值的比重由上年的 4.3：47.0：48.7 变化为 4.1：45.2：50.7，三产比重首次超过 50%。

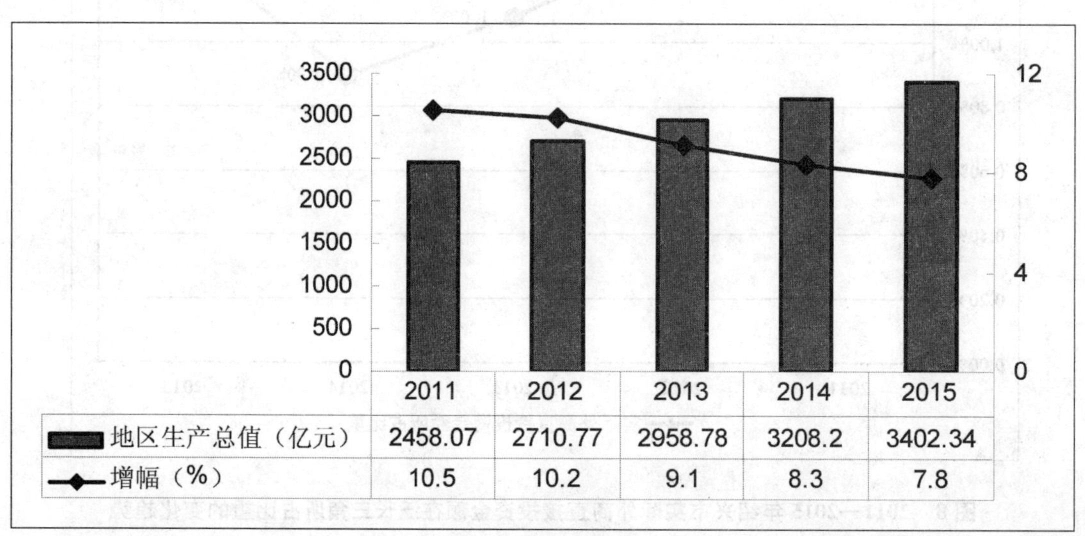

	2011	2012	2013	2014	2015
地区生产总值（亿元）	2458.07	2710.77	2958.78	3208.2	3402.34
增幅（%）	10.5	10.2	9.1	8.3	7.8

图 1　2011—2015 年金华市地区生产总值及增长速度

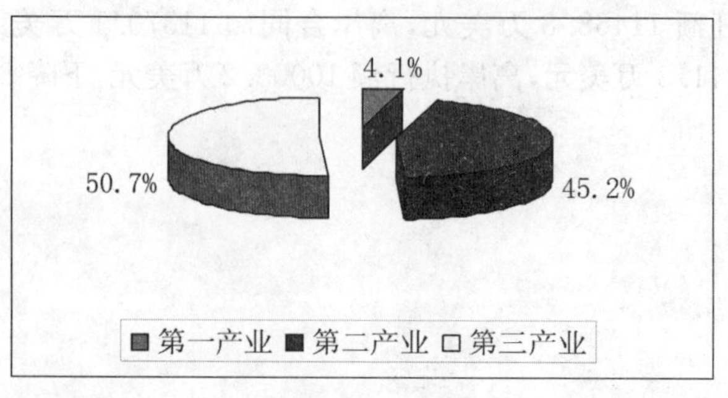

图 2　2015 年金华市三次产业结构图

2. 财政收支

2015 年全市完成财政总收入 516.96 亿元，比上年增长 8.3%，其中：上划中央财政收入 207.28 亿元，增长 7.7%；一般公共预算收入 309.69 亿元，增长 8.8%。全市一般公共预算支出 464.38 亿元，增长 25.8%。财政更加关注民生，一般公共预算支出的 75.9%用于保障和改善民生。其中住房保障支出、节能环保支出、城乡社区事务支出、文化体育与传媒支出、医疗卫生和计划生育支出、教育支出、科学技术支出同比分别增长 65.5%、34.5%、35.7%、36.4%、22.0%、14.7%、20.2%。

3. 物价水平

市区居民消费价格总水平比上年上涨 1.2%，涨幅较上年缩小 1.2 个百分点。所调查的八大类消费品及服务项目价格"五涨三跌"，食品价格上涨 4.6%，烟酒价格上涨 2.1%，衣着价格上涨 0.5%，家庭设备用品及维修服务价格上涨 0.5%，医疗保健和个人用品价格上涨 5.5%；交通和通信价格下跌 5.3%，娱乐教育文化用品及服务价格下跌 1.2%，居住价格下跌 0.2%。商品零售价格下跌 0.1%。全市工业生产者出厂价格下跌 3.3%，工业生产者购进价格下跌 7.0%，购销价格为顺差 3.7 个百分点。

4. 固定资产投资

2015 年全市完成固定资产投资 1836.16 亿元，比上年增长 15.1%。其中，房地产开发投资 350.22 亿元，下降 4.7%；投资项目(单位)投资 1485.94 亿元，增长 21.1%。国有投资快速增长，全年实现国有投资 512.91 亿元，增长 45.9%，占固定资产投资的 27.9%。

在固定资产投资中：第一产业完成投资 10.65 亿元，增长 93.2%。第二产业完成投资 760.47 亿元，增长 3.3%；其中工业投资 740.43 亿元，增长 2.8%。第三产业完成投资 1065.04 亿元，增长 24.8%。第二、第三产业投资比重分别下降和上升 4.8 和 4.5 个百分点，三次产业投资结构调整为 0.6∶41.4∶58.0。

全市省重点建设项目 180 项，年计划投资 206.97 亿元，其中新增省重点项目 47 项，全年完成投资 285.26 亿元，为年度计划 137.8%，竣工投产项目 35 项。列入市重点建设实施类项目共计 397 项，年计划投资 572.81 亿元，其中新增项目 154 项，全年完成投资 717.19 亿元，为年度计划 125.2%，未开工项目 1 项，开工项目 396 项，开工率 99.75%。

(二)农业建设

加快发展现代生态循环农业。新建省级粮食生产功能区 12 万亩、省级现代农业综合园区 5 个、设施农业 1.1 万亩，新增省级示范性家庭农场 24 家、市级规范性农民专业合作社 32 家、市级以上农业龙头企业 20 家。

2015 年全市农林牧渔业增加值 144.90 亿元，比上年增长 1.6%。全市农作物播种面积 220.62 千公顷，下降 2.5%。其中粮食播种面积 98.16 千公顷，总产量 60.33 万吨，分别下降 1.5%和 0.6%；棉花播种面积 4.48 千公顷，下降 27.2%，产量 0.71 万吨，下降 24.8%；油料播种面积 21.05 千公顷，下降 16.5%，产量 4.07 万吨，下降 14.5%；蔬菜播种面积 48.56 千公顷，增长 2.7%，产量 110.81 万吨，增长 5.4%；药材播种面积 9.28 千公顷，增长 5.6%，产量 30.9 万吨，增长 12.6%；果用瓜种植面积 10.90 千公顷，下降 5.2%，产量 25.22 万吨，下降 0.9%；花卉苗木种植面积 16.39 千公顷，增长 6.4%。

全市共完成造林更新面积 4.432 千公顷，其中人工造林面积 2.775 千公顷；迹地更新面积 1.657 千公顷，完成平原绿化 2.049 千公顷；完成森林通道建设 807.3 公里，折合绿化面积 0.64 千公顷；完成通道沿线林相改造面积 1.731 千公顷。

全市肉类总产量 19.15 万吨，比上年下降 17.7%，其中猪肉 16.34 万吨，下降 19.1%；全年生猪出栏 224.43 万头，下降 15.4%；家禽出栏 1658.89 万只，下降 7.3%；全年牛奶产量 6.26 万吨，下降 1.3%；水产品产量 7.78 万吨，增长 2.1%。

全年化肥施用量(折纯)10.91 万吨，下降 2.0%；农村用电量 51.10 亿千瓦时，增长 10.5%。

（三）工业和建筑业

1. 工业增加值

2015年全市完成规模以上工业增加值973.63亿元，比上年增长4.4%。规模以上工业总产值4927.50亿元，销售产值4630.01亿元，分别增长2.1%和1.1%。规模以上工业企业完成出口交货值1073.59亿元，下降4.7%，占销售产值的比重为23.2%。

全市规模以上工业企业科技活动经费支出45.99亿元，下降0.2%。新产品生产增长较快。规模以上工业企业完成新产品产值1609.81亿元，增长15.3%，新产品产值率达到32.7%，提高3.8个百分点。

全年规模以上工业企业实现利税352.48亿元，增长1.8%；其中利润210.86亿元，增长1.5%。金属制品，纺织，医药制造，电气机械和器材制造，纺织服装、服饰，汽车制造等六大行业实现利润占全市规模以上工业利润总额的49.5%。

2. 建筑业

全市建筑业总产值达3162.93亿元，增长3.9%；完成建筑业税收收入39.06亿元，增长18.4%，占全市税收总收入的8.3%。建筑施工面积38610.3万平方米，完成房屋竣工面积10337.37万平方米。省外市场发展良好，2015年建筑业企业在省外完成产值2016.37亿元，占全省省外完成产值的16.5%，占全市建筑业总产值的63.8%。

（四）服务业

1. 国内贸易

2015年全市实现社会消费品零售总额1783.10亿元，比上年增长12.0%，其中：城镇消费品零售总额为1557.89亿元，增长11.5%；乡村消费品零售总额为225.21亿元，增长15.0%。按消费类型分，餐饮收入162.61亿元，增长13.7%；商品零售1620.49亿元，增长11.8%。

在限额以上批发零售业零售额中，金银珠宝类、药品类、粮油食品类消费增长较快，分别增长26.4%、21.2%、16.6%；烟酒类、服装类、化妆品类、汽车类消费稳步增长，分别增长12.4%、11.8%、9.7%、7.7%。

全年实现网络零售额1344亿元，同比增长58.4%，占全省网络零售额的17.7%，网络零售额居全省第二。其中居民网络消费额394.91亿元，同比增长34.2%，实现顺差949.09亿元。"跨境通"平台通关量持续增加，金义"跨境通"平台最高日通关量突破7.2万票，货物出口目的地国达117个。跨境电商园区和公共海外仓建设培育工作居全省前列，已建成省级跨境电子商务园区5家，公共海外仓14家。义乌自6月1日起获批设立国际邮件互换局和交换站。

全市共有各类市场458个，市场总成交额为2725.84亿元，增长7.6%。其中年成交额超亿元的市场有73个，总成交额为2564亿元，增长6.1%；商品交易市场446个，年成交额为2449.26亿，增长了7.6%；生产要素市场5个，年成交额3.3亿元；7家网上市场成交273亿，增长6.6%。

2. 交通运输、邮电

2015年全市交通建设有效投资完成180.5亿元，占计划总投资的114.2%，比上年增长36.4%。其中：公路投资116.8亿元，物流及场站投资41.8亿元，水运项目投资16.8亿元，智慧交通投资5.1亿元，均再创历史新高。全市境内公路总里程达到12431.243公里。年内公路旅客周转量39.57亿人公里，货物周转量62.49亿吨公里。

邮电业务收入86.42亿元，增长2.5%。其中，邮政业务收入12.66亿元，增长14.6%；电信业务收入73.77亿元，增长0.7%。年末城乡固定电话用户111.07万户，比上年末下降18.6%。其中住宅电话59.53万户，下降15.3%；公用电话14.38万户，下降16.2%。年末移动电话用户达921.25万户，增长0.3%；其中4G移动电话用户356.72万户，增长223.2%。电话普及率216.61部/百人，其中：移动电话

普及率193.30部/百人，固定电话普及率23.31部/百人。互联网宽带接入用户达195.77万户，比上年末增长0.6%。

3. **旅游业**

旅游业加快发展，全市共接待游客7087.57万人次，增长18.48%，实现旅游收入756.62亿元，增长22.03%，其中接待国内旅游者6989.67万人次，增长18.51%，实现国内旅游收入720.81亿元，增长22.06%；接待入境旅游者97.9万人次，增长16.32%，实现旅游外汇收入57992.0万美元，增长20.89%。

4. **金融和保险**

2015年末，全市金融机构本外币各项存款余额6890.80亿元，增长3.4%。其中住户存款余额3535亿元，增长6.8%；非金融机构企业存款1931.98亿元，下降10.4%；广义政府存款1052.13亿元，增长10.4%。金融机构本外币各项贷款余额6127.17亿元，增长6.9%。其中住户贷款2140.16亿元，增长8.7%；企业及机关团体贷款3986.72亿元，增长5.9%。

全市保险机构全年保费收入159.3亿元，比上年增长17.28%。其中财产险保费收入69.91亿元，人身险保费收入89.39亿元，分别增长11.5%和22.24%。全年支付各类赔偿及给付51.59亿元，增长17.25%。其中财产险赔款35.87亿元，增长6.28%；人身险赔款及给付15.72亿元，增长53.37%。

5. **房地产业**

全市房地产开发房屋施工面积为2598.03万平方米，比上年下降2.1%。当年新开工面积355.50万平方米，下降47.2%；竣工面积283.75万平方米，下降18.2%。全市商品房销售面积为352.39万平方米，增长4.7%；其中住宅销售面积325.34万平方米，增长10.3%。

（五）对外经济

1. **对外贸易**

2015年全市完成进出口总额490.6亿美元，增长18.3%。其中，出口总额476.73亿美元，增长20.2%；进口总额13.9亿美元，下降23.7%。进出口、出口增幅均居全省首位，规模均创历史新高。出口有效主体增加，全年新增备案企业1980家。全年有进出口实绩企业6581家，比上年净增341家。全市与225国家和地区建立了贸易关系，其中出口超1亿美元的国家和地区79个，比上年增加6个。

2. **外资状况**

全市新批外商投资企业190家；合同利用外资3.5亿美元，下降39%；实际利用外资2.74亿美元，下降1.47%。制造业实际利用外资1.28万美元，下降42.69%，但仍然是实际利用外资主力，占全市实际利用外资总额的46.69%。商贸类项目实际利用外资4333万美元，增长211.95%，占全市合同利用外资总额的15.8%。香港是外资主要来源地，实际利用外资22031万美元，增长18.62%，占全市实际利用外资总额的80.31%。

3. **对外合作**

全市新批核准境外投资项目48个，境外投资总额11.38亿美元，中方投资8.32亿美元，增长67.2%。全市完成对外承包工程劳务合作营业额4.5亿美元。全年设立境外营销网络（贸易公司、办事处等）36家，占全市项目总数的80%。截至目前金华市企业在境外投资、经营的各类营销网络（贸易公司、办事处等）达372个，涉及69个国家和地区，遍布美国、日本、德国、俄罗斯、阿联酋和香港等主要出口市场。

二、金华市2015年社会发展概况

（一）人口、人民生活

2015年全市出生人口59604人，出生率12.51‰；死亡人口32161人，死亡率6.75‰；人口自然增长率 5.76‰。年末总人口 478.09 万人，其中市区 96.10 万人；城镇人口 210.90 万人，其中市区 45.70 万人。平均每户家庭人口 2.57 人。

2015 年，全体居民可支配收入 34378 元，比上年增长 8.8%。分城乡看，城镇常住居民人均可支配收入 43193 元，增长 8.5%；农村常住居民人均可支配收入 20297 元，增长 9.5%。全体居民从收入来源看，工资性收入人均 19213 元，增长 9.0%；经营净收入人均 6444 元，增长 6.0%；财产净收入人均 4515 元，增长 9.3%；转移净收入人均 4206 元，增长 11.8%。全体居民人均生活消费支出 22670 元，增长 8.2%，其中城镇常住居民人均生活消费支出 27701，增长 8.1%；农村常住居民人均生活消费支出 14634 元，增长 8.2%。

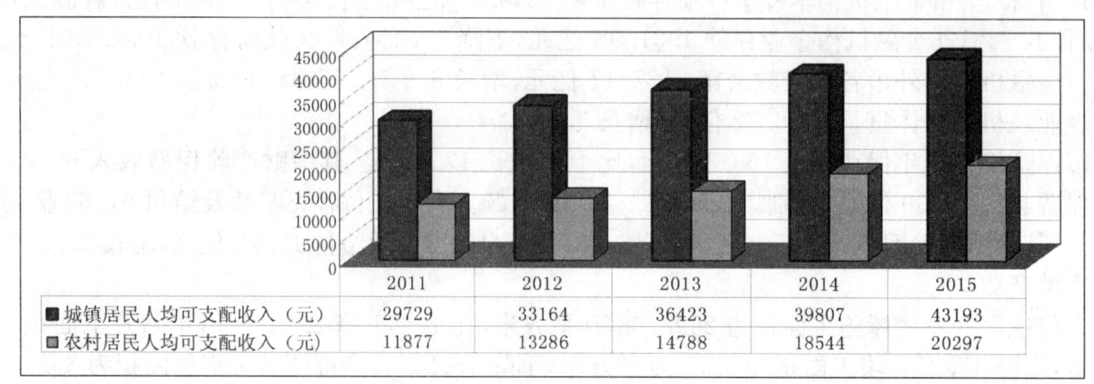

图 3　2011—2015 年金华市城乡居民收入对比一览

（二）就业与社会保障

1. 就业

2015 年，全市城镇新增就业 78034 人，失业人员实现再就业 29519 人，年末城镇登记失业率 2.84%，低于 4.00%的控制目标。

2. 社会保障

年末全市拥有各类社会福利单位 154 个，社会福利床位数 31868 张，收养各类人员 15431 人。农村五保对象集中供养率为 100%。全市共有低保对象 5.81 万人，发放最低生活保障金 1.75 亿元；筹集医疗救助资金 8230 万元，救助医疗困难群众 4.2 万人次；发放救灾款 422 万元，救济灾民 1 万人次，改扩新建避灾场所 479 个。社区服务功能日趋完善，建立乡镇（街道）社区服务中心 152 个、城市社区服务中心（站）300 个、村级社区服务中心（站）3576 个、捐赠接收站（慈善超市）116 个。全市共有社会组织 4561 家，其中社会团体 1986 家，民办非企业单位 2575 家。全市共有抚恤优待对象 37465 人，发放抚恤金 16647.17 万元、义务优待金 8578 万元、困难补助经费 759.19 万元，退役义务士兵自主就业率达到 100%，发放自主就业一次性经济补助金 3463.15 万元。

年末全市城镇职工养老保险参保人数 172.23 万人，职工基本医疗保险参保人数 139.21 万人，工伤保险参保人数 148.84 万人，生育保险参保人数 82.28 万人，失业保险参保人数 77.34 万人；城乡居民养老保险参保人数 148.46 万人，城乡居民医疗保险参保人数 345.23 万人，被征地农民基本生活保障参保人数 26.22 万人。

（三）教育和科学技术

1. 教育事业

统筹推进各类教育改革发展，义务教育标准化学校创建率达 86.9%，重视解决进城务工人员子女

“就学难”问题，加强住宅小区配套幼儿园建设，市特殊教育中心建成使用。2015年全市共有各级各类全日制学校675所，在校生703286人。其中小学396所，在校生412721人；初中178所，在校生157715人；普通高中66所，在校生83350人；职业高中22所，在校生43507人；普通中专4所，在校生5139人；特殊教育学校9所，在校生854人。全市有幼儿园1460所，在园幼儿252419人，学前三年幼儿园入园率99.2%；有省等级幼儿园1227所；全市112个乡镇全部建有中心幼儿园。十五年教育普及率99.6%，小学入学率、巩固率100%，初中入学率、巩固率100%，初中毕业生升入高中段学校比例98.6%。初中毕业生升入普通高中与中等职业学校的比例为1∶0.856，普通高中教育与中等职业教育协调发展。全市高等院校共9所，在校生86308人，其中普通高校2所，在校生34957人；高职院校5所(含浙江科贸职业技术学院(筹))，在校生47309人；成人高校2所，在校生4042人。高等教育毛入学率56.3%。义务教育均衡发展，县(市、区)教育现代化创建工作有序开展。

2. **科技与创新**

全市列入市级以上科技项目505项，其中国家级34项，省级367项，新到位上级科技资金13801万元，其中国家级370万元。新立市级科技计划项目208项，其中工业类49项，农业类41项，社会发展类112项，农业科技成果转化项目6项。申请专利19102项，其中发明专利2545件；获专利授权16353件，其中发明专利1015件、首次突破千件大关。新认定国家级高新技术企业68家，累计达到375家。新认定省科技型中小企业289家，累计达到1018家。新认定省级重点企业研究院11家，省级高新技术研发中心19家、市级75家，市级以上各类企业研发机构累计达到652家。

全市新增浙江名牌产品29只，累计301只。新认定金华名牌产品64只，累计430只。参与制修订国际、国家或行业标准42项，累计292项，规模以上企业采标率为52.7%。获国家级和省级农业标准化示范项目和服务业试点项目6个。5家企业获得市政府质量奖，15家企业获得县市区政府质量奖。累计2家企业获得省政府质量奖，1家企业获得提名奖；33家企业获得市政府质量奖，115家企业获得了县(市、区)政府质量奖。累计导入卓越绩效管理体系企业317家。产品监督抽查合格率95.6%，特种设备定检率、登记率和操作人员持证上岗率达95%以上，万台特种设备事故率0.12，计量器具强制检定13.88万台件。

(四)文化、卫生和体育

1. **文化事业**

2015年全市拥有文化馆10个，公共图书馆10个。建成农村文化礼堂126家，制定全市文化系统农村文化礼堂建设服务菜单，提供点单式服务近1200场次。创建并命名市级文化示范村(社区)25个，省级文化示范村(社区)11个(初步数)。积极实施文化惠民工程，完成送戏下乡1647场，送电影下乡44728场，“非遗文化礼堂百村行”活动120场，送书394190册、送展览讲座648场、骨干培训75247人次、文化走亲(县级以上)70场。全市文化市场健康平稳有序，出动检查9310人次，检查文化经营单位14171家次。全市广播综合覆盖人口470.77万人，覆盖率99.09%。电视综合覆盖人口473.69万人，覆盖率99.71%，全市农村应急广播体系实现全覆盖。

2. **卫生事业**

深化公立医院改革，全面推行分级诊疗制度，推进“双下沉、两提升”，市中心医院东扩工程完工。全市共有医疗卫生机构4034家，其中医院124家；卫生院(含社区服务中心)155家；门诊部75家；专业公共卫生机构76家，其中妇保院(所、站)10家、疾病预防控制机构10家，卫生监督检验机构10家，专科疾病防治院(所、站)4家；其他卫生机构17家；诊所、医务室、社区卫生服务站、村卫生室3587个。全市共有实际开放床位数26564张，其中：医院和卫生院床位(含社区服务中心，不含妇保院)25377张。全市共有卫生技术人员37861人，其中执业医师和执业助理医师14746人，注册护士14321人。全市共有艾滋病实验室61个、其中初筛实验室57个，中心实验室3个、确诊实验室1个。

3. **体育事业**

全市新创体育强镇(乡)3个,新建成省级小康体育村460个,全民健身中心和广场7个、笼式足球场5个。复评通过强镇(乡)15个、体育特色乡镇4个、村级体育俱乐部27个。参加2015年省青少年锦标赛,取得36块金牌109块奖牌。金华市输送的田径运动员任梦倩、艺术体操运动员王玲、拳击运动员吕斌获得2016年里约奥运会参赛资格。全市共举办20多场(次)省级以上重大赛事活动,吸引10万多人次市民观赛健身。义乌、东阳横店、兰溪及金东相继举办全程或半程马拉松赛,29个国家和地区的23000多名运动员参加比赛,观众参与达5万多人。全年全市销售体育彩票8.96亿元,销量列全省第五,创收体彩公益金约7000万元。

(五)城乡建设

编制完成金华—义乌都市区规划纲要,优化"一轴两带多组团"空间布局。加快中心城区建设,多湖中央商务区完成4个村(社区)房屋征收工作,道路框架、综合管廊建设、地下空间开发等加快推进,总部中心等10个项目开工建设。婺城二七区块棚户区改造房屋征迁基本完成。实施"三江六岸"景观提升工程,燕尾洲公园被评为2015年度世界建筑节最佳景观奖。金义都市新区加快核心区块建设,引进油电混合动力变速箱、传化物流信息港等大项目。义乌丝路新区、陆港新区、科创新区加快建设,国际电子商务城一期、快递企业集聚中心、普洛斯物流园等项目顺利实施。

加快美丽乡村建设。建成美丽乡村风景线21条,创建精品村43个、秀美村88个,新增省级生态乡镇18个、美丽宜居示范村12个。义乌荣获国家森林城市称号,东阳花园获评中国美丽乡村建设示范村,兰溪芝堰开展国家级美丽宜居示范村创建。加速农村"三治",75%的村庄达到洁美村标准,完成赤膊房整治822万平方米,农村生活污水治理和生活垃圾分类减量处理行政村覆盖率分别达80%和72%。"两次四分"农村生活垃圾分类减量处理办法全省推广,武义获评全国农村生活污水全面治理示范县。加强历史文化村落保护开发,浦江嵩溪荣获第六届"中国景观村落"称号。

加快推进城乡基础设施建设。金温快速铁路、东永高速公路建成通车,金台铁路、义乌疏港高速、杭绍金台高速、杭金衢高速拓宽改造和一批国省道干线公路改扩建项目加快实施。衢江航运开发进展顺利,浙中公铁水联运港项目规划建设有序推进。金兰、金武城际公交相继开通。

(六)环境保护和生态建设

2015年深入开展"811"生态文明建设,"五水共治","气尘合治",切实加大生态建设和环境整治力度。全市10个市界出境断面全部达到地表水Ⅲ类水质标准,达标率为100%;20个县(市)交接断面,达Ⅲ类水质标准17个,占85%,同比提高20个百分点;16个省控断面全部达到Ⅳ类以上,其中优于Ⅲ类断面10个,同比增加31.3个百分点,2014年占比1/4的Ⅴ类、劣Ⅴ类断面被全部消灭;42个地表水断面中,优于Ⅲ类断面28个,同比增加6个,Ⅳ类水质断面13个,同比减少1个;Ⅴ类断面1个,同比减少3个;劣Ⅴ类断面0个,同比减少2个;8个县级以上集中式饮用水源地水质全部达到II类。金华市区PM2.5年度平均浓度为54ug/m^3,同比下降15.7%,空气AQI优良天数比例73.3%,同比上升8.6个百分点。实施完成减排项目291个,其中涉水项目77个、涉气项目71个、农业项目143个。

全市生态公益林建设面积为325.2千公顷,生态公益林达到优质林分面积240千公顷。森林覆盖率61.09%,义乌市获得"国家森林城市"称号,永康市成功创建省级森林城市,全市新增孝顺镇等5个省级森林城镇,蒋堂镇直里村等21个省级森林村庄,白龙桥镇董村等209个市级森林村庄。现有国家级自然保护区1个,省级以上森林公园14个(其中国家级森林公园2个)。新增省级绿色企业8家,省级生态文明教育基地3个,市级绿色家庭50户。全市省级绿色学校增至442所,省级绿色社区152个,省级绿色家庭1159户,省级绿色医院18家,省级绿色企业88家,省级绿色饭店24家,省级生态文明教育基地7个。

(七)安全生产

2015年,全市共发生各类生产安全事故(不含火灾事故)1291起、死亡465人、直接经济损失1520.44万元,同比分别下降6.52%、2.11%、8.08%。

三、金华市在长三角地区经济发展中的地位

在复杂多变的宏观经济形势下,一方面,2015年金华经济运行呈现出积极变化,产业结构进一步优化,工业转型升级步伐加快,电子商务继续迅猛发展。另一方面,经济运行依然存在一些问题,工业经济形势仍然严峻。全市工业经济运行呈低位增长态势,增长动力不足。

(一)地区生产总值

2011—2015年金华市地区生产总值在泛长三角所占比重分别为2.12%、2.11%、2.12%、2.11%和2.09%,总体上呈下跌趋势,2015年比上年减少了0.02个百分点,较2011年减少了0.03个百分点。2015年金华市地区生产总值在泛长三角地区41个市排名第19位。

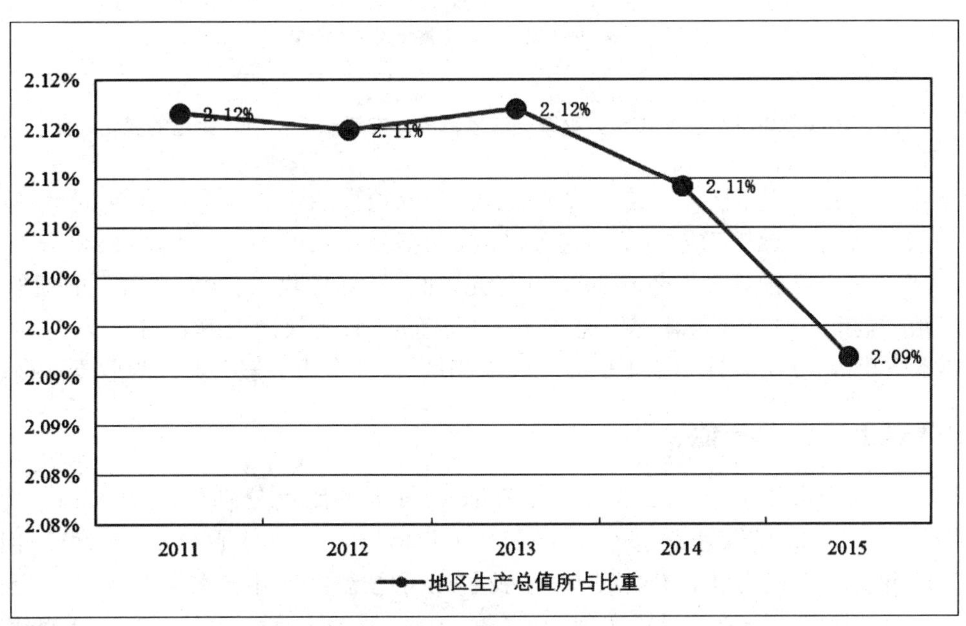

图4　2011—2015年金华市地区生产总值在泛长三角(苏浙两省24个地级市、安徽省16个地级市和上海市,下同)所占比重的变化趋势

2015年,金华的一、二、三产结构由2014年的4.3∶47.0∶48.7转变为4.1∶45.2∶50.7。自2014年三产比重首次超过二产,形成“三、二、一”的产业格局后。2015年产业结构进一步优化,三产比重首次超过50%。三次产业中,第一产业增加值为141.21亿元,增长1.5%,增速与全省持平;第二产业增加值为1538.94亿元,增长5.8%,快于全省0.4个百分点;第三产业增加值为1726.33亿元,增长10.5%,低于全省0.8个百分点。

(二)地方财政一般预算收入

2011—2015年金华市地方财政一般预算收入在泛长三角所占比重分别为1.56%、1.55%、1.99%、1.58%和1.59%,2015年较上年增加了0.01个百分点,较2011年增加了0.03个百分点。2015年金华

市地方财政一般预算收入在泛长三角地区 41 个市排名第 18 位。

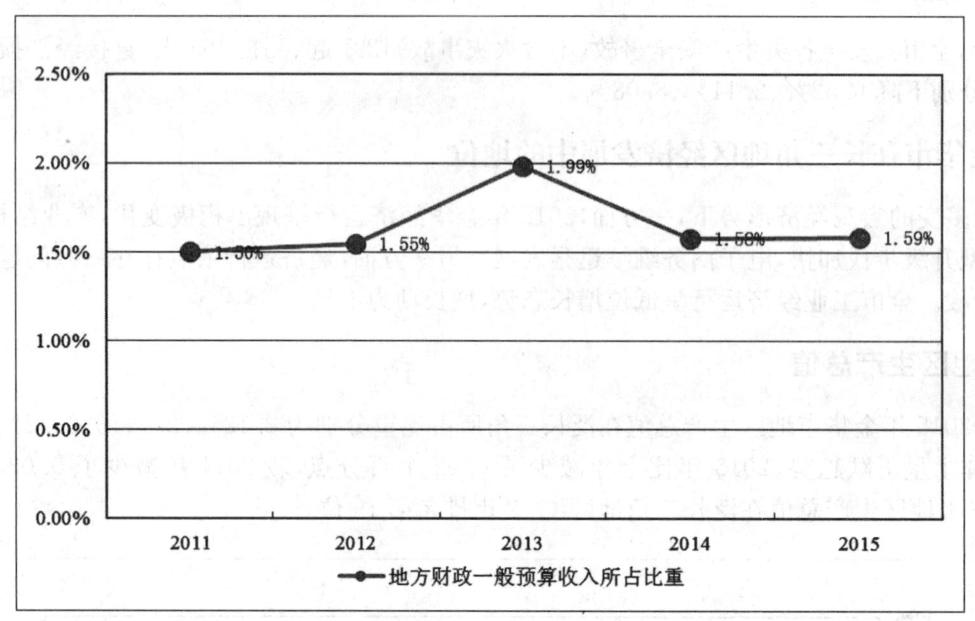

图 5　2011—2015 年金华市地方财政一般预算收入在泛长三角所占比重的变化趋势

2015 年全市一般公共预算收入完成 309.69 亿元，完成预算的 100.9%，比上年同口径增长 8.8%。2015 年全市一般公共预算支出完成 464.38 亿元，完成调整预算数的 101.1%，增长 25.8%。按现行财政体制测算，全市一般公共预算收入完成 309.69 亿元，加上转移性收入、地方政府一般债券收入等收入合计 605.1 亿元。全市一般公共预算支出完成 464.38 亿元，加上预计上解省财政支出、地方政府一般债券置换和还本支出等，支出合计 605.1 亿元。收支相抵，预计全市一般公共预算收支平衡。

（三）规模以上工业总产值

2011—2015 年金华市规模以上工业总产值在长三角所占比重分别为 1.60%、1.59%、1.62%、1.65%和 1.66%，2013—2015 年止跌上扬，2015 年较上年增加了 0.01 个百分点，较 2011 年减少了 0.06 个百分点。2015 年金华市规模以上工业总产值在泛长三角地区 41 个市排名第 21 位。

五大千亿产业规模以上企业（单位）实现产值（收入）4279.59 亿元，增长 4.9%，增幅比规模以上工业产值高 2.8 个百分点。其中：信息经济产值 598.32 亿元，增长 4.5%；健康生物医药产值 511.00 亿元，增长 5.0%；休闲旅游服务产值 226.98 亿元，增长 6.7%；文化影视时尚产值 1882.86 亿元，增长 5.5%；先进装备制造产值 1808.48 亿元，增长 4.3%。支柱产业拉动增长。2015 年金华规上工业有 18 个工业行业产值超百亿元。涵盖了全市主要支柱产业，工业总产值合计 4435.22 亿元，占全部规模以上工业总产值的 90.0%，同比提高 2.2 个百分点。

（四）进出口总额

2011—2015 年金华市进出口总额在泛长三角所占比重分别为 1.25%、1.70%、2.50%、2.89%和 3.52%，呈现逐年增加的趋势，2015 年较 2014 年增加了 0.63 个百分点，5 年累计增幅为 2.27%个百分点。2015 年金华市进出口总额在泛长三角地区 41 个市排名第 7 位，保持着相对领先的位置。

2015 年 1—12 月，金华市外贸进出口总值突破 3000 亿大关，达到了 3044.6 亿元人民币，同比增长 19.5%，增速列全省第一位。其中出口 2958.7 亿元，增长 21.4%，增速列全省第二位；进口 85.9 亿元，

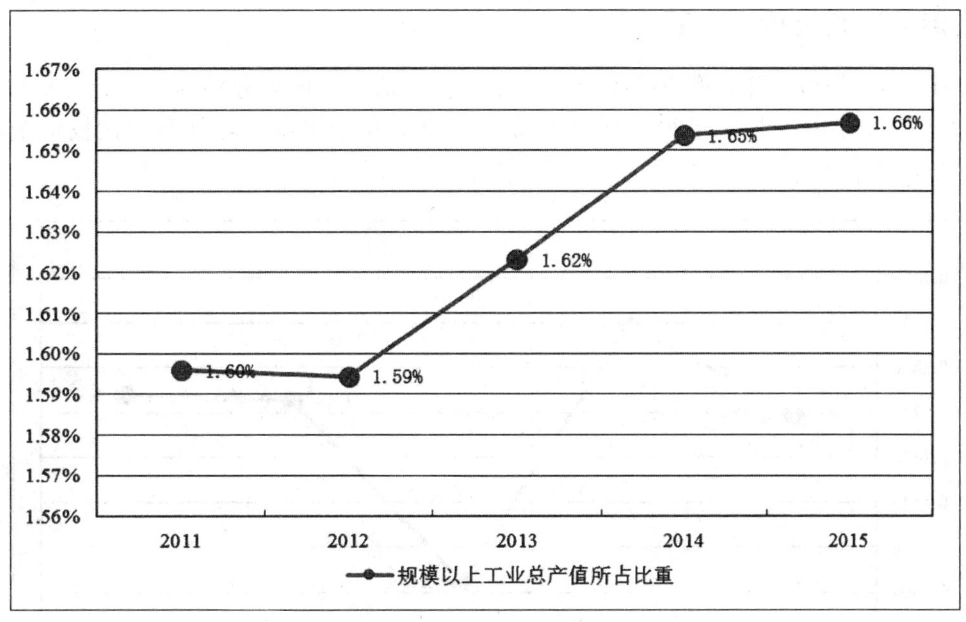

图 6　2011—2015 年金华市规模以上工业总产值在泛长三角所占比重的变化趋势

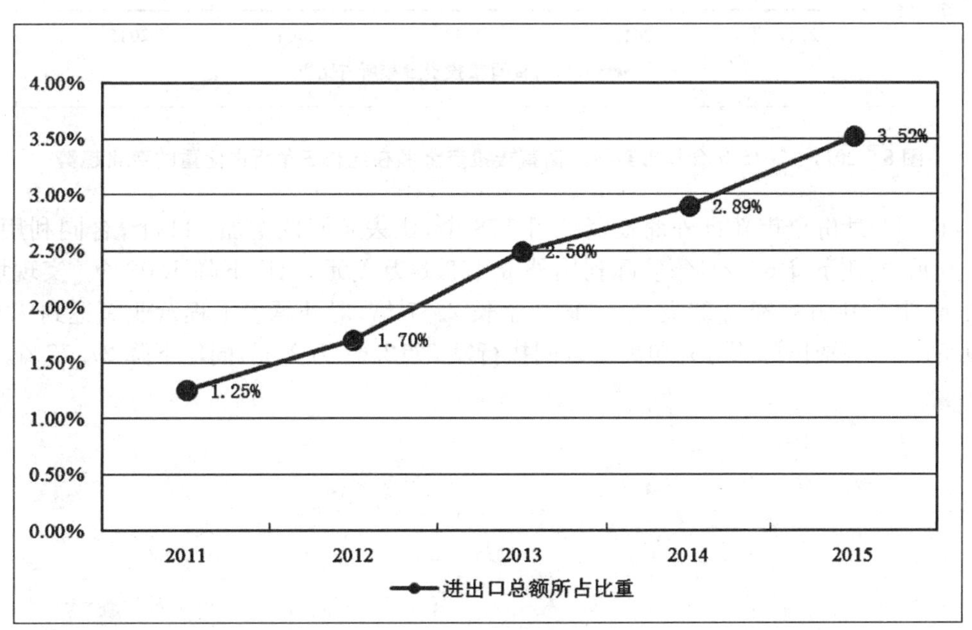

图 7　2011—2015 年金华市进出口总额在泛长三角所占比重的变化趋势

下降 23%。各类出口产品中，机电产品仍然是主打品，居单类产品的出口额“第一”。而非洲继续排在欧美之前，成为金华产品的第一大外贸出口地。

从统计情况看，金华外贸出口增速超过全省和全国平均水平。2015 年，浙江外贸出口总额为 17174.2 亿元，增长 2.3%；全国出口 14.14 万亿元，同比下降 1.8%。金华的外贸出口增速再度超两成，表明经济活力较强。在各类出口产品中，机电产品、服装、塑料制品和纺织制品为主要出口商品。2015 年，上述四类产品的出口量分别达到了 1136.9 亿元、375.2 亿元、235.6 亿元和 188.9 亿元，同比分别增长 21.1%、13%、45.4%和 14.1%，四者合计占同期全市外贸出口总值的 65.5%。

(五)实际外商直接投资金额

2011—2015年金华市实际外商直接投资金额在泛长三角所占比重分别为0.37%、0.39%、0.33%、0.37%和0.37%,2015年较上年及2011年基本持平。2015年金华市实际外商直接投资金额在泛长三角地区41个市排名第32位。

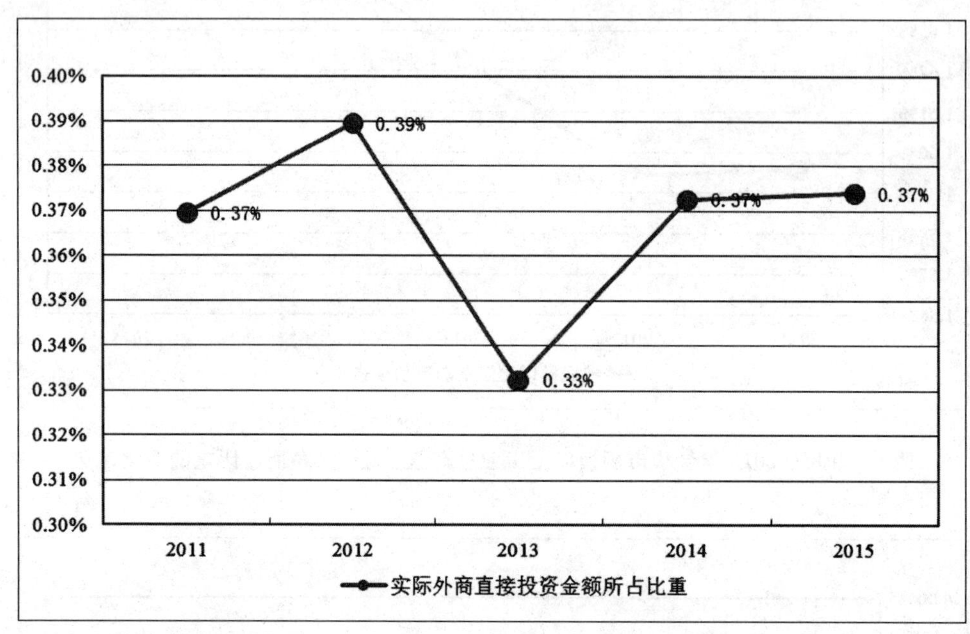

图8　2011—2015年金华市实际外商直接投资金额在泛长三角所占比重的变化趋势

2015年,1—11月份全市新批外商投资项目158个,比去年同期增加111个;合同利用外资(含减资)17455万美元,同比下降63.21%;实际利用外资15258万美元,同比下降1.02%。实现境外投资总额11.3亿美元,其中中方投资8.22亿美元,同比增长2.57倍,对外承包工程营业额达到4.09亿美元,同比增长69.54%。完成国际服务外包离岸合同执行额8712.61万美元,同比下降27.77%。

九　衢州市 2015 年度经济社会发展报告

2015 年，市委、市政府紧紧围绕“打造生态屏障、建设幸福衢州”和全年目标计划，坚持科学发展、转型发展，带领全市上下积极适应经济发展新常态的变化，及早谋划，大力实施“稳增长、保生态、惠民生、促改革”各项措施，积极化解金融危机带来的不利影响，全年全市经济在合理区间平稳运行，转型升级取得初步实效，社会民生保障有力。

一、衢州市 2015 年经济发展概况

(一)综合经济

1. 经济总量

全年全市生产总值 1146.13 亿元，按可比价格计算，比上年增长 6.6%。其中：第一产业增加值 84.46亿元，增长 1.4%；第二产业增加值 534.83 亿元，增长 4.2%；第三产业增加值 526.84 亿元，增长 10.6%。在第三产业中：交通运输、仓储及邮政业增加值增长 2.4%，批发和零售业增加值增长 6.5%，住宿和餐饮业增加值增长 7.6%，金融业增加值增长 10.3%，房地产业增加值增长 3.9%。三次产业增加值结构为 7.4∶46.9∶45.7。全市人均生产总值按户籍人口计算为 44767 元，合 7188 美元，比上年增长 6.1%；全市人均生产总值按常住人口计算为 53848 元，合 8646 美元，比上年增长 6.4%。

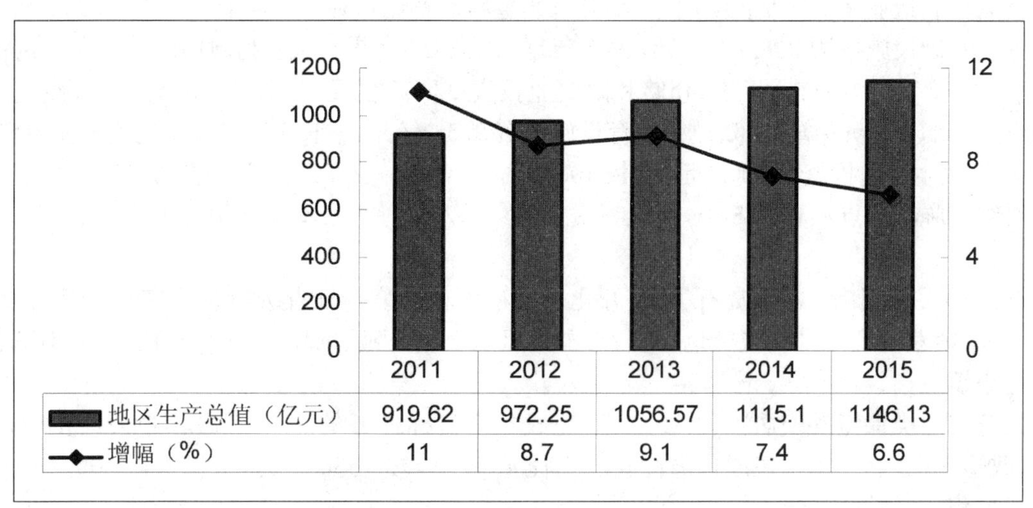

图 1　2011—2015 年衢州市地区生产总值及增长速度

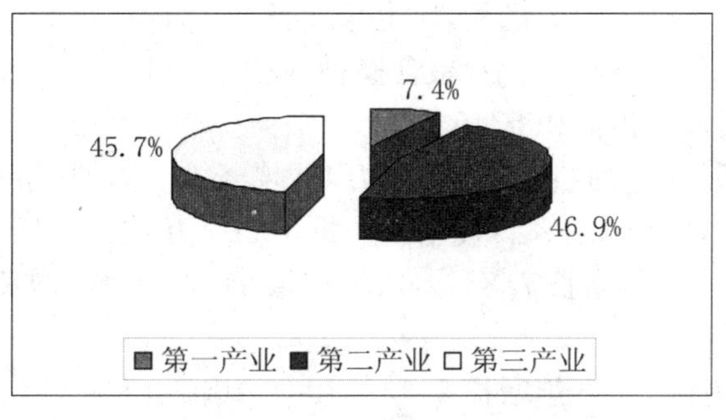

图 2　2015 年衢州市三次产业结构图

2.财政收入

全年实现财政总收入 143.99 亿元,比上年增长 8.3%,其中一般公共预算收入 94.02 亿元,增长 8.8%。在一般公共预算收入中实现税收收入 79.82 亿元,增长 8.1%,其中:增值税 9.32 亿元,增长 3.8%;营业税 22.52 亿元,增长 7.3%;企业所得税 8.87 亿元,增长 0.9%,个人所得税 3.84 亿元,增长 24.6%。

3.物价水平

市区居民消费价格一季度比上年同期下降 0.2%,上半年上涨 0.5%,前三季度上涨 0.9%,全年平均比上年上涨 1.1%,其中:食品类上涨 4.2%。

工业生产者出厂价格比上年下降 5.0%,其中:重工业产品出厂价格下降 6.6%,轻工业产品出厂价格增长 0.9%。工业生产者购进价格下降 6.1%,其中:黑色金属材料类下降 16.3%,有色金属类下降 6.3%,燃料、动力类下降 6.0%,化工原料类下降 6.9%。

5.固定资产投资

全年完成固定资产投资 882.04 亿元,比上年增长 12.8%。其中:第一产业投资 41.48 亿元,增长 90.7%;第二产业投资 369.91 亿元,增长 3.5%;第三产业投资 470.66 亿元,增长 16.8%。

全年完成工业投资 369.13 亿元,比上年增长 3.3%,其中制造业投资 290.92 亿元,下降 5.2%。饮料制造业、木材加工业等 12 个行业的投资增长 20%以上,纺织业、有色金属冶压业等 18 个行业比上年下降。有 13 个行业年投资额超 10 亿元,其中 5 个行业年投资额超 20 亿元:化学原料及化学制品制造业 38.85 亿元,增长 3.3%;金属制品业 28.2 亿元,增长 15.1%;通用设备制造业 23.84 亿元,增长 1.3%;电气机械及器材制造业 22.72 亿元,下降 17.3%;非金属矿物制造业 22.14 亿元,增长 52.8%。

全年完成基础设施投资 358.81 亿元,比上年增长 37.5%。其中:水利、环境和公共设施管理投资 170.03 亿元,增长 30.2%;交通运输、仓储和邮政业投资 92.05 亿元,增长 55.8%;电力、燃气及水的生产供应业投资 72.81 亿元,增长 56.1%;教育设施投资 9.58 亿元,增长 12.9%;文化艺术业投资 3.73 亿元,下降 57%;卫生设施投资 7.34 亿元,增长 103.2%;体育设施 2.52 亿元,下降 3.4%。

全市组织实施市重点项目 318 个,完成投资 464.18 亿元,其中:本年新开工项目 119 个,建成项目 113 个。

至年末,龙游红木小镇、常山赏石小镇、开化根缘小镇获批第一批省级特色小镇;集聚区循环经济小镇、江山光谷小镇获批第二批省级特色小镇;市本级凤凰众创小镇、柯城电商小镇等 18 个小镇获批第一批市级特色小镇。

全市共开工各类保障性安居工程 5140 套,完成年度目标任务的 119.5%,其中公共租赁住房 1782 套,棚户区改造 3358 套。基本建成保障性安居工程 4374 套,竣工 3576 套,交付入住 2069 套,新增发放公共租赁住房租赁补贴 856 户。

(二)农业和农村建设

全年实现农林牧渔业总产值 139.97 亿元,比上年增长 0.1%。

全年农作物播种面积 209566 公顷,其中:粮食播种面积 108414 公顷,油料播种面积 40154 公顷,蔬菜种植面积 37930 公顷,果用瓜种植面积 5715 公顷。

全年粮食总产量 70.35 万吨。油料产量 7.09 万吨,增长 9.0%,其中油菜籽产量 6.56 万吨,增长 9.7%。蔬菜产量 100.02 万吨,增长 3.9%。食用菌产量 15.01 万吨,下降 4.4%。果用瓜产量 16.04 万吨,增长 9.6%。茶叶产量 7445 吨,增长 7.8%。水果产量 91.20 万吨,增长 3.6%,其中柑桔产量 68.84 吨,增长 1.9%。

全年肉类总产量 29.18 万吨,比上年增长 7.8%,其中猪肉 24.88 万吨,增长 6.0%。禽蛋产量 2.83 万吨,增长 27.7%。蜂蜜产量 2.52 万吨,下降 9.9%;蜂皇浆产量 767 吨,下降 6.5%。牛奶产量 296

吨，下降 18.9%。水产品产量 6.23 万吨，增长 5.5%。

全年累计完成农村生活污水治理村 1147 个，年内新增治理村 746 个，受益农户 28.56 万户，农村生活垃圾源头分类村累计达到 800 个。新增省级美丽乡村创建先进县 1 个，市级精品村 42 个，五美农户 2.66 万户，各县(市、区)打造提升 2 条(个)以上美丽乡村精品线路(区块)。全市共有星级农家乐经营户 1969 户，从业人数达 2.28 万人。全年农家乐接待游客 2210.22 万人，直接营业收入 10.90 亿元，分别比上年增长 31.7%和 34.6%。至年末共有来料加工示范基地 307 个，专业村 122 个，从业人员 25.0 万人，全年发放加工费 25.5 亿元。

(三)工业和建筑业

1. 工业增加值

全市年末共有规模以上工业企业单位 1016 家，比上年减少 8 家，其中：主营业务收入亿元以上的企业 274 家，比上年减少 12 家；大中型企业 95 家，与上年持平。

全年全部工业增加值 457.76 亿元，按可比价格计算比上年增长 3.7%。规模以上工业企业全年完成产值 1561.53 亿元，下降 1.7%，其中：重工业 1058.01 亿元，下降 3.5%；轻工业 503.52 亿元，增长 2.2%。实现工业销售产值 1503.42 亿元，下降 2.0%，产销率 96.28%，比上年降低 0.27 个百分点。全年完成工业出口交货值 123.34 亿元，下降 1.2%。

在规模以上工业中：机械行业实现产值 307.03 亿元，比上年下降 4.6%；化工行业 295.44 亿元，增长 6.6%；黑色金属冶压业 143.69 亿元，下降 21.1%；造纸行业 162.87 亿元，增长 7.6%；电力行业 97.95亿元，增长 8.6%；建材行业 70.73 亿元，下降 14.5%；有色金属冶压业 62.85 亿元，增长 9.0%；食品加工及制造业 49.76 亿元，下降 11.9%；纺织业 62.15 亿元，下降 6.5%；通信设备业 51.5 亿元，下降 15.6%；木材加工业 57.73 亿元，增长 4.2%；饮料业 29.9 亿元，增长 11.6%。

全年规模以上工业企业实现利税 94.02 亿元，下降 15.1%，其中利润 54.34 亿元，下降 23.3%。分行业看，机械行业实现利润 11.71 亿元，下降 25.6%；化工行业 8.00 亿元，增长 12.6%；造纸行业 6.80 亿元，下降 18.2%；饮料行业 5.91 亿元，增长 12.6%；计算机、通信和其它电子设备制造业 3.98 亿元，下降 39.1%；竹木加工业 3.76 亿元，下降 3.5%；食品加工及制造业 3.41 亿元，增长 3.7%；建材行业 2.12 亿元，下降 72.9%；黑色金属冶压业 0.25 亿元，下降 88.8%。

2. 建筑业

全年建筑业实现增加值 79.69 亿元，按可比价格计算比上年增长 7.9%。全市建筑业企业 487 家，其中：具有一级资质企业 35 家，二级资质企业 125 家。全年建筑业实现总产值 426.82 亿元，增长5.1%，超亿元产值的企业 97 家。

(四)服务业

1. 国内贸易

全年实现社会消费品零售总额 550.98 亿元，比上年增长 9.4%。

全市限额以上批发零售业实现零售额 159.75 亿元，增长 7.1%。按消费形态分：餐饮收入 5.39 亿元，增长 5.7%；商品零售 154.37 亿元，增长 7.1%。按类值分：粮油、食品类增长 15.4%，服装鞋帽、针、纺织品类增长 38.0%，家用电器和音像制品类增长 0.2%，汽车类增长 9.5%，石油及制品类下降 16.2%。

全市共有成交额超亿元的各类市场 22 个，摊位数 7473 个，实现成交额 268.53 亿元，下降 4.2%。成交额超十亿元市场有 9 家，与上年持平。

全市共培育电子商务产业基地 27 个，入驻电商企业 419 家，其中限额以上企业 29 家。全年共实现网络零售额 66.88 亿元，增长 90.2%；居民网络消费 76.43 亿元，增长 51.1%。

2. 交通运输与邮电

全年完成交通运输、仓储和邮政业增加值38.44亿元，按可比价格计算，比上年增长2.4%。

全年各种运输方式完成货物运输量9178.23万吨，比上年下降0.2%，其中：铁路240.15万吨，下降25.1%；公路8936万吨，增长0.7%；水运2万吨，下降45.4%；民航799.7吨，增长27.0%。全年各种运输方式完成旅客运输量5102.97万人，比上年下降5.5%，其中：铁路390.45万人，增长50.8%；公路4687万人，下降8.3%；水运4.25万人，下降2.1%；民航21.27万人，下降3.6%。

年末民用汽车拥有量28.18万辆，比上年增长15.1%，其中：载客汽车24.31万辆，增长20.6%；载货汽车3.23万辆，下降10%。私人汽车25.23万辆，增长17.6%。全市摩托车拥有量23.56万辆，下降5.2%。年末共有城乡公共汽车营运车辆1332辆，运送乘客10267.6万人次，其中城市公共汽车539辆，运送乘客6539.2万人次。行政村客运班车通达率96.56%。年末共有出租汽车848辆。

年末各类公路里程8181.74公里，其中高速公路317.32公里，一级公路321.19公里，二级公路717.47公里，村道4022.29公里。

全年邮电业务收入19.85亿元，比上年增长16.1%，其中邮政业务收入1.51亿元，增长1.3%；通信业务收入18.34亿元，增长17.5%。全年邮政传送函件886万件，包件3.66万件，累计订销报刊4272万份，订销杂志201万份。年末全市共有快递企业52家，全年实现业务收入4.51亿元，增长61.2%；快递收件4740.60万件，增长55.2%，其中国际收件5.60万件，增长88.5%；快递派件3882.1万件，增长59.2%。年末城乡固定电话用户43.05万户，比上年减少5.51万户。年末移动电话用户287.87万户，增加7.48万户。电话普及率(含移动电话)129部/百人。互联网用户56.80万户(不含手机)，互联网普及率达到61.9%。

3. 旅游业

全年旅游总收入287.42亿元，比上年增长19.6%，其中：接待国内旅游者4370.17万人次，增长16.4%，国内旅游收入284.35亿元，增长20.0%；入境的旅游者11.99万人次，增长0.7%，国际旅游外汇收入4929.47万美元，下降13.5%。在入境的旅游者中：外国人4.46万人次，增长0.5%；香港、澳门和台湾同胞7.53万人次，增长1.2%。全市拥有星级宾馆饭店38家，客房总数4025间。至年末，全市共有国家5A级景区1个，4A级景区14个，3A级景区13个，其中年内新增七彩长虹景区、仙霞关景区、衢江盛世莲花农业观光园3家4A级景区。

4. 金融、证券和保险

全年完成金融业增加值79.67亿元，按可比价格计算，比上年增长10.3%。

年末金融机构本外币存款余额1738.09亿元，比上年末增长6.3%，其中人民币存款余额1722.14亿元，增长6.0%。年末金融机构本外币贷款余额1594.40亿元，增长8.5%，其中人民币贷款余额1584.02亿元，增长8.9%。年末城乡居民本外币储蓄存款余额897.45亿元，增长12.0%。

年末共有证券营业部20家，比上年末增加3家，全年证券交易量9920.27亿元，比上年增长260.7%；实现佣金收入5.92亿元，增长240.1%；期末保证金余额24.27亿元，增长85.0%；托管市值378.37亿元，增长207.9%；实现利润7.57亿元，增长583.3%；新开证券帐户72639个，增长547.3%。年内全市与券商签约企业70家，其中14家已在新三板挂牌成功，分别为：东方股份、美安普、中泰环保、希尔化工、天子果业、科润电力、特美新材、康德药业、金昌纸业、爱丽莎装饰、恒达新材、龙威新材料、凯丰新材、大盛纸业。

年末共有保险机构33家，全年保费收入41.31亿元，比上年增长16.6%，其中：寿险保费收入23.36亿元，增长19.7%；财产险保费收入17.96亿元，增长12.8%。支付各类赔款12.80亿元，增长12.5%，其中：寿险业务赔款2.96亿元，增长12.9%；财产险赔款9.84亿元，增长12.3%。

5. 房地产

全年完成房地产开发投资99.51亿元，比上年增长4.6%，其中住宅投资64.41亿元，下降9.5%。

房地产开发施工面积762.77万平方米，下降1.7%；竣工面积172.44万平方米，增长20.6%；销售面积172.65万平方米，增长3.5%，其中：住宅销售131.38万平方米，下降5.4%，商业营业用房销售22.02万平方米，增长83.9%。商品房销售额111.24亿元，增长1.9%，其中住宅销售额89.56亿元，下降3.1%，商业营业用房销售额14.47亿元，增长44.7%。

（五）对外经济

1.对外贸易

全年实现进出口总额44.13亿美元，比上年下降0.8%。其中：出口32.92亿美元，增长14.1%；进口11.21亿美元，下降28.3%。

全市有出口实绩的企业789家，比上年增加18家，其中当年新启动出口业务企业141家，减少18家。全年出口额在100万美元以上企业323家，其中1000万美元以上的企业71家，增加2家。

全市出口排前三位的市场依次是：欧盟、东盟、美国。对欧盟出口5.31亿美元，增长13.8%；对东盟出口4.69亿美元，增长35.2%；对美国出口3.42亿美元，增长37.6%。对这三大主要市场出口额合计占全市出口总额的40.8%。

在主要商品出口中：机电产品出口10.30亿美元，增长21.0%；高新技术产品出口2.2亿美元，增长45.8%；化工医药产品出口8.23亿美元，增长17.9%；服装、纺织品出口3.33亿美元，增长13.3%；

2.外资状况

全年新批外商投资企业11家，合同利用外资1.01亿美元，比上年下降6.3%；实际利用外资0.6亿美元，下降14.3%。

二、衢州市2015年社会发展概况

（一）人口、人民生活

年末户籍总人口256.38万人，其中男性人口131.19万人、女性人口125.19万人，分别占总人口的51.2%和48.8%。全年出生人口2.35万人，出生率为9.16‰；死亡人口1.50万人，死亡率为5.86‰；全年净增人口0.85万人，自然增长率为3.3‰。根据全市5‰人口抽样调查结果推算，全市常住人口为213.3万人，城市人口占总人口比重为50.2%。

全体居民人均可支配收入24460元，增长9.0%，其中：城镇居民人均可支配收入33212元，增长8.6%；农村居民人均可支配收入16884元，增长10.0%。全市城镇居民人均住房建筑面积42.1平方米，农村居民人均住房建筑面积73.1平方米。

（二）就业与社会保障

1.就业

全市新增就业人数3.25万人，有1.46万城镇下岗失业人员实现再就业，年末城镇登记失业率为2.93%，比上年末下降0.15个百分点。

2.社会保障

年末全市参加基本养老保险的人数171.10万人，比上年末下降3.2%，其中：企业职工参保人数61.15万人，下降5.5%；机关事业参保人数5.34万人，增长0.6%；城乡居民社会养老保险参保人数104.61万人，下降2.0%。参加基本医疗保险的人数244.79万人，增长0.9%，其中：城镇职工基本医疗保险参保人数64.28万人，增长13.7%；城乡居民基本医疗保险参保人数180.52万人，下降3.0%。参加失业保险的人数25.54万人，增长3.4%；全年享受失业保险待遇人数1.01万人，增长7.7%。参加工伤、生育保险的职工分别37.45万人和27.74万人，分别增长1.9%和3.0%。

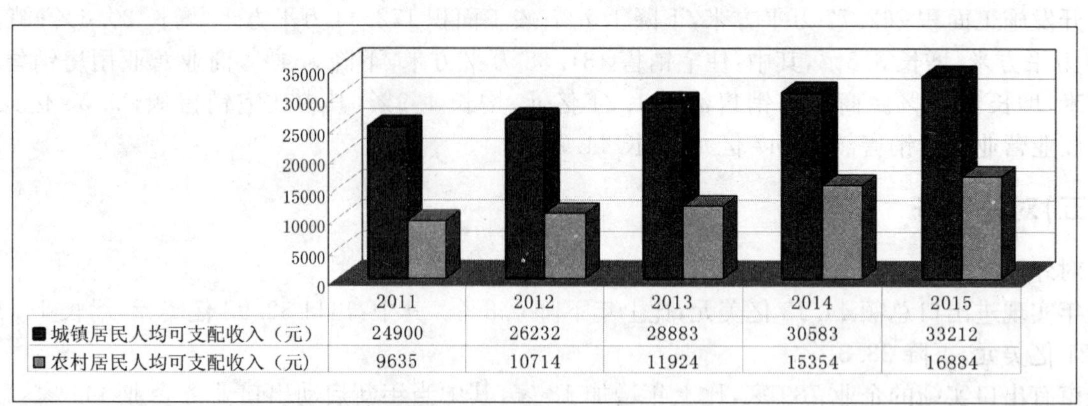

	2011	2012	2013	2014	2015
■城镇居民人均可支配收入（元）	24900	26232	28883	30583	33212
■农村居民人均可支配收入（元）	9635	10714	11924	15354	16884

图3 2011—2015年衢州市城乡居民收入对比一览

年末拥有各类收养性社会福利单位116个，床位17898张，在院人数6559人。农村五保人员集中供养率96.6%，城镇“三无”对象集中供养率100%。全市城镇居民和农村居民最低生活保障对象月低保标准分别为612和459元，已保人数分别为4741人和6.10万人。

（三）教育和科学技术

1.教育事业

全市拥有普通高校2所，其中本科1所、专科1所，在校生13681人。中等职业教育学校14所，在校生2.90万人。普通高中29所，在校生3.78万人。普通初中69所，在校生7.2万人。小学199所，在校生14.25万人。特殊教育7所，在校生511人。全市拥有幼儿园553所，在园幼儿6.76万人。

全市学前教育入园率96.41%，小学入学率100%，初中入学率100%，初中毕业升高中段的比例97.34%，高中段毛入学率96.36%，高等教育毛入学率49.75%。15年教育普及率98.31%，“三残”儿童入学率93.67%。

全市有普通高校专任教师667人；普通高中专任教师3237人，学历合格率99.07%；初中专任教师5497人，学历合格率99.98%；小学专任教师8533人，学历合格率99.99%；幼儿园专任教师3981人，学历合格率99.02%；中等职业教育专任教师1629人，学历合格率97.3%；特殊教育专任教师151人，学历合格率96.03%。

2.科技与创新

全市拥有国家级高新技术企业138家，市级高新技术企业232家。国有独立研究开发机构11个，企业技术开发机构301个。全年获得市级科技进步奖40项。当年专利申请受理5389项，专利申请授权3792项，其中发明393项。

年末拥有产品质量检验机构74家，法定计量技术机构5个。全年强制检定计量器具63556件，其中：贸易结算用计量器具50160件，安全防护用计量器具8275件。全年检验特种设备14265台(件)，其中：电梯4548台，压力容器3975台。

（四）文化、卫生和体育

1.文化事业

年末共有各类艺术表演团体30个，艺术表演场所建筑面积11500平方米。公共图书馆7个，面积11248平方米，藏书量1484.8千册。博物馆6个，面积32364平方米。文化馆7个，面积16921平方米。文化站102个，面积81634平方米。有广播电台6座，广播综合人口覆盖率98.02%。电视台6座，电视综合人口覆盖率98.62%。全年城市影院观看电影观众182.33万人次，票房收入5170.18万元。全市

日均发行《衢州日报》5.50万份,《衢州晚报》6.48万份。年末共有综合档案馆7个和国家专门档案馆1个,面积21358.75平方米,馆藏档案全宗1123个,共计67.41万卷、53.57万件。全年查阅档案、资料1.85万人次,39195卷(件)次。

2.**卫生事业**

年末共有卫生机构793家,共有病床床位10998张,卫生技术人员13623人,其中医生5417人。年末共有疾病控制中心6个,公共卫生人员283人。孕产妇和5岁以下儿童死亡率分别为4.93/10万和5.37‰。农村自来水受益率88.82%,农村卫生厕所普及率96.16%。

3.**体育事业**

全年举办市、县运动会157次,参加人次14.66万人。在全国及全省各类体育比赛中,全市共获金牌128枚、银牌125枚、铜牌141枚。年内成功承办全国举重锦标赛、亚太汽车拉力赛等重大赛事。成功申办2019年全国智力运动会。

(五)城市建设

年末全市城区面积773.25平方公里,其中建成区面积124.14平方公里,城区人口82.02万人(含暂住人口)。全市日供水能力110.78万立方米/日(含自建设施供水),全年供水总量11274万立方米(其中公共供水10274万立方米)。全市用气人口77.51万人,燃气普及率94.5%,其中:液化气供气量22531吨,人工煤气供气量478万立方米,天然气供气量6230万立方米。全市共有污水处理厂9座(含企业),日处理能力24.10万立方米,污水处理率89.0%。城市生活垃圾处理率100%。全市人均城市道路面积31.6平方米。全市建成区绿化覆盖率41.42%,建成区绿地率37.66%,人均公园绿地面积13.00平方米(城区范围)。

(六)资源、环境保护和生态建设

全市地表水环境功能区达标率为100%,县级以上集中式饮用水水源地水质达标率为100%,跨行政区区域河流交接断面水质达标率为100%。日空气质量(AQI)优良天数比例84.9%,比上年提升2.1个百分点;PM2.5浓度平均值为45微克/立方米,比上年下降21.1%。区域环境噪声各县域均低于55分贝,符合功能区要求。

全年全市万元GDP综合能耗可完成省核定下降3.7%的目标任务,四项减排指标年度计划目标(化学需氧量削减2.0%,氨氮削减3.3%,二氧化硫削减3.6%,氮氧化物削减4.0%)可全面完成。

全年全市共新增7个乡镇获得国家级生态乡镇命名,新增省级绿色家庭20户,省级生态文明教育示范基地2个。累计建成优质林分面积336万亩,完成平原绿化扩面2.04万亩、森林抚育提质30.49万亩。

全年自然灾害受灾人口17.76万人,倒塌房屋32间,无因灾死亡人口。农作物受灾面积14千公顷,其中绝收面积0.51千公顷。因灾害造成的直接经济损失2.58亿元,其中农业经济直接损失1.20亿元。

(七)社会安全

全年共发生各类事故809起,死亡226人,受伤832人,比上年分别下降10.1%、3%、7.6%。其中,较大事故2起(道路交通、工矿商贸领域各1起)、死亡6人,分别与上年持平、减少1人。在各类事故中,工矿商贸领域共发生事故22起、死亡26人,分别下降12.0%、13.3%;道路交通领域共发生事故787起、死亡200人,分别下降10.5%、1.5%。生产经营性火灾共发生事故266起、受伤2人,直接经济损失1260万元。据调查,全市群众安全感满意率97.57%,列全省第2位。

三、衢州市在长三角地区经济发展中的地位

“十二五”时期是衢州市探索推进绿色发展、转型发展的五年。五年来，衢州市主动适应经济发展新常态，打好保稳促调攻坚战，综合实力实现新跨越。较好地完成了“十二五”规划确定的主要目标任务，向全面建成小康社会目标又迈出了坚实的一步，为“十三五”打下了良好的基础。

(一)地区生产总值

2011—2015 年衢州市地区生产总值在泛长三角所占比重分别为 0.79%、0.76%、0.76%、0.73%和 0.70%，2015 年较上年减少了 0.03 个百分点，较 2011 年减少了 0.09 个百分点。2015 年衢州市地区生产总值在泛长三角地区 41 个市中排名第 31 位。

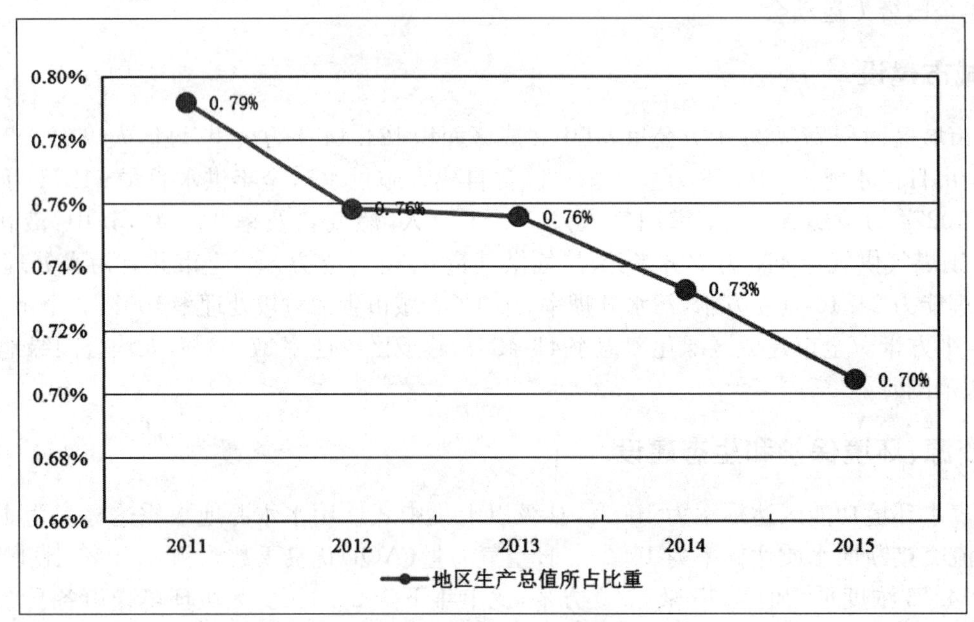

图 4　2011—2015 年衢州市地区生产总值在泛长三角(苏浙两省 24 个地级市、安徽省 16 个地级市和上海市，下同)所占比重的变化趋势

2015 年全市地区生产总值 1146.16 亿元，按可比价格计算，比上年增长 6.6%；与“十一五”末期 2010 年的 755.48 亿元相比，年均增长 8.5%。第一产业(农业)增加值 84.42 亿元，同比增长 1.4%。第二产业(工业和建筑业)增加值 537.34 亿元，同比增长 4.2%。全市人均生产总值按户籍人口计算为 44767 元，合 7188 美元，比上年增长 6.1%，进入中等收入城市行列。

(二)地方财政一般预算收入

2011—2015 年衢州市地方财政一般预算收入在泛长三角所占比重 0.47%、0.46%、1.02%、0.47%和 0.48%，2015 年较 2014 年减少 0.01 个百分点，较 2011 年减少 0.01 个百分点。2015 年衢州市地方财政一般预算收入在泛长三角地区 41 个市中排名第 34 位，位置靠后，亟需有所突破。

2015 年，全市一般公共预算收入 940151 万元，比上年增长(以下简称“增长”)8.8%，加上预计转移性收入 1720162 万元，收入合计 2660313 万元；全市一般公共预算支出 2306709 万元，完成预算的 103.7%，增长 13.6%，加上预计转移性支出 353604 万元，支出合计 2660313 万元。其中：市级一般公共预算收入 316270 万元，增长 4.4%，加上预计转移性收入 317383 万元，收入合计 633653 万元；市级一般

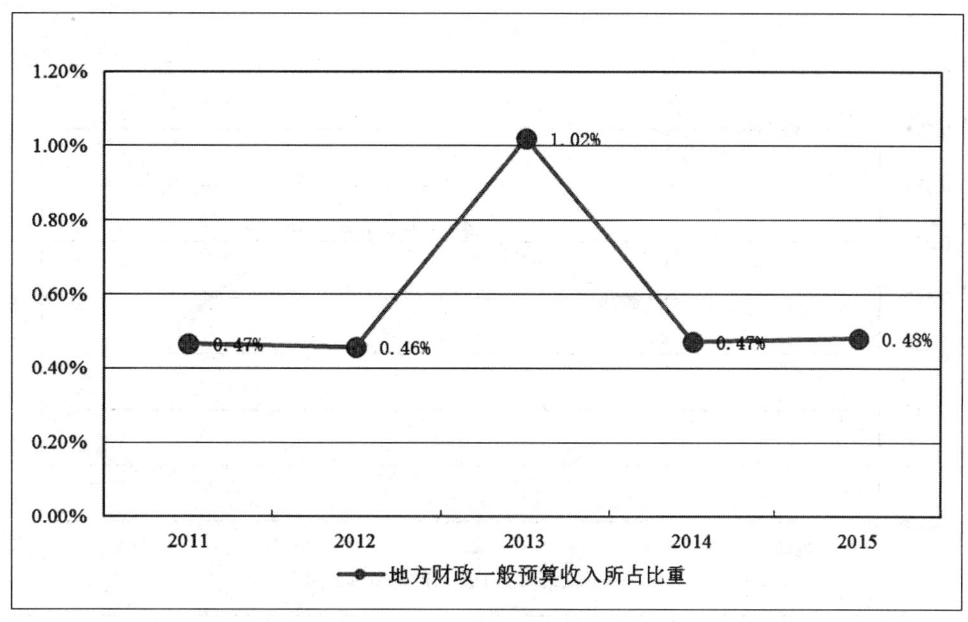

图5　2011—2015年衢州市地方财政一般预算收入在泛长三角所占比重的变化趋势

公共预算支出516942万元，增长1.4%，加上预计转移性支出116711万元，支出合计633653万元。收支相抵，全市和市级一般公共预算收支平衡。

(三)规模以上工业总产值

2011—2015年衢州市规模以上工业总产值所占比重分别为0.59%、0.56%、0.57%、0.57%和0.55%，2015年与上年比减少了0.02个百分点，较2011年减少了0.04个百分点。2015年衢州市规模以上工业总产值在泛长三角地区41个市排名第36位，较靠后，亟需有所改善。

2015年，在经济转型升级和结构调整的大背景下，在产能过剩、需求明显不足和主导产业价格持续走低的严峻形势下，衢州市工业生产面临多方面的压力，生产和销售总体低迷，企业效益下滑明显。然而衢州市积极适应经济发展的新常态，努力克服当前工业发展面临的困难，全力推进工业行业整合、盘活存量和企业上市等工作，为衢州工业转型和增强活力打下基础。2015年，全市规模以上工业增加值361.69亿元，同比增长2.8%；规模以上工业产值1561.53亿元，同比下降1.7%；利润总额54.34亿元，同比下降23.3%。

化工和造纸行业增长快贡献大。2015年，在较多行业生产处于低迷的时候，衢州市的化工和造纸两大主导产业挑起了全市工业发展的大梁。2015年化工和造纸行业保持较好的发展态势，主要得益于衢州市氟化工和特种纸行业具有良好的产业基础和较强的市场竞争力，同时其产品价格波动总体不大。2015年，全市152家规模以上化工企业产值295.44亿元，同比增长6.6%，高出规模以上工业产值增速8.3个百分点。造纸行业是“十二五”期间衢州市发展较好的产业之一，期间均表现出较为良好的发展势头，行业和企业壮大明显。2015年，全市61家规模以上造纸企业产值162.87亿元，同比增长7.6%，高出规模以上工业产值增速9.3个百分点。产值规模是2010年2.37倍，年均增长18.8%，在这五年内成长起来了夏王、仙鹤、维达和金龙四家产值超10亿元的企业。2015年，化工和造纸行业拉动规模以上工业产值增长1.9个百分点。

大消费类制造行业发展态势好。居民的消费行为是制造业的风向标，居民消费结构升级驱动着相关制造业的发展，而当前居民的消费趋向已向大健康和医疗等行业，这些在制造业行业上也得到了较好

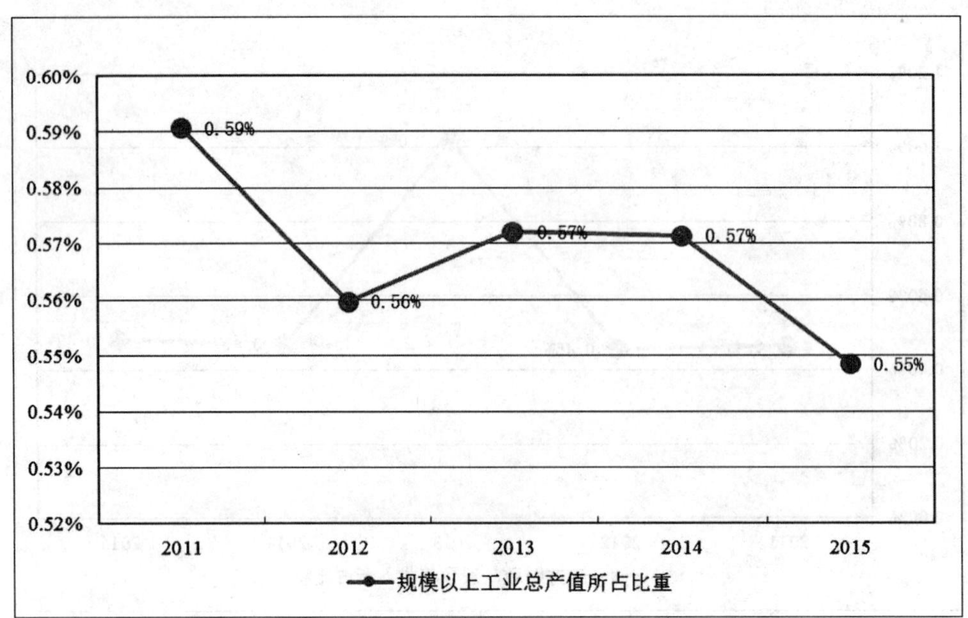

图6 2011—2015年衢州市规模以上工业总产值在泛长三角(江浙24个地级市、安徽16个地级市和上海市,下同)所占比重的变化趋势

反应。2015年,文教工艺体育娱乐用品制造业产值30.58亿元,同比增长48.4%;医药制造业产值17.34亿元,同比增长5.5%;服装服饰业产值11.51亿元,同比增长8.0%。以上三行业总量虽然较小,但表现出较好的发展趋势,拉动规模以上工业产值增长0.8个百分点。

新兴产业发展优于全部工业。2015年,市委市政府开展工业转型发展十大专项行动,突出工业转型发展主题,推进衢州市经济发展和生态建设双提升。在系列政策的作用下,衢州市规模以上工业转型发展取得较好成效,战略性新兴产业和高新技术产业发展明显快于全部规模以上工业,新产品产值保持两位数增长。2015年,战略性新兴产业增加值74.35亿元,同比增长6.5%,高出规模以上工业增加值增速3.7个百分点;高新技术产业增加值141.53亿元,同比增长4.5%,高出规模以上工业增加值增速1.7个百分点。新产品产值391.64亿元,同比增长12.7%,高出规模以上工业产值增速14.4个百分点。

(四)进出口总额

2011—2015年衢州市进出口总额在泛长三角所占比重分别为0.20%、0.23%、0.27%、0.31%和0.32%,五年间稳中有升,2015年较上年上升了0.01个百分点,五年累计增幅达0.12个百分点。2015年衢州市进出口总额在泛长三角地区41个市排名第25位。

2015年,外贸出口增幅全省前列,进口持续下降。全市累计进出口总额44.13亿美元,同比下降0.8%。其中出口32.92亿美元,同比增长14.1%,增幅位列全省第三;进口11.21亿美元,同比下降28.3%。出口完成预期目标的106%。从出口市场看,欧洲市场小幅增长,增幅为10.9%,其中对欧盟出口5.31亿美元,同比增长13.8%。对东盟出口快速增长,出口4.69亿美元,同比增长35.2%;对美国出口3.42亿美元,同比增长37.6%。从出口产品类别看,高新技术产品出口增长迅猛,出口2.2亿美元,同比增长45.8%;机电产品、化工医药、纺织服装和农产品出口分别增长21%、17.9%、13.3%和7.4%。从企业类型看,生产企业和流通企业出口持续增长,增幅分别为2.2%和36.9%;外资企业出口同比下降23.2%。全市有进出口实绩企业848家,其中有出口实绩企业789家。

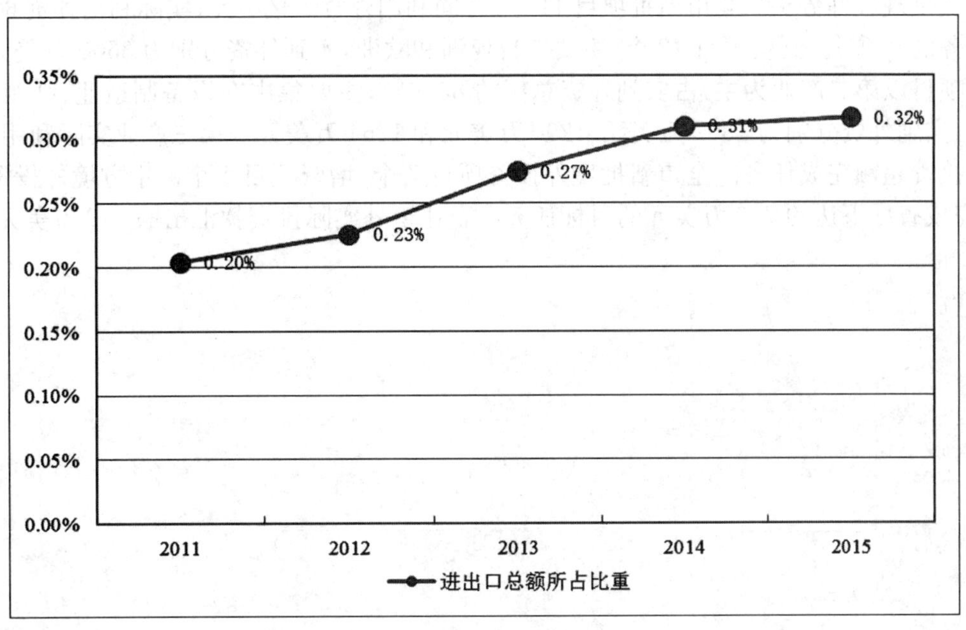

图 7 2011—2015 年衢州市进出口总额在泛长三角所占比重的变化趋势

(五)实际外商直接投资金额

2011—2015 年衢州市实际外商直接投资金额在泛长三角所占比重分别为 0.07%、0.07%、0.09%、0.09%和 0.08%,呈现些许摆动,2015 年较 2014 年减少了 0.01 个百分点。,较 2011 年增加了 0.01 个百分点。2015 年衢州市实际外商直接投资金额在泛长三角地区 41 个市中排名第 41 位,位置靠后,需解放思想,积极开拓"走出去,引进来"的对外贸易路线,以期较大的提升外商直接投资额。

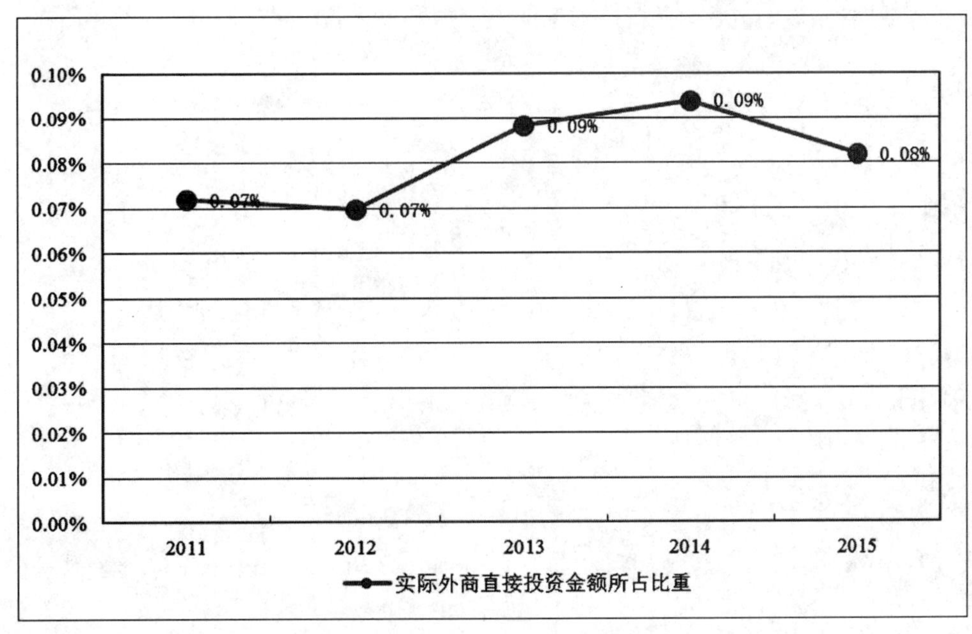

图 8 2011—2015 年衢州市实际外商直接投资金额在泛长三角所占比重的变化趋势

利用外资呈现较好势头。全市新批项目11个，合同利用外资1亿美元，实际利用外资6006万美元，完成目标任务的120%。到资项目12个，主要来自亚洲和欧洲，实到外资分别为3500万美元和2002万美元。到资项目以第二产业为主，占实到外资总额的85.6%，主要集中在设备制造业、纸制品制造业和食品加工等，实到外资分别为1307万美元、1290万美元和1264万美元。第三产业实际利用外资815万美元。境外投资超额完成任务。全市新批境外投资项目7个，增资项目1个。中方境外投资额1424万美元，超额完成省厅下达的700万美元的目标任务。企业境外实际投资款汇出额412万美元。

十　舟山市 2015 年度经济社会发展报告

2015 年，面对复杂多变的宏观环境，全市上下在新区党工委管委会、市委市政府的领导下，锐意改革，抢抓机遇，攻坚克难，加快经济结构调整，促进经济发展方式转变，全面推进新区建设，国民经济在新常态下总体呈现平稳较快增长的态势，各项社会事业持续进步，人民生活不断提高，实现了经济社会持续稳定良好发展。

一、舟山市 2015 年经济发展概况

(一)综合经济

1. 经济总量

全年全市地区生产总值 1092.85 亿元，按可比价计算，比上年增长 9.2%。其中，第一产业增加值 111.01 亿元，增长 4.9%；第二产业增加值 449.63 亿元，增长 10.9%；第三产业增加值 532.21 亿元，增长 8.5%。第一产业增加值占地区生产总值的比重为 10.2%，第二产业增加值比重为 41.1%，第三产业增加值比重为 48.7%。按常住人口计算，人均地区生产总值 95272 元，约 15296 美元，增长 8.7%。

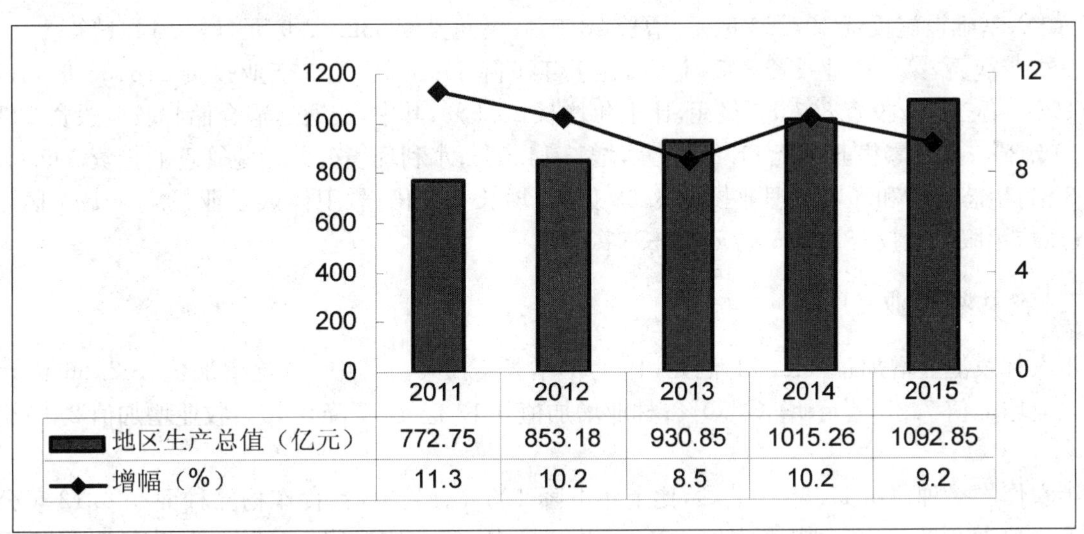

图 1　2011—2015 年舟山市地区生产总值及增长速度

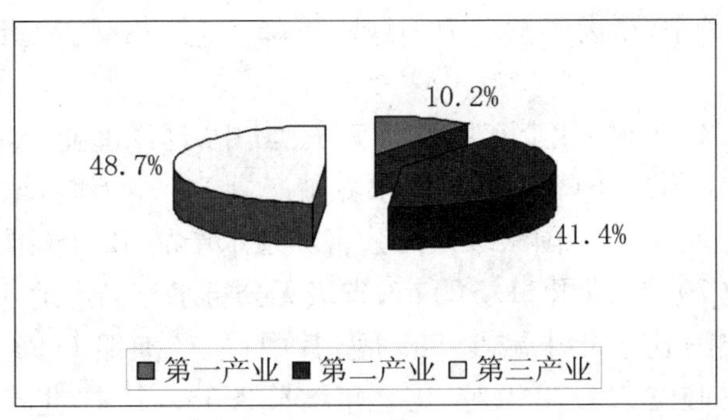

图 2　2015 年舟山市三次产业结构图

全年海洋经济总产出2653亿元，按可比价计算，比上年增长10.0%；海洋经济增加值766亿元，增长9.6%。海洋经济增加值占全市GDP的比重为70.0%，比上年提高0.2个百分点。

2.财政收支

全年财政总收入159.59亿元，比上年增长7.2%，其中，一般公共预算收入112.72亿元，增长11.6%。在一般公共预算收入中，国内增值税8.75亿元，增长2.4%；改征增值税5.79亿元，增长5.8%；企业所得税8.77亿元，下降15.3%；个人所得税3.51亿元，下降4.7%；营业税25.13亿元，增长1.7%。一般公共预算支出239.65亿元，增长27.3%。其中，城乡社区事务支出增长23.7%，医疗卫生支出增长21.8%，文化体育与传媒支出增长20.0%，交通运输支出增长59.3%。

3.物价水平

全年居民消费价格比上年上涨1.2%，其中，服务项目价格上涨1.6%，消费品价格上涨1.0%。商品零售价格下降0.6%。工业生产者出厂价格下降4.2%，其中，化学原料制造业价格下降33.3%，石油产品制造业下降28.2%，塑料加工专用设备制造业下降0.2%，水产品加工业下降2.1%，船舶修造业下降0.4%，五大行业影响全市工业生产者出厂价格总水平下降约3.5个百分点。12月份新建住宅销售价格同比下降2.5%，全年新建住宅销售价格比上年下降6.0%。

4.固定资产投资

全年全市固定资产投资1134.76亿元，比上年增长18.1%。其中，建筑安装工程投资827.81亿元，增长27.0%；基础设施投资497.62亿元，增长28.0%；民间投资532.77亿元，增长14.1%。

从三次产业看，第一产业投资8.55亿元，比上年下降11.3%。第二产业投资318.35亿元，比上年增长7.1%。第三产业投资807.85亿元，比上年增长23.5%，其中，交通运输仓储邮政业投资223.39亿元，增长16.3%；批发零售业投资11.87亿元，增长14.0%；水利环境公共设施管理业投资199.02亿元，增长1.8倍；生态保护和环境治理业投资6.03亿元，增长2.3倍；教卫体娱乐业投资42.44亿元，增长90.5%；高技术服务业投资20.76亿元，增长67.8%。

(二)农林牧渔业

全年农林牧渔业增加值112.71亿元，比上年增长5.0%。其中，渔业增加值102.66亿元，增长5.5%；农业增加值7.27亿元，增长3.0%；林业增加值0.13亿元，下降0.1%；牧业增加值2.10亿元，下降2.5%。

全年农作物播种面积17.65千公顷，比上年下降1.3%。其中，粮食作物播种面积6.12千公顷，与上年持平。粮食产量3.20万吨，增长0.8%；蔬菜产量12.93万吨，下降5.7%；水果产量7.34万吨，下降6.7%。

年末生猪存栏8.45万头，比上年末下降32.0%；家禽存栏66.28万只，下降27.0%。全年肉类总产量2.00万吨，下降3.4%。其中，猪肉产量1.70万吨，下降5.3%；鸡鸭鹅蛋产量4645吨，下降9.0%；牛奶产量2吨，下降99.4%。

全年水产品总产量176.46万吨，比上年增长5.7%。其中，远洋渔业产量46.52万吨，增长18.2%。全市年末海水养殖面积5779公顷，下降1.4%，海水养殖产量14.17万吨，增长8.8%。

年末全市有无公害农产品103个(国家级)、无公害养殖水产品42个(国家级)、绿色食品24个。全市有省级无公害农产品产地70个，面积11.5万亩；省级无公害水产品产地43个，面积1867公顷。

年末有机动渔船7758艘，比上年末减少859艘，其中，生产渔船6698艘，减少842艘；辅助渔船1060艘，减少17艘。渔船总吨位114.78万吨，比上年增长2.5%，其中，生产渔船总吨位92.18万吨，增长3.6%；辅助渔船总吨位22.60万吨，下降1.7%。渔船总功率162.89万千瓦，增长0.3%，其中，生产渔船129.23万千瓦，下降0.4%；辅助渔船33.66万千瓦，增长2.8%。

(三)工业、盐业和建筑业

1.工业增加值

全年全市工业总产值2154.02亿元,比上年增长9.5%。规模以上工业总产值1681.93亿元,增长10.0%;工业销售产值1643.63亿元,增长10.4%;工业产销率97.7%。规模以上工业增加值347.33亿元,按可比价计算,比上年增长12.6%。以船舶修造业、石油化工业和水产加工业为主的临港工业发展步伐加快,规模以上工业中临港工业总产值1420.03亿元,增长13.0%,占规模以上工业总产值的比重为84.4%。规模以上船舶修造业总产值859.98亿元,增长12.9%。规模以上工业中,重工业总产值1366.37亿元,增长11.3%,轻工业总产值315.56亿元,增长4.9%,重轻工业比为81.2∶18.8。全市规模以上工业中大型和中型企业实现工业总产值1081.38亿元,增长9.2%,占规模以上工业的比重达64.3%;年产值超亿元企业178家,比上年末增加8家,全年实现工业总产值达1589.8亿元,增长12.0%,占规模以上工业总产值的94.5%。

全市规模以上工业企业资产总计1668.39亿元,比上年增长0.9%;实现利税总额31.50亿元,增长44.5%,其中利润总额11.99亿元,增长401.8%。

全年盐田生产面积1506.56公顷,比上年下降7.5%。全年生产原盐4.10万吨,下降26.5%;销售原盐5.75万吨,下降48.1%。

全年全社会建筑业增加值114.51亿元,按可比价计算,比上年增长9.0%。年末全市具有资质等级的总承包和专业承包建筑业企业148家,实现总产值226.53亿元,增长7.8%;建筑(房屋)施工面积1473.50万平方米,下降10.3%,其中新开工面积340.83万平方米,下降16.9%。

(四)服务业

1.国内贸易

全年全市社会消费品零售总额415.52亿元,比上年增长10.3%。分行业看,批发业零售额45.58亿元,增长13.2%;零售业零售额308.33亿元,增长10.4%;住宿业零售额15.86亿元,增长9.5%;餐饮业零售额45.75亿元,增长7.6%。从限额以上批发零售业商品零售类别看,粮油、食品类实现零售额17.85亿元,增长23.2%;服装鞋帽针纺织品类实现零售额8.29亿元,增长0.5%;汽车类实现零售额25.49亿元,增长13.5%。全年批发零售业商品销售总额1981.40亿元,增长14.1%;住宿餐饮业营业额86.58亿元,增长16.2%。

全年全市实现网络零售额12.01亿元,比上年增长89.5%;居民网络消费总额80.33亿元,增长51.1%。

大宗商品交易中心综合保税区等重点交易平台较快发展。大宗商品交易所全年完成网上电子交易额13916.33亿元,比上年下降10.9%,入驻企业完成现货贸易额400亿元。2015年,全市保税燃料油直供量94.2万吨,增长42.0%,调拨量289万吨,增长37.6%,结算量346万吨,增长2.3%,直供量跃居全国关区第三、港区第二。

年末全市有商品交易市场132个。其中,消费品市场126个,生产资料市场6个。全年商品交易市场成交额233.93亿元,比上年增长3.7%。其中,水产品类市场成交额120.05亿元,增长3.1%;船舶交易市场成交额35.12亿元,下降3.5%;船用商品交易市场成交额3.57亿元,下降42.4%。

2.交通运输、邮电

全年全市交通运输、仓储和邮政业实现增加值108.60亿元,按可比价计算,比上年增长7.3%。全年水路货运量18548万吨,增长11.3%,水路货运周转量2369.68亿吨公里,增长9.9%;水路客运量2515万人,增长13.2%,水路客运周转量4.39亿人公里,增长13.6%。公路货运量6519万吨,增长16.0%,公路货运周转量119.39亿吨公里,增长6.6%;公路客运量2916万人,增长0.7%,公路客运周转量9.33亿人公里,增长4.9%。普陀山机场全年完成客运量64.47万人,增长19.7%;货邮运量(不包括行李)319.7吨,增长25.5%。年末全社会民用车辆拥有量17.64万辆,比上年末增长3.1%,其中,小型客车拥有量10.47万辆,增长16.3%。

年末全市有海运企业292家,比上年末增加18家,海上运输船舶1470艘,运力541.61万载重吨,比上年末下降0.2%。其中,万吨级以上船舶127艘,比上年末增加1艘,运力288.12万载重吨,占全市总运力的比重为53.2%。年末全市有舟山户籍运输船海员3.85万人,比上年末增长1.6%。

全年舟山港域港口货物吞吐量37925万吨,比上年增长9.3%。其中,外贸货物吞吐量11902万吨,下降2.1%。从主要品种看,金属矿石吞吐量13846万吨,下降0.6%;煤炭吞吐量2699万吨,下降15.2%;石油及天然气吞吐量4951万吨,下降2.2%;粮油类吞吐量849万吨,增长8.7%;矿建材料吞吐量11551万吨,增长43.0%。全年集装箱吞吐量80.22万标箱,增长7.1%,其中出口39.97万标箱,增长4.8%。年末全市有生产性泊位301个,其中万吨以上深水泊位52个。

全年邮电业务收入14.85亿元,比上年下降5.1%。年末全市固定电话用户36.30万户,比上年末下降10.2%;移动电话用户167.62万户,增长2.3%;宽带网用户62.95万户,增长62.7%;年末邮路长度1106公里,下降8.5%。

3.旅游业

观音文化园正式开工,白沙等精品旅游示范岛建设扎实推进,国际邮轮港和水上飞机投入运营,普陀山朱家尖景区加快提升。获批赴台个人游试点城市。年末全市有旅行社145家,比上年末增加2家。全市有星级宾馆41家,客房3752间,床位6689张,星级宾馆客房入住率为49.2%。全市有A级景区12个。其中,5A级景区1个,4A级景区2个。全年接待国内外游客共3876.22万人次,比上年增长14.1%。其中,接待国际游客32.24万人次,增长2.1%。从主要景区看,普陀山景区接待游客663.96万人次,增长6.1%;朱家尖景区接待游客558.20万人次,增长15.8%;桃花岛景区接待游客229.45万人次,增长10.5%。全年实现旅游总收入552.18亿元,增长15.7%。

4.金融和保险

年末全市有各类金融机构62家。其中,银行业机构25家,保险业机构22家,证券业营业部12家,期货营业部3家。年末金融机构本外币存款余额1791.08亿元,比上年末增长10.0%,其中住户存款668.53亿元,增长5.8%;金融机构本外币贷款余额1499.84亿元,比上年末增长3.2%。金融机构融资总量余额2655.74亿元,比年初新增78.37亿元。其中,市内银行融资总量余额1730.55亿元,比年初新增28.25亿元;市外金融机构融资余额925.20亿元,比年初新增50.12亿元。

全年保险公司保费收入24.51亿元,比上年增长6.7%。其中,财产险保费收入11.57亿元,增长6.0%;人身险保费收入12.94亿元,增长7.4%。保险公司赔款支出8.65亿元,增长19.4%;保险公司给付支出2.36亿元,增长55.4%。

5.房地产业

全年房地产开发投资193.59亿元,比上年下降14.3%。其中,住宅投资125.90亿元,下降7.6%;办公楼投资6.09亿元,下降53.6%;商业营业用房投资19.04亿元,下降33.2%;其它投资42.56亿元,下降11.2%。全年房屋竣工面积97.98万平方米,下降59.7%。商品房销售面积103.87万平方米,增长13.3%;年末商品房待售面积107.29万平方米,增长15.2%。

(五)对外经济

1.对外贸易

全年全市外贸进出口总额(含保税仓库货物)726.34亿元,比上年下降4.1%。其中,进口总额342.39亿元,下降14.9%;出口总额383.95亿元,增长8.2%。全年水产品出口额48.42亿元,下降5.1%。造船出口额144.06亿元,增长10.4%。修船出口额41.29亿元,增长62.4%。油品出口额97.23亿元,下降24.7%。

2. **外资状况**

全年新批设立外商投资企业 19 家，投资总额 5.05 亿美元，合同外资金额 3.82 亿美元，比上年下降 64.5%；实际使用外资金额 0.78 亿美元，下降 61.0%。新批境外投资企业 9 家、增资项目 1 个，中方投资额 0.40 亿美元；境外承包工程劳务合作营业额 5.55 亿美元，增长 11.4%。新引进市外企业 486 家，比上年减少 56 家。

3. **口岸经济**

全年舟山口岸进出口货运量 10611 万吨，比上年增长 4.9%。其中，进口货运量 9999 万吨，增长 3.6%；出口货运量 612 万吨，增长 31.7%。全市进出口货运总值 1528.84 亿元，下降 27.9%。其中，进口货运值 1337.13 亿元，下降 37.3%；出口货运值 391.71 亿元，增长 27.9%。年末舟山口岸对外开放陆海域面积 1302 平方公里。

二、舟山市 2015 年社会发展概况

(一)人口、人民生活

年末全市家庭总户数 36.67 万户，户籍人口 97.36 万人。按性别分，男性 48.12 万人，女性 49.24 万人。全年户籍出生人数 5990 人，死亡人数 7309 人，人口自然增长率－1.35‰。年末全市常住人口 115.2万人，城镇化率 66.9%，比上年末提高 0.6 个百分点。

全年全体常住居民人均可支配收入 38254 元，比上年增长 8.3%。城镇常住居民人均可支配收入 44845 元，增长 8.1%。城镇常住居民人均生活消费支出 30128 元，增长 8.3%。全年渔农村常住居民人均可支配收入 25903 元，增长 8.9%。渔农村常住居民人均生活消费支出 17615 元，增长 8.6%。城镇、渔农村居民收入比为 1.73∶1。城镇居民恩格尔系数为 30.5%，比上年下降 0.1 个百分点；渔农村居民恩格尔系数为 34.7%，比上年下降 0.1 个百分点。年末城镇居民人均现住房建筑面积 34.23 平方米，渔农村居民人均现住房建筑面积 50.32 平方米。

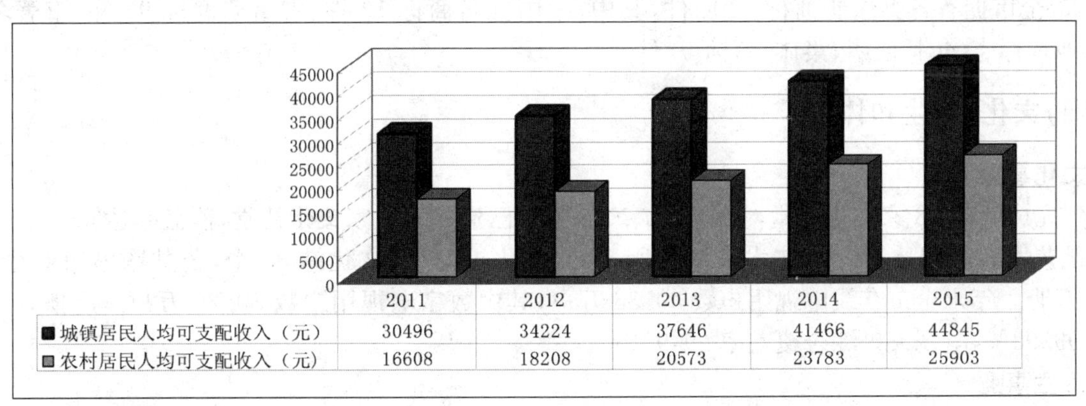

	2011	2012	2013	2014	2015
■城镇居民人均可支配收入（元）	30496	34224	37646	41466	44845
■农村居民人均可支配收入（元）	16608	18208	20573	23783	25903

图 3　2011—2015 年舟山市城乡居民收入对比一览

(二)就业与社会保障

1. **就业**

全年新增城镇就业人员 12012 人，城镇登记失业率为 2.91%。

2. **社会保障**

年末全市参加基本养老保险人数(包括职工和城乡居民)76.88 万人，基本医疗保险参保人数(包括职工和城乡居民)95.69 万人，失业保险参保人数 21.29 万人，工伤保险参保人数 30.37 万人，生育保险

参保人数20.71万人。

年末全市有敬老院33所，社会福利院11所，共有床位数5616张。城镇“三无”对象集中供养率100%，渔农村“五保”老人集中供养率98.65%。城乡居民得到政府最低生活保障人数11197人，其中，城镇低保对象1742人，渔农村低保对象9455人。2015年1—11月，城乡低保对像最低生活补助标准每人每月588元，12月起，城乡低保对像最低生活补助标准每人每月664元(其中，普陀山镇低保对象最低生活补贴标准为每人每月600元)。

(三)教育和科学技术

1.教育事业

浙江大学舟山校区、舟山技师学院建成投用，浙江海洋学院更名浙江海洋大学进入公示阶段，新区旅游与健康职业学院正式建校。年末有普通高等院校4所，全年招生7521人，毕业学生6469人，在校学生23468人；成人高校1所，全年招生694人，毕业学生1187人，在校学生2254人；中等职业学校5所，全年招生2501人，毕业学生2690人，在校学生7721人；普通高中14所，全年招生3684人，在校学生11352人；普通初中27所，全年招生6780人，在校学生21113人；普通小学57所，全年招生8241人，在校学生47683人；幼儿园124所，全年招生9230人，在园幼儿26912人。全市3～5周岁幼儿入园率99.7%，小学毕业生升学率100%，初中升高中段比例99.21%，高中段教育毛入学率96.32%，高等教育毛入学率63.83%。在各类学校就读的外来人口子女17648人，其中，公办学校12673人，民办学校4975人。

2.科技与品牌

全年组织实施各级各类科技项目共451项。其中，国家级12项，省级196项。申请专利3799件，授权专利2856件。其中，申请发明专利1322件，授权发明专利406件。年末全市有高新技术企业54家，省级创新型试点、示范企业13家，省级科技型企业302家，省级农业科技企业76家，省级高新技术研发中心40家，省级农业科技企业研发中心27家。

年末全市有浙江名牌35个，其中，工业名牌15个、农业名牌12个、服务名牌7个、区域名牌1个。截止年末，全市拥有各类注册商标5101件，其中，中国驰名商标10件、省著名商标92件、市著名商标138件，地理标志(包括证明、集体)商标19件。

(四)文化、卫生和体育

1.文化事业

全年完成新建33家文化礼堂，目前全市2015年末已建成125家文化礼堂，覆盖率达65%。年末全市有文化艺术表演团体68个，艺术表演场所5处，文化馆5个，文化站35个，公共图书馆5个，藏书157.27万册。年末全市有线电视用户数30.36万户，其中数字电视用户数30.25万户。广播人口综合覆盖率99.98%，电视人口综合覆盖率99.98%。

2.卫生事业

瑞金医院舟山分院项目进展顺利，舟山群岛网络医院上线启用。在全省率先实现低保标准城乡并轨。年末全市有医疗卫生机构(含村卫生室)708家，其中医院27家，社区卫生服务中心(卫生院)39家，社区卫生服务站143家。医疗机构开放床位5513张。卫生技术人员(含村卫生室)8602人，其中，执业(助理)医师3328人，注册护士3168人。全年累计报告传染病(甲乙类)3899例，报告发病率(甲乙类)每10万人为335.09人。全市5岁以下儿童死亡率4.16‰，婴儿死亡率2.83‰，均低于全省平均水平。免费婚检率92.7%，计划生育率98.18%，综合节育率84.55%。

3.体育事业

进一步改善群众健身设施，新建全民健身路径135条、各类体育健身场所159个，重点建成省级中心村体育休闲公园6个、建设市级中心村体育休闲公园8个、体育路径66条。全市共举办群众体育活动

280次、开展40余项群众体育健身活动，参加人数56万人次，办好“2015年舟山群岛·中国海洋文化节”、首届舟山群岛国际马拉松赛、环浙江舟山群岛新区国际女子公路自行车赛、2015舟山群岛、中国首届海岛户外运动休闲季、第七届全国沙滩足球锦标赛、2015年中国、岱山岛国际运动风筝邀请赛暨全国风筝锦标赛等重大活动赛事。创建省级体育特色乡镇3个、体育现代化乡镇(街道)2个。舟山市创作表演节目共获国家级奖项5个，省级奖项14个。市体彩总销量10.57亿元，其中飞鱼总销量4.85亿元；实体销量总额6.17亿，与上年同期比增长48.64%；飞鱼实体销量4.51亿，与上年同期比增长79%。

(五)城市建设和新渔农村建设

年末全市城市建成区面积71.92平方公里，实有城市道路面积1292.05万平方米，建成区绿地率35.52%，人均公园绿地面积13.73平方米。中心城区生活垃圾分类覆盖面达到54.5%。舟山生活垃圾焚烧发电厂二期工程建设完成并投入运营，城市生活垃圾无害化处理率100%。“五水共治”工程扎实推进，全年完成配套污水管网41.7公里，清淤管网361.2公里，提升整治61.3公里，治理黑河、臭河118公里。小干污水处理厂二期基本完工，城市污水处理率达到88.04%。全年城区排水管道长度1114.92公里，供水总量5718万立方米，液化石油气供气总量3.19万吨，天然气供气总量3154万立方米。

积极推进渔农村确权赋权改革，全市已成立村股份经济合作社500家，占应完成数的98.04%；发放股权证24.94万本，发放率91.19%。重点推进渔农村生活污水和生活垃圾处理，全市200个治理村建设任务基本完成，新增受益渔农户55546户，并完成了14个渔农村生活垃圾分类处理试点任务。启动建设全景海岛综合示范区4个，开展美丽海岛精品(特色)社区(村)创建11个，打造美丽村口27个。全市新增省级渔农家乐特色乡镇3个、市级以上渔农家乐集中村(点)5个、三星级以上渔农家乐民宿48家。实施“四边”绿化提升30公里、面积764亩，新增土地流转面积0.25万亩，全市完成造林更新面积4180亩、森林抚育面积17580亩。新增省级现代农业园区4个(渔业除外)，累计建成省级现代农业园区11个、粮食生产功能区3万亩，新增市级蔬菜基地2176亩，新增省级骨干渔农业龙头企业5家、家庭农场94家、渔农民专业合作社联合社和土地股份合作社各1家。

全市已新开工保障性住房、城市棚户区(旧住宅区)改造15132套、基本建成12271套、竣工10444套、交付入住10949套、新增低收入租赁补贴家庭389户。2015年改造城镇危旧住宅9幢，建筑面积15317平方米，受益居民211户，其中改造D级危房3幢，面积4722平方米，受益居民41户。救助改造渔农村困难群众危旧房310户。

推进“三改一拆”工作，自2013年以来累计拆除违法建筑551.89万平方米，完成“三改”面积787.35万平方米；嵊泗县、岱山县无违建县创建完成初验，定海区、普陀区全面启动无违建区创建，新城、普陀山和产业集聚区无违建创建工作已全覆盖。实施交通治堵工程，新建改造城市道路5.3公里、绿道网20.1公里，新增专用停车位4635个、公共自行车1100辆，公交分担率较上年提高2.2个百分点，群众出行满意率达到82%。

(六)能源和环境

全年规模以上工业单位工业增加值能耗比上年下降8.9%。全社会用电量46.03亿千瓦时，比上年增长1.3%。其中，工业用电23.45亿千瓦时，下降0.2%；城乡居民生活用电7.96亿千瓦时，增长4.0%。

舟山市空气质量继续保持全国前列，全年日空气质量(AQI)优良天数比例90.8%，$PM_{2.5}$年平均浓度为30$\mu g/m^3$；年灰霾天数47天。巩固创国模、国家生态县、省级生态市等创建成果。定海区、普陀区各有3个乡镇(街道)先后创成国家级生态乡镇，全市国家生态乡镇达到20个。全市县级以上集中式饮用水源水质达标率100.0%，水环境功能区水质达标率80.9%。区域环境噪声平均等效声级51.6分贝，烟尘控制区总面积55.65平方公里。年末优质林建成面积57.08万亩，全年有效灌溉面积15.12千公顷,节水灌溉面积 8.06 千公顷。

全市达到国家一、二类海水水质标准的海域面积占 29.6%,四类和劣四类海水海域面积占 61.6%,近岸海域环境功能区达标率 13.2%。全年舟山海域共发生赤潮 2 次,累计赤潮面积 80 平方公里。

(七)社会安全

全年全市共发生各类生产安全事故 389 起,比上年减少 6 起,亿元 GDP 生产安全事故死亡率 0.09,比上年降低 0.01。全年共发生道路交通事故 330 起,死亡人数 45 人,交通事故损失额 111.69 万元。全年共发生火灾事故 40 起,损失额 199.51 万元。

根据 2015 年度建设"平安浙江"群众安全感满意率调查结果显示,舟山市群众安全感满意率为 97.5%,政府抓平安建设满意度为 90.0%。

三、舟山市在长三角地区经济发展中的地位

2015 年,面对错综复杂的形势,全市上下抢抓机遇,攻坚克难,经济社会保持平稳较快发展,经济运行在新常态下总体呈现平稳较快增长的态势,GDP、规模以上工业增加值、固定资产投资等指标增速居全省前列,经济转型升级和民生改善稳步推进,经济运行质量不断提高。但宏观经济环境依然复杂严峻,经济增长发展后劲更需关注。

(一)地区生产总值

2011—2015 年舟山市地区生产总值在泛长三角地区占比分别为 0.67%、0.67%、0.67%、0.67%和 0.67%,近五年均维持在 0.67%。2015 年舟山市地区生产总值在泛长三角地区 41 个市排名第 33 位。

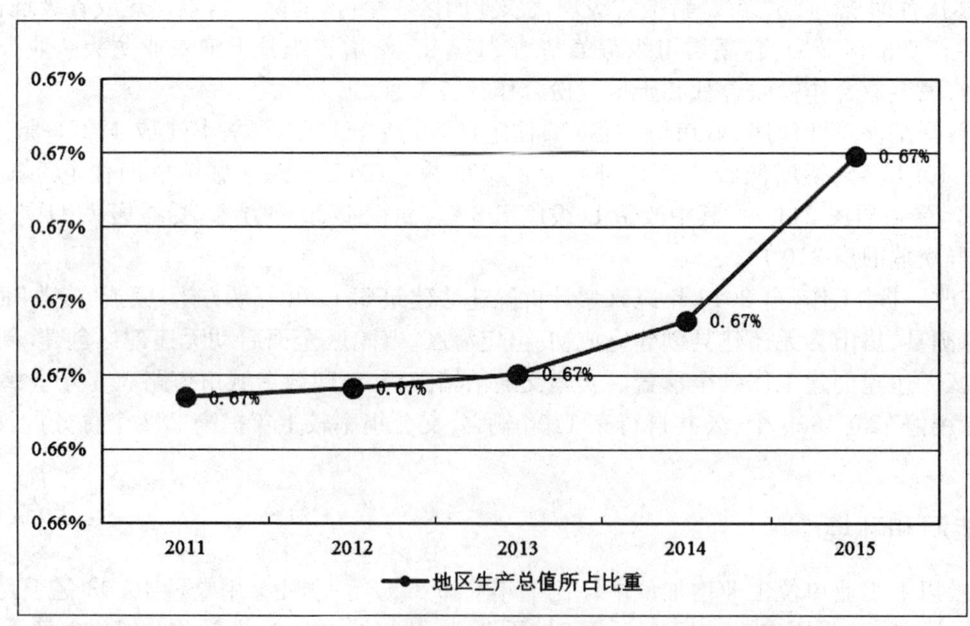

图 4 2011—2015 年舟山市地区生产总值在泛长三角(苏浙两省 24 个地级市、安徽省 16 个地级市和上海市,下同)所占比重的变化趋势

2015 年,全市实现第一产业增加值 112 亿元,增长 4.9%;第二产业 453 亿元,增长 10.9%;第三产业 529 亿元,增长 8.5%,增速比上半年提高 1.5 个百分点。三次产业结构比例调整为 10.2∶41.4∶48.4,第三产业比重比上年提高 0.2 个百分点。从主要行业情况看:全市规上工业增加值 347.33 亿元,增长

12.6%；建筑业增加值115亿元，增长9.0%；非营利性服务业增加值112亿元，增长8.6%；交通运输、仓储和邮政业增加值109亿元，增长7.3%；批发和零售业增加值93亿元，增长8.4%；金融业增加值66亿元，增长6.1%；营利性服务业增加值54亿元，增长15.0%；房地产业增加值46亿元，增长6.0%。

2015年，舟山市GDP增速居全省各市第二位。同时，固定资产投资、规模以上工业总产值和增加值、农林牧渔业增加值等指标增速居全省首位。

（二）地方财政一般预算收入

2011—2015年舟山市地方财政一般预算收入在泛长三角地区占比分别为0.62%、0.62%、1.17%、0.59%和0.58%，2015年较上年减少了0.01个百分点，较2011年减少了0.04个百分点。2015年舟山市地方财政一般预算收入在泛长三角地区41个市排名第30位。

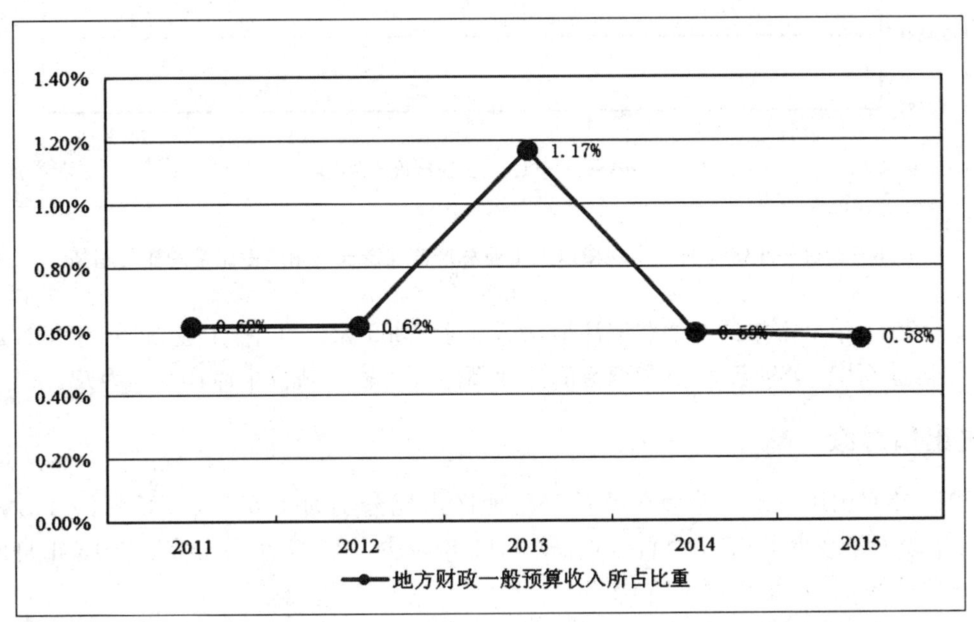

图5　2011—2015年舟山市地方财政一般预算收入在泛长三角所占比重的变化趋势

2015年，全市财政总收入159.59亿元，比上年增长7.2%，其中一般公共预算收入112.72亿元，增长11.6%。税收收入94.33亿元，增长6.4%，非税收入18.39亿元，增长48.3%。全市一般公共预算支出239.65亿元，增长27.3%。其中一般公共服务支出26.52亿元，增长18.6%。全市9项财政民生支出合计143.68亿元，占一般公共预算支出的60.0%，比上年增长18.8%。

（三）规模以上工业总产值

2011—2015年舟山市规模以上工业总产值在泛长三角地区占比分别为0.50%、0.50%、0.51%、0.54%和0.57%，总体上保持稳定态势，2015年较上年上升了0.03个百分点，较2011年上升了0.07个百分点。2015年舟山市地方规模以上工业总产值在泛长三角地区41个市排名第34位，期待能有所改善。

2015年，全市规模以上工业企业实现新产品产值255.87亿元，比上年增长15.1%。规模以上工业中战略性新兴产业产值680.87亿元，增长11.6%。高新技术产业、高技术服务业投资较快增长。年末全市有高新技术企业54家，比上年增加9家。地方财政科技支出5.10亿元，比上年增长14.0%。全市发明专利授权量406件，增长57.4%。在各类经济主体看好新区发展和登记注册制度改革等推动下，新

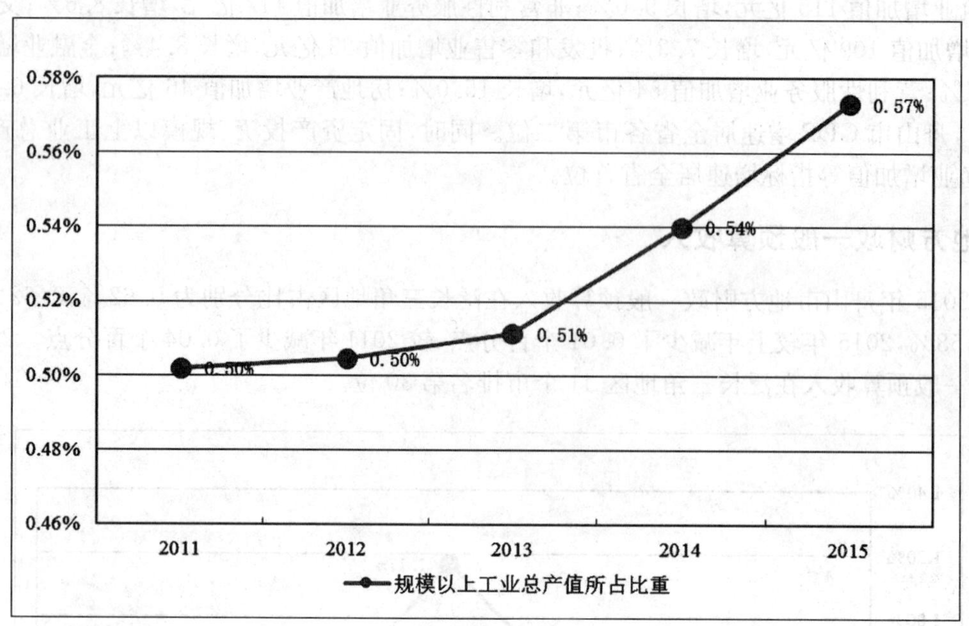

图 6 2011—2015 年舟山市规模以上工业总产值在泛长三角所占比重的变化趋势

注册企业增加。2015 年全市累计新增登记注册法人企业 3309 家。其中，工业新增 251 家，建筑业新增 372 家，批发零售业新增 1089 家，租赁和商务服务业新增 675 家。新设个体户 0.9 万户。

(四)进出口总额

2011—2015 年舟山市进出口总额在泛长三角地区占比分别为 1.01%、1.15%、0.92%、0.86%和 0.84%，2015 年较上年减少了 0.02 个百分点，较 2011 年减少了 0.17 个百分点。2015 年舟山市进出口总额在泛长三角地区 41 个市排名第 15 位。

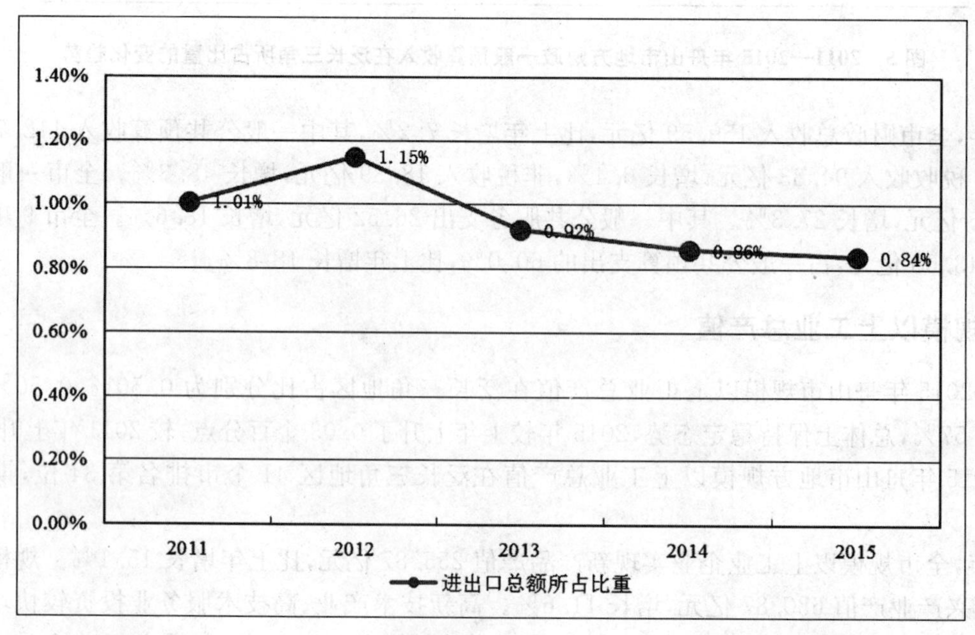

图 7 2011—2015 年舟山市进出口总额在泛长三角所占比重的变化趋势

2015年,全市实现外贸进出口总额726.34亿元,比上年下降4.1%;其中出口383.95亿元,增长8.2%;进口342.39亿元,下降14.9%。从主要出口产品看,造船出口144.06亿元,增长10.4%;修船出口41.29亿元,增长62.4%;水产品出口48.42亿元,下降5.1%。油品作为舟山市外贸主要产品之一,约占全市外贸出口总额25%左右,约占外贸进口总额的60%,受国际油价下跌等因素影响,2014年至今舟山市油品进出口未见好转。2015年,全市油品出口97.23亿美元,下降24.7%;油品进口201.82亿美元,下降26.8%。油品进出口下降是制约全市外贸进出口增长的主要因素。

(五)实际外商直接投资金额

2011—2015年舟山市实际外商直接投资金额在泛长三角地区占比分别为0.17%、0.25%、0.28%、0.27%和0.11%,2011—2013年持续上扬,2015年较2014年减少了0.16个百分点,较2011年减少了0.06个百分数。2015年舟山市实际外商直接投资金额在泛长三角地区41个市的排名第40位。

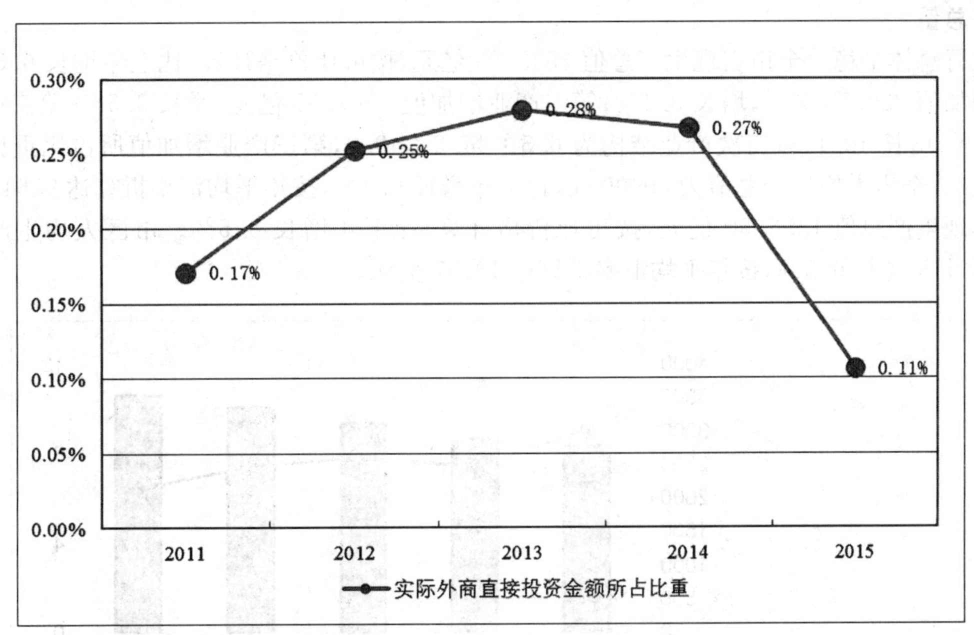

图8 2011—2015年舟山市实际外商直接投资金额在泛长三角所占比重的变化趋势

2015年全市实际利用市外资金463.47亿元,完成全年450亿元目标任务。已开工项目实际到位市外资金前五位的行业主要是物流仓储、港航设施、商贸旅游、商业地产、船舶修造。浙商回归产业项目省外到位资金161.9亿元,完成省定全年任务(135亿元);浙商资本回归到位资金39.4亿元,超额完成省定全年任务(15亿元)。全市汇总招商引资重点项目96个(在谈项目、签订意向或框架协议项目及已签订投资协议但未正式开工或营业的项目),涉及金额2349.6亿元。主要行业分布在旅游、电力能源、商贸、远洋渔业、电子通信、港航物流、粮油加工、商业地产等。

十一　台州市 2015 年度经济社会发展报告

2015 年，全市人民在市委、市政府的正确领导下，深入贯彻落实党的十八大和十八届三中、四中、五中全会精神，主动适应经济发展新常态，紧紧围绕打造“一都三城”[①]新目标，统筹抓好稳增长、促改革、调结构、惠民生各项政策措施，全市经济平稳健康发展，结构调整取得新进展，民生改善取得新成效，社会事业取得新发展。

一、台州市 2015 年经济发展概况

(一)综合经济

1. 经济总量

经济运行总体平稳。全市实现生产总值 3553.85 亿元，按可比价格计算，比上年增长 6.5%。其中，第一产业增加值 229.75 亿元，增长 3.4%；第二产业增加值 1567.65 亿元，增长 3.5%；第三产业增加值 1756.45 亿元，增长 10.1%；三次产业结构为 6.5 ∶ 44.2 ∶ 49.3，第三产业增加值所占比重比上年提高 2.3个百分点。全市人均生产总值为 59499 元，比上年增长 6.2%，按年平均汇率折算达 9564 美元。

市区实现生产总值 1296.66 亿元，按可比价格计算，比上年增长 6.5%。市区人均生产总值达到 81822 元，比上年增长 6.3%，按年平均汇率折算达 13137 美元。

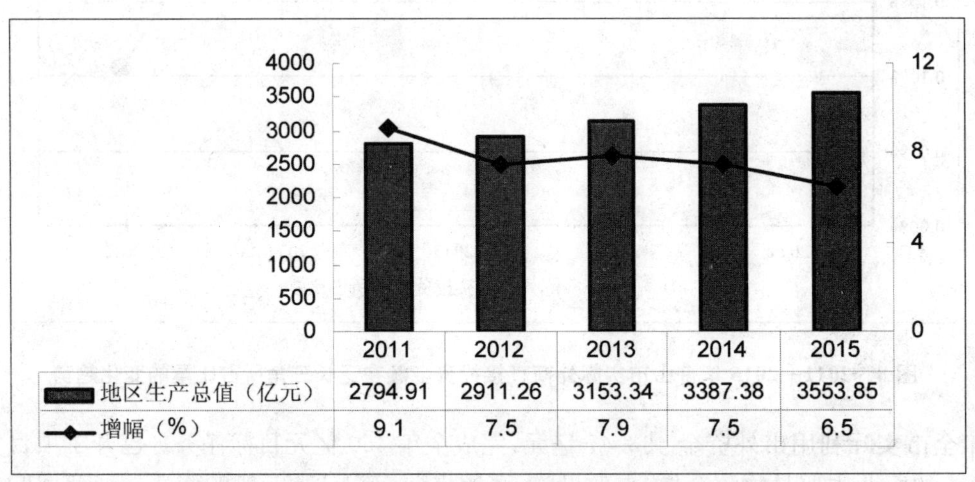

	2011	2012	2013	2014	2015
地区生产总值（亿元）	2794.91	2911.26	3153.34	3387.38	3553.85
增幅（%）	9.1	7.5	7.9	7.5	6.5

图 1　2011—2015 年台州市地区生产总值及增长速度

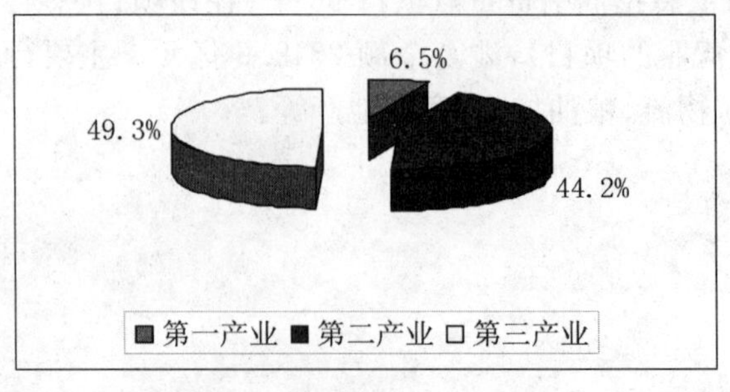

图 2　2015 年台州市三次产业结构图

① “一都三城”：建设“现代化港湾都市区”“国际智造名城”“海上丝路港城”“山海宜居美城”。

2. 财政收入

2015 年，全市公共财政一般预算总收入 539.78 亿元，比上年增长 7.5%；其中地方财政一般预算收入 298.02 亿元，增长 5.6%。

3. 物价水平

市场物价微幅上涨。2015 年台州市居民消费价格总水平比上年上升 0.8%，其中消费品价格上升 1.0%，服务项目价格上升 0.3%。工业生产者出厂价格比上年下降 2.7%，工业生产者购进价格比上年下降 4.9%。

4. 固定资产投资

固定资产投资规模继续扩大。全市固定资产投资施工项目 4254 个，其中新开工项目 2198 个。全年固定资产投资总额 1996.03 亿元，比上年增长 13.0%。其中第一产业完成投资 11.70 亿元，下降 3.0%；第二产业完成投资 821.73 亿元，增长 12.3%；第三产业完成投资 1162.60 亿元，增长 13.8%。固定资产投资中，工业性投资 816.49 亿元，比上年增长 13.4%；基础设施投资 606.37 亿元，增长 38.0%；民间投资 1351.49 亿元，增长 6.7%。

重点工程建设进展良好。吉利 V 项目基本建成并试生产，仙居抽水蓄能电站主体工程蓄水验收，金台铁路、台金高速东延段二期、东官河综合整治、市府大道东延段等项目开工建设，沿海高速、台州第二电厂、三门核电一期、飞龙湖、集聚区“月湖绿岛”核心区、黄岩综合客运枢纽中心、黄岩高铁新区、路桥中央山周边区块等项目建设稳步推进。

(二)农业建设

农业生产保持稳定。全市实现农林牧渔业总产值 407.64 亿元，按可比价格计算，比上年增长 3.4%。其中，农业产值 138.21 亿元，增长 3.5%；林业产值 6.40 亿元，增长 1.5%；牧业产值 31.27 亿元，下降 6.6%；渔业产值 227.89 亿元，增长 5.0%；农林牧渔服务业产值 3.86 亿元，增长 7.6%。

全年农作物总播种面积 206.81 千公顷，比上年增长 1.6%。全市粮食作物播种面积 96.35 千公顷，比上年下降 2.0%；全年粮食总产量 60.75 万吨，比上年下降 1.4%，每公顷单产为 6306 公斤，比上年增长 0.6%。全市非粮作物播种面积 110.46 千公顷，比上年增长 2.8%。粮食作物与非粮食作物播种面积的比例为 46.6∶53.4。全年蔬菜产量 196.16 万吨，比上年增长 4.1%；油料产量 1.57 万吨，增长1.5%；水果产量 131.29 万吨，增长 3.8%。

全市完成造林更新面积 2740 公顷，其中人工造林面积 1944 公顷。年末实有封山育林面积 7.6 千公顷。全市有林地面积 623.03 千公顷，森林覆盖率为 60.3%。全市有自然保护区(含小区)35 个，面积 12.14 千公顷。

全年肉类总产量 11.03 万吨，比上年下降 10.6%，其中猪肉产量 8.60 万吨，下降 3.6%。禽蛋产量 3.76 万吨，下降 2.3%。

全年水产品产量 156.90 万吨，比上年增长 5.7%。其中海洋捕捞产量 110.26 万吨，增长 6.9%；海水养殖产量 40.83 万吨，增长 6.2%。

全市注册登记的农民专业合作社 7391 家，其中省级示范性专业合作社 129 家。全市共认证有机食品 35 个，绿色食品 187 个，国家无公害农产品 272 个，浙江省无公害农产品产(基)地 272 个。市级农业龙头企业共有 241 家。

农业生产条件进一步改善。全市完成河道疏浚清淤 464 公里，其中市区 163 公里，治理水土流失面积 53.02 平方公里，新增防渗渠道 225 公里，新增节水灌溉面积 3308 公顷。年末全市拥有农业机械总动力 303.56 万千瓦，全年农村用电量 103.16 亿千瓦时。

(三)工业和建筑业

1.工业经济

工业生产平稳增长。全市实现工业增加值1360.55亿元,按可比价格计算,比上年增长2.8%。全市主营业务收入2000万元及以上工业企业(以下简称规模以上工业企业)家数为3741家,实现工业增加值818.33亿元,比上年增长0.4%。

全市规模以上轻工业实现工业增加值312.16亿元,比上年增长3.2%,占规模以上工业增加值的38.1%;重工业实现工业增加值506.17亿元,下降1.1%,所占比重为61.9%。

全市规模以上工业增加值总量排在前五位的行业中,电力热力生产供应业、医药制造业、橡胶和塑料制品业分别完成工业增加值91.60亿元、88.57亿元和82.58亿元,分别比上年增长3.7%、15.7%和5.7%,通用设备制造业、汽车制造业分别完成增加值97.78亿元和70.48亿元,分别比上年下降6.6%和2.2%。

全市规模以上工业企业产品产销率为93.5%,新产品产值1219.80亿元,比上年增长2.2%,新产品产值率为30.5%,比上年提高2.0个百分点。

全市规模以上工业企业实现利税总额(不含台州电业局)345.53亿元,比上年增长4.6%,其中利润总额207.20亿元,增长4.8%。

2.建筑业

建筑业稳步增长。全市实现建筑业增加值215.43亿元,按可比价格计算,比上年增长9.3%。资质以上建筑企业完成房屋建筑施工面积17725.50万平方米,比上年下降2.7%;房屋竣工面积7032.81万平方米,增长9.0%。

(四)服务业

1.国内贸易

市场消费保持一定增长。全市实现社会消费品零售总额1826.68亿元,比上年增长11.0%,扣除价格因素,实际增长11.3%。其中餐饮收入194.72亿元,比上年增长9.2%,商品零售额1631.95亿元,比上年增长11.2%;城镇零售额1489.44亿元,增长10.8%,乡村零售额337.24,增长11.7%。限额以上批发零售企业中,粮油食品类、日用品类、汽车类和通信器材类零售额分别比上年增长15.0%、26.8%、6.1%和48.8%,石油及制品类则下降7.3%。全年网络零售额494.37亿元,比上年增长45.7%。

商贸设施不断完善。台州农港城开业,万达广场、银泰城综合体和台州星光耀广场等项目建设顺利推进。年末全市拥有各类商品交易市场534家,成交额1615亿元,年成交额超亿元的市场有109家。全市已建成村级连锁店5025个,行政村覆盖率93.9%。电商产业加快发展,全市已创设各类网上店铺5.56万个,淘宝村42个,电商产业园19个。

2.交通运输、邮电

全年交通运输、仓储和邮政业增加值为131.86亿元,比上年增长5.0%。

全年完成货物周转量1504.50亿吨公里,比上年增长2.2%;旅客周转量为77.30亿人公里,与上年基本持平。全年台州港完成货物吞吐量6237万吨,比上年增长3.1%。其中外贸吞吐量709万吨,下降13.2%;完成集装箱吞吐量15.55万标箱,增长0.8%。民航完成旅客吞吐量58.47万人次,货邮吞吐量5985吨,分别比上年下降12.0%和19.2%。全年铁路发送旅客836万人次,比上年增长20.3%。

年末全市公路总里程(含村道)12480公里,其中等级公路12297公里,占公路总里程的98.5%,高速公路298公里。年末全市汽车保有量达116.08万辆,比上年增加12.13万辆,其中私人汽车104.96万辆,比上年增加12.18万辆。

全市邮电业务收入72.68亿元，比上年下降3.8%。年末国际互联网宽带接入用户178.51万户，移动互联网用户605.67万户，分别比上年末增加10.84万户和62.92万户。年末移动电话用户为739.78万户，城乡固定电话用户为120.44万户。

全市快递服务企业累计完成业务量2.95亿件，比上年增长58.9%，累计完成业务收入24.29亿元，增长39.3%。

3. 旅游业

旅游业健康发展。全年共接待旅游总人数7436.03万人次，比上年增长22.0%，其中接待国内游客7419.17万人次，增长22.0%；实现旅游总收入749.25亿元，比上年增长28.4%，其中国内旅游收入745.63亿元，增长28.4%。天台山景区、神仙居景区成功晋级国家5A景区，填补了台州市5A级景区"零"的空白。全市共有5A级旅游区2个，4A级旅游区7个，3A级旅游区19个，2A级旅游区14个。共有星级饭店50家，客房8041间，床位13166张，旅行社140家。

4. 金融和保险

金融业运行保持稳定。2015年末，全市金融机构本外币存款余额6305.94亿元，比上年末增长9.8%，当年新增存款568.95亿元。年末本外币住户存款余额3251.93亿元，比上年末增长8.5%，当年新增256.19亿元。年末金融机构本外币贷款余额5518.44亿元，比上年末增长9.5%，当年新增贷款472.44亿元。年末金融机构本外币存贷比为87.5%，不良贷款率为1.58%。

企业上市工作取得新进展。全年新增上市公司4家，年末台州市累计已有上市公司36家，其中中小板上市公司22家，累计融资总额达到519.45亿元。年末有小额贷款公司33家，注册资本金总额49.71亿元，全年累计发放贷款92.45亿元。

全年台州辖内证券营业部股票交易额4.75万亿元，比上年增长279.2%。

保险市场发展较快。全年保费总收入127.45亿元，比上年增长11.3%。其中财产险保费收入57.91亿元，人寿险保费收入69.54亿元，分别比上年增长12.0%和14.6%。全年各类赔款、给付支出45.98亿元，比上年增长19.8%。

5. 房地产业

房地产市场销售明显回暖。全年房地产开发完成投资438.69亿元，比上年下降11.6%。房屋施工面积3299.43万平方米，比上年增长9.0%，房屋竣工面积359.18万平方米，增长9.2%。全年商品房销售面积442.03万平方米，比上年增长28.3%，其中住宅销售面积352.07万平方米，增长29.2%。

（五）对外经济

1. 对外贸易

对外贸易有所回落。全年外贸进出口总额211.66亿美元，比上年下降4.1%。其中出口总额188.29亿美元，下降2.7%，进口总额23.37亿美元，下降14.3%。全年外贸企业出口28.42亿美元，下降1.5%；三资企业出口20.76亿美元，下降11.9%；生产企业出口139.11亿美元，下降1.4%。在出口总额中，一般贸易出口174.03亿美元，下降2.4%；加工贸易出口14.20亿美元，增长3.9%。全年高新技术产品出口增长5.6%，机电产品出口下降3.2%。2015年台州市有进出口实绩企业5110家，比上年增加187家，其中进出口超1000万美元企业有439家。出口国家和地区为208个。

2. 对外经济

全年新批外商投资企业17家，总投资3.03亿美元，合同利用外资1.83亿美元，实际利用外资1.16亿美元。

全年新批境外投资企业34家，中方投资额13693万美元。全市累计境外投资项目547个，中方累计投资额8.0亿美元。

3. **服务外包**

服务外包发展良好。全市累计已注册服务外包企业68家。服务外包离岸合同额4180万美元，比上年增长6.3%；离岸合同执行额4180万美元，增长6.3%。

二、台州市2015年社会发展概况

(一)人口、人民生活

人口平稳增长。2015年末，全市户籍总人口597.49万人，其中男性人口305.61万人，女性人口291.88万人，男女性别比为104.7∶100。全年共出生7.14万人，死亡3.66万人，人口出生率为11.95‰，死亡率为6.12‰，人口自然增长率5.83‰。户籍总人口中市区人口159.29万人。据2015年全省1%人口变动抽样调查，年末全市常住人口604.9万人，城镇人口比重为60.3%。

城乡居民生活水平进一步提高。全年全体居民人均可支配收入33788元，比上年增长9.2%，扣除价格因素实际增长8.3%。全年城镇常住居民人均可支配收入43266元，比上年增长8.8%，扣除价格因素实际增长7.9%。农村常住居民人均可支配收入21225元，比上年增长9.6%，扣除价格因素实际增长8.8%。城乡居民收入差距倍数为2.04。年末城镇常住居民和农村常住居民人均现住房建筑面积分别为48.39平方米和55.46平方米。城乡居民每百户家庭家用汽车、空调、家用电脑等高档耐用消费品拥有量继续增加。

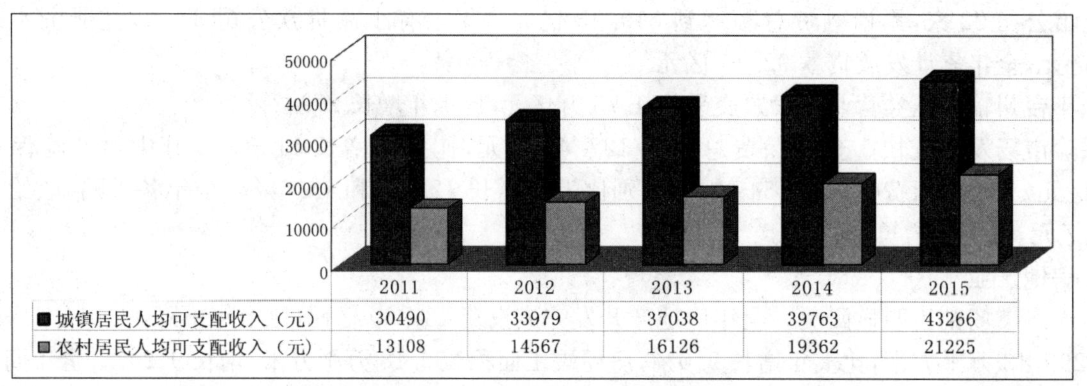

	2011	2012	2013	2014	2015
■城镇居民人均可支配收入（元）	30490	33979	37038	39763	43266
■农村居民人均可支配收入（元）	13108	14567	16126	19362	21225

图3　2011—2015年台州市城乡居民收入对比一览

(二)就业与社会保障

1. **就业**

就业形势基本稳定。全市城镇新增就业人数8.71万人，全年帮助3.04名城镇失业人员实现再就业。全年创业培训4833人。年末城镇登记失业率为2.13%。

2. **社会保障**

社会保障机制进一步健全。开展机关事业单位人员养老保险缴存工作。建立健全大病医疗保险制度，形成较为健全的“基本医疗＋大病保险”保障模式。年末全市城镇职工基本养老保险(含被征地农民)、基本医疗保险、工伤保险、生育保险和失业保险参保人数分别达到198.77万人、140.78万人、232.43万人、88.73万人和99.37万人。年末全市有233.63万人参加城乡居民社会养老保险，有480.19万人参加城乡居民医疗保险。全年收缴各类保险基金196.44亿元，支出187.67亿元。

社会福利和社会救助体系日臻完善。全市城乡居民最低生活保障人数为79592人，全年共投入低保资金23186元。城镇和农村低保对象月人均补助分别为382元和287元。全市农村五保对象集中供

养率达到97.21%，城镇“三无”人员供养率达到92.91%。全市共有各类养老机构345个，床位42111张，年末在院老人20502人。全市新建城乡社区居家养老服务照料中心2895个。全年共支出医疗救助资金1.08亿元，医疗救助16.80万人次。

(三)教育和科学技术

1. 教育事业

教育事业再上新台阶。市政府与北京师范大学成功签订校地合作协议，北师大附属台州高级中学正式落户。全市有幼儿园1329所，在园幼儿22.43万人；普通小学329所，在校生48.09万人；初中187所，在校生19.56万人；高中66所，中等职业学校31所，高中段在校生15.47万人，初升高比例98.31%。全市特殊教育学校招生(不含随班就读)190人，在校生1234人。全市全日制普通高校招生10618人，在校生33566人，成人高校在校学生34768人。

2. 科技与创新

科技创新能力进一步提升。全市实现规模以上高新技术产业增加值323.50亿元，比上年增长1.0%。全市共有省级企业研究院50家，省级高新技术研发中心280家，国家重点扶持的高新技术企业429家。全年申请专利23144件，比上年增长12.5%；专利授权19717件，比上年增长22.2%，其中发明1386件，增长75.2%。全年共签订各类技术合同1198项，技术交易额14.35亿元。

质量强市和名牌战略深入推进。“浙江制造”品牌认证企业达到6家，居全省第一位。全市有中国名牌产品19个，浙江名牌产品252个，地理标志保护产品3个。全市有467家食品企业取得QS证书。年末全市有各类检验机构110家，其中国家检测中心1家，省级质检中心9家。全年新增5件驰名商标，全市被国家工商总局认定的驰名商标达到56件。

(四)文化、卫生和体育

1. 文化事业

公共文化服务体系建设取得新进展。至2015年末，全市有文化馆10个，公共图书馆10个，自办广播节目10套，自办电视节目10套。年末全市有线广播电视覆盖用户162.74万户，其中数字电视实际用户136.45万户。全年广播节目播出时间71717小时，电视节目播出时间58815小时。广播人口综合覆盖率和电视人口综合覆盖率分别为99.89%和99.67%。至2015年末全市拥有国家级非物质文化遗产项目15项，省级95项，市级299项。全年共完成235场文艺演出、22个主题展览、3.67万场数字电影和1.8万册图书的下乡任务。

2. 卫生事业

城乡公共卫生服务体系进一步完善。分级诊疗制度、全科医生签约服务全面实施。年末全市有各类医疗卫生机构3455家，其中社区卫生服务机构424家。积极吸引社会资本举办医疗机构，全市共有民营医院53家。全市医疗卫生机构床位24772张，各类卫生技术人员37841人，其中执业医生和执业助理医生15723人，注册护士14666人。年末每千人拥有卫生技术人员6.33人，其中医生2.63人。全市甲乙类传染病发病率为174.82/10万。全市五岁以下儿童死亡率6.80‰，其中婴儿死亡率4.39‰，户籍孕产妇死亡率5.57/10万。全年有4.38万人参加无偿献血。农村自来水普及率97.38%，卫生户厕普及率95.54%。

3. 体育事业

体育事业取得新成绩。成功举办首届国际马拉松邀请赛、台州市第四届运动会、第二届市区机关运动会等一系列赛事。群众体育活动蓬勃开展，举办了市第四届万人健身跑、快乐彩虹跑等活动。全市运动员参加国际国内各项赛事取得了较好成绩，共夺得国际比赛金牌4枚、银牌2枚、铜牌2枚，全国、全省比赛金牌154.5枚、银牌158枚、铜牌149枚。全市共建有市、县级体育社团239个。

(五)环境保护

2015 年,全市万元生产总值综合能耗比上年下降 4.1%。主要污染物化学需氧量、氨氮、二氧化硫、氮氧化物排放量分别比上年下降 5.28%、6.25%、2.68%和 13.24%。全市地表水满足水域功能达标率为 64.5%,城市空气综合污染指数 4.01。城镇生活污水集中处理率为 90.69%,城镇生活垃圾无害化处理率为 100.0%。2015 年市区 PM2.5 年均浓度为 41 微克/立方米,比上年下降 5 微克/立方米;市区环境空气质量达到二级标准以上的天数有 319 天,占全年总天数的 87.4%。

(六)社会安全

全市共发生各类事故 2949 起,死亡 504 人,受伤 2978 人,分别比上年下降 3.2%、1.6%和 6.3%。

三、台州市在长三角地区经济发展中的地位

2015 年,是经济形势复杂、困难矛盾叠加的挑战之年,在上级党委、政府和市委的坚强领导下,在市人大、市政协的监督支持下,敢于担当,攻坚克难,全力以赴推进稳增长、转方式、抓投资、治环境、惠民生、防风险等各项工作,经济社会保持平稳健康发展。全市实现生产总值 834.4 亿元,同比增长 5.8%;财政总收入 98.4 亿元,其中地方财政收入 54.1 亿元,分别增长 9%、7.5%;固定资产投资 380.6 亿元,增长 12.1%;社会消费品零售总额 473.9 亿元,增长 10.1%;城镇、农村常住居民人均可支配收入分别达 44743 元、23739 元,增长 8.5%和 9%。节能减排完成预期目标。

(一)地区生产总值

2011—2015 年,台州市地区生产总值在泛长三角所占比重分别为 2.41%、2.27%、2.26%、2.23%和 2.19%,总体呈下降趋势,2015 年较上年下降了 0.04 个百分点,五年累计下降了 0.22 个百分点。2015 年台州市地区生产总值在泛长三角地区 41 个市中排名第 16 位。

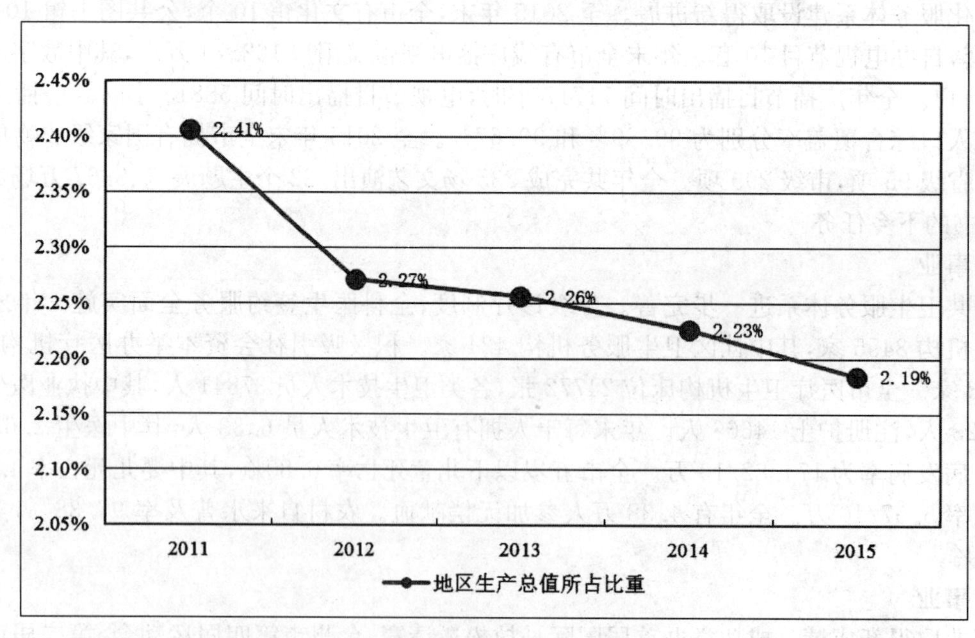

图 4　2011—2015 年台州市地区生产总值在泛长三角(苏浙两省 24 个地级市、安徽省 16 个地级市和上海市,下同)所占比重的变化趋势

2015 年，台州市实现生产总值 3558.13 亿元，扣除价格因素，比上年增长 6.5%。其中第一产业增加值 230.63 亿元，比上年增长 3.4%；第二产业增加值 1573.41 亿元，增长 3.5%；第三产业增加值 1754.09 亿元，增长 10.1%。三大产业对经济增长的贡献率分别为 2.8%、27.0%和 70.2%，分别拉动台州市经济增长 0.2 个百分点、1.7 个百分点和 4.6 个百分点。台州市国民经济三次产业结构由 2014 年的 6.4∶46.6∶47.0 调整为 6.5∶44.2∶49.3，第三产业占国民经济的比重提高了 2.3 个百分点。

2015 年台州市人均 GDP(按户籍人口计算)达到 59570 元，比上年增长 6.2%，按 2015 年美元对人民币的平均汇率 6.2284 计算，台州市人均 GDP 折合 9564 美元。从台州市 9 个县(市、区)情况看，各县(市、区)经济实力也都上了一个新台阶，但区域间发展不平衡性明显，第一梯队为路桥区和玉环县，人均 GDP 均超 10 万元，分别为 106996 元(17179 美元)和 101961 元(16370 美元)；第二梯队为椒江区 86895 元(13951 美元)、温岭市 68580 元(11011 美元)、黄岩区 58099 元(9328 美元)处于 5～9 万元区间；第三梯队是临海市 38846 元(6237 美元)、三门县 38487 元(6179 美元)、仙居县 33169 元(5325 美元)、天台县 31388 元(5040 美元)。

(二)地方财政一般预算收入

2011—2015 年台州市地方财政一般预算收入在泛长三角所占比重分别为 1.62%、1.59%、2.03%、1.56%和 1.53%，2014 年大幅下滑，2015 年较 2011 年减少了 0.09 个百分点，较上年减少了 0.03 个百分点。2015 年台州市地方财政一般预算收入在泛长三角地区 41 个市中排名第 20 位。

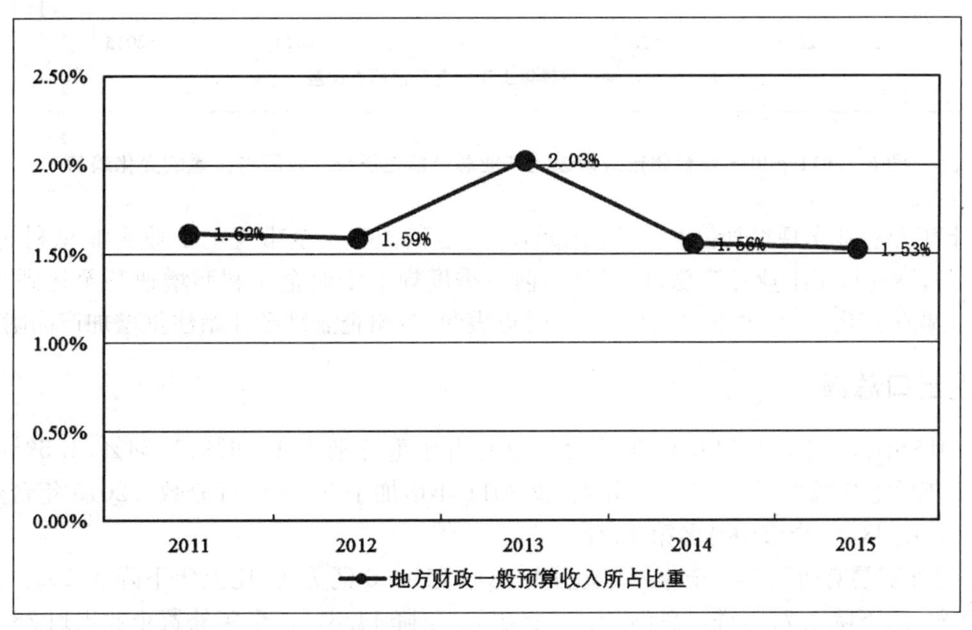

图 5 2011—2015 年台州市地方财政一般预算收入在泛长三角所占比重的变化趋势

2015 年，全市公共财政一般预算总收入 539.78 亿元，比上年增长 7.5%；其中地方财政一般预算收入 298.02 亿元，增长 5.6%。

金融业运行保持稳定。2015 年末，全市金融机构本外币存款余额 6305.94 亿元，比上年末增长 9.8%，当年新增存款 568.95 亿元。年末本外币住户存款余额 3251.93 亿元，比上年末增长 8.5%，当年新增 256.19 亿元。年末金融机构本外币贷款余额 5518.44 亿元，比上年末增长 9.5%，当年新增贷款 472.44 亿元。年末金融机构本外币存贷比为 87.5%，不良贷款率为 1.58%。

(三)规模以上工业总产值

2011—2015年台州市规模以上工业总产值在泛长三角所占比重分别为1.57%、1.48%、1.46%、1.46%和1.35%。2015年较2011年减少了0.22个百分比。2015年台州市地方规模以上工业总产值在泛长三角地区41个市中的排名第24位,此排名处于下游。

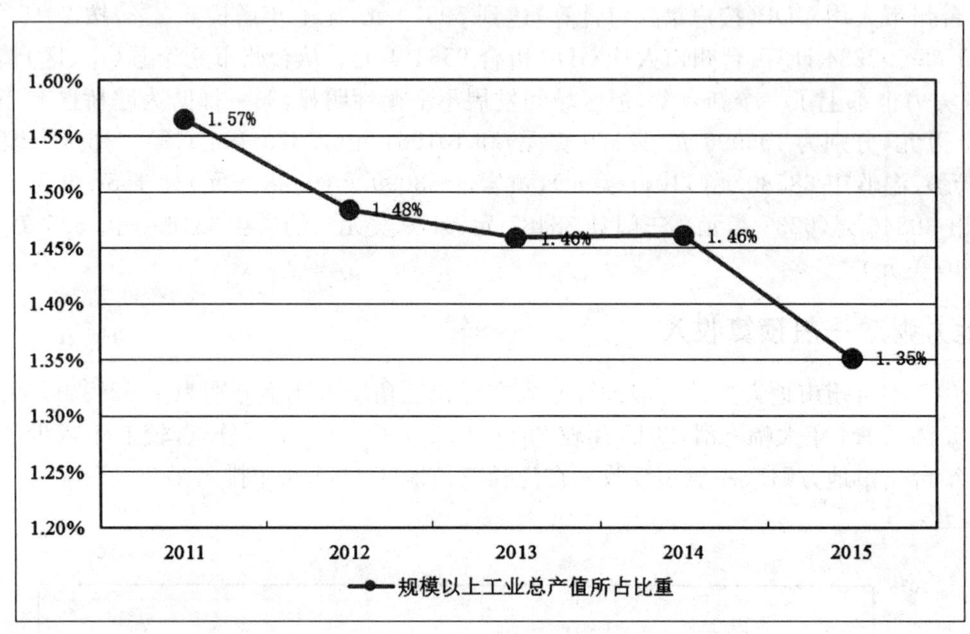

图6　2011—2015年台州市规模以上工业总产值在泛长三角所占比重的变化趋势

全市规上工业企业实现增加值818.33亿元,增速也很微小。全市规上工业企业总利润207.20亿元,增速4.8%,增速快于工业经济总量。其中,前三季度规上工业企业利润增速甚至达到10.7%。这主要得益于工业生产者价格的"低进高出"。同时也表明,台州企业已经开始注重增加产品附加值。

(四)进出口总额

2011—2015年台州市进出口总额在泛长三角所占比重分别为1.56%、1.54%、1.59%、1.54%和1.52%,2015年较上年减少了0.02个百分点,较2011年增加了0.04个百分数。2015年台州市进出口总额在泛长三角地区41个市中排名第12位。

2015年对外贸易有所回落。全年外贸进出口总额211.66亿美元,比上年下降4.1%。其中出口总额188.29亿美元,下降2.7%,进口总额23.37亿美元,下降14.3%。全年外贸企业出口28.42亿美元,下降1.5%;三资企业出口20.76亿美元,下降11.9%;生产企业出口139.11亿美元,下降1.4%。在出口总额中,一般贸易出口174.03亿美元,下降2.4%;加工贸易出口14.20亿美元,增长3.9%。全年高新技术产品出口增长5.6%,机电产品出口下降3.2%。2015年台州市有进出口实绩企业5110家,比上年增加187家,其中进出口超1000万美元企业有439家。出口国家和地区为208个。

(五)实际外商直接投资金额

2011—2015年台州市实际外商直接投资金额在泛长三角所占比重分别为0.23%、0.65%、0.53%、0.37%和0.16%,2015年比上年减少了0.21个百分点,较2011年增加了0.07个百分点。2015年台州市实际外商直接投资金额在泛长三角地区41个市中排名第39位。

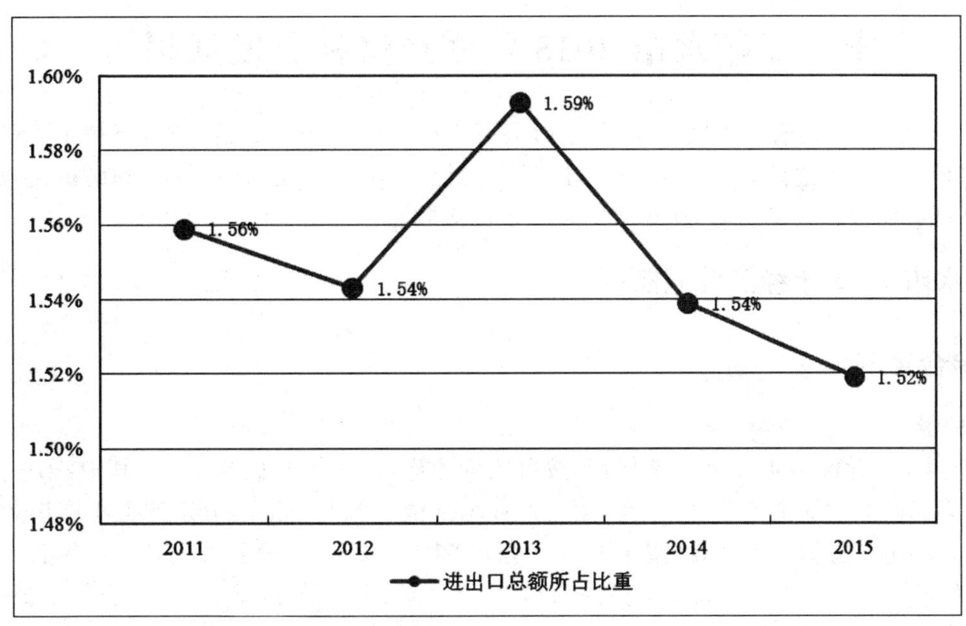

图 7　2011—2015 年台州市进出口总额在泛长三角所占比重的变化趋势

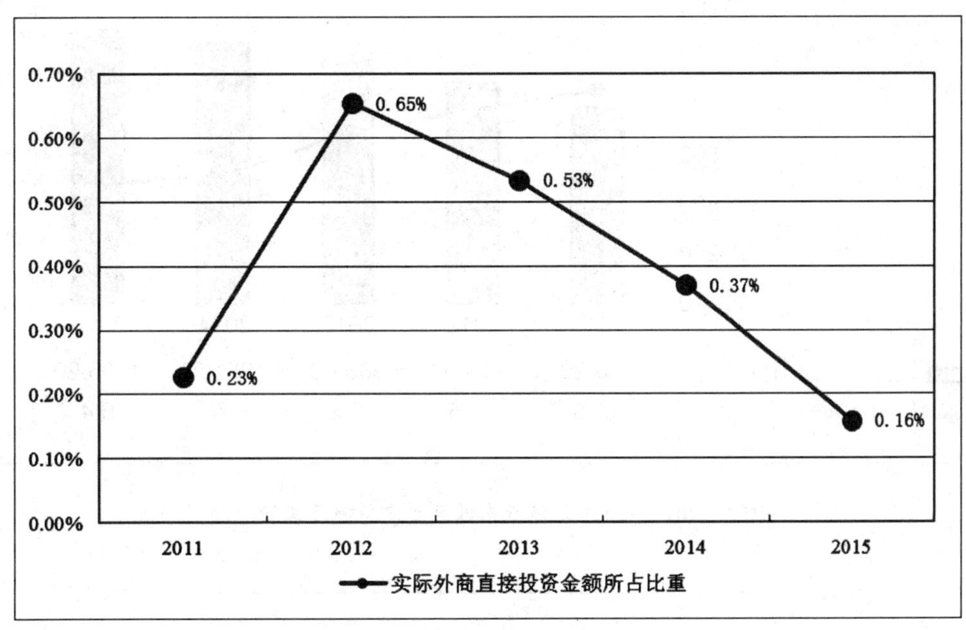

图 8　2011—2015 年台州市实际外商直接投资金额在泛长三角所占比重的变化趋势

全年新批外商投资企业 17 家，总投资 3.03 亿美元，合同利用外资 1.83 亿美元，实际利用外资 1.16 亿美元。全年新批境外投资企业 34 家，中方投资额 13693 万美元。全市累计境外投资项目 547 个，中方累计投资额 8.0 亿美元。

十二　丽水市 2015 年度经济社会发展报告

2015 年，在市委、市政府的正确领导下，全市上下主动适应经济发展新常态，坚持走“绿水青山就是金山银山”绿色生态发展之路，积极推进改革创新，转型升级步伐加快，社会保持和谐稳定，民生事业持续进步，经济社会发展迈上新台阶，实现了“十二五”圆满收官。

一、丽水市 2015 年经济发展概况

（一）综合经济

1. 经济总量

全年地区生产总值（GDP）1103.29 亿元，按可比价计算，比上年增长 6.4%。其中，第一产业增加值 91.36 亿元，第二产业增加值 503.91 亿元，第三产业增加值 508.02 亿元，分别比上年增长 2.4%、3.3% 和 10.7%。人均生产总值 51632 元（按年平均汇率 6.2284 折算为 8290 美元），比上年增长 6.0%。三次产业结构由上年的 8.4∶48.1∶43.5 调整为 8.3∶45.6∶46.1，首次实现“二三一”向“三二一”产业结构的历史性跨越。

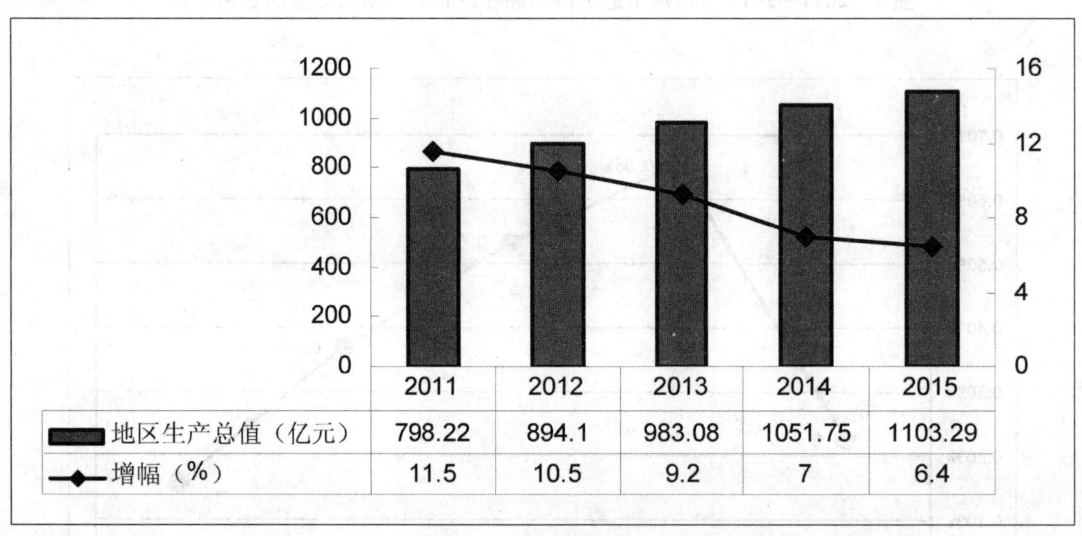

	2011	2012	2013	2014	2015
地区生产总值（亿元）	798.22	894.1	983.08	1051.75	1103.29
增幅（%）	11.5	10.5	9.2	7	6.4

图 1　2011—2015 年丽水市地区生产总值及增长速度

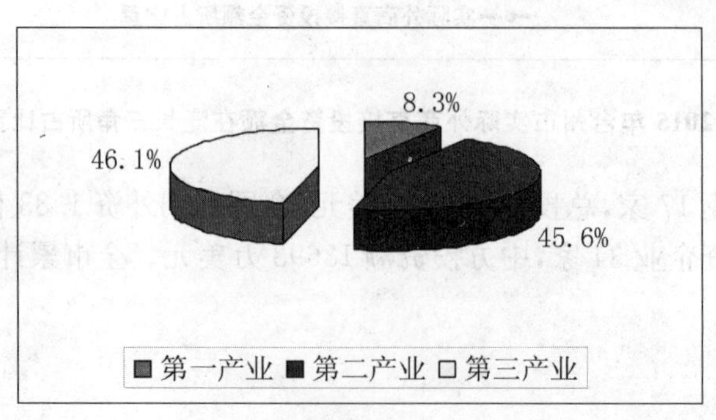

图 2　2015 年丽水市三次产业结构图

2. 财政收支

全年财政总收入 151.60 亿元,其中一般公共预算收入 94.51 亿元,分别比上年可比增长 7.6%和 8.9%。一般公共预算支出 279.31 亿元,增长 21.7%。

3. 物价水平

市区全年居民消费价格总水平比上年上涨 1.2%,其中食品类价格上涨 3.3%,非食品类价格上涨 0.2%。

4. 固定资产投资

全年固定资产投资 751.52 亿元,比上年增长 13.0%。非国有投资 409.03 亿元,增长 1.1%,占固定资产投资的 54.4%,其中民间投资 404.07 亿元,增长 1.0%,占固定资产投资的 53.8%。

在固定资产投资中,第一产业投资 18.67 亿元,比上年增长 6.3%;第二产业投资 206.50 亿元,增长 9.3%,其中工业投资 199.31 亿元,增长 7.9%;第三产业投资 526.35 亿元,增长 14.8%。

全年投资项目 2387 个,比上年增加 109 个,其中,新开工项目 1435 个。衢宁铁路项目落地动工,金丽温铁路扩能改造项目基本完工,丽水市跨入"高铁时代"。丽水市实验幼儿园、市中心医院综合病房大楼、市体育馆等一批重大建设项目陆续投产。浙北至福州特高压输变电项目、天然气输气管道建设项目、云和黄源风电场工程等一批重大建设项目陆续建成。全市公共事业和民生服务设施日趋完善,公共服务能力水平显著提高。

(二)农业和农村建设

全年农作物总播种面积 163.12 千公顷,比上年下降 0.7%,其中粮食播种面积为 88.78 千公顷,下降 0.8%;果用瓜种植面积 3.20 千公顷,下降 7.3%;药材种植面积 4.25 千公顷,下降 6.2%;油料种植面积 9.85 千公顷,增长 0.7%;蔬菜种植面积 47.31 千公顷,增长 0.9%;花卉苗木面积 1.10 千公顷,下降 10.2%。全年粮食总产量为 47.80 万吨,下降 3.2%。

全年肉类总产量 8.76 万吨,比上年下降 5.5%,其中猪牛羊肉产量 7.30 万吨,下降 5.5%;禽蛋产量 1.23 万吨,下降 4.7%。牛奶产量 1331 吨,增长 2.2%。生猪出栏为 76.04 万头,下降 6.6%;家禽出栏 919.76 万羽,下降 6.9%。水产品总产量 2.01 万吨,增长 8.1%。

年末全市农田有效灌溉面积 99.69 千公顷,比上年增长 5.2%。农业机械总动力 112.43 万千瓦,下降 0.1%。

全市新建粮食生产功能区面积 6.41 万亩、现代农业综合区 29 个、生态精品林业基地面积 42.47 万亩。新增农产品加工园区实际供地 1609 亩。新创建生态精品农业示范县 1 个、示范乡镇 15 个,示范家庭农场 218 家、生态精品农产品 230 个。创建"丽水山耕"区域公用品牌农产品 120 个,新增绿色、有机和无公害认证农产品 136 个,新增中国生态原产地保护产品 2 个。全年创建"美丽乡村"示范村 20 个,农村垃圾收集率达到 100%。全年异地搬迁农民 1.83 万人。农家乐休闲旅游业发展较快,累计发展农家乐休闲旅游特色村(点)421 个,从业人员 3.37 万人,营业总收入 16.58 亿元。全市完成农村困难家庭危房改造 3100 户,启动 21 个省级美丽宜居示范村试点建设。年末金融系统涉农贷款余额 817.67 亿元,比上年末增长 8.7%,林权抵押贷款余额达 48.47 亿元,增长 5.4%。

至年末,莲都古堰画乡小镇、龙泉青瓷小镇、青田石雕小镇、景宁畲乡小镇列入第一批省级特色小镇创建名单;龙泉宝剑小镇、庆元香菇小镇、缙云机床小镇、松阳茶香小镇列入第二批省级特色小镇创建名单;青田欧洲小镇、庆元百山祖避暑乐氧小镇、遂昌农村电商创业小镇、丽水绿谷智慧小镇列入省级特色小镇培育名单。

(三)工业和建筑业

1. 工业及工业建设

生态工业加快转型,实施"机器换人"示范项目 70 个,绿谷信息产业园新增入园企业 50 家,开展首批20家市级“三名”企业培育试点；新设企业增幅居全省第二，新增“新三板”挂牌企业10家、规模以上工业企业98家，富来森中竹科技有限公司在美国纳斯达克挂牌上市；丽水智能装备及机器人、龙泉汽车空调零部件产业基地成为国家火炬特色产业基地，龙泉、缙云工业园区升格为省级经济开发区。

全年规模以上工业增加值351.50亿元，比上年增长0.5%。规模以上工业销售产值1602.81亿元，下降7.2%，其中出口交货值128.79亿元，下降14.9%，出口交货值占销售产值的比重为8.0%，比上年回落0.8个百分点。规模以上工业企业产品销售率94.4%，比上年下降0.4百分点。实现利润总额125.8亿元，下降4.4%。

全年规模以上工业高新技术产业增加值90.01亿元，比上年增长4.2%，高于规模以上工业增加值增幅3.7个百分点。新产品产值561.04亿元，增长5.3%，占规模以上工业产值比重为33.1%，比上年提高3.8个百分点。成品钢材产量329.77万吨，下降0.2%。

2.建筑业

全年建筑业增加值77.90亿元，比上年增长12.9%。资质以上建筑企业完成总产值276.99亿元，增长13.7%，实现利润总额9.20亿元，下降18.9%。

(四)服务业

1.国内贸易

全年社会消费品零售总额519.28亿元，比上年增长9.0%。其中，城镇消费品零售额402.64亿元，乡村消费品零售额116.64亿元，分别增长7.9%和13.2%。分行业看，批发零售业零售额456.97亿元，增长8.6%；住宿餐饮业零售额62.31亿元，增长12.1%。全市限额以上社会消费品零售总额161.79亿元，增长2.7%。

在限额以上批发零售业零售额中，服装、鞋帽、针纺织品类增长67.8%，中西药品类增长18.2%，家用电器和音像器材类下降10.5%，石油及制品类下降19.2%，汽车类下降3.1%，金银珠宝类下降1.4%。

年末全市共有商品交易市场105个，比上年增加2个，全年商品交易市场成交额364.69亿元，增长12.2%。成交额超亿元的市场23个，全年成交额209.48亿元，其中，超十亿元的市场7个，全年成交额165.72亿元。

2.交通运输、邮电

全年交通运输、仓储和邮政业增加值39.19亿元，比上年增长5.0%。全市公路货物周转量71.37亿吨公里，增长0.6%；公路旅客周转量21.0亿人公里，下降5.4%。铁路客运量100万人，货运量119.8万吨。

全年邮政行业业务收入7.44亿元，比上年增长34.9%，其中快递业务收入5.02亿元，增长53.3%。邮政行业业务总量13.55亿元，增长53.9%；快递5734.3万件，增长61.0%。电信业务收入17.32亿元，下降4.6%。年末固定电话用户达41.30万户，移动电话用户293.95万户；固定电话、移动电话普及率分别为19.3部/百人和137.4部/百人。全年新增互联网用户(含宽带用户)5.49万户，年末总量达56.86万户，比上年末增长10.7%。

3.旅游业

2015年共接待国内旅游者6270.35万人次，比上年增长14.9%。入境旅游者31.34万人次，增长5.0%，其中：接待外国游客28.11万人次，增长4.8%；香港游客0.58万人次，增长6.0%；澳门游客0.48万人次，增长9.4%；台湾游客2.17万人次，增长7.0%。实现旅游总收入426.02亿元，增长25.5%，其中国内旅游收入375.42亿元，增长27.3%；旅游外汇收入8.20亿美元，增长12.9%。

2015年成功创建松阳大木山茶园1家4A级景区。共累计创建19家4A级景区。

4. **金融和保险**

年末，金融机构本外币各项存款余额 1963.46 亿元，比上年末增长 5.7%，其中人民币存款余额 1838.16 亿元，增长 5.5%。金融机构本外币各项贷款余额 1503.75 亿元，比上年末增长 5.9%，其中人民币贷款余额 1491.81 亿元，增长 6.2%。年末本外币住户存款余额 1108.86 亿元，比上年末增长 11.0%。

年末金融机构不良贷款 37.07 亿元，不良贷款率为 2.46%，比年初提高 0.18 个百分点。

全年保险业实现保费收入 38.49 亿元，比上年增长 17.0%。其中，财产险业务保费收入 16.13 亿元，增长 10.3%；人身险业务保费收入 22.35 亿元，增长 22.4%。支付各类赔款及给付 12.34 亿元，增长 11.4%，其中：人身险业务赔款 4.18 亿元，增长 76.6%；财产险业务赔款 8.15 亿元，下降 6.4%。

5. **房地产业**

全年房地产开发投资 158.27 亿元，比上年增长 0.4%。商品房销售面积 182.42 万平方米，增长 34.7%。商品房销售额 163.12 亿元，增长 27.8%。

(五)对外经济

1. **对外贸易**

全年进出口总额 33.64 亿美元，比上年增长 15.7%。其中，出口 31.44 亿美元，增长 19.2%；进口 2.20 亿美元，下降 18.8%。

欧洲和亚洲仍是丽水市产品出口的主要市场，出口额比重达到 62.2%，对拉丁美洲和大洋洲市场出口较快增长，对非洲市场出口实现高速增长。

2. **外资状况**

全市新批准设立外商直接投资企业 18 个，与上年持平；外商直接总投资 3.88 亿美元，比上年增长 5.5%；合同利用外资金额 2.87 亿美元，增长 16.3%；实际利用外资金额 2.19 亿美元，增长 22.7%。

二、丽水市 2015 年社会发展概况

(一)人口、人民生活

年末全市公安户籍人口 2663758 人，比上年增长 0.3%。其中，城镇户籍人口 843735 人，乡村户籍人口 1820023 人，分别占总人口的 31.7%和 68.3%；男性 1372447 人，女性 1291311 人，分别占总人口的 51.5%和 48.5%。全年出生人口 32703 人，出生率 12.29‰；死亡人口 17413 人，死亡率为 6.55‰；全年净增人口 15290 人，自然增长率为 5.74‰。

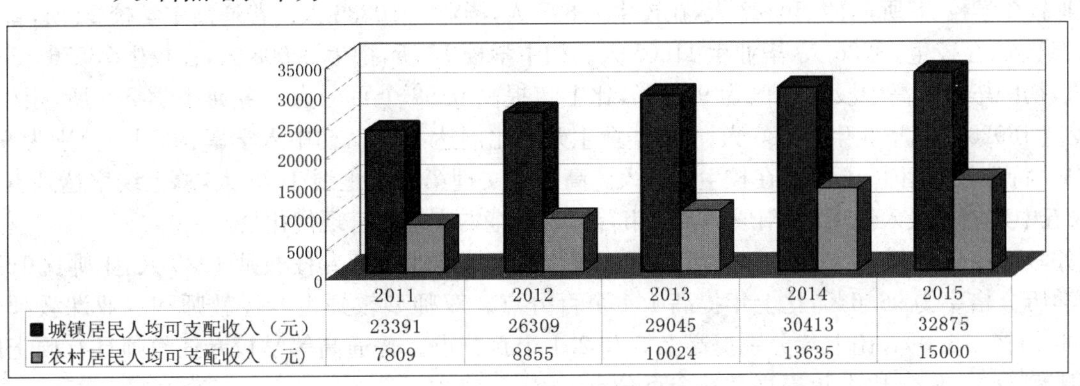

	2011	2012	2013	2014	2015
■城镇居民人均可支配收入（元）	23391	26309	29045	30413	32875
■农村居民人均可支配收入（元）	7809	8855	10024	13635	15000

图 3　2011—2015 年丽水市城乡居民收入对比一览

根据城乡一体化住户调查，全年全体居民人均可支配收入24402元，比上年名义增长8.8%，扣除价格因素实际增长7.5%。其中，全市城镇常住居民和农村常住居民人均可支配收入分别为32875元和15000元，分别名义增长8.1%和10.0%，扣除价格因素分别实际增长6.8%和8.7%。全体居民人均消费支出18399元，比上年名义增长8.7%，扣除价格因素实际增长7.4%。其中，城镇常住居民和农村常住居民人均生活消费支出分别为23556元和12677元，分别名义增长7.7%和10.4%，扣除价格因素分别实际增长6.4%和9.1%。年末城镇常住居民人均住房建筑面积42.5平方米，比上年末增加2.7平方米；农村居民人均住房建筑面积55.0平方米，增加0.6平方米。年末每百户城镇居民家用汽车拥有量32.6辆，比上年末增加0.9辆。

（二）就业与社会保障

1.就业

全年新增城镇就业1.55万人，帮助7188名下岗失业人员实现了再就业。年末城镇登记失业率为2.93%，与上年持平。

2.社会保障

年末全市参加城镇基本养老保险人数为67.04万人（包括企业和机关事业的在岗及离退休人员），比上年末增加11.94万人；参加失业保险的人数为22.04万人，增加0.87万人；参加城镇职工基本医疗保险的人数为38.27万人，增加1.31万人。工伤保险参保人数56.79万人，增加14.16万人，生育保险参保职工23.9万人，增加1.78万人。城乡居民社会养老保险91.18万人，减少9.44万人。城乡居民医疗保险参保人数199.65万人。被征地农民基本生活保障累计参保人数3.74万人，基金累计结余29.20亿元。年末在册低保对象75168人，其中城镇7059人，农村68109人。平均保障标准城镇低保对象月人均补助562.9元/人、农村低保对象月人均补助390.1元/人，全年共支出低保金1.87亿元，比上年增长12.7%。农村五保对象集中供养率90.6%，城镇“三无”（无劳动能力、无生活来源且无法定赡养、抚养、扶养义务）人员集中供养率95.6%。

全年销售福利彩票4.87亿元，比上年增长9.9%。

全年新开工保障性安居工程住房5415套，其中新开工公共租赁住房2456套。竣工保障性安居工程住房3809套。

（三）教育和科学技术

1.教育事业

全市拥有普通高校3所，普通高等教育本专科招生11737人，在校生37614人，毕业生13592人。各类中等职业教育学校18所，招生10827人，在校生29898人，毕业生10336人。普通高中学校22所，普通高中招生11251人，在校生33226人，毕业生11605人。初中学校76所，招生24008人，在校生73576人，毕业生25119人，初中毕业升高中段的比例为97.1%，比上年提高0.58个百分点。普通小学216所，招生28313人，在校生169261人，毕业生24320人；小学毕业生升学比例达100%，初中入学率、巩固率分别为99.99%和100%。特殊教育招生164人，在校生688人。高考纯文理第一批上线1676人，总上线率达到省平均水平，丽水五中建成并投入使用，松阳成为丽水市首个省级基本实现教育现代化县。

义务教育专任教师15367人，比上年增长1.9%。中等职业教育专任教师1935人，生师比16∶1；专任教师学历合格率为96.6%，比上年提高1.1个百分点。双师型教师占专任教师和专业课教师的比例分别为44.4%、76.0%，比上年分别提高2.5和2.1个百分点。普通高等学校专任教师具有硕士以上学位教师比例为28.9%，比上年提高2.5个百分点。

全市共有幼儿园577所，在园幼儿78977人。幼儿园专任教师4843人，比上年减少214人；幼儿教师学历合格率为99.4%，比上年提高0.3个百分点。

2. **科技与创新**

全年新增国家重点支持高新技术企业29家，高新技术企业认定新政策出台后，累计获批高新技术企业210家。全年省级新产品95个。全年规模以上工业科技活动经费支出8.0亿元，比上年增长2.6%。购置技术成果费用2269万元，下降12.7%。

全年通过市级以上验收、结题科技项目129项，科技成果登记252项，获得省级科学技术进步奖7项。知识产权保护工作得到加强，共获专利授权4348项，其中发明专利280项。

全年有97家企业获得625张3C证书。法定计量技术机构9个，全年强制检定计量器具22.71万台件。678家企业获得了管理体系认证。

有效期内年末累计省名牌产品92个，比上年增加8个。3家企业5名个人获得市政府质量奖。

(四)文化、卫生和体育

1. **文化事业**

"丽水乡村春晚"获得国家公共文化服务体系示范项目创建资格，丽水博物馆和美术馆开馆。年末共有艺术表演团体93个，文化馆10个、文化站173个，公共图书馆10个，博物馆18个。广播、电视综合覆盖率均达100%。有线广播电视用户数50.1万户，其中数字电视用户数49.22万户。全市公开发行的报纸6种，年发行量达5491万份，平均每千人每天拥有56.6份报纸。全市共有综合档案馆10个。馆藏各类档案1681个全宗，共计123.79万卷62.72万件，其中已开放全宗1114个，共计32万卷。

2. **卫生事业**

完善城乡医疗保障，大病保险最高报销限额提高到20万元，报销比例提高到55%。被征地农民基本生活保障制度与职工基本养老保险制度实现并轨。优质医疗资源"双下沉、两提升"和分级诊疗工作扎实推进，启动人口健康信息化项目。成功创建国家卫生城市。年末共有医疗卫生机构344个(不含诊所、村卫生室)，其中医院、卫生院239个，妇幼保健院(所、站)9个，疾病预防控制中心(防疫站)9个，卫生监督所(中心)10个。卫生技术人员17237人，其中执业医师和执业助理医师6803人，注册护士6577人，床位数11957张。全市共完成76.44万人的免费健康体检，其中60岁以上老年人226130人，体检率达到68.4%。

3. **体育事业**

全市运动健儿共取得国际比赛冠军5个、全国冠军23个、全省冠军89个。全市共创建1个省级体育强县(区)，创建14个省级体育强镇(乡)，1个青少年俱乐部，扶持建设600个省级体育小康村。全年销售体育彩票2.97亿元，比上年增长10.8%。

(五)资源、环境保护和生态建设

全年全市平均降水量2010.0毫米，增长7.8%。年末全市34座大中型水库蓄水总量48.68亿立方米。全市水资源总量257.23亿立方米，比上年增长10.6%；人均水资源12026立方米(常住人口口径)，增长10.2%。

全市共建国家级自动气象站9个，区域自动气象站312个，土壤水分观测站3个，灰霾观测站9个，负氧离子站5个，农田小气候站10个，大气电场仪38个，雪深自动观测站6个，新一代天气雷达1部。全市霾平均日数22天。全年平均温度18.4度，日照时数1304.8小时。

全年完成造林更新10003公顷，比上年增长3.0%，其中荒山荒(沙)地造林3782公顷，有林地造林157公顷，迹地更新造林4432公顷。森林抚育改造6.4万公顷，增长1.5%。义务植树452万株，比上年减少15.5%。育苗面积1413公顷，增长10.0%，其中新增140公顷。森林覆盖率为80.79%。

全面推进"五水共治"、"五气共治"，丽水市治水经验入选中国基层治水十大经验之一，龙泉、庆元获得全省"五水共治""大禹鼎"，4个县(市)创成省级"清三河"达标县。跨行政区域河流交接断面水质达标率均为100%。全市地表水96个断面的水质监测,有95个断面年均值满足相应水功能要求。地表水断面Ⅰ—Ⅲ类水比例为98.96%。市区PM2.5浓度平均为38微克/立方米,空气优良率(AQI)为90.1%,空气质量优良的天数达到327天。城市声环境质量符合国家标准,各标准适用区平均值均低于相应标准。

全力打造生态环境保护和生态经济发展"双示范区",丽水市成为首批国家级生态保护与建设示范区,缙云创成国家级生态县,松阳、景宁通过国家级生态县技术评估,丽水开发区成为国家级循环化改造示范试点园区。全市累计创建国家级生态县3个,省级生态县(市、区)9个,国家级生态乡镇92个,省级绿色学校107所,建成省级生态文明教育基地9个。

全市建有各级自然保护区(含自然保护小区)56个,其中国家级自然保护区2个;自然保护区面积44.05千公顷,占土地总面积2.53%。建有市级以上森林公园11个、湿地公园2个。

全市园林绿地面积4603.34公顷,其中公园绿地面积1171.43公顷,建成区绿化覆盖率38.7%,人均公园绿地面积12.31平方米。

全年规模以上工业企业能源消费比上年下降6.5%,单位工业增加值能耗下降7.0%。

(六)社会安全

全年共发生各类事故(不含火灾)371起、死亡235人、受伤298人,同比分别下降7.9%、13.0%和17.5%。未发生各类较大及以上事故。道路交通共发生事故344起、死亡207人、受伤297人,分别下降2.3%、2.8%和17.0%。

全年因山洪爆发等自然灾害死亡40人,受伤1人,倒塌房屋318间,损坏房屋5131间,造成直接经济损失4.74亿元,其中农业直接经济损失1.91亿元。工矿商贸企业共发生事故27起、死亡28人,分别下降47.1%和50.9%。

三、丽水市在长三角地区经济发展中的地位

尽管面对着复杂多变的国际国内经济环境重重考验,但在过去的一年,丽水的经济运行总体仍呈现出"企稳回升、稳中有进"的发展态势——全市实现地区生产总值1102.34亿元,可比增长6.4%,主要经济指标实现"减速不减势、量增质更优",其中第三产业实现增加值507.93亿元,同比增长10.7%,占GDP比重达到46.1%,创历史新高。

(一)地区生产总值

2011—2015年丽水市地区生产总值在长三角所占比重分别为0.69%、0.70%、0.70%、0.69%和0.68%,2015年较上年减少了0.01个百分点,较2011年减少了0.01个百分点。2015年丽水市地区生产总值在泛长三角地区41个市中排名第32位,位置属于下游,希望能有所突破,以期结束落后的局面。

2015年,全市实现地区生产总值1102.34亿元,按可比价格计算,比上年增长6.4%。分产业看:第一产业实现增加值91.42亿元,增长2.4%,拉动GDP增长0.2个百分点;第二产业增加值502.99亿元,增长3.3%,拉动GDP增长1.6个百分点;第三产业增加值507.93亿元,增长10.7%,拉动GDP增长4.6个百分点。第三产业成为丽水市经济增长的首要动力。从结构看:三次产业比重由2014年的8.4∶48.1∶43.5调整为8.3∶45.6∶46.1,第三产业增加值占GDP比重比上年提高2.6个百分点,高出第二产业0.5个百分点,首次形成"三二一"产业结构。

(二)地方财政一般预算收入

2011—2015年丽水市地方财政一般预算收入在泛长三角所占比重分别为0.46%、0.47%、1.20%、0.48%和0.48%,2014年大幅减少,2015年较2014年基本持平,较2011年增加了0.02个百分点。2015年丽水市地方财政一般预算收入在泛长三角地区41个市中排名第33位。

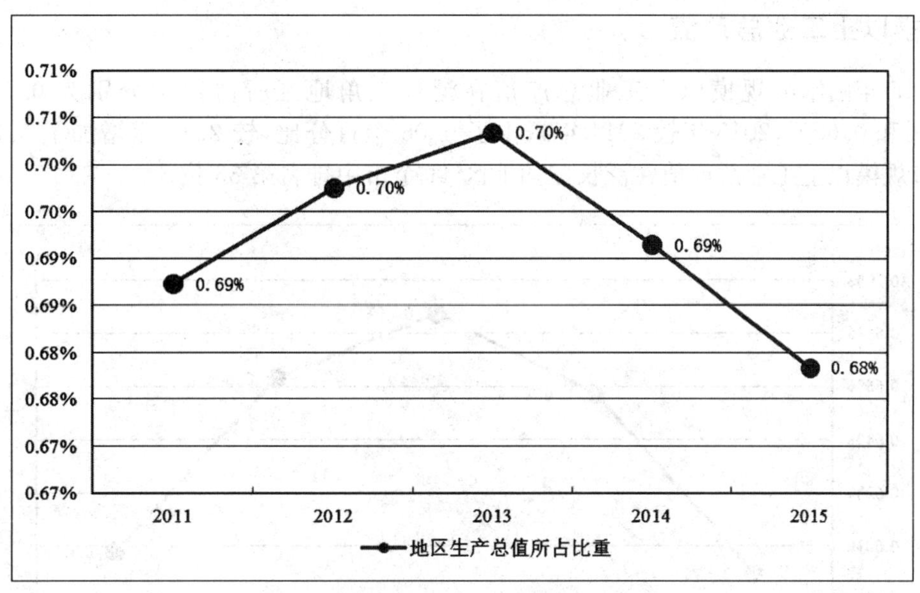

图4　2011—2015年丽水市地区生产总值在泛长三角(苏浙两省24个地级市、安徽省16个地级市和上海市,下同)所占比重的变化趋势

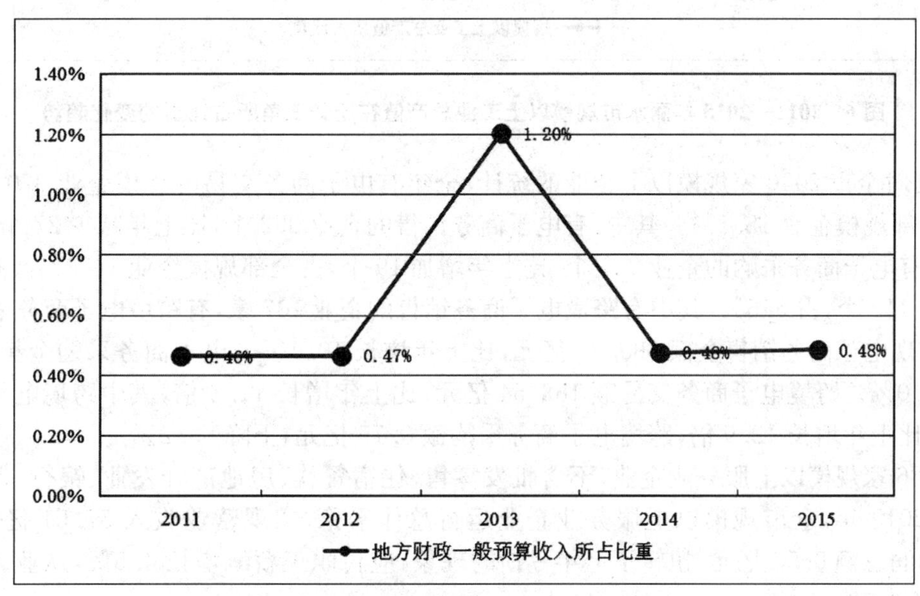

图5　2011—2015年丽水市地方财政一般预算收入在泛长三角所占比重的变化趋势

2015年,丽水市财政收入增幅整体上呈现平稳增长的运行态势,全年实现财政总收入151.66亿元,同比增长7.7%,其中一般公共预算收入94.57亿元,增长9.0%,增幅较上半年和前三季度分别回升1.2个和1.7个百分点。从结构看,税收收入维持绝对主体地位。全年税收收入完成78.33亿元,增长8.9%,拉动一般公共预算收入增长7.3个百分点,税收收入继续维持财政收入绝对主体地位。从主体税种看,四大税种增长趋缓。全年增值税、营业税、企业所得税和个人所得税四大主体税种实现收入48.48亿元,增长3.7%,低于税收平均增幅5.2个百分点,主体税种占地方税收收入的比重61.9%,同比回落3个百分点。

(三)规模以上工业总产值

2011—2015 年丽水市规模以上工业总产值在泛长三角地区所占比重分别为 0.59%、0.66%、0.69%、0.66%和 0.60%,2015 年较 2014 年减少了 0.06 个百分比,较 2011 年增加了 0.01 个百分点。2015 年丽水市规模以上工业总产值在泛长三角地区 41 个市中排名第 33 位。

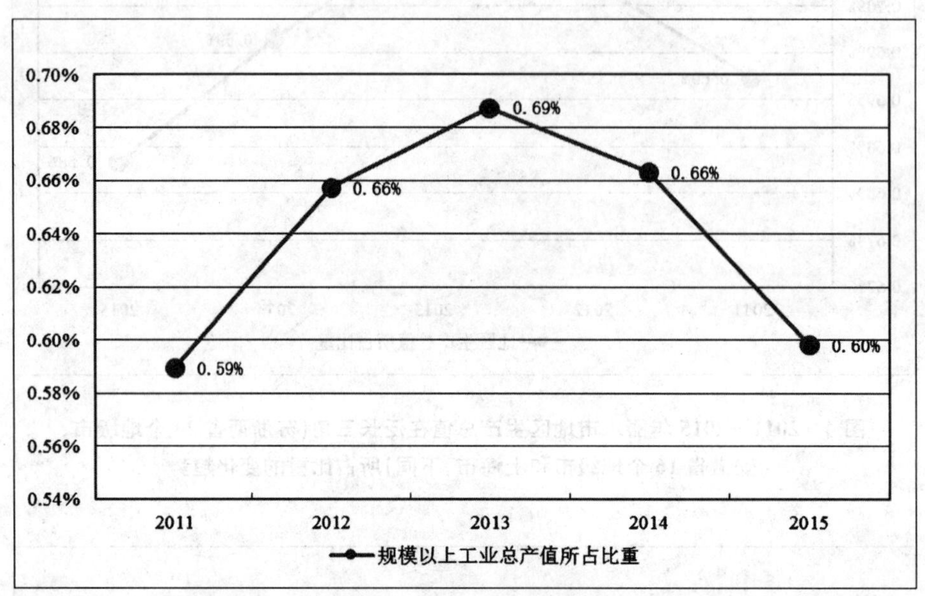

图 6 2011—2015 年丽水市规模以上工业总产值在泛长三角所占比重的变化趋势

2015 年据对全市 2040 家规模以上企业的统计,全年有电子商务交易的规模企业 370 个,比上年增加 11 个,占全部规模企业 18.1%。其中:有电子商务销售的企业 302 个,比上年减少 27 个,占全部规模企业 14.8%;有电子商务采购的企业 231 个,比上年增加 19 个,占全部规模企业 11.3%。有跨境电子商务交易的企业 112 个,占 5.5%,其中有跨境电子商务销售的企业 107 家,有跨境电子商务采购的企业 12 家。全年共实现电子商务销售金额 395.98 亿元,比上年增长 10.1%。电子商务采购金额 53.51 亿元,比上年增长 6.0%。跨境电子商务交易额 183.54 亿元,比上年增长 11.3 倍,其中跨境电子商务销售额 182.80 亿元,比上年增长 12.9 倍,跨境电子商务采购额 0.75 亿元,下降 56.2%。

对全市 186 家规模以上服务业企业(不含批发零售、住宿餐饮、房地产开发业、银行、保险业,下同)的初步统计,2015 年,全市规模以上服务业企业运行总体平稳,实现营业收入 57.51 亿元,同比下降 0.4%,实现利润总额 0.53 亿元,扭转了上年亏损的现象,应付职工薪酬增长 4.5%,从业人员平均人数 22268 人,下降 0.5%。

(四)进出口总额

2011—2015 年丽水市进出口总额在泛长三角所占比重分别为 0.16%、0.17%、0.19%、0.20%和 0.24%,总体呈上升趋势,累计增幅达 0.08 个百分比,2015 年较上年增加了 0.04 个百分比。2015 年丽水市进出口总额在泛长三角地区 41 个市中排名第 27 位。

2015 年 1~8 月,丽水市完成外贸出口额 13.5 亿美元,同比下降 15.7%,比 1—7 月份同比下降 17.1% 的降幅收窄了 1.4 个百分点,结束了 3 月份以来出口增速连续 5 个月下滑态势。8 月份当月实现出口 1.86 亿美元,同比下降 5%,降幅比 7 月份当月收窄 34 个百分点,环比增长 4%,已经显现出止跌迹象。随着丽水市近期出台的系列政策措施落地,应对措施效果进一步显现,外贸出口后期将逐步回升。

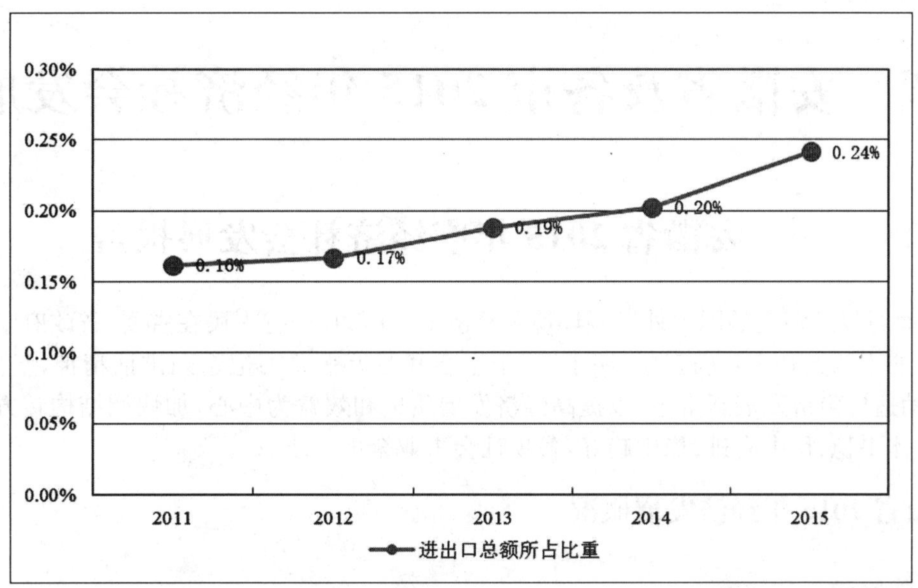

图7　2011—2015 年丽水市进出口总额在泛长三角所占比重的变化趋势

(五)实际外商直接投资金额

2011—2015 年丽水市实际外商直接投资金额在泛长三角所占比重分别为 0.07%、0.14%、0.17%、0.24%和 0.30%，整体呈上升趋势，2015 年较上年增加了 0.06 个百分点，较 2011 年增加了 0.23 个百分比。2015 年丽水市实际外商直接投资金额在泛长三角地区 41 个市中排名第 34 位。

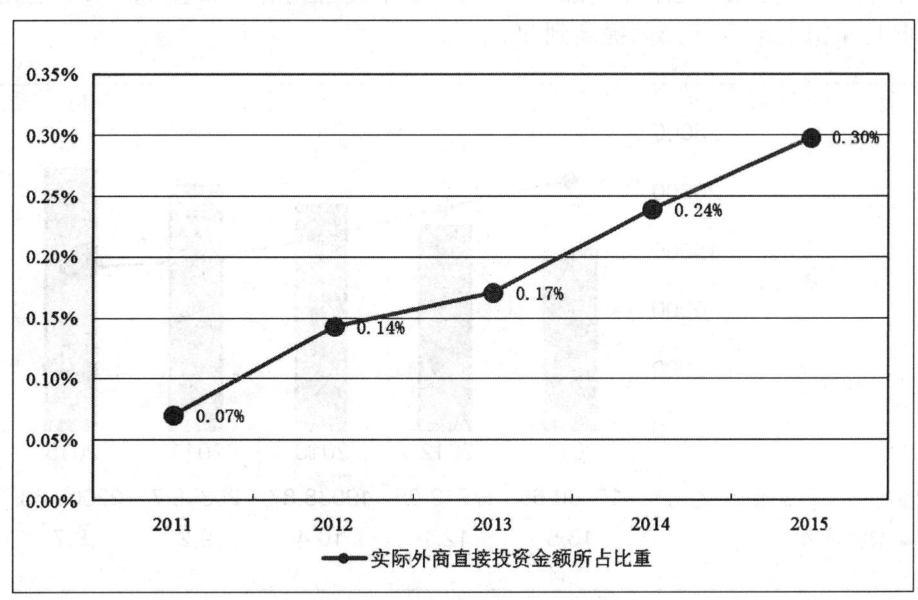

图8　2011—2015 年丽水市实际外商直接投资金额在泛长三角所占比重的变化趋势

2015 年，丽水市实际利用外资突破 2 亿美元，达到 2.19 亿美元，同比增长 22.7%，完成年度目标任务的 109.4%，增幅高于全省平均水平 15.3 个百分点，位居全省第 2 位。从各县(市、区)实际利用外资完成进度看，九个县(市、区)均完成年度目标任务，其中莲都、龙泉、遂昌和松阳均超额完成了年度目标任务，分别完成 132.4%、104.8%、102.9%和 102.4%。

第四章　安徽省及各市2015年经济社会发展报告

一　安徽省2015年度经济社会发展报告

2015年，面对复杂多变的国内外发展环境和经济下行压力，全省人民在省委、省政府坚强领导下，深入贯彻落实党的十八大和十八届三中、四中、五中全会和习近平总书记系列讲话精神，坚持稳中求进工作总基调，主动适应经济发展新常态，以提高经济发展质量和效益为中心，加快调结构转方式促升级，全省经济运行总体平稳、稳中有进、稳中趋好，各项社会事业全面进步。

一、安徽省2015年经济发展概况

（一）综合经济

1.经济总量

全年地区生产总值(GDP)22005.63亿元，按可比价格计算，比上年增长8.7%。分产业看，第一产业增加值2456.69亿元，增长4.2%；第二产业增加值10946.83亿元，增长8.3%；第三产业增加值8602.11亿元，增长10.8%。三次产业结构由上年的11.5∶53.1∶35.4调整为11.2∶51.5∶37.3，其中工业增加值占GDP比重为43.9%。全员劳动生产率50862元/人，比上年增加2303元/人。人均GDP35997元(折合5779美元)，比上年增加1572元。全年民营经济增加值12647.9亿元，比上年增长10.4%，占GDP比重由上年的57.3%提高到57.5%。

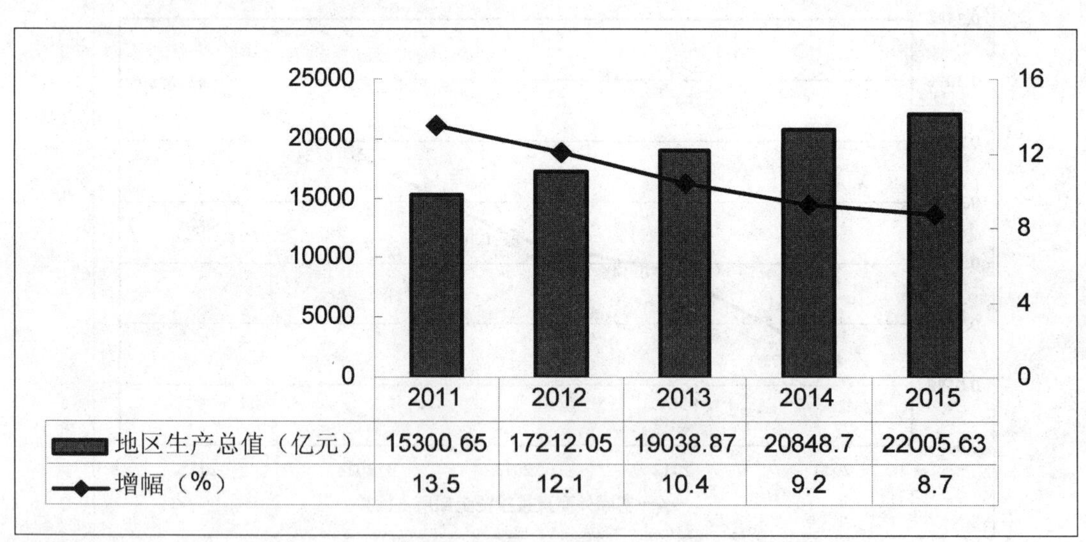

	2011	2012	2013	2014	2015
地区生产总值（亿元）	15300.65	17212.05	19038.87	20848.7	22005.63
增幅（%）	13.5	12.1	10.4	9.2	8.7

图1　2011—2015年安徽省地区生产总值及增长速度

2.财政收支

全年财政收入4012亿元，比上年增长9.5%，其中地方财政收入2454亿元，增长10.6%。全部财政收入中，税收收入3311亿元，增长6.6%，其中增值税增长5.2%、营业税增长8.7%、企业所得税增长7.7%。财政支出5239亿元，增长12.1%，其中民生支出4379亿元，增长13.8%。从重点支出项目看，社

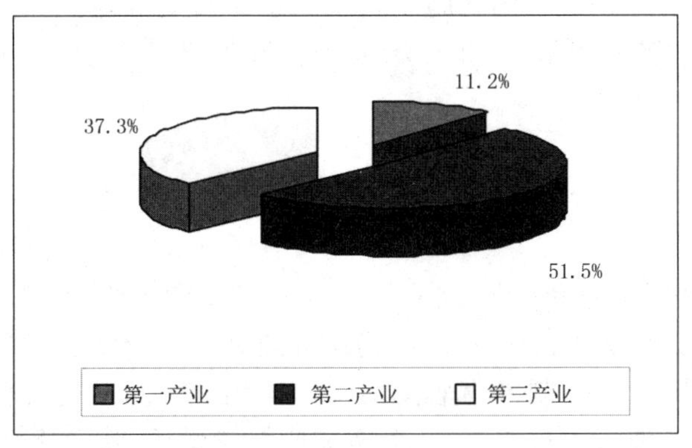

图 2　2015 年安徽省三次产业结构图

会保障与就业支出增长 20%，医疗卫生与计划生育支出增长 13.9%，城乡社区事务支出增长 12.1%，科学技术支出增长 12%，教育支出增长 14%。全年 33 项民生工程累计投入 726.5 亿元，惠及 6000 多万城乡居民。

3. 物价水平

全年居民消费价格比上年上涨 1.3%，其中食品价格上涨 2.3%。商品零售价格下降 0.3%。工业生产者出厂价格下降 6.1%，工业生产者购进价格下降 6.5%。固定资产投资价格下降 3.1%，农业生产资料价格上涨 1.6%。

4. 固定资产投资

全年固定资产投资 23965.6 亿元，比上年增长 12.7%。其中，工业及信息化产业技术改造投资 5757.7 亿元，增长 14.4%；民间投资 17260.4 亿元，增长 17.6%。分区域看，皖江示范区投资 16504.7 亿元，增长 12.2%；皖北六市投资 6088.6 亿元，增长 15.8%。分产业看，第一产业投资增长 40.8%，第二产业增长 13.6%，第三产业增长 10.7%。分行业看，工业投资增长 14.1%，其中制造业增长 13.1%，制造业中装备制造业增长 11.2%。六大高耗能行业投资增长 17.5%。

全年共安排亿元以上重点项目 4298 个，当年完成投资 10743.4 亿元。开工建设京东方 10.5 代线、合肥富士通微电子、商合杭铁路、合肥地铁 3 号线等 1670 个项目；建成投产合肥宝龙达笔记本、芜湖埃夫特机器人、合福高铁、宁安城际等 1069 个项目。

年末煤炭产能 1.57 亿吨。发电装机容量 5152 万千瓦，其中燃煤火电 4379 万千瓦，新能源和可再生能源 640 万千瓦。

（二）农业

加快转变农业发展方式，开展粮食绿色增产模式攻关。全年粮食作物种植面积 6632.9 千公顷，比上年扩大 4 千公顷。油料种植面积 772.1 千公顷，减少 16.3 千公顷。棉花种植面积 232.5 千公顷，减少 32.7 千公顷。蔬菜种植面积 899.8 千公顷，扩大 37.7 千公顷。

全年粮食产量 3538.1 万吨，比上年增产 122.3 万吨，增长 3.6%，其中，夏粮 1414.7 万吨，增产 14.7 万吨，增长 1.1%；秋粮 2014.2 万吨，增产 126.7 万吨，增长 6.7%。油料产量 227.9 万吨，下降 0.4%。棉花产量 23.4 万吨，下降 11.1%。

年末全省生猪存栏 1539.4 万头，比上年减少 2.9%；全年生猪出栏 2979.2 万头，减少 3.6%。肉类总产量 419.4 万吨，增长 1.3%，其中猪牛羊肉产量 291.9 万吨，下降 2.1%。禽蛋产量 134.7 万吨，增长 9.9%。牛奶产量 30.6 万吨，增长 9.9%。水产品产量 230.4 万吨，增长 3%。

年末全省农业机械总动力 6581 万千瓦，比上年增长 3.4%。农用拖拉机 236.7 万台，减少 0.9%；农用运输车66.3万辆，减少0.3%。全年化肥施用量(折纯)338.7万吨，下降0.8%。农村用电量157.5亿千瓦时，增长6.8%。有效灌溉面积4375.2千公顷，新增43.5千公顷；新增节水灌溉面积34.7千公顷。

(三)工业和建筑业

1.工业经济

年末全省规模以上工业企业17969户，比上年净增1597户。全年规模以上工业增加值比上年增长8.6%，其中国有及国有控股企业增长4.6%，股份制企业增长9.5%，外商及港澳台商投资企业增长6.9%。分门类看，采矿业增长6.4%，制造业增长9.3%，电力、热力、燃气及水生产和供应业增长1.4%。

规模以上工业中，40个工业大类行业有37个增加值保持增长，其中计算机、通信和其他电子设备制造业增长23.8%，有色金属冶炼和压延加工业增长14.5%，汽车制造业增长13.6%，通用设备制造业增长11.2%，黑色金属冶炼和压延加工业增长10.1%，纺织服装、服饰业增长10.4%，化学原料和化学制品制造业增长9.6%，非金属矿物制品业增长9.8%，电气机械和器材制造业增长7.2%，农副食品加工业增长4.7%，电力、热力生产和供应业增长1%。六大工业主导产业增加值增长9.3%，其中装备制造业增长11.1%；高新技术产业增加值增长11.8%；战略性新兴产业产值增长17.6%。

规模以上工业统计的主要产品产量中，原煤增长5.4%，发电量增长0.1%，粗钢、钢材分别增长2.3%和0.2%，水泥增长0.8%，彩色电视机增长95.4%，家用洗衣机、家用电冰箱、房间空调器分别增长12.2%、4.2%和4.5%，汽车增长31.4%。

全年规模以上工业企业实现利润1852.7亿元，增长4.2%。其中，国有企业下降0.2%，股份制企业增长3.5%，外商及港澳台商投资企业增长10.3%；中小企业增长9.2%；民营企业增长8.1%；电气机械和器材制造业、电力热力生产和供应业、非金属矿物制品业、化学原料和化学制品制造业、通用设备制造业、农副食品加工业、计算机通信和其他电子设备制造业、汽车制造业、橡胶和塑料制品业、酒饮料和精制茶制造业、专用设备制造业、金属制品业、医药制造业等13个利润超50亿元的行业，合计实现利润1531.3亿元，增长7.5%，占全部工业的82.7%。

2.建筑业

全年资质内建筑企业实现利税总额363.6亿元，增长1.2%。房屋建筑施工面积44322.1万平方米，比上年增加4833.7万平方米；房屋竣工面积15553.6万平方米，增加214.2万平方米。

(四)服务业

1.国内贸易

全年社会消费品零售总额8908亿元，比上年增长12%，扣除价格因素，实际增长12.3%。按经营地统计，城镇消费品零售额7856.4亿元，增长11.9%；乡村消费品零售额1051.6亿元，增长12.5%。按消费类型统计，商品零售额8158.6亿元，增长11.9%；餐饮收入749.4亿元，增长12.1%。全省纳入统计的178家开展网络零售业务的限额以上批发零售企业，实现网上零售额114.5亿元，增长77.8%。

限额以上企业商品零售额中，吃、穿、用类商品零售额分别比上年增长15.5%、3%和6.3%，粮油类增长15.6%，肉禽蛋类增长17.9%，服装类增长3.5%，日用品类增长8.2%，中西药品类增长9.1%，家用电器和音像器材类增长2.2%，家具类增长22%，通讯器材类增长16%，建筑及装潢材料类增长14%，汽车类增长8.2%。

2.交通运输、邮电

全年旅客运输量8.7亿人，货物运输量34.6亿吨；旅客运输周转量1256亿人公里，货物运输周转量10387.8亿吨公里。全年港口货物吞吐量4.8亿吨，增长9.6%，其中外贸货物吞吐量1649万吨，增长10.5%。全省民航机场旅客吞吐量814.8万人次，增长12.6%，其中合肥新桥机场旅客吞吐量661.3万人次，增长 10.7%。

年末全省民用汽车拥有量 512.8 万辆，比上年增长 17.2%，其中私人汽车 423.1 万辆，增长 21.5%。民用轿车拥有量 277.5 万辆，增长 22.7%，其中私人轿车 254.6 万辆，增长 24.1%。

全年新增高速公路 496 公里、一级公路 543 公里、铁路营业里程 583.9 公里。到 2015 年末，全省高速公路达 4246 公里、一级公路达 3166 公里、铁路运营里程达 4062.1 公里。

全年邮电业务总量 815 亿元，比上年增长 29.3%。其中，电信业务总量 698.8 亿元，增长 27.2%；邮政业务总量 116.2 亿元，增长 43.7%。快递业务量 4 亿件，快递业务收入 46.1 亿元，分别比上年增长 67.4%和 58.2%。

年末本地固定电话用户 739.4 万户，比上年减少 100.4 万户；移动电话用户 4232.6 万户，增加 16.7 万户。每百人拥有电话(含移动)81.7 部，减少 2.1 部。年末基础电信运营企业计算机互联网宽带接入用户 887.9 万户，增加 162.5 万户。

3. 旅游业

全年入境旅游人数 444.6 万人次，比上年增长 9.8%，其中外国人 259.2 万人次、增长 11.3%，港澳台 185.4 万人次、增长 7.7%。国内游客 4.44 亿人次，增长 17.2%。旅游总收入 4120.2 亿元，增长 20.4%。其中，旅游外汇收入 22.6 亿美元，增长 23%；国内旅游收入 3980.5 亿元，增长 20.3%。年末全省有 A 级及以上旅游景点(区)560 处。

4. 金融、证券和保险

精准发力支持实体经济，促进经济持续健康较快增长。出台促进经济持续健康发展、金融支持服务实体经济等政策，落实结构性减税和普遍性降费，畅通金融进入实体经济管道。

全年社会融资规模 3574.6 亿元，比上年减少 687.6 亿元，下降 16.1%。年末全省金融机构人民币各项存款余额 34482.9 亿元，增长 14.2%，比年初增加 4392.1 亿元。其中，非金融企业存款余额 10268.4 亿元，增长 14.1%；住户存款余额 17015.3 亿元，增长 12.1%。金融机构人民币各项贷款余额 25489 亿元，增长 15.4%，比年初增加 3400.8 亿元。其中，境内短期贷款 8347.9 亿元，增长 8.4%；境内中长期贷款 15158.1 亿元，增长 15.1%，中长期贷款中住户贷款 6275.8 亿元，增长 19.6%。

全年上市公司通过境内市场累计筹资 271.8 亿元，比上年增加 81.8 亿元。其中，首次公开发行 A 股 8 只，筹资 40.1 亿元；A 股再筹资(包括配股、公开增发、非公开增发、认股权证)178.2 亿元；上市公司通过发行可转债、可分离债、公司债筹资 53.5 亿元。到 2015 年末，全省有上市公司 88 家，上市公司市价总值 11234.3 亿元，比上年增长 59.5%。

全年发行中小企业私募债 1 亿元。企业发行短期融资券 838.5 亿元。

全年全省境内证券经营机构证券交易量 82533.7 亿元，期货经营机构代理交易量 258800 亿元。

全年保险业原保险保费收入 698.9 亿元，比上年增长 22.1%。其中，财产险业务原保险保费收入 273.4 亿元，增长 13.2%；人身险业务原保险保费收入 425.6 亿元，增长 28.6%。赔款和给付 276.9 亿元，增长 18.1%。其中，财产险业务赔款支出 140.2 亿元，增长 10%；人身险业务赔款和给付支出 136.7 亿元，增长 27.8%。

5. 房地产业

全年房地产开发投资 4424.9 亿元，比上年增长 2%。商品房销售面积 6174.1 万平方米，下降 0.5%；商品房销售额 3369.4 亿元，增长 0.7%。全年开工建设城镇保障性安居工程住房 40.3 万套，基本建成 35.8 万套。

(五)对外经济

1. 对外贸易

全年进出口总额 488.1 亿美元，比上年下降 0.8%。其中，出口 331.1 亿美元，增长 5.2%；进口

156.9亿美元，下降11.3%。从出口经营主体看，生产型企业出口增长6%，贸易型企业出口下降1.6%。从出口商品看，机电产品、高新技术产品出口分别增长9.2%和10.8%。

2015年全省出口主要分类及地区分布 单位：亿美元

指 标	绝对数	比上年增长(%)
出口额	331.1	5.2
其中：机电产品	175.0	9.2
其中：高新技术产品	67.5	10.8
其中：一般贸易	239.5	9.1
加工贸易	80.1	−8.5
其中：对亚洲	144.0	1.0
对欧洲	63.0	0.8
对北美洲	61.7	9.8
对非洲	22.5	3.7
对拉丁美洲	32.6	26.7
对大洋洲	7.3	21.8

2. 外资状况

成功举办百户央企、百户外企合作和资本要素对接等招商引资重大活动。全省亿元以上在建省外投资项目5902个，当年实际到位资金8968.9亿元，比上年增长12.9%。全年新批外商投资项目289个，增长12.9%；合同利用外资39.4亿美元，增长26.6%；实际利用外商直接投资136.2亿美元，增长10.4%。到2015年底，72家境外世界500强在皖投资设立企业120家，其中当年新设立企业7家。

3. 对外合作

全年对外承包工程新签合同金额30.7亿美元，比上年增长15.1%；完成营业额26.9亿美元，下降16.6%。当年外派劳务人员10500人，下降25.7%；年末在外劳务人员23691人，下降4.1%。全年新批境外企业(机构)133个，实际对外投资9.7亿美元，增长1.1倍，其中对"一带一路"沿线国家和地区投资4亿美元。

二、安徽省2015年社会发展概况

(一)人口、人民生活

年末全省户籍人口6949.1万人，比上年增加13.3万人；常住人口6143.6万人，比上年增加60.7万人。城镇化率50.5%，比上年提高1.35个百分点。全年人口出生率12.92‰，比上年上升0.06个千分点；死亡率5.94‰，上升0.05个千分点；自然增长率6.98‰，上升0.01个千分点。

全年全省常住居民人均可支配收入18363元，比上年增长9.3%，扣除价格因素，实际增长7.9%。城镇常住居民人均可支配收入26936元，增长8.4%，扣除价格因素，实际增长7%；人均消费性支出17234元，增长7%，其中食品烟酒支出增长8.2%，衣着增长5.2%，居住下降2.3%，生活用品及服务增长0.4%，交通和通信增长17.7%，教育文化娱乐服务增长15.9%，医疗保健增长9.9%。城镇常住居民恩格尔系数为33.7%，比上年上升0.4个百分点。年末城镇常住居民人均住房建筑面积34.71平方米，比上年减少0.43平方米。

全年农村常住居民人均可支配收入10821元，比上年增长9.1%，扣除价格因素，实际增长7.7%。

人均生活消费支出 8975 元，增长 12.5%。其中，食品烟酒支出增长 13%，衣着增长 6.2%，居住增长 12.7%，生活用品及服务与上年持平，交通和通信增长 30.1%，教育文化娱乐增长 13.5%，医疗保健增长 3.8%。农村常住居民恩格尔系数为 35.8%，比上年上升 0.2 个百分点。年末农村常住居民人均住房建筑面积 46.76 平方米，比上年增加 2.09 平方米。

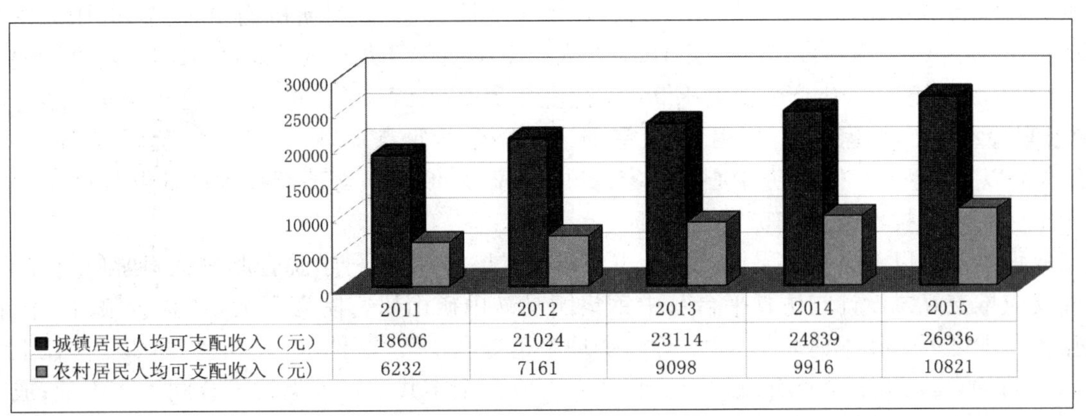

	2011	2012	2013	2014	2015
■城镇居民人均可支配收入（元）	18606	21024	23114	24839	26936
■农村居民人均可支配收入（元）	6232	7161	9098	9916	10821

图 3　2011—2015 年安徽省城乡居民收入对比一览

(二)就业和社会保障

1. 就业

年末全省就业人员 4342.1 万人，比上年增加 31.1 万人。其中，第一产业 1396.2 万人，减少 19.1 万人；第二产业 1232.1 万人，增加 21 万人；第三产业 1713.8 万人，增加 29.2 万人；城乡私营企业就业人员和个体劳动者 919.3 万人，增加 102.9 万人。全年城镇实名制新增就业 65.2 万人，下岗失业人员再就业 26.3 万人。年末城镇登记失业率 3.14%，比上年下降 0.07 个百分点。全省农民工总量 1858.8 万人，其中外出农民工 1371.4 万人。

2. 社会保障及福利

城镇基本医保省内异地就医实现双向结算，企业退休人员基本养老金人均月增 196 元，城乡居民基本养老金最低标准每人每月提高到 70 元。年末全省参加城镇基本养老、基本医疗保险人数分别为 857.8万人和 1734.9 万人。参加失业保险人数为 436.6 万人，全年累计为 13.9 万名失业人员发放了不同期限的失业保险金。全省参加工伤、生育保险人数分别为 528.9 万人和 499.3 万人。城乡居民养老保险参保人数 3396.6 万人。参加新型农村合作医疗的农业人口 5190.8 万人，参合率为 101.7%。

年末 64.7 万人享受城市居民最低生活保障，196.3 万人享受农村居民最低生活保障，农村五保供养 42.1 万人。全年民政部门直接救助 88.2 万人次，资助参加基本医疗保险 301.2 万人。

年末全省有各类提供住宿的社会服务机构 1272 个，床位 15.5 万张，收养各类人员 7.9 万人。不提供住宿的社会服务机构 8429 个，其中社区服务中心 1259 个，社区服务站 3051 个。全年销售社会福利彩票 65.6 亿元，筹集社会福利资金 18.1 亿元。

(三)教育和科学技术

1. 教育事业

年末全省有研究生培养单位 21 个，在学研究生 50410 人。普通高校 108 所，普通本专科在校生 113.1 万人。高等教育毛入学率 40.6%，比上年上升 2.7 个百分点。各类中等职业教育(不含技工学校)412 所，在校生 83.8 万人。普通高中 666 所，在校生 113.6 万人。高中阶段毛入学率 92%，比上年上升0.1个百分点。初中2858所,在校生190.1万人,初中阶段适龄人口入学率99.9%。小学9119所,在校生422.5万人,小学学龄儿童入学率99.96%。各级各类成人学校毕业生44.3万人。完成829所义务教育学校标准化建设任务,职业教育市级统筹和资源整合深入推进,高水平大学建设步伐加快。

2. 科技与创新

年末全省有各类专业技术人员220.4万人,比上年增长2.5%。科研机构4093个,其中大中型工业企业办机构1025个。从事研发活动人员18.7万人。全年用于研究与试验发展(R&D)经费支出432亿元,增长9.8%,相当于全省生产总值的1.96%,比上年提高0.07个百分点。全省有国家大科学工程5个;有国家实验室1个,国家重点(工程)实验室21个,省级(含重点)实验室106个,部属(含院属)实验室51个;有省级以上工程(技术)研究中心557家,其中国家级30家。有高新技术产业开发区16个,其中国家级4个。有高新技术企业3157家。

全年取得省部级以上科技成果705项。主要科技成果有:中国科学院合肥物质科学研究院的"中国铅基研究反应堆交互式设计与仿真平台"、中钢集团马鞍山矿山研究院有限公司的"缓倾斜～倾斜中厚矿体大盘区高强度开采技术研究与应用"等。受理申请专利127709件,授权专利59039件,比上年分别增长28.8%和22%。年末全省有效发明专利2.6万件。全年共签订各类技术合同12491项;成交金额190.5亿元,比上年增长12.2%。

年末全省拥有县以上产品质量检验机构1181个,其中系统内140个,国家质量监督检验中心23个;有产品质量、体系认证机构1个,企业累计获质量管理体系认证证书10204张;法定计量技术机构81个,全年强制检定计量器具212.1万台(件)。制定国际标准1项、国家标准100项,制定修订地方标准259项。有国家地理标志产品62个、安徽名牌产品1329个。

全年省测绘档案资料馆为社会各界提供各种比例尺地形图20125幅、测绘基准成果3406点(次),航空航天遥感40781平方公里、数据量4105GB;完成国家基本比例尺地形图生产与更新36634幅、地理国情动态监测3748平方公里、"天地图·安徽"地图网站数据更新84.2GB。

(四)文化、卫生和体育

1. 文化事业

新建30个乡镇综合性文化服务中心和300个农民文化乐园,广播电视由村村通向户户通延伸。年末全省拥有文化馆120个,公共图书馆117个,博物馆178个(含民营博物馆),乡镇街道综合文化站1437个。全国重点文物保护单位130处,省级重点文物保护单位708处。国家级非物质文化遗产名录88项,省级名录343项。广播电台14座,中波发射台和转播台23座,广播节目综合人口覆盖率98.76%。电视台14座,有线电视用户830万户,电视节目综合人口覆盖率98.92%。全年出版报纸98种,总印数11.69亿份;期刊(杂志)180种,总印数0.6亿册;图书9978种,总印数2.78亿册。有各级国家档案馆138个,馆藏档案资料2328.6万卷(件、册),库馆总建筑面积29.6万平方米。

2. 卫生事业

深化医药卫生体制综合改革,城市公立医院改革全面实施。年末全省有医疗卫生机构24936个,其中医院1019个、基层医疗卫生机构22093个、专业公共卫生机构1740个,其他卫生机构84个。基层医疗卫生机构中,卫生院1384个,社区卫生服务中心(站)1932个,村卫生室15302个;专业公共卫生机构中,疾病预防控制中心121个,专科疾病防治院(所、站)47个,妇幼保健院(所、站)121个,卫生监督所(中心)113个。全省卫生技术人员28.5万人,其中执业(助理)医师11万人,注册护士12.1万人。乡村医生和卫生员4.8万人。医疗卫生机构床位26.8万张,其中医院、卫生院床位25.7万张。全年医疗卫生机构共诊疗2.7亿人次。

3. 体育事业

全年在国际国内重大比赛中,全省运动健儿共获得35枚金牌、31枚银牌、50枚铜牌,其中在全国青

运会上共获得5枚金牌、6枚银牌、12枚铜牌。全民健身运动广泛开展。“全民健身、健康安徽”系列主题活动蓬勃开展，全年共举办百人以上的群众体育健身活动2176次，参加活动总人数337万人次。全年销售体育彩票50.7亿元。

(五)资源和环境保护

全省已发现的矿种为160种(含亚矿种)。查明资源储量的矿种123种(含亚矿种)，其中能源矿种6种，金属矿种21种，非金属矿种94种，水气矿种2种。全年地质勘查部门开展各类地质(科研)项目(省级)411项。新增查明资源储量的大中型矿产地17处，新增探明储量矿种1种。

加强大气、水、土壤和重金属污染防治，环境质量持续改善。年末全省有省、市、县级环境监测站87个。按照《环境空气质量标准》(GB3095－2012)，全省16个省辖市空气质量平均优良天数比例为77.9%，有2个市空气质量达到二级标准。全省PM10年均浓度为80微克/立方米，比上年下降15.8%。已建成市级以上自然保护区40个，其中国家级8个、省级30个、市级2个。当年人工造林面积114.4千公顷。年末森林面积3958.5千公顷，活立木总蓄积量26145.1万立方米，森林蓄积量22186.6万立方米。

全年能源消费量1.23亿吨标准煤，比上年增长2.67%。电力消费量增长3.5%。单位GDP能耗下降5.58%。

淮河干流安徽段水质以Ⅲ类为主，总体水质优。长江干流安徽段以Ⅱ类水质为主，总体水质优；主要支流总体水质良好。巢湖湖区整体水质轻度污染，9条主要环湖支流整体水质中度污染。新安江干、支流水质优。全省城市集中式饮用水水源地水质达标率为96.9%。

(六)安全生产

全年亿元GDP生产安全事故死亡人数为0.132人，比上年下降9%；工矿商贸企业就业人员十万人生产安全事故死亡人数为0.676人，下降31.3%；煤矿百万吨死亡人数为0.134人，下降65.2%；道路交通万车事故死亡人数为2.12人，下降1.9%。全年发生道路交通事故13736起，发生火灾事故10880起。

三、安徽省在长三角地区经济发展中的地位

2015年，面对错综复杂的宏观环境，安徽省省人民在省委省政府坚强领导下，深入贯彻落实中央各项决策部署，主动适应经济发展新常态，坚持稳中求进工作总基调，坚持以提高经济发展质量和效益为中心，加快调结构转方式促升级，全省经济运行总体平稳、稳中有进、稳中趋好，主要指标增幅居全国前列。

(一)地区生产总值

按总量来讲，多年来安徽省地区生产总值在泛长三角(江苏、上海、浙江和安徽三省一市)地区一直位居第四位。2011—2015年安徽省地区生产总值在长三角所占比重分别为13.20%、13.65%、13.98%、13.93%和13.74%。安徽省地区生产总值在泛长三角(江苏、上海、浙江和安徽三省一市)占比整体呈现倒“U”形，2015年与2011年比增加了0.54个百分点，较2014年小幅减少，减少了0.19个百分点。

2015年，在泛长三角地区41市(苏浙两省24个地级市、上海市和安徽省的16个市，下同)地区生产总值所占比重排名的前十位中，安徽省16个地级市占据1席。

2015年，全年全省生产总值22005.6亿元，按可比价格计算，比上年增长8.7%。其中，第一产业增加值2456.7亿元，增长4.2%；第二产业增加值11342.3亿元，增长8.5%；第三产业增加值8206.6亿元，增长10.6%。一二三次产业比例为11.2∶51.5∶37.3，人均GDP达35997元，折合5779美元。

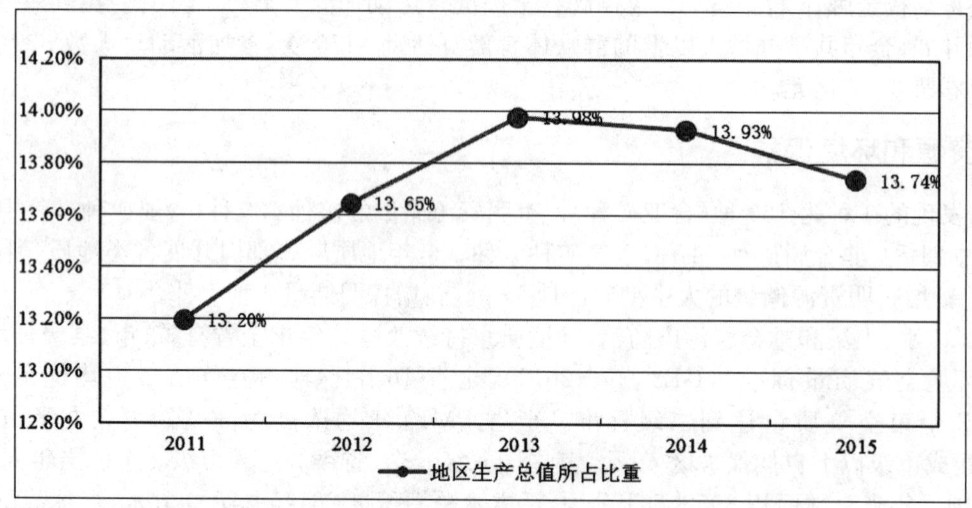

图 4　2011—2015 年安徽省地区生产总值在泛长三角
（江苏、上海、浙江和安徽三省一市）所占比重的变化趋势

经济结构调整优化。全年服务业增加值增幅高于 GDP 1.9 个百分点，比上年高 1.1 个百分点，增加值占 GDP 比重由上年的 35.4%提高到 37.3%。规模以上工业中，装备制造业增加值增长 11.1%，增幅高于全部工业 2.5 个百分点，增加值占比由上年的 34%提高到 35.7%，其中电子信息业增加值增长 23.8%、增幅高于全部工业 15.2 个百分点、增加值占比由 4.8%提高到 5.6%；战略性新兴产业产值增长 17.6%，高于全部工业 11.5 个百分点，产值占比由上年的 20.2%提高到 22.4%。

（二）地方财政一般预算收入

2011—2015 年安徽省地方财政一般预算收入在泛长三角（江苏、上海、浙江和安徽三省一市）所占比重分别为 11.09%、12.08%、12.54%、12.22%和 11.79%，2015 年较 2011 年增加了 0.7 个百分点。

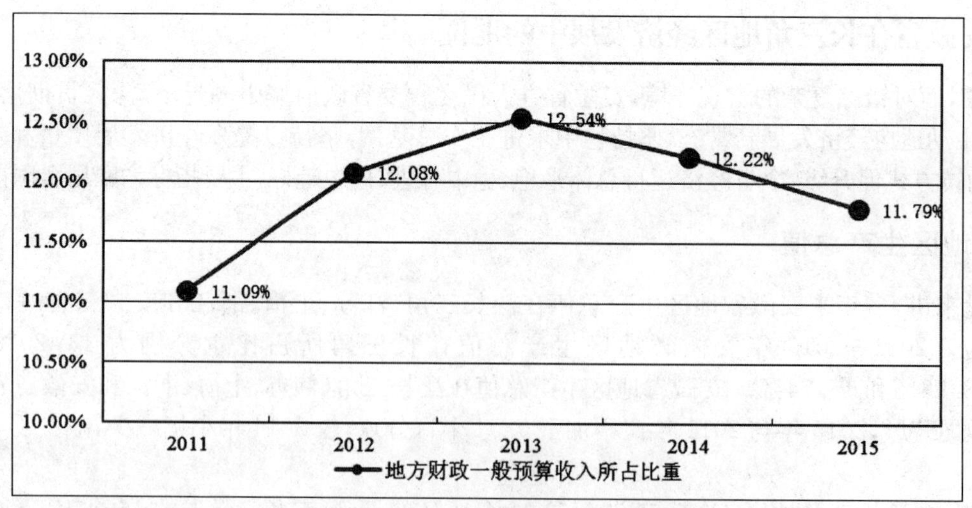

图 5　2011—2015 年安徽省地方财政一般预算收入在泛长三角
（江苏、上海、浙江和安徽三省一市）所占比重的变化趋势

2015 年，安徽省地方财政一般预算收入在泛长三角（江苏、上海、浙江和安徽三省一市）地区的排名中，与上年保持一致，仍为第四位，未能有所改善；在泛长三角地区 41 市地方财政一般预算收入所占比重排名的前十位中，安徽省 16 个地级市占据 1 席。

2015 年，全省一般公共预算总收入 4012.1 亿元，比上年（下同）增加 349.1 亿元，增长 9.5%。地方一般公共预算收入 2454.2 亿元，增加 235.7 亿元，增长 10.6%，加上中央税收返还及转移支付、预算稳定调节基金等 3179.1 亿元，预算总收入 5633.3 亿元。全省一般公共预算支出 5230.4 亿元，比上年增加 566.3 亿元，增长 12.1%，加上安排预算稳定调节基金等 309 亿元，支出合计 5539.4 亿元。收支相抵，年终结余 93.9 亿元。

省级地方一般公共预算收入 248.8 亿元，增长 8.3%。加上中央税收返还及转移支付、预算稳定调节基金等 2969.8 亿元，预算总收入 3218.6 亿元。省级一般公共预算支出 672.3 亿元，增长 6.7%。加上对市县区税收返还及转移支付等 2505.2 亿元，支出合计 3177.5 亿元。收支相抵，年终结余 41.1 亿元。

财政稳运行。坚持质量效益，依法强化收入管理，财政收支运行呈现总体平稳、质量提升、保障有力、稳中有进的发展态势。全省财政收入突破 4000 亿元，增速与经济发展保持同步，好于年初预期，高于全国增幅。全省地方财政收入中税收占比为 73.3%，比上年同口径提高 1.1 个百分点，收入质量进一步提升。

（三）规模以上工业总产值

2011—2015 年安徽省规模以上工业总产值在泛长三角（江苏、上海、浙江和安徽三省一市）所占比重分别为 11.63%、12.17%、12.81%、13.36%和 13.85%，呈现持续上升趋势，累计增幅达 2.22 个百分点。

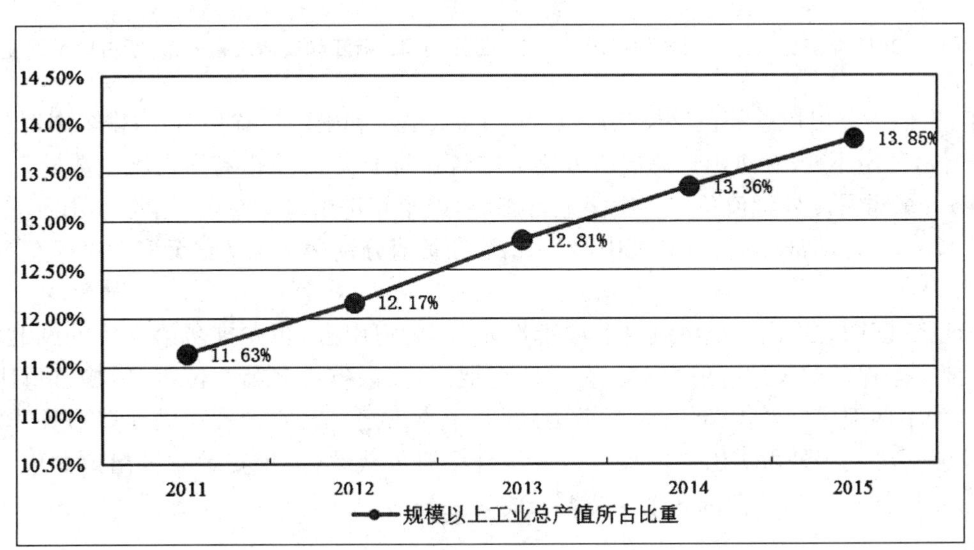

图 6　2011—2015 年安徽省规模以上工业总产值在泛长三角（江苏、上海、浙江和安徽三省一市）所占比重的变化趋势

2015 年，安徽省规模以上工业总产值在泛长三角（江苏、上海、浙江和安徽三省一市）的排名中，与上年保持一致，为第三位；在泛长三角地区 41 市规模以上工业总产值所占比重排名的前十位中，安徽省 16 个地级市数量为零，需继续努力。

2015 年，全年规模以上工业增加值 9817.1 亿元，增长 8.6%，增幅比全国高 2.5 个百分点，居全国第 7 位。40 个工业大类行业中有 36 个增加值增长，16 个行业增速超过 10%。主要工业产品中，粗钢、钢材、水泥产量分别增长 2.3%、0.2%和 0.8%，十种有色金属增长 1.3%，发电量增长 0.1%，彩色电视机增长95.4%，房间空调器、洗衣机、电冰箱分别增长4.5%、12.2%、4.2%，汽车增长31.4%。

（四）进出口总额

2011—2015年安徽省进出口总额在泛长三角（江苏、上海、浙江和安徽三省一市）所占比重分别为2.38%、2.94%、3.32%、3.43%和3.50%，总体上呈现增长态势，五年间增加了1.12个百分点，其中2015年较上年上升了0.07个百分点。

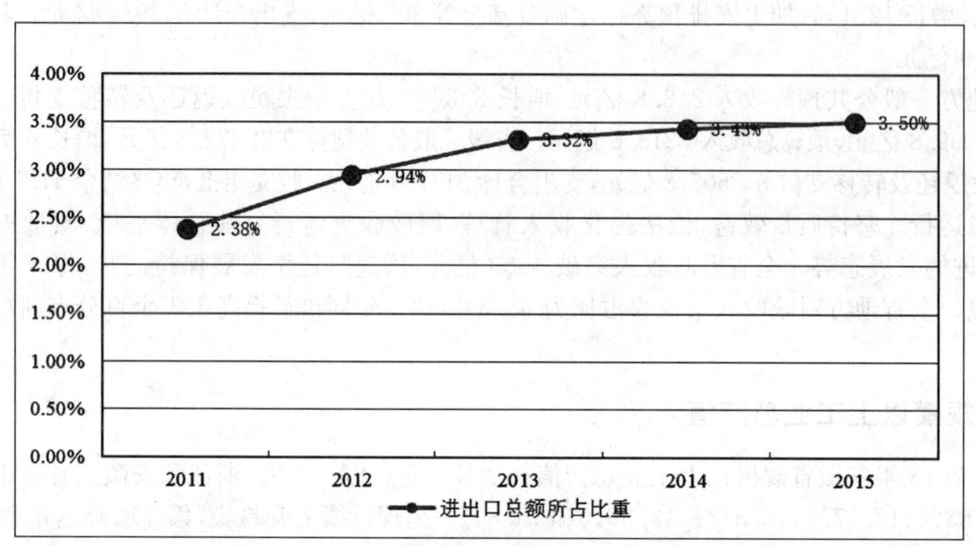

图7　2011—2015年安徽省进出口总额在泛长三角（江苏、上海、浙江和安徽三省一市）所占比重的变化趋势

2015年，安徽省进出口总额在泛长三角（江苏、上海、浙江和安徽三省一市）的排名中，与上年保持一致，仍为第四位，稳定不变；在进出口总额所占比重排名的前十位中，安徽省所占席位数量为零。

2015年，安徽省月度外贸值总体呈震荡上行态势，上半年进出口1300.6亿元，同比下降10.8%，下半年进出口1736亿元，增长11.1%。其中，11.12月外贸值分别达291.7亿元和462.7亿元，分别增长20.8%和62.7%。

在中部地区，安徽省进出口值继续排名中部次席，落后河南省，领先排名第3位的湖北；从增速看，安徽省为中部4个保持增长的省份之一。在中西部地区，安徽省排名第5位，落后榜首重庆市；从增速上看，安徽省为中西部保持增长（同时涵盖全国）的8个省市之一。安徽省在进出口形势非常严峻的情况下，依靠不懈努力实现外贸进出口增长。记者从合肥海关获悉，去年安徽省进出口总值3036.6亿元人民币，较上年增长0.5%，为全国8个保持增长的省之一。

（五）实际外商直接投资金额

2011—2015年安徽省实际外商直接投资金额在泛长三角（江苏、上海、浙江和安徽三省一市）所占比重分别为10.52%、11.89%、14.27%、16.57%和18.58%，呈现连续上扬姿态，2015年较2011年增加了8.06个百分点。

2015年，安徽省实际外商直接投资金额在泛长三角（江苏、上海、浙江和安徽三省一市）的排名中，与上年保持一致，为第4位；在实际外商直接投资金额所占比重排名的前十位中，安徽省16个地级市占据2席，较去年增加了一席。

2015年，全省吸收外资实现了平稳增长，全年新设外商投资企业289家，同比增长12.9%；实际吸收外商直接投资136.2亿美元，同比增长10.4%。其中，12月当月，全省实际吸收外商直接投资9.2亿

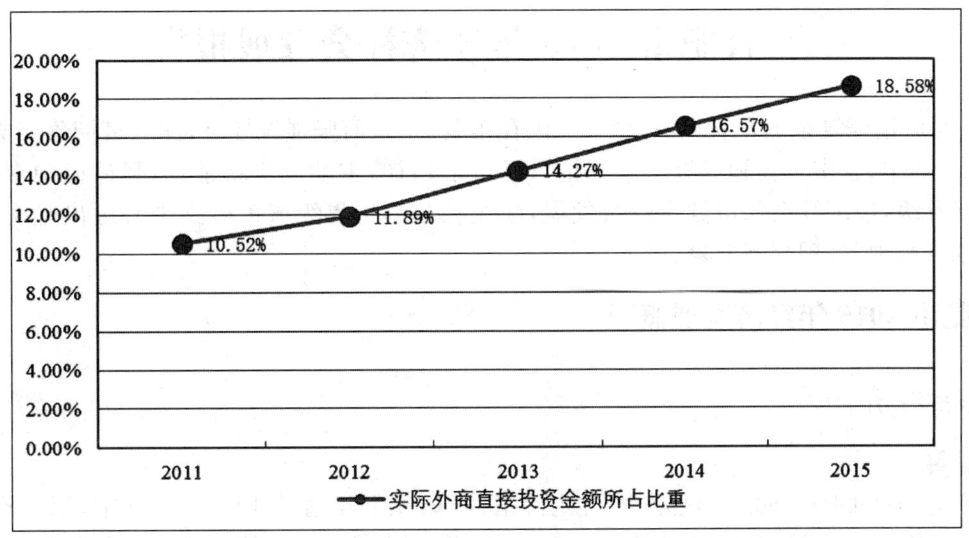

图 8　2011—2015 年安徽省实际外商直接投资金额在泛长三角（江苏、上海、浙江和安徽三省一市）所占比重的变化趋势

美元，同比增长 12.9%。

近年来，全省充分发挥区位优势，积极承接国际产业转移，高水平引进来成效显著。去年，境外世界 500 强企业在皖踊跃投资，共设立了 7 家企业，目前累计有 72 家 500 强在全省投资设立了 120 家企业。外资大项目也在增多，全年共新批和增资投资总额 1 亿美元以上的外资企业 16 家，到资 1 亿美元以上外资企业 17 家，同比增长 1.1 倍，合计到资 24.8 亿美元，占全省吸收外资的 18.2%。

从引资结构看，新兴产业吸收外资占比提高，服务业引资增长乏力。全年制造业吸收外资 69.8 亿美元，同比增长 27.1%。其中，战略性新兴产业吸收外资 27.3 亿美元，同比增长 27.5%，占全省吸收外资总额 20.1%，占比较上年同期提高 2.7 个百分点。服务业（除房地产外）吸收外资 21.1 亿美元，同比增长 1.9%；房地产业吸收外资 32.3 亿美元，同比下降 10.4%。

从外资来源地看，2015 年，全省实际吸收亚洲投资 99.3 亿美元，同比增长 3%，增幅较上年同期回落 20.8 个百分点。来自欧美的投资快速增长，去年全省分别吸收美洲、欧洲投资为 19.1 亿美元和 13.4 亿美元，同比分别增长 42.3%和 56.7%。

二　合肥市2015年经济社会发展报告

2015年，面对错综复杂的宏观环境，全市人民在市委、市政府坚强领导下，深入贯彻落实党的十八大和十八届三中、四中、五中全会和习近平总书记系列讲话精神，主动适应新常态，坚持稳中求进，加快调结构转方式促升级，经济社会保持健康较快发展，建设长三角世界级城市群副中心迈出坚实步伐，打造"大湖名城、创新高地"呈现崭新形象。

一、合肥市2015年经济发展概况

(一)综合经济

1.经济总量

全年生产总值(GDP)5660.27亿元，按可比价格计算，比上年增长10.5%。其中，第一产业增加值263.43亿元，增长4.4%；第二产业增加值2977.28亿元，增长10.5%；第三产业增加值2419.57亿元，增长11.2%。三次产业结构为4.7∶52.6∶42.7，其中三产占GDP比重比上年上升0.7个百分点，增速加快2.2个百分点。按常住人口计算，人均GDP为73102元(折合11737美元)，比上年增加5413元。

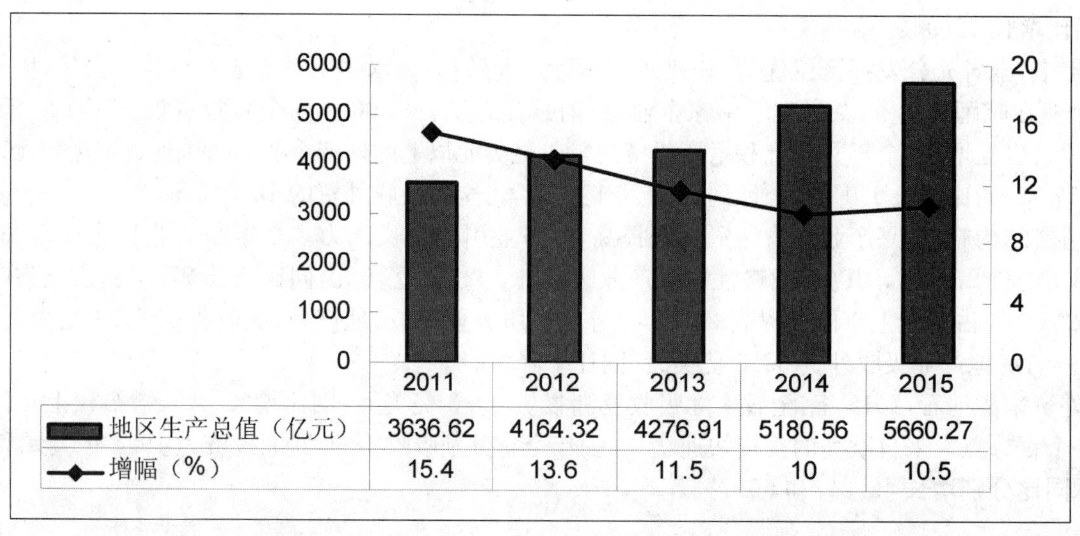

	2011	2012	2013	2014	2015
地区生产总值（亿元）	3636.62	4164.32	4276.91	5180.56	5660.27
增幅（%）	15.4	13.6	11.5	10	10.5

图1　2011—2015年合肥市地区生产总值及增长速度

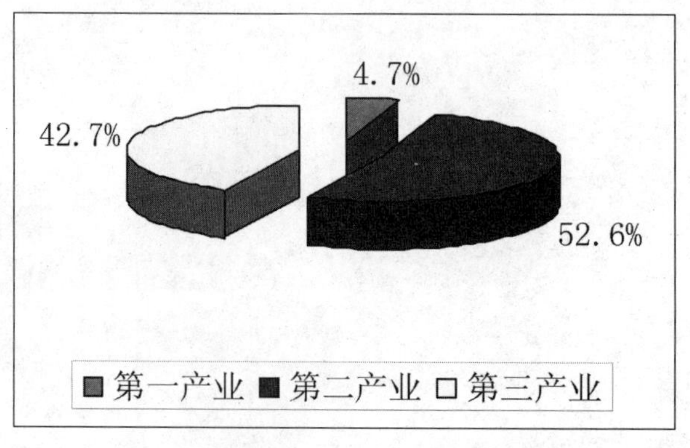

图2　2015年合肥市三次产业结构图

2. **财政收支**

全年财政收入1000.50亿元，比上年增长13.6%，其中地方财政收入571.54亿元，增长14.2%。财政支出772.66亿元，比上年增长10.6%。其中，交通运输支出增长49.6%，科技支出增长28.3%，医疗卫生支出增长16.7%，社会保障与就业支出增长15.9%，教育支出增长9.7%。

3. **物价水平**

全年居民消费价格比上年上涨1.6%，其中食品价格上涨2.1%。工业生产者出厂价格下降1.3%，工业生产者购进价格下降5.6%。

4. **固定资产投资**

全年全社会固定资产投资6153.35亿元，比上年增长15.4%。其中，民间投资4318.20亿元，增长30.5%；城市基础设施投资977.42亿元，增长9.7%。分产业看，第一产业投资162.71亿元，增长69.2%；第二产业投资2097.99亿元，增长10.0%；第三产业投资3892.66亿元，增长17.0%。分行业看，工业投资2049.66亿元，增长9.9%；现代服务业投资3022.75亿元，增长17.5%。

全年固定资产投资施工项目7446个，比上年增加1863个。其中，本年新开工项目6718个，比上年增加1953个；竣工项目6619个，增加2108个。开工建设京东方10.5代线、合肥富士通微电子、商合杭铁路、合肥地铁3号线，合肥宝龙达笔记本、合福高铁等建成投产。

（二）农业

全年农作物总播种面积为75.43万公顷，比上年增长0.4%。其中，粮食作物49.67万公顷，增长0.9%；棉花2.99万公顷，下降8.3%；蔬菜9.02万公顷，增长4.0%；瓜果2.58万公顷，增长5.4%；油料10.58万公顷，下降3.3%。

全年粮食总产量323.31万吨，比上年增长3.5%。其中，稻谷256.79万吨，增长3.4%；小麦48.64万吨，增长2.3%。棉花产量2.93万吨，下降7.2%。蔬菜产量212.55万吨，增长6.1%。瓜果产量66.05万吨，增长7.1%。油料产量31.10万吨，下降2.3%。

年末全市生猪存栏量143.37万头，比上年下降0.1%，出栏量291.72万头，比上年增长0.1%。肉类总产量49.12万吨，增长1.8%，其中猪牛羊肉产量24.99万吨，增长0.4%。禽蛋产量20.25万吨，增长3.2%。牛奶产量11.54万吨，增长3.5%。水产品产量24.02万吨，增长2.2%。

年末农业机械总动力433.80万千瓦，比上年增长4.5%。农用拖拉机21.61万台，增长0.1%；排灌动力机械14.08万台，增长0.5%；农用运输车1.67万辆，下降0.6%。农作物播种面积中，机耕作业面积68.36万公顷，占农作物播种面积的比重达90.6%，比上年提高0.1个百分点；机械播种面积21.58万公顷，占农作物总播种面积的28.6%，提高5.9个百分点；机械收割面积48.56万公顷，占农作物总播种面积的64.4%，提高0.2个百分点。化肥施用量（折纯）29.69万吨，下降6.3%。农村用电量15.93亿千瓦时，增长4.3%。

全年农林牧渔业总产值468.24亿元，按可比价格计算，比上年增长4.4%。

（三）工业和建筑业

1. **工业经济**

年末全市规模以上工业企业2392户，比上年净增86户，产值超亿元企业1123户，比上年增加50户，其中超百亿元企业12户，比上年增加2户。全年规模以上工业增加值2255.65亿元，比上年增长11.3%。其中，轻、重工业分别增长7.5%和13.4%；国有控股企业增长13.3%，集体企业增长23.2%，股份制企业增长13.2%，外商及港澳台商投资企业增长9.8%。

规模以上工业中，37个工业大类行业有35个增加值保持增长。六大主导产业实现增加值1456.54亿元，比上年增长12.5%，占规模以上工业的64.6%，比上年提高1.8个百分点，其中平板显示及电子信息、光伏及新能源产业分别增长 27.6%和 19.5%。战略性新兴产业实现增加值 698.68 亿元，比上年增长 21.9%。规模以上工业出口交货值 1060.58 亿元，比上年增长 16.5%。

规模以上工业统计的主要产品产量中，彩色电视机增长 2.1 倍，太阳能电池增长 98.1%，汽车增长 34.8%，液晶显示屏增长 23.3%，家用洗衣机、家用电冰箱分别增长 11.3%和 5.0%，合成洗涤剂和塑料制品分别下降 6.9%和 6.8%，房间空气调节器下降 9.2%，叉车和挖掘机分别下降 12.0%和 11.2%，发电量下降 7.0%。

全年规模以上工业企业实现利润 482.33 亿元，增长 5.3%。其中，国有企业下降 0.5%，股份制企业增长 6.8%，外商及港澳台商投资企业增长 0.3%；中小企业增长 3.7%；民营企业增长 10.1%；电气机械和器材制造业、计算机通信和其他电子设备制造业、通用设备制造业、专用设备制造业、电力热力生产和供应业、化学原料和化学制品制造业、汽车制造业、金属制品业、橡胶和塑料制品业、农副食品加工业、非金属矿物制品业、医药制造业等 12 个利润超 10 亿元的行业，合计实现利润 394.67 亿元，增长 7.0%，占全部工业的 81.8%。

2. 建筑业

全年建筑业增加值 601.17 亿元，比上年增长 8.7%。纳入统计范围的具有建筑业资质等级的总承包和专业承包建筑施工企业 867 户，比上年增加 11 户。房屋建筑施工面积 22429.95 万平方米，比上年增长 15.2%。房屋竣工面积 6412.81 万平方米，增长 0.9%。年末建筑业从业人员 74.87 万人，比上年增长 1.0%。企业劳动生产率 41.59 万元/人，增长 8.0%。

（四）服务业

1. 国内贸易

全年社会消费品零售总额 2183.65 亿元，比上年增长 12.0%。按经营地统计，城镇消费品零售额 2046.39 亿元，增长 11.9%；乡村消费品零售额 137.26 亿元，增长 13.4%。按消费形态统计，商品零售额 1977.46 亿元，增长 11.9%；餐饮收入 206.19 亿元，增长 13.0%。

年末全市限额以上批发零售和住宿餐饮企业（单位）1539 户，比上年增加 167 户。限额以上企业商品零售额中，粮油、食品类增长 11.0%，肉禽蛋类增长 6.9%，服装类增长 2.2%，中西药品类增长 5.4%，建筑及装潢材料类增长 27.9%，家具类增长 25%，汽车类增长 5.1%，化妆品类下降 15.8%，日用品类下降 0.3%，家用电器及音像器材类下降 6.9%，石油及制品类下降 1.7%。全市纳入统计的开展网络零售业务的限额以上批发零售企业 29 家，网上零售额增长 67.1%。

全年共举办各类展览活动 181 场，比上年增长 2.8%，展览面积 185.5 万平方米，比上年增长 10.4%。

2. 交通运输、邮电

全年交通运输、仓储和邮政业增加值 206.28 亿元，比上年增长 3.4%。旅客运输量 1.46 亿人，货物运输量 3.26 亿吨。全年港口货物吞吐量 3006.47 万吨，增长 24.6%，其中外贸货物吞吐量 16.48 万吨，增长 1.02 倍。合肥新桥机场旅客吞吐量 661.3 万人次，增长 10.7%。

年末民用汽车拥有量 116.88 万辆，比上年增长 19.8%，其中私人汽车 96.43 万辆，增长 25.1%。民用轿车拥有量 75.59 万辆，增长 23.1%，其中私人轿车 69.32 万辆，增长 25.0%。

全年邮电业务总量 129.40 亿元，比上年增长 21.6%。其中，电信业务总量 122.16 亿元，增长 22.1%；邮政业务总量 7.24 亿元，增长 13.3%。年末本地固定电话用户 155.84 万户，比上年减少 15.21 万户。其中，城市 121.07 万户，增加 1.69 万户；农村 34.77 万户，减少 16.9 万户。移动电话用户821.63 万户，增加 39.74 万户。基础电信运营企业计算机互联网接入用户 186.98 万户，增加 44.74 万户。

3. 旅游业

获批首个环巢湖国家旅游休闲区，三河镇成功创建国家 5A 级景区。全年入境旅游人数 41.3 万人

次，比上年增长 3.0%；旅游外汇收入 3.31 亿美元，增长 17.4%。国内游客 7784.24 万人次，增长 19.1%；国内旅游收入 953.22 亿元，增长 23.1%。年末全市有星级饭店 68 家，其中五星级 11 家、四星级 21 家；A 级及以上旅游景点(区)55 处。

4. **金融、证券和保险**

年末金融机构本外币各项存款余额 11193.70 亿元，比上年末增加 1545.73 亿元，增长 16.0%。其中，住户存款 3045.66 亿元，增长 11.2%；非金融企业存款 4837.13 亿元，增长 14.5%；广义政府存款 2690.00 亿元，增长 27.3%；非银行业金融机构存款 609.09 亿元，增长 8.8%。年末金融机构本外币各项贷款余额 10171.10 亿元，比上年末增加 1499.29 亿元，增长 17.3%。其中，住户贷款 2887.76 亿元，增长 22.0%；非金融企业及机关团体贷款 7106.51 亿元，增长 15.0%。

全年新增上市公司 2 家，融资 2.34 亿元(其中 1 家境外上市，融资 0.15 亿元)，至年末全市共有境内外上市公司 36 家(其中境外上市 2 家)。全年债券融资 1619.22 亿元。年末证券营业部 68 个，比上年减少 5 个，全年证券交易量 29869.61 亿元，从业人员 3439 人。年末期货营业部 21 个，比上年增加 2 个，全年期货交易量 125726.73 亿元，从业人员 528 人。

全年保险公司保费收入 154.05 亿元，比上年增长 22.2%。其中，财产险保费收入 69.21 亿元，增长 10.2%；人身险保费收入 84.84 亿元，增长 34.2%。赔款和给付 56.53 亿元，比上年增长 14.5%。其中，财产险赔款与给付 37.47 亿元，增长 16.5%；人身险赔款与给付 19.05 亿元，增长 10.7%。

5. **房地产业**

全年房地产开发投资 1259.14 亿元，比上年增长 11.7%，其中住宅投资 778.73 亿元，增长 8.9%。商品房施工面积 7199.30 万平方米，比上年增长 3.0%；竣工面积 1033.90 万平方米，下降 2.0%。商品房销售面积 1589.21 万平方米，下降 0.3%；商品房销售额 1222.90 亿元，增长 7.1%。

(五)对外经济

1. **对外贸易**

全年进出口总额 203.3 亿美元，比上年增长 1.3%。其中，出口 137.1 亿美元，增长 9.6%；进口 66.19亿美元，下降 12.4%。机电产品出口额 67.95 亿美元，增长 23.9%。高新技术产品出口额 39.85 亿美元，增长 30.3%。

2. **利用外资**

全年新批外商投资企业 116 户，比上年增长 36.5%。实际利用外商直接投资 25.07 亿美元，增长 14.9%。新增总投资(含增减资)20.35 亿美元，同比下降 25.1%。

3. **对外合作**

对外经济合作新签合同额 21.26 亿美元，比上年增长 6.0%；完成营业额 19.35 亿美元，下降 17.0%。劳务合作年末在外人员 1.36 万人。年末境外世界 500 强企业在合肥投资设立 40 家外资企业，新增 3 家。

二、合肥市 2015 年社会发展概况

(一)人口、人民生活

年末全市常住人口 779 万人，比上年增加 9.4 万人。常住人口城镇化率 70.4%，比上年末提高 1.3 个百分点。年末户籍人口 717.72 万人，比上年增加 4.92 万人，其中市区户籍人口 251.04 万人，增加 5.67万人。全年人口出生率 13.38‰，比上年上升 0.29 个千分点；死亡率 5.31‰，下降 0.79 个千分点；自然增长率 8.07‰，上升 1.08 个千分点。

全年常住居民人均可支配收入 26605 元，比上年增长 9.6%；人均消费性支出 16680 元，比上年增长

10.4%。

城镇常住居民人均可支配收入31989元，比上年增长9.0%；人均消费性支出20049元，增长10.1%，其中食品烟酒支出增长8.4%、衣着增长5.5%、居住增长7.5%、生活用品及服务增长19.5%、医疗保健增长14.9%、交通通信增长15.8%、教育文化娱乐增长13.0%。城镇居民恩格尔系数为33.2%，比上年下降0.5个百分点。年末城镇居民人均住房建筑面积35.3平方米，比上年增加0.1平方米。

农村常住居民人均可支配收入15733元，比上年增长9.2%；人均生活消费支出9879元，增长8.8%，其中食品烟酒支出增长8.1%、衣着增长8.1%、居住增长9.3%、生活用品及服务增长0.6%、医疗保健增长2.2%、交通通讯增长14.7%、教育文化娱乐增长16.4%。农村居民恩格尔系数为36.7%，比上年下降0.3个百分点。年末农村居民人均住房建筑面积38.8平方米，比上年增加0.1平方米。

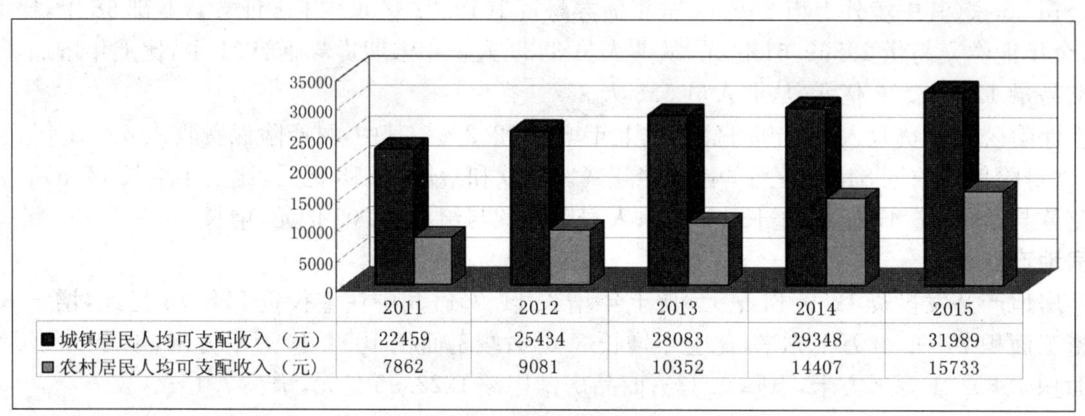

	2011	2012	2013	2014	2015
城镇居民人均可支配收入（元）	22459	25434	28083	29348	31989
农村居民人均可支配收入（元）	7862	9081	10352	14407	15733

图3　2011—2015年合肥市城乡居民收入对比一览

（二）就业与社会保障

1.就业

年末全市就业人员523.8万人，比上年增加9.9万人。其中，第一产业85.6万人，减少7.1万人；第二产业183.8万人，增加2.4万人；第三产业254.4万人，增加14.6万人。城乡私营企业就业人员和个体劳动者170.4万人，增加19.7万人。全年城镇实名制新增就业20.6万人，下岗失业人员再就业6.1万人，转移农村劳动力8.6万人。年末城镇登记失业率为2.8%，比上年下降0.16个百分点。

2.社会保障和福利

市区最低月工资标准为1520元。年末参加城镇职工养老、医疗、失业、工伤、生育保险人数分别为187.26万人、160.13万人、121.46万人、129.07万人和115.62万人。城镇居民基本医疗保险参保人数158.69万人，城乡居民养老保险参保人数301万人。

年末238.8万人次城乡居民享受政府最低生活保障，其中城市47.1万人次，农村191.7万人次；累计发放低保金6.62亿元，其中城市2.25亿元，农村4.37亿元。农村五保户集中供养能力为57%，城市"三无"人员全部纳入社会救助。全年实施城乡医疗救助33.66万人次，支出医疗救助金1.5亿元。

年末拥有各类收养性社会福利机构195个，床位3.22万张，收养各类人员2.46万人。城镇建立各种社区服务中心（站）1827个，其中乡镇、街道及县（市、区）级社区服务中心162个。全年销售社会福利彩票16.75亿元，筹集公益金4.85亿元，慈善组织募集各类善款善物9159.62万元。

（三）教育和科学技术

1. 教育事业

加强中小学、幼儿园和职业院校教师队伍建设，完成义务教育学校标准化建设任务，十中新校区建成使用，组建现代职教集团，合肥职业技术学院、合肥幼儿师范高等专科学校获批全省地方技能型高水平大学立项建设。全市各类高等院校 60 所，在校学生 64.81 万人；其中普通高校 50 所，在校学生 61.54 万人。中等职业教育学校（不含技工学校）75 所，在校生 11.25 万人；特殊教育学校 6 所，在校生 1094 人。幼儿园 866 所，在园幼儿 23.06 万人。普通高中 103 所，在校生 15.24 万人，高中阶段毛入学率 122.24%。普通初中 257 所，在校生 21.22 万人，初中阶段适龄人口入学率 108.23%。小学 584 所，在校生 46.37 万人，小学学龄儿童入学率 102.22%。各类专任教师 9.39 万人，其中普通高校 2.56 万人、普通中学 2.92 万人、小学 2.46 万人。全市义务教育经费保障机制改革惠及学生 67.66 万人，其中城市 29.88 万人，农村 37.78 万人。

2. 科技与创新

2015 年合肥市大力实施创新驱动。中科大先研院与英特尔、微软、阿里巴巴等联合共建研发平台 36 家、孵化科技企业 136 家，清华大学合肥公共安全研究院建成启用，与中科院合肥物质研究院合作共建离子医学中心，与中科大、安大分别谋划设立滨湖国际金融研究院和绿色发展研究院，支持中科大、合工大申办示范性微电子学院。入选国家小微企业创业创新基地城市示范，出台“三年行动计划”和 28 条“双创”政策，成功举办全国“发现双创之星”和全国“双创活动周”合肥分会场系列活动，建成 5F 创咖等众创空间 24 家、科技孵化器 32 家。成立机器人、集成电路、新能源汽车、轨道交通装备等产业技术创新战略联盟。

全市有省部级以上重点实验室和工程实验室 150 个，其中国家重点实验室 12 个；省级以上工程技术研究中心 132 个，其中国家级（含分中心）7 个；省级以上工程研究中心 35 个，其中国家级 9 个；省级以上企业技术中心 227 个，其中国家级 33 个。国家高新技术企业总数达 1056 个，其中新认定 363 个。全市高新技术产业实现增加值 1257.2 亿元，比上年增长 13.3%，占全市生产总值的 22.2%。

全年有 9 项科技成果获国家科技奖，其中国家自然科学一等奖 1 项、二等奖 2 项，科技进步一等奖 1 项、二等奖 4 项，国际科学技术合作奖 1 项。全年受理专利申请 32364 件，其中发明专利 16431 件，比上年增长 27.1%；授权专利 17070 件，其中发明专利 3413 件，增长 80.5%。共签订各类技术合同 9342 项，成交金额 104.9 亿元，比上年增长 15.9%。

（四）文化、卫生和体育

1. 文化事业

年末全市有文化馆 11 个，公共图书馆 9 个，博物馆 28 个（其中：国有博物馆 19 个，非国有博物馆 9 个），各级国家综合档案馆 10 个，乡镇街道综合文化站 130 个。全国重点文物保护单位 6 处，省级重点文物保护单位 36 处，市级重点文物保护单位 54 处。国家级非物质文化遗产项目 4 项，省级非物质文化遗产项目 15 项，市级非物质文化遗产项目 87 项。图书馆总藏量 481.99 万册（件）（不含电子图书），其中图书 387.49 万册，比上年增长 6.6%。各级国家档案馆馆藏档案资料 340.82 万卷，增长 5.5%。电影院 57 家，全年票房收入 4.75 亿元。各类动漫企业近 101 家，具有原创能力和代表作品的企业 20 家。年末广播综合人口覆盖率 99.99%，电视综合人口覆盖率达 99.98%。

2. 卫生事业

年末拥有医疗卫生机构（含村卫生室）2217 个，其中医院、卫生院 255 个，妇幼保健院（所、站）12 个，疾控中心和专科疾病防治机构 18 个，社区卫生服务机构 215 个。卫生机构床位数 4.35 万张，其中医院、卫生院床位 4.12 万张。专业卫生技术人员 4.79 万人，其中执业（助理）医师 1.77 万人，注册护士 2.24

万人。每千人拥有卫生技术人员6.15人,拥有医院、卫生院床位5.29张。婴儿死亡率4.89‰,产妇住院分娩率100%。城市社区卫生机构覆盖率达95%以上,城乡居民新农合参合率达104.19%。

3.体育事业

全年成功组织4项大型赛事和16项市级体育赛事。在各种省级以上体育赛事中,合肥市运动健儿共获得14枚金牌、10枚银牌和22枚铜牌。成功举办第二届环巢湖国际马拉松赛,吸引来自16个国家和地区的二万余名选手参赛。全市完成100个全民健身苑工程和6个笼式多功能健身场建设。全年共举办全民健身活动136次,参加活动总人数157万人次。全年销售体育彩票11.3亿元,比上年增长33%。

(五)城乡建设

2015年合肥市积极推进城乡一体。加快编制新型城镇化、市政基础设施等重大规划。庐铜铁路加快建设,商合杭高铁、合安九客专开工建设。合肥火车站站前广场、绕城高速下穿南站南广场改建工程进展顺利,西客站站前广场工程完工,南薰门桥、望江路改造、繁华大道东延、花园大道等建成通车,巢湖南路、老合淮路等在建工程加快推进。续建、新建城市支路工程97项,完成勤劳巷等小街巷改造14个。滨湖新区集中供热工程建成运行。4个区域地下综合管廊样板工程试点稳步实施。开工建设停车场16处、1280个泊位。安排30亿元专项资金,加大县域基础设施建设支持力度。

推进城乡园区共建和产业融合,肥西桃花工业园成为全省首个千亿元县域工业园。完成第二批82个省级美好乡村示范村建设和656个自然村整治任务。加强现代农业园区建设,新增家庭农场等新型农业经营主体1343户。实施100公里县乡公路升级改造和300公里提级联网延伸项目建设。气象灾害监测预警一期工程等建成使用。

(六)环境保护和生态建设

2015年末,全市共有市县(区)级环境监测站6个。区域噪声等效声级54.4分贝,道路交通噪声等效67.7声级分贝,保持稳定。PM10、PM2.5年均浓度分别为91.9微克/立方米和66微克/立方米,比上年分别下降18.7%和20.4%,均超过空气环境质量日均值二级标准要求。二氧化硫、二氧化氮、一氧化碳、臭氧年均浓度分别为16微克/立方米、33微克/立方米、1.1毫克/立方米和65微克/立方米,均达到空气环境质量日均值一级标准要求。巢湖流域11个国考断面中有5个断面达到考核要求。巢湖西半湖湖心断面整体水质保持平稳,东半湖湖心断面达标率为50%,水质变化不明显。饮用水源地水质达标率100%。辐射环境质量良好。

加强环境综合治理。制定水污染防治方案,严格落实排污口整治、生态补水、湿地净化等措施,完成42个老旧小区雨污分流改造,开展187个小流域污染源调查。开工建设引江济淮工程试验段,启动实施清溪净水厂项目,顺利通过国家最严格水资源管理考核和水生态文明城市试点建设实施方案评审。全年全域全面秸秆禁烧成效显著。加强农业面源污染治理,化肥、化学农药使用量同比分别下降6.6%、6.2%。淘汰黄标车44867辆,2005年底前注册营运黄标车全部淘汰。马(合)钢公司钢铁冶炼及长材生产线实现关停,基本完成市区燃煤及其他非清洁能源锅炉淘汰任务。

年末城市公园51个,占地面积2361公顷,人均公园绿地面积13平方米。建成区新增绿地面积559.64公顷,绿地率40.3%。建成区绿化覆盖面积18813.59公顷,绿化覆盖率46%。生活污水集中处理率96.5%,生活垃圾无害化处理率100%。

(七)安全生产

全年亿元GDP生产安全事故死亡人数为0.074人,比上年下降10.8%;工矿商贸企业就业人员十万人生产安全事故死亡人数为0.822人,比上年下降8.9%;道路交通万车死亡人数为2.313人,比上年

下降 11.5%。全年发生一般程序道路交通事故 2386 起，造成 372 人死亡，2469 人受伤。

三、合肥市在长三角地区经济发展中的地位

2015 年是“十二五”的收官之年，全市深入贯彻党的十八大和十八届三中、四中、五中全会精神，积极应对复杂多变的宏观环境，强化创新驱动，聚焦调整转型，全市经济逆势而上，多数指标呈现“两位数”增长，“新跨越、进十强”逐步成为现实，建设长三角世界级城市群副中心迈出坚实步伐，打造“大湖名城、创新高地”呈现崭新形象。

(一)地区生产总值

2011—2015 年合肥市地区生产总值在泛长三角地区 41 市所占比重分别为 3.13%、3.25%、3.34%、3.41%和 3.48%。合肥市地区生产总值在泛长三角 41 市占比整体呈现上扬态势，与 2011 年比增加了 0.35 个百分点，较 2014 年增加了 0.07 个百分点。2015 年，合肥市在泛长三角地区 41 市地区生产总值所占比重排名第 8 位。

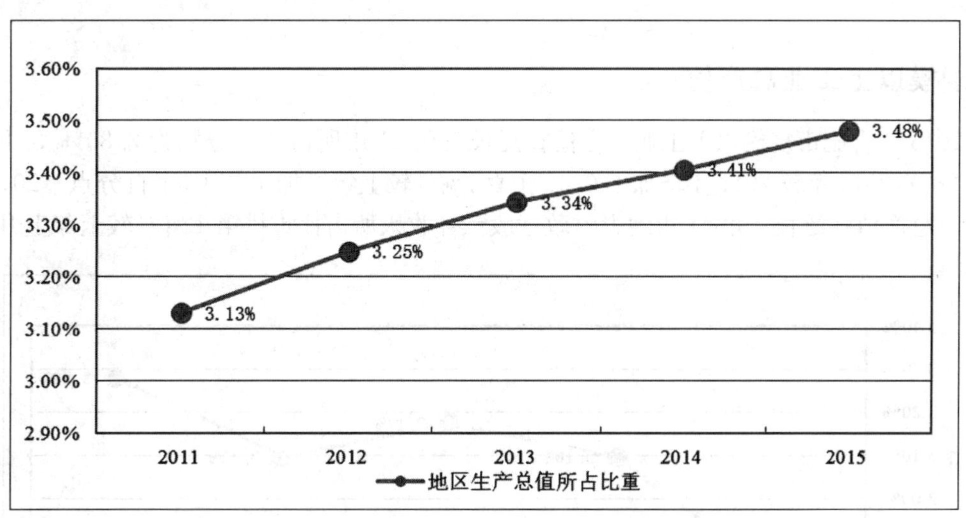

图 4　2011—2015 年合肥市地区生产总值在泛长三角地区 41 市(苏浙两省 24 个地级市、上海市和安徽省 16 个地级市，下同)所占比重的变化趋势

全年生产总值(GDP)5660.3 亿元、增长 10.5%，分别快于全国、全省 3.6 和 1.8 个百分点。财政收入突破千亿、达到 1000.5 亿元，增长 13.6%；全社会固定资产投资 6153.35 亿元，增长 15.4%。全年，在全国 26 个省会城市中，GDP 总量超过福州和长春，位居第 12 位；GDP 占全省比重达到 25.7%，较去年提升 0.9 个百分点。

(二)地方财政一般预算收入

2011—2015 年合肥市地方财政一般预算收入在泛长三角 41 市所占比重分别为 2.74%、2.81%、2.70%、2.94%和 2.93%，2015 年较 2011 年增加了 0.19 个百分点，较上年减少了 0.01 个百分点。2015 年，合肥市地方财政一般预算收入在泛长三角 41 市地区的排第 8 位。

2015 年，全年财政收入 1000.50 亿元，比上年增长 13.6%，其中地方财政收入 571.54 亿元，增长 14.2%。财政支出 772.66 亿元，比上年增长 10.6%。其中，交通运输支出增长 49.6%，科技支出增长 28.3%，医疗卫生支出增长 16.7%，社会保障与就业支出增长 15.9%，教育支出增长 9.7%。在全国 26 个省会城市中，地方财政收入超过福州，位居第 11 位。

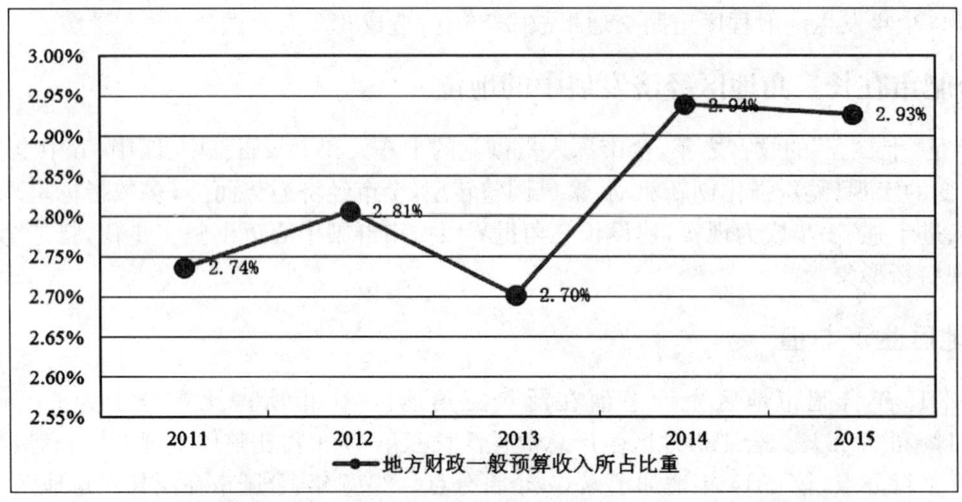

图5　2011—2015年合肥市地方财政一般预算收入在泛长三角41市所占比重的变化趋势

(三)规模以上工业总产值

2011—2015年合肥市规模以上工业总产值在泛长三角41市所占比重分别为2.80%、3.10%、3.17%、3.10%和3.28%，2015年较2011年增加了0.48个百分点，较上年增加了0.18个百分点。2015年，合肥市规模以上工业总产值在泛长三角41市地方财政一般预算收入所占比重排第12位，较上年上升了一位。

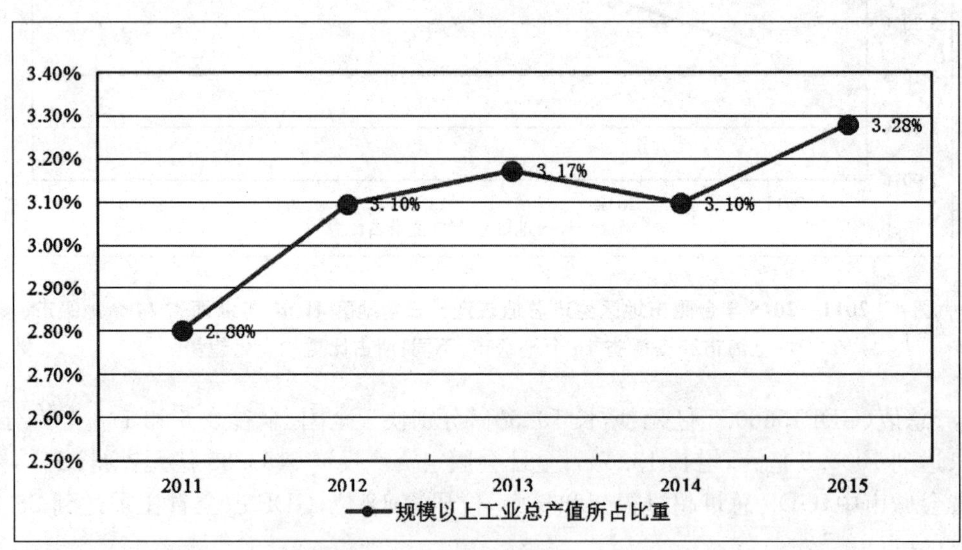

图6　2011—2015年合肥市规模以上工业总产值在泛长三角41市所占比重的变化趋势

2015年，规上工业增加值2255.7亿元、增长11.3%；规上工业增加值比重22.3%，提升0.7个百分点；全年，规模以上工业2392户、增加86户，产值超亿元的企业1123户、增加50户；资质等级以上建筑业1021户，增加8户；限额以上批零贸易业、住宿餐饮1030户和351户，分别增加126和19户；重点服务业1108户，增加238户。

(四)进出口总额

2011—2015年合肥市进出口总额在泛长三角41市所占比重分别为0.94%、1.32%、1.32%、

1.45%和1.46%，总体上呈现增长态势，五年间增加了0.52个百分点，其中2015年较上年上升了0.01个百分点。2015年，合肥市进出口总额在泛长三角41市的排13位，较上年上升了一位。

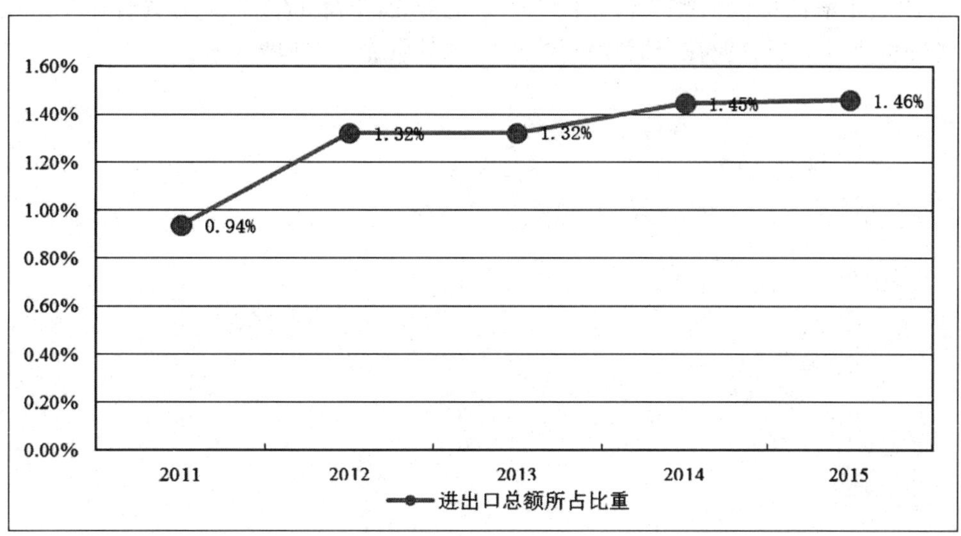

图7　2011—2015年合肥市进出口总额在泛长三角41市所占比重的变化趋势

2015年，虽然受国际市场需求萎缩、产品销售价格走低及部分出口计划转为内销等因素影响，合肥市出口加工区依然实现2%的增长，总体进出口值达285.5亿元。在出口商品中，机电产品和高新技术产品最受欢迎。在出口企业中，民营企业比重进一步提高，所占比重较上年提高近5个百分点。

(五)实际外商直接投资金额

2011—2015年合肥市实际外商直接投资金额在泛长三角41市所占比重分别为2.31%、2.20%、2.52%、3.02%和3.42%，整体呈现上扬姿态，2015年较2011年增加了1.11个百分点，较上年增加了0.4个百分点。2015年，合肥市实际外商直接投资金额在泛长三角41市排第8位，较上年上升了两位。

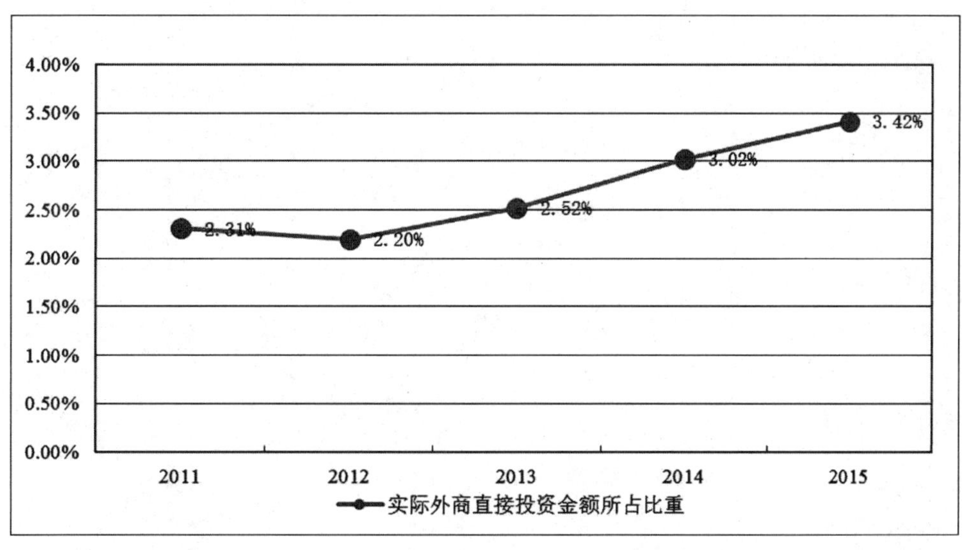

图8　2011—2015年合肥市实际外商直接投资金额在泛长三角41市所占比重的变化趋势

2015年，全年新批外商投资企业116户，比上年增长36.5%。实际利用外商直接投资25.07亿美元，增长14.9%。新增总投资(含增减资)20.35亿美元，同比下降25.1%。对外经济合作新签合同额21.26亿美元，比上年增长6.0%;完成营业额19.35亿美元，下降17.0%。劳务合作年末在外人员1.36万人。年末境外世界500强企业在合肥投资设立40家外资企业，新增3家。

三　芜湖市 2015 年社会经济发展报告

2015 年，面对复杂严峻的宏观经济环境，全市人民在市委、市政府的坚强领导下，主动适应经济发展新常态，大力实施创新发展战略，加快结构调整和转型升级步伐，全市经济综合实力显著增强，经济增长质量不断提升。

一、芜湖市 2015 年经济发展概况

（一）综合经济

1. 经济总量

全年实现地区生产总值 2457.32 亿元，比上年增长 10.3%。其中，第一产业增加值 120.02 亿元，增长 4.3%；第二产业增加值 1405.43 亿元，增长 9.9%；第三产业增加值 931.87 亿元，增长 12.0%。按常住人口计算，人均生产总值 67592 元，按年末汇率折算为 10416 美元。三次产业增加值比例由上年的 5.9∶65.7∶28.4 调整为 4.9∶57.2∶37.9。

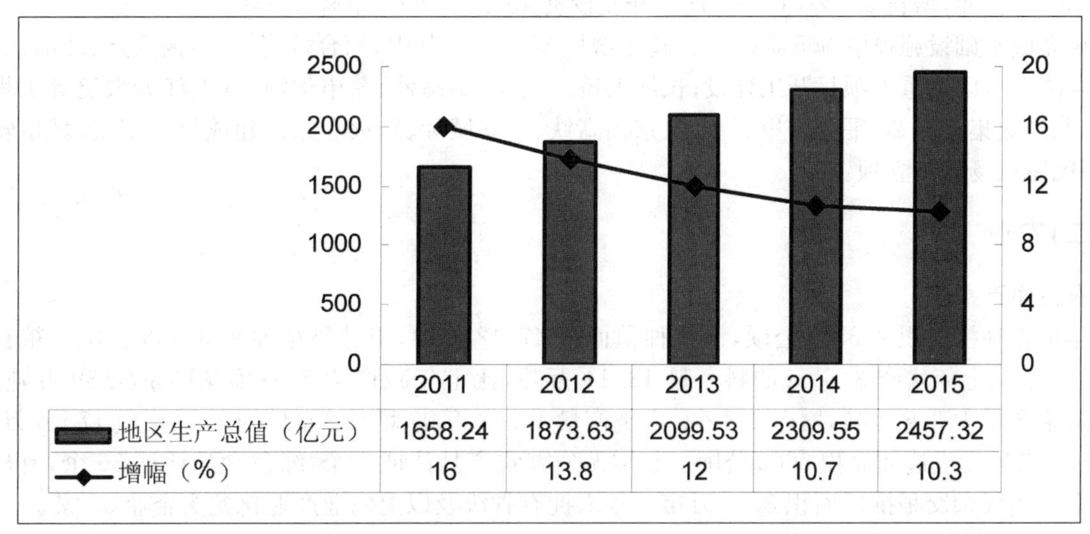

	2011	2012	2013	2014	2015
地区生产总值（亿元）	1658.24	1873.63	2099.53	2309.55	2457.32
增幅（%）	16	13.8	12	10.7	10.3

图 1　2011—2015 年芜湖市地区生产总值及增长速度

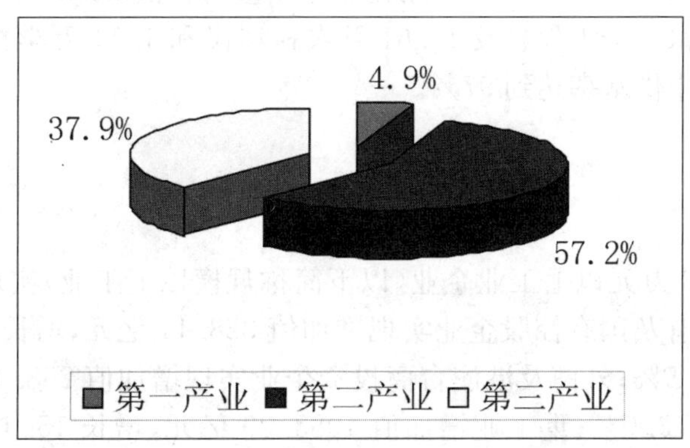

图 2　2015 年芜湖市三次产业结构图

2. 财政收支

全年实现财政收入470.01亿元,比上年增长10.3%,其中,地方财政收入263.47亿元,增长12.8%。在地方财政收入中,增值税45.58亿元,增长10.2%;营业税57.53亿元,增长23.3%;企业所得税19.98亿元,增长11.8%;城市建设维护税15.44亿元,增长8.4%;契税15.96亿元,下降9.6%。全年完成财政支出393.67亿元,比上年增长13.6%,其中,农林水事务支出28.42亿元,增长10%;教育支出57.75亿元,增长13.5%;社会保障和就业支出37.80亿元,增长14%;医疗卫生支出31亿元,增长8.5%;城乡社区事务支出75亿元,增长9.8%;科学技术支出35.73亿元,增长4.2%;交通运输支出29.9亿元,增长32%。

3. 物价水平

2015年,城市居民消费价格(CPI)比上年上涨1.1%,其中食品类价格上涨2.1%。城市商品零售价格比上年上涨0.1%。工业生产者出厂价格比上年下降4.4%,工业生产者购进价格比上年下降8.4%。

4. 固定资产投资

全年完成固定资产投资2709.19亿元,比上年增长13.2%;新增固定资产1417.87亿元。本年项目建成投产率70.4%,固定资产交付使用率52.3%。固定资产投资中,第一产业投资100.63亿元,增长50.7%;第二产业投资1359.51亿元,增长15.8%,其中工业投资1341.54亿元,增长16.3%;第三产业投资1249.05亿元,增长8.5%,其中房地产开发投资452.84亿元,下降5.5%。

全年完成基础设施投资365.78亿元,同比增长30.9%。其中,商合杭高铁、庐铜铁路、北沿江高速、江北大龙湾起步区等重点项目开工建设;长江大桥二期、皖赣高铁、芜申运河、青弋江分洪道等工程加快推进;江北产业集中区20平方公里起步区、京福高铁、宁安城际、新火车站已建成投入使用;城市轨道交通、芜湖民用机场获批立项。

(二)农业

1. 农业生产

全年粮食种植面积206557公顷,油料种植面积47142公顷,棉花种植面积34956公顷。粮食产量143.43万吨,比上年增产3.6%;油料产量13.14万吨,比上年减产4.1%;棉花产量4.39万吨,减产5.2%;蔬菜产量153.6万吨,增产6.8%。肉类产量16.18万吨,增长3.9%;水产品产量17.06万吨,增长1.9%。当年完成造林面积8662公顷。新增无公害农产品认证1个,绿色食品认证36个,有机食品认证3个。超级杂交稻推广面积80.3万亩。年末拥有省级及以上农业产业化龙头企业55家。

2. 农业生产条件和基础设施

年末,拥有农业机械总动力210.23万千瓦,农用拖拉机5.54万台。农田有效灌溉面积199.12千公顷,其中,节水灌溉面积11.24千公顷。全年农用化肥施用量(折纯)18.48万吨,农村用电量12.71亿千瓦时。2015年,农村人口饮水安全工程惠及15.61万农村居民和1.11万学校师生,农村自来水普及率达到95%,农村饮水安全集中供水率达到97%。

(三)工业和建筑业

1. 工业生产

全年主营业务收入2000万元以上工业企业(以下简称规模以上工业)实现增加值1441.87亿元,比上年增长10.4%。其中,国有及国有控股企业实现增加值328.11亿元,增长2.5%;股份制企业实现增加值1069.25亿元,增长12.5%;外商及港澳台商投资企业实现增加值258.47亿元,增长6.3%。轻工业增加值358.48亿元,下降3.0%;重工业增加值1083.39亿元,增长15.4%。工业产品销售率达到97.7%。

规模以上工业主要工业产品产量:水泥1415.55万吨,下降9.2%;钢材485.39万吨,增长20.8%;

铜材 73.94 万吨，增长 21.8%；汽车 53.82 万辆，增长 16.5%；汽车仪表 686.27 万台，增长 3.5%；船舶 68.45 万载重吨，下降 1.4%；空调 1874.73 万台，增长 15.8%；发电量 154.68 亿千瓦时，下降 7.2%；平板玻璃 1399.07 万重量箱，增长 7.8%；电力电缆 247.54 万千米，增长 0.3%。

2. 工业效益

全年规模以上工业实现主营业务收入 5345.38 亿元，比上年增长 4.6%；利润总额 332.19 亿元，利税总额 620.43 亿元，分别比上年增长 10.1%和 6.0%。工业经济效益综合指数达到 336.9%。

3. 建筑业

年末具有资质等级的总承包和专业承包建筑业企业 252 家。全年完成总产值 420.25 亿元，比上年增长 2.8%。全年房屋建筑施工面积 2241.26 万平方米，比上年减少 472.09 万平方米；房屋建筑竣工面积 1141.66 万平方米，比上年增加 76.96 万平方米。

(四)服务业

服务业实现增加值 797 亿元，增长 11%；服务业比重提高 4 个百分点。新增 4 家省级现代服务业集聚区。

1. 国内贸易

全年实现社会消费品零售总额 733.04 亿元，比上年增长 12.2%。分区域看，城镇零售额 663.05 亿元，增长 12.1%；乡村零售额 69.99 亿元，增长 12.8%。分行业看，批发和零售业零售额 649.29 亿元，增长 12.3%；住宿和餐饮业零售额 83.75 亿元，增长 11.3%。

2. 交通运输、邮电

全年交通运输、仓储和邮政业实现增加值 95.28 亿元，比上年增长 3.9%。

全年公路客运量 4290 万人；公路货运量 6464 万吨。铁路旅客发送量 541.5 万人，增长 9.2%；铁路货运发送量 138.4 万吨，下降 11.5%。水路货运量 1.96 亿吨，增长 3.1%。港口货物吞吐量 1.2 亿吨，增长 10.7%，其中外贸货物吞吐量 239.93 万吨，增长 7.0%；港口集装箱吞吐量 50.15 万标准箱，增长 24.6%。年末，民用汽车拥有量 37.65 万辆，比上年增长 35.1%，其中私人汽车拥有量 32.38 万辆，增长 24.3%。民用船舶拥有量 4217 艘。公路里程 10916 公里，其中等级公路 9755 公里。在等级公路中，高速公路 206 公里，一级公路 234 公里，二级公路 584 公里。

全年邮电业务总量 43.57 亿元，比上年增长 34.9%，其中，邮政企业和快递服务企业总量 8.68 亿元，增长 32.8%；电信业务总量 34.90 亿元，增长 17.6%。年末本地固定电话用户 55.39 万户，比上年减少 15.22 万户；移动电话 324.16 万户，新增 49.78 万户。年末计算机互联网用户达到 72.34 万户，新增 13.40 万户。

3. 旅游业

全年接待国内外各类游客 3368.8 万人次，其中接待国内游客 3339.4 万人次。实现旅游业总收入 388.70 亿元，其中旅游外汇收入 17848.09 万美元。年末共有旅行社 74 家；星级饭店 32 家，其中三星级及以上 27 家；A 级及以上旅游景点(区)31 处，其中 4A 级及以上 9 处。成功举办各类会展 65 个。

4. 金融和保险

年末金融机构本外币存款余额 2548.68 亿元，比年初增加 227.89 亿元，其中，非金融企业存款 1003.18 亿元，比年初增加 59.55 亿元；住户存款 1312.75 亿元，比年初增加 154.78 亿元。金融机构本外币贷款余额 2491.57 亿元，比年初增加 308.96 亿元，其中，短期贷款 758.42 亿元，比年初增加 51.48 亿元；中长期贷款 1312.54 亿元，比年初增加 95.72 亿元。年末外汇存款余额 28931 万美元，比年初减少 101735 万美元；外汇贷款余额 13450 万美元，比年初减少 11822 万美元。全市完成直接融资 283.40 亿元。

全年，实现保费收入 44.41 亿元，比上年增长 12.5%。其中，人身险 25.04 亿元，增长 12.6%；财产

险 19.37 亿元，增长 12.3%。赔款及给付支出 15.91 亿元。其中，人身险 6.01 亿元，财产险 9.90 亿元。

(五)对外经济

1.对外贸易

全年实现进出口总额 68.19 亿美元，比上年增长 5.8%。其中，进口总额 12.77 亿美元，下降 13.3%；出口总额 55.42 亿美元，增长 11.4%。从出口产品类别看，机电产品出口额 36.67 亿美元，占出口总额的 66.2%。从产品出口地区看，对欧洲出口 8.18 亿美元，占出口总额的 14.8%；对亚洲出口23.1 亿美元，占出口总额的 41.7%；对北美出口 11.30 亿美元，占出口总额的 20.4%。

2.招商引资

当年新批外商投资企业 24 家，合同利用外资 6.14 亿美元。全年实际利用外资 23.00 亿美元，比上年增长 13.1%，其中外商直接投资 23.00 亿美元，增长 14.8%。实际利用内资 2815.9 亿元，增长4.5%，其中省外资金 2047.39 亿元，增长 5.6%。截止 2015 年底，全市共有 41 家境外世界 500 强企业在芜投资项目 47 个；其中来自美国的境外世界 500 强企业 12 家，投资项目 14 个。

3.园区建设

全年省级及以上开发区完成固定资产投资 1654.47 亿元，其中基础设施投资 63.87 亿元；实际利用省外境内资金 1636.48 亿元，实际利用外商直接投资 19.40 亿美元；区内规模以上工业实现总产值 4880.61 亿元，比上年增长 8.8%。

4.利用外资

芜湖经济技术开发区全年实际利用省外境内资金 215.03 亿元，实际利用外商直接投资 6.90 亿美元；进出口总额 33.38 亿美元。

二、芜湖市 2015 年社会发展概况

(一)人口、人民生活

2015 年末，全市常住人口 365.4 万人，比上年增加 3.7 万人。城镇化率 61.96%，比上年提高 1.29 个百分点。公安户籍人口 384.8 万人，比上年增加 0.28 万人。人口中，男性人口 198.85 万人，女性人口 185.94 万人。全年人口出生率 10.3‰，死亡率 4.7‰，自然增长率 5.6‰。

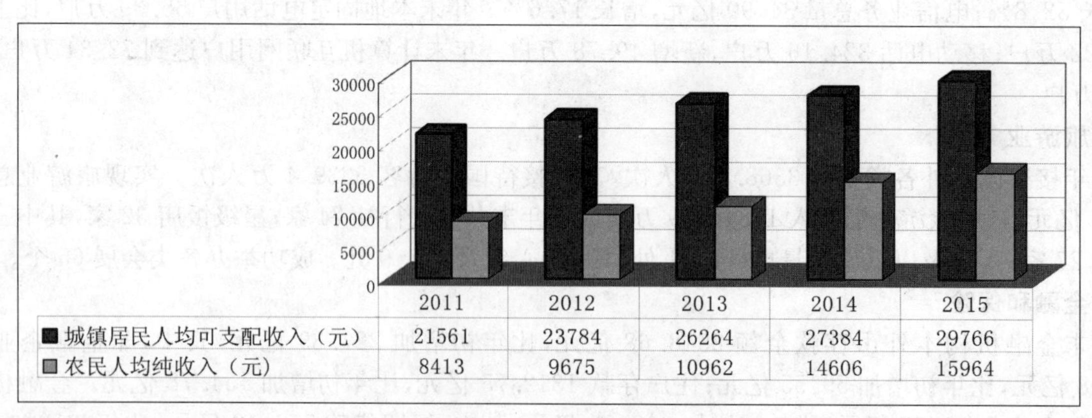

	2011	2012	2013	2014	2015
城镇居民人均可支配收入（元）	21561	23784	26264	27384	29766
农民人均纯收入（元）	8413	9675	10962	14606	15964

图 3　2011—2015 年芜湖市城乡居民收入对比一览

据抽样调查，全年居民人均可支配收入 23998 元，比上年增长 9.3%；人均消费支出 14515 元，比上年增长 7.5%；人均住房建筑面积 37.6 平方米。其中，城镇常住居民人均可支配收入 29766 元，增长

8.7%；人均消费支出17504元，增长6.8%；人均住房建筑面积34.6平方米。农村常住居民人均可支配收入15964元，增长9.3%；人均消费支出10353元，增长7.8%；人均住房建筑面积41.7平方米。城镇居民的恩格尔系数为35.9%，较上年增长0.7个百分点；农村居民的恩格尔系数为37.6%，较上年增长1.1个百分点。

(二)就业与社会保障

1.就业工作

2015年末，共有人力资源服务机构34个。全年新增城镇就业人员8万人，其中安置下岗失业人员2.9万人。就业技能培训2.1万人次。城镇登记失业率3.29%。

2.社会保障和福利

年末，企业职工基本养老保险参保人数54.8万人，比上年增加1.8万人；城镇职工基本医疗保险参保人数69.9万人，增加5.7万人；失业保险参保人数40.2万人，增加4万人；工伤保险参保人数41.2万人，增加1.5万人；生育保险参保人数41万人，增加3.9万人。城镇居民参加基本医疗保险参保人数104.6万人。城乡居民养老保险参保人数159.83万人；农民参加新型农村合作医疗210.09万人，参加合作医疗率达114.97%。有5.7万城镇居民、7.5万农村居民享受最低生活保障。市区最低工资标准达到1350元/月，失业保险金标准达到1013元/月，企业离退休人员人均养老金水平1817元/月。

全市拥有各类福利机构101个，床位1.6万张，收养各类人员0.8万人。全年销售社会福利彩票4.7亿元，筹集市级公益金5010.7万元。直接接收慈善捐款220.9万元。

(三)教育和科学技术

1.教育事业

2015年末，拥有普通高等院校10所，专任教师0.67万人，在校学生16.29万人，招生5.12万人，毕业生4.60万人；普通中学205所，专任教师1.27万人，在校学生15.22万人；中等职业学校30所，在校学生5.03万人；小学313所，专任教师1.18万人，在校学生18.73万人；幼儿园476所，在园儿童8.73万人。小学学龄儿童入学率100%，初中阶段适龄人口入学率100%。

2.科学技术

年末全市拥有省级及以上工程(技术)研究中心84个，其中国家级5个，新增省级14个；省级及以上企业技术中心139个，其中国家级11个，新增国家级1个，省级11个。省级及以上重点(工程)实验室15个；省级及以上质检中心2个，其中国家级2个。院士工作站21个，新增3个。拥有高新技术企业441家，其中当年新认定65家；拥有省级高新技术产品946个，其中当年新认定333个。省级以上创新型(试点)企业120家，其中新增和升级共47家；国家创新型企业2家。各类科技企业孵化器17家，面积达39.4万平方米，其中国家级孵化器2家。芜湖高新技术创业服务中心和芜湖大学科技园跻身全国百强孵化器；芜湖高新技术创业服务中心入选科技部科技创业孵化链条建设示范单位。全年组织实施各类科技计划项目210项，其中国家项目10个；全年共登记各类科技成果192项，其中省部级以上95项；获各类科技奖55项，其中省级以上21项。专利申请量20886件，其中发明专利12339件；专利授权量9049件，其中发明专利1927件。万人有效发明专利拥有量13.56件。拥有中国驰名商标30件，当年新认定6件；省著名商标256件，当年新认定42件。省级名牌产品(含服务名牌)188个。

(四)文化、卫生和体育

1.文化事业

年末，全市拥有艺术表演团体63个，文化馆8个；公共图书馆9个，馆藏图书170.29万册，其中市区藏书88.54万册；档案馆12个，向社会开放档案数14.01万卷(件)。广播电台5座，电视台5座，广播综合人口覆盖率和电视综合人口覆盖率均达到99.86%，数字电视用户46.85万户。全国重点文物保护单位9处，省级重点文物保护单位29处。列入国家级非物质文化遗产名录2项，省级名录18项。全年举办大型文化活动8场次；大型群众性文化活动62场次；文艺团体演出130场次，其中送文化下乡110场次；创作剧目获省级及以上表彰奖励38个。《芜湖日报》、《大江晚报》全年总印数2833.63万份，其中《芜湖日报》867.02万份，《大江晚报》1966.61万份。

2. **卫生事业**

出台了全面深化医改试点重点工作推进方案。推进公立医院综合改革，3家区级医院落实药品零差率销售；建立以成本费用控制和患者满意度为主的绩效考核体系。实施基层医疗卫生服务能力三年提升计划，评选培养百名基层优秀医师。实行按项目付费为主的居民医疗保险支付方式。推行商业保险公司承办大病医疗补充保险。

2015年末，全市拥有各类卫生机构671个(不含村卫生室)，其中，医院78所，基层医疗卫生机构533所，专业公共卫生机构51所。基层医疗卫生机构中，社区卫生服务中心(站)129所，乡镇卫生院59所，门诊部25所，诊所、卫生所和医务室320所。专业公共卫生机构中，疾病预防控制中心9所，卫生监督机构9所，妇幼保健机构8所，专科防治机构7所，急救中心1所，采供血机构1所。卫生机构拥有床位18424张，其中医院15933张。卫生技术人员19761人，其中执业(助理)医生7520人，注册护士8918人。

3. **体育事业**

全年，全市运动员在省级以上国内外重要赛事中共获得奖牌272枚，其中金牌88枚。向省级及以上专业队和体育院校输送运动员66人，审批二级运动员106名。全市举办全民健身活动133次，参加活动人员14.18万人次。销售体育彩票3.61亿元。成功举办了2015年全国第二届“社区体质达人”通讯赛(芜湖赛区)，并被授予“全国优秀赛区”荣誉称号，承办了2015年全国击剑冠军赛(第三站)等赛事。芜湖市奥园体育产业集团被国家体育总局认定为全国体育产业示范单位。

(五)城市建设

出台了控制性详细规划通则。完成了供电、移动通信基站布局、城市抗震防灾等专项规划编制和弋江路沿线城市设计、长江南岸沿线天际线及地块开发强度、中心城区特色街区类型与布局等课题研究。启动了“多规合一”试点。

推进江北新区产城融合发展。江北集中区70公里路网及水电气、污水处理设施建成运行，公共服务设施进一步完善。大龙湾片区起步区路网主体基本形成。江北城市公交班线达9条。无为经济开发区城东园区起步区加快建设。

合福高铁、宁安高铁及新火车站、汽车客运南站、铜南宣高速公路建成运营。沪渝高速公路峨山路互通、弋牧公路二期、新芜大道开工。芜申运河弋江桥、荆山桥改建竣工通车，三山东汇2万吨级泊位、裕溪口万吨级泊位改扩建工程完工。民航机场选址获批。实施城市交通提升六年行动计划，芜石路立交、黄山东路立交建成通车，建成7处行人过街通道。新增公交车336辆。

出台了促进房地产市场健康发展的意见，商品房销售保持平稳。完成棚户区改造256万平方米。融通棚改资金50.4亿元，实现投资42.6亿元。启动建设城市地下管线信息系统。在全省率先建成“全光网城市”。完成了板城埠一期、大官沟水系、无为万亩圩口堤防达标四期工程和22个老旧小区综合整治。住宅小区物业服务覆盖面达86%。城市管理进一步加强。

(六)环境保护

年末，拥有国家三级及以上环境监测站5个，其中二级站1个。市区环境空气质量达优良的天数为282天，空气质量优良率为77.3%。饮用水源水质符合国家Ⅲ类标准。长江和青弋江干流芜湖段水质

分别以Ⅱ类和Ⅲ类水质为主。森林覆盖率达到19.65%。

完成重点减排项目39个,3座污水处理厂投入运营,6条水泥熟料生产线完成脱硝治理。淘汰落后水泥产能660万吨,整合关闭减少矿山14家。补充耕地2.3万亩。落实大气污染综合整治行动计划取得成效。淘汰黄标车4902辆。推广新能源汽车4993辆。繁昌获批建设国家级循环经济示范县。

华电二期1000兆瓦扩建工程能源消费等量置换方案获批。160兆瓦地面光伏电站和无为48兆瓦风电场建成并网,新增分布式光伏发电备案100兆瓦。

新增绿地429万平方米,新建绿道100公里,完成造林12.1万亩、森林长廊工程示范段110公里。投入2.2亿元,用于省级美丽乡村示范村建设。推进"三线三边"环境治理,完成18家矿山复绿。芜湖县国家级生态县创建工作通过环保部技术评估。

三、芜湖市在长三角地区经济发展中的地位

2015年,面对复杂严峻的宏观经济环境,全市人民在市委、市政府的坚强领导下,主动适应经济发展新常态,大力实施创新发展战略,加快结构调整和转型升级步伐,全市经济综合实力显著增强,经济增长质量不断提升。

(一)地区生产总值

2011—2015年芜湖市地区生产总值在泛长三角地区41市所占比重分别为1.43%、1.46%、1.50%、1.52%和1.51%。地区生产总值在泛长三角41市占比整体呈现上扬态势,2015年与2011年比增加了0.08个百分点,较上年减少了0.01个百分点。

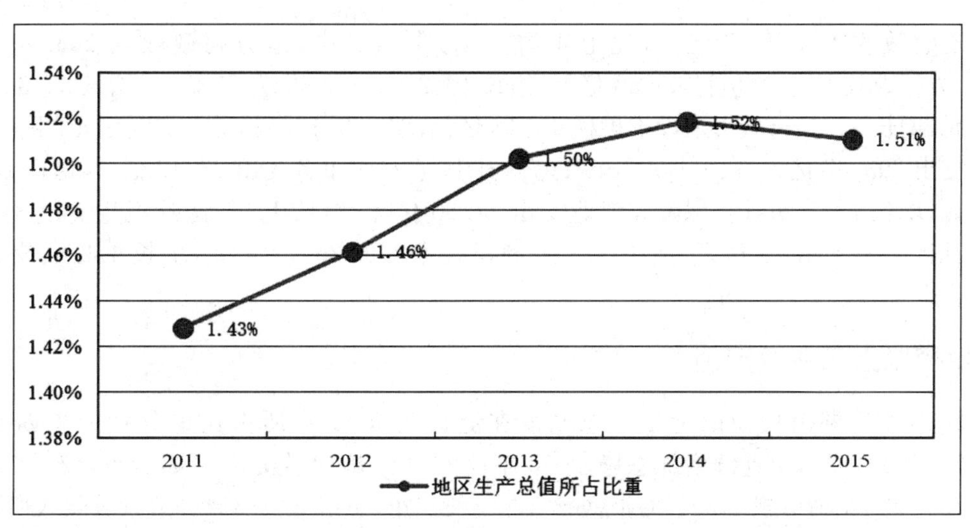

图4　2011—2015年芜湖市地区生产总值在泛长三角地区41市(苏浙两省24个地级市、上海市和安徽省16市,下同)所占比重的变化趋势

2015年,芜湖市在泛长三角地区41市(苏浙两省24个地级市、上海市和安徽省16市,下同)地区生产总值所占比重排名第21位。

全年实现地区生产总值2457.32亿元,比上年增长10.3%。其中,第一产业增加值120.02亿元,增长4.3%;第二产业增加值1540.60亿元,增长10.3%;第三产业增加值796.70亿元,增长11.0%。按常住人口计算,人均生产总值67592元,按年末汇率折算为10416美元。三次产业增加值比例由上年的5.9∶65.7∶28.4调整为4.9∶62.7∶32.4。

(二)地方财政一般预算收入

2011—2015年芜湖市地方财政一般预算收入在泛长三角41市所占比重分别为1.13%、1.29%、1.32%、1.37%和1.35%,2015年较2011年增加了0.22个百分点,较上年减少了0.02个百分点。2015年,芜湖市地方财政一般预算收入在泛长三角41市地区的排第22位。

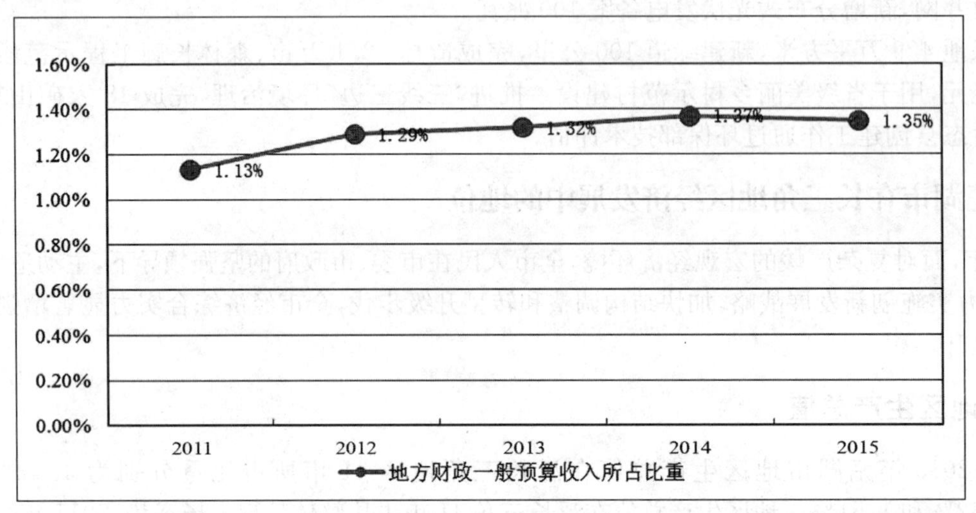

图5　2011—2015年芜湖市地方财政一般预算收入在泛长三角41市所占比重的变化趋势

全年实现财政收入470.01亿元,比上年增长10.3%,其中,地方财政收入263.47亿元,增长12.8%。在地方财政收入中,增值税45.58亿元,增长10.2%;营业税57.53亿元,增长23.3%;企业所得税19.98亿元,增长11.8%;城市建设维护税15.44亿元,增长8.4%;契税15.96亿元,下降9.6%。全年完成财政支出393.67亿元,比上年增长13.6%,其中,农林水事务支出28.42亿元,增长10%;教育支出57.75亿元,增长13.5%;社会保障和就业支出37.80亿元,增长14%;医疗卫生支出31亿元,增长8.5%;城乡社区事务支出75亿元,增长9.8%;科学技术支出35.73亿元,增长4.2%;交通运输支出29.9亿元,增长32%。

(三)规模以上工业总产值

2011—2015年芜湖市规模以上工业总产值在泛长三角41市所占比重分别为1.68%、1.79%、1.84%、1.97%和2.05%,呈连续增加态势,2015年较2011年增加了0.37个百分点,较上年增加了0.08个百分点。2015年,芜湖市规模以上工业总产值在泛长三角41市地方财政一般预算收入所占比重排第18位。

全年年主营业务收入2000万元以上工业企业(以下简称规模以上工业)实现增加值1441.87亿元,比上年增长10.4%。其中,国有及国有控股企业实现增加值328.11亿元,增长2.5%;股份制企业实现增加值1069.25亿元,增长12.5%;外商及港澳台商投资企业实现增加值258.47亿元,增长6.3%。轻工业增加值358.48亿元,下降3.0%;重工业增加值1083.39亿元,增长15.4%。工业产品销售率达到97.7%。规模以上工业主要工业产品产量:水泥1415.55万吨,下降9.2%;钢材485.39万吨,增长20.8%;铜材73.94万吨,增长21.8%;汽车53.82万辆,增长16.5%;汽车仪表686.27万台,增长3.5%;船舶68.45万载重吨,下降1.4%;空调1874.73万台,增长15.8%;发电量154.68亿千瓦时,下降7.2%;平板玻璃1399.07万重量箱,增长7.8%;电力电缆247.54万千米,增长0.3%。工业效益。全年规模以上工业实现主营业务收入5345.38亿元,比上年增长4.6%;利润总额332.19亿元,利税总额

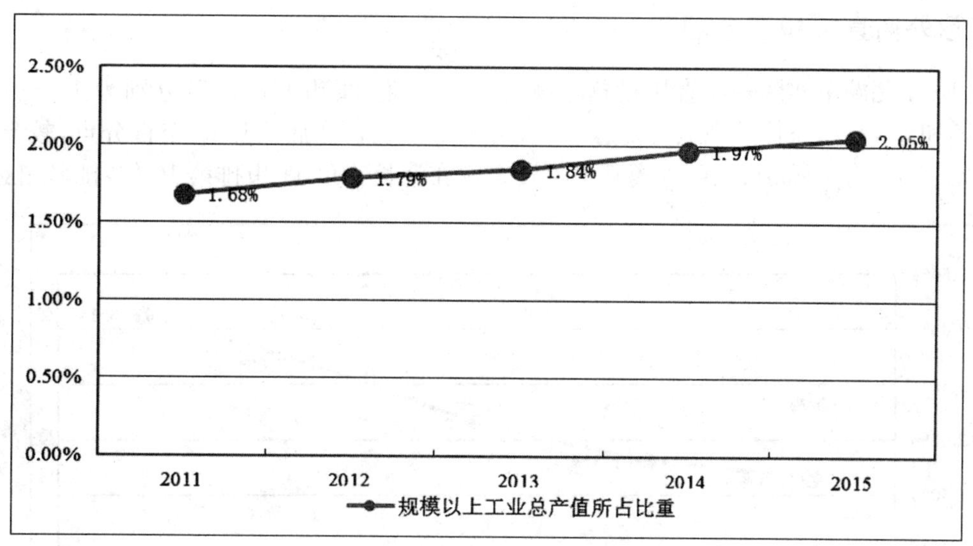

图 6　2011—2015 年芜湖市规模以上工业总产值在泛长三角 41 市所占比重的变化趋势

620.43 亿元，分别比上年增长 10.1%和 6.0%。工业经济效益综合指数达到 336.9%。

(四)进出口总额

2011—2015 年芜湖市进出口总额在泛长三角 41 市所占比重分别为 0.30%、0.35%、0.40%、0.45%和 0.49%，总体上呈现上扬态势，五年间增加了 0.19 个百分点，其中 2015 年较上年增加了 0.04 个百分点。2015 年，芜湖市进出口总额在泛长三角 41 市的排 22 位。

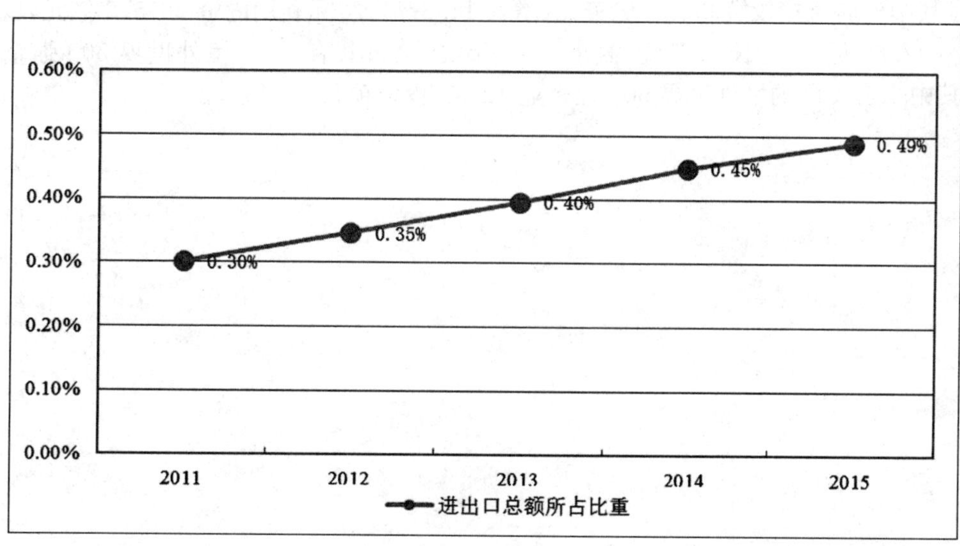

图 7　2011—2015 年芜湖市进出口总额在泛长三角 41 市所占比重的变化趋势

全年实现进出口总额 68.19 亿美元，比上年增长 5.8%。其中，进口总额 12.77 亿美元，下降 13.3%；出口总额 55.42 亿美元，增长 11.4%。从出口产品类别看，机电产品出口额 36.67 亿美元，占出口总额的 66.2%。从产品出口地区看，对欧洲出口 8.18 亿美元，占出口总额的 14.8%；对亚洲出口23.1 亿美元，占出口总额的 41.7%；对北美出口 11.30 亿美元，占出口总额的 20.4%。

(五)实际外商直接投资金额

2011—2015 年芜湖市实际外商直接投资金额在泛长三角 41 市所占比重分别为 1.65%、1.81%、2.14%、2.68%和 3.14%,整体呈现上扬姿态,2015 年较 2011 年增加了 1.49 个百分点,较上年增加了 0.46 个百分点。2015 年,芜湖市实际外商直接投资金额在泛长三角 41 市排第 10 位,排名相对靠前。

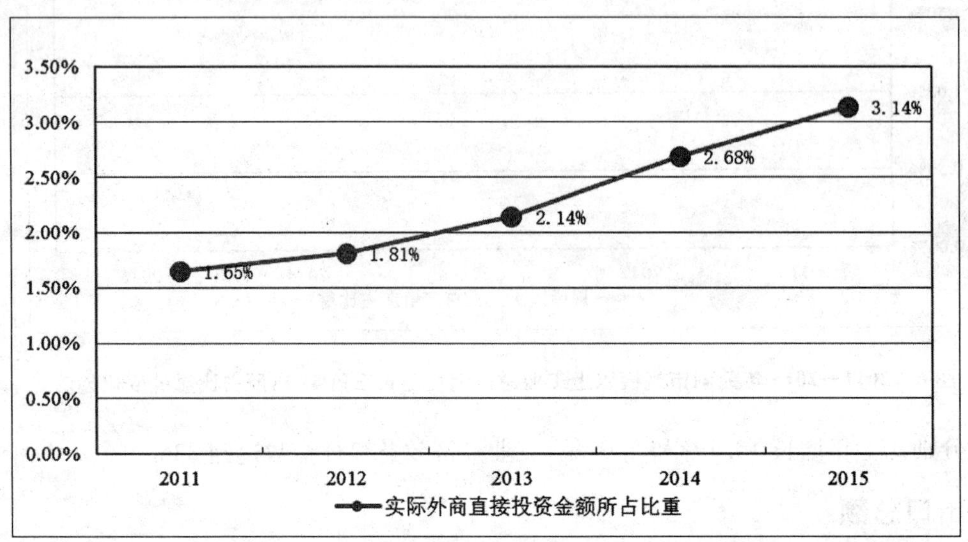

图 8 2011—2015 年芜湖市实际外商直接投资金额在泛长三角 41 市所占比重的变化趋势

当年新批外商投资企业 24 家,合同利用外资 6.14 亿美元。全年实际利用外资 23.00 亿美元,比上年增长 13.1%,其中外商直接投资 23.00 亿美元,增长 14.8%。实际利用内资 2815.9 亿元,增长4.5%,其中省外资金 2047.39 亿元,增长 5.6%。截止 2015 年底,全市共有 41 家境外世界 500 强企业在芜投资项目 47 个;其中来自美国的境外世界 500 强企业 12 家,投资项目 14 个。

四　蚌埠市2015年经济社会发展报告

2015年，面对严峻复杂的宏观形势和经济下行的较大压力，全市上下在市委、市政府的坚强领导下，深入贯彻落实党的十八大和十八届三中、四中、五中全会及习近平总书记系列讲话精神，全力以赴稳增长、调结构、促改革、惠民生，经济社会发展跃上了新台阶。

一、蚌埠市2015年经济发展概况

（一）综合经济

1.经济总量

全年生产总值(GDP)1253.05亿元，按可比价格计算，比上年增长10.2%。分产业看，第一产业增加值188.55亿元，增长4.7%；第二产业增加值600.98亿元，增长10.5%；第三产业增加值463.53亿元，增长12.2%。三次产业结构由上年的15.5∶51.9∶32.6调整为15.1∶51.2∶33.7。人均GDP为38267元(折合6143美元)，比上年增加2725元。

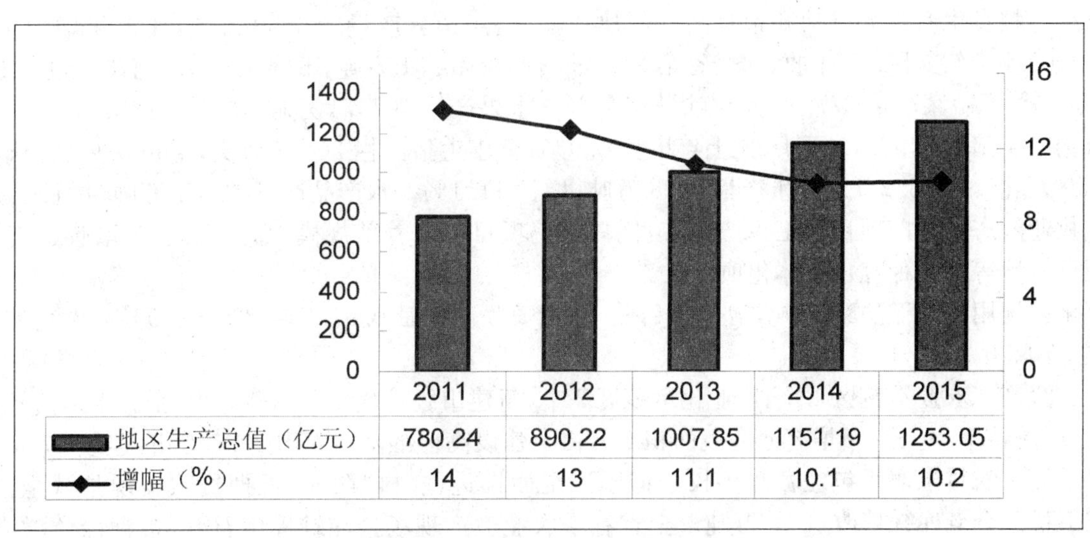

	2011	2012	2013	2014	2015
地区生产总值（亿元）	780.24	890.22	1007.85	1151.19	1253.05
增幅（%）	14	13	11.1	10.1	10.2

图1　2011—2015年蚌埠市地区生产总值及增长速度

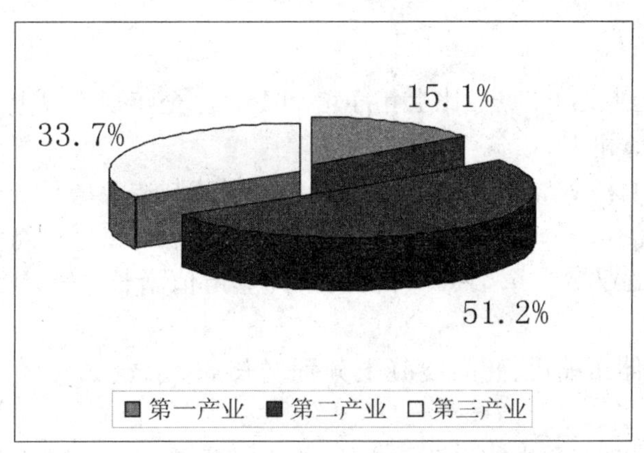

图2　2015年蚌埠市三次产业结构图

2.财政收支

全年财政收入228.36亿元,比上年增长9.6%,其中地方财政收入119.68亿元,增长13.6%。在全部财政收入中,增值税增长16.7%,营业税增长23.4%,企业所得税下降4.5%。财政支出244.72亿元,增长17.3%。全年33项民生工程累计投入50亿元,惠及100%城乡居民。

3.物价水平

居民消费价格上涨1.4%,涨幅较上年下降0.8个百分点;商品零售价格下降0.6%。

4.固定资产投资

全年完成固定资产投资1457.97亿元,比上年增长17.2%。分产业看,第一产业投资增长18.5%,第二产业投资增长30.5%,第三产业投资增长8.3%。分行业看,工业投资增长31.9%。三产中的住宿和餐饮业增长109.1%,批发和零售业增长96.7%,金融业增长56.9%,教育业增长22.5%。

全年共完成"3461"重点项目投资830亿元,在建亿元以上项目320个。MEMS一期、玉文化创意产业园等140个项目建成投产,国电蚌埠电厂二期、蚌埠卷烟厂异地搬迁技改等200个项目开工建设。

(二)农业

全年粮食作物种植面积47.5万公顷,其中,小麦面积24.09万公顷,稻谷面积10.84万公顷。油料种植面积6.41万公顷。棉花种植面积0.52万公顷。蔬菜种植面积6.92万公顷。

深入推进粮食生产三大行动和粮食高产创建活动,全年粮食产量286.59万吨,比上年增加11.08万吨,增长4.0%,连续十二年丰收,居全省第21。油料产量40.01万吨,下降1.2%。棉花产量0.96万吨,下降38.5%。蔬菜产量277.92万吨,增长5.5%。水果产量107.74万吨,增长3.2%。

年末全市生猪存栏98.12万头,比上年增长0.9%;全年生猪出栏204.7万头,增长0.9%。肉类总产量34.59万吨,增长6.2%。禽蛋产量8.28万吨,增长11.1%。水产品产量12.41万吨,增长3.4%。五河现代牧业液态奶二期项目竣工投产,固镇亿只肉鸡项目新增养殖规模4000万只,新增怀远百万头美味猪现代养殖等3个种养加一体化项目。

全年化肥施用量(折纯)31万吨,增长2.9%。农用薄膜使用量0.97万吨,增长1.9%。农药使用量0.63万吨,下降0.1%。

创建省级现代农业示范区1个、产业化示范区2个,新建市级现代农业示范区10个。土地流转面积达206万亩,流转率49%。新增有效灌溉面积9万亩。建设高标准基本农田29.5万亩,连续17年实现耕地占补平衡。农村土地承包经营权确权登记颁证全面推进,农村"两权"抵押贷款实现县域全覆盖。完成粮安工程危仓老库维修改造65万吨。全省春季农业生产现场会在蚌埠市召开,粮食绿色增产"蚌埠模式"在全省推广。成功承办第六届中国苜蓿发展大会暨国际苜蓿会议。

(三)工业和建筑业

1.工业经济

年末全市规模以上工业企业达929户,比上年净增161户。全年规模以上工业增加值增长10.8%,其中轻、重工业分别增长7.3%和13.8%。

全市多数工业行业增加值保持增长,其中:酒、饮料和精制茶制造业增长29.1%,非金属矿物制品业增长16.0%,医药制造业增长15.9%,化学原料及制品制造业增长14.1%,纺织业增长10.5%,农副食品加工业增长7.9%,食品制造业增长5.5%。高新技术产业产值增长21.6%,战略性新兴产业产值增长28.0%。

主要工业产品产量中,气体压缩机、商品混凝土分别增长39.3%、30.0%,卷烟下降4.6%,钢材下降3.6%,水泥下降0.8%。

全市规模以上工业经济效益综合指数为396.9%,比上年提高12.1个百分点。规模以上工业实现

主营业务收入2168.66亿元，增长10.0%；实现利税总额159.72亿元，增长5.2%，其中利润67.21亿元，增长5.0%。

2. 建筑业

全年全社会建筑业增加值81.31亿元，比上年增长9.9%。具有资质等级建筑企业完成产值414.88亿元，增长4.3%。房屋建筑施工面积3262.09万平方米，增长14.4%；房屋竣工面积1098.55万平方米，增长15.2%。

（四）服务业

1. 国内贸易

全年社会消费品零售总额570.65亿元，比上年增长12.7%。按经营单位所在地分，城镇消费品零售额498.03亿元，增长12.6%；乡村消费品零售额72.62亿元，增长13.2%。按消费形态分，商品零售额507.92亿元，增长12.7%；餐饮收入62.72亿元，增长12.0%。按单位规模分，限额以上企业（单位）零售额250.58亿元，增长19.4%；限额以下企业（单位）零售额320.07亿元，增长7.9%。

在限额以上企业（单位）零售额中，批发、零售、住宿、餐饮四大行业零售额比上年分别增长16.5%、13.8%、8.2%、15.0%。限上批发零售业实现网上商品销售额1.76亿元，同比增长99.9%，占全市限上消费品零售额的0.7%。家具类销售增长43.7%，计算机及其配套产品类销售增长35.2%，建筑材料及装璜类销售增长26.4%，通讯器材类销售增长20.9%，电子出版物及音像制品类销售增长25.6%，石油及制品类销售增长19.7%，书报杂志类销售增长16.1%，汽车类销售增长8.1%。

2. 交通运输、邮电

全年交通运输、仓储和邮政业增加值42.69亿元，比上年增长3.9%。

全年公路旅客发送6744万人次，增长2.0%；公路货运发送量24519万吨，增长1.2%

年末全市汽车拥有量22.49万辆，比上年增长19.6%，其中个人汽车16.51万辆，增长27.4%。小型、微型载客汽车拥有量16.14万辆，增长26.5%，其中个人小型、微型载客汽车14.55万辆，增长30.1%。

全年邮政行业业务总量6.62亿元，比上年增长56.4%；邮政行业业务收入4.95亿元，增长45.8%。电信业务总量24.61亿元，比上年增长9.1%。年末全市固定电话用户数41.77万户，比上年下降13.3%；移动电话用户数248.09万户，比上年增长0.9%。

3. 旅游业

全年实现旅游总收入162.56亿元，比上年增长24.7%，接待国内游客2628.9万人次，接待入境游客7万人次。全市星级饭店（宾馆）16个。旅行社43家，分社6家。A级旅游景区36个，其中，4A级旅游景区5个，3A级旅游景区11个，2A级旅游景区20个。

4. 金融和保险

年末全市金融机构各项存款余额（人民币口径，下同）1616.54亿元，比上年末增加195.03亿元，增长12.8%，其中住户存款余额为803.31亿元，增长11.8%。金融机构各项贷款余额1191.5亿元，比上年末增加188.28亿元，增长18.8%。其中，短期贷款余额465.27亿元，增长14.2%；中长期贷款余额667.52亿元，增长20.2%。

全年实现保费收入41.09亿元，比上年增长26.7%。其中，财产保险保费收入15.62亿元，增长17.1%；人身保险保费收入25.39亿元，增长33.3%。年末，全市保险公司已达34家。

5. 房地产业

全年房地产开发投资428.6亿元，比上年增长5.3%；房屋销售面积483.82万平方米，增长7.4%；房屋销售额228.7亿元，增长3.1%。

(五)对外经济

1. 对外贸易

全年进出口总额 23.41 亿美元,比上年增长 12.6%。其中,出口 16.52 亿美元,增长 1.8%;进口 6.89亿美元,增长 50.8%。

2. 利用外资

全年实际到位外资金额 14.07 亿美元,其中外商直接投资 13.92 亿美元,增长 14.7%。实际到位内资 770.93 亿元,增长 9.8%,其中省外资金 682.04 亿元,增长 13.6%。

二、蚌埠市 2015 年社会发展概况

(一)人口、人民生活

全年人口出生率为 19.32‰;死亡率 5.22‰,下降 1.11 个千分点;自然增长率为 14.11‰。年末户籍人口 376.35 万人,比上年增加 5.25 万人;其中男性 195.27 万人,占总人口的 51.9%,女性 181.08 万人,占总人口的 48.1%。常住人口 329.1 万人,比上年增加 3.3 万人。城镇化率 52.22%,比上年提高 1.31 个百分点。

全年城镇居民人均可支配收入 26369 元,比上年增长 9.2%。人均消费支出 14696 元,增长 7.6%。其中,食品支出增长 6.9%,医疗保健支出下降 2.0%,交通和通信支出下降 6.0%,教育文化娱乐服务支出增长 51.4%。城镇居民家庭恩格尔系数为 25.9%,比上年下降 0.1 个百分点。城镇居民人均拥有住房面积 31.1 平方米。

全年农村居民人均可支配收入 11552 元,比上年增长 9.9%。农村居民人均消费支出 6826 元,增长 23.1%。其中,食品支出增长 19.5%,居住增长 8.4%,医疗保健支出增长 95.3%。农村居民家庭恩格尔系数为 31.1%,比上年下降 1.1 个百分点。农村居民人均拥有住房 38 平方米。

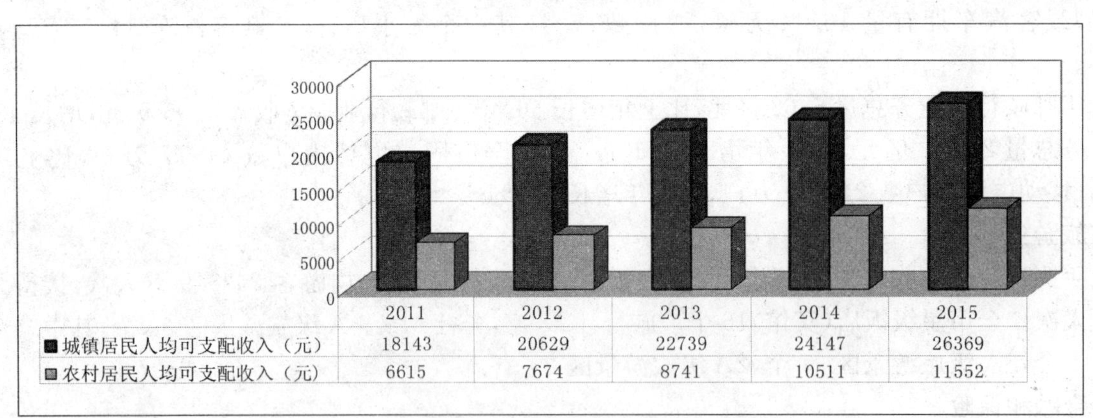

	2011	2012	2013	2014	2015
■城镇居民人均可支配收入(元)	18143	20629	22739	24147	26369
■农村居民人均可支配收入(元)	6615	7674	8741	10511	11552

图 3　2011—2015 年蚌埠市城乡居民收入对比一览

(二)就业与社会保障

1. 就业工作

全年城镇新增就业 8.2 万人,登记失业人员再就业 3.64 万人,新增农村劳动力转移就业 3.12 万人。年末城镇登记失业率 3.2%。

2. 社会保障和福利

年末全市职工基本养老、失业、医疗、工伤、生育五项社会保险参保人数分别为54.02万人、21.69万人、46.70万人、25.00万人、25.17万人，城镇居民医疗保险参保60.8万人，城乡居民养老保险参保174.8万人。城乡居民基础养老金月发放标准提高至80元，惠及城乡居民42万余人。大病医疗救助金支付限额由15万元提高至30万元，贫困残疾人康复救助超额完成。住房公积金缴存率达77%，居全省第一；累计发放贷款79.3亿元，存贷比达95.3%、居全省第3。

(三)教育和科学技术

1. 教育事业

全市共有普通高等教育学校5所；全市共有中等职业教育学校27所，其中普通中专12所，职业高中12所，成人中等专业学校3所；普通教育学校1205所，其中，普通中学169所(高中37所，初中132所)，小学661所，幼儿园369所，特殊教育学校5所，工读学校1所。

全市普通高等学校专任教师2671人，在校学生6.07万人，招生学生数1.75万人，毕业生数1.38万人。

全市中等职业学校专任教师1920人，普通中学专任教师11822人，其中，高中3877人，初中7945人。

全市中等职业教育学校在校学生5.85万人；普通教育学校在校学生53.3万人，其中，普通中学在校学生16.05万人(高中在校学生6.18万人，初中在校学生9.87万人)，小学在校学生25.34万人，幼儿园在园幼儿11.87万人，特殊教育学生993人(特殊教育学校在校生419人)。

全市小学适龄儿童入学率100%，初中学龄人口入学率100%，高中阶段毛入学率100.67%。

2. 科技与创新

全年新认定高新技术企业37家，创新型企业7家，高新技术企业总数达204家。新认定高新技术产品和重点新产品101项。高新技术产业产值同比增长21.6%，达964.8亿元。全市有国家重点(工程)实验室4个，省级(含重点)实验室14个。有省级以上工程(技术)研究中心56家，其中国家级3家。有国家级高新技术产业开发区1个。

全年发明专利申请量5000件，同比增长13.0%，发明专利授权量660件，同比增长25.0%。共签订各类技术合同1510项，技术市场合同交易额17.19亿元，比上年增长9.4%。万人发明专利拥有量达6.39件/万人，增长51.0%。全年共新建省级以上研发平台21家。

(四)文化、卫生和体育

1. 文化事业

全年完成2个乡镇综合文化服务中心、6个农民文化乐园试点任务。晋升国家一级文化馆2个、国家二级文化馆3个，建成市博物馆新馆、美术馆、非遗展示馆、少儿图书馆。完成46个县级公共图书馆总分馆制建设，县域公共图书通借通还实现全覆盖。“千场文艺千村行”送戏下乡1010场，举办“温馨蚌埠欢乐珠城”系列群众文化活动60余场次，全市75个公共文化场所全部免费开放，“送电影”下乡11435场，惠及群众近300万人次。全市广播电视综合人口覆盖率达100%，实现村村通。补充更新农家书屋出版物94858册。成功申报6名国家级非遗传承人、9个省级非遗教育传习基地。开展博物馆、非遗进校园、进社区、进乡村系列活动100余场。全市在建文化旅游项目完成投资67.34亿元。正东玉器等4家企业入选第五届安徽省文化产业示范基地。星宇文化创意产业园、花鼓灯嘉年华分别获得600万、650万中央文化产业专项资金金融贴息扶持，大明文化产业园、古民居博览园进入2015年中国旅游投资优选项目。

2. 卫生事业

年末全市有医疗卫生机构1413个，其中医院83个、基层医疗卫生机构1241个、专业公共卫生机构

85个，其他卫生机构4个。全市卫生技术人员17306人，其中执业(助理)医师6180人，注册护士8035人。医疗卫生机构床位1.78万张，其中医院床位1.49万张。全市农民参合率103.6%(含失地农民)，城市社区卫生服务人口覆盖率达100%。每万人拥有床位数45.34床，每万人拥有卫生技术人员数45.21人。

3.体育事业

实施“全民健身·拥抱省运”品牌工程。大型群体赛事活动50余次，各类体育展示、赛事、活动200多场次，以村为单位开展健身活动5600多场次。直接参加健身群众百万人次以上。实施高水平体育赛事引进工程，举办3次国际、国内赛事。实施体育惠民工程，建成321个农民体育健身工程。青少年校园足球“百千万”工程全面实施。对全市45个社区、181个小区健身器材进行全面维修更新，维修更新器材1608件；为社区添置21套健身器材。培训各级社会体育指导员240名。新增注册运动员346人。承办省级以上各类竞技赛事22次，参赛运动员8559人。

(五)城乡建设

城市建设加快推进。围绕“三环六轴三带”持续推进城市大建设，实施项目181个，完成投资248.6亿元。中环线秦集段、城南段全线完工，长淮卫淮河公路大桥及北接线工程、国道206、104和省道306、307提升改造工程顺利实施，全省首个运用PPP模式且投资额最大的交通基础设施项目—蚌五高速公路开工建设。安徽科技学院蚌埠校区、蚌埠职教园区、蚌医二附院新院区等一批重点项目开工建设。全年开工建设保障性安居工程60237套，基本建成18160套，公租房实物配租10726套。新启动柴油机厂B区、海事局宿舍等41个棚户区项目，回迁安置16128户，货币化安置5948户。落实开发银行授信总额191.44亿元，占全省授信总额的24.58%。累计放款84.47亿元、用款50.66亿元，贷款使用率为59.97%。争取省代发地方政府债券37.4亿元。新设兴蚌一、二、三号城市发展基金，规模65亿元。博物馆、规划馆、档案馆建成开放。

(六)环境保护

生态建设成效显著。淮河南岸滩地环境综合整治、天河—张公湖连接等工程加快实施，全国水生态文明城市建设试点工作有序推进，成功获批国家生态文明先行示范区。新增、改造绿地355.52万平方米，新增街头游园11个，建设绿道20公里，成片造林8.2万亩，建成森林长廊示范段167公里。积极开展历史遗留工矿废弃地复垦利用试点。扎实开展秸秆禁烧工作，实现卫星监测全年全域零火点目标。深入实施大气污染防治百日行动，全年环境空气质量达二级标准以上天数72.3%，区域噪声平均值小于57.1分贝。重点污染源达标率100%，大中型建设项目环评和“三同时”执行率100%。

(七)社会安全

社会治理不断加强。开展信访积案化解攻坚活动，信访形势总体平稳。实施安全生产“铸安”行动，创新建立问题清单制度，强化危化品、消防、电梯等领域隐患排查整治，安全生产形势保持稳定。荣获全省首批无传销城市称号。建立重大不稳定问题清单制度，强化社会稳定风险评估工作。深入推进“四项建设”、“守护平安”系列行动，严厉打击各类违法犯罪，强化食品药品安全监管，市民群众安全感、满意度持续提升。

全市各类事故共死亡126人，其中工矿商贸死亡6人；道路交通事故死亡118人(其中生产经营性道路交通事故死亡60人)；铁路事故死亡1人；农机事故死亡1人。

三、蚌埠市在长三角地区经济发展中的地位

2015年，面对严峻复杂的宏观形势和经济下行的较大压力，全市上下在市委、市政府的坚强领导下，深

入贯彻落实党的十八大和十八届三中、四中、五中全会及习近平总书记系列讲话精神，全力以赴稳增长、调结构、促改革、惠民生，经济社会发展跃上了新台阶。主要经济指标好于预期、好于全省。省政府通报的蚌埠市11项主要经济指标增速均高于全省平均水平，其中6项指标总量和10项指标增速居全省前五位。

(一)地区生产总值

2011—2015年蚌埠市地区生产总值在泛长三角地区41市所占比重分别为0.67%、0.69%、0.72%、0.76%和0.77%。地区生产总值在泛长三角41市占比整体呈现上扬态势，2015年与2011年比增加了0.10个百分点，较上年增加了0.01个百分点。2015年，蚌埠市在泛长三角地区41市（苏浙两省24个地级市、上海市和安徽省16市，下同）地区生产总值所占比重排名第29位。

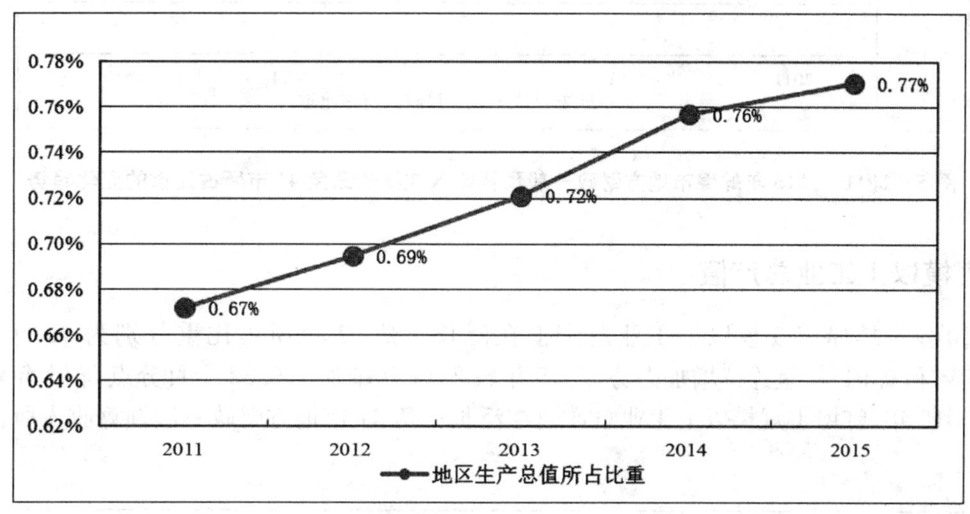

图4　2011—2015年蚌埠市地区生产总值在泛长三角地区41市(苏浙两省24个地级市、上海市和安徽省16市，下同)所占比重的变化趋势

2015年，全年生产总值(GDP)1253.05亿元，按可比价格计算，比上年增长10.2%。分产业看，第一产业增加值188.55亿元，增长4.7%；第二产业增加值641.95亿元，增长10.5%；第三产业增加值422.56亿元，增长12.2%。三次产业结构由上年的15.5∶51.9∶32.6调整为15.1∶51.2∶33.7。人均GDP38267元(折合6143美元)，比上年增加2725元。地区生产总值居全省第七位；按可比价格计算，比上年同期增长10.2%，高于全省平均水平1.5个百分点，居全省第三位。其中，第一产业增长4.7%，居全省第一位；第二产业增长10.5%，居全省第三位；第三产业增长12.2%，居全省第一位。

(二)地方财政一般预算收入

2011—2015年蚌埠市地方财政一般预算收入在泛长三角41市所占比重分别为0.50%、0.57%、0.57%、0.62%和0.61%，2015年较2011年增加了0.11个百分点，较上年减少了0.01个百分点。2015年，蚌埠市地方财政一般预算收入在泛长三角41市地区的排第29位。

2015年，全市财政收入228亿元，完成预算的100.5%，增长9.5%左右，其中地方收入119亿元，完成预算的101.8%，增长13.4%。全市财政支出240亿元，增长15.1%。市本级财政收入107亿元，完成预算的102.3%，增长5.2%，其中地方收入32亿元，完成预算的109.2%，增长11.2%。市本级财政支出75亿元，增长12.9%。市本级政府性基金收入33亿元，支出29亿元。市本级国有资本经营收入8,636万元，支出8,636万元。市本级社会保险基金收入44亿元，支出46亿元。

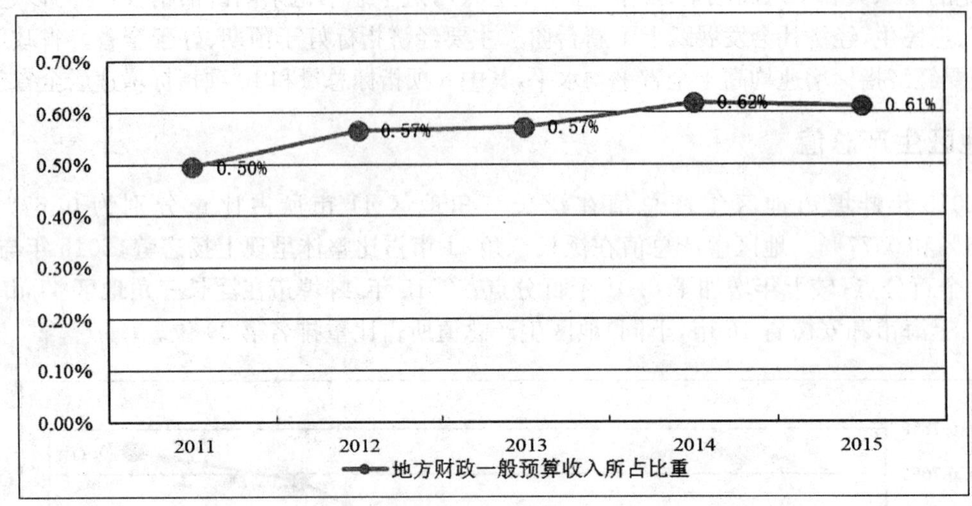

图 5　2011—2015 年蚌埠市地方财政一般预算收入在泛长三角 41 市所占比重的变化趋势

(三)规模以上工业总产值

2011—2015 年蚌埠市规模以上工业总产值在泛长三角 41 市所占比重分别为 0.59%、0.62%、0.70%、0.80%和 0.91%，呈连续增加态势，2015 年较 2011 年增加了 0.32 个百分点，较上年增加了 0.11 个百分点。2015 年，蚌埠市规模以上工业总产值在泛长三角 41 市地方财政一般预算收入所占比重排第 26 位。

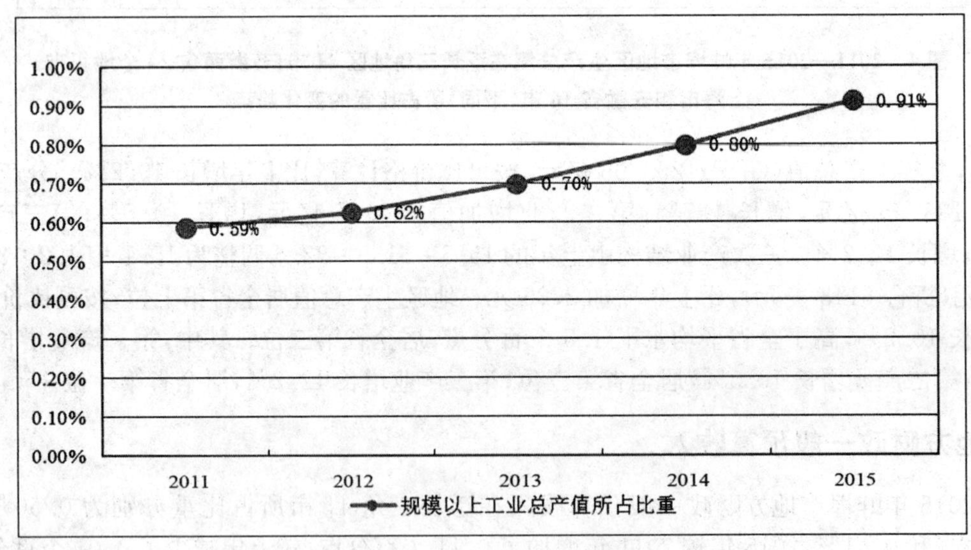

图 6　2011—2015 年蚌埠市规模以上工业总产值在泛长三角 41 市所占比重的变化趋势

规模以上工业增加值 679.8 亿元，增长 10.8%，高于全省平均水平 2.2 个百分点，增加值、增幅均居全省第四位。战略性新兴产业产值 768.1 亿元，居全省第三位，增长 28.0%，高于全省平均水平 10.4 个百分点，居全省第三位。

(四)进出口总额

2011—2015年蚌埠市进出口总额在泛长三角41市所占比重分别为0.06%、0.09%、0.12%、0.14%和0.17%，总体上呈现上扬态势，五年间增加了0.11个百分点，其中2015年较上年增加了0.03个百分点。2015年，蚌埠市进出口总额在泛长三角41市的排31位，位置相对靠后。

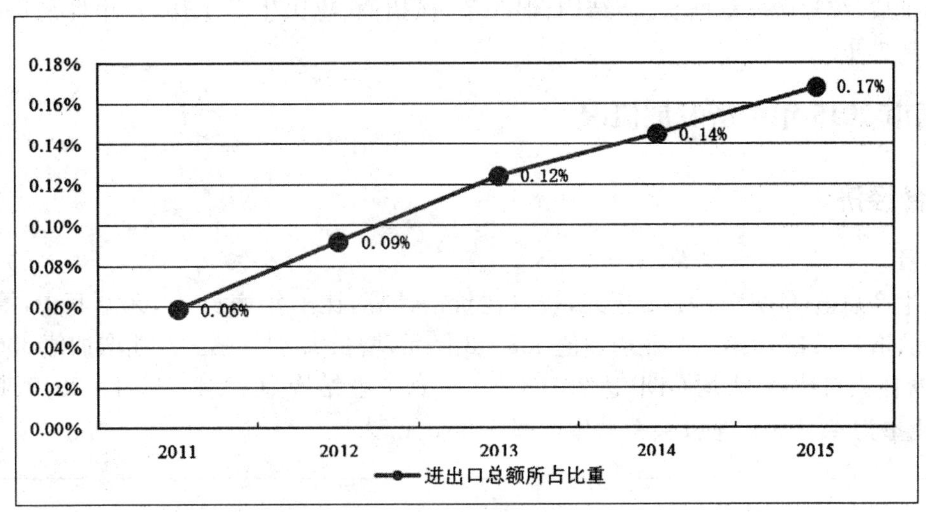

图7　2011—2015年蚌埠市进出口总额在泛长三角41市所占比重的变化趋势

进出口总额23.41亿美元，增长12.6%，高于全省平均水平13.4个百分点，居全省第四位。

(五)实际外商直接投资金额

2011—2015年蚌埠市实际外商直接投资金额在泛长三角41市所占比重分别为0.72%、1.01%、1.29%、1.62%和1.90%，整体呈现上扬姿态，2015年较2011年增加了1.18个百分点，较上年增加了0.28个百分点。2015年，蚌埠市实际外商直接投资金额在泛长三角41市排第14位，排名相对靠前。

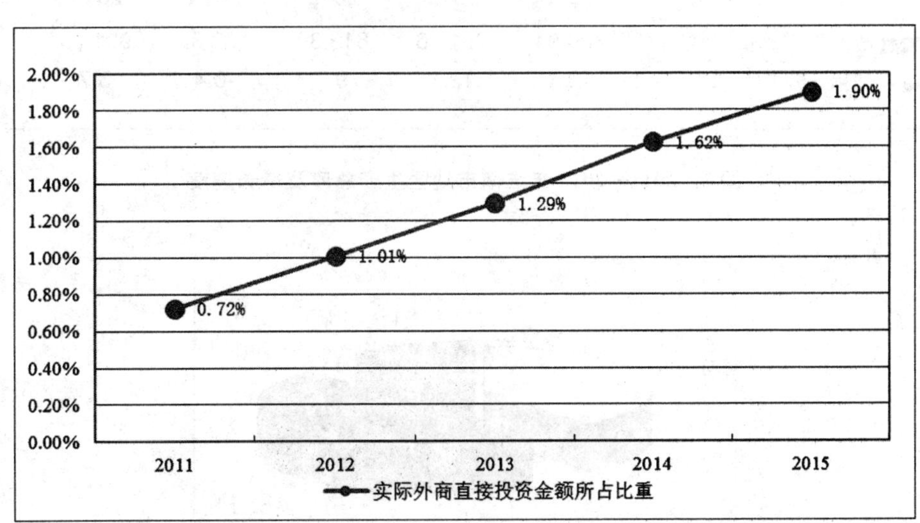

图8　2011—2015年蚌埠市实际外商直接投资金额在泛长三角41市所占比重的变化趋势

外商直接投资13.92亿美元，居全省第四位；增长14.7%，高于全省平均水平4.3个百分点，居全省第三位。

五 淮南市 2015 年经济社会发展报告

2015 年，面对复杂严峻的宏观环境，全市人民在市委、市政府的坚强领导下，深入贯彻落实党的十八大和十八届三中、四中、五中全会和习近平总书记系列重要讲话精神，主动适应经济发展新常态，有效化解各种风险和挑战，统筹做好稳增长、调结构、促改革、抓招商、惠民生等工作，全市经济保持平稳运行，社会事业取得新进步。

一、淮南市 2015 年经济发展概况

(一)综合经济

1. 经济总量

全年地区生产总值(GDP)901.08 亿元，按可比价格计算，比上年增长 3.7%。其中，第一产业增加值 111.51 亿元，增长 4.2%；第二产业增加值 433.33 亿元，增长 1.5%；第三产业增加值 356.24 亿元，增长 7.8%。按常住人口计算，人均 GDP 达 26398 元。三次产业结构为 12.4 ∶ 48.1 ∶ 39.5，其中工业增加值占 GDP 的比重为 43.8%。全社会劳动生产率 55861 元/人。

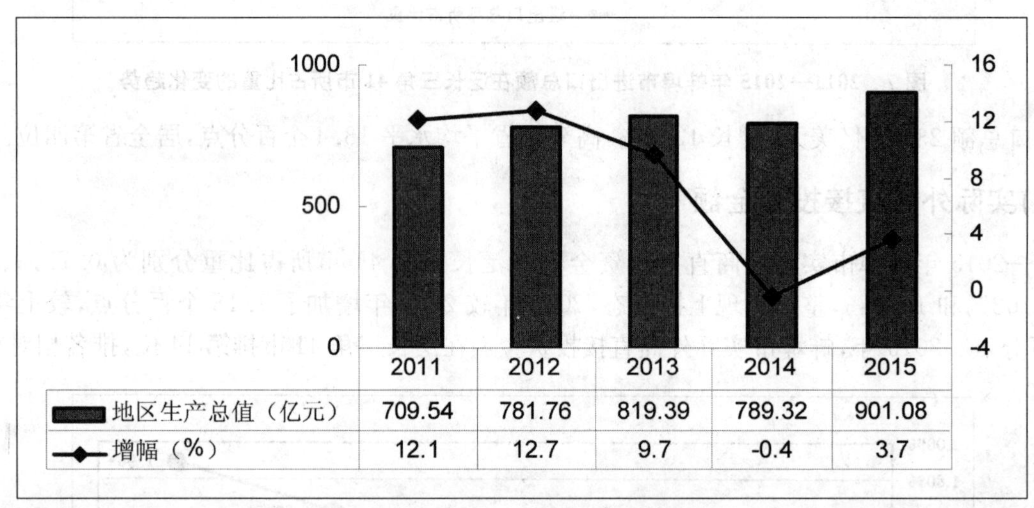

	2011	2012	2013	2014	2015
地区生产总值（亿元）	709.54	781.76	819.39	789.32	901.08
增幅（%）	12.1	12.7	9.7	-0.4	3.7

图 1 2011—2015 年淮南市地区生产总值及增长速度

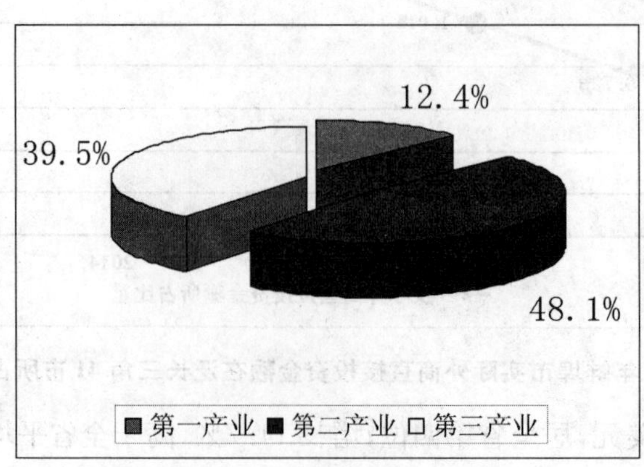

图 2 2015 年淮南市三次产业结构图

2. **财政收支**

全年财政收入131亿元，比上年增长4.1%，其中地方财政收入77.3亿元，增长2.6%。全部财政收入中，增值税增长1%，营业税增长1%，企业所得税增长27.8%。财政支出153.5亿元，增长5.9%。其中教育支出23.4亿元，增长17.7%；城乡社区事务支出16.3亿元，下降1.2%；医疗卫生支出13亿元，增长5.8%；科学技术支出增长0.1%；文化体育与传媒支出增长5.3%；交通运输支出增长12.2%。全市33项民生工程实际拨付资金22.3亿元。

3. **物价水平**

全年居民消费价格比上年上涨0.9%，其中食品价格上涨2.0%，服务项目价格上涨1.1%。商品零售价格下降0.5%。工业生产者出厂价格下降10.8%。工业生产者购进价格下降6.7%。

4. **固定资产投资**

全年固定资产投资781.9亿元，比上年增长3.5%。其中：民间投资370.5亿元，增长2.3%。分产业看，第一产业投资50.3亿元，下降6.9%；第二产业投资321.1亿元，增长2.1%；第三产业投资410.5亿元，增长6.2%。分行业看，工业完成投资319.9亿元，增长5.8%。其中煤炭开采和洗选业完成投资46.4亿元，下降6.3%；电力行业完成投资62.7亿元，下降13.7%；制造业完成投资210.6亿元，增长17.2%。

全年共安排亿元以上重点项目341个，当年完成投资413.1亿元。平圩电厂三期2×1000兆瓦燃煤发电机组、朱集西矿井及选煤厂、淮南市第一人民医院急诊大楼等项目建成。中电投100兆瓦光伏电站、省道203凤蒙路绵羊桥至大兴集段路面改造工程、凤台工谷装备产业园、国药集团国瑞药业有限公司退城进园（二期）、实验中学山南校区等项目开工建设。

（二）农业

落实各项强农惠农政策，全年“三农”支出35.2亿元，增长2.9%。农业生产进一步发展。农业产业化步伐加快，新增农民专业合作社157家，市级以上龙头企业达151家，规模以上农产品加工企业达200家。农村土地确权工作基本完成。新增土地流转面积5.3万亩。积极推进沿淮洼地治理，小型农田水利设施改造提升、禹王泵站改造等工程完工。

全年粮食种植面积20.9万公顷，比上年增长0.7%；棉花种植面积668公顷，下降26.8%；油料种植面积4974公顷，增长1.5%；蔬菜种植面积2.9万公顷，增长2.4%。

全年粮食总产量144.2万吨，比上年增长3.4%，其中夏粮产量64.5万吨，增长1.0%；秋粮产量79.7万吨，增长5.4%。油料产量1.6万吨，增长5.2%；棉花产量1119吨，下降38.8%；蔬菜产量90.8万吨，增长4.6%。

年末全市生猪存栏29.3万头，比上年增长0.8%；全年生猪出栏50.8万头，增长0.4%。肉类总产量9.3万吨，增长2.3%，其中猪牛羊肉产量5.6万吨，增长0.9%。禽蛋产量7.1万吨，增长5.0%。牛奶产量4.8万吨，下降9.5%。水产品产量8.0万吨，增长3.0%。

年末全市农业机械总动力190.0万千瓦，比上年增长2.8%。各式拖拉机10.3万台，下降3.9%；联合收割机6560台，增长13%。全年化肥施用量（折纯）14.1万吨，增长0.9%；农村用电量10.0亿千瓦时，增长18.7%。有效灌溉面积123.0千公顷；节水灌溉面积65.0千公顷。

（三）工业和建筑业

1. **工业经济**

年末全市规模以上工业企业[4]543户。全年实现规模以上工业增加值331.8亿元，比上年下降0.4%，轻、重工业增加值比例由上年8.5∶91.5变化为10.2∶89.8。

全市35个工业行业中，煤炭行业实现增加值167.0亿元，增长5.5%；电力行业83.6亿元，下降

3.2%；化学原料和化学制品制造业8.8亿元，下降19.9%；装备制造业19.1亿元，下降18%。高新技术工业增加值23.2亿元，下降11.7%。战略性新兴产业产值51.3亿元，下降12.7%。

主要工业产品产量中，原煤增长9.4%，洗煤下降6.2%，发电量下降4.2%，合成氨增长2.1%，化肥下降7.2%，水泥增长7.7%，矿山专用设备下降2.7%。

年末全市发电装机容量1419.2万千瓦，其中，当年新增发电装机容量200万千瓦。

全年规模以上工业企业实现主营业务收入828.6亿元，下降7.6%；实现税收54.9亿元，下降3.6%。工业综合经济效益指数达到179.0%，较上年提高13.3个百分点。

2.建筑业

年末资质内建筑企业98户。其中大型企业1户，与上年末相比持平；中型企业14户，比上年减少2户；小型企业53户，比上年增加14户。房屋建筑施工面积277.5万平方米，比上年减少82.5万平方米；房屋竣工面积105万平方米，减少140.7万平方米。全年实现税收3.5亿元，增长29.6%；利润3.4亿元，增长36%。全年全社会建筑业增加值61.9亿元，比上年增长5.9%。

(四)服务业

1.国内贸易

全年实现社会消费品零售总额459.2亿元，比上年增长9.5%。按经营地统计，城镇实现零售额383.4亿元，增长9.7%；乡村实现零售额75.7亿元，增长7.9%。按消费类型统计，商品零售额396.8亿元，增长9.2%；餐饮收入62.3亿元，增长10.9%。

限额以上单位实现消费品零售额130.4亿元，增长2.2%。全市纳入统计的17家开展网络零售业务的限额以上企业，实现网上零售额4970.1万元，增长39.1%。

从限额以上单位商品零售类值看，粮油食品类增长10.4%，服装、鞋帽、针纺织品类增长3.7%，家用电器和音像器材类下降5.6%，中西药类增长12.8%，石油及制品类下降11.5%，汽车类增长13.0%。

2.交通运输、邮电

全年旅客运输量4824万人，比上年增长3.9%；货物运输量21005万吨，下降0.2%。公路客运周转量23.7亿人公里，增长5%；公路货运周转量255.4亿吨公里，下降2.5%；水路货运周转量184亿吨公里，下降7.1%；港口吞吐量2111万吨，增长3.8%。

年末全市拥有民用汽车17.8万辆，增长14.9%；其中：载客车14.5万辆，增长17.3%；载货车3.1万辆，增长5.6%；私人汽车13.8万辆，增长19.8%。年末公共汽车789辆，较上年下降9.9%；出租汽车3409辆，较上年增长0.3%。

全年完成邮电业务总量19.8亿元，比上年增长17.4%。其中，邮政业务总量1.68亿元，增长35.5%；电信业务总量18.4亿元，增长18%。当年获得《快递业务经营许可证》的企业5家。全年全市完成快递业务量503.3万件，同比增长37.8%；快递业务收入7638.6万元，同比增长39.9%。年末电话交换机容量268.5万门；固定电话用户27.5万户；移动电话用户168.1万户，其中3G移动电话用户55.2万户，4G移动电话用户58.0万户。城市家庭每百户拥有固定电话46部，同比减少6.9%；拥有移动电话235部，同比增长2.9%；农村家庭每百户拥有固定电话32部，同比减少6.5%；拥有移动电话215部，同比增长10.0%。年末计算机互联网用户44.5万户，增长21.6%。

3.旅游业

全年接待国内游客1518.1万人次，增长17.0%。接待入境旅游人数3.7万人次，增长6.7%。旅游总收入91.1亿元，增长20.9%。其中，旅游外汇收入2720.7万美元，增长34%。全市星级饭店31家，客房2752间(套)。推进文化旅游融合发展，开展“送戏进万村”等文化惠民活动6900余场，创建国家4A级旅游景区1处。

4.金融、保险和证券

年末全市金融机构人民币各项存款余额1401.6亿元,比年初增加172.4亿元,增长14%。其中,非金融企业存款364.8亿元,比年初增加41.8亿元,增长13.0%;住户存款余额771.3亿元,比年初增加61.1亿元,增长8.6%。金融机构人民币各项贷款余额为970.5亿元,比年初增加74.3亿元,增长8.3%。其中,境内短期贷款275.4亿元,比年初减少30.6亿元,下降10%;境内中长期贷款623.5亿元,比年初增加106亿元,增长20.5%。

全年社会融资规模112.5亿元。直接融资总额达345.7亿元,完成省下达目标任务的116%。山河药辅在创业板首发上市,募集资金1.74亿元,实现淮南市非煤企业IPO上市零的突破;淮河化工在新三板成功挂牌;瑞普农业、中祝农业等14家企业在省股权托管交易中心成功挂牌。

全年保险业保费收入34.1亿元,比上年增长13.3%,其中财险保费收入9.7亿元,增长7.5%;人身险保费收入24.4亿元,增长15.8%。全年赔款和给付支出11.7亿元,增长13.7%,其中财产险业务赔款支出5.0亿元,增长5.6%;人身险业务赔款和给付支出6.7亿元,增长20.7%。

年末债券市场融资余额525亿元,同比增长9.4%,其中中期票据余额247亿元,短期融资券余额214亿元,企业债余额62亿元,中小企业私募债余额2亿元。全年证券交易额3507.5亿元,比上年增长2.0倍。

5.房地产业

全年房地产开发投资98.1亿元,比上年下降11.2%。全年商品房销售面积163万平方米,下降9.1%。商品房销售额75.7亿元,下降13.0%。全年新开工建设城镇保障性安居工程住房12129套,基本建成城镇保障性安居工程住房15092套。

(五)对外经济

1.对外贸易

全年外贸进出口总额33219万美元,比上年下降25.7%。其中出口28573万美元,下降19.9%;进口4646万美元,下降48.6%。

2.利用外资

全年新批外商投资企业4家;合同利用外资9905万美元,增长91.3%;实际吸收外商直接投资20797万美元,增长3.5%。全年对外工程承包新签合同额20950万美元,增长40.9倍;完成营业额6169万美元,下降51.3%。当年外派劳务人员2300人,与上年持平。引进内资实际到位市外资金总额为608.6亿元,增长8.7%。

二、淮南市2015年社会发展概况

(一)人口、人民生活

年末全市常住人口239.7万人,比上年增加2.2万人;常住人口城镇化率68.92%,比上年末提高1.02个百分点。全市人口出生率11.67‰,与上年持平;死亡率4.82‰,下降0.28个千分点;自然增长率6.85‰,提高0.28个千分点。年末户籍人口246.2万人,比上年增加2.9万人,其中:男性128.2万人;女性118.0万人。

全年城镇常住居民人均可支配收入28106元,比上年增长7.0%,扣除价格因素,实际增长6.0%。人均消费性支出16343元,增长7.4%。其中,食品烟酒支出增长4.3%,居住支出增长8.0%。城镇居民家庭恩格尔系数为35.9%。城镇居民人均住房面积30.0平方米。

全年农村常住居民人均可支配收入11433元,比上年增长8.4%,扣除价格因素,实际增长7.4%。农村居民人均消费性支出8257元,增长14.1%。农村居民家庭恩格尔系数为36.9%。农村居民人均住房面积50.1平方米。

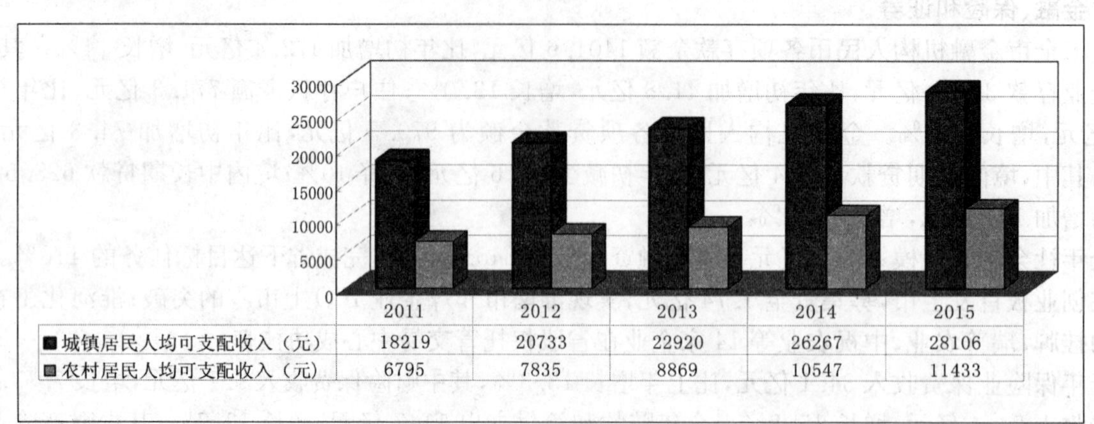

	2011	2012	2013	2014	2015
城镇居民人均可支配收入（元）	18219	20733	22920	26267	28106
农村居民人均可支配收入（元）	6795	7835	8869	10547	11433

图 3　2011—2015 年淮南市城乡居民收入对比一览

(二)就业与社会保障

1. 就业工作

年末全市从业人员 137.8 万人，比上年减少 0.3 万人。其中，第一产业 31.2 万人，增加 1.2 万人；第二产业 51.9 万人，减少 2.8 万人；第三产业 54.7 万人，增加 1.3 万人。

全年城镇新增就业 4.9 万人，下岗失业人员再就业 2.1 万人。年末城镇登记失业率为 4.0%。

2. 社会保障和福利

年末全市参加城镇基本养老保险、城乡居民养老保险人数分别为 47.51 万人和 75.1 万人；参加城镇职工基本医疗保险、城镇居民基本医疗保险人数分别为 52.97 万人和 60.59 万人。参加失业保险人数为 29.23 万人。全市参加工伤、生育保险人数分别为 32.75 万人和 24.77 万人。参加新型农村合作医疗的农业人口 125.5 万人，参合率为 100%。

年末城市居民最低生活保障 4.98 万人，农村最低生活保障 4.48 万人，农村五保供养 1.41 万人。全年医疗救助 5.9 万人次，抚恤补助各类优抚对象 1.9 万人。

(三)教育和科学技术

1. 教育事业

2015 年淮南市加大财力倾斜，改善教学条件，提升教育质量，大通、田家庵、八公山 3 个区顺利通过国家义务教育发展基本均衡县(区)认定。新建幼儿园、中小学 11 所，市职教中心建成投用，安理大新校区加快推进。

年末共有普通高校 5 所，在校学生 77829 人，招收学生 24756 人，毕业生 25000 人。各类中等职业教育(不含技工学校)在校学生 27859 人；普通高中在校学生 41482 人；义务教育在校学生 223097 人，其中初中 67232 人，小学 155865 人；幼儿园在校学生 79705 人。学龄儿童小学入学率和初中学龄人口入学率分别为 99.45%和 99.04%；高考录取 14078 人，成人高校在校学生 11018 人。

2. 科技与创新

年末共有高新技术企业 81 家，全年高新技术企业实现总收入 106.7 亿元。高新技术产品 31 个。科研机构 73 个。科技人员 17680 人。全年专利申请量 3305 件，比上年增长 7.9%；专利授权量 2413 件，增长 16.5%。全年共取得省部级以上鉴定的科技成果 18 项；获得省科技进步奖一等奖 1 项，二等奖 3 项，三等奖 6 项。

年末拥有国家级研究院 1 家，国家级工程技术中心 1 家，国家级重点实验室 1 个，国家级工程实验室

1家，国家级企业技术中心2家；省级工程技术研究中心27个，省级实验室2家；市级工程技术研究中心50个，市级重点实验室2个；国家级、省、市创新型(试点)企业78家。

年末全市有县以上产品质量检验机构44个，其中系统内5个，国家质量监督检验中心1个；法定计量技术机构3个，全年强制检定计量器具7.9万台(件)。累计制定、修订地方标准39项。有国家地理标志产品2个、安徽名牌产品36个。

(四)文化、卫生和体育

1.文化事业

年末全市有文化馆7个，博物馆2个，公共图书馆7个，图书馆藏书43.77万册。各级综合档案馆7个，档案馆藏档案、资料98万卷(册)，增长12.6%。广播、电视覆盖率均为100%。《淮南日报》、《淮河早报》全年共发行1305万份。

2.卫生事业

年末全市有医疗卫生机构1211个，其中医院67个、基层医疗卫生机构1059个、专业公共卫生机构82个，其他卫生机构3个。基层医疗卫生机构中，卫生院46个，社区卫生服务中心(站)185个，村卫生室570个；专业公共卫生机构中，疾病预防控制中心8个，专科疾病防治院(所、站)2个，妇幼保健院(所、站)9个，卫生监督所(中心)7个。全市卫生技术人员13896人，其中执业(助理)医师5178人，注册护士6292人。乡村医生和卫生员1622人。医疗卫生机构床位1.4万张，其中医院、卫生院床位1.2万张。中心血站1个，全年共有2.2万人次参加了无偿献血。全年医疗卫生机构共诊疗1072.2万人次。市一院门急诊医技楼建成投用，市四院病房楼基本建成。

3.体育事业

大力开展全民健身行动计划，建成45个农民体育健身等工程。全年在省级各项比赛中，淮南市运动健儿获金牌39枚，银牌48枚，铜牌60枚。举办了“全民健身、健康淮南”、“淮南运动、淮南健康、淮南快乐”等120项次重大活动，影响人数达百万人次。

(五)城乡建设

围绕推进新型城镇化和全国智慧城市试点，加快提升城市功能和品质。丰富完善规划体系。坚持规划引领，注重“多规合一”，在科学编制“十三五”经济社会发展规划的基础上，编制完成合淮一体化规划、西部空间整合规划、淮南港总体规划，加快编制城市空间特色规划、淮河岸线资源总体规划，深入开展规划卫片图斑核查整改，为全市经济社会发展提供了有力支撑。

大力推进城市建设。新城区建设提质提速，老城区改造步伐加快，西部城区环境整治有序推进。按照产城一体的要求，整合完善高新区与山南新区、经开区与大通区、煤化工园区与潘集区管理体制。全年棚改项目开工22个、共108万平方米，维修改造老旧小区65个，新改建各类地下管网200公里，建成城市绿道30公里。深入开展闲置土地清理处置、规范房地产市场等专项整治，土地和房地产市场秩序逐步向好。全年拆除各类违法建设301.2万平方米，集中整治城市私设道路障碍物447处，城市综合执法和管理水平进一步提升。

加快发展综合交通。优化对外交通体系，商合杭高铁淮南段开工建设，济祁高速公路淮南段、3座淮河大桥、煤化工码头等建设加快，九龙大道等建成通车，新建、改造国省干线7条。城乡路网不断完善，广场路、淮舜南路下穿工程建成投用，林场路、朝阳东路、卧龙山路西延工程建成通车，农村公路建设三年行动计划全面实施，改造县乡道路80公里，新增(延伸)村道105公里。

农村建设进一步加强。建成58个美好乡村中心村，启动7个美丽小镇建设试点。完成农村危房改造2730户、农房建设与改造2500户。解决8.6万农村居民和2.77万农村学校师生饮水安全问题。3个村镇荣获全国文明村镇称号。农民生活进一步改善。实施80个村扶贫开发整村推进，减少贫困人口

8400人。惠农“一卡通”发放涉农补贴7.3亿元。务工人员工资保障和维权服务工作全面加强

(六)资源、环境保护

全年全市国有建设用地供应总量1368.3公顷，比上年增长34.5%。其中，工矿仓储用地433.1公顷，增长1.0倍；住宅用地204.7公顷，下降45.0%；基础设施等其他用地730.5公顷，增长70.0%。

全年全市供水总量15.5亿立方米，比上年下降3.1%，其中地表水供水量14.3亿立方米，地下水供水量1.0亿立方米。全年总用水量15.5亿立方米，其中，农田灌溉用水量5.9亿立方米，工业用水量7.5亿立方米，生活用水量1.6亿立方米。

积极开展水污染综合防治，焦岗湖国家湿地公园通过国家验收，淮河淮南段水质稳步改善。年末全市城市污水处理厂日处理能力达22.0万立方米，比上年提高10%；城市污水处理率达到96.7%，下降1.5个百分点；建成区绿地率达到36.9%，提高0.2个百分点。

生态环境质量持续改善。国家森林城市、全国水生态文明试点市创建工作深入推进。扎实开展“千万亩森林增长工程”和“三线三边”绿化提升行动。持续推进大气污染防治，完成7个重点工业企业除尘改造项目，整治混凝土搅拌站39个、煤场堆场630个、燃煤锅炉631个、非法码头62个，淘汰黄标车4015辆，PM10平均浓度降幅全省第一。当年全市人工造林面积1302.2公顷。年末全市森林面积52.7千公顷，森林覆盖率20.4%，活立木总蓄积量342.1万立方米，森林蓄积量292.4万立方米。

年末全市有市、县级环境监测站2个。全市空气质量平均优良天数比例为84.5%，比上年上升0.7个百分点；全市PM10年均浓度为85微克/立方米，比上年下降20.6%。

全市化学需氧量(COD)、氨氮、二氧化硫、氮氧化物四项主要污染物排放总量分别较上年削减1.62%、4.12%、0.49%和35.45%。全市单位GDP能耗下降3.26%。

(七)社会安全

全年亿元GDP生产安全事故死亡人数为0.111人，比上年下降2.52%；工矿商贸企业就业人员十万人事故死亡人数为1.14人，下降61%；煤矿百万吨死亡人数为0.058人，下降87.39%；道路交通万车事故死亡人数为2.52人，下降0.04%。全年发生火灾事故960起。全年发生交通事故734起。

三、淮南市在长三角地区经济发展中的地位

2015年，面对复杂严峻的宏观环境，全市人民在市委、市政府的坚强领导下，深入贯彻落实党的十八大和十八届三中、四中、五中全会和习近平总书记系列重要讲话精神，主动适应经济发展新常态，有效化解各种风险和挑战，统筹做好稳增长、调结构、促改革、抓招商、惠民生等工作，全市经济保持平稳运行，社会事业取得新进步。

(一)地区生产总值

2011—2015年淮南市地区生产总值在泛长三角地区41市所占比重分别为0.61%、0.61%、0.59%、0.52%和0.55%。2015年与2011年比减少了0.06个百分点，较上年增加了0.03个百分点。2015年，淮南市在泛长三角地区41市地区生产总值所占比重排名第38位。

全年地区生产总值(GDP)770.6亿元，按可比价格计算，比上年增长2.8%。其中，第一产业增加值69.2亿元，增长4.2%；第二产业增加值398.0亿元，增长0.5%；第三产业增加值303.4亿元，增长7.4%。按常住人口计算，人均GDP达32298元(折合5186美元)。三次产业结构由上年的8.5∶55.8∶35.7调整为9.0∶51.6∶39.4，其中工业增加值占GDP的比重为43.8%。全社会劳动生产率55861元/人。

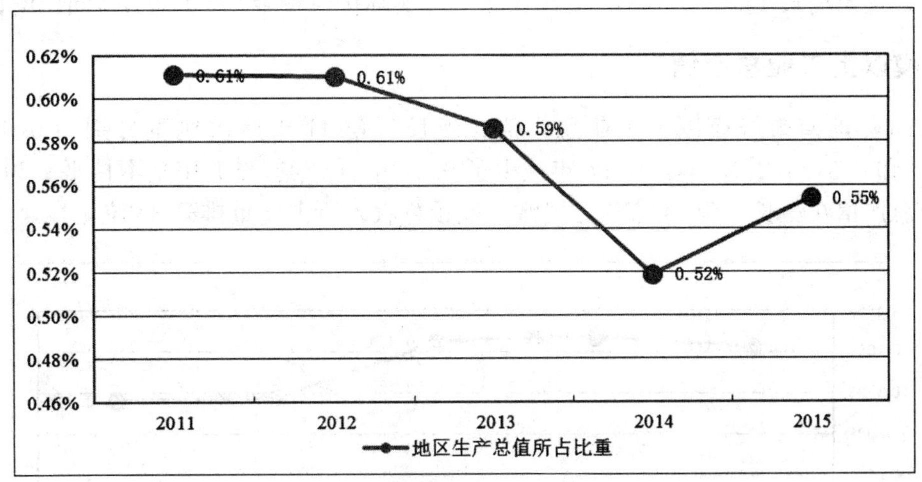

图4　2011—2015 年淮南市地区生产总值在泛长三角地区 41 市（苏浙两省 24 个地级市、上海市和安徽省 16 市，下同）所占比重的变化趋势

（二）地方财政一般预算收入

2011—2015 年淮南市地方财政一般预算收入在泛长三角 41 市所占比重分别为 0.58%、0.71%、0.68%、0.44%和 0.40%，2015 年较 2011 年减少了 0.18 个百分点，较上年减少了 0.04 个百分点。2015 年，淮南市地方财政一般预算收入在泛长三角 41 市地区的排第 37 位。

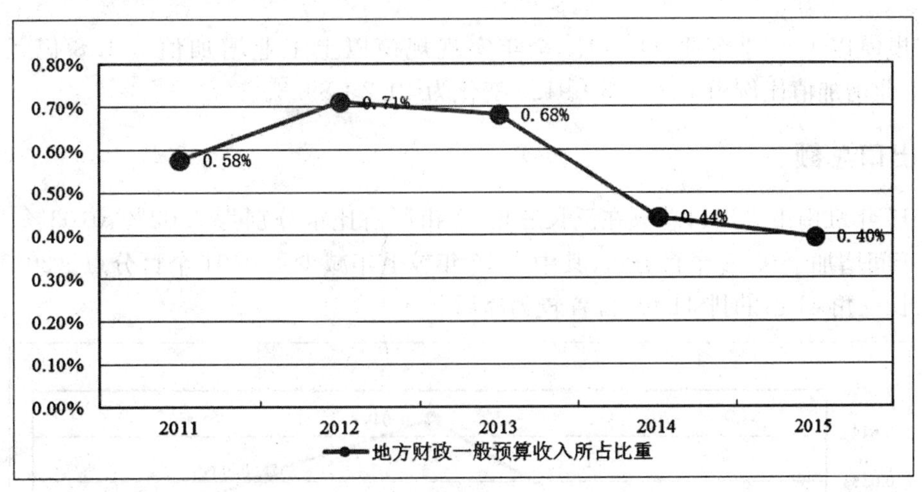

图5　2011—2015 年淮南市地方财政一般预算收入在泛长三角 41 市所占比重的变化趋势

全年财政收入 125.8 亿元，比上年下降 26%，其中地方财政收入 75.4 亿元，下降 31.9%。全年社会融资规模 145.2 亿元，比上年减少 58.2 亿元。年末，全市金融机构各项存款余额 1228.7 亿元，比年初增加 18.9 亿元，增长 1.6%；金融机构各项贷款余额为 896.2 亿元，比年初增加 16.2 亿元，增长 1.8%。全年城镇常住居民人均可支配收入 26267 元，比上年增长 7.5%；农村常住居民人均可支配收入 10547 元，增长 11%。全部财政收入中，增值税下降 13.8%，营业税下降 18.5%，企业所得税下降 8%。财政支出 146 亿元，下降 13.4%。其中教育支出 19.5 亿元，下降 13.4%；城乡社区事务支出 16.5 亿元，下降 57.3%；医疗卫生支出 12.3 亿元，下降 5.2%；科学技术支出下降 29.1%；文化体育与传媒支出增长

5.8%；交通运输支出增长 14.6%。全市 33 项民生工程实际拨付资金 32.03 亿元，同比增长 58.5%。

（三）规模以上工业总产值

2011—2015 年淮南市规模以上工业总产值在泛长三角 41 市所占比重分别为 0.41%、0.42%、0.41%、0.34%和 0.34%，2015 年较 2011 年减少了 0.07 个百分点，与上年基本持平。2015 年，淮南市规模以上工业总产值在泛长三角 41 市地方财政一般预算收入所占比重排第 38 位。

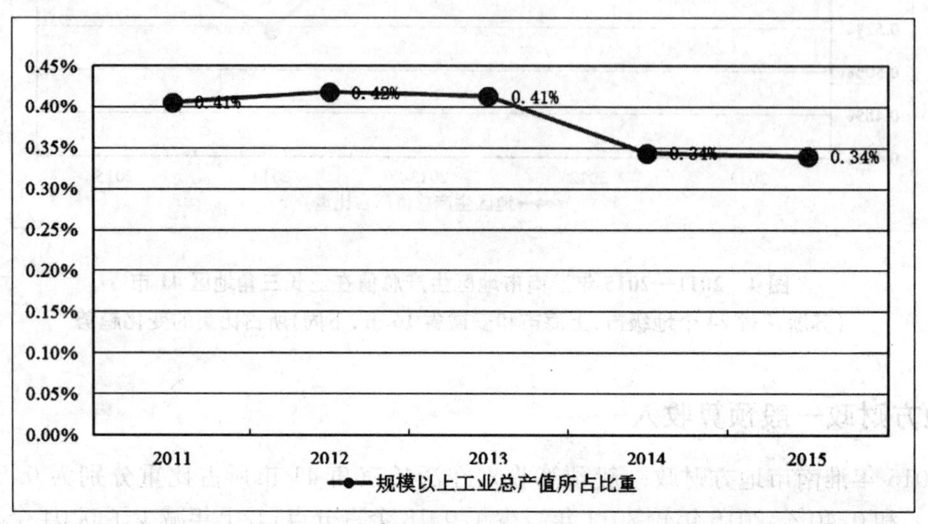

图 6　2011—2015 年淮南市规模以上工业总产值在泛长三角 41 市所占比重的变化趋势

年末全市规模以上工业企业 543 户。全年实现规模以上工业增加值 331.8 亿元，比上年下降 0.4%，轻、重工业增加值比例由上年 8.5∶91.5 变化为 10.2∶89.8。

（四）进出口总额

2011—2015 年淮南市进出口总额在泛长三角 41 市所占比重分别为 0.02%、0.03%、0.04%、003%和 0.02%，五年间增加了 0.02 个百分点，其中 2015 年较上年减少了 0.01 个百分点。2015 年，淮南市进出口总额在泛长三角 41 市的排 41 位，位置较为靠后。

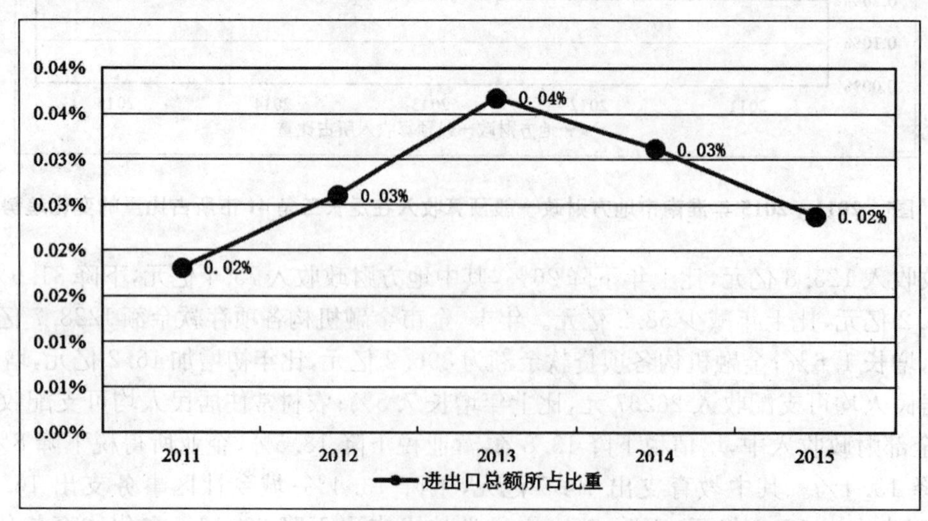

图 7　2011—2015 年淮南市进出口总额在泛长三角 41 市所占比重的变化趋势

全年外贸进出口总额33219万美元，比上年下降25.7%。其中出口28573万美元，下降19.9%；进口4646万美元，下降48.6%。

（五）实际外商直接投资金额

2011—2015年淮南市实际外商直接投资金额在泛长三角41市所占比重分别为0.20%、0.26%、0.32%、0.27%和0.28%，2015年较2011年增加了0.08个百分点，较上年增加了0.01个百分点。2015年，淮南市实际外商直接投资金额在泛长三角41市排第35位，排名相对靠后。

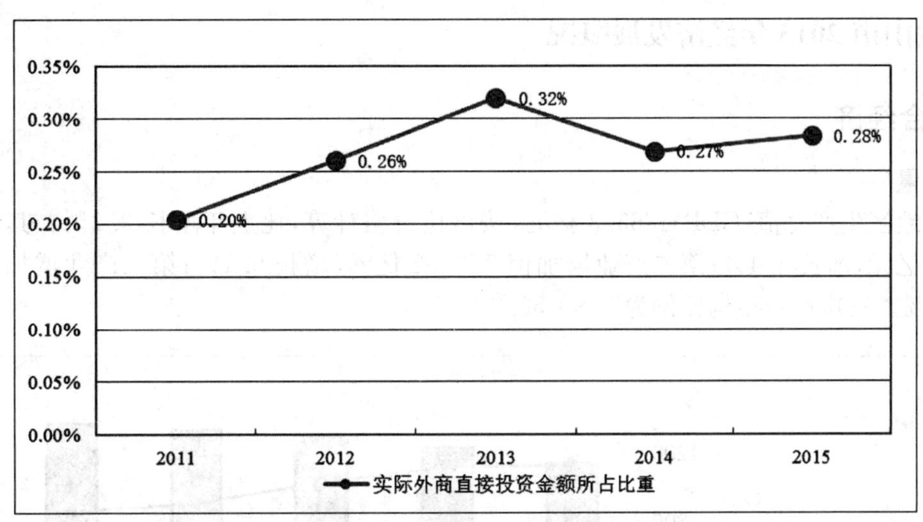

图8　2011—2015年淮南市实际外商直接投资金额在泛长三角41市所占比重的变化趋势

全年新批外商投资企业4家；合同利用外资9905万美元，增长91.3%；实际吸收外商直接投资20797万美元，增长3.5%。全年对外工程承包新签合同额20950万美元，增长40.9倍；完成营业额6169万美元，下降51.3%。当年外派劳务人员2300人，与上年持平。引进内资实际到位市外资金总额为608.6亿元，增长8.7%。

六 马鞍山市 2015 年经济社会发展报告

2015 年，面对经济总体下行和资源型城市转型的双重压力，在市委、市政府的坚强领导下，全市紧紧围绕转型升级、加快发展主题，适应经济发展新常态，全力以赴稳增长、调结构、促改革、惠民生、防风险，攻坚克难、砥砺奋进，经济运行总体平稳、稳中有进，经济结构不断优化，发展成果惠及民生，经济社会发展取得新的显著成绩。

一、马鞍山市 2015 年经济发展概况

(一)综合经济

1. 经济总量

全年实现地区生产总值(GDP)1365.3 亿元，按可比价格计算，比上年增长 9.2%。其中，第一产业增加值 79.46 亿元，增长 4.4%；第二产业增加值 773.62 亿元，增长 9.1%；第三产业增加值 512.22 亿元，增长 10.1%。三次产业结构比例为 5.8∶56.7∶37.5。

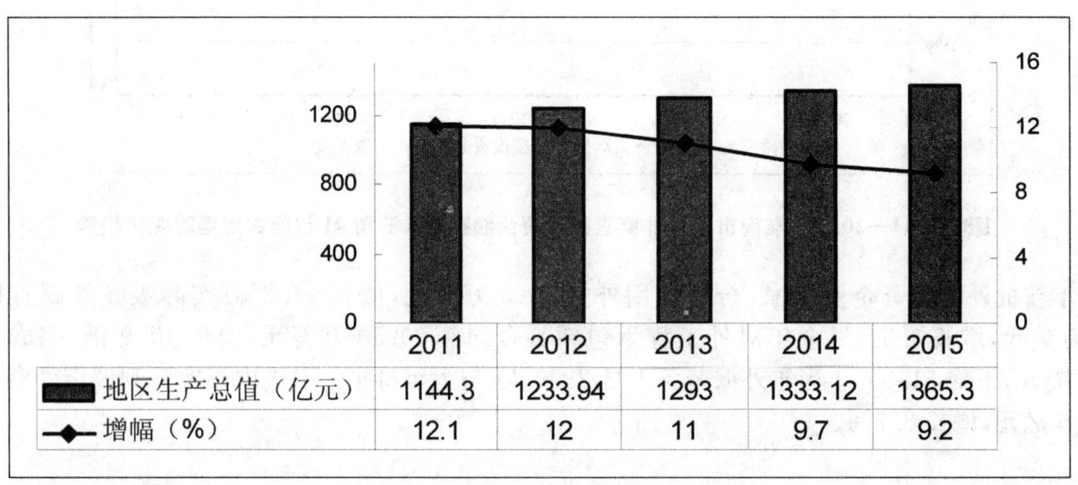

	2011	2012	2013	2014	2015
地区生产总值（亿元）	1144.3	1233.94	1293	1333.12	1365.3
增幅（%）	12.1	12	11	9.7	9.2

图 1 2011—2015 年马鞍山市地区生产总值及增长速度

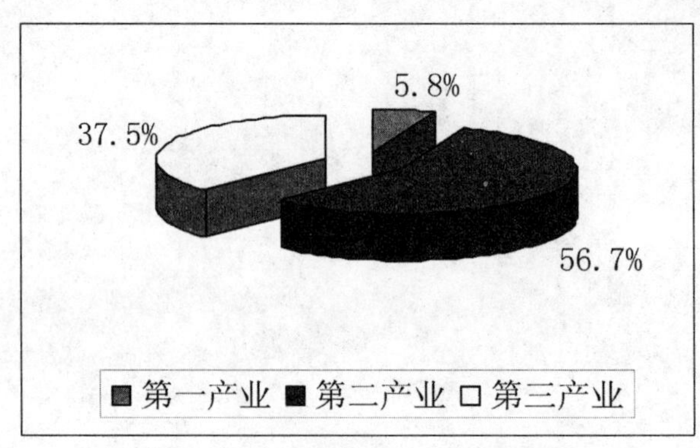

图 2 2015 年马鞍山市三次产业结构图

2. 财政收支

全年实现财政收入210亿元，比上年增长3.6%。税收收入174.48亿元，占全市财政收入比重为83.1%。地方财政收入130.81亿元，增长8.1%。财政支出202.23亿元，增长10.8%。其中，社会保障和就业支出19.99亿元，增长12.3%；民生支出168.34亿元，增长12.2%。

3. 物价指数

全市居民消费价格(CPI)比上年上涨1%。八大类商品及服务价格呈“五涨三跌”格局，其中，涨幅靠前的主要是烟酒类、医疗保健和个人用品类、食品类，分别上涨6.4%、3.8%和2.1%；娱乐教育文化用品类价格上涨1.8%，衣着类价格上涨0.1%；家庭设备用品及维修服务类(-0.6%)、交通和通信类(-1.8%)和居住类(-1.8%)价格下跌。工业生产者出厂价格(PPI)比上年下跌17.8%。

4. 固定资产投资

全年完成固定资产投资1859.84亿元，比上年增长11.1%。其中，房地产开发投资201.28亿元，下降18%。

全年第一产业完成投资45.92亿元，比上年增长30.5%。第二产业完成投资954.13亿元，增长19.9%；其中，工业投资948.37亿元，增长19.6%；工业投资占全市投资的比重达51%，比上年提升3.7个百分点。第三产业完成投资859.79亿元，增长1.9%。

全年实施重点项目656个，完成投资711.7亿元，占投资总额的38.3%。省亿元以上重点项目完成投资640.5亿元。东誉城等132个重点项目开工建设，日发纺机等68个重点项目竣工投运。

(二)农业

农业总量稳步增长，实现农业增加值增长4.5%，规模以上农产品加工产值增长18%。规模经营比重进一步提高，全市土地流转面积102万亩，流转率达55.1%。农业新型经营主体总量迅速壮大，新增市级农业产业化龙头企业18家、农民专业合作社123家、家庭农场104家。当涂县被评为国家现代农业示范区，马鞍山国家农业科技园区获批组建。

全年完成农业总产值143.87亿元，比上年增长4.5%。全市粮食作物种植面积15.68万公顷，比上年扩大1.1%，粮食作物和经济作物之比由上年的2∶1上升到2.1∶1。粮食产量110.12万吨，增长3.6%；蔬菜产量69.93万吨，增长2.9%；水果产量3.43万吨，增长2.5%。油料和棉花产量分别下降4.8%和3.5%。

全市肉类总产量8.12万吨，比上年增长1.4%；蛋类产量2.21万吨，增长5.5%；牛奶产量4.44万吨，增长10.4%；生猪生产平稳，全年生猪饲养量56.66万头，增长0.9%。

(三)工业和建筑业

1. 工业经济

全年完成规模以上工业增加值603.99亿元，按可比价格计算，比上年增长9.5%。县区、开发园区工业增长较快。其中，三县规模以上工业增加值增长19.1%；三区规模以上工业增加值增长11.6%；开发区及新区规模以上工业增加值增长12.8%。

全年战略性新兴产业产值438.34亿元，比上年增长16.4%。其中，节能环保产业增长19.8%，新一代信息技术产业增长24.5%，生物产业增长6.8%，高端装备制造业增长17.2%，新能源产业增长5.7%，新材料产业增长15.6%，新能源汽车产业增长49.7%。全年规模以上工业企业产品销售率为97.6%。

2. 建筑业

全年实现建筑业增加值87.23亿元，按可比价格计算，比上年增长3.5%。全市房屋建筑施工面积2022.66万平方米，房屋竣工面积890.11万平方米。

(四)服务业

现代服务业加快发展,服务业占GDP比重达33.1%,提高1.2个百分点。

1.国内贸易

全年实现社会消费品零售总额418.55亿元,比上年增长12.1%。分区域看,城区实现社会消费品零售总额253.4亿元,增长11.1%;三县实现社会消费品零售总额165.15亿元,增长14.1%。分行业看,批发业实现零售额46.6亿元,增长6.6%;零售业实现零售额317.41亿元,增长12.5%;住宿业实现零售额4.08亿元,增长11.7%;餐饮业实现零售额50.46亿元,增长14.8%。

2.交通运输、邮电

全年铁路客运量108.11万人,铁路货运量296.89万吨;公路客运量5173万人,公路货运量8514万吨;港口货物吞吐量9205万吨,比上年增长13.6%;集装箱吞吐量18.5万标箱,增长62.2%。宁安城际铁路、马滁高速建成通车,205国道北段、347国道郑蒲港段完成改造。商合杭高铁含山段开工建设,226省道二期顺利推进,367省道改建工程开工。慈湖综合码头、天顺港集装箱堆场建成,马鞍山口岸郑蒲港对外扩大开放获得国务院批准。

全年邮电业务收入18.48亿元,比上年增长1.7%。年末固定电话用户32.9万户;其中,城市电话用户27.35万户,乡村电话用户5.55万户。年末移动电话用户190.27万户;其中,3G、4G用户102.8万户。年末宽带用户42.72万户。

3.旅游业

开通了上海游客游马鞍山直通车,启动了2015金秋"上海万人游马鞍山"活动。全年旅游业总收入172.25亿元,比上年增长22%;其中,国际旅游外汇收入5071万美元,增长18.6%。全年共接待海外旅游者12.63万人次,增长14.6%。年末星级饭店19家;其中,五星级2家,四星级6家,三星级8家。大青山和鸡笼山景区通过国家4A级景区评定。现有A级景区28处;其中,4A级景区5处。

4.金融和保险

年末全市金融机构本外币存款余额1609.71亿元,比年初增加136.38亿元;其中,单位存款余额697.19亿元,比年初增加59.2亿元。年末金融机构本外币贷款余额1184.2亿元,比年初增加80.86亿元。其中,短期贷款373.83亿元,比年初增加3.98亿元;中长期贷款644.38亿元,比年初增加57.31亿元。

全市各类保险机构25家。全年保费总收入28亿元,比上年增长2%。其中,财产险保费收入10.13亿元,下降6.4%;人身险保费收入17.91亿元,增长7.5%。

(五)开放型经济

1.对外贸易

全年实现进出口总额29.55亿美元,比上年下降0.1%。其中,进口总额13.29亿美元,下降22.5%;出口总额16.26亿美元,增长30.6%。中小企业完成进出口总额16.05亿美元,增长19.2%。

2.利用外资

全年实际利用外商直接投资19.4亿美元,比上年增长10.1%。

二、马鞍山市2015年社会发展概况

(一)人口、人民生活

年末全市户籍人口228.5万人,其中,城镇人口101.93万人,乡村人口126.57万人。据抽样调查,全市常住人口226.2万人,人口出生率10.55‰,死亡率5.6‰,自然增长率4.95‰。

全年城乡居民人均可支配收入27969元,比上年增长9.1%。其中,城镇居民人均可支配收入35262

元，增长 8.3%；农村居民人均可支配收入 16331 元，增长 9.1%。

全市年末个人存款余额 887.04 亿元，比年初增加 68.04 亿元。其中，定期存款余额 551.1 亿元，比年初增加 15.2 亿元；活期存款余额 230.9 亿元，比年初增加 12 亿元。

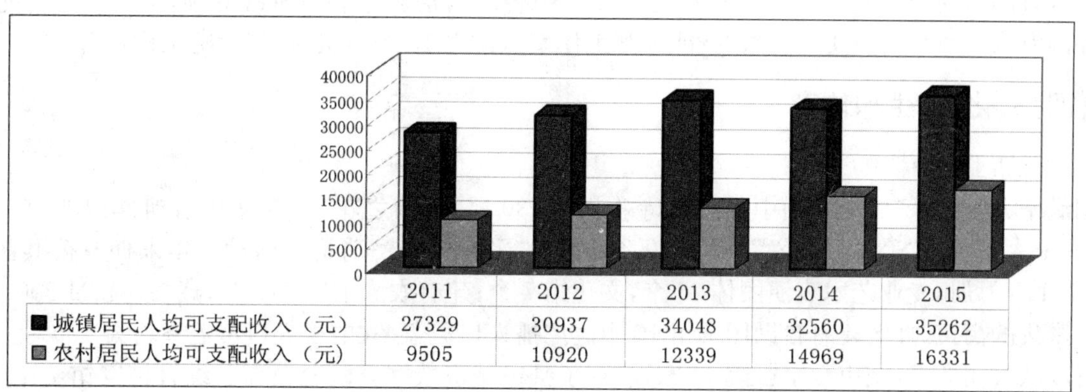

	2011	2012	2013	2014	2015
城镇居民人均可支配收入（元）	27329	30937	34048	32560	35262
农村居民人均可支配收入（元）	9505	10920	12339	14969	16331

图 3　2011—2015 年马鞍山市城乡居民收入对比一览

（二）就业与社会保障

1. 就业

全年新增就业 5.61 万人，下岗失业人员再就业 2.2 万人，“4050”人员等困难群体再就业 4885 人，城镇登记失业率 2.9%。建立机关事业单位养老保险制度。完成就业再就业技能培训 2 万人，创业培训 4628 人。

2. 社会保障和福利

城镇职工养老保险参保人数 40.1 万人，失业保险参保人数 24.83 万人，医疗保险参保人数 98.18 万人，工伤保险参保人数 31.53 万人，生育保险参保人数 57.79 万人。城镇居民医疗保险参保人数 50.1 万人。新型农村社会养老保险参保人数 96.47 万人，参保率为 93.98%。被征地农民养老保障实现即征即保，参保人数为 15.02 万人。

全年城乡最低生活保障救助 99 万人次，全年支付低保金 3.1 亿元。扎实推进养老服务业综合改革试点工作，新增养老院 19 个、床位 1980 张。全市社会收养性福利床位数 1.44 万张；抚恤、补助各类优抚对象 1.49 万人；接受社会捐赠 859 万元；城镇拥有各种社区服务设施 344 处；便民利民服务网点 703 个。全年福利彩票销售 2.21 亿元。筹集福利彩票公益金 6400 万元；其中，市本级 2400 万元。

（三）教育和科学技术

1. 教育事业

全年财政用于教育的支出 31.61 亿元。教育信息化三年行动计划圆满收官，在全省率先实现县区义务教育基本均衡全覆盖。秀山实验小学、河海大学文天学院郑蒲港校区建成投入使用，开展职业教育五年一贯制办学改革。全市高等院校 6 所；中小学及其他各类学校 629 所，其中，幼儿园 256 所，小学 248 所，特殊教育学校 3 所，普通中学 105 所。全市省一类幼儿园 10 所，省示范高中 11 所，省特色初中 1 所，省特色小学 2 所，国家重点职业学校 5 所。全市中小学及其他各类学校共有在校学生 30.41 万人、教职工 2.37 万人。全市高中阶段在校学生 7.47 万人，高中阶段教育毛入学率 117.7%。

2. 科技创新与人才

全年新培育科技小巨人企业 50 家，专利申请量 7960 件，比上年增长 27.7%。承担实施省级以上科技计划项目 51 项。

全年高新技术产业产值800亿元，比上年增长5%。大力培育发展高新技术企业、高新技术产品，高新技术企业256家，高新技术产品1311个。民营科技企业464家，技工贸总收入130亿元。

全年举办人才招聘会38场，引进各类人才1107人。新增8家博士后科研工作站。实行专业技术人员继续教育网络化，开展培训2.17万人次。25个引智项目被国家和省批准立项，3个项目获批为国家高端外国专家项目。增设1个省级"技能大师工作室"，建立10个市级"技能大师工作室"。

(四)文化、卫生和体育

1. 文化事业

圆满举办了第27届马鞍山中国李白诗歌节、第30届"江南之花"群众文化活动、第八届音乐节、第六届"周末大舞台"、"美丽星期六"市民音乐会和第二届文化惠民消费季活动。年末拥有公共图书馆7个，藏书115万册；专业艺术表演团体25个，文化馆7个；建有农家书屋517个，藏书均超过2000册。全市人口密集的街道、社区建有自助图书馆10个。广播人口覆盖率、电视人口覆盖率均为100%。县级电影发行放映公司3个，城市数字影院14家，实现了县级城市数字影院全覆盖。综合档案馆7个，档案资料155.1万卷(件)，总建筑面积1.43万平方米。

2. 卫生事业

深入推进医药卫生体制改革，合理调整医疗服务价格，推进分级诊疗，全面破除"以药补医"机制。全市共有卫生机构1009个。其中，医院、卫生院98个；社区卫生服务机构105家；标准化村卫生室438所。共有病床8459张，卫生技术人员1.13万人。全市以乡镇为单位四苗、五苗接种率98.72%，乙肝疫苗首针接种率99.97%。

3. 体育事业

全年参加省常规项目比赛获得奖牌232枚；其中，金牌66枚、银牌82枚、铜牌84枚。成功举办马鞍山市第十一届运动会、中国羽毛球俱乐部超级联赛、全民健身展示大会等体育赛事。开展两次环湖健步走活动。建设全民健身苑34个、社区体育俱乐部4个、晨晚练点42个、乡镇全民建设广场3个。加强体育志愿者队伍的建设，全市体育志愿者人数已达6000多人，社会体育指导员3211人。

(五)城乡建设

城市建成区面积93.3平方公里，城镇化率达65.15%。新建污水处理配套管网60公里。改造县乡公路78公里、乡村公路180公里。新增各类保障性住房1.3万套，改造城市棚户区1.2万套。开展老旧小区提升改造、高层住宅二次供水设施改造两项为民办实事项目。完成纺织新村等22个老旧小区的公共设施改造和绿化环境提升。

完成花雨路、公园路、雨山路、丰收路等城市绿道改造。各县全力创建省级"园林县城"。新增绿地面积85公顷，城区人均公园绿地面积15.26平方米，建成区绿化覆盖率43.94%。

美好乡村建设持续推进，建成29个省级中心村，改造县乡公路78公里、乡村公路180公里、农村危桥48座、农村危房3760户，建成农村污水处理设施15座。

(六)资源和环境

全市已发现36种矿种，其中，金属矿产10种，非金属矿产25种，水汽矿产1种。查明资源储量的矿种共计24种，其中，金属矿产5种，非金属矿产19种。

加快修编《马鞍山生态市建设总体规划》，形成《马鞍山市生态文明建设规划》，组织修订《马鞍山生态市创建行动计划》。全年安排减排重点工程建设计划及任务58项。国家目标责任书项目6项，省计划重点工程41项。加快推进省级生态县区创建工作。全市空气质量优良率75.3%，城市饮用水水质达标率100%。

(七)安全生产

全年亿元 GDP 安全事故死亡人数 0.05 人,比上年下降 28.6%。

三、马鞍山市在长三角地区经济发展中的地位

2015 年,面对经济总体下行和资源型城市转型的双重压力,在市委、市政府的坚强领导下,全市紧紧围绕转型升级、加快发展主题,适应经济发展新常态,全力以赴稳增长、调结构、促改革、惠民生、防风险,攻坚克难、砥砺奋进,经济运行总体平稳、稳中有进,经济结构不断优化,发展成果惠及民生,经济社会发展取得新的显着成绩。

(一)地区生产总值

2011—2015 年马鞍山市地区生产总值在泛长三角地区 41 市所占比重分别为 0.99%、0.96%、0.93%、0.88%和 0.84%。马鞍山市地区生产总值在泛长三角 41 市占比整体呈现下跌态势,与 2011 年比减少了 0.15 个百分点,较上年减少了 0.04 个百分点。2015 年,马鞍山市在泛长三角地区 41 市地区生产总值所占比重排名第 26 位。

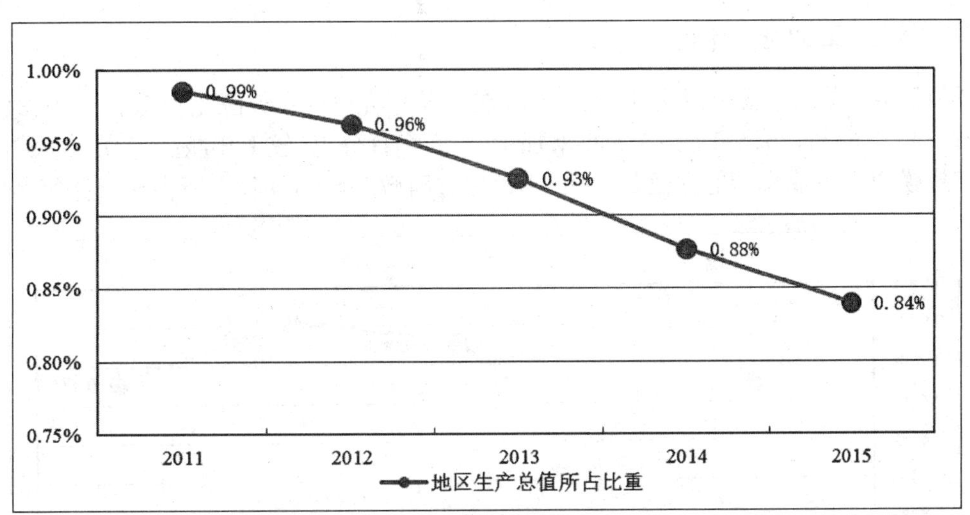

图 4　2011—2015 年马鞍山市地区生产总值在泛长三角地区 41 市(苏浙两省 24 个地级市、上海市和安徽省 16 个地级市,下同)所占比重的变化趋势

经济总量平稳增长。全年实现地区生产总值(GDP)1365.3 亿元,按可比价格计算,比上年增长 9.2%。其中,第一产业增加值 79.5 亿元,增长 4.4%;第二产业增加值 818.6 亿元,增长 9.3%;第三产业增加值 467.2 亿元,增长 9.6%。

(二)地方财政一般预算收入

2011—2015 年马鞍山市地方财政一般预算收入在泛长三角 41 市所占比重分别为 0.74%、0.92%、0.90%、0.71%和 0.67%,2015 年较 2010 年减少了 0.07 个百分点,较上年减少了 0.04 个百分点。2015 年,马鞍山市地方财政一般预算收入在泛长三角 41 市地区的排第 27 位。

财政收入平稳增长。全年实现财政收入 210 亿元,比上年增长 3.6%(见图 5)。税收收入 174.48 亿元,占全市财政收入比重为 83.1%。地方财政收入 130.81 亿元,增长 8.1%。财政支出 202.23 亿元,增长 10.8%。其中,社会保障和就业支出 19.99 亿元,增长 12.3%;民生支出 168.34 亿元,增长 12.2%。

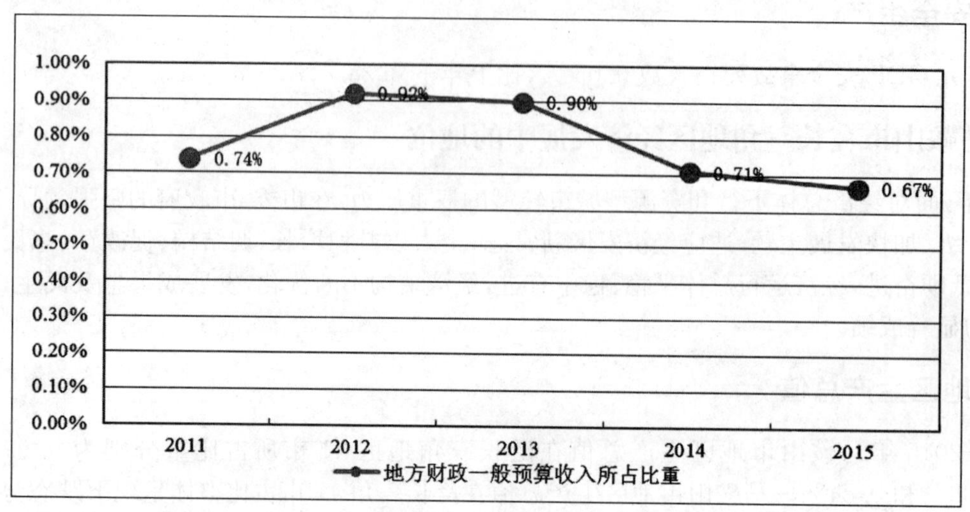

图 5 2011—2015 年马鞍山市地方财政一般预算收入在泛长三角 41 市所占比重的变化趋势

(三)规模以上工业总产值

2011—2015 年马鞍山市规模以上工业总产值在泛长三角 41 市所占比重分别为 0.81%、0.85%、0.91%、0.92%和 0.89%,2015 年较 2011 年增加了 0.08 个百分点,较上年减少了 0.03 个百分点。2015 年,马鞍山市规模以上工业总产值在泛长三角 41 市地方财政一般预算收入所占比重排第 28 位。

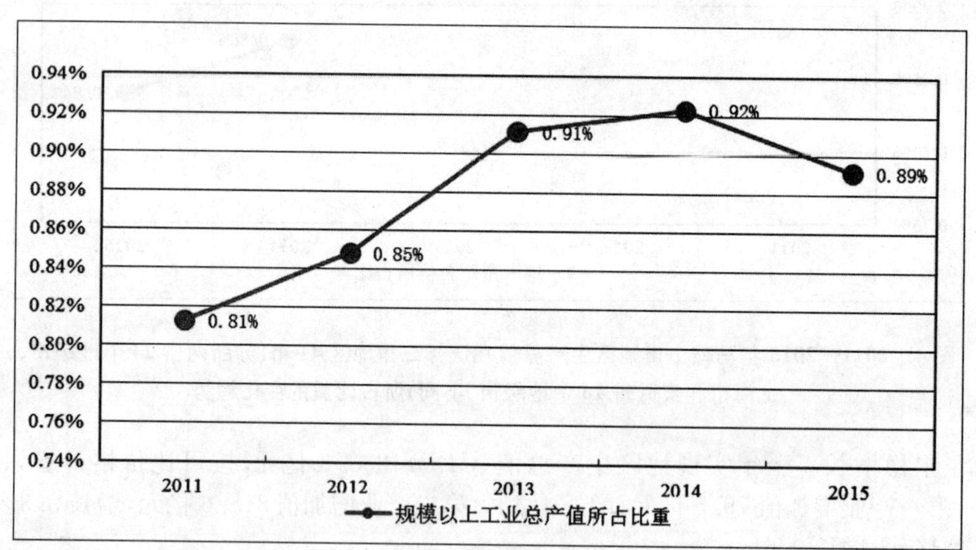

图 6 2011—2015 年马鞍山市规模以上工业总产值在泛长三角 41 市所占比重的变化趋势

工业经济平稳较快增长。全年完成规模以上工业增加值 603.99 亿元,按可比价格计算,比上年增长 9.5%。县区、开发园区工业增长较快。其中,三县规模以上工业增加值增长 19.1%;三区规模以上工业增加值增长 11.6%;开发区及新区规模以上工业增加值增长 12.8%。

(四)进出口总额

2011—2015 年马鞍山市进出口总额在泛长三角 41 市所占比重分别为 0.32%、0.27%、0.26%、

0.21%和0.21%，总体上呈现下降态势，五年间减少了0.11个百分点，其中2015年较上年基本持平。2015年，马鞍山市进出口总额在泛长三角41市的排28位。

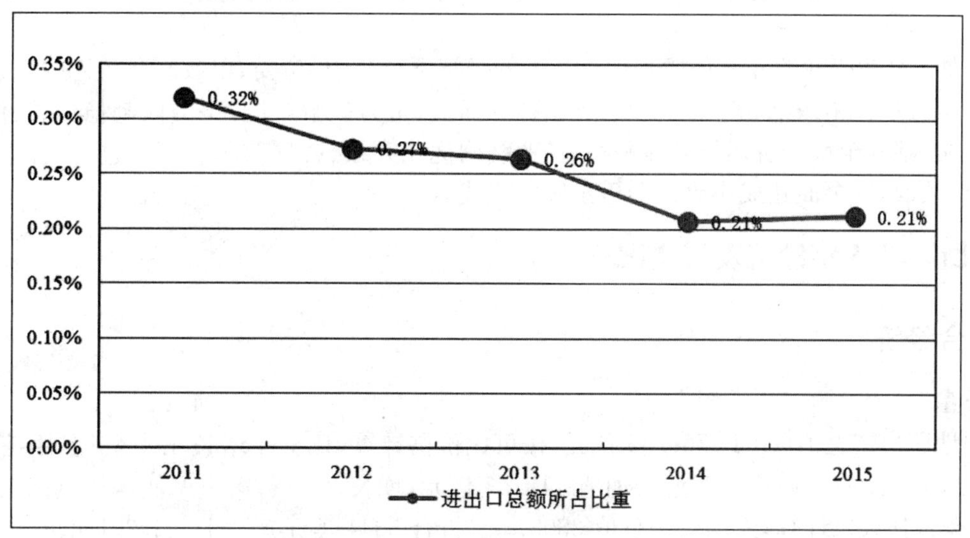

图7　2011—2015年马鞍山市进出口总额在泛长三角41市所占比重的变化趋势

中小企业进出口增长较快。全年实现进出口总额29.55亿美元，比上年下降0.1%。其中，进口总额13.29亿美元，下降22.5%；出口总额16.26亿美元，增长30.6%。中小企业完成进出口总额16.05亿美元，增长19.2%。

(五)实际外商直接投资金额

2011—2015年马鞍山市实际外商直接投资金额在泛长三角41市所占比重分别为1.57%、1.76%、1.97%、2.36%和2.64%，整体呈现上扬姿态，2015年较2011年增加了1.07个百分点，较上年增加了0.28个百分点。2015年，马鞍山市实际外商直接投资金额在泛长三角41市排第11位。

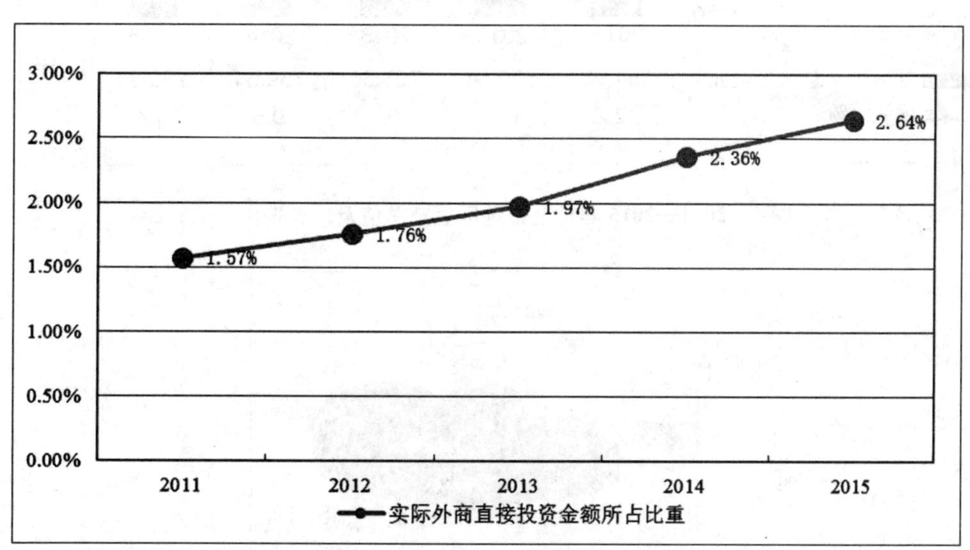

图8　2011—2015年马鞍山市实际外商直接投资金额在泛长三角41市所占比重的变化趋势

招商引资取得新成绩。全年实际利用外商直接投资19.4亿美元，比上年增长10.1%。

七 淮北市 2015 年经济社会发展报告

2015 年，面对复杂严峻的外部环境和持续加大的经济下行压力，市委、市政府坚持稳中求进、改革创新的工作总基调，围绕“精致淮北”建设主线，突出抓主抓重，奋力破解难题，全力以赴稳增长、促改革、调结构、惠民生、防风险，全市经济运行总体平稳、产业结构优化升级、各项改革有序推进、社会事业协调发展，人民生活持续改善，全面建成小康社会迈出坚实步伐。

一、淮北市 2015 年经济发展概况

(一)综合经济

1. 经济总量

全年实现地区生产总值(GDP)760.39 亿元，按可比价格计算，比上年增长 4.4%。其中第一产业增加值 59.33 亿元，增长 4.4%；第二产业增加值 441.57 亿元，增长 2.7%，第三产业增加值 259.49 亿元，增长 8.8%。按常住人口计算，人均生产总值 35057 元(折合 5641 美元)。“十二五”时期，全市生产总值年均增长 9.7%，其中第一产业年均增长 4.6%，第二产业年均增长 10.2%，第三产业年均增长 9.7%；三次产业结构由 2010 年的 8.8∶64.6∶26.6 调整为 2015 年的 7.8∶58.1∶34.1。

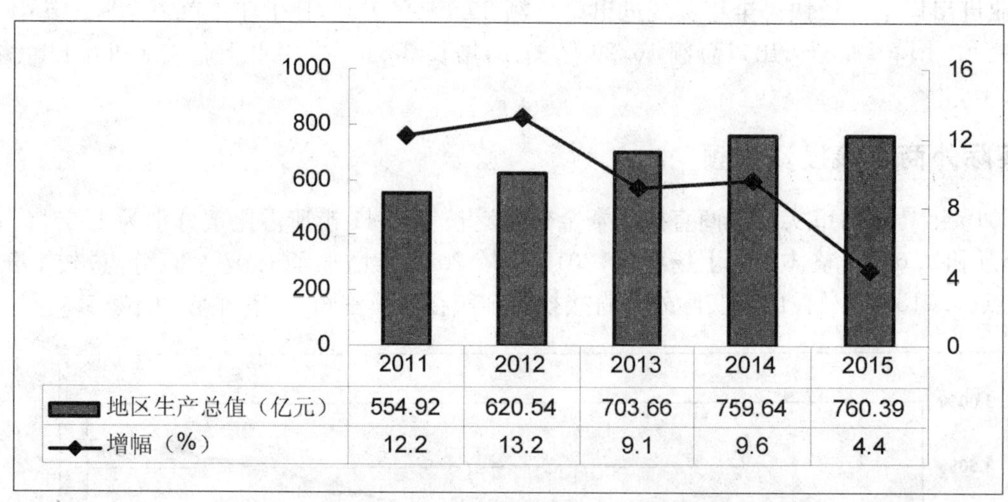

	2011	2012	2013	2014	2015
地区生产总值（亿元）	554.92	620.54	703.66	759.64	760.39
增幅（%）	12.2	13.2	9.1	9.6	4.4

图 1 2011—2015 年淮北市地区生产总值及增长速度

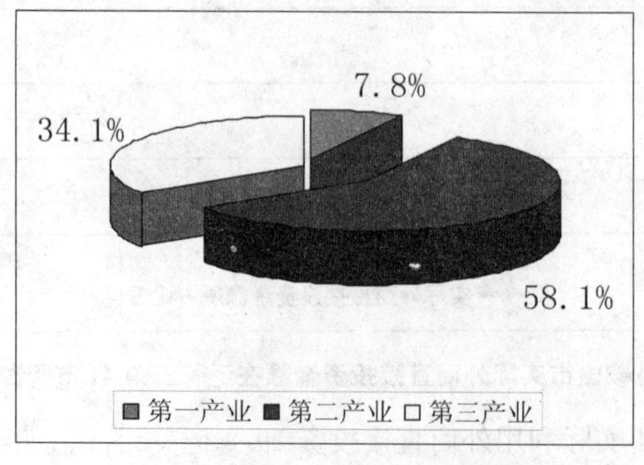

图 2 2015 年淮北市三次产业结构图

2. **财政收支**

全年完成财政总收入 93.2 亿元，比上年增收 1.9 亿元，增长 2.1%。其中地方一般预算收入 60.2 亿元，比上年增收 7.4 亿元，增长 14%；上划中央收入 31.2 亿元，比上年减收 5.4 亿元，下降 14.8%；出口货物退增值税 1.8 亿元，比上年减收 0.1 亿元，下降 5.7%。分级次看，市级财政收入 64.8 亿元，比上年减收 0.2 亿元，下降 0.4%；濉溪县财政收入 28.5 亿元，比上年增收 2.1 亿元，增长 8%。全市完成财政支出 131.4 亿元，增长 13.3%。其中交通运输支出 12.0 亿元，增长 90.7%；教育支出 22.2 亿元，增长 26.8%；医疗卫生支出 13.5 亿元，增长 25.1%；社会保障和就业支出 16.1 亿元，增长 17.4%；农林水事务支出 11.6 亿元，增长 4.8%；一般公共服务支出 10.9 亿元，增长 4.6%。

3. **物价水平**

全年居民消费价格上涨 0.8%。八大类商品价格"六升二降"，其中食品类价格上涨 0.6%，烟酒类价格上涨 2.5%，衣着类价格上涨 1.3%，家庭设备用品及维修服务类价格上涨 1.1%，娱乐教育文化用品及服务类价格上涨 2.1%；交通和通信类价格下降 1.9%，居住类价格下降 0.6%。全年商品零售价格下降 0.7%；工业生产者出厂价格下降 10.9%；工业生产者购进价格下降 6.8%，其中燃料、动力类购进价格下降 10.8%。

4. **固定资产投资**

全年在建施工项目 1204 个，其中新开工项目 956 个，计划总投资 2115.4 亿元；全年完成固定资产投资 925.3 亿元，增长 10%。其中项目投资 777.5 亿元，增长 12.9%；房地产开发投资 147.8 亿元，下降 3%。分产业看，第一产业投资 30.7 亿元，增长 75.6%；第二产业投资 575.3 亿元，增长 13.6%；第三产业投资 319.3 亿元，增长 0.7%。全年工业完成投资 564.2 亿元，增长 12.7%，其中采矿业投资 36.7 亿元，增长 0.1%；制造业投资 472.7 亿元，增长 10.5%；电力行业投资 54.8 亿元，增长 51.7%。"十二五"时期，全市累计完成固定资产投资 3494 亿元，是"十一五"时期投资总量的 3.14 倍；年均增长 20.3%。

以"九个一"工程为引领，突出抓好项目建设，全年 453 个重点项目完成投资 417 亿元。平山电厂一期工程 1 号机组并网发电，2 号机组即将投产。海聚科技高速贴片生产线增至 8 条，投资 25 亿元的煤焦化综合利用二期投料试产，163 个转型升级和技改项目加快推进。"十二五"时期，全市持续推动煤电产业做大做强。袁店一井、袁店二井、杨柳、青东 4 对矿井建成投产，中利电厂二期、大唐虎山电厂、平山电厂 1 号机组并网发电；积极推进新型煤化工合成材料基地建设，安徽(淮北)新型煤化工合成材料基地建设上升为省级战略，成为安徽省四大化工基地之一。加快推进食品工业向精深加工发展，机械制造业向高端成套设备发展，纺织服装产业向高精细发展，新型建材产业向节能环保方向发展。海聚科技、金龙机电、相邦铝基复合材料、华孚色纺、华中天力等一批重大产业项目相继建成投产。重大基础设施建设持续推进。淮北至萧县北客车联络线和符夹线扩能关键节点工程进展顺利，青阜线电气化改造启动。S06 宿登(泗许)高速淮北段、S305 宿阜路等干线公路建成通车。完成浍河(蕲县—南坪段 18 公里)航道疏浚，南坪港一期工程建成并投入运营；淮水北调及市级配水工程全面开工建设，已基本具备通水条件。

(二)农业

现代农业发展步伐加快。小麦单产保持超千斤水平，粮食生产"十二连丰"。新增设施蔬菜种植面积 1.02 万亩、水果种植面积 8500 亩。新增土地流转面积 3 万亩，家庭农场增至 1169 家，农民合作社发展到 1206 家。培育市级以上农业产业化龙头企业 141 家，农产品加工业产值 542 亿元，增长 6.4%。凤凰山、榴园、高岳获批省级现代农业示范园区。

全年实现农林牧渔业总产值(现价)102.6 亿元，按可比价格计算，比上年增长 4.5%。其中农业总产值 57.2 亿元，增长 5.3%；林业总产值 3.3 亿元，增长 1.3%；牧业总产值 34.1 亿元，增长 3.8%；渔业总产值 4.5 亿元，增长 1.9%；农林牧渔服务业总产值 3.5 亿元，增长 5.8%。全年粮食播种面积 360.8 万亩；粮食生产连续第十二年获得丰收，总产量达到 129.8 万吨，比上年增收 4.8 万吨，增长 3.8%，其中夏粮94.9万吨，增长2.5%；油料产量4778吨，增长6.1%；棉花产量844吨，下降15.8%；水果产量14.1万吨，增长14.3%，蔬菜产量51.5万吨，增长6.2%。全年完成造林绿化31471亩，建成森林长廊81.7公里；年末林木蓄积量350万立方米，森林覆盖率达到19.6%。全年猪、牛、家禽分别出栏68.9万头、1.1万头和1921.7万只，分别增长1.0%、2.5%和14.5%，出栏羊41.7万只，下降4.0%；肉类总产量9.5万吨，增长4.4%；禽蛋产量6.0万吨，增长10.3%；奶类产量2.4万吨，增长6.5%。水产品产量2.9万吨，增长1.9%。年末全市生猪存栏44.2万头、牛存栏1.5万头、羊存栏26.5万只、家禽存栏1086.0万只。

年末全市农业机械总动力287.5万千瓦，比上年增长4.1%；农用排灌动力机械13402台，增长0.1%；农用拖拉机11.9万台，下降0.1%；农用运输车1.8万辆，增长3.3%。全年完成机耕作业面积185.8千公顷，机播面积228.7千公顷，机收面积210.0千公顷。全年农药使用量3316吨，化肥使用量(折纯量)107352吨，农村用电量29868万千瓦时。

（三）工业和建筑业

1. 工业经济

全年实现工业增加值422.9亿元，比上年增长2.3%，其中规模以上工业增加值增长2.2%，规模以下工业增加值增长6.9%；全年新增规模以上工业企业93家(净增60家)，总数达到799家。“十二五”时期，全市净增规模以上工业企业142家；规模以上工业增加值年均增长11.2%。

受市场需求不足影响，全年多数主要产品产量下降。其中洗煤产量3285万吨，下降5.3%；发电量152.3亿千瓦时，下降5.2%；白酒35358千升，下降2.6%；焦炭228.7万吨，下降2%。而原煤产量5206.1万吨，增长0.1%；水泥947.4万吨，增长3.9%；布10677.3万米、服装5946.3万件，分别增长7.6%和4.4%。

全市工业转型发展取得明显成效，食品加工、机械制造、纺织服装集群化发展，新兴产业加速成长，非煤产业对全市工业增长的支撑作用明显增强。全年全市规模以上工业中，煤炭行业实现增加值119.2亿元，比上年下降4.7%；电力行业实现增加值20.5亿元，比上年下降5.3%；煤化工行业实现增加值5.2亿元，比上年下降10.9%；非煤工业累计实现增加值349.5亿元，比上年增长5.6%，拉动全市工业增长3.6个百分点。非煤工业总产值占全市规模以上工业比重达到81.9%，比上年提高3.7个百分点，比2010年提高35.4个百分点；增加值占全市规模以上工业比重达到70.7%，比上年提高5.6个百分点，比2010年提高38个百分点。

全年规模以上工业企业实现主营业务收入2328.4亿元，比上年下降2.6%；实现利税103.3亿元，利润32.3亿元，分别比上年下降8.9%和21.4%；亏损企业亏损额36.8亿元，增长60.8%。工业经济效益综合指数207.7%，比上年降低8.1个百分点。产品产销率98.6%，比上年提高0.5个百分点。

2. 建筑业

年末全市资质内总承包和专业承包建筑业企业48家，从业人员25635人，完成建筑业总产值44.1亿元，下降32.6%；实现工程结算收入51.1亿元，下降25.0%，竣工产值24.1亿元，下降16%；建筑业劳动生产率17.2万元/人。全年房屋建筑施工面积279.8万平方米，竣工房屋面积88.9万平方米。全年建筑业实现增加值38.1亿元，比上年增长6.7%；“十二五”期间，全市建筑业增加值年均增长7.4%。

（四）服务业

服务业完成增加值238亿元，占全市生产总值的31%，较上年提高2个百分点，服务业对经济增长的贡献达到53.5%。

1. 国内贸易

全年全市新增限额以上商贸流通法人企业(单位)90家(净增15家)，总数达到395家。全年实现社

会消费品零售总额283.4亿元，增长12.1%。从市场区域看，城镇实现零售额220.9亿元，增长11.8%；乡村零售额62.5亿元，增长13.1%。从市场构成看，批发业实现零售额30.0亿元，增长11.7%；零售业实现零售额238.8亿元，增长11.8%；住宿业实现零售额1.7亿元，增长11.8%；餐饮业实现零售额12.9亿元，增长14.9%。从消费形态看，餐饮实现收入14.4亿元，增长14.4%，商品零售269.0亿元，增长11.9%。从限上单位商品零售类值看，全市粮油、食品、饮料、烟酒类商品零售额41.7亿元，增长15.9%；服装鞋帽、针、纺织品类商品零售额8.6亿元，增长0.3%；日用品类商品零售额6.9亿元，增长21.2%；家用电器和音像器材类商品零售额7.5亿元，增长15.8%；中西药品类商品零售额1.7亿元，增长7.2%；石油及制品类商品零售额14.0亿元，增长0.2%；汽车类商品零售额22.8亿元，增长5.9%。重点商贸项目建设稳步推进，淮海国际商贸城、大润发二店、红星美凯龙开业运营；城市广场二期、汽车文化产业园、国购广场商业主体完工。

2. 交通运输、邮电

全年公路客运量3603万人，旅客周转量238614万人公里，公路货运量14686万吨，货运周转量4940043万吨公里。全年交通基础设施建设完成投资12亿元。濉唐路一期工程完成，与泗许高速互联互通，合相路一期主体工程完工，萧淮路中段建成通车，市区至煤化工基地快速通道、孟山南路连接线加快建设。年末全市公路里程3950公里(包括村道)。其中高速公路95公里，国道7.1公里，省道196.0公里，县道575.9公里，乡道622.0公里，村道2372公里。"十二五"时期，全市开工建设干线公路总里程146.4公里，总投资2.4亿元；完成农村公路建设投资8.0亿元，其中县乡道路升级改造258.3公里，投资5.9亿元；危桥改造95座，投资1.2亿元；通村公路200.1公里，投资7313.6万元。

全年邮政行业完成业务总量2.32亿元，比上年增长24.0%；实现业务收入1.89亿元，比上年增长16.5%。其中快递业务量达到528.0万件，比上年增长47.2%；快递业务收入0.55亿元，比上年增长26.5%。年末全市邮政营业网点56个，机要通信网点2个，村邮站6个，信箱(筒)68处；全市共有快递企业21家，其中邮政速递物流公司(EMS)1家，民营快递企业20家，快递网点118个，各类车辆431辆，从业人员475人。

全年电信业务收入12.3亿元，比上年下降0.9%。年末固定电话用户25.2万户，比上年减少4.7万户，其中城市电话用户13.2万户，农村电话用户12.0万户。年末移动电话用户152.9万户，比上年减少3.6万户。全市电话普及率达到82.3部/百人。年末国际互联网宽带接入用户37.0万户，比上年增加7.2万户。

3. 旅游业

全市有相山风景区、隋唐大运河博物馆、龙脊山风景区、南湖风景区、双堆集烈士陵园、临涣文昌宫淮海战役总前委旧址及东湖风景区7处A级景区，其中4A级景区1处，3A级景区1处，2A级景区5处；拥有口子国际大酒店及相王府宾馆等星级宾馆4家，其中五星级1家，3星级1家，2星级2家；旅行社34家；省级旅游农家乐9家；旅游商品定点企业3家。全年共接待海外游客16500人次，比上年增长15.1%；接待国内游客618万人次，增长21.3%。旅游外汇收入733.6万美元，增长14.9%；国内旅游收入33.4亿元，增长20.2%。成功举办第四届食博会、第六届石榴文化旅游节和第二届葡萄采摘节。"十二五"时期，全市共接待海外游客71247人次，国内游客2698.0万人次；累计实现旅游外汇收入3180.9万美元，国内旅游收入142.1亿元。

4. 金融、保险和证券

年末全市金融机构各项存款余额1037.7亿元，比年初增加89.5亿元，比上年增长9.6%；其中住户存款余额584.9亿元，比年初增加46.2亿元，增长8.8%；金融机构各项贷款余额702.5亿元，比年初增加37.2亿元，增长5.8%。金融存贷比达到67.7%，比上年下降2.4个百分点。

全年保费总收入22.1亿元，比上年增长18.8%，其中财产险业务保费收入9.2亿元，增长14.4%；人身险业务保费收入13.0亿元，增长22.2%。全年赔付支出5.2亿元，增长27.2%，其中财产险业务赔付支出4.6亿元，增长26.6%；人身险业务赔付支出0.6亿元，增长31.5%。

全市4家证券机构证券账户（沪深合计）数量11.65万户，证券代理交易额2749.2亿元，分别比上年增长21.6%和192.4%。口子酒业在上交所主板上市，3家企业成功登陆"新三板"，26家企业在省区域四板市场挂牌。

5.房地产业

全年房地产开发完成投资147.8亿元，比上年下降3%。其中，住宅投资92亿元，下降6.5%；商业营业用房投资26.7亿元，下降12.9%。房屋施工面积1447.7万平方米，增长2.5%；房屋竣工面积161.7万平方米，增长44.2%。商品房销售面积126.5万平方米，增长4.8%；其中住宅销售面积115.1万平方米，增长10.3%。

（五）对外经济

1.对外贸易

全年完成外贸进出口总额57687万美元，比上年增长5.3%，其中出口54587万美元，增长5.1%，进口3100万美元，增长8.8%。"十二五"时期，全市累计完成外贸进出口总额22.8亿美元，其中出口19.8亿美元，年均分别增长22.4%和31.2%。

2.利用外资

全年新批外商投资企业9家，合同外资额18566万美元；实际利用外商直接投资59979万美元，增长10.2%。"十二五"时期，全市累计实际利用外资22.8亿美元，是"十一五"时期的4.25倍，年均增长25.5%。全年引进并开工规模以上项目108个，其中，5000万元—1亿元项目60个，1亿元—3亿元项目36个，3亿元—5亿元项目7个，5亿元以上项目5个。

二、淮北市2015年社会发展概况

（一）人口、人民生活

年末全市常住人口217.9万人，比上年增加2万人，增长1%，比2010年第六次人口普查时增加6.5万人，年均增长0.6%。全年人口出生率12.26‰，人口死亡率4.68‰，人口自然增长率7.58‰；人均受教育年限9.36年。常住人口城镇化率60.76%，比上年提高1个百分点，比2010年提高6.3个百分点。年末全市户籍人口216.5万人，比上年增加1.2万人，其中城镇人口132.8万人，乡村人口83.7万人，户籍人口城镇化率61.3%。

全年居民人均可支配收入18937元，比上年增加1526元，增长8.8%。城镇居民人均可支配收入25690元，比上年增加1903元，增长8%；"十二五"时期，城镇居民人均可支配收入年均增长11.1%。全年城镇居民人均消费支出15918元，增长8.8%。其中食品烟酒支出5250元，增长8.3%；衣着支出1436元，增长8.8%；居住支出2955元，增长3.7%；生活用品及服务支出892元，下降8.4%；交通通讯支出1759元，下降9.1%；教育文化娱乐支出1472元，增长22.8%；医疗保健支出1669元，增长37.1%。年末城镇居民人均住房建筑面积42平方米，比上年增加3.1平方米。每百户城镇家庭拥有家用汽车18部，电冰箱100.7台，洗衣机99.5台，热水器100.9台，空调122台，彩色电视机121.1台，计算机64.2台，移动电话224.9部。

农村居民人均可支配收入9882元，比上年增加766元，增长8.4%。全年农村居民人均消费支出7224元，增长12.1%。其中食品烟酒支出2657元，增长21.9%；衣着支出456元，增长6.4%；居住支出1660元，增长12.4%；生活用品及服务支出480元，增长14.4%；交通通讯支出667元，增长7.5%；教育文化娱乐支出634元，下降3.0%；医疗保健支出537元，下降9.6%。年末农村居民人均住房建筑面积52.4平方米，比上年增加0.5平方米。每百户农村家庭拥有家用汽车5.1部，电冰箱83.4台，洗衣机

86.8台,热水器77.3台,空调56.1台,彩色电视机114.3台,计算机18.6台,移动电话218部。

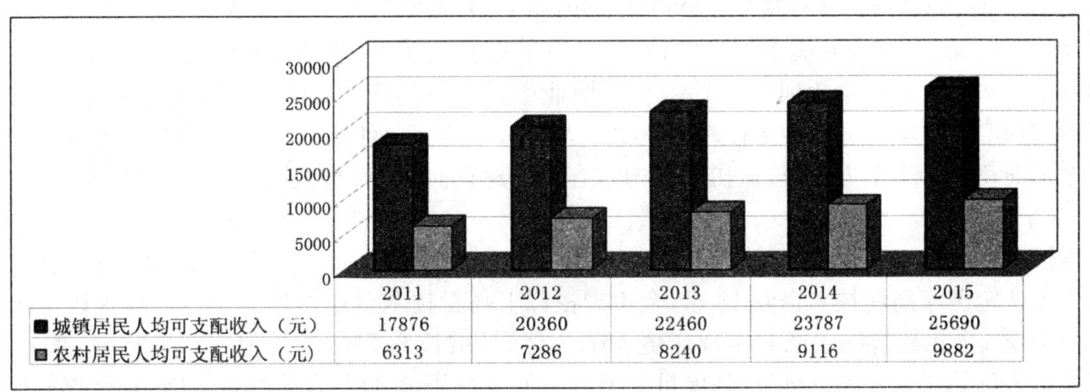

	2011	2012	2013	2014	2015
■城镇居民人均可支配收入（元）	17876	20360	22460	23787	25690
■农村居民人均可支配收入（元）	6313	7286	8240	9116	9882

图3 2011—2015年淮北市城乡居民收入对比一览

(二)就业与社会保障

1.就业工作

全年新增城镇就业岗位56003个,12623名下岗失业人员实现再就业,城镇登记失业率控制在4.1%;“十二五”期间,全市累计新增城镇就业30.8万人;城镇登记失业率始终控制在4.2%以内。年末全市从业人员115.1万人,比上年增加0.3万人。其中,第一产业38.1万人,第二产业38.4万人,第三产业38.6万人;三次产业从业人员比重由2010年的36.0∶33.5∶30.5变化为2015年的33.1∶33.4∶33.5,一产从业人员比重迅速下降,二、三产业从业人员比重稳步上升,非农产业劳动力已成为就业主体。

全年新增私营企业3908户,新增从业人员29553人,新增注册资金142.2亿元;新增个体工商户12300户,新增从业人员28921。年末全市实有个体工商户87759户,从业人员28.2万人;实有私营企业15557家,注册资本665.9亿元。

2.社会保障和福利

年末全市参加城镇职工基本养老保险人数41.5万人,比上年末增加1.0万人,比2010年增加11.0万人;参加基本医疗保险96.4万人,比上年末减少2.5万人,比2010年增加3.4万人;参加失业、工伤和生育保险人数分别为25.2万人、31.7万人和22.6万人,分别比上年末增加251人、8058人和69人,分别比2010年增加11554人、55424人和55276人。年末参加城乡居民养老保险人数75.8万人,比上年末增加5694人;其中农村居民参保人数63.7万人。

全市享受城市居民最低生活保障人数43354人,享受农村居民最低生活保障人数30945人。企业离退休人员养老金人均月增184元,城乡居民基础养老金标准提至70元。在全省率先开展重特大疾病医疗救助试点,推进省际异地就医联网结算。开展大病保险试点,报销比例提高10至15个百分点。年末各类收养性单位253家,床位15115张,收养各类人员2334人。建立各种社区服务机构1510个,其中社区服务中心174个,网点1510个。全年销售社会福利彩票18671万元,筹集社会福利资金5000万元。

全年培训残疾人900人次。投入1056万元帮扶救助14764名贫困重度残疾人和539名贫困残疾学生、贫困残疾人家庭子女。为残疾人免费配发辅助器具1208件;708人次残疾人得到康复服务。

(三)教育和科学技术

1.教育事业

年末全市共有普通高等院校3所,当年招生11012人,在校学生36706人,当年毕业学生8303人。

各类中等职业技术学校12所，在校学生23759人，当年毕业学生13991人。普通中学128所，在校学生106323人，其中高中22所，在校学生43000人；初中106所，在校学生63323人。小学321所，在校学生139833人；幼儿园249所，入园儿童70714人。小学适龄儿童入学率100%，初中学龄人口入学率99.91%；小学毕业生升学率达到99.01%，初中毕业生升学率达到95.44%。年末全市各类学校（不含高校）共有教职工23376人，其中专任教师20381人；校舍建筑总面积355.9万平方米。普通高中生均占有校舍建筑面积16.61平方米，普通初中生均占有校舍建筑面积16.60平方米，小学生均占有校舍建筑面积5.99平方米。

2. 科技与创新

全年新认定国家高新技术企业18家，全市规模以上高新技术企业达到80家，占规模以上工业企业的比重为10%；全年高新技术产业实现产值467.3亿元，增长2.7%，增加值116.3亿元，增长3.3%。申报国家星火计划项目1项、火炬计划项目1项、"一带一路"国际科技合作项目1项，获批省科技计划项目18项。获省科技进步二等奖3项、三等奖2项。全年共签订各类技术合同85项，技术合同成交总额2.55亿元。全年专利申请量与授权量分别为2481件和1112件，其中发明专利申请量与授权量分别为1661件和299件，分别比上年增长37%和147%。

全年全市产品质量监督抽查182家企业7类17种675批次产品和商品；完成强制检定计量器具22300台（件、组），强检计量器具受检率达到100%。年末全市共有省名牌产品48个，国家地理标志保护产品3个。全年新增14件安徽省著名商标；年末全市共有中国驰名商标10件，安徽省著名商标92件，淮北市知名商标66件。

全市有气象台站2个，开展121电话天气自动答询的台站1个；开展人工影响天气业务的单位2个；防雹、增雨累计收益面积1100平方公里，增雨量600万立方米。全市有天气预报服务网站1个，卫星云图接收站1个。全年降水量660.7毫米，年平均气温15.7摄氏度，无霜期232天。

（四）文化、卫生和体育

1. 文化事业

年末全市共有各级档案馆7个，其中国家综合档案馆5个，专业档案馆1个；馆藏档案资料36.3万卷（件、册），库馆总建筑面积7115平方米。全年全市报纸出版发行735万份，销售收入2013万元；出版物发行单位129家，销售总额1.6亿元。年末全市有广播电视台2家，广播电台1家，中波发射台1家，电视转播台1家，有线电视和有线数字电视户数分别达到29万户和11万户，全市广播综合人口覆盖率99.26%，电视综合人口覆盖率99.21%。全市共有4家数字影院，27块影幕。全市有文艺表演团体38家，其中国有艺术院团2家；国有博物馆6家，公共图书馆5家，音像制品经营单位40家，歌舞娱乐场所75家，网吧156家，电子游戏142家。全年共举办大型文化活动10场，群众性文化活动88次，专业文艺团体演出642场，各类表演团体送文化下乡420场，创作剧（节）目3个。

2. 卫生事业

年末全市共有卫生机构718个（含村卫生室），床位11852张，卫生技术人员10796人，执业医师及助理医师4188人。其中医院73个，床位9775张，卫生技术人员7207人，执业医师及助理医师2552人；乡镇及街道卫生院28个，床位1290张，卫生技术人员1302人，执业医师及助理医师631人；妇幼保健院（所、站）6所，床位220张，卫生技术人员308人，执业医师及助理医师109人；疾病预防控制中心5所，卫生技术人员148人，执业医师及助理医师95人；诊所、卫生所、医务室121个，执业医师及助理医师125人；村卫生室306所，执业医师及助理医师74人。

3. 体育事业

全年举办1000人以上全民健身活动142次，参加活动总人数35万人次。组织开展全市元旦长跑、"8月8日"全民健身日健身节目展演活动、军民联欢八一游泳比赛、第二届美丽南湖徒步行暨省职工运动会淮北赛区徒步行活动、第四届环化家湖自行车公开赛暨淮北市第二届职工自行车健身赛等大型群体活动。淮北市运动员在省级以上比赛中获金牌31枚、银牌31枚、铜牌38枚。承办全国乒乓球会员联赛（淮北站）赛事、全国百城千村健身气功展示及市第二届健身气功比赛。

(五)城乡建设

统筹推进城乡建设，精美城市形象进一步彰显。以文明城市创建为抓手，完善基础设施，强化城市管理，改善农村人居环境。

重大基础设施建设持续推进。淮北至萧县北客车联络线和符夹线扩能关键节点工程达到序时进度，青阜线电气化改造启动。完成城乡公路交通建设投资13亿元，濉唐路一期工程完成，与泗许高速互联互通，打开了城区南大门；合相路一期主体工程完工，拓展了城区向西延伸的空间，解决了多年梦想解决的省道202穿越濉溪县城的问题。萧淮路中段建成通车，市区至煤化工基地快速通道、孟山南路连接线分别完成工程总量的69%和61%。淮水北调及市级配水工程全面开工建设，已基本具备通水条件。220千伏飞来峰及110千伏溪河、西园、皖苏输变电工程竣工投运。

城市建设步伐加快。市区两级投入资金2亿元，改造提升老城区配套设施。东山北路改扩建工程、西山南路建成通车。加快推进13条断头路建设，鹰山南路、光明路顺利贯通。古城路等4条道路人行道改造，迎宾大道环岛、淮海路公交候车亭改建，孟山北路等5条道路路灯提升工程全面完成。升级改造纺织苑、南黎农贸市场。新建、改造供水与燃气管网106公里，完成地下管网普查2600公里，年新增中石油天然气供应2000万立方米。实施城市增绿提升工程，绿化城市道路12条，新建公园游园和街头绿地16个，新增城镇绿地193万平方米，建成城市绿道57公里。南黎公园、仁和公园、桓谭廉洁文化公园、东湖花海、长山南路绿化成为新的城市景观。引导主城区优质公共资源向东部新城区转移，市职教园区二期工程进展顺利，市一中东校区、市人民医院东院区、“创客驿站”大学生服务中心完成规划设计，即将开工建设。

城市管理不断加强。“多城联创”取得积极进展，顺利通过全国绿化模范城市国家验收和全国无障碍建设先进城市省级复核。开展市容、交通秩序、户外广告等专项治理，市区主次干道全部实现市场化清扫保洁，餐厨垃圾集中处置项目加快建设，划定相山区露天烧烤禁烧区，城市环境更加整洁美观。加强主城区公共停车资源综合管理，新划定临时公共停车场13处，新增各类临时停车位1500多个，缓解了道路拥堵和停车难。新投放公共自行车3100辆，站点布局覆盖市区和濉溪县城，市民出行更加便捷。全省物业管理工作现场会在淮北市召开。

美丽乡村建设有序实施。加快第二批11个中心村建设，实施村庄道路、绿化美化亮化等项目151个，竣工136个。第三批11个中心村规划建设全面启动。榴园村入选全国特色景观旅游名村和全省绿色村庄示范村，“四季榴园”创建国家4A级景区顺利通过评审。蒙村、郭王村跻身全省美丽宜居村庄。

(六)环境保护

集中整治交通运输扬尘、机动车污染、燃煤锅炉、城市建设扬尘、石料厂物料堆场搅拌站、餐饮油烟等领域污染。超额完成省定“黄标车”淘汰任务，秸秆禁烧工作取得明显成效，全市PM10平均浓度降至90微克/立方米，同比下降12微克/立方米，完成省控目标。全年空气质量优良天数242天，优良率66.3%；集中式饮用水源地水质达标率100%；声环境质量符合功能区划标准，昼间年平均值51.8分贝；危险废弃物安全处置率100%。全年COD减排204.3吨、氨氮减排25.8吨、二氧化硫减排1043.2吨、氮氧化物减排958.9吨，污染物排放削减率分别为化学需氧量0.71%，氨氮0.71%，二氧化硫2.19%，氮氧化物2.16%。

(七)社会安全

全年全市共发生各类安全生产死亡事故75起，死亡82人，与上年相比，事故增加3起，上升4.2%，死亡人数增加5人，上升6.5%。其中，工矿商贸行业共发生安全生产死亡事故5起，死亡9人，与上年相比，事故起数持平，死亡人数增加4人，上升80%。道路交通行业共发生死亡事故65起，死亡68人，与上年相比，事故增加1起，上升1.6%；死亡人数减少1人，下降1.4%。亿元GDP生产安全事故死亡人数为0.11人，上升6.4%。

三、淮北市在长三角地区经济发展中的地位

"十二五"时期是绍兴发展很不平凡的五年。面对错综复杂的宏观环境和艰巨繁重的改革发展稳定任务，市政府全面贯彻国家和省各项方针政策，认真实施省委"八八战略"和市委"重构绍兴产业、重建绍兴水城"战略部署，顽强拼搏、开拓创新、砥砺前行，较好完成"十二五"规划目标任务，在科学发展和现代化绍兴建设道路上迈出了坚实步伐。

(一)地区生产总值

2011—2015年淮北市地区生产总值在泛长三角地区41市所占比重分别为0.48%、0.48%、0.50%、0.50%和0.47%。地区生产总值在泛长三角41市占比整体呈现下降态势，2015年与2011年比减少了0.01个百分点，与上年比减少了0.03个百分点。2015年，淮北市在泛长三角地区41市地区生产总值所占比重排名第39位，位置靠后。

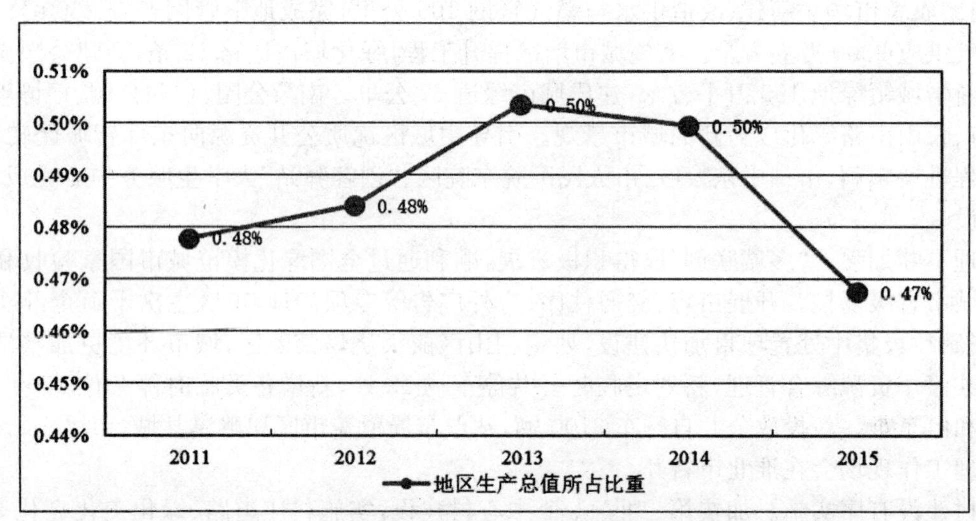

图4　2011—2015年淮北市地区生产总值在泛长三角地区41市（苏浙两省24个地级市、上海市和安徽省16市，下同）所占比重的变化趋势

全年实现地区生产总值(GDP)760.4亿元，按可比价格计算，比上年增长4.4%。其中第一产业增加值59.3亿元，增长4.4%；第二产业增加值460.9亿元，增长2.6%，第三产业增加值240.2亿元，增长9%。按常住人口计算，人均生产总值35057元(折合5641美元)。"十二五"时期，全市生产总值年均增长9.7%，其中第一产业年均增长4.6%，第二产业年均增长10.2%，第三产业年均增长9.7%；三次产业结构由2010年的8.8∶64.6∶26.6调整为2015年的7.8∶60.6∶31.6。

(二)地方财政一般预算收入

2011—2015年淮北市地方财政一般预算收入在泛长三角41市所占比重分别为0.31%、0.37%、0.31%、0.31%和0.31%，2015年较2011年及上年基本持平。2015年，淮北市地方财政一般预算收入在泛长三角41市地区中排在最后一位。

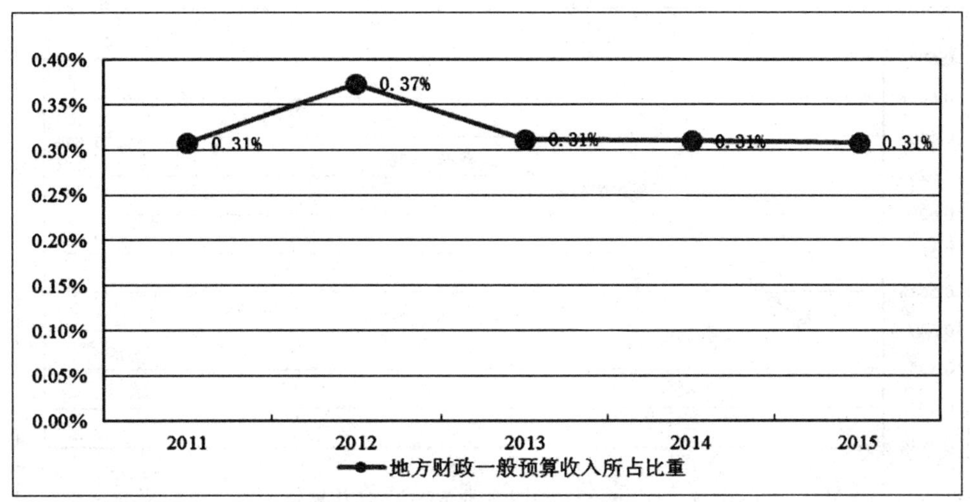

图5　2011—2015年淮北市地方财政一般预算收入在泛长三角41市所占比重的变化趋势

全年完成财政总收入93.2亿元，比上年增收1.9亿元，增长2.1%。其中地方一般预算收入60.2亿元，比上年增收7.4亿元，增长14%；上划中央收入31.2亿元，比上年减收5.4亿元，下降14.8%；出口货物退增值税1.8亿元，比上年减收0.1亿元，下降5.7%。分级次看，市级财政收入64.8亿元，比上年减收0.2亿元，下降0.4%；濉溪县财政收入28.5亿元，比上年增收2.1亿元，增长8%。全市完成财政支出131.4亿元，增长13.3%。其中交通运输支出12.0亿元，增长90.7%；教育支出22.2亿元，增长26.8%；医疗卫生支出13.5亿元，增长25.1%；社会保障和就业支出16.1亿元，增长17.4%；农林水事务支出11.6亿元，增长4.8%；一般公共服务支出10.9亿元，增长4.6%。

（三）规模以上工业总产值

2011—2015年淮北市规模以上工业总产值在泛长三角41市所占比重分别为0.55%、0.61%、0.63%、0.66%和0.64%，整体呈增加态势，2015年较2011年增加了0.09个百分点，较上年减少了0.02个百分点。2015年，淮北市规模以上工业总产值在泛长三角41市地方财政一般预算收入所占比重排第31位。

全年实现工业增加值422.9亿元，比上年增长2.3%，其中规模以上工业增加值增长2.2%，规模以下工业增加值增长6.9%；全年新增规模以上工业企业93家（净增60家），总数达到799家。“十二五”时期，全市净增规模以上工业企业142家；规模以上工业增加值年均增长11.2%。

（四）进出口总额

2011—2015年淮北市进出口总额在泛长三角41市所占比重分别为0.02%、0.03%、0.03%、0.04%和0.04%，总体上呈现上扬态势，五年间增加了0.02个百分点，其中2015年较上年基本持平。2015年，淮北市进出口总额在泛长三角41市中排在38位，位置较为靠后。

2015年，淮北市实现进出口总值36.1亿元人民币，同比增长7.1%，高于全省平均水平6.6个百分点。其中，出口34.2亿元，增长7%；进口1.9亿元，增长9.2%。贸易顺差32.2亿元，占淮北市同期进出口总值的89.4%。

据统计，2015年，淮北市一般贸易进出口33.1亿元，增长4.7%，占全市同期进出口总值的91.8%，加工贸易进出口仅占全市同期进出口总值的8.2%；民营企业进出口25.6亿元，增长11.3%，占全市同期进出口总值的70.9%，外商投资企业进出口9.4亿元，占全市同期进出口总值的26%，国有企业仅占

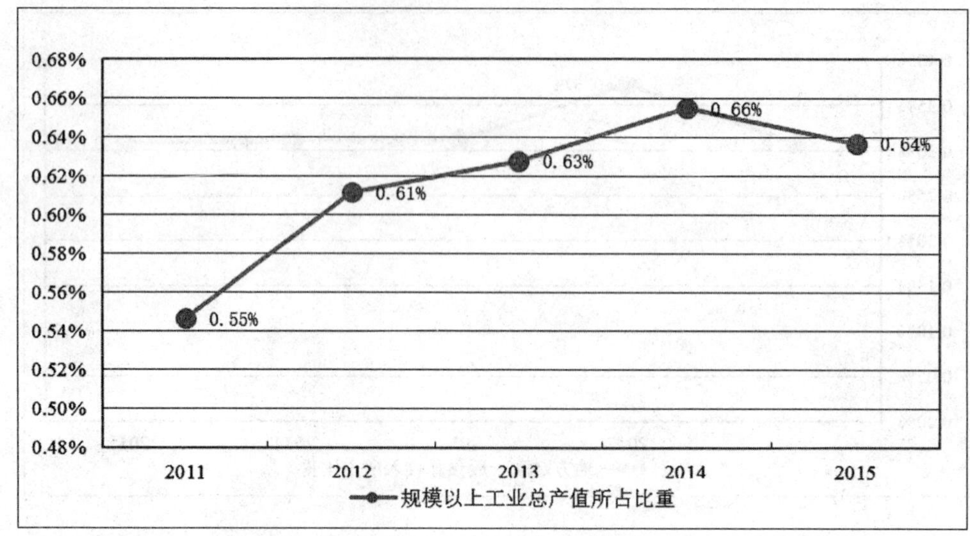

图6　2011—2015年淮北市规模以上工业总产值在泛长三角41市所占比重的变化趋势

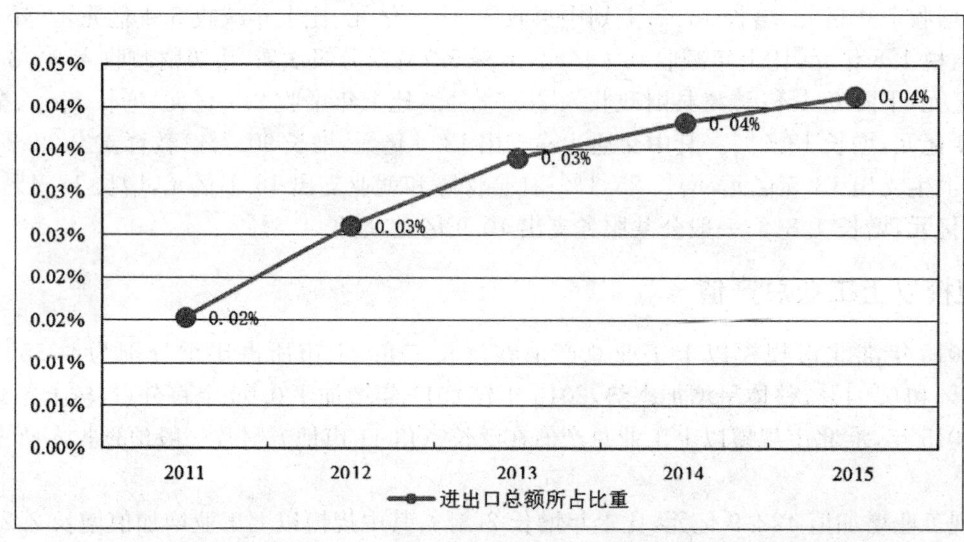

图7　2011—2015年淮北市进出口总额在泛长三角41市所占比重的变化趋势

总值的3.1%。

2015年，淮北市前三大贸易伙伴为美国、香港和印度，进出口总值分别为10.6亿元、1.5亿元和1.5亿元。对“一带一路”国家进出口10.9亿元，增长7.7%，占全市同期进出口总值的30.2%；淮北市出口以机电产品和服装及衣着附件类商品为主，各占全市同期出口值的37.8%、17.4%；同时，进口机电产品1.3亿元，占全市同期进口值的69.2%，纺织纱线及制品进口下降63.3%，只占同期进口值的2.4%。

(五)实际外商直接投资金额

2011—2015年淮北市实际外商直接投资金额在泛长三角41市所占比重分别为0.48%、0.52%、0.61%、0.73%和0.82%，整体呈现上扬姿态，2015年较2011年增加了0.38个百分点，较上年增加了0.09个百分点。2015年，淮北市实际外商直接投资金额在泛长三角41市中排第27位，较上年上升一位。

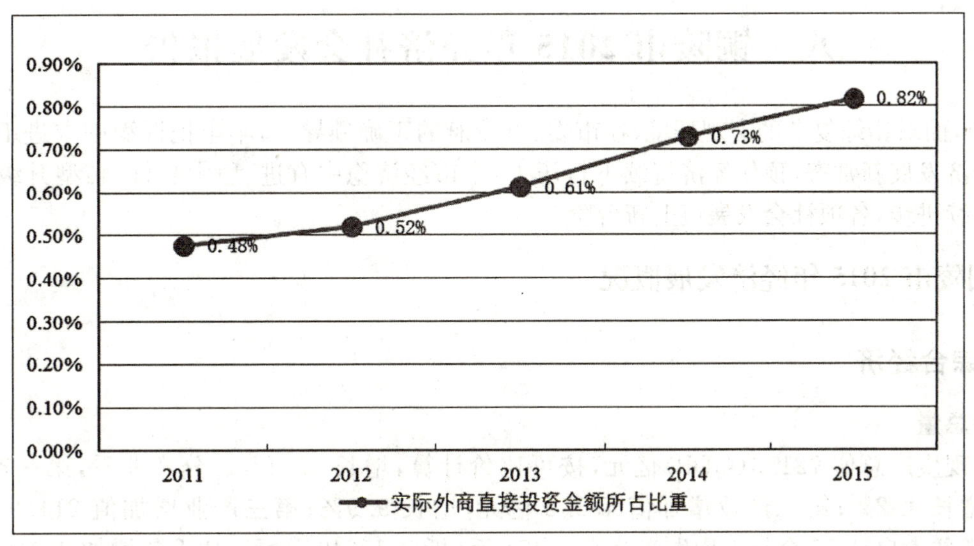

图 8　2011—2015 年淮北市实际外商直接投资金额在泛长三角 41 市所占比重的变化趋势

投资方式以外商独资和中外合资为主。2015 年，全市外商投资联合年报企业中中外合资企业 19 家，占外资企业总数的 48.7%；外商独资企业 18 家，占外资企业总数的 46.2%；中外合作企业和股份企业各 1 家。

投资来源主要集中在亚洲国家。2015 年，全市外商投资企业投资来源于亚洲的 26 家，占总数的 66.7%；投资来源于北美洲的 8 家，占总数的 20.5%；投资来源于欧洲的 4 家，占总数的 10.3%；投资来源于大洋洲的 1 家，占总数的 2.6%。其中外商投资企业投资来源于香港的企业有 16 家，占总数的 41.0%，为外资重要来源地。

外资的行业投向主要集中在制造业。2015 年，全市第二产业外商投资企业 30 家，投资额为 8.6 亿美元；第三产业外商投资企业 9 家，投资额为 0.5 亿美元。第二产业外商投资企业以制造业企业为主，外商投资企业中从事制造业的 24 家，占外商投资企业总数的 61.5%，投资额为 4.4 亿美元。其中企业数居制造业前 2 位的为纺织服装、鞋、帽制造业和电器机械及器材制造业，分别为 5 家和 4 家，投资额分别为 0.4 亿美元和 1.7 亿美元。

八 铜陵市2015年经济社会发展报告

2015年，面对错综复杂的宏观环境，在市委、市政府的正确领导下，牢牢把握稳中求进工作总基调，主动适应经济发展新常态，顶住经济持续下行压力，全市经济稳中有进、稳中趋好，转型升级步伐加快，民生事业持续进步，各项社会发展迈上新台阶。

一、铜陵市2015年经济发展概况

(一)综合经济

1. 经济总量

全年实现生产总值721.3(GDP)亿元，按可比价计算，增长10.1%。分产业看，第一产业增加值13.2亿元，增长4.2%；第二产业增加值493.2亿元，增长9.9%；第三产业增加值214.9亿元，增长11.3%。按常住人口计算，全年人均生产总值97471元(折合15649美元)，比上年增加279元，全社会劳动生产率150333元/人，比上年增加197元。第一、第二、第三产业增加值在地区生产总值中的比例，由2014年的1.8∶71.2∶27调整为1.8∶68.4∶29.8，工业增加值占地区生产总值比重为63.3%。

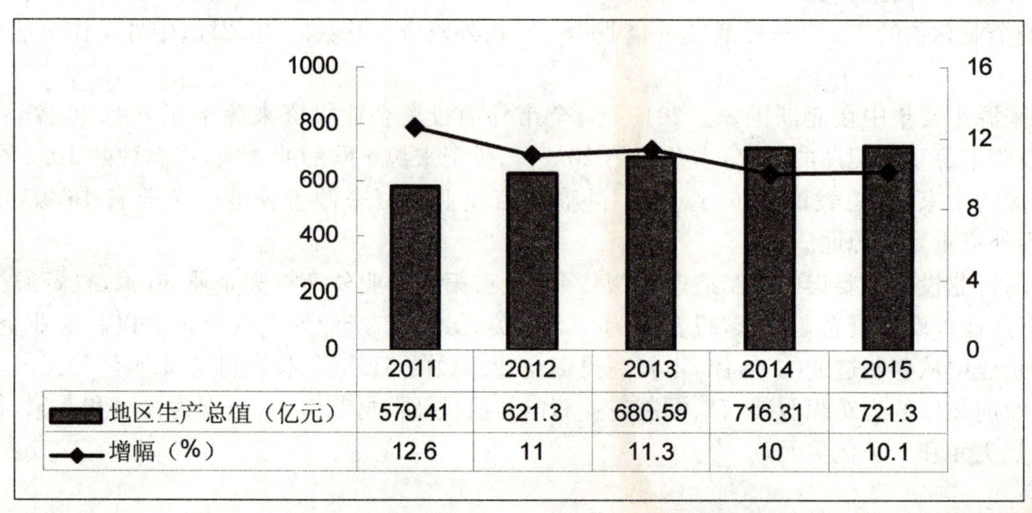

	2011	2012	2013	2014	2015
地区生产总值（亿元）	579.41	621.3	680.59	716.31	721.3
增幅（%）	12.6	11	11.3	10	10.1

图1 2011—2015年铜陵市地区生产总值及增长速度

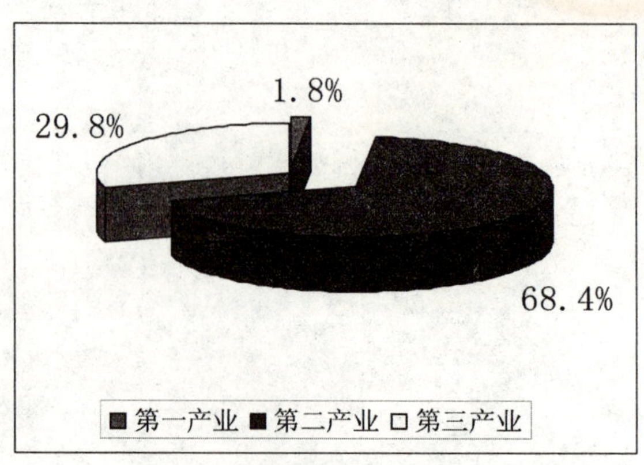

图2 2015年铜陵市三次产业结构图

2. **财政收支**

全年财政收入 135.0 亿元，增长 2.1%。其中，上划中央财政收入 66.3 亿元，增长 1.6%；完成地方财政收入 66.8 亿元，增长 0.8%。在地方财政收入中，契税、国内增值税、营业税、企业所得税分别增长 0.2%、3.9%、7.2%、-14.0%。全年财政支出 110.8 亿元，增长 5.3%，其中节能环保支出增长 47.5%，社会保障与就业支出增长 24.6%，医疗卫生支出增长 9.8%，公共安全支出增长 6.6%，文化体育与传媒支出增长 6.4%，科学技术支出增长 5.3%，教育支出增长 5.2%。民生类支出 93.2 亿元，增长 7.4%，占财政总支出比重达 84.1%。

3. **物价水平**

全市居民消费价格指数同比上涨 1.2%。从八大类消费品价格情况看，食品类价格上涨 1.6%；烟酒类上涨 2.2%；衣着类上涨 3.8%；家庭设备用品及维修服务类上涨 1.5%；医疗保健和个人用品类上涨 3.4%；娱乐教育文化用品及服务类上涨 1.2%；交通和通信类下降 1.9%；居住类下降 0.3%。

工业生产者出厂价格下降 10.8%。工业生产者购进价格下降 15.1%。

4. **固定资产投资**

完成固定资产投资 871 亿元，增长 13.5%。分经济类型看，国有及国有控股投资 174.1 亿元，增长 22.8%。其中，政府性投资 129.5 亿元，增长 34.3%；国有及国有控股企业投资 44.6 亿元，增长 22.9%。民间企业投资 680 亿元，增长 11.3%。外商投资 17 亿元，增长 12.8%。分产业看，第一产业投资 14.4 亿元，下降 31.6%；第二产业投资 424.4 亿元，增长 20.8%；第三产业投资 432.2 亿元，增长 9.3%。分行业看，工业完成投资 413.9 亿元，增长 20.4%。其中制造业投资 347.4 亿元，增长 16.8%；交通运输业、公共设施等城市基础设施建设投资 167.9 亿元，增长 32.8%。房地产开发投资 97.3 亿元，下降 26.7%；商品房销售面积 128.6 万平方米，增长 6.4%；商品房销售额 70.4 亿元，下降 24.0%。

全市 500 万元及以上投资项目 1666 个，比上年增加 162 个，增长 10.8%。在建项目平均规模 8309 万元，比去年同期减少 5673 万元。其中，新开工项目 933 个，增加 210 个，增长 29%。皖能铜陵发电有限公司六期扩建第二台百万机组工程、铜陵有色集团控股公司冬瓜山铜矿床开采续建工程、铜陵化工集团新桥矿业有限公司露天转地下开采工程、全威（铜陵）铜业科技有限公司资源配置中心、京福高铁前站区及永丰至钟鸣公路二期工程、坝白路改建二期工程、铜陵万达广场、龙湖城等 36 个亿元以上重点项目顺利开工；铜陵有色集团金神耐磨材料有限公司年产 8 万吨耐磨材料建设项目、铜都流体科技股份有限公司新生产基地项目、京福高铁、宁安城际、S320 沿江公路铜陵段改建工程、铜陵职业技术学院新校区、铜都大道三期等 973 个项目竣工投产或交付使用。

（二）农业

全年完成农、林、牧、渔业现价总产值 22.43 亿元，增长 4.3%，其中农业产值 11.06 亿元，增长 4.2%；林业产值 1.92 亿元，增长 3.0%；牧业产值 4.33 亿元，增长 5.7%；渔业产值 3.74 亿元，增长 2.5%；农林牧渔服务业产值 1.38 亿元，增长 6.2%。

全年农作物总播种面积 47150 公顷，增长 1.1%。其中，粮食作物播种面积 29045 公顷，增长 1.5%；棉花播种面积 3658 公顷，下降 1.0%；油料作物播种面积 8009 公顷，下降 0.2%；蔬菜播种面积 4633 公顷，增长 2.3%。

全年粮食产量 16.54 万吨，增长 3.6%；油料产量 1.92 万吨，增长 2.1%；棉花产量 0.38 万吨，增长 2.2%；蔬菜产量 11.4 万吨，增长 2.6%。

全年肉类总产量 1.92 万吨，增长 4.3%；禽蛋总产量 1.12 万吨，增长 9.7%；全年水产品产量 2.46 万吨，增长 2.6%。

年末全市农业机械总动力 38.64 万千瓦，增长 1.4%。化肥施用量（折纯）2.46 万吨，下降 0.5%。农村用电量 2.17 亿千瓦时，增长 1.8%。全年有效灌溉面积 23.9 千公顷。

（三）工业和建筑业

1. 工业经济

全市规模以上工业企业，完成工业总产值 1898.1 亿元；实现工业增加值 432.4 亿元，扣除价格因素增长 10.4%。工业经济发展对全市经济增长的贡献率达 69.8%，拉动 GDP 增长 7.1 个百分点。分经济类型看，国有企业增加值增长 2.8%；股份制企业增长 7.6%；外商及港澳台商投资企业增长 22.7%。分轻重工业看，重工业增加值增长 10.8%；轻工业下降 3.4%。从主导行业看，有色金属冶炼和压延加工业增长 16.9%；电气机械和器材制造业增长 3.9%；化学原料和化学制品制造业增长 5.1%；电力生产和供应业下降 6.2%；非金属矿物制品业下降 1.3%；黑色金属冶炼和压延加工业增长 0.9%。

战略性新兴产业完成总产值 625.2 亿元，增长 8.3%，总量居全省第 4 位。

主要工业产品产量中，精炼铜（电解铜）131.1 万吨，增长 0.1%；铜材 158.1 万吨，增长 18.3%；硫酸（折 100%）468.7 万吨，下降 5.4%；化学肥料总计（折纯）104.1 万吨，增长 2.2%；水泥熟料 1895.3 万吨，增长 3.2%；火力发电量 151.7 亿千瓦时，下降 5.3%。

全市规模以上工业企业，实现主营业务收入 2526.1 亿元，增长 1.4%。实现利税总额 37.9 亿元，下降 34.6%。其中盈亏相抵后实现利润总额 15.4 亿元，下降 52.2%。工业经济效益综合指数为 402.8，下降 27.4 个百分点。产品销售率 96.9%，下降 1.6 个百分点。企业亏损面 34.4%，上升 9.4 个百分点。全员劳动生产率 53.8 万元/人，增长 1.3%。

2. 建筑业

全社会建筑业完成增加值 39.1 亿元，增长 8.1%。全年房屋施工面积 770.6 万平方米，下降 15%；房屋竣工面积 303 万平方米，增长 3.5%。

（四）服务业

1. 国内贸易

实现社会消费品零售总额 208.8 亿元，增长 10.5%。分城乡看，城市零售额 187.4 亿元，增长 10.4%；乡村零售额 21.4 亿元，增长 10.6%。分消费形态看，商品零售类实现零售额 170.4 亿元，增长 10.4%；餐费收入实现零售额 38.4 亿元，增长 10.2%。

在限额以上企业（单位）批发零售业零售额中，粮油、食品类增长 13.5%，饮料类增长 4.1%，烟酒类下降 18.1%，服装鞋帽、针织纺织品类下降 2.5%，日用品类下降 1.0%，金银珠宝类下降 7.8%，家用电器及音像制品类下降 6.7%，中西药品类增长 5.9%，石油及制品类下降 15.1%，汽车类增长 8.9%。

2. 交通运输、邮电

全年交通运输、仓储和邮政业实现增加值 26.71 亿元，增长 4.1%。

全年铁路运输旅客发送量 94.98 万人，增长 59.9%，货物发送量 68.7 万吨，下降 20.2%。全市公路货物周转量 26.0 亿吨公里，下降 2.5%；公路旅客周转量 7.6 亿人公里，下降 2.2%。港口货物吞吐量 8011.4 万吨，增长 13.7%。

年末全市机动车拥有量 14.2 万辆，增长 11.2%，其中汽车拥有量 9.32 万辆，增长 19.2%。

全年完成邮电业务收入 7.69 亿元。其中，邮政业务收入 0.78 亿元，增长 15.0%%；电信（含电信公司、移动公司、联通公司、铁通公司）业务收入 6.9 亿元，下降 1.3%。年末城乡固定电话用户达 14.12 万户，比上年减少 2.76 万户；移动电话用户 74.1 万户，比上年增加 3.3 万户；国际互联网用户 34.1 万户，新增 4.5 万户。

3. 旅游业

全年旅游总收入 72.63 亿元，增长 19.19%。接待海外游客 2.84 万人次，增长 0.62%；接待国内游客 1084.85 万人次，增长 17.77%。成功创建国家 4A 级景区 2 家、国家级五星农家乐 2 个，年末全市共

有星级饭店(宾馆)13 个,房间数 1121 间;共有旅行社 29 家,其中国际旅行社 2 家;旅游商品定点生产单位 29 个,旅游线路 6 条,旅游景区(点)16 个。全市旅游饭店客房住宿出租率为 56.8%。

4. **金融、证券和保险**

年末全市金融机构各项存款余额(人民币,下同)809.9 亿元,比年初增加 133.4 亿元,同比增长 19.8%。其中,住户存款 376.7 亿元,比年初增加 31.7 亿元;非金融企业存款 233 亿元,比年初增加 15.3 亿元。全市金融机构人民币各项贷款余额 766.7 亿元,比年初增加 128.5 亿元,同比增长 20.1%。其中,住户贷款 113 亿元,比年初增加 6.5 亿元;非金融企业及机关团体贷款 653.8 亿元,比年初增加 122 亿元。

年末,铜陵市直接在上海、深圳证券交易所上市交易股票的上市公司有 6 家,上市公司流通股市价总值 603.2 亿元。

全年保险业保费收入 14.2 亿元,增长 20.7%。全年保险赔款与给付 6.6 亿元。

(五)对外经济

1. **对外贸易**

实现进出口总额 45.8 亿美元,下降 11.4%。其中,出口 6.4 亿美元,下降 24.9%;进口 39.4 亿美元,下降 8.7%。

2. **利用外资**

全年外商直接投资 2.2 亿美元,增长 14.0%;实际到位 1 亿元以上省外投资项目内资 412.9 亿元,增长 10.5%,在建 1 亿元以上省外投资项目 287 家,下降 2%。

二、铜陵市 2015 年社会发展概况

(一)人口、人民生活

年末全市总户籍人口 738015 人,比上年末增加 223 人。全市人口出生率为 10.38‰,上升 1.74 个千分点;人口死亡率为 5.97‰,下降 0.01 个千分点;人口自然增长率为 4.42‰,上升 1.76 个千分点。

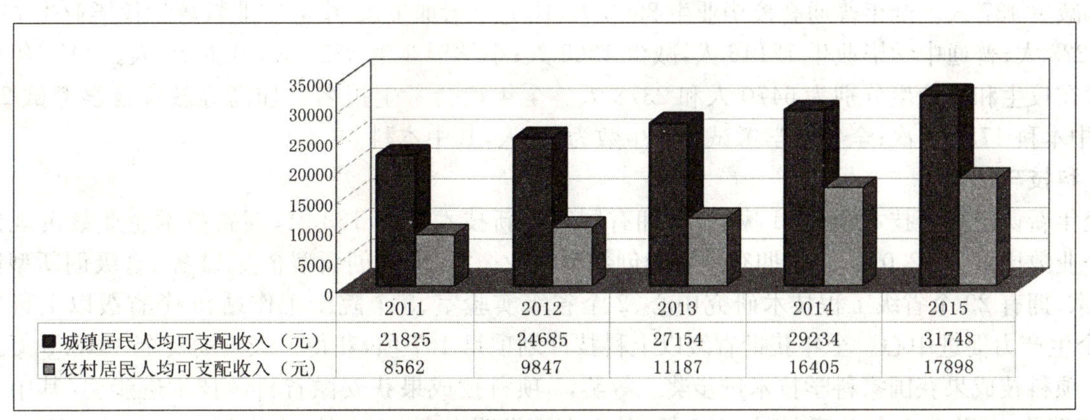

	2011	2012	2013	2014	2015
城镇居民人均可支配收入(元)	21825	24685	27154	29234	31748
农村居民人均可支配收入(元)	8562	9847	11187	16405	17898

图 3　2011—2015 年铜陵市城乡居民收入对比一览

全年全市常住居民人均可支配收入 28551 元,增长 9.1%,常住居民人均消费支出 19675 元。其中城镇常住居民人均可支配收入 31748 元,增长 8.6%。城镇常住居民人均消费性支出 21936 元,城镇居民恩格尔系数为 32.0%,上升 0.2 个百分点。

全年农村常住居民人均可支配收入 17898 元,增长 9.1%。农村常住居民人均消费支出 12141 元。

农村居民恩格尔系数为 34.7%,上升 1.6 个百分点。

(二)就业与社会保障

1. 就业工作

年末全市从业人员 47.98 万人,增加 0.27 万人。其中,第一产业 9.05 万人,减少 0.15 万人;第二产业 18.35 万人,增加 0.27 万人;第三产业 20.58 万人,增加 0.15 万人。城镇非私营单位从业人员期末人数 15.00 万人,减少 0.58 万人;城乡私营企业从业人员和个体劳动者 18.11 万人,增加 2.07 万人。年末城镇登记失业率为 3.51%。

2. 社会保障和福利

全年企业职工基本养老保险 24.9 万人,城乡居民养老保险 21.28 万人,失业保险参保人数 16.24 万人;工伤保险参保人数 20.23 万人;城镇职工基本医疗保险参保人数 29.19 万人,城乡居民医疗保险参保人数 46.71 万人,生育保险参保人数 17.84 万人;2015 年末被征地农民养老保障参保人数达 7.23 万人。

全年全市城镇新增就业人数 22398 人,全市共开展各类城乡劳动者就业技能培训人数 8363 人,新转移农村劳动力人数 4419 人,当年为各类创业人员发放小额担保贷款金额 9673 万元,为劳动密集型小企业发放小额贷款金额 8505 万元。

年末,城镇居民最低生活保障人数 1.43 万人,农村居民最低生活保障人数 1.06 万人。2015 年全市各种社会福利收养单位 29 个,拥有床位总数达 3020 张,在院人数 1387 人。全年销售福利彩票 10519.8 万元。年末,全市城镇社区服务设施 179 个,社区从业人员 2028 人。

(三)教育和科学技术

1. 教育事业

完成义务教育学校标准化建设,开工兴建市特殊教育学校,成立了职业教育联盟。年末,全市普通高校在校学生 35658 人,比上年增加 2570 人;中等职业教育学校在校学生 11580 人,减少 2492 人;普通中学在校学生 34980 人,减少 437 人,其中高中在校学生 15284 人,增加 274 人;小学在校学生 38271 人,比上年减少 437 人。全年普通高校毕业生 8963 人,比上年增加 1 人;中等职业教育学校毕业生 7114 人,增加 4223 人;普通中学毕业生 12146 人,减少 1368 人;小学毕业生 6327 人,减少 20 人。2015 年成人高等学校在校生和毕业生分别为 6470 人和 2378 人。全年社会考生报名参加高等教育自学考试 2098 人次,其中本科 1756 人次;全年自学考试毕业生数为 55 人,其中本科 39 人。

2. 科技与创新

全年新认定高新技术企业 31 家,全市拥有国家高新技术企业 133 家,高新技术企业数占规模以上工业企业数比重为 52.0%,全市拥有国家级创新型企业 2 家、省级创新型企业 11 家、省级创新型试点企业 22 家,拥有 29 个省级工程技术研究中心、2 个省级实验室、3 个院士工作站、5 个省级以上科技孵化器、8 个生产力促进中心。全年获批省级以上科技计划项目 107 项,获得上级资助资金 4618.3 万元。全年有 2 项科技成果获国家科学技术进步奖二等奖,5 项科技成果获安徽省科学技术进步奖(其中二等奖 1 项、三等奖 4 项)。全市申请专利 3037 件,其中申请发明专利 1766 件、实用新型 1228 件、外观设计 43 件;授权专利 1409 件,其中授权发明专利 249 件、实用新型 1117 件、外观设计 43 件。

(四)文化、卫生和体育

1. 文化事业

2015 年铜陵市成功申报创建国家公共文化服务体系示范区。年末,全市共有登记注册的艺术表演团体 5 个;文化馆(站)19 个;公共图书馆 5 个,公共图书馆藏书量 74.95 万册;档案馆 6 个,馆藏档案

33.4万卷册，馆藏资料2.88万册。全市拥有广播电台2座，电视台3座，广播人口覆盖率和电视人口覆盖率均达100%，有线电视入户率63%。成功获得2016年中国图书馆年会举办权。

2. **卫生事业**

市立医院创建“三甲”综合医院通过省级评审，人民医院外科楼、中西医结合医院主体完工。年末，全市共有各类卫生机构172个，其中医院、卫生院32个，疾病预防控制中心2个。各类卫生机构拥有病床6063张，其中医院、卫生院病床5197张。全市卫生技术人员5870人，其中，执业医师2218人，注册护师、护士2674人。荣获首批全国创建幸福家庭活动示范市称号。

3. **体育事业**

全民健身运动广泛开展，市体育中心投入市场化运营。建成1个省级全民健身广场、21条全民健身苑，命名3个社区体育俱乐部、18个省级示范晨晚练点。网上注册社会体育指导员304人，历年来注册总数达2800人。组队参加省年度11项青少年锦标赛，夺得金牌32枚、银牌27枚、铜牌37枚。铜陵输送运动员代表安徽省参加全国第一届青年运动会，夺得举重金牌1枚、田径银牌2枚、1个第五、1个第七。全年销售体育彩票1.33亿元。

(五)城乡建设

精心组织实施城乡建设计划，全年完成投资60亿元。市政设施建设大踏步推进，新建改造城市主次干道15条，北京西路下穿等节点工程提前竣工，铜官大道等沿线区域环境大幅改善，城区断头路、丁字路基本打通；新建2座大型货车停车场，新增城区停车位1100个，新开通公交线路4条，新投放公交车58台；改建供水管网42公里，燃气管道48.7公里；改造了长江新村、五松新村等33个老旧小区，改善了6万居民的居住环境质量；推进智慧城市建设，建成全市统一的云计算数据中心，成为“宽带中国”示范城市。

社会事业项目建设大获丰收，新建改造了市文化馆、五松山剧场、板栗山儿童公园、老年学习活动中心等一批项目，建成了一批全民阅读示范点，全国首个书馆一体的图书馆新馆、新华书店对市民开放。东部城区建设有力推进，大通古镇改造已具雏形。美丽乡村建设不断扩面，16个省级中心村、20个市级中心村面貌一新，凤凰山村成为首批中国乡村旅游模范村。大力提升城乡环境质量，实施大气污染整治项目1300多个，PM10平均浓度下降16.6%，南部城区扬尘治理形成长效机制；中心城区“三大水系”治理取得积极成效，正在成为城市的生态休闲廊道；持续开展“三线三边三小”环境整治，拆除小码头、非码头设施64处，20公里的滨江岸线整治任务提前完成；新增造林2.87万亩，绿化提升392万平方米，恢复矿山植被3000亩，建成森林长廊和城市绿道40公里，创建国家森林城市取得明显成效。

(六)环境保护

全年城区空气平均污染指数为80，优于和达到二级的天数287天，全年一级天数51天。一、二水厂和三水厂两个城市集中式饮用水水源地水质全年监测结果全部达标，水质达标率100%。城市生活垃圾无害化处理率100%，天井湖水质类别为Ⅲ类，湖水富营养化程度减轻。环境噪声监测平均值55.0dB(A)，17条主要交通干道昼间为66.9分贝。四项主要污染物化学需氧量削减1.72%、氨氮削减4.82%、二氧化硫削减11.46%、氮氧化物削减6.99%，超额完成年度削减目标任务。二氧化硫、二氧化氮、可吸入颗粒物(PM10)及细颗粒物(PM2.5)年平均浓度分别为42.36、87.8和58微克/立方米。全年节能“双控”目标任务圆满完成。

(七)社会安全

全市生产安全事故死亡23人。亿元GDP生产安全事故死亡人数0.052人，工矿商贸企业从业人员10万人事故死亡人数4.15人，道路交通万车死亡人数1.8人。

三、铜陵市在长三角地区经济发展中的地位

2015 年，面对错综复杂的宏观环境，在市委、市政府的正确领导下，牢牢把握稳中求进工作总基调，主动适应经济发展新常态，顶住经济持续下行压力，全市经济稳中有进、稳中趋好，转型升级步伐加快，民生事业持续进步，各项社会发展迈上新台阶。

（一）地区生产总值

2011—2015 年铜陵市地区生产总值在泛长三角地区 41 市所占比重分别为 0.50%、0.48%、0.49%、0.47%和 0.56%。2015 年较 2011 年增加了 0.06 个百分点，较上年增加了 0.09 个百分点。2015 年，铜陵市在泛长三角地区 41 市地区生产总值所占比重排名第 37 位。

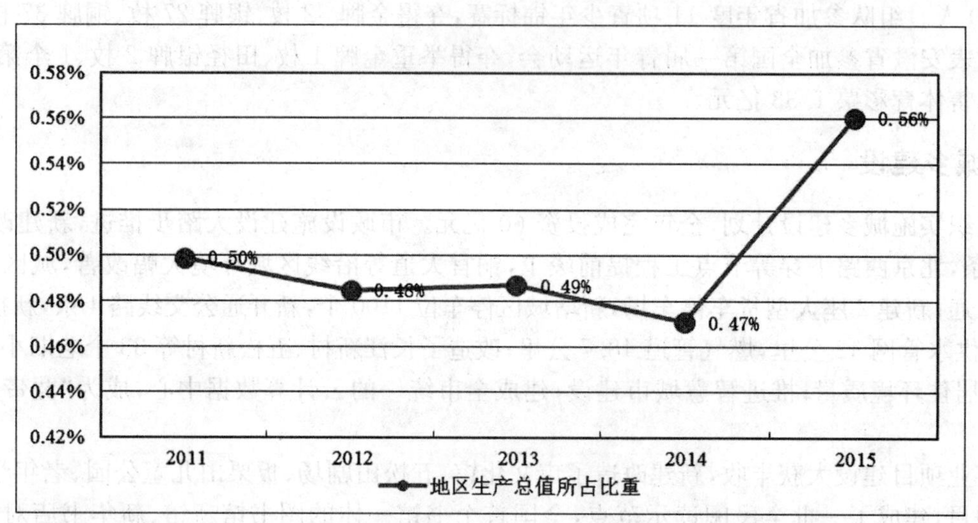

图 4　2011—2015 年铜陵市地区生产总值在泛长三角地区 41 市（苏浙两省 24 个地级市、上海市和安徽省 16 市，下同）所占比重的变化趋势

全年实现生产总值 721.3（GDP）亿元，按可比价计算，增长 10.1%。分产业看，第一产业增加值 13.2亿元，增长 4.2%；第二产业增加值 493.2 亿元，增长 9.9%；第三产业增加值 214.9 亿元，增长 11.3%。按常住人口计算，全年人均生产总值 97471 元（折合 15649 美元），比上年增加 279 元，全社会劳动生产率 150333 元/人，比上年增加 197 元。第一、第二、第三产业增加值在地区生产总值中的比例，由 2014 年的 1.8∶71.2∶27 调整为 1.8∶68.4∶29.8，工业增加值占地区生产总值比重为 63.3%。

（二）地方财政一般预算收入

2011—2015 年铜陵市地方财政一般预算收入在泛长三角 41 市所占比重分别为 0.37%、0.46%、0.40%、0.39%和 0.34%，2015 年较 2011 年减少了 0.03 个百分点，较上年减少了 0.05 个百分点。2015 年，铜陵市地方财政一般预算收入在泛长三角 41 市地区中排在第 40 位。

全年财政收入 135.0 亿元，增长 2.1%。其中，上划中央财政收入 66.3 亿元，增长 1.6%；完成地方财政收入 66.8 亿元，增长 0.8%。在地方财政收入中，契税、国内增值税、营业税、企业所得税分别增长 0.2%、3.9%、7.2%、－14.0%。全年财政支出 110.8 亿元，增长 5.3%，其中节能环保支出增长 47.5%，社会保障与就业支出增长 24.6%，医疗卫生支出增长 9.8%，公共安全支出增长 6.6%，文化体育与传媒支出增长 6.4%，科学技术支出增长 5.3%，教育支出增长 5.2%。民生类支出 93.2 亿元，增长 7.4%，占财政总支出比重达 84.1%。

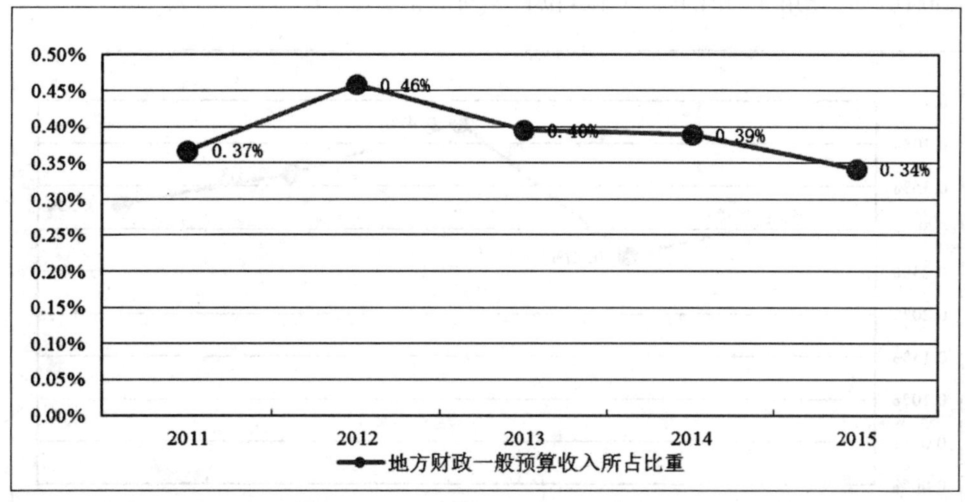

图 5 2011—2015 年铜陵市地方财政一般预算收入在泛长三角 41 市所占比重的变化趋势

(三)规模以上工业总产值

2011—2015 年铜陵市规模以上工业总产值在泛长三角 41 市所占比重分别为 0.64%、0.54%、0.58%、0.62%和 0.80%,2015 年较 2011 年增加了 0.16 个百分点,较上年增加了 0.18 个百分点。2015 年,铜陵市规模以上工业总产值在泛长三角 41 市地方财政一般预算收入所占比重排在第 29 位。

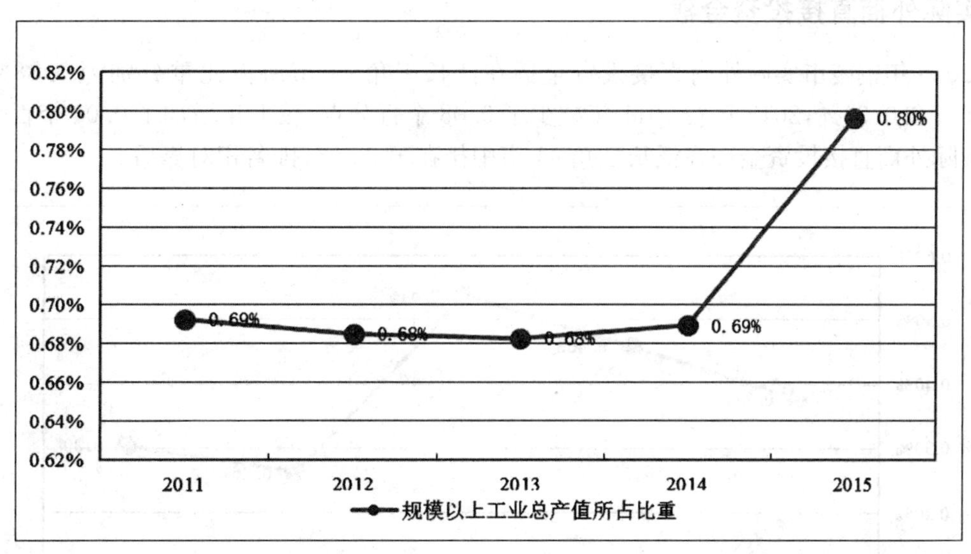

图 6 2011—2015 年铜陵市规模以上工业总产值在泛长三角 41 市所占比重的变化趋势

全市规模以上工业企业,实现主营业务收入 2526.1 亿元,增长 1.4%。实现利税总额 37.9 亿元,下降 34.6%。其中盈亏相抵后实现利润总额 15.4 亿元,下降 52.2%。工业经济效益综合指数为 402.8,下降 27.4 个百分点。产品销售率 96.9%,下降 1.6 个百分点。企业亏损面 34.4%,上升 9.4 个百分点。全员劳动生产率 53.8 万元/人,增长 1.3%。

(四)进出口总额

2011—2015 年铜陵市进出口总额在泛长三角 41 市所占比重分别为 0.31%、0.27%、0.42%、0.37%和 0.33%,五年间增加了 0.02 个百分点,其中 2015 年较上年减少了 0.04 个百分点。2015 年,铜陵市进出口总额在泛长三角 41 市的排 24 位，位置相对靠前。

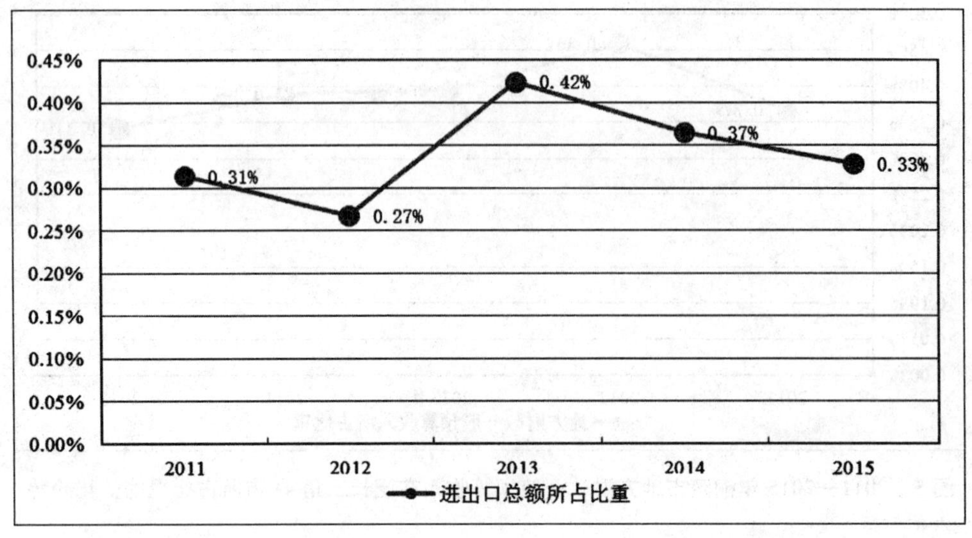

图 7　2011—2015 年铜陵市进出口总额在泛长三角 41 市所占比重的变化趋势

全年外商直接投资 2.2 亿美元，增长 14.0%；实际到位 1 亿元以上省外投资项目内资 412.9 亿元，增长 10.5%，在建 1 亿元以上省外投资项目 287 家，下降 2%。

(五)实际外商直接投资金额

2011—2015 年铜陵市实际外商直接投资金额在泛长三角 41 市所占比重分别为 0.38%、0.46%、0.54%、0.26%和 0.30%，2015 年较 2011 年减少了 0.08 个百分点，较上年增加了 0.04 个百分点。2015 年，铜陵市实际外商直接投资金额在泛长三角 41 市中排在第 33 位，排名相对靠后。

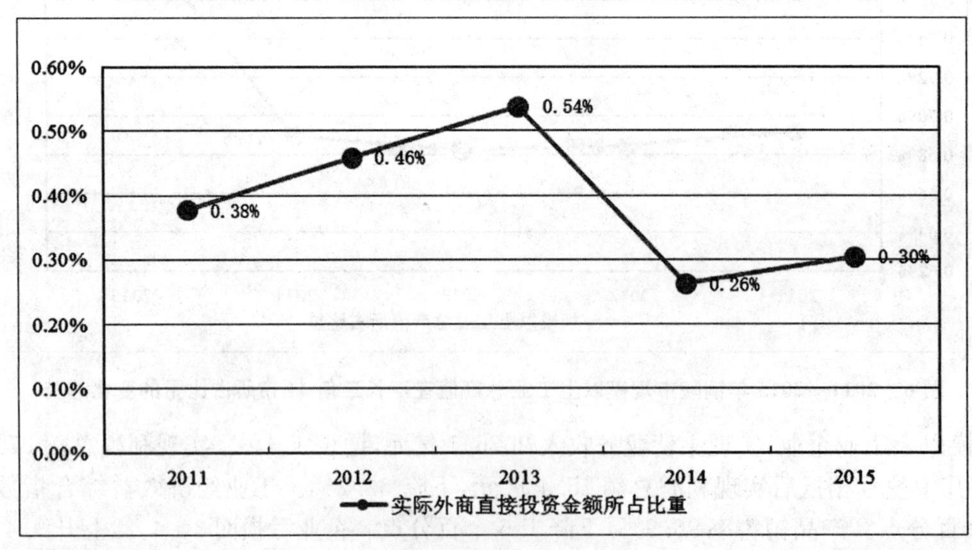

图 8　2011—2015 年铜陵市实际外商直接投资金额在泛长三角 41 市所占比重的变化趋势

实现进出口总额 45.8 亿美元，下降 11.4%。其中，出口 6.4 亿美元，下降 24.9%；进口 39.4 亿美元，下降 8.7%。

九　安庆市 2015 年经济社会发展报告

2015 年，面对复杂严峻的国内外经济形势，全市上下深入学习贯彻党的十八大和十八届三中、四中、五中全会精神，认真落实中央、省及市委、市政府各项决策部署，主动适应经济发展新常态，抓住五大战略机遇，创新思路办法，集中攻坚克难，经济运行总体平稳，经济结构持续优化，内驱动力不断增强，社会事业全面进步，民生保障水平全面提升，圆满完成"十二五"规划目标任务。

一、安庆市 2015 年经济发展概况

(一)综合经济

1. 经济总量

国民经济保持平稳较快发展。初步核算，全年地区生产总值(GDP)1417.43 亿元(含枞阳县，下同)，按可比价格计算，比上年增长 7.4%。其中，第一产业增加值 185.93 亿元，增长 4.0%；第二产业增加值 685.78 亿元，增长 6.3%；第三产业增加值 545.72 亿元，增长 10.7%。第二、第三产业对地区生产总值增长的贡献率为 49.6%和 44.1%。地区生产总值中三次产业比例为 13.6∶50.9∶35.5，人均生产总值 29840 元。

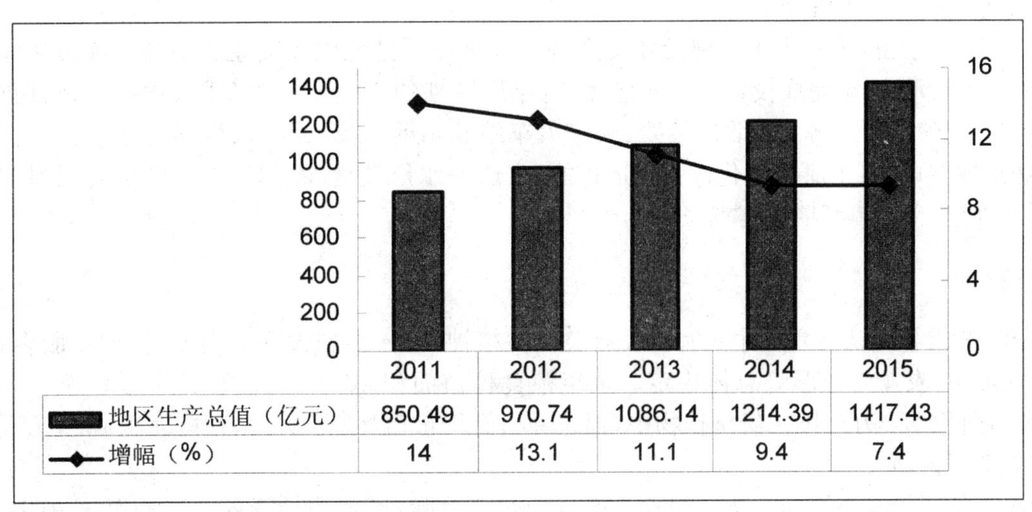

	2011	2012	2013	2014	2015
地区生产总值（亿元）	850.49	970.74	1086.14	1214.39	1417.43
增幅（%）	14	13.1	11.1	9.4	7.4

图 1　2011—2015 年安庆市地区生产总值及增长速度

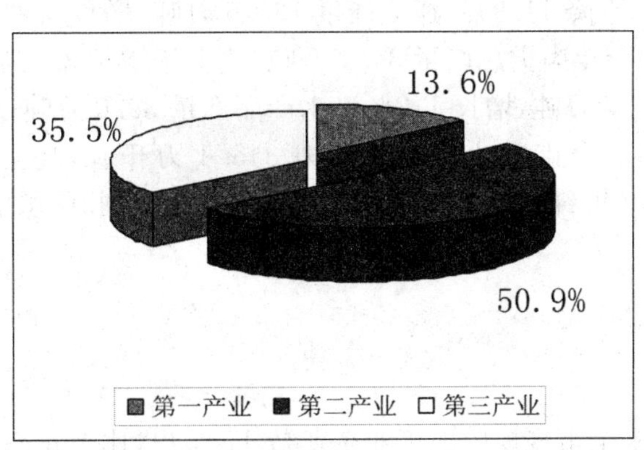

图 2　2015 年安庆市三次产业结构图

2. 财政收支

财政结构优化，质量提高。全年全市财政一般预算收入为258.8亿元，比上年增收28.0亿元，增长12.1%。地方财政一般预算收入106.6亿元，增长0.9%。全年地方财政一般预算支出336.9亿元，增长12.5%。其中，一般公共服务支出下降22.1%，文教科卫事业费支出增长13.5%，交通运输支出增长12.2%，城乡社区事务支出增长76.2%，社会保障补助和就业支出增长14.7%。

3. 物价水平

消费品市场价格涨幅平稳。全年居民消费价格比上年上涨1.5%，比上年涨幅上升0.2个百分点。其中，食品类价格上涨2.4%，与上年涨幅持平；居住类价格下降0.6%；交通和通讯类价格回落1.5%；烟酒类价格上涨2.5%；医疗保健及个人用品类价格上涨5.2%；家庭设备用品及服务类价格上涨2.2%；娱乐教育文化用品及服务类价格下降0.2%；全年商品零售价格下降0.1%。

生产领域价格出现下跌。工业生产者出厂价格比上年下跌7.1%。其中，生产资料价格下跌9.6%；生活资料价格同比上涨1.0%。

4. 固定资产投资

投资快速增长。全年全社会固定资产投资1577.5亿元，比上年增长13.1%。

投资结构进一步优化。全年第一产业投资69.1亿元，比上年增长59.3%；第二产业投资920.2亿元，增长13.4%；第三产业投资588.2亿元，增长9.0%。在投资中，工业完成投资912.4亿元，增长15.1%；制造业投资788.6亿元，增长10.7%；电力等能源工业投资100.6亿元，增长60.8%；交通运输、水利和环境等基础设施投资90.2亿元，增长29.8%。

2015年全市亿元以上重点项目建设扎实推进。全年安排亿元以上续建和新开工项目490个，总投资规模3941.9亿元，当年完成投资859.6亿元，占年度计划的105%。一批重大项目加速推进，宁安高铁、岳武高速、望东长江公路大桥北岸接线、安庆火车站及站前广场、天柱山机场改造、安庆电厂二期及500千伏送出输变电、富士康自动化设备制造扩能、安庆一水厂迁建、石门湖航道整治等项目建成，安达尔汽车、安庆智慧产业园等项目基本完成。

(二)农业

2015年，全市各地认真贯彻中央和省委有关文件精神，进一步加大支农力度，努力克服多种因素所带来的不利影响，农业生产形势总体稳定。全年粮食种植面积46.1万公顷，其中稻谷面积37.2万公顷，小麦种植面积4.2万公顷。经济作物中，棉花种植面积6.5万公顷，油料种植面积13.9万公顷，蔬菜种植面积7.7万公顷。

主要农产品产量有所增长。全年粮食总产量268.3万吨，产量增长3.8%。其中，夏粮12.6万吨，下降10.4%，早稻42.3万吨，下降19.0%，秋粮201.2万吨，增长10.4%。全年油料产量29.9万吨，增长1.8%，棉花产量8.9万吨，下降11.9%，蔬菜产量162.6万吨，增长5.1%。

畜牧业、渔业稳步发展。全年肉类总产量34.4万吨，比上年增长3.7%，其中猪牛羊肉产量24.4万吨，增长2.1%。禽蛋产量19.7万吨，增长1.2%。水产品产量39.0万吨，增长2.7%。

农业生产条件继续改善。全市农业机械总动力345.1万千瓦，比上年增长5.1%，农用拖拉机110973辆。全年化肥施用量(折纯)26.2万吨，增长2.7%。农村用电量191953.9万千瓦时，增长5.7%。

(三)工业和建筑业

1. 工业经济

工业生产平稳增长。年末全市规模以上工业企业数1784户，比上年净增114户。全年全部工业增加值727.2亿元，比上年增长6.1%。其中，规模以上工业实现增加值713.9亿元，增长5.9%。在规模以上工业中，国有企业增加值 5.1 亿元，增长 0.4%；集体企业 3.6 亿元，增长 1.2%；股份制企业 643.1 亿元，增长 5.7%；外商及港澳台投资企业 36.0 亿元，增长 12.4%。重工业增加值 392.1 亿元，增长 6.5%；轻工业增加值 321.8 亿元，增长 5.2%。

全市规模以上工业经济效益综合指数达到 318.5%，比上年下降 2.2 个百分点。实现主营业务收入 2958.4 亿元，增长 0.7%；实现利税 363.3 亿元，增长 6.4%，其中利润 184.5 亿元，下降 1.7%。

2. 建筑业

全年全社会建筑业完成增加值 95.4 亿元，比上年增长 2.6%。三级及以上建筑企业实现利税总额 14.56 亿元，下降 3.1%。房屋建筑施工面积 1801.64 万平方米，比上年减少 201.24 万平方米；房屋竣工面积 1120.32 万平方米，比上年增加 22.54 万平方米。

（四）服务业

1. 国内贸易

全年社会消费品零售总额 671.9 亿元，增长 12.0%。分城乡看，全年城镇消费品零售额 449.4 亿元，增长 11.8%；乡村消费品零售额 222.5 亿元，增长 12.2%。分行业看，批发零售业零售额 618.1 亿元，增长 12.6%；餐饮业零售额 45.4 亿元，增长 3.5%；住宿业零售额 8.4 亿元，增长 16.5%。

全年全市限额以上大类商品普遍旺销，居民消费结构的升级速度明显加快。从限额以上单位商品零售类值看，粮油、食品、饮料、烟酒类增长 15.4%；服装、鞋帽、针纺织品类增长 4.1%；日用品类增长 3.8%；家用电器和音像器材类增长 5.1%；文化办公用品类增长 11.4%；家具类增长 13.5%。反映居民消费结构升级的建筑及装潢材料类、化妆品、金银珠宝、汽车等商品继续热销，分别增长 8.9%、10.4%、5.9%和 14.2%。

2. 交通运输、邮电

全年邮电业务总量 33.6 亿元，增长 2.5%。其中，邮政业务总量 8.2 亿元，增长 24.2%；电信业务总量 25.3 亿元，下降 3.0%。年末本地固定电话用户 71.6 万户；移动电话用户 336.4 万户；年末计算机互联网用户 67.2 万户。

年末民用汽车 33.29 万辆，增长 23.1%，其中，民用轿车 28.40 万辆。

3. 旅游业

旅游业快速发展。全年接待海外游客 212326 人次，增长 10.13%；接待国内游客 4470.43 万人次，增长 17.85%。旅游总收入 418.26 亿元，增长 20.13%。其中，旅游外汇收入 14286.64 万美元，下降 15.11%；国内旅游收入 409.44 亿元，增长 21.2%。

4. 金融和保险

金融机构存贷款稳定增加。全市金融机构存款年末余额为 2532.8 亿元，比上年末增加 299.9 亿元，增长 13.4%。其中，住户存款余额 1667.6 亿元，增长 15.5%。全市金融机构贷款年末余额为 1428.4 亿元，比上年末增加 172.2 亿元，增长 13.7%。加强投融资工作。争取债券资金 80.5 亿元，获批国家专项建设基金 68 亿元。市城投公司 16 亿元企业债券获准发行、40 亿元中票成功注册。市经开区“两区共建”项目融资授信 100 亿元，首期放贷 30 亿元。新增上市辅导备案企业 8 家、“新三板”挂牌企业 6 家。

全年全市保险系统保费收入 57.02 亿元，同比增长 20.09%。其中，财产险业务保费收入 19.39 亿元，同比增长 14.46%；人身险业务保费收入 37.63 亿元，同比增长 23.22%。赔款和给付 20.41 亿元，同比增长 14.92%。其中，财产险业务赔款支出 9.35 亿元，同比增长 5.41%；人身意外险累计赔款 11.06 亿元，同比增长 24.41%。

5. 房地产业

全年房地产开发投资 146.6 亿元，下降 0.2%；商品房销售额 162.0 亿元，下降 6.0%。

(五)对外经济

1. 对外贸易

外贸高出低进。全年进出口总额 24.45 亿美元,比上年增长 8.6%。其中,出口 21.77 亿美元,增长 12.0%;进口 2.67 亿美元,下降 13.3%。在出口中,机电产品出口快速增长,两者占全部出口的比重由上年的 24.3%提高到 25.7%。

2. 利用外资

外商直接投资出现下滑。全年新批外商投资企业 11 家,比上年下降 15.4%;合同利用外商直接投资 17155 万美元,增长 33%;实际利用外商直接投资 18253 万美元,下降 31.5%。

3. 对外承包

对外承包工程和劳务合作稳步扩大。全年中方实际对外投资额 153 万美元,同比增加 118.6%;劳务人员合同工资总额 1477 万美元,同比下降 1.53%;当年外派劳务人员 185 人,同比下降 0.54%。

二、安庆市 2015 年社会发展概况

(一)人口、人民生活

人口自然增长率保持较低水平。据计生部门统计,2015 年,全市人口出生率为 10.36‰,比上年上升 0.16 个千分点;死亡率为 4.92‰,比上年下降 0.21 个千分点;自然增长率 5.44‰,比上年上升 0.37 个千分点。2015 年末全市户籍人口 622.1 万人。

城乡居民生活水平继续提高。全年城镇常住居民人均可支配收入 23966 元,比上年增长 8.4%,扣除价格因素,实际增长 6.9%;城镇常住居民人均消费支出 14091.0 元,增长 8.0%,其中,食品支出增长 5.3%,交通与通讯支出增长 7.2%,衣着支出增长 7.8%,娱乐教育文化支出增长 9.6%;城镇居民恩格尔系数为 35.9%,比上年下降 0.9 个百分点。

全年农村常住居民人均可支配收入 9985 元,比上年增长 9.2%。农村常住居民人均消费支出 8051.1元,增长 8.3%,其中,食品支出增长 5.6%,交通和通讯支出增长 7.9%。

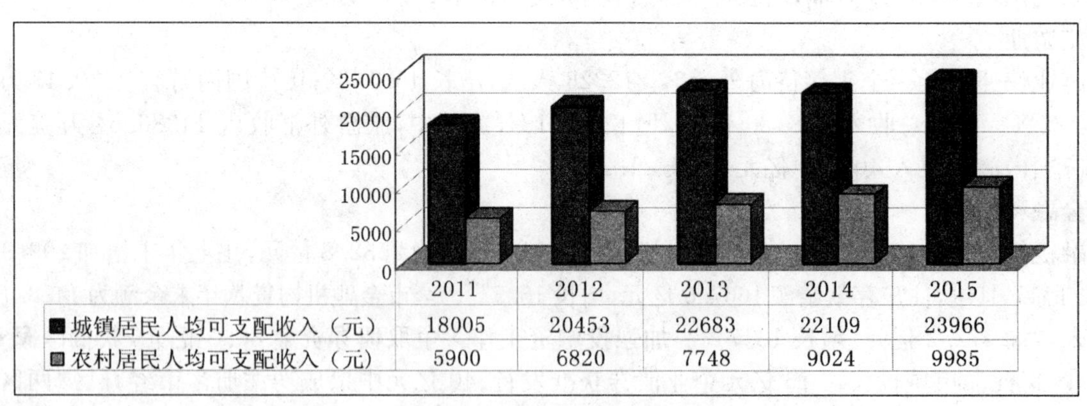

	2011	2012	2013	2014	2015
■城镇居民人均可支配收入（元）	18005	20453	22683	22109	23966
■农村居民人均可支配收入（元）	5900	6820	7748	9024	9985

图 3　2011—2015 年安庆市城乡居民收入对比一览

(二)就业与社会保障

1. 就业工作

全年城镇新增就业 7.45 万人,比预期目标多 2.6 万人。全年有 1.64 万人实现了再就业。年末城镇人口登记失业率为 3.04%。

2. 社会保障和福利

社会保障工作进一步加强。年末全市参加城镇职工基本养老保险人数为57.21万人，比上年增加2.25万人，其中，参保职工40.16万人，比去年增加1.26万人；参保的离退休人员17.05万人；参加城乡居民社会养老保险人数为338.54万人，其中，领取养老金人数86.36万人；参加失业保险的人数为25.42万人，领取失业保险金人数为0.54万人，比上年减少0.06万人；参加城镇职工基本医疗保险人数为46.49万人，比上年增加0.44万人，其中，参保职工32.77万人，参保的离退休人员13.73万人；参加城镇居民基本医疗保险人数79.44万人，领取待遇8.51万人次；参加工伤保险人数38.53万人，领取待遇0.34万人次；参加生育保险人数30.67万人，领取待遇0.42万人次。全市年末享受城市居民最低生活保障的人数为5.19万人，享受农村最低生活保障的人数为19.4万人。

社会福利事业稳步发展。年末全市有各类收养性单位219个，拥有床位数40050张，收养各类人员16736人。其中：农村五保供养服务机构171个，拥有床位数31823张，收养13830人。全市建立各类社区服务设施319个，其中：社区服务中心48个，社区服务站271个。全年销售社会福利彩票5.24亿元，筹集社会福利资金1.36亿元。

（三）教育和科学技术

1. 教育事业

教育事业持续健康发展。2015年末，全市有普通高校5所，当年招生12246人，在校学生41737人，毕业生12207人。其中，硕士研究生当年招生140人，在校生317人，毕业生67人。各类中等职业教育学校（含技工学校）当年招生2.4万人，在校生6.8万人，毕业生4.2万人。普通高中招生3.42万人，在校生11.66万人，毕业生5.10万人。初中招生5.20万人，在校生16.22万人，毕业生5.95万人。普通小学招生5.13万人，在校生30.57万人，毕业生5.15万人。初中阶段适龄人口入学率为100%，小学学龄儿童入学率为100%。

2. 科技与创新

科技事业取得新进展。获国家级科技项目10项，省级科技项目42项，市级科技项目55项。全年认定高新技术企业57家，认定高新技术产品129项。全年受理专利申请量12645件，获得专利授权量3500件，已实施的专利授权量2281件。全年签订各类技术合同67项，技术合同成交金额7802万元。

质量检验工作得到加强。全市共有县以上产品质量检验机构89个，其中系统内12个。国家检测中心2个。法定计量技术机构9个，全年强制检定计量器具15.03万台件，报省级修订地方标准数2项。

（四）文化、卫生和体育

1. 文化事业

文化事业继续发展。2015年末，全市共有艺术表演团体102个，文化馆12个，乡镇文化站169个，公共图书馆11个，博物馆15个。全市广播电台9座，中短波转播发射台1座，调频转播发射台17座。全市有线电视用户90.79万户，其中：数字电视用户45.55万户，全市广播电视农村直播卫星用户9.44万户。年末广播综合人口覆盖率为98.29%，电视综合人口覆盖率为98.57%。全年出版报纸4种，总印数2183.19万份；期刊（杂志）4种，总印数3.38万册；年末全市共有各级档案馆12个，馆藏档案资料16.19万册，库馆总建筑面积41558平方米。

2. 卫生事业

卫生事业不断进步。年末全市共有卫生机构（含诊所、卫生室）2497个。其中医院、卫生院224个，卫生防疫机构10个，妇幼保健院（所、站）10个。医院、卫生院床位19571张。全市卫生人员总数30428人，其中卫生技术人员22438人，执业医师和执业助理医师8753人，注册护士9043人。乡村卫生院152个，乡村医生和卫生员4267人，全市农村有医疗点的村占总村数的比重达100%即村村有医院点。全市参加农村新型合作医疗的农民 490.68 万人。

3. **体育事业**

体育事业取得新成绩。全年安庆市运动健儿在国际和国内的重大比赛中,共获得银牌 1 枚,铜牌 2 枚。全年发展社会体育指导员 743 人,一级运动员 7 人,二级运动员 48 人。全民健身运动蓬勃发展,全年共举办百人以上的体育健身活动 62 次,参加体育健身活动人数 4.19 万人。

(五)环境保护

2015 年,安庆市加大了对资源与环境保护的投入力度,资源的有效利用与环境保护工作取得一定进展。

环境保护工作继续加强。2015 年末,全市省、市、县环境监测站 9 个。全市当年审批的建设项目环保投资总额 662.64 亿元,累计建成和在建环保项目 315 个,自年初累计建成和在建环保项目完成投资 19.6 亿元。全年环境检测站检测到的县(市)、区中,空气质量达二级以上的天数为 308 天。城区污水收集处理厂网一体化项目签约

生态建设积极推进。全市已建成自然保护区 4 个,其中国家级 1 个、省级 3 个。

(六)社会安全

全市发生火灾事故 233 起,造成直接经济损失 1109.7 万元;交通事故 1432 起,死亡 274 人,造成直接经济损失 734 万元。

三、安庆市在长三角地区经济发展中的地位

2015 年,面对全球经济持续调整、国内宏观经济下行压力依然较大的复杂局面,市委市政府审时度势,科学决策,统筹协调稳增长、调结构、促改革、惠民生、防风险,着力培育经济增长新动能,主动适应新常态、引领新常态。全市经济运行健康平稳,主要经济指标保持了适度较快增长,继续保持了平稳发展态势。

(一)地区生产总值

2011—2015 年安庆市地区生产总值在泛长三角地区 41 市所占比重分别为 1.05%、1.06%、1.01%、1.02%和 0.87%。2015 年与 2011 年比减少了 0.18 个百分点,较上年减少了 0.15 个百分点。2015 年,安庆市在泛长三角地区 41 市地区生产总值所占比重排名第 25 位。

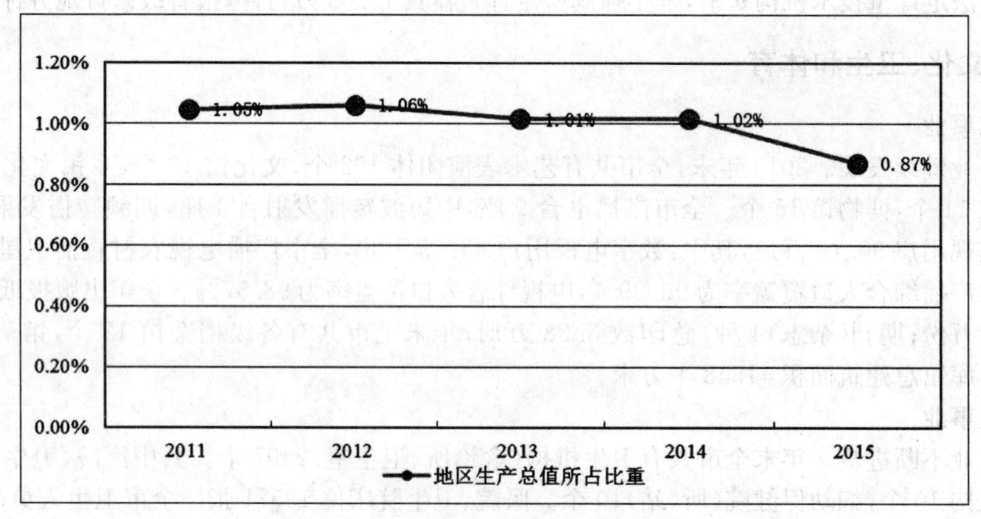

图 4 2011—2015 年安庆市地区生产总值在泛长三角地区 41 市(苏浙两省 24 个地级市、上海市和安徽省 16 市,下同)所占比重的变化趋势

2015 年，全市实现地区生产总值 1613.2 亿元（含枞阳，下同），同比增长 7.1%，较全国高 0.2 个百分点，总量位居全省第 3 位，增速位居全省第 12 位。其中第一产业增加值 220.0 亿元，增长 4.0%；第二产业增加值 821.6 亿元，增长 6.1%；第三产业增加值 571.6 亿元，增长 10.2%。。分季度看，一季度增长 4.4%，上半年增长 5.8%，前三季度增长 7.0%。分产业看，第一产业增加值 220.0 亿元，同比增长 4.0%；第二产业增加值 821.6 亿元，增长 6.1%；第三产业增加值 571.6 亿元，增长 10.2%。

（二）地方财政一般预算收入

2011—2015 年安庆市地方财政一般预算收入在泛长三角 41 市所占比重分别为 0.59%、0.62%、0.61%、0.62%和 0.55%，2015 年较 2011 年减少了 0.04 个百分点，较上年减少了 0.07 个百分点。2015 年，安庆市地方财政一般预算收入在泛长三角 41 市地区的排名第 31 位。

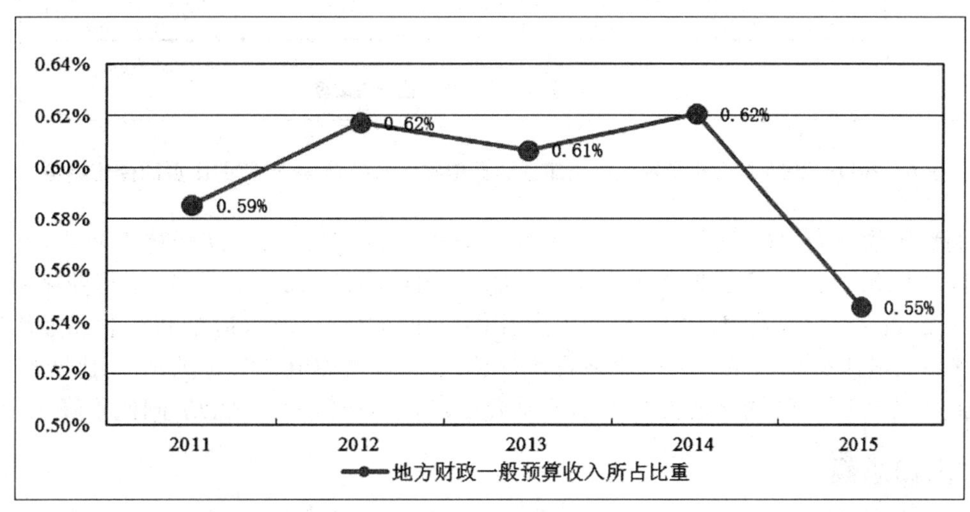

图 5　2011—2015 年安庆市地方财政一般预算收入在泛长三角 41 市所占比重的变化趋势

全市财政收入完成 258.8 亿元，为预算的 103.7%，增长 12.1%。其中地方财政收入完成 106.6 亿元，为预算的 94.4%，增长 0.9%，加上级补助收入 211.5 亿元、一般债券收入 66.0 亿元、上年结转结余收入 1.7 亿元、调入预算稳定调节基金 0.6 亿元、调入资金 13.5 亿元，预算总收入 399.8 亿元。全市财政支出完成 337.2 亿元，为执行预算的 99.4%，增长 12.6%，加上解缴上级支出 5.3 亿元，债务还本支出 51.7 亿元，安排预算稳定调节基金 3.6 亿元，结转下年支出 2.1 亿元，预算总支出 399.8 亿元。税收返还和转移支付收入情况：返还性收入 6.2 亿元，增长 1.0%；一般性转移支付收入 124.6 亿元，增长 17.2%；专项转移支付收入 80.7 亿元，增长 8.7%。

（三）规模以上工业总产值

2011—2015 年安庆市规模以上工业总产值在泛长三角 41 市所占比重分别为 0.82%、0.89%、0.99%、1.09%和 0.96%，整体呈增加态势，2015 年较 2011 年增加了 0.14 个百分点，较上年减少了 0.13 个百分点。2015 年，安庆市规模以上工业总产值在泛长三角 41 市地方财政一般预算收入所占比重排名第 25 位。

2015 年全市规模以上工业实现增加值 713.9 亿元，突破七百亿元，同比增长 5.9%，比 1—11 月提高 0.2 个百分点，比 1—6 月提高 2.9 个百分点。全市规上增加值总量居全省第 3 位，增幅比 1—11 月进一位，居全省第 12 位。1—12 月，全市规模以上工业企业实现产值 3064 亿元，突破三千亿元。

分经济类型看，股份制企业增加值 643.1 亿元，同比增长 5.7%，国有企业增加值 50.7 亿元，同比增

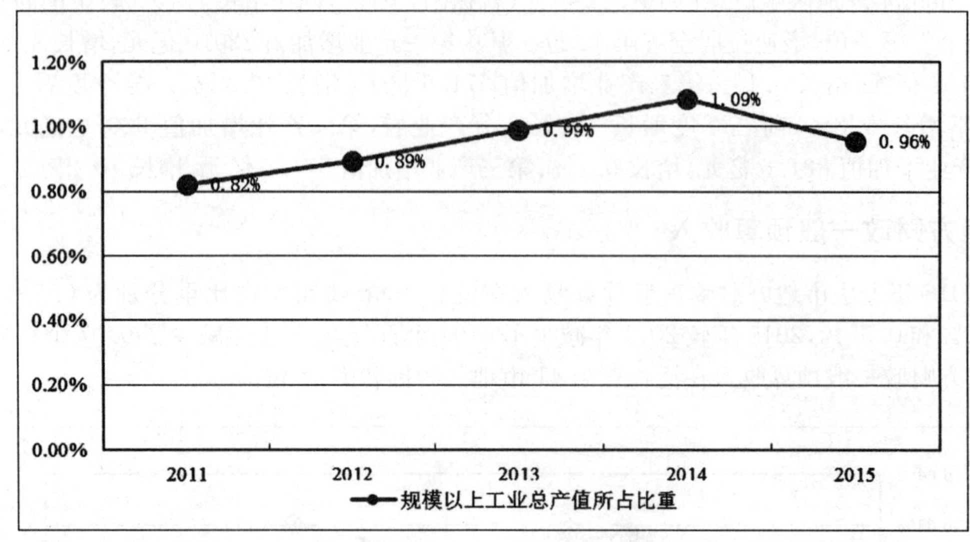

图 6 2011—2015 年安庆市规模以上工业总产值在泛长三角 41 市所占比重的变化趋势

长 0.4%，外商和港澳台商投资企业增加值 36.0 亿元，同比增长 12.4%。从轻重工业看，重工业增加值 392.1 亿元，同比增长 6.5%，轻工业增加值 321.8 亿元，同比增长 5.2%。从 39 个行业来看，29 个行业实现增加值增长，占 74.4%，其中，电力、热力生产和供应业增速 34.0%，造纸和纸制品业增速 14.7%，橡胶和塑料制品业增速 9.9%；从三大行业来看，纺织服装产业增加值 131.5 亿元，同比增长 7.8%，装备制造产业增加值 131.7 亿元，同比增长 6.4%，石油化工产业增加值 95.1 亿元，同比下降 1.0%。

(四)进出口总额

2011—2015 年芜湖市进出口总额在泛长三角 41 市所占比重分别为 0.07%、0.09%、0.13%、0.16%和 0.18%，总体上呈现上扬态势，五年间增加了 0.11 个百分点，其中 2015 年较上年增加了 0.02 个百分点。2015 年，安庆市进出口总额在泛长三角 41 市的排名为 30 位，位置相对靠后。

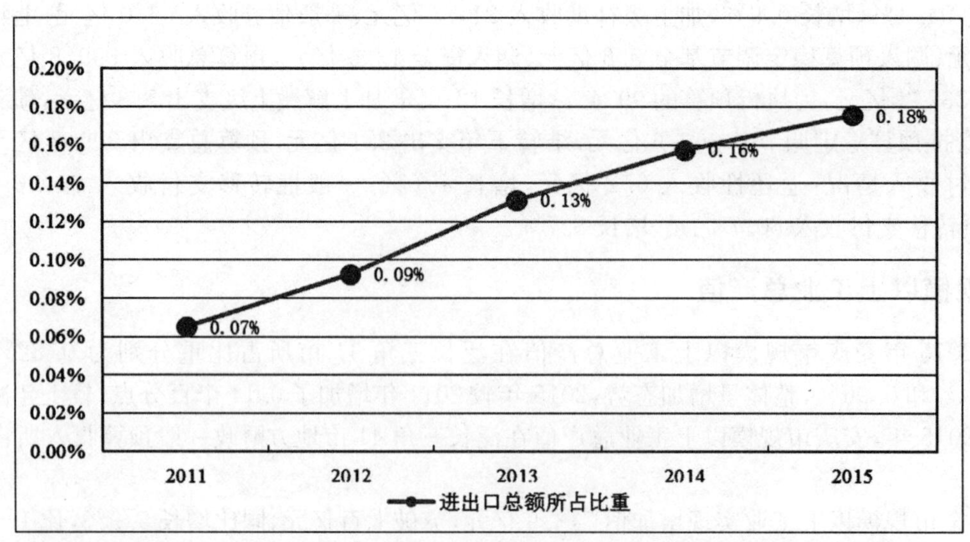

图 7 2011—2015 年安庆市进出口总额在泛长三角 41 市所占比重的变化趋势

2015年，全市进出口总额24.45亿美元，同比增长8.6%，较前三季度提高52.7个百分点。其中出口21.77亿美元，同比增长12.0%，比前三季度提高60.3个百分点；进口2.67亿美元，同比下降13.3%，降幅比前三季度收窄5.6个百分点。

(五)实际外商直接投资金额

2011—2015年安庆市实际外商直接投资金额在泛长三角41市所占比重分别为0.42%、0.45%、0.60%、0.36%和0.25%，2015年较2011年减少了0.17个百分点，较上年减少了0.11个百分点。2015年，安庆市实际外商直接投资金额在泛长三角41市排名第37位，排名相对靠后。

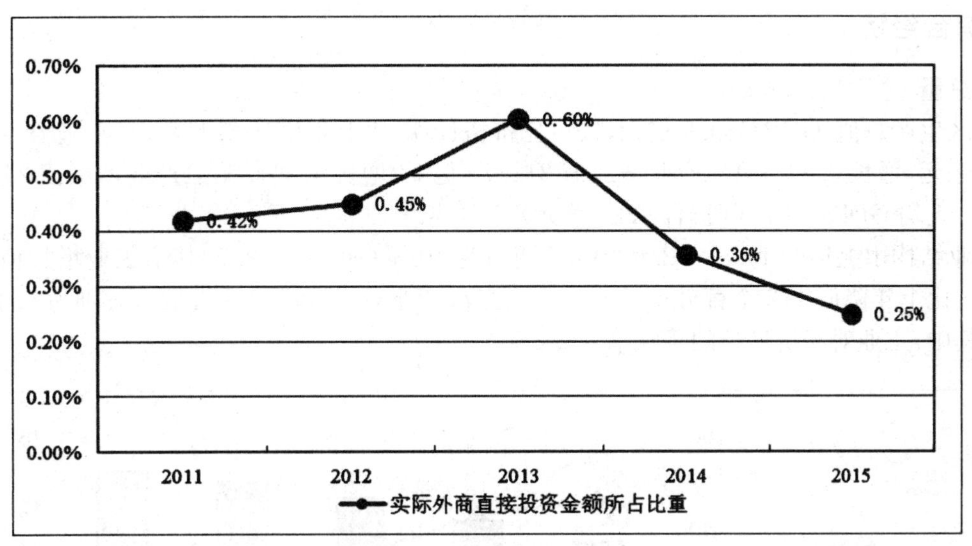

图8　2011—2015年安庆市实际外商直接投资金额在泛长三角41市所占比重的变化趋势

外商直接投资出现下滑。全年新批外商投资企业11家，比上年下降15.4%；合同利用外商直接投资17155万美元，增长33%；实际利用外商直接投资18253万美元，下降31.5%。

十　黄山市2015年经济社会发展报告

2015年，面对经济下行压力持续加大的局面，全市上下在市委、市政府坚强领导下，深入学习贯彻党的十八大、十八届三中、四中、五中全会和习近平总书记系列重要讲话精神，坚持稳中求进工作总基调，以提高经济发展质量和效益为中心，加快调结构转方式促升级，全市经济社会总体保持平稳发展态势。

一、黄山市2015年经济发展概况

（一）综合经济

1. 经济总量

全年地区生产总值(GDP)530.9亿元，按可比价格计算，比上年增长6.1%。分产业看，第一产业增加值55.11亿元，增长3.9%；第二产业增加值211.75亿元，增长4.4%；第三产业增加值264.04亿元，增长8.3%。人均GDP38794元(折合6229美元)，比上年增加1488元。

三次产业结构由上年的10.5∶42.8∶46.7调整为10.4∶39.9∶49.7，其中工业增加值占GDP比重为32.6%，比上年降低1.2个百分点。第一、二、三次产业对经济增长的贡献率分别为6.4%、37.6%和56.0%，其中：工业对经济增长的贡献率为28.6%。

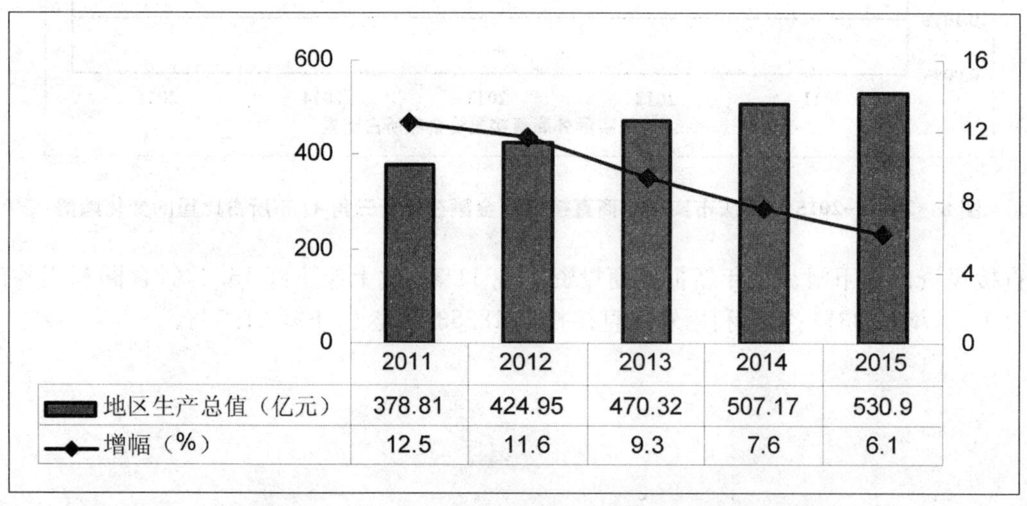

图1　2011—2015年黄山市地区生产总值及增长速度

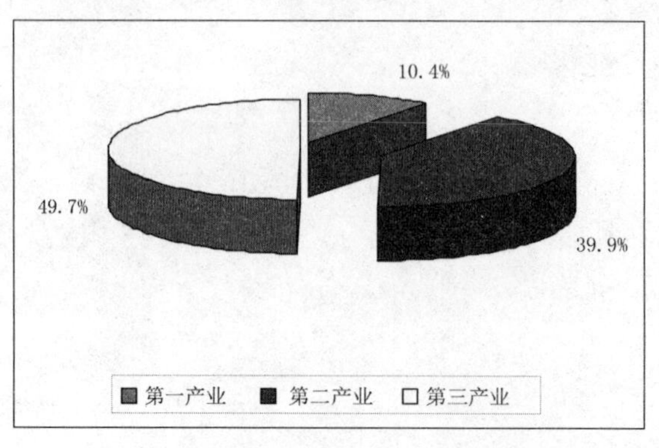

图2　2015年黄山市三次产业结构图

2.财政收支

全年财政收入92.5亿元，比上年增长2.5%，其中地方财政收入71.6亿元，增长5.3%。从地方财政收入来源看，税收收入43.6亿元，增长1.5%，非税收入28.0亿元，增长11.9%。从地方收入主要税种看，营业税同比增长7.7%、契税下降10.1%、增值税下降17.0%、土地增值税下降12.4%、所得税下降9.1%、城镇土地使用税增长49.1%。

全年财政支出159.2亿元，增长7.1%。其中：民生支出128.3亿元，增长11.5%，占财政支出的比重为80.6%，同比提高3.2个百分点。在民生支出中：农林水事务、城乡社区事务、社会保障和就业支出额居前三位，分别增长10.1%、19.9%、18.1%，医疗卫生和计划生育支出增长17.4%，教育支出增长10.0%，科学技术支出下降3.9%。全市35项民生工程累计投入33.1亿元，惠及100%城乡居民。

3.物价水平

全年居民消费价格比上年上涨0.7%，涨幅比上年回落1.4个百分点，其中服务项目价格上涨1.5%，消费品价格上涨0.5%。八大类商品和服务价格"五升三降"。商品零售价格下降0.7%。工业生产者出厂价格下降3.2%，工业生产者购进价格下降5.8%。

4.固定资产投资

全年固定资产投资552.5亿元，比上年增长1.0%。其中：国有及国有控股投资284.0亿元，增长15.0%；外商投资10.7亿元，增长15.0%；民间投资262.6亿元，下降12.1%。分产业看：第一产业投资24.6亿元，增长21.8%；第二产业84.5亿元，下降14.2%；第三产业443.4亿元，增长2.4%。分行业看：工业投资84.5亿元，下降14.0%，其中：制造业65.0亿元，下降25.4%。

(二)农业

全年农林牧渔业总产值95.0亿元，比上年增长4.0%，其中，农业产值49.1亿元，增长3.2%；林业产值15.3亿元，增长11.6%；牧业产值25.6亿元，增长1.2%；渔业产值2.5亿元，增长0.7%。

全年农作物总播种面积127.4千公顷，比上年下降1.6%，其中：经济作物播种面积64.9千公顷，下降0.4%。在总播种面积中：粮食作物种植面积62.5千公顷，下降2.8%；油料种植面积26.3千公顷，下降2.6%；中草药材种植面积6.4千公顷，增长9.2%；蔬菜种植面积23.2千公顷，增长0.1%。

全年茶叶产量3.37万吨，比上年增长2.4%(农委提供)；粮食35.0万吨，增长0.8%；油料4.1万吨，增长3.1%；中草药材9103吨，增长1.0%；棉花523吨，下降4.6%；园林水果6.1万吨，下降4.3%；蔬菜40.5万吨，增长0.8%。

年末全市生猪存栏76.9万头，比上年增长0.1%；全年生猪出栏97.4万头，增长1.1%；家禽出栏457.1万只，增长0.4%；肉类总产量9.2万吨，增长1.6%；禽蛋2.2万吨，增长2.5%；牛奶产量6333吨，增长21.1%；蚕茧3826吨，下降12.4%；水产品1.7万吨，增长0.6%。

年末农业机械总动力81.3万千瓦，比上年增长2.3%。农用拖拉机1.67万台，增长2.9%，农用运输车3118辆，下降2.5%；机耕作业面积96.9千公顷，增长0.2%，机播作业面积6.7千公顷，增长5.5%，机收作业面积39.0千公顷，增长8.7%。全年农用化肥施用量(折纯)3.9万吨，比上年增长0.15%。农村用电量2.5亿千瓦时，增长9.8%。耕地有效灌溉面积49.06千公顷，节水灌溉面积11.04千公顷。

年末全市规模以上农产品加工企业218家，其中：省级以上龙头企业43家。全年农产品加工产值190.8亿元，增长0.1%，占工业总产值比重为34.0%。年末拥有8个中国驰名商标、69个安徽省著名商标、26个安徽名牌产品。新注册农民合作社167家，累计达1654家。

(三)工业和建筑业

1.工业经济

年末全市规模以上工业企业520户，比上年净增9户；全年规模以上工业增加值127.1亿元，比上年增长4.1%。分轻重工业看，轻工业54.9亿元，下降1.7%，重工业72.1亿元，增长8.7%；从大中小型企业看，大中型工业企业24.4亿元，增长10.1%，小微型工业企业102.6亿元，增长2.7%。

全市32个工业行业大类中，有18个行业实现增长，12个行业增幅超过全市平均水平。增加值总量前5位行业中，有4个行业保持增长，其中：化学原料和化学制品制造业、酒饮料和精制茶制造业、纺织业、橡胶和塑料制品业增加值分别增长9.2%、4.6%、15.2%和25.5%，拉动规模以上工业增加值增长4.5个百分点。装备制造业增加值34.6亿元，增长4.9%，高新技术产业增加值42.5亿元，增长3.7%，战略性新兴产业产值143.3亿元，同比增长1.9%。

主要工业产品产量中，涂料增长16.9%，初级形态塑料增长16.7%，化学试剂增长37.4%，钢材、钢丝分别增长11.2%、6.2%，滚动轴承、电动机分别增长4.6%、4.5%，工业自动调节仪表与控制系统、汽车仪器仪表分别增长22.3%、19.9%，服装下降71.9%，蓄电池、电光源分别下降18.3%、14.2%。

全市规模以上工业企业累计完成主营业务收入525.15亿元，比上年下降1.8%；利税32.55亿元，下降12.1%，其中利润21.26亿元，下降13.4%。32个工业行业全面实现盈利，其中9个行业利润同比增长。化学原料和化学制品、酒饮料和精制茶、印刷和记录媒介复制、纺织业等4个行业利润超亿元。企业亏损面为10.6%，亏损企业亏损额比上年增长53.8%。

2.建筑业

全年全社会建筑业增加值47.1亿元，比上年增长6.1%；资质内建筑企业完成总产值50.8亿元，下降17.1%。建筑业劳动生产率为14.6万元/人，下降12.2%。房屋建筑施工面积566.5万平方米，下降12.1%；房屋建筑竣工面积267.4万平方米，增长2.4%。

（四）服务业

1.国内贸易

全年社会消费品零售总额281.1亿元，比上年增长11.0%。按经营地统计，城镇消费品零售额235.7亿元，增长10.7%；乡村消费品零售额45.4亿元，增长12.1%。按消费形态统计，商品零售225.6亿元，增长10.4%；餐饮收入55.5亿元，增长13.1%。按单位规模统计，限额以上单位零售额98.0亿元，增长0.8%；限额以下单位零售额183.2亿元，增长15.5%。网上零售势头强劲，全年限额以上单位实现网上零售额2.7亿元，增长83.1%。

据限额以上商贸调查统计，6类商品中，基本生活类增长7.4%，其中：吃、穿、用类商品零售额分别比上年增长3.7%、23.0%和6.0%；居住类增长12.2%；文化娱乐体育健康类增长11.6%；交通电器设备类增长11.3%；燃料类下降14.1%；其他类增长3.4%。

2.交通运输、邮电

全年各类运输方式完成货运总量7951.0万吨，比上年增长1.9%。其中，公路7926万吨，增长1.9%；水运16.5万吨，增长59.6%；铁路8.3万吨，下降47.3%；民航货邮吞吐量2102吨，下降19.2%。完成旅客运输总量6761.2万人，比上年增长8.9%。其中，公路6379万人，增长7.6%；水运92万人，增长1.0%；民航旅客吞吐量59.1万人，下降7.2%；铁路（含高铁）231.1万人，增长86.9%，其中：普通铁路126.4万人，增长2.2%，黄山北站和歙县北站自6月28日合福高铁开通运营以来，合计发送旅客138.4万人次。年末，全市公路线路里程6724公里，其中：高速公路358公里。

年末全市民用汽车拥有量14.71万辆，比上年增长16.9%，其中私人汽车11.20万辆，增长24.7%。民用轿车拥有量10.83万辆，增长64.1%，其中私人轿车9.77万辆，增长66.6%。

全年邮电业务总量15.57亿元，比上年增长17.7%。其中，邮政业务总量2.87亿元，增长21.2%；电信业务总量12.70亿元，增长17.0%。年末，全市本地固定电话用户24.80万户，比上年末增加0.73万户；移动电话106.78万户，比上年末减少2.71万户，其中：4G移动电话用户34.28万户，新增27.89万户，3G移动电话用户36.95万户，减少11.80万户。年末计算机互联网用户达到24.35万户，新增2.69万户。

3. **旅游业**

全年入境旅游人数195.1万人次，比上年增长10.3%，其中外国人122.9万人次，增长16.7%，港澳台72.2万人次，增长0.8%。国内游客4470.8万人次，增长12.1%。旅游总收入400.7亿元，增长13.1%。其中，旅游外汇收入6.04亿美元，增长11.3%；国内旅游收入363.4亿元，增长13.3%。年末全市有A级及以上旅游景点（区）50家，比上年减少5家（由于达不到国家标准规定被取消等级）；星级饭店64家，其中四星级以上饭店29家；旅行社164家，比上年增加8家。

4. **金融和保险**

推进金融改革创新，省股权托管交易中心文化旅游板（黄山专板）顺利开板，首批50户企业集中挂牌，首只产业投资基金安元现代服务业投资基金和首只市城市发展基金设立，黄山城投集团有限公司9亿元企业债成功发行。

年末全市金融机构人民币各项存款余额916.3亿元，比上年增长11.5%，余额比年初增加94.8亿元，同比多增15.2亿元；其中：住户存款余额574.3亿元，增长13.8%，余额比年初增加66.6亿元，同比多增6.2亿元。金融机构人民币各项贷款余额566.3亿元，增长7.6%，余额比年初增加40.1亿元，同比少增12.8亿元。其中：短期贷款余额224.0亿元，增长5.6%；中长期贷款余额306.4亿元，增长8.5%，中长期贷款中个人贷款余额121.2亿元，增长9.1%。

年末银行业机构不良贷款余额10.76亿元，比上年末增长19.1%，不良贷款率为1.90%，比上年增加0.19个百分点。

全年保险业保费收入18.6亿元，比上年增长16.5%，其中：财产险保费收入6.7亿元，增长16.3%；寿险保费收入10.2亿元，增长24.6%；健康险和意外伤害险保费收入1.6亿元，同比下降17.0%。全年赔款和给付支出合计7.6亿元，增长17.5%。其中：财产险赔款3.2亿元，增长10.3%；寿险给付3.8亿元，增长23.0%；健康险和意外伤害赔款和给付0.6亿元，增长24.5%。

5. **房地产业**

全年房地产开发投资101.2亿元，比上年下降26.0%，其中：住宅61.4亿元，下降33.7%。商品房销售面积108.13万平方米，下降6.3%，其中住宅95.39万平方米，增长1.6%；商品房销售额48.7亿元，下降4.6%，其中住宅40.7亿元，增长6.8%。

（五）对外经济

1. **对外贸易**

全年进出口总额63516万美元，比上年下降30.7%。其中，出口52881万美元，下降35.4%；进口10635万美元，增长7.9%。从贸易方式看，一般贸易进出口60503万美元，下降30.9%，加工贸易2969万美元，下降25.7%。从出口商品类别看，纺织服装6269万美元，下降60.2%；化工产品12340万美元，下降13.9%；农业品19907万美元，增长6.8%；机电产品6651万美元，下降57.9%。从重点商品出口看，茶叶15768万美元，增长22.5%；服装4648万美元，下降53.4%；新型塑料包装3468万美元，增长24.9%。

2. **利用外资**

全年新签内资项目604个，其中：亿元以上项目107个；新签项目协议投资额507.6亿元，比上年增长0.3%；新签到位资金131.0亿元，增长9.0%，资金到位率25.8%。全年新批外资项目5个，实际到位外资额18960万美元，减少32.4%；其中：外商直接投资15996万美元，减少42.5%。年末，来黄投资的境外世界500强企业为4家，国内500强企业增加到22家。

二、黄山市2015年社会发展概况

（一）人口、人民生活

全年出生人口14711人，出生率9.96‰，比上年下降0.34个千分点；死亡人口8539人，死亡率为

5.78‰，比上年下降 0.57 个千分点；全年自然增长率为 4.18‰，比上年上升 0.24 个千分点。年末全市户籍人口 147.69 万人，其中城镇人口 59.28 万人。根据人口变动情况抽样调查统计，年末全市常住人口为 137.37 万人，其中：城镇人口 66.34 万人。

全年常住居民人均可支配收入 18255 元，比上年增长 9.1%。城镇常住居民人均可支配收入 26226 元，增长 8.4%，从城镇居民收入结构来看，人均工资性收入 15199 元，增长 8.1%；经营净收入 3853 元，增长 7.4%；财产净收入 1601 元，增长 12.2%；转移净收入 5574 元，增长 8.8%。城镇常住居民人均消费支出 15765 元，增长 7.1%，其中食品烟酒支出增长 3.9%，衣着增长 2.8%，居住增长 7.6%，生活用品及服务增长 16.7%，交通和通信增长 16.1%，教育文化娱乐服务下降 3.2%，医疗保健增长 20.2%。城镇常住居民恩格尔系数为 32.2%。人均拥有房屋面积 46.3 平方米。

全年农村常住居民人均可支配收入 11872 元，比上年增长 8.5%，从农村常住居民收入结构来看，人均工资性收入 4786 元，增长 6.7%，经营净收入 4627 元，增长 8.7%；财产净收入 171 元，同比增长 44.7%；转移净收入 2288 元，增长 10.1%。农村居民人均消费支出 9723 元，增长 7.4%，其中食品烟酒支出增长 5.0%，衣着增长 11.0%，居住增长 12.3%，生活用品及服务增长 11.2%，交通和通信下降 0.8%，教育文化娱乐服务增长 1.8%，医疗保健增长 12.4%。农村常住居民恩格尔系数为 34.3%。期末人均拥有房屋面积 56.2 平方米。

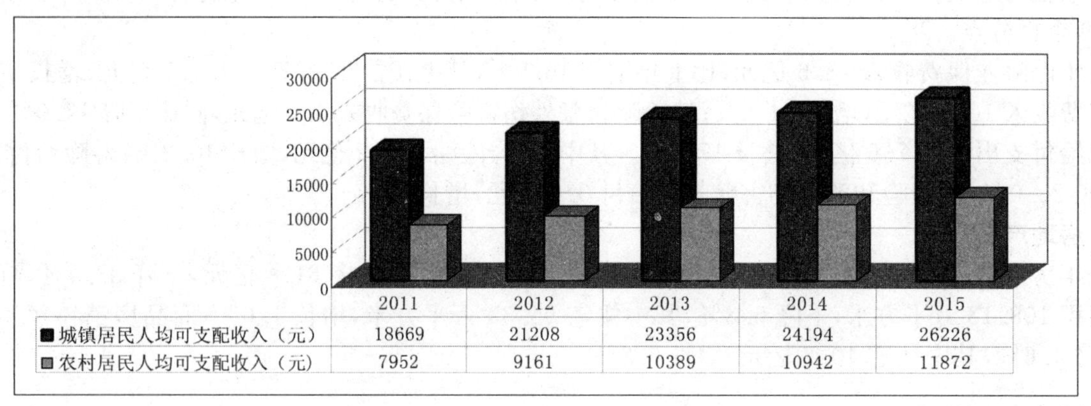

图 3　2011—2015 年黄山市城乡居民收入对比一览

(二)就业与社会保障

1.就业工作

全市城镇新增就业 25507 人，其中下岗职工再就业 9414 人，年末城镇登记失业率 3.71%。

2.社会保障和福利

年末全市参加城镇基本养老保险人数 20.55 万人，比上年下降 1.4%，其中：参保职工 15.00 万人，下降 3.9%，参保离退休人员 5.55 万人，增长 5.7%。参加城镇医疗保险人数 39.84 万人，比上年下降 1.1%，其中：职工参保 18.95 万人，增长 2.0%。参加失业保险人数 9.30 万人，比上年下降 0.5%。参加工伤保险人数 12.01 万人，比上年增长 2.4%，其中农民工 3.53 万人；参加生育保险人数 11.33 万人，增长 0.6%。五项社会保险参保 93.03 万人次，征缴五项社会保险金额 15.40 亿元，增长 7.4%。

年末全市拥有各类收养性社会福利单位 23 个，增长 4.5%，床位数 2167 张，增长 19.6%，收养人员 690 人，增长 30.9%。年末 1.72 万城镇居民得到政府最低生活保障，发放最低生活保障金 7056 万元；3.71万农村居民得到政府最低生活保障，发放最低生活保障金 8948 万元；农村居民得到政府五保救济 7091 人，农村低保覆盖率 3%。全年销售社会福利彩票 1.54 亿元，筹集社会福利资金 1609 万元。

（三）教育和科学技术

1. 教育事业

年末全市普通高校 2 所，普通本专科（不含成人）招生 6764 人，在校生 22176 人，毕业生 5424 人。高考文理本科达线率为 51.73%，比上年提高 0.79 个百分点。各类中等职业教育（不含技工学校）学校 20 所，在校生 15265 人，毕业生 6034 人；普通高中 21 所，在校生 21403 人，毕业生 8534 人，高中阶段毛入学率 104.34%。普通初中 100 所，在校生 33328 人，毕业生 11895 人，初中学龄人口毛入学率 108.70%，初中毕业生升学率达 102.78%；小学 130 所，在校生 68384 人，毕业生 10720 人，小学毛入学率 101.02%，九年义务教育巩固率 103.49%，；幼儿园 159 所，在校生 35516 人，学前三年毛入园率 104.34%，比上年提高 1.42 个百分点；特殊教育学校 2 所，在校生 86 人。

2. 科技与创新

全市共拥有国家、省和市创新型（试点）企业 67 户，新认定 10 户。拥有高新技术企业 79 家，新认定 27 家，累计实现高新技术产业产值 168.3 亿元，占规模以上工业总产值的 29.9%。全市拥有省、市工程技术研究中心 73 家，新组建 4 家；有省级院士工作站 4 家。共拥有省民营科技企业 238 户，新认定 25 户。全年有 5 个项目获得省科学技术进步奖，表彰 2013－2014 年市科学技术奖 33 项。承担省级以上科技计划项目 27 项，其中国家科技计划项目 5 项。56 个项目和补助获得近 1500 万元创新型省份建设专项资金支持。签订技术合同 77 项，技术合同成交额 0.38 亿元。取得各类科技成果 82 项，比上年增长 5.1%，其中省部级以上 28 项，增长 7.7%。

全年专利申请 1125 件，增长 6.2%，其中发明专利 314 件，增长 24.1%；授权专利 996 件，增长 18.0%，其中发明专利 156 件，增长 88.0%。企业专利申请 750 件，授权 705 件。歙县作为全国六个区县之一入选国家传统知识知识产权保护示范县。开展“双百双行”政产学研用合作，成功举办第七届科技成果转化对接会，黄山市与浙江大学签署深化科技与人才合作协议，共建浙大黄山技术转移中心、徽文化移动互联技术研究中心，签约 6 个科技金融合作项目和 12 个产学研合作项目。

年末拥有国家地理标志产品 12 个，比上年增加 4 个；拥有县以上产品质量检验机构 25 个，其中系统内 2 个；完成强制性产品认证的企业 27 个；法定计量技术机构 12 个，强制检定计量器具 5.2 万台（件），比上年提高 62.5%。新制定、修订地方标准 6 项。

（四）文化、卫生和体育

1. 文化事业

年末全市拥有文化馆 8 个，纪念馆 6 个，公共图书馆 11 个，博物馆 51 个（含民办博物馆 32 个），乡镇综合文化站 101 个。全国重点文物保护单位 31 处，省级重点文物保护单位 93 处。国家级非物质文化遗产名录 20 项，省级名录 71 项。广播电台 5 座，中、短波发射台和转播台 5 座，广播节目综合人口覆盖率 96.71%。电视台 5 座，有线电视用户 30 万户，电视节目综合人口覆盖率 98.56%。屯溪老街入选中国首批历史文化街区，徽州区岩寺镇、歙县许村镇入选省级“千年古镇”，歙县郑村镇棠樾村等 5 个村入选省级“千年古村”。

继续开展“送戏进万村”农村文艺演出，全年农村演出 780 场，电影放映 9103 场，农家书屋更新出版物 55430 册。《徽韵》、《宏村阿菊》文化旅游定点演出收入稳步增长，黟县守拙园等影视演艺基地初具规模，《火红青春》等一批影视作品对外公映。举办黄山市首届艺术节、第二届两省三地徽州民歌大赛、第八届徽州读书节、新安书画百佳作品展等一系列文化活动。市图书馆全年接待读者 23.8 万人次，借出图书 12.7 万册次。

2. 卫生事业

年末全市共有各类卫生机构 1153 个（含村卫生室），比上年增加 32 个，其中：医院、卫生院 132 个，妇幼保健院（所、站）7 个，专科疾病防治院 2 个。全市卫生技术人员 8505 人，比上年增加 190 人，其中执业

(助理)医师3202人,增加173人,注册护士3741人,增加66人。医院和卫生院拥有病床6429张,比上年增加90张。全年医疗卫生机构共诊疗587.5万人次,比上年增加12.8%。村卫生室624个,乡村医生和卫生员624人。新型农村合作医疗覆盖农村人口110.73万人,实际参加农村合作医疗农民111.15万人,平均参合率达100.37%。

3.体育事业

年末全市拥有体育场地25个,其中:体育场9个、体育馆6座、运动场(田径场)10个。广泛组织开展全民健身活动,全年举办各级各类全民健身项目124项次,参与健身群众人数达23万人次。在市级以上竞赛中,黄山市运动健儿共夺得金牌5枚、银牌8枚、铜牌11枚。成功举办第十届中国黄山(黟县)国际山地车节、全国跆拳道锦标赛、全国空手道俱乐部争霸赛、全国游泳锦标赛、第二届中国齐云山国际养生万人徒步大会、2015年全国群众登山健身大会暨第十一届中国黄山国际登山大会等品牌赛事。全年电脑体育彩票销售额达1.21亿元,比上年增长1.0%。

(五)城乡建设

坚持统筹城乡抓建设。黄山经济开发区区划调整顺利完成。加快推进中心城区"一环三片"建设,205国道改建及梅林南路、黄山路人防地下商业街等项目开工兴建,中心城区排污口治理、垃圾处理、节能照明、交通拥堵节点改造等项目加快实施。加快区县城和建制镇建设,黄山市荣获新型城镇化建设"中国示范城市"称号。扎实推进美好乡村建设,2014年度55个省级中心村建设基本完成,2015年51个省级中心村建设扎实推进,歙县雄村镇、黄山区庄里村和黟县卢村入选全国特色景观旅游名镇名村。

(六)环境保护

全年城市环境空气质量达到国家二级标准,达优率为56.2%。黄山风景区环境空气质量达到国家一级标准,达优率为97.5%。继续开展"黄标车"及老旧车辆淘汰工作,淘汰黄标车3179辆,其中2005年底前注册登记营运的黄标车1776辆。建成休宁、祁门、黟县、徽州区四个大气自动监测站建设并投入试运行。全市PM10年均浓度为46微克/立方米,比上年下降6微克/立方米,低于年度55微克/立方米的控制目标。年末拥有国家级生态乡镇26个,国家级生态村4个;省级生态乡镇57个,省级生态村115个。建有自然保护区69个,其中国家级2个,省级7个。

新安江流域总体水质状况为优,8个监测断面水质均为Ⅱ~Ⅲ类,长江流域总体水质为优,3个监测断面水质为Ⅱ类。全市湖库总体水质状况为优,5个监测点位水质为Ⅰ~Ⅲ类,其中太平湖水质类别为Ⅰ类。地表水环境功能区达标率100%。地表水功能区水质达标率为100%。全市城镇集中式饮用水源地全年水质达标率为100%。城区环境噪声昼间平均等效声级52.5分贝,城区道路交通噪声昼间平均等效声级为66.2分贝。全面完成省政府下达的化学需氧量、二氧化硫、氨氮、氮氧化物四项主要污染物减排目标任务。年末森林覆盖率82.9%,当年造林面积14727公顷,其中:人工造林面积3060公顷,封山育林面积11667公顷;退耕还林面积904公顷。

(七)社会安全

全年各类安全生产事故658起,比上年同期下降1.35%,死亡106人,比上年同期下降3.64%;亿元GDP生产安全事故死亡人数为0.179人,比上年同期下降20.67%;工矿商贸从业人员十万人生产安全事故死亡人数为2.37人,下降4.09%;道路交通万车事故死亡人数为2.17人,下降1.36%。

三、黄山市在长三角地区经济发展中的地位

2015年,面对经济下行压力持续加大的局面,全市上下在市委、市政府坚强领导下,深入学习贯彻党的十八大、十八届三中、四中、五中全会和习近平总书记系列重要讲话精神,坚持稳中求进工作总基调,

以提高经济发展质量和效益为中心，加快调结构转方式促升级，全市经济社会总体保持平稳发展态势。

(一)地区生产总值

2011—2015年黄山市地区生产总值在泛长三角地区41市所占比重分别为0.33%、0.33%、0.34%、0.33%和0.33%。2015年与2011年比基本持平，较上年基本持平。2015年，黄山市在泛长三角地区41市地区生产总值所占比重排名最后一位。

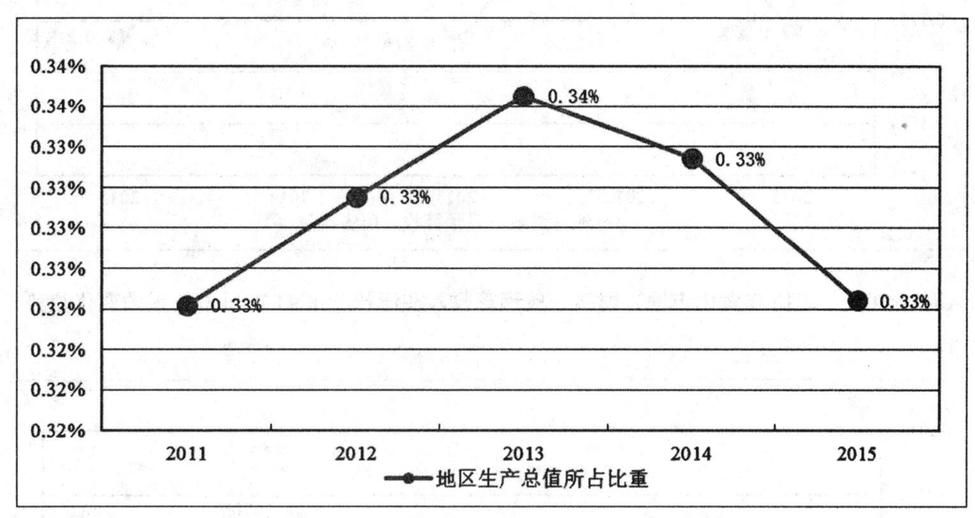

图4　2011—2015年黄山市地区生产总值在泛长三角地区41市
(苏浙两省24个地级市、上海市和安徽省16市，下同)所占比重的变化趋势

全年地区生产总值(GDP)530.9亿元，按可比价格计算，比上年增长6.1%。分产业看，第一产业增加值55.1亿元，增长3.9%；第二产业增加值219.7亿元，增长5.1%；第三产业增加值256.1亿元，增长7.7%。人均GDP38793元(折合6229美元)，比上年增加1488元。

三次产业结构由上年的10.5∶42.8∶46.7调整为10.4∶41.4∶48.2，其中工业增加值占GDP比重为32.6%，比上年降低1.2个百分点。第一、二、三次产业对经济增长的贡献率分别为6.4%、37.6%和56.0%，其中：工业对经济增长的贡献率为28.6%。

(二)地方财政一般预算收入

2011—2015年黄山市地方财政一般预算收入在泛长三角41市所占比重分别为0.37%、0.41%、0.37%、0.40%和0.37%，2015年较2011年基本持平，较上年减少了0.03个百分点。2015年，黄山市地方财政一般预算收入在泛长三角41市地区排名第38位。

2015年全市完成公共财政收入92.5亿元，增长2.5%，占调整预算的96%；需要说明的是，年底按照全省统一部署，严格非税收入征管，着力提高财政收入质量，保持收入可持续。全市公共财政支出完成159.22亿元，增长7.1%。

(三)规模以上工业总产值

2011—2015年黄山市规模以上工业总产值在泛长三角41市所占比重分别为0.20%、0.19%、0.20%、0.20%和0.20%，2015年较2011年基本持平。2015年，黄山市规模以上工业总产值在泛长三角41市地方财政一般预算收入所占比重排名最后一位。

全市规模以上工业企业累计完成主营业务收入525.15亿元，比上年下降1.8%；利税32.55亿元，

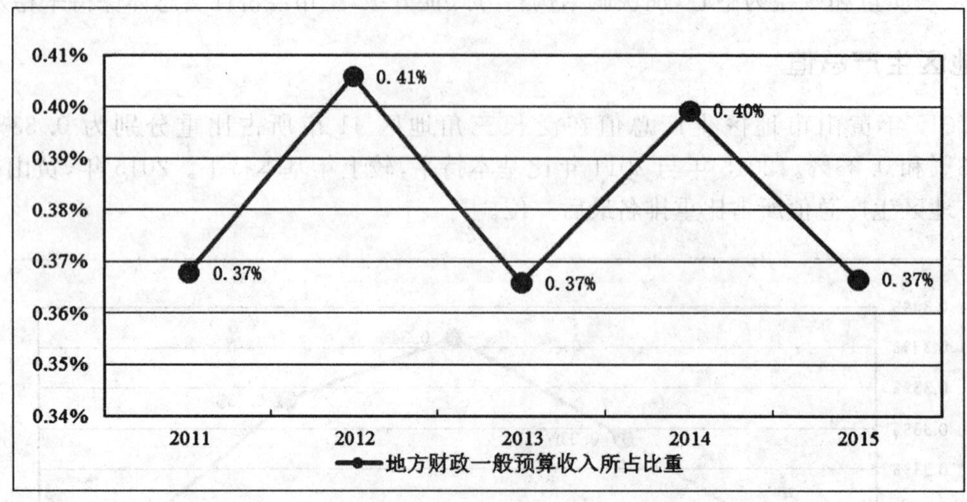

图 5　2011—2015 年黄山市地方财政一般预算收入在泛长三角 41 市所占比重的变化趋势

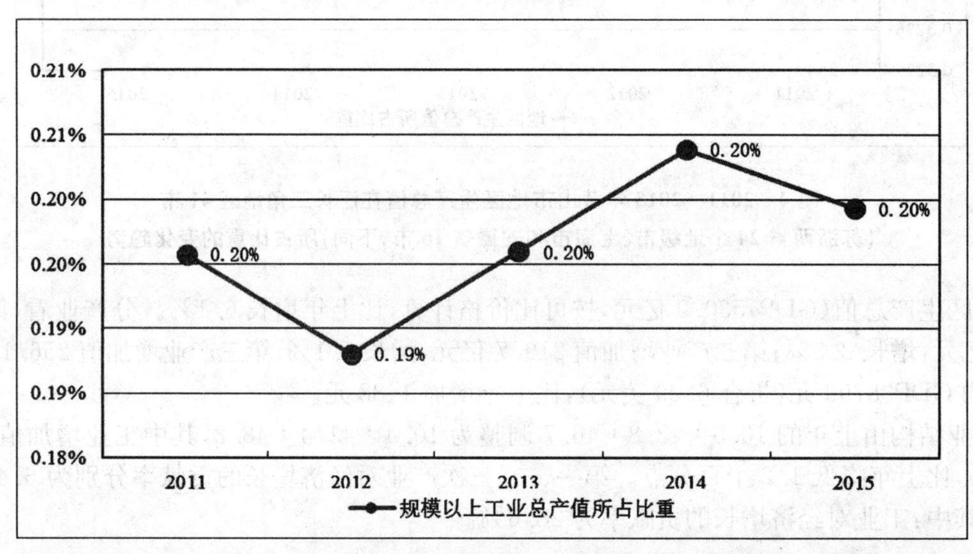

图 6　2011—2015 年黄山市规模以上工业总产值在泛长三角 41 市所占比重的变化趋势

下降 12.1%，其中利润 21.26 亿元，下降 13.4%。32 个工业行业全面实现盈利，其中 9 个行业利润同比增长。化学原料和化学制品、酒饮料和精制茶、印刷和记录媒介复制、纺织业等 4 个行业利润超亿元。企业亏损面为 10.6%，亏损企业亏损额比上年增长 53.8%。

(四)进出口总额

2011—2015 年黄山市进出口总额在泛长三角 41 市所占比重分别为 0.04%、0.05%、0.06%、0.06%和 0.05%，五年间增加了 0.01 个百分点，其中 2015 年较上年减少了 0.01 个百分点。2015 年，黄山市进出口总额在泛长三角 41 市排名第 36 位。

全年进出口总额 63516 万美元，比上年下降 30.7%。其中，出口 52881 万美元，下降 35.4%；进口 10635 万美元，增长 7.9%。从贸易方式看，一般贸易进出口 60503 万美元，下降 30.9%，加工贸易 2969 万美元，下降 25.7%。从出口商品类别看，纺织服装 6269 万美元，下降 60.2%；化工产品 12340 万美元，下降

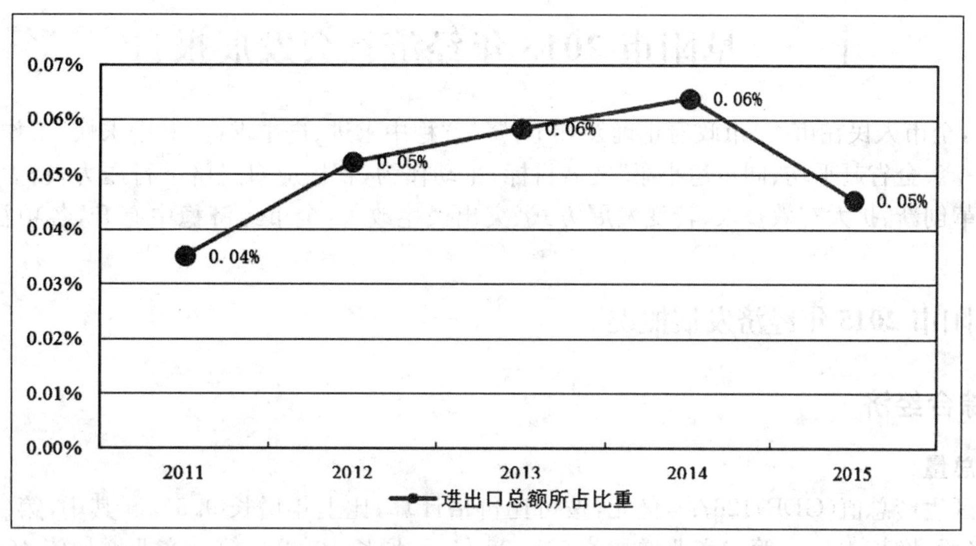

图 7　2011—2015 年黄山市进出口总额在泛长三角 41 市所占比重的变化趋势

13.9%；农业品 19907 万美元，增长 6.8%；机电产品 6651 万美元，下降 57.9%。从重点商品出口看，茶叶 15768 万美元，增长 22.5%；服装 4648 万美元，下降 53.4%；新型塑料包装 3468 万美元，增长 24.9%。

（五）实际外商直接投资金额

2011—2015 年黄山市实际外商直接投资金额在泛长三角 41 市所占比重分别为 0.29%、0.30%、0.34%、0.37%和 0.22%，整体呈现下跌姿态，2015 年较 2011 年减少了 0.07 个百分点，较上年减少了 0.15 个百分点。2015 年，黄山市实际外商直接投资金额在泛长三角 41 市排名第 38 位。

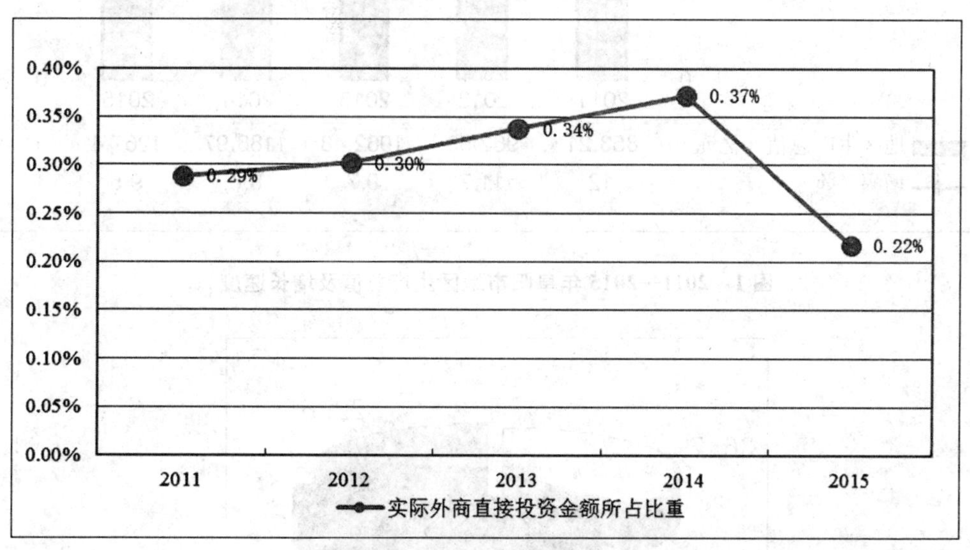

图 8　2011—2015 年黄山市实际外商直接投资金额在泛长三角 41 市所占比重的变化趋势

全年新签内资项目 604 个，其中：亿元以上项目 107 个；新签项目协议投资额 507.6 亿元，比上年增长 0.3%；新签到位资金 131.0 亿元，增长 9.0%，资金到位率 25.8%。全年新批外资项目 5 个，实际到位外资额 18960 万美元，减少 32.4%；其中：外商直接投资 15996 万美元，减少 42.5%。年末，来黄投资的境外世界 500 强企业为 4 家，国内 500 强企业增加到 22 家。

十一　阜阳市 2015 年经济社会发展报告

2015 年，全市人民在市委、市政府正确领导下，坚持"稳中求进、进中求好、好中求快"工作总基调，按照"皖北争一流、全省赶平均、同步达小康"发展目标，主动作为，积极应对经济下行压力，奋力破解难题，着力推进改革创新、扩大有效投入、转变发展方式、突出民生改善，全市经济稳中有升，各项社会事业加快发展。

一、阜阳市 2015 年经济发展概况

(一)综合经济

1. 经济总量

全年地区生产总值(GDP)1267.4 亿元，按可比价格计算，比上年增长 9.5%。其中，第一产业增加值 286.28 亿元，增长 4.7%；第二产业增加值 516.38 亿元，增长 10.3%；第三产业增加值 464.79 亿元，增长 11.3%。三次产业结构为 22.6∶40.7∶36.7，工业增加值占 GDP 的 35.7%。人均 GDP16121 元(折合 2588 美元)，比上年增加 818 元。

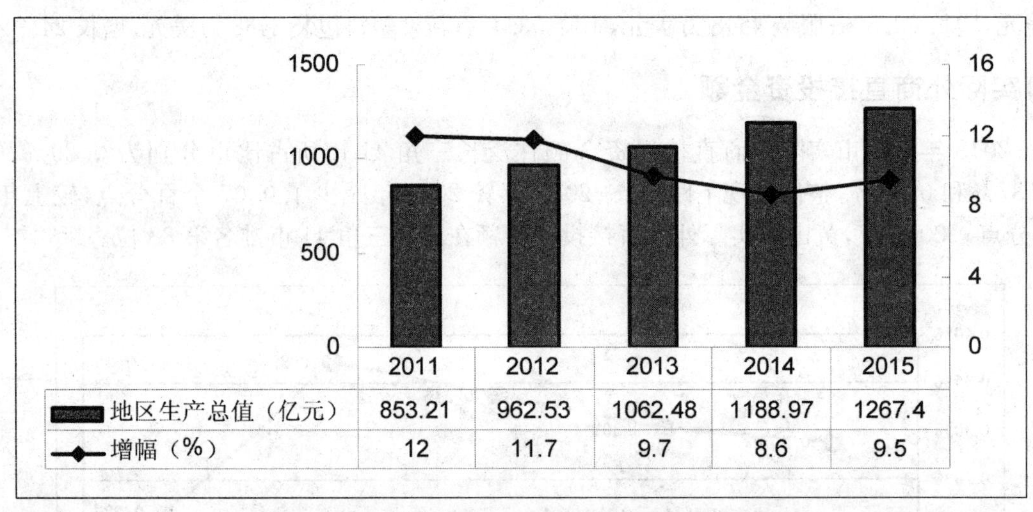

	2011	2012	2013	2014	2015
地区生产总值（亿元）	853.21	962.53	1062.48	1188.97	1267.4
增幅（%）	12	11.7	9.7	8.6	9.5

图 1　2011—2015 年阜阳市地区生产总值及增长速度

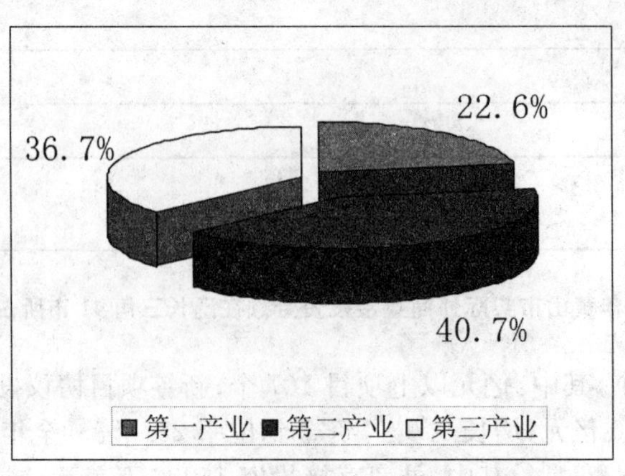

图 2　2015 年阜阳市三次产业结构图

2. 财政收支

全年财政收入 200.0 亿元，比上年增长 11.0%。其中，地方财政收入 120.0 亿元，增长 16.0%。地方财政收入中，税收收入 87.1 亿元，增长 8.4%；非税收入 32.9 亿元，增长 42.4%。全年财政支出431.1 亿元，增长 22.0%。其中，民生类支出 369.1 亿元，增长 23.0%。重点支出项目中，医疗卫生与计划生育支出 56.2 亿元，增长 18.4%；教育支出 77.8 亿元，增长 19.7%；社会保障和就业支出 64.4 亿元，增长 22.5%；农林水支出 52.4 亿元，增长 15.0%；交通运输支出 32.2 亿元，增长 33.1%；住房保障支出 47.8 亿元，增长 59.7%。全年 33 项民生工程累计投入 112.8 亿元，增长 10.6%。"三公"经费支出 2.3 亿元，下降 13.4%。

3. 物价水平

全年居民消费价格比上年上涨 1.8%。其中，食品价格上涨 1.7%。商品零售价格下降 0.4%。

4. 固定资产投资

全年固定资产投资(不含城乡个体投资)1005.0 亿元，比上年增长 24.8%。其中，第一产业 42.1 亿元，增长 53.3%；第二产业 341.5 亿元，增长 24.1%；第三产业 621.4 亿元，增长 23.9%。工业投资 340.6亿元，比上年增长 23.9%。其中，制造业投资 309.5 亿元，增长 26.2%；高新技术产业投资 32.1 亿元，增长 10.3%，占工业投资的 9.4%。分行业投资看，农林牧渔业 42.1 亿元，增长 53.3%；制造业 309.5亿元，增长 26.2%；电力热力燃气及水的生产和供应业 29.8 亿元，增长 37.2%；批发和零售业28.5 亿元，下降 4.7%；房地产业 359.5 亿元，增长 30.0%；水利环境和公共设施管理业 60.3 亿元，增长 10.5%；卫生和社会工作 17.5 亿元，增长 18.6%；教育 17.7 亿元，增长 36.0%；科学研究和技术服务业 1.4 亿元，增长 76.3%。

全年"6611"工程[①]完成投资 843.7 亿元，为年度计划的 126.8%，比上年增长 21.2%。全年实际开工项目 301 个，为年度计划的 107.5%；竣工项目 184 个，为年度计划的 132.4%。全年列入省"861"行动计划项目完成投资 619.0 亿元，为年度计划的 125.0%；新开工项目 123 个，为年度计划的 104.1%；竣工项目 49 个，为年度计划的 153.1%。

(二)农业

现代农业提质增效，土地流转面积达到 483 万亩，流转率 56.2%，规模养殖比重达 76%。新注册家庭农场 2090 家、认定市级以上龙头企业 95 家。实现农产品加工业产值 764 亿元，增长 19%。

全年粮食作物种植面积 1000.2 千公顷，比上年减少 2.5 千公顷。油料种植面积 39.1 千公顷，减少 0.9 千公顷。棉花种植面积 8.5 千公顷，减少 3.2 千公顷。蔬菜种植面积 158.1 千公顷，增加 15.8 千公顷。粮经面积比由上年的 81.7∶18.3 调整为 80.6∶19.4。

全年粮食产量 570.3 万吨，比上年增加 22.1 万吨，增长 4.0%。油料产量 7.7 万吨，下降 4.2%。棉

① 阜阳提出的打基础阶段的重点建设任务"6611"行动计划，即六项基础工程，六个工业支柱，十大农产品基地，十个专业市场。这些就是未来三至五年阜阳鼓励发展的产业和投资重点。六项基础工程：一是防洪保安工程，切实根除淮河心腹之患；二是综合交通工程，完善公、铁、水、空综合交通网络；三是生态环保工程，改善人居生活条件，加强环境生态建设；四是数字阜阳工程，逐步实现产品设计数据化、生产过程自动化、营销商务电子化；五是诚信阜阳工程，推进各类同业诚信制度建设，形成诚信为本、操守为重的社会风尚；六是人才强市工程，多方位开发人力资源。六个工业支柱：一是发展农副产品加工业；二是发展化学工业，推进化肥行业向精细化工整体转型；三是发展医药工业；四是发展煤电工业，发挥煤炭资源优势，实现煤电一体化；五是发展纺织服装工业；六是发展机械电子工业。加快建设十大农产品基地，营造区域性优质安全农产品供应中心。主要建设优质小麦生产基地、优质牛肉、肉羊、三元杂交猪基地、优质水稻米和薯类生产基地、优质油料、薄荷、中药材生产基地、无公害蔬菜、速生丰产林基地。积极培育"十个专业市场"，营造区域性现代商贸物流集散中心。充分发挥综合交通和区位优势，建设大市场，发展大贸易，搞活大流通，重点培育和打造十个特色浓、辐射区域广、经营规模大、装备水平高、服务功能全大型专业批发市场，发挥集聚效应，形成市场集群。

花产量1.0万吨，下降33.4％。蔬菜产量594.3万吨，增长12.3％。

全年肉类总产量65.2万吨，比上年增长3.3％。禽蛋产量15.2万吨，增长5.6％。水产品产量10.5万吨，增长5.0％。

年末农业机械总动力740.0万千瓦，比上年增长2.8％。农用拖拉机15.0万台，增长2.0％；农用运输车10.5万辆，下降4.5％。全年化肥施用量（折纯）38.4万吨，下降5.3％。农村用电量15.5亿千瓦时，增长11.6％。

（三）工业和建筑业

1.工业经济

年末全市规模以上工业企业1549户，比上年净增232户。全年规模以上工业增加值比上年增长10.8％。按轻重工业分，轻工业增长10.5％，重工业增长11.2％；按经济类型分，国有企业增长1.2％，集体企业增长1.0％，股份制企业增长12.1％，外商港澳台投资企业增长2.7％。

规模以上工业中，36个工业行业大类有32个行业增加值保持增长。其中，煤炭开采和洗选业增长6.1％，农副食品加工业增长6.2％，化学原料和化学制品制造业增长5.3％，纺织业增长16.9％，电气机械和器材制造业增长18.5％，非金属矿物制品业增长9.1％，废弃资源综合利用业增长20.8％，电力、热力生产和供应业增长1.7％，酒、饮料和精制茶制造业增长0.4％，烟草制品业下降0.9％。

规模以上工业主要产品产量中，服装、水泥、复合木地板、小型拖拉机、滚动轴承、电力电缆分别比上年增长6.8％、6.5％、9.6％、16.8％、29.1％、34.8％，精甲醇、配合饲料、啤酒、白酒、发电量分别下降0.1％、1.2％、0.7％、26.9％、5.6％。

全年规模以上工业企业实现利润78.7亿元，比上年增长4.3％。其中，国有企业下降28.2％，集体企业增长54.8％，股份制企业增长1.6％，外商及港澳台商投资企业增长48.8％。规模以上工业经济效益综合指数303.5％，比上年下降1.3个百分点。主营业务收入1772.5亿元，增长11.3％。实现利税170.2亿元，下降2.4％。

2.建筑业

全年建筑业增加值74.3亿元，比上年增长10.2％。具有资质等级的建筑业企业实现利润8.1亿元，增长43.4％。房屋建筑施工面积1944.0万平方米，增长15.5％；房屋竣工面积510.0万平方米，下降11.7％。

（四）服务业

1.国内贸易

全年社会消费品零售总额674.7亿元，比上年增长12.8％。按经营地统计，城镇消费品零售额471.7亿元，增长12.6％；乡村消费品零售额203.0亿元，增长13.1％。按消费类型统计，商品零售额589.5亿元，增长12.8％；餐饮收入85.2亿元，增长12.2％。

限额以上企业商品零售额中，粮油、食品类57.6亿元，增长34.0％；烟酒类13.7亿元，增长21.1％；服装、鞋帽、针纺织品类31.3亿元，增长11.7％；化妆品类4.1亿元，增长23.0％；日用品类14.3亿元，增长20.8％；金银珠宝类6.9亿元，增长14.0％；五金电料类3.5亿元，增长3.2％；家用电器和音像器材类16.6亿元，增长9.7％；书报杂志类7.1亿元，增长15.7％；中西药品类82.9亿元，增长15.9％；石油及制品类37.1亿元，增长10.6％；汽车类55.5亿元，增长14.9％；机电产品及设备类4.2亿元，增长26.1％。

2.交通运输、邮电

全年交通运输、仓储和邮政业增加值52.1亿元，比上年增长2.3％。

全市境内火车站16个，铁路营运里程317公里。全年公路里程1.3万公里，公路货物运输量5.5亿

吨[7]，旅客运输量1.3亿人次，分别比上年增长1.3%和4.1%。公路货物运输周转量1631.0亿吨公里，下降2.5%；旅客运输周转量80.6亿人公里，增长4.4%。港口货物吞吐量1391.0万吨，增长6.1%。阜阳机场航线11条，民航旅客吞吐量44.6万人次，增长46.9%。

年末民用汽车拥有量54.9万辆，比上年增长13.4%。其中，私人汽车43.7万辆，增长16.1%。

全年邮电业务总量47.7亿元，比上年增长18.1%。其中，电信业务总量42.4亿元，增长5.0%；邮政业务总量5.3亿元，增长10.8%。年末全市固定电话用户53.9万户，比上年减少11.0万户；移动电话用户441.3万户，增加41.6万户。年末全市计算机互联网宽带接入用户67.9万户，比上年增加8.3万户。全年快递业务量5.9万件。

3. 旅游业

全年旅游总收入88.2亿元，比上年增长10.3%。其中，旅游外汇收入997.4万美元，增长2.1%；国内旅游收入87.6亿元，增长10.3%。全年接待游客1839.3万人，增长8.2%。其中，入境游客1.4万人。年末有星级饭店8家，客房1370间，床位2352张。

4. 金融和保险

年末金融机构人民币各项存款余额2452.7亿元，比上年末增加404.9亿元，增长19.8%。其中，住户存款余额1655.8亿元，比上年末增加200.4亿元，增长13.8%。金融机构人民币各项贷款余额1187.0亿元，比上年末增加225.7亿元，增长23.5%。其中，非金融企业及机关团体贷款余额631.8亿元，增长27.2%。

全年保险业保费收入75.4亿元，比上年增长23.5%。其中，财产险28.3亿元，增长15.2%；寿险40.3亿元，增长30.5%；意外伤害险1.1亿元，增长35.3%；健康险5.7亿元，增长19.3%。

5. 房地产业

全年房地产开发投资264.8亿元，比上年增长22.8%。商品房销售面积352.6万平方米，增长2.8%；商品房销售额182.1亿元，增长1.5%。商品房施工面积2188.5万平方米，增长24.9%；竣工面积253.3万平方米，增长126.8%。

（五）对外经济

1. 对外贸易

全年进出口总额15.0亿美元，比上年下降7.1%。其中，出口13.5亿美元，下降6.9%；进口1.5亿美元，下降9.1%。从出口贸易方式看，一般贸易出口11.9亿美元，下降7.8%；加工贸易出口1.6亿美元，增长0.6%。进出口额超百万美元的企业204家，比上年增加19家。

2. 利用外资

全年新批外商投资企业7家，比上年增加2家；合同利用外资3981万美元，增长130.5%。全年实际利用外商直接投资18463万美元，增长13.9%。

二、阜阳市2015社会发展概况

（一）人口、人民生活

年末全市常住人口790.1万人，比上年末增加7.8万人，增长1.0%。城镇化率38.8%，提高1.3个百分点。常住人口中，男性人口391.6万人，女性人口398.5万人。全年人口出生率18.56‰，人口死亡率6.78‰，人口自然增长率11.78‰。

全市常住居民人均可支配收入14095元，比上年增长9.7%，扣除价格因素，实际增长7.8%。城镇常住居民人均可支配收入23496元，增长8.2%，扣除价格因素，实际增长6.3%；农村常住居民人均可支配收入9001元，增长9.6%，扣除价格因素，实际增长7.7%。全年居民人均消费支出9934元，增长

6.3%，扣除价格因素，实际增长4.4%。城镇常住居民人均消费性支出15127元，增长5.0%，扣除价格因素，实际增长3.1%；农村常住居民人均消费性支出7121元，增长6.4%，扣除价格因素，实际增长4.5%。

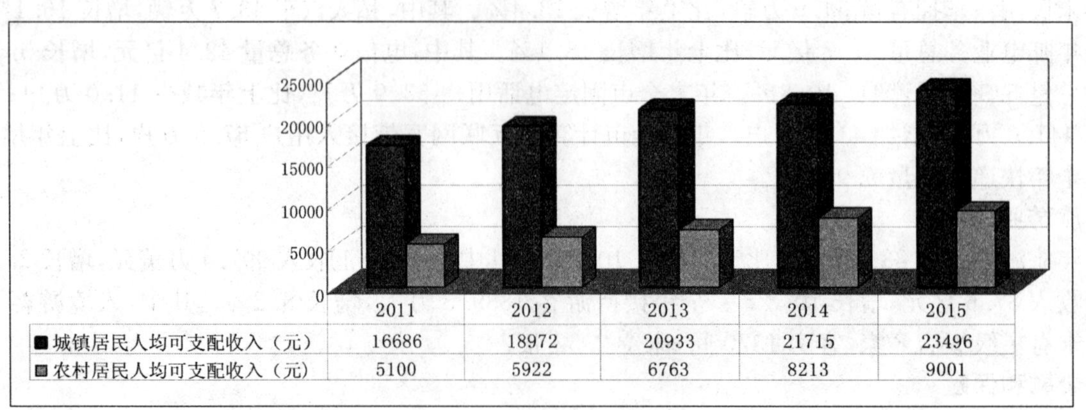

图3　2011—2015年阜阳市城乡居民收入对比一览

(二)就业与社会保障

1.就业工作

年末全市就业人员611.7万人，比上年增加1.6万人。其中，第一产业211.3万人，减少3.8万人；第二产业171.6万人，增加1.3万人；第三产业228.8万人，增加4.1万人。全年城镇新增就业岗位7.4万个，下岗失业人员再就业2.2万人。年末城镇登记失业率2.4%。

2.社会保障和福利

年末全市城镇基本养老保险参保人数35.1万人，城镇基本医疗保险参保人数71.8万人。年末城镇职工养老保险参保人数24.5万人，实征基金19.1亿元，发放基金25.3亿元，领取基金人数10.6万人；医疗保险参保人数38.5万人，实征基金9.6亿元，发放基金8.6亿元，领取基金人数25.4万人；失业保险参保人数25.3万人，实征基金1.5亿元，发放基金0.5亿元，领取基金人数0.2万人；工伤保险参保人数30.2万人，实征基金0.9亿元，发放基金0.3亿元，领取基金人数0.1万人；生育保险参保人数27.4万人，实征基金0.5亿元，发放基金0.4亿元，领取基金人数0.8万人。

农村社会养老保险参保人数474.8万人；新型农村合作医疗保险参保人数879.3万人，比上年增加10.6万人。

年末有社会福利收养性单位645个，床位8.0万张。年末城镇居民最低生活保障人数9.9万人，农村居民最低生活保障人数34.5万人，农村五保供养人数6.8万人。城镇各种社区服务设施321处。全年福利彩票销售额3.3亿元；发行体育彩票2.7亿元。

(三)教育和科学技术

1.教育事业

年末有普通高校5所，当年招生1.2万人，在校生4.1万人，毕业生1.0万人。各类中等职业教育学校43所，在校生10.4万人。普通中学443所，在校生46.5万人。其中，高中50所，在校生14.5万人；初中393所，在校生32.0万人。小学1659所，在校生73.7万人。幼儿园725所，在园儿童28.5万人。初中学龄人口入学率100.0%，初中毕业生升学率89.7%；小学适龄儿童入学率99.9%；小学毕业生升学率100.6%。

2. **科技与创新**

年末县以上政府部门研究与开发机构科技人员 439 人。国有独立科研机构 10 家。全年财政科技投入 3.9 亿元，比上年增长 129.8%。

年末有高新技术企业 81 家。全年高新技术产业产值 266.0 亿元，比上年增长 18.3%；战略性新兴产业产值增长 33.6%。全年专利申请量 7393 件，增长 70.7%。其中，发明专利 3701 件，实用新型专利 2912 件，外观设计 780 件。全年专利授权量 2614 件，比上年增长 99.5%。其中，发明专利 541 件，实用新型专利 1576 件，外观设计专利 497 件。年末有省级创新型试点企业 72 家。

年末有法定质检机构 80 个，法定计量技术机构 9 家。全年强制检定计量器具 23.5 万台件。

(四)文化、卫生和体育

1. **文化事业**

年末有艺术表演团体 566 个(含个体)，文化馆 9 个，公共图书馆 8 个，博物馆 9 个。公共图书馆藏书量 63.4 万册，广播人口覆盖率 100%，电视人口覆盖率 100%。全年报纸出版量 2019.6 万份；期刊出版量 0.8 万册。

2. **卫生事业**

年末有各类卫生机构 2644 个。其中，医院 97 个，社区卫生服务中心(站)174 个，基层卫生院 164 个，村卫生室 1763 个，疾病预防控制中心 9 个，妇幼保健院(所、站)9 个，专科疾病防治院(所、站)2 个。年末有医疗机构床位数 31360 个，卫生技术人员 30067 人。其中，执业(助理)医师 11424 人，注册护士 11324 人。

3. **体育事业**

全市有体育场馆 11 处，县级全民健身广场 6 个，乡镇级全民健身广场 68 个，农民体育健身工程 1746 个，全民健身苑 265 个，社区体育俱乐部 51 个，全民健身晨晚练点 614 个。全年举办大型全民健身活动 154 次，参与活动人数 7.9 万人。全年获得国际赛事金牌 2 枚；国家级体育赛事金牌 1 枚、银牌 4 枚、铜牌 3 枚；省级体育赛事金牌 59 枚、银牌 49 枚、铜牌 56 枚。全市批准通过二级运动员 95 人，二级裁判员 34 人；发展二级社会体育指导员 3522 名，三级社会体育指导员 5945 名。

(五)城乡建设

2015 年阜阳市加大力度推进城乡建设。强力推进阜城建设与管理，全年完成投资 206 亿元，增长 29%，创历史最高，位居全省第 2 位。全年新建城区道路 110 公里、改造 150 公里，西南大外环、东三环和城南新区路网、职教园区路网加快建设。园林绿化提升行动成效明显，完成重点绿化提升工程 105 处，新建城市游园 30 个，新增绿地面积 85 万平方米。切实加大征迁力度，全年完成征迁 500 多万平方米。有效实施主次干道楼体立面整治和亮化工程，强力推进拆违拆旧整治环境专项行动。大力开展县城“三治三增三提升”行动，五县市完成投资 160 多亿元。

加强中心镇和美丽乡村建设，40 个重点示范村基本建成，45 个重点示范村加快建设，实现“三线三边”综合整治向全市延伸。

(六)环境保护

年末查明资源储量矿种 4 种。其中，查明煤矿储量 37.8 亿吨，铁矿 0.2 亿吨，地热允许开采量 2.3 万立方米/天，矿泉水允许开采量 0.9 万立方米/天。

年末有环境监测站 6 个。其中，市级站 1 个，县级站 5 个。阜阳城区空气质量达到国家Ⅱ级标准 283 天，空气质量优良率 77.5%。自然保护区 3 个，面积 4.4 万公顷。当年造林面积 7944 公顷，比上年减少 21.0%。其中，用材林 1136 公顷，经济林 2203 公顷，防护林 4605 公顷。

(七)社会安全

全年发生火灾事故 290 起,直接经济损失 819.2 万元。发生交通事故 736 起,造成 148 人死亡,经济损失 405.3 万元。

三、阜阳市在长三角地区经济发展中的地位

2015 年,在市委市政府的正确领导下,全市上下坚持"稳中求进、进中求好、好中求快"工作总基调,按照"皖北争一流、全省赶平均、同步达小康"奋斗目标,奋力破解难题,主动作为,着力推进改革创新、扩大有效投入、转变发展方式、突出民生改善,全市经济稳中走强。由市统计局提供,去年,全市共实现地区生产总值 1267.4 亿元,同比增长 9.5%,总量居皖北首位。一些主要经济指标总量位次前移,增速领跑全省。

(一)地区生产总值

2011—2015 年阜阳市地区生产总值在泛长三角地区 41 市所占比重分别为 0.73%、0.75%、0.76%、0.78%和 0.78%。地区生产总值在泛长三角 41 市占比整体呈现上扬态势,2015 年与 2011 年比增加了 0.05 个百分点,较上年基本持平。2015 年,阜阳市在泛长三角地区 41 市地区生产总值所占比重排名第 28 位。

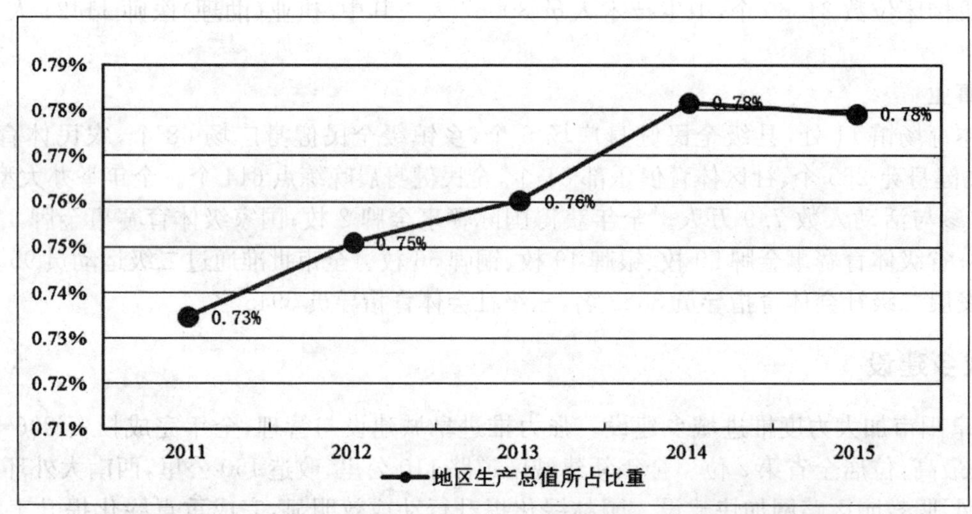

图 4 2011—2015 年阜阳市地区生产总值在泛长三角地区 41 市
(苏浙两省 24 个地级市、上海市和安徽省 16 市,下同)所占比重的变化趋势

2015 年,一季度全市 GDP 增速达 9.5%,高于前一年同期 0.4 个百分点,高于全省同期 0.9 个百分点,实现开门红。此后,GDP 增速稳中走强,各季度增速始终领先全省 1 个百分点左右。2015 年全年,共实现地区生产总值 1267.4 亿元,同比增长 9.5%,总量居皖北首位、全省第六位;增幅居全省第六位,比前一年前移六位。此同时,三次产业结构持续优化,一二三产占比为 22.6∶41.5∶35.9,其中,一产比重下降 0.7 个百分点,二产下降 0.9 个百分点,三产提高 1.6 个百分点;粮经比调整为 80.6∶19.4,经济作物比重提升 1.1 个百分点;规模以上工业中,轻工业增加值占比为 54.1%,提升 4.5 个百分点;固定资产投资中,民间投资比重为 66.7%,提升 0.4 个百分点。

(二)地方财政一般预算收入

2011—2015 年阜阳市地方财政一般预算收入在泛长三角 41 市所占比重分别为 0.45%、0.50%、0.53%、0.61%和 0.61%，2015 年较 2011 年增加了 0.16 个百分点，较上年基本持平。2015 年，阜阳市地方财政一般预算收入在泛长三角 41 市地区排名第 28 位。

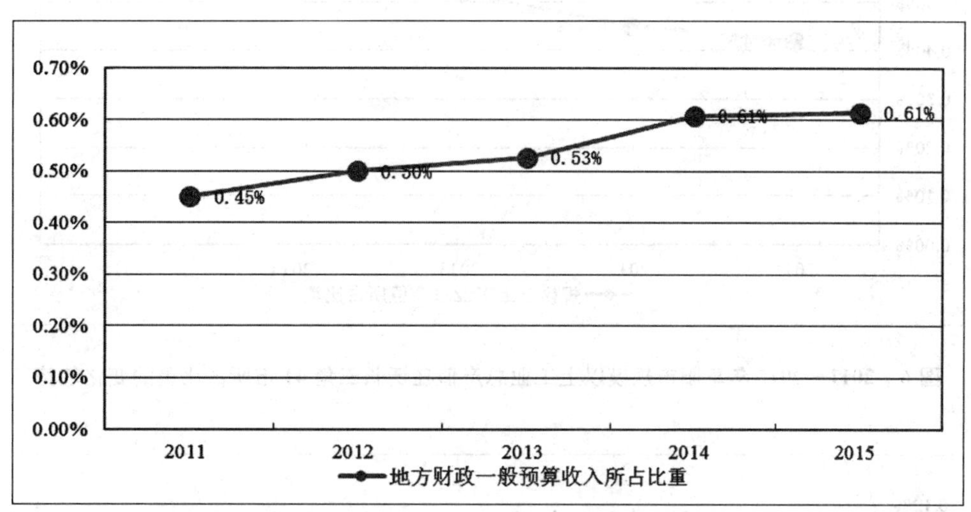

图 5　2011—2015 年阜阳市地方财政一般预算收入在泛长三角 41 市所占比重的变化趋势

财政收入再创新高，首次突破 200 亿元，财政总收入达 200.02 亿元，同比增收 19.8 亿元，增长 11%，高于全省财政收入增幅 1.5 个百分点。收入总量居全省第 7 位，增幅居全省第 5 位。2015 年全市财政收入体现出以下几个特点：地方收入增长较快，共完成 120 亿元，同比增长 16%，高于全市总收入增幅 5 个百分点。税收增幅较为稳定，全市税收收入完成 166.1 亿元，同比增长 5.9%。第三产业贡献突出，全市第三产业实现税收 88.6 亿元，增长 12.5%，高于全市税收增幅 6.6 个百分点。建筑业、金融业作用增强，全市建筑业实现税收 16.2 亿元，同比增长 23.4%，拉动财政收入 1.5 个百分点。全市金融业税收增长迅速，实现入库 14.5 亿元，同比增长 40.5%，拉动收入增长 2.1 个百分点。

(三)规模以上工业总产值

2011—2015 年阜阳市规模以上工业总产值在泛长三角 41 市所占比重分别为 0.42%、0.45%、0.52%、0.61%和 0.70%，呈连续增加态势，2015 年较 2011 年增加了 0.28 个百分点，较上年增加了0.09 个百分点。2015 年，阜阳市规模以上工业总产值在泛长三角 41 市地方财政一般预算收入所占比重排名第 30 位。

全市共实现规模以上工业增加值 503.5 亿元，同比增长 10.8%，增速居全省第四位，前移六位，跻身全省第一方阵。65 家新建规模以上工业企业实现增加值 20.9 亿元，拉动规模工业增长 2.6 个百分点。36 个工业行业中，32 个保持增长，20 个行业增速超过全市平均水平，医药制造业等 10 个行业增速超过 20%。

(四)进出口总额

2011—2015 年阜阳市进出口总额在泛长三角 41 市所占比重分别为 0.05%、0.08%、0.10%、0.11%和 0.11%，总体上呈现上扬态势，五年间增加了 0.06 个百分点。2015 年，阜阳市进出口总额在泛长三角 41 市排名 34 位。

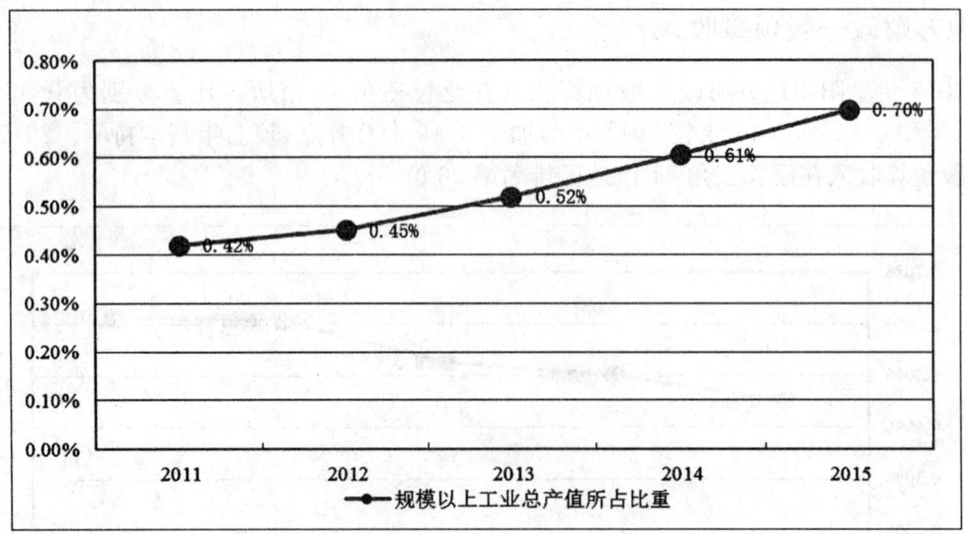

图 6 2011—2015 年阜阳市规模以上工业总产值在泛长三角 41 市所占比重的变化趋势

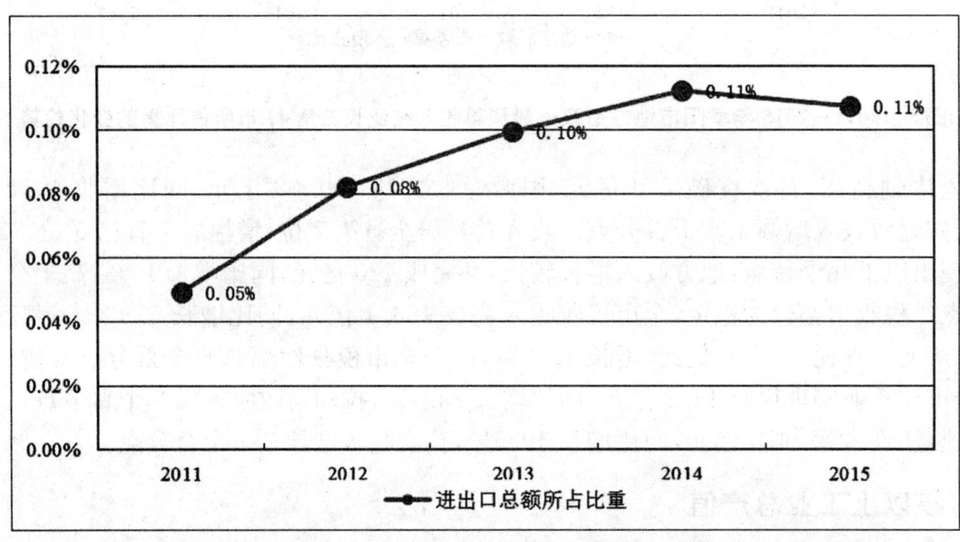

图 7 2011—2015 年阜阳市进出口总额在泛长三角 41 市所占比重的变化趋势

2015 年上半年,全市进出口总值达 39.02 亿元人民币,同比增长 33.8%,增速居全省第二位,超出全省平均增幅 44 个百分点。其中,出口 33.65 亿元,增长 31.9%;进口 5.37 亿元,增长 47.3%。上半年,全市出口发制品 7.7 亿元,同比增长 72%;出口纺织服装 7.4 亿元,增长 31.6%;出口薄荷 2.8 亿元,增长 25.3%。主要进口商品增势强劲。其中,进口薄荷 1.7 亿元,增长 50.4%;进口芝麻 0.54 亿元,增长 56.1%。

(五)实际外商直接投资金额

2011—2015 年阜阳市实际外商直接投资金额在泛长三角 41 市所占比重分别为 0.10%、0.14%、0.18%、0.22%和 0.25%,2015 年较 2011 年增加了 0.15 个百分点,较上年增加了 0.04 个百分点。2015 年,阜阳市实际外商直接投资金额在泛长三角 41 市中排名第 36 位,排名相对靠后。

2015 年,全年新批外商投资企业 7 家,比上年增加 2 家;合同利用外资 3981 万美元,增长 130.5%。

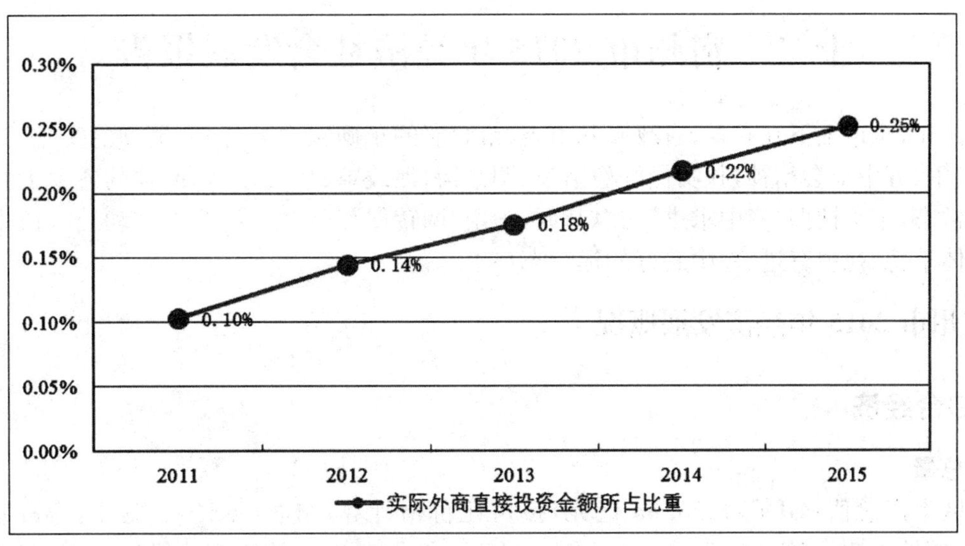

图 8　2011—2015 年阜阳市实际外商直接投资金额在泛长三角 41 市所占比重的变化趋势

全年实际利用外商直接投资 18463 万美元，增长 13.9%。上半年，全市实际利用外商直接投资 9118 万美元，同比增长 8.9%，已完成年初省下达全年目标任务的 49%。

分区域看，上半年各县市区利用外商直接投资不均衡。其中，颍东区利用外商直接投资 3049 万美元，界首市利用外商直接投资 2941 万美元，颍上县利用外商直接投资 1887 万美元，临泉县利用外商直接投资 521 万美元，阜南县利用外商直接投资 288 万美元，颍州区利用外商直接投资 279 万美元，颍泉区利用外商直接投资 123 万美元，太和县利用外商直接投资 30 万美元，其余县市区暂无实绩。

十二　宿州市 2015 年经济社会发展报告

过去的一年，全市上下在省委、省政府和市委、市政府的正确领导下，深入贯彻落实党的十八大和十八届三中、四中、五中全会精神，扎实做好稳增长、调结构、促改革、惠民生、防风险的各项工作，主动适应经济发展新常态，牢牢把握"稳中求进"的总基调，锁定"调转促"工作主线，全力推动经济稳步增长，全市经济呈现总体平稳、稳中有进、稳中趋好的运行态势。

一、宿州市 2015 年经济发展概况

(一)综合经济

1. 经济总量

全年地区生产总值(GDP)1235. 83 亿元，按可比价格计算，增长 8. 9%。其中：第一产业增加值 268. 26亿元，增长 4. 7%；第二产业增加值 468. 85 亿元，增长 7. 9%；第三产业增加值 498. 72 亿元，增长 12. 2%。三次产业结构比为 21. 7：37. 9：40. 4。人均生产总值 22415 元(折合 3599 美元)，比上年增加 1785 元。全员劳动生产率 33141 元/人，比上年增加 2374 元/人。

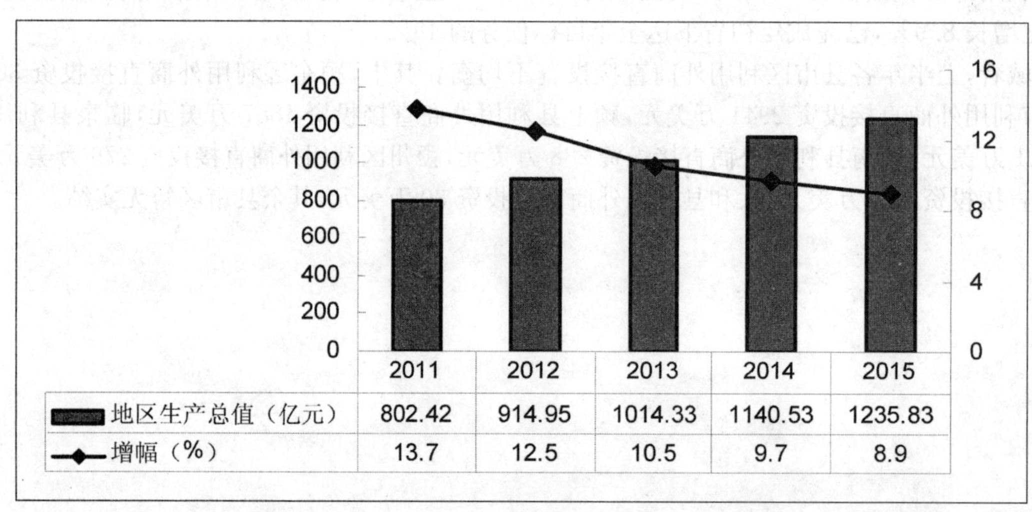

	2011	2012	2013	2014	2015
地区生产总值（亿元）	802.42	914.95	1014.33	1140.53	1235.83
增幅（%）	13.7	12.5	10.5	9.7	8.9

图 1　2011—2015 年宿州市地区生产总值及增长速度

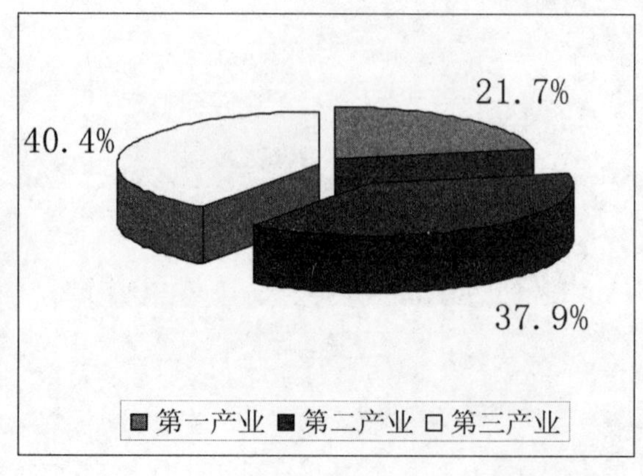

图 2　2015 年宿州市三次产业结构图

2. 财政收支

全年财政收入125.57亿元,增长9.8%,其中,地方财政收入86.02亿元,增长11.8%。全部财政收入中,税收收入98.67亿元,增长8.4%;非税收收入26.9亿元,增长15.6%。财政支出294.37亿元,增长19.0%,其中,民生支出249.36亿元,增长23.0%,占财政支出的84.7%。从重点支出项目看,教育支出增长25.0%,农林水支出增长15.4%,医疗卫生和计划生育支出增长22.4%,社会保障和就业支出增长20.8%,住房保障支出增长16.6%。

3. 物价水平

全年居民消费价格(CPI)比上年上涨0.5%。其中,食品价格上涨1.6%,烟酒价格上涨3.5%,衣着价格上涨2.3%,医疗保健和个人用品价格上涨1.2%。

4. 固定资产投资

全年固定资产投资1133.39亿元,比上年增长19.8%。其中一、二、三产投资分别增长11.7%、22.1%和17.0%。全年工业投资652.46亿元,增长22.6%。民间投资930.34亿元,占全市固定资产投资的比重为82.1%,比上年提高3.6个百分点。全年固定资产投资到位资金1175.37亿元,增长13.7%,其中自筹资金增长20.9%。

187个重点调度项目超额完成建设任务。钱营孜低热值煤发电、科立华化工等项目开工建设。雪龙化纤二期、左右家私等亿元以上项目加快建设,佳力奇碳纤维、澳利安红酒分装、海升果胶二期、泗县秉拓电子等项目竣工投产。重大基础设施日益完善。德上高速砀山段、宿灵泗快速通道全线通车,郑徐客运专线、京沪高铁宿州东站站房改造及配套工程、宿淮铁路蒿沟站、宿萧砀快速通道和206国道建设加快,民航机场选址通过专家评审,国省干线公路完成投资50.8亿元,农村公路危桥加固改造全面完成。新汴河治理、大中型涵闸除险加固、中小河流治理等重点水利工程加快推进,水利建设完成投资计划104.1%。

(二)农业

现代农业扎实推进。粮食生产"十二连丰"。现代农业"两区"建设加快推进,20个示范基地及园区投资13亿元,实现产值108亿元。加快培育新型经营主体,家庭农场、现代农业产业化联合体分别达到3641个和175个,农民专业合作社数量居全省首位。农产品加工产值920亿元,市级以上龙头企业发展到516家,萧县循环产业园成为国家农业产业化示范基地。

2015年全年粮食作物种植面积82.81万公顷,比上年增长0.9%。其中,小麦种植面积35.52万公顷,下降0.7%;油料种植面积5.73万公顷,增长2.1%;棉花种植面积1.95万公顷,下降2.5%;蔬菜及食用菌种植面积8.24万公顷,增长7.0%。

全年粮食产量412.26万吨,比上年增长3.9%。其中,夏粮产量241.61万吨,增长0.8%;秋粮产量170.65万吨,增长8.7%;棉花产量2.58万吨,下降0.7%。油料产量25.21万吨,增长3.4%。

全年肉类总产量52.9万吨,增长3.2%;牛奶产量1.73万吨,增长3.0%;水产品产量4.49万吨,增长3.3%;禽蛋产量27.5万吨,增长4.9%。

年末全市农业机械总动力852.52万千瓦,增长3.0%,大中型拖拉机保有量4.90万台,增长6.5%,联合收割机保有量2.29万台,增长12.3%,大中型拖拉机配套比1∶2.56,耕种收综合机械化水平达到86.55%。全年农用化肥施用量(折纯)33.36万吨,下降3.5%。其中复合肥18.37万吨,增长5.6%。农村用电量11.29亿千瓦时,增长19.5%。

全年耕地灌溉面积421.66千公顷,增长1.5%,新增耕地灌溉面积6.76千公顷,增长0.2%;节水灌溉面积96.45千公顷,增长0.1%,新增节水灌溉面积5.09千公顷,增长0.5%。

(三)工业和建筑业

1.工业经济

工业经济不断壮大。全年全部工业增加值437.16亿元,比上年增长8.2%。其中,规模以上工业增加值382.86亿元,增长8.4%。全年战略性新兴产业产值117.69亿元,增长30.6%。农产品加工产值922.4亿元,增长14.3%。

年末全市规模以上工业企业1169家,比上年净增159家。34个工业大类行业中有27个增加值保持增长。其中,农副食品加工业增长5.6%,纺织业增长13.5%,木材加工和木竹藤棕草制品业增长10.5%;煤炭开采和洗选业下降5.4%,电力、热力生产和供应业下降5.5%。

规模以上工业统计的主要产品产量中,原煤下降11.1%,小麦粉下降7.2%,饲料增长19.4%,人造板增长24.5%,机制纸及纸板增长11.5%,硅酸盐水泥熟料增长16.1%,水泥下降3.6%;发电量下降16.1%。

全年规模以上工业企业实现主营业务收入1556.7亿元,增长12.7%;实现利润69.42亿元,增长28.4%,实现利税98.91亿元,增长24.4%。

2.建筑业

全年建筑业总产值218.32亿元,增长5.3%。房屋建筑施工面积784.57万平方米,下降8.25%。

(四)服务业

1.国内贸易

全年社会消费品零售总额424.50亿元,比上年增长12.6%,其中,限额以上消费品零售额247.90亿元,增长13.4%。分城乡看,城镇零售额352.50亿元,增长13.9%;乡村零售额72.00亿元,增长6.2%。分消费形态看,餐饮收入48.1亿元,增长25.9%;商品零售376.4亿元,增长11.0%。

限额以上批发零售业中,家具、通讯器材、建筑及装潢材料、汽车等零售额分别增长15.7%、22.6%、21.0%和15.6%。

2.交通运输、邮电

全年公路客运量8245万人,增长6.8%,旅客周转量410290万人公里,增长4.5%。公路货物运输量27896万吨,增长1.9%,货物周转量6076435万吨公里,下降2.4%。

年末汽车保有量30.19万辆,比上年增长19.7%,其中个人汽车保有量25.61万辆,增长22.7%。

全年邮电业务总量31.45亿元;年末移动电话用户473.91万户,移动电话普及率72.72部/百人;互联网用户达到112.44万户。

3.旅游业

2015年宿州市国内旅游收入增速居全省前列,砀山被评为“中国最美生态宜居旅游名县”,灵璧A级景区数量全省领先。全年入境旅游人数3.60万人次,比上年增长20.0%;国际旅游外汇收入1857.9万美元,增长34.0%;国内旅游收入98.27亿元,增长24.4%;旅游总收入99.42亿元,增长24.5%;国内旅游人数1587.82万人次,增长19.7%。

4.金融和保险

年末,全市金融机构人民币存款1487.98亿元,增长13.2%。其中,居民住户存款1018.23亿元,增长15.3%。金融机构贷款余额808.44亿元,增长17.7%。金融机构存贷比54.3%,比上年提高2.1个百分点。

全年保险业保费收入62.19亿元,增长35.7%。其中,财产险保费收入15.64亿元,增长18.5%;人寿险保费收入46.55亿元,增长42.7%。赔款和给付支出16.15亿元,增长34.4%。其中,财产险赔款7.52亿元,增长16.4%,人寿险赔款和给付8.63亿元,增长55.2%。

5. **房地产业**

全年房地产开发投资 219.81 亿元，增长 20.6%。年末商品房销售面积 389.59 万平方米，下降 19.5%；商品房销售额 147.37 亿元，下降 18.6%。全年开工建设城镇保障性安居工程住房 3.38 万套，基本建成 1.84 万套。

(五)对外经济

1. **对外贸易**

全年进出口总额 7.59 亿美元，比上年增长 17.0%。其中，进口总额 0.96 亿美元，增长 27.3%；出口总额 6.63 亿美元，增长 15.7%。

2. **利用外资**

全年引进外资项目 10 个，比上年增加 2 个；全市合同利用外资 12639 万美元，增长 1.62 倍；外商直接投资 6.76 亿美元，增长 14.7%。全年实际利用内资 910 亿元，增长 25.0%。

二、宿州市 2015 年社会发展概况

(一)人口、人民生活

年末全市总人口 649.51 万人，其中：出生人口 11.50 万人，出生率为 17.81‰；死亡人口 2.46 万人，死亡率为 3.82‰；人口自然增长率为 13.99‰。年末全市常住人口 554.1 万人，城镇化率 38.73%，比上年提高 1.3 个百分点。

全年城镇常住居民人均可支配收入 23630 元，增长 7.7%。城镇常住居民恩格尔系数 34.03%，城镇居民人均住房建筑面积 32.77 平方米，比上年减少 0.76 平方米。

农村常住居民人均可支配收入 9140 元，增长 9.7%。农村常住居民恩格尔系数为 34.38%。农村居民人均拥有住房面积 40.17 平方米，比上年增加 0.09 平方米。

年末人均住户存款 15764 元，比上年增加 1929 元，增长 13.9%。

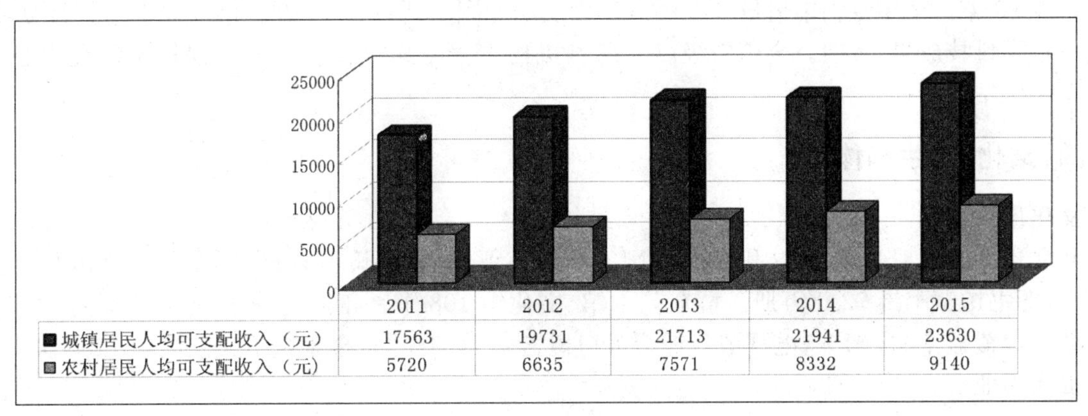

图 3　2011—2015 年宿州市城乡居民收入对比一览

(二)就业与社会保障

1. **就业工作**

年末全市从业人员 375.9 万人，比上年增加 6 万人。分产业看，第一产业 142.9 万人，比上年减少 11.8 万人；第二产业 111.4 万人，比上年增加 5.8 万人；第三产业 121.6 万人，比上年增加 12 万人。城

乡私营企业从业人员和个体劳动者53.8万人，比上年增加14万人。

全年城镇新增就业5.62万人，安置下岗失业人员再就业1.54万人，就业困难人员再就业0.24万人，转移农业劳动力6.81万人。年末城镇登记失业率2.99%，比上年下降0.22个百分点。

2.社会保障和福利

全年参加城乡居民养老保险人数348.73万人。其中，城镇居民参保6.59万人，农村居民参保342.13万人。城乡居民社会养老保险金领取人数86.33万人，增长2.2%。年末医疗保险参保人数93.90万人，增长1.3%。其中，城镇职工参保31.25万人，增长4.1%；城镇居民参保62.65万人，下降0.1%。年末参加农村新型合作医疗人数达524.81万人，参合率达101.34%。

全市各类收养性社会福利单位211个，床位1.63万张。社区服务中心58个，城市社区综合服务设施覆盖率达100%。全市共救助困难群众病患者46.01万人次，支出医疗救助金9376.2万元。农村五保供养对象3.48万人。

全年销售社会福利彩票3.88亿元，筹集福利彩票公益金1.04亿元。

(三)教育和科学技术

1.教育事业

新建、改扩建乡镇公办幼儿园125所，完成149所学校标准化建设，宿城一中城南学校建成使用。全年普通高等学校招生1.00万人，在校学生2.72万人，毕业生0.79万人。高中阶段招生3.08万人，在校生10.3万人，毕业生3.86万人。高中阶段毛入学率91.59%。中等职业学校招生2.76万人，在校生6.51万人，毕业生1.65万人。初中阶段招生5.63万人，在校生16.29万人，毕业生5.75万人。初中学龄人口入学率100.00%。小学招生8.37万人，在校生42.25万人，毕业生5.72万人。小学学龄儿童入学率100.00%。幼儿园在园幼儿21.68万人。特殊教育在校学生0.18万人。各类民办学校在校学生22.56万人。

2.科技与创新

全年研究与试验发展(R&D)经费支出4.21亿元，增长28.4%。全年高新技术企业62家，其中当年新增企业23家。全年专利申请量2430件，其中发明专利申请量1015件。市级以上科技计划项目41个。全市各类科技成果42项。全市省级以上研发机构18个，其中省级以上工程技术研究中心12个。省级院士工作站6个。

(四)文化、卫生和体育

1.文化事业

公共文化场馆免费开放，市文化馆通过国家一级馆评估。《宿州市志》出版发行。全市共有公共图书馆6个，图书馆藏书量72.1万册。群众艺术馆、文化馆108个。年末有线电视入户率14.21%，广播节目综合人口覆盖率93.01%；电视节目综合人口覆盖率94.12%。全年组织文艺活动1480次。

2.卫生事业

全市拥有卫生机构1880个。其中，基层医疗卫生机构1722个，专业公共卫生机构81个，其他卫生机构4个。医院、卫生院181个，社区卫生服务中心(站)110个。全市实有床位1.95万张，其中医院1.28万张，乡镇卫生院0.60万张。全市卫生技术人员2.14万人，其中，执业(助理)医师0.84万人，注册护士0.86万人。

3.体育事业

年末全市体育社团组织机构数149个，青少年体育俱乐部32个，社区体育健身俱乐部15个。全市社会体育指导员2811人。全年共开展各项全民健身活动78次。省及省以上比赛共获得金牌45枚，银牌29枚，铜牌43枚。

(五)城乡建设

城乡建设突飞猛进。获批开展宿州市城市总体规划修编工作,四个县均完成总体规划修编。全市投资183亿元,实施重点工程176项,基础设施建设实现重大进展,产城一体步伐加快,旧城改造有序推进,市容市貌焕然一新。国家园林城市正式公示,新汴河景观带获批省级水利风景区,植物园一期建成开放。区域交通条件大为改善,宿城大外环即将全线贯通,环内面积超200平方公里,一个宜居宜业的新宿州已经展现在皖北大地。征迁机制日臻成熟,控违成效显著。扎实推进"555"工程,四个县建设重点工程80个,投资102亿元。第二批37个美好乡村示范村建设完成,第三批40个示范村建设稳步推进。5座垃圾焚烧发电厂和4座秸秆发电厂建设加快。农村电网改造升级全面铺开。

(六)资源和环境保护

全年降水量708.1毫米。全年平均气温15.6℃。极端气温最高38.1℃,极端气温最低−6.8℃。全年日照时数1977.5小时。

全市当年造林面积7958公顷,四旁(零星)植树1116万株。森林覆盖率达29.4%,林木绿化率达33.4%,活立木蓄积量达1729万立方米。

全市省级生态乡镇10个,省级生态村59个。城市集中式饮用水源地水质、水量达标率均为100%。环境空气质量二级。城区空气质量优良率为72.5%,空气污染指数AQI年均值为89。城市区域声环境等效声级均值和城市道路交通噪声等效声级均值分别为54.8dB(A)和65.4dB(A)。

全年废水中化学需氧量排放总量10.43万吨,较上年削减1.04%;废水中氨氮排放总量0.97万吨,较上年削减2.02%;废气中二氧化硫排放总量3.26万吨,较上年增加1.24%;废气中氮氧化物排放总量5.17万吨,较上年削减7.35%。

全市污水处理厂集中处理率达到92.4%,建成区绿地率达到40.2%。

全年全社会综合能源消费量(等价值)659.62万吨标准煤,增长2.6%,单位GDP能耗0.59吨标准煤/万元,下降5.82%。

(七)社会安全

"平安宿州"建设扎实推进。成功组织战时国防动员演练,双拥共建、人民防空工作成绩显著。全年工矿商贸企业生产安全事故8起,死亡11人;生产经营性火灾事故118起,损失额为906万元。道路交通事故843起,死亡209人。

三、宿州市在长三角地区经济发展中的地位

2015年,全市上下在省委、省政府和市委、市政府的正确领导下,深入贯彻落实党的十八大和十八届三中、四中、五中全会精神,扎实做好稳增长、调结构、促改革、惠民生、防风险的各项工作,主动适应经济发展新常态,牢牢把握"稳中求进"的总基调,锁定"调转促"工作主线,全力推动经济稳步增长,全市经济呈现总体平稳、稳中有进、稳中趋好的运行态势。

(一)地区生产总值

2011—2015年宿州市地区生产总值在泛长三角地区41市所占比重分别为0.69%、0.71%、0.73%、0.75%和0.76%。地区生产总值在泛长三角41市占比整体呈现上扬态势,2015年与2011年比增加了0.07个百分点,较上年增加了0.01个百分点。2015年,宿州市在泛长三角地区41市地区生产总值所占比重排名第30位。

全年地区生产总值(GDP)[2]1235.83亿元,按可比价格计算,增长8.9%。其中:第一产业[3]增加值

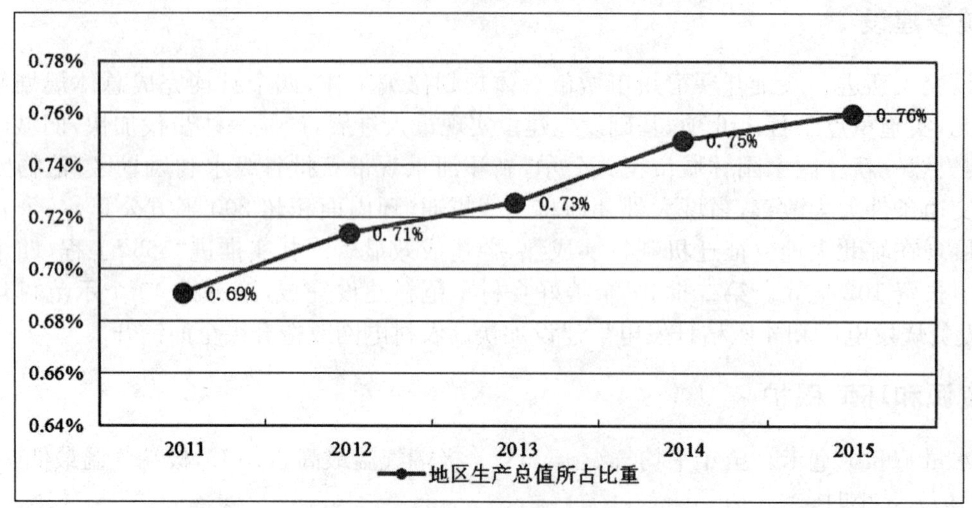

图4　2011—2015年宿州市地区生产总值在泛长三角地区41市（苏浙两省24个地级市、上海市和安徽省16市，下同）所占比重的变化趋势

268.3亿元，增长4.7%；第二产业增加值506.5亿元，增长8.5%；第三产业增加值461.0亿元，增长11.7%。三次产业结构比为21.7∶41.0∶37.3。人均生产总值22415元（折合3599美元），比上年增加1785元。全员劳动生产率33141元/人，比上年增加2374元/人。

（二）地方财政一般预算收入

2011—2015年宿州市地方财政一般预算收入在泛长三角41市所占比重分别为0.32%、0.38%、0.41%、0.45%和0.44%，2015年较2011年增加了0.08个百分点，较上年减少了0.01个百分点。2015年，宿州市地方财政一般预算收入在泛长三角41市地区中排名第35位。

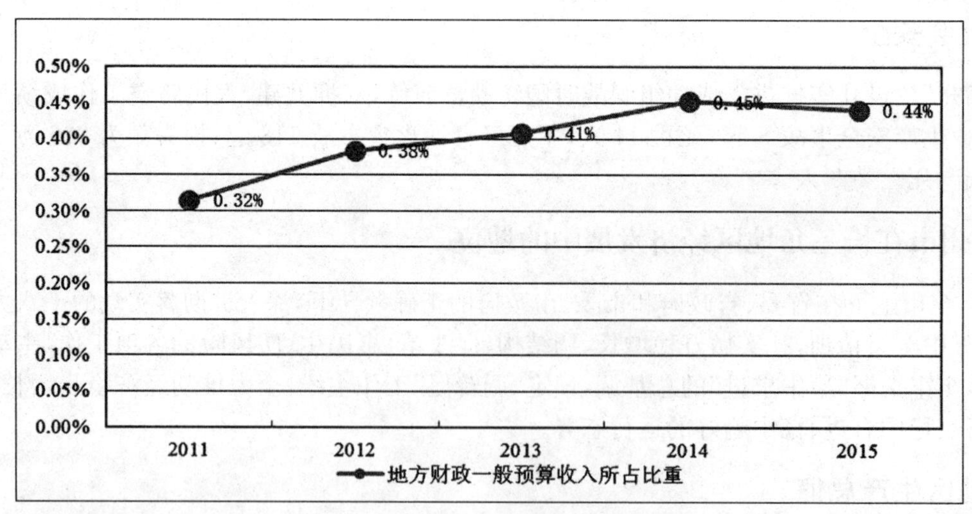

图5　2011—2015年宿州市地方财政一般预算收入在泛长三角41市所占比重的变化趋势

全年财政收入125.57亿元，增长9.8%，其中，地方财政收入86.02亿元，增长11.8%。全部财政收入中，税收收入98.67亿元，增长8.4%；非税收收入26.9亿元，增长15.6%。财政支出294.37亿元，增长19.0%，其中，民生支出249.36亿元，增长23.0%，占财政支出的84.7%。从重点支出项目看，教育

支出增长 25.0%，农林水支出增长 15.4%，医疗卫生和计划生育支出增长 22.4%，社会保障和就业支出增长 20.8%，住房保障支出增长 16.6%。

(三)规模以上工业总产值

2011—2015 年宿州市规模以上工业总产值在泛长三角 41 市所占比重分别为 0.53%、0.40%、0.46%、0.51%和 0.57%，2015 年较 2011 年增加了 0.04 个百分点，较上年增加了 0.06 个百分点。2015 年，宿州市规模以上工业总产值在泛长三角 41 市地方财政一般预算收入所占比重排第 35 位，较上年上升了两位。

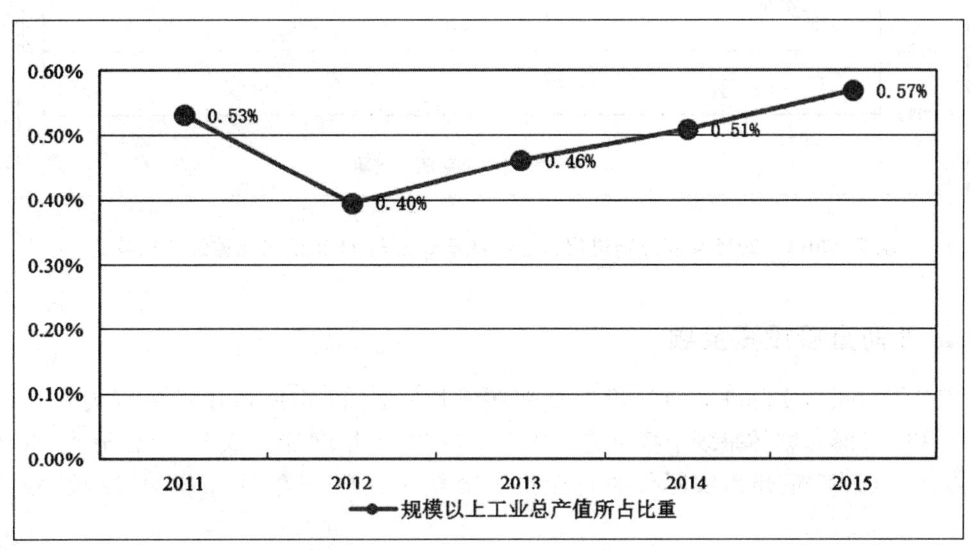

图 6　2011—2015 年宿州市规模以上工业总产值在泛长三角 41 市所占比重的变化趋势

全年全部工业增加值 437.16 亿元，比上年增长 8.2%。其中，规模以上工业增加值[4] 382.86 亿元，增长 8.4%。全年战略性新兴产业产值 117.69 亿元，增长 30.6%。农产品加工产值 922.4 亿元，增长 14.3%。

规模以上工业统计的主要产品产量中，原煤下降 1.0%，小麦粉增长 29.6%，饲料增长 56.6%，人造板增长 23.8%，硅酸盐水泥熟料增长 34.3%，水泥增长 6.8%；发电量下降 12.9%。

全年规模以上工业企业实现主营业务收入 1342.7 亿元，增长 20.0%；实现利润 52.28 亿元，增长 40.2%。全年全部工业增加值 437.16 亿元，比上年增长 8.2%。其中，规模以上工业增加值[4] 382.86 亿元，增长 8.4%。全年战略性新兴产业产值 117.69 亿元，增长 30.6%。农产品加工产值 922.4 亿元，增长 14.3%。

(四)进出口总额

2011—2015 年宿州市进出口总额在泛长三角 41 市所占比重分别为 0.02%、0.03%、0.04%、0.05%和 0.05%，总体上呈现上扬态势，五年间增加了 0.03 个百分点，其中 2015 年较上年基本持平。2015 年，宿州市进出口总额在泛长三角 41 市中排名 35 位，较上年上升了两位。

全年进出口总额 7.59 亿美元，比上年增长 17.0%。其中，进口总额 0.96 亿美元，增长 27.3%；出口总额 6.63 亿美元，增长 15.7%。

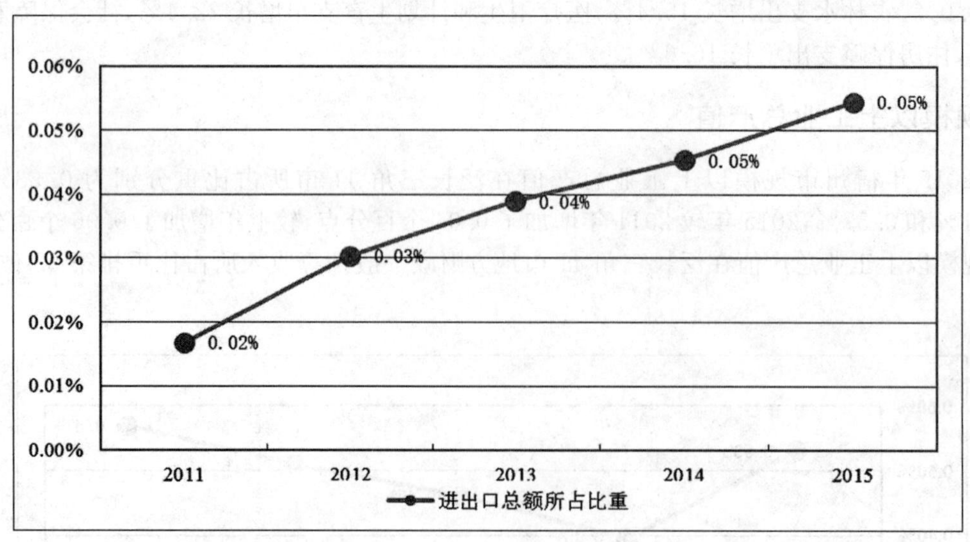

图 7　2011—2015 年宿州市进出口总额在泛长三角 41 市所占比重的变化趋势

(五)实际外商直接投资金额

2011—2015 年宿州市实际外商直接投资金额在泛长三角 41 市所占比重分别为 0.40%、0.51%、0.62%、0.79%和 0.92%,整体呈现上扬姿态,2015 年较 2011 年增加了 0.52 个百分点,较上年增加了 0.13 个百分点。2015 年,宿州市实际外商直接投资金额在泛长三角 41 市排第 25 位,较上年上升了两位。

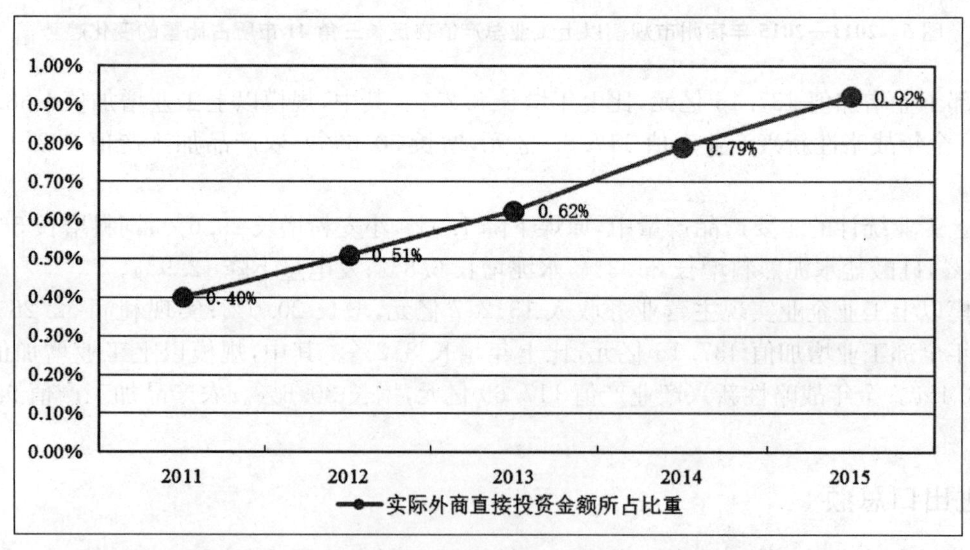

图 8　2011—2015 年宿州市实际外商直接投资金额在泛长三角 41 市所占比重的变化趋势

全年引进外资项目 10 个,比上年增加 2 个;全市合同利用外资 12639 万美元,增长 1.62 倍;外商直接投资 6.76 亿美元,增长 14.7%。全年实际利用内资 910 亿元,增长 25.0%。

十三　滁州市 2015 年经济社会发展报告

2015 年，面对复杂严峻的宏观经济环境和经济下行压力，全市人民在市委、市政府的坚强领导下，深入贯彻落实党的十八大、十八届三中、四中、五中全会和习近平总书记系列重要讲话精神，积极适应把握引领经济发展新常态，坚持"稳中奋进、好中加快"工作总基调，进一步激发大众创业、万众创新的积极性和创造性，攻坚克难、砥砺前行，经济社会实现了平稳健康发展。

一、滁州市 2015 年经济发展概况

(一)综合经济

1. 经济总量

全年实现生产总值(GDP)1305.7 亿元，比上年增长 9.9%，增速同比提高 0.5 个百分点，高于全省 1.2 个百分点，总量和增速均居全省第 5 位。其中，第一产业增加值 221.53 亿元，增长 4.3%；第二产业增加值 657.01 亿元，增长 10.4%；第三产业增加值 427.15 亿元，增长 11.9%。三次产业比为 17.0∶50.3∶32.7。工业化率为 46.8%，人均 GDP 达 32634 元(折合 5240 美元)，比上年增加 2816 元。

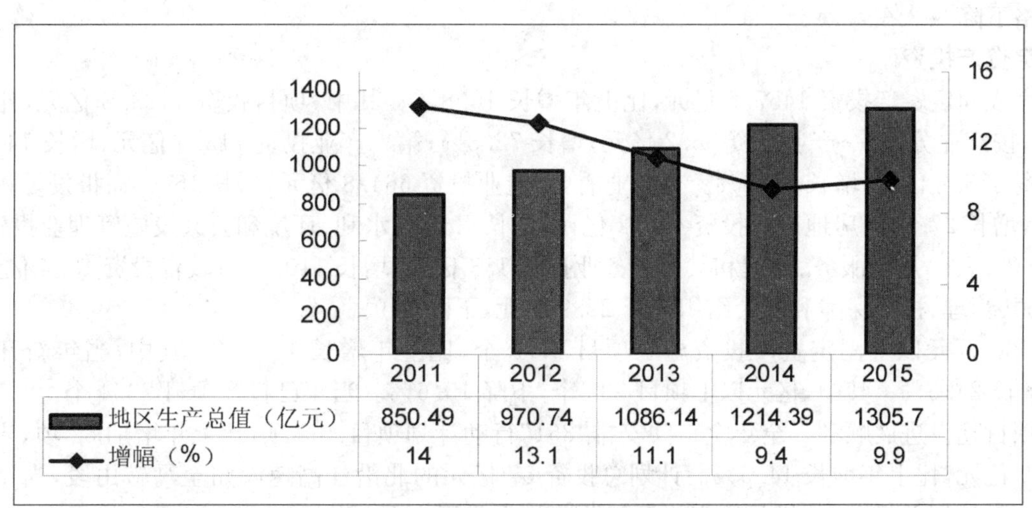

	2011	2012	2013	2014	2015
地区生产总值（亿元）	850.49	970.74	1086.14	1214.39	1305.7
增幅（%）	14	13.1	11.1	9.4	9.9

图 1　2011—2015 年滁州市地区生产总值及增长速度

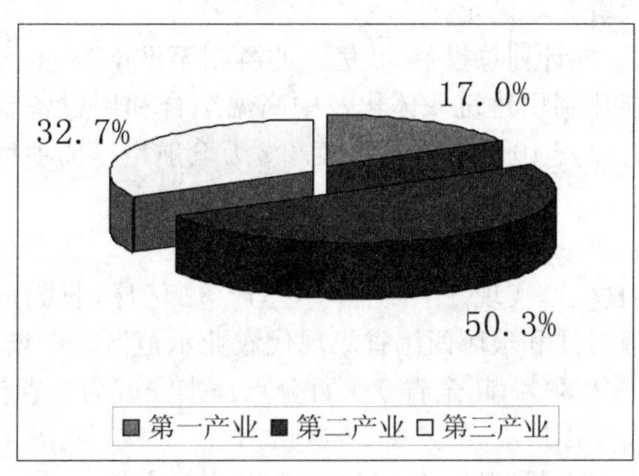

图 2　2015 年滁州市三次产业结构图

2. **财政收支**

全年实现财政总收入230.3亿元，比上年增长13.1%。其中，地方财政收入143.7亿元，增长16.3%。从收入来源结构看，各项税收完成183.2亿元，比上年增长8.5%，占财政总收入的79.5%，占比下降3.4个百分点。从实现主体看，市本级财政收入76.2亿元，增长15.4%；县级财政收入154.1亿元，增长12.0%。全年财政支出302.6亿元，比上年增长12.8%。其中，教育支出48.2亿元，增长16.0%；城乡社区事务支出33.4亿元，增长20%；农林水事务支出53.8亿元，增长9.3%；社会保障和就业支出37.5亿元，增长25.9%；医疗卫生和计划生育支出36.2亿元，增长13.7%；交通运输支出16.7亿元，增长4.3%；住房保障支出12.5亿元，下降11.7%。用于民生方面支出262.5亿元，比上年增长14.1%，占总支出的86.8%，比上年提高1.1个百分点。其中33项省级民生工程投入69.3亿元，比上年增长68.5%。

3. **物价水平**

2015年全年居民消费价格上涨0.8%，涨幅比上年回落0.6个百分点。八大类商品和服务价格"五涨三降"，其中医疗保健和个人用品价格上涨2.3%，衣着价格上涨1.6%，娱乐教育文化用品及服务价格上涨1.6%，食品价格上涨1.3%，烟酒价格上涨1.1%，交通和通讯价格下降1.5%，家庭设备用品及维修服务价格下降0.5%，居住价格下降0.5%。全年工业生产者出厂价格同比下降1.1%，其中轻工业价格上涨0.7%，重工业价格下降2.3%；生产资料价格下降2.6%，生活资料价格上涨1.6%。工业生产者购进价格下降3.3%。

4. **固定资产投资**

全年完成固定资产投资1457.6亿元，比上年增长16.8%。其中，项目投资1123.2亿元，比上年增长19.1%；按产业分，第一产业投资55.2亿元，增长72.8%；第二产业投资713.5亿元，增长14.9%；第三产业投资688.9亿元，增长15.8%。分行业看，制造业投资664.8亿元，增长15.0%；批发零售业投资15.4亿元，增长27.2%；房地产业投资400.2亿元，增长4.9%；水利、环境和公共设施管理业投资138.8亿元，增长31.7%；居民服务、修理和其他服务业投资1.3亿元，增长110.3%；教育投资13.4亿元，增长29.1%；公共管理、社会保障和社会组织投资22.9亿元，下降8.9%。

全年500万元以上固定资产投资施工项目2779个，比上年增长14.5%。其中，当年新开工项目1924个，增长24.5%。其中，亿元以上项目335个，下降15.6%。当年已投产项目2354个。

重大项目建设进展顺利。全年全市共安排"861"行动计划项目465项，比上年增加52项，当年完成投资622.9亿元，比上年增长14.5%。计划总投资57亿元的北沿江高速滁州至马鞍山段，当年完成投资24.1亿元；计划总投资37亿元的宿州至扬州高速公路天长段，当年完成投资5.4亿元；计划总投资21亿元的年产4.2亿米仿真真丝面料项目，当年完成投资4.6亿元；投资11.6亿元的滁州东鹏功能性饮料及茶饮料项目，当年完成投资3.3亿元。

一批大项目如期开工建设。如计划总投资38亿元的滁州至淮南高速公路滁州至定远段项目、总投资12亿元的凤阳人人家太阳能热利用建筑一体化及中高温综合利用设备制造项目、总投资11亿元的开发区现代物流产业园项目、总投资10亿元的凤阳年产2万套航空座椅项目等。

(二)农业

现代农业又有新突破。粮食生产实现"十二连丰"，总产89亿斤，收购量稳居全省第一。定远获批国家农业科技园区，新增明光潘村洼和琅琊西涧省级现代农业示范区。新增家庭农场900家、农民专业合作社600家；农机化作业水平达80%，超全省9个百分点。来安成为全省首个国家级出口禽类产品示范区。

全年农作物播种面积88.9万公顷，比上年增加6669公顷，增长0.8%。其中，粮食作物播种面积73.1万公顷，比上年增长1.1%；油料作物播种面积7.0万公顷，比上年减少3.1%；蔬菜播种面积4.7

万公顷，比上年增长2.0%。

全年粮食总产量445.1万吨，比上年增产3.3%。经济作物有增有减，其中，全年棉花产量9571吨，比上年增产2.4%；蔬菜产量145.4万吨，比上年增产2.3%；水果产量62.6万吨，比上年减产2.3%；油料产量19.7万吨，比上年减产2.0%。

全年肉类总产量39.7万吨，比上年增长1.9%；禽蛋产量11.7万吨，比上年增长2.4%；牛奶产量11202吨，比上年增长3.6%；水产品产量34.8万吨，比上年增长4.1%。

年末，全市农业机械总动力700.4万千瓦，比上年增长3.3%；农用拖拉机43.4万台，比上年减少1.9%；排灌动力机械9.03万台，比上年增长0.78%；全年化肥施用量(折纯)35.7万吨，比上年增长1.8%。农村用电量10.1亿千瓦时，比上年增长4.0%。年末农田有效灌溉面积达490.05千公顷，比上年净增3.37千公顷。全年完成重点水利工程26项，比上年增加7项，完成投资16.48亿元，比上年增加7.88亿元。

(三)工业和建筑业

1. 工业经济

全年全部工业实现增加值610.5亿元，比上年增长10.8%。其中，规模以上工业比上年增长11.1%。在规模以上工业中，重工业、集体企业、股份合作制企业、股份制企业增长较快。

规模以上工业中，35个工业行业大类中的29个行业增加值实现增长。其中：有色金属冶炼和压延加工业增长1.4倍，黑色金属矿采选业增长29.1%，食品制造业增长12.0%，医药制造业增长15.8%，汽车制造业增长30.9%，计算机、通信和其他电子设备制造业增长16.9%，造纸和纸制品业增长15.8%，化学原料和化学制品制造业增长15.8%，文教、工美、体育和娱乐用品制造业增长14.6%。

年末，全市共有514家企业列入高新技术产业行业目录，占全市规模以上工业企业单位数的36.9%，实现增加值285.2亿元；年末，战略性新兴产业的企业数为190家，全年完成产值521.6亿元。

年末，亿元以上工业企业达到482家，与去年同期持平，全年完成产值2124.7亿元，完成增加值515.7亿元，亿元企业对全市规模以上工业增长贡献率达到99.8%。

年末，全市六大支柱产业规模以上工业企业1221家，实现增加值554.9亿元，占全市规模以上工业的90.4%，增加值同比增长11.5%，对规模以上工业增长的贡献率达到93.2%，拉动规模工业增长10.3个百分点。

主要工业产品产量和上年相比，大多保持增长，其中，农用化肥20.8万吨，增长10.1%；白酒4797万升，增长8.6%；光缆204632芯千米，增长21.5%；水泥1047万吨，增长7.0%；房间空气调节器123.6万台，增长3.1%；发电量391970万千瓦小时，增长17.6%。

全年规模以上工业企业经济效益综合指数为315.6%，规模以上工业实现主营业务收入2474.2亿元，比上年增长11.0%；实现利税总额379.5亿元，比上年增长9.5%，其中利润257亿元，比上年增长7.4%。

2. 建筑业

全年建筑业完成增加值84.4亿元，比上年增长9.9%。年末，资质以上建筑企业151户，全年共完成建筑业总产值246.9亿元，比上年增长12.3%；实现利润总额9.04亿元，比上年增长5.6%；完成房屋建筑施工面积1689.3万平方米，比上年增长1.1%，其中当年新开工面积1098.9万平方米，比上年增长5.7%；房屋竣工面积1083.9万平方米，比上年增长8.2%。

(四)服务业

1. 国内贸易

全年实现社会消费品零售总额457.0亿元，比上年增长12.5%，扣除价格因素实际增长12.8%。分实现区域看，城镇实现消费品零售额385.8亿元，乡村实现消费品零售额71.2亿元，分别比上年增长12.4%、12.5%。分行业看，批发零售贸易业实现零售额397.0亿元，增长12.0%；住宿和餐饮业实现零售额60.0亿元，增长15.7%。分构成看，商品零售额397.3亿元，增长12.0%；餐饮收入59.7亿元，增长15.8%。分经营规模看，限上单位零售额244.0亿元，增长13.2%；限下单位零售额213.0亿元，增长6.0%。

从限额以上单位商品零售分类完成情况看，穿类商品零售额21.2亿元，增长8.4%；吃类商品零售额48.5亿元，增长12.5%；用类商品零售额155.7亿元，增长14.0%，其中，金银珠宝类增长21.3%，五金电料类增长15.4%，家用电器和音像器材类增长13.6%，家具类增长20.7%，建筑及装潢材料类增长18.4%，汽车类增长10.7%。

2. 交通运输、邮电

全年交通运输、仓储和邮政业增加值48.5亿元，比上年增长4.1%。全年货物运输周转量596.4亿吨公里。其中，公路货物运输周转量546.3亿吨公里；水运货物运输周转量50.1亿吨公里。全年旅客周转量91.5亿人公里。

年末全市民用汽车拥有量24.2万辆，比上年增长15.9%，其中私人汽车拥有量19.3万辆，增长19.9%。民用轿车拥有量18.2万辆，增长22.4%，其中，私人轿车拥有量16.5万辆，增长24.1%。

全年邮电业务总量43.36亿元，比上年增长24.2%，其中，电信业务总量38亿元，比上年增长22.3%；邮政业务总量5.59亿元，增长45.6%，其中，快递业务量1976.68万件，快递业务收入1.88亿元，分别比上年增长64.6%和36.0%。年末，全市拥有电话370.2万户，比上年末增加5.4%，其中固定电话用户数47.5万户，减少13%；移动电话用户数322.7万户，增长8.8%。年末国际互联网用户59.3万户，比上年增长17.0%。

3. 旅游业

全年接待旅游人数1697.3万人次，比上年增长17.3%，其中接待外国和港澳台游客101109人次。全年旅游总收入137.5亿元，比上年增长21.8%。其中，旅游外汇收入2974.7万美元，比上年增长11.3%。年末，全市共有星级旅游饭店18个，星级饭店客房数1853间(套)。年末A级以上旅游景区(点)24个，名胜风景区2个。

4. 金融、证券和保险

金融保险业务快速发展。年末，全市金融机构人民币各项存款余额1666.2亿元，比年初增加246.9亿元，增长17.2%。其中，境内单位存款余额633.5亿元，比年初增加103.7亿元；境内个人存款余额971.6亿元，比年初增加133.7亿元。年末，金融机构人民币各项贷款余额1202.3亿元，比年初增加164.5亿元，增长15.9%。从贷款期限看，短期贷款余额612.4亿元，比年初增加67.4亿元；中长期贷款547.1亿元，比年初增加81.3亿元。

全年新三板挂牌企业数5家，省区域股权交易中心挂牌企业数12家。至2015年末，全市有上市公司4家，新三板挂牌企业数8家，省区域股权交易中心挂牌企业数23家。

年末，全市共有保险公司29家，其中寿险14家，财产险15家。全年保费收入37.42亿元，比上年增长19%，其中，财产保险保费收入15.86亿元，增长11.6%；人身保险保费收入21.56亿元，增长21.4%。财产险中，机动车辆保费收入11.82亿元，增长14.1%；农业险保费收入1.80亿元，增长1.1%；健康险收入1.54亿元，增长6.2%；意外伤害险保费收入0.71亿元，比上年增长5.8%。全年支付保险赔款(满期给付)13.56亿元，比上年增长11.6%。其中，财产险赔款8.48亿元，比上年增长12.8%；人身险赔款和满期给付5.08亿元，增长12.4%。2015年缴纳营业税、个人所得税等10710.1万元，增长28.6%，代扣代缴各项税款8540.36万元，增长9%。

5. 房地产业

全年完成房地产开发投资334.4亿元，增长9.5%；房屋施工面积2525.6万平方米，下降5.0%，其

中新开工面积459.1万平方米，下降27.4%；房屋竣工面积471.3万平方米，下降1.8%。商品房销售面积564.3万平方米，比上年增长12.0%；商品房销售额240.9亿元，比上年增长8.6%。

(五)对外经济

1.对外贸易

全年商品进出口总额204621万美元，比上年下降7.1%(若扣除旅游贸易不可比因素，比上年增长15%)。其中，出口总额144243万美元，下降4.7%；进口总额60378万美元，下降12.3%。从进出口经营主体看，内资生产企业完成144805万美元，下降13.6%；外商投资企业完成59816万美元，增长13.4%。出口国别及地区达170个。

2.利用外资

全年招商引资市外亿元以上项目到位资金800亿元，增长14.3%。其中境内省外666.2亿元，增长18.2%，位列全省第5位。来自长三角区域资金424.2亿元，占引资总量的53%。

二、滁州市2015年社会发展概况

(一)人口、人民生活

年末全市户籍人口449.1万人，比上年减少0.5万人；常住人口401.7万人，比上年增加3.2万人。城镇化率49.02%，比上年提高1.27个百分点。按常住人口计算，全年人口出生率11.02‰，比上年上升1.65个千分点；死亡率5.91‰，上升1.72个千分点；自然增长率5.11‰，下降0.08个千分点。

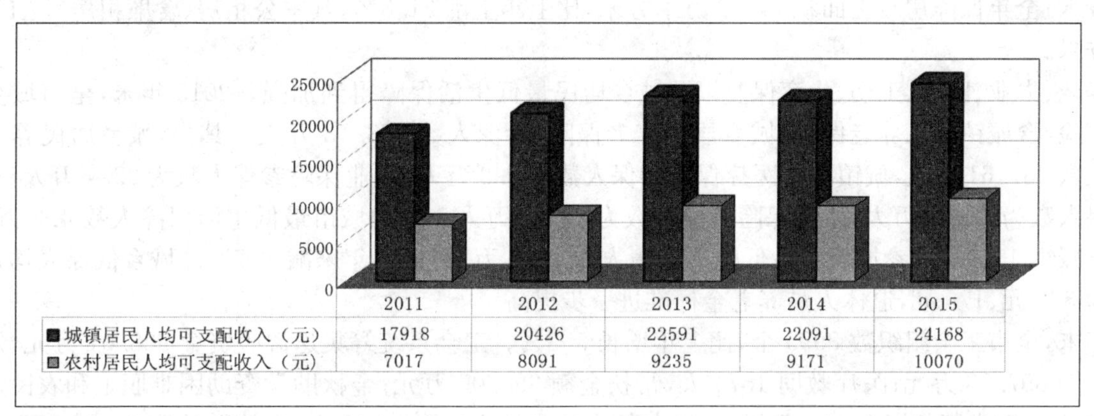

图3　2011—2015年滁州市城乡居民收入对比一览

全年城镇居民人均可支配收入[②] 24168元，比上年增长9.4%；人均消费性支出15620元，比上年增长13.8%。其中：食品支出5126元，增长2.4%；衣着支出1148元，下降5.8%；居住支出3779元，增长22.2%；生活用品及服务支出1288元，增长54.2%；交通通信支出1283元，增长11.8%；教育文化娱乐支出1785元，增长44.6%；医疗保健支出861元，下降3.8%；其他用品和服务支出351元，增长20.6%。城镇居民恩格尔系数为32.8%。

年末，每百户城市居民家庭拥有家用汽车11.7辆，摩托车15.8辆，电冰箱96台，洗衣机86.5台，热水器85.9台；空调104.6台，彩电120.4台，摄像机1台，照相机24.1台，计算机45.5台，中高档乐器

② 从2014年起，城镇居民人均可支配收入等数据采用国家统计局滁州调查队城乡一体化调查数据，其统计范围和方案和原有的有较大调整。

0.3 架，固定电话 44.5 部，移动电话 176.3 部。人均住房建筑面积 35.3 平方米。

全年农民人均可支配收入 10070 元，比上年增长 9.8%；农民人均生活消费支出 7547 元，比上年增长 16.4%。其中：食品烟酒支出 3150 元，增长 15.6%；衣着支出 383 元，增长 8.8%；居住支出 1262 元，增长 3.6%；生活用品及服务支出 362 元，增长 3.2%；交通通信支出 855 元，增长 5.9%；教育文化娱乐支出 798 元，增长 42.8%；医疗保健支出 654 元，增长 79%；其他用品和服务支出 84 元，下降 20.9%。农村居民恩格尔系数为 41.7%。

年末，每百户农村居民家庭拥有家用汽车 5 辆，摩托车 57.6 辆，电冰箱 88.1 台，洗衣机 74.3 台，热水器 59.7 台，空调 54.8 台，彩电 118.5 台，摄像机 0.4 台，照相机 0.6 台，计算机 9.8 台，固定电话 29 部，移动电话 170.8 部。农村居民人均住房面积为 34.9 平方米。

（二）就业与社会保障

1. 就业工作

年末全市从业人员 290.9 万人，比上年增加 8.2 万人。其中，第一产业 102.3 万人，减少 0.2 万人；第二产业 102.6 万人，增加 3.6 万人；第三产业 86 万人，增加 4.8 万人。年末城镇在岗职工人数（不包括个体、私营、乡镇企业从业人员）22 万人，增加 0.8 万人；城乡私营企业从业人员和个体劳动者 75 万人，比上年末增加 7.4 万人。城镇登记失业率为 3.3%，与上年持平。

2. 社会保障和福利

全市保障房建设完成投资 22.1 亿元，比上年下降 47.4%，其中，公租房（含廉租房）完成投资 0.8 亿元；全年保障房施工面积 190.4 万平方米，比上年下降 61.9%，其中，公租房（含廉租房）施工面积为 6.2 万平方米；全年保障房竣工面积 146.2 万平方米，比上年上涨 21.8%，其中公租房（含廉租房）竣工 69.78 万平方米。

养老、失业、医疗、工伤、生育保险以及城乡居民最低生活保障得到加强。2015 年末，全市城乡基本养老保险（含城镇职工养老保险、城乡居民养老保险）参保人数 283.43 万人。其中，城乡居民养老保险参保人数 237.61 万人，城镇基本医疗保险参保人数 109.3 万人，失业保险参保人数为 22.4 万人，工伤保险参保人数为 30.12 万人，生育保险参保人数为 25.76 万人。参加城市最低生活保障人数 4.8 万人，比上年末减少 15.9%。参加农村最低生活保障人数 13.9 万人，比上年末减少 7%。城乡低保人均月补差分别为 372 元、179 元，退休人员养老金标准进一步提高。

年末，全市工会组织数 8995 个，比上年增长 5.3%。工会系统筹集送温暖资金 928.01 万元，发放送温暖资金 897.78 万元；医疗救助 1574 人，帮扶金额 384.06 万元；金秋助学资助困难职工和农民工子女 841 人，发放助学帮扶资金 224.7 万元，其中资助困难农民工子女 358 人，发放助学款 98.8 万元。年末，县级及以上妇联组织 9 个，县级以上春蕾工程全年筹资 81.67 万元，资助大学、大专和中小学生 1475 人。

年末，全市共有提供住宿的社会服务机构 94 个，其中养老服务机构 79 个，床位数 22022 张，比上年末增长 0.4%。农村五保供养人数 2.72 万人，比上年末下降 1%。年末，城镇社区各种服务设施 1050 个，比上年增长 4%。全年社会福利彩票累计销量 4.27 亿元，比上年增长 8%，全年募集福彩公益金 5794 万元，增长 44.9%。

（三）教育和科学技术

1. 教育事业

年末，全市共有幼儿园 548 所，比上年减少 8 所，在园儿童 10.17 万人，比上年增加 1.9%；小学 262 所，比上年减少 134 所，专任教师 1.43 万人，减少 3.4%，在校生 24.0 万人，减少 0.4%；普通中学 266 所，减少 23 所，专任教师 1.61 万人，减少 1.3%，在校生 20.28 万人，减少 5.8%；高等学校 5 所，专任教师 2361 人，增加 2.7%，在校生 6.18 万人，增加 3.9%；中等职业教育学校 22 所，专任教师 2255 人，在校

生6.3万人。

2. **科技与创新**

年末，全市共有各类专业技术人员6.4万人，比上年增长3.2%；民营科技企业547家，比上年末增加35家；省级工程技术研究中心27家；规上企业建立企业技术中心221家，其中，国家级2家，省级69家，技术中心比上年增加18家；国家高新技术企业175家，比上年增加30家。全年获省部级以上科技成果63项、科技进步奖2项；专利申请数8571件，比上年增加973件，全年授权专利数3349件，比上年增加296件，其中发明专利772件，增加531件；全年高新技术产业产值1195.9亿元，占规模以上工业总产值47.3%。

（四）文化、卫生和体育

1. **文化事业**

年末，全市公共图书馆藏书量89.24万册，电子图书185.70万册，全市广播电视台8个，网络分公司6家。全市广播综合覆盖率98.46%，电视综合覆盖率98.46%。广播全年播放时间4.12万小时，其中自办栏目播放时间1.88万小时；电视全年播放时间5.45万小时，其中自办栏目播放时间1.53万小时。有线电视用户57.5万户。

2. **卫生事业**

年末，全市共有卫生机构1655个。其中，医院、卫生院161个，疾病控制中心8个，妇幼保健机构8个。全市卫生机构拥有床位15980张，比上年增长6%，其中医院、卫生院拥有床位15226张，比上年增加972张。卫生机构从业人员2.2万人。其中，医院、卫生院技术人员1.5万人，执业医生4572人，注册护士6413人，卫生防疫人员252人。全市参加新型农村合作医疗人数达到351.5万人，参合率101.7%。

3. **体育事业**

年末，全市共有体育场馆17个。据第六次全国体育场地普查，截止2013年底，全市共有体育场地设施4154个，场地总面积475万平方米。2015年新增体育社会组织11个，建立省示范健身站点68个，发展二级社会体育指导员175名，完成省局下达的任务125%。拥有省级品牌活动5个，市级健身品牌6项。开展百人以上群众性体育活动437场、综合性的全民健身运动会11次，承办国家级赛事3个、省级赛事5个，参与全民健身活动人数达181万余人次，占全市人口40%以上。

截止2015年底全市共有国家级体育传统学校5所，省级体育传统项目学校9所，省级体育特色学校5所，国家级青少年体育俱乐部10所，省级青少年体育俱乐部5所。全国比赛金牌3枚，省级比赛金牌63枚、银牌24枚、铜牌26枚。2015年我市输送后备人才22人。全年，体育彩票销售2.01亿元，募集公益金414万元。

（五）城市建设

全年开工建设重点工程55项（续建24项，新建31项），总投资约40.68亿元，完成投资10.62亿元。其中，道路桥梁工程20项，房建工程16项，道路绿化工程8项，环境工程11项。

一是续建项目稳步推进。续建世纪大道、西涧南路、珠江路等道路桥梁工程11个，已完工10个，完成投资约1.58亿元。续建市地税局纳税综合服务中心、国家粮食储备中转站“搬迁粮油仓储”项目、龙池花园等房建工程10个已全部完工，其中市本级安置房项目实现全部竣工交付，完成投资约6.3亿元。续建清流河二期水利防洪工程、龙池街环境改造水系工程、城西干渠排水改造工程等环境工程3个，已完工2个，完成投资0.59亿元。

二是新建项目进展顺利。新开工建设西涧北路、南大桥、西大街桥9条道路桥梁工程，工程总投资约2.56亿元，完成投资0.39亿元，其中幼安路（东坡路—醉翁路）、纬四路（永乐路—中都大道）、创新路（清流路—九江路）等5条道路已完工。新开工环翠路（西涧路—雪鸿路）、洪武路（金陵路—滁马高速）

等8个道路绿化工作，完成投资0.2亿元，全部完工。新建国防动员训练基地（一期）、滁州市食品药品试验综合楼、南京儿童医院滁州分院扩建工程、市福利中心改扩建项目一期等房建工程6个，完成投资0.46亿元，其中国防动员训练基地（一期）、南京儿童医院滁州分院扩建一期工程已竣工交付。新建清流河二期园林景观工程、滨河路闸站工程等水环境工程8个，已完工1个，完成投资0.7亿元。

2015年，实施了内城河改造工程，并对南大桥进行了重建。完成了城西干渠改造工程，对会峰路以南渠道进行加深拓宽。继续实施了滁城公共自行车系统，建成滁城公共自行车系统一、二期站点共93个，累计投放2240辆自行车；继续加强街头游园建设，新建了同乐路与金陵路交口游园、六中对面街头游园、明光路与西涧路交口游园、扬子路与上海路交口游园；实施了主城区20条小巷道改造，完成主城区600多座雨水收集口改造，进行了主城区7条道路路灯改造，建成"智慧路灯照明"系统。

（六）环境保护

年末，全市共有自然保护区2个，自然保护区面积21900公顷。当年人工造林面积17247公顷。年末森林面积22.4万公顷，活立木总蓄积量1721.5万立方米，森林覆盖率16.6%。全市环境监测和监察支队16个。全市环境污染治理投资3.1亿元。年末，共有污水处理厂16座。城市生活污水处理率97.8%。全市年单位生产总值耗能比上年下降6.8%。

全年，全市环境空气质量符合《环境空气质量标准》（GB3095－1996）一级标准的天数为50天，占13.7%；符合二级标准的天数为213天，占58.4%；一、二级标准的天数总计为263天，占72.1%。PM10全年平均值87μg/m³，全年轻度污染76天，中度污染20天，重度污染6天。

（七）社会安全

全年发生火灾事故1055起，直接经济损失2464.7万元，发生交通事故502起，交通事故死亡人数182人。

三、滁州市在长三角地区经济发展中的地位

2015年，面对严峻复杂的形势和艰巨繁重的任务，在省委、省政府和市委的正确领导下，在市人大、市政协的监督和支持下，滁州市主动适应、引领新常态，坚持"稳中奋进、好中加快"工作总基调，攻坚克难，砥砺前行，创造出好于同期、高于预期、快于全省的佳绩，实现了"十二五"圆满收官。

（一）地区生产总值

2011—2015年滁州市地区生产总值在泛长三角地区41市所占比重分别为0.73%、0.76%、0.78%、0.80%和0.80%。滁州市地区生产总值在泛长三角41市占比整体呈现上扬态势，2015年与2011年比增加了0.07个百分点，较上年基本持平。2015年，在泛长三角地区41市地区生产总值所占比重排名第27位。

2015年全年实现生产总值（GDP）[2]1305.7亿元，比上年增长9.9%，增速同比提高0.5个百分点，高于全省1.2个百分点，总量和增速均居全省第5位。其中，第一产业增加值221.5亿元，增长4.3%；第二产业增加值694.9亿元，增长10.7%；第三产业增加值389.3亿元，增长11.5%。三次产业比为17.0∶53.2∶29.8。工业化率为46.8%，人均GDP达32634元（折合5240美元），比上年增加2816元。

（二）地方财政一般预算收入

2011—2015年滁州市地方财政一般预算收入在泛长三角41市所占比重分别为0.60%、0.70%、0.70%、0.73%和0.74%，整体处于上升态势，2015年较2011年增加了0.14个百分点。2015年，滁州市地方财政一般预算收入在泛长三角41市地区中排名第25位。

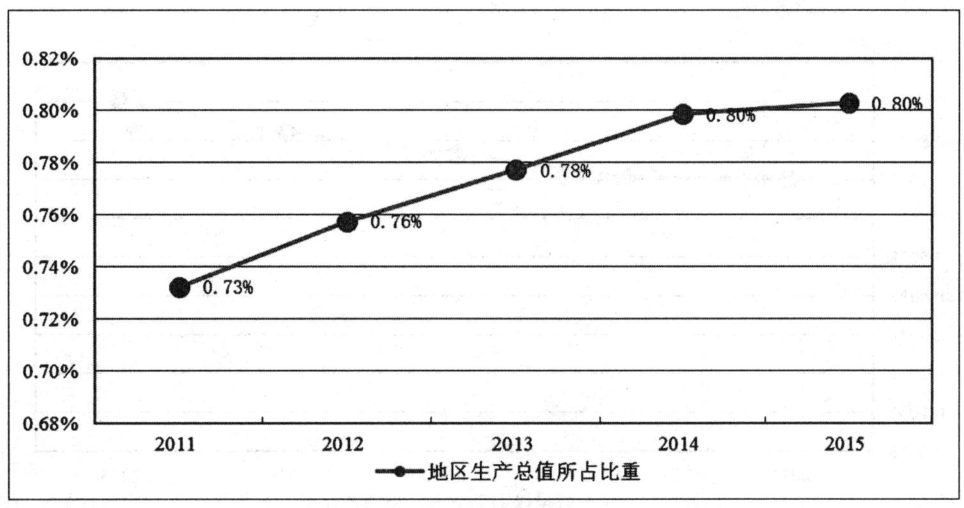

图4　2011—2015年滁州市地区生产总值在泛长三角地区41市（苏浙两省24个地级市、上海市和安徽省16个地级市，下同）所占比重的变化趋势

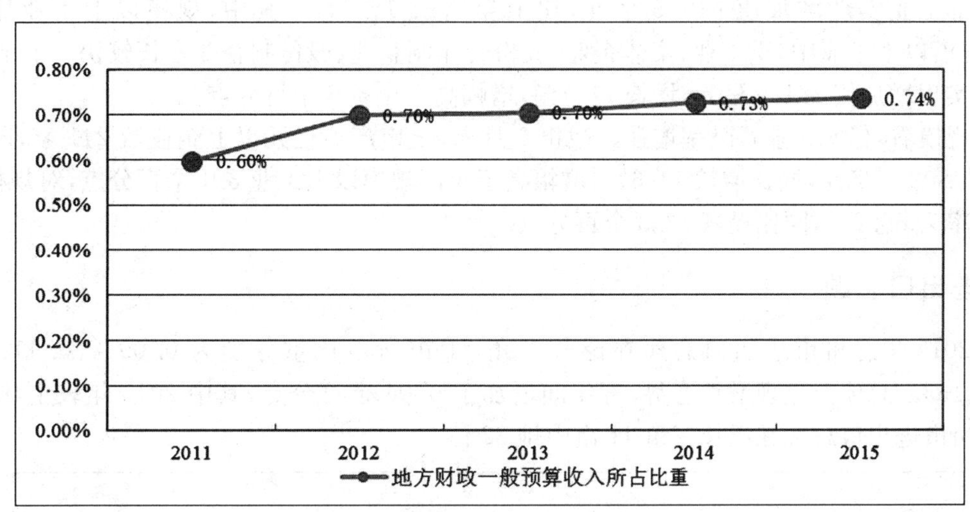

图5　2011—2015年滁州市地方财政一般预算收入在泛长三角41市所占比重的变化趋势

2015年，全市一般公共预算总收入完成230.3亿元，占年初目标的102.4%，收入总量位列全省第4位，较上年前进1位；增长13.1%，增幅高于全省平均3.6个百分点，位列全省第2位，较上年位次前进4位。

其中：地方收入完成143.7亿元，占预算的107.4%，收入总量继续保持全省第3位；增长16.3%，增幅高于全省平均5.7个百分点，位列全省第1位，较上年位次前进9位。地方收入中，税收收入完成98.2亿元，增长10.5%；非税收入完成45.5亿元，增长31.1%。

（三）规模以上工业总产值

2011—2015年滁州市规模以上工业总产值在泛长三角41市所占比重分别为0.70%、0.71%、0.77%、0.82%和0.90%，总体上呈现上升趋势，累计增幅达0.20个百分点。2015年，滁州市规模以上工业总产值在泛长三角41市地方财政一般预算收入所占比重排第27位。

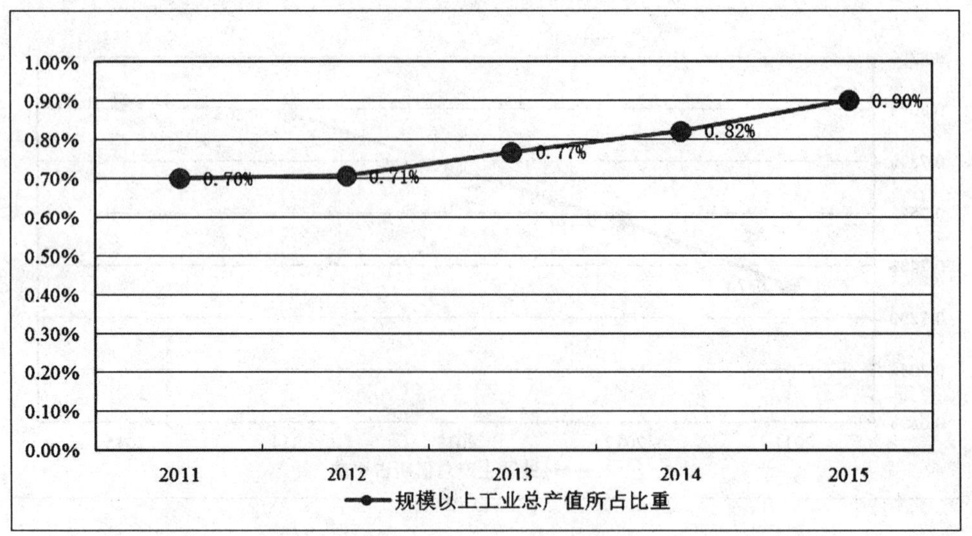

图 6 2011—2015 年滁州市规模以上工业总产值在泛长三角 41 市所占比重的变化趋势

全年全部工业实现增加值 610.5 亿元，比上年增长 10.8%。其中，规模以上工业比上年增长 11.1%。在规模以上工业中，重工业、集体企业、股份合作制企业、股份制企业增长较快。上半年，全市规模以上工业实现增加值 281.5 亿元，增长 11.7%，增幅高于全省 3 个百分点。

从企业规模看，亿元企业贡献率增强。截止 6 月末，全市产值亿元以上企业数 241 家，同比增加 41 家，实现产值 802.2 亿元，同比增长 14.6%，增幅高于全部规模以上工业 3.1 个百分点，对规模以上工业增长的贡献率为 86.2%，同比提高 13.3 个百分点。

(四)进出口总额

2011—2015 年滁州市进出口总额在泛长三角 41 市所占比重分别为 0.09%、0.11%、0.14%、0.15%和 0.15%，总体上呈现增长态势，五年间增加了 0.06 个百分点，其中 2015 年较上年基本持平。2015 年，滁州市进出口总额在泛长三角 41 市中排 32 位。

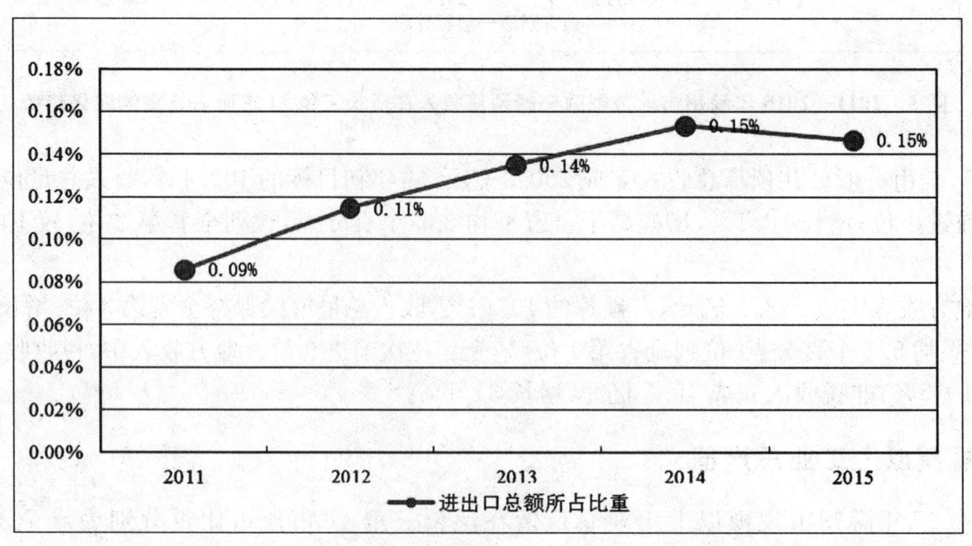

图 7 2011—2015 年滁州市进出口总额在泛长三角 41 市所占比重的变化趋势

全年商品进出口总额 204621 万美元，比上年下降 7.1%（若扣除旅游贸易不可比因素，比上年增长 15%）。其中，出口总额 144243 万美元，下降 4.7%；进口总额 60378 万美元，下降 12.3%。从进出口经营主体看，内资生产企业完成 144805 万美元，下降 13.6%；外商投资企业完成 59816 万美元，增长 13.4%。出口国别及地区达 170 个。

（五）实际外商直接投资金额

2011—2015 年滁州市实际外商直接投资金额在泛长三角 41 市所占比重分别为 0.51%、0.71%、0.97%、1.24%和 1.44%，呈现连续上扬姿态，2015 年较 2011 年增加了 0.93 个百分点。2015 年，滁州市实际外商直接投资金额在泛长三角 41 市排第 18 位。

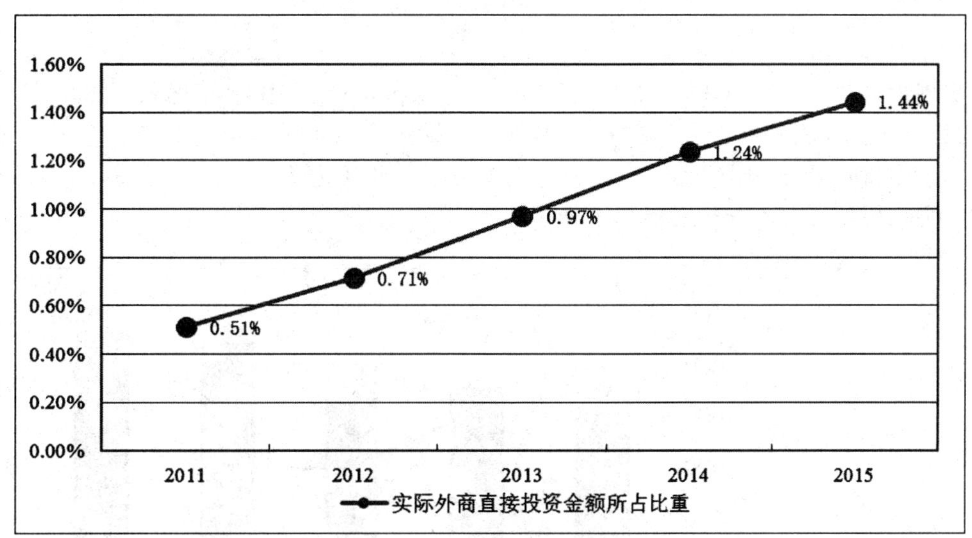

图 8　2011—2015 年滁州市实际外商直接投资金额在泛长三角 41 市所占比重的变化趋势

全年招商引资市外亿元以上项目到位资金 800 亿元，增长 14.3%。其中境内省外 666.2 亿元，增长 18.2%，位列全省第 5 位。来自长三角区域资金 424.2 亿元，占引资总量的 53%。

十四 六安市 2015 年经济社会发展报告

2015 年,面对复杂多变的发展环境和持续加大的经济下行压力,全市上下在市委、市政府坚强领导下,深入贯彻落实党的十八大和十八届三中、四中、五中全会和习近平总书记系列讲话精神,积极应对各种风险和挑战,坚持稳中求进、改革创新,全力提质增效、转型升级,经济社会发展取得长足进步。

一、六安市 2015 年经济发展概况

(五)综合经济

1. 经济总量

2015 年实现地区生产总值(GDP)1143.4 亿元,按可比价格计算,比上年增长 7%。分产业看,第一产业增加值 222.8 亿元,增长 4.1%;第二产业增加值 527 亿元,增长 6.3%;第三产业增加值 393.6 亿元,增长 9.6%。三次产业结构由上年的 20.3∶47.5∶32.2 调整为 19.5∶46.1∶34.4。按常住人口计算,人均生产总值 19885 元,比上年增加 841 元。

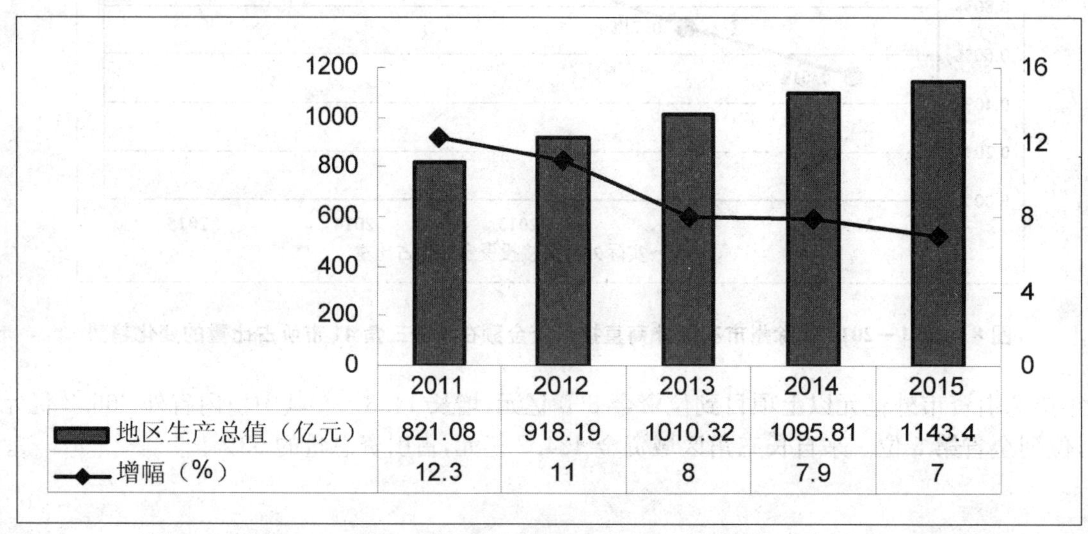

	2011	2012	2013	2014	2015
地区生产总值(亿元)	821.08	918.19	1010.32	1095.81	1143.4
增幅(%)	12.3	11	8	7.9	7

图 1 2011—2015 年六安市地区生产总值及增长速度

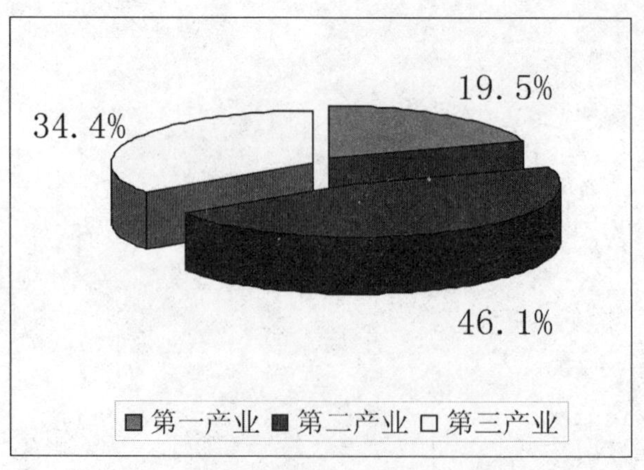

图 2 2015 年六安市三次产业结构图

2. 财政收支

2015年，全市实现财政收入150亿元，比上年增长5.6%。其中：地方财政收入103.3亿元，增长8.9%；中央级收入42亿元，增长2.5%。在地方税收收入中，国内增值税7.4亿元，下降4.9%；营业税32.6亿元，增长19.1%；企业所得税4.6亿元，下降9.8%；个人所得税1.3亿元，增长15.4%。全年财政支出361.4亿元，增长13.1%。其中，教育支出增长13.8%，科学技术支出增长12.1%，交通运输支出增长19.8%，农林水事务支出增长22.9%，社会保障和就业支出增长33%。全年民生工程累计投入财政资金309.5亿元，比上年增长16.3%。民生支出占财政支出比重85.6%，比上年提高2.3个百分点。

3. 物价水平

2015年，居民消费价格指数为101.1%，居民消费价格比上年上涨1.1%。其中，食品类价格上涨2%，居住类价格下降1.2%。原材料、燃料、动力购进价格指数95.2%；工业品出厂价格指数97.8%。

4. 固定资产投资

2015年，全市完成固定资产投资1131.3亿元，比上年增长12.7%。分产业看，第一产业投资75.1亿元，增长34.7%；第二产业投资457.5亿元，增长5.8%；第三产业投资598.6亿元，增长16.1%。

工业项目投资增长5.6%，其中制造业投资增长7.7%；水利、环境和公共设施管理业投资增长37.5%；交通运输、仓储和邮政业增长40.6%；居民服务业投资下降69.6%。重点项目建设继续加强。2015年新开工项目1780个，比上年净增121个。全年亿元以上重点项目完成投资260亿元，同比增长2.7%。

（二）农业

2015年六安市抓农业夯基础，开展粮食绿色增产模式攻关，推进高标准农田建设、农业综合开发和小型水利工程改造提升，连续17年实现基本农田占补平衡有余，粮食总产491.3万吨。积极构建新型农业经营体系，新增亿元以上龙头企业8家、农民专业合作社1183家、家庭农场1642户。大力发展品牌农业，新认证国家地理标志保护产品1件、国家地理标志证明商标6件；全市农业“三品”认证54件，总量居全省第一。全面落实强农惠农政策，发放各项补贴资金35亿元。

2015年，全市粮食种植面积732224公顷，比上年增加1609公顷；油料种植面积77996公顷，比上年增加907公顷；棉花种植面积10335公顷，比上年减少991公顷；蔬菜种植面积64114公顷，比上年减少109公顷。全年粮食产量478.1万吨，增长3.2%；油料产量17.7万吨，增长2.3%；棉花产量17095吨，下降8.6%。蔬菜、水果在品种优化的基础上平稳发展。

肉类总产量55.3万吨，比上年增长1.5%，其中猪牛羊肉产量37.4万吨，增长1%。禽蛋产量12.7万吨，增长1.6%。牛奶产量24540吨，下降18.8%。水产品产量31.2万吨，增长3.2%。

人工造林面积11012公顷。年末有林地面积70.3万公顷，活立木总蓄积量3432.2万立方米，森林覆盖率38.8%，林木绿化率48.5%。

全市农业机械总动力776.3万千瓦，比上年增长5.4%。农用拖拉机30.5万台，增长1.3%；农用运输车2.9万辆，增长4.1%。全年化肥施用量（折纯）36.5万吨，增长3.1%。农村用电量13.7亿千瓦时，下降0.5%。

（三）工业和建筑业

1. 工业经济

2015年六安市抓工业稳增长，全面贯彻落实中央及省稳增长各项政策措施，支持实体经济和小微企业发展，规模工业增加值增长4.8%。扎实开展“技术改造年”活动，完成工业投资455.2亿元，增长5.6%；其中技改投资243.5亿元，增长46.5%。强化精准帮扶，兑现工业发展专项资金1.2亿元，减免缓抵各项税费22.6亿元。加快两化融合步伐，培育国家级两化融合管理体系贯标试点企业1家。中心城区工业企业“退城进园”工作稳步推进。

2015年，全市规模以上工业企业1079户，比上年增加69户。全年规模以上工业实现增加值429亿元，增长4.8%。其中：轻工业增加值199.5亿元，比上年增长1.1%；重工业增加值229.5亿元，增长8%。分经济类型看，集体企业、其他经济类型和股份制企业增长较快，分别增长28.7%、16.6%和6.1%。分行业看，统计的35个行业大类中有28个行业增加值实现增长；在增加值达到20亿元的行业中，通用设备制造业、废弃资源综合利用业和水的生产和供应业增长较快，增幅分别达到1.7倍、1倍和82.3%。规模工业全年实现主营业务收入1529.7亿元，下降0.3%，实现利税97.7亿元，下降2.2%。经济效益综合指数为275.16%，比上年下降15.56个百分点。规模以上工业统计的产品产量中，铁矿石原矿量下降29.9%，精制茶增长15.9%，服装增长8.9%，水泥下降0.1%，钢材下降1%，家用电冰箱增长3.6%，白酒增长0.4%，发电量增长55.9%。

2.建筑业

2015年，实现建筑业增加值86.4亿元，比上年增长3.3%。建筑业企业实现总产值152.7亿元，同比下降0.7%；利润总额10.4亿元，同比下降0.2%。建筑企业当年房屋建筑施工面积1260.8万平方米，同比下降11.3%。房屋竣工面积810.8万平方米，同比下降5.2%。

(四)服务业

1.国内贸易

2015年，实现社会消费品零售总额562.6亿元，同比增长10.9%。按经营地统计，城镇消费品零售额294.3亿元，增长10.2%；乡村消费品零售额268.3亿元，增长11.6%。按销售类型统计，批发零售业零售额505.1亿元，增长10.9%；住宿餐饮业零售额57.5亿元，增长10.4%。粮油、食品、饮料、烟酒类限上法人企业实现零售额14.8亿元，增长2.5%；服装、鞋帽、针纺织品类零售法人企业实现零售额10.4亿元，下降13.6%；日用品类、化妆品类、书报杂志类分别实现零售额3.5亿元、2.2亿元、3.3亿元，分别增长13.8%、11.9%和14.9%；金银珠宝类法人企业实现零售额2.8亿元，下降5.2%。按规模分，限额以上商业实现零售额180.5亿元，下降0.3%；限额以下商业实现零售额382.1亿元，增长16.3%。

全市限额以上商业单位438家，比上年增加62家。

2.交通运输、邮电

2015年，交通运输、仓储及邮政业平稳增长，实现增加值48.9亿元，比上年增长2.6%。完成公路货运量2.9亿吨，增长1.4%，货运周转量553亿吨公里，下降2.6%；客运量15526万人次，增长1.5%，客运周转量99.5亿人公里，增长1.8%；水上货运量11897万吨，下降2.7%，水上客运量22万人次，下降21.4%，水上客运周转量222万人公里，下降30.2%。

年末全市拥有各种机动车辆100.9万辆，比上年下降0.5%(同口径)。汽车拥有量41.8万辆，增长21.5%。其中：载客汽车32.2万辆，增长29.3%，其中小微型载客汽车31.7万辆，增长29.7%；载货汽车9.2万辆，比上年增长1.1%。

邮政电信部门全年完成邮电业务总量29.1亿元；其中：邮政部门完成邮政业务量3.45亿元，电信部门完成业务量25.65亿元。电信部门年末拥有本地固定电话用户45.8万户，减少15.2万户；移动电话用户340.2万户，增加22.8万户。互联网用户51.9万户，比上年增加14.6万户。

3.旅游业

2015年，接待海外游客105740人次，增长3.4%；接待国内游客2926.07万人次，增长21.3%。旅游总收入202.7亿元，增长24%。其中，旅游外汇收入7539.3万美元，增长3.5%；国内旅游收入197.8亿元，增长24.4%。年末全市共有2A级旅游景点(区)48处，4A级以上旅游景点23处，5A级旅游景点2处。万佛湖景区5A创建通过专家评审，霍山县荣获国家级休闲农业和乡村旅游示范县。

4. **金融、证券和保险**

年末全市金融机构各项存款余额(人民币口径)1959.6亿元,增长14.2%,比年初增加243.7亿元,增长27.2%。其中,住户存款余额1200.1亿元,增长16.9%。金融机构各项贷款余额1082亿元,增长12.9%,比年初增加123.8亿元,增加额比上年少11.2亿元。其中,短期贷款430.1亿元,增长7.9%;中长期贷款540.4亿元,增长15.3%。

年末全市有证券公司分支机构7家。累计开户数10.4万户,当年新增3.1万户。迎驾贡酒在上交所成功上市,亿民照明在“新三板”挂牌,24家企业在区域性股权交易市场挂牌。

截至2015年末,全市共有保险公司分支机构36家,其中产险公司17家,寿险公司18家,中介1家。全年保险业保费总收入57.4亿元,比上年增长13.6%。其中,产险公司保费收入18.9亿元,增长14.8%;寿险公司保费收入38.5亿元,增长13.1%。

5. **房地产业**

全年完成房地产企业开发投资额200亿元,增长9.7%;当年商品房屋新开工面积455.8万平方米,增长2.7%;施工面积2115.7万平方米,增长9.8%;竣工面积338.8万平方米,增长66.8%;商品房屋销售面积325.9万平方米,下降1.6%;销售额145.9亿元,下降4.7%。

(五)对外经济

1. **对外贸易**

2015年,全市实现进出口总额61718万美元,比上年下降10.1%。其中,出口53033万美元,下降20%;进口8685万美元,增长266.3%。

2. **利用外资**

全市利用外商直接投资38720万美元,同比增长10%,完成全年目标数的100%;新批外资项目13个,同比增长44.4%,合同外资34227万美元(其中增资23067万美元),同比增长4.2倍。

二、六安市2015年社会发展概况

(一)人口、人民生活

2015年末,全市户籍人口717.7万人,比上年减少2.8万人。按照户籍人口计算,全年人口出生率为13.74‰,比上年下降2.26个千分点;死亡率为3.41‰,比上年下降1.52个千分点;人口自然增长率10.33‰,比上年下降0.77个千分点。据全省人口变动抽样调查统计,2015年全市常住人口577.5万人,城镇化率42.58%,城镇化率比上年提高1.14个百分点。

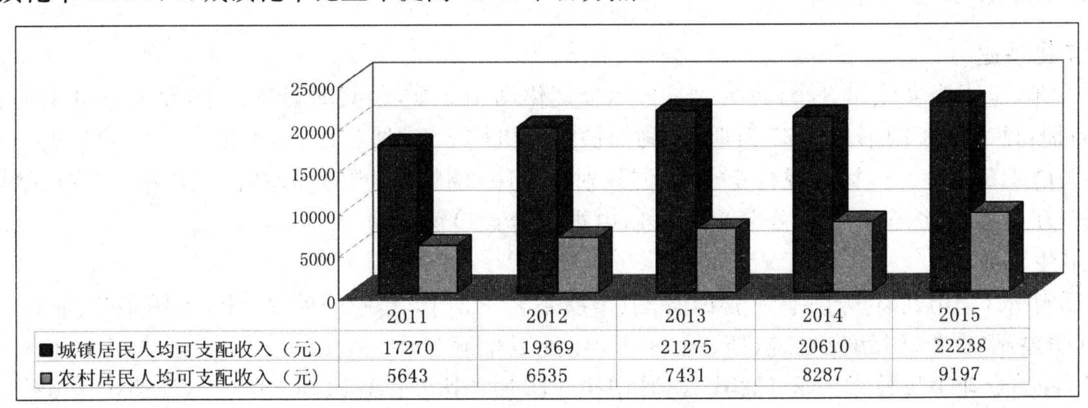

	2011	2012	2013	2014	2015
■城镇居民人均可支配收入(元)	17270	19369	21275	20610	22238
■农村居民人均可支配收入(元)	5643	6535	7431	8287	9197

图3 2011—2015年六安市城乡居民收入对比一览

2015年，全市城镇常住居民人均可支配收入22238元，比上年增长7.9%；城市居民人均消费性支出14224元，增长9.4%，其中食品支出5299元，增长8.8%，衣着支出增长1.6%，交通与通讯支出增长12.3%，教育文化娱乐服务支出增长15.2%；城市居民家庭恩格尔系数为37.3%，比上年下降0.1个百分点。城市居民人均居住面积34.05平方米，比上年增加1.84平方米。

2015年农村常住居民人均可支配收入9197元，比上年增长9.5%。农村居民人均生活消费支出8049元，增长8.8%，其中食品支出增长6.9%，交通和通讯支出增长4.4%，居住支出增长10.8%；农村居民人均住房面积39.68平方米，比上年增加0.06平方米。

(二)社会保障

社会保障体系不断完善。养老、失业、基本医疗、工伤和生育五项社会保险制度深入开展，2015年末全市参加城镇基本养老保险35.64万人、失业保险19万人、基本医疗保险35.86万人、工伤保险29.17万人、生育保险22.96万人；合计征缴五项保险基金28.89亿元，比上年增长3.08%；发放参加城乡居民养老保险人数105.5万人；参加城镇居民医疗保险人数84.76万人；发放失业保险金人数34176人。全年开展创业培训3553人，就业技能培训30337人。

(三)教育和科学技术

1.教育事业

2015年，全市普通高校5所，当年招生14046人，增长4.8%；在校生43496人，增长1%；毕业生12203人，增长10%。各类中等职业教育学校41所(不含技工学校)，当年招生31162人。普通高中60所，招生34466人，高中阶段毛入学率104.81%。普通初中350所，招生60689人，初中学龄人口入学率为99.93%。小学1009所，招生90589人，小学入学率为100%。

2.科技与创新

大力实施创新驱动，全市有省级工程技术研究中心19家。取得市级科技成果20项，取得省级科技成果15项，其中获省级科技奖2项。全年申请专利5162件，比上年增长38%，授权专利3025件，增长43%。科技兴农力度加大，全年选派科技特派员860名，创建专家大院95家。

2015年，全市产品质量市级及以上监督抽查合格率92.9%(较2014年提高2.9个百分点)，实现连续多年上升。新制修订地方标准4项，推进在建的5家国家和省级农业标准化示范区建设。全年新获得强制认证证书134张，涉及29户企业。法定计量技术机构(含授权)22家，强制检定计量器具18.2万台件。新获得六安市名牌产品33个。

(四)文化、卫生和体育

1.文化事业

2015年，全市有文化馆8个，乡镇(街道)综合文化站165个，公共图书馆7个，年末馆藏书籍总藏量70.36万册(件)，电子图书247.57万册，文物保护管理机构7个，博物馆(纪念馆)11个(含民办1家)，年末馆藏文物21575件。广播电视台6家，中波发射台1座，调频、电视转播发射台12座，有线广播电视用户84.64万户，广播综合人口覆盖率96.97%；电视综合人口覆盖率96.33%。

2.卫生事业

2015年末，全市共有卫生机构(含诊所、卫生所室)2343个，其中医院29个，乡镇卫生院132个，疾控中心(防疫站)8个，妇幼保健院(所、站)8个，社区卫生服务中心(站)129个。卫生机构年末床位数7614张，各类专业卫生技术人员18301人，其中执业医师和执业助理医师8048人，注册护士6854人。

3.体育事业

2015年，举办第十二届迎春长跑、第五届龙舟赛、全省城市男子篮球联赛、第二届“鑫泰杯”中国(舒

城·万佛湖)库钓大奖赛、全国青少年“未来之星”阳光体育大会安徽分会场活动、国家登山健身步道联赛、全国公路自行车少年锦标赛、奥运冠军走进大别山志愿服务等活动。全年组织366名运动员参加13个项目的省青少年锦标赛,获47个第一名、33个第二名、60个第三名。成功承办安徽省青少年武术散打锦标赛。开展全国青少年足球特色学校申报工作,全市共有38所中小学校被国家教育部确定为全国青少年校园足球特色学校。成功主办“红达杯”全市校园足球比赛。体育彩票销量稳中有增,超额完成省体彩中心目标任务。

(五)城乡建设

2015年六安市抓城乡促协调,积极推进新型城镇化,成功创建国家可再生能源建筑应用示范城市、省节水型城市、省建筑产业现代化综合试点城市,探索开展海绵城市、智慧城市建设。加快中心城区建设,共实施重点项目87个、完成政府性投资39亿元。大力推进征迁工作,中心城区市重点工程完成征迁202万平方米。加快推进各县县城和叶集城区建设,全面拓展框架,畅通对外交通,承载能力大幅提升,人居环境明显改善。分类推进小城镇建设,舒城县实施以“六个一”工程为核心的集镇建设,金寨县天堂寨镇入选全国特色景观旅游名镇示范名录,裕安区独山镇、金安区张店镇列入全省美丽宜居小镇名录。

大力推进美好乡村建设,第二批87个省级中心村建设全部完成。加强合肥经济圈和皖北结对合作,推进社保一体化、公积金异地互认和转移接续等5项合作专题,实施霍邱、舒城县与合肥市15项结对合作事项。规范土地管理,顺利通过国家土地例行督察。

(六)环境保护

2015年末,全市共有市、县级环境监测站6个。监测的城区空气质量优良率为81.4%。全市集中式饮用水源地水质达标率100%。全市有3个县(金寨县、霍山县、舒城县)被命名为国家级生态示范区;成功创建国家级生态县1个(霍山县);国家级生态乡镇19个;国家级生态村3个。

已建成自然保护区4个,其中国家级自然保护区1个(安徽金寨天马国家级自然保护区),省级自然保护区3个(安徽舒城万佛山省级自然保护区、安徽霍山佛子岭省级自然保护区、安徽霍邱东西湖省级自然保护区)。

全年共发生生产安全事故死亡人数277人,比2014年减少2人,下降0.7%。

(七)社会安全

全年共发生火灾事故187起,同比下降28.6%,直接经济损失342万元,与上年持平;火灾无死亡。道路交通事故1100起,同比下降12.7%,直接经济损失424.1万元,同比上升7.88%,死亡255人,同比下降1.16%。工矿商贸及其他类事故20起,同比上升5.26%;直接经济损失1339.2万元,同比下降19.6%,死亡22人,同比上升15.8%。安全事故明显下降。

三、六安市在长三角地区经济发展中的地位

2015年,在市委、市政府坚强领导下,全市上下积极应对各类风险和挑战,坚持稳中求进,全力提质增效,全市经济平稳发展。初步核算,全市实现地区生产总值(GDP)1143.4亿元,同比增长7.0%。

(一)地区生产总值

2011—2015年六安市地区生产总值在泛长三角地区41市所占比重分别为0.71%、0.72%、0.72%、0.72%和0.62%。2015年与2011年比减少了0.10个百分点,与上年基本持平。2015年,六安市在泛长三角地区41市地区生产总值所占比重排名第34位。

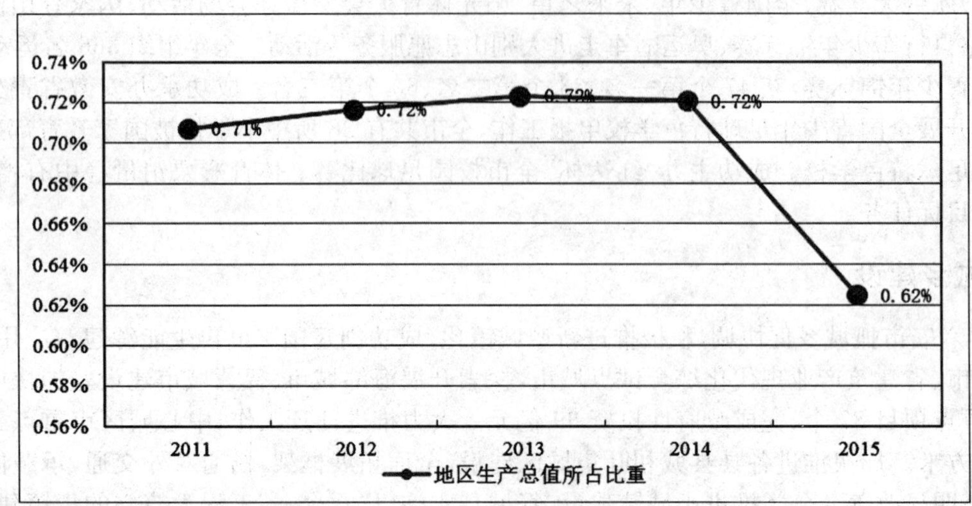

图4 2011—2015年六安市地区生产总值在泛长三角地区41市（苏浙两省24个地级市、上海市和安徽省16市，下同）所占比重的变化趋势

2015年，全市一产、二产和三产分别实现增加值222.8亿、527.0亿和393.6亿元，同比增长4.1%、6.3%和9.6%。三次产业比重为19.5∶46.1∶34.4，与上年相比，一产和二产比重分别下降0.8个和1.4个百分点，三产比重提升2.2个百分点。

（二）地方财政一般预算收入

2011—2015年六安市地方财政一般预算收入在泛长三角41市所占比重分别为0.46%、0.50%、0.50%、0.56%和0.53%，2015年较2011年增加了0.07个百分点，较上年减少了0.03个百分点。2015年，六安市地方财政一般预算收入在泛长三角41市地区中排名第32位。

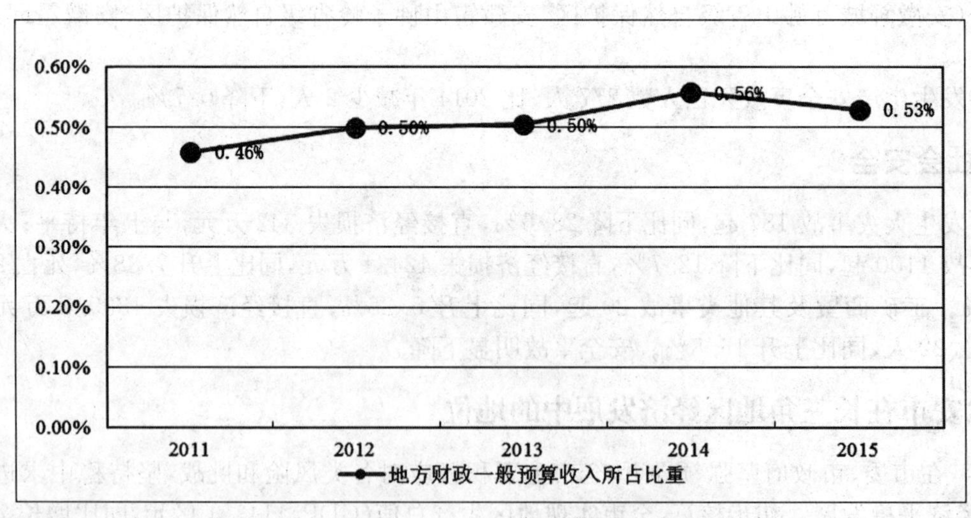

图5 2011—2015年六安市地方财政一般预算收入在泛长三角41市所占比重的变化趋势

2015年，全市财政收入完成150.01亿元，增长5.6%，税收收入占财政收入比重为80.5%。收入分级次看，地方级收入103.33亿元，增长8.93%；中央级收入41.96亿元，增长2.48%；出口货物退增值税4.62亿元，下降19.83%。分部门看，国税部门完成47.05亿元，下降2.57%；地税部门完成77.13亿

元，增长 8.78%；财政部门完成 25.83 亿元，增长 12.86%。

（三）规模以上工业总产值

2011—2015 年六安市规模以上工业总产值在泛长三角 41 市所占比重分别为 0.50%、0.59%、0.58%、0.63%和 0.54%，2015 年较 2011 年增加了 0.04 个百分点，较上年增加了 0.05 个百分点。2015 年，六安市规模以上工业总产值在泛长三角 41 市地方财政一般预算收入所占比重排第 37 位。

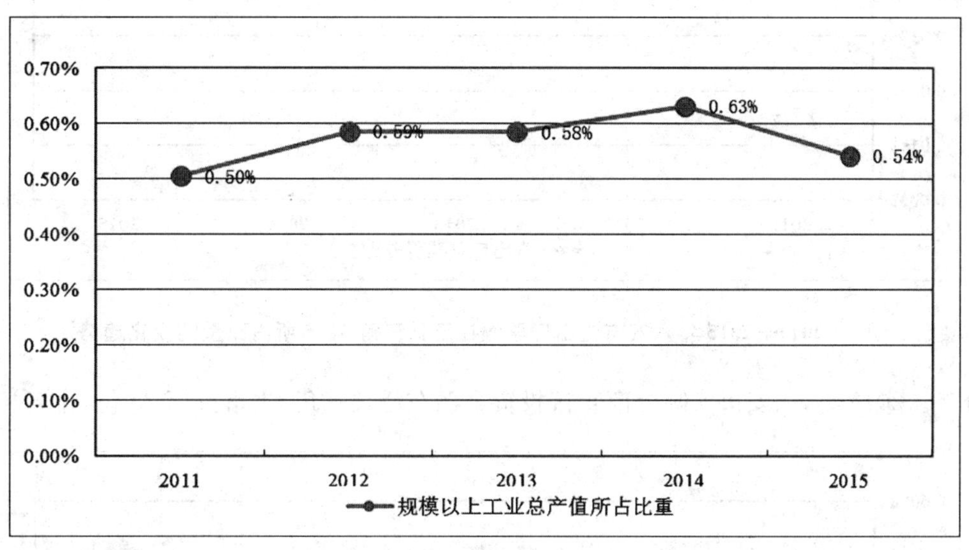

图 6 2010～2015 年六安市规模以上工业总产值在泛长三角 41 市所占比重的变化趋势

2015 年，全市规模以上工业企业 1079 户，比上年增加 69 户。全年规模以上工业实现增加值 429 亿元，增长 4.8%。其中：轻工业增加值 199.5 亿元，比上年增长 1.1%；重工业增加值 229.5 亿元，增长 8%。分经济类型看，集体企业、其他经济类型和股份制企业增长较快，分别增长 28.7%、16.6%和 6.1%。分行业看，统计的 35 个行业大类中有 28 个行业增加值实现增长；在增加值达到 20 亿元的行业中，通用设备制造业、废弃资源综合利用业和水的生产和供应业增长较快，增幅分别达到 1.7 倍、1 倍和 82.3%。规模工业全年实现主营业务收入 1529.7 亿元，下降 0.3%，实现利税 97.7 亿元，下降 2.2%。经济效益综合指数为 275.16%，比上年下降 15.56 个百分点。规模以上工业统计的产品产量中，铁矿石原矿量下降 29.9%，精制茶增长 15.9%，服装增长 8.9%，水泥下降 0.1%，钢材下降 1%，家用电冰箱增长 3.6%，白酒增长 0.4%，发电量增长 55.9%。

（四）进出口总额

2011—2015 年六安市进出口总额在泛长三角 41 市所占比重分别为 0.05%、0.06%、0.06%、0.05%和 0.04%，五年间减少了 0.01 个百分点，其中 2015 年较上年减少了 0.01 个百分点。2015 年，六安市进出口总额在泛长三角 41 市中排 37 位。

2015 年，全市实现进出口总额 61718 万美元，比上年下降 10.1%。其中，出口 53033 万美元，下降 20%；进口 8685 万美元，增长 266.3%。

（五）实际外商直接投资金额

2011—2015 年六安市实际外商直接投资金额在泛长三角 41 市所占比重分别为 0.32%、0.36%、0.41%、0.47%和 0.53%，整体呈现上扬姿态，2015 年较 2011 年增加了 0.21 个百分点，较上年增加了

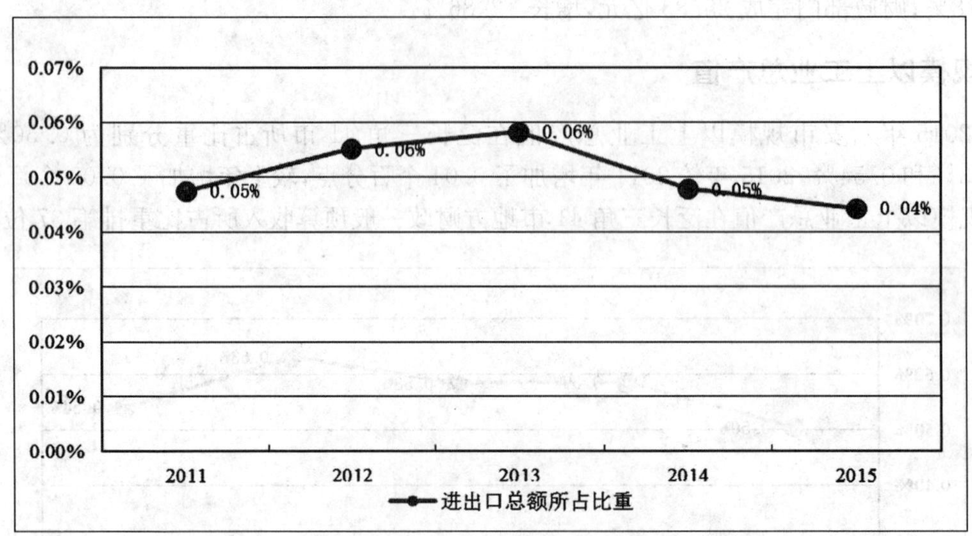

图 7　2011—2015 年六安市进出口总额在泛长三角 41 市所占比重的变化趋势

0.06 个百分点。2015 年，六安市实际外商直接投资金额在泛长三角 41 市排第 28 位，排名相对靠前。

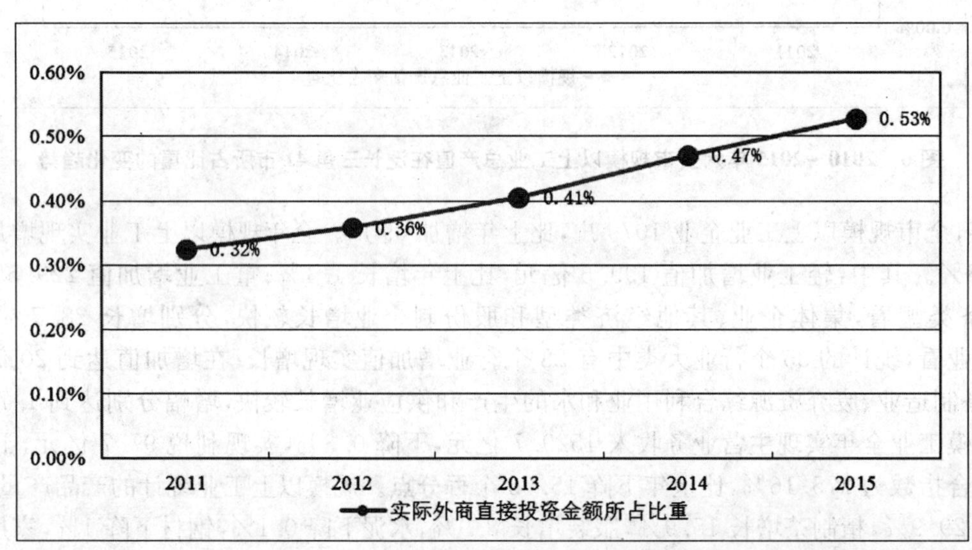

图 8　2011—2015 年六安市实际外商直接投资金额在泛长三角 41 市所占比重的变化趋势

全市利用外商直接投资 38720 万美元，同比增长 10%，完成全年目标数的 100%；新批外资项目 13 个，同比增长 44.4%，合同外资 34227 万美元(其中增资 23067 万美元)，同比增长 4.2 倍。

十五　宣城市 2015 年经济社会发展报告

2015 年，面对复杂多变的国内外发展环境，全市上下在市委、市政府的坚强领导下，深入贯彻落实党的十八大、十八届三中、四中、五中全会精神，坚持"11331"①发展思路和"好为标准、快字当先"工作导向，主动适应经济发展新常态，统筹推动稳增长、调结构、促改革、惠民生、防风险等各项工作，全市经济保持平稳发展，人民生活持续改善，各项社会事业全面进步。

一、宣城市 2015 年经济发展概况

（一）综合经济

1. 经济总量

全年生产总值（GDP）971.46 亿元，按可比价格计算（下同），比上年增长 8.2%。分产业看，第一产业实现增加值 121.3 亿元，增长 4.2%；第二产业增加值 473.33 亿元，增长 7.5%；第三产业实现增加值 376.83 亿元，同比增长 10.8%。按照年均常住人口计算，人均生产总值 37610 元（折合 6038 美元），比上年增加 1884 元。三次产业结构由上年的 12.9∶51.4∶35.7 调整为 12.5∶48.7∶38.8。

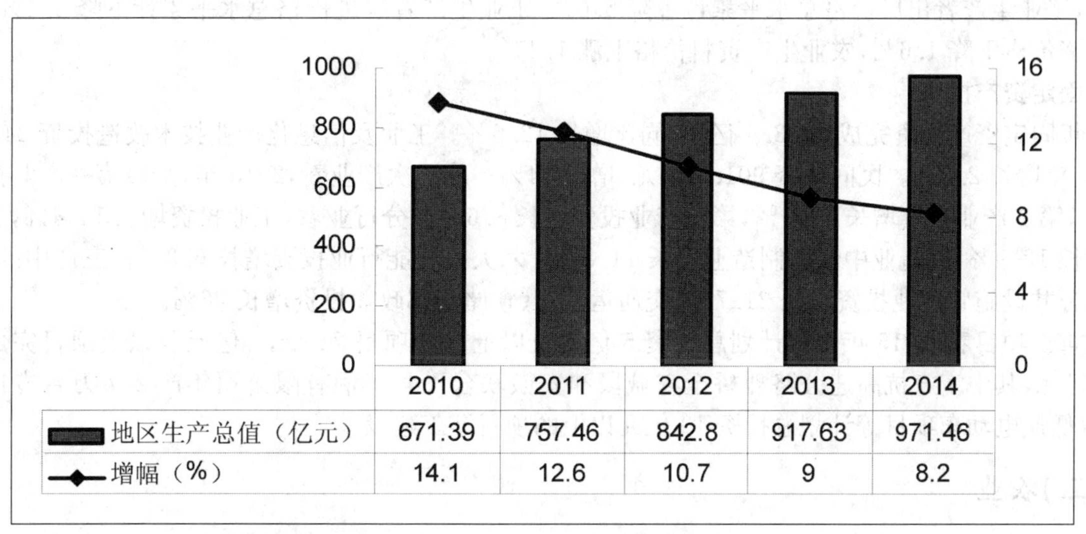

	2010	2011	2012	2013	2014
地区生产总值（亿元）	671.39	757.46	842.8	917.63	971.46
增幅（%）	14.1	12.6	10.7	9	8.2

图 1　2011—2015 年宣城市地区生产总值及增长速度

2. 财政收支

2015 年，全市财政总收入 188.9 亿元，比上年增收 14 亿元，增长 8%，其中地方财政收入 131.6 亿元，比上年增收 11.3 亿元，增长 9.4%，其中税收收入中增值税完成 14.9 亿元，下降 3.8%；营业税完成 28.4 亿元，增长 11.7%；企业所得税完成 5.5 亿元，增长 2.3%；个人所得税完成 1.5 亿元，增长 10.2%。全市财政支出 243.2 亿元，比上年增加 20.7 亿元，增长 9.3%，其中，农林水利事务支出增长 14.1%，教育支出增长 9.3%，医疗卫生支出增长 15.9%，城乡社区事务支出增长 5.9%，社会保障和就业支出增长

① "11331"：致力"一个率先"，把宣城建成安徽首个国家生态城市；建设"一个中心"，倾力把宣城打造成为皖苏浙交汇区域中心城市；实施"三大战略"，把生态立市作为先导战略，把工业强市作为支撑战略，把文化强市作为永恒战略；坚持"三条路径"，改革引导，创新驱动，民生优先；弘扬"一种精神"，让千锤百炼、精雕细琢、刚柔相济、百折无损成为宣城干部的精神风貌

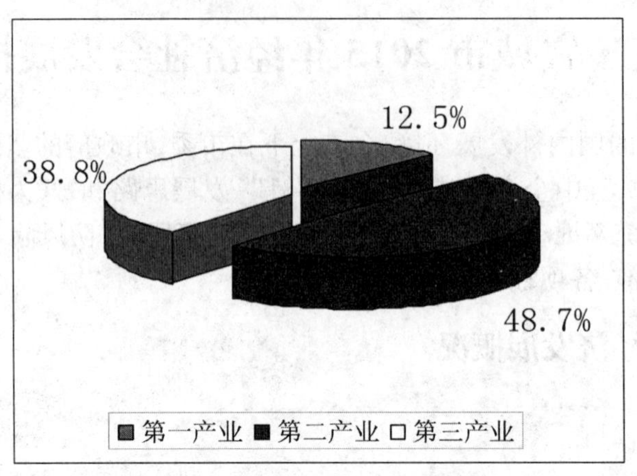

图2 2015年宣城市三次产业结构图

14.8%。全年33项民生工程累计投入35.2亿元，惠及全市广大城乡群众。

3.物价水平

全年居民消费价格累计上涨1.6%，涨幅比上年提高0.3个百分点。全年商品零售价格总指数与上年持平，工业生产者出厂价格总水平累计下降5.6%，工业生产者购进价格总水平累计下降5.4%，固定资产投资价格下降1.6%，农业生产资料价格上涨1.4%。

4.固定资产投资

全年固定资产投资完成1283.4亿元，同比增长12.6%。工业及信息化产业技术改造投资245.5亿元，比上年增长2.2%。民间投资901.9亿元，增长14%。从三次产业看，2015年，全市第一产业投资增长96%，第二产业投资增长13.7%，第三产业投资增长8.6%。分行业看，工业投资增长14.4%，其中制造业增长12.9%，制造业中装备制造业增长11.8%。六大高耗能行业投资增长6.3%。三产中的水利、环境和公共设施管理业投资增长21.7%，交通运输业、仓储和邮政业投资增长26%。

从重点项目看，2015年全市计划总投资5亿元及以上在建项目71个，5亿元及以上项目完成投资256.8亿元，其中宁宣杭高速公路狸桥至宣城段和安徽联合飞彩车辆有限公司年产2.7万台专用车和10万台低速电动车项目等计划总投资10亿元以上的项目开工建设。

(二)农业

现代农业稳步推进。郎溪获批国家级现代农业示范区和全国首批家庭农场监测县。宣州洪林农业科技园区成为国家级农业科技园区。全年粮食种植面积232.4千公顷，小麦种植面积49.3千公顷，油料种植面积47.4千公顷，棉花种植面积7.4千公顷，蔬菜种植面积37.4千公顷。全年粮食总产量126.62万吨，增长3.5%。油料产量11.5万吨，增长1.2%。棉花产量0.75万吨，下降20.3%。烟叶产量1.64万吨，下降10.9%。茶叶产量3.39万吨，增长1.9%。

年末全市生猪存栏54.19万头，比上年增长0.01%；全年生猪出栏103.9万头，增长0.2%。全年肉类总产量22.7万吨，增长2.1%。蛋禽产量5.1万吨，增长2%。全年水产品产量11.7万吨，增长2.7%。

2015年，全市省级龙头企业92家，国家级龙头企业6家，全国绿色原料标准化生产基地6个，省级以上标准化畜禽养殖小区39个，无公害农产品有效论证企业52家。全市现有无公害农产品、绿色食品、有机食品认证产品数分别为74个、108个和139个。

年末全市农业机械总动力246万千瓦，比上年增长2.5%，农用拖拉机达到5.8万台，增长0.7%，联合收割机4381台，增长4.6%。全年化肥施用量(折纯)13.7万吨，增长4.9%。农村用电量12.3亿千

瓦小时，增长6.2%。有效灌溉面积200.66千公顷，新增节水灌溉面积0.61千公顷。

（三）工业和建筑业

1.工业经济

2015年宣城市工业经济实现新突破。年末全市规模以上工业企业达1388户。全年规模以上工业实现增加值416.7亿元，比上年增长7.7%。其中轻、重工业分别增长3.1%和9.4%，轻重工业增加值比例由上年的24.9∶75.1变化为24.8∶75.2。全市共有12个行业的增加值过10亿元，共达334.9亿元，占规模以上工业增加值总量的80.4%，其中橡胶和塑料制品业最大，达60.5亿元。规模以上工业中，分所有制类型看，股份制企业完成工业增加值369.7亿元，比上年增长8.2%；外商及港澳台投资企业完成工业增加值24.8亿元，增长0.6%；集体企业完成工业增加值1.1亿元，增长6.4%；国有企业完成工业增加值15.8亿元，增长9.4%。分轻重工业看，重工业实现增加值313.6亿元，同比增长9.4%，轻工业实现增加值103.2亿元，增长3.1%。

34个大类行业中25个同比实现增长，其中17个行业增加值增速超过全市平均水平，装备制造业增长11.1%，高新技术产业增长15.4%；战略性新兴产业产值增长22.6%。全市13家开发区已建成面积103.2平方公里，增长5.1%；企业个数4629个，增长9%。

2015年，全市规模以上工业主营业务收入1677.6亿元，比上年增长2.1%；实现利润总额106.4亿元，比上年增长0.6%，其中，化学原料和化学制品制造业增长21.2%，橡胶和塑料制品业增长19.8%，医药制造业增长19.4%，汽车制造业增长16.1%。全市规模以上工业经济综合效益指数达到273.1，比上年下降了4.9个点。

2.建筑业

2015年末全市资质内建筑企业141家，全年建筑企业利税总额7.4亿元，房屋建筑施工面积779.8万平方米，比上年下降4.1%；竣工面积227.5万平方米，比上年下降15.4%。

（四）服务业

1.国内贸易

2015年末全市限额以上单位共426家。全年实现社会消费品零售总额为422.5亿元，比上年增长12.6%。分销售地区看，城镇消费品市场实现消费品零售额255亿元，比上年增长13%，乡村消费品市场实现消费品零售额167.5亿元，增长11.8%。销售额按行业分，实现批发业销售额333.4亿元，增长10.5%；实现零售业销售额510.4亿元，增长14.7%；实现住宿业营业额13.2亿元，增长12.9%；实现餐饮业营业额80.3亿元，增长18.1%。限额以上企业（单位）经营状况良好，全年实现商品零售额192.1亿元，增长13.9%，其中，汽车类增长16.7%，石油及制品类增长10.9%，家用电器和音像器材类增长9.4%，中西药品类增长40%，日用品类增长17%，服装、鞋帽类增长8.5%，粮油、食品类增长21.5%。

2.交通运输、邮电

全年完成公路货物周转量177.8亿吨公里，公路客运周转量23.6亿人公里。全年内河港口货物吞吐量211.6万吨，增长28.2%。

年末全市民用汽车保有量23.9万辆，增长20%，其中2015年新注册4.5万辆。年末私人汽车保有量20.9万辆，增长23.3%，其中私人轿车18.7万辆，增长26.6%。

全年完成邮电业务总量27.9亿元。年末固定电话39.6万户，移动电话用户198.1万户，其中3G、4G移动电话用户分别为57.5万户和59.6万户，年末基础电信运营企业计算机互联网宽带接入用户42.6万户，增加7.1万户。

3.旅游业

全年接待旅游入境者13.1万人次，增长14.7%，其中接待外国人8.2万人次；接待国内旅游者

2144.8万人次，增长19.2%，实现旅游业总收入168.8亿元，增长22.2%，其中国际旅游外汇收入5045.8万美元，增长32.6%。全年新增4A级景区3家，全市A级景区数达到60家。宁国获评美丽中国十大最美城镇。泾县成为国家级休闲农业与乡村旅游示范县。4家景区通过4A级景区景观质量评估。完成国家级全域旅游示范区、省级旅游度假区创建申报。在全省率先启动研学旅行基地建设，云岭新四军军部旧址纪念馆入选全省首批十大研学旅行基地。成功举办第七届文房四宝文化旅游节、三月三敬亭山民俗风情月、第四届宁国山核桃文化节等节庆活动，开展"《百家讲坛》名家评宣城"系列活动。敬亭山旅游度假区建设加快，韩愈文化园、敬亭诗径、太白独坐楼建成开放。谢朓楼修复完成，广教寺双塔塔院山门复建工程完工。敬亭湖宾馆建成开业。

4.金融、证券和保险

2015年年末全市金融机构人民币各项存款余额为1204.7亿元，增长16.5%，余额比年初增加170.7亿元。其中，住户存款余额为715.9亿元，比年初增加85亿元。人民币各项贷款余额为900.3亿元，同比增长9.2%，余额比年初增加75.5亿元。短期贷款余额为323.5亿元，中长期贷款余额为533.2亿元。

实施企业上市"翱翔计划"，3家企业A股首发上市，7家企业"新三板"挂牌，24家企业在地方性场外市场挂牌。

全年保险业保费收入28.92亿元。其中，财产险业务保费收入13亿元；人身险业务保费收入15.92亿元，人身险中意外伤害险收入0.57亿元，健康险收入1.87亿元。赔款和给付支出10.57亿元，其中财产险支出5.29亿元，人身险5.28亿元。

5.房地产业

全年房地产开发完成投资184.8亿元，同比下降8.4%。全年商品房屋销售面积294.7万平方米，同比增长16.1%；商品房屋销售额132.1亿元，同比增长8.5%。全年新开工建设各类保障性安居工程13580套，基本建成15178套。

(五)对外经济

1.对外贸易

全年实现进出口总额18.5亿美元，比上年增长9.6%，其中，出口17.5亿美元，增长10.5%；进口9740万美元，下降5.1%。从出口经营主体看，生产型、贸易型企业出口分别下降0.2%和增长24.1%。从出口商品看，机电产品出口增长17%，汽车零部件出口下降10.8%，塑料及橡胶件出口下降8.6%，纺织品出口增长7.7%，广义农产品出口增长39.7%。卫浴产品出口下降9%。

2.利用外资

全年新批外商投资企业16家，合同利用外资10476万美元，增长6.1%；实际使用外资金额8亿美元，增长15.4%。全市新增境外投资企业8家，实际对外投资10959万美元。

二、宣城市2015年社会发展概况

(一)人口、人民生活

年末全市户籍人口279.9万人，常住人口259.2万人，比上年增加1.8万人。全年人口出生率9.41‰，死亡率6.43‰，自然增长率2.98‰，城镇化率50.64%，比上年提高1.32个百分点。

全年城镇常住居民人均可支配收入28602元，比上年增长8.8%，扣除价格因素，实际增长7.1%。人均消费性支出17665.7元，增长7.4%，其中食品支出增长3.2%，衣着支出增长0.6%，居住支出下降1.2%，交通通讯支出增长70.6%。城镇居民恩格尔系数为31%，城镇居民人均住房建筑面积37平方米。

全年农村常住居民人均可支配收入12309元，增长9.4%，扣除价格因素，实际增长7.7%。人均生活消费支出9432元，下降8.9%。其中，食品支出下降4.5%，衣着支出下降8%，居住支出下降18.9%，交通通讯支出增长3%。农村居民恩格尔系数为33.7%，农村居民人均住房建筑面积46.3平方米。

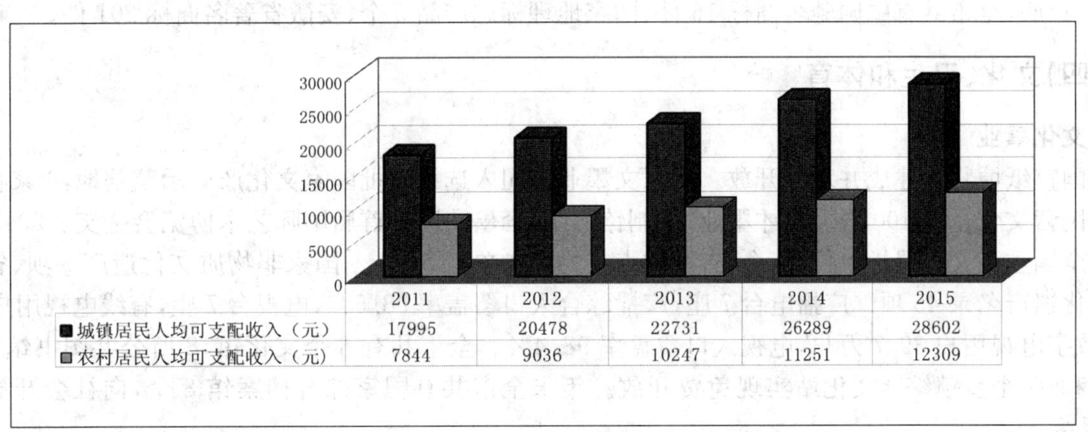

图3　2011—2015年宣城市城乡居民收入对比一览

(二)就业与社会保障

1.就业工作

全年城镇新增就业岗位6.4万人，失业人员再就业3.9万人，困难人员再就业1.6万人。年末城镇登记失业率3.05%。

2.社会保障和福利

年末全市参加城镇基本养老、基本医疗、失业、工伤和生育保险的人数分别为42.4万、31.9万、13.9万、25.1万和19.5万，分别比上年增长9%、1.3%、2.8%、5.5%和3.7%。年末城镇登记失业10401人。

年末全市社会福利收养单位床位1.7万张，收养各类人员8364人，社会福利院54个，全市敬老院100所。年末有2.5万城镇居民享受最低生活保障，8.5万农村居民享受最低生活保障。全年销售社会福利彩票5亿元。

(三)教育和科学技术

1.教育事业

年末全市共有各类学校792所，在校学生33.6万人，专任教师2.3万人。中职学校13所，在校学生3.4万人；普通中学158所，在校学生10.2万人；小学178所，在校学生13.4万人；幼儿园438所，在校儿童数6.5万人。2015年，全市小学学龄儿童入学率达100%，初中适龄少年入学率达99.8%，初中毕业生升学率95.6%，高中毛入学率达95.2%。2015年，高等教育稳步发展，合肥工业大学宣城校区招生人数2996人，在校学生数11424人，专任教师580人。宣城市职业技术学院招生人数2773人，在校学生数6653人，专任教师330人。

2.科技与创新

安徽宏宇竹业科技股份有限公司荣获国家科学技术进步二等奖，宣城市科技成果30年后再次跻身国家奖行列。宁国成为全省唯一跻身国家知识产权示范市的县级市。全年共实现高新技术产业总产值584.6亿元，增长17%，完成发明专利申请量、授权量分别为3404件和339件，全市每万人口发明专利拥有量2.84件。全年新认定高新技术企业41家，获国家、省科技奖均为2项，获省专利奖6项，108项国家和省科技计划项目获批。

年末全市共有县以上产品质量检验机构51个，其中系统内7个，累计完成强制性产品认证的企业78个；法定计量技术机构8个，全年强制检定计量器具5.7万台(件)；制定、修订地方标准18项。截止到2015年底，全市共有中国驰名商标16件、国家地理标志产品5个、安徽省著名商标201件。

(四)文化、卫生和体育

1.文化事业

中国宣纸博物馆建成并对外开放。胡开文墨业公司入选第六批国家文化产业示范基地，8家企业入选安徽民营文化企业100强。良才墨业“御制铭园图”套墨获巴黎首届国际艺术博览会金奖。2015年全市共有全国重点文物保护单位17个，省级重点文物保护单位57个。国家非物质文化遗产6项、省级非物质文化遗产名录45项。广播电台7座，广播综合人口覆盖率98.5%，电视台7座，有线电视用户24.9万户，数字电视用户39.7万户，电视人口覆盖率98.4%。全市共有8个文化馆，8所公共图书馆，11个博物馆和87个乡镇综合文化站实现免费开放。年末全市共有国家综合档案馆8个，向社会开放档案19.4万卷。

2.卫生事业

年末全市共有卫生机构516个(不含村卫生室)，其中医院40个，卫生院84个，社区卫生服务中心(站)76个，妇幼保健院(所、站)8个，疾病预防控制中心8个。专业卫生技术人员12697人，其中执业医生3957人、执业助理医生1088人，注册护士5312人。卫生机构共有床位11231张。新型农村合作医疗参合人数232.1万人，参合率为103.1%。

3.体育事业

全年在省内的重大比赛中，宣城市运动健儿共获金牌28枚、银牌23枚和铜牌25枚。输送48名运动员进入省体校，3名运动员入选省优秀运动队，1名运动员转为省优秀运动队试训。新增运动健将2名，一级运动员3名，二级运动员26名。新增省级青少年体育俱乐部3所，省级体育专项特色学校2所，省级体育传统项目学校2所。

(五)城乡建设

出台进一步加快皖苏浙交汇区域中心城市建设的意见。夯实中心城区产业基础。强化市区一体发展，集聚发展合力。宣城现代服务业产业园区建设加快，新塘羽绒产业园新落户企业25户。旅游商品博览城一期、联邦物流大市场一期建成运营。宣州区坚持强工富区，重点推进“两区四园”建设，新签项目190个，新建、续建重点项目211个。持续加大基础设施建设。新一轮城市总体规划报省待批，开展了环南漪湖地区概念性总体规划、城市控制性详细规划通则等编制工作，编制完成城市水系等7项专项规划。续建和新建中心城区城建项目167个，完成投资121.1亿元，其中城市基础设施投资58.6亿元。体育馆投入使用，图书馆、青少年综合实践基地、国防动员训练基地建成交付，规划馆、博物馆正在布展。向阳大道一、二标段和陵阳路一期等建成通车，宣水路、有容路、花园路3条“断头路”相继打通。建成明镜湖公园、泥河景观带、清溪河景观带等7个公园和12处街头游园，九曲公园基本建成，植物园建设加快推进。实施陵阳路、宝城路等11条道路绿化提升。巩固老旧小区综合整治成果，实施消防安全专项整治，新建城市消防站4座。完成市区4条主要道路和2个出入口沿街建筑立面整治。关庙水库主体工程、敬亭圩除险加固等工程完成。宣城历史上单项投资规模最大的淮东—华东(皖南)±1100千伏特高压直流输电工程古泉换流站项目正式落地，500千伏广德智能变电站等11项重大电网工程顺利投运。率先建成“全光网市”，城镇实现光网全覆盖，农村覆盖率超过90%。

加快美好乡村建设。扎实推进112个省级中心村建设，继续开展“三线四边”环境治理，农村垃圾处理常态化水平进一步提升，在全省率先通过农村生活垃圾治理省级验收。旌德成为全省首批美好乡村

建设整县推进试点县。强力推进交通建设会战。完成交通建设投资81亿元。宣南铜、宁千高速公路和宣泾路、G205泾南段等一级公路建成通车，宣狸、溧广高速公路和S214郎溪段等项目加快推进，宁绩高速鸿门互通、水阳江航道综合整治和宣州综合码头等项目开工建设，完成公路路面改善260公里，建成村村通延伸工程270公里。有效推进"六城同创"。全国文明城市创建"基础年"各项任务圆满完成。创成国家森林城市、全省首个中华诗词之市和省级卫生城市。入选全国第二批生态文明先行示范区。全国双拥模范城创建通过验收，国家园林城市即将授牌。泾县顺利通过国家生态县考核验收，广德、旌德通过技术评估。国家生态市创建全部达标，环保模范城市创建进入迎检。生态环境持续优化，大气污染防治目标完成进度居全省第2位。城市知名度、美誉度空前提升。圆满承办宣城市有史以来规格最高、规模最大的全国2015森林城市建设座谈会。第七届文房四宝文化旅游节综合成效创历届之最，皖南示范区7市首次联手参加。成功举办首届综合性竞技体育运动会，承办全国山地自行车冠军赛等重大赛事。城市形象片《美在宣城》喜获2015美国亚特兰大短片节"聚光灯短片大奖"。电视剧《文房四宝》在安徽卫视播出。在美国米尔肯研究所发布的中国最佳表现城市榜单、上海三家社会机构评选的中国城市竞争力排行榜和人民日报社开展的地市治理能力测评排名中，宣城市均居安徽第2位。

(六)环境保护

2015年，全市共组织171个污染减排项目。经国家减排核查组核定，主要污染物化学需氧量、氨氮、二氧化硫、氮氧化物排放量分别为40237吨、4028.8吨、22355吨、41189吨，分别较上年削减3.81%、6.51%、1.91%、9.78%，较2010年削减17.6%、15.1%、11.9%、24.4%，超额完成省政府下达的年度及"十二五"主要污染物总量减排目标任务。2015年，全市地表水国省控水质监测断面Ⅰ－Ⅲ类水质占86.7%，其中国控断面水质为100%，饮用水源地水质达标率为100%，环境空气质量优良率为81.5%(其中优级为75天)。全年空气质量达标(API≤100)天数为296天。

全市共创成国家级生态乡镇55个、省级生态乡镇46个，国家级生态村6个、省级生态村140个和市级生态村561个。在争创全国文明城市提名城市2015年测评中取得优异成绩。创成国家森林城市和省级卫生城市。

(七)社会安全

2015年，全市发生各类安全生产事故647起，死亡156人，同比分别下降13.3%和下降4.3%。各类安全事故损失额为893万元，同比下降41.6%。全年亿元GDP生产安全事故死亡人数为0.16人。全年共发生道路交通事故530起，同比下降23.2%，火灾事故875起，同比下降12.8%。

三、宣州市在长三角地区经济发展中的地位

2015年，面对复杂多变的国内外发展环境，全市上下在市委、市政府的坚强领导下，深入贯彻落实党的十八大、十八届三中、四中、五中全会精神，坚持"11331"发展思路和"好为标准、快字当先"工作导向，主动适应经济发展新常态，统筹推动稳增长、调结构、促改革、惠民生、防风险等各项工作，全市经济保持平稳发展，人民生活持续改善，各项社会事业全面进步。

(一)地区生产总值

2011—2015年宣城市地区生产总值在泛长三角地区41市所占比重分别为0.58%、0.59%、0.60%、0.60%和0.60%。地区生产总值在泛长三角41市占比整体呈现上扬态势，2015年与2011年比增加了0.02个百分点，与上年基本持平。2015年，宣城市在泛长三角地区41市地区生产总值所占比重排名第35位。

全年生产总值(gdp)971.5亿元，按可比价格计算(下同)，比上年增长8.2%。分产业看，第一产业

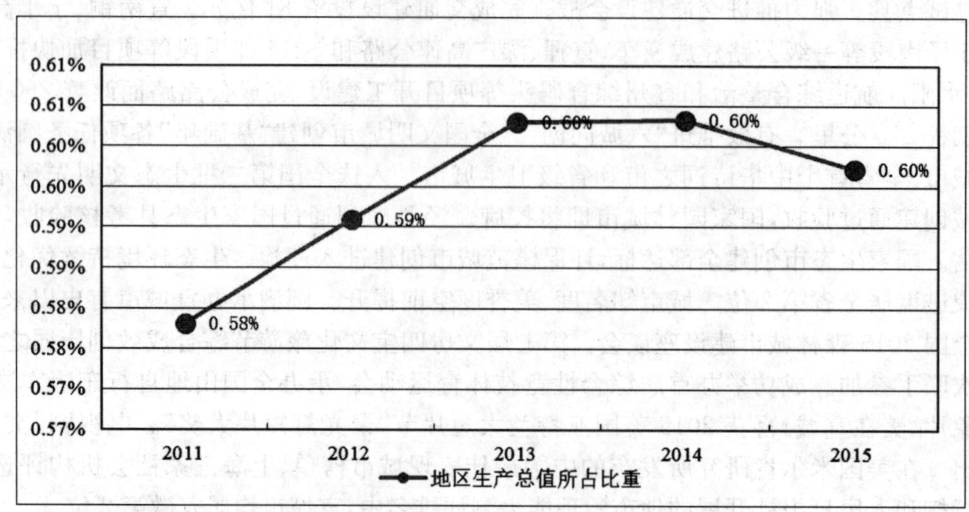

图4　2011—2015年宣城市地区生产总值在泛长三角地区41市（苏浙两省24个地级市、上海市和安徽省16市，下同）所占比重的变化趋势

实现增加值121.3亿元，增长4.2%；第二产业增加值486.3亿元，增长7.7%；第三产业实现增加值363.8亿元，同比增长10.6%。按照年均常住人口计算，人均生产总值37610元（折合6038美元），比上年增加1884元。三次产业结构由上年的12.9∶51.4∶35.7变化为12.5∶50.0∶37.5，第三产业比重比上年提高1.8个百分点。

（二）地方财政一般预算收入

2011—2015年宣城市地方财政一般预算收入在泛长三角41市所占比重分别为0.55%、0.63%、0.66%、0.71%和0.67%，2015年较2011年增加了0.12个百分点，较上年减少了0.04个百分点。2015年，宣城市地方财政一般预算收入在泛长三角41市地区中排名第26位。

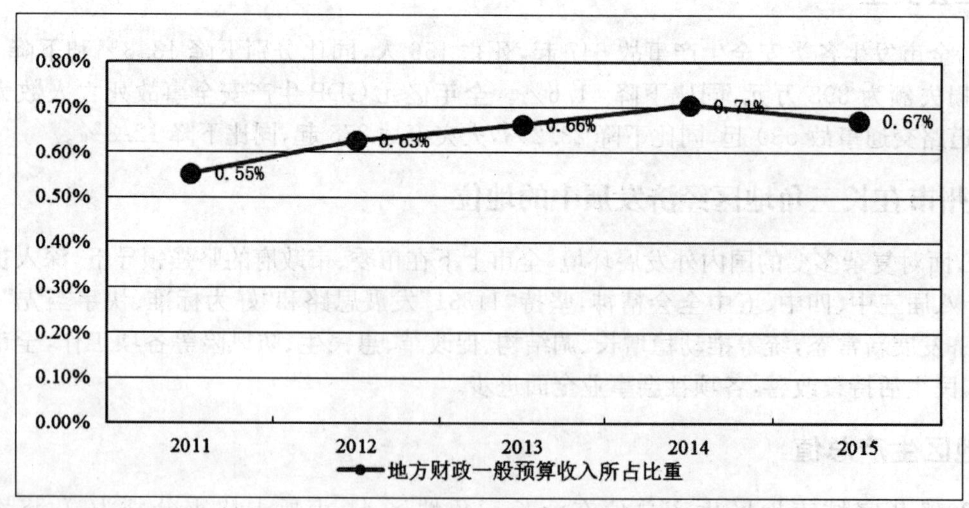

图5　2011—2015年宣城市地方财政一般预算收入在泛长三角41市所占比重的变化趋势

2015年，全市财政总收入188.9亿元，比上年增收14亿元，增长8%，其中地方财政收入131.6亿元，比上年增收11.3亿元，增长9.4%，其中税收收入中增值税完成14.9亿元，下降3.8%；营业税完成

28.4 亿元，增长 11.7%；企业所得税完成 5.5 亿元，增长 2.3%；个人所得税完成 1.5 亿元，增长 10.2%。全市财政支出 243.2 亿元，比上年增加 20.7 亿元，增长 9.3%，其中，农林水利事务支出增长 14.1%，教育支出增长 9.3%，医疗卫生支出增长 15.9%，城乡社区事务支出增长 5.9%，社会保障和就业支出增长 14.8%。全年 33 项民生工程累计投入 35.2 亿元，惠及全市广大城乡群众。

(三)规模以上工业总产值

2011—2015 年宣城市规模以上工业总产值在泛长三角 41 市所占比重分别为 0.64%、0.54%、0.58%、0.62%和 0.63%，2015 年较 2011 年减少了 0.01 个百分点，较上年增加了 0.01 个百分点。2015 年，宣城市规模以上工业总产值在泛长三角 41 市地方财政一般预算收入所占比重排第 32 位。

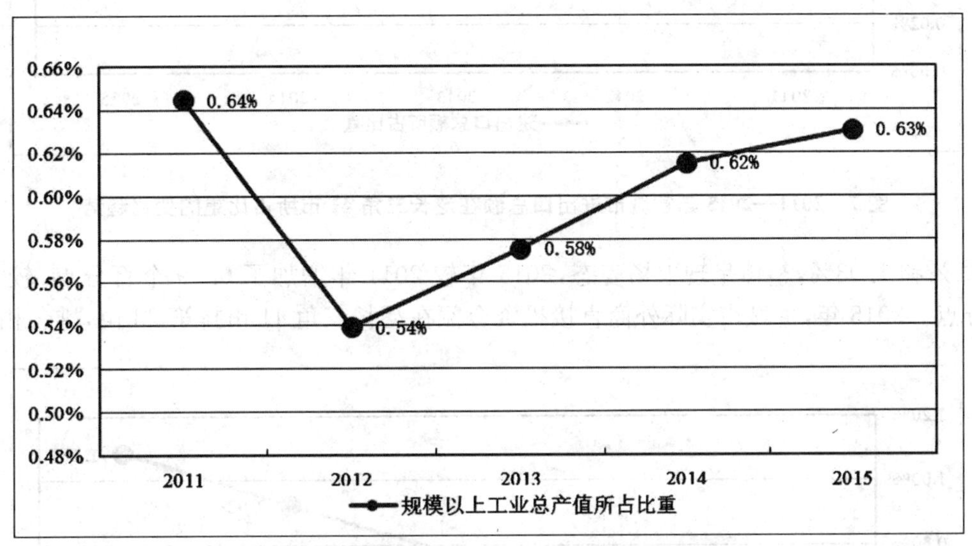

图 6　2011—2015 年宣城市规模以上工业总产值在泛长三角 41 市所占比重的变化趋势

2015 年，全市规模以上工业主营业务收入 1677.6 亿元，比上年增长 2.1%；实现利润总额 106.4 亿元，比上年增长 0.6%，其中，化学原料和化学制品制造业增长 21.2%，橡胶和塑料制品业增长 19.8%，医药制造业增长 19.4%，汽车制造业增长 16.1%。全市规模以上工业经济综合效益指数达到 273.1，比上年下降 4.9 个点。

(四)进出口总额

2011—2015 年宣城市进出口总额在泛长三角 41 市所占比重分别为 0.08%、0.10%、0.14%、0.12%和 0.13%，总体上呈现上扬态势，五年间增加了 0.05 个百分点，其中 2015 年较上年增加了 0.01 个百分点。2015 年，宣城市进出口总额在泛长三角 41 市中排第 33 位。

全年实现进出口总额 18.5 亿美元，比上年增长 9.6%，其中，出口 17.5 亿美元，增长 10.5%；进口 9740 万美元，下降 5.1%。从出口经营主体看，生产型、贸易型企业出口分别下降 0.2%和增长 24.1%。从出口商品看，机电产品出口增长 17%，汽车零部件出口下降 10.8%，塑料及橡胶件出口下降 8.6%，纺织品出口增长 7.7%，广义农产品出口增长 39.7%。卫浴产品出口下降 9%。全年新批外商投资企业 16 家，合同利用外资 10476 万美元，增长 6.1%。

(五)实际外商直接投资金额

2011—2015 年宣城市实际外商直接投资金额在泛长三角 41 市所占比重分别为 0.49%、0.60%、

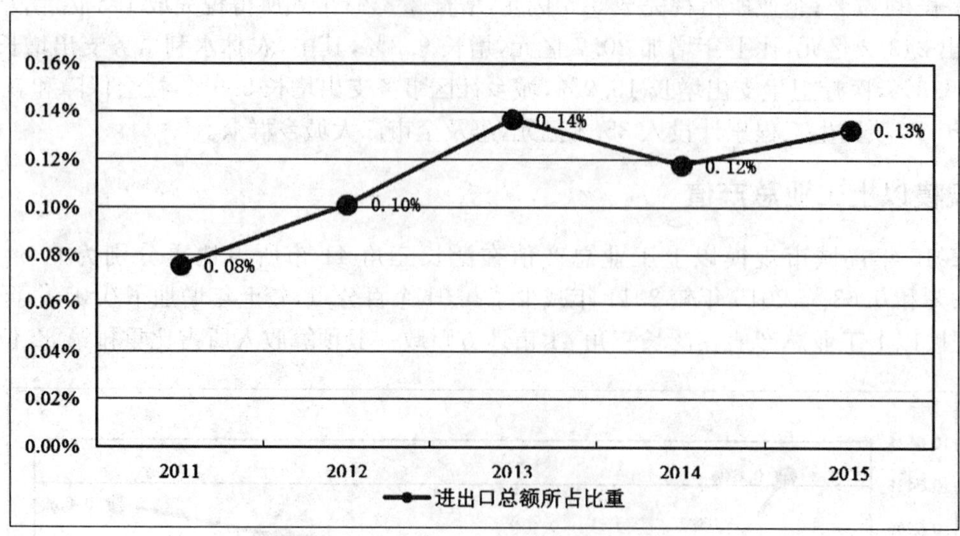

图7　2011—2015年宣城市进出口总额在泛长三角41市所占比重的变化趋势

0.76%、0.92%和1.08%，整体呈现上扬姿态，2015年较2011年增加了0.59个百分点，较上年增加了0.16个百分点。2015年，宣城市实际外商直接投资金额在泛长三角41市排第23位，排名相对靠前。

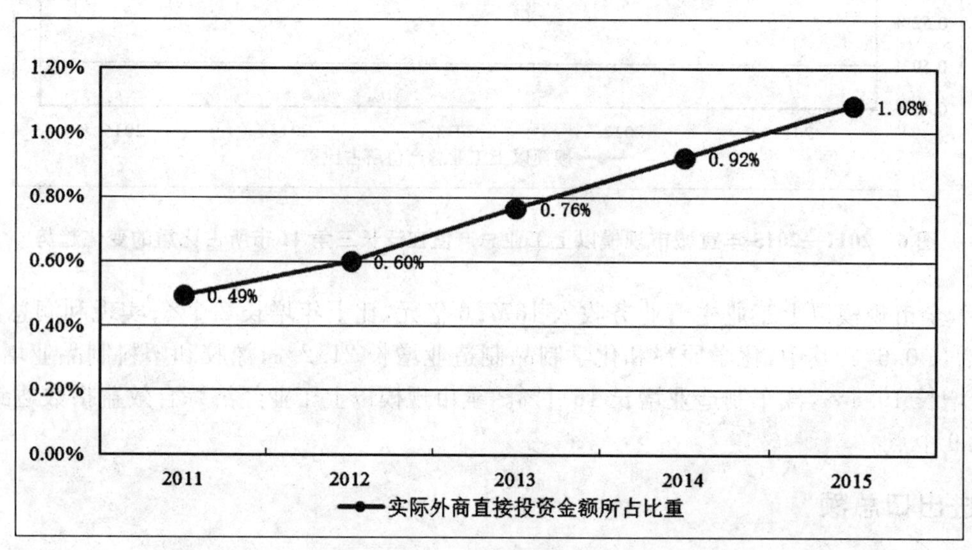

图8　2011—2015年宣城市实际外商直接投资金额在泛长三角41市所占比重的变化趋势

实际使用外资金额8亿美元，增长15.4%。全市新增境外投资企业8家，实际对外投资10959万美元。

十六 池州市 2015 年经济社会发展报告

2015 年，全市人民在市委市政府的坚强领导下，深入贯彻落实党的十八大、十八届三中、四中、五中全会和习近平总书记系列重要讲话精神，主动适应经济发展新常态，积极应对经济下行压力，综合施策，精准用力，协调推进，全市经济运行总体平稳、稳中有进、稳中有好，各项社会事业全面进步。

一、池州市 2015 年经济发展概况

(一)综合经济

1. 经济总量

全年地区生产总值 544.74 亿元，按可比价格计算，比上年增长 8.5%。分产业看，第一产业增加值 70.57 亿元，增长 4.2%；第二产业增加值 251.33 亿元，增长 9.6%，其中全部工业增加值 197.7 亿元，增长 10.1%；第三产业增加值 222.84 亿元，增长 8.4%。三次产业结构由上年的 13.3∶47.1∶39.6 调整为 13.0∶46.1∶40.9，其中工业增加值占 GDP 比重为 36.3%。全员劳动生产率 47585 元/人，比上年增加 2058 元/人。人均 GDP 为 38014 元(折合 6105 美元)，比上年增加 1747 元。

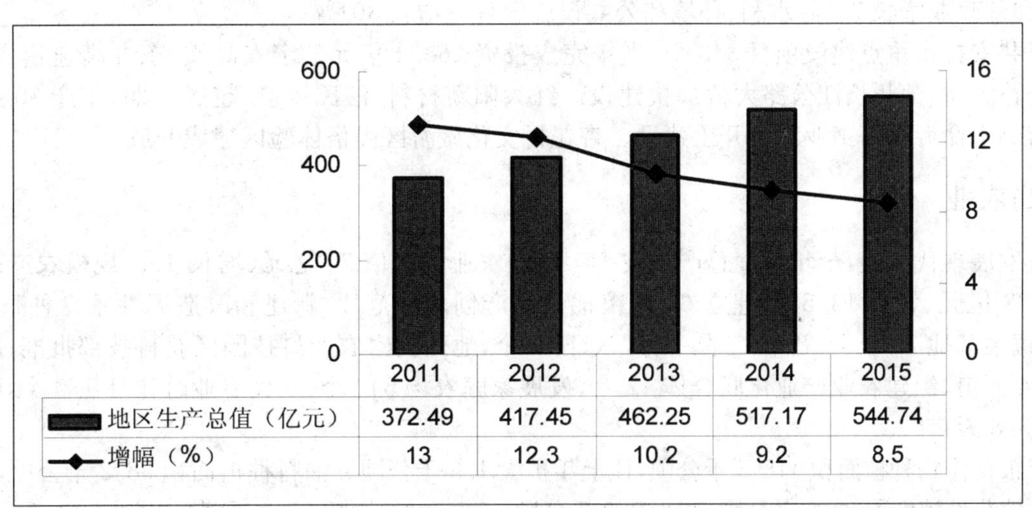

	2011	2012	2013	2014	2015
地区生产总值（亿元）	372.49	417.45	462.25	517.17	544.74
增幅（%）	13	12.3	10.2	9.2	8.5

图 1 2011—2015 年池州市地区生产总值及增长速度

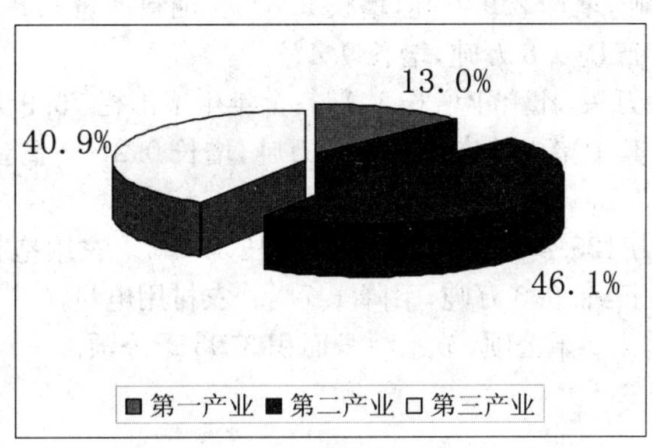

图 2 2015 年池州市三次产业结构图

2. 财政收支

全年财政收入 95.8 亿元,比上年增长 4.0%,其中地方财政收入 71.3 亿元,增长 4.2%。全部财政收入中,税收收入 69.6 亿元,下降 0.9%。其中,增值税 19.8 亿元,下降 4.3%;营业税 13.6 亿元,增长 1.6%;企业所得税 7.8 亿元,下降 3.1%;个人所得税 1.6 亿元,下降 0.6%。财政支出 147 亿元,增长 6.1%。其中,社会保障与就业支出增长 13.4%,医疗卫生与计划生育支出增长 12.6%,城乡社区事务支出增长 12.8%,科学技术支出增长 22.3%,教育支出增长 7%。全年 33 项民生工程和 10 件惠民实事共投入资金 28.7 亿元,惠及全市居民。

3. 物价水平

全年居民消费价格比上年上涨 1.4%。其中,食品、衣着、医疗保健和个人用品、娱乐教育文化用品及服务等价格分别上涨 3.4%、1.3%、5.6%、0.6%;烟酒及用品、交通和通信、家庭设备用品及维修服务、居住等价格分别下降 1.9%、1.3%、2.0%、0.8%。工业生产者出厂价格比上年下降 6.6%,工业生产者购进价格下降 5%。

4. 固定资产投资

全年固定资产投资 600.5 亿元,比上年增长 11.6%。其中,工业及信息化产业技术改造投资 222.6 亿元,增长 38.9%;民间投资 421.3 亿元,增长 5.6%。分产业看,第一产业投资增长 32.2%,第二产业增长 10.1%,第三产业增长 12.8%。分行业看,工业投资增长 11.2%,其中制造业增长 6.4%;交通运输、仓储和邮政业增长 73%;水利、环境和公共设施管理业增长 304%。

全年共安排市重点建设项目 343 个,当年完成投资 268.4 亿元。宁安高铁、东九高速建成通车,望东长江公路大桥、池州长江公路大桥加快建设。红太阳新材料、泫氏铸造、超威二期、年产 50 万吨世界村天然富硒生命源水等工业项目开工建设。杏花村文化旅游区民俗体验区建成开放。

(二)农业

大力发展现代农业,全年粮食总产突破 70 万吨,农业增加值 75 亿元、增长 4%,规模农产品加工企业产值 108 亿元、增长 13.5%;建立 31 个粮棉油高产创建示范片,新建和改造无性系良种茶园 10854 亩,建设蔬菜基地 1000 亩,新增"三品一标"认证 11 个,池州国家农业科技园区获科技部批准;新增土地流转 8.04 万亩,组建农业产业化联合体 12 个,发展家庭农场 540 个、农民专业合作社 179 个,建设高标准农田 23.8 万亩。

全年粮食作物种植面积 118.7 千公顷,比上年扩大 1.3 千公顷。油料种植面积 38.2 千公顷,减少 0.9 千公顷。棉花种植面积 23.6 千公顷,减少 3.2 千公顷。蔬菜种植面积 15.3 千公顷,扩大 0.1 千公顷。

全年粮食产量 70.5 万吨,比上年增产 2.5 万吨,增长 3.7%,其中,夏收谷物 1.9 万吨,增产 0.03 万吨,增长 1.5%;秋粮 52.3 万吨,增产 2.9 万吨,增长 5.8%。油料产量 9.8 万吨,下降 1.0%。棉花产量 2.9 万吨,下降 11.1%。茶叶产量 0.8 万吨,增长 9.4%。

年末全市生猪存栏 42.8 万头,比上年增长 1.1%;全年生猪出栏 73.9 万头,与上年基本持平。肉类总产量 9.0 万吨,增长 2.0%,其中猪牛羊肉产量 6.2 万吨,增长 0.2%。禽蛋产量 3.9 万吨,增长 3.3%。水产品产量 13.9 万吨,增长 3.7%。

年末全市农业机械总动力 125.4 万千瓦,比上年增长 1.7%。农用拖拉机 4.09 万台,农用运输车 0.25万辆。全年化肥施用量(折纯)6.0 万吨,下降 1.7%。农村用电量 4.3 亿千瓦时,增长 5.2%。有效灌溉面积 105.7 千公顷,新增 7.9 千公顷;节水灌溉面积 3.95 千公顷。

(三)工业和建筑业

1. 工业经济

年末全市规模以上工业企业 540 户,比上年净增 57 户。全年规模以上工业增加值 176.4 亿元,比上

年增长10.6%，其中国有企业增长1.1%，股份制企业增长10.8%，外商及港澳台商投资企业增长12.7%。分门类看，采矿业增长1.5%，制造业增长12.7%，电力、热力、燃气及水生产和供应业增长1.3%。

规模以上工业中，34个工业大类行业中有26个行业增加值保持增长，其中非金属矿物制品业增长5.7%，黑色金属冶炼和压延加工业增长5.5%，有色金属冶炼和压延加工业增长52.7%，电力热力生产和供应业增长2.0%，化学原料和化学制品制造业增长17.2%，电气机械和器材制造业增长7.6%，计算机通信和其他电子设备制造业增长9.3%，专用设备制造业增长39.5%，纺织服装服饰业增长24.5%，农副食品加工业增长10.0%。装备制造业增加值增长10.4%；战略性新兴产业产值增长26.2%；电子信息产业产值增长9.7%。

规模以上工业统计的主要产品产量中，水泥、硫酸、化学农药原药、铜合金分别增长76.5%、14.4%、14.2%、205.9%，水泥熟料、浓硝酸、钢材、火力发电量、精制茶分别下降8.1%、7.4%、2.9%、7.8%、2.3%。

全年规模以上工业企业实现利润48.8亿元，与上年持平。其中，国有企业下降47.2%，股份制企业增长1.4%；民营企业增长9.6%。

非金属矿物制品业、黑色金属冶炼和压延加工业、有色金属冶炼和压延加工业、电力热力生产和供应业、化学原料和化学制品制造业、电气机械和器材制造业、金属制品业、通用设备制造业、计算机通信和其他电子设备制业、橡胶和塑料制品业、农副食品加工业、纺织服装服饰业等14个利润超亿元的行业，合计实现利润42.2亿元，增长2.7%，占全部工业的86.5%。

2.建筑业

全年全社会建筑业增加值54亿元，按可比价格计算，比上年增长7.3%。年末资质内建筑企业119个，比上年末增加10个。全年资质内建筑企业主营业务收入89.8亿元，比上年下降3.0%；主营业务成本77.3亿元，下降2.4%；实现利润4.2亿元，下降14.2%。

（四）服务业

1.国内贸易

全年社会消费品零售总额198亿元，比上年增长12.3%。按经营地统计，城镇消费品零售额154.3亿元，增长12.4%；乡村消费品零售额43.7亿元，增长11.7%。按消费类型统计，商品零售额170.2亿元，增长12.4%；餐饮收入27.8亿元，增长11.6%。全市8家开展网络零售业务的限额以上批发零售企业，实现网上零售额0.44亿元，增长104.4%。

全年限额以上消费品零售额76.7亿元，比上年增长11.8%。其中，吃、穿、用类商品零售额分别增长19.1%、7.8%和11.2%，粮油类增长24.7%，肉禽蛋类增长18.3%，服装类增长12.2%，日用品类增长4.2%，中西药品类增长9.8%，家用电器和音像器材类增长10.8%，家具类增长13.7%，通讯器材类增长47.5%，建筑及装潢材料类增长17.6%，汽车类增长11.6%，石油及制品类增长11.1%。

2.交通运输、邮电

全年旅客运输量4083万人，比上年增长1.9%；货物运输量9643万吨，增长7.5%。旅客运输周转量（不包括铁路）372710万人公里，增长1.9%；货物运输周转量（不包括铁路）2690592万吨公里，增长8.6%。全年港口货物吞吐量4136.7万吨，下降3.3%，其中外贸货物吞吐量18.6万吨，下降25.9%。港口集装箱吞吐量14216标准箱（TEU），下降1%。全年九华山机场旅客吞吐量27.2万人次，增长22.5%。

年末全市机动车辆保有量23.4万辆，比上年增长10.1%，其中汽车10.6万辆，增长20.4%。轿车保有量6.1万辆，增长25.4%，其中私人轿车5.7万辆，增长27.5%。

全年新增高速公路11.4公里、铁路营业里程57.1公里。到2015年末，全市公路里程达8519公里、高速公路达226.1公里、铁路营业里程达196.1公里。

全年邮电业务收入9.6亿元，比上年增长2.1%。其中，电信业务收入8.8亿元，增长0.6%；邮政业务收入0.8亿元，增长24.4%。全年快递业务总量1497万件；快递业务收入0.6亿元，比上年增长34.1%。

年末本地固定电话用户21.5万户，比上年减少3.6万户；移动电话用户103.5万户，增加0.2万户；基础电信运营企业计算机互联网宽带接入用户23.3万户，增加4.2万户。

3.旅游业

细化落实皖南国际文化旅游示范区建设50项重点任务，新增中国特色景观旅游名镇名村1个、省级特色景观旅游名镇名村9个，20个亿元以上文化旅游项目完成投资30.4亿元，杏花村文化旅游区民俗体验区等4个景区建成开放。全年共接待国内外游客4637.7万人次，比上年增长12.2%，其中接待入境游客87.2万人次，增长10.3%；实现旅游总收入478.6亿元，增长13.3%。年末全市共有A级及以上旅游景点(区)36个，其中5A景区1个，4A景区16个。

4.金融、证券和保险

年末全市金融机构人民币各项存款余额748.3亿元，比上年末增长11.9%，比年初增加79.7亿元。其中，非金融企业存款余额160.4亿元，增长12.4%；住户存款余额493.1亿元，增长14.3%。金融机构人民币各项贷款余额478.4亿元，增长3.6%，比年初增加16.6亿元。其中，短期贷款162亿元；中长期贷款294.5亿元，中长期贷款中住户贷款132.7亿元。

年末全市金融机构外汇存款余额2146万美元，比上年末增长48.1%，比年初增加693万美元；外汇贷款余额3066万美元，比上年末下降26.4%，比年初减少1099万美元。

九华山旅游首发上市(IPO)募集资金3.3亿元；企业发行短期融资券2亿元，发行中期票据3亿元。

全年保险业保费收入24.3亿元，比上年增长48.9%。其中，财产险业务保费收入6.4亿元，增长13.3%；人身险业务保费收入17.9亿元，增长67.7%。赔款和给付支出5.3亿元，比上年增长2.8%。其中，财产险业务赔款和给付支出3.2亿元，增长12.1%；人身险业务赔款和给付支出2.1亿元，下降9.0%。

5.房地产业

全年房地产开发投资82.8亿元，比上年下降20.5%。商品房销售面积122.9万平方米，下降20.2%；商品房销售额56.9亿元，下降19.2%；房屋施工面积988.3万平方米，增长4.4%；房屋竣工面积110万平方米，下降29.1%。

(五)对外经济

1.对外贸易

全年进出口总额5.2亿美元，比上年增长26.6%。其中，出口2.1亿美元，下降20.0%；进口3.1亿美元，增长106.9%。从主要商品看，铜精矿进口净增1.1亿美元，铅精矿进口1.1亿美元，增长123%；化工产品出口下降8.6%，农副产品出口增长0.2%。

2.利用外资

全市亿元以上在建省外投资项目390个，当年实际到位资金332.1亿元，比上年增长11.8%。全年新批外商直接投资企业8个，与上年持平；合同外资2.6亿美元，比上年增长424.7%；全年利用外商直接投资3.5亿美元，增长14.7%。

二、池州市2015年社会发展概况

(一)人口、人民生活

年末全市户籍人口161.6万人，比上年增加1万人。其中，男性82.6万人，占51.1%；女性79万人，占48.9%。常住人口143.6万人，比上年增加0.6万人。全年人口出生率8.62‰；死亡率6.06‰；

自然增长率 2.56‰。全市常住人口城镇化率 51.1%，比上年提高 1.0 个百分点。

全年常住居民人均可支配收入 17577 元，比上年增长 9.3%。其中，城镇常住居民人均可支配收入 24279 元，增长 8.9%；农村常住居民人均可支配收入 11511 元，增长 8.3%。

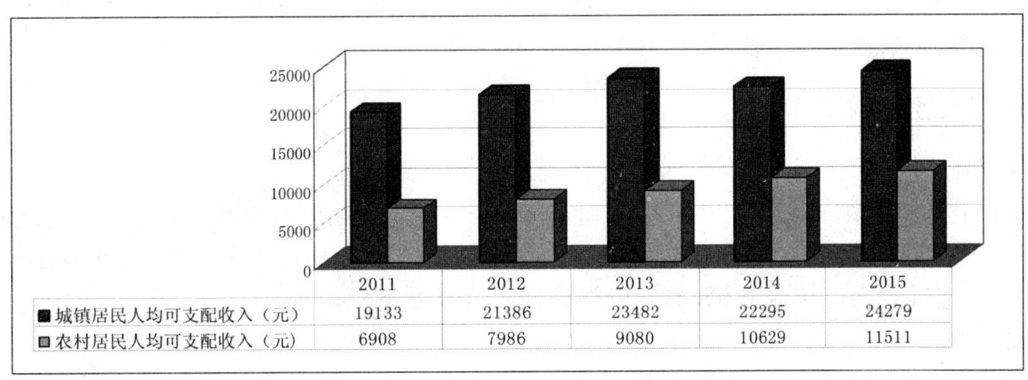

	2011	2012	2013	2014	2015
■城镇居民人均可支配收入（元）	19133	21386	23482	22295	24279
■农村居民人均可支配收入（元）	6908	7986	9080	10629	11511

图 3　2011—2015 年池州市城乡居民收入对比一览

（二）就业与社会保障

1. 就业工作

年末全市就业人员 114.85 万人，比上年增加 0.74 万人。其中，第一产业 45.37 万人，减少 0.01 万人；第二产业 28.75 万人，增加 0.13 万人；第三产业 40.73 万人，增加 0.62 万人。城乡私营企业就业人员和个体劳动者 24.36 万人，增加 2.6 万人。全年城镇实名制新增就业 1.96 万人，下岗失业人员再就业 0.96 万人。年末城镇登记失业率 2.84%，比上年下降 0.76 个百分点。

2. 社会保障和福利

年末全市城镇职工基本养老保险参保 11.03 万人，城乡居民养老保险参保 86.39 万人，城镇职工基本医疗保险参保 13.72 万人，城镇居民基本医疗保险参保 10.59 万人，失业保险参保 7.23 万人，工伤保险参保 10.5 万人，生育保险参保 8.53 万人。新型农村合作医疗实现农村人口全覆盖。

年末全市共有 1.59 万人享受城市居民最低生活保障；5.1 万人享受农村最低生活保障。全年医疗救助 1.83 万人次，抚恤补助各类优抚对象 1.0 万人次。

年末全市有各类提供住宿的社会服务机构 75 个，床位 9341 张，收养各类人员 6571 人。不提供住宿的社会服务机构 118 个，其中社区服务中心 10 个，社区服务站 77 个。全年销售社会福利彩票 1.7 亿元，筹集社会福利资金 5900 万元。

（三）教育和科学技术

1. 教育事业

全市共有普通高等教育学校 3 所，普通本专科在校学生 22879 人，成人在校学生 2867 人。中等职业教育学校 8 所，在校学生 17084 人。普通中学 96 所，在校学生 78668 人。其中，高中在校学生 34931 人，高中阶段入学率 98.77%；初中在校学生数 43737 人，初中学龄人口入学率 99.96%。小学 225 所，在校学生 87541 人，小学入学率 100%。

2. 科技与创新

全年高新技术产业产值 282.3 亿元，比上年增长 22.4%，高新技术产业增加值 66.9 亿元，增长 21.1%。年末全市高新技术企业 46 家，其中当年认定 12 家。全年新认定省级创新型试点企业 14 家，新增 4 家国家知识产权优势企业。新认定省级企业技术中心 6 家，新组建省级工程技术研究中心 5 家，院士工作站省级备案1家。荣获省科技一等奖、三等奖项目各1个，安徽省优秀专利奖项目2个。列入全省高层次科技人才创新创业团队1个。

全年申请专利3594件，比上年增长30.4%，其中发明1776件，增长41.9%。授权专利1614件，增长42%，其中发明专利授权203件，增长227.4%。全年鉴定省级科技成果3项，技术市场成交项目36个，成交额3725万元，比上年增长14.7%。

(四)文化、卫生和体育

1. 文化事业

年末全市共有文化馆6个，公共图书馆5个，博物馆4个，乡镇街道综合文化站53个。全国重点文物保护单位9处，省级重点文物保护单位45处。国家级非物质文化遗产名录4项，省级非物质文化遗产名录18项。广播综合人口覆盖率98.2%，电视综合人口覆盖率98.7%。

2. 卫生事业

年末全市有医疗卫生机构982个，其中医院32个、基层医疗卫生机构870个、专业公共卫生机构78个，其他卫生机构2个。基层医疗卫生机构中，卫生院59个，社区卫生服务中心(站)30个，村卫生室604个；专业公共卫生机构中，疾病预防控制中心6个，专科疾病防治院(所、站)3个，妇幼保健院(所、站)3个，卫生监督所(中心)6个。全市卫生技术人员7050人，其中执业(助理)医师2859人，注册护士2827人。医疗卫生机构实有床位6308张，其中医院、卫生院床位6096张。

3. 体育事业

成功举办第五届全国绿色运动健身大会和"罗麦杯"2015年全国高等院校健身气功交流比赛等体育品牌赛事。组队参加安徽省青少年跆拳道、举重、游泳、乒乓球锦标赛等项目，其中跆拳道项目获得金牌1枚、铜牌3枚，举重项目获得铜牌1枚。

(五)城乡建设

《城市总体规划(2013—2030年)》获批实施。池州市成功争取全国首批海绵城市建设试点，5个首批示范项目和8个设计变更项目全面开工，40个社会投资项目全面落实建设技术要求，试点做法被国办信息专题刊发。扎实推进文明创建"十大集中专项行动"，启动实施主城区物业管理"三年提升行动"，完成3个老旧小区环境整治，一批不文明的顽症明显改观，荣获全国文明城市提名城市。县城规划建设管理"六项行动"初显成效，池州在全省督查考评中位居第3，三县在皖南片评分中名列第一方阵。整合和调动社会资金投入3.6亿元，实施美好乡村建设项目1035个，改造农村危房8800户。宁安高铁、东九高速、望东长江公路大桥南岸接线建成通车，池州长江公路大桥建设加快。新改建城市道路、管网管线、城市绿道156公里，开工城市生活垃圾无害化处理项目，建成数字化城市管理平台。完成国省干线公路建设及大中修122公里、县乡公路升级改造及村级公路网化工程254公里，加固改造农村危桥101座。解决14.8万农村人口饮水安全问题，完成各类水利建设投资5.3亿元。农网改造升级工程治理低电压6831户。

建成全国生态乡镇31个、生态村7个，省级森林城镇5个、森林村庄52个。实施232个大气污染防治项目，空气质量优良率94.2%，PM10平均浓度55微克/立方米。人工造林7.6万亩，治理水土流失20平方公里。整顿关闭非煤矿山13家，"三线三边"矿山生态恢复治理17家。升金湖成为全省首个国际重要湿地自然保护区。

(六)资源和环境保护

年末全市实有自然保护区6个，其中，国家级自然保护区2个，省级自然保护区4个。自然保护区面积54.9千公顷，占国土面积的6.6%，其中国家级自然保护区面积36.7千公顷。野生动植物就地保护点2个，保护点面积6.7千公顷。当年人工造林面积5.2千公顷，年末实有封山育林面积91.2千公顷。

活立木蓄积量 2832 万立方米，比上年增加 48 万立方米；森林覆盖率 59.3%，比上年提高 0.1 个百分点。

全年平均降水量 1959.4 毫米，平均气温为 16.8℃。

全年能源消费总量 460.6 万吨标准煤，比上年增长 0.3%，全社会电力消费量 50.5 亿千瓦时，增长 6.0%，其中工业用电量 39.1 亿千瓦时，增长 5.4%。万元 GDP 能耗下降 7.55%。

全年化学需氧量排放 1.92 万吨，比上年下降 1.9%；氨氮排放量 0.22 万吨，下降 3.2%；二氧化硫排放量 1.61 万吨，下降 3.0%；氮氧化物排放量 2.35 万吨，下降 1.0%。

年末全市共有环境监测站 5 个。其中，市级 1 个，县级 4 个。全年城区环境空气质量优良天数 345 天，占 94.5%。全市 PM10 年均浓度为 55 微克/立方米，比上年下降 6.8%。尧渡河、黄盆河、秋浦河、白洋河、九华河、青通河、长江池州段水质均达到Ⅱ～Ⅲ类，总体水质优。

年末城市污水处理厂处理能力达 15 万立方米/日，污水处理总量达 3863 万立方米，集中处理率 93.6%。生活垃圾无害化处理率 92.9%。建成区绿化覆盖率 41.5%。

（七）社会安全

全年各类安全事故 456 起、重伤 355 人，比上年分别下降 37.1%、53.6%；死亡 119 人；造成直接经济损失 2209.4 万元，下降 16.6%。在各类安全事故中，工矿商贸事故 14 起，死亡 16 人；道路交通事故 296 起，死亡人数 103 人，生产经营性火灾事故 143 起；农业机械事故 3 起。

三、池州市在长三角地区经济发展中的地位

2015 年，面对错综复杂的宏观环境和经济下行压力，全市人民在市委、市政府坚强领导下，主动适应经济发展新常态，以提高经济发展质量和效益为中心，加快调结构转方式促升级，综合施策，精准发力，协调推进，全市经济保持了总体平稳、稳中有进、稳中有好的发展态势。

（一）地区生产总值

2011—2015 年池州市地区生产总值在泛长三角地区 41 市所占比重分别为 0.32%、0.33%、0.33%、0.34%和 0.33%。地区生产总值在泛长三角 41 市占比整体呈现上扬态势，2015 年与 2011 年比增加了 0.01 个百分点，较上年减少了 0.01 个百分点。2015 年，在泛长三角地区 41 市地区生产总值所占比重排名第 40 位，位置靠后。

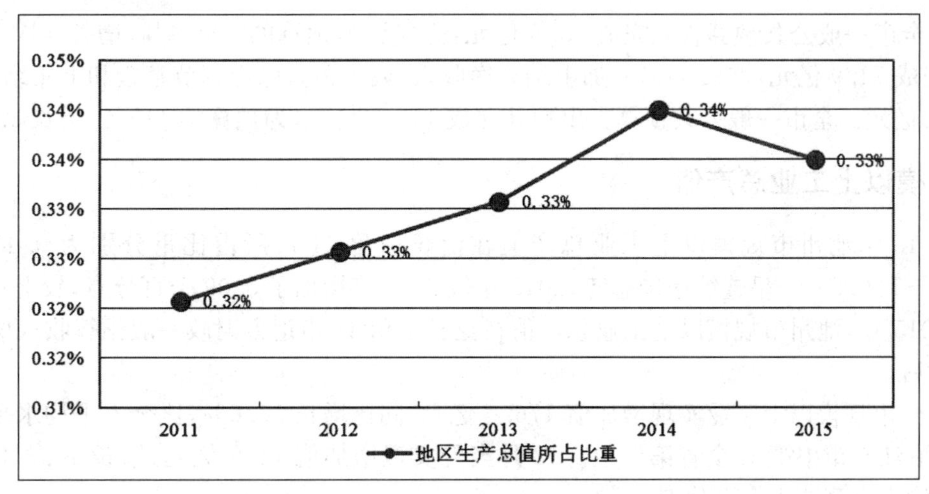

图 4　2011—2015 年池州市地区生产总值在泛长三角地区 41 市（苏浙两省 24 个地级市、上海市和安徽省 16 市，下同）所占比重的变化趋势

2015年,全市地区生产总值544.7亿元,按年均常住人口计算,全市人均GDP为38014元,比上年增加1747元,高于全省平均水平2017元,居全省第7位。根据年平均汇率计算,折合6105美元,高于全省平均水平326美元,全市人均GDP突破6000美元大关。分产业看,第一产业增加值70.6亿元,增长4.2%,与全省平均水平持平;第二产业增加值251.3亿元,增长9.6%,高于全省平均水平1.1个百分点;第三产业增加值222.8亿元,增长8.4%,低于全省平均水平2.4个百分点。第一、二、三产业分别拉动GDP增长0.5个、4.8个、3.2个百分点。一、二、三次产业结构比例为13.0∶46.1∶40.9。

人均GDP居全省前八位的市是:铜陵市(97471元)、合肥市(73102元)、芜湖市(67592元)、马鞍山市(60802元)、黄山市(38793元)、蚌埠市(38267元)、池州市(38014元)、宣城市(37610元)。

(二)地方财政一般预算收入

2011—2015年池州市地方财政一般预算收入在泛长三角41市所占比重分别为0.33%、0.38%、0.40%、0.40%和0.37%,2015年较2011年增加了0.04个百分点。2015年,池州市地方财政一般预算收入在泛长三角41市地区中排第39位,位置靠后。

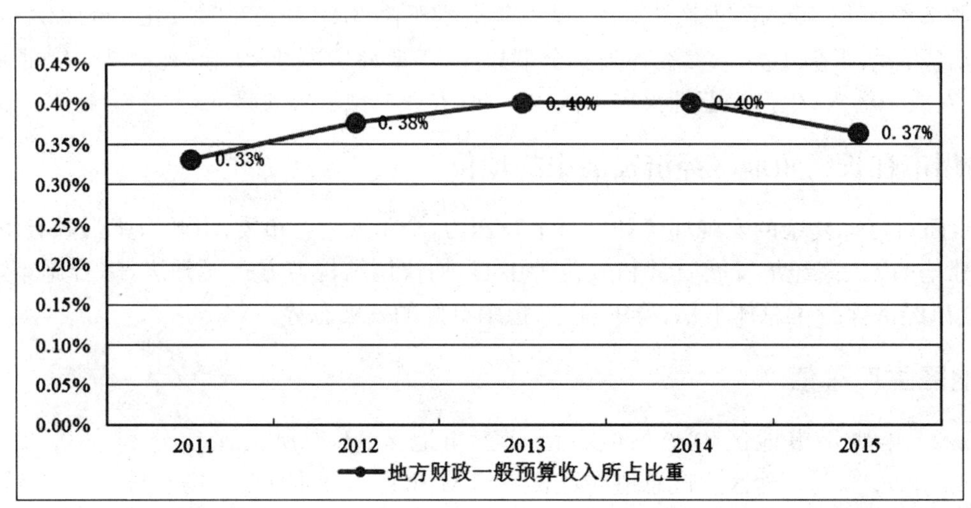

图5　2011—2015年池州市地方财政一般预算收入在泛长三角41市所占比重的变化趋势

2015年,全市一般公共预算收入完成95.8亿元,完成调整预算的100.4%,增长4%。地方一般公共预算收入完成71.9亿元,增长4.3%,加上结算净收入、调入预算稳定调节基金和上年结余,收入总计预计为146.9亿元。全市一般公共预算支出预计完成143.3亿元,为预算的115%,增长3.4%。

(三)规模以上工业总产值

2011—2015年池州市规模以上工业总产值在泛长三角41市所占比重分别为0.17%、0.21%、0.21%、0.24%和0.26%,呈连续增加态势,2015年较2011年增加了0.09个百分点,较上年增加了0.02个百分点。2015年,池州市规模以上工业总产值在泛长三角41市地方财政一般预算收入所占比重排第40位,位置靠后。

2015年,全市规模以上工业实现增加值176.4亿元,同比增长10.6%,比全省平均水平高2.0个百分点,增速在沿江6市中第1.全省第6位。12月当月实现增加值14.9亿元,增长10.3%,居全省第4位,比全省平均水平高2.1个百分点.

工业企业规模不断扩大。截止12月底,全市产值超亿元的企业达173户,比上年净增16户,超10亿元企业9户;民营企业达510户,净增53户。

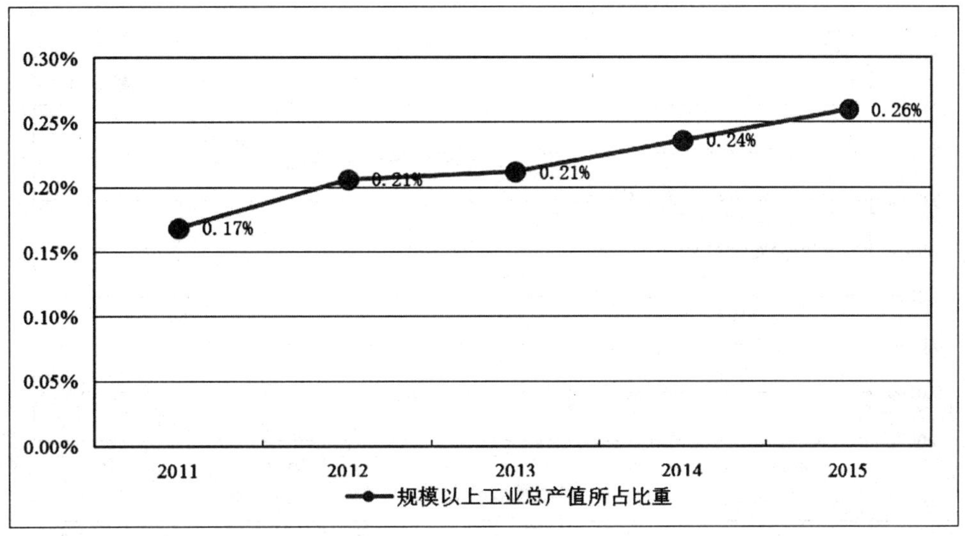

图6　2011—2015年池州市规模以上工业总产值在泛长三角41市所占比重的变化趋势

新兴产业快速增长。战略性新兴产业增长较快，1—12月实现总产值85.9亿元，增长26.2%，增幅高于全市规模工业16.3个百分点(比全省平均水平高8.6个百分点)。装备制造业、高新技术产业增加值分别增长8.8%和21.1%。

民营企业贡献突出。1—12月，民营工业实现增加值148.1亿元，增长11.6%，增幅比全市规模工业高1.0个百分点(比上年同期高0.6个百分点)，对全市规模工业增长的贡献率高达90.5%，较上年提高17.2个百分点。

县区间发展差距缩小。1—12月，东至县规模以上工业实现增加值44.2亿元，增长10.8%；青阳县规模以上工业实现增加值37.2亿元，增长10.6%；贵池区规模以上工业实现增加值61.7亿元，增长10.4%；开发区规模以上工业实现增加值27.2亿元，增长10.0%；石台县规模以上工业实现增加值4.0亿元，同比增长6.8%。

(四)进出口总额

2011—2015年池州市进出口总额在泛长三角41市所占比重分别为0.02%、0.03%、0.03%、0.03%和0.04%，五年间增加了0.02个百分点，其中2015年与上年比增加了0.01个百分点。2015年，池州市进出口总额在泛长三角41市中排39位，位置较为靠后。

全年进出口总额5.2亿美元，比上年增长26.6%。其中，出口2.1亿美元，下降20.0%；进口3.1亿美元，增长106.9%。从主要商品看，铜精矿进口净增1.1亿美元，铅精矿进口1.1亿美元，增长123%；化工产品出口下降8.6%，农副产品出口增长0.2%。

在海关总署最新公布的2015年中国外贸百强城市名单中，池州市以68.7分的综合得分，位居第89位，这也是继2011年后第二次入选中国外贸百强城市。

(五)实际外商直接投资金额

2011—2015年池州市实际外商直接投资金额在泛长三角41市所占比重分别为0.26%、0.29%、0.35%、0.40%和0.47%，整体呈现上扬姿态，2015年较2011年增加了0.21个百分点，较上年增加了0.07个百分点。2015年，池州市实际外商直接投资金额在泛长三角41市排第29位。

全市亿元以上在建省外投资项目390个，当年实际到位资金332.1亿元，比上年增长11.8%。全年

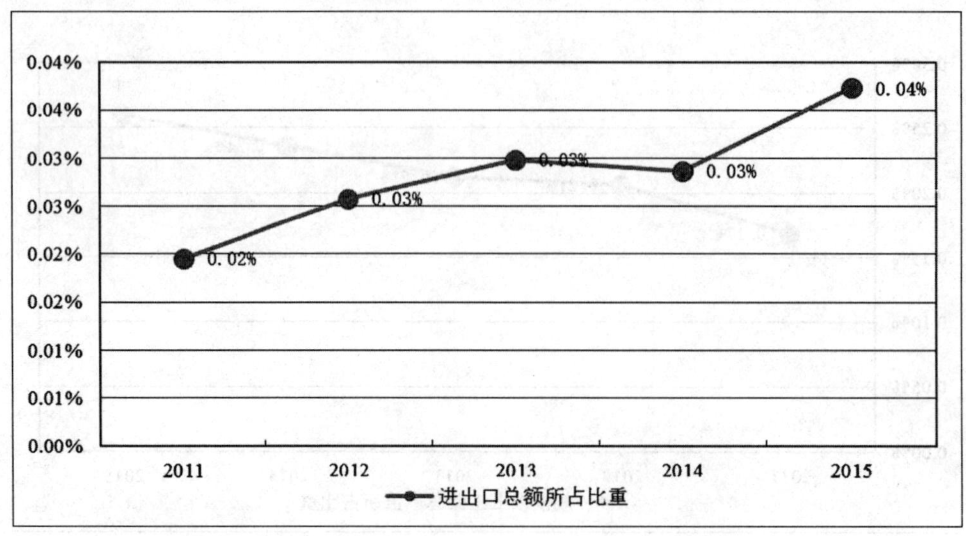

图 7 2011—2015 年池州市进出口总额在泛长三角 41 市所占比重的变化趋势

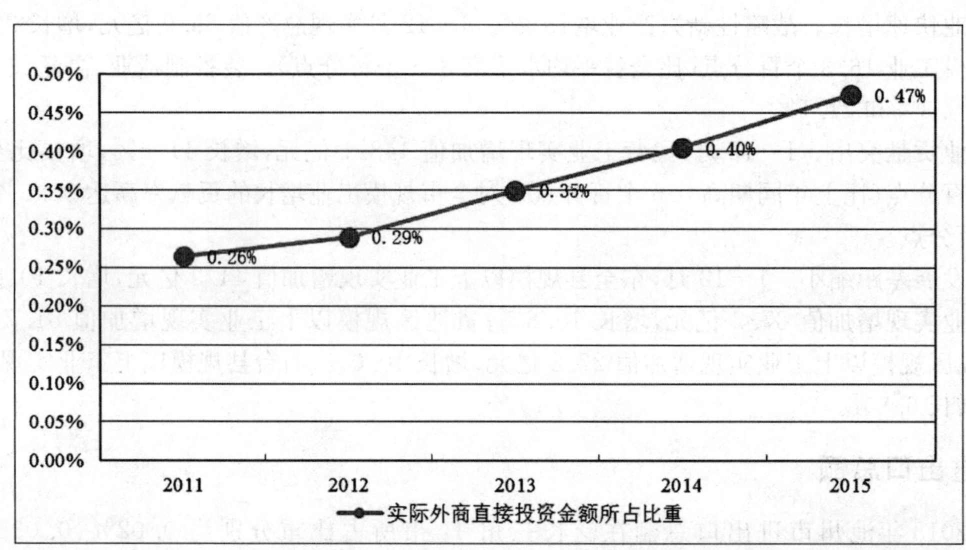

图 8 2011—2015 年池州市实际外商直接投资金额在泛长三角 41 市所占比重的变化趋势

新批外商直接投资企业 8 个，与上年持平；合同外资 2.6 亿美元，比上年增长 424.7%；全年利用外商直接投资 3.5 亿美元，增长 14.7%。

十七　亳州市 2015 年经济社会发展报告

2015 年，面对复杂的宏观环境和繁重的改革发展任务，全市上下在市委、市政府坚强领导下，深入贯彻落实党的十八大和十八届三中、四中、五中全会以及习近平总书记系列重要讲话精神，坚持稳中求进工作总基调，统筹做好稳增长、促改革、调结构、惠民生、防风险各项工作，主动作为，精准发力，保持了经济社会平稳健康发展。

一、亳州市 2015 年经济发展概况

(一)综合经济

1. 经济总量

全年生产总值(GDP)942.6 亿元，按可比价格计算，比上年增长 9.1%。分产业看，第一产业增加值 195 亿元，增长 4.4%；第二产业增加值 370.2 亿元，增长 10%；第三产业增加值 377.4 亿元，增长 10.5%。三次产业结构为 20.7 ∶ 39.3 ∶ 40.0，其中工业增加值占 GDP 比重为 32.4%。人均 GDP 为 18771 元，比上年增加 1002 元。

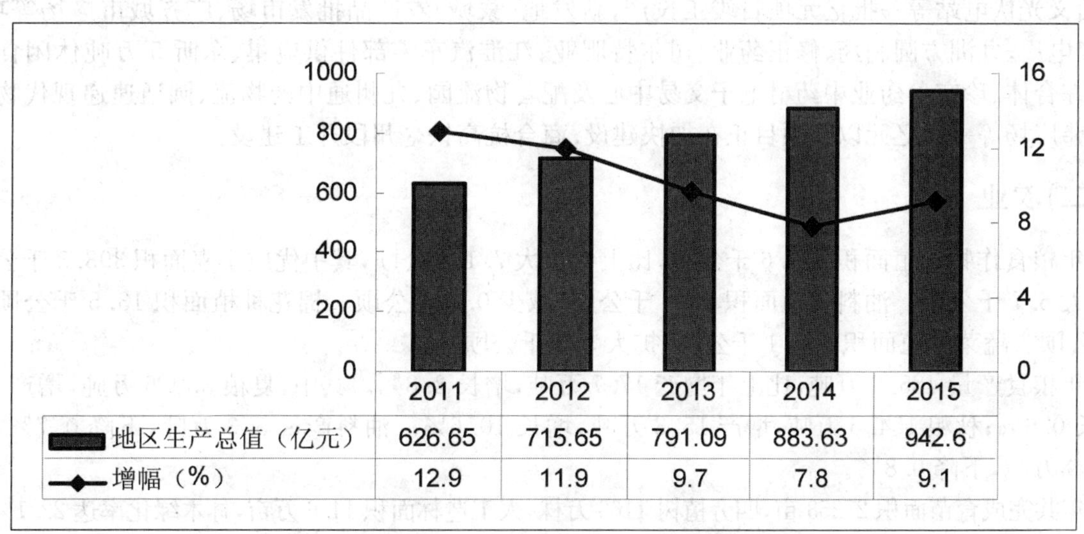

图 1　2011—2015 年亳州市地区生产总值及增长速度

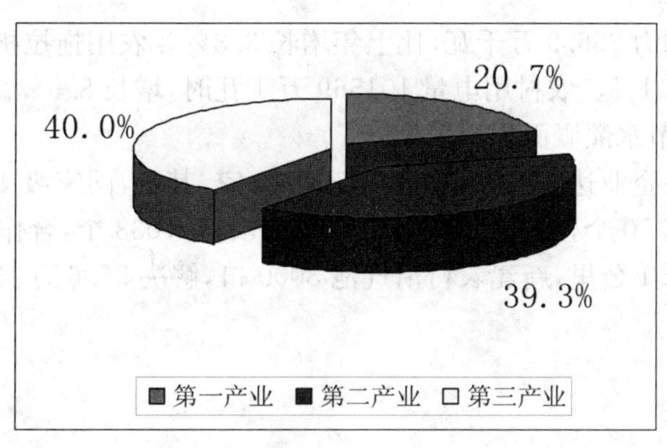

图 2　2015 年亳州市三次产业结构图

2. 财政收支

全年财政收入130.1亿元，比上年增长12.4%，其中地方财政收入81.4亿元，增长11.9%。全部财政收入中，增值税增长14%，营业税增长4.5%，企业所得税增长17.9%。财政支出277.8亿元，增长22.1%，其中，科学技术支出增长126.5%，教育支出增长23.3%，医疗卫生支出增长15.9%，农林水支出增长31.5%，社会保障与就业支出增长21.8%，住房保障支出增长46.3%。全年31项民生工程累计投入107.6亿元，惠及600多万城乡居民。

3. 物价水平

全年居民消费价格比上年上涨1.6%，其中食品价格上涨3.5%。商品零售价格与上年持平。工业生产者出厂价格上涨0.6%，工业生产者购进价格下降1.1%。

4. 固定资产投资

全年固定资产投资767.3亿元，比上年增长17.9%。其中，工业及信息化产业技术改造投资103.9亿元，增长8.3%；民间投资490.2亿元，增长11.5%。分产业看，第一产业投资增长22.4%，第二产业投资增长29.7%，第三产业投资增长10.6%。分行业看，工业投资增长29.7%，其中制造业投资增长21.8%。

全年共实施重点项目385个、完成投资507亿元，其中亿元以上项目252个、同比增加13个，新开工亿元以上项目92个，亿元以上在建工业项目123个、同比增加6个，其中新开工亿元以上工业项目50个。亳药堂药业、中联重机、鑫泰钻石、广药集团"大南药大健康"产业基地一期、鑫元20万台套汽车零部件、信义光伏电站等一批亿元项目竣工投产，新发地(蒙城)农产品批发市场、广齐城市广场等项目建成；板集电厂、九洲方圆制药、修正药业、司尔特肥业、江淮汽车零部件供应巢、东昕5万吨休闲食品、万达城市综合体、珍宝岛药业中药材电子交易中心及配套物流园、九州通中药物流、圆通速递现代物流园、利辛莱弗广场等一批亿元以上项目正在加快建设；商合杭高铁亳州段开工建设。

(二)农业

全年粮食作物种植面积885.6千公顷，比上年扩大7.1千公顷，其中优质小麦面积393.3千公顷，比上年扩大6.7千公顷。油料种植面积10.4千公顷，减少0.2千公顷。棉花种植面积13.5千公顷，减少0.4千公顷。蔬菜种植面积102.1千公顷，扩大3.3千公顷。

全年粮食产量485.2万吨，比上年增产17.7万吨，增长3.8%。其中，夏粮330.6万吨，增产2.8万吨，增长0.9%；秋粮154.6万吨，增产15.3万吨，增长10.6%。油料产量5.3万吨，下降0.7%。棉花产量1.9万吨，下降0.8%。

全年共完成育苗面积25253亩，四旁植树1166万株，人工造林面积14.6万亩，林木绿化率达22.1%。

年末全市生猪存栏156万头，比上年增长0.7%；全年生猪出栏306.9万头，增长0.7%。肉类总产量32.5万吨，增长1.7%，其中猪牛羊肉产量28.6万吨，增长1.4%。禽蛋产量7.2万吨，增长4.3%。牛奶产量1.8万吨，与上年持平。

年末全市农业机械总动力866.9万千瓦，比上年增长3.3%。农用拖拉机18.5万台，下降2.4%；农用运输车24.6万辆，下降0.1%。农村用电量101569万千瓦时，增长8.6%。有效灌溉面积459.5千公顷，新增10.3千公顷；新增节水灌溉面积6千公顷。

年末市级以上农业龙头企业达496家，较上年新增42家，其中，国家级4家，省级50家。全市新建农民专业合作社省级示范点50个，年末拥有农民专业合作组织7038个，合作组织成员52.5万人。

全市改造县乡公路180.1公里，新建农村沼气池3000口，解决96.6万农民的饮水不安全问题。

(三)工业和建筑业

1. 工业经济

年末全市规模以上工业企业达793户，比上年净增122户。全年规模以上工业企业实现增加值

249.6亿元，比上年增长10.9%，其中轻、重工业分别增长10.7%和11.2%。股份制企业和外商及港澳台商投资企业生产增长较快，增幅分别比规模工业高了0.7个和10.6个百分点。

全市31个工业行业中，24个保持增长，其中增速超过20%的行业达到5个。煤炭开采和洗选业增长14.4%，农副食品加工业增长6.1%，酒、饮料和精制茶制造业增长15.1%，医药制造业增长10.0%，非金属矿物制造业增长10.6%，汽车制造业增长30.7%，五大主导行业对全市规模以上工业增长贡献率达72.5%。高新技术行业增长11.1%，高耗能行业增长8.4%。

全年规模工业总产值为936.2亿元，增长11.7%；战略性新兴产业产值250.1亿元，增长13%；农产品加工产值606.2亿元，增长13.6%；高新技术行业产值294.9亿元，增长13.8%。

规模以上工业统计的主要产品产量中，小麦粉增长7.9%、白酒增长26.1%、水泥增长10.3%、服装增长7%、汽车增长404.7%。

全市规模以上工业企业经济效益综合指数268.9%，比上年提高6.4个百分点。企业主营业务收入853.5亿元，增长9.9%；利税77.7亿元，增长15.6%，其中利润46.3亿元，增长19.2%。农副食品加工业，食品制造业，酒、饮料和精茶制造业，化学原料及化学制品制造业，医药制造业，金属制品业，非金属矿物制品业，木材加工和木、竹、藤、棕、草制品业，计算机、通信和其他电子设备制造等9个行业利润均超亿元。

2. 建筑业

全年全社会建筑业增加值64.8亿元，比上年增长4.5%。资质内建筑企业利税总额3.4亿元，增长16.3%。房屋建筑施工面积298.1万平方米，比上年减少39.3万平方米；房屋竣工面积213.9万平方米，比上年增加14.1万平方米。

(四)服务业

1. 国内贸易

全年社会消费品零售总额436.4亿元，比上年增长12.4%。按经营地统计，城镇消费品零售额262.2亿元，增长12.5%；乡村消费品零售额174.2亿元，增长12.1%。按消费形态统计，商品零售额386.6亿元，增长12%；餐饮收入49.8亿元，增长15%。按企业规模分，限额以上企业零售额162.3亿元，增长12.5%；限额以下企业零售额274.1亿元，增长12.1%。

限额以上企业商品零售额中，吃、穿、用类商品零售额分别比上年增长22.9%、4.5%和12.9%。其中，粮油类增长34.5%，肉禽蛋类增长21.1%，服装类增长0.8%，化妆品类增长11.3%，日用品类增长21.2%，中西药品类增长17.3%，家用电器和音像器材类增长12.3%，石油及制品类下降8.2%，汽车类增长18.6%。

2. 交通运输、邮电

全年交通运输、仓储和邮政业增加值47亿元，比上年增长3.9%。

全年公路旅客运输量9336万人，增长4.6%，公路和水运货物运输量30718万吨，下降0.1%；公路旅客运输周转量65.2亿人公里，增长3.3%，公路和水运货物运输周转量842.2亿吨公里，下降6.1%。全年港口货物吞吐量1397.6万吨，增长17.5%。

年末全市民用汽车拥有量35.6万辆，比上年增长18.8%，其中私人汽车30万辆，增长22.1%。民用轿车拥有量13.5万辆，增长26.1%，其中私人轿车12.8万辆，增长27%。

全年邮电业务总量34.1亿元，比上年增长31.2%。其中，电信业务总量28.7亿元，增长23.2%；邮政业务总量5.4亿元，增长33.1%。年末本地固定电话交换机总容量27万门，比上年减少3.4万门。本地固定电话用户27.2万户，比上年减少7.1万户；移动电话用户283.7万户，增加4.6万户。每百人拥有电话(含移动)49部。年末基础电信运营企业计算机互联网宽带接入用户41.1万户，增加5.9万户。

3.旅游业

全年入境旅游人数3.7万人次，比上年增长11.1%；国内游客1504.7万人次，增长19.6%。旅游总收入109.7亿元，增长23.6%。其中，旅游外汇收入2017.5万美元，增长27%；国内旅游收入108.4亿元，增长23.5%。年末全市共有A级旅游景点(区)32处，星级酒店16个，旅行社31家。

4.金融和保险

年末全市金融机构各项存款余额(人民币口径，下同)1260.1亿元，比上年末增加199.3亿元，增长18.8%。其中，单位存款余额381.6亿元，增长28.3%；住户存款余额866.3亿元，增长16%。金融机构各项贷款余额783亿元，比上年末增加141.3亿元，增长22%。其中，短期贷款413.4亿元，增长21.7%；中长期贷款357亿元，增长21.4%，中长期贷款中个人消费贷款163亿元，增长26.3%。

年末全市共有7家证券公司营业部，开户股民(含基金)总数4.6万个，比上年增长56%。全市共有保险公司31家，其中，财产保险公司16家，人寿保险公司15家。全年保险业保费总收入53.2亿元，增长26.1%。其中，财产险业务保费收入18.8亿元，增长16.2%；人身险业务保费收入34.4亿元，增长35.3%。赔款和给付18.8亿元，增长34%。其中，财产险业务赔款支出7.5亿元，增长9.1%；人身险业务赔款和给付支出11.3亿元，增长93.1%。新引进保险公司2家、证券机构1家；首发上市在审及辅导报备企业各1家，实现建市以来零的突破；新增"新三板"挂牌企业4家、区域股权交易中心挂牌企业18家。

5.房地产业

全年房地产开发投资205.2亿元，比上年下降1.9%。商品房销售面积294.3万平方米，下降7.8%；商品房销售额140.5亿元，下降8.4%。全年开工建设城镇保障性安居工程住房28914套，基本建成14951套。

(五)对外经济

1.对外贸易

全年进出口总额5亿美元，比上年增长35.9%。其中，出口4.5亿美元，增长39.3%；进口0.5亿美元，增长11.6%。从出口经营主体看，生产型企业出口增长23.8%，贸易型企业出口增长738.6%。从出口商品看，中药材、机电产品、高新技术产品出口分别增长9.3%、149.5%和518.2%。

2.利用外资

全年新批外商投资企业8家，比上年增长100%；合同利用外商直接投资1.5亿美元，增长176.9%；实际利用外商直接投资6.6亿美元，增长10%。

二、亳州市2015年社会发展概况

(一)人口、人民生活

年末全市户籍人口635万人，比上年增加0.6万人；常住人口为504.7万人，城镇化率37%，较上年提高了1.3个百分点；全年出生人口11.9万人，人口出生率为18.8‰；死亡人口4.2万人，死亡率为6.5‰；人口自然增长率12.3‰。

全年城镇常住居民人均可支配收入23120元，比上年增长9.1%。人均消费性支出15614元，增长9.5%。其中，食品支出增长9.2%，衣着增长3.2%，居住下降0.8%，教育文化娱乐服务增长33%。城镇常住居民恩格尔系数为30.9%，比上年下降0.1个百分点。年末城镇常住居民人均住房建筑面积38.5平方米，比上年减少9.5平方米。

全年农村常住居民人均可支配收入9738元，比上年增长8.6%。人均生活消费支出8199.9元，增长8%。其中，食品支出增长3.9%，衣着下降4.6%，居住增长5.5%，交通通信增长1%。农村常住居民恩格尔系数为34.8%，比上年下降1.4个百分点。年末农村常住居民人均住房建筑面积47.5平方

米，比上年增加 5.3 平方米。

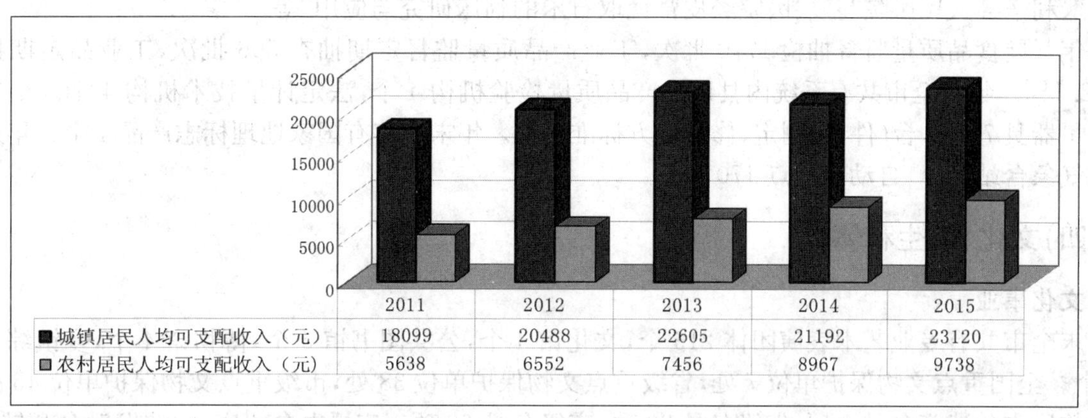

	2011	2012	2013	2014	2015
城镇居民人均可支配收入（元）	18099	20488	22605	21192	23120
农村居民人均可支配收入（元）	5638	6552	7456	8967	9738

图 3　2011—2015 年亳州市城乡居民收入对比一览

(二)就业与社会保障

1. 就业工作

全年城镇新增就业 5 万人，下岗失业人员再就业 1.9 万人。年末城镇登记失业率 3.8%。

2. 社会保障和福利

年末全市参加城镇职工基本养老保险 19.7 万人、城镇职工基本医疗保险 21.9 万人，参加失业保险人数为 15.2 万人，全年为 1411 名失业人员发放了不同期限的失业保险金。全市参加工伤、生育保险人数分别为 18.9 万人和 15.9 万人。被征地农民养老保险制度全面推进，年末被征地农民参保人数 12.3 万人，覆盖率为 98.2%。新型农村养老保险试点工作稳步推进，参保人数 331.7 万人。全市城乡低保保障水平进一步提升，全年发放低保金 4.4 亿元，城市低保年末保障 2.4 万人，农村低保年末保障 18.4 万人。

12 所乡镇敬老院完成改扩建，年末全市有各类收养性社会福利单位床位 2.7 万张，收养各类人员 1.5 万人。城镇建立各种社区服务设施 509 个，其中综合性社区服务站 78 个。全年销售社会福利彩票 2.4 亿元，筹集公益金 0.3 亿元。

(三)教育和科学技术

1. 教育事业

年末全市普通高校 2 所，在校学生 1.2 万人。各类中等职业学校(不含技工学校)29 所，在校生 7.2 万人。普通高中 22 所，在校生 7.9 万人，高中阶段毛入学率 92.1%，比上年上升 5.1 个百分点。普通初中 257 所，在校生 19.2 万人，初中阶段适龄人口入学率 99.6%。小学 1154 所，在校生 48 万人，小学学龄儿童入学率 99.9%。各级各类成人学校毕业生 1.3 万人。全面实施免费义务教育，受益学生 67.3 万人。

国学经典教育纳入中考内容，蒙城县、利辛县被列为全省中小学教师无校籍管理试点县，亳州中药科技学校成为全国首批现代学徒制试点学校。

2. 科技与创新

年末全市有各类专业技术人员 5.7 万人，比上年增长 5.6%。有省级以上工程(技术)研究中心 21 家，全市高新技术产业增加值 76.1 亿元，比上年增长 11.1%。全年受理专利申请 2297 件，授权专利 1196 件。全年共取得省部级以上科技成果 13 项。主要科技成果有：安徽瑞福祥食品有限公司“多酶分步酶解法生产可溶性小麦水解蛋白”、安徽济人药业有限公司“中药配方颗粒生产工艺、质量标准研究与产业化”、利辛县人民医院“基层医院经皮肾镜取石术的临床研究与应用”等。

全年开展食品质量监督抽检1770批次，工业产品质量监督定期抽查506批次，工业品定期抽查合格率92.1%。年末全市共有系统内县以上产品质量检验机构4个，法定计量技术机构4个。全年强制检定计量器具79345台(件)。制定、修订地方标准7项。年末全市有国家地理标志产品4个。年末全市有各类气象台站5个，自动观测点170个。

(四)文化、卫生和体育

1.文化事业

年末全市共有专业艺术表演团体216个，文化馆4个，公共图书馆5个，博物馆4个，乡镇综合文化站87个。全国重点文物保护单位7处，省级重点文物保护单位38处，市级重点文物保护单位45处。国家级非物质文化遗产名录3项，省级名录20项，市级名录66项。广播电台4座，中波发射台和转播台1座，广播人口覆盖率100%。电视台4座，有线电视用户24.5万户，电视人口覆盖率100%。全年出版报纸2种，总印数1272万份。各级档案馆5个，馆藏档案资料31.3万卷(件、册)，库馆总建筑面积3.4万平方米。

2.卫生事业

卫生领域改革步伐加快。市、县两级公立医院综合改革和基层医改有序推进，蒙城县、谯城区乡村医生签约服务试点顺利实施，市人民医院药品零差率销售、医疗服务价格调整和药品耗材带量采购工作全面实施，县级公立医院药占比完成目标任务

年末全市共有卫生机构436个，其中医院55个、卫生院92个，社区卫生服务中心(站)99个，妇幼保健院(所、站)5个，疾病预防控制中心5个，计划生育技术服务机构92个。卫生技术人员15035人，其中执业(助理)医师5442人，注册护士6001人。医院、卫生院实有床位数1.6万张，编制床位数1.3万张。全年诊疗1962.9万人次。村卫生室1269个，乡村医生和卫生员5823人，农村有医疗点的村占总村数的100%。参加新型农村合作医疗的农业人口532.3万人，参合率105.3%。

3.体育事业

年末全市共有体育场地1218个。其中，体育场11个，体育馆2座。全年在国际和国内的重大比赛中，亳州市运动健儿获3枚奖牌。“全民健身”系列主题活动蓬勃开展，共开展全民健身项目120项次，全民健身运动参加人数107万人，全年共举办百人以上群众体育活动84次。

(五)城乡建设

坚持九城同创，城乡面貌呈现新变化。始终把“九城同创”作为重要抓手，统筹推进城乡规划建设管理，人居环境明显改善。突出规划引领。制定《亳州市城市控制性详细规划通则》。针对中心城区功能不全的问题，编制完成教育、卫生、水系沟通、菜市场和小吃摊点等27个专项规划。编制完成9个美丽集镇总体规划、31个美丽乡村规划。成功列为国家智慧城市试点。

全年共投入城市建设维护资金4.9亿元。城市日供水综合能力11.2万吨，自来水普及率达93%。液化气年家庭用量0.2万吨，用气人口40.5万人，城市气化率达94%。年末园林绿地面积2108公顷，建成区绿化覆盖率为41%，人均公共绿地面积12.2平方米。

全年全市调整完成小城镇规划20个，小城镇规划区内新铺装道路99.5公里，新修排水管道116.03公里，新增供水管道126.4公里，新增住宅面积84万平方米。规划区绿化覆盖率为35.2%，供水普及率为40%。

全年中心镇完成建设总投入6.5亿元。新增道路面积和住宅面积分别为71.2和92.2万平方米，新增排水管道50.2公里，新铺供水管道88.2万米，供水普及率为50%。新增公共绿地面积86.4万平方米。

全年完成新农村建设规划20处，面积472.5万平方米，新农村建设竣工面积39.7万平方米，完成土地置换2000亩，节约土地1300亩。

（六）资源、环境保护

全年批准建设用地1979.9公顷，建设占用耕地1238.4公顷，出让国有土地使用权843.7公顷。补充耕地1043.2公顷，基本农田保护面积52.8万公顷。

全市已发现各类矿产9种，已探明储量的矿产6种，煤炭储量达56.2亿吨。

全市人均水资源431.9立方米。总用水量9.9亿立方米，人均用水量195.6立方米。年平均气温15.3℃；年日照总时数1799.2小时。年平均降水量848.8毫米。

年末全市共有市、县级环境监测站5个。监测的5个城区中，城市空气质量全部达到二级标准。全市有1个国家级生态示范区、4个国家级生态乡镇、13个省级生态镇、30个省级生态村、12个市级生态镇、94个市级生态村。

在监控的360公里河段长度中，IV类水质河段长106公里，劣V类水质河段长254公里。涡河入境水质为劣V类，出境水质为IV类；境内西淝河水质为IV类，水质与去年持平。

全年市区环境空气质量优良天数为344天。市城区空气质量达标率94.2%，集中式饮用水水源地水质达标率100%。区域环境噪声平均值为52.3分贝，交通噪声平均值为63.1分贝。建成烟尘控制区4个，面积为269平方公里。建成环境噪声污染达标区面积38.2平方公里。国家级生态示范区建设试点1个。

（七）社会安全

全年共发生各类生产安全伤亡事故1098起，同比增长1.3%，死亡202人，同比增长2%。其中，道路交通安全事故死亡186人，建筑事故死亡11人，工商贸其它事故死亡3人，铁路路外事故死亡1人，农机事故死亡1人。全市亿元GDP生产安全事故死亡人数为0.2人，比上年下降4.5%。

三、亳州市在长三角地区经济发展中的地位

2015年，面对复杂多变的国内外环境，市委、市政府带领全市上下攻坚克难，坚持“工业强市”战略，保持稳中求进的总基调，大力发展主导产业，积极培育战略性新兴产业，全年工业经济实现了平稳增长，经济效益明显提升。

（一）地区生产总值

2011—2015年亳州市地区生产总值在泛长三角地区41市所占比重分别为0.54%、0.56%、0.57%、0.58%和0.58%。地区生产总值在泛长三角41市占比整体呈现上扬态势，2015年与2011年比增加了0.04个百分点，与上年基本持平。2015年，亳州市在泛长三角地区41市地区生产总值所占比重排名第36位。

2015年，全年生产总值(GDP)942.6亿元，按可比价格计算，比上年增长9.1%。分产业看，第一产业增加值195亿元，增长4.4%；第二产业增加值370.2亿元，增长10%；第三产业增加值377.4亿元，增长10.5%。三次产业结构为20.7∶39.3∶40.0，其中工业增加值占GDP比重为32.4%。人均GDP为18771元，比上年增加1002元。在收集到的331个全国各地市GDP中，亳州市GDP总量位居第212位，增速位居第83位。在淮海经济区中，增速位居第10位，较去年提高10个位次。

（二）地方财政一般预算收入

2011—2015年亳州市地方财政一般预算收入在泛长三角41市所占比重分别为0.28%、0.38%、

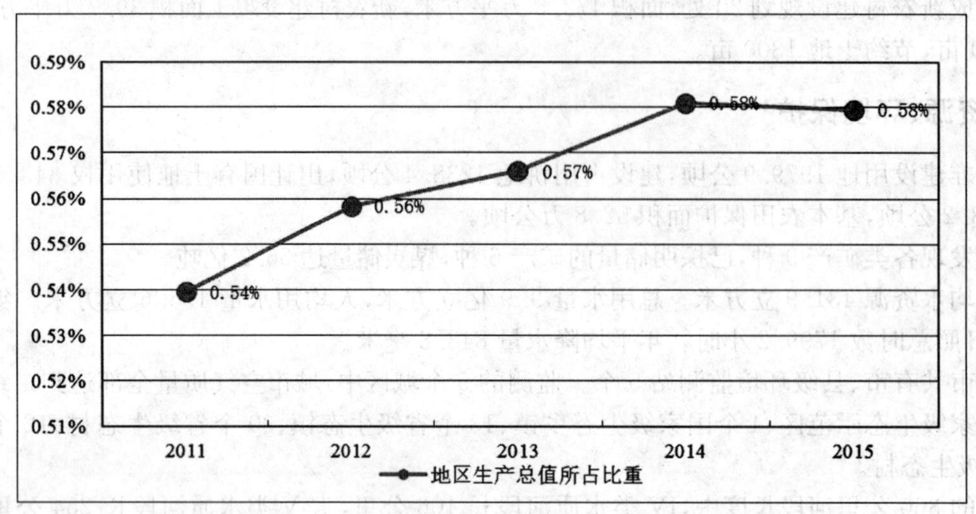

图 4　2011—2015 年亳州市地区生产总值在泛长三角地区 41 市（苏浙两省 24 个地级市、上海市和安徽省 16 市，下同）所占比重的变化趋势

0.41%、0.43%和 0.42%，2015 年较 2011 年增加了 0.14 个百分点，较上年减少了 0.01 个百分点。2015 年，亳州市地方财政一般预算收入在泛长三角 41 市地区的排第 36 位。

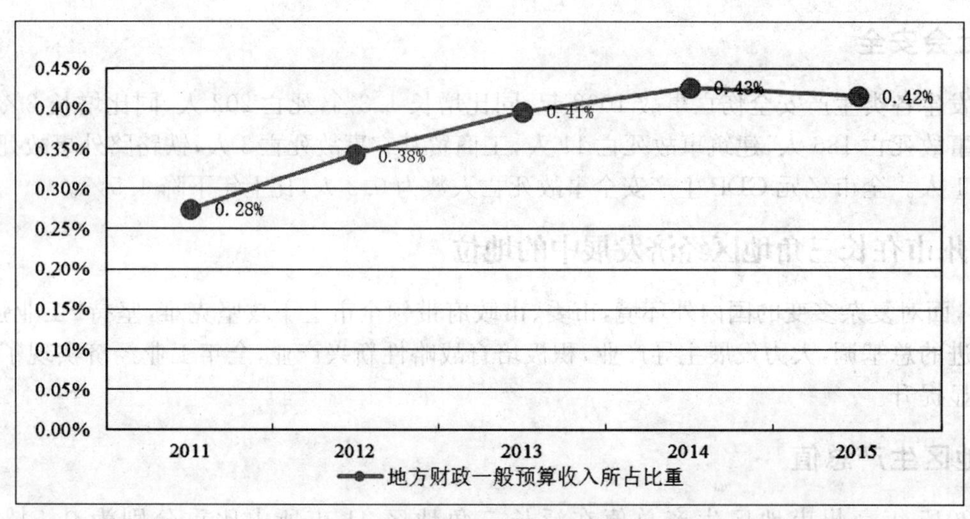

图 5　2011—2015 年亳州市地方财政一般预算收入在泛长三角 41 市所占比重的变化趋势

2015 年，市本级一般公共预算总收入 40.5 亿元，为预算的 100%，增长 13.7%。地方一般公共预算收入 17.6 亿元，加：上级补助收入 26 亿元，上解收入 3.8 亿元，新增债券收入 3.7 亿元，调入资金 9.3 亿元和上年结转 5.8 亿元等，预算总收入 66.2 亿元。市本级一般公共预算支出 51 亿元，为预算的 147.8%，增长 27.6%。加：上解支出 0.6 亿元，补助区支出 6.7 亿元，地方政府债券还本支出 0.7 亿元，预算稳定调节基金支出 5.2 亿元，支出合计 64.2 亿元。

（三）规模以上工业总产值

2011—2015 年亳州市规模以上工业总产值在泛长三角 41 市所占比重分别为 0.24%、0.26%、0.29%、0.30%和 0.34%，呈连续增加态势，2015 年较 2011 年增加了 0.10 个百分点，较上年增加了 0.04 个百分点。

2015年，亳州市规模以上工业总产值在泛长三角41市地方财政一般预算收入所占比重排第39位。

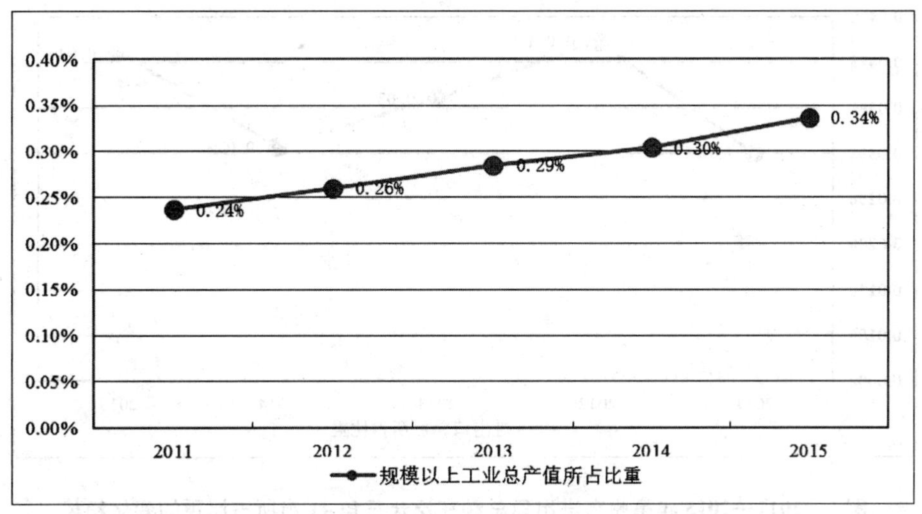

图6　2011—2015年亳州市规模以上工业总产值在泛长三角41市所占比重的变化趋势

2015年，全市793家规模工业实现增加值249.6亿元，增长10.9%，比去年同期提高0.7个百分点，高于全省2.3个百分点，居全省第3位，皖北地区第1位。低于前两位的合肥、滁州0.4和0.2个百分点，高于第4位的蚌埠、阜阳0.1个百分点。分县区看，2015年，全市三县三区和市本级七家单位均实现了两位数增长。其中，市本级累计实现增加值30.9亿元，增长11.2%；开发区实现增加值10.4亿元，增长32.3%；亳芜产业园实现增加值0.4亿元，增长46%；谯城区实现增加值71.3亿元，增长10.3%；涡阳县实现增加值62.6亿元，增长10.2%；蒙城县实现增加值48.3亿元，增长10.1%；利辛县实现增加值25.6亿元，增长10.1%。

首位产业贡献居首。2015年，全市医药制造业企业累计实现增加值61.6亿元，同比增长10.0%，拉动全市规模工业增长2.4个百分点，增加值占规模工业比重24.7%，增加值占比和对全市拉动均居各行业首位。

支柱产业贡献突出。2015年，煤炭开采和洗选业实现增加值33.2亿元，同比增长14.4%，拉动全市规模工业增长2.1个百分点，居行业第2位；酒、饮料和精制茶制造业实现增加值35.0亿元，同比增长15.1%，较去年同期提高28.3个百分点，拉动全市规模工业增长2.0个百分点；农副食品加工业实现增加值28.2亿元，同比增长6.1%，拉动全市规模工业增长0.7个百分点；汽车制造业在安徽江淮安驰汽车有限公司及其相关配套企业的带动下实现迅猛发展，累计实现增加值7.3亿元，同比增长31.0%，高于全市平均增速20.1个百分点，拉动规模工业增长0.7个百分点。

民营经济活力凸显。2015年，规模工业中769家民营企业实现增加值173.5亿元，增长10.4%，拉动规模工业增长7.1个百分点，对全部工业增长的贡献率为65.1%；增加值占全部规模以上工业的69.5%，比去年提高3.2个百分点。

(四)进出口总额

2011—2015年亳州市进出口总额在泛长三角41市所占比重分别为0.02%、0.04%、0.03%、0.03%和0.04%，2015年与2011年比增加了0.02个百分点。2015年，亳州市进出口总额在泛长三角41市的排第40位，较上年上升了一位。

2015年，全市进出口完成5.02亿美元，同比增长35.9%，高于全省平均水平36.7个百分点，超额完成省政府、市政府下达年度目标任务。其中出口实现4.5亿美元，同比增长39.3%，进口实现5142万美

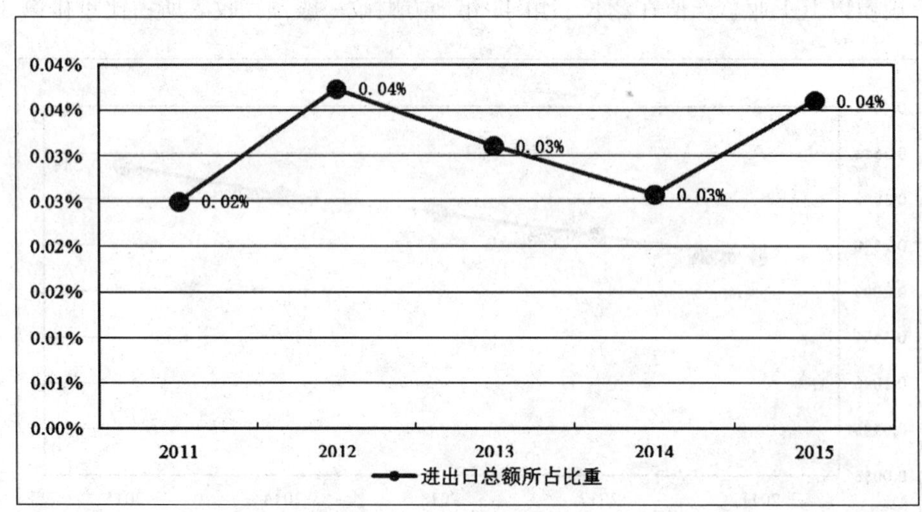

图 7　2011—2015 年亳州市进出口总额在泛长三角 41 市所占比重的变化趋势

元，同比增长 11.6%。进出口增幅、出口增幅连续 12 个月保持全省第一位。

（五）实际外商直接投资金额

2011—2015 年亳州市实际外商直接投资金额在泛长三角 41 市所占比重分别为 0.39%、0.50%、0.63%、0.80%和 0.89%，整体呈现上扬姿态，2015 年较 2011 年增加了 0.50 个百分点，较上年增加了 0.09 个百分点。2015 年，亳州市实际外商直接投资金额在泛长三角 41 市排第 26 位。

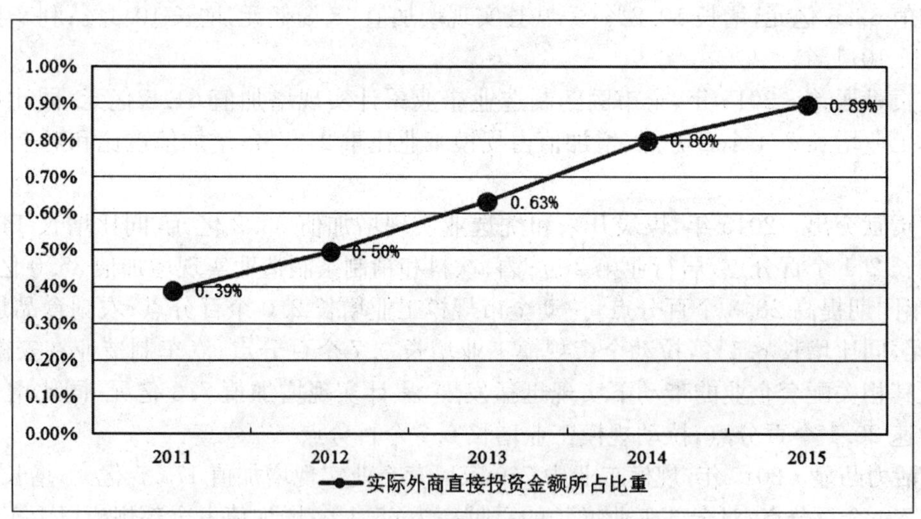

图 8　2011—2015 年亳州市实际外商直接投资金额在泛长三角 41 市所占比重的变化趋势

全年新批外商投资企业 8 家，比上年增长 100%；合同利用外商直接投资 1.5 亿美元，增长 176.9%；实际利用外商直接投资 6.6 亿美元，增长 10%。

第五篇

长三角地区经济社会发展专题报告

第一章　长三角地区经济发展专题报告

一　长三角产业结构

一、长三角产业结构总体情况

2015 年，长三角实现地区生产总值 160131.95 亿元，按当年价计算，比上年增长 7.0%。从三次产业情况看，第一产业实现增加值 8385.47 亿元，比上年增长 5.8%；第二产业实现增加值 70693.95 亿元，增长 2.0%；第三产业实现增加值 81052.53 亿元，增长 11.8%。

2015 年，长三角产业结构得到了进一步调整优化，三次产业结构调整为 5.2∶44.2∶50.6。第一产业所占的比重比上年下降 0.1 个百分点，第二产业下降 2.1 个百分点，第三产业上升 2.2 个百分点。近六年，长三角地区第二产业比重在稳步下降，第三产业比重稳步上升。2015 年，全国三次产业结构调整为 8.9∶40.9∶50.2，长三角第一产业比重比全国平均水平低 3.7 个百分点，而长三角第二、三产业比重比全国平均水平分别高 3.3 个百分点和 0.4 个百分点。

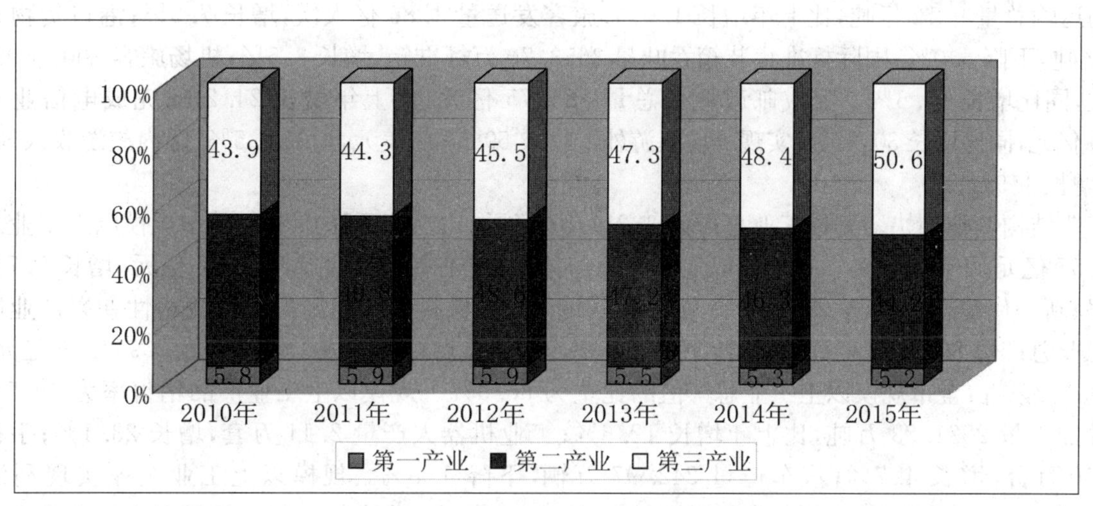

2010—2015 年长三角地区产业结构情况

从与上海市比较来看，2015 年上海市三次产业结构从上年的 0.5∶34.7∶64.8 调整为 0.4∶31.8∶67.8。第一产业所占的比重低于长三角 4.8 个百分点，第二产业低于长三角 12.4 个百分点，第三产业高于长三角 17.2 个百分点。

从与江苏省比较来看，2015 年江苏省三次产业结构从上年的 5.6∶47.4∶47.0 调整为 5.7∶45.7∶48.6。第一产业所占的比重高于长三角 0.5 个百分点，第二产业高于长三角 1.5 个百分点，第三产业低于长三角 2.0 个百分点。

从与浙江省比较来看，2015 年浙江省三次产业结构从上年的 4.4∶47.7∶47.9 调整为 4.3∶45.9∶49.8。第一产业所占的比重低于长三角 0.9 个百分点，第二产业高于长三角 1.7 个百分点，第三产业低于长三角 0.8 个百分点。

从与安徽省比较来看，2015 年安徽省三次产业结构从上年的 11.5∶53.1∶35.4 调整为 11.2∶

49.7：39.1。第一产业所占的比重高于长三角6.0个百分点，第二产业高于长三角5.5个百分点，第三产业低于长三角11.5个百分点。

二、上海市产业结构发展现状分析

2015年，上海市实现生产总值25123.45亿元，按可比价格计算，比上年增长6.9%。其中，第一产业增加值109.82亿元，同比下降13.6%；第二产业增加值7991.00亿元，同比增长1.2%；第三产业增加值17022.63亿元，同比增长10.6%。

第三产业引领发展。金融业实现增加值4162.70亿元，同比增长22.6%；交通运输、仓储和邮政业实现增加值1133.17亿元，同比增长7.0%；信息传输、计算机服务和软件业实现增加值1376.69亿元，同比增长12.0%；批发和零售业实现增加值3824.22亿元，同比增长3.7%。全年金融市场（包括外汇市场）交易总额达到1462.73万亿元，比上年增长1.0倍。上海证券交易所各类有价证券总成交金额266.37万亿元，增长1.1倍，其中，股票成交金额133.10万亿元，增长2.5倍。上海期货交易所总成交金额63.56万亿元，增长0.5%。中国金融期货交易所总成交金额417.76万亿元，增长1.5倍。银行间市场总成交金额704.26万亿元，增长94.8%。上海黄金交易所总成交金额10.78万亿元，增长68.8%。全市金融机构本外币各项存款余额为103760.60亿元，比年初增加13328.75亿元；贷款余额53387.21亿元，比年初增加4880.58亿元。原保险保费收入1125.16亿元，比上年增长14.0%。其中，财产险公司原保险保费收入355.40亿元，增长10.9%；寿险公司原保险保费收入769.77亿元，增长15.5%。实现货物运输总量9.12亿吨，比上年增长1.0%；旅客发送量1.86亿人次，增长7.9%；港口货物吞吐量7.17亿吨，下降5.0%；国际标准集装箱吞吐量3653.70万标准箱，增长3.5%；机场旅客吞吐量9918.90万人次，同比增长10.6%。完成邮政业务总量385.75亿元，比上年增长24.2%；完成电信业务总量780.30亿元，同比增长30.5%。实现入境旅游外汇收入59.60亿美元，增长4.5%；国内旅游收入3004.73亿元，增长1.9%。

工业结构调整加快。完成工业总产值33211.57亿元，比上年下降0.5%，其中规模以上工业总产值31049.57亿元，下降0.8%。在规模以上工业总产值中，国有控股企业11528.27亿元，增长0.7%。节能环保、新一代信息技术、生物医药、高端装备、新能源、新材料和新能源汽车等战略性新兴产业制造业完成工业总产值8064.12亿元，比上年下降1.1%。六个重点行业完成工业总产值20964.36亿元，比上年下降0.2%，占全市规模以上工业总产值的比重为66.9%。规模以上工业产品销售率为99.5%。全年原油加工量2521.83万吨，比上年增长12.6%；工业机器人产量2.11万套，增长23.1%；手机产量6747.50万台，增长4.7%；汽车产量242.97万辆，下降1.8%。规模以上工业企业实现利润总额2650.59亿元，比上年下降0.9%，实现税金总额2049.41亿元，增长10.2%。规模以上工业企业亏损面为23.4%。

农业生产基本稳定。全年全市实现农业总产值302.62亿元，比上年下降6.1%。其中，种植业162.04亿元，下降4.4%；林业12.15亿元，增长38.4%；牧业65.61亿元，下降6.2%；渔业51.79亿元，下降17.1%；农林牧渔服务业11.03亿元，下降4.1%。上海域外市属农场实现农业总产值24.84亿元，增长12.6%。全市粮食播种面积16.19万公顷，比上年下降1.8%；粮食产量112.08万吨，下降0.7%；牛奶产量27.69万吨，增长2.4%；；水产品产量30.18万吨，增长0.5%。至年末，全市有1631家企业、7590个产品获得“三品一标”农产品认证。其中，绿色食品生产企业191家，绿色食品275个；无公害农产品生产企业1432家，无公害农产品7289个。全市累计建成标准化畜禽养殖场317家，标准化水产养殖场270家；累计建成设施粮田面积86.53千公顷，市级蔬菜标准园150家。至年末，全市有农业产业化龙头企业387家，农民专业合作社6302家，经农业主管部门认定的粮食家庭农场3555个。

三、江苏省产业结构发展现状分析

2015年，江苏省实现生产总值70116.38亿元，按可比价格计算，比上年增长8.5%。其中，第一产业增加值3986.05亿元，比上年增长3.3%；第二产业增加值32044.45亿元，增长8.3%；第三产业增加值34085.88亿元，增长9.4%。三次产业增加值比例调整为5.7∶45.7∶48.6，实现产业结构“三二一”标志性转变。

工业运行保持稳定。规模以上工业增加值比上年增长8.3%，其中轻工业增长7.6%、重工业增长8.6%。分经济类型看，国有工业增长1.6%，集体工业增长10.4%，股份制工业增长10.0%，外商港澳台投资工业增长6.0%。在规模以上工业中，国有控股工业增长2.1%，私营工业增长11.0%。规模以上工业企业实现主营业务收入147074.45亿元，比上年增长3.6%；利税15907.10亿元，增长9.3%；利润9686.84亿元，增长7.0%。企业亏损面13.2%，比上年末上升0.7个百分点。规模以上工业企业总资产贡献率、主营业务收入利润率和成本费用利润率分别为15.6%、6.5%和7.0%。规模以上工业中，汽车制造业实现产值6948.74亿元，比上年增长7.9%；医药制造业产值3534.78亿元，增长13.4%；专用设备制造业产值5921.75亿元，增长6.3%；电气机械及器材制造业产值16266.32亿元，增长3.6%；通用设备制造业产值8820.61亿元，增长6.6%；计算机、通信和其他电子设备制造业产值18896.93亿元，增长7.9%。

服务业发展水平稳步提升。完成旅客运输量、货物运输量分别为15.39亿人和21.16亿吨，分别比上年增长－1.3%和1.4%；旅客周转量、货物周转量分别为1566.40亿人千米和8887.71亿吨千米，分别增长1.0%和－19.4%；完成港口货物吞吐量23.33亿吨，增长3.2%。邮政电信业务总量2280.60亿元，比上年增长35.7%。其中，邮政业务总量516.02亿元，电信业务总量1764.60亿元，同比分别增长43.7%和33.5%。金融机构本外币存款余额111329.86亿元，比年初增加14390.85亿元；金融机构本外币贷款余额81169.72亿元，比年初增加8679.70亿元。证券市场完成交易额60.40万亿元。分类型看，证券经营机构股票交易额35.10万亿元，增长262.1%；期货经营机构代理交易额30.50万亿元，增长55.3%。完成保费收入1989.91亿元，比上年增长18.2%。其中，财产险收入672.19亿元，比上年增长10.9%；寿险收入1083.92亿元，增长18.2%。接待国内游客6.19亿人次，比上年增长8.4%；国内旅游收入8769.31亿元，比上年增长11.5%；海外旅游者人数305.01万人次，增长2.7%；国际旅游外汇收入35.27亿美元，增长16.3%。

农业生产平稳，林牧渔业稳定发展，现代农业加快推进。粮食总产实现“十二连增”，全年总产量达3561.34万吨，比上年增产70.72万吨，增长2.0%；夏粮1271.67万吨，增长1.4%；秋粮2289.67万吨，增长2.4%。全年粮食播种面积542.46万公顷，比上年增加4.86万公顷；棉花面积9.43万公顷，减少3.75万公顷；油料面积47.54万公顷，减少2.38万公顷；蔬菜面积143.14万公顷，增加5.90万公顷。全年造林面积4.26万公顷，比上年下降26.7%。全年猪牛羊禽肉产量369.43万吨，比上年下降2.6%；禽蛋总产量198.81万吨，增长0.9%；牛奶总产量59.59万吨，下降1.9%；水产品总产量522.11万吨，增长0.6%，其中淡水产品372.86万吨，海水产品149.24万吨，分别增长1.2%和－0.8%。高标准农田比重超过50%，农业科技进步贡献率提高到65.0%，家庭农场、农民合作社分别达到2.8万家和7.2万个，农村产权交易市场建设进展顺利。全省有效灌溉面积达395.25万公顷，新增有效灌溉面积6.20万公顷，新增节水灌溉面积14.66万公顷；新增设施农业面积4.20万公顷；年末农业机械总动力4825.49万千瓦，比上年增长3.8%。

四、浙江省产业结构发展现状分析

2015年，浙江省实现生产总值为42886.49亿元，按可比价格计算，比上年增长8.0%。其中，第一产业增加值1832.91亿元，比上年增长1.5%；第二产业增加值19711.67亿元，增长5.3%；第三产业增加值 21341.91 亿元，增长 11.3%。

工业生产和利润保持平稳增长。规模以上工业总产值 66818.95 亿元，比上年下降 0.3%；完成出口交货值 11440.24 亿元，下降 4.1%；实现利润 3839.99 亿元，增长 3.0%。其中，国有规模以上工业实现利润 78.21 亿元，比上年下降 4.4%；私营规模以上工业实现利润 1366.49 亿元，增长 4.1%。规模以上工业中，汽车制造业实现产值 3681.80 亿元，比上年增长 24.2%；医药制造业产值 1279.40 亿元，增长 8.2%；专用设备制造业产值 1651.10 亿元，下降 0.7%；通用设备制造业产值 4289.70 亿元，下降 5.4%；计算机、通信和其他电子设备制造业产值 2896.40 亿元，增长 7.1%。至年末全省汽车产量为 42.87 万辆，比上年增长 31.0%，其中轿车产量为 32.69 万辆，增长 47.7%。规模以上工业中，高新技术产业增加值 4910 亿元，增长 6.9%，占规模以上工业的比重为 37.2%，对规模以上工业增长贡献率为 55.7%；装备制造业增加值 4856 亿元，增长 6.3%，占规模以上工业的比重为 36.8%。在规模以上工业中，健康产品制造、节能环保产业增加值分别增长 6.2%、5.9%；新一代信息技术和物联网、新能源、新能源汽车、新材料、生物、海洋新兴产业增加值分别增长 15.1%、17.1%、10.9%、8.1%、6.6%和 6.1%。规模以上工业新产品产值 21555 亿元，增长 13.8%；新产品产值率 32.2%，比上年提高 3.7 个百分点。

服务业增长较快。完成旅客运输量、货物运输量分别为 12.64 亿人和 20.07 亿吨，分别比上年增长 —4.1%和 3.7%；旅客周转量、货物周转量分别为 1092.53 亿人千米和 9868.98 亿吨千米，分别增长 1.5%和 3.5%。完成港口货物吞吐量 13.81 亿吨，下降 0.7%。实现邮电业务总量 2392.11 亿元，比上年增长 42.0%。金融机构本外币各项存款余额 90301.61 亿元，比上年末增长 14.0%，其中人民币存款余额增长 13.3%；金融机构本外币各项贷款余额 76466.00 亿元，比上年末增长 7.2%，其中人民币贷款余额增长 8.0%。保险业实现保费收入 1435.33 亿元，比上年增长 14.1%。其中，财产险保费收入 646.72 亿元，比上年增长 10.7%；寿险保费收入 632.16 亿元，比上年增长 12.1%。接待国内旅游者 5.25 亿人次，比上年增长 9.7%；实现国内旅游总收入 6720.00 亿元，比上年增长 13.0%。接待入境旅游者 1012.04万人次，比上年增长 8.7%；实现旅游外汇收入 67.88 亿美元，比上年增长 18.0%。

农业平稳发展。粮食播种面积为 1277.85 千公顷，比上年增长 0.9%；粮食单产和总产量分别为 5886 千克/公顷和 752.20 万吨，分别比上年下降 1.6%和 0.7%。油料播种面积 146.09 千公顷，比上年增长 0.8%；蔬菜 618.07 千公顷，增长 2.0%；棉花 13.78 千公顷，减少 20.2%。生猪年末存栏 730.19 万头，年内出栏 1315.63 万头，分别比上年减少 24.3%和 23.7%；猪、牛、羊肉产量 106.33 万吨，比上年减少 18.1%。水产品总产量 602.00 万吨，比上年增长 4.7%。其中，海水产品产量 491.20 万吨，比上年增长 4.9%；淡水产品产量 110.80 万吨，增长 3.7%；远洋渔业产量 61.17 万吨，增长 13.0%。新建粮食生产功能区 1445 个，面积 7 万公顷，累计建成粮食生产功能区 7886 个，总面积 44.47 万公顷。全省累计建成现代农业园区 818 个，总面积 34.47 万公顷；其中，现代农业综合区 107 个，主导产业示范区 200 个，特色农业精品园 511 个。全省已有农业龙头企业 7470 家。全省土地流转率为 50%，累计流转面积 63.67万公顷。

五、安徽省产业结构发展现状分析

2015 年，安徽省实现生产总值 22005.63 亿元，按可比价格计算，比上年增长 8.7%。其中，第一产业增加值 2456.69 亿元，比上年增长 4.2%；第二产业增加值 10946.83 亿元，增长 8.3%；第三产业增加值 8602.11 亿元，增长 10.8%。

工业生产平稳增长，利润下行。2015 年，安徽省规模以上工业总产值 39875.66 亿元，按现行价计算，比上年增长 6.6%；完成出口交货值 2177.81 亿元，增长 0.9%；实现利润 2000.12 亿元，增长 2.9%。其中，国有规模以上工业实现利润 45.01 亿元，比上年下降 40.1%；私营规模以上工业实现利润 1021.18 亿元，增长 5.2%；外商及港澳台投资企业实现利润 254.04 亿元，增长 8.1%。规模以上工业中，汽车制造业实现产值 2483.68 亿元，比上年增长 17.5%；医药制造业产值 751.61 亿元，增长 16.7%；专用设备

制造业产值1496.64亿元，增长9.2%；通用设备制造业产值2205.06亿元，增长14.6%；计算机、通信和其他电子设备制造业产值2037.79亿元，增长24.3%。电气机械和器材制造业、电力热力生产和供应业、非金属矿物制品业、化学原料和化学制品制造业、通用设备制造业、农副食品加工业、计算机通信和其他电子设备制造业、汽车制造业、橡胶和塑料制品业、酒饮料和精制茶制造业、专用设备制造业、金属制品业、医药制造业等13个利润超50亿元的行业，合计实现利润1647.21亿元，占全部工业的82.4%。

服务业增长较快。2015年，安徽省完成旅客运输量、货物运输量分别为8.71亿人和34.58亿吨；旅客周转量、货物周转量分别为1258.21亿人千米和10402.57亿吨千米(2015年交通运输部组织开展了公路水路运输量小样本调查工作，重新调整基数，客、货运量及周转量与2014年数据不具可比性)。完成港口货物吞吐量4.80亿吨，比上年增长9.6%；集装箱吞吐量95.59万标准箱，增长25.1%。实现邮电业务总量740.03亿元，比上年增长26.3%。金融机构本外币各项存款余额34826.23亿元，比上年末增长15.7%，其中人民币存款余额增长15.6%；金融机构本外币各项贷款余额26144.36亿元，比上年末增长14.9%，其中人民币贷款余额增长15.4%。保险业实现保费收入698.92亿元，比上年增长22.1%。其中，财产险保费收入290.06亿元，比上年增长13.8%；寿险保费收入353.70亿元，比上年增长28.9%。实现国内旅游总收入3980.50亿元，比上年增长20.3%；接待国内旅游者4.44亿人次，增长17.2%。实现旅游外汇收入22.63亿美元，比上年增长15.4%；接待入境旅游者444.63万人次，增长9.8%。

农业平稳发展。2015年，安徽省农作物播种面积8950.46千公顷，比上年扩大4.93千公顷；粮食作物种植面积6632.90千公顷，比上年扩大3.97千公顷。油料种植面积772.10千公顷，减少16.34千公顷；棉花种植面积232.50千公顷，减少32.70千公顷；蔬菜种植面积899.81千公顷，扩大37.75千公顷。全年粮食产量3538.12万吨，比上年增产122.29万吨，增长3.6%；油料产量227.85万吨，下降0.4%；棉花产量23.37万吨，下降112.%。年末生猪存栏1539.37万头，比上年下降2.9%；全年生猪出栏2979.20万头，下降3.6%。肉类总产量419.38万吨，增长1.3%，其中猪牛羊肉产量291.88万吨，下降2.1%；禽蛋产量134.66万吨，增长9.9%；牛奶产量30.63万吨，增长9.9%；淡水产品产量230.43万吨，增长3.0%。全年植树造林128.42千公顷，比上年减少18.6%。年末全省农业机械总动力6580.99万千瓦，比上年增长3.4%。有效灌溉面积4400.34千公顷，新增68.64千公顷；新增节水灌溉面积44.70千公顷。

六、长三角地区产业结构调整策略

产业结构优化调整，是推动城市特别是现代城市演进发展的重要动力。城市能否成功转型发展，关键取决于能不能推进产业结构战略性调整，实现城市经济结构的新跨越。

上海市

加快“四个中心”建设，发展现代服务业。积极配合国家金融管理部门，促进人民币跨境支付系统、保险交易所、全国性信托登记平台等功能性机构落地，推动ETF期权等金融产品创新，扩大私募、保险等领域的创新试点，支持互联网金融、并购金融等健康发展，健全金融风险监测和预警机制。完善现代航运集疏运体系，发展航运金融等高端航运服务业，优化邮轮经济发展环境。加快建设大宗商品市场，完善贸易平台功能，开展国内贸易流通体制改革和发展综合试点，构建现代物流服务体系。落实扩大消费政策措施，促进传统商业转型，积极培育消费新热点，充分发挥消费对经济发展的基础作用。

加快新兴产业发展和传统产业升级。制定实施政府采购、资金支持、人才落户等“四新”经济发展政策，推动大飞机、北斗卫星导航、集成电路等战略性新兴产业发展，促进信息服务、旅游会展、健康养老等生产性服务业和生活性服务业加快发展。落实固定资产加速折旧等政策，鼓励传统产业改造升级。严格执行安全、环保、能效、质量等标准，淘汰落后产能800项左右。推进桃浦、南大、吴淞、高桥等区域转型发展，探索科技创新、商务商贸、文化创意等多功能、复合型社区建设。

江苏省

深化产业结构调整。加大转型攻坚力度，推动产业结构优化升级。做强做大战略性新兴产业。坚持市场导向，强化科技支撑，深入实施十大战略性新兴产业发展规划和重大工程，发展产业联盟，发挥行业协会作用，支持创新型企业发展，壮大战略性新兴产业集群。加快发展现代服务业。重点发展信息服务、电子商务、现代物流、融资租赁等新型服务业，大力发展互联网经济、平台经济等新业态。深入实施服务业集聚区提升工程，重视发展生活性服务业。大力发展先进制造业。以智能制造为突破口，深化两化融合，推进"智慧江苏"建设。加强企业技术改造，促进技术创新、产品创新、管理创新、商业模式创新，不断向产业链高端攀升，增加产业增值环节。加强质量强省和品牌建设，促进产业提档升级。多措并举，有效化解重点行业过剩产能，淘汰落后产能。

加快推进农业现代化。按照生产技术先进、经营规模适度、市场竞争力强、生态环境可持续的要求，加快转变农业发展方式，着力提高农业劳动生产率、资源利用率、土地产出率，大力发展高效农业、生态农业、外向型农业，推动现代农业建设迈上新台阶。加快培育新型农业经营主体。大力发展家庭农场，加强农民职业技能培训，提高培训实效。提升农民合作社发展质量，充分发挥农业龙头企业带动作用。鼓励引导工商资本到农村发展适合企业化经营的现代种养业。加快构建现代农业产业体系。严守耕地保护红线。稳定发展粮食生产，加强粮食收储，全力夺取农业丰收，保障农产品市场供应。推进农业结构战略性调整，积极发展高效园艺业、规模畜牧业、特色水产业和休闲观光农业，提升农业产业化经营水平，增创江苏农业新优势。加快提高农业物质装备和技术水平。加强农田水利建设，加大农业综合开发力度，大规模建设高标准基本农田，不断提升农业机械化水平。

浙江省

大力发展高端制造业和现代服务业，加快产业转型升级。大力发展信息、环保、健康、旅游、时尚、金融、高端装备制造等七大产业。设立省产业转型升级发展基金，切实抓好七大产业发展规划的落实，各项要素重点向七大产业投资项目倾斜，加快形成以高端制造业和现代服务业为主体的产业结构。把发展以互联网为核心的信息经济作为重中之重，加快培育云计算、大数据、物联网等产业，加快发展电子商务、软件、信息产品制造等产业。

大力发展现代农业。坚持高效生态农业发展方向，加快建设绿色农业强省。坚持农民主体，尊重经济规律，加大政策扶持，突出绿色发展，进一步加强粮食生产功能区和现代农业园区建设。稳定粮食生产，落实新增地方粮食储备规模，守住粮食安全红线。优化种植业、提升畜牧业、发展现代林业、拓展远洋渔业、修复振兴浙江渔场，促进农业结构调整和发展方式转变。实行最严格的耕地保护制度，禁止毁林开垦，启动永久基本农田划定工作。加快农业科技创新和现代种植业发展，加强农田水利设施建设，推进农业机器换人，大力发展农村电子商务，积极推进生产、供销、信用"三位一体"改革，加快培育新型农民。

安徽省

加快提升主导产业核心竞争力。突出产业化的创新，实施高端装备、信息网络、集成电路、新能源汽车、新材料等重大创新工程，推进高世代显示器件、量子通信、语音技术、现代医药、民用航空等重大项目建设，加速把一批新兴产业培育成主导产业。充分运用工业化和信息化深度融合的核心技术，在汽车、家电等领域实施一批智能制造项目，促进钢铁、煤炭、有色金属等产业创新产品、管理和商业模式，推动同业间产能整合、优胜劣汰，提升传统优势产业竞争力。推进建筑产业现代化。加强质量和标准化建设，大力培育自主品牌。

大力发展现代服务业。深化流通体制改革，加快发展现代物流业，建设一批综合物流、专业物流园区，大力发展航空、航运服务业，推动临港、临空产业集聚特色化发展。加快旅游管理体制改革，支持旅游产品开发和营销体系建设，推进旅游与文化、生态、健康、养老等产业互动融合。培育壮大金融保险、文化创意、工业设计、科技服务、检验检测、会展等产业。推动移动互联网、云计算、大数据、物联网等与现代制造业融合，促进电子商务、工业互联网、互联网金融发展。

大力推进农业现代化和农业结构调整。继续开展高产创建和粮食生产功能区建设，深入实施小型水利工程改造提升行动计划，抓好大型泵站更新改造与大中型灌区续建配套。推进粮食收储能力建设，实施粮食危仓老库维修改造和农户科学储粮工程。大力发展优质高效特色农产品，加大对设施蔬菜、规模化标准化养殖的政策支持。推进农业科技创新，健全基层农技推广机构和人员激励政策，完善基层社会化服务组织，加快建设国家农村信息化示范省、农业物联网试验区、现代农业示范区和农村电子商务试点省。推行农业标准化清洁生产，推进节水、节肥、节药，探索发展多功能大循环农业。

二 长三角财政

一、长三角财政总体情况

近几年,长三角一般预算收入稳步提升。2015 年,长三角地区一般预算收入为 22370.26 亿元,比上年增长 12.5%,增幅比上年上升 1.0 个百分点。江苏省一般预算收入在长三角中占比最高,为 35.9%,比上年下降 0.5 个百分点;上海市所占比重为 24.7%,上升 0.2 个百分点;浙江省所占比重为 21.5%,上升 0.8 个百分点;安徽省所占比重为 17.9%,下降 0.5 个百分点。

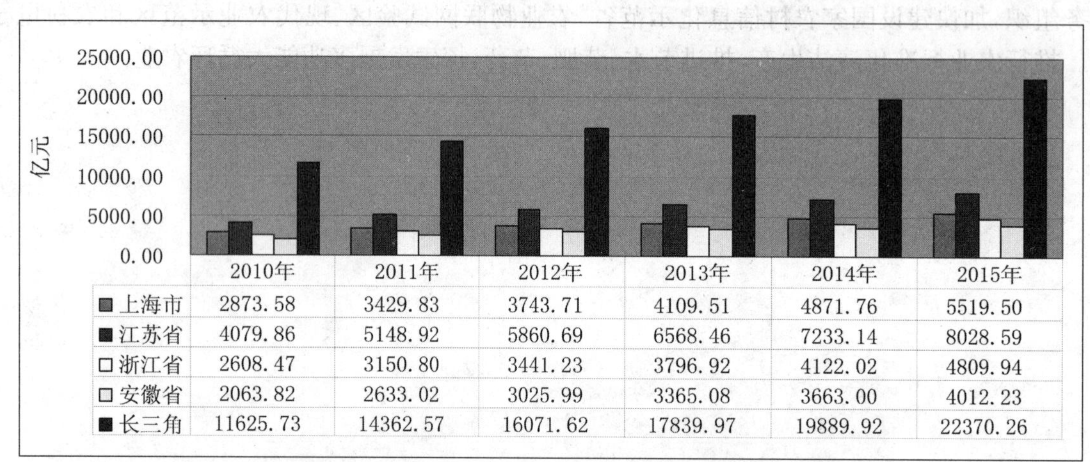

	2010年	2011年	2012年	2013年	2014年	2015年
■上海市	2873.58	3429.83	3743.71	4109.51	4871.76	5519.50
■江苏省	4079.86	5148.92	5860.69	6568.46	7233.14	8028.59
□浙江省	2608.47	3150.80	3441.23	3796.92	4122.02	4809.94
□安徽省	2063.82	2633.02	3025.99	3365.08	3663.00	4012.23
■长三角	11625.73	14362.57	16071.62	17839.97	19889.92	22370.26

2010—2015 年长三角地方一般预算收入图及附表(单位:亿元)

近几年,长三角一般预算支出稳步增长。2015 年,长三角地区一般预算支出为 27764.13 亿元,比上年增长 18.3%,增幅比上年上升 8.6 个百分点。江苏省一般预算支出在长三角中占比最高,为 34.9%,比上年下降 1.2 个百分点;浙江省所占比重为 23.9%,上升 1.9 个百分点;上海市所占比重为 22.3%,上升 0.2 个百分点;安徽省所占比重为 18.9%,下降 1.0 个百分点。

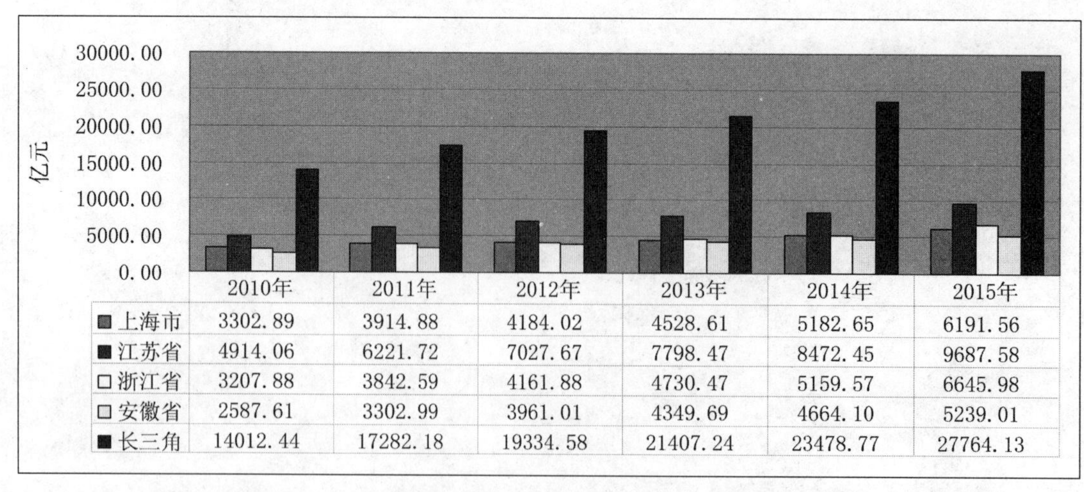

	2010年	2011年	2012年	2013年	2014年	2015年
■上海市	3302.89	3914.88	4184.02	4528.61	5182.65	6191.56
■江苏省	4914.06	6221.72	7027.67	7798.47	8472.45	9687.58
□浙江省	3207.88	3842.59	4161.88	4730.47	5159.57	6645.98
□安徽省	2587.61	3302.99	3961.01	4349.69	4664.10	5239.01
■长三角	14012.44	17282.18	19334.58	21407.24	23478.77	27764.13

2010—2015 年长三角地方一般预算支出图及附表(单位:亿元)

二、上海市财政

(一)上海市地方一般预算收入收支执行情况

2015 年,上海全市一般公共预算收入 5519.5 亿元,为预算的 105.9%,比 2014 年同口径(下同)增长 13.3%(需要说明的是,全市财政收入实现平稳较快增长,主要得益于本市结构调整、创新转型效应不断显现,其中也包含了部分特殊因素,特别是证券市场交易量大幅度增长,带动金融业财政收入增长)。加上中央财政税收返还和补助收入 649.3 亿元,上年结转收入、调入资金、动用预算稳定调节基金、动用历年结余等 1033.8 亿元,以及本市地方政府一般债务收入 801.0 亿元,收入总量为 8003.6 亿元。一般公共预算支出 6191.6 亿元,完成调整预算的 103.8%,增长 19.5%。加上上解中央财政支出 206.5 亿元、地方政府一般债务还本 649.0 亿元、增设预算周转金 47.8 亿元、补充预算稳定调节基金 812.1 亿元、结转下年支出 96.6 亿元,支出总量为 8003.6 亿元。全市一般公共预算收支执行基本平衡。

2015 年,上海市本级一般公共预算收入 2806.1 亿元,为预算的 107.3%,比上年增长 14.8%。加上中央财政税收返还和补助收入 649.3 亿元,上年结转收入、区县上解收入、调入资金、动用预算稳定调节基金、动用历年结余等 523.5 亿元,以及本市地方政府一般债务收入 801.0 亿元,收入总量为 4779.9 亿元。一般公共预算支出 2333.5 亿元,完成调整预算的 99.6%,增长 24.8%。加上上解中央财政支出 206.5 亿元、市对区县税收返还和转移支付 1050.9 亿元、地方政府一般债务还本 145.0 亿元、地方政府一般债务转贷支出 677.0 亿元、增设预算周转金 43.8 亿元、补充预算稳定调节基金 279.7 亿元、结转下年支出 43.5 亿元,支出总量为 4779.9 亿元。市本级一般公共预算收支执行基本平衡。

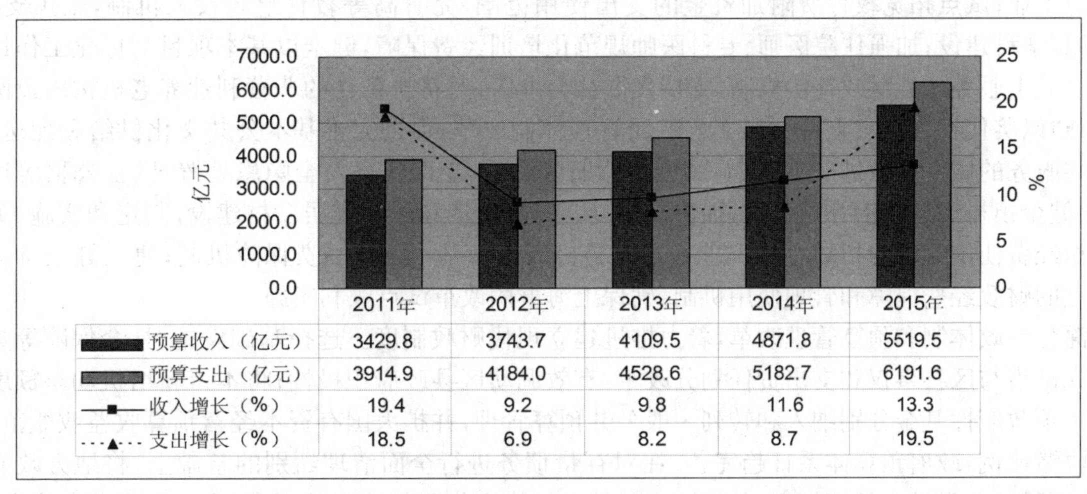

	2011年	2012年	2013年	2014年	2015年
预算收入(亿元)	3429.8	3743.7	4109.5	4871.8	5519.5
预算支出(亿元)	3914.9	4184.0	4528.6	5182.7	6191.6
收入增长(%)	19.4	9.2	9.8	11.6	13.3
支出增长(%)	18.5	6.9	8.2	8.7	19.5

2011—2015 年上海市地方财政一般预算收支趋势图

(二)上海财政预算执行与工作特点

1.继续实施积极财政政策并加力增效,着力促进经济稳定增长。贯彻落实市委、市政府有关基础设施投入向郊区倾斜的决策部署,提高郊区重大公共基础设施建设的市级投资比重,着力减轻区县财政支出压力;加大置换债券和新增债券转贷区县力度(“十二五”期间,本市转贷区县的政府债券资金总量为 1298 亿元,占比达到 80.6%),有序推进存量债务置换,进一步优化区县政府的债务结构、降低债务成本、缓解偿债压力;加大小微企业所得税优惠力度,取消 10 项行政事业性收费项目、缩小 3 项行政事业性收费的征收范围,对小微企业免征 14 项行政事业性收费和 5 项政府性基金;实施境外旅客购物离境退税政策,使上海成为全国首批全面实施境外旅客购物离境退税政策的城市;完善出口退税负担机制,清理规范进出口环节收费，并自 2015 年 9 月 15 日起，在上海港港区内对海关查验没有问题的进出口集装箱（重箱）货物（固体废物除外），免除企业缴纳的查验作业服务费，着力促进外贸出口稳定增长。

2. 聚焦支持具有全球影响力的科技创新中心建设，着力促进经济结构优化升级。深入实施创新驱动发展战略，制定和实施《关于进一步加大财政支持力度加快建设具有全球影响力的科技创新中心的若干配套政策》及其具体实施办法，从改革财政科技资金管理、完善资金投入方式、发挥政策引导效应、激励科技成果转化等方面入手，着力构建与经济发展新常态相适应、与国际通行规则相衔接、符合上海实际的财税政策和制度体系；加大财政专项资金的整合、规范和聚焦支持力度，设立产业转型升级投资基金、创新创业投资母基金，吸引社会资本投向种子期、初创期的成长型中小企业，充分发挥政府投资引导基金的放大和撬动作用；聚焦支持加快淘汰落后产能、压缩化解过剩产能，积极推广新能源汽车，促进实现要素配置合理化和产业发展融合化。

3. 聚焦支持上海"四个中心"建设与自贸试验区改革创新联动发展，着力促进提升城市综合服务功能。统筹安排使用上海自贸试验区与"张江"专项资金，全面落实国家有关法人合伙人投资抵免等税收政策；积极配合财政部等国家有关部门认真做好金砖国家新开发银行总部落户上海的挂牌运营和财税配套政策的细化落实工作，着力鼓励和引导各类总部型、功能性金融机构集聚发展；结合落实"一带一路"国家战略，支持对外投资合作公共服务体系建设，促进提升中小企业"走出去"的能力和水平；扩大启运港退税政策覆盖面，加大国际航运中心枢纽港建设的财政专项资金支持力度，上海国际航运中心的国际服务功能进一步提升。

4. 聚焦支持社会事业和社会治理改革创新，着力促进民生持续改善。全面实施"新农合"市级统筹，稳步推进机关事业单位养老保险制度改革，统筹推进城乡低保标准统一，聚焦支持就业困难人员等重点群体创业就业；试点拓宽教育费附加资金的支出使用范围，完善高等教育财政投入机制，聚焦支持"高峰""高原"学科建设；加强住院医师、专科医师规范化培训经费保障，健全以基本项目与标化工作量为基础的社区卫生服务中心财政补偿机制，支持发展社会办医；对符合条件的非营利性养老机构内设医疗机构等实施"以奖代补"政策；支持深化文艺院团管理体制改革，促进完善基本公共文化供给和配送体系，基本公共服务的城乡差距进一步缩小；聚焦支持旧区改造、老旧住房安全隐患处置、区县公租房建设运营，建立健全镇村河道整治补贴机制，加快推进"城中村"改造和美丽宜居乡村建设；制定和实施《关于居委会工作经费使用管理的指导意见》，进一步完善村级组织基本运转经费保障机制；建立健全符合群团组织特点的财政经费保障和管理使用机制，确保上海群团改革试点顺利实施。

5. 深化财政体制和预算管理改革，着力推进建立现代财政制度。选择基础设施、社会保障等重点领域先行先试市与区县事权和支出责任划分改革，有效调动区县政府积极性；将本市新增机动车额度拍卖收入和 7 项政府性基金分别纳入和转列一般公共预算管理，并扩大国有资本经营预算收益收缴范围，提高收益收缴比例，政府预算体系日趋完善；在对存量债务进行全面清理甄别的基础上，将地方政府一般债务、专项债务分类纳入预算管理，并按国家对债务规模实行限额管理的要求，进一步完善制度办法，规范和加强地方政府债务管理，妥善解决在建项目后续融资问题，严控债务总量规模（从总体看，本市的政府债务率保持在合理范围内，并及时足额偿还到期的政府债务，风险总体可控。截至 2015 年末，本市地方政府债务余额为 4895 亿元，其中：市本级 1413 亿元、区县级 3482 亿元。按审计口径计算的 2015 年末债务率为 43.5%）；大力推进财政资金统筹使用，多措并举盘活财政沉淀资金，并将上收的部门结转结余资金调整用于保民生、补短板；出台《关于进一步建立健全本市政府购买服务制度的实施意见》，探索试编 2016—2018 年全市中期财政规划，将权责发生制政府综合财务报告的试编范围从市本级和区县延伸扩大到 23 个乡镇。

6. 夯实财政管理基础，着力推进财政管理科学化、规范化。重点开展以《预算法》为主要内容的法制培训；制定并修订完善社区矫正、养老服务补贴等 29 个财政支出标准；制定和实施《上海市市级财政项目预算评审管理办法》《上海市行政事业单位内部控制操作指南》，深化专项资金和部门整体支出绩效评

价试点；稳步实施地方国库现金管理；开展“张江”专项资金和科技、环保投入等专项检查，实施涉农资金专项整治、落实中央八项规定严肃财经纪律专项治理；将一般公共预算、政府性基金预算、国有资本经营预算全部细化公开到按支出功能分类的“项”级科目，社会保险基金预算报表按险种列示公开，专项转移支付预算按项目、按地区细化公开；除涉密内容外，将部门预决算全部纳入主动公开范围，部门预决算支出全部按功能分类细化公开到“项”级科目，一般公共预算基本支出按经济分类公开到“类”级科目。

2015 年，上海市财政运行总体平稳，财政改革发展取得了新进展，预算完成情况总体较好。但在财政运行和财政改革发展方面仍面临一些突出问题与困难。主要表现在：一是伴随经济发展进入新常态，财政收支平衡压力不断加大，财政收入结构有待进一步优化，政府“四本预算”的统筹安排使用机制有待进一步完善；二是政府和市场作用的边界有待进一步厘清，市与区县事权和支出责任有待进一步理顺，财政专项资金整合规范力度有待进一步加大；三是财政支持方式有待进一步优化，财政政策和财政资金的示范、引导效应有待进一步放大；四是部分项目前期准备工作不充分，项目支出执行较慢，预算执行的均衡性、时效性有待进一步提高；五是预算评审、资产管理、绩效评价和信息公开的力度有待进一步加大，等等。对此，上海市政府高度重视，将结合推进实施财政改革和发展“十三五”规划，采取切实有力措施，认真加以解决。

三、江苏省财政

(一)江苏省地方财政一般预算收支执行情况

2015 年，江苏省一般公共预算收入 8028.59 亿元，比上年增加 795.45 亿元，增长 11.0%。其中，税收收入 6610.12 亿元，增长 10.1%，占一般公共预算收入的 82.3%。全省一般公共预算支出 9687.58 亿元，增加 1215.13 亿元，增长 14.3%。当年全省一般公共预算收入，加中央税收返还及转移支付收入、地方政府一般债券收入及上年结转收入等 4943.94 亿元，收入共计 12972.53 亿元。当年一般公共预算支出，加上上解中央支出、地方政府一般债务还本支出、安排预算稳定调节基金等 2609.93 亿元，当年支出共计 12291.40 亿元。收支相抵，结转下年支出 681.13 亿元。

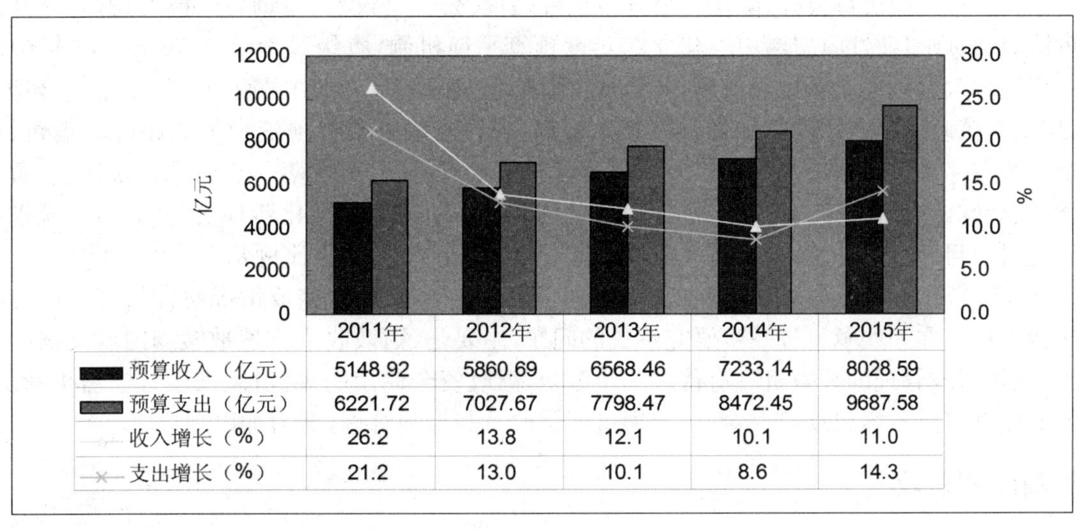

	2011年	2012年	2013年	2014年	2015年
预算收入（亿元）	5148.92	5860.69	6568.46	7233.14	8028.59
预算支出（亿元）	6221.72	7027.67	7798.47	8472.45	9687.58
收入增长（%）	26.2	13.8	12.1	10.1	11.0
支出增长（%）	21.2	13.0	10.1	8.6	14.3

2011—2015 年江苏省地方财政一般预算收支趋势图

2015 年，江苏省级一般预算收入 683.81 亿元，增长 11.7%。省级一般公共预算支出 994.33 亿元，增长 5.2%。省级一般公共预算收入，加中央税收返还和转移支付收入、地方政府一般债券收入、下级上解收入及上年结转收入等 5072.14 亿元，收入共计 5755.95 亿元。省级一般公共预算支出，加上上解中央支出、对市县税收返还及转移支付支出、地方政府一般债务转贷支出、地方政府一般债务还本支出、安排预算稳定调节基金等4701.81亿元，当年支出共计5696.14亿元。收支相抵，结转下年支出59.81亿元。

(二)江苏省财政预算执行与工作特点

1.创新财政支持方式，促进经济健康发展。一是盘活存量用好增量。全年发行地方政府债券3194亿元，全部用于置换政府存量债务和重大公益性项目建设；全省盘活财政存量资金超过1200亿元，统筹用于稳增长、调结构、惠民生等重点领域。二是落实和实施减税降费政策。“营改增”试点以来减税面超过96%。小微企业税收减免65亿元以上，取消、停征和免征58项行政事业性收费，激发实体经济活力。三是带动社会资本投资。省财政首期出资50亿元创新设立江苏省政府投资基金，现已吸引金融资本680亿元，预计综合融资规模可达4920亿元。加快PPP模式推广运用，省级以上试点项目已落地18个，引入社会资本459亿元。四是促进基本公共服务均等化。健全市县基本财力保障资金稳定增长机制，市县基本财力缺口基本补齐，人均财力水平逐年提升。

2.完善民生保障机制，推动城乡区域协调发展。一是支持民生改善。改善民生十件实事全面完成，全省民生支出占公共财政支出比重超过75%，省级财政民生支出占比达到80%。二是推进城乡发展一体化。继续深化农村综合改革，农村公共服务运行维护机制建设向全省推开。完善财政支持新型城镇化的政策措施，探索实施财政转移支付同农业转移人口市民化挂钩机制。三是推动区域协调发展。加大转移支付力度，促进苏北振兴、苏中崛起和苏南提升的财政政策进一步完善。整合设立相关创业、产业投资基金，支持实施沿海开发、“一带一路”、长江经济带、南京江北新区、苏南自主创新示范区等国家重大战略。

3.深化财税体制改革，加快构建现代财政制度。一是坚持深化改革和依法理财“双轮驱动”。全面贯彻新预算法，以法治思维推进财政改革，加强各项财税改革方案与新预算法的衔接，在法治框架内组织财政财务收支活动，主动接受人大监督。二是深入推进预算管理改革。全面完善政府预算体系，在全国率先出台政府性基金预算管理办法；进一步加大一般公共预算与政府性基金预算、国有资本经营预算统筹力度。大力推进预决算公开，除法定公开事项外，首次公开会议费、培训费，继续公开省级部门专项资金管理清单、行政事业性收费清单。建立跨年度预算平衡机制，省级试编了2016－2018年中期财政规划。实行地方政府债务余额限额管理，将2015年末地方政府债务余额限额10954.3亿元合理分配到各市县，切实防范政府债务风险。加强预算绩效管理，出台省级财政专项资金绩效跟踪管理暂行办法。三是税制改革有序推进。积极复制推广上海自贸区改革试点经验，加快落实启运港退税试点、贸易多元化试点、海关特殊监管区域整合优化工作。四是财政体制不断完善。优化转移支付制度，压减省对市县专项转移支付项目超过三分之一，全省一般性转移支付与专项转移支付比例基本达到1∶1。

2015年，江苏省各项财政改革稳步推进，财政运行规范有序，预算完成情况总体较好。但财政运行和预算执行中还存在一些亟待进一步研究解决的问题，主要是：财政收入增速放缓与财政支出刚性增长矛盾突出，现代财政管理的长效机制有待进一步健全，财政资金使用的规范性、安全性还需不断加强，个别地方政府债务风险不容忽视等。对此，应通过深化改革与加强管理，努力加以解决。

四、浙江省财政

(一)浙江省地方一般预算收入收支执行情况

2015年，浙江省一般公共预算收入4809.94亿元，完成预算的100.4%，比上年增长16.7%，剔除不可比因素后，可比增长7.8%；加上转移性收入4344.23亿元，收入合计9154.17亿元。一般公共预算支出6645.98亿元，完成预算的116.1%，比上年增长28.8%，剔除使用结转资金、调入预算稳定调节基金以及中央转移支付资金增加等不可比因素后，可比增长 8.5%；加上转移性支出 2508.19 亿元，合计支出 9154.17 亿元。收支相抵，浙江省一般公共预算收支平衡。

2015 年，浙江省级一般公共预算收入 353.08 亿元，完成预算的 100.4%，可比增长 5.1%，加上转移性收入 3886.82 亿元，收入合计 4239.90 亿元。省级一般公共预算支出 827.51 亿元，完成预算的 99.5%，比上年增长 70.8%，剔除调入预算稳定调节基金等不可比因素后，可比增长 14.4%，加上转移性支出 3412.39 亿元，合计支出 4239.90 亿元。收支相抵，省级一般公共预算收支平衡。

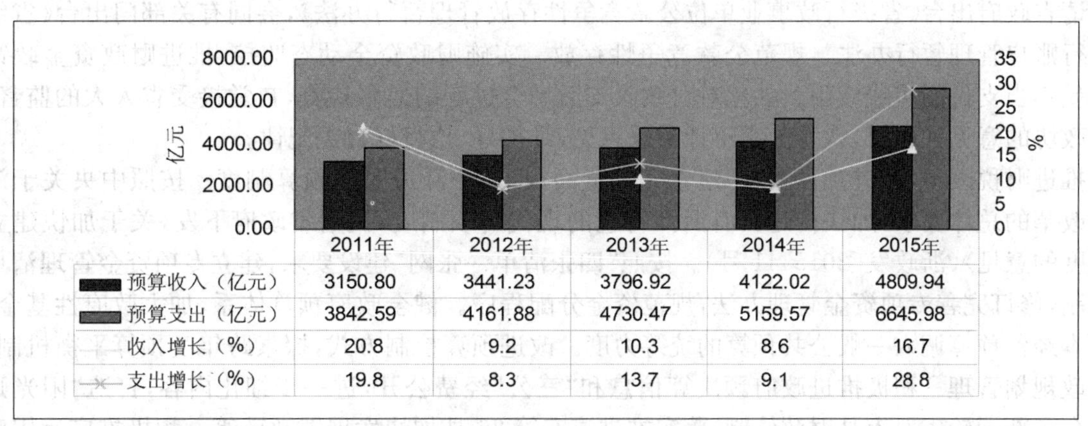

	2011年	2012年	2013年	2014年	2015年
预算收入（亿元）	3150.80	3441.23	3796.92	4122.02	4809.94
预算支出（亿元）	3842.59	4161.88	4730.47	5159.57	6645.98
收入增长（%）	20.8	9.2	10.3	8.6	16.7
支出增长（%）	19.8	8.3	13.7	9.1	28.8

2011—2015 年浙江省地方财政一般预算收支趋势图

(二)浙江省财政预算执行与工作特点

1.实施积极的财政政策，推动经济转型升级，促进经济平稳增长。认真实施中央和省出台的一系列稳增长、调结构政策举措，推动积极财政政策加力增效，通过财政杠杆的精准撬动，增强经济发展的动力和活力。加快预算支出进度，积极盘活存量资金逾 1000 亿元，争取地方政府新增债券 249 亿元、置换债券 2294 亿元以及在建项目建设债券 253.6 亿元，筹措落实省级财政性资金 182 亿元及中央基建投资资金 56 亿元，支持交通基础设施等重大项目建设。推动实施浙商回归、“五水共治”、“三改一拆”、“四换三名”等为主要内容的转型升级组合拳。支持传统产业改造提升和战略性新兴产业、高新技术产业创新发展，促进信息化和工业化深度融合。积极参与“一带一路”国家战略，支持“义新欧”班列常态化运营，推进杭州市跨境电子商务试点城市建设。全省财政安排外贸相关资金 28.7 亿元，支持企业“走出去”，促进出口增长。完善具有浙江特色的生态环保补偿机制，全面实施与污染物排放总量挂钩的财政收费制度。全省财政安排小城市培育资金 52 亿元，促进新型城镇化建设。创新财税政策工具，支持特色小镇建设。设立 200 亿元的省产业基金，带动市县政府设立产业基金 528 亿元，与社会资本合作设立子基金近 140 支，投资实体企业(项目)650 多个，获得银行跟贷及承诺跟贷 2708 亿元，支持信息经济等 7 大产业和农业农村发展，促进大众创业、万众创新。继续落实“营改增”等结构性减税和普遍性降费政策，开展涉企收费专项清理，累计为企业减负逾 150 亿元。

2.抓好增收节支，优化收支结构，重点保障和改善民生。坚持财税与经济协调互动，大力培育财源，加强收入征管，做大做优财政“蛋糕”。全省一般公共预算收入占财政总收入的比重达 56.3%，税收收入占一般公共预算收入的比重同口径达 92.4%，收入质量继续位居全国前列。按照“保基本、兜底线、建机制”的原则，不断完善民生投入的长效机制，2015 年全省新增财力用于民生支出的比重达到 72.3%，重点支持实施省政府“十方面实事”和教育、医疗、就业、社保、保障房等民生事业，增强人民群众获得感。认真贯彻落实中央和省委关于厉行节约的各项规定，据初步汇总，2015 年省级财政拨款安排的“三公”经费支出预计执行数 3.33 亿元，比 2013 年下降 53.1%。其中：因公出国(境)费 0.86 亿元，下降 28.3%；

公务接待费0.47亿元，下降80.4%；公务用车购置及运行费2.00亿元，下降42.9%。

3.三是强化法制意识，增强预算约束，规范政府收支行为。落实税收法定原则，依法加强收入征管，严禁采取虚收、空转等方式违规增加收入。落实预算法定原则，规范政府收支行为，硬化预算约束，增强对预算的敬畏心和遵从度。扎实推进财政法治建设，深化财政行政审批制度改革，规范行政执法行为，防范执法风险。加快推进政府非税收入收缴电子化改革，在全国率先建设政务服务网统一公共支付平台。深化国库集中支付与公务卡改革，推进国库集中支付电子化管理，提高资金覆盖面和公务卡使用率。提请省政府出台《省级行政事业单位公款竞争性存放管理暂行办法》，会同有关部门出台《省级预算单位银行账户管理暂行办法》，规范公款竞争性存放。实施财政资金动态监控，推进财政资金政策绩效评价和反不当支付的实践应用。强化对财政收支活动全过程的监督检查，自觉接受省人大的监督，虚心听取省政协的意见和建议，认真落实审计整改意见，维护好、执行好财经纪律。

4.推进财税改革，改进预算管理，建立完善全面规范、公开透明的预算制度。按照中央关于深化财税体制改革的总体要求，加快构建具有浙江特色的现代财政制度，提请省政府下发《关于加快建立现代财政制度的意见》(浙政发〔2015〕41号)。按照“四张清单一张网”建设要求，建立专项资金管理清单动态调整机制，修订完善专项资金管理办法，规范资金分配程序。健全政府预算体系，加大政府性基金预算、国有资本经营预算调入一般公共预算的统筹力度。改进预算控制方式，探索跨年度预算平衡机制，推动中期财政规划管理。积极推进政府预决算信息和“三公”经费公开，进一步细化内容，打造“阳光财政”。研究出台了新一轮省对市县财政体制，落实推进淳安等26县加快发展财政政策。积极推广运用政府和社会资本合作(PPP)模式，设立规模为100亿元的省基础设施投资(含PPP)基金，支持重大基础设施建设和PPP项目。不断加大政府购买服务力度，启动实施政府购买服务指导目录，全面推进政府购买服务扩面试点工作。省发展和改革委员会、省质量技术监督局2家重点上会审查部门，紧扣部门职责和预算项目绩效目标，深化改革，强化管理，扎实推进各项工作，较好地完成年初设定的重点项目资金绩效。

5.控制规模，防范风险，构建政府性债务监管机制。按照疏堵结合、“开前门、堵后门、筑围墙”的改革思路，加快建立规范的地方政府举债融资机制，对地方政府债务实行限额管理和预算管理，控制和化解地方政府性债务风险。组织开展全省地方政府存量债务清理甄别工作，为将政府债务分类纳入全口径预算管理奠定基础。向中央争取新增地方政府债券，有效化解到期偿债的压力和风险，大大降低政府债务成本，优化政府债务期限结构。依法启动地方政府债务限额管理，2015年地方政府债务限额已提交省人大常委会第二十四次会议审议批准，并向社会公开。2015年，浙江省地方政府债务限额9188.3亿元，预计地方政府债务率为92.9%，低于警戒线，地方政府债务风险总体可控。

2015年，浙江省财政运行不断规范，预算完成情况总体较好。但财政运行和预算执行中还存在一些亟待解决的问题：一是2015年省对市县专项转移支付预算未分地区、分项目编制；二是部分部门、项目预算执行率偏低；三是少数部门财政专项资金实质性整合不到位；四是11个部门未公开2014年部门决算。对此，应高度重视这些问题，通过深化改革、创新机制、严格管理等措施逐步加以解决。

五、安徽省财政

(一)安徽省地方一般预算收入收支执行情况

2015年，安徽省财政收入完成4012.2亿元，为年初汇编预算数的101.5%，比上年增长9.5%。其中：地方一般公共预算收入完成2454.3亿元，为预算的104.4%，增长10.6%。加中央补助收入2485.0亿元，债务等收入1510.0亿元，预算总收入6449.0亿元。安徽省一般公共预算支出完成5239.0亿元，增长12.3%。加债务还本等支出1111.0亿元，支出合计6350.0亿元。收支相抵，年终结余99.0亿元。

2015年，省级地方一般公共预算收入完成249.0亿元，增长8.3%。加中央补助收入2485.0亿元，债务等收入1249.0亿元，省级预算总收入3983.0亿元。省级一般公共预算支出完成672.0亿元，增长

6.7%。加补助市县支出2163.0亿元，债务还本等支出1107.0亿元，支出合计3942.0亿元。收支相抵，年终结余41.0亿元。

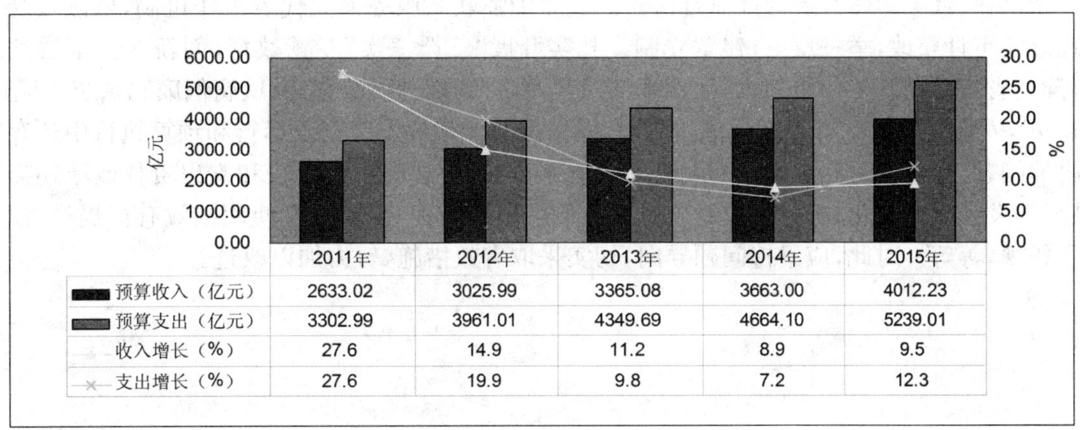

	2011年	2012年	2013年	2014年	2015年
预算收入（亿元）	2633.02	3025.99	3365.08	3663.00	4012.23
预算支出（亿元）	3302.99	3961.01	4349.69	4664.10	5239.01
收入增长（%）	27.6	14.9	11.2	8.9	9.5
支出增长（%）	27.6	19.9	9.8	7.2	12.3

2011—2015年安徽省地方财政一般预算收支趋势图

(二)安徽省财政预算执行与工作特点

1.财政运行总体平稳。全省财政收入突破4000亿元，增速与经济发展保持同步。全省地方财政收入税收占比较上年提高1.1个百分点，收入质量稳居中部前列。严控一般性支出，全省“三公”经费较上年下降16.0%。支出结构进一步优化，交通运输、城乡社区和金融等经济发展类支出增长12.7%，教育、科技、文化和医疗卫生等社会事业类支出增长16.4%。区域财政整体向好，13个市财政收入超100亿元，64个县(市、区)财政收入超10亿元。安徽省2015年末地方政府债务限额为5424.1亿元。截至2015年底，全省政府债务余额5097.3亿元，债务风险总体可控。

2.财税改革持续推进。省政府印发推进财政资金统筹的实施意见，推动项目、部门和重点科目等资金统筹。完成省级2016—2018年中期财政规划和部门三年滚动财政规划编制，权责发生制政府综合财务报告试编覆盖省市县。及时安排使用收回的存量资金，防止资金“二次沉淀”。全省实施政府购买服务项目3033个，探索公办民营、民办公助等模式，支持社会事业提高运行效率。营改增纳税人扩大到15.9万户，累计减税152亿元，煤炭资源税从价计征改革减轻煤炭企业负担1.1亿元。出台贯彻落实国务院改革和完善中央对地方转移支付制度的实施意见，建立专项资金管理清单制度，对外公开160项省对下专项转移支付，下放项目和资金审批权。支持医药卫生体制综合改革，推进司法体制改革试点，保障工资、养老、公务用车等改革的顺利推进。

3.促进经济稳定增长。落实增值税、所得税等优惠政策，全年减免税费541.6亿元，支持各类市场主体轻装上阵。争取中央基建和交通专项资金340.0亿元，发行政府债券1294.1亿元。支持推广新能源汽车、光伏发电和秸秆发电，培育服务消费、信息消费、绿色消费等新型消费需求。简化外贸补贴拨付流程，推进财政补贴属地办理，兑现企业“走出去”奖补政策。争取延续新安江流域生态补偿政策，推进大别山水环境生态补偿机制建设，支持海绵城市建设和节能减排，促进绿色发展。

4.民生保障力度加大。按照统计口径，全省民生支出4400.0亿元，增长14.3%，高于财政支出增幅2.0个百分点，占全省财政支出的84.0%，较上年提高1.5个百分点。精心组织实施33项民生工程，投入资金726.5亿元，同口径增长12.1%，提高标准9项，调整优化24项。投入财政专项资金42.6亿元、整合涉农项目资金68.3亿元、吸引社会资金65.3亿元支持美丽乡村建设，“一卡通”发放涉农补贴214.2亿元。支持大别山片区、皖北连片特困等地区精准扶贫、精准脱贫，推进光伏扶贫试点；提高城乡居民低保标准，完善家庭经济困难学生资助体系，让困难群众感受到党和政府的温暖。

5.财政管理不断加强。制定预算编制等8个专项风险内部控制办法，实现财政管理走访巡查、内部控制、干部轮岗和制度规范“四个全覆盖”。开展盘活存量资金、预决算公开、涉农资金整治等专项检查，对575户企事业、社会团体开展会计监督检查。建立加强联系服务人大代表工作机制，依法接受人大监督。跟踪落实审计整改，举一反三，建章立制。扎实开展“三严三实”专题教育，创新城乡基层党组织结对共建，健全省市县帮联工作机制，深化预算部门会商，持续推进财政党建、反腐倡廉和系统作风建设。

2015年，安徽省财政运行不断规范，预算完成情况总体较好。但财政运行和预算执行中还存在一些亟待解决的问题：经济下行压力影响财政收支矛盾逐步加大，省与市县事权和支出责任改革还需加快推进，区域财政发展有所分化，部分省级专项资金执行期限不明确，预算资金使用绩效有待提升，债务管理风险不容忽视，等等。对此，应坚持问题导向，切实采取有效措施，努力加以改进。

三 长三角金融业

一、长三角金融运行总体情况

2015 年末，长三角金融机构本外币存款总额为 340218.30 亿元，同比增长 21.4%，比年初增加 60066.14 亿元，比上年多增 38142.96 亿元。

分地区看，各地区本外币存款稳定上升。2015 年，上海市金融机构本外币存款为 103760.60 亿元，比上年增长 40.4%；占长三角金融机构本外币存款总额的比重为 30.5%，比上年上升 4.1 个百分点。江苏省金融机构本外币存款为 111329.86 亿元，增长 14.8%；所占比重为 32.7%，下降 1.9 个百分点。浙江省金融机构本外币存款为 90301.61 亿元，增长 14.0%；所占比重为 26.5%，下降 1.8 个百分点。安徽省金融机构本外币存款为 34826.23 亿元，增长 15.7%；所占比重为 10.2%，下降 0.5 个百分点。

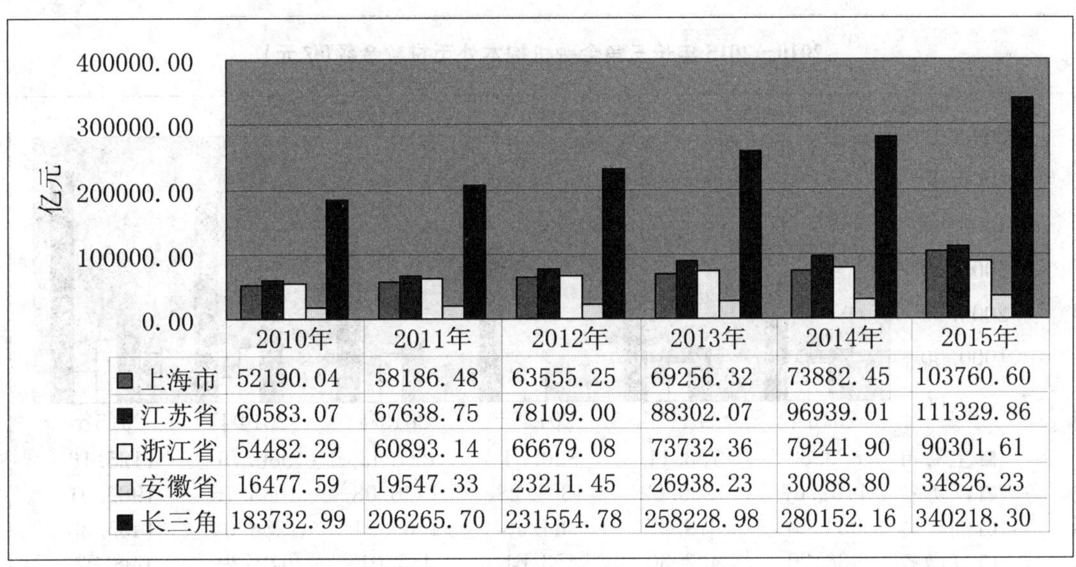

	2010年	2011年	2012年	2013年	2014年	2015年
上海市	52190.04	58186.48	63555.25	69256.32	73882.45	103760.60
江苏省	60583.07	67638.75	78109.00	88302.07	96939.01	111329.86
浙江省	54482.29	60893.14	66679.08	73732.36	79241.90	90301.61
安徽省	16477.59	19547.33	23211.45	26938.23	30088.80	34826.23
长三角	183732.99	206265.70	231554.78	258228.98	280152.16	340218.30

2010—2015 年长三角金融机构本外币存款余额（亿元）

2015 年末，长三角金融机构本外币贷款总额为 237167.29 亿元，比上年增长 10.6%，比年初增加 22645.80 亿元，比上年多增 2417.13 亿元。

分地区看，各地区本外币贷款稳定增长。2015 年，上海市金融机构本外币贷款为 53387.21 亿元，比上年增长 11.4%；占长三角金融机构本外币贷款总额的比重为 22.5%，比上年上升 0.2 个百分点。江苏省金融机构本外币贷款为 81169.72 亿元，增长 12.0%；所占比重为 34.2%，上升 0.4 个百分点。浙江省金融机构本外币贷款为 76466.00 亿元，增长 7.2%；所占比重为 32.2%，下降 1.1 个百分点。安徽省金融机构本外币贷款为 26144.36 亿元，增长 14.9%；所占比重为 11.0%，上升 0.4 个百分点。

2015 年，长三角地区保险业平稳发展。保费收入总额 5249.32 亿元，比上年增长 16.6%。分地区看，2015 年，上海市保费收入为 1125.16 亿元，比上年增长 14.0%；占长三角保费收入总额的比重为 21.4%，比上年下降 0.5 个百分点。江苏省保费收入为 1989.91 亿元，增长 18.2%；所占比重为 37.9%，上升 0.5 个百分点。浙江省保费收入为 1435.33 亿元，增长 14.1%；所占比重为 27.3%，下降 0.7 个百分点。安徽省保费收入为 698.92 亿元，增长 16.6%；所占比重为 13.3%，上升 0.6 个百分点。

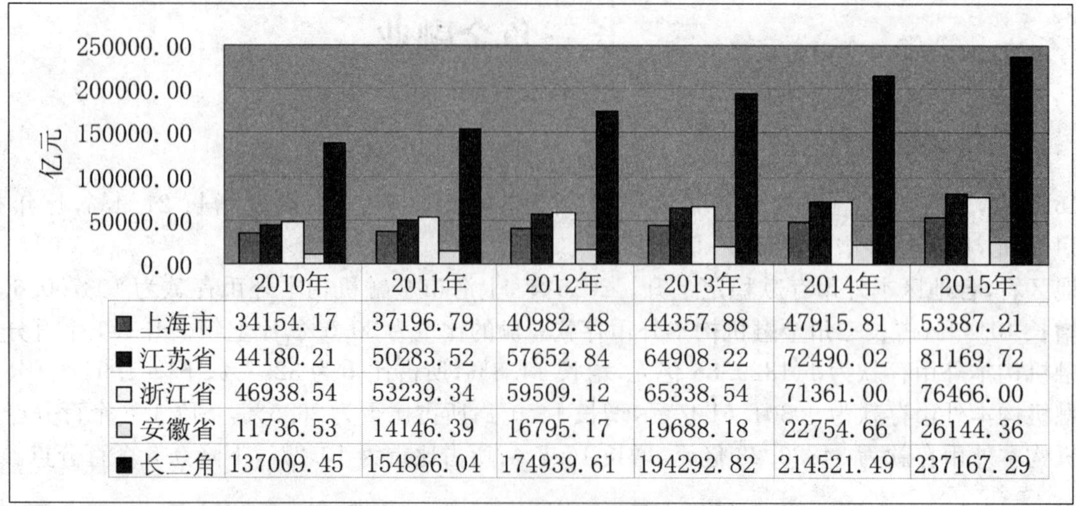

	2010年	2011年	2012年	2013年	2014年	2015年
上海市	34154.17	37196.79	40982.48	44357.88	47915.81	53387.21
江苏省	44180.21	50283.52	57652.84	64908.22	72490.02	81169.72
浙江省	46938.54	53239.34	59509.12	65338.54	71361.00	76466.00
安徽省	11736.53	14146.39	16795.17	19688.18	22754.66	26144.36
长三角	137009.45	154866.04	174939.61	194292.82	214521.49	237167.29

2010—2015 年长三角金融机构本外币贷款余额(亿元)

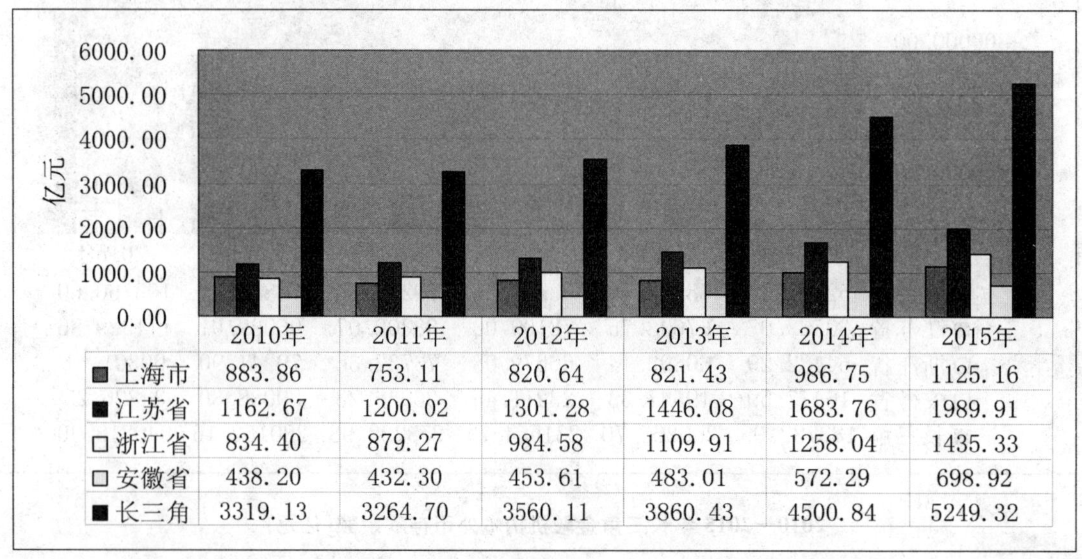

	2010年	2011年	2012年	2013年	2014年	2015年
上海市	883.86	753.11	820.64	821.43	986.75	1125.16
江苏省	1162.67	1200.02	1301.28	1446.08	1683.76	1989.91
浙江省	834.40	879.27	984.58	1109.91	1258.04	1435.33
安徽省	438.20	432.30	453.61	483.01	572.29	698.92
长三角	3319.13	3264.70	3560.11	3860.43	4500.84	5249.32

2010—2015 年长三角保险机构保费收入

二、上海市金融运行情况

2015 年，上海市金融机构大力推动自贸试验区金融改革，支持上海科创中心建设，继续完善宏观审慎管理手段，引导货币信贷平稳适度增长，保持流动性合理适度，加强定向调控与信贷政策的配合，切实优化信贷结构，支持上海经济转型发展，坚决守住不发生系统性和区域性金融风险底线。

(一)存贷款增长基本稳定，信贷结构调整服务经济结构优化

1. 银行业金融机构平稳发展。2015 年末，上海市共有中资银行法人 4 家，外资银行法人 22 家，村镇银行法人 11 家，从业人员 11.5 万人。2015 年末，上海市中外资金融机构本外币资产总额 13.0 万亿元，同比增长 15.2%；各项存、贷款余额分别为 10.4 万亿元和 5.3 万亿元，同比分别增长 14.4%和 10.1%，增速比上年末分别回落 3.1 个和提高 1.0 个百分点。2014 年，上海市金融机构实现净利润 1380.5 亿元，同比增长 17.5%。

2015 年上海市银行业金融机构情况

机构类别	营业网点			法人机构（个）
	机构个数(个)	从业人数(人)	资产总额(亿元)	
一、大型商业银行	1703	49117	53653	1
二、国家开发银行和政策性银行	14	572	3995	0
三、股份制商业银行	638	21981	29906	1
四、城市商业银行	374	13139	17300	1
五、小型农村金融机构	403	6193	5613	1
六、财务公司	20	1227	3642	18
七、信托公司	7	1588	393	7
八、邮政储蓄银行	483	3168	1664	0
九、外资银行	212	12910	12653	22
十、新型农村金融机构	25	537	194	11
十一、其他	17	3181	4844	17
合　　计	3896	113613	133857	79

注：营业网点不包括国家开发银行和政策性银行、大型商业银行、股份制银行金融机构总部数据；大型商业银行包括中国工商银行、中国农业银行、中国银行、中国建设银行和交通银行；小型农村金融机构包括农村信用社、农村合作银行和农村商业银行；新型农村金融机构包括村镇银行、贷款公司和农村资金互助社；“其他”包含金融租赁公司、汽车金融公司、货币金融公司、消费金融公司等。

数据来源：中国人民银行上海总部。

2. 各项存款同比少增。受境外存款利率上升较快、离岸市场人民币资金流动性趋于紧张影响，境外同业存放大幅减少。2015 年，上海市各项存款增加 13328.8 亿元，同比少增 199.1 亿元。其中，境内存款增加 15140.9 亿元，同比多增 3552.1 亿元；境外存款减少 1812.2 亿元，同比多减 3751.1 亿元。住户存款同比少增，新增存款活期化特征明显。2015 年，上海市住户存款增加 645.7 亿元，同比少增 336.4 亿元。其中，活期存款增加 1246.8 亿元，同比多增 1025.9 亿元；定期及其他存款减少 601.1 亿元，同比多减 1362.3 亿元。

3. 信贷增速稳中有升。2015 年，上海市本外币贷款余额为 53387.2 亿元，同比增长 10.1%，增速较上年末提高 1.0 个百分点；本外币贷款增加 4880.6 亿元，同比多增 984.1 亿元。从贷款投向看，三产贷款继续占主导地位，房地产开发贷款大幅减少。2015 年，上海市新增的本外币企业贷款（不含票据融资）中，投向第三产业的贷款增加 1191.4 亿元，占全部境内企业贷款（不含票据融资）增量的 118.6%，占比比年初提高了 47.0 个百分点；投向第二产业的贷款减少 170.0 亿元，同比多减 351.0 亿元，反映上海工业下行压力很大；尽管房市交易活跃加快资金回流，但房企在新开工和购地方面仍保持谨慎，2015 年上海市新增本外币房地产开发贷款 14.3 亿元，同比少增 721.8 亿元。

（二）证券期货业发展迅猛，融资额大幅增长

1. 证券公司资产规模及经营业绩均大幅增长。2015 年末，上海辖区证券公司合计总资产 15010.6 亿元、净资产 3464.7 亿元、净资本 3117.7 亿元，分别较上年末增长 63.7%、80.1%和 115.1%。全年累计实现营业收入 1262.3 亿元、净利润 581.4 亿元，分别较上年同期上升 1.4 倍和 1.7 倍。

2. 期货公司业务规模及盈利水平增速较快。2015 年末，上海辖区 31 家期货公司客户权益达 1179.5 亿元，占全国的 30.9%；代理交易额 365.7 万亿元，占全国的 33.0%，市场份额较上年有所增长。全年累计实现营业收入 65.3 亿元（其中手续费收入 30.9 亿元），较上年同期增长 36.0%；实现净利润 14.7 亿元，

较上年同期增长30.1%。

3.证券市场融资额大幅增长。2015年末，上海辖区上市公司累计直接融资2568.0亿元，较上年同期增加3.3倍(不含H股融资，下同)。其中：债权融资1264.6亿元，较上年同期增加5.9倍；股权融资1303.4亿元，较上年同期增加2.1倍。

2015年上海市证券业基本情况

项　目	数　量
总部设在辖内的证券公司数(家)	20
总部设在辖内的基金公司数(家)	44
总部设在辖内的期货公司数(家)	28
年末国内上市公司数(家)	224
当年国内股票(A股)筹资(亿元)	491
当年发行H股筹资(亿元)	13
当年国内债券筹资(亿元)	1476
其中：短期融资券筹资额(亿元)	655
中期票据筹资额(亿元)	270

数据来源：上海市证监局。

(三)保险市场主体继续增加，保险业务稳步增长

1.保险市场主体继续增加。截至2015年末，上海市共有55家法人保险机构，较上年末新增5家。其中，保险集团公司1家，财产险公司19家，人身险公司25家，再保险公司3家，保险资产管理公司7家。全市共有95家省级保险分支机构，较上年末新增7家。其中，财产险公司48家，人身险公司45家，再保险公司2家。全市共有215家保险专业中介机构法人，较上年末增加2家。其中保险代理机构106家，保险经纪机构66家，保险公估机构43家。全市保险专业中介分支机构共148家，其中保险代理机构72家，保险经纪机构53家，保险公估机构23家。

2.保险业务稳步增长。2015年，上海市原保险保费收入累计1125.2亿元，同比增长14.0%。其中，财产险公司原保险保费收入355.4元，同比增长12.5%；寿险公司原保险保费收入607.6亿元，同比增长14.9%。产、寿险原保险保费收入比例为34∶66，中、外资保险公司原保险保费收入比例为85∶15。

3.寿险给付和意外险赔款支出继续大幅增长，财产险赔付支出增长相对较慢。2015年，上海市保险业赔付支出累计473.6亿元，同比增长25.1%。其中，财产险赔款支出191.4亿元，同比增长8.0%；寿险给付229.3亿元，同比增长44.7%；健康险赔款给付44.3亿元，同比增长18.0%；意外险赔款支出8.7亿元，同比增长57.9%。

2015年上海市保险业基本情况

项　目	数　量
总部设在辖内的保险公司数(家)	55
其中：财产险经营主体(家)	19
人身险经营主体(家)	25
保险公司分支机构(家)	95
其中：财产险公司分支机构(家)	48

续表

项　　目	数　　量
人身险公司分支机构(家)	45
保费收入(中外资,亿元)	1125
其中:财产险保费收入(中外资,亿元)	355
人身险保费收入(中外资,亿元)	608
各类赔款给付(中外资,亿元)	474
保险密度(元/人)	4659
保险深度(%)	5

数据来源:上海市保监局。

三、江苏省金融运行情况

2015 年,江苏省金融业平稳健康运行,社会融资规模增长适度,金融市场交易活跃。金融基础设施建设不断完善,金融生态环境持续优化。证券业实力明显提升,多层次资本市场建设迈上新台阶。保险业组织体系不断完善,保险资金运用取得新突破。

(一)银行业规模稳步增长,新增贷款创历史新高

1. 机构规模稳步增长,组织体系更趋完备。2015 年末,江苏省银行业金融机构资产总额达 13.5 万亿元,同比增长 11.6%。机构数量稳步增加,年末地方法人金融机构数量达 164 家,比年初新增 8 家。62 家农合机构改制工作圆满收官,6 家非银机构顺利筹建和开业,10 家台资银行落户江苏。盈利增长趋缓,全年银行业金融机构实现税后净利润 1450.8 亿元,比上年下降 4.5%。金融对实体经济支撑作用进一步增强,全年实现金融业增加值 5332.9 亿元,同比增长 15.7%,其中,银行业增加值在 70%以上。

2015 年江苏省银行业金融机构基本情况

机构类别	营业网点			法人机构(个)
	机构个数(个)	从业人数(人)	资产总额(亿元)	
一、大型商业银行	5178	112320	50403.5	0
二、国家开发银行和政策性银行	93	2331	6454.0	0
三、股份制商业银行	1183	39932	26420.5	0
四、城市商业银行	858	26047	25195.2	4
五、小型农村金融机构	3241	47736	19579.6	63
六、财务公司	13	360	682.9	11
七、信托公司	4	428	196.1	4
八、邮政储蓄	2530	9409	5214.1	0
九、外资银行	78	2395	1175.5	6
十、新型农村金融机构	199	4162	654.2	72
十一、其他	4	385	472.6	4
合　　计	13381	245505	136448.1	164

注:营业网点不包括国家开发银行和政策性银行、大型商业银行、股份制银行金融机构总部数据;大型商业银行包括中国工商银行、中国农业银行、中国银行、中国建设银行和交通银行;小型农村金融机构包括农村信用社和农村商业银行;新型农村金融机构包括村镇银行、贷款公司和农村资金互助社;"其他"包含金融租赁公司、汽车金融公司、货币经纪公司、消费金融公司等。

数据来源:中国人民银行南京分行,江苏省银监局。

2.各项存款增长平稳,存款稳定性有所增强。2015年末,江苏省金融机构本外币存款余额为11.1万亿元,同比增长11.6%,增速比上年末提高0.5个百分点,比年初增加12012.5亿元,同比多增2071.3亿元。江苏省农村金融机构新增人民币存款1877.0亿元,同比多增306.0亿元;年末人民币存款余额同比增长14.7%,高出总体存款增速3.1个百分点。

3.贷款增长有所加快,新增贷款创历史新高。2015年末,江苏省本外币贷款余额为8.1万亿元,同比增长12.0%,增速比上年末提高0.4个百分点。全年新增本外币贷款8669.2亿元,同比多增1325.7亿元。从贷款投向看,基础设施贷款维持高位增长,制造业信贷投放继续缩减,房地产贷款增势平稳。2015年,江苏省金融机构本外币基础设施行业贷款余额为1.2万亿元,同比增长13.6%,全年新增贷款1420.9亿元,同比多增33.6亿元;制造业本外币贷款余额为1.6万亿元,较年初下降434.5亿元;金融机构本外币房地产贷款余额为2.1万亿元,同比增长19.4%,增速比上年末提高3.0个百分点,新增贷款3322.4亿元,同比多增896.5亿元。

(二)证券业实力明显提升,多层次资本市场建设迈上新台阶

1.证券行业整体实力实现新提升,收入和利润水平大幅增加。2015年末,江苏省共有法人证券公司6家,其中,华泰证券和国联证券年内在香港上市。全省6家证券公司总资产近5000亿元,全年实现营业收入384.4亿元,同比增长114.8%;实现利润总额164.8亿元,同比增长140.3%。私募基金蓬勃发展,全省共有1115家私募基金管理人登记备案,管理基金规模突破两千亿元,为中小微企业早期健康发展、治理结构加速完善提供重要支持。

2.资本市场总体规模继续位居全国前列,多层次资本市场建设迈上新台阶。截至2015年末,江苏省共有沪深上市公司276家,较上年新增23家,上市公司总数和新增上市公司数都占全国的十分之一;拟上市公司190家,数量居全国第一。IPO融资在全国位居前列。2015年,江苏省上市公司首发融资107.7亿元、再融资1104.9亿元。全年新增新三板挂牌公司480家,总数达到651家。南京证券、东海证券、创元期货等一批金融企业加入新三板行列,提升了全省新三板挂牌公司整体质量。

2015年江苏省证券业基本情况

项　目	数　量
总部设在辖内的证券公司数(家)	6
总部设在辖内的基金公司数(家)	0
总部设在辖内的期货公司数(家)	10
年末国内上市公司数(家)	276
当年国内股票(A股)筹资(亿元)	618.1
当年发行H股筹资(亿元)	307.8
当年国内债券筹资(亿元)	5294.8
其中:短期融资券筹资额(亿元)	791.1
中期票据筹资额(亿元)	853.3

注:当年国内股票(A股)筹资额指非金融企业境内股票融资。

数据来源:江苏省证监局、江苏省金融办、中国人民银行南京分行。

3.期货业稳步发展。截至2015年末，江苏省共有法人期货公司10家，全年利润总额3.2亿元，同比增长43.7%；保证金余额126.8亿元，同比增长28.0%。弘业期货在香港成功上市。

(三)保险业组织体系不断完善，保险资金运用取得新突破

1.市场体系不断完善，各项业务平稳增长。截至2015年末，江苏省共有法人保险机构5家，全年实现保费收入1989.9亿元，同比增长18.2%；赔付支出732.6亿元，同比增长18.8%。分险种看，财产险保费收入672.2亿元，同比增长10.9%；人身险保费收入1317.7亿元，同比增长22.3%。

2.保险资金投资力度进一步加大。截至2015年末，江苏省保险资金投资余额1867.9亿元，涉及保障房、城乡一体化建设、基础设施建设等一批重大项目。保险业共承办全省93个基本医保统筹区中75个统筹区的大病保险项目，统筹区覆盖率达81.0%，服务人口4853万人，赔付金额超过8亿元。

3.服务“三农”取得新成效。全省主要种植物农业保险覆盖面均超过90%，累计开办了49个政策性农业保险险种，并开发了17个具有江苏特色的农产品保险。2015年，农险保费及农险基金达32亿元，支付赔款超过17.85亿元。

2015年江苏省保险业基本情况

项　目	数　量
总部设在辖内的保险公司数(家)	5
其中：财产险经营主体(家)	2
人身险经营主体(家)	3
保险公司分支机构(家)	94
其中：财产险公司分支机构(家)	39
人身险公司分支机构(家)	55
保费收入(中外资，亿元)	1989.9
其中：财产险保费收入(中外资，亿元)	672.2
人身险保费收入(中外资，亿元)	1317.7
各类赔款给付(中外资，亿元)	732.6
保险密度(元/人)	2494.8
保险深度(%)	2.8

数据来源：江苏省保监局。

四、浙江省金融运行情况

2015年，面对经济金融发展中的新问题、新挑战，浙江省金融业主动适应新常态，积极满足新需求，降低融资成本，实现了金融平稳健康运行，全年金融业增加值3048.9亿元，比上年增长12.3%，增速同比提高4.3个百分点。

(一)银行业稳健发展，积极适应经济新常态

1.资产负债规模增速小幅上升，质量效益指标基本平稳。2015年末，浙江省银行业金融机构资产总额和负债总额比上年分别增长12.8%和13.0%，增速较上年均提高3.1个百分点。受不良贷款拨备增加、利差收窄等因素影响，银行利润总额趋于下降，2015年税后利润584.9亿元，同比有所下降。法人金融机构经营状况平稳，资本充足率、拨备覆盖率、不良贷款率等主要指标处于合理水平。

2015年浙江省银行业金融机构基本情况

机构类别	营业网点			法人机构(个)
	机构个数(个)	从业人数(人)	资产总额(亿元)	
一、大型商业银行	4062	101114	41911	
二、国家开发银行和政策性银行	48	1884	6135	
三、股份制商业银行	905	32861	24611	1
四、城市商业银行	1233	41266	21903	13
五、城市信用社				
六、小型农村金融机构	4237	49839	18236	82
七、财务公司		263	707	7
八、信托公司		808	198	5
九、邮政储蓄	1690	8968	2878	
十、外资银行	16	936	430	
十一、新型农村金融机构	194	5538	798	80
十二、其他		37	1323	3
合　　计	12385	243514	119130	191

注:营业网点不包括国家开发银行和政策性银行、大型商业银行、股份制银行金融机构总部数据;大型商业银行包括中国工商银行、中国农业银行、中国银行、中国建设银行和交通银行;小型农村金融机构包括农村商业银行、农村合作银行、农村信用社;新型农村金融机构包括村镇银行、贷款公司和农村资金互助社;"其他"包括金融租赁公司、汽车金融公司、货币经纪公司、消费金融公司等。

数据来源:浙江省银监局。

2.存款增速回升,波动幅度减弱。2015年,受企业投融资需求回落、资本市场波动加剧以及P2P等互联网金融风暴等因素影响,企业和居民资金回流银行体系趋势较为明显。年末浙江省本外币各项存款余额90301.6亿元,同比增长10.2%,增速比上年回升3.0个百分点;全年新增存款8704.7亿元,同比多增3544.0亿元。

3.贷款增长合理适度,信贷支持重点突出。2015年末,浙江省本外币贷款余额增速为7.1%,同比回落2.1个百分点,新增贷款为4957.5亿元,同比少增785.9亿元。全省发放支小、支农再贷款144.0亿元,办理再贴现116.0亿元。年末全省小微企业贷款余额达19506.0亿元,占全部企业贷款余额的40.6%,较上年末提高0.9个百分点;科技和文化产业贷款同比分别增长16.7%和13.7%,高于全部贷款增速9.6和6.6个百分点。

(二)证券业创新发展,市场交易量显著上升

1.证券期货经营机构业务大幅增长。截至2015年末,浙江省共有法人证券公司5家,证券公司分公司44家,证券营业部683家;期货公司12家,期货营业部175家。证券经营机构2015年累计代理交易额62.9万亿元,比上年增长200.0%;实现利润190.7亿元,比上年增长252.0%。期货经营机构实现代理交易额131.2万亿元,同比增长110.0%;利润总额11.6亿元,同比增长35.0%。

2015 年浙江省证券业基本情况

项　　目	数　　量
总部设在辖内的证券公司数(家)	5
总部设在辖内的基金公司数(家)	2
总部设在辖内的期货公司数(家)	12
年末境内上市公司数(家)	299
当年国内股票(A 股)筹资(亿元)	749
当年发行 H 股筹资(亿元)	
当年国内债券筹资(亿元)	1275
其中:短期融资券筹资额(亿元)	530
中期票据筹资额(亿元)	413

注:当年国内股票(A 股)筹资额指非金融企业境内股票融资。
数据来源:中国人民银行杭州中心支行、浙江省证监局。

2. 企业上市稳步推进。2015 年末。浙江省共有境内上市公司 299 家,比上年新增 33 家,位居全国第二;中小板上市公司和创业板上市公司分别为 127 家和 50 家,分别占全国同类上市公司家数的 16.0%和 10.0%。2015 年,浙江省境内上市公司在资本市场合计融资 1475.6 亿元,比上年增长 1.2 倍。

3. 证券行业创新步伐加快。浙江省内证券公司积极参与业务和产品创新,资产管理、融资融券等业务快速发展。2015 年,浙江省内法人证券公司营业收入同比增长 53.3%,净利润增长 68.2%。2015 年末,浙江省股权交易中心挂牌企业 3162 家,比上年增加 1574 家;"新三板"挂牌企业 411 家,比上年增加 342 家。

(三)保险服务范围拓宽,风险保障功能有效发挥

2014 年,浙江省保险业平稳发展,市场体系日益完善,资产规模稳步增长,服务领域继续拓宽,经济补偿和风险保障功能有效发挥。

1. 市场体系不断完善。2015 年,各类保险机构 3755 家,专业中介机构 185 家,兼业代理机构 9801 家,保险销售从业人员 23.7 万人。全年新增各类保险机构 104 家,其中保险公司 1 家,农村保险互助社 1 家,专业中介机构 9 家。保险公司资产总额 3071.0 亿元,比年初增加 505.4 亿元。

2. 各项保险业务平稳增长。2015 年,浙江省保险业共实现原保险保费收入 1435.3 亿元,收入同比增长 14.1%。其中,财产险保费收入和人身险保费收入同比分别增长 15.1%和 17.1%。保险业赔付支出 558.8 亿元,同比增长 17.7%。其中,财产险和人身险赔付支出分别增长 8.6%和 43.5%。保险业对国民经济的渗透率和融合度不断提高,保险密度 2604 元/人,保险深度 3.4%。

2015 年浙江省保险业基本情况

项　　目	数　　量
总部设在辖内的保险公司数(家)	4
其中:财产险经营主体(家)	2
人身险经营主体(家)	2
保险公司分支机构(家)	3748
其中:财产险公司分支机构(家)	2188
人身险公司分支机构(家)	1560

续表

项　目	数　量
保费收入(中外资,亿元)	1435.3
其中:财产险保费收入(中外资,亿元)	646.7
人身险保费收入(中外资,亿元)	788.6
各类赔款给付(中外资,亿元)	558.8
保险密度(元/人)	2604
保险深度(%)	3.4

数据来源:浙江省保监局。

3.保险服务领域稳步拓宽。2015年,浙江省保险业积极服务实体经济发展,大力发展小额贷款保证保险,建立省级补偿机制,启动农村"三权"保证保险试点,在全省近60个县(市、区)推广,累计帮助超过2.2万家小微企业获得贷款127.0亿元。大病保险取得突破性进展,至2015年末,商业保险机构受托承办大病保险项目已覆盖60个县(市、区)和2300万名城乡居民,累计向5.7万名参保人支付赔款约4亿元。

五、安徽省金融运行情况

2015年,安徽省金融业运行总体稳健,各项存贷款适度增长,融资结构优化,地区金融创新发展明显加快,多层次资本市场发展成效显著,保险保障功能进一步发挥,金融服务经济结构调整和转型升级的能力提升。

(一)银行业运行稳健,支持实体经济结力度加大

1.资产、利润增速放缓。2015年,安徽省银行业金融机构资产、利润总额分别增长11.5%、0.2%,同比分别下降2.7个和6.6个百分点。推动完善地方金融体系,全省村镇银行已开业65家,实现县域全覆盖;广发银行合肥分行、渤海银行合肥分行相继开业;徽银金融租赁公司挂牌开业、合肥市消费金融公司获批筹建。

2015年安徽省银行业金融机构基本情况

机构类别	营业网点			法人机构(个)
	机构个数(个)	从业人数(人)	资产总额(亿元)	
一、大型商业银行	2382	50669	15916.2	0
二、国家开发银行和政策性银行	90	2301	5621.5	0
三、股份制商业银行	321	6588	4014.1	0
四、城市商业银行	362	8164	6277.1	1
五、小型农村金融机构	3083	32919	8787.9	83
六、财务公司	6	193	311.6	6
七、信托公司	2	461	145.6	2
八、邮政储蓄	1781	14946	3130.0	0
九、外资银行	5	152	90.8	0
十、新型农村金融机构	664	8681	867.0	524
十一、其他	4	807	617.6	4
合　计	8700	125881	45779.0	620

注：营业网点不包括国家开发银行和政策性银行、大型商业银行、股份制银行金融机构总部数据；大型商业银行包括中国工商银行、中国农业银行、中国银行、中国建设银行和交通银行；小型农村金融机构包括农村商业银行、农村合作银行、农村信用社；新型农村金融机构包括村镇银行和农村资金互助社；"其他"包括金融租赁公司、汽车金融公司等。

数据来源：安徽省银监局。

2. 存款同比多增较多，活期化趋势明显。2015 年末，安徽省本外币各项存款余额 34826.2 亿元，同比增长 14.3%，增幅较上年提高 1.7 个百分点。其中，人民币存款全年增加 4392.1 亿元，同比多增 1064.6 亿元。分期限看，存款活期化趋势明显，全年同比多增 1714.7 亿元。

3.. 贷款增速先降后升，信贷投放结构优化、重点突出。2015 年末，安徽省本外币贷款余额 26144.4 亿元，同比增长 14.9%，高于全国 1.5 个百分点。其中，人民币贷款全年新增 3400.8 亿元，同比多增 451.4 亿元。信贷投放结构不断优化，重点突出。2015 年末，安徽省第三产业贷款余额同比增长 18.0%，高于各项贷款增速 3.1 个百分点；在新增贷款中，第三产业占比达 83.2%，占比与上年持平。六大高耗能行业中长期贷款余额同比下降 2.9%；比年初减少 25.6 亿元，同比多降 103.8 亿元。水利、交通等基础设施相关行业贷款余额同比增长 16.8%，全年同比多增 178 亿元；全年保障房项目开发贷款增加 334.3 亿元，同比多增 161.4 亿元。

（二）证券业盈利提升，市场结构日趋多元

1. 经营机构创新发展，盈利水平提升。2015 年，安徽省新增证券、期货分支机构 24 家，年末达 296 家。年内受股票市场指数总体上行及大幅震荡影响，累计实现证券交易量 8.3 万亿元、期货代理成交额 25.9 万亿元，同比分别增长 211.0%、72.0%。国元证券、华安证券实现净利润分别同比增长 103.0%、212.9%。

2. 资本市场体系日益完善，服务能力增强。多层次资本市场协调推进，结构更趋合理。全年新增上市公司 8 家、新三板挂牌公司 117 家、区域性股权市场挂牌企业 473 家；沪深交易所上市公司家数居中部第一；完成资本市场直接融资 358.3 亿元，同比增长 60.0%。公司债券市场建设取得突破进展，正奇安徽金融控股有限公司成为全省首家公开发行公司债券的非上市公司，实现融资 5.0 亿元；另有 18 家公司发行私募债。

2015 年安徽省证券业基本情况

项　目	数　量
总部设在辖内的证券公司数（家）	2
总部设在辖内的基金公司数（家）	0
总部设在辖内的期货公司数（家）	3
年末境内上市公司数（家）	88
当年国内股票（A 股）筹资（亿元）	209
当年发行 H 股筹资（亿元）	0
当年国内债券筹资（亿元）	2652
其中：短期融资券筹资额（亿元）	839
中期票据筹资额（亿元）	261

注：当年国内股票（A 股）筹资额指非金融企业境内股票融资。

数据来源：安徽省证监局。

（三）保险业快速发展，保障功能不断增强

1. 保险机构实力增强。2015 年，安徽省分别新增财产险、寿险省级分支机构 1 家和 2 家；有 5 家保

险总公司在安徽设立了后援中心。保险业资产总额达 1538.0 亿元，同比增长 29.6%。

2. 保险业务发展迅速。2015 年，安徽省实现保费收入同比增长 22.1%，增速创下七年来新高。各类赔款给付同比增长 18.1%，其中财产险、寿险赔付支出同比分别增长 10.0%、27.8%。全省保险深度和保险密度同比分别提高 0.4 个百分点和 193 元/人。

3. 保险保障功能提升。2015 年，安徽省政策性农业保险提标扩面，各类农险产品 60 个，成为全国险种最多的省份之一；大病保险实现省内全覆盖，累计赔付 28.8 万人次，赔付金额 9.7 亿元；信用保证保险试点拓展至 3 个地级市 6 个县区，支持 520 家贷款主体融资 3.5 亿元。

2015 年安徽省保险业基本情况

项　目	数　量
总部设在辖内的保险公司数(家)	1
其中：财产险经营主体(家)	1
人身险经营主体(家)	0
保险公司分支机构(家)	56
其中：财产险公司分支机构(家)	25
人身险公司分支机构(家)	31
保费收入(中外资，亿元)	699
其中：财产险保费收入(中外资，亿元)	273
人身险保费收入(中外资，亿元)	426
各类赔款给付(中外资，亿元)	277
保险密度(元/人)	1146
保险深度(%)	3

数据来源：安徽省保监局

四　长三角外资

一、长三角利用外资总体情况

2015年，长三角实际利用外资总额达733.13亿美元，比上年下降1.6%；占全国实际利用外资总额的比重为58.0%，比上年下降8.3个百分点。其中，江苏省仍然是长三角的引资主力，实际利用外资242.75亿美元，比上年下降13.8%；占长三角实际利用外资总额的33.1%，所占比重比上年下降4.7个百分点。浙江省实际利用外资169.60亿美元，比上年增长7.4%；占长三角实际利用外资总额的23.1%，所占比重上升1.9个百分点。上海市实际利用外资184.59亿美元，比上年增长1.6%；占长三角实际利用外资总额的25.2%，所占比重上升0.8个百分点。安徽省实际利用外资136.19亿美元，比上年增长10.4%；占长三角实际利用外资总额的18.6%，所占比重上升2.0个百分点。

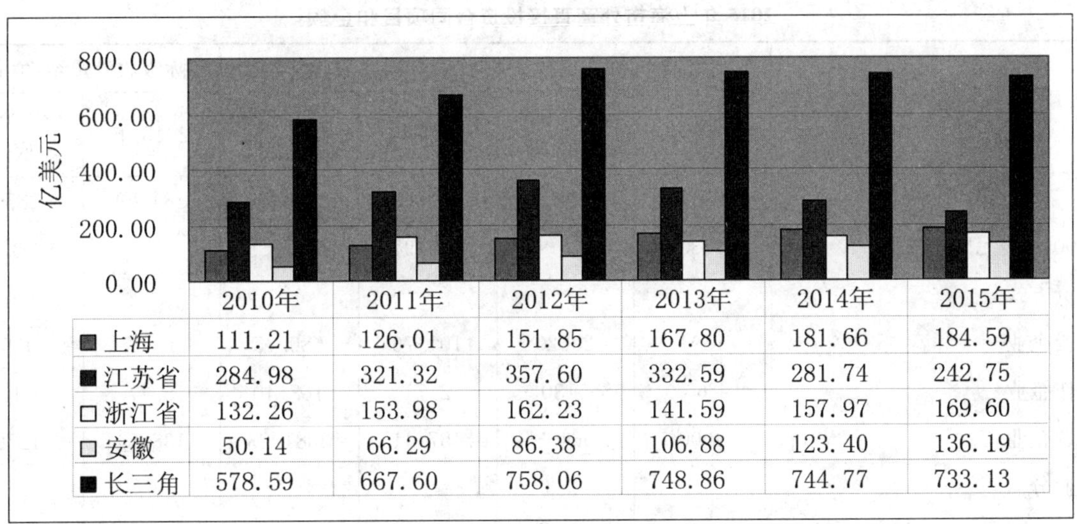

	2010年	2011年	2012年	2013年	2014年	2015年
上海	111.21	126.01	151.85	167.80	181.66	184.59
江苏省	284.98	321.32	357.60	332.59	281.74	242.75
浙江省	132.26	153.98	162.23	141.59	157.97	169.60
安徽	50.14	66.29	86.38	106.88	123.40	136.19
长三角	578.59	667.60	758.06	748.86	744.77	733.13

2010—2015年长三角实际利用外资情况

数据来源：历年上海市、江苏省、浙江省、安徽省统计年鉴

二、上海市利用外资情况

2015年，上海市新设外商直接投资合同项目6007项，比上年增长27.9%；合同金额589.43亿美元，增长86.5%；直接投资实际到位金额184.59亿美元，增长1.6%。全年第三产业实际到位金额159.38亿美元，下降2.7%，占全市实际利用外资的比重达到86.3%。至2015年末，在上海投资的国家和地区达165个。在上海落户的跨国公司地区总部达到535家，投资性公司312家，外资研发中心396家。年内新增跨国公司地区总部45家，其中亚太区总部15家；投资性公司15家；外资研发中心15家。

2011－2015年上海市直接吸收外资情况

指　　标	2011年	2012年	2013年	2014年	2015年
签订合同项目(个)	4329	4043	3842	4697	6007
#合资经营	511	592	656	887	1391
合作经营	13	8	5	7	6
独资经营	3801	3437	3075	3796	4600

续表

指　标	2011 年	2012 年	2013 年	2014 年	2015 年
签订合同金额(亿美元)	201.03	223.38	246.30	316.09	589.43
＃合资经营	23.85	39.76	36.09	70.13	101.76
合作经营	14.85	7.29	5.31	1.91	2.71
独资经营	160.22	172.16	203.95	230.19	457.41
实际吸收外资金额(亿美元)	126.01	151.85	167.80	181.66	184.59
＃合资经营	19.87	27.18	26.64	21.92	39.27
合作经营	2.58	5.76	5.96	8.29	5.37
独资经营	102.07	118.29	133.08	151.15	138.34

资料来源：历年上海市统计年鉴。

2015 年上海市外商直接投资合同项目和金额

类　别	签订合同项目(个)		签订合同金额(亿美元)		实际吸收外资金额(亿美元)	
	2015 年	至 2015 年底累计	2015 年	至 2015 年底累计	2015 年	至 2015 年底累计
总　计	6007	82415	589.43	3330.53	184.59	1876.18
＃1000 万美元以上项目	1233		525.97			
按投资方式分						
＃合资企业	1391	20620	101.76	686.75	39.27	450.80
合作企业	6	5130	2.71	168.40	5.37	119.79
独资企业	4600	56453	457.41	2381.23	138.34	1270.73
按产业分						
第一产业	4	318	0.61	6.92	0.21	4.21
第二产业	89	26470	19.59	937.17	25.00	566.34
＃工　业	71	25517	18.95	913.64	24.90	558.94
第三产业	5914	55627	545.00	2350.47	159.38	1305.63

资料来源：《上海统计年鉴》(2016)。

三、江苏省利用外资情况

2015 年，江苏省吸引外资规模继续保持全国领先。新批外商投资企业 2580 家，比上年减少 451 家；新批协议外资 393.61 亿美元，比上年下降 8.9%；实际到账外资 242.75 亿美元，比上年下降 13.8%。新批及净增资 9000 万美元以上的外商投资大项目 235 个。

2011—2015 年江苏省外商投资况状况

单位：万美元

指　标	2011 年	2012 年	2013 年	2014 年	2015 年
签订合同项目(个)	4496	4156	3453	3031	2580
＃合资经营	932	721	632	709	606
合作经营	29	15	14	2	3

续表

指　　标	2011年	2012年	2013年	2014年	2015年
独资经营	3531	3414	2806	2316	1963
外商投资股份制企业	4	6	1	4	8
合同外商直接投资金额	5955372	5714109	4726816	4318685	3936089
＃合资经营	980904	743004	561458	661894	610010
合作经营	34123	32100	26282	9808	19050
独资经营	4889203	4869617	4128148	3512530	3222822
外商投资股份制企业	51142	69388	10928	134453	84207
实际外商直接投资金额	3213173	3575956	3325922	2817416	2427469
＃合资经营	597420	577193	590073	429339	460420
合作经营	25950	19118	20102	9508	14383
独资经营	2554283	2887099	2692125	2322693	1856173
外商投资股份制企业	35520	92546	23622	55876	96493

资料来源:历年江苏省统计年鉴。

2015年江苏省各市利用外资情况：

南京市新批外商投资企业250家。注册合同外资61.72亿美元,增长25.4%。实际使用外资33.35亿美元,增长1.3%。分产业看,第一产业使用外资0.04亿美元,下降38.1%;第二产业使用外资7.77亿美元,下降15.7%;第三产业使用外资25.54亿美元,增长8.1%。

无锡市批准外资项目358个,协议注册外资55.33亿美元,到位注册外资32.11亿美元,增长3.0%。制造业利用外资占到位注册外资比重达到58.7%,全年完成总投资超3000万美元的重大外资项目65个。至2015年底,全球500强企业中有96家在无锡市投资兴办了182家外资企业。

徐州市新批外商投资企业109个,较上年减少80个;新批协议外资15.89亿美元,同比下降47.4%;新批及净增资3000万美元以上项目26个,较上年增加2个;实际到账外资14.28亿美元,下降13.9%。

常州市实际到账注册外资17.21亿美元,新增协议注册外资3000万美元以上项目16个,其中总投资超10亿美元的瑞声射频模组项目成功签约,波士顿锂电池、联合光伏、顺风光电科技等3个项目总投资超5亿美元。全年新增世界500强投资项目5个、增资项目2个,数量创近年新高。

苏州市实际使用外资60.00亿美元,其中服务业实际使用外资26.7亿美元,占实际使用外资的38.1%;战略性新兴产业和高技术项目实际使用外资33.8亿美元,占实际使用外资的48.2%。新引进和培育各类具有地区总部特征或共享功能的外资企业35家,累计超过200家。148家世界500强企业在苏州有投资企业400多家。

南通市新批外商投资项目315个,比上年增长2.6%,其中,千万美元以上项目168个,比上年增长3.7%;新批协议注册外资50.15亿美元,下降1.6%;实际到账注册外资23.16亿美元,增长0.5%。

镇江市实际利用外资13.05亿美元,比上年增长0.8%。其中,第一产业1.17亿美元,下降31.7%;第二产业6.20亿美元,增长17.6%;第三产业5.68亿美元,下降4.8%。全年工商新注册外商投资企业数93家,比上年下降20.5%;新批千万美元以上项目44项,比上年下降41.3%。全年协议利用外资14.58亿美元,下降38.8%。

淮安市新批外资项目167个,协议外资21.7亿美元,比上年增长3.4%;注册外资实际到账12.1亿美元,增长5.1%。新设立总投资超3000万美元项目46个,其中1亿美元以上项目13个。敏安电动汽车、爱美森木业、大量科技等一批重大项目落户。新开工外资项目104个,新竣工外资项目81个。开工项目到账外资11亿美元，占到账外资比重84.7%，比上年提高4.7个百分点。

宿迁市新批外商投资企业27家，新批及净增资3000万美元以上企业11个，新批协议外资8.02亿美元。全市实际使用外资2.98亿美元，比上年下降55.0%。

2011—2015年江苏省各市实际利用外资情况

单位：亿美元

地　区	2011年	2012年	2013年	2014年	2015年
南京市	35.66	41.30	40.33	32.91	33.35
无锡市	35.05	40.10	33.39	29.04	32.02
徐州市	14.66	17.00	15.00	16.58	14.28
常州市	30.52	33.61	31.11	24.09	17.21
苏州市	90.16	91.65	86.98	81.20	60.00
南通市	21.66	22.05	22.87	23.05	23.16
连云港市	6.10	7.34	8.70	9.54	8.01
淮安市	16.20	21.21	11.51	11.99	12.14
盐城市	16.88	21.11	15.50	10.47	7.95
扬州市	21.03	21.38	18.28	13.88	8.48
镇江市	18.08	22.14	30.97	12.95	13.05
泰州市	14.17	14.50	13.23	9.39	10.66
宿迁市	1.90	4.52	5.09	6.65	2.98

数据来源：历年江苏省统计年鉴。

四、浙江省利用外资情况

2015年，浙江省新批外商直接投资项目1778个，比上年增加228个；合同外资278.22亿美元，比上年增长14.0%；实际到位外资169.60亿美元，比上年增长7.4%。第三产业合同利用外资174.59亿美元，比上年增长20.1%，占合同外资总额的62.8%，比上年上升3.3个百分点；实际利用外资96.77亿美元，比上年下降1.2%，占实际利用外资总额的57.1%，比上年下降4.9个百分点。第二产业利用外资势头良好，合同外资102.53亿美元，实际利用外资71.93亿美元，分别比上年增长7.6%和21.4%。其中制造业实际利用外资69.43亿美元，增长21.6%，占实际利用外资总额的40.9%，比重比上年提高4.8个百分点。

2014—2015年浙江省按行业分的外商直接投资

单位：万美元

指　标	投资项目(个)		合同外资		实际利用外资	
	2014年	2015年	2014年	2015年	2014年	2015年
总　计	1550	1778	2441203	2782198	1579725	1696024
合资企业	426	430	392153	555316	313869	444171
独资企业	1115	1325	1970647	2058970	1205573	1137887
第一产业	36	13	34570	10657	8146	9002
第二产业	461	399	953204	1025283	592423	719328

续表

指　　标	投资项目(个)		合同外资		实际利用外资	
	2014 年	2015 年	2014 年	2015 年	2014 年	2015 年
#化学原料及化学制品制造业	14	16	57341	43796	45573	38886
医药制造业	7	5	6516	41834	5404	32816
通用设备制造业	54	57	104218	99441	55597	48754
专用设备制造业	46	30	68532	36209	40299	18067
通信设备、计算机及其他电子设备制造业	35	32	51640	55505	47754	47083
第三产业	1053	1366	1453429	1745932	979156	967694
#交通运输、仓储和邮政业	15	31	48205	93684	28691	34959
信息传输、计算机服务和软件业	93	131	116023	212120	63335	111570
批发和零售业	511	626	356233	334124	179934	127107
金融业	34	46	143089	248325	21982	82075
房地产业	29	29	267871	261946	466395	303721

资料来源:《浙江省统计年鉴》(2016)。

2015 年浙江省各市利用外资情况:

杭州市批准外商直接投资 475 项,实到外资 71.1 亿美元,增长 12.3%。新批总投资 3000 万美元以上项目 130 个,总投资 140.1 亿美元,占新批外商项目总投资的 84.9%。引进世界 500 强投资项目 10 个,至 2015 年末,有 112 家世界 500 强企业来杭投资 188 个项目。

宁波市新批外商投资项目 444 个,合同利用外资 76.5 亿美元,比上年增长 9.0%;实际利用外资 42.3亿美元,增长 5.2%,其中制造业实际利用外资 22.2 亿美元,增长 21.8%,占全部外资的比重高达 52.5%,比上年提高 7.2 个百分点。第三产业实际利用外资 19.4 亿美元,下降 9.6%,其中房地产业实际利用外资 10.0 亿美元,下降 9.9%。

嘉兴市新批外商投资项目 249 个,比上年增加 3 个;合同利用外资 48.7 亿美元,比上年增长 10.3%;实际利用外资 26.8 亿美元,增长 7.6%。

绍兴市新批外资项目 196 个,比上年增加 55 个。合同利用外资 15.8 亿美元,比上年增长 53.0%;实际利用外资 9.4 亿美元,比上年增长 40.3%。新批(含增资)总投资 1000 万美元以上大项目 74 个,比上年增加 19 个。共有 30 多个国家和地区到绍兴投资。

金华市新批外商投资企业 190 家;合同利用外资 3.5 亿美元,下降 39.0%;实际利用外资 2.7 亿美元,下降 1.5%。制造业实际利用外资 1.3 万美元,下降 42.7%,但仍然是实际利用外资主力,占全市实际利用外资总额的46.7%。商贸类项目实际利用外资 4333 万美元,增长 212.0%,占全市合同利用外资总额的 15.8%。香港是外资主要来源地,实际利用外资 22031 万美元,增长 18.6%,占全市实际利用外资总额的 80.3%。

台州市新批外商投资企业 17 家,总投资 3.0 亿美元,合同利用外资 1.8 亿美元,实际利用外资 1.2 亿美元。

湖州市新批准及增减资利用外资项目 185 个。其中,外商投资企业 107 家,增资项目 46 个;总投资千万美元以上项目 81 个。全年合同外资 16.6 亿美元,比上年增长 5.7%。全年实到外资 9.4 亿美元,比上年下降 4.3%。其中,第一产业 0.4 亿美元,增长 410.0%;第二产业 3.1 亿美元,下降 48.0%;第三产业 6.0 亿美元,增长 53.9%。

2011—2015年浙江省各市实际利用外资情况　　单位：万美元

地　　区	2011年	2012年	2013年	2014年	2015年
浙东北	1110519	1175810	1283364	1471062	1599187
杭州市	472230	496061	527633	633460	711253
宁波市	280929	285252	327483	402514	423375
嘉兴市	172066	178159	220676	249577	268427
湖州市	94038	102599	105860	98419	94188
绍兴市	80468	95400	80782	67130	94152
舟山市	10788	18339	20930	19962	7792
浙西南	56802	131123	134456	133659	97081
温州市	10215	39836	50150	53267	30123
金华市	23315	28314	24905	27840	27431
衢州市	4541	5067	6616	7009	6006
台州市	14301	47520	40001	27705	11635
丽水市	4430	10386	12784	17838	21886

数据来源：历年浙江省统计年鉴。

五、安徽省利用外资情况

2015年，安徽省新批外商投资项目289个，比上年增加33个；合同利用外资39.38亿美元，增长26.6%；实际利用外商直接投资136.19亿美元，增长10.4%。到2015年底，来安徽省投资的境外世界500强企业增加到72家，在安徽省投资设立企业120家，其中当年新设立企业7家。

2011—2015年安徽省外商投资状况　　单位：万美元

指　　标	2011年	2012年	2013年	2014年	2015年
新批项目	263	194	246	256	289
＃合资经营	97	78	108	103	131
合作经营	7	2	5	3	5
独资经营	159	112	131	147	151
外商投资股份制	0	2	1	3	2
合同外资额	344324	253481	268851	310969	393800
＃合资经营	102951	70431	110209	107022	165755
合作经营	16326	4472	18279	8020	10827
独资经营	213151	170532	136011	188572	215805
外商投资股份制	11896	8046	3351	7355	1414
实际利用外商直接投资额	662887	863811	1068772	1233978	1361945
＃合资经营	212503	269883	327720	428324	433218
合作经营	2648	1971	4414	4407	7181
独资经营	430223	569825	708629	771762	864674
外商投资股份制	17513	22132	28009	29485	56871

资料来源：历年安徽省统计年鉴。

2015 年安徽省各市利用外资情况：

合肥市全年新批外商投资企业 116 户，比上年增长 36.5%。实际利用外商直接投资 25.07 亿美元，增长 14.9%。新增总投资（含增减资）20.35 亿美元，同比下降 25.1%。年末境外世界 500 强企业在合肥投资设立 40 家外资企业，新增 3 家。

芜湖市新批外商投资企业 24 家，合同利用外资 6.14 亿美元。全年实际利用外资 23.01 亿美元，比上年增长 13.1%，其中外商直接投资 23.00 亿美元，增长 14.8%。截止 2015 年底，全市共有 41 家境外世界 500 强企业在芜投资项目 47 个；其中来自美国的境外世界 500 强企业 12 家，投资项目 14 个。

蚌埠市全年实际到位外资金额 14.07 亿美元，其中外商直接投资 13.92 亿美元，增长 14.7%。

安庆市新批外商投资企业 11 家，比上年下降 15.4%；合同利用外商直接投资 1.72 亿美元，增长 33.0%；实际利用外商直接投资 1.83 亿美元，下降 31.5%。

宿州市引进外资项目 10 个，比上年增加 2 个；合同利用外资 1.26 亿美元，增长 1.6 倍；外商直接投资 6.76 亿美元，增长 14.7%。

亳州市新批外商投资企业 8 家，比上年增长 100%；合同利用外商直接投资 1.5 亿美元，增长 176.9%；实际利用外商直接投资 6.6 亿美元，增长 10%。

池州市合同利用外资 2.6 亿美元，比上年增长 424.7%；全年利用外商直接投资 3.5 亿美元，增长 14.7%。

阜阳市新批外商投资企业 7 家，比上年增加 2 家；合同利用外资 0.40 亿美元，增长 130.5%。全年实际利用外商直接投资 1.85 美元，增长 13.9%。

淮南市新批外商投资企业 4 家；合同利用外资 0.99 亿美元，增长 91.3%；实际吸收外商直接投资 2.08亿美元，增长 3.5%。

六安市新批外资项目 13 个，同比增长 44.4%，合同外资 3.42 亿美元（其中增资 2.31 亿美元），同比增长 4.2 倍；外商直接投资 3.87 亿美元，同比增长 10%，完成全年目标数的 100%。

淮北市新批外商投资企业 9 家，合同外资额 1.86 亿美元；实际利用外商直接投资 6.00 亿美元，增长 10.2%。“十二五”时期，全市累计实际利用外资 22.8 亿美元，是“十一五”时期的 4.25 倍，年均增长 25.5%。

2011—2015 年安徽省及各市利用外资情况

万美元

指　　标	2011 年	2012 年	2013 年	2014 年	2015 年
安徽省	662887	863811	1068772	1233978	1361945
合肥市	145601	160110	189021	225877	250678
淮北市	30123	37786	45934	54431	59979
亳州市	24617	36063	47383	59687	65656
宿州市	25206	37049	46813	58966	67623
蚌埠市	45574	73250	96830	121357	139197
阜阳市	6488	10512	13134	16207	18463
淮南市	12876	18924	23914	20095	20797
滁州市	32297	51910	72596	92353	105886
六安市	20504	26030	30403	35191	38720
马鞍山市	99172	127912	147895	176131	194002
芜湖市	104077	131655	160548	200340	230062

续表

指　标	2011 年	2012 年	2013 年	2014 年	2015 年
宣城市	31195	43625	57303	69002	79606
铜陵市	23807	33368	40310	19577	22324
池州市	16705	21017	26208	30260	34703
安庆市	26430	32667	45178	26666	18253
黄山市	18215	21933	25302	27838	15996

数据来源:历年安徽省统计年鉴。

五　长三角对外经济

一、长三角对外经济总体情况

随着全国经济国际化的深化，长三角对外经济迅猛发展，规模继续居于全国前列，2015 全年对外承包工程及对外劳务合作完成营业额 258.42 亿美元，比上年增长 4.3%，占到全国总量的 16.8%，比上年下降 0.6 个百分点。

江苏省对外承包工程及对外劳务合作完成营业额 95.07 亿美元，比上年增长 7.9%；占长三角对外承包工程及对外劳务合作完成营业额总量的 36.8%，所占比重上升 1.2 个百分点。上海市对外承包工程及对外劳务合作完成营业额 74.55 亿美元，增长 0.7%；占长三角总量的 28.8%，所占比重下降 1.1 个百分点。浙江省对外承包工程及对外劳务合作完成营业额 61.87 亿美元，增长 15.9%；占长三角总量的 23.9%，所占比重上升 2.4 个百分点。安徽省对外承包工程及对外劳务合作完成营业额 26.93 亿美元，下降 16.5%；占长三角总量的 10.4%，所占比重下降 2.6 个百分点。

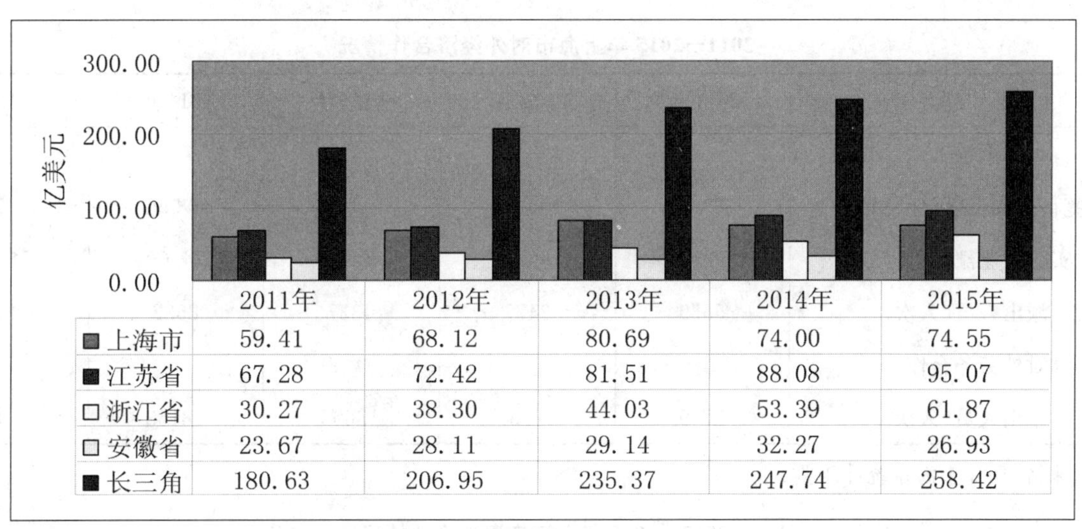

	2011年	2012年	2013年	2014年	2015年
上海市	59.41	68.12	80.69	74.00	74.55
江苏省	67.28	72.42	81.51	88.08	95.07
浙江省	30.27	38.30	44.03	53.39	61.87
安徽省	23.67	28.11	29.14	32.27	26.93
长三角	180.63	206.95	235.37	247.74	258.42

2011—2015 年长三角地区对外承包工程与劳务合作完成营业额(单位:亿美元)

2015 年，长三角中方对外投资额为 739.95 亿美元，比上年增长 1.9 倍。上海市中方对外投资额为 573.25 亿美元，增长 3.7 倍，占长三角投资总量的 77.5%；江苏省中方对外投资额为 103.05 亿美元，比上年增长 42.8%，占长三角总量的 13.9%；浙江省中方对外投资额为 53.97 亿美元，下降 7.2%，占长三角总量的 7.3%；安徽省中方对外投资额为 9.68 亿美元，增长 1.1 倍，占长三角总量的 1.3%。

二、上海市对外经济总体情况

2015 年，上海市备案和核准对外直接投资项目 1338 项，比上年增长 1.3 倍；对外直接投资中方投资额 398.97 亿美元，增长 2.8 倍。签订对外承包工程合同金额 111.00 亿美元，增长 1.9%；实际完成营业额 74.55 亿美元，增长 0.7%；派出人员 5866 人次，下降 31.2%。对外劳务合作派出人员 14369 人次，比上年下降 20.9%。至 2015 年末，上海市对外承包工程和劳务合作涉及的国家和地区达 178 个。

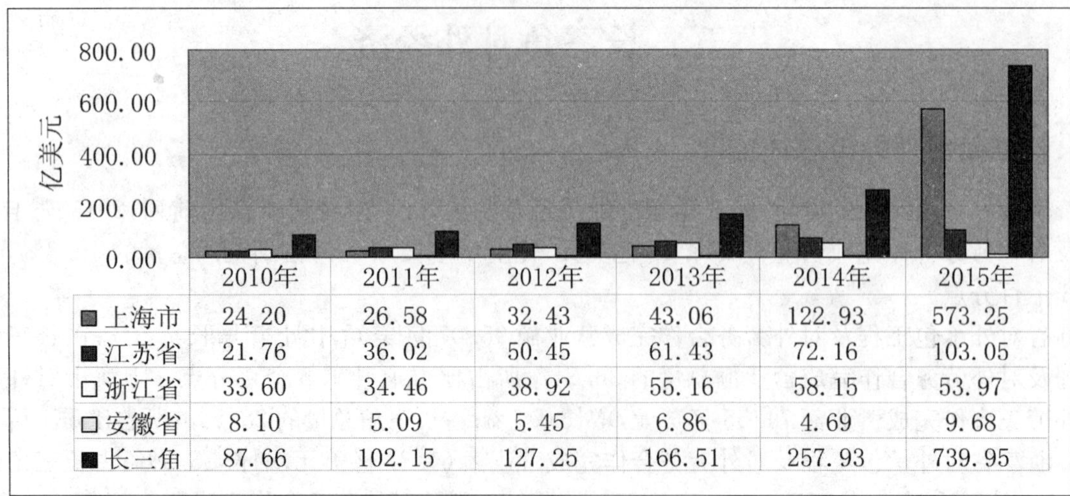

	2010年	2011年	2012年	2013年	2014年	2015年
上海市	24.20	26.58	32.43	43.06	122.93	573.25
江苏省	21.76	36.02	50.45	61.43	72.16	103.05
浙江省	33.60	34.46	38.92	55.16	58.15	53.97
安徽省	8.10	5.09	5.45	6.86	4.69	9.68
长三角	87.66	102.15	127.25	166.51	257.93	739.95

2010—2015 年长三角地区中方对外投资额(单位:亿美元)

2011—2015 年上海市对外经济合作情况

指　　标	2011 年	2012 年	2013 年	2014 年	2015 年
对外承包工程					
签订合同金额(亿美元)	123.47	103.11	108.16	108.90	111.00
实际营业额(亿美元)	59.41	68.12	80.69	74.00	74.55
派出人员(人次)	5559	3477	4337	8532	5866
对外劳务合作					
派出人员(人次)	8749	17767	13695	18163	14369

资料来源:历年上海市统计年鉴。

2012—2015 年上海市海外企业情况

指　标	2012 年新增	至 2012 年底累计	2013 年新增	至 2013 年底累计	2014 年新增	至 2014 年底累计	2015 年新增	至 2015 年底累计
企业数(个)	249	1 929	347	2 276	594	2870	1 338	4 208
投资额(万美元)	324 335	1 358 454	430 571	1 789 025	1 229 253	3 018 278	5 732 462	8 750 470

资料来源:历年上海市统计年鉴。

三、江苏省对外经济总体情况

2015 年,江苏省对外投资增势迅猛。新批境外投资项目 880 个,比上年增长 19.6%;中方协议投资 103.05 亿美元,增长 42.8%。新签对外承包工程合同额 77.96 亿美元,比上年下降 19.3%;实际完成营业额 87.61 亿美元,增长 10.1%;年末在外人数 37907 人,增加 1355 人。新签劳务人员合同工资总额 5.19亿美元,比上年下降 57.0%;劳务人员实际收入总额 7.46 亿美元,下降 12.7%;年末在外人数 63911 人,增加 4061 人。协议投资第三产业仍占主导地位,2015 年江苏省对外第三产业协议投资 62.94 亿美元,比上年增长 36.6%,占协议投资的比重为 61.6%,比上年下降 2.3 个百分点。

2011－2015 年江苏省对外经济合作情况

指　　标		合同数(份)	合同金额(万美元)	实际额(万美元)	年末在外人数(人)
对外承包工程	2011 年	891	594 909	599 171	35 484
	2012 年	1 009	719 844	646 755	35 615
	2013 年	1 021	865 653	726 299	36 266
	2014 年	1 067	966 108	795 426	36 552
	2015 年	875	779 596	876 128	37 907
对外劳务合作(工资额)	2011 年	——	64 883	73 590	53 864
	2012 年	——	62 021	77 438	51 234
	2013 年	——	75 680	88 826	51 748
	2014 年	——	120 789	85 351	59 850
	2015 年		51 941	74 550	63 911

资料来源:历年江苏省统计年鉴。

2011－2015 年江苏省境外投资情况

指　　标	2011 年	2012 年	2013 年	2014 年	2015 年
新批项目数(个)	505	572	605	736	880
＃企业	443	528	550	698	851
＃子公司	410	501	522	685	806
独资子公司	343	390	414	517	621
合资子公司	67	111	108	168	184
联营公司	33	27	28	13	45
机构	62	44	55	38	29
＃国有及国有控股企业	34	60	58	58	52
集体企业	3	4	3	1	3
民营企业	369	383	426	554	693
外资企业	99	125	118	123	132
＃参股并购类项目	64	83	80	110	170
风险投资类项目	9	13	10	7	7
＃贸易型项目	213	243	210	277	315
非贸易型项目	292	329	395	459	565
＃境外加工贸易项目	32	33	38	61	65
境外资源开发项目	18	33	9	10	18
中方协议金额(万美元)	360154	504547	614272	721571	1030460
＃企业	359239	504089	611917	721154	1030123
＃子公司	351789	491387	579871	712482	996893
独资子公司	315587	393106	488365	543147	798599

续表

指　标	2011年	2012年	2013年	2014年	2015年
合资子公司	36202	98281	91506	169335	198294
联营公司	7450	12702	32046	8672	33230
机构	915	458	2356	417	337
＃国有及国有控股企业	27271	84488	46418	65224	59895
集体企业	1495	2185	974	9998	38164
民营企业	251638	320725	434218	547679	795137
外资企业	79750	97149	132663	98669	137264
＃参股并购类项目	49129	99294	126803	110347	199902
风险投资类项目	8899	13522	28342	17973	7753
＃贸易型项目	101672	154336	128831	167014	225716
非贸易型项目	258483	350210	485441	554557	804744
＃境外加工贸易项目	14760	34988	34307	57923	112433
境外资源开发项目	39067	61756	24100	22658	73734

资料来源:历年江苏省统计年鉴。

2015年江苏省各市对外经济情况:

南京市新增境外投资项目170个(含新增),比上年增长54.6%;中方协议投资额20.6亿美元,增长40.6%。对外承包工程完成营业额33.3亿美元,增长17.4%。

无锡市完成境外投资项目115个,中方投资额达到17.5亿美元,比上年增长20.3%,其中1000万美元以上项目33个。

徐州市新批境外投资项目31个,较上年增加9个;中方协议外资7.4亿美元,增长196.0%。

常州市新备案境外投资项目67个,中方协议投资额7.6亿美元,同比增长61.7%,其中涉及"一带一路"国家和地区项目12个,中方协议投资额3.6亿美元,占比达到47.8%。

苏州市新批境外投资项目中方协议投资额20.5亿美元,比上年增长20.4%。其中第三产业项目中方协议投资额12.6亿美元,占61.5%;民营企业境外中方协议投资额17.7亿美元,占86.4%。全年新签对外工程承包合同额18.8亿美元,完成营业额10.4亿美元,分别比上年增长39.5%和9.2%。"一带一路"战略带动效应显现,全市企业对"一带一路"沿线国家协议投资额5.9亿美元,比上年增长48%。

南通市新批设立境外企业78家,中方协议投资额11.4亿美元。新签对外承包劳务合同额11.7亿美元,下降37.1%;完成对外承包劳务营业额24.4亿美元,增长7.6%;新派劳务人员1.42万人次,增长51.2%;年末在外劳务人员2.52万人,增长7.9%。

扬州市完成外经营业额7.4亿美元,增长16%,其中,工程承包完成外经营业额6.8亿美元,增长18%;全年累计境外投资项目26个,中方协议投资额2.4亿美元。

淮安市完成外经营业额1.1亿美元,增长11%;完成外经合同额3217万美元,增长20.2%。新批境外投资企业5家,增长25%,中方协议投资额3458万美元,增长12.6%。

四、浙江省对外经济总体情况

2015年,浙江省经审批和核准的境外投资企业和机构共计760家,比上年增加183家;其中中方投资53.97亿美元,下降7.2%。对外承包工程和劳务合作完成营业额61.87亿美元,比上年增长15.9%;

新签对外承包工程和劳务合作合同额58.74亿美元，增长38.7%；对外承包工程和劳务合作年底在外人数为32234人，增加955人。

2011—2015年浙江省对外经济合作情况

项　　目	2011年	2012年	2013年	2014年	2015年
新签对外承包工程和劳务合作合同额(万美元)	295438	361220	464707	423539	587412
对外承包工程和劳务合作营业额(万美元)	302693	382974	440266	533922	618719
对外承包工程和劳务合作在年底在外人数(人)	17836	27149	27923	31279	32234
新批境外投资企业数(个)	568	634	568	577	760
境外企业中方投资额(万美元)	344551	389236	551648	581489	539701

资料来源：历年浙江省统计年鉴。

2015年浙江省各市对外经济情况：

杭州市至2015年末，设立各类境外投资企业(机构)1341个，其中非贸易企业491个。境外合同投资26.5亿美元，其中非贸易性投资14.7亿美元，增长64.9%。对外承包工程和劳务合作营业额17.7亿美元，增长69.8%。

宁波市新批境外投资企业和机构226家；核准中方投资额25.1亿美元，比上年增长36.6%，实际中方投资额12.8亿美元，增长49.5%。完成境外承包工程劳务合作营业额19.1亿美元，增长13.1%。全年承接服务外包执行额186.2亿美元，增长32.4%，其中离岸服务外包执行额12.8亿美元，增长40.6%。年末全市服务外包企业1201家，从业人员4.7万人。

嘉兴市新批境外投资项目49个，对外直接投资额6.2亿美元，比上年增长99.6%。

绍兴市新批境外投资企业48家，企业增资7家。境外投资企业总投资额17.2亿美元，其中中方投资额16.5亿美元，比上年增长171.4%。全市境外工程营业额1.9亿美元，比上年增长24.4%。

金华市新批核准境外投资项目48个，境外投资总额11.4亿美元，中方投资8.3亿美元，增长67.2%。全市完成对外承包工程劳务合作营业额4.5亿美元。全年设立境外营销网络(贸易公司、办事处等)36家，占全市项目总数的80%。截至目前金华市企业在境外投资、经营的各类营销网络(贸易公司、办事处等)达372个，涉及69个国家和地区，遍布美国、日本、德国、俄罗斯、阿联酋和香港等主要出口市场。

台州市新批境外投资企业34家，中方投资额1.4亿美元。全市累计境外投资项目547个，中方累计投资额8.0亿美元。

五、安徽省对外经济总体情况

2015年，安徽省新批境外企业(机构)133个，协议对外投资31.82亿美元，比上年增长75.9%；实际对外投资9.68亿美元，增长1.1倍。对外承包工程新签合同金额30.70亿美元，比上年增长15.1%；完成营业额26.93亿美元，下降16.5%；当年外派劳务人员10500人，下降25.7%；年末在外人数为23691人，下降4.1%。

2011—2015 年安徽省对外经济合作情况

项　　目	2011 年	2012 年	2013 年	2014 年	2015 年
新签对外承包工程和劳务合作合同额(亿美元)	19.37	23.38	27.50	26.68	30.70
对外承包工程和劳务合作营业额(亿美元)	23.67	28.11	29.14	32.27	26.93
对外承包工程和劳务合作在年底在外人数(人)	20901	23748	21655	24709	23691
新批境外投资企业数(个)	42	56	59	100	133
境外企业中方实际投资额(亿美元)	5.09	5.45	6.86	4.69	9.68

资料来源：历年安徽省统计年鉴。

2015 年安徽省主要城市对外经济情况：

合肥市对外经济合作新签合同额 21.26 亿美元，比上年增长 6.0%；完成营业额 19.35 亿美元，下降 17.0%。劳务合作年末在外人员 1.36 万人。

安庆市全年中方实际对外投资额 153 万美元，同比增加 118.6%；劳务人员合同工资总额 1477 万美元，同比下降 1.53%；当年外派劳务人员 185 人，同比下降 0.54%。

宣城市新增境外投资企业 8 家，实际对外投资 10959 万美元。

淮南市全年对外工程承包新签合同额 20950 万美元，增长 40.9 倍；完成营业额 6169 万美元，下降 51.3%。当年外派劳务人员 2300 人，与上年持平。

六　长三角外贸

一、长三角对外贸易总体情况

2015 年，长三角对外贸易进出口总值达 13929.39 亿美元，比上年下降 2.9%，占全国外贸比重 35.2%，上升 1.8 个百分点。其中，出口额 8450.83 亿美元，下降 1.4%，占全国出口比重 37.2%；进口额 5478.55 亿美元，下降 5.2%，占全国进口比重 32.6%。

2015 年，上海市进出口总额占长三角进出口总额的比重为 32.4%，比上年下降 0.1 个百分点；出口额占长三角出口总额的比重为 23.3%，下降 1.2 个百分点。江苏省进出口总额占长三角进出口总额的比重为 39.2%，比上年下降 0.1 个百分点；出口额占长三角出口总额的比重为 40.1%，上升 0.2 个百分点。浙江省进出口总额占长三角进出口总额的比重为 24.9%，比上年上升 0.2 个百分点；出口额占长三角出口总额的比重为 32.7%，上升 0.8 个百分点。安徽省进出口总额占长三角进出口总额的比重为 3.5%，比上年上升 0.1 个百分点；出口额占长三角出口总额的比重为 3.9%，上升 0.2 个百分点。

2011—2015 年长三角地区对外贸易情况　　亿美元

地　区	2011 年		2012 年		2013 年		2014 年		2015 年	
	进出口额	出口额	进出口额	出口额	进出口额	出口额	进出口额	出口额	进出口额	出口额
上海市	4374.36	2097.89	4367.58	2068.07	4413.98	2042.44	4666.22	2102.77	4517.33	1969.69
江苏省	5397.59	3126.23	5480.93	3285.38	5508.44	3288.57	5637.62	3418.69	5456.14	3386.68
浙江省	3093.78	2163.49	3124.03	2245.19	3357.89	2487.46	3550.49	2733.29	3467.84	2763.32
安徽省	313.38	170.84	393.25	267.52	456.34	282.56	492.73	314.93	488.08	331.14
长三角	13179.11	7558.45	13365.79	7866.16	13736.65	8101.03	14347.06	8569.68	13929.39	8450.83

资料来源：历年上海市、江苏省、浙江省、安徽省统计年鉴。

二、上海市对外贸易情况

2015 年，上海市关区货物进出口总额 8187.86 亿美元，比上年下降 5.2%。其中，进口 3182.06 亿美元，下降 6.5%；出口 5005.80 亿美元，下降 4.3%。

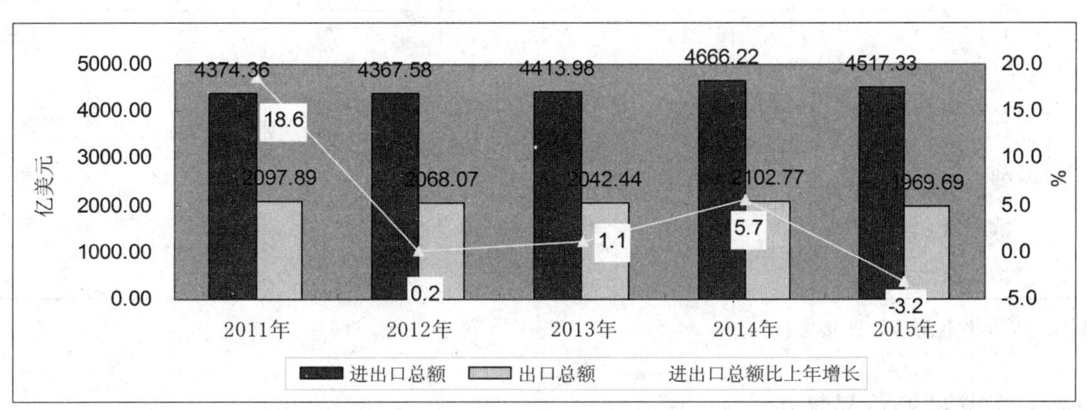

2011—2015 年上海市进出口总额与增长速度

2015年，上海市货物进出口总额4517.33亿美元，比上年下降3.2%。其中，进口总额2547.64亿美元，下降0.6%；出口总额1969.69亿美元，下降6.3%。上海市进出口总额相当于生产总值的比例为111.7%，比上年下降9.9个百分点；出口总额相当于生产总值的比例为48.7%，比去年下降6.1个百分点。

按企业性质分，上海市国有企业出口254.26亿美元，比上年下降8.9%；外商投资企业出口1320.55亿美元，下降6.7%。按产品分类，高新技术产品出口861.55亿美元，比上年下降3.3%；机电产品出口1380.30亿美元，下降5.2%。按贸易方式分，一般贸易出口838.98亿美元，下降4.6%；加工贸易出口842.59亿美元，下降8.4%。

2011—2015年上海市出口情况

亿美元

指 标	2011年	2012年	2013年	2014年	2015年
出口总额	2097.89	2068.07	2042.44	2102.77	1969.69
按企业性质分					
＃国有企业	348.53	324.81	296.98	279.17	254.26
外商投资企业	1424.43	1387.67	1367.75	1415.62	1320.55
按贸易方式分					
＃一般贸易	771.55	789.29	817.25	879.73	838.98
加工贸易	1090.56	1015.29	943.80	919.88	842.59
按产品类别分					
＃机电产品	1484.14	1454.37	1433.95	1456.08	1380.30
＃高新技术产品	933.63	906.64	887.13	890.63	861.55

数据来源：历年上海市统计年鉴。

2015年，上海市对香港特别行政区、台湾省出口193.43亿美元、61.23亿美元，比上年分别增长4.8%和−8.4%。对美国、俄罗斯出口455.79亿美元、17.08亿美元，分别下降8.6%和43.4%。对日本、韩国出口213.22亿美元、84.80亿美元，分别增长−8.5%和18.4%。

2011—2015年上海市对主要国家和地区出口情况

主要国家和地区	2011年	2012年	2013年	2014年	2015年
中国香港	161.46	159.69	167.70	184.65	193.43
中国台湾	61.90	57.01	57.91	66.82	61.23
日 本	239.74	249.62	249.09	233.13	213.22
韩 国	74.18	69.45	62.12	71.62	84.80
俄罗斯	25.52	32.63	29.90	30.17	17.08
美 国	483.94	501.59	506.50	498.45	455.79

数据来源：历年上海市统计年鉴。

三、江苏省对外贸易情况

2015年，江苏省外贸进出口总额小幅下降，进出口总额5456.14亿美元，比上年下降3.2%。其中，出口额3386.68亿美元，比上年下降0.9%；进口额2069.45亿美元，下降6.7%。

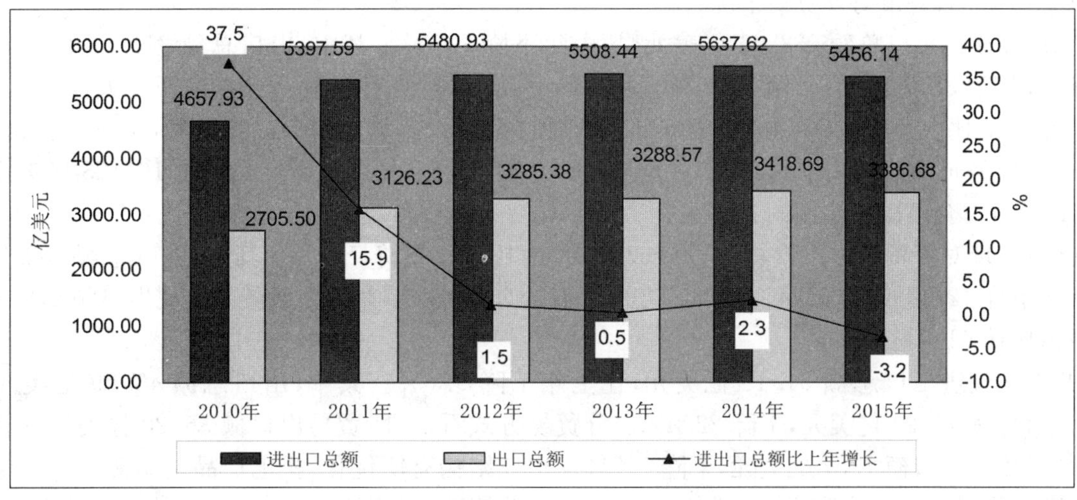

2010—2015 年江苏省进出口总额、出口额与增长速度

按贸易方式分。一般贸易出口额 1552.49 亿美元，比上年下降 2.0%；加工贸易出口额 1479.55 亿美元，下降 0.8%。机电产品出口额为 2247.52 亿美元，比上年增长 1.5%，占出口总额比重为 66.4%；高新技术产品出口额为 1310.89 亿美元，比上年增长 1.3%，占出口总额比重为 38.7%。

按经济类型分。外商投资企业出口额 1938.86 亿美元，比上年下降 2.5%，占出口总额比重为 57.2%，占比较上年下降 1.0 个百分点；私营企业出口额 1068.18 亿美元，增长 1.3%，占出口总额比重为 31.5%，占比较上年提升 0.7 个百分点。

对印度、美国、东盟、韩国出口额分别为 96.30 亿美元、727.97 亿美元、351.07 亿美元和 166.78 亿美元，分别比上年增长 11.8%、3.7%、2.6%和 0.2%；对香港特别行政区、台湾省出口额分别为 347.90 亿美元、137.83 亿美元，分别下降 0.2%和 3.0%；对日本、俄罗斯出口额分别为 280.82 亿美元、34.74 亿美元，分别下降 9.0%和 29.0%；对拉丁美洲、非洲出口额分别为 189.33 亿美元、87.01 亿美元，分别下降 1.4%和 6.4%。

2012—2015 年江苏省进出口商品主要国家和地区　　单位：亿美元

主要国家和地区	2012 年		2013 年		2014 年		2015 年	
	进出口额	出口额	进出口额	出口额	进出口额	出口额	进出口额	出口额
中国香港	343.48	337.23	374.48	368.34	353.92	348.46	352.45	347.90
中国台湾	409.23	105.67	431.24	119.65	462.43	142.06	434.41	137.83
韩国	548.93	163.94	582.57	167.47	593.27	166.37	585.00	166.78
日本	631.66	308.22	610.07	312.37	593.96	308.63	528.19	280.82
俄罗斯	64.23	54.72	57.77	49.32	56.27	48.94	41.08	34.74
美国	781.42	637.60	819.85	654.30	860.52	701.72	867.63	727.97
东盟	578.80	306.95	564.37	334.44	593.16	342.22	596.54	351.07
欧盟	862.22	630.48	812.73	571.21	893.61	635.05	847.35	607.86
非洲	116.62	98.88	118.93	92.99	110.73	92.97	102.55	87.01
拉丁美洲	304.74	219.35	287.16	198.22	272.21	191.93	280.03	189.33

数据来源：历年江苏省统计年鉴。

2015 年江苏省各市对外贸易情况：

南京市完成进出口总额 532.41 亿美元，比上年下降 7.0%。其中，出口总额 315.03 亿美元，下降 3.4%；进口 217.38 亿美元，下降 11.6%。从出口商品市场看，对欧盟、美国、东盟三大经济体出口额 169.22 亿美元，比上年增长 0.4%，占全市出口总额的 53.7%。从出口商品构成看，全年高新技术产品出口 75.12 亿美元，比上年下降 1.0%，占全市出口总额的 23.8%。机电产品出口 161.25 亿美元，比上年下降 1.0%，占全市出口总额的 51.2%。

无锡市实现对外贸易进出口总额 684.67 亿美元，比上年下降 7.7%。其中，进口总额 262.35 亿美元，比上年下降 12.4%；出口总额 422.32 亿美元，比上年下降 4.5%。一般贸易实现出口额 218.34 亿美元，总量占比达 51.7%。

徐州市实现进出口总额 54.13 亿美元，比上年下降 9.6%。其中，出口总额 43.89 亿美元，下降 6.1%；进口总额 10.23 亿美元，下降 22.0%。分贸易方式看，一般贸易出口额 36.20 亿美元，同比下降 7.2%；加工贸易出口额 7.57 亿美元，下降 1.7%。出口结构有所优化，机电产品出口额 19.16 亿美元，下降 3.2%，光伏产品 1.05 亿美元，增长 7 倍，占出口总额比重分别提高 1.4 和 49.4 个百分点。

常州市完成外贸出口 1319.2 亿元，比上年增长 0.5%。全年对“一带一路”国家和地区出口良好，其中对印度、东盟、中东分别出口 8.7 亿元、27.3 亿元、10.7 亿元，增长 27.6%、12.3%、5%。全年完成高新技术产品出口 217.4 亿元，增长 9.7%；机电产品出口占全市出口总额的比重达 54.1%，较上年提高 1.6 个百分点。全年完成服务贸易进出口额 80 亿元，增长 5.1%；一般贸易出口 979 亿元，增长 0.5%。

苏州市实现进出口总额 3053.5 亿美元，比上年下降 1.9%，其中出口 1814.6 亿美元，比上年增长 0.2%。从经营主体看，国有企业实现进出口 153.2 亿美元，比上年增长 10.9%；外资企业实现进出口 2123.6 亿美元，下降 2.9%；私营企业实现进出口 693.9 亿美元，下降 0.8%。

南通市实现进出口总值 315.79 亿美元，下降 0.2%，其中，出口总值 228.26 亿美元，增长 1.5%；进口总值 87.53 亿美元，下降 4.5%。年末与南通市建立进出口贸易关系的国家和地区 209 个。全市有 5406 家企业有进出口业务，增长 6.9%。

镇江市实现进出口总额 100.63 亿美元，比上年下降 2.4%。其中：出口 68.73 亿美元，增长 4.1%；进口 31.90 亿美元，下降 13.9%。按贸易方式分，一般贸易进出口 70.81 亿元，下降 0.7%，占比重 70.4%，其中出口 50.47 亿元，增长 6.8%；加工贸易进出口 24.46 亿元，下降 7.6%，占比重 24.3%，其中出口 16.95 亿元，下降 3.8%。从企业类型看，国有企业出口 3.99 亿美元，增长 2.8%；外商投资企业出口 55.31 亿美元，下降 10.3%；民营企业出口 39.86 亿美元，增长 17.2%。从主要贸易产品看，高新技术产品出口 7.87 亿美元，增长 24.1%；机电产品出口 29.35 亿美元，增长 5.9%；纸及纸制品出口 7.41 亿美元，下降 7.4%。

泰州市完成进出口总额 102.3 亿美元，比上年下降 6.1%；出口 63.77 亿美元，增长 3.2%；进口 38.52 亿美元，下降 18.3%。按贸易方式分，出口额中，一般贸易出口 40.05 亿美元，下降 1.5%；加工贸易出口 22.97 亿美元，增长 15.9%。进口额中，一般贸易进口 27.08 亿美元，下降 7.8%；加工贸易进口 7.92 亿美元，下降 16.4%。按商品类别分，出口额中，机电产品出口 31.94 亿美元，增长 20.3%，农产品出口 2.47 亿美元，增长 5.0%。进口额中，机电产品进口 6.77 亿美元，下降 33.8%，农产品进口 11.72 亿美元，增长 27.7%。

2012—2015 年江苏省各市进、出口情况

单位：亿美元

地　区	2012 年		2013 年		2014 年		2015 年	
	出口额	进口额	出口额	进口额	出口额	进口额	出口额	进口额
南京市	319.01	233.34	322.66	234.91	326.28	245.93	315.03	217.38
无锡市	413.13	294.60	411.48	292.23	442.31	299.39	422.32	262.35

续表

指　标	2012 年		2013 年		2014 年		2015 年	
	出口额	进口额	出口额	进口额	出口额	进口额	出口额	进口额
徐州市	62.88	20.39	48.97	13.92	46.77	13.12	43.89	10.23
常州市	199.60	90.68	203.74	88.41	213.64	74.46	212.56	67.85
苏州市	1746.89	1310.03	1757.06	1336.41	1811.78	1301.28	1814.59	1238.90
南通市	187.86	75.15	212.78	85.37	224.8	91.67	228.26	87.53
连云港市	36.01	44.01	37.84	28.58	43.55	36.75	40.60	39.85
淮安市	33.64	8.73	27.81	8.80	31.61	9.45	30.09	11.21
盐城市	34.65	22.89	37.79	27.50	43.94	31.23	51.24	29.95
扬州市	81.72	20.01	75.50	19.57	76.82	23.30	77.11	26.27
镇江市	77.37	36.76	62.23	37.27	66.02	37.05	68.73	31.90
泰州市	69.45	34.22	62.91	41.50	61.78	47.15	63.77	38.52
宿迁市	23.18	4.75	27.80	5.42	29.40	8.15	18.50	7.49

数据来源：历年江苏省统计年鉴。

四、浙江省对外贸易情况

2015 年，浙江省完成进出口总额 3467.84 亿美元，比上年下降 2.3%。其中，进口额 704.52 亿美元，下降 13.8%；出口额 2763.32 亿美元，增长 1.1%。

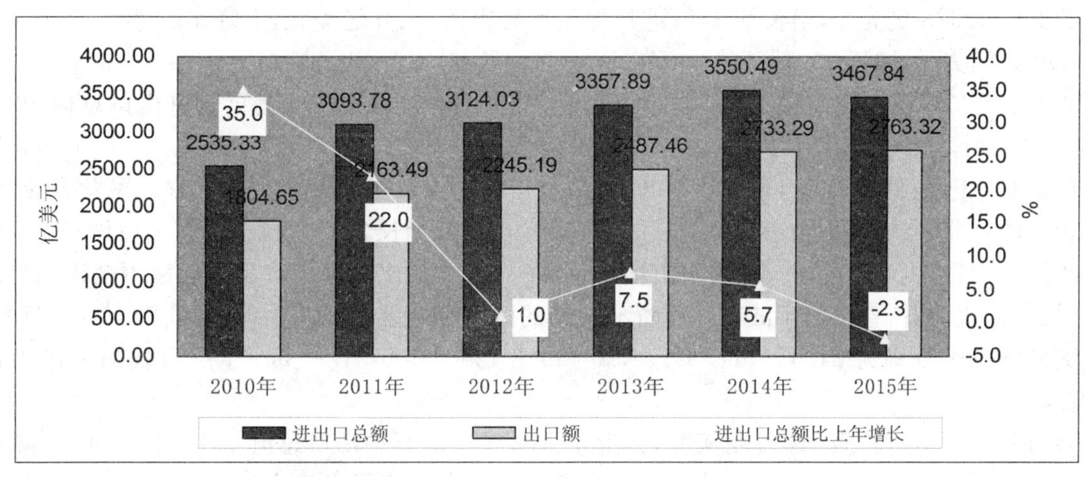

2010—2015 年浙江省进出口总额、出口额与增长速度

按贸易方式分。一般贸易出口额 2151.08 亿美元，比上年下降 0.8%；加工贸易出口额 292.70 亿美元，下降 10.3%。机电产品出口额为 1164.28 亿美元，比上年增长 3.5%，占出口总额比重为 42.1%；高新技术产品出口额为 167.96 亿美元，比上年增长 8.4%，占出口总额比重为 6.1%。

按经济类型分。三资企业出口额 566.50 亿美元，比上年下降 9.5%，占出口总额比重为 20.5%，占比较上年下降 2.4 个百分点；私营企业出口额 1933.17 亿美元，增长 6.5%，占出口总额比重为 70.0%，占比较上年提升 3.6 个百分点。

对美国、东盟和韩国出口额分别为 490.15 亿美元、241.66 亿美元和 64.42 亿美元，分别比上年增长

6.2%、6.5%和2.8%；对香港特别行政区、台湾省出口额分别为53.88亿美元、31.35亿美元，分别比上年增长－7.5%和11.0%；对日本、俄罗斯和欧盟出口额分别为118.66亿美元、67.40亿美元和606.08亿美元，分别比上年下降6.6%、27.8%和3.3%。

2013－2015年浙江省对主要市场进出口情况

单位：万美元

国别(地区)	2013年		2014年		2015年	
	进出口额	出口额	进出口额	出口额	进出口额	出口额
中国香港	618086	591134	603906	582427	556919	538752
中国台湾	1363087	262031	1267074	282431	1106725	313493
日本	2346080	1331439	2200307	1270734	1980899	1186635
韩国	1329085	585006	1360522	626939	1215183	644196
俄罗斯	1060234	930461	1049804	932948	770698	674019
美国	4795046	4139863	5235657	4615276	5511544	4901482
东盟	3186596	2016659	3319568	2269887	3289934	2416568
欧盟	6462717	5445047	7232818	6267058	6928355	6060837

资料来源：《浙江省统计年鉴》(2016)。

2015年浙江省各市对外贸易情况：

杭州市完成货物进出口总额665.7亿美元，下降2.1%。其中，进口总额165.0亿美元，下降12.3%；出口总额500.7亿美元，增长1.8%。(不含省属出口444.7亿美元，增长4.0%)。出口总额中，机电产品出口201.9亿美元，高新技术产品出口63.6亿美元，分别增长4.4%和6.2%。按贸易方式分，一般贸易出口433.8亿美元，增长5.1%；进料加工贸易出口61.0亿美元，下降15.0%。全市服务贸易进出口190.3亿美元，增长25.4%。

宁波市实现口岸进出口总额1936.4亿美元，比上年下降11.4%。外贸自营进出口总额1003.7亿美元，下降4.0%，其中出口713.7亿美元，下降2.3%；进口290.0亿美元，下降8.0%。全年新增对外贸易经营备案登记企业3891家，累计达29858家；全年有进出口实绩企业15587家。民营企业(包括私营企业和集体企业)出口额占全市出口总额的65.9%，出口额增长2.1%，拉动全市出口增长1.3个百分点。从产品结构看，机电产品出口额占全市出口总额的54.4%；高新技术产品出口额占全市出口总额的6.4%。从贸易伙伴看，直接与宁波市开展贸易往来的国家和地区达219个，其中欧盟、美国、日本、拉丁美洲的贸易额占比分别为21.1%、17.5%、6.3%和7.2%。全年与"一带一路"沿线国家进出口总额251.4亿美元。

嘉兴市完成进出口总值310.9亿美元，比上年下降7.8%，其中出口总值229.3亿美元，下降3.1%，进口总值81.6亿美元，下降19.1%。机电、服装及纺织类产品等居出口主导地位，机电产品出口57.9亿美元，增长2.4%，占全市出口比重33.5%；服装产品出口29.7亿美元，下降8.5%；纺织品出口32.1亿美元，增长0.9%，占比18.6%。高新技术产品出口8.14亿美元，增长14.4%。嘉兴市具有出口实绩的民营企业3869家，比上年同期增加355家，累计出口94.6亿美元，下降0.8%。

绍兴市完成货物进出口总额299.0亿美元，比上年下降13.8%，其中出口总额271.4亿美元，下降8.8%，进口总额27.6亿美元，下降44.0%。全市有进出口国家和地区210个，比上年增加1个。其中出口超1000万美元的国家和地区107个，比上年减少1个。全市机电产品出口491919万美元，比上年下降0.9%；高新技术产品出口76080万美元，下降8.7%；化工产品出口189885万美元，下降3.5%；纺织服装出口1786509万美元，下降9.4%。有出口实绩企业8710家，比上年增加130家。出口超1000

万美元企业571家，比上年减少67家。

金华市完成进出口总额490.6亿美元，增长18.3%。其中，出口总额476.7亿美元，增长20.2%；进口总额13.9亿美元，下降23.7%。进出口、出口增幅均居全省首位，规模均创历史新高。出口有效主体增加，全年新增备案企业1980家。全年有进出口实绩企业6581家，比上年净增341家。全市与225国家和地区建立了贸易关系，其中出口超1亿美元的国家和地区79个，比上年增加6个。

台州市实现外贸进出口总额211.7亿美元，比上年下降4.1%。其中，出口总额188.3亿美元，下降2.7%，进口总额23.4亿美元，下降14.3%。全年外贸企业出口28.4亿美元，下降1.5%；三资企业出口20.8亿美元，下降11.9%；生产企业出口139.1亿美元，下降1.4%。在出口总额中，一般贸易出口174.0亿美元，下降2.4%；加工贸易出口14.2亿美元，增长3.9%。全年高新技术产品出口增长5.6%，机电产品出口下降3.2%。2015年全市有进出口实绩企业5110家，比上年增加187家，其中进出口超1000万美元企业有439家。出口国家和地区为208个。

湖州市实现外贸进出口总额102.1亿美元，比上年增长2.7%。其中，出口88.6亿美元，增长1.1%；进口13.5亿美元，增长14.3%。按出口贸易方式分，一般贸易出口80.8亿美元，增长0.6%；加工贸易出口7.7亿美元，增长0.5%。按出口企业性质分，生产企业出口50.1亿美元，增长2.3%；流通企业出口12.4亿美元，下降4.8%；外资企业出口26.1亿美元，增长0.01%。按主要出口产品分，机电产品出口29.8亿美元，增长4.7%，纺织原料及纺织制品出口28.2亿美元，下降3.8%。

2012—2015年浙江省各市进、出口情况

单位：亿美元

地　区	2012年		2013年		2014年		2015年	
	进口额	出口额	进口额	出口额	进口额	出口额	进口额	出口额
浙东北	787.03	1644.87	780.97	1746.41	731.85	1902.59	632.85	1865.5
杭州市	204.22	412.62	203.05	447.66	188.32	491.66	165.00	500.67
宁波市	351.27	614.45	346.19	657.10	315.95	731.09	290.00	713.73
嘉兴市	91.41	196.03	102.51	215.12	100.83	236.51	81.58	229.27
湖州市	13.40	73.96	14.45	80.88	11.83	88.06	13.52	88.55
绍兴市	65.41	255.57	54.53	279.16	49.32	297.51	27.60	271.42
舟山市	61.32	92.24	60.23	66.49	65.59	57.76	55.16	61.85
浙西南	89.63	600.83	89.57	741.63	86.09	830.95	74.26	900.54
温州市	27.42	176.96	24.56	181.46	22.31	185.51	23.63	171.15
金华市	14.26	213.13	17.42	325.32	18.16	396.71	13.85	476.73
衢州市	11.59	18.59	13.86	23.90	15.63	28.85	11.21	32.92
台州市	33.83	172.39	31.57	187.21	27.28	193.51	23.37	188.29
丽水市	2.53	19.76	2.16	23.73	2.71	26.37	2.20	31.44

数据来源：历年浙江省统计年鉴。

五、安徽省对外贸易情况

2015年，安徽省完成进出口总额488.08亿美元，比上年下降0.9%。其中，出口331.14亿美元，增长5.1%；进口156.94亿美元，下降11.7%。

从出口经营主体看，生产型企业出口增长6.0%，贸易型企业出口下降1.6%。从出口商品看，机电产品、高新技术产品出口分别增长9.2%和10.8%。按贸易方式分，一般贸易出口额239.52亿美元，比上年增长9.1%；加工贸易出口额80.14亿美元，下降8.5%。

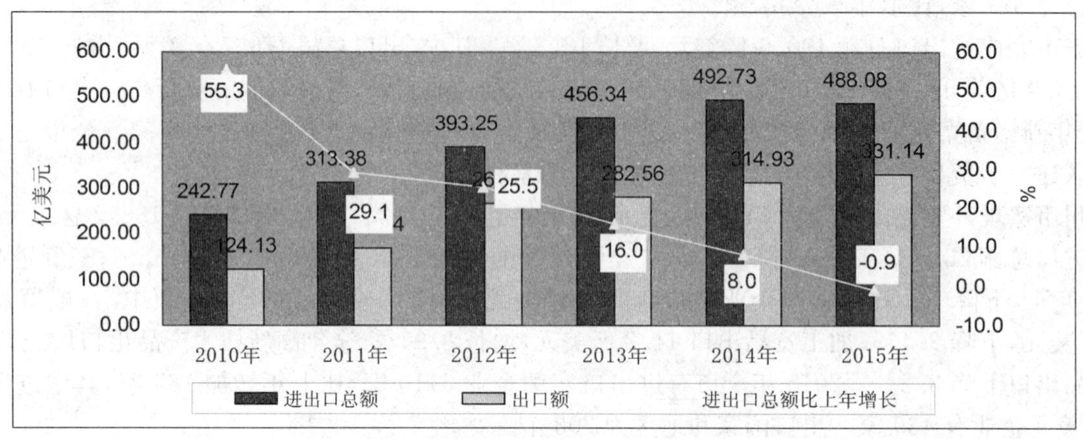

2010—2015 年安徽省进出口总额、出口额与增长速度

对香港特别行政区、台湾省出口 19.82 亿美元、4.34 亿美元，比上年分别增长 33.9%和－27.9%。对美国、俄罗斯出口 57.01 亿美元、4.40 亿美元，分别增长 10.8 和－39.3%。对日本、韩国出口 14.17 亿美元、10.06 亿美元，分别下降 7.7%和 1.3%。

2012—2015 年安徽省进出口商品主要国家和地区 单位：万美元

主要国家和地区	2012 年		2013 年		2014 年		2015 年	
	进出口额	出口额	进出口额	出口额	进出口额	出口额	进出口额	出口额
合　计	3932527	2675228	4563375	2825638	4927279	3149309	4880808	3311424
亚　洲	1486168	1039555	1854714	1187392	2223971	1427250	2102546	1440279
香　港	69511	66588	134344	132334	150425	148053	201320	198195
日　本	230400	115870	266259	125889	295476	153541	221474	141709
韩　国	130879	57352	209458	81129	244989	101917	207652	100588
台　湾	96189	24831	146774	47021	209029	60275	173549	43441
非　洲	305165	264526	292513	250439	262789	217180	271486	225137
欧　洲	713079	556223	745970	570370	806746	625167	790130	629911
德　国	163514	94873	174301	92137	180940	106751	163148	106672
俄罗斯	69199	56957	72271	61550	80937	72524	52480	43999
拉丁美洲	618936	320736	743316	291737	664290	257363	695316	326093
北美洲	585598	440763	661708	470722	744905	562097	805900	616974
美　国	494092	392144	555744	422477	651757	514345	710737	570066
大洋洲	223548	53417	265098	54978	224536	60248	215379	73030

数据来源：历年安徽省统计年鉴。

2015 年安徽省各市对外贸易情况：

合肥市实现进出口总额 203.38 亿美元，比上年增长 1.3%。其中，出口 137.08 亿美元，增长 9.6%；进口 66.29 亿美元，下降 12.4%。机电产品出口额 67.95 亿美元，增长 23.9%。高新技术产品出口额 39.85 亿美元，增长 30.3%。

芜湖市实现进出口总额 68.19 亿美元，比上年增长 5.8%。其中，进口总额 12.77 亿美元，下降 13.3%；出口总额 55.42 亿美元，增长 11.4%。从出口产品类别看，机电产品出口额 36.67 亿美元，占出口总额的 66.2%。从产品出口地区看，对欧洲出口 8.18 亿美元，占出口总额的 14.8%；对亚洲出口23.1

亿美元，占出口总额的41.7%；对北美出口11.30亿美元，占出口总额的20.4%。

铜陵市实现进出口总额45.8亿美元，下降11.4%。其中，出口6.4亿美元，下降24.9%；进口39.4亿美元，下降8.7%。

马鞍山市实现进出口总额29.55亿美元，比上年下降0.1%。其中，进口总额13.29亿美元，下降22.5%；出口总额16.26亿美元，增长30.6%。中小企业完成进出口总额16.05亿美元，增长19.2%。

安庆市完成进出口总额24.45亿美元，比上年增长8.6%。其中，出口21.77亿美元，增长12.0%；进口2.67亿美元，下降13.3%。在出口中，机电产品出口快速增长，两者占全部出口的比重由上年的24.3%提高到25.7%。

滁州市完成商品进出口总额20.46亿美元，比上年下降7.1%(若扣除旅游贸易不可比因素，比上年增长15.0%)。其中，出口总额14.42亿美元，下降4.7%；进口总额6.04亿美元，下降12.3%。从进出口经营主体看，内资生产企业完成14.48亿美元，下降13.6%；外商投资企业完成5.98亿美元，增长13.4%。出口国别及地区达170个。

蚌埠市实现进出口总额23.41亿美元，比上年增长12.6%。其中，出口16.52亿美元，增长1.8%；进口6.89亿美元，增长50.8%。

宣城市实现进出口总额18.5亿美元，比上年增长9.6%，其中，出口17.5亿美元，增长10.5%；进口0.97亿美元，下降5.1%。从出口经营主体看，生产型、贸易型企业出口分别下降0.2%和增长24.1%。从出口商品看，机电产品出口增长17.0%，汽车零部件出口下降10.8%，塑料及橡胶件出口下降8.6%，纺织品出口增长7.7%，广义农产品出口增长39.7%。卫浴产品出口下降9.0%。

阜阳市实现进出口总额15.0亿美元，比上年下降7.1%。其中，出口13.5亿美元，下降6.9%；进口1.5亿美元，下降9.1%。从出口贸易方式看，一般贸易出口11.9亿美元，下降7.8%；加工贸易出口1.6亿美元，增长0.6%。进出口额超百万美元的企业204家，比上年增加19家。

2012—2015年安徽省各市进、出口情况　　**单位：万美元**

地　区	2012年		2013年		2014年		2015年	
	进出口额	出口额	进出口额	出口额	进出口额	出口额	进出口额	出口额
合肥市	1764175	1362782	1819000	1189889	2074136	1277371	2033125	1371202
淮北市	34854	30812	46841	43828	54808	51958	57687	54587
亳州市	49906	46228	42630	37773	36920	32313	50164	45022
宿州市	40604	36378	53463	47192	65123	57419	75945	66303
蚌埠市	122794	100162	170950	124423	208032	162280	234111	165171
阜阳市	109718	89565	136558	111401	161012	145277	149578	135248
淮南市	34883	24452	50487	40634	44695	35663	33219	28573
滁州市	153247	116045	185545	138270	220430	151523	204621	144243
六安市	73689	71088	80064	77720	68682	66311	61718	53033
马鞍山市	365213	120047	362511	138631	297185	124558	295522	162653
芜湖市	462439	337026	543322	393136	644665	497428	681891	554223
宣城市	135483	120227	187883	175152	169018	158754	185163	175423
铜陵市	357036	35338	582335	62213	523873	85658	458106	64353
池州市	34468	21873	41018	25751	41193	25982	51979	20777
安庆市	123899	100520	180426	149469	225699	194864	244463	217731
黄山市	70119	62685	80340	70154	91808	81950	63516	52881

数据来源：历年安徽省统计年鉴。

七　长三角固定资产投资

一、长三角地区固定资产投资基本情况

2015 年，长三角固定资产投资总额首次超 10 万亿，达到 102888.14 亿元，比上年增长 11.4%，高于全国增速 1.6 个百分点；占全国固定资产投资总额的比重为 18.3%，占比比上年上升 0.3 个百分点。

2015 年，上海市固定资产投资总额 6352.70 亿元，比上年增长 5.6%；占长三角固定资产投资总额的 6.2%，所占比重下降 0.3 个百分点。江苏省固定资产投资总额 45905.17 亿元，比上年增长 10.5%；占长三角固定资产投资总额的 44.6%，所占比重下降 0.4 个百分点。浙江省固定资产投资总额 26664.72亿元，比上年增长 13.2%；占长三角固定资产投资总额的 25.9%，所占比重上升 0.4 个百分点。安徽省固定资产投资总额 23965.55 亿元，比上年增长 12.7%；占长三角固定资产投资总额的 23.3%，所占比重上升 0.3 个百分点。

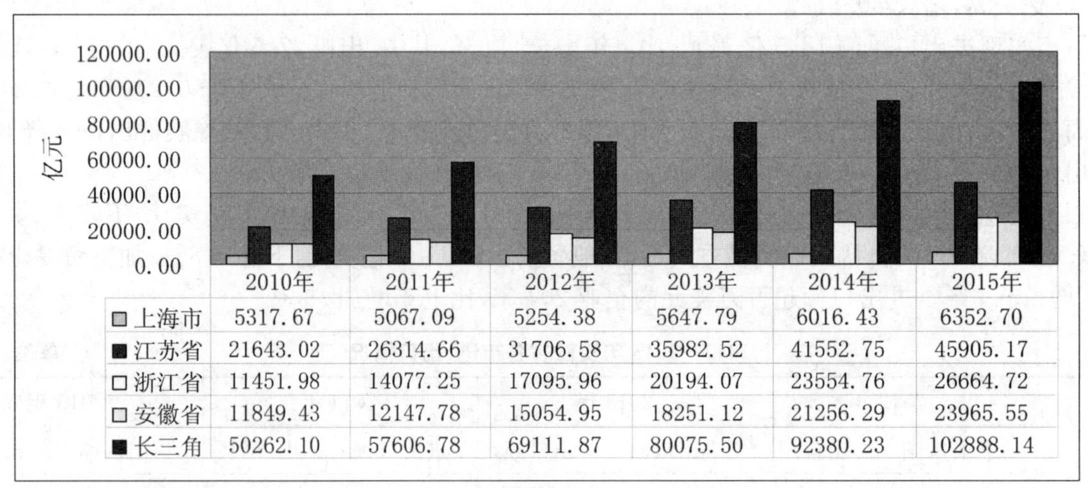

	2010年	2011年	2012年	2013年	2014年	2015年
上海市	5317.67	5067.09	5254.38	5647.79	6016.43	6352.70
江苏省	21643.02	26314.66	31706.58	35982.52	41552.75	45905.17
浙江省	11451.98	14077.25	17095.96	20194.07	23554.76	26664.72
安徽省	11849.43	12147.78	15054.95	18251.12	21256.29	23965.55
长三角	50262.10	57606.78	69111.87	80075.50	92380.23	102888.14

2010—2015 年长三角及三省一市固定资产投资(亿元)

注：上海市从 2011 年始固定资产投资统计起点为 500 万元及以上项目(下同)，江苏省从 2010 年开始，投资总额中不含农户投资(下同)，浙江省固定资产投资口径范围为计划总投资 500 万元及以上的投资项目和全部房地产开发投资(下同)，安徽省从 2012 年以后为投资 500 万元及以上的投资项目及房地产开发投资

数据来源：历年上海市、江苏省、浙江省、安徽省统计年鉴

二、上海市固定资产投资基本情况

(一)上海市固定资产投资总体情况

2015 年，上海市固定资产投资总额 6352.70 亿元，比上年增长 5.6%，固定资产投资仍保持“三、二、一”的产业结构特征。第三产业投资 5389.91 亿元，增长 11.2%，占投资总额的 84.8%；第二产业投资 958.84 亿元，下降 17.1%，占投资总额的 15.1%；第一产业投资 3.95 亿元，下降 66.7%，占投资总额的 0.1%。

2011—2015年上海市固定资产投资总体情况

单位:亿元

指　　标	2011年	2012年	2013年	2014年	2015年
投资总额	5067.09	5254.38	5647.79	6016.43	6352.70
第一产业	18.62	11.20	18.45	11.86	3.95
第二产业	1295.83	1294.14	1242.02	1157.27	958.84
第三产业	3752.64	3949.04	4387.32	4847.30	5389.91
三次产业构成(100%)					
第一产业	0.37	0.21	0.33	0.20	0.06
第二产业	25.57	24.63	21.99	19.23	15.09
第三产业	74.06	75.16	77.68	80.57	84.84

数据来源:历年上海市统计年鉴。

(二)上海市固定资产投资的经济类型

2015年,上海市固定资产投资中的国有经济投资1974.08亿元,比上年增长9.9%,占投资总额的31.1%;非国有经济投资4378.62亿元,增长3.8%,占投资总额的68.9%,比重比上年下降0.2个百分点。非国有经济中,股份制经济、私营经济和港澳台经济投资比重靠前,分别投资2124.52亿元、1017.10亿元和630.61亿元,分别增长17.2%、—16.6%和35.6%,分别占投资总额的33.4%、16.0%和9.9%。外商经济投资534.11亿元,比上年下降16.3%,占投资总额的8.4%,比重比上年下降2.2个百分点。

2011—2015年上海市固定资产投资(按经济类型分)

单位:亿元

指　　标	2011年	2012年	2013年	2014年	2015年
国有经济	1875.48	1855.24	1926.89	1796.22	1974.08
非国有经济	3191.61	3399.14	3720.90	4220.21	4378.62
集体经济	133.33	112.41	102.81	55.07	53.62
私营经济	946.02	1090.09	1070.65	1219.43	1017.10
联营经济	10.62	8.99	13.99	6.11	5.55
股份制经济	1349.65	1417.80	1601.33	1812.77	2124.52
港澳台经济	253.29	230.02	291.96	465.14	630.61
外商经济	473.28	528.06	602.50	637.90	534.11
其他经济	25.42	11.77	37.66	23.79	13.11
构成(100%)					
国有经济	37.01	35.31	34.12	29.86	31.07
非国有经济	62.99	64.69	65.88	70.14	68.93
集体经济	2.63	2.14	1.82	0.92	0.84
私营经济	18.67	20.75	18.96	20.27	16.01
联营经济	0.21	0.17	0.25	0.10	0.09
股份制经济	26.64	26.98	28.35	30.13	33.44
港澳台经济	5.00	4.38	5.17	7.73	9.93
外商经济	9.34	10.05	10.67	10.60	8.41
其他经济	0.50	0.22	0.67	0.40	0.21

数据来源:历年上海市统计年鉴。

(三)上海市固定资产投资的资金来源

2015年,上海市固定资产投资资金来源合计8179.97亿元,比上年增长2.7%。资金来源主要依靠自筹,自筹资金总额为3010.99亿元,比上年下降7.2%;占资金来源的比重为36.8%,所占比重比去年下降3.9个百分点。利用外资投资金额为130.13亿元,比上年下降36.5%,所占比重比去年下降1.0个百分点。

2011—2015年上海市固定资产投资(按资金来源分)　单位:亿元

指　标	2011年	2012年	2013年	2014年	2015年
资金来源合计	6289.54	7113.77	7828.22	7961.62	8179.97
国家预算内资金	75.89	406.08	368.25	417.89	501.61
国内贷款	1330.99	1554.53	1782.39	2068.08	2050.79
债券	3.47				0.50
利用外资	158.31	165.89	172.52	205.05	130.13
自筹资金	3352.48	3348.77	3284.39	3243.55	3010.99
其他资金	1368.40	1638.50	2220.67	2027.05	2485.96
构成(100%)					
国家预算内资金	1.21	5.71	4.70	5.25	6.13
国内贷款	21.16	21.85	22.77	25.98	25.07
债券	0.05				0.01
利用外资	2.52	2.33	2.20	2.58	1.59
自筹资金	53.30	47.07	41.96	40.74	36.81
其他资金	21.76	23.03	28.37	25.46	30.39

数据来源:历年上海市统计年鉴。

(四)上海市六大重点发展工业行业固定资产投资分布

2015年,上海市六大重点发展工业行业固定资产投资总额556.33亿元,比上年下降19.4%;占投资总额的8.8%,所占比重比上年下降2.7个百分点。电子信息产品制造业、汽车制造业和成套设备制造业投资比重靠前,分别投资173.28亿元、118.10亿元和98.30亿元,比上年分别增长6.3%、-17.2%和-25.7%,分别占投资总额的2.7%、1.9%和1.5%。

2011—2015年上海市六大重点发展工业行业固定资产投资分布　单位:亿元

行　业	2011年	2012年	2013年	2014年	2015年
工业六大重点行业	698.79	740.35	741.73	690.16	556.33
电子信息产品制造业	244.74	207.29	208.88	163.08	173.28
汽车制造业	105.79	134.02	143.85	142.67	118.10
石油化工及精细化工制造业	73.02	95.46	94.56	120.58	67.09
精品钢材制造业	62.52	62.16	53.97	55.94	40.35
成套设备制造业	166.32	176.86	168.39	132.31	98.30
生物医药制造业	46.41	65.33	74.82	75.59	59.21

数据来源:历年上海市统计年鉴。

(五)上海市固定资产投资的主要特点

(1)从产业投向看,第三产业仍是重中之重。2015 年,上海市第三产业投资 5389.91 亿元,比上年增长 11.2%,增幅比去年上升 0.7 个百分点;所占比重为 84.8%,比上年上升 4.2 个百分点。第一产业投资 3.95 亿元,为近六年来最低额度,比上年下降 66.7%,占全社会固定资产投资总额的比重为 0.1%;第二产业投资 958.84 亿元,比上年下降 17.1%,所占比重为 15.1%,所占比重比上年下降 4.1 个百分点。

(2)从三大投资领域来看,呈现"一升一稳一降"的趋势。

"一升"是城市基础设施投资快速上升。2015 年,城市基础设施投资 1425.08 亿元,比上年增长 34.8%;占全社会固定资产投资总额的比重为 22.4%,所占比重比上年上升 4.8 个百分点。其中,电力建设投资 129.36 亿元,下降 3.6%;运输邮电投资 854.89 亿元,增长 67.5%;共用设施投资 440.83 亿元,增长 6.8%。

"一稳"是房地产开发投资稳步上升。2015 年,房地产开发投资 3468.94 亿元,比上年增长 8.2%;占投资总额的 54.6%,占比比上年上升 1.3 个百分点。其中,住宅开发投资占据半壁江山,住宅投资 1813.32 亿元,增长 5.1%;办公楼投资 654.54 亿元,增长 22.4%;商业营业用房投资 467.67 亿元,增长 2.1%。

"一降"是工业投资下降。2015 年,工业固定资产投资 957.17 亿元,比上年下降 17.2%;占全社会固定资产投资总额的比重为 15.1%,所占比重比上年下降 4.1 个百分点。六大重点发展工业行业固定资产投资总额 556.33 亿元,比上年下降 19.4%;占投资总额的 8.8%,所占比重比上年下降 2.7 个百分点。具体来看,六大行业呈"一升五降"的格局。电子信息产品制造业投资 173.28 亿元,比上年增长 6.3%;汽车制造业、石油化工及精细化工制造业、精品钢材制造业、成套设备制造业和生物医药制造业分别投资 118.10 亿美元、67.09 亿美元、40.35 亿美元、98.30 亿美元和 59.21 亿美元,比上年分别下降 17.2%、44.4%、27.9%、25.7%和 21.7%。

三、江苏省固定资产投资基本情况

(一)江苏省固定资产投资总体情况

2015 年,江苏省固定资产投资总额 45905.17 亿元,比上年增长 10.5%,增幅低于去年 5.0 个百分点。第二产业投资总额 22890.96 亿元,比上年增长 12.8%,占江苏省固定资产投资总额的比重为 49.9%;第三产业投资总额 22781.97 亿元,比上年增长 8.2%,占江苏省固定资产投资总额的比重为 49.6%;第一产业投资总额 232.24 亿元,比上年增长 12.2%,占江苏省固定资产投资总额的比重为 0.5%。

2011—2015 年江苏省固定资产投资(按产业分)　　单位:亿元

指　　标	2011 年	2012 年	2013 年	2014 年	2015 年
投资总额	26314.66	31706.58	35982.52	41552.75	45905.17
第一产业	155.20	205.23	195.71	206.97	232.24
第二产业	13927.20	16631.07	18412.48	20298.45	22890.96
第三产业	12232.25	14870.28	17374.32	21047.33	22781.97
构成(100%)					
第一产业	0.59	0.65	0.54	0.50	0.51
第二产业	52.93	52.45	51.17	48.85	49.87
第三产业	46.48	46.90	48.29	50.65	49.63

注:从 2010 年开始,投资总额中不含农户投资(下同)。
数据来源:历年江苏省统计年鉴。

(二)江苏省固定资产投资的经济类型

2015年,江苏省固定资产投资中的国有经济投资总额为8901.58亿元,比上年增长7.1%;占固定资产投资总额的19.4%,所占比重下降0.6个百分点。非国有经济投资总额为37003.59亿元,比上年增长11.3%。其中,私营个体经济投资比重最大,投资总额为21252.12亿元,比上年增长16.9%,占固定资产投资总额的46.3%;其次是有限责任公司,投资总额为7752.74亿元,比上年增长14.1%,占固定资产投资总额的16.9%;再次是外商投资经济,投资总额为2253.73亿元,比上年下降9.0%,占固定资产投资总额的4.9%。

2011—2015年江苏省固定资产投资(按经济类型分) 单位:亿元

指　标	2011年	2012年	2013年	2014年	2015年
投资总额	26314.66	31706.58	35982.52	41552.75	45905.17
国有经济	5004.82	6022.51	6865.27	8308.13	8901.58
集体经济	1132.95	1393.13	1639.37	1835.30	1872.50
私营个体经济	9696.87	12074.90	14955.56	18185.36	21252.12
联营经济	58.12	74.66	82.69	66.04	52.32
股份制经济	1305.12	1645.86	1567.00	1376.93	1210.16
有限责任公司	5187.19	5738.63	5924.45	6792.92	7752.74
港澳台投资经济	1368.34	1599.75	1597.74	1679.36	1648.71
外商投资经济	1935.06	2218.49	2315.26	2476.57	2253.73
其他经济	626.18	938.66	1035.18	832.16	961.31
构成(100%)					
国有经济	19.02	18.99	19.08	19.99	19.39
集体经济	4.31	4.39	4.56	4.42	4.08
私营个体经济	36.85	38.08	41.56	43.76	46.30
联营经济	0.22	0.24	0.23	0.16	0.11
股份制经济	4.96	5.19	4.35	3.31	2.64
有限责任公司	19.71	18.10	16.46	16.35	16.89
港澳台投资经济	5.20	5.05	4.44	4.04	3.59
外商投资经济	7.35	7.00	6.43	5.96	4.91
其他经济	2.38	2.96	2.88	2.00	2.09

数据来源:历年江苏省统计年鉴。

(三)江苏省固定资产投资的资金来源

2015年,江苏省固定资产投资资金来源合计50055.53亿元,比上年增长7.2%。资金来源主要依靠自筹,自筹资金总额为36305.15亿元,比上年增长8.9%,占资金来源的比重为72.5%,占比比去年上升了1.1个百分点。

2011—2015 年江苏省固定资产投资(按资金来源分)　单位:亿元

指　　标	2011 年	2012 年	2013 年	2014 年	2015 年
资金来源	30384.52	37409.97	43014.99	46697.64	50055.53
国家预算内资金	344.87	448.05	529.19	627.26	806.89
国内贷款	3751.24	4658.42	5091.04	5360.60	4810.95
利用外资	1241.65	1216.78	1127.55	1152.05	926.17
自筹资金	20652.57	25824.05	29444.25	33325.52	36305.15
其他资金来源	4394.19	5262.67	6822.96	6232.21	7206.37
资金来源构成(100%)					
国家预算内资金	0.9	1.1	1.2	1.3	1.6
国内贷款	10.6	12.3	11.8	11.4	9.6
利用外资	3.7	4.1	2.6	2.5	1.9
自筹资金	53.3	68.0	68.5	70.9	72.5
其他资金来源	15.9	14.5	15.9	13.3	14.4

注:2010(含)年以后数据按新口径统计。

数据来源:历年江苏省统计年鉴。

(四)江苏省固定资产投资的行业分布

从江苏省固定资产投资的行业分布来看,制造业和房地产业仍是投资的重中之重。2015 年,制造业固定资产投资 21228.03 亿元,比上年增长 10.9%;占江苏省固定资产投资的 46.2%,比上年上升 0.2 个百分点。房地产业投资 9687.54 亿元,比上年下降 1.7%;占江苏省固定资产投资的 21.1%,比上年下降 2.6 个百分点。

2012—2015 年江苏省固定资产投资(按行业分)　单位:亿元

指　标	2012 年		2013 年		2014 年		2015 年	
	投资额	构成(%)	投资额	构成(%)	投资额	构成(%)	投资额	构成(%)
总　　计	31706.58	100.00	35982.52	100.00	41552.75	100.00	45905.17	100
农、林、牧、渔业	205.23	0.65	195.71	0.54	253.44	0.61	296.1	0.65
采矿业	87.75	0.28	91.02	0.25	106.47	0.26	103.18	0.22
制造业	15597.56	49.19	17318.24	48.13	19134.50	46.05	21228.03	46.24
电力、热力、燃气及水的生产和供应业	858.71	2.71	960.28	2.67	1018.08	2.45	1444.68	3.15
建筑业	87.04	0.27	42.95	0.12	58.11	0.14	133.51	0.29
批发和零售业	727.03	2.29	816.24	2.27	985.52	2.37	1447.45	3.15
交通运输、仓储和邮政业	1383.00	4.36	1685.86	4.69	2168.98	5.22	2428.95	5.29
住宿和餐饮业	494.92	1.56	502.09	1.40	424.41	1.02	541.48	1.18
信息传输、软件和信息技术服务业	271.23	0.86	381.62	1.06	504.89	1.22	662.86	1.44
金融业	97.85	0.31	116.60	0.32	173.25	0.42	150.83	0.33

续表

指标	2012年		2013年		2014年		2015年	
	投资额	构成(%)	投资额	构成(%)	投资额	构成(%)	投资额	构成(%)
房地产业	7604.09	23.98	8864.63	24.64	9853.12	23.71	9687.54	21.10
租赁和商务服务业	690.13	2.18	691.85	1.92	879.34	2.12	1131.53	2.46
科学研究和技术服务业	337.97	1.07	369.22	1.03	606.63	1.46	592.31	1.29
水利、环境和公共设施管理业	2014.32	6.35	2571.41	7.15	3541.34	8.52	3868.82	8.43
居民服务、修理和其他服务业	113.81	0.36	138.61	0.39	152.61	0.37	263.49	0.57
教育	326.90	1.03	330.12	0.92	479.78	1.15	543.29	1.18
卫生和社会工作	166.04	0.52	207.34	0.58	271.44	0.65	450.55	0.98
文化、体育和娱乐业	343.42	1.08	424.35	1.18	578.86	1.39	560.11	1.22
公共管理、社会保障和社会组织	299.58	0.94	274.38	0.76	361.99	0.87	370.47	0.81

资料来源:历年江苏省统计年鉴。

(五)江苏省各市固定资产投资情况

2015年,江苏省固定资产投资区域不平衡现象依然很显著。投资额最多的前三位城市均在苏南,分别是:苏州市(5965.44亿元)、南京市(5425.98亿元)和无锡市(4888.55亿元),分别比上年增长−1.5%、−0.1%和6.0%。但苏中苏北投资增速较快,位列增速前三位的是:淮安市(22.7%)、泰州市(22.6%)和盐城市(22.6%)。

2011—2015年江苏省各市固定资产投资 单位:亿元

地区	2011年	2012年	2013年	2014年	2015年
南京市	4010.03	4558.49	5093.78	5430.77	5425.98
无锡市	3169.18	3618.07	3973.52	4610.77	4888.55
徐州市	2200.99	2685.89	3090.13	3671.56	4266.12
常州市	2338.90	2621.56	2850.12	3310.05	3398.97
苏州市	4502.00	5142.51	5822.14	6054.00	5965.44
南通市	2378.36	2886.47	3298.73	3896.39	4376.03
连云港市	1240.93	1280.88	1350.12	1716.57	2077.35
淮安市	1009.99	1247.99	1453.05	1795.73	2203.24
盐城市	1586.98	1940.89	2217.69	2751.35	3372.89
扬州市	1476.18	1783.65	2025.18	2416.66	2856.82
镇江市	1223.45	1500.67	1753.15	2142.34	2541.07
泰州市	1197.65	1454.59	1764.17	2197.34	2693.75
宿迁市	787.64	1025.56	1290.75	1559.22	1838.97

数据来源:历年江苏省统计年鉴。

（六）江苏省固定资产投资的主要特点

一是工业投资结构持续优化。全省完成高新技术产业投资7965.1亿元，同比增长11.1%，比全部投资增速高0.6个百分点，其中软件业投资同比增长40.7%、仪器仪表制造业投资同比增长22.7%、新能源制造业和智能装备制造业同比分别增长16.8%和13.3%。全省高耗能行业投资同比增长4.8%，低于全部投资增速5.7个百分点，占全部投资比重仅9.3%，比上年回落0.5个百分点。

二是工业技术改造投资持续快增。全省完成工业技术改造投资12345.6亿元，同比增长25.6%，增速比工业投资增速快13.2个百分点，占工业投资总量的比重达54.2%，同比提升5.7个百分点。

三是服务业项目投资继续加快。全省服务业项目投资完成14628.3亿元，同比增长14.2%，高于全部投资增速3.7个百分点，服务业项目投资占全部投资比重达31.9%，占全部服务业投资比重达64.2%，比上年分别提高了1.1个和3.3个百分点，民生相关行业投资中卫生和社会工作投资增长63%，批发和零售业投资增长46.9%。

四是基础设施投资保持较快增长。2015年，全省完成基础设施投资7468.5亿元，同比增长14.2%，增速高于全部投资3.7个百分点，占全部投资比重达16.3%，比上年提升0.6个百分点。

四、浙江省固定资产投资基本情况

（一）浙江省固定资产投资总体情况

2015年，浙江省固定资产投资总额26664.72亿元，比上年增长13.2%。从投资的产业结构来看，依然保持“三、二、一”的特征。其中，第三产业投资17522.92亿元，比上年增长14.1%，占固定资产投资总额的比重为65.7%；第二产业投资8802.62亿元，比上年增长11.0%，占固定资产投资总额的比重为33.0%；第一产业投资339.18亿元，比上年增长28.7%，占固定资产投资总额的比重为1.3%。第三产业的投资比重稳步上升，所占比重比上年上升0.5个百分点；第二产业的投资比重持续下降，所占比重比上年下降0.7个百分点。

2011－2015年浙江省固定资产投资（按产业分）　　单位：亿元

指　　标	2011年	2012年	2013年	2014年	2015年
投资总额	14077.25	17095.96	20194.07	23554.76	26664.72
第一产业	96.77	158.41	200.98	263.51	339.18
第二产业	5223.11	6093.53	7061.54	7929.04	8802.62
第三产业	8757.37	10844.02	12931.56	15362.21	17522.92
三次产业构成(%)					
第一产业	0.69	0.93	1.00	1.12	1.27
第二产业	37.10	35.63	34.97	33.66	33.01
第三产业	62.21	63.43	64.04	65.22	65.72

注：固定资产投资口径范围为计划总投资500万元及以上的投资项目和全部房地产开发投资。
数据来源：历年浙江省统计年鉴。

（二）浙江省固定资产投资的经济类型

从内外资来看，内资投资24619.71亿元，比上年增长14.2%；占固定资产投资总额的92.3%，比上年上升0.8个百分点。港澳台商投资1186.05亿元，下降1.2%；占固定资产投资总额的4.4%，下降0.7

个百分点。外商投资800.72亿元,增长8.0%;占固定资产投资总额的3.0%,下降0.1个百分点。个体经营投资58.24亿元,增长6.3%;占固定资产投资总额的0.2%,基本维持不变。

从国有及非国有情况来看,国有及国有控股企业投资9002.37亿元,比上年增长24.2%;占固定资产投资总额的33.8%,所占比重比上年上升3.0个百分点。非国有投资17662.35亿元,同比增长8.3%,其中民间投资16109.06亿元,同比增长9.2%,占固定资产投资总额的60.4%,所占比重比上年下降2.3个百分点。

2011—2015年浙江省固定资产投资(按经济类型分) 单位:亿元

指　标	2011年	2012年	2013年	2014年	2015年
投资额	14077.25	17095.96	20194.07	23554.76	26664.72
内资	12811.07	15618.02	18258.69	21557.78	24619.71
国有	3213.47	4032.47	4628.76	5225.64	6289.19
集体	339.82	556.62	695.39	945.49	886.87
股份合作	35.53	48.25	48.77	71.03	72.33
国有联营	60.23	12.31	10.39	22.08	26.05
集体联营	1.17	1.18	1.13	4.75	4.25
国有与集体联营	7.38	8.03	8.72	6.82	21.37
其他联营	8.06	0.51	0.65	1.89	2.07
国有独资公司	434.60	505.78	782.25	973.00	1271.25
其他有限责任公司	4255.88	5017.24	5628.67	6456.80	6873.01
股份有限公司	489.60	598.59	673.73	684.13	669.49
私营	3751.26	4601.30	5513.15	6841.46	7714.47
其他	214.08	235.73	267.07	324.68	789.36
港澳台商投资	675.61	817.74	1126.59	1200.62	1186.05
外商投资	564.20	605.28	757.64	741.43	800.72
个体经营	26.36	54.92	51.15	54.80	58.24
按国有及非国有情况分					
国有及国有控股企业投资	4448.67	5367.92	6365.90	7250.86	9002.37
非国有投资	9628.58	11728.04	13828.17	16303.90	17662.35
民间投资	8512.83	10564.74	12307.72	14757.84	16109.06

注:固定资产投资口径范围为计划总投资500万元及以上的投资项目和全部房地产开发投资。
数据来源:历年浙江省统计年鉴。

(三)浙江省固定资产投资的资金来源

2015年,浙江省固定资产投资本年资金来源28099.19亿元,比上年增长8.2%。资金来源主要依靠自筹,自筹资金总额为17877.62亿元,比上年增长10.1%;占当年资金来源总额的63.6%,比重比上年上升1.1个百分点。

2011—2015 年浙江省固定资产投资(按资金来源分)　单位:亿元

指　　标	2011 年	2012 年	2013 年	2014 年	2015 年
资金来源	16008.22	18695.17	23393.15	25975.49	28099.19
国家预算内资金	690.89	929.30	1188.62	1407.59	1660.40
国内贷款	2607.13	2769.03	3190.02	3615.22	3038.89
债券	9.84	22.15	10.65	9.05	9.84
利用外资	271.34	211.66	244.21	214.59	160.39
自筹资金	8944.00	10996.38	13728.10	16231.41	17877.62
其他资金	3485.04	3766.66	5031.54	4497.64	5352.04
资金来源构成(100%)					
国家预算内资金	4.32	4.97	5.08	5.42	5.91
国内贷款	16.29	14.81	13.64	13.92	10.81
债券	0.06	0.12	0.05	0.03	0.04
利用外资	1.70	1.13	1.04	0.83	0.57
自筹资金	55.87	58.82	58.68	62.49	63.62
其他资金	21.77	20.15	21.51	17.31	19.05

数据来源:历年浙江省统计年鉴。

(四)浙江省固定资产投资的产业分布

从浙江省固定资产投资的行业分布来看,房地产业和制造业仍是投资重点。但房地产业投资所占比重逐年上升,制造业投资所占比重逐年下降。2015 年,浙江省固定资产投资中,房地产业投资 9107.54 亿元,比上年增长 3.5%;占投资总额的 34.2%,下降 3.2 个百分点。制造业投资 7579.14 亿元,增长 11.1%;占投资总额的 28.4%,下降 0.6 个百分点。

制造业固定资产投资额中,汽车制造业、通用设备制造业和电器机械及器材制造业投资比重居前。2015 年,汽车制造业固定资产投资 751.28 亿元,比上年增长 27.0%;占制造业投资比重的 9.9%,比上年上升 1.2 个百分点。通用设备制造业固定资产投资 742.54 亿元,比上年增长 7.1%;占制造业投资比重的 9.8%,比上年下降 0.4 个百分点。电器机械及器材制造业固定资产投资 675.80 亿元,比上年增长 13.2%;占制造业投资比重的 8.9%,比上年上升 0.2 个百分点。

2012—2015 年浙江省固定资产投资(按行业分)

指　标	2012 年		2013 年		2014 年		2015 年	
	投资额(亿元)	构成(%)	投资额(亿元)	构成(%)	投资额(亿元)	构成(%)	投资额(亿元)	构成(%)
总　计	17095.96	100.00	20194.07	100.00	23554.76	100.00	26664.72	100.00
农林牧渔业	158.41	0.93	200.98	1.00	263.51	1.12	339.18	1.27
采矿业	33.03	0.19	45.11	0.22	45.10	0.19	59.31	0.22
制造业	5305.38	31.03	6133.89	30.37	6821.48	28.96	7579.14	28.42
电力、热力、燃气及水生产和供应业	727.92	4.26	845.89	4.19	1012.27	4.30	1108.87	4.16
建筑业	27.20	0.16	36.65	0.18	50.20	0.21	55.29	0.21
批发和零售业	320.65	1.88	405.17	2.01	427.53	1.82	410.71	1.54

续表

指标	2012年		2013年		2014年		2015年	
	投资额（亿元）	构成（%）	投资额（亿元）	构成（%）	投资额（亿元）	构成（%）	投资额（亿元）	构成（%）
交通运输、仓储和邮政业	1330.30	7.78	1450.34	7.18	1729.24	7.34	2311.40	8.67
住宿和餐饮业	212.87	1.25	228.16	1.13	253.98	1.08	232.27	0.87
信息传输、软件和信息技术服务业	111.02	0.65	136.00	0.67	210.35	0.89	275.18	1.03
金融业	92.86	0.54	94.84	0.47	92.51	0.39	102.16	0.38
房地产业	6330.45	37.03	7518.35	37.23	8802.71	37.37	9107.54	34.16
租赁和商务服务业	222.05	1.30	340.15	1.68	446.85	1.90	571.70	2.14
科学研究和技术服务	58.89	0.34	86.71	0.43	91.49	0.39	99.90	0.37
水利、环境和公共设施管理业	1383.57	8.09	1759.15	8.71	2229.35	9.46	3092.03	11.60
居民服务、修理和其他服务业	31.27	0.18	29.73	0.15	49.54	0.21	67.61	0.25
教育	199.83	1.17	253.33	1.25	340.63	1.45	400.91	1.50
卫生和社会工作	125.23	0.73	148.18	0.73	175.39	0.74	219.45	0.82
文化、体育和娱乐业	207.74	1.22	268.96	1.33	284.62	1.21	311.45	1.17
公共管理、社会保障和社会组织	217.29	1.27	212.49	1.05	228.02	0.97	320.61	1.20

注：固定资产投资口径范围为计划总投资500万元及以上的投资项目和全部房地产开发投资。

数据来源：历年浙江省统计年鉴。

（五）浙江省各市固定资产投资情况

2015年，浙江省11个省辖市中固定资产投资数额前三位的是杭州市（5556.32亿元）、宁波市（4506.58亿元）和温州市（3456.39亿元），分别比去年增长12.2%、13.0%和13.2%。固定资产投资增幅靠前的是舟山市（18.1%）和金华市（15.1%）。

2011—2015年浙江省各市固定资产投资 单位：亿元

地区	2011年	2012年	2013年	2014年	2015年
杭州市	3100.02	3722.75	4263.87	4952.70	5556.32
宁波市	2385.51	2901.43	3422.95	3989.46	4506.58
嘉兴市	1488.27	1642.31	1910.15	2221.21	2513.82
湖州市	804.67	970.73	1070.05	1242.92	1402.64
绍兴市	1426.26	1722.56	2001.99	2304.68	2582.84
舟山市	476.09	570.60	750.02	960.88	1134.76
温州市	1540.31	2110.34	2618.16	3052.81	3456.39
金华市	862.83	1126.80	1364.36	1594.79	1836.16
衢州市	504.63	566.13	670.72	782.10	882.04
台州市	1007.81	1242.56	1507.87	1765.93	1996.03
丽水市	358.47	471.98	570.42	665.08	751.52

注：固定资产投资口径范围为计划总投资500万元及以上的投资项目和全部房地产开发投资。

数据来源：历年浙江省统计年鉴。

(六)浙江省固定资产投资的主要特点

1.第二产业投资稳中趋快，投资结构继续调整。从产业投资结构看，2015年下半年以来，二产投资增速平稳且持续加速，与三产投资增长差距逐步缩小。2015年，全省第一产业投资339.18亿元，占全部投资的1.3%，增长28.7%；第二产业投资8802.62亿元，占全部投资的33.0%，增长11.0%，增幅比1—9月回升6.4个百分点，下半年以来加速态势明显；第三产业投资17522.92亿元，占全部投资的65.7%，增长14.1%，增幅比1—9月回落0.6个百分点。扣除房地产开发投资外的第三产业投资增长28.5%，增幅分别高于第三产业投资、全部投资14.4和15.3个百分点。第三产业中，信息传输软件和信息技术服务业、租赁和商务服务业、居民服务及其他服务业增幅居前，分别增长30.8%、27.9%和36.5%。

2.战略性新兴产业投资增长较快，装备制造业投资不断回升。2015年，全省工业投资比上年增长11.0%，增幅分别比1—3月、1—6月、1—9月回升5.2个、6.2个和6.4个百分点。其中，工业技改投资6701.21亿元，增长23.6%，增幅比1—9月提高6.6个百分点；战略性新兴产业投资2545.28亿元，增长15.8%，增幅比1—9月提高4.4个百分点，其中，新能源产业、新能源汽车、新一代信息技术和物联网产业、海洋新兴产业、生物产业等投资增幅分别达到36.0%、25.1%、19.0%、18.6%和18.3%。

2015年，全省制造业投资7579.14亿元，增长11.1%，增幅比1—9月回升4.7个百分点。其中，装备制造业投资增长14.7%，增幅比1—9月提高4.8个百分点，明显高于全部制造业投资。九类装备制造业投资中，仅有金属制品机械和设备修理业呈下降态势，降幅为24.7%；其余8个行业均呈现增长态势，其中汽车制造业、计算机通信和其他电子设备制造业等两个行业增长较快，增幅分别为27.0%和24.6%。

3.基础设施投资快速增长，撑起投资增长的半壁江山。2015年，全省基础设施投资7417.75亿元，占固定资产投资的27.8%，比上年增长29.2%，增幅比1—9月回升4.3个百分点。基础设施投资对全部投资增长的贡献率达到53.9%，拉动投资增长7.1个百分点。2015年，全省继续深入推进“三改一拆”“五水共治”等重大民生工程建设，水利环境和公共设施管理业投资快速增长，增幅达38.7%。其中，水利管理业、生态保护和环境治理分别增长13.8%和89.3%。此外，与人民生活息息相关的部分基础设施行业投资也保持快速增长势头，如交通运输仓储和邮政业、广播电视电影和音像业、卫生设施等增幅分别为33.7%、33.4%和33.2%。

4.房地产开发投资出现下降，商品房销售面积增速高位放缓。2015年，全省房地产开发投资7111.93亿元，比上年下降2.1%，分别比1—3月、1—6月、1—9月回落14.8个、9.9个和4.5个百分点。一季度以来基本呈现逐月回落的态势。其中，住宅投资4450.73亿元，下降3.1%。全年商品房销售面积和销售额分别为5985.30万平方米、6299.46亿元，均增长28.0%。2015年以来，随着国家房地产政策的调整，房地产销售市场回升，上半年全省销售增速持续走高，1—6月商品房销售面积和销售额分别增长49.6%和48.5%，达到全年最高点，其后随着销售市场趋稳和上年同期基数的扩大，下半年各月累计增速逐步放缓。

五、安徽省固定资产投资基本情况

(一)安徽省固定资产投资总体情况

2015年，安徽省固定资产投资总额23965.55亿元，比上年增长12.7%。从投资的产业结构来看，依然保持“三、二、一”的特征。其中，第三产业投资12502.86亿元，比上年增长10.7%，占固定资产投资总额的比重为52.2%；第二产业投资10699.37亿元，比上年增长13.6%，占固定资产投资总额的比重为44.6%；第一产业投资763.32亿元，比上年增长40.8%，占固定资产投资总额的比重为3.2%。第三产业的投资比重略有下降，所占比重比上年下降0.9个百分点；第二产业的投资比重持续略有上升，所占比重比上年上升0.3个百分点。

2011－2015年安徽省固定资产投资(按产业分)　　单位:亿元

指　　标	2011年	2012年	2013年	2014年	2015年
投资总额	12147.78	15054.95	18251.12	21256.29	23965.55
第一产业	149.49	258.21	389.34	541.99	763.32
第二产业	6070.68	6939.69	8265.60	9417.78	10699.37
第三产业	5927.61	7857.05	9596.19	11296.53	12502.86
三次产业构成(100%)					
第一产业	1.23	1.72	2.13	2.55	3.19
第二产业	49.97	46.10	45.29	44.31	44.64
第三产业	48.80	52.19	52.58	53.14	52.17

注:2012年以后为投资500万元及以上的投资项目及房地产开发投资。

数据来源:历年安徽省统计年鉴。

(二)安徽省固定资产投资的经济类型

按注册类型来看,内资投资23183.48亿元,比上年增长13.0%;占固定资产投资总额的96.7%,比上年上升0.1个百分点。港澳台商投资464.51亿元,增长22.6%;占固定资产投资总额的1.9%,上升0.1个百分点。外商投资265.80亿元,下降12.3%;占固定资产投资总额的1.1%,下降2.0个百分点。个体经营投资51.76亿元,增长1.0%;占固定资产投资总额的0.2%,基本保持不变。

2011－2015年安徽省固定资产投资(按经济类型分)　　单位:亿元

指　　标	2011年	2012年	2013年	2014年	2015年
投资额	12147.78	15054.95	18251.12	21256.29	23965.55
内资	——	14447.94	17602.68	20522.98	23183.48
国有	2765.40	3677.49	4280.27	4661.01	4994.31
集体	248.26	261.73	241.55	287.54	294.81
股份合作	——	107.46	55.85	57.42	52.39
联营	35.34	70.42	87.13	59.87	37.40
有限责任公司	——	4446.41	5377.44	5796.42	6010.28
股份有限公司	——	787.24	1062.95	1011.54	1133.30
私营	3803.54	4543.64	5755.43	7815.28	9591.50
其他	4026.13	517.91	742.06	833.89	1069.49
港澳台商投资	248.79	257.23	283.58	378.98	464.51
外商投资	221.77	349.79	301.48	303.07	265.80
个体	34.51	35.63	63.38	51.26	51.76

注:2012年以后为投资500万元及以上的投资项目及房地产开发投资。

数据来源:历年安徽省统计年鉴。

(三)安徽省固定资产投资的资金来源

2015年,安徽省固定资产投资本年资金来源24012.65亿元,比上年增长6.5%。固定资产投资资金来源主要是自筹,2015年安徽省固定资产投资自筹资金18293.33亿元,比上年增长9.0%;占当年资金来源总额的比重为76.2%,比上年上升1.8个百分点。国家预算内资金为1219.01亿元,增长4.4%;占当年资金来源总额的比重为5.1%,比上年下降0.1个百分点。国内贷款为1237.13亿元,下降10.7%;所占比重为5.2%,下降0.9个百分点。

2011—2015年安徽省固定资产投资(按资金来源分)　　单位:亿元

指　标	2011年	2012年	2013年	2014年	2015年
资金来源	13697.89	16243.90	20092.14	22557.21	24012.65
国家预算内资金	906.02	971.61	974.37	1167.55	1219.01
国内贷款	1213.98	1541.91	1512.70	1386.10	1237.13
债券	28.29	16.80	8.99	10.37	7.82
利用外资	112.70	111.44	108.27	82.82	62.55
自筹资金	9470.78	11280.14	14450.92	16778.16	18293.33
其他资金	1966.12	2322.00	3036.90	3132.21	3192.82
资金来源构成(%)					
国家预算内资金	6.61	5.98	4.85	5.18	5.08
国内贷款	8.86	9.49	7.53	6.14	5.15
债券	0.21	0.10	0.04	0.05	0.03
利用外资	0.82	0.69	0.54	0.37	0.26
自筹资金	69.14	69.44	71.92	74.38	76.18
其他资金	14.35	14.29	15.11	13.89	13.30

注:2012年以后为投资500万元及以上的投资项目及房地产开发投资。
数据来源:历年安徽省统计年鉴。

(四)安徽省固定资产投资的产业分布

从安徽省固定资产投资的行业分布来看,房地产业和制造业仍是投资重点,农、林、牧、渔业投资比重逐年上升。2015年,安徽省固定资产投资中,房地产业投资5635.10亿元,比上年增长4.2%;占投资总额的23.5%,所占比重下降1.9个百分点。制造业投资9471.44亿元,增长13.1%;占投资总额的39.5%,所占比重下降0.1个百分点。农、林、牧、渔业投资763.32亿元,增长40.8%;占投资总额的3.2%,上升0.6个百分点。

2012—2015年安徽省固定资产投资(按行业分)

指　标	2012年		2013年		2014年		2015年	
	投资额(亿元)	构成(%)	投资额(亿元)	构成(%)	投资额(亿元)	构成(%)	投资额(亿元)	构成(%)
总计	15054.95	100.00	18251.12	100.00	21256.29	100.00	23965.55	100.00
农、林、牧、渔业	301.94	2.01	389.34	2.13	541.99	2.55	763.32	3.19
采矿业	389.71	2.59	341.19	1.87	319.20	1.50	324.00	1.35

续表

指　标	2012年		2013年		2014年		2015年	
	投资额（亿元）	构成（%）	投资额（亿元）	构成（%）	投资额（亿元）	构成（%）	投资额（亿元）	构成（%）
制造业	6072.62	40.34	7309.39	40.05	8372.92	39.39	9471.44	39.52
电力、热力、燃气及水生产和供应业	434.81	2.89	531.81	2.91	573.04	2.70	773.32	3.23
建筑业	53.98	0.36	83.21	0.46	152.62	0.72	130.61	0.55
批发和零售业	357.65	2.38	474.19	2.60	793.56	3.73	955.12	3.99
交通运输、仓储和邮政业	653.61	4.34	812.53	4.45	1098.69	5.17	1469.77	6.13
住宿和餐饮业	215.36	1.43	276.57	1.52	233.70	1.10	255.65	1.07
信息传输、软件和信息技术服务业	72.84	0.48	115.80	0.63	150.48	0.71	258.62	1.08
金融业	62.61	0.42	90.86	0.50	102.39	0.48	72.00	0.30
房地产业	4106.30	27.28	5013.28	27.47	5405.70	25.43	5635.10	23.51
租赁和商务服务业	151.77	1.01	203.08	1.11	335.80	1.58	432.05	1.80
科学研究和技术服务业	141.27	0.94	151.09	0.83	219.48	1.03	260.20	1.09
水利、环境和公共设施管理业	1272.27	8.45	1575.09	8.63	1905.60	8.96	2028.01	8.46
居民服务、修理和其他服务业	44.09	0.29	63.65	0.35	93.12	0.44	95.57	0.40
教育	204.05	1.36	240.48	1.32	235.82	1.11	272.52	1.14
卫生和社会工作	107.65	0.72	135.11	0.74	171.22	0.81	224.31	0.94
文化、体育和娱乐业	158.01	1.05	187.81	1.03	195.06	0.92	201.57	0.84
公共管理、社会保障和社会组织	254.41	1.69	256.65	1.41	355.92	1.67	23965.55	1.43

注：2012年以后为投资500万元及以上的投资项目及房地产开发投资。
数据来源：历年安徽省统计年鉴。

（五）安徽省各市固定资产投资情况

2015年，安徽省16个省辖市中固定资产投资数额前三位的是合肥市（5851.90亿元）、芜湖市（2709.19亿元）和马鞍山市（1859.84亿元），分别比去年增长10.4%、13.2%和11.1%。固定资产投资增幅前三位是铜陵市（38.5%）、阜阳市（24.8%）和淮南市（21.8%）。

2012—2015年安徽省各市固定资产投资　　单位：亿元

地　区	2012年	2013年	2014年	2015年
合肥市	3803.04	4535.37	5302.64	5851.90
淮北市	577.21	700.53	840.84	925.30
亳州市	430.29	541.49	650.90	767.30
宿州市	613.69	773.30	945.80	1133.39
蚌埠市	872.79	1060.89	1244.18	1457.97
阜阳市	514.89	645.26	805.13	1004.98
淮南市	639.70	800.53	755.27	919.73
滁州市	882.59	1075.78	1248.16	1457.60

续表

地　　区	2012 年	2013 年	2014 年	2015 年
六安市	687.24	845.04	1003.82	993.47
马鞍山市	1201.15	1431.60	1674.74	1859.84
芜湖市	1700.79	2040.65	2392.64	2709.19
宣城市	805.34	978.19	1140.12	1283.36
铜陵市	534.30	650.24	767.60	1062.93
池州市	374.74	461.48	538.04	600.54
安庆市	972.01	1185.72	1394.75	1385.58
黄山市	445.17	525.07	551.67	552.48

注：2012 年以后为投资 500 万元及以上的投资项目及房地产开发投资。
数据来源：历年安徽省统计年鉴。

（六）安徽省固定资产投资的主要特点

1. 民间投资贡献增加。2015 年，全省民间投资 17260.4 亿元，增长 17.6%，增幅高于全部投资 4.9 个百分点，占全部投资比重由上年的 69.1%提高到 72.0%，对投资的贡献率为 95.2%，比上年高 10.8 个百分点，拉动投资增长 12.1 个百分点。

2. 工业投资增速提高。全省工业投资 10568.8 亿元，增长 14.1%，高于全部投资 1.4 个百分点，比上年提高 0.9 个百分点。其中，制造业投资 9471.4 亿元，增长 13.1%。在制造业中，装备制造业投资 4267.0 亿元，增长 11.2%。

3. 基础设施投资增长较快。基础设施投资增长始终保持较快增长的态势，全年完成投资 4195.4 亿元，增长 19.6%，增幅比全部投资高 6.9 个百分点。

4. 资金来源逐步好转。全省固定资产投资本年到位资金 24012.7 亿元，增长 6.5%，纵观全年走势，呈现明显好转态势，增速比一季度、上半年和前三季度分别提高 2.4 个、2.9 个和 0.8 个百分点。其中，国家预算内资金和自筹资金分别增长 4.4%和 9.0%，国内贷款下降 10.7%。

八 长三角交通运输业

一、长三角基本情况

(一)交通运输基础设施不断完善

在构建现代化综合交通运输体系思想指导下,长三角各种交通运输方式加快发展。2015 年,长三角铁路营业里程 9831 千米,比上年增长 9.9%;占全国铁路营运里程的比重为 8.1%,比上年上升 0.1 个百分点。公路通车总里程达 476955 千米,比上年增长 3.4%;占全国的 10.4%,上升 0.1 个百分点。其中,高速公路总里程达 13530 千米,增长 4.5%;占全国的 11.0%,下降 0.6 个百分点。长三角水运航道总里程 41115 千米,下降 1.9%;占全国的 32.4%,下降 0.8 个百分点。

2011—2015 年长三角运输线路情况

指 标	2010 年	2011 年	2012 年	2013 年	2014 年	2015 年
铁路营业里程(千米)	6933	7687	7830	8554	8947	9831
公路通车里程(千米)	421840	425642	445366	457916	461206	476955
#高速公路(千米)	11146	11437	12005	12566	12949	13530
水运通航里程(千米)	41649	41664	41716	41778	41913	41115

数据来源:历年上海市、江苏省、浙江省、安徽省统计年鉴。

(二)交通运输服务能力平稳发展

2015 年,长三角共完成客运量 38.61 亿人次,占全国客运量的 19.9%,比上年下降 2.0 个百分点。其中,公路完成客运量 32.18 亿人次,占长三角客运量的比重为 83.3%,占全国公路客运量的比重为 19.9%。完成旅客周转量 5578.17 亿人千米,占全国旅客周转量的 18.6%,比上年下降 0.6 个百分点。

2015 年,长三角共完成货运量 84.94 亿吨,占全国货运量的 20.3%,比上年下降 1.9 个百分点。其中,公路完成货运量 50.72 亿吨,占长三角货运量的比重为 59.7%,占全国公路货运量的比重为 16.1%。完成货运周转量 48712.26 亿吨千米,占全国货运周转量的 27.3%,比上年下降 1.7 个百分点。长三角港口吞吐量为 49.12 亿吨,比上年增长 1.4%。

2011—2015 年长三角运输能力

指 标	2011 年	2012 年	2013 年	2014 年	2015 年
客运量(亿人)	67.86	73.10	43.19	44.53	38.61
#铁路(亿人次)	3.12	3.36	3.92	4.58	4.92
公路(亿人次)	63.70	68.65	37.99	38.53	32.18
水运(亿人次)	0.43	0.43	0.57	0.64	0.65
民用航空(亿人次)	0.61	0.65	0.71	0.78	0.85
旅客周转量(亿人千米)	6034.31	6345.52	5138.34	5505.66	5578.17
货运量(亿吨)	76.00	82.92	86.99	92.68	84.94
#铁路(亿吨)	2.48	2.42	2.31	2.07	1.90

续表

指　　标	2011 年	2012 年	2013 年	2014 年	2015 年
公路(亿吨)	51.16	56.95	53.92	58.96	50.72
水运(亿吨)	21.27	22.35	29.46	30.33	30.98
货物周转量(亿吨千米)	44962.43	47916.54	49689.80	52759.97	48712.26
港口吞吐量(亿吨)	41.32	43.70	46.92	48.45	49.12

注:2015 年,各省市统计口径有所调整,数据与以前不具可比性。
数据来源:历年上海市、江苏省、浙江省、安徽省统计年鉴。

(三)综合交通运输结构趋于优化

从各种运输方式的特性及国外交通运输发展经验来看,现代公路由于突出的优越性——机动、灵活、迅速、方便、直达,将是客运的主导交通方式;而在货运方面,由于水路交通运载能力大、投资少、能耗低、单位运输成本低等优越性,将成为货物运输的主要方式。长三角在综合交通运输网络逐步完善的同时,交通运输结构也趋于优化。2015 年,长三角共完成客运周转量 5578.17 亿人千米。其中,公路完成 2080.09 亿人千米,占客运周转量的 42.4%;铁路完成 2502.59 亿人千米,占客运周转量的 44.9%。完成货运周转量 48712.26 亿吨千米,其中,水运完成 38166.38 亿吨千米,占货运周转量的 78.4%。

二、上海市交通运输的基本情况

(一)上海市交通运输总体情况

2015 年,上海市各种运输方式完成货物运输量 9.12 亿吨,比上年增长 1.0%;旅客发送量 1.86 亿人次,增长 7.9%。全年港口货物吞吐量达到 7.17 亿吨,比上年下降 5.0%。集装箱吞吐量 3653.70 万国际标准箱,增长 3.5%。集装箱水水中转比例为 45.0%,;国际中转比例为 6.9%。上海浦东、虹桥两大国际机场全年共起降航班 70.58 万架次,增长 7.7%;进出港旅客达到 9918.90 万人次,增长 10.6%。其中,国内航线进出港旅客 6643.88 万人次,增长 9.4%;国际及地区航线进出港旅客 3275.02 万人次,增长 13.2%。

全年上海港接待邮轮靠泊 341 艘次,其中,以上海为母港的邮轮 317 艘次。邮轮旅客吞吐量 164.26 万人次,比上年增长 35.2%。至年末,全市轨道交通运营线路达到 15 条。全年优化调整公交线路 280 条,其中新辟 68 条。至年末,公交运营车辆达 1.65 万辆,其中新能源公交车 3116 辆;运营出租车 4.89 万辆。全年市内公共交通客运量 66.41 亿人次,比上年增长 0.9%。其中,轨道交通客运量 30.68 亿人次,增长 8.5%;公共汽电车客运量 25.48 亿人次,下降 4.4%。至年末,全市拥有各类民用汽车 282.32 万辆,比上年增长 10.6%,其中私人汽车 208.71 万辆,增长 13.8%。

2011—2015 年上海市交通运输业基本情况

指　　标	2011 年	2012 年	2013 年	2014 年	2015 年
铁路营业里程(千米)	453	457	456	456	456
公路通车里程(千米)	12084	12541	12633	12945	13195
#高速公路(千米)	806	806	815	825	825
内河航道里程(千米)	2037	2074	2074	2073	2058
客运量总计(万人)	13519	14547	15933	17560	18571
#铁路(万人)	6198	6758	7972	9194	9692

续表

指　　标	2011 年	2012 年	2013 年	2014 年	2015 年
公路(万人)	3477	3748	3720	3754	3766
水运(万人)	78	66	68	90	113
民用航空(万人)	3766	3974	4173	4522	5000
旅客周转量(亿人千米)	1307.56	1223.05	1343.73	1427.10	1661.03
货运量总计(万吨)	93318	94376	91535	90341	91239
＃铁路(万吨)	888	825	694	549	471
公路(万吨)	42685	42911	43809	42848	40627
水运(万吨)	49389	50302	46697	46583	49700
货物周转量(亿吨千米)	20367	20427	17868	18691	19553
港口货物吞吐量(万吨)	72758	73559	77575	75529	71740

数据来源:历年江苏省统计年鉴。

(二)上海市交通运输结构分析

从客运量来分析,2015 年,上海市铁路客运量占主导地位。铁路客运量占客运总量的 52.2%,比上年下降 0.2 个百分点;民用航空客运量占客运总量的 26.9%,上升 1.1 个百分点;公路客运量占客运总量的 20.3%,下降 1.1 个百分点。从旅客周转量来分析,2015 年,上海市民用航空旅客周转量占绝对优势。民用航空旅客周转量占旅客周转总量的 87.0%,所占比重比上年上升 1.7 个百分点。

从货运量来分析,2015 年,上海市公路和水运货运量占主导地位。公路货运量占货运总量的 44.5%,比上年下降 2.9 个百分点;水运货运量占货运总量的 54.4%,上升 2.9 个百分点。从货物周转量来分析,2015 年,上海市水运货物周转量占绝对优势。水运货物周转量占货物周转总量的 98.2%,所占比重比上年上升 0.2 个百分点。

2011—2015 年上海市交通运输业各项指标构成

指　　标	2011 年	2012 年	2013 年	2014 年	2015 年
客运量(100%)					
＃铁路	45.8	46.5	50.0	52.4	52.2
公路	25.7	25.8	23.3	21.4	20.3
水运	0.6	0.5	0.4	0.5	0.6
民用航空	27.9	27.3	26.2	25.8	26.9
旅客周转量(100%)					
＃铁路	4.8	5.6	5.6	5.9	5.4
公路	8.2	9.2	8.1	8.7	7.6
水运	0.1	0.1	0.1	0.1	0.1
民用航空	86.9	85.1	86.2	85.3	87.0
货运量(100%)					
＃铁路	1.0	0.9	0.8	0.6	0.5
公路	45.7	45.5	47.9	47.4	44.5
水运	52.9	53.3	51.0	51.6	54.5
民用航空	0.4	0.4	0.4	0.4	0.4

续表

指　　标	2011 年	2012 年	2013 年	2014 年	2015 年
货物周转量(100%)					
#铁路	0.1	0.1	0.1	0.1	0.1
公路	1.4	1.4	1.7	1.6	1.5
水运	98.2	98.2	97.9	98.0	98.2
民用航空	0.3	0.3	0.3	0.3	0.3

数据来源:历年上海市统计年鉴。

三、江苏省的基本情况

2015 年,江苏省完成旅客运输量、货物运输量分别为 15.39 亿人和 21.16 亿吨,分别比上年增长－1.3%和 1.4%。旅客周转量为 1566.40 亿人千米,比上年增长 1.0%;货物周转量分别为和 8887.71 亿吨千米。完成港口货物吞吐量 23.33 亿吨,增长 3.2%,其中沿海港口吞吐量 3.02 亿吨,增长 5.1%。港口货物吞吐量中,集装箱吞吐量 1605.50 万标准集装箱,增长 7.0%。至 2015 年末,江苏省公路通车里程 15.88 万千米,新增 1284 千米,其中高速公路里程 4539 千米,新增 51 千米。铁路营业里程 2679 千米,铁路正线延展长度 4570 千米。年末民用汽车保有量 1247.90 万辆,净增 143.90 万辆,比上年末增长 13.0%。年末个人汽车保有量 1076.87 万辆,净增 141.15 万辆,比上年末增长 15.1%。其中,个人轿车保有量 773.88 万辆,净增 108.24 万辆,比上年末增长 16.3%。

2011—2015 年江苏省交通运输业基本情况

指　　标	2011 年	2012 年	2013 年	2014 年	2015 年
铁路营业里程(千米)	2348	2348	2554	2632	2679
公路通车里程(千米)	152247	154118	156094	157521	158805
#高速公路(千米)	4122	4371	4443	4488	4539
内河航道里程(千米)	24272	24280	24315	24342	23559
客运量总计(万人)	247405	268371	152172	156016	153943
#铁路(万人)	10598	11757	13435	15374	16116
公路(万人)	235673	255358	135555	137270	134553
水运(万人)	579	594	2454	2563	2392
民用航空(万人)	555	662	728	809	882
旅客周转量(亿人千米)	1778.00	1949.80	1451.14	1550.60	1566.40
货运量总计(万吨)	212594	231295	194048	208623	211648
#铁路	7282	7223	6806	6090	5066
公路(万吨)	140803	153696	103709	114449	113351
水运(万吨)	54012	58639	70909	75328	80343
货物周转量(亿吨千米)	7513.99	8474.64	10536.84	11028.47	8887.71
港口货物吞吐量(万吨)	180683	195417	213987	226049	233289

注:1. 公路客运量 2013 年(含)后不包括公交车和出租车的运输量。

2. 公路货运量 2013 年(含)后不包含农用车和拖拉机的运输量。

3. 根据 2015 年度全国公路水路运输量小样本抽样调查结果,对 2015 年公路、内河客货运输量、周转量统计值有所修正,与 2014 年值不具可比性。

资料来源:历年江苏省统计年鉴。

(二)江苏省交通运输结构分析

从客运量来分析,2015 年,江苏省公路客运量占绝对优势。公路客运量占客运总量的 87.4%,比上年下降 0.6 个百分点;铁路客运量占客运总量的 10.5%,上升 0.7 个百分点。从旅客周转量来分析,2015 年,江苏省公路和铁路旅客周转量占主导地位。公路旅客周转量占旅客周转总量的 53.3%,所占比重比上年下降 1.3 个百分点;铁路旅客周转量占旅客周转总量的 39.2%,上升 1.2 个百分点。

从货运量来分析,2015 年,江苏省公路和水运货运量占主导地位。公路货运量占货运总量的 53.6%,比上年下降 1.3 个百分点;水运货运量占货运总量的 38.0%,上升 1.9 个百分点。从货物周转量来分析,2015 年,江苏省水运货物周转量占绝对优势。水运货物周转量占货物周转总量的 66.2%;公路货物周转量占货物周转总量的 23.3%。

2011—2015 年江苏省交通运输业各项指标构成

指　　标	2011 年	2012 年	2013 年	2014 年	2015 年
客运量(100%)					
#铁路	4.3	4.4	8.8	9.8	10.5
公路	95.3	95.2	89.1	88.0	87.4
水运	0.2	0.2	1.6	1.6	1.6
民用航空	0.2	0.2	0.5	0.5	0.6
旅客周转量(100%)					
#铁路	22.4	22.9	34.9	38.0	39.2
公路	73.5	72.7	58.4	54.9	53.3
水运	0.1	0.1	0.3	0.2	0.2
民用航空	4.0	4.3	6.5	6.8	7.4
货运量(100%)					
#铁路	3.4	3.1	3.5	2.9	2.4
公路	66.2	66.5	53.4	54.9	53.6
水运	25.4	25.4	36.5	36.1	38.0
输油管道	4.9	5.1	6.5	6.1	6.1
货物周转量(100%)					
#铁路	5.3	4.6	3.5	3.1	3.4
公路	17.5	17.1	17.0	17.9	23.3
水运	69.7	71.4	73.6	73.3	66.2
输油管道	7.5	6.8	5.9	5.6	7.0

数据来源:历年江苏省统计年鉴。

四、浙江省的基本情况

2015 年,浙江省完成旅客运输量、货物运输量分别为 12.64 亿人和 20.07 亿吨,分别比上年增长 —4.1%和 3.7%;旅客周转量、货物周转量分别为 1092.53 亿人千米和 9868.98 亿吨千米,分别增长 1.5%和 3.5%。完成港口货物吞吐量 13.81 亿吨,比上年下降 0.7%。其中,沿海港口货物吞吐量10.99

亿吨，增长1.6%；内河港口完成2.82亿吨，下降8.7%。至2015年末，浙江省公路通车里程11.80万千米，新增1648千米，其中高速公路里程3917千米，新增33千米。铁路营业里程2527千米，铁路复线里程1969千米。年末民用汽车保有量1121.63万辆，净增108.41万辆，增长10.7%。私人汽车保有量978.01万辆，净增106.93万辆，增长12.3%。其中，私人轿车保有量669.39万辆，净增77.86万辆，增长13.2%。

2011—2015年浙江省交通运输业基本情况

指　标	2011年	2012年	2013年	2014年	2015年
运输线路长度(千米)					
铁路营业里程	1765	1765	2031	2310	2527
公路通车里程	111776	113550	115426	116367	118015
#高速公路	3500	3618	3787	3884	3917
内河航道里程	9750	9739	9747	9769	9769
客运量总计(万人)	231900	234366	136790	131879	126435
#铁路	8439	8725	10579	13214	14806
公路	218415	220517	121185	112915	105424
水运	3466	3454	3111	3581	3841
民用航空	1580	1670	1915	2169	2364
旅客周转量(亿人千米)	1296.25	1317.58	1025.10	1076.76	1092.53
货运量总计(万吨)	185692	191057	187885	193488	200710
#铁路	4166	3847	4037	3548	3332
公路	108654	113393	107186	117070	122547
水运	72872	73817	76662	72837	74797
货物周转量(亿吨千米)	8634.82	9183.30	8949.57	9539.61	9868.98
港口货物吞吐量(万吨)	122373	131931	138050	139071	138136

注：民用航空客运量指发送量，2013年起公路、水路按新的口径统计。

数据来源：历年浙江省统计年鉴。

(二)浙江省交通运输结构分析

从客运量来分析，2015年，浙江省公路客运量占绝对优势。公路客运量占客运总量的83.4%，比上年下降2.2个百分点；铁路客运量占客运总量的11.7%，上升1.7个百分点。从旅客周转量来分析，2015年，浙江省公路和铁路旅客周转量占主导地位。公路旅客周转量占旅客周转总量的49.9%，所占比重比上年下降1.9个百分点；铁路旅客周转量占旅客周转总量的49.6%，上升1.9个百分点。

从货运量来分析，2015年，浙江省公路和水运货运量占主导地位。公路货运量占货运总量的61.1%，比上年上升0.6个百分点；水运货运量占货运总量的37.3%，下降0.3个百分点。从货物周转量来分析，2015年，浙江省水运货物周转量占绝对优势。水运货物周转量占货物周转总量的82.5%，比上年下降0.3百分点；公路货物周转量占货物周转总量的15.3%，上升0.4个百分点。

2011—2015 年浙江省交通运输业各项指标构成

指　　标	2011 年	2012 年	2013 年	2014 年	2015 年
客运量(100%)					
＃铁路	3.6	3.7	7.7	10.0	11.7
公路	94.2	94.1	88.6	85.6	83.4
水运	1.5	1.5	2.3	2.7	3.0
民用航空	0.7	0.7	1.4	1.6	1.9
旅客周转量(100%)					
＃铁路	29.4	29.6	42.6	47.7	49.6
公路	70.1	69.9	56.9	51.8	49.9
水运	0.5	0.5	0.5	0.5	0.5
货运量(100%)					
＃铁路	2.2	2.0	2.1	1.8	1.7
公路	58.5	59.3	57.0	60.5	61.1
水运	39.2	38.6	40.8	37.6	37.3
货物周转量(100%)					
＃铁路	3.6	3.2	3.0	2.3	2.2
公路	16.6	16.6	14.8	14.9	15.3
水运	79.8	80.2	82.2	82.8	82.5

数据来源:历年浙江省统计年鉴。

五、安徽省的情况

2014 年,安徽省完成旅客运输量、货物运输量分别为 8.71 亿人和 34.58 亿吨;旅客周转量、货物周转量分别为 1258.21 亿人千米和 10402.57 亿吨千米。完成港口货物吞吐量 4.80 亿吨,增长 9.6%;集装箱吞吐量 95.59 万标准箱,增长 25.1%。至 2015 年末,安徽省公路通车里程 18.69 万千米,新增 12567 千米,其中高速公路里程 4249 千米,新增 497 千米。铁路营业里程 4169 千米,新增 620 千米。年末民用汽车拥有量 512.83 万辆,比上年增长 17.2%,其中私人汽车 423.13 万辆,增长 21.5%。民用轿车拥有量 277.50 万辆,增长 22.7%,其中私人轿车 254.60 万辆,增长 24.1%。全省民航机场旅客吞吐量 814.76 万人次,增长 12.6%,其中合肥新桥机场旅客吞吐量 661.31 万人次,增长 10.7%。

2011—2015 年安徽省交通运输业基本情况

指　　标	2011 年	2012 年	2013 年	2014 年	2015 年
运输线路长度(千米)					
铁路营业里程(千米)	3121	3260	3513	3549	4169
公路通车里程(千米)	149535	165157	173763	174373	186940
＃高速公路(千米)	3009	3210	3521	3752	4249
内河航道里程(千米)	5605	5623	5642	5729	5729
客运量总计(万人)	185789	213671	126975	139823	87107

续表

指　　标	2011年	2012年	2013年	2014年	2015年
＃铁路(万人)	5980	6385	7210	7972	8553
公路(万人)	179440	206888	119433	131403	78072
水运(万人)	155	159	68	178	185
民用航空(万人)	214	239	264	270	297
旅客周转量(亿人千米)	1652.50	1855.09	1318.37	1451.16	1258.21
货运量总计(万吨)	268416	312442	396392	434300	345756
＃铁路(万吨)	12507	12263	11566	10488	10158
公路(万吨)	219467	259461	284534	315223	230649
水运(万吨)	36439	40716	100290	108587	104947
货物周转量(亿吨千米)	8446.62	9831.60	12335.63	13500.89	10402.57
港口货物吞吐量(万吨)	37418.60	36097.20	39617.52	43837.92	48044.32

注:2011年以后统计范围为通过能力在200万吨以上内河港口,以及从事外贸、集装箱的港口,与往年数据具有不可比性;2013年交通运输行业专项调查重新确定基数,调整了公路水路客货运输量;2015年交通运输部组织开展了公路、水路运输量小样本调查工作,重新调整基数,客、货运量及周转量与2014年数据不具可比性。

数据来源:历年安徽省统计年鉴。

(二)安徽省交通运输结构分析

从客运量来分析,2015年,安徽省公路客运量占绝对优势。公路客运量占客运总量的89.6%,比上年下降4.4个百分点;铁路客运量占客运总量的9.8%,上升4.1个百分点。从旅客周转量来分析,2015年,安徽省铁路和公路旅客周转量占主导地位。铁路旅客周转量占旅客周转总量的51.1%,所占比重比上年上升8.5个百分点;公路旅客周转量占旅客周转总量的45.7%,下降9.4个百分点。

从货运量来分析,2015年,安徽省公路货运量占绝对优势。公路货运量占货运总量的66.7%,比上年下降5.9个百分点;水运货运量占货运总量的30.4%,上升5.4个百分点。从货物周转量来分析,2015年,安徽省水运和公路货物周转量占主导地位。水运货物周转量占货物周转总量的47.5%,比上年上升8.3个百分点;公路货物周转量占货物周转总量的45.4%,下降9.4个百分点。

2011—2015年安徽省交通运输业各项指标构成

指　　标	2011年	2012年	2013年	2014年	2015年
客运量(100%)					
＃铁路	3.2	3.0	5.7	5.7	9.8
公路	96.6	96.8	94.1	94.0	89.6
水运	0.1	0.1	0.1	0.1	0.2
民用航空	0.1	0.1	0.2	0.2	0.3
旅客周转量(100%)					
＃铁路	28.8	26.8	26.1	42.6	51.1
公路	69.7	71.6	72.4	55.1	45.7
水运	0.0	0.0	0.0	0.0	0.0

续表

指 标	2011 年	2012 年	2013 年	2014 年	2015 年
民用航空	1.5	1.6	1.5	2.3	3.2
货运量(100%)					
#铁路	4.7	3.9	2.9	2.4	2.9
公路	81.8	83.0	71.8	72.6	66.7
水运	13.6	13.0	25.3	25.0	30.4
货物周转量(100%)					
#铁路	12.0	9.7	7.9	6.0	7.1
公路	72.5	73.9	75.6	54.8	45.4
水运	15.5	16.4	16.6	39.2	47.5

数据来源:历年安徽省统计年鉴。

九　长三角纺织服装、服饰业

一、长三角纺织服装、服饰业发展总体概况

2015年，长三角地区拥有规模以上纺织服装、服饰企业6724家，比上年减少22家。完成工业总产值8329.56亿元，同比增长5.6%。实现主营业务收入8171.18亿元，同比增长4.8%；占全国规模以上纺织服装、服饰业主营业务收入的比重为36.8%。年末资产总额为5696.57亿元，同比增长3.7%；占全国规模以上纺织服装、服饰业资产总额的比重为43.7%。负债合计为3001.56亿元，同比增长2.2%；占全国规模以上纺织服装、服饰业负债总额的比重为48.9%。创造利润总额507.22亿元，同比增长3.5%；占全国规模以上纺织服装、服饰业利润总额的比重为37.2%。

2011—2015年长三角地区规模以上纺织服装、服饰业主要经济指标　单位：亿元

指　标	单位数(个)	工业总产值	资产总计	负债合计	主营业务收入	利润总额
2011年	5064	5428.25	3751.44	2138.94	5073.65	375.97
2012年	6284	6707.24	4769.70	2680.62	6637.45	419.34
2013年	6668	7367.19	5238.52	2904.05	7355.55	447.70
2014年	6746	7890.06	5491.07	2936.60	7799.75	489.89
2015年	6724	8329.56	5696.57	3001.56	8171.18	507.22

注：2012年(含)以后数据按新行业标准统计，统计口径为主营业务在2000万元以上的企业。
数据来源：历年上海市、江苏省、浙江省、安徽省统计年鉴。

从资产运营情况来看，2015年长三角规模以上纺织服装、服饰业资产总额为5696.57亿元，比上年增长3.7%；负债总额为3001.56亿元，同比增长2.2%。资产总额增速快于负债总额，使得长三角规模以上纺织服装、服饰业资产负债率有所降低。2015年，长三角规模以上纺织服装、服饰业资产负债率为52.69%，比上年下降0.79个百分点；高于全国规模以上纺织服装、服饰业资产负债率5.64个百分点。

分地区来看，安徽省规模以上纺织服装、服饰业资产运营情况最好，2015年，安徽省规模以上纺织服装、服饰业资产负债率为50.17%，比上年下降0.77个百分点；江苏省规模以上纺织服装、服饰业资产负债率为50.55%，同比下降0.50个百分点；浙江省规模以上纺织服装、服饰业资产负债率为54.99%，同比下降0.85个百分点；上海市规模以上纺织服装、服饰业资产负债率最高，为56.28%，同比下降1.39个百分点。

二、上海市纺织服装、服饰业基本情况

(一)行业经济总量

2015年，上海市拥有规模以上纺织服装、服饰企业357家，比上年减少71家；实现工业总产值347.87亿元，同比下降10.5%；年末资产总计347.13亿元，同比下降10.6%；负债合计195.38亿元，同比下降12.7%；实现主营业务收入373.90亿元，同比下降7.8%。

2011—2015 年上海市规模以上纺织服装、服饰业主要经济指标　　单位:亿元

指　标	单位数(个)	工业总产值	资产总计	负债合计	主营业务收入	利润总额	税金总额
2011 年	430	440.35	395.67	215.93	462.11	44.44	18.73
2012 年	537	542.80	502.78	266.19	558.44	33.86	21.82
2013 年	537	507.97	502.72	260.48	522.06	23.27	19.01
2014 年	428	388.52	388.16	223.87	405.37	3.94	8.79
2015 年	357	347.87	347.13	195.38	373.90	6.76	6.23

注:2012 年(含)以后数据按新行业标准统计,统计口径为主营业务在 2000 万元以上的企业。
数据来源:历年上海市统计年鉴。

(二)行业经济效益

2014 年,上海市规模以上纺织服装、服饰企业创造利润总额 6.76 亿元,比上年增长 71.6%;实现税金总额 6.23 亿元,同比下降 29.1%。

2015 年,上海市规模以上纺织服装、服饰企业产值利税率为 3.73%,比上年上升 0.45 个百分点;成本费用利润率为 1.78%,同比上升 0.81 个百分点。

三、江苏省纺织服装、服饰业基本情况

(一)行业经济总量

2015 年,江苏省拥有规模以上纺织服装、服饰企业 2495 家,比上年减少 77 家;工业总产值 4404.38 亿元,同比增长 7.4%;年末资产总额 2651.39 亿元,同比增长 5.5%;负债合计 1340.33 亿元,同比增长 4.4%;主营业务收 4386.08 亿元,同比增长 6.3%;实现利润总额 310.85 亿元,同比增长 3.4%。

2011—2015 年江苏省规模以上纺织服装、服饰业主要经济指标　　单位:亿元

指　标	单位数(个)	工业总产值	资产总计	负债合计	主营业务收入	利润总额	税金总额
2011 年	2540	3080.68	1763.00	996.42	3033.92	209.16	313.22
2012 年	2579	3396.48	1983.00	1106.92	3399.14	231.37	363.35
2013 年	2651	3780.82	2229.63	1229.41	3839.06	257.94	416.35
2014 年	2572	4099.73	2514.22	1283.57	4127.25	300.65	470.83
2015 年	2495	4404.38	2651.39	1340.33	4386.08	310.85	

注:2011 年(含)以后数据按新行业标准统计,统计口径为主营业务在 2000 万以上的企业。
数据来源:历年江苏省统计年鉴。

(二)行业经济效益

2015 年,江苏省规模以上纺织服装、服饰行业企业亏损面为 10.74%,比上年下降 0.77 个百分点;资产负债率为 50.55%,同比下降 0.50 个百分点;产品销售率为 98.69%,同比下降 0.09 个百分点;成本费用利润率为 7.42%,同比下降 0.36 个百分点;流动资产周转次数为 3.14 次/年,同比上升 0.03 次/年;总资产贡献率为 19.37%,同比下降 0.49 个百分点。

2011—2015 年江苏省规模以上纺织服装、服饰业主要经济效益指标

指　　标	2011 年	2012 年	2013 年	2014 年	2015 年
企业亏损面(%)	7.80	11.71	11.96	11.51	10.74
资产负债率(%)	56.52	55.82	55.14	51.05	50.55
流动资产周转次数(次/年)	2.91	3.03	3.07	3.11	3.14
成本费用利润率(%)	7.43	7.34	7.17	7.78	7.42
产品销售率(%)	98.88	98.86	98.98	98.78	98.69
总资产贡献率(%)	18.85	19.65	19.90	19.86	19.37

注:2011 年(含)以后数据按新行业标准统计。
数据来源:历年江苏省统计年鉴。

四、浙江省纺织服装业基本情况

(一)行业经济总量

2015 年,浙江省拥有规模以上纺织服装、服饰企业 2748 家,比上年增加 42 家;完成工业总产值 2532.90 亿元,同比增长 1.3%;年末资产总额达到 2327.94 亿元,同比增长 3.3%;负债合计 1280.17 亿元,同比增长 1.8%;主营业务收入 2410.90 亿元,同比增长 0.8%;创造利润总额为 142.35 亿元,同比增长 1.7%;实现利税总额为 240.19 亿元,同比增长 1.4%。

2011—2015 年浙江省规模以上纺织服装、服饰业主要经济指标　单位:亿元

指　标	单位数(个)	工业总产值	资产总计	负债合计	主营业务收入	利润总额	税金总额
2011 年	1499	1468.37	1417.87	836.08	1156.10	99.09	159.86
2012 年	2354	2189.94	2056.50	1193.33	2115.43	122.45	200.67
2013 年	2555	2348.78	2218.60	1267.20	2276.39	124.80	215.84
2014 年	2706	2499.31	2252.89	1258.12	2392.72	139.97	236.96
2015 年	2748	2532.90	2327.94	1280.17	2410.90	142.35	240.19

注:2012 年(含)以后数据按新行业标准统计,统计口径为主营业务在 2000 万元以上的企业。
数据来源:历年浙江省统计年鉴。

(二)行业经济效益

2015 年,浙江省规模以上纺织服装、服饰企业每百元固定资产原值实现利税 34.11 元,比上年下降 0.81 元/百元;每百元主营业务收入实现利税 9.96 元,同比上升 0.06 元/百元;产品销售率为 96.39%;同比下降 0.28 个百分点;出口交货值占工业销售 40.04%,同比下降 2.78 个百分点;新产品产值率为 32.35%,同比上升 3.73 个百分点。

2011—2015 年浙江省规模以上纺织服装、服饰业主要经济效益指标

指　　标	2011 年	2012 年	2013 年	2014 年	2015 年
每百元固定资产原值实现利税(元)	37.70	32.32	32.82	34.92	34.11
每百元主营业务收入实现利税(元)	11.25	9.49	9.48	9.90	9.96
产品销售率(%)	97.09	97.48	97.70	96.67	96.39
出口交货值占工业销售产值比重(%)	42.66	46.06	43.44	42.82	40.04
新产品产值率(%)	15.86	20.92	20.61	28.62	32.35

数据来源:历年浙江省统计年鉴。

(三)不同所有制企业经营情况

1. 私营企业

从企业所有制来看，浙江省私营纺织服装、服饰企业占据支柱地位。2015 年，浙江省规模以上私营纺织服装、服饰企业数为 1891 家，比上年增加 101 家。完成工业总产值 1317.88 亿元，同比增长 4.8%；占全省规模以上纺织服装、服饰企业总产值的比重为 52.0%，同比上升 1.7 个百分点。主营业务收入为 1249.26 亿元，同比增长 3.2%；占全省规模以上纺织服装、服饰企业主营业务收入的比重为 51.8%，同比上升 1.2 个百分点。创造利润总额为 77.37 亿元，同比增长 11.6%；占全省规模以上纺织服装、服饰企业利润总额的比重为 54.4%，同比上升 4.9 个百分点。

2. 外商投资、港澳台投资企业

2015 年，浙江省拥有规模以上外商投资和港澳台投资纺织服装、服饰企业 664 家，比上年减少 72 家。完成工业总产值 846.72 亿元，同比下降 5.6%；占全省规模以上纺织服装、服饰企业总产值的比重为 33.4%，比上年下降 2.5 个百分点。实现主营业务收入 821.57 亿元，同比下降 4.4%；占全省规模以上纺织服装、服饰企业主营业务收入的比重为 34.1%，同比上升 1.8 个百分点。实现利润总额 35.86 亿元，同比下降 12.6%；占全省规模以上纺织服装、服饰企业利润总额的比重为 25.2%，同比下降 4.1 个百分点。

3. 行业经济效益

从行业经济效益指标来看，规模以上私营纺织服装、服饰企业“每百元固定资产原值实现利税”远高于同期国有及国有控股企业、外商投资和港澳台投资企业。2015 年，浙江省规模以上私营纺织服装、服饰企业每百元固定资产原值实现利税 40.34 元，高于国有及国有控股企业的 24.09 元/百元和外商投资和港澳台投资企业的 24.31 元/百元。国有及国有控股纺织服装、服饰企业每百元主营业务收入实现利税 24.09 元，分别高于私营企业及外商投资和港澳台投资企业 14.33 元/百元和 15.92 元/百元。

与其他企业相比，外商投资和港澳台投资纺织服装、服饰企业的出口比重相对较高。2015 年，浙江省规模以上外商投资和港澳台投资纺织服装、服饰企业出口交货值占销售产值的比重为 51.97%，而同期私营企业出口交货值占销售产值的比重为 33.58%，国有及国有控股企业出口交货值占销售产值的比重仅为 24.16%。外商投资和港澳台投资纺织服装、服饰企业的新产品产值率也处于较高值。2015 年，浙江省规模以上外商投资和港澳台投资纺织服装、服饰企业新产品产值率为 35.77%，分别高于国有及国有控股企业及私营企业 35.23 个和 7.47 个百分点。

2014—2015 年浙江省规模以上纺织服装、服饰企业不同所有制企业经济指标

指　标	国有及国有控股企业		私营企业		外商投资和港澳台投资企业	
	2014 年	2015 年	2014 年	2015 年	2014 年	2015 年
企业单位数(个)	16	16	1790	1891	736	664
工业总产值(亿元)	15.13	15.85	1258.01	1317.88	897.18	846.72
主营业务收入(亿元)	14.67	15.83	1210.21	1249.26	859.83	821.57
利润总额(亿元)	1.82	1.71	69.31	77.37	41.01	35.86
每百元固定资产原值实现利税(元)	31.91	24.09	39.11	40.34	26.67	24.31
每百元主营业务收入实现利税(元)	25.99	24.39	9.71	10.06	8.87	8.47
出口交货值占工业销售(%)	28.93	24.16	36.17	33.58	55.37	51.97
新产品产值率(%)	0.64	0.54	21.36	28.30	34.06	35.77

数据来源：历年浙江省统计年鉴。

五、安徽省纺织服装业基本情况

(一)行业经济总量

2015年,安徽省拥有规模以上纺织服装、服饰企业1124家,比上年增加84家;完成工业总产值1044.41亿元,同比增长15.7%;主营业务收入达到1000.30亿元,同比增长14.4%;年末资产总额达到370.11亿元,同比增长10.2%;负债合计185.68亿元,同比增长8.6%;创造利润总额为47.26亿元,同比增长4.3%。

2011—2015年安徽省规模以上纺织服装、服饰业主要经济指标　　单位:亿元

指　标	单位数(个)	工业总产值	资产总计	负债合计	主营业务收入	利润总额
2011年	595	438.85	174.90	90.51	421.52	23.28
2012年	814	578.02	227.42	114.18	564.44	31.66
2013年	925	729.62	287.57	146.96	718.04	41.69
2014年	1040	902.50	335.80	171.04	874.41	45.33
2015年	1124	1044.41	370.11	185.68	1000.30	47.26

注:2012年(含)以后数据按新行业标准统计,统计口径为主营业务在2000万元以上的企业。
数据来源:历年安徽省统计年鉴。

(二)行业经济效益

2015年,安徽省规模以上纺织服装、服饰企业总资产贡献率为20.92%,比上年下降1.06个百分点;资产负债率为50.17%,同比下降0.77个百分点;流动资产周转次数为5.02次/年,同比上升0.10次/年;工业成本费用利润率为4.99%,同比下降0.52个百分点;产品销售率为98.45%,同比上升0.12个百分点。

2011—2014年安徽省规模以上纺织服装、服饰业主要经济效益指标

指　标	2011年	2012年	2013年	2014年	2015年
总资产贡献率(%)	20.87	22.52	23.14	21.98	20.92
资产负债率(%)	51.75	50.21	51.10	50.94	50.17
流动资产周转次数(次/年)	4.84	4.67	4.74	4.92	5.02
工业成本费用利润率(%)	5.95	6.08	6.27	5.51	4.99
产品销售率(%)	98.06	98.51	98.55	98.33	98.45

注:2012年(含)以后数据按新行业标准统计。
数据来源:历年安徽省统计年鉴。

(三)不同所有制企业经营情况

1.私营企业

从企业所有制来看,安徽省私营纺织服装、服饰企业占据支柱地位。2015年,安徽省规模以上私营纺织服装、服饰企业数为837家,比上年增加43家。完成工业总产值717.69亿元,同比增长14.3%;占全省规模以上纺织服装、服饰企业总产值的比重为68.7%,同比下降0.9个百分点。主营业务收入为612.23亿元,同比增长0.1%;占全省规模以上纺织服装、服饰企业主营业务收入的比重为61.2%,同比

下降 8.8 个百分点。创造利润总额为 34.36 亿元，同比下降 1.4%；占全省规模以上纺织服装、服饰企业利润总额的比重为 72.7%，同比下降 4.2 个百分点。

2. 外商投资、港澳台投资企业

2015 年，安徽省拥有规模以上外商投资和港澳台投资纺织服装、服饰企业 64 家。完成工业总产值 162.10 亿元，比上年增长 11.9%；占全省规模以上纺织服装、服饰企业总产值的比重为 15.5%，同比下降 0.5 个百分点。实现主营业务收入 156.75 亿元，同比增长 12.2%；占全省规模以上纺织服装、服饰企业主营业务收入的比重为 15.7%，同比下降 0.3 个百分点。实现利润总额 3.74 亿元，同比增长 15.4%；占全省规模以上纺织服装、服饰企业利润总额的比重为 7.9%，同比上升 0.8 个百分点。

3. 行业经济效益

从行业经济效益指标来看，2015 年，安徽省规模以上私营纺织服装、服饰企业总资产贡献率为 22.81%，分别高于同期国有及国有控股企业、外商投资和港澳台投资企业 9.24 个和 5.38 个百分点。外商投资和港澳台投资纺织服装、服饰企业流动资产周转次数为 6.18 次/年，分别高于同期国有及国有控股企业、私营企业 5.27 次/年和 0.83 次/年。国有及国有控股纺织服装、服饰企业资产负债率为 39.06%，分别低于同期私营企业、外商投资和港澳台投资企业 10.80 个和 16.47 个百分点；工业成本费用利润率为 15.58%，分别高于私营企业、外商投资和港澳台投资企业 10.29 个和 13.11 个百分点。

2014—2015 年安徽省规模以上纺织服装、服饰企业不同所有制企业主要经济指标

指　标	国有及国有控股企业		私营企业		外商投资和港澳台投资企业	
	2014 年	2015 年	2014 年	2015 年	2014 年	2015 年
企业单位数(个)	10	9	794	837	70	64
工业总产值(亿元)	6.99	7.91	627.94	717.69	144.84	162.10
主营业务收入(亿元)	7.05	7.75	611.77	612.23	139.69	156.75
利润总额(亿元)	1.02	1.05	34.85	34.36	3.24	3.74
总资产贡献率(%)	15.66	13.57	24.97	22.81	14.97	17.43
资产负债率(%)	34.53	39.06	50.45	49.86	56.39	55.53
流动资产周转次数(次/年)	0.99	0.91	5.42	5.35	5.16	6.18
工业成本费用利润率(%)	16.42	15.58	6.09	5.29	2.39	2.47
产品销售率(%)	100.23	98.87	98.28	98.48	98.28	98.35

数据来源：历年安徽省统计年鉴。

十　长三角钢铁产业

一、长三角钢铁产业总体情况

2015年，长三角规模以上钢铁企业工业总产值34626.45亿元，比上年下降4.0%。长三角规模以上钢铁企业12299家，比上年减少372家；占全国规模以上钢铁企业的比重为32.4%，下降0.5个百分点。资产总计为24843.10亿元，下降2.3%；占全国的比重为19.3%，下降0.7个百分点。负债合计14315.76亿元，下降5.0%；占全国的比重为17.5%，上升1.5个百分点。主营业务收入为35245.29亿元，下降4.8%；占全国的比重为23.2%，上升0.4个百分点。利润总额为1303.86亿元，下降13.8%；占全国的比重为30.4%，上升3.6个百分点。

2011—2015年长三角规模以上钢铁企业主要经济指标　单位：亿元

指　标	企业单位数（个）	工业总产值	资产总计	负债合计	主营业务收入	利润总额
2011年	9717	28975.05	20819.08	13025.59	30765.46	1439.02
2012年	11910	32068.47	22624.87	13889.82	33833.96	1338.54
2013年	12607	34978.09	24533.39	15053.08	36075.77	1504.33
2014年	12671	36077.48	25434.50	15065.97	37022.59	1512.45
2015年	12299	34626.45	24843.10	14315.76	35245.29	1303.86

数据来源：历年上海市、江苏省、浙江省、安徽省统计年鉴。

（一）主要产品产量

2015年，长三角规模以上钢铁行业生产生铁11896.47万吨，比上年增长0.3%；占全国规模以上钢铁行业生铁产量的比重为17.2%，比上年上升0.6个百分点。生产粗钢16879.86万吨，同比增长9.3%；占全国的比重为21.0%，上升2.2个百分点。生产钢材23145.95万吨，同比增长0.6%；占全国的比重为20.6%，上升0.2个百分点。

2011—2015年长三角钢铁企业主要产品产量

产　　品	2011年	2012年	2013年	2014年	2015年
生铁（万吨）	10082.99	10605.12	11405.29	11862.29	11896.47
粗钢（万吨）	12360.88	12842.84	15617.89	15440.70	16879.86
钢材（万吨）	18361.02	19456.67	21682.80	23001.04	23145.95

数据来源：历年上海市、江苏省、浙江省、安徽省统计年鉴。

（二）资产运营情况

从资产运营情况来看，2015年，长三角地区规模以上钢铁企业年末资产总额为24843.10亿元，比上年下降2.3%；负债合计为14315.76亿元，同比下降5.0%。长三角地区规模以上钢铁企业负债的下降速度快于资产的下降速度，使得2015年长三角地区规模以上钢铁企业资产负债率有所下降，达到57.62%，较上年下降1.61个百分点；低于同期全国规模以上钢铁企业资产负债率5.90个百分点。

分地区来看，上海市规模以上钢铁企业资产运营情况最好，2015年，上海市资产负债率为45.89%，比上年下降1.62个百分点；江苏省规模以上钢铁企业资产负债率为58.03%，同比下降2.14个百分点；

安徽省规模以上钢铁企业资产负债率为 61.09%,同比上升 0.52 个百分点;浙江省规模以上钢铁企业资产负债率最高,2015 年资产负债率为 62.15%,同比下降 1.58 个百分点。

二、上海市钢铁产业

(一)上海市钢铁行业经济总量

2015 年,上海市规模以上钢铁企业 970 家,比上年减少 80 家;工业总产值 2470.52 亿元,同比下降 14.4%;年末资产总计 3523.81 亿元,同比下降 2.8%;负债合计 1616.98 亿元,同比下降 6.1%;主营业务收入 2748.41 亿元,同比下降 15.7%;利润总额 78.63 亿元,同比下降 41.1%;税金总额 57.35 亿元,同比下降 5.0%。

2011—2015 年上海市规模以上钢铁企业主要经济指标　单位:亿元

指　标	单位数(个)	工业总产值	资产总计	负债合计	主营业务收入	利润总额	税金总额
2011 年	1040	3228.08	3172.62	1614.65	3658.90	132.12	57.47
2012 年	1086	3011.40	3290.58	1483.40	3517.67	201.83	52.34
2013 年	1087	2968.81	3496.18	1684.65	3399.61	136.32	60.13
2014 年	1050	2886.61	3624.62	1721.90	3260.91	133.54	60.40
2015 年	970	2470.52	3523.81	1616.98	2748.41	78.63	57.35

注:2012 年(含)后的数据按新行业标准统计。
数据来源:历年上海市统计年鉴。

(二)上海市精品钢材制造业基本情况

2015 年,上海市精品钢材制造企业 82 家,比上年减少 15 家;工业总产值 1152.91 亿元,同比下降 20.0%;资产总计 2189.90 亿元,同比下降 3.6%;主营业务收入 1391.77 亿元,同比下降 21.5%;利润总额 14.87 亿元,同比下降 76.6%;税金总额 26.15 亿元,同比增长 4.6%。

2015 年,上海市精品钢材制造业工业总产值占规模以上钢铁行业工业总产值的比重为 46.7%,所占比重比上年下降 3.3 个百分点;年末资产总计占比为 62.1%,同比下降 0.5 个百分点;主营业务收入占比为 50.6%,同比下降 3.8 个百分点;利润总额占比为 18.9%,同比下降 28.7 个百分点;税金总额占比为 45.6%,同比上升 4.2 个百分点。

2011—2015 年上海市精品钢材制造业主要经济指标　单位:亿元

指　标	单位数(个)	工业总产值	资产总计	主营业务收入	利润总额	税金总额
2011 年	88	1813.16	2119.48	2235.94	61.53	28.35
2012 年	101	1548.32	2037.13	2000.99	126.58	18.94
2013 年	98	1517.07	2196.75	1938.62	68.42	27.53
2014 年	97	1441.44	2270.62	1773.78	63.61	25.00
2015 年	82	1152.91	2189.90	1391.77	14.87	26.15

注:2012 年(含)后的数据按新行业标准统计。
数据来源:历年上海市统计年鉴。

(三)上海市钢铁行业主要产品产量

2015 年,上海市钢铁行业生产生铁 1686.66 万吨,比上年增长 2.6%;生产粗钢 1783.77 万吨,同比

增长0.5%；生产钢材2202.72万吨，同比下降4.6%。

2011—2015年上海市钢铁企业主要产品产量　　单位：万吨

产　品	2011年	2012年	2013年	2014年	2015年
生　铁	1947.48	1800.44	1637.58	1643.29	1686.66
粗　钢	2225.48	1970.91	1811.08	1774.55	1783.77
钢　材	2482.81	2340.76	2322.76	2309.14	2202.72

注：2012年(含)后的数据按新行业标准统计。
数据来源：历年上海市统计年鉴。

三、江苏省钢铁产业

(一)江苏省钢铁行业经济总量

2015年，江苏省规模以上钢铁企业5579家，比上年减少243家；工业总产值19573.32亿元，同比下降1.4%；资产总计12467.28亿元，同比增长0.6%；负债合计7234.86亿元，同比下降3.0%；主营业务收入19689.16亿元，同比下降2.2%；利润总额894.66亿元，同比下降2.2%。

2011—2015年江苏省规模以上钢铁企业主要经济指标　　单位：亿元

指　标	单位数(个)	工业总产值	资产总计	负债合计	主营业务收入	利润总额
2011年	4479	15168.27	10512.64	6761.96	16343.33	850.98
2012年	5614	17650.50	11066.02	6993.51	17775.64	729.19
2013年	5919	19594.05	12045.33	7509.68	19840.86	861.68
2014年	5822	19853.84	12389.44	7455.14	20126.01	915.11
2015年	5579	19573.32	12467.28	7234.86	19689.16	894.66

注：2011年(含)后的数据按新行业标准统计。
数据来源：历年江苏省统计年鉴。

(二)江苏省钢铁行业经济效益

1.黑色金属冶炼和压延加工业

2015年，江苏省黑色金属冶炼和压延加工业企业亏损面为20.48%，比上年上升3.57个百分点；资产负债率为61.32%，同比下降1.88个百分点；产品销售率为98.82%，同比上升0.18个百分点；成本费用利润率为3.41%，同比下降0.38个百分点；流动资产周转次数为3.57次/年，同比下降0.05次/年。

2.有色金属冶炼和压延加工业

2015年，江苏省有色金属冶炼和压延加工业企业亏损面为18.40%，比上年上升1.26个百分点；资产负债率为59.54%，同比下降2.19个百分点；产品销售率为98.12%，同比下降0.70个百分点；成本费用利润率为4.34%，同比上升0.50个百分点；流动资产周转次数为3.46次/年，同比上升0.07次/年。

3.金属制品业

2015年，江苏省金属制品业企业亏损面为12.59%，比上年上升1.51个百分点；资产负债率为52.10%，同比下降2.10个百分点；产品销售率为98.36%，同比下降0.51个百分点；成本费用利润率为6.72%，同比上升0.20个百分点；流动资产周转次数为2.73次/年，同比上升0.11次/年。

2011—2015 年江苏省规模以上钢铁企业主要经济效益指标

指	标	2011 年	2012 年	2013 年	2014 年	2015 年
黑色金属	企业亏损面(%)	9.24	17.79	15.95	16.91	20.48
	产值利税率(%)	7.70	5.49	6.38	7.06	
	销售利税率(%)	7.55	5.39	6.18	6.83	
	资产负债率(%)	66.78	66.07	65.71	63.20	61.32
	产品销售率(%)	98.94	99.42	98.79	98.64	98.82
	成本费用利润率(%)	5.14	3.06	3.46	3.79	3.41
	流动资产周转次数(次/年)	2.59	2.97	3.42	3.62	3.57
有色金属	企业亏损面(%)	14.02	18.39	18.60	17.14	18.40
	产值利税率(%)	6.30	6.75	6.16	6.10	
	销售利税率(%)	6.33	6.72	6.16	6.11	
	资产负债率(%)	64.49	64.72	63.37	61.73	59.54
	产品销售率(%)	98.86	99.10	99.18	98.82	98.12
	成本费用利润率(%)	4.69	4.69	3.83	3.84	4.34
	流动资产周转次数(次/年)	3.28	3.15	3.28	3.39	3.46
金属制品业	企业亏损面(%)	8.52	11.08	10.30	11.08	12.59
	产值利税率(%)	10.02	9.94	10.12	10.09	
	销售利税率(%)	10.24	10.08	10.27	10.22	
	资产负债率(%)	58.46	56.28	55.14	54.20	52.10
	产品销售率(%)	98.28	98.47	98.34	98.87	98.36
	成本费用利润率(%)	7.06	6.72	6.65	6.52	6.72
	流动资产周转次数(次/年)	2.35	2.54	2.59	2.62	2.73

注:2011 年(含)后的数据按新行业标准统计。
数据来源:历年江苏省统计年鉴。

(三)江苏省钢铁行业主要产品产量

江苏省是全国钢铁大省,钢铁行业总量规模和发展水平均居于全国前列,具有较强的影响力。2015 年,江苏省生产生铁 7044.82 万吨,比上年下降 0.5%;生产粗钢 10995.17 万吨,同比增长 7.8%;生产钢材 13560.81 万吨,同比增长 2.3%。

2011—2015 年江苏省规模以上钢铁企业主要产品产量　　单位:万吨

产　　品	2011 年	2012 年	2013 年	2014 年	2015 年
生　　铁	5303.54	5871.95	6690.62	7080.12	7044.82
粗　　钢	6838.77	7419.70	9286.16	10195.51	10995.17
钢　　材	9994.01	10989.18	12398.00	13255.21	13560.81

注:2011 年(含)后的数据按新行业标准统计。
数据来源:历年江苏省统计年鉴。

四、浙江省钢铁产业

(一)浙江省钢铁行业经济总量

2015 年,浙江省规模以上钢铁企业 4177 家,比上年减少 92 家;工业总产值 7218.31 亿元,同比下降 7.4%;资产总计 5297.82 亿元,同比下降 8.5%;负债合计 3292.73 亿元,同比下降 10.8%;主营业务收入 6820.41 亿元,同比下降 9.0%;利润总额 228.87 亿元,同比下降 18.5%;利税总额 394.12 亿元,同比下降 11.9%。

2011—2015 年浙江省规模以上钢铁企业主要经济指标　　单位:亿元

指　标	单位数(个)	工业总产值	资产总计	负债合计	主营业务收入	利润总额	利税总额
2011 年	3327	6505.26	4594.05	3048.41	6338.70	275.30	415.92
2012 年	3917	6960.42	5276.24	3525.69	6722.19	243.34	385.79
2013 年	4179	7453.94	5691.44	3756.98	7223.97	274.13	429.18
2014 年	4269	7795.62	5790.05	3690.02	7493.50	280.69	447.30
2015 年	4177	7218.31	5297.82	3292.73	6820.41	228.87	394.12

注:2012 年(含)后的数据按新行业标准统计。
数据来源:历年浙江省统计年鉴。

(二)浙江省钢铁行业经济效益

1. 黑色金属冶炼和压延加工业

2015 年,浙江省黑色金属冶炼和压延加工业每百元固定资产原值实现利税 12.38 元,比上年减少 4.10 元/百元;每百元主营业务收入实现利税 4.78 元,同比减少 0.87 元/百元;产品销售率 94.92%,同比下降 0.55 个百分点;出口交货值占工业销售值的 4.50%,与上年持平;新产品产值率为 28.49%,同比上升 3.99 个百分点。

2. 有色金属冶炼和压延加工业

2015 年,浙江省有色金属冶炼和压延加工业每百元固定资产原值实现利税 26.22 元,比上年下降 3.34 元/百元;每百元主营业务收入实现利税 4.13 元,同比下降 0.17 元/百元;产品销售率 97.88%,同比上升 0.39 个百分点;出口交货值占工业销售值的 5.04%,同比上升 0.45 个百分点;新产品产值率为 26.49%,同比下降 0.16 个百分点。

3. 金属制品业

2015 年,浙江省金属制品业每百元固定资产原值实现利税 25.64 元,比上年下降 0.84 元/百元;每百元主营业务收入实现利税 8.38 元,同比上升 0.39 元/百元;产品销售率 95.76%,同比下降 0.40 个百分点;出口交货值占工业销售值的 27.05%,同比上升 0.61 个百分点;新产品产值率为 29.83%,同比上升 4.09 个百分点。

2011—2015 年浙江省规模以上钢铁企业主要经济效益指标

指　标		2011 年	2012 年	2013 年	2014 年	2015 年
黑色金属冶炼和压延加工业	每百元固定资产原值实现利税(元)	18.15	12.81	15.11	16.48	12.38
	每百元主营业务收入实现利税(元)	5.42	4.19	4.87	5.65	4.78
	产品销售率(%)	97.52	97.32	97.26	95.47	94.92
	出口交货值占工业销售值(%)	4.14	4.56	3.56	4.50	4.50
	新产品产值率(%)	18.80	20.63	23.64	24.50	28.49

续表

指 标		2011年	2012年	2013年	2014年	2015年
有色金属冶炼和压延加工业	每百元固定资产原值实现利税(元)	51.43	38.74	33.23	29.56	26.22
	每百元主营业务收入实现利税(元)	6.10	4.96	4.68	4.30	4.13
	产品销售率(%)	97.86	97.63	96.13	97.49	97.88
	出口交货值占工业销售值(%)	5.82	5.46	6.00	4.59	5.04
	新产品产值率(%)	16.54	18.40	21.41	26.65	26.49
金属制品业	每百元固定资产原值实现利税(元)	32.64	28.75	28.19	26.48	25.64
	每百元主营业务收入实现利税(元)	8.25	8.16	8.43	7.99	8.38
	产品销售率(%)	97.03	96.52	96.62	96.16	95.76
	出口交货值占工业销售值(%)	28.04	26.20	26.86	26.44	27.05
	新产品产值率(%)	18.84	21.86	20.04	25.74	29.83

注:2012年(含)后的数据按新行业标准统计。

数据来源:历年浙江省统计年鉴。

(三)浙江省钢铁行业主要产品产量

2015年,浙江省钢铁行业生产生铁1072.49万吨,比上年下降5.9%;生产粗钢1594.92万吨,同比下降8.8%;生产钢材4047.72万吨,同比下降3.0%。

2011—2015年浙江省钢铁企业主要产品产量　　单位:万吨

产　品	2011年	2012年	2013年	2014年	2015年
生　铁	1002.17	1006.13	1059.79	1140.28	1072.49
粗　钢	1329.93	1305.23	1733.15	1748.30	1594.92
钢　材	3141.00	3361.33	3823.44	4170.99	4047.72

注:2012年(含)后的数据按新行业标准统计。

数据来源:历年浙江省统计年鉴。

四、安徽省钢铁产业

(一)安徽省钢铁行业经济总量

2015年,安徽省规模以上钢铁企业1573家,比上年增加43家;工业总产值5364.30亿元,同比下降3.2%;资产总计3554.19亿元,同比下降2.1%;负债总额2171.19亿元,同比下降1.3%;主营业务收入5987.31亿元,同比下降2.5%;利润总额101.70亿元,同比下降44.5%。

2011—2015年安徽省规模以上钢铁企业主要经济指标　　单位:亿元

指　标	单位数(个)	工业总产值	资产总计	负债合计	主营业务收入	利润总额
2011年	871	4073.44	2539.77	1600.57	4424.53	180.62
2012年	1293	4443.15	2992.03	1887.22	5818.46	164.18
2013年	1422	4961.29	3300.44	2101.77	5611.33	232.20
2014年	1530	5541.41	3630.39	2198.91	6142.17	183.11
2015年	1573	5364.30	3554.19	2171.19	5987.31	101.70

数据来源:历年安徽省统计年鉴。

(二)安徽省钢铁行业经济效益

1. 黑色金属冶炼和压延加工业

2015 年,安徽省黑色金属冶炼和压延加工业总资产贡献率为 5.50%,比上年下降 6.09 个百分点;资产负债率为 57.79%,同比下降 1.12 个百分点;流动资产周转次数为 3.38 次/年,同比上升 0.08 次/年;工业成本费用利润率为 0.69%,同比下降 3.15 个百分点;产品销售率为 98.73%,同比上升 0.30 个百分点。

2. 有色金属冶炼和压延加工业

2015 年,安徽省有色金属冶炼和压延加工业总资产贡献率为 4.63%,比上年下降 1.73 个百分点;资产负债率为 71.30%,同比上升 3.42 个百分点;流动资产周转次数为 4.70 次/年,同比上升 0.85 次/年;工业成本费用利润率为 0.66%,同比下降 0.29 个百分点;产品销售率为 97.66%,同比下降 1.02 个百分点。

3. 金属制品业

2015 年,安徽省金属制品业总资产贡献率为 15.48%,比上年下降 1.40 个百分点;资产负债率为 50.54%,同比下降 1.21 个百分点;流动资产周转次数为 2.81 次/年,同比上升 0.02 次/年;工业成本费用利润率为 6.15%,同比下降 0.51 个百分点;产品销售率为 96.88%,同比上升 0.40 个百分点。

2011—2015 年安徽省规模以上钢铁企业主要经济效益指标

指标		2011 年	2012 年	2013 年	2014 年	2015 年
黑色金属冶炼和压延加工业	总资产贡献率(%)	12.15	10.83	14.24	11.59	5.50
	资产负债率(%)	61.32	63.93	62.23	58.91	57.79
	流动资产周转次数(次/年)	2.99	3.07	3.43	3.30	3.38
	工业成本费用利润率(%)	4.16	3.14	5.24	3.84	0.69
	产品销售率(%)	99.31	97.73	98.43	98.43	98.73
有色金属冶炼和压延加工业	总资产贡献率(%)	11.78	8.34	8.91	6.36	4.63
	资产负债率(%)	70.64	71.39	71.61	67.88	71.30
	流动资产周转次数(次/年)	4.09	3.75	3.94	3.85	4.70
	工业成本费用利润率(%)	3.17	1.88	2.21	0.95	0.66
	产品销售率(%)	98.29	98.83	99.08	98.68	97.66
金属制品业	总资产贡献率(%)	17.29	18.17	16.74	16.88	15.48
	资产负债率(%)	53.15	54.68	54.38	51.75	50.54
	流动资产周转次数(次/年)	2.76	2.74	2.68	2.79	2.81
	工业成本费用利润率(%)	6.99	7.28	6.71	6.66	6.15
	产品销售率(%)	96.58	96.19	96.07	96.48	96.88

数据来源:历年安徽省统计年鉴。

(三)安徽省钢铁行业主要产品产量

2015 年,安徽省钢铁行业生产生铁 2092.50 万吨,比上年增长 4.7%;生产粗钢 2506.00 万吨,同比增长 2.2%;生产钢材 3334.70 万吨,同比增长 2.1%。

2011—2015 年安徽省钢铁企业主要产品产量

单位:万吨

产　品	2011 年	2012 年	2013 年	2014 年	2015 年
生　铁	1829.80	1926.60	2017.30	1998.60	2092.50
粗　钢	1966.70	2147.00	2787.50	2451.40	2506.00
钢　材	2743.20	2765.40	3138.60	3265.70	3334.70

数据来源:历年安徽省统计年鉴。

十一　长三角房地产业

一、长三角房地产业发展情况

2015年，长三角完成房地产开发投资额23159.41亿元，比上年增长0.5%，增速较上年回落13.5个百分点；占全国房地产开发投资的24.1%，所占比重比上年回落0.2个百分点。房屋施工面积149145.80万平方米，增长0.8%；占全国房屋施工面积的20.3%，下降0.1个百分点。房屋竣工面积24374.74万平方米，增长3.6%；占全国房屋竣工面积的24.4%，上升2.5个百分点。商品房销售面积26004.80万平方米，增长14.0%；占全国商品房销售面的20.2%，上升1.3个百分点。

2010—2015年长三角房地产业发展情况

指　标	房地产开发投资		房屋施工面积		房屋竣工面积		商品房销售面积	
	绝对数额（亿元）	增速（%）	绝对数额（万平方米）	增速（%）	绝对数额（万平方米）	增速（%）	绝对数额（万平方米）	增速（%）
2010年	11557.29	32.4	87725.69	18.5	17773.93	3.0	20471.41	−11.7
2011年	14824.14	28.3	104196.80	18.8	18846.18	6.0	17878.73	−12.7
2012年	16965.34	14.4	116606.50	11.9	20411.79	8.3	19751.74	10.5
2013年	20223.52	19.2	133973.20	14.9	21838.73	7.0	24989.31	26.5
2014年	23048.04	14.0	147951.40	10.4	23520.30	7.7	22810.51	−8.7
2015年	23159.41	0.5	149145.80	0.8	24374.74	3.6	26004.80	14.0

数据来源：历年上海市、江苏省、浙江省、安徽省统计年鉴。

2015年，长三角房地产开发实际到位资金为31238.21亿元，比上年下降1.0%；占全国房地产开发实际到位资金的比重为25.0%，所占比重比上年下降0.9个百分点。

从房地产开发企业融资渠道来看，2015年房地产开发企业资金来源结构最大特点是其他资金占房地产开发资金的比重回升，为六年来最高。而自筹资金所占比重下降。由于银行对房地产业贷款的收紧，使得国内贷款所占的比重出现小幅下降。2015年，长三角其他资金占房地产开发资金的比重为52.7%，所占比重比上年上升8.5个百分点；自筹资金占房地产开发资金的比重为30.3%，所占比重比上年下降4.9个百分点。

2010—2015年长三角房地产开发企业资金来源

亿元，%

指　标	实际到位资金	国内贷款		利用外资		自筹资金		其他资金	
		数额（亿元）	比重（%）	数额（亿元）	比重（%）	数额（亿元）	比重（%）	数额（亿元）	比重（%）
2010年	19566.93	3682.56	18.8	218.95	1.1	5602.22	28.6	10063.20	51.4
2011年	21080.71	3845.16	18.2	171.24	0.8	7370.33	35.0	9693.97	46.0
2012年	24191.59	4398.20	18.2	105.08	0.4	8338.85	34.5	11349.47	46.9
2013年	31710.12	5723.85	18.1	195.58	0.6	10411.61	32.8	15379.06	48.5
2014年	31557.54	6274.22	19.9	224.86	0.7	11121.85	35.2	13936.60	44.2
2015年	31238.21	5233.54	16.8	95.50	0.3	9456.36	30.3	16452.82	52.7

数据来源：历年上海市、江苏省、浙江省、安徽省统计年鉴。

二、上海市房地产业发展情况

(一)房地产开发投资增速回落,占全社会固定资产投资比重继续上升

受国内经济下行压力影响,上海市房地产开发投资增长趋缓。2015 年,上海市房地产开发投资 3468.94 亿元,比上年增长 8.2%,增幅较上年回落 5.5 个百分点。但从 2015 年上海市房地产开发投资占全社会固定资产投资比重来看,继续呈上升趋势,达 54.6%,比上年提高 1.3 个百分点。

从房屋类型看,非住宅投资增速快于住宅投资。2015 年,上海市住宅投资 1813.32 亿元,比上年增长 5.1%,占全部房地产开发投资的 52.3%;办公楼投资 654.54 亿元,增长 22.4%,所占比重为 18.9%;商业营业用房投资 467.67 亿元,增长 2.1%,所占比重为 13.5%。

2011—2015 年上海市房地产业发展情况

指 标	房地产开发投资		商品房施工面积		商品房竣工面积		商品房销售面积	
	绝对数额(亿元)	增速(%)	绝对数额(万平方米)	增速(%)	绝对数额(万平方米)	增速(%)	绝对数额(万平方米)	增速(%)
2011 年	2170.31	9.6	12983.32	15.0	2240.62	15.4	1771.30	—13.8
2012 年	2381.36	9.7	13249.97	2.1	2305.06	2.9	1898.46	7.2
2013 年	2819.59	18.4	13516.58	2.0	2254.44	—2.2	2382.20	25.5
2014 年	3206.48	13.7	14690.18	8.7	2313.29	2.6	2084.66	—12.5
2015 年	3468.94	8.2	15095.33	2.8	2647.18	14.4	2431.36	16.6

数据来源:历年上海市统计年鉴。

(二)房屋新开工及竣工面积小幅增长

2015 年,上海市房屋施工面积 15095.33 万平方米,比上年增长 2.8%。其中,住宅 8372.12 万平方米,下降 1.8%。房屋新开工面积 2605.08 万平方米,比上年下降 6.4%。其中,住宅 1560.28 万平方米,增长 0.8%。房屋竣工面积 2647.18 万平方米,比上年增长 14.4%。其中,住宅 1588.95 万平方米,增长 3.5%。

(三)房地产项目到位资金趋松

受降准降息降首付、提高公积金贷款额度等多重信贷利好因素影响,上海市房地产开发项目到位资金趋松。2015 年,上海市房地产项目本年到位资金 5531.86 亿元,比上年增长 5.0%。

截至 2015 年底,上海市中资商业银行本外币房地产贷款余额 13889.77 亿元,比上年增长 12.4%。其中,房地产开发贷款余额 5408.59 亿元,下降 1.5%;个人购房贷款余额 7951.38 亿元,增长 23.7%。截至 2015 年底,上海市公积金贷款余额 2770.08 亿元,比上年增长 37.7%。

2011—2015 年上海市房地产资金到位情况

单位:亿元

指 标	2011 年	2012 年	2013 年	2014 年	2015 年
本年实际到位资金小计	3206.93	3968.51	5092.67	5269.90	5531.86
国内贷款	741.18	975.78	1292.36	1638.84	1516.59
利用外资	43.55	26.12	38.14	69.61	33.92
#外商直接投资	41.01	26.12	37.32	67.73	32.36
自筹资金	1192.87	1385.96	1569.91	1560.83	1519.99
其他资金	1229.32	1580.66	2192.26	2000.62	2461.36

数据来源:历年上海市统计年鉴。

(四)楼市交易保持活跃

2015 年,上海市严格执行住房限购等房地产调控措施,继续贯彻好国家住房政策,同时支持居民合理住房需求。

1. 新建住宅销售面积超 2 千万平方米

2015 年,上海市房地产市场持续回暖,交易保持活跃状态。新建房屋销售面积 2431.36 万平方米,比上年增长 16.6%。其中,新建住宅销售面积 2009.17 万平方米,增长 12.8%。

2. 存量住宅交易量超 3 千万平方米

与新建房市场相比,存量房市场更为火爆。2015 年,上海市存量房交易量 3341.85 万平方米,比上年增长 94.4%。其中,存量住宅 3034.42 万平方米,增长 1.1 倍。从月度交易量看,3 月底利好政策出台后,市场持续回暖,月均交易量持续在 300 万平方米上下,全年月均交易量达到 278.49 万平方米,明显高于近几年平均水平。

3. 市场化新建住宅网上可售面积下降

截至 2015 年底,上海市市场化新建住宅网上可售面积降至 1075 万平方米,比 2014 年底减少 257 万平方米。按近半年的月均成交量计算,2015 年底库存消化期为 7.9 个月。

4. 新建住宅每平方米销售均价达到 21501 元

2015 年,上海市新建住宅平均销售价格 21501 元/平方米。从区域分布看,内环线以内 72066 元/平方米,内外环线之间 33577 元/平方米,外环线以外 16065 元/平方米。

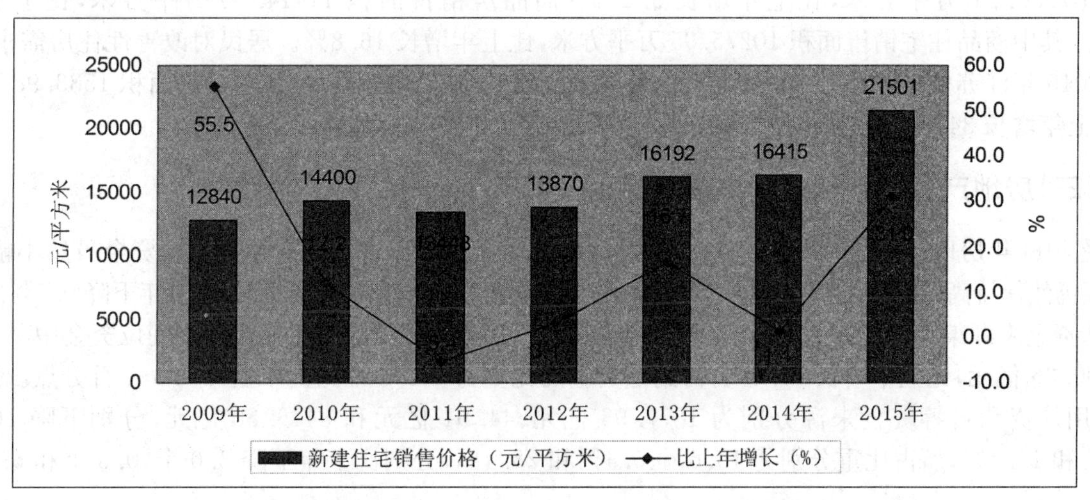

2009—2015 年上海市新建商品住宅销售价格及增长情况

三、江苏省房地产业发展情况

(一)房地产开发投资仍然保持较快增长

受国家实施了一系列房地产调控政策,江苏省房地产开发投资由升转降。2015 年,江苏省房地产开发投资额为 8153.68 亿元,比上年下降 1.1%,增幅比上年回落 14.9 个百分点;房地产开发投资占固定资产投资总额的 17.8%,占比比上年下降 2.0 个百分点。

从商品房类型看,商品住宅投资 6080.21 亿元,比上年增长 2.6%,;占房地产开发投资总额的 74.6%,所占比重比上年上升 2.1 个百分点。办公楼投资 344.07 亿元,比上年下降 9.1%;占开发投资总额的4.2%，下降0.4个百分点。商业营业用房投资1130.91亿元，比上年下降12.1%；占开发投资总额的13.9%，下降1.7个百分点。

2011—2015年江苏省房地产业发展情况

指　标	房地产开发投资		商品房施工面积		商品房竣工面积		商品房销售面积	
	绝对数额（亿元）	增速（%）	绝对数额（万平方米）	增速（%）	绝对数额（万平方米）	增速（%）	绝对数额（万平方米）	增速（%）
2011年	5567.94	29.5	40500.27	15.4	8448.24	—2.9	7970.49	—16.0
2012年	6206.10	11.5	45097.54	11.4	9848.40	16.6	9019.18	13.2
2013年	7241.45	16.7	52574.17	16.6	9711.60	—1.4	11454.77	27.0
2014年	8240.22	13.8	57637.72	9.6	9620.47	—0.9	9846.84	—14.0
2015年	8153.68	—1.1	58118.44	0.8	10296.96	7.0	11414.05	15.9

数据来源：历年江苏省统计年鉴。

（二）房屋施工面积收窄，竣工面积有所回升，商品房成交量快速上升

2015年，江苏省商品房施工面积为58118.44万平方米，比上年增长0.8%；住宅施工面积42315.98万平方米，比上年增长1.8%。江苏省商品房竣工面积为10296.96万平方米，比上年增长7.0%；住宅竣工面积7930.21万平方米，比上年增长9.2%。商品房销售面积11414.05万平方米，比上年增长15.9%，其中商品住宅销售面积10275.95万平方米，比上年增长16.8%。居民对改善性住房需求增多，使得2015年江苏省144平方米以上住宅销售快速上涨。144平方米以上住宅销售面积1533.98万平方米，比上年增长34.3%；占住宅销售面积的14.9%，比上年上升1.9个百分点。

（三）房地产项目到位资金小幅下降

受2014年房地产项目到位资金基数较高的影响，2015年江苏省房地产项目到位资金虽然小幅下降，但数额仍然保持高位运行。2015年，江苏省房地产项目到位资金12039.99亿元，比上年下降0.5%。

从资金来源渠道看，四大类资金呈现"一增三降"。2015年，江苏省房地产投资到位资金中其他投资为6700.36亿元，比上年增长19.3%；占到位资金的比重为55.7%，比上年上升9.3个百分点。国内贷款、利用外资和自筹资金来源分别为1877.93亿元、44.91亿元和3416.80亿元，分别下降16.5%、44.4%和17.8%；所占比重分别为15.6%、0.4%和28.4%，分别比上年下降3.0个、0.3个和5.9个百分点。

2011—2015年江苏省房地产资金到位情况　　单位：亿元

指　标	2011年	2012年	2013年	2014年	2015年
本年实际到位资金小计	8310.54	9856.88	12682.04	12100.16	12039.99
国内贷款	1629.96	1890.71	2373.97	2249.68	1877.93
利用外资	84.69	61.57	109.41	80.79	44.91
自筹资金	2635.02	3087.53	3932.97	4154.86	3416.80
其他资金	3960.87	4817.07	6265.69	5614.83	6700.36

数据来源：历年江苏省统计年鉴。

四、浙江省房地产业发展情况

（一）房地产开发投资增速下降，开发规模收缩

2015年，受国内经济增速下降以及国内经济结构调整等因素的影响，浙江省房地产开发投资增速明显下降，商品房新开工面积和房屋竣工面积均有所下降。2015年，浙江省完成房地产投资额7111.93亿元，比上年下降2.1%；占固定资产投资的26.7%，比上年下降4.1个百分点。

2011—2015年浙江省房地产业发展情况

指　标	房地产开发投资		商品房施工面积		商品房竣工面积		商品房销售面积	
	绝对数值（亿元）	增速（%）	绝对数值（万平方米）	增速（%）	绝对数值（万平方米）	增速（%）	绝对数值（万平方米）	增速（%）
2011年	4474.35	47.9	29927.39	25.8	4528.59	10.0	3531.36	−26.7
2012年	5226.27	16.8	33422.97	11.7	4292.94	−5.2	4005.29	13.4
2013年	6216.25	18.9	37647.24	12.6	4692.34	9.3	4886.99	22.0
2014年	7262.38	16.8	42144.35	11.9	6390.17	36.2	4676.83	−4.3
2015年	7111.93	−2.1	41687.33	−1.1	5892.86	−7.8	5985.30	28.0

资料来源：历年浙江省统计年鉴。

从房屋类型来看，房地产开发投资“两增两减”。住宅和其他房屋开发投资额分别为4450.73亿元和1126.79亿元，比上年分别下降3.1%和8.5%；办公楼和商业营业用房投资额分别为513.31亿元和1021.09亿元，分别增长5.3%和7.6%。

从新开工商品房建筑面积来看，下降幅度更为明显。2015年，浙江省新开工商品房建筑面积6533.77万平方米，比上年下降32.5%。其中，住宅新开工建筑面积3746.31万平方米，比上年下降33.1%；办公楼新开工建筑面积449.02万平方米，下降42.2%；商业营业房新开工建筑面积1004.46万平方米，下降26.1%；其他房屋新开工建筑面积1333.99万平方米，下降31.1%。各种类型商品房新开工建筑面积都呈现大幅下降趋势。

从区域上来看，各地级市房地产投资额降多升少。2015年杭州市房地产投资总额为2472.07亿元，同比增长7.4%，约占全省房地产投资总额的34.8%。衢州市、绍兴市和丽水市房地产投资分别增长4.6%、1.5%和0.4%，其他7个地级市房地产投资额成负增长，舟山市下降最快，比上年下降14.3%。

（二）商品房销售面积快速上升，销售额大幅回升

2015年，浙江省商品房销售面积为5985.30万平方米，比上年增长28.0%.。其中，住宅销售面积5131.88万平方米，比上年增长30.2%；办公楼销售面积205.05万平方米，增长10.7%；商业营业房销售面积384.57万平方米，增长15.2%；其他房屋销售面积263.80万平方米，增长22.0%。各类型商品房销售面积都有所增长，其中商品住宅销售面积增长幅度最大，分别比办公楼、商业营业房和其他房屋销售面积增长速度高出19.5个、15.0个和8.2个百分点。分地区看，商品房销售面积增长较快的前三个市分别是宁波市（1007.20万平方米）、丽水市（182.40万平方米）和杭州市（1481.40万平方米），比上年分别增长38.7%、34.7%和32.1%。

2015年，浙江省商品房销售额为6299.46亿元，比上年增长28.0%。其中，住宅销售额5519.27亿元，增长32.3%；办公楼销售额216.35亿元，增长5.1%；商业营业房销售额447.12亿元，下降0.6%；其他房屋销售额116.73亿元，增长23.0%。分地区看，商品房销售额增长较快的前三个市分别是宁波

市(1078.55 亿元)、湖州市(274.81 亿元)和杭州市(2136.78 亿元),比上年分别增长 38.2%、37.4%和 37.1%。

(三)房地产开发项目到位资金收紧

2015 年,浙江省房地产开发企业到位资金为 8675.58 亿元,比上年下降 3.1%,是近 10 年来房地产开发投资首次出现负增长。分渠道来看,国内贷款、利用外资和自筹资金 3 个渠道到位资金下降非常明显,房地产企业到位资金主要依靠其他资金。2015 年国内贷款 1274.79 亿元,比上年下降 29.9%,其中,银行贷款 984.69 亿元,下降 34.2%;利用外资 15.65 亿元,下降 78.2%;自筹资金 2659.44 亿元,下降 17.0%,其中自有资金 769.75 亿元,下降 10.8%。其他资金来源 4725.70 亿元,比上年增长 22.3%,其中,定金及预收款 2734.65 亿元,增长 13.2%,个人按揭贷款 1601.96 亿元,增长 48.0%。可见,虽然 2015 年商品房销售额大幅增加,但由于国内贷款、利用外资和自筹资金等主要渠道资金下降明显,房地产企业资金仍然非常紧张。

2011—2015 年浙江省房地产开发资金到位情况　　单位:亿元

指　标	2011 年	2012 年	2013 年	2014 年	2015 年
本年资金来源小计	6163.43	6530.86	8858.25	8956.31	8675.58
国内贷款	1131.62	1125.48	1590.65	1817.77	1274.79
利用外资	39.56	16.00	47.03	71.68	15.65
自筹资金	1963.83	2178.56	2765.07	3202.31	2659.44
其他资金	3028.42	3210.82	4455.49	3864.55	4725.70

资料来源:历年浙江省统计年鉴。

五、安徽省房地产业发展情况

(一)房地产开发投资增速放缓

2015 年,安徽省房地产开发投资 4424.86 亿元,比上年增长 2.0%,增幅比上年回落 8.0 个百分点,低于全部固定资产投资 10.7 个百分点,投资额占全部固定资产投资比重由上年的 10.4%上升至 18.5%,对全部投资增长的贡献率由 13.1%下降到 3.2%。

2011—2015 年安徽省房地产业发展情况

指　标	房地产开发投资		商品房施工面积		商品房竣工面积		商品房销售面积	
	绝对数额(亿元)	增速(%)	绝对数额(万平方米)	增速(%)	绝对数额(万平方米)	增速(%)	绝对数额(万平方米)	增速(%)
2011 年	2611.54	16.0	20785.80	18.5	3628.73	20.1	4605.58	11.9
2012 年	3151.61	20.7	24836.06	19.5	3965.39	9.3	4828.81	4.8
2013 年	3946.23	25.2	30235.20	21.7	5180.35	30.6	6265.35	29.7
2014 年	4338.96	10.0	33479.11	10.7	5196.37	0.3	6202.18	−1.0
2015 年	4424.86	2.0	34244.67	2.3	5537.74	6.6	6174.09	−0.5

资料来源:历年安徽省统计年鉴。

分用途看,安徽省房地产业对办公楼投资增长较快。2015 年,房地产业对办公楼投资 204.25 亿元,

增长 20.9%；商业营业房投资 1025.86 亿元，增长 10.2%；住宅投资 2849.19 亿元，增长 0.1%；其他项目投资 345.55 亿元，下降 11.8%。

(二)商品房施工面积增幅收窄，新开工面积快速下降

2015 年，安徽省商品房施工面积 34244.67 万平方米，比上年增长 2.3%。其中，住宅施工面积 23233.40 万平方米，增长 1.7%；办公楼施工面积 1184.60 万平方米，增长 9.2%；商业营业用房施工面积 6364.10 万平方米，增长 6.7%；其他房屋施工面积 3462.60 万平方米，增长 7.0%。四类房屋施工面积增速基本维持在两位数以下。其中，办公楼施工面积增速最快，为 9.2%；住宅施工面积增速最慢，为 1.7%。

2015 年，安徽省房地产市场受到各种政策及调整的影响，企业开发意愿也有所下降。四类房屋新开工面积“三降一升”。2015 年，商品房新开工面积 7759.35 万平方米，比上年下降 11.2%。其中，商品住宅新开工面积 5254.68 万平方米，下降 11.4%；商业营业用房新开工面积 1457.58 万平方米，下降 16.1%；其他房屋新开工面积 761.70 万平方米，下降 12.5%；办公楼新开工面积 285.39 万平方米，增长 43.8%。

(三)商品房销售面积小幅下降，销售额小幅上升

2015 年，安徽省商品房销售面积 6174.09 万平方米，比上年下降 0.5%。四类房屋销售面积“三降一升”。其中，商品住宅销售面积 5356.80 万平方米，下降 0.2%；办公楼销售面积 109.40 万平方米，下降 1.5%；商业营业用房销售面积 648.00　627.40 万平方米，下降 3.2%；其他房屋销售面积 80.50 万平方米，增长 2.9%。

2015 年，安徽省商品房销售额 3369.42 亿元，比上年增长 0.7%。四类房屋销售额“三升一降”。其中，商品住宅销售额 2714.33 亿元，增长 0.8%；办公楼销售额 80.29 亿元，增长 5.9%；商业营业用房销售额 539.29 亿元，下降 2.2%；其他房屋销售额 35.51 亿元，增长 36.9%。

(四)房地产开发资金趋紧

2015 年央行的“五降息”，对房地产企业的积极作用有限，商业银行对开发贷款的发放更为谨慎，房地产企业整体融资环境并未明显改观，融资成本依旧较高。2015 年，安徽省开发实际到位资金 4990.78 亿元，比上年下降 4.6%。从到位资金结构看，国内贷款 564.23 亿元，比上年下降 0.7%；自筹资金 1860.13 亿元，下降 15.6%；其他资金 2565.40 亿元，增长 4.4%。可见，虽然 2015 年商品房销售额虽然回升，但由于国内贷款、利用外资，特别是自筹资金等主要渠道资金下降明显，房地产企业资金仍然非常紧张。

2011—2015 年安徽省房地产开发资金到位情况　　单位:亿元

指　　标	2011 年	2012 年	2013 年	2014 年	2015 年
本年资金来源小计	3399.81	3835.34	5077.16	5231.17	4990.78
国内贷款	342.40	406.23	466.87	567.93	564.23
利用外资	3.44	1.39	1.00	2.78	1.02
自筹资金	1578.61	1686.80	2143.66	2203.85	1860.13
其他资金	1475.36	1740.92	2465.62	2456.60	2565.40

资料来源：历年安徽省统计年鉴。

十二　长三角汽车产业

一、长三角的总体情况

2015 年，长三角地区规模以上汽车制造企业 4900 家，比上年增加 258 家；从业人员 124.60 万人，同比增长 5.6%；实现工业总产值 18338.06 亿元，同比增长 8.6%；主营业务收入 18840.71 亿元，同比增长 7.2%；创造利润总额 2060.85 亿元，同比增长 7.3%；年末资产总额 16950.40 亿元，同比增长 15.5%；负债合计 9255.06 亿元，同比增长 16.8%。

2012—2015 年长三角规模以上汽车制造行业主要经济指标　单位：亿元

指　标	2012 年	2013 年	2014 年	2015 年
单位数(个)	3949	4335	4642	4900
从业人员(万人)	109.83	113.23	117.94	124.60
工业总产值	13570.55	14837.17	16882.76	18338.06
年末资产总计	11871.87	13511.83	14680.83	16950.40
负债合计	7029.71	7355.43	7920.68	9255.06
主营业务收入	14301.74	15551.70	17583.43	18840.71
利润总额	1389.37	1671.67	1920.09	2060.85

数据来源：历年上海市、江苏省、浙江省、安徽省统计年鉴。

(一)长三角汽车生产情况

从总量上看，2011—2015 年长三角汽车产量始终保持增长态势。2015 年，长三角汽车产业延续了上年发展态势，汽车产量达到 533.36 万辆，比上年增长 6.4%，增速回升 0.7 个百分点。2015 年，长三角汽车产量占全国的 21.8%，所占比重比上年上升 0.7 个百分点。

2011—2015 年长三角各省市及全国汽车产量情况　万辆

指　标	2011 年	2012 年	2013 年	2014 年	2015 年
上海市	191.91	202.43	226.89	247.45	242.97
江苏省	80.38	88.7	107.2	125.72	121.75
浙江省	30.63	32.98	37.32	32.72	42.87
安徽省	117.03	108.52	103.05	95.5	125.77
长三角	419.95	432.63	474.46	501.39	533.36
全国	1841.64	1927.62	2212.09	2372.52	2450.35

数据来源：历年上海市、江苏省、浙江省、安徽省及中国统计年鉴。

分地区看，2015 年，上海市和江苏省汽车产量占长三角汽车总产量的比重回落。浙江省、安徽省汽车产量占比上升。上海市汽车产量占长三角汽车总产量的比重为 45.6%，比上年回落 3.8 个百分点；江苏省汽车产量占的比重为 22.8%，回落 2.3 个百分点；浙江省汽车产量占的比重为 8.0%，上升 1.5 个百分点；安徽省汽车产量占的比重为 23.6%，上升 4.6 个百分点。

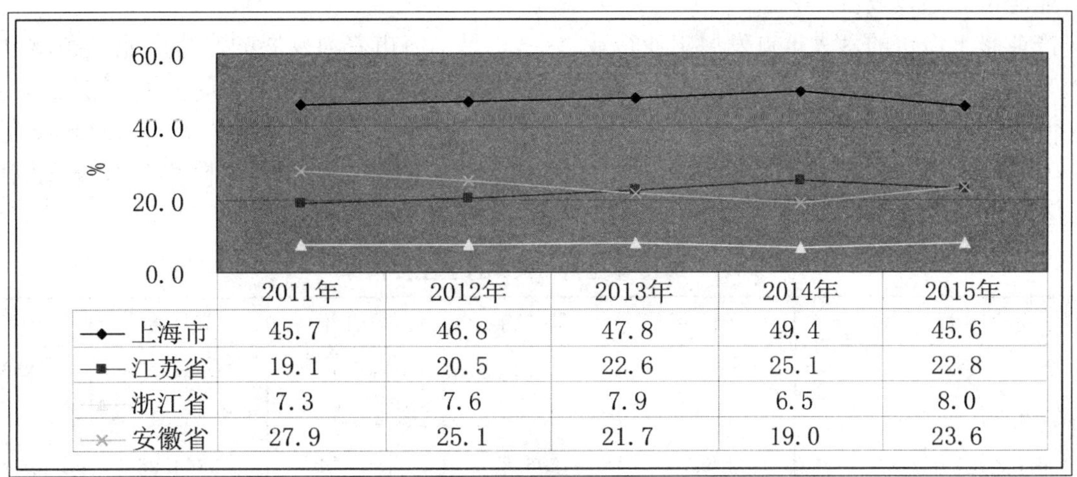

	2011年	2012年	2013年	2014年	2015年
上海市	45.7	46.8	47.8	49.4	45.6
江苏省	19.1	20.5	22.6	25.1	22.8
浙江省	7.3	7.6	7.9	6.5	8.0
安徽省	27.9	25.1	21.7	19.0	23.6

2011—2015 年三省一市汽车产量占长三角的比重

(二)资产运营情况

从资产运营情况来看，2015 年，长三角地区规模以上汽车制造行业年末资产总额为 16950.40 亿元，比上年增长 15.5%；负债合计为 9255.06 亿元，同比增长 16.8%。汽车制造行业负债的增长速度快于资产的增长速度，使得 2015 年长三角地区汽车制造行业资产负债率有所上升，达到 54.60%，较上年上升了 0.65 个百分点。

分地区来看，上海市规模以上汽车制造行业资产运营情况最好，2015 年，上海市资产负债率为 43.84%，上升 0.33 个百分点；江苏省规模以上汽车制造行业资产负债率为 59.14%，上升 0.93 个百分点；浙江省规模以上汽车制造行业资产负债率为 59.59%，下降 0.83 个百分点；安徽省规模以上汽车制造行业资产负债率最高，2015 年资产负债率为 65.37%，上升 1.48 个百分点。

二、上海市汽车产业基本情况

(一)上海市的总体情况

1. 汽车生产与销售

2015 年，上海市汽车产销分别为 242.97 万辆和 242.87 万辆，同比分别下降 1.81%和 1.4%。按车型分析，2015 年乘用车销售 240.53 万辆，与去年相比同比下降 1.8%，商用车销售 23384 辆，同比上升 9.6%。

2011—2015 年上海市汽车产、销量　　单位：万辆

指　　标		2011 年	2012 年	2013 年	2014 年	2015 年
产量	汽车	191.91	202.43	226.89	247.45	242.97
	＃轿车	174.20	180.68	201.03	214.22	203.91
销量	汽车	190.12	206.12	226.74	247.05	242.87
	＃轿车	172.59	184.35	200.91	213.86	204.19

数据来源：历年上海市统计年鉴。

2.行业经济总量及效益

汽车产业是上海市的六大重点发展工业行业之一，也是上海市着力发展的优势产业。2015年，上海市共有汽车制造业单位522个，比上年减少5家；从业人员22.88万人，减少0.43万人；完成工业生产总值5223.80亿元，下降2.6%；实现销售产值5203.41亿元，下降2.2%；年末资产总计6033.16亿元，增长9.5%；负债合计2644.70亿元，增长10.3%；主营业务收入6574.19亿元，下降1.1%；实现利润总额1078.11亿元，增长1.5%；实现税金总额365.41亿元，下降2.3%。

2011—2015年上海市汽车行业主要指标

指　标	2011年	2012年	2013年	2014年	2015年
单位数(个)	522	552	550	527	522
从业人员(万人)	21.97	22.69	23.36	23.31	22.88
工业总产值(亿元)	4129.58	4296.82	4884.08	5364.95	5223.80
工业销售产值(亿元)	4090.26	4323.11	4852.23	5322.28	5203.41
年末资产总计(亿元)	3933.24	4419.99	5172.17	5511.02	6033.16
负债合计(亿元)		2524.83	2250.67	2397.89	2644.70
主营业务收入(亿元)	5086.12	5360.56	6055.52	6645.70	6574.19
利润总额(亿元)	795.49	769.13	913.38	1062.29	1078.11
税金总额(亿元)	306.09	303.47	325.52	373.94	365.41

数据来源：历年上海市统计年鉴。

(二)上海市汽车生产企业(集团)情况

根据上汽上市公司公布的产销快报数据，2015年上海三大乘用车中，上汽大众累计销售181.21万辆，同比上升5.1%，上汽通用175.2万辆，上汽乘用车17万辆，同比分别下降0.5%、5.6%。

上海的商用车均是客车，上汽大通表现继续强劲，共销售汽车35053辆，同比上升66.8%，其中销售的MPV为2015年的新增量；上海申沃客车销售2103辆，同比则有较大的下降，上海申龙客车销售2331辆，同比上升53.8%。由于商用车在整个上海汽车销售中比重很小，对上海汽车销售增幅的贡献度不大。

上汽旗下乘用车合资品牌以其优良的性价比、便捷的服务，在全国乘用车市场继续处于领先的地位，但优势正在减弱，在2015年销售量排列前十的轿车品牌中，朗逸、英朗、桑塔纳、科鲁兹分列一、三、四和第九位，合计销售119.16万辆，占全国轿车销量的10.2%，占前十轿车品牌销量的41.8%；途观继续位列SUV销售量第二；五菱宏光、宝骏730、别克GL8分列MPV销售量第一、第二和第七位，合计销售105.56万辆，占全国MPV销量的50%之多，占前十MPV品牌销量的61.4%。上海乘用车良好的品牌优势，确保了上海汽车行业在全国汽车市场的领先地位。

(三)上海市汽车行业经济运行情况

1.受经济环境和行业发展影响，2015年行业经济运行态势弱于预期，上海汽车行业协会纳入统计范围的120多家企业，实现工业总产值4193.44亿元，同比下降4.3%，其中汽车零部件则上升3.5%；主营业务收入5491.55亿元，同比下降2.5%。利润总额999.34亿元，同比下降3.5%，从业人员平均数12.75万人，同比下降3.9%。另外，中汽协公布了1—11月份全国重点企业(集团)经济效益情况分析，从数据看本市汽车行业在主营收入、利润总额等指标上均存在一定差距；与上海市统计局发布的2015

年规上企业经济数据比较，总产值、利润总额等指标都弱于平均值。

2.上汽集团外企业经济运行基本情况

据对上汽外54家企业的统计，显示经营运行状况较弱，2015年工业总产值同比下降8.4%，主营业务收入同比下降12.2%，利润总额同比下降1.4%，其中由于个别大企业出现较大起落，故掩盖了整体的实际现状。

在统计范围的54家企业中，工业总产值同比下降的有37家，占总数的68.5%，其中改装车企业同比90.9%下降；利润总额亏损的8家，占14.8%，同比下降的则占61.1%。

三项费用占主营收入比重14.9%，同比增加2.4个百分点，其中营业费用上升14.8%、管理费用上升3.5%、财务费用由于个别大企业差异较大，不能准确反映，数据显示销售比较困难，企业经济运行难度加大。

应收账款52.93亿元，同比下降2.7%；存货32.65亿元，同比下降7.2%，其中产成品则上升3.9%；资产总计269.76亿元，同比上升1.0%，负债135.73亿元，同比则上升了2.8%。

三、江苏省汽车产业基本情况

(一)江苏省的总体情况

1.汽车生产、销售和库存

2015年，江苏省年初库存汽车3.74万辆，本年生产121.75万辆，本年销售121.68万辆，年末库存3.78万辆，比上年分别下降9.0%、3.2%、3.2%和8.3%。

2011—2015年江苏省汽车生产、销售、库存情况 单位：万辆

指　标	2011年	2012年	2013年	2014年	2015年
年初库存	2.28	3.24	4.28	4.11	3.74
本年生产	80.38	88.70	107.20	125.72	121.75
本年销售	79.43	87.96	107.94	125.69	121.68
年末库存	3.22	3.98	3.54	4.12	3.78

数据来源：历年江苏省统计年鉴。

2.载货汽车生产、销售和库存

2015年，江苏省年初库存载货汽车0.52万辆，本年生产13.90万辆，本年销售13.91万辆，年末库存0.51万辆，比上年分别增长10.6%、－4.5%、－4.1%和－1.9%。

2011—2015年江苏省载货汽车生产、销售、库存情况 单位：万辆

指　标	2011年	2012年	2013年	2014年	2015年
年初库存	0.34	0.48	0.79	0.47	0.52
本年生产	6.74	10.90	12.12	14.55	13.90
本年销售	6.60	10.60	12.47	14.50	13.91
年末库存	0.48	0.79	0.43	0.52	0.51

数据来源：历年江苏省统计年鉴。

3.轿车生产、销售和库存

2015年，江苏省年初库存轿车1.51万辆，本年生产67.56万辆，本年销售67.48万辆，年末库存

1.58万辆，比上年分别下降33.8%、9.3%、9.8%和19.0%。

2011—2015年江苏省轿车生产、销售、库存情况

单位：万辆

指 标	2011年	2012年	2013年	2014年	2015年
年初库存	0.94	0.65	1.78	2.28	1.51
本年生产	38.35	45.54	63.15	74.51	67.56
本年销售	38.64	44.70	63.21	74.82	67.48
年末库存	0.65	1.48	1.73	1.95	1.58

数据来源：历年江苏省统计年鉴。

4.行业经济总量及效益

2015年，江苏省共有汽车制造业单位1662个，比上年增加102家；从业人员22.88万人，增加2.86万人；完成工业生产总值6948.74亿元，增长7.9%；实现销售产值6811.93亿元，增长7.0%；年末资产总计4749.25亿元，增长19.3%；负债合计2808.88亿元，增长21.2%；主营业务收入6487.01亿元，增长6.3%；实现利润总额595.43亿元，增长7.4%。

2012—2015年江苏省汽车行业主要指标

指 标	2012年	2013年	2014年	2015年
单位数(个)	1277	1425	1560	1662
从业人员(万人)	36.56	38.66	40.19	43.05
工业总产值(亿元)	4570.51	5662.98	6440.15	6948.74
工业销售产值(亿元)	4512.95	5661.42	6364.00	6811.93
年末资产总计(亿元)	2929.15	3485.81	3982.57	4749.25
负债合计(亿元)	1700.33	2074.26	2318.51	2808.88
主营业务收入(亿元)	4504.27	5454.96	6104.48	6487.01
利润总额(亿元)	372.85	486.51	554.15	595.43

数据来源：历年江苏省统计年鉴。

(二)江苏省的区域情况

汽车产业是盐城市重点培植的支柱产业。经过多年的快速发展，汽车产业规模不断壮大，已经形成了乘用车、商用车、专用车、新能源汽车和汽车零部件等较为完整的产业体系。2015年12月份东风悦达起亚生产汽车7.8万辆，销售8.6万辆，创单月销售最高纪录，全年产销突破61万辆，达到生产61.5万辆、销售61.6万辆。汽车产业全年开票销售超千亿元，为盐城市工业保持稳定增长奠定坚实基础。

2015年，苏州金龙海格客车再创辉煌，销量达24240辆，销售额达117.82亿元，其中，新能源客车销售12003辆，同比增长高达467%。2015年10月30日，“一带一路，海格同行”——海格客车与沙特客户战略协议签署暨1200辆客车交车仪式举行，为“中国制造”进一步扬名。2015年11月18日，第2000辆斯堪尼亚·海格豪华客车正式下线，这标志着以海格客车为突出代表的中国豪华客车在全球高端客车市场勾勒出新版图。目前，斯堪尼亚·海格客车已远销英国、法国、比利时、德国、澳大利亚等40多个国家和地区，覆盖欧盟27个国家，占据了中国高端客车出口海外的大部分份额。2015年，斯堪尼亚·海格客车销量达450辆，销售额达5.09亿元，继续稳步增长。

四、浙江省汽车产业基本情况

(一)浙江省的总体情况

1. 汽车产量

2015 年,浙江省汽车产业发展突飞猛进,汽车产量较前几年快速增长。2015 年,浙江省汽车产量为 42.87 万辆,比上年增长 31.0%;其中轿车产量为 32.69 万辆,比上年增长 47.7%。

2011—2015 年浙江省汽车产量　　单位:万辆

指　标	2011 年	2012 年	2013 年	2014 年	2015 年
汽车	30.63	32.98	37.32	32.72	42.87
#轿车	30.11	26.45	27.45	22.13	32.69

数据来源:历年浙江省统计年鉴。

2. 行业经济总量及效益

2015 年,浙江省共有汽车制造业单位 1851 个,比上年增加 98 家;从业人员 35.80 万人,增长 8.5%;完成工业生产总值 3681.84 亿元,增长 24.2%;年末资产总计 3986.48 亿元,增长 26.1%;负债合计 2375.41 亿元,增长 24.4%;主营业务收入 3495.68 亿元,增长 23.3%;实现利润总额 282.51 亿元,增长 34.4%;实现利税总额 430.46 亿元,增长 32.2%。

2012—2015 年浙江省汽车行业主要指标

指　标	2012 年	2013 年	2014 年	2015 年
单位数(个)	1435	1623	1753	1851
从业人员(万人)	32.88	33.02	35.80	38.83
工业总产值(亿元)	2898.53	2323.39	2963.96	3681.84
年末资产总计(亿元)	2775.24	2948.45	3160.59	3986.48
负债合计(亿元)	1672.79	1793.57	1909.45	2375.41
主营业务收入(亿元)	2846.85	2231.35	2833.98	3495.68
利润总额(亿元)	168.12	165.57	210.22	282.51
利税总额(亿元)	250.98	250.84	325.49	430.46

数据来源:历年浙江省统计年鉴。

(二)浙江省的区域情况

2015 年,浙江省已经初步建成杭州、台州、金华、宁波四大整车基地,形成一批以吉利、众泰为代表的知名汽车品牌。其中,新能源汽车发展尤为突出,2015 年浙江省新能源汽车产量为 7 万辆,约占全国产量的五分之一。

2015 年全年,比亚迪新能源乘用车销量 61722 台,全球销量第一,占据全球市场份额 11.0%。截至 2015 年底,比亚迪新能源汽车足迹遍布全球五大洲,43 个不同的国家和地区,190 多个不同的城市。

2015 年,吉利汽车累计总销量为 509863 辆,较去年同期增长 22.0%。并且提前 1 个月超额完成全年销售目标,取得了不俗的销量成绩。从 A0 级到 A 级再到 B 级,吉利汽车对轿车市场进行了全方位布局,在各个轿车细分市场都取得了不错的成绩。其中,帝豪 2015 年 12 月份销量为 23491 辆,环比增长

8.1%,全年累计销量达20.48万辆,同比增长24.0%,稳坐中国品牌轿车销量冠军的宝座;远景2015年12月份销量为13189辆,同比增长56.0%,全年累计销量达12.28万辆,同比增长264%;而作为吉利汽车布局B级市场的明星战略车型,博瑞2015年12月份销量为5504辆,全年累计销量达32570辆。

五、安徽省汽车产业基本情况

(一)安徽省的总体情况

1.汽车产量

2015年,安徽省汽车行业产量快速回升,全年汽车产量为125.77万辆,比上年增长31.7%。其中,载货汽车产量为21.08万辆,下降11.6%;公路汽车产量为3.76万辆,下降5.1%。

2011—2015年安徽省汽车产、销量

单位:万辆

指　标	2011年	2012年	2013年	2014年	2015年
汽车	117.03	108.52	103.05	95.50	125.77
#载货汽车	25.28	24.92	28.43	23.84	21.08
公路汽车	6.24	6.01	4.58	3.96	3.76

数据来源:历年安徽省统计年鉴。

2.行业经济总量及效益

2015年,安徽省共有汽车制造业单位865个,比上年增加63家;从业人员19.84万人,增长6.4%;完成工业生产总值2483.68亿元,增长17.5%;实现销售产值2428.94亿元,增长16.5%;年末资产总计2181.51亿元,增长7.6%;负债合计1426.07亿元,增长10.1%;主营业务收入2283.83亿元,增长14.2%;实现利润总额104.80亿元,增长12.2%。

2012—2015年安徽省汽车行业主要指标

指　标	2012年	2013年	2014年	2015年
单位数(个)	685	737	802	865
从业人员(万人)	17.70	18.19	18.64	19.84
工业总产值(亿元)	1804.69	1966.72	2113.70	2483.68
工业销售产值(亿元)	1777.31	1905.55	2085.36	2428.94
年末资产总计(亿元)	1747.49	1905.40	2026.65	2181.51
负债合计(亿元)	1131.76	1236.93	1294.83	1426.07
主营业务收入(亿元)	1590.06	1809.87	1999.27	2283.83
利润总额(亿元)	79.27	106.21	93.43	104.80

数据来源:历年安徽省统计年鉴。

(二)安徽省的区域情况

经过多年发展,汽车已成为安徽省主导产业。不仅拥有奇瑞、江淮、华菱星马等整车生产研发企业,而且拥有环新、国轩高科等汽车核心零部件生产企业,具有乘用车、商用车、工程装备用车、高中档客车等全方位的产业体系。2015年,安徽省生产推广新能源汽车达到2.43万辆,是2014年的8倍。合肥长安汽车生产基地正加速建设,拉动合肥汽车产业发展。奇瑞汽车国际合作大幅提升,成立了捷豹路虎、

观致两大合资企业，转型升级正在取得成效，全省汽车在销量和品牌溢价能力方面都实现了较大幅度提升。

奇瑞集团对外发布了2015年销售数据，奇瑞集团累计销售乘用车55.01万辆，同比增长8.3%。其中国内销量46.4万辆，同比增长15.7%，增幅超过国内乘用车整体销量增长率8.4个百分点；实现出口8.7万辆，连续十三年位居国内汽车企业出口第一位。在销量构成中，奇瑞股份旗下的奇瑞品牌销售40.87万辆，观致品牌销量1.4万辆，捷豹路虎品牌销量2.63万辆。在国内经济下行压力和车市增速放缓的背景下，奇瑞以良好的市场表现，结束了2015年。

2015年，江淮汽车全年累计销售各类车型588052辆，同比增长31.6%。江淮乘用车全年累计销售34.61万辆，销量同比增长77.0%。其中，SUV销量贡献巨大，全年累计销售25.3万辆，同比增长254.0%。12月，江淮"SUV双子星"——瑞风S3、瑞风S2千台交车盛典在全国各地火爆上演，当月销售SUV产品3.32万辆，同比增长89.9%。进一步稳固了江淮汽车在小型SUV市场的地位。江淮新能源汽车市场表现尤为抢眼，全年累计销售新能源汽车10521辆。12月共销售1581辆，再次突破单月销量纪录。自2015年9月以来，江淮新能源汽车已连续4个月销量保持在1400辆以上。

十三　长三角大众传媒产业

一、长三角大众传媒产业基本情况

2015年，长三角报刊总印数76.03亿册，比上年下降11.7%；总印张数305.47亿印张，下降18.5%。期刊总印数3.72亿册，比上年下降6.3%；总印张数18.28亿印张，下降5.7%。图书总印数16.16亿册，比上年增长7.0%；总印张数123.79亿印张，增长8.8%。

2015年，长三角报刊总印数占全国报刊总印数的比重为17.7%，比上年下降0.9个百分点；期刊总印数占全国的比重为12.9%，上升0.1个百分点；图书总印数占全国的比重为18.7%，上升0.2个百分点。

2011—2015年长三角地区报刊、期刊、图书出版情况

		2011年	2012年	2013年	2014年	2015年
报刊	总印数(亿册)	92.06	90.86	88.91	86.09	76.03
	总印张数(亿印张)	435.02	424.02	406.11	374.61	305.47
期刊	总印数(亿册)	4.38	4.46	4.24	3.97	3.72
	总印张数(亿印张)	20.17	21.31	20.49	19.39	18.28
图书	总印数(亿册)	14.15	14.70	15.46	15.10	16.16
	总印张数(亿印张)	104.52	107.78	115.67	113.80	123.79

数据来源：历年上海市、江苏省、浙江省、安徽省统计年鉴。

二、上海市大众传媒产业基本情况

(一)上海市的总体情况

1.电视台情况

2015年，上海市电视台共有节目25套；公共节目播出时间178409小时，比上年减少663小时，其中市级电视台126818小时，减少951小时，区县级电视台51591小时，增加288小时；全年制作节目时间73455小时，比上年增加12791小时。

2011—2015年上海市电视台情况

指　标	2011年	2012年	2013年	2014年	2015年
节目套数(套)	25	25	25	25	25
公共节目播出时间(小时)	177240	180644	180115	179072	178409
全年制作节目时间(小时)	42695	53274	53122	60664	73455

数据来源：历年上海市统计年鉴。

2.广播电台情况

2015年，上海市广播电台共有节目21套；公共节目播出时间136049小时，比上年减少1618小时，其中市级广播电台81606小时，增加280小时，区县级广播电台54443小时，减少1898小时；全年制作节目时间85966时，比上年增加1293小时。

2011—2015 年上海市广播电台情况

指　　标	2011 年	2012 年	2013 年	2014 年	2015 年
节目套数(套)	21	21	21	21	21
公共节目播出时间(小时)	138010	138385	137771	137667	136049
全年制作节目时间(小时)	72344	83309	80707	84673	85966

数据来源:历年上海市统计年鉴。

3. 有线电视情况

2015 年,上海有线电视总用户数为 745.50 万户,比上年增长 8.4%,其中,数字电视用户 670.66 万户,增长 20.9%;有线电视入户率为 139.98%,比上年上升 9.58 个百分点;有线广播电视传输网络干线总长 55035 千米,增长 24.8%。

2011—2015 年上海市有线电视基本情况

指　　标	2011 年	2012 年	2013 年	2014 年	2015 年
有线电视总用户数(万户)	627.18	648.00	681.80	687.80	745.50
有线电视入户率(%)	120.78	124.13	130.03	130.40	139.98
有线广播电视传输网络干线总长(千米)	37475	39805	43369	44092	55035

数据来源:历年上海市统计年鉴。

4. 报刊出版情况

2015 年,上海市共出版报刊 98 种,其中综合报 12 种,专业报 86 种;报刊期数为 9662 期,比上年减少 607 期;每期平均印数 505.10 万份,比上年下降 6.0%;总印数为 10.80 亿册,下降 5.7%;总印张数为 44.59 亿印张,下降 8.9%。

2011—2015 年上海市报刊出版情况

指　　标		2011 年	2012 年	2013 年	2014 年	2015 年
种类(种)	总计	100	100	101	100	98
	综合报	12	12	12	12	12
	专业报	88	88	89	88	86
期数(期)		11273	11362	11212	10269	9662
每期平均印数(万份)		734.33	685.51	604.73	537.43	505.10
总印数(亿份)		15.61	14.54	13.16	11.45	10.80
总印张数(亿印张)		79.38	68.03	58.86	48.96	44.59

数据来源:历年上海市统计年鉴。

5. 期刊出版情况

2015 年,上海市共出版期刊 628 种,比上年增加 1 种;出版期数 6087 期,比上年减少 92 期,;每期平均印数 715 万份,比上年下降 11.1%;总印数为 1.28 亿册,下降 11.7%;总印张数为 7.23 亿印张,下降 10.7%。

2011—2015 年上海市期刊出版情况

指　　标	2011 年	2012 年	2013 年	2014 年	2015 年
种类(种)	632	626	625	627	628
出版期数(期)	6053	6303	6287	6179	6087
每期平均印数(万册、万份)	1023	938	875	804	715
总印数(亿册)	1.82	1.76	1.62	1.45	1.28
总印张数(亿印张)	9.42	9.67	9.00	8.10	7.23

数据来源:历年上海市统计年鉴。

6.图书出版情况

2015 年,上海市共出版图书 25954 种,比上年增加 1278 种;总印数为 3.53 亿册,比上年增长 8.3%;总印张数为 33.83 亿印张,下降 11.0%。

2011—2015 年上海市图书出版情况

指　　标	2011 年	2012 年	2013 年	2014 年	2015 年
种类(种)	22056	23792	24969	24676	25954
总印数(亿册)	2.89	3.35	3.37	3.26	3.53
总印张数(亿印张)	27.37	31.35	32.09	30.47	33.83

数据来源:历年上海市统计年鉴。

(二)上海市报刊、期刊、图书出版占比情况

上海市报刊总印量和总印张数占长三角报刊总印量和总印张数的比重有所上升。2015 年,上海报刊总印数、总印张数分别占长三角的 14.2%和 14.6%,分别比上年上升 0.9 个和 1.5 个百分点。期刊发展繁荣,在长三角地区显示出主力地位。2015 年,上海市期刊总印数、总印张数分别占长三角的 34.4%和 39.6%,分别下降 2.1 个和 2.2 个百分点。2015 年,上海市图书总印数、总印张分别占长三角的 21.8%和 27.3%,分别上升 0.2 个和 0.5 个百分点。

2011—2015 年上海市报刊、期刊、图书出版占长三角比重　　单位:%

指　　标		2011 年	2012 年	2013 年	2014 年	2015 年
报刊	总印数	17.0	16.0	14.8	13.3	14.2
	总印张数	18.2	16.0	14.5	13.1	14.6
图书	总印数	20.4	22.8	21.8	21.6	21.8
	总印张数	26.2	29.1	27.7	26.8	27.3

三、江苏省大众传媒产业基本情况

(一)江苏省的总体情况

1.电视台情况

2015 年,江苏省共有电视台 14 座;电视发射及转播台 98 座;发射机功率为 510 千瓦;电视人口覆盖率为 100.0%;有线电视用户 2226 万户,比上年减少 65 万户;数字电视用户 1761 万户,减少 26 万户;有

线电视入户率91.4%，比上年下降3.2个百分点；节目制作时间为189429小时，比上年下降1.9%。

2011—2015年江苏省电视台情况

指　　标	2011年	2012年	2013年	2014年	2015年
电视台(座)	14	14	14	14	14
电视发射及转播台(座)	83	83	83	83	98
发射机功率(千瓦)	520	520	520	521	510
电视人口覆盖率(%)	99.9	99.9	99.9	99.9	100.0
有线电视用户数(万户)	1988	2178	2249	2291	2226
数字电视用户数(万户)	1196	1450	1662	1787	1761
有线电视入户率(%)	82.2	89.8	93.1	94.6	91.4
节目制作时间(小时)	191070	205738	217672	193135	189429

数据来源：历年江苏省统计年鉴。

2. 广播电台情况

2015年，江苏省共有广播电台14座，中短波发射台及转播台21座；中短波发射机功率为735千瓦，比上年增加1千瓦；广播人口覆盖率为100.0%；节目制作时间为589282小时，比上年下降2.4%。

2011—2015年江苏省广播电台情况

指　　标	2011年	2012年	2013年	2014年	2015年
广播电台(座)	14	14	14	14	14
中短波发射台及转播台(座)	21	21	21	21	21
中短波发射机功率(千瓦)	711	618	718	734	735
广播人口覆盖率(%)	100.0	100.0	100.0	100.0	100.0
节目制作时间(小时)	580799	582066	600722	603551	589282

数据来源：历年江苏省统计年鉴。

3. 报刊出版情况

2015年，江苏省共有报纸143种；总印数为263924万册(万份)，比上年下降8.3%；总印张数为1083799万印张，下降17.4%。

2011—2015年江苏省报纸出版情况

指　　标	2011年	2012年	2013年	2014年	2015年
种数(种)	142	143	143	143	143
总印数(万册、万份)	284608	289408	286494	287810	263924
总印张(万印张)	1422719	1405435	1340982	1312412	1083799

数据来源：历年江苏省统计年鉴。

4. 期刊出版情况

2015年，江苏省共出版期刊442种；总印数为11431万册(万份)，比上年下降3.2%；总印张数为50133万印张，下降1.2%。

2011—2015 年江苏省期刊出版情况

指　　标	2011 年	2012 年	2013 年	2014 年	2015 年
种数(种)	441	441	442	442	442
总印数(万册、万份)	11601	12559	11846	11807	11431
总印张(万印张)	44768	47836	47203	50730	50133

数据来源:历年江苏省统计年鉴。

5.图书出版情况

2015 年,江苏省共出版图书 26359 种,比上年增加 2540 种;总印数为 62300 万册(万份),增长 11.5%;总印张数为 433135 万印张,增长 9.1%。

2011—2015 年江苏省图书出版情况

指　　标	2011 年	2012 年	2013 年	2014 年	2015 年
种数(种)	17763	20254	23353	23819	26359
总印数(万册、万份)	54820	51851	56579	55855	62300
总印张(万印张)	374541	354397	397675	397145	433135

数据来源:历年江苏省统计年鉴。

(二)江苏省报刊、期刊、图书出版占比情况

2015 年,江苏省报刊、期刊和图书出版占长三角的比重均有所上升。江苏省报刊总印数、总印张数所占比重分别为 34.7%和 35.5%,分别比上年上升 1.3 个和 0.5 个百分点;期刊总印数、总印张数所占比重分别为 30.6%和 27.4%,分别上升 0.9 个和 1.2 个百分点;图书总印数、总印张数所占比重分别为 38.6%和 35.0%,分别上升 1.6 个和 0.1 个百分点。

2011—2015 年江苏省报刊、期刊、图书出版占长三角比重　　单位:%

指　　标		2011 年	2012 年	2013 年	2014 年	2015 年
报刊	总印数	30.9	31.9	32.2	33.4	34.7
	总印张数	32.7	33.1	33.0	35.0	35.5
期刊	总印数	26.5	28.2	27.9	29.7	30.6
	总印张数	22.2	22.4	23.0	26.2	27.4
图书	总印数	38.7	35.3	36.6	37.0	38.6
	总印张数	35.8	32.9	34.4	34.9	35.0

四、浙江省大众传媒产业基本情况

(一)浙江省的总体情况

1.电视台情况

2015 年,浙江省共有省市级电视台 12 座;电视节目套数 118 套;电视发射台及转播台 176 座;播出时间为 753757 小时,比上年减少 1876 小时;电视人口覆盖率为 99.69%;有线电视入户率 95.83%,比上年下降 3.40 个百分点。

2011—2015年浙江省电视节目制作情况

指　　标	2011年	2012年	2013年	2014年	2015年
省市级电视台(座)	12	12	12	12	12
电视节目套数(套)	116	116	116	117	118
电视发射台及转播台(座)	97	97	100	100	176
播出时间(小时)	722035	733784	738055	755633	753757
电视人口覆盖率(%)	99.38	99.60	99.64	99.65	99.69
有线电视入户率(%)	82.78	83.89	98.65	92.43	95.83

数据来源:历年浙江省统计年鉴。

2.广播电台情况

2015年,浙江省共有省市级广播电台12座;广播节目套数113套,比上年增加2套;中短波广播发射台和转播台37座;县级广播电视台66个;广播人口综合覆盖率为99.60%;全年公共广播节目播出时间761835小时,比上年增加12095小时。

2011—2015年浙江省广播节目制作情况

指　　标	2011年	2012年	2013年	2014年	2015年
省市级广播电台(座)	12	12	12	12	12
广播节目套数(套)	107	108	110	111	113
中短波广播发射台和转播台(座)	37	36	36	36	37
县级广播电视台(个)	66	66	66	66	66
广播人口综合覆盖率(%)	99.20	99.54	99.56	99.57	99.60
全年公共广播节目播出时间(小时)	713198	714622	740977	749740	761835

数据来源:历年浙江省统计年鉴。

3.报纸出版情况

2015年,浙江省共出版报纸63种,其中综合报46种,专业报17种;总印量为283634万册(万份),比上年减少53733万册(万份),同比下降15.9%;总印张为1149403万印张,比上年减少330099万印张,同比下降22.3%。

2011—2015年浙江省报纸出版情况

指　　标		2011年	2012年	2013年	2014年	2015年
种类(种)	总计	71	71	69	69	63
	综合报	42	44	40	40	46
	专业报	29	27	29	29	17
总印量(万册、万份)		359090	347100	346280	337367	283634
总印张(万印张)		1605549	1628360	1622465	1479502	1149403

数据来源:历年浙江省统计年鉴。

4.杂志出版情况

2015年,浙江省共出版杂志226种,比上年增加1种;总印量为7719万册(万份),同比减少46万册

(万份),同比下降0.6%;总印张为35800万印张,同比减少1851万印张,同比下降4.9%。

2011—2015年浙江省杂志出版情况

指　　标	2011年	2012年	2013年	2014年	2015年
种数(种)	220	222	223	225	226
总印量(万册、万份)	8001	8312	8149	7765	7719
总印张(万印张)	38044	42927	41674	37651	35800

数据来源:历年浙江省统计年鉴。

5.图书出版情况

2015年,浙江省共出版本版图书13711种,比上年增加1024种;总印量为36663万册(万份),比上年减少308万册(万份),同比下降0.8%;总印张为258810万印张,比上年增加15296万印张,同比增长6.3%。

2011—2015年浙江省图书出版情况

指　　标	2011年	2012年	2013年	2014年	2015年
本版图书种数(种)	9492	11478	12706	12687	13711
总印量(万册、万份)	32608	37250	38491	36971	36663
总印张(万印张)	210647	236174	237698	243514	258810

数据来源:历年浙江省统计年鉴。

(二)浙江省报刊、期刊、图书出版占比情况

2015年,浙江省报刊总印数、总印张数占长三角的比重分别为37.3%和37.6%,分别比上年下降1.9个百分点;期刊总印数、总印张数所占比重分别为20.7%和19.6%,分别上升1.1个和0.2个百分点;图书总印数、总印张数所占比重分别为22.7%和20.9%,分别下降1.8个和0.5个百分点。

2011—2015年浙江省报刊、期刊、图书出版占长三角比重

单位:%

指　　标		2011年	2012年	2013年	2014年	2015年
报刊	总印数	39.0	38.2	38.9	39.2	37.3
	总印张数	36.9	38.4	40.0	39.5	37.6
期刊	总印数	18.3	18.6	19.2	19.6	20.7
	总印张数	18.9	20.1	20.3	19.4	19.6
图书	总印数	23.0	25.3	24.9	24.5	22.7
	总印张数	20.2	21.9	20.5	21.4	20.9

五、安徽省大众传媒产业基本情况

(一)安徽省的总体情况

1.电视台情况

2015年,安徽省电视台14座;电视节目套数113套,比上年增加1套;电视发射台及转播台285座,增加149座;电视人口覆盖率为98.93%;节目制作时间77470小时,增加1192小时;播出时间为613867

小时，增加 3603 小时。

2011—2015 年安徽省电视节目制作情况

指　　标	2011 年	2012 年	2013 年	2014 年	2015 年
电视台(座)	15	15	15	14	14
电视节目套数(套)	117	117	112	112	113
电视发射台及转播台(座)	163	146	142	136	285
电视人口覆盖率(%)	97.92	98.10	98.57	98.72	98.93
节目制作时间(小时)	76953	86881	76886	76278	77470
节目播出时间(小时)	641252	636369	602604	610264	613867

数据来源：历年安徽省统计年鉴。

2. 广播电台情况

2015 年，安徽省共有省市级广播电台 15 座，比上年增加 1 座；广播节目套数 106 套，增加 1 套；中短波广播发射台和转播台 23 座；广播人口综合覆盖率为 98.8%；全年公共广播节目制作时间 169776 小时，减少 9862 小时；全年公共广播节目播出时间 540463 小时，增加 18594 小时。

2011—2015 年安徽省广播节目制作情况

指　　标	2011 年	2012 年	2013 年	2014 年	2015 年
省市级广播电台(座)	15	15	15	14	15
广播节目套数(套)	106	106	105	105	106
中波广播发射台和转播台(座)	23	23	23	23	23
广播人口综合覆盖率(%)	97.6	97.9	98.3	98.6	98.8
全年公共广播节目制作时间(小时)	191932	183679	172742	179638	169776
全年公共广播节目播出时间(小时)	519610	523253	508540	521869	540463

数据来源：历年安徽省统计年鉴。

3. 报纸出版情况

2015 年，安徽省共出版报纸 98 种；总印量为 104830 万册(万份)，比上年减少 16346 万册(万份)，下降 13.5%；总印张为 375622 万印张，比上年减少 89001 万印张，下降 19.2%。

2011—2015 年安徽省报纸出版情况

指　　标	2011 年	2012 年	2013 年	2014 年	2015 年
种类(种)	98	98	98	98	98
总印量(万册、万份)	120769	125807	124700	121176	104830
总印张(万印张)	528120	526148	509100	464623	375622

数据来源：历年安徽省统计年鉴。

4. 杂志出版情况

2015 年，安徽省共出版杂志 180 种；总印量为 5627 万册(万份)，比上年减少 376 万册(万份)，同比下降 6.7%；总印张为 24574 万印张，同比增加 100 万印张，同比增长 0.4%。

2011—2015 年安徽省杂志出版情况

指　　标	2011 年	2012 年	2013 年	2014 年	2015 年
种数(种)	180	180	180	180	180
总印量(万册、万份)	5948	6172	6227	5627	5251
总印张(万印张)	24675	25657	26000	24474	24574

数据来源:历年安徽省统计年鉴。

5.图书出版情况

2015 年,安徽省共出版本版图书 8902 种,比上年减少 1032 种;总印量为 27329 万册(万份),比上年增加 1750 万册(万份),同比增长 6.8%;总印张为 207650 万印张,增加 15254 万印张,增长 7.9%。

2011—2015 年安徽省图书出版情况

指　　标	2011 年	2012 年	2013 年	2014 年	2015 年
本版图书种数(种)	7804	9094	9440	9934	8902
总印量(万册、万份)	25185	24440	25800	25579	27329
总印张(万印张)	186306	173709	200400	192396	207650

数据来源:历年安徽省统计年鉴。

(二)安徽省报刊、期刊、图书出版占比情况

2015 年,安徽省报刊、期刊和图书出版占长三角的比重基本与上年持平。安徽省报刊总印数、总印张数占长三角的比重分别为 13.8%和 12.3%,分别比上年下降 0.3 个和 0.1 个百分点。期刊总印数所占比重为 14.2%,与上年持平;总印张数所占比重为 13.5%,上升 0.9 个百分点。图书总印数所占比重为 16.9%,与上年持平;总印张数所占比重为 16.8%,下降 0.1 个百分点。

2011—2015 年安徽省报刊、期刊、图书出版占长三角比重　　单位:%

指　　标		2011 年	2012 年	2013 年	2014 年	2015 年
报刊	总印数	13.1	13.8	14.0	14.1	13.8
	总印张数	12.1	12.4	12.5	12.4	12.3
期刊	总印数	13.6	13.8	14.7	14.2	14.2
	总印张数	12.2	12.0	12.7	12.6	13.5
图书	总印数	17.8	16.6	16.7	16.9	16.9
	总印张数	17.8	16.1	17.3	16.9	16.8

十四 长三角旅游业

一、长三角旅游业基本情况

国际旅游方面，2015年，长三角地区共接待入境游客2561.84万人次，比上年增长5.7%；占全国入境游客量的19.1%，比上年上升0.2百分点。其中，外国游客1746.92万人次，增长5.5%；占全国外国游客量的67.2%，比上年上升4.4百分点。长三角旅游创汇185.38亿美元，比上年增长12.7%；占全国国际旅游外汇收入的比重为16.3%，所占比重比上年下降12.6个百分点。

国内旅游方面，2015年，长三角地区共接待国内游客18.64亿人次，比上年增长9.8%；占全国国内游客量的46.6%，所占比重比上年下降0.4百分点。长三角实现国内旅游收入22474.54亿元，同比增长12.0%；占全国国内旅游外汇收入的比重为65.7%，比上年下降0.5个百分点。

2010—2015年长三角地区旅游业基本情况

年份	国际旅游业			国内旅游业	
	接待入境旅游人数（万人次）	其中：外国人（万人次）	国际旅游外汇收入（亿美元）	接待国内旅游人数（亿人次）	国内旅游收入（亿元）
2010年	2387.80	1703.94	159.38	10.18	10950.57
2011年	2591.46	1853.01	172.09	12.10	13548.00
2012年	2789.34	1969.16	185.97	13.98	16275.27
2013年	2297.21	1568.12	148.41	15.45	18013.25
2014年	2424.49	1655.53	164.51	16.97	20070.44
2015年	2561.84	1746.92	185.38	18.64	22474.54

注：2013年（含）以后数据统计口径发生变化，与以前数据不可比。
数据来源：历年上海市、浙江省、江苏省、安徽省统计年鉴。

分地区看，2015年，上海市国际旅游外汇收入占长三角国际旅游外汇收入的比重为32.2%，比上年下降2.5个百分点；国内旅游收入占长三角国内旅游收入的比重为13.4%，下降1.3个百分点。江苏省国际旅游外汇收入占长三角国际旅游外汇收入的比重为19.0%，比上年上升0.6个百分点；国内旅游收入占长三角国内旅游收入的比重为39.0%，下降0.2个百分点。浙江省国际旅游外汇收入占长三角国际旅游外汇收入的比重为36.6%，比上年上升1.6个百分点；国内旅游收入占长三角国内旅游收入的比重为29.9%，上升0.3个百分点。安徽省国际旅游外汇收入占长三角国际旅游外汇收入的比重为12.2%，比上年上升0.3个百分点；国内旅游收入占长三角国内旅游收入的比重为17.7%，上升1.2个百分点。

二、上海市的基本情况

（一）国际旅游情况

2015年，上海市接待国际旅游入境者800.16万人次，比去年增长1.1%。其中入境外国人614.64万人次，增长0.6%；港、澳、台同胞185.52万人次，增长3.0%；在国际旅游入境者中，过夜旅游者653.59万人次，增长2.2%；入境游客平均逗留时间3.30天/人，比去年略降0.06天/人；平均每天来沪旅游人数21922人次/天，比上年增加243人次/天；旅游创汇59.60亿美元，增长4.5%。从外国游客的国别来看，日本仍是上海市的第一大客源国，2015 年接待日本游客 92.93 万人次，比上年下降 8.2%，占外国游客总数的 15.1%，比上年下降 1.5 个百分点。第二大客源国是美国，2015 年接待美国游客 77.08 万人次，比上年下降 0.4%，占外国游客总数的 12.5%，占比下降 0.2 个百分点。

2011—2015 年上海市国际旅游入境人数

指　　标	2011 年	2012 年	2013 年	2014 年	2015 年
国际旅游入境人数(万人次)	817.57	800.40	757.40	791.30	800.16
＃外国人	648.31	633.03	597.59	611.14	614.64
＃日本	147.94	136.05	106.63	101.28	92.93
新加坡	22.79	21.19	20.26	21.72	19.85
德国	30.33	30.63	30.67	31.93	29.97
法国	21.21	21.46	22.17	21.81	20.42
英国	21.43	21.57	22.06	22.77	21.70
意大利	10.99	11.73	11.77	12.20	11.92
加拿大	18.69	19.52	17.43	17.19	18.90
美国	82.17	80.48	77.16	77.42	77.08
澳大利亚	21.52	21.47	20.86	20.59	19.05
港澳同胞	66.34	63.33	59.84	66.94	67.53
台湾同胞	102.92	104.04	99.97	113.22	117.99
平均每天来沪旅游人数(人次/天)	22399	21929	20751	21679	21922
来沪旅游者平均逗留天数(天/人)	3.42	3.34	3.29	3.24	3.30
国际旅游(外汇)收入(亿美元)	58.35	55.82	53.37	57.05	59.60

数据来源：历年上海市统计年鉴。

(二)国内旅游情况

2015 年，上海市共接待国内游客 2.76 亿人次，比上年增长 2.8%。其中，接待外省市来沪旅游者 1.39亿人次，增长 6.8%。全年实现国内旅游收入 3004.73 亿元，比上年增长 1.9%。国内旅游者的人均旅游消费总支出为 1087 元，比上年人均减少 12 元。

2011—2015 年上海市国内旅游人数、人均消费支出及国内旅游收入

指　　标	2011 年	2012 年	2013 年	2014 年	2015 年
国内旅游者来沪人数(万人次)	23 079	25 094	25 991	26 818	27 569
外省市来沪旅游人数	10 877	11 496	11 369	13 041	13 924
本市市民在本地旅游人数	12 202	13 598	14 622	13 777	13 645
国内旅游者人均消费支出(元)	1 207	1 285	1 164	1 099	1 087
＃长途交通费	128	133	122	132	143
住宿费	137	145	139	148	152
餐饮费	146	150	145	148	154
购物费	519	572	508	406	383
门票费	123	144	129	131	125
娱乐费	34	38	39	39	34

续表

指　　标	2011 年	2012 年	2013 年	2014 年	2015 年
市内交通费	47	48	45	47	48
邮电通信费	8	8	8	7	6
国内旅游收入(亿元)	2 786.54	3 224.39	2 968.00	2 950.13	3 004.73

数据来源:历年上海市统计年鉴。

(三)旅行社接待经营情况

2015 年,上海市旅行社共接待来沪旅游者 816.00 万人次,比上年增长 6.9%。其中,接待境外旅游者 64.16 万人次,下降 18.3%;接待境内旅游者 751.85 万人次,增长 9.8%。组织出境游 393.34 万人次,比上年增长 62.3%。旅行社实现营业收入 826.72 亿元,比上年增长 14.2%;实现利润总额 0.31 亿元,下降 95.5%。

2011—2015 年上海市旅行社接待经营情况

指　　标	2011 年	2012 年	2013 年	2014 年	2015 年
接待境内外来沪旅游者(万人次)	962.88	1 018.27	868.80	763.08	816.00
境外旅游者	93.02	92.85	83.98	78.51	64.16
＃外国人	81.88	80.68	70.40	68.27	56.15
中国香港	5.10	4.44	4.61	3.62	3.23
中国澳门	2.01	2.26	2.90	2.68	1.79
中国台湾	4.03	5.47	6.07	3.95	2.98
境内旅游者	869.86	925.42	784.82	684.57	751.85
出境旅游者(万人次)	132.44	175.40	233.44	242.30	393.34
经营和财务状况					
营业收入(亿元)	433.78	574.28	612.43	723.73	826.72
利润总额(亿元)	6.39	8.34	12.44	6.89	0.31

数据来源:历年上海市统计年鉴。

(四)住宿业接待经营情况

2015 年,上海市共有旅游星级饭店 247 家,比上年减少 8 家;客房 6.12 万间,减少 0.05 万间;床位 9.23 万张,减少 0.17 万张;客房平均出租率为 65.5%,上升 2.0 个百分点;营业收入 198.15 亿元,增长 2.2%,其中五星级饭店营业收入 125.90 亿元,增长 3.7%。

三、江苏省的基本情况

(一)国际旅游情况

2015 年,江苏省年接待海外旅游者 305.01 万人次,比上年增长 2.7%。其中接待外国人 200.84 万人次,增长 1.9%;港澳台同胞 104.17 万人次,增长 4.1%。旅游创汇 35.27 亿美元,比上年增长 16.3%。

从外国游客的国别来看,日本、韩国、美国仍是江苏省的三大主要客源国。2015 年,江苏省接待日本旅游者39.71万人次,比上年下降5.3%;接待韩国旅游者35.82万人次,增长2.7%;接待美国旅游者20.99万人次,增长6.6%。美、日、韩三国旅游者合计共占外国游客市场的48.1%,比上年下降0.9个百分点。

2011—2015年江苏省接待海外旅游者人数和收入

指　标	2011年	2012年	2013年	2014年	2015年
接待人数(万人次)	737.33	791.54	288.03	297.10	305.01
＃外国人	537.91	575.21	193.44	197.04	200.84
＃日本	124.92	121.93	43.94	41.93	39.71
韩国	63.70	64.94	32.75	34.87	35.82
美国	60.95	65.15	18.47	19.69	20.99
马来西亚	23.18	26.79	9.42	9.87	9.36
德国	31.24	34.72	9.21	9.86	9.90
新加坡	23.91	27.02	6.74	6.86	6.65
加拿大	19.72	24.71	6.34	6.63	7.60
＃香港同胞	65.60	71.51	12.91	14.42	14.04
澳门同胞	7.45	8.14	0.51	0.62	0.71
台湾同胞	126.37	136.67	81.18	85.02	89.42
旅游外汇收入(亿美元)	56.53	63.00	23.80	30.33	35.27

注:2013年(含)后统计口径发生变化,与以前数据不可比。
数据来源:历年江苏省统计年鉴。

(二)国内旅游情况

2015年,江苏省接待国内游客6.19亿人次,比上年增长8.4%;实现国内旅游收入8769.31亿元,增长11.5%。

2015年,江苏省接待国内旅游者最多的三个市分别是:苏州市10605.45万人次,比上年增长5.7%;南京市9992.66万人次,增长6.1%;无锡市8043.33万人次,增长6.2%。三市合计接待国内旅游者占全省的比重为46.2%,比上年下降1.1个百分点。

2015年,江苏省有3个市国内旅游收入超千亿元,分别是苏州市1728.79亿元,比上年增长9.8%;南京市1612.15亿元,增长9.7%;无锡市1356.25亿元,增长10.3%。三市合计国内旅游收入占全省的比重为53.6%,比上年下降0.8个百分点。

2011—2015年江苏省国内旅游业发展情况

指　标	2011年	2012年	2013年	2014年	2015年
接待人数(亿人次)	4.11	4.64	5.15	5.71	6.19
国内旅游收入(亿元)	5 161.47	6 055.80	6 940.05	7 863.51	8 769.31

数据来源:历年江苏省统计年鉴。

（三）各市国际旅游发展情况

2015年，江苏省接待海外旅游者最多的三个市分别是：苏州市151.20万人次，比上年增长4.0%；南京市58.81万人次，增长3.9%；无锡市39.13万人次，下降2.9%。三市合计接待海外旅游者占全省的比重为81.7%，比上年上升0.2个百分点。

2015年，江苏省有5个市旅游创汇超亿美元，其中旅游创汇最多的三个市是：苏州市20.02亿美元，比上年增长17.4%；南京市6.40亿美元，增长15.7%；无锡市3.58亿美元，增长8.5%。三市合计旅游创汇占全省的比重为85.0%，比上年下降0.3个百分点。

2011—2015年江苏省各市接待海外旅游者人数及外汇收入

项　　目	2011年	2012年	2013年	2014年	2015年
海外旅游者人数（人次）	7373266	7915366	2880287	2970956	3050104
南京市	1506642	1627142	518568	566202	588100
无锡市	908324	981947	391185	403116	391343
徐州市	182180	199488	25849	29485	33776
常州市	413101	455706	109958	120423	126952
苏州市	2326318	2492157	1442138	1453273	1512029
南通市	404852	440788	216943	187185	172999
连云港市	132289	144684	24228	22972	20345
淮安市	32328	34699	10565	13607	14675
盐城市	72008	80077	26048	42164	49110
扬州市	622012	660160	47783	53539	51229
镇江市	650074	663075	36675	44986	52956
泰州市	91632	101323	26644	29979	31891
宿迁市	31506	34120	3703	4025	4699
旅游外汇收入（万美元）	565297	629972	237989	303271	352729
南京市	119960	136216	40063	55293	63999
无锡市	59839	68138	26985	32994	35783
徐州市	18694	21045	2193	2975	3861
常州市	42138	47439	7590	10160	12066
苏州市	146998	164723	135687	170463	200183
南通市	39916	42995	11196	10792	11668
连云港市	12869	14434	1668	1876	2064
淮安市	2703	3056	888	1313	1558
盐城市	5556	6477	2533	4511	5866
扬州市	52348	55921	3711	4919	5588
镇江市	52181	55819	3130	4640	5992
泰州市	9440	10855	1990	2791	3255
宿迁市	2655	2854	355	546	846

数据来源：历年江苏省统计年鉴。

四、浙江省的基本情况

(一)国际旅游情况

2015年,浙江省接待入境旅游者1012.04万人次,比上年增长8.7%。其中,接待外国人672.26万人次,比上年增长9.4%;接待港澳台同胞339.78万人次,增长7.3%。旅游创汇67.88亿美元,同比增长18.0%,增速较上年上升11.3个百分点。

从外国旅游者的国别来看,排前三名的入境客源国分别为韩国、日本和美国。2015年,浙江省接待韩国旅游者110.33万人次,比上年增长15.4%;接待日本旅游者53.13万人次,增长3.1%;接待美国旅游者48.50万人次,增长7.6%。美、日、韩三国旅游者合计共占外国游客市场的31.5%,比上年上升0.2个百分点。

2011—2015年浙江省国际旅游业发展情况

指　　标	2011年	2012年	2013年	2014年	2015年
入境旅游人数合计(万人次)	773.69	865.93	866.28	931.03	1012.04
外国人	515.04	570.51	576.57	614.45	672.26
#日本	77.31	71.71	56.71	51.51	53.13
韩国	79.09	83.85	85.71	95.60	110.33
马来西亚	25.93	26.39	26.75	25.70	25.52
美国	38.83	41.96	44.16	45.07	48.50
新加坡	16.71	16.90	18.04	19.55	20.49
德国	16.15	15.84	20.53	22.10	22.63
意大利	15.62	19.40	22.74	25.00	28.15
港澳台同胞	258.66	295.42	289.71	316.58	339.78
创汇收入(亿美元)	45.42	51.52	53.93	57.53	67.88

数据来源:历年浙江省统计年鉴。

(二)国内旅游情况

2015年,浙江省接待国内旅游者5.25亿人次,比上年增长9.7%;实现国内旅游收入6720.00亿元,增长13.0%。

2011—2015年浙江省国内旅游业发展情况

指　　标	2011年	2012年	2013年	2014年	2015年
国内旅游人数(万人次)	34295	39124	43439	47875	52532
国内旅游收入(亿元)	3785	4476	5202	5947	6720

数据来源:历年浙江省统计年鉴。

(三)各市国际旅游发展情况

2015年,杭州市接待入境旅游者数仍遥遥领先其他各市,达到341.56万人次,比上年增长4.7%;其次是宁波市,接待人数为157.52万人次,增长12.8%;再次是温州市,接待人数为105.81万人次,增

长16.2%。三市合计接待入境旅游者占全省的比重为59.8%，与上年持平。

2015年，国际旅游收入最高的是杭州市，为23.18亿美元，比上年增长26.4%；其次是丽水市，国际旅游收入8.20亿美元，增长12.9%；再次是宁波市，国际旅游收入8.00亿美元，增长2.8%。丽水入境旅游收入能排第二名，主要是丽水华侨回乡探亲所致，华侨入境游客通常停留时间较长，总加起来花费较多。三市合计创汇收入占全省的比重为67.0%，比上年上升0.6个百分点。

2011—2015年浙江省各市接待海外旅游者人数和外汇收入

年　份	2011年	2012年	2013年	2014年	2015年
接待人数(人次)					
杭州市	3063140	3311225	3160058	3261337	3415619
宁波市	1073872	1162088	1273439	1396802	1575224
嘉兴市	721407	781860	657800	706642	726430
湖州市	398313	473020	532938	602847	702900
绍兴市	603505	686757	696310	702142	734785
舟山市	277468	310468	315375	315835	322371
温州市	470504	575397	742099	910803	1058136
金华市	727280	776994	796998	841864	979042
衢州市	116136	135657	121019	116046	119914
台州市	123382	240042	108927	155286	168560
丽水市	161901	205909	257902	298334	313381
旅游外汇收入(万美元)					
杭州市	198710	220165	216048	231811	293065
宁波市	65472	73428	79656	77832	80019
嘉兴市	25857	27658	24389	22728	25349
湖州市	14768	17323	20022	22511	29073
绍兴市	22010	24128	24386	24971	26327
舟山市	14137	15865	16084	16227	18759
温州市	25602	31887	42064	48132	54918
金华市	41661	42451	45417	47974	57991
衢州市	5991	6659	5724	5696	4929
台州市	6334	8726	4265	4909	5876
丽水市	33631	46884	61239	72576	81956

数据来源：历年浙江省统计年鉴。

五、安徽省的基本情况

(一)国际旅游情况

2015年，安徽省接待入境旅游者444.63万人次，比上年增长9.8%。其中，接待外国人259.18万人次，增长11.3%；接待港澳台同胞185.44万人次，增长7.7%。旅游创汇22.63亿美元，比上年增长15.5%，增速较上年上升2.3个百分点。

从外国旅游者的国别来看，排前三名的入境客源国分别为韩国、美国和日本。2015年，安徽省接待韩国旅游者84.11万人次，比上年下降4.5%；接待美国旅游者21.48万人次，下降9.0%；接待日本旅游者17.35万人次，增长5.1%。美、日、韩三国旅游者合计共占外国游客市场的47.4%，比上年下降7.6个百分点。

2011—2015年安徽省国际旅游业发展情况

指　　标	2011年	2012年	2013年	2014年	2015年
入境旅游人数(万人次)	262.87	331.47	385.50	405.06	444.63
外国人	151.75	190.41	200.52	232.90	259.18
#日本	16.16	17.11	15.18	16.51	17.35
韩国	55.17	70.01	70.23	88.05	84.11
新加坡	6.56	8.96	9.33	10.44	14.38
美国	13.43	17.18	22.47	23.61	21.48
英国	5.87	6.45	7.54	8.11	8.56
法国	7.37	8.39	8.48	9.08	8.48
德国	6.29	6.31	7.18	7.69	9.55
俄罗斯	3.04	3.84	4.87	4.91	5.39
港澳台同胞	111.12	141.06	184.98	172.16	185.44
创汇收入(亿美元)	11.79	15.63	17.31	19.60	22.63

数据来源：历年安徽省统计年鉴。

(二)国内旅游情况

2015年，安徽省接待国内旅游者4.44亿人次，比上年增长17.2%；实现国内旅游收入3980.50亿元，增长20.3%。

2011—2015年安徽省国内旅游业发展情况

指　　标	2011年	2012年	2013年	2014年	2015年
国内旅游人数(万人次)	22535	29229	33601	37899	44404
国内旅游收入(亿元)	1814.99	2519.08	2903.20	3309.80	3980.50

数据来源：历年安徽省统计年鉴。

(三)各市国内旅游发展情况

2015年，合肥市接待国内旅游者数仍遥遥领先其他各市，达到7784.2万人次，比上年增长19.1%；其次是黄山市，接待人数为5176.7万人次，增长7.1%；再次是安庆市，接待人数为4470.4万人次，增长17.9%。三市合计接待国内旅游者占全省的比重为39.3%，比上年下降0.7个百分点。

2015年，国内旅游收入最高的是合肥市，为953.2亿元，比上年增长23.1%；其次是黄山市，旅游收入491.9亿元，增长6.0%；再次是安庆市，旅游收入409.4亿元，增长21.2%。三市合计国内旅游收入占全省的比重为46.7%，比上年下降1.0个百分点。

2011—2015 年安徽省各市接待国内旅游者人数和收入

指　　标	2011 年	2012 年	2013 年	2014 年	2015 年
合计接待人数(万人次)	22534.8	29219.1	33601.1	37898.8	44403.7
合肥市	3637.2	4933.1	5752.5	6534.8	7784.2
淮北市	533.3	722.8	809.9	922.2	1078.1
亳州市	719.1	934.8	1094.8	1257.8	1504.7
宿州市	763.2	975.3	1149.4	1326.4	1587.8
蚌埠市	1380.5	1758.3	1975.3	2200.0	2628.9
阜阳市	812.1	1070.9	1230.0	1414.5	1670.7
淮南市	834.3	1038.4	1187.3	1297.4	1518.1
滁州市	861.7	1094.2	1263.4	1437.8	1687.2
六安市	974.5	1390.9	1658.0	1887.0	2241.7
马鞍山市	1232.2	1552.2	1810.8	2016.8	2389.6
芜湖市	1438.8	2014.7	2382.5	2785.3	3339.4
宣城市	895.9	1328.4	1581.9	1800.1	2144.8
铜陵市	569.2	716.8	813.7	921.1	1084.9
池州市	2104.2	2690.0	3066.4	3471.5	4096.4
安庆市	2441.3	2974.1	3403.1	3793.2	4470.4
黄山市	3337.4	4034.1	4422.0	4832.7	5176.7
合计旅游收入(亿元)	1815.0	2519.1	2903.2	3309.7	3980.5
合肥市	401.2	577.5	676.4	774.3	953.2
淮北市	30.1	43.2	48.5	56.1	67.3
亳州市	46.6	64.3	76.0	87.8	108.4
宿州市	41.6	57.6	68.3	79.0	98.3
蚌埠市	67.8	98.8	113.0	128.8	159.8
阜阳市	49.0	66.1	78.2	90.4	111.8
淮南市	41.8	57.2	65.7	74.1	89.4
滁州市	61.0	81.3	97.5	111.3	135.7
六安市	64.2	94.6	113.2	130.7	161.0
马鞍山市	76.7	102.3	120.0	138.5	170.2
芜湖市	150.6	218.0	259.8	303.9	377.7
宣城市	64.4	99.1	118.2	135.8	165.6
铜陵市	34.3	46.4	52.8	60.2	72.2
池州市	188.1	261.9	295.2	336.9	408.5
安庆市	189.7	256.0	296.0	337.8	409.4
黄山市	308.0	395.0	424.4	464.0	491.9

数据来源:历年安徽省统计年鉴。

十五 长三角海洋经济

一、长三角海洋经济的发展情况

据初步核算，2015 年全国海洋生产总值 64669 亿元，比上年增长 7.0%，海洋生产总值占国内生产总值的 9.6%。其中，海洋产业增加值 38991 亿元，海洋相关产业增加值 25678 亿元。海洋第一产业增加值 3292 亿元，第二产业增加值 27492 亿元，第三产业增加值 33885 亿元，海洋第一、第二、第三产业增加值占海洋生产总值的比重分别为 5.1%、42.5%和 52.4%。据测算，2015 年全国涉海就业人员 3589 万人。2015 年，环渤海地区海洋生产总值 23437 亿元，占全国海洋生产总值的比重为 36.2%，比上年回落 0.5 个百分点；长江三角洲地区海洋生产总值 18439 亿元，占全国海洋生产总值的比重为 28.5%，与上年基本持平；珠江三角洲地区海洋生产总值 13796 亿元，占全国海洋生产总值的比重为 21.3%，比上年回落了 0.5 个百分点。

2015 年全国区域海洋经济发展情况一览表

地 区	海洋生产总值(亿元)	占全国海洋生产总值的比重(%)
长江三角洲经济区	18439	28.5
环渤海经济区	23437	36.2
珠江三角洲经济区	13796	21.3

数据来源：2015 年中国海洋经济统计公报。

2015 年长三角海洋经济发展情况一览表

地 区	海域面积(万平方千米)	大陆海岸线和海岛岸线(千米)	海岛(个)	滩涂面积(万公顷)	海洋生产总值(亿元)
上海市	1.00	518	23	8.40	6513
江苏省	3.75	954	16	50	6406
浙江省	26.00	6700	4370	26.67	6180
安徽省	——	——	——	——	——

数据来源：上海市水务海洋局、江苏省海洋与渔业局、浙江省海洋与渔业局。

(一)上海市海洋经济发展的情况

上海市位于我国大陆海岸线中部，长江入海口和东海交汇处，海域面积约 10000 平方千米，岸线总长约 518 千米(不含无居民岛)，其中大陆岸线总长 211 千米。共有崇明岛、长兴岛、横沙岛 3 个有居民岛屿，大金山岛、佘山岛、九段沙等 23 个无居民岛屿(沙洲)。拥有港口航道、滩涂湿地、渔业、滨海旅游、风能和潮汐能等多种海洋资源。

2015 年，上海市海洋生产总值 6513 亿元，按现价计算，比上年增长 4.8%。其中，海洋产业的增加值 3984 亿元，比上年增长 7.6%；海洋相关产业的增加值 2529 亿元，增长 0.6%。海洋第一产业增加值为 6.5 亿元，比上年增长 4.8%；第二产业增加值为 2299.1 亿元，基本与上年持平；第三产业增加值为 4207.4 亿元，增长 7.6%。海洋经济三大产业结构比例为 0.1：35.3：64.6，呈“三、二、一”模式。

(二)江苏省海洋经济的发展情况

面对复杂多变的宏观经济环境，江苏省围绕建设海洋强省的目标，坚持陆海统筹、江海联动，推进海洋经济的发展。2015 年,江苏省海洋生产总值 6406 亿元,比上年增长 9.5%,高于同期全省 GDP1.0 个百分点。海洋生产总值占地区生产总值的 9.1%,比上年上升 0.1 个百分点。其中,海洋产业的增加值 3346 亿元,海洋相关产业的增加值 3060 亿元。海洋第一产业增加值 288 亿元,第二产业增加值 3037 亿元。第三产业增加值 3081 亿元,三次产业占海洋生产总值的比重分别为 4.5%,47.4%和 48.1%,海洋服务业占比首次超过了海洋的第二产业。

2015 年,江苏省海洋产业总体稳步增长。其中,海洋渔业继续保持平稳发展态势,全省 48 艘远洋渔船捕获的深海各类水产品 3.37 万吨,同比增长 50%。全省造船完工量为 1657 万载重吨,同比增长 33.8%,海水淡化和综合利用产业取得较快发展,海水直接利用量持续增加,发展环境持续向好。沿海地区的风电装机容量达到 366 万千瓦,其中,海上的风电装机容量达到 47 万千瓦,规模全国首位;沿海港口生产总体平稳,货物吞吐量达到 17.9 亿吨,同比增长 4.9%,集装箱吞吐量达到 1583 万标箱,同比增长 6.5%。海工装备是江苏海洋经济的一个非常有特点的产业,海工装备产业蓬勃发展,数量和产值占全国 1/3,产品覆盖了从浅海到深海、从油气平台到海洋工程船舶的各种类型,江苏省的海工装备主要分布在沿江、南通市、盐城市这一带,在江苏省的海洋经济里面占重要的份量,是江苏省海洋经济的鲜明特色。

(三)浙江省海洋经济的发展情况

海洋是浙江经济社会发展的优势所在,联动推进海洋经济发展示范区与舟山群岛新区建设,是浙江省委省政府作出的重大部署之一。2015 年,浙江省海洋经济发展总体平稳,三大产业保持均衡增长态势。经测算,2015 年,浙江省海洋及相关产业增加值为 6180 亿元,按现价计算,比上年增长 7.3%。其中一、二、三产业增加值分别为 462 亿元、2433 亿元和 3285 亿元,比上年增长 8.1%、7.5%和 7.1%,海洋经济三大产业结构比例为 7.5∶39.4∶53.1,呈“三、二、一”模式。海洋及相关产业增加值占全省 GDP 比重为 14.4%,比上年提高 0.1 个百分点,比 9.6%的全国海洋及相关产业增加值占 GDP 比例高出 4.8 个百分点。

2015 年,浙江省海洋工业发展较快,海洋工业增加值比上年增长 7.9%,高于全部工业增加值现价增幅 5.2 个百分点。其中,海洋电力业、海洋盐业、涉海产品及材料制造业、海水利用业以及海洋生物医药业增加值现价增幅均在 10%以上。而海洋水产品加工业、海洋矿业和海洋设备制造业增加值同比小幅下降。

二、长三角海洋经济发展的对策

(一)上海市海洋经济发展的对策

1. 加快发展现代海洋经济。依托区位条件,推动海域、海岛、滩涂、岸线、港口、航道等资源的高效节约集约利用,加快潮汐能、波浪能、风能等海洋可再生资源开发勘测和产业化。巩固提升上海船舶工业、海洋交通运输等传统优势产业,大力发展海洋工程装备、海洋生物医药、海洋新能源装备等海洋战略性新兴产业。打造“两核三带多点”的海洋产业功能布局,提升海洋经济开放水平,打造具有国际竞争力的开放型海洋经济体系。积极对接和服务“一带一路”、长江经济带等国家重大战略,全面参与“一带一路”滨海港口建设、海洋产业发展、海上经贸、海洋资源开发和海洋事务合作。

2. 加强海洋生态环境保护。加强入海污染控制,进一步提高城镇生活污水处理率。加快推进海洋自然保护区建设,加大海洋生态系统保护力度,努力创建国家级海洋公园。强化海洋生态环境质量状况、陆源入海污染、赤潮、海上溢油等海洋环境的监测和分析评价。建立海洋生态红线制度,海洋生态红线区面积占管辖海域面积的比例不低于 15%,大陆自然岸线保有率不低于 12%。逐步建立完善海洋生态损害赔偿制度。

3.提升海洋科技自主创新能力。瞄准世界海洋科技前沿，聚焦重大关键性和共性技术，在载人深潜器、深海水下油气生产、海洋新能源、海洋工程装备、海底探测、海洋生物医药、海水养殖生物遗传育种、海水淡化、海洋信息技术、海洋灾害预警与减灾、海洋生态保护等领域，形成一批具有自主知识产权和技术领先的海洋技术创新突破和成果。

4.完善海洋地方性法规规章和规划体系。严格落实"规划用海、集约用海、生态用海、科技用海、依法用海"要求，推进海洋行政审批标准化建设。加快建设集海监执法、海洋环境监测观测、海洋灾害事故应急处置等多功能于一体的海洋管理综合保障基地。建立海陆联动、多部门协同联合的执法机制，有效提升海洋综合执法效能。

(二)江苏省海洋经济发展的对策

1.强化江苏省海洋的主体功能。逐步优化海洋产业的发展布局，根据江苏沿海沿江资源环境承载力和现代产业基础的发展潜力，进一步打造以沿海地区为纵轴、沿江两岸为横轴的L型江苏特色的海洋经济带。

2.要加快构建现代海洋产业的产业体系。积极发展临港先进制造业，培育壮大海洋工程装备、海洋新能源、海水淡化和综合利用等新兴产业，做大做强海洋交通运输、滨海旅游等海洋服务业，改造提升海洋船舶、海洋渔业等传统产业。

3.积极打造江苏海洋经济的发展载体。重点推进连云港港口物流、盐城海上风电和海洋生物、南通海洋工程装备和高技术船舶等产业高效集聚发展，打造一批海洋经济创新示范园区，江苏省还要积极申报国家正在推进的叫海洋创新城市，和海洋特色园区的建设。

4.加快提升海洋科技的创新水平。加快江苏海洋科研资源的整合，打造海洋科技创新成果的转化平台，建设认定一批省级海洋科技的重点实验室，依托淮海工学院，加快推进江苏海洋大学建设，大幅提升科技对海洋经济的贡献率。

5.要进一步支持沿海地区海洋经济的发展，要科学地确定围填海的规模，强化海洋事务的统筹协调，提高海洋综合管理能力，推进盐城国家可持续发展示范区建设和南通陆海统筹发展综合改革试点，支持南通创建国家海洋经济创新发展示范市，支持连云港徐圩新区加快推进国家东中西区域合作示范区先导区建设。

(三)浙江省海洋经济发展的对策

1.深化海洋综合管理改革，着力完善绿色发展新机制

通过规划管控、负面清单和健全要素市场体系，进一步优化海洋空间开发格局，分区实施差别化政策，提高开发能力和效率，推动海洋开发方式向循环利用型转变。

强化海洋区(规)划统筹。编制全省海洋主体功能区规划，推进基于海湾生态单元的区域海洋功能区划修编，统筹安排海域功能区布局，加快完善海域(海岛)市场化配置体系，提高海洋资源开发利用科学化、精准化水平。

推进"三海"联动协调发展。围绕港口、依托城市，结合我省战略性产业发展和沿海城市建设，以港口发展带动湾区发展，推进杭州湾、象山港、三门湾、台州湾、乐清湾、瓯江口等重点湾区保护和开发，推进一批技术含量新、生态效益好、投资强度大、产出水平高的涉海产业项目布局落地。结合海洋主体功能区规划编制，优化离岸海岛发展模式。在舟山宁波区域，主导发展港口物流，兼顾临港工业、滨海旅游、海洋科教等产业；在三门湾、台州湾、乐清湾、瓯江湾及洞头列岛四个重要海岛片区，以滨海旅游为主导，兼顾临港工业、现代渔业、生态服务发展。探索开展离岸式滩涂围垦和人工岛建设，促进我省海洋资源开发多样化、远海化。

坚持生态集约用海。实施用海项目负面清单管理，严控落后、过剩产能和高耗能、高污染产业，完善

生态补偿、损害赔偿等制度。实施自然岸线保有率、围填海计划指标管理、区域工程限批等管控措施，逐步实施海洋生态红线制度。统筹围填海计划指标，实行建设围填海计划指标差别化和功能化管理，优先保障两区建设、产业集聚区和优质项目用海，促进海洋产业集聚。

2.实施渔业可持续发展行动，着力建设“海上粮仓”“生态水乡”

按照“近海修复，内陆提升，远洋拓展，全产业链培育”的工作方针，全面实施四大工程，切实增强渔业可持续发展能力。

浙江渔场修复振兴暨“一打三整治”。依法严打严管严治，重建渔场良好作业秩序，切实压减国内海洋捕捞强度，全面开展海洋生态修复保护，积极推进渔民转产转业，着力提高渔民养老保障水平，努力实现生产规范有序、资源科学利用、生态保持稳定、民生不断改善的目标。

渔业转型促治水。以治水为突破口，严厉整治乱用药、开放性水域施肥养鱼、非达标尾水直排、投喂冰鲜鱼等行为；提升养殖设施化和生态化水平，大力推广环境友好型养殖模式，建立基于物联网的水产品质量安全全程溯源机制；积极开展大水面增殖放流，降低水产养殖对水环境的负面影响，充分发挥水生生物在消除水体富营养化、减施化肥（农药）方面的作用。

远洋渔业拓展。深度参与国家“一带一路”战略，大力发展过洋性远洋渔业，重点支持舟山国家远洋基地和海外远洋渔业基地建设，培育规模化现代化的远洋龙头企业，加快远洋捕捞向养殖、加工、贮运、贸易等领域全面延伸。

全产业链培育。加大对水产精深加工、互联网＋渔业、冷链物流等新业态的扶持力度，推动建立从捕捞、养殖到加工、流通和配套服务的全产业链，培育一批知名品牌和地理标志。开展特色“渔乡小镇”创建行动，打造一批产业、文化、旅游“三位一体”和生产、生活、生态“三生”融合发展的特色“渔乡小镇”，促进一、二、三、产融合发展。

3.实施蓝色海湾整治行动，着力构筑东海蓝色生态屏障

按照“陆海并举、区域联动、防治结合、突出重点”的原则，加强直排海污染源控制，开展海湾、海岛、海岸线整治与生态修复，建设蓝色生态屏障。

加强直排海污染源整治和应急处置。完善海陆统筹、区域联动的海洋污染治理机制，摸清入海排污口底数，建库立档，加强监测和巡查，全面清理非法设置、由于周边环境变化不宜再设置和经整治仍不能实现达标排放的排污口，严厉打击入海排污违法犯罪行为。强化全省海洋监测观测网建设，推动信息共享，提高突发性海洋溢油污染、危险化学品污染、海洋环境赤潮污染和核应急污染的监视监测和处置能力。

探索开展区域海洋污染责任考核。按照国家“水十条”考核问责要求，进一步厘清海陆交界、长江口、邻近省市海域交接断面等区域的水质状况及影响程度，为国家制定对浙江省的考核基数提供参考，同时对省内各地下达海洋生态环保考核指标，推进建立海洋生态文明建设考核体系。

规划建设“美丽黄金海岸带”。加强海岸线（带）统筹协调管理，以沿海城镇、港口、渔村等区域为重点，通过整治入海排污口、修复建设海湾海岛自然历史及景观文化、新建改建滨海公园、人工沙滩、特色渔村、海岸绿道等举措，整治修复海岸线300公里，逐步将浙江省海岸打造成景观秀美、文化丰富、生态和谐的滨海生态走廊，创造经济新增长点，建设“宜居、宜业、宜游”的美丽海岸带。同时，加强海洋保护区建设与管理，保护重要生态系统、物种资源和自然文化遗产。到2020年，海洋保护区数量达到18个左右，海洋保护区面积达到我省管辖海域面积的11%以上。

4.强化基础建设，着力推进治理能力现代化

推进政策法规创新。建立海域（海岛）使用权评估、转让和开发利用后评价等制度，推进海域（海岛）使用权市场流转和抵押融资，开展海域储备政策研究和探索。制定各类项目用海标准，探索建立海域（海岛、岸线）资产负债表和离任审计制度。探索渔业资源市场化配置新机制。

推进“互联网＋”应用。组织开展海洋与渔业资源、环境、灾害的调查、监测和动态监管，充分利用视

频、雷达、无人机、卫星遥感、卫星终端等现代技术，建设覆盖全省沿海“空天海港陆”的综合管控网，构建资源环境监测评价、要素交易流转、公共管理服务等平台，基本实现“本底清楚、图文表齐全、动态可监测、信息化管理”的目标，完善相关评估规程、规范及标准，进一步提升科学决策、动态监管、执法指挥和应急处置能力。

推进海洋综合执法改革。以执法权责清单为基础，理顺省市县三级事权，充实基层监管力量，全面推行海洋行政执法责任制。总结推广舟山海洋综合执法试点经验，以相对集中行政执法权、整合规范执法主体、统筹执法资源配置为主要内容，推进跨领域、跨部门的海洋综合行政执法改革；深化与公安（边防）、海警、环保和海事等部门的联合执法机制，加快建立权责统一、精简高效的海洋行政执法体制，切实提高海洋资源开发保护和综合管理能力。

十六 长三角服务业

一、长三角服务业发展情况

2015年，长三角实现地区生产总值160131.95亿元，按当年价计算，比上年增长7.0%。第三产业实现增加值81052.53亿元，增长11.8%。长三角产业结构得到了进一步调整优化，三次产业结构调整为5.2∶44.2∶50.6，第三产业比重比上年提高2.2个百分点。与全国相比较，第三产业构成高于全国0.4个百分点。

分地区看，2015年上海市实现服务业增加值17022.63亿元，按可比价计算，比上年增长10.6%；第三产业增加值占生产总值的比重达到67.8%，比上年提高3.0个百分点。江苏省实现服务业增加值34085.88亿元，按可比价计算，比上年增长9.4%；第三产业增加值占生产总值的比重达到48.6%，比上年提高1.6个百分点。浙江省实现服务业增加值21341.91亿元，按可比价计算，比上年增长11.3%；第三产业增加值占生产总值的比重达到49.8%，比上年提高1.9个百分点。安徽省实现服务业增加值8602.11亿元，按可比价计算，比上年增长10.8%；第三产业增加值占生产总值的比重达到39.1%，比上年提高3.7个百分点。

2011—2015年长三角服务业发展情况

年份		2011年	2012年	2013年	2014年	2015年
上海市	地区生产总值(亿元)	19195.69	20181.72	21818.15	23567.70	25123.45
	服务业增加值(亿元)	11142.86	12199.15	13785.45	15275.73	17022.63
	服务业比重(%)	58.0	60.4	63.2	64.8	67.8
	服务业增速(%)	9.6	10.6	9.0	8.8	10.6
江苏省	地区生产总值(亿元)	49110.27	54058.22	59753.37	65088.32	70116.38
	服务业增加值(亿元)	20842.21	23517.98	27197.43	30599.49	34085.88
	服务业比重(%)	42.4	43.5	45.5	47.0	48.6
	服务业增速(%)	11.1	9.7	9.8	10.0	9.4
浙江省	地区生产总值(亿元)	32363.38	34739.13	37756.58	40173.03	42886.49
	服务业增加值(亿元)	14449.07	16071.16	17948.72	19220.79	21341.91
	服务业比重(%)	44.6	46.3	47.5	47.9	49.8
	服务业增速(%)	10.1	9.9	8.9	8.6	11.3
安徽省	地区生产总值(亿元)	15300.65	17212.05	19229.34	20848.75	22005.63
	服务业增加值(亿元)	4975.96	5628.48	6572.15	7378.69	8602.11
	服务业比重(%)	32.5	32.7	34.2	35.4	39.1
	服务业增速(%)	10.6	11.0	11.2	9.5	10.8
长三角	地区生产总值(亿元)	115969.99	126191.12	138557.44	149677.80	160131.95
	服务业增加值(亿元)	51410.10	57416.77	65503.75	72474.70	81052.53
	服务业比重(%)	44.3	45.5	47.3	48.4	50.6
	服务业增速(%)	18.6	11.7	14.1	10.6	11.8

注：上海市、江苏省、浙江省和安徽省服务业增长率按可比价计算，长三角服务业增长率按当年价计算。2013年及以后数据行业分类采用《国民经济行业分类》(GB/T4754—2011)，产业分类按照国家统计局2012年制定的三次产业划分规定。

数据来源：历年上海市、江苏省、浙江省和安徽省统计年鉴。

二、上海市服务业发展特点

(一)金融、保险业快速发展

2015年,上海市中外资金融机构本外币各项存款余额103760.60亿元,比年初增加29878.15亿元,增长40.4%;贷款余额53387.21亿元,比年初增加5471.40亿元,增长11.4%。新增各类金融单位93家。其中,货币金融服务单位17家;资本市场服务单位57家;保险业单位19家。至年末,全市各类金融单位达到1430家。其中,货币金融服务单位618家;资本市场服务单位350家;保险业单位382家。至年末,在沪经营性外资金融单位达到230家。

2015年,通过上海证券市场股票筹资8712.96亿元,比上年增长1.2倍;发行公司债17413.67亿元,增长4.9倍。至年末,上海证券市场上市证券5914只,比上年末增加2156只,其中股票1125只,增加86只。全年金融市场交易总额达到1462.73万亿元,比上年增长1.0倍。上海证券交易所总成交金额266.37万亿元,增长1.1倍,其中股票成交金额133.10万亿元,增长2.5倍。上海期货交易所总成交金额63.56万亿元,增长0.5%。中国金融期货交易所总成交金额417.76万亿元,增长1.5倍。银行间市场总成交金额704.26万亿元,增长94.8%。上海黄金交易所总成交金额10.78万亿元,增长68.8%。

2015年,上海市原保险保费收入1125.16亿元,比上年增长14.0%。其中,财产险公司原保险保费收入355.40亿元,增长10.9%;人身险公司原保险保费收入769.77亿元,增长15.5%。全年保险赔付支出473.59亿元,增长25.1%。其中,财产险赔款支出191.38亿元,增长8.0%;寿险给付229.25亿元,增长44.7%;健康险赔款给付44.28亿元,增长18.0%;意外险赔款支出8.69亿元,增长57.9%。

(二)旅游业平稳发展

2015年,上海市实现旅游产业增加值1535.64亿元,比上年增长3.0%。入境旅游外汇收入59.60亿美元,比上年增长4.5%;国内旅游收入3004.73亿元,增长1.9%。全市已有星级宾馆247家,旅行社1276家,A级旅游景区(点)98家,红色旅游基地34个。接待国际旅游入境者800.16万人次,比去年增长1.1%。其中入境外国人614.64万人次,增长0.6%;港、澳、台同胞185.52万人次,增长3.0%;在国际旅游入境者中,过夜旅游者653.59万人次,增长2.2%。全年接待国内旅游者27569.42万人次,增长2.8%,其中外省市来沪旅游者13924.39万人次,增长6.8%。

(三)商贸流通业平稳增长

2015年,上海市实现批发和零售业增加值3826.42亿元,比上年增长4.3%。实现商品销售总额9.34万亿元,比上年增长6.4%,其中批发销售额8.44万亿元,增长6.1%。实现社会消费品零售总额10055.76亿元,比上年增长8.1%,其中无店铺零售额1250.60亿元,增长26.9%。网上商店零售额1091.35亿元,增长31.6%,占社会消费品零售总额的比重为10.9%,比上年提高1.5个百分点。至2015年末,上海市购物中心数达163家,其中建筑面积10万平方米以上的购物中心71家。全年购物中心实现营业收入1288.58亿元,比上年增长17.2%;剔除新开店因素,同口径增长5.4%。

(四)交通运输业和通讯服务业增长较快

2015年,上海市各种运输方式完成货物运输量91238.68万吨,比上年增长1.0%;旅客发送量18571.34万人次,增长7.9%;港口货物吞吐量达到71739.64万吨,比上年下降5.0%;集装箱吞吐量3653.70万国际标准箱,增长3.5%。集装箱水水中转比例为45.0%,国际中转比例为6.9%。上海浦东、虹桥两大国际机场全年共起降航班70.58万架次,增长7.7%;进出港旅客达到9918.90万人次,增长10.6%。其中,国内航线进出港旅客6643.88万人次,增长9.4%;国际及地区航线进出港旅客

3275.02万人次，增长13.2%。轨道交通运营线路达到15条。全年优化调整公交线路280条，其中新辟68条。至年末，公交运营车辆达1.65万辆，其中新能源公交车3116辆；运营出租车4.89万辆。全年市内公共交通客运量66.41亿人次，比上年增长0.9%。其中，轨道交通客运量30.68亿人次，增长8.5%；公共汽电车客运量25.48亿人次，下降4.4%。

2015年，上海市邮政电信业务总量1166.07亿元，比上年增长28.5%。其中，邮政业务总量385.75亿元，电信业务总量780.32亿元，同比分别增长24.2%和30.7%。固定电话用户797.29万户，比上年减少42.89万户；移动电话用户3259.93万户，减少32.81万户；3G及4G移动电话用户2211.28万户，增加547.13万户。移动互联网用户2569.30万户，比上年增加6.60万户；互联网用户普及率为73.1%，比上年上升2.0个百分点。固定互联网宽带接入用户695.30万户，增加23.00万户。邮政业全年完成邮政函件业务10.06亿件、包裹业务341.30万件、快递业务17.08亿件；快递业务收入455.25亿元。

三、江苏省服务业发展特点

（一）金融、保险业市场规模进一步扩大

2015年，江苏省实现金融业增加值5302.93亿元，比上年增长12.3%。至年末，金融机构人民币存款余额107873.03亿元，比年初增加14137.42亿元，比上年末增长15.1%。其中，住户存款比年初增加3982.38亿元，比上年多增215.67亿元。金融机构人民币贷款余额78866.34亿元，比年初增加9293.67亿元，比上年末增长13.4%。其中，住户贷款为20200.14亿元。

2015年，江苏省证券市场完成交易额656892.40亿元，比上年增长122.4%。其中，证券经营机构证券交易额351317.58亿元，比上年增长256.1%；期货经营机构代理交易额305574.82亿元，增长55.3%。至2014年末江苏省境内上市公司276家，在上海、深圳证券交易所筹集资金1213.98亿元，比上年增长73.1%。江苏企业境内上市公司总股本2153.45亿股，比上年末增长34.9%；市价总值36720.48亿元，比上年末上升87.1%。2015年末，江苏省共有证券公司6家，证券营业部683家；期货公司10家，期货营业部135家，证券投资咨询机构3家。

2015年，江苏省保费收入1989.91亿元，比上年增长18.2%。其中，财产险收入672.19亿元，比上年增长10.9%；寿险收入1083.92亿元，增长18.2%；健康险和意外伤害险收入233.80亿元，比上年增长45.5%。赔付额732.59亿元，比上年增长18.8%。其中财产险赔付403.04亿元，比上年增长19.8%；寿险赔付268.21亿元，增长15.7%；健康险和意外伤害险赔付61.35亿元，增长26.2%。

（二）旅游业持续平稳发展

2015年，江苏省接待国内游客6.19亿人次，比上年增长8.4%；实现国内旅游收入8769.31亿元，增长11.5%。接待海外旅游者305.01万人次，比上年增长2.7%。其中接待外国人200.84万人次，比上年增长1.9%；港澳台同胞104.17万人次，增长4.1%。旅游创汇35.27亿美元，比上年增长16.3%。2015年，江苏省拥有旅行社2336个，比上年增加85个；拥有星级饭店873个，减少82个。

（三）消费品市场增长平稳

2015年，江苏省实现社会消费品零售总额25876.77亿元，比上年增长10.3%。按经营单位所在地分，城镇消费品零售额23252.32亿元，增长10.2%；乡村消费品零售额2624.45亿元，增长10.9%。按消费形态分，商品批发和零售业23414.30亿元，增长10.3%；餐饮收入额2263.56亿元，增长10.9%。在限额以上企业商品零售额中，粮油、食品、饮料、烟酒类增长9.5%，服装、鞋帽、针纺织品类增长8.2%，金银珠宝类增长5.6%，日用品类增长6.7%，五金、电料类增长10.6%，书报杂志类增长11.1%，家用电器和音像器材类增长9.5%，中西药品类增长14.2%，通讯器材类增长18.1%，文化办公用品类增长

17.7%,家具类增长14.5%,石油及制品类下降2.0%,建筑及装潢材料类增长19.0%,汽车类增长4.7%。

(四)交通运输业增速回落、通讯服务业增长较快

2015年,江苏省完成旅客运输量、货物运输量分别为15.39亿人和21.16亿吨,分别比上年增长−1.3%和1.4%;旅客周转量、货物周转量分别为1566.40亿人千米和8887.71亿吨千米,分别增长1.0%和−19.4%;完成港口货物吞吐量23.33亿吨,增长3.2%。港口货物吞吐量中,集装箱吞吐量1605.50万标准集装箱,增长7.0%。至2015年末,江苏省公路通车里程15.88万千米,新增1284千米,其中高速公路里程4539千米,新增51千米。铁路营业里程2679千米,铁路正线延展长度4570千米。

2015年,江苏省邮政电信业务总量2280.60亿元,比上年增长35.7%。分业务类型看,邮政业务总量516.02亿元,电信业务总量1764.60亿元,同比分别增长43.7%和33.5%。邮政电信业务收入1244.30亿元,同比增长7.9%。分业务类型看,邮政业务收入407.22亿元,同比增长36.0%;电信业务收入837.08亿元,同比下降2.0%。固定电话用户1972.99万户,比上年末减少160.62万户。移动电话用户8227.33万户,比上年末净增156.98万户。电话普及率达128.50部/百人,与上年末持平。固定宽带接入用户2183.06万户,新增659.71万户。长途光缆线路总长度3.88万千米,新增2592千米。

四、浙江省服务业发展特点

(一)金融服务业发展势头良好

2015年末,浙江省金融机构本外币各项存款余额90301.61亿元,比年初增加11059.71亿元,增长14.0%。其中,人民币存款余额87393.30亿元,增长13.3%。金融机构本外币各项贷款余额76466.00亿元,比年初增加5105.00亿元,增长7.2%。其中,人民币贷款余额74070.20亿元,增长8.0%。年末住户人民币存款余额34218.62亿元,比年初增加3552.21亿元,增长11.6%。

至2015年末,浙江省境内共有上市公司299家,累计融资5181.00亿元;其中,中小板上市公司127家,占全国中小板上市公司总数的16.4%;创业板上市公司50家,占全国创业板上市公司总数的10.2%。

2015年,浙江省保险业实现保费收入1435.33亿元,比上年增长14.1%。其中,财产险保费收入646.72亿元,比上年增长10.7%;寿险保费收入632.16亿元,比上年增长12.1%。支付各类赔款及给付558.82亿元,比上年增长17.7%。其中,财产险赔付支出379.69亿元,比上年增长8.6%;寿险赔付支出142.81亿元,比上年增长54.8%。

(二)旅游业平稳增长

2015年,浙江省接待国内旅游者5.25亿人次,比上年增长9.7%;实现国内旅游收入6720.00亿元,增长13.0%。浙江省接待入境旅游者1012.04万人次,比上年增长8.7%。其中,接待外国人672.26万人次,比上年增长9.4%;接待港澳台同胞339.78万人次,同比增长7.3%。旅游创汇67.88亿美元,同比增长18.0%。

(三)商贸流通业较快增长,消费热点突出

2015年,浙江省社会消费品零售总额19784.74亿元,比上年增长10.9%,扣除价格因素增长11.0%。其中,城镇消费品零售额16522.56亿元,增长10.6%;乡村消费品零售额3262.18亿元,增长12.4%。按消费类型统计,商品零售额17797亿元,增长11.1%;餐饮收入额1988亿元,增长9.8%。全省网络零售额7611亿元,比上年增长49.9%,其中,省内居民网络消费4012亿元,增长39.6%。

在限额以上批发零售贸易业零售额中，按当年价计算，汽车类零售额比上年增长4.6%，石油及制品类下降7.2%，食品饮料烟酒类增长16.9%，服装、鞋帽、针纺织品类增长20.4%，中西药品类增长10.6%，日用品类增长11.3%，金银珠宝类增长11.9%，通讯器材类增长71.2%，家具类增长34.8%，五金、电料类增长26.7%，建筑及装潢材料类增长40.7%。年末全省已登记的商品交易实体市场4243家，交易额为2.05万亿元，增长5.3%。

（四）交通运输业增速回落、通讯服务业增长较快

2015年，浙江省完成旅客运输量、货物运输量分别为12.64亿人次和20.07亿吨，分别比上年增长−4.1%和3.7%；旅客周转量、货物周转量分别为1092.53亿人千米和9868.98亿吨千米，分别增长1.5%和3.5%。完成港口货物吞吐量13.81亿吨，下降0.7%。至2015年末，浙江省公路通车里程11.80万千米，新增1648千米，其中高速公路里程3917千米，新增33千米。铁路营业里程2527千米，铁路复线里程1968千米。

2015年，浙江省实现邮电业务总量2392.11亿元，比上年增长42.0%。电话用户1499.76万户，比上年减少142.15万户。移动电话用户7466万户，新增95万户；互联网用户数为6746万户，新增375万户；固定互联网宽带接入用户数为1316万户，新增40万户。人均邮政、电信费用支出2168元，比上年增加181元；固定电话普及率为27.2部/百人，下降0.8部/百人；移动电话普及率135.6部/百人，增加1.0部/百人。

五、安徽省服务业发展特点

（一）金融、保险业发展势头良好

2015年，安徽省金融机构人民币各项存款余额34482.90亿元，比上年增加4665.17亿元，增长15.6%。其中，非金融企业存款10268.42亿元，增长14.1%；住户存款17015.27亿元，增长12.1%。金融机构人民币各项贷款余额25489.05亿元，比上年增加3400.75亿元，增长15.4%。其中，境内短期贷款8347.90亿元，增长8.4%；境内中长期贷款15158.10亿元，增长15.1%，中长期贷款中住户贷款6275.77亿元，增长19.6%。

2015年，安徽省上市公司通过境内市场累计筹资271.83亿元，其中A股再筹资（包括配股、公开增发、非公开增发、认股权证）218.33亿元；上市公司通过发行可转债、可分离债、公司债筹资53.50亿元。到2015年末，全省有上市公司88家，上市公司市价总值11234.30亿元，比上年增长59.5%。境内证券经营机构证券交易量82533.70亿元，期货经营机构代理交易量258800.00亿元。

2015年，安徽省保险业保费收入698.92亿元，比上年增长22.1%。其中，财产险业务保费收入290.06亿元，比上年增长13.8%；寿险保费收入353.70亿元，增长28.9%。赔款和给付276.90亿元，增长18.1%。其中，财产险业务赔付152.73亿元，比上年增长12.9%；寿险业务赔付110.44亿元，增长27.8%。

（二）旅游业平稳增长

2015年，安徽省接待国内旅游者4.44亿人次，比上年增长17.2%；实现国内旅游收入3980.50亿元，增长20.3%。接待入境旅游者444.63万人次，比上年增长9.8%。其中，接待外国人259.18万人次，比上年增长11.3%；接待港澳台同胞185.44万人次，增长7.7%。旅游创汇22.63亿美元，比上年增长15.4%，增速较上年上升2.2个百分点。

2015年，安徽省旅行社总数为1465个，比上年增加265个；国内旅行社1404个，增加254个。旅游星级宾馆441个，比上年减少25个。其中，五星宾馆26个。全省有A级及以上旅游景点（区）560处。

(三)消费品市场增长平稳

2015年，安徽省社会消费品零售总额8908.00亿元，比上年增长12.0%，扣除价格因素，实际增长12.3%。按经营地统计，城镇消费品零售额7188.30亿元，比上年增长11.3%；乡村消费品零售额1719.80亿元，增长14.7%。按消费形态统计，商品零售额7912.10亿元，比上年增长12.5%；餐饮收入995.90亿元，增长7.8%。全省纳入统计的178家开展网络零售业务的限额以上企业，实现网上零售额114.50亿元，增长77.8%。

限额以上企业商品零售额中，吃、穿、用类商品零售额分别比上年增长15.5%、3%和6.3%，粮油类增长15.6%，肉禽蛋类增长17.9%，服装类增长3.5%，日用品类增长8.2%，中西药品类增长9.1%，家用电器和音像器材类增长2.2%，家具类增长22%，通讯器材类增长16%，建筑及装潢材料类增长14%，汽车类增长8.2%。

(四)交通运输业和通讯服务业增长较快

2015年，安徽省完成旅客运输量、货物运输量分别为8.71亿人次和34.58亿吨；旅客周转量、货物周转量分别为1258.21亿人千米和10402.57亿吨千米(2015年交通运输部组织开展了公路水路运输量小样本调查工作，重新调整基数，客、货运量及周转量与2014年数据不具可比性)。完成港口货物吞吐量4.80亿吨，比上年增长9.6%；集装箱吞吐量95.59万标准箱，增长25.1%。至2015年末，安徽省公路通车里程18.69万千米，新增12567千米，其中高速公路里程4249千米，新增497千米。铁路营业里程4169千米，新增620千米。全省民航机场旅客吞吐量814.76万人次，比上年增长12.6%，其中合肥新桥机场旅客吞吐量661.31万人次，增长10.7%。

2015年，安徽省实现邮电业务总量740.03亿元，比上年增长26.3%。其中，邮政业务总量41.23亿元，比上年增长12.0%；电信业务总量698.80亿元，增长27.2%。电话用户739.43万户，比上年减少100.40万户。移动电话用户4232.61万户，新增16.64万户，4G移动电话用户1253.74万户。固定互联网宽带接入用户数为887.94万户，新增162.53万户。

十七　长三角化学工业

一、长三角化学工业总体情况

2015年，长三角规模以上化学行业工业总产值为51978.26亿元，比上年增长0.5%。规模以上化学行业企业16980家，同比增加72家；占全国规模以上化学行业企业的比重为30.9%。规模以上化学行业企业年末资产总计为40042.03亿元，同比增长4.9%；占全国的比重为26.6%。规模以上化学行业企业负债合计为20216.42亿元，同比下降0.3%；占全国的比重为24.5%。规模以上化学行业企业主营业务收入为50628.73亿元，同比下降0.6%；占全国的比重为27.8%。规模以上化学行业企业实现利润总额3305.09亿元，同比增长14.8%；占全国的比重为31.8%。

2011—2015年长三角规模以上化学工业经济指标　　单位：亿元

指　标	企业数(个)	工业总产值	资产总计	负债合计	主营业务收入	利润总额
2011年	15001	40951.05	28620.04	15778.44	40883.83	2641.76
2012年	15689	44009.61	31991.72	17572.10	43879.46	2376.28
2013年	16593	48606.66	35403.06	19401.66	48488.36	2841.90
2014年	16908	51739.53	38155.04	20286.16	50959.67	2878.28
2015年	16980	51978.26	40042.03	20216.42	50628.73	3305.09

注：2011年(含)以后统计数据为2000万元及以上企业。
数据来源：历年上海市、江苏省、浙江省、安徽省统计年鉴。

(一)主要产品产量

2015年，长三角化学工业生产化学纤维3689.89万吨，比上年增长9.5%；占全国生产总量的比重为76.4%，比上年下降0.3个百分点。生产汽油1744.70万吨，同比增长10.8%；占全国生产总量的比重为14.4%，比上年上升0.1个百分点。生产轮胎外胎19992.78万条，同比下降17.9%；占全国生产总量的比重为21.5%，比上年下降0.3个百分点。

2013—2015年长三角分地区化学产品产量对比

地　区	产　品	产　量		
		2013年	2014年	2015年
上海市	化学纤维(万吨)	47.76	45.35	45.85
	汽油(万吨)	499.24	471.59	537.31
	轮胎外胎(万条)	1079.57	1045.49	971.00
江苏省	化学纤维(万吨)	1296.33	1312.17	1430.62
	汽油(万吨)	451.95	564.26	657.52
	轮胎外胎(万条)	10704.96	11078.47	9508.04
浙江省	化学纤维(万吨)	1839.31	1987.97	2186.42
	汽油(万吨)	285.10	308.46	333.27
	轮胎外胎(万条)	10979.06	8925.94	6684.14

续表

地 区	产 品	产 量		
		2013 年	2014 年	2015 年
安徽省	化学纤维(万吨)	32.70	23.10	27.00
	汽油(万吨)	126.90	230.90	216.60
	轮胎外胎(万条)	2944.70	3308.90	2829.60
长三角	化学纤维(万吨)	3216.10	3368.59	3689.89
	汽油(万吨)	1363.19	1575.21	1744.70
	轮胎外胎(万条)	25708.29	24358.80	19992.78

数据来源:历年上海市、江苏省、浙江省、安徽省统计年鉴。

(二)资产运营情况

2015 年,长三角规模以上化学工业年末资产总额为 40042.03 亿元,同比增长 4.9%;负债总额为 20216.42 亿元,同比下降 0.3%。使得长三角规模以上化学工业的资产负债率下降为 50.49%,比上年下降 2.68 个百分点;低于同期全国规模以上化学工业资产负债率 4.32 个百分点。

分地区看,2015 年,上海市化学工业资产负债率最低,为 42.77%,比上年下降 5.43 个百分点;浙江省化学工业资产负债率最高,达 54.22%,同比下降 2.23 个百分点;江苏省资产负债率为 49.82%,同比下降 2.40 个百分点;安徽省资产负债率为 52.32%,同比下降 1.41 个百分点。

二、上海市化学工业基本情况

2015 年,上海市规模以上化学工业企业 1714 家,比上年减少 75 家;工业总产值为 5171.82 亿元,同比下降 8.8%;年末资产总计为 5345.95 亿元,同比增长 6.4%;负债合计为 2286.70 亿元,同比下降 5.6%;主营业务收入为 5390.77 亿元,同比下降 7.8%;实现利润总额 398.62 亿元,同比增长 57.4%;税金总额为 464.82 亿元,同比增长 40.6%。

2011—2015 年上海市规模以上化学工业经济指标　　单位:亿元

指 标	企业数(个)	工业总产值	资产总计	负债合计	主营业务收入	利润总额	税金总额
2011 年	1760	5499.85	4165.84	2070.57	5666.12	240.73	303.60
2012 年	1762	5572.93	4498.91	2270.81	5691.57	214.83	298.68
2013 年	1763	5890.13	4758.54	2388.62	6043.98	294.15	368.10
2014 年	1789	5673.94	5023.67	2421.81	5847.58	253.21	330.50
2015 年	1714	5171.82	5345.95	2286.70	5390.77	398.62	464.82

注:2011 年(含)以后统计数据为 2000 万元及以上企业。
数据来源:历年上海市统计年鉴。

(一)行业经济总量

1.工业总产值

2015 年,上海市规模以上化学工业实现工业总产值 5171.82 亿元,比上年下降 8.8%。其中,石油加工、炼焦和核燃料加工业总产值 1156.47 亿元,比上年下降 18.7%;化学原料和化学制品制造业总产值 2467.06 亿元,同比下降 7.5%;医药制造业总产值 655.99 亿元,同比增长 5.3%;化学纤维制造业总

产值31.91亿元,同比下降25.8%;橡胶和塑料制品业总产值860.39亿元,同比下降6.5%。

2.主营业务收入

2015年,上海市规模以上化学工业完成主营业务收入5390.77亿元,比上年下降7.8%。其中,石油加工、炼焦和核燃料加工业主营业务收入1166.06亿元,同比下降18.6%;化学原料和化学制品制造业主营业务收入2652.47亿元,同比下降6.0%;医药制造业主营业务收入659.35亿元,同比增长7.0%;化学纤维制造业主营业务收入32.04亿元,同比下降23.0%;橡胶和塑料制品业主营业务收入880.85亿元,同比下降5.9%。

3.资产总额

截止2015年底,上海市规模以上化学工业资产总额为5345.95亿元,比上年增长6.4%。其中,石油加工、炼焦和核燃料加工业年末资产总额为420.75亿元,同比下降11.4%;化学原料和化学制品制造业年末资产总额为2661.52亿元,同比增长4.3%;医药制造业年末资产总额为1036.23亿元,同比增长11.1%;化学纤维制造业年末资产总额为48.48亿元,同比下降3.2%;橡胶和塑料制品业年末资产总额为1178.97亿元,同比增长16.2%。

2015年上海市规模以上化学工业主要经济指标 单位:亿元

行　业	企业数(个)	工业总产值	资产总计	主营业务收入	利润总额	税金总额
石油加工、炼焦和核燃料加工业	37	1156.47	420.75	1166.06	50.29	307.86
化学原料和化学制品制造业	738	2467.06	2661.52	2652.47	178.05	84.32
医药制造业	199	655.99	1036.23	659.35	108.39	44.93
化学纤维制造业	27	31.91	48.48	32.04	0.77	0.44
橡胶和塑料制品业	713	860.39	1178.97	880.85	61.12	27.27
合计	1714	5171.82	5345.95	5390.77	398.62	464.82

数据来源:《上海市统计年鉴》(2016)。

(二)行业经济效益

1.利润总额

2015年,上海市规模以上化学工业完成利润总额398.62亿元,比上年增长57.4%。其中,石油加工、炼焦和核燃料加工业扭亏为盈,盈利50.29亿元;化学原料和化学制品制造业利润总额178.05亿元,增长31.4%;医药制造业利润总额108.39亿元,增长31.2%;化学纤维制造业利润总额0.77亿元,下降50.6%;橡胶和塑料制品业利润总额61.12亿元,增长9.2%。

2.税金总额

2015年,上海市规模以上化学工业完成税金总额464.82亿元,比上年增长40.6%。其中,石油加工、炼焦和核燃料加工业税金总额307.86亿元,增长59.4%;化学原料和化学制品制造业税金总额84.32亿元,增长12.1%;医药制造业税金总额44.93亿元,增长22.6%;化学纤维制造业税金总额0.44亿元,下降15.4%;橡胶和塑料制品业税金总额27.27亿元,增长9.1%。

三、江苏省化学工业基本情况

2015年,江苏省规模以上化学工业企业7484家,比上年减少58家;工业总产值为28182.40亿元,同比增长4.8%;年末资产总计为18553.46亿元,同比增长4.5%;负债合计为9243.75亿元,同比下降0.3%;主营业务收入为27767.01亿元,同比增长3.7%;实现利润总额1841.19亿元,同比增长15.7%。

2011—2015年江苏省规模以上化学工业经济指标　　单位:亿元

指　标	企业数(个)	工业总产值	资产总计	负债合计	主营业务收入	利润总额	利税总额
2011年	6950	19907.89	12808.89	6960.86	19900.23	1421.62	2315.82
2012年	7270	22180.17	14537.74	7820.48	22125.49	1311.22	2318.18
2013年	7590	24949.94	16278.05	8758.45	24965.34	1501.15	2697.33
2014年	7542	26898.68	17761.36	9274.65	26770.33	1590.74	2892.48
2015年	7484	28182.40	18553.46	9243.75	27767.01	1841.19	

注:2011年(含)以后统计数据为2000万元及以上企业。

数据来源:历年江苏省统计年鉴。

(一)行业经济总量

1.工业总产值

2015年,江苏省规模以上化学工业实现工业总产值28182.40亿元,比上年增长4.8%。其中,石油加工、炼焦和核燃料加工业总产值2182.76亿元,下降6.2%;化学原料和化学制品制造业总产值16810.32亿元,增长3.8%;医药制造业总产值3534.78亿元,增长13.4%;化学纤维制造业总产值2647.84亿元,增长4.2%;橡胶和塑料制品业总产值3006.70亿元,增长10.6%。

2.主营业务收入

2015年,江苏省规模以上化学工业完成主营业务收入27767.01亿元,比上年增长3.7%。其中,石油加工、炼焦和核燃料加工业主营业务收入2170.61亿元,下降8.5%;化学原料和化学制品制造业主营业务收入16591.41亿元,增长2.7%;医药制造业主营业务收入3479.50亿元,增长14.3%;化学纤维制造业主营业务收入2561.72亿元,增长1.7%;橡胶和塑料制品业主营业务收入2963.77亿元,增长10.6%。

3.资产总额

截止2015年底,江苏省规模以上化学工业资产总额为18553.46亿元,比上年增长4.5%。其中,石油加工、炼焦和核燃料加工业资产总额为941.51亿元,增长11.1%;化学原料和化学制品制造业资产总额为10802.19亿元,增长1.4%;医药制造业资产总额为2458.47亿元,增长16.8%;化学纤维制造业资产总额为2136.46亿元,下降0.4%;橡胶和塑料制品业资产总额为2214.83亿元,增长10.2%。

4.利润总额

2015年,江苏省规模以上化学工业实现利润总额1841.19亿元,比上年增长15.7%。其中,石油加工、炼焦和核燃料加工业利润总额79.35亿元,增长27.0%;化学原料和化学制品制造业利润总额1101.25亿元,增长14.4%;医药制造业利润总额362.89亿元,增长13.8%;化学纤维制造业利润总额102.53亿元,增长21.7%;橡胶和塑料制品业利润总额195.17亿元,增长20.2%。

2015年江苏省规模以上化学工业主要经济指标　　单位:亿元

行　业	单位数(个)	工业总产值	资产总计	负债合计	主营业务	利润总额
石油加工、炼焦和核燃料加工业	142	2182.76	941.51	549.53	2170.61	79.35
化学原料和化学制品制造业	3740	16810.32	10802.19	5476.66	16591.41	1101.25
医药制造业	710	3534.78	2458.47	979.16	3479.50	362.89
化学纤维制造业	798	2647.84	2136.46	1268.26	2561.72	102.53
橡胶和塑料制品业	2094	3006.70	2214.83	970.14	2963.77	195.17
合计	7484	28182.40	18553.46	9243.75	27767.01	1841.19

数据来源:《江苏省统计年鉴》(2016)

(二)行业经济效益

1.石油加工、炼焦和核燃料加工业

2015年,江苏省石油加工、炼焦和核燃料加工业主要经济效益指标呈现如下特点:(1)企业亏损面上升。2015年企业亏损面为20.42%,比上年上升1.54个百分点。(2)企业资产负债率、产品销售率和总资产贡献率下降。分别比上年下降1.07个、0.35个和5.19个百分点。(3)成本费用利润率有所上升。2015年企业成本费用利润率为4.19%,比上年上升1.33个百分点。(4)企业流动资产周转次数为5.05次/年,比上年下降。

2.化学原料和化学制品制造业

2015年,江苏省化学原料和化学制品制造业主要经济效益指标呈现如下特点:(1)企业亏损面上升。2015年,企业亏损面为12.14%,比上年上升0.69个百分点。(2)企业资产负债率和产品销售率下降。2015年,企业资产负债率为50.70%,比上年下降3.06个百分点;产品销售率为98.59%,下降0.19个百分点。(3)企业流动资产周转次数、成本费用利润率和总资产贡献率有所上升。2015年,企业流动资产周转次数为2.60次/年,比上年上升0.16次/年;成本费用利润率为7.08%,上升0.83个百分点;总资产贡献率为17.57%,上升1.35个百分点。

3.医药制造业

2015年,江苏省医药制造业经济效益指标具有如下特点:(1)企业亏损面下降。2015年,企业亏损面为10.28%,比上年下降0.02个百分点。(2)企业流动资产周转次数有所上升。2015年,企业流动资产周转次数为2.61次/年,比上年上升0.06次/年。(3)企业资产负债率、成本费用利润率、产品销售率和总资产贡献率有所下降。2015年,企业资产负债率为39.83%,比上年下降0.42个百分点;成本费用利润率为11.63%,下降0.07个百分点;产品销售率为97.59%,下降0.25个百分点;总资产贡献率为24.33%,下降0.86个百分点。

4.化学纤维制造业

2015年,江苏省化学纤维制造业经济效益指标具有如下特点:(1)企业亏损面上升。2015年,企业亏损面为26.19%,比上年上升3.39个百分点。(2)企业资产负债率、产品销售率和总资产贡献率有所下降。2015年,企业资产负债率为59.36%,比上年下降1.72个百分点;产品销售率为98.11%,下降1.26个百分点;总资产贡献率为9.26%,下降0.29个百分点。(3)企业流动资产周转次数和成本费用利润率有所上升。2015年,企业流动资产周转次数为2.61次/年,比上年上升0.01个百分点;成本费用利润率为4.07%,上升0.68个百分点。

5.橡胶和塑料制品业

2015年,江苏省橡胶和塑料制品业经济效益指标具有如下特点:(1)企业亏损面上升。2015年,企业亏损面为13.37%,比上年上升0.12个百分点。(2)企业流动资产周转次数与上年持平,为2.49次/年。(3)企业资产负债率有所下降。2015年,企业资产负债率为43.80%,比上年下降0.26个百分点。(4)企业成本费用利润率、产品销售率和总资产贡献率有所上升。2015年,企业成本费用利润率为7.04%,比上年上升0.61个百分点;产品销售率为98.35%,上升0.29个百分点;总资产贡献率为14.71%,上升0.80个百分点。

2015年江苏省规模以上化学工业主要经济效益指标

单位:%

指　标	企业亏损面	资产负债率	流动资产周转次数(次/年)	成本费用利润率	产品销售率	总资产贡献率
石油加工、炼焦和核燃料加工业	20.42	58.37	5.05	4.19	98.59	40.44
化学原料和化学制品制造业	12.14	50.7	3.41	7.08	98.59	17.57

续表

指　标	企业亏损面	资产负债率	流动资产周转次数(次/年)	成本费用利润率	产品销售率	总资产贡献率
医药制造业	10.28	39.83	2.61	11.63	97.59	24.33
化学纤维制造业	26.19	59.36	2.61	4.07	98.11	9.26
橡胶和塑料制品业	13.37	43.8	2.49	7.04	98.35	14.71

数据来源:《江苏省统计年鉴》(2016)。

四、浙江省化学工业基本情况

(一)行业经济总量

2015 年,浙江省规模以上化学工业企业 5196 家,比上年增加 26 家;工业总产值为 13563.56 亿元,同比下降 5.7%;年末资产总计为 12617.73 亿元,同比增长 3.9%;负债合计为 6841.70 亿元,同比下降 0.2%;主营业务收入为 12706.57 亿元,同比下降 8.0%;实现利润总额 770.30 亿元,同比增长 0.8%;利税总额为 1395.81 亿元,同比增长 5.7%。

2011—2015 年浙江省规模以上化学工业经济指标　　单位:亿元

指　标	企业数(个)	工业总产值	资产总计	负债合计	主营业务收入	利润总额	利税总额
2011 年	4519	12310.86	9610.41	5618.88	12291.23	791.67	1361.72
2012 年	4661	12734.41	10488.96	6119.25	12639.13	622.78	1153.44
2013 年	5026	13598.55	11446.22	6656.39	13456.63	784.78	1343.32
2014 年	5170	14380.16	12146.51	6857.52	13808.41	763.92	1320.41
2015 年	5196	13563.56	12617.73	6841.70	12706.57	770.30	1395.81

注:2011 年(含)以后统计数据为 2000 万元及以上企业。
数据来源:历年浙江省统计年鉴。

1. 工业总产值

2015 年,浙江省规模以上化学工业实现工业总产值 13563.56 亿元,比上年下降 5.7%。其中,石油加工、炼焦和核燃料加工业总产值 1509.20 亿元,下降 17.1%;化学原料和化学制品制造业总产值 5398.33亿元,下降 8.3%;医药制造业总产值 1279.36 亿元,增长 8.2%;化学纤维制造业总产值 2544.25 亿元,下降 1.7%;橡胶和塑料制品业总产值 2832.42 亿元,下降 2.4%。

2. 主营业务收入

2015 年,浙江省规模以上化学工业完成主营业务收入 12706.57 亿元,比上年下降 8.0%。其中,石油加工、炼焦和核燃料加工业主营业务收入 1191.08 亿元,下降 22.4%;化学原料和化学制品制造业主营业务收入 5265.47 亿元,下降 11.2%;医药制造业主营业务收入 1158.12 亿元,增长 6.0%;化学纤维制造业主营业务收入 2408.29 亿元,下降 3.2%;橡胶和塑料制品业主营业务收入 2683.61 亿元,下降 2.9%。

3. 资产总额

截止 2015 年底,浙江省规模以上化学工业资产总额为 12617.73 亿元,比上年增长 3.9%。其中,石油加工、炼焦和核燃料加工业年末资产总额为 665.36 亿元,增长 26.9%;化学原料和化学制品制造业年末资产总额为 5393.68 亿元,增长 0.2%;医药制造业年末资产总额为 1781.80 亿元,增长 13.9%;化学纤维制造业年末资产总额为 2343.54 亿元,增长 6.6%;橡胶和塑料制品业年末资产总额为 2433.35 亿元,下降 1.7%。

4. 利润总额

2015 年，浙江省规模以上化学工业实现利润总额 770.30 亿元，比上年增长 0.8%。其中，石油加工、炼焦和核燃料加工业利润总额 105.96 亿元，增长 1.56 倍；化学原料和化学制品制造业利润总额 282.87 亿元，下降 12.8%；医药制造业利润总额 135.52 亿元，增长 2.9%；化学纤维制造业利润总额 96.21亿元，下降 16.0%；橡胶和塑料制品业利润总额 149.74 亿元，下降 1.5%。

2015 年浙江省规模以上化学工业主要经济指标　　单位：亿元

行　业	单位数(个)	工业总产值	资产总计	年末负债合计	主营业务收入	利润总额	利税总额
石油加工、炼焦和核燃料加工业	55	1509.20	665.36	340.77	1191.08	105.96	380.28
化学原料和化学制品制造业	1629	5398.33	5393.68	2939.97	5265.47	282.87	429.74
医药制造业	448	1279.36	1781.80	749.06	1158.12	135.52	212.37
化学纤维制造业	582	2544.25	2343.54	1415.22	2408.29	96.21	139.56
橡胶和塑料制品业	2482	2832.42	2433.35	1396.68	2683.61	149.74	233.86
合计	5196	13563.56	12617.73	6841.70	12706.57	770.30	1395.81

数据来源：《浙江省统计年鉴》(2016)。

(二)行业经济效益

1. 石油加工、炼焦和核燃料加工业

2015 年，浙江省石油加工、炼焦和核燃料加工业每百元固定资产原值实现利税 88.43 元，比上年上升 23.80 元/百元；每百元主营业务收入实现利税 31.93 元，上升 15.44 元/百元；产品销售率 89.37%，下降 8.95 个百分点；出口交货值占工业销售值的 0.14%，上升 0.04 个百分点；新产品产值率为 2.85%，上升 1.98 个百分点。

2. 化学原料和化学制品制造业

2015 年，浙江省化学原料和化学制品制造业每百元固定资产原值实现利税 17.13 元，比上年下降 2.84 元/百元；每百元主营业务收入实现利税 8.16 元，上升 0.17 元/百元；产品销售率 95.10%，下降 1.60个百分点；出口交货值占工业销售值的 8.67%，下降 0.09 个百分点；新产品产值率为 33.33%，上升 0.76 个百分点。

3. 医药制造业

2015 年，浙江省医药制造业每百元固定资产原值实现利税 33.79 元，比上年下降 3.12 元/百元；每百元主营业务收入实现利税 18.34 元，下降 0.16 元/百元；产品销售率 90.91%，下降 1.99 个百分点；出口交货值占工业销售值的 21.93%，下降 2.78 个百分点；新产品产值率为 40.32%，上升 1.11 个百分点。

4. 化学纤维制造业

2015 年，浙江省化学纤维制造业每百元固定资产原值实现利税 14.29 元，比上年下降 4.00 元/百元；每百元主营业务收入实现利税 5.79 元，下降 0.74 元/百元；产品销售率 96.02%，下降 0.07 个百分点；出口交货值占工业销售值的 5.98%，下降 0.83 个百分点；新产品产值率为 38.39%，上升 6.54 个百分点。

5. 橡胶和塑料制品业

2015 年，浙江省橡胶和塑料制品业每百元固定资产原值实现利税 22.09 元，比上年下降 0.37 元/百元；每百元主营业务收入实现利税 8.71 元，上升 0.43 元/百元；产品销售率 96.75%，下降 0.29 个百分点；出口交货值占工业销售值的 18.57%，下降 1.01 个百分点；新产品产值率为 29.72%，上升 3.28 个百分点。

2015 年浙江省规模以上化学工业主要经济效益指标

指　标	每百元固定资产原值实现利税(元)	每百元主营业务收入实现利税(元)	产品销售率(%)	出口交货值占工业销售(%)	新产品产值率(%)
石油加工、炼焦和核燃料加工业	88.43	31.93	89.37	0.14	2.85
化学原料和化学制品制造业	17.13	8.16	95.10	8.67	33.33
医药制造业	33.79	18.34	90.91	21.93	40.32
化学纤维制造业	14.29	5.79	96.02	5.98	38.39
橡胶和塑料制品业	22.09	8.71	96.75	18.57	29.72

数据来源:《浙江省统计年鉴》(2016)。

五、安徽省化学工业基本情况

(一)行业经济总量

2015 年,安徽省规模以上化学工业企业 2586 家,比上年增加 179 家;工业总产值为 5060.48 亿元,同比增长 5.7%;年末资产总计为 3524.89 亿元,同比增长 9.3%;负债合计为 1844.27 亿元,同比增长 6.5%;主营业务收入为 4764.38 亿元,同比增长 5.1%;实现利润总额 294.98 亿元,同比增长 9.1%。

2011—2015 年安徽省规模以上化学工业经济指标　　单位:亿元

指　标	企业数(个)	工业总产值	资产总计	负债合计	主营业务收入	利润总额
2011 年	1772	3232.45	2034.90	1128.13	3026.25	187.74
2012 年	1996	3522.10	2466.11	1361.56	3423.27	227.45
2013 年	2214	4168.04	2920.25	1598.20	4022.41	261.82
2014 年	2407	4786.75	3223.50	1732.18	4533.35	270.41
2015 年	2586	5060.48	3524.89	1844.27	4764.38	294.98

注:2011 年(含)以后统计数据为 2000 万元及以上企业。
数据来源:历年安徽省统计年鉴。

1.工业总产值

2015 年,安徽省规模以上化学工业实现工业总产值 5060.48 亿元,比上年增长 5.7%。其中,石油加工、炼焦和核燃料加工业总产值 468.23 亿元,下降 20.0%;化学原料和化学制品制造业总产值 2285.14亿元,增长 5.7%;医药制造业总产值 751.61 亿元,增长 16.7%;化学纤维制造业总产值 96.41 亿元,增长 10.3%;橡胶和塑料制品业总产值 1459.09 亿元,增长 11.6%。

2.主营业务收入

2015 年,安徽省规模以上化学工业完成主营业务收入 4764.38 亿元,比上年增长 5.1%。其中,石油加工、炼焦和核燃料加工业主营业务收入 455.10 亿元,下降 19.9%;化学原料和化学制品制造业主营业务收入 2092.45 亿元,增长 4.2%;医药制造业主营业务收入 715.57 亿元,增长 13.2%;化学纤维制造业主营业务收入 99.45 亿元,增长 4.9%;橡胶和塑料制品业主营业务收入 1401.81 亿元,增长 13.9%。

3.资产总额

截止 2015 年底,安徽省规模以上化学工业资产总额为 3524.89 亿元,比上年增长 9.3%。其中,石油加工、炼焦和核燃料加工业年末资产总额为 175.74 亿元,下降 6.2%;化学原料和化学制品制造业年末资产总额为 1738.57 亿元,增长 5.7%;医药制造业年末资产总额为 557.43 亿元,增长 21.0%;化学纤

维制造业年末资产总额为144.38亿元，增长10.5%；橡胶和塑料制品业年末资产总额为908.77亿元，增长13.7%。

4.利润总额

2015年，安徽省规模以上化学工业实现利润总额294.98亿元，比上年增长9.1%。其中，石油加工、炼焦和核燃料加工业利润总额2.63亿元，增长1.4倍；化学原料和化学制品制造业利润总额129.23亿元，增长2.4%；医药制造业利润总额60.79亿元，增长11.8%；化学纤维制造业利润总额5.24亿元，增长2.1%；橡胶和塑料制品业利润总额97.09亿元，增长16.1%。

2015年安徽省规模以上化学工业主要经济指标　　单位：亿元

行　业	单位数(个)	工业总产值	资产总计	年末负债合计	主营业务收入	利润总额
石油加工、炼焦和核燃料加工业	28	468.23	175.74	114.39	455.1	2.63
化学原料和化学制品制造业	1018	2285.14	1738.57	974.92	2092.45	129.23
医药制造业	408	751.61	557.43	266.29	715.57	60.79
化学纤维制造业	38	96.41	144.38	75.57	99.45	5.24
橡胶和塑料制品业	1094	1459.09	908.77	413.1	1401.81	97.09
合计	2586	5060.48	3524.89	1844.27	4764.38	294.98

数据来源：《安徽省统计年鉴》(2016)。

(二)行业经济效益

1.石油加工、炼焦和核燃料加工业

2015年，安徽省石油加工、炼焦和核燃料加工业经济效益指标呈以下特点：

(1)流动资产周转次数下降。2015年，企业流动资产周转次数为9.90次/年，比上年下降0.41次/年。(2)总资产贡献率和工业成本费用利润率上升。2015年，企业总资产贡献率为69.81%，比上年上升21.28个百分点；工业成本费用利润率为0.71%，上升0.50个百分点。(3)资产负债率和产品销售率下降。2015年，企业资产负债率为65.09%，比上年下降0.45个百分点；产品销售率为98.07%，下降1.32个百分点。

2.化学原料和化学制品制造业

2015年，安徽省化学原料和化学制品制造业经济效益指标呈以下特点：(1)流动资产周转次数下降。2015年，企业流动资产周转次数为2.81次/年，比上年下降0.01次/年。(2)总资产贡献率、资产负债率、工业成本费用利润率和产品销售率下降。2015年，企业总资产贡献率为11.60%，比上年下降1.08个百分点；资产负债率为56.08%，下降1.52个百分点；工业成本费用利润率为6.48%，下降0.12个百分点；产品销售率为96.48%，下降2.16个百分点。

3.医药制造业

2015年，安徽省医药制造业经济效益指标呈以下特点：(1)流动资产周转次数下降。2015年，企业流动资产周转次数为2.22次/年，比上年下降0.21次/年。(2)资产负债率上升。2015年，企业资产负债率为47.77%，比上年上升0.85个百分点。(3)总资产贡献率、工业成本费用利润率和产品销售率下降。2015年，企业总资产贡献率为15.23%，比上年下降2.03个百分点；工业成本费用利润率为9.27%，下降0.08个百分点；产品销售率为94.90%，下降2.13个百分点。

4.化学纤维制造业

2015年，安徽省化学纤维制造业经济效益指标呈以下特点：(1)流动资产周转次数下降。2015年，企业流动资产周转次数为1.92次/年，比上年下降0.50次/年。(2)产品销售率上升。2015年，企业产品销售率为94.78%，比上年上升1.37个百分点。(3)总资产贡献率、资产负债率和工业成本费用利润率下降。2015年，企业总资产贡献率为7.07%，比上年下降1.28个百分点；资产负债率为52.34%，下降6.50个百分点；工业成本费用利润率为5.60%，下降0.06个百分点。

5.橡胶和塑料制品业

2015年，安徽省橡胶和塑料制品业经济效益指标呈以下特点：(1)流动资产周转次数上升。2015年，企业流动资产周转次数为2.94次/年，比上年上升0.01次/年。(2)总资产贡献率和工业成本费用利润率上升。2015年，企业总资产贡献率为15.84%，比上年上升0.20个百分点；工业成本费用利润率为7.37%，上升0.10个百分点。(3)资产负债率和产品销售率下降。2015年，企业资产负债率为45.46%，比上年下降0.64个百分点；产品销售率为97.56%，下降0.12个百分点。

2015年安徽省规模以上化学工业主要经济效益指标

指　标	总资产贡献率	资产负债率	流动资产周转次数(次/年)	工业成本费用利润率	产品销售率
石油加工、炼焦和核燃料加工业	69.81	65.09	9.9	0.71	98.07
化学原料和化学制品制造业	11.6	56.08	2.81	6.48	96.48
医药制造业	15.23	47.77	2.22	9.27	94.9
化学纤维制造业	7.07	52.34	1.92	5.6	94.78
橡胶和塑料制品业	15.84	45.46	2.94	7.37	97.56

数据来源：《安徽省统计年鉴》(2016)。

十八 长三角农副食品加工业

一、长三角农副食品加工业总体情况

2015年，长三角地区规模以上农副食品加工企业工业总产值9084.27亿元，比上年增长7.3%。规模以上农副食品加工企业4286家，比上年增加154家；占全国规模以上钢铁企业的比重为16.7%，同比上升0.1个百分点。资产总计为3882.88亿元，同比增长3.2%；占全国的比重为11.8%，同比下降0.2个百分点。负债合计2027.01亿元，同比下降1.4%；占全国的比重为12.2%，同比下降0.5个百分点。主营业务收入为8898.06亿元，同比增长5.8%；占全国的比重为13.6%，同比上升0.4个百分点。利润总额为469.64亿元，同比增长8.4%；占全国的比重为13.7%，同比上升0.4个百分点。

2011—2015年长三角规模以上农副食品加工业主要经济指标 单位：亿元

指　标	单位数(个)	工业总产值	主营业务收入	利润总额	资产总计	负债合计
2011年	3486	5580.09	5577.90	308.00	2800.81	1697.70
2012年	3800	6824.89	6783.48	382.21	3066.81	1764.71
2013年	4037	7750.94	7745.62	442.35	3551.96	2042.62
2014年	4132	8468.42	8414.22	433.17	3763.55	2055.40
2015年	4286	9084.27	8898.06	469.64	3882.88	2027.01

数据来源：历年上海市、江苏省、浙江省、安徽省统计年鉴。

(一)主要产品产量

1.食用植物油

2015年，长三角地区食用植物油产量为901.04万吨，比上年增长6.7%；占全国食用植物油产量的比重为13.4%，同比上升0.5个百分点。分地区来看，2015年，上海市生产食用植物油111.45万吨，同比增长1.5%；江苏省精制食用植物油产量为603.16万吨，同比增长6.6%；浙江省食用植物油的产量为58.73万吨，同比增长26.4%；安徽省食用植物油产量为127.70万吨，同比增长4.3%。

2011—2015年长三角三省一市食用植物油产量 单位：万吨

地　区	2011年	2012年	2013年	2014年	2015年
上海市	84.56	101.70	104.24	109.85	111.45
江苏省	482.53	474.88	519.08	566.03	603.16
浙江省	43.12	37.33	37.44	46.48	58.73
安徽省	76.32	127.01	115.30	122.40	127.70
长三角	686.53	740.92	776.06	844.76	901.04

数据来源：历年上海市、江苏省、浙江省、安徽省统计年鉴。

2.配混合饲料

2015年，由于上海市、江苏省未对配混合饲料产量进行统计，仅对浙江省和安徽省的配混合饲料进行分析。2015年，浙江省配混合饲料产量为386.93万吨，比上年下降14.6%；安徽省混合饲料产量为100.10万吨，同比增长3.2%。

(二)资产运营情况

从资产运营情况来看,2015 年,长三角地区规模以上农副食品加工业年末资产总额为 3882.88 亿元,比上年增长 3.2%;负债总额为 2027.01 亿元,同比下降 1.4%,使得 2015 年长三角地区农副食品加工业资产负债率有所下降,达到 52.20%,较上年下降了 2.41 个百分点;高于同期全国规模以上农副食品加工业资产负债率 1.61 个百分点。

分地区来看,安徽省规模以上农副食品加工业资产运营情况最好,2015 年,安徽省规模以上农副食品加工业资产负债率为 45.91%,比上年下降 1.62 个百分点;上海市资产负债率为 51.29%,同比下降 3.00 个百分点;江苏省规模以上农副食品加工业资产负债率为 51.65%,同比下降 4.40 个百分点;浙江省规模以上农副食品加工业资产负债率最高,2015 年资产负债率为 62.39%,同比上升 1.06 个百分点。

二、上海市农副食品加工业基本情况

(一)行业经济总量

2015 年,上海市拥有规模以上农副食品加工企业 142 家,比上年减少 2 家;实现工业总产值 333.82 亿元,同比下降 5.0%;完成主营业务收入 378.42 元,同比下降 10.3%;年末资产总额 263.44 亿元,同比增长 2.5%;负债合计 135.12 亿元,同比下降 3.2%。

2011—2015 年上海市规模以上农副食品加工业主要经济指标　　单位:亿元

指　标	单位数(个)	工业总产值	主营业务收入	利润总额	税金总额	资产总计	负债合计
2011 年	142	297.11	336.59	9.78	4.77	204.26	110.99
2012 年	137	338.20	357.64	16.39	4.48	210.16	109.09
2013 年	137	341.32	407.78	12.41	4.48	261.68	145.72
2014 年	144	351.33	421.85	13.16	5.18	257.01	139.53
2015 年	142	333.82	378.42	12.41	6.87	263.44	135.12

注:2011 年起统计口径为主营业务收入在 2000 万元以上的企业。
数据来源:历年上海市统计年鉴。

(二)行业经济效益

2015 年,上海市规模以上农副食品加工业实现利润总额 12.41 亿元,比上年下降 5.7%;实现税金总额 6.87 亿元,同比增长 32.6%。

2015 年,上海市规模以上农副食品加工业产值利税率为 5.78%,比上年上升 0.56 个百分点;成本费用利润率为 3.31%,同比上升 0.09 个百分点。

三、江苏省农副食品加工业基本情况

(一)行业经济总量

2015 年,江苏省拥有规模以上农副食品加工企业 1660 家,比上年增加 89 家;实现工业总产值 4680.26亿元,同比增长 11.4%;年末资产总额 1713.83 亿元,同比增长 2.4%;负债合计 885.13 亿元,同比下降 5.6%;完成主营业务收入 4615.55 亿元,同比增长 10.2%;实现利润总额 290.93 亿元,同比增长 14.7%。

2011—2015 年江苏省规模以上农副食品加工业主要经济指标　　单位:亿元

指　标	单位数(个)	工业总产值	主营业务收入	利润总额	利税总额	资产总计	负债总计
2011 年	1355	2564.45	2556.74	160.52	236.44	1251.16	824.48
2012 年	1476	3313.04	3272.70	210.83	313.44	1344.52	813.51
2013 年	1563	3808.39	3794.13	259.84	390.78	1582.21	956.90
2014 年	1571	4202.20	4190.02	253.56	400.56	1673.68	938.07
2015 年	1660	4680.26	4615.55	290.93		1713.83	885.13

注:2011 年起统计口径为主营业务收入在 2000 万元以上的企业。
数据来源:历年江苏省统计年鉴。

(二)行业经济效益

2015 年,江苏省规模以上农副食品加工业企业亏损面为 6.63%,比上年下降 0.44 个百分点;资产负债率为 51.65%,同比下降 4.40 个百分点;产品销售率为 98.59%,同比下降 0.67 个百分点;成本费用利润率为 6.74%,同比上升 0.30 个百分点;流动资产周转次数为 5.74 次/年,同比上升 0.75 次/年;总资产贡献率为 27.81%,同比上升 2.67 个百分点。

2011—2015 年江苏省规模以上农副食品加工业主要经济指效益标

指　　标	2011 年	2012 年	2013 年	2014 年	2015 年
企业亏损面(%)	4.57	6.44	5.95	7.07	6.63
资产负债率(%)	65.90	60.51	60.48	56.05	51.65
产品销售率(%)	99.26	99.05	99.46	99.26	98.59
成本费用利润率(%)	6.75	6.97	7.28	6.44	6.74
流动资产周转次数(次/年)	3.38	4.44	4.49	4.99	5.74
总资产贡献率(%)	20.29	24.68	26.04	25.14	27.81

数据来源:历年江苏省统计年鉴。

四、浙江省农副食品加工业基本情况

(一)行业经济总量

2015 年,浙江省拥有规模以上农副食品加工企业 768 家,比上年减少 8 家;实现工业总产值 1061.65 亿元,同比下降 0.8%;年末资产总额 799.91 亿元,同比增长 3.6%;负债合计 499.09 亿元,同比增长 5.4%;完成主营业务收入 1004.88 亿元,同比下降 4.2%;实现利润总额 37.03 亿元,同比增长 5.9%;实现利税总额 53.96 亿元,同比增长 1.5%。

2011—2015 年浙江省规模以上农副食品加工业主要经济指标　　单位:亿元

指　标	单位数(个)	工业总产值	主营业务收入	利润总额	利税总额	资产总计	负债总计
2011 年	686	845.81	845.13	32.99	46.45	629.35	415.59
2012 年	747	948.23	946.81	34.60	49.08	677.89	432.92
2013 年	784	1045.48	1041.74	38.77	55.61	737.77	459.95
2014 年	776	1070.19	1049.01	34.97	53.17	772.28	473.64
2015 年	768	1061.65	1004.88	37.03	53.96	799.91	499.09

注:2011 年起统计口径为主营业务收入在 2000 万元以上的企业。
数据来源:历年浙江省统计年鉴。

(二)行业经济效益

2015 年,浙江省规模以上农副食品加工业企业亏损面为 14.45%,比上年上升 2.21 个百分点;每百元固定资产原值实现利税 19.94 元,同比下降 0.85 元/百元;每百元主营业务收入实现利税 5.37 元,同比上升 0.30 元/百元;产品销售率为 95.99%;同比下降 0.94 个百分点;出口交货值占工业销售 15.28%,同比下降 0.54 个百分点;新产品产值率为 13.49%,同比上升 1.53 个百分点。

2011—2015 年浙江省规模以上农副食品加工业主要经济效益指标

指　标	2011 年	2012 年	2013 年	2014 年	2015 年
企业亏损面(%)	6.56	9.10	12.37	12.24	14.45
每百元固定资产原值实现利税(元)	24.70	24.46	23.38	20.79	19.94
每百元主营业务收入实现利税(元)	5.50	5.18	5.34	5.07	5.37
产品销售率(%)	98.26	98.18	97.37	96.93	95.99
出口交货值占工业销售(%)	17.04	15.58	15.89	15.82	15.28
新产品产值率(%)	11.81	10.53	11.85	11.96	13.49

数据来源:历年浙江省统计年鉴。

(三)不同所有制企业经营情况

1. 私营企业

从企业所有制来看,浙江省私营农副食品加工企业占据支柱地位。2015 年,浙江省规模以上私营农副食品加工企业数为 551 家,比上年减少 10 家。完成工业总产值 579.45 亿元,同比下降 3.5%;占全省规模以上农副食品加工业总产值的比重为 54.6%,同比下降 1.5 个百分点。主营业务收入为 547.85 亿元,同比下降 5.7%;占全省规模以上农副食品加工业主营业务收入的比重为 54.5%,同比下降 0.9 个百分点。创造利润总额为 20.29 亿元,同比下降 14.6%;占全省规模以上农副食品加工业利润总额的比重为 54.8%,同比下降 13.2 个百分点。

2. 国有及国有控股企业

2015 年,浙江省拥有规模以上国有及国有控股农副食品加工企业 16 家;完成工业总产值 39.27 亿元,比上年增长 2.2%;实现主营业务收入 36.44 亿元,同比下降 0.9%;实现利润总额 0.83 亿元,同比增长 22.1%。

3. 外商投资、港澳台投资企业

2015 年,浙江省拥有规模以上外商投资和港澳台投资农副食品加工企业 55 家,比上年减少 2 家。完成工业总产值 170.77 亿元,同比下降 0.9%;占全省规模以上农副食品加工业总产值的比重为 16.1%,与上年持平。实现主营业务收入 157.94 亿元,同比下降 5.1%;占全省规模以上农副食品加工业主营业务收入的比重为 15.7%,同比下降 0.2 个百分点。实现利润总额 6.69 亿元,同比增长 102.7%;占全省规模以上农副食品加工业利润总额的比重为 18.1%,同比上升 8.7 个百分点。

4. 行业经济效益

从行业经济效益指标来看,私营农副食品加工企业"每百元固定资产原值实现利税"有所回落,但仍高于同期国有及国有控股企业、外商投资和港澳台投资企业。2015 年,浙江省规模以上农副食品加工私营企业每百元固定资产原值实现利税 20.24 元,高于同期国有及国有控股企业 13.06 元/百元,高于同期外商投资和港澳台投资企业 0.10 元/百元。此外,私营农副食品加工企业新产品产值率亦很高。2015 年,浙江省规模以上私营农副食品加工企业新产品产值率达到 13.58%,高于国有及国有控股农副食品加工企业 2.78 个百分点，高于外商投资和港澳台投资农副食品加工企业 2.76 个百分点。

与其他企业相比，外商投资和港澳台投资农副食品加工企业的出口比重相对较高。2015 年，浙江省外商投资和港澳台投资农副食品加工企业出口交货值占销售产值的比重为 27.04%，而同期私营企业出口交货值占销售产值的比重为 15.32%，国有及国有控股企业出口交货值占销售产值的比重仅为 13.15%。

2014—2015 年浙江省规模以上农副食品加工业不同所有制企业主要经济指标

指　标	国有及国有控股企业		私营企业		外商投资和港澳台投资企业	
	2014 年	2015 年	2014 年	2015 年	2014 年	2015 年
企业单位数(个)	17	16	561	551	57	55
工业总产值(亿元)	38.41	39.27	600.36	579.45	172.36	170.77
主营业务收入(亿元)	36.77	36.44	581.07	547.85	166.45	157.94
利润总额(亿元)	0.68	0.83	23.77	20.29	3.30	6.69
每百元固定资产原值实现利税(元)	9.06	7.18	24.91	20.24	13.67	20.14
每百元主营业务收入实现利税(元)	3.29	3.02	5.94	5.49	4.05	6.48
出口交货值占工业销售(%)	18.68	13.15	16.61	15.32	27.45	27.04
新产品产值率(%)	6.95	10.80	12.29	13.58	8.59	10.82

数据来源：历年浙江省统计年鉴。

五、安徽省农副食品加工业基本情况

(一)行业经济总量

2015 年，安徽省拥有规模以上农副食品加工企业 1716 家，比上年增加 75 家；实现工业总产值 3008.54亿元，同比增长 5.8%；年末资产总额 1105.70 亿元，同比增长 4.3%；负债合计 507.67 亿元，同比增长 0.7%；完成主营业务收入 2899.21 亿元，同比增长 5.3%；实现利润总额 129.27 亿元，同比下降 1.7%。

2011—2015 年安徽省规模以上农副食品加工业主要经济指标　　单位：亿元

指　标	单位数(个)	工业总产值	主营业务收入	利润总额	资产总计	负债总计
2011 年	1303	1872.72	1839.44	104.71	716.04	346.64
2012 年	1440	2225.42	2206.33	120.39	834.24	409.19
2013 年	1553	2555.75	2501.97	131.33	970.30	480.05
2014 年	1641	2844.70	2753.34	131.48	1060.58	504.16
2015 年	1716	3008.54	2899.21	129.27	1105.70	507.67

数据来源：历年安徽省统计年鉴。

(二)行业经济效益

2015 年，安徽省规模以上农副食品加工业总资产贡献率为 16.74%，比上年下降 1.56 个百分点；资产负债率为 45.91%，同比下降 1.63 个百分点；流动资产周转次数为 4.95 次/年，同比上升 0.13 次/年；工业成本费用利润率为 4.64%，同比下降 0.36 个百分点；产品销售率为 98.37%，同比下降 0.11 个百分点。

2011—2015年安徽省规模以上农副食品加工业主要经济效益指标

指　　标	2011年	2012年	2013年	2014年	2015年
总资产贡献率(%)	19.88	20.31	19.86	18.30	16.74
资产负债率(%)	48.41	49.05	49.47	47.54	45.91
流动资产周转次数(次/年)	4.73	4.90	4.81	4.82	4.95
工业成本费用利润率(%)	6.01	5.78	5.50	5.00	4.64
产品销售率(%)	99.14	98.84	98.37	98.48	98.37

数据来源:历年安徽省统计年鉴。

(三)不同所有制企业经营情况

1.私营企业

从企业所有制来看,安徽省私营农副食品加工企业占据支柱地位。2015年,安徽省规模以上农副食品加工私营工业企业数为1336家,比上年增加56家。完成工业总产值2141.22亿元,同比增长4.7%;占全省规模以上农副食品加工业总产值的比重为71.2%,同比下降0.7个百分点。主营业务收入为2074.79亿元,同比增长3.9%;占全省规模以上农副食品加工业主营业务收入的比重为71.6%,同比下降0.9个百分点。创造利润总额为95.04亿元,同比下降5.8%;占全省规模以上农副食品加工业利润总额的比重为73.5%,同比下降3.3个百分点。

2.国有及国有控股企业

2015年,安徽省拥有规模以上国有及国有控股农副食品加工企业28家;完成工业总产值79.12亿元,比上年增长42.8%;实现主营业务收入77.32亿元,同比增长40.6%;实现利润总额1.58亿元,同比增长3.3%。

3.外商投资、港澳台投资企业

2015年,安徽省拥有规模以上外商投资和港澳台投资农副食品加工企业26家。完成工业总产值162.23亿元,比上年增长5.7%;占全省规模以上农副食品加工业总产值的比重为5.4%,与上年持平。实现主营业务收入149.20亿元,同比增长9.6%;占全省规模以上农副食品加工业主营业务收入的比重为5.1%,同比上升0.2个百分点。实现利润总额3.95亿元,同比增长66.7%;占全省规模以上农副食品加工业利润总额的比重为3.1%,同比上升1.3个百分点。

4.行业经济效益

从行业经济效益指标来看,私营农副食品加工企业各项指标均好于同期国有及国有控股企业、外商投资和港澳台投资企业。2015年,安徽省规模以上农副食品加工私营企业总资产贡献率为19.27%,高于同期国有及国有控股企业9.55个百分点,高于同期外商投资和港澳台投资企业11.41个百分点;工业成本费用利润率为4.80%,分别高于国有及国有控股企业、外商投资和港澳台投资企业2.87个和2.13个百分点;流动资产周转次数为5.76次/年,分别高于国有及国有控股企业、外商投资和港澳台投资企业0.89次/年和2.07次/年;资产负债率为42.00%,分别低于国有及国有控股企业、外商投资和港澳台投资企业15.37个和19.44个百分点。

2014—2015年安徽省规模以上农副食品加工业不同所有制企业主要经济指标

指　　标	国有及国有控股企业		私营企业		外商投资和港澳台投资企业	
	2014年	2015年	2014年	2015年	2014年	2015年
企业单位数(个)	28	28	1280	1336	26	26
工业总产值(亿元)	55.40	79.12	2045.75	2141.22	153.55	162.23

续表

指　标	国有及国有控股企业		私营企业		外商投资和港澳台投资企业	
	2014年	2015年	2014年	2015年	2014年	2015年
主营业务收入(亿元)	55.00	77.32	1995.98	2074.79	136.16	149.20
利润总额(亿元)	1.53	1.58	100.94	95.04	2.37	3.95
总资产贡献率(%)	10.46	9.72	21.84	19.27	5.69	7.86
资产负债率(%)	57.02	57.37	43.42	42.00	63.69	61.44
流动资产周转次数(次/年)	4.19	4.87	5.70	5.76	3.52	3.69
工业成本费用利润率(%)	2.82	1.93	5.32	4.80	1.72	2.67
产品销售率(%)	99.90	95.39	98.45	98.24	98.93	98.92

数据来源：历年安徽省统计年鉴。

十九　长三角通讯服务业

一、长三角通讯服务业总体情况

2015 年，长三角邮电业务总量为 6578.81 亿元，比上年增长 35.4%；占全国邮电业务总量的比重为 23.1%，同比上升 0.8 个百分点。函件 19.31 亿件，同比下降 20.8%；占全国函件的比重为 42.1%，同比下降 1.4 个百分点。邮路及农村投递路线总长度 101.45 千米，同比下降 6.2%；占全国邮路及农村投递路线总长度的比重为 10.0%，同比下降 0.7 个百分点。年末固定电话用户为 5009.47 万户，同比下降 8.2%；占全国固定电话用户的比重为 21.7%，同比下降 0.2 个百分点。年末移动电话用户为 23185.87 万户，同比增长 1.0%；占全国移动电话用户的比重为 18.2%，同比上升 0.4 个百分点。固定宽带接入用户为 5082.30 万户，同比增长 21.1%。

2011—2015 年长三角邮电业基本情况

指　　标	2011 年	2012 年	2013 年	2014 年	2015 年
邮电业务总量(亿元)	2699.33	3187.75	3690.27	4858.79	6578.81
函件(亿件)	32.70	31.83	26.89	24.39	19.31
邮路及农村投递路线总长度(万千米)	103.76	110.80	99.17	108.11	101.45
年末固定电话用户(万户)	6489.20	6254.53	5917.13	5455.53	5009.47
年末移动电话用户(万户)	18320.85	20532.54	22173.47	22950.06	23185.87
固定宽带接入用户(万户)	3283.25	3607.41	3828.09	4197.06	5082.30

数据来源：历年上海市、江苏省、浙江省、安徽省统计年鉴。

分地区看，2015 年，浙江省邮电业务总量占长三角邮电业务总量的比重最高，为 36.4%，所占比重比上年上升 1.7 个百分点；江苏省邮电业务总量占长三角邮电业务总量的比重为 34.7%，同比上升 0.1 个百分点；上海市邮电业务总量占长三角邮电业务总量的比重为 17.7%，同比下降 1.0 个百分点；安徽省邮电业务总量占长三角邮电业务总量的比重为 11.2%，同比下降 0.8 个百分点。

二、上海市通讯服务业

2015 年，上海市邮政电信业务总量 1166.07 亿元，比上年增长 28.5%。其中，邮政业务总量 385.75 亿元，电信业务总量 780.32 亿元，同比分别增长 24.2%和 30.7%。函件 9.07 亿件，同比下降 17.8%。邮路及农村投递路线总长度 6.12 万千米，同比下降 35.2%。年末固定电话用户 797.29 万户，同比下降 5.1%；移动电话用户 3259.93 万户，同比下降 1.0%；3G 及 4G 移动电话用户 2211.28 万户，增长 32.9%。移动互联网用户 2569.30 万户，同比增长 0.3%；固定宽带接入用户 695.30 万户，同比增长 3.4%。互联网网民数 1773 万人，同比增长 3.3%。移动电话交换机容量 4424 万户，同比增长 4.6%；信息通信管线长度 9975 沟千米，同比增长 12.6%。固定电话普及率为 33.0%，同比下降 1.6 个百分点；移动电话普及率为 135.0%，同比下降 0.7 个百分点；互联网普及率为 73.1%，同比上升 2.0 个百分点；家庭宽带接入用户普及率为 75.2%，同比上升 14.5 个百分点。

2011—2015 年上海市邮电业基本情况

指　　标	2011 年	2012 年	2013 年	2014 年	2015 年
邮电业务总量(亿元)	465.45	638.18	746.09	907.52	1166.07
＃邮政业务总量	50.45	190.83	258.70	310.53	385.75
电信业务总量	415.00	447.35	487.39	596.99	780.32
函件(亿件)	13.04	13.47	11.38	11.03	9.07
邮路及农村投递路线总长度(万千米)	7.45	8.66	9.37	9.45	6.12
固定电话用户(万户)	926.43	902.90	869.24	840.18	797.29
固定电话普及率(%)	39.5	37.9	36.0	34.6	33.0
移动电话用户(万户)	2620.61	3008.30	3200.65	3292.74	3259.93
＃3G、4G 移动电话用户	464.66	748.15	1147.40	1664.15	2211.28
移动电话普及率(%)	111.6	126.4	132.5	135.7	135.0
移动电话交换机容量(万户)	3978	3973	3923	4228	4424
互联网网民数(万人)				1716	1773
互联网普及率(%)				71.1	73.1
固定宽带接入用户(万户)	530.70	541.0	511.1	672.3	695.3
＃家庭宽带接入用户(万户)	455.00	476.74	494.03	600	620
家庭宽带接入用户普及率(%)	52.3	54.1	55.2	60.7	75.2
移动互联网用户(万户)		2161.7	2329.1	2562.7	2569.3
信息通信管线长度(沟千米)	6258	7003	7866	8860	9975

数据来源：历年上海市统计年鉴。

三、江苏省通讯服务业

2015 年，江苏省邮政电信业务总量 2280.60 亿元，比上年增长 35.7%。其中，邮政业务总量 516.02 亿元，电信业务总量 1764.60 亿元，同比分别增长 43.7%和 33.5%。邮政电信业务收入 1244.30 亿元，同比增长 7.9%。其中，邮政业务收入 407.22 亿元，同比增长 36.0%；电信业务收入 837.08 亿元，同比下降 2.0%。函件 4.88 亿件，同比下降 22.0%。邮路及农村投递路线总长度 35.15 万千米，同比增长 0.7%。年末固定电话用户 1972.99 万户，同比下降 7.5%；移动电话用户 8227.33 万户，同比增长 1.9%；固定宽带接入用户 2183.06 万户，同比增长 43.3%。移动电话交换机容量 10633 万户，同比增长 1.5%；长途光缆线路长度 38841 千米，同比增长 7.2%。固定电话普及率为 24.8%，同比下降 2.1 个百分点；移动电话普及率为 103.4%，同比上升 1.8 个百分点。人均邮电业务量 2859.22 元，同比增长 35.4%。

2011—2015 年江苏省邮电业基本情况

指　　标	2011 年	2012 年	2013 年	2014 年	2015 年
邮电业务总量(亿元)	974.30	1120.37	1252.18	1680.80	2280.60
＃邮政行业业务总量	145.50	205.75	269.60	359.00	516.02

续表

指　　标	2011 年	2012 年	2013 年	2014 年	2015 年
电信业务总量	828.80	914.62	982.58	1321.80	1764.60
邮电业务收入(亿元)	882.60	1000.48	1107.62	1153.40	1244.30
＃邮政行业业务收入	133.10	178.75	233.10	299.50	407.22
电信业务收入	749.50	821.73	874.52	853.90	837.08
函件(亿件)	9.45	8.95	7.61	6.26	4.88
邮路及农村投递路线总长度(万千米)	33.00	33.32	32.98	34.90	35.15
年末固定电话用户(万户)	2370.94	2387.20	2289.81	2133.61	1972.99
年末移动电话用户(万户)	6684.83	7471.40	7941.95	8070.35	8227.33
固定宽带接入用户(万户)	1221.19	1406.40	1431.35	1523.35	2183.06
移动电话交换机容量(万户)	9536.00	9666.00	10357.00	10473.00	10633.00
长途光缆线路长度(千米)	33318	32820	35864	36249	38841
人均邮电业务量(元/人)	1225.50	1414.61	1577.15	2111.56	2859.22
电话普及率(部/百人)	115.08	125.00	128.87	128.52	128.50
＃固定电话普及率	30.13	30.00	28.84	26.87	24.80
移动电话普及率	84.95	95.00	100.03	101.65	103.40

数据来源:历年江苏省统计年鉴。

四、浙江省通讯服务业

2015 年,浙江省实现邮电业务总量 2392.11 亿元,比上年增长 42.0%。函件 4.52 亿件,同比下降 23.6%。邮路及农村投递路线总长度 40.76 万千米,同比下降 7.3%。年末固定电话用户 1499.76 万户,同比下降 8.7%;移动电话用户 7466.00 万户,同比增长 1.3%;固定宽带接入用户 1316.00 万户,同比增长 3.1%;移动互联网用户 5430 万户。同比增长 7.2%。移动电话交换机容量 11423 万户,同比增长 2.5%;长途光缆线路长度 26299 千米,同比增长 2.2%。人均邮电业务量 2168 元,同比增长 9.1%;固定电话普及率为 27.2 线/百人,下降 2.8 线/百人;移动电话普及率 135.6 部/百人,上升 1.0 部/百人;固定互联网宽带普及率为 23.9 户/百人,上升 0.6 户/百人。

2011—2015 年浙江省邮电业基本情况

指　　标	2011 年	2012 年	2013 年	2014 年	2015 年
邮电业务总量(亿元)	897.97	1024.02	1178.60	1684.46	2392.11
函件(亿件)	8.47	7.77	6.57	5.92	4.52
邮路及农村投递路线总长度(万千米)	44.46	36.59	37.48	43.98	40.76
年末固定电话用户(万户)	1947.88	1882.49	1781.35	1641.91	1499.76
年末移动电话用户(万户)	5756	6443	7072	7371	7466
固定宽带接入用户(万户)	1074	1153	1243	1276	1316
移动互联网用户(万户)	3830	4698	4719	5065	5430

续表

指　　标	2011 年	2012 年	2013 年	2014 年	2015 年
移动电话交换机容量(万户)	9605	9685	10807	11141	11423
长途光缆线路长度(千米)	23792	25001	25801	25744	26299
人均邮电业务量(元/人)	1463	1637	1836	1987	2168
固定电话普及率(线/百人)	35.6	34.2	32.4	30.0	27.2
移动电话普及率(部/百人)	105.2	117.2	128.7	134.6	135.6
固定互联网宽带普及率(户/百人)		21.0	22.6	23.3	23.9

数据来源:历年浙江省统计年鉴。

五、安徽省通讯服务业

2015 年,安徽省实现邮电业务总量 740.03 亿元,比上年增长 26.3%。函件 0.84 亿件,同比下降 28.8%。邮路及农村投递路线总长度 19.42 万千米,同比下降 1.8%。年末固定电话用户 739.43 万户,同比下降 12.0%;移动电话用户 4232.61 万户,同比增长 0.4%;固定宽带接入用户 887.94 万户,同比增长 22.4%。长途光缆纤芯长度 909738.20 千米,同比增长 3.1%;长途电话交换机容量 90420 路端,同比下降 55.7%;本地固定电话局用交换机容量 633.98 万门,同比下降 30.9%。

2011—2015 年安徽省邮电业基本情况

指　　标	2011 年	2012 年	2013 年	2014 年	2015 年
邮电业务总量(亿元)	361.61	405.18	513.40	586.01	740.03
函件(亿件)	1.74	1.64	1.33	1.18	0.84
邮路及农村投递路线总长度(万千米)	18.85	32.23	19.34	19.78	19.42
年末固定电话用户(万户)	1243.95	1081.94	976.73	839.83	739.43
年末移动电话用户(万户)	3259.41	3609.84	3958.87	4215.97	4232.61
＃3G、4G 移动电话用户	442.42	853.44	1394.14	1678.52	2465.25
固定宽带接入用户(万户)	457.36	507.01	642.64	725.41	887.94
长途光缆纤芯长度(芯千米)	730352	751653	822862	882040	909738
长途电话交换机容量(路端)	582126	563185	248116	204090	90420
本地固定电话局用交换机容量(万门)	1129.00	905.00	1041.00	917.05	633.98

数据来源:历年安徽省统计年鉴。

六、长三角地区通讯服务业发展措施

(一)上海市

1. 深化安全应急机制

贯彻落实国家、地方和行业有关安全工作的法律法规和标准规范,高度重视人身安全、消防安全、通信网络信息安全等相关方面的安全工作与系统建设,建立健全各个专项长效工作机制和整体协同工作体系。建立健全基础电信运营企业安全生产报告制度、检查制度、考核制度。注重行业发展与安全建设相结合、预防预警与应对处置相结合、系统建设与综合应用相结合、科技应用与监管管理相结合、自查自纠与检测检查相结合、检查整改与规范提高相结合。

2.创新区域协调机制，持续推进共建共享

优化长三角信息通信基础设施建设的协调机制和区域通信一体化发展机制，鼓励和支持本市通信行业与区域各相关行业加强合作。增强长三角之间通信技术、业务、管理和监管等方面的相互交流、相互学习；协调政府相关部门，以区域协调、统一发展规划大原则为基准，研究编制管道、杆路、光缆等传输线路的专项规划。建立健全行业内共建共享的争议协调机制、裁决机制、价格协商机制；完善共建共享结算机制、共建共享维护机制；制定既有商务楼宇、住宅小区光纤入户改造的技术标准，按照“用户选择、资源共享、平等接入、合理补偿”的要求，稳步推进既有住宅小区驻地网共建共享。通过建设共建共享数据库，进一步掌握本市基础运营企业通信基础资源分布和使用情况，为共建共享工作的标准化、制度化提供技术支撑。

3.提升行业监管能力

强化通信共建共享管理、网间互联互通监管、电信资费管理、增值通信业务拨测、网站备案、网络流量分析、垃圾短信治理等相关管理信息系统和技术平台的建设。建立适应本市通信业实际情况的电信资费管理办法；加强码号、域名、IP 地址等基础资源管理工作；促进公共通信网络和互联网的互联互通监管；着力规范和引导增值电信业务经营行为；强化电信服务质量监管；建立统一完善的问题协调机制和对违规行为的惩处机制。支持行业组织和中介机构的工作；进一步加强行业自律、进一步加强行业组织参与行业管理的作用、积极发挥行业组织和中介机构维护通信市场经营秩序等相关方面的作用。

4.加强人才队伍建设

培养适应产业发展的创新型、复合型人才，制定下一代通信网络产业人才队伍建设中长期规划，制定切实可行的政策措施，创造人才培养、引进和利用的良好环境；建立和完善产学研合作的人才培养模式，完善科技创新激励机制，加快创新型人才培养；增加教育培训经费投入，抓好通信行业技能鉴定工作以及新技术新业务新管理等学习培训，不断提升从业人员的职业技能和综合素质，全面实行通信特有职业(工种)从业人员持证上岗。围绕信息通信技术业务管理发展，依托重大专项和重点工程，加强网络建设、新技术新业务、增值服务等重点领域人才资源的开发力度，适时开展人才交流和高层次人才引进工作。

(二)江苏省

1.加快推进信息通信基础设施建设

一是努力营造良好政策环境。江苏省通信管理局推动省政府出台了《江苏省电信设施建设与保护办法》(省政府令第 102 号)和《省政府关于进一步推进信息基础设施建设的意见》(苏政发〔2015〕94 号)；联合省内 14 个厅局开展了“宽带中国”江苏 2015 专项行动；与省住建厅联合下发文件，加快推进专项规划编制落地；与省环保厅改善了移动基站环评模式，简化了环评要求与流程，破解了移动基站环评难题。

二是扎实推进各项重点工作。江苏省通信管理局组织开展了江苏省通信业“十三五”发展规划预研和编制工作；积极争取宽带普遍服务资金，协助宿迁、盐城市成功申报普遍服务补偿机制试点；扩容了南京互联网骨干直联点带宽至 230G；积极配合扬州市政府成功创建了“宽带中国”示范城市；建立了江苏宽带发展测评体系，形成《江苏省宽带发展水平报告(2015 年上半年)》；深入贯彻落实光纤到户两项国标，制定出台了《江苏省通信铁塔等基站配套设施共建共享实施流程(试行)》，规范共建共享工作；加快推进宽带接入市场向民间资本开放，向 9 家民资企业颁发了宽带接入网试点牌照。

三是各公司积极推进“宽带江苏”“无线江苏”建设。各公司加快“宽带江苏”“无线江苏”建设，积极落实集团公司与省政府签署的下一个五年战略合作协议，2015 年全省通信业完成建设总投资 402.5 亿元，特别是电信公司在无锡、苏州、南京等地先后建成高标准的“全光网”城市。截至 2015 年 12 月底，全省光纤到户用户数达 1195.1 万户，光纤到户覆盖家庭达 3217 万户，居全国第 3 位；4G 基站建成站点

13.3万个，实现了全省所有地市、县城主要城区的全覆盖；新建共享铁塔9851座，存量共享铁塔2万座，节约建设资金超过52亿元。

2.着力营造良好市场秩序

一是江苏省通信业积极落实电话用户实名制，深入开展打击“黑卡”专项。推动省政府出台了《江苏省电话用户真实身份信息登记管理规定》，与公安、工商部门开展了联合检查，委托第三方开展暗访，全省新增电话用户实名率100%，存量用户实名率超过90%。

二是规范校园电信市场秩序。提前部署，省通信管理局与省工商、公安、教育等部门建立了工作机制，与各公司签署承诺书，层层落实责任，开展现场巡检等工作。

三是加强电信服务监督。省通信管理局召开全省电信行业服务暨纠风工作会议，向社会公布整治不明扣费等六项服务举措；加强12300用户投诉咨询等工作，2014年，全省电信服务质量用户满意度测评指数为80.39分，在全国电信行业处于较高水平。

四是加强通信建设市场管理。省通信管理局强化工程实体检查力度，发现47项问题并推动整改；规范企业招投标行为，166个招标项目进入招投标市场；组织安全生产管理培训5期，举办了2015年江苏省通信建设工程安全管理知识竞赛。

3.协力维护网络信息安全

一是成功举办了第三届江苏互联网大会，搭建了四大平台，促进了互联网行业与其他行业、产业的交互融合，参会人数超过1500人，规模为历届之最。

二是全行业超过500名选手积极参与江苏省网络安全职业技能竞赛，竞赛被评为“江苏省十大工种职业技能竞赛”之一；获得第一名的选手，推荐申报“江苏省五一劳动奖章”，获得前六名的选手，被授予“江苏省五一创新能手”称号。

三是扎实推进网络信息安全责任考核，对省市县三级和地市通信行业管理办公室700余人进行了宣贯，并对各地市电信运营企业进行专项检查并及时通报问题。

四是加强互联网基础数据管理，开展接入服务企业星级评定工作，对部分指标落后的企业予以了通报批评、诫勉谈话和延迟审核的处理，全省备案主体达到31.4万个，备案网站38.3万个，备案准确率平均为90.03%。

五是净化网络环境，开展扫黄打非等各类专项20个，关停违法违规网站372个，采用技术手段对违规网站进行停止DNS解析和黑洞路由处理，协调处置网络安全事件超过22.7万起，发函通报政府部门、高校的网站系统漏洞539个。

六是举办2015年“阳光网络伴我成长”活动，连续第七年出台《江苏省互联网发展状况报告》《江苏省青少年互联网使用情况调查报告》《江苏省网络安全报告》，并召开新闻发布会向社会发布。

4.推动地市通信行业管理

2015年，江苏省十三个地市全部成立了通信行业管理办公室。各市行管办建立了向市委市政府定期汇报和与各部门沟通的工作机制，积极配合管局相关处室履行行业监管职能，在校园市场管理、行风建设、信息基础设施共建共享、网络信息安全管理等工作中发挥了重要作用。在行管办的牵头组织领导下，全省13地市的信息通信业发展呈现出改革创新、和谐奋进的新面貌。

(三)浙江省

1.快速提升基础设施资源和能力

接入网能力持续提升。全省基本实现光网全局覆盖，城市基本具备100Mbps光纤宽带接入能力，农村平均接入能力达到20Mbps；4M以上宽带用户占比近100%；光纤到户覆盖家庭数达到4225万户；互联网宽带接入端口及FTTH/O端口分别是“十一五”期末的2.5倍、3倍；无线网络完成从2G到3G的演进、3G到4G的升级。4G网络建设基本实现省内全覆盖，4G网络建设水平全国领先。

骨干网持续优化部署。全省在骨干网层面均已部署或正在部署100G平台，引入100GWDM(波分复用技术)使核心网能力得到10倍的提升，持续优化网络层次和结构，提升网络智能化和综合业务承载能力；推进低损耗光纤在省内干线、省际干线中应用，同时开展超低损耗光纤的引入。

互联互通能力不断加强。2015年底城域网省际出口带宽规模已达到17.5T；宁波互联网国际出入口专用通道正式建成投用，上联北京、上海、广州三个全国骨干节点。杭州互联网国际出入口专用通道已获批准，正在积极筹建。国家级新型互联网交换中心试点项目进入可研阶段。

2.加快业务结构转型和创新

基础电信业务加快转型升级。“十二五”期间，三家基础电信运营企业全部获发全业务牌照并开展全业务经营。主流业务从传统语音和短、彩信转向数据流量，非话业务收入占比由“十一五”末的43.9%提高至69.6%。固定电话用户数从1999万户缩减到1500万户，小灵通全面完成退网。移动电话普及率从93.3部/百人提升到135.6部/百人，移动宽带用户(3G/4G)占移动电话用户比达60.1%，2015年12月户均手机上网流量达到507MB，全国排名第一。固定宽带家庭普及率达到80%，光纤接入(FTTH/0)用户占宽带用户的比为68%。铁塔公司的成立有效地减少基础设施重复建设。三网融合双向业务许可有效破冰，IPTV用户达到398.1万户。移动通信转售商用试点和宽带接入服务试点走在全国前列。

互联网业务继续保持全国领先。浙江省已成为中国互联网产业最为繁荣发达的地区之一，网民规模达到3596万人，互联网普及率为65.3%。骨干网设备已具备IPv4/IPv6双栈能力。在我省注册并颁发许可证的增值电信企业从“十一五”末的不足1500家增长到2328家，排名全国第三位，仅次于北京和广东。涌现出阿里巴巴集团等一大批优秀的互联网企业，电子商务总交易额超过3万亿元，继续高居全国第一，网络零售额占全国市场份额由“十一五”末的10%提高到20%。“互联网+”在传统制造业、农业、网络金融、电子商务、社会事业和文化发展等各领域深入实践，云计算、大数据、行业信息化、O2O商业模式创新等领域都为全国各省做出了表率。

3.不断增强行业服务水平和能力

“提速降费”取得实质进展。2015年，固定宽带最大提速同比增至2.3倍。固定互联网宽带接入资费同比降低9.4%，移动互联网接入流量资费同比降低42.8%。省内普遍实施了流量不清零政策，并采取各类防范措施有效整治了不明扣费。

行业监管为民成效显着。推动省政府进行《浙江省通信设施建设和保护规定(草案)》立法听证；统一受理窗口，简化电信业务办理许可或备案流程；建立健全浙江省12300申诉中心，实现申诉与信访合二为一。全年电信用户申诉率严格控制在70人次/百万用户以内，不明扣费申诉率不高于6人次/百万用户，低于全国平均水平。

绿色共享工作不断深化。“十二五”期间，全省通信基础设施累计减少重复投资超过17亿元，共建共享指标均超过国家考核要求，行业能耗持续降低。高能耗低效率的程控交换机逐步大规模退网。

应急通信保障能力持续加强。成立国家应急通信一类保障队伍和国内首支省民兵网络信息保障大队；通信网应急指挥平台等系统相继建成投入使用；圆满完成了世界互联网大会等应急通信保障任务。

网络安全管理水平快速提升。全省备案网站数超过27万个，接入网站数超过130万个，居全国首位；开展防范打击通讯信息诈骗、加大违法违规网站查处等一系列专项行动取得积极成效。

(四)安徽省

1.加强战略规划指导。加强下一代国家信息基础设施发展的国家战略指导，明确国家信息基础设施顶层架构，制订发布“宽带中国”战略、下一代互联网战略行动计划和物联网发展指导意见。统筹实施宽带网络基础设施、互联网、物联网、网络与信息安全、应急通信和无线电管理等专项规划。建立跨行业的信息基础设施统筹规划机制，将信息基础设施规划纳入城乡规划，加强土地利用、水电配套等方面对

基础网络设施和应用服务设施的支持。加强技术标准规范建设，将用户驻地网建设纳入住宅建筑规范，在市政、建筑物新建或改扩建时，预留光纤、无线宽带等配套设施建设条件。研究出台节能减排、低效无效资产有序退出等相关配套政策和支持互联网、增值电信业务发展的指导意见。

2.完善普遍服务机制。积极推动综合利用财政资金、国有资本收益金等多种资金来源，扩大普遍服务政策实施范围和服务内容，研究设立普遍服务基金。推动制订普遍服务成本补偿办法，探索建立与之相适应的部省联动补偿机制。争取中西部地区基础网络和应用服务设施建设在产业布局、设施配套等方面予以优先保障。

3.完善市场监管体系。建立电信市场发展及预警报告机制，强化市场竞争行为监管。加强电信市场监管信息系统和技术平台建设，探索建立电信监管绩效评估和政策评估制度。抓好互联互通，完善网间结算办法。强化电信服务质量监管，着力规范和引导增值领域的服务行为。规范电信企业价格行为，提高电信资费透明度。加强对增值电信业务的监管，优化增值电信业务结构。完善部、省、企业三级网站备案系统支撑体系，提高网站备案率和备案信息准确率。进一步明确并落实互联网企业责任，加强对重点企业、重点业务的监督检查。完善技术手段，加强移动智能终端安全管理。完善手机淫秽色情专项治理的长效机制。明确行业协会和中介机构的积极作用。

4.加强人才队伍建设。支持企业加大重点领域人才资源开发力度，加大经费投入和政策倾斜，引进海内外高层次人才。鼓励企业在人才培养和用人机制等方面，对技术力量薄弱的中西部地区采取适当的倾斜政策。完善科技创新激励机制，提高专业技术人才自主创新和参与科研成果产业化的积极性和主动性。依托重大专项和重点工程，建立和完善产学研合作的人才培养模式。提高企业教育和培训经费提取比例，加强事业单位教育和培训工作，完善继续教育和在职培训机制。优化教育学科配置，完善产业后备人才队伍建设。加强电信监管人才队伍建设。

第二章　长三角地区社会发展专题报告

一、城市化发展

（一）一市三省城市化发展基本情况

2012－2015 年长三角地区一市三省城镇人口比重　　单位：%

	2012 年	2013 年	2014 年	2015 年
上海市	89.8	90.0	90.3	
江苏省	63.0	64.1	65.2	66.5
浙江省	63.2	64.0	64.9	
安徽省	46.5	47.86	49.15	

（二）省辖市城市化发展

2013－2015 年长三角地区各省辖市城镇人口比重　　单位：%

	2012 年	2013 年	2014 年	2015 年
一、江苏省				
南京市	80.2	80.5	80.9	81.4
无锡市	72.9	73.7	74.5	75.4
徐州市	56.7	58.1	59.5	61.1
常州市	66.2	67.5	68.7	70.0
苏州市	72.3	73.2	74.0	74.9
南通市	58.7	59.9	61.2	62.8
连云港市	54.4	55.7	57.1	58.7
淮安市	53.5	55.1	56.5	58.2
盐城市	55.8	57.2	58.5	60.1
扬州市	58.8	60.0	61.2	62.8
镇江市	64.2	65.4	66.6	67.9
泰州市	57.9	59.0	60.2	61.6
宿迁市	51.0	52.4	53.7	55.5
二、浙江省				
杭州市	74.3	74.9	75.1	
宁波市	69.4	69.8	70.3	
温州市	66.7	67.0	67.2	
嘉兴市	55.3	57.1	59.2	

续表

	2012 年	2013 年	2014 年	2015 年
湖州市	55.1	56.0	57.4	
绍兴市	60.1	61.0	62.1	
金华市	61.4	62.2	63.3	
衢州市	46.6	47.7	49.0	
舟山市	65.3	65.8	66.3	
台州市	56.9	58.1	59.5	
丽水市	52.5	53.8	55.2	
三、安徽省				
合肥市	66.4	67.8	69.1	
淮北市	57.2	58.5	59.8	
亳州市	33.0	34.4	35.7	
宿州市	34.8	36.2	37.4	
蚌埠市	48.3	49.7	50.9	
阜阳市	34.9	36.2	37.5	
淮南市	65.3	66.7	67.9	
滁州市	45.1	46.5	47.8	
六安市	38.9	40.2	41.4	
马鞍山市	61.2	62.6	63.9	
芜湖市	58.0	59.4	60.7	
宣城市	46.7	48.1	49.3	
铜陵市	76.3	77.6	78.7	
池州市	47.5	48.8	50.1	
安庆市	39.6	41.0	42.2	
黄山市	44.4	45.7	47.0	

(三)促进城市化发展的措施与进展

上海市城市化、城市现代化进程与措施

1. 上海松江启动国家新型城镇化综合试点

2015 年上海松江被列为第二批国家新型城镇化综合试点地区。将新型城镇化工作细化成一个个事关老百姓获得感的数据指标。松江制定的实施意见和总体规划，努力体现“决策依实情、谋划出实招、推进讲实效、城镇有实力、群众得实惠”的“五个实”。目前，松江已探索性形成六种城乡统筹发展模式，比如家庭农场发展模式、农村集体经济组织产权制度改革、土地“超级减量”、老年农民“农保”待遇全面提升等，均在全市乃至全国领先。通过家庭农场改革和集体资产改革，对农村原有生产要素进行再配置，松江让农民切实享受到了改革发展的红利。前不久，松江车墩镇东门村村民富民全一家六口，从镇农村集体经济联合社拿到了 2800 元的分红，“没想到已经离开土地 10 多年了，现在还能每年拿到分红，而且

年年增长”。今后松江所有的农村集体联合社社员都将带着资产进城，且每年享受分红。通过家庭农场改革，松江目前已有粮食家庭农场1119户，经营面积14.05万亩，户均经营面积125亩，家庭农场主每年的户均净收益在10万元以上。

2.创新发展是上海最突出的城市精神和实践风格

上海已不再是“特大城市”，而是为数不多的“超大城市”之一。在经历了前些年的高速发展后，上海的各种资源与环境条件已濒临红线，大城市病日益严重。2015年，“大力实施创新驱动发展战略，加快建设具有全球影响力的科技创新中心”作为上海“一号课题”加速研究和布局，在随后出台的加快建设科创中心“22条意见”中，明确提出把上海建设成为“综合性开放型科技创新中心”并“跻身全球重要创新城市行列”的目标。在此目标下，上海的科研投入不断加大，已相当于发达国家水平。创新资源迅速集聚，目前的“大张江”已集结了全市80%以上的科技创新资源。

3.协调发展提高上海软实力和软环境

上海提升文化软实力的空间非常广阔，要不失时机地紧紧抓住后世博效应，着力培育文化软实力的客观环境，为全面提升城市竞争力和打造城市品牌下足功夫。加强公民思想道德建设，加强社会主义核心价值体系建设，引导民众做出正确和合理的价值选择，树立知荣辱、讲正气、尽义务、守信用的良好风尚，引领上海城市文明建设，增强城市影响力。积极落实“一带一路”战略，研究制定上海推进国家“一带一路”建设实施方案，推动“四个中心”、自贸试验区建设与“一带一路”建设联动，聚焦金融合作、经贸投资、人文交流、基础设施等领域，加强与“一带一路”沿线国家和地区的务实合作。贯彻落实国家推动长江经济带发展指导意见，制定出台本市实施意见，积极对接沿江省市，在长江航运、综合交通、产业转型、生态环保等方面加强区域协作与共建，推动项目和政策落地。加强与苏浙皖三省规划衔接，深化重点专题合作，完善合作机制，在新的起点上推进长三角地区协同发展。

4.绿色发展推进上海生态化转型

树立“底线思维”，建立“倒逼机制”，以资源环境承载力控制城市发展规模。强化技术、结构、工程、管理的节能减排措施，以节能减排措施控制资源消耗与污染排放规模，降低能耗，降低碳排放和污染物排放强度。划定城市生态保护红线，建立空间准入、效率准入和环境准入机制，实行不同区域的分类指导、分区管理；完善城乡生态网络空间体系，构建生态安全格局。制定重点行业清洁生产和环境排放标准，提升工业园区环境管理水平，加快淘汰落后产能，推动产业轻型化转变，优化产业结构。进一步完善环境基础设施，推动长江三角洲空气污染区域联防联控，开展地下水污染评估与防治，推进生活垃圾分类收集，构建系统、协调的水、气、固废污染防治体系，探索饮用水水源地安全战略；加强自然生态保护区和湿地的保护力度，拓展生物多样性基础空间，深化推进崇明生态岛建设。强化引导，培育绿色低碳生活方式。

上海建设工地渐渐没有了水泥搅拌、尘土飞扬，建筑构件像生产线上的汽车一样被高速组装完成——这种全球先进的装配式建筑，在上海已经“绿色生长”了1000万平方米。上海还首次提出单体预制率超40%，远远领先国内其他城市。

5.开放发展不断刷新国际大都市“开放”内涵

上海是中国开放发展水平最高的大都市。截至目前，上海自贸试验区前后两批54项开放措施，有近900个项目落地。在第二批31项开放措施中，也有多个项目落地。此外，新修订的《外商投资产业指导目录》，新出台的《中国(上海)自由贸易试验区中外律师事务所互派律师担任法律顾问的实施办法》和《中国(上海)自由贸易试验区中外律师事务所联营的实施办法》等，一方面大幅减少了国际投资贸易的限制性措施，另一方面也为“提高我国在全球经济治理中的制度性话语权”作出了积极的尝试。下一步，上海将在提高人口的国际化程度、建立与国际投资贸易通行规则相衔接的制度框架、提高服务业开放程度等方面做足功课。

6.共享发展建设全球城市，联动长三角面向全世界

发挥上海在长三角地区合作和交流中的龙头带头作用，搭建平台服务城市群，在重要商务区将通过

“大交通”“大会展”“大商务”的核心功能，整合周边产业、要素与经济资源，提高对生产服务、商务服务、知识服务、信息服务的综合供给能力，形成集信息发布、中间品贸易、现代支付、会展物流、订单管理、信用保障、定价机制和制度支持于一体的现代化贸易服务中心，提升长三角制造业在新的国际分工中的作用和地位，持续提升长三角产业经济整体实力。

为推动长三角城市群协同发展，上海积极与长三角城市一道健全协调机制，创新合作方式。上海和江苏、浙江、安徽三省建立了“三级运作，统分结合，务实高效”的长三角地区合作协调机制，主要领导定期召开座谈会，审议、决策关系区域发展的重大事项。

江苏省城镇化进程与措施

1. 建立功能互补的城市规模体系

江苏坚持“协调推进城镇化、区域发展差异化、建设模式集约化、城乡发展一体化”的新型城镇化道路，加快构建“一带二轴，三圈一极”(即沿江城市带、沿海城镇轴、沿东陇海城镇轴与南京、徐州、苏锡常三个都市圈，淮安增长极)城镇化空间格局，远期形成“带轴集聚、腹地开敞”的区域空间格局，构建特色鲜明、布局合理、生态良好、设施完善、城乡协调的城镇体系。发挥小城镇的特殊地位。江苏人口总量大、人口密度高，城市数量相对较少，经济容量不可能容纳所有的农业剩余劳动力转移到大中城市就业，因而小城镇作为农村剩余劳动力转移的中转站和城市劳动力的蓄水池，在城市化阶段性发展中具有不可替代性。

2. 促进城乡一体化的发展

借助于立法、项目审批、税收等多种举措，克服市场调节中的失灵问题，引导大城市的传统产业向小城市和小城镇转移，进而带动人、财、物向农村和中小城市转移，发展中小城市和广大农村地区，抑制大城市过度扩张。促进大城市产业结构的调整和升级，形成一批大、中、小城市协调发展的城市群体。以此促进农村剩余劳动力加快向小城市、小城镇转移的速度，促使农业生产的规模化、集约化经营步伐的加快，进而加速提高农村居民的收入水平，奠定城乡一体化的基础。

3. 遵循绿色的城镇化发展

“坚守健康城镇化五类底线”，大中小城市和小城镇协调发展、城市和农村互补协调发展、紧凑式的城镇空间密度、防止出现空城、保护文化遗产和自然遗产。目前江苏城镇化水平已高出全国约10%。同时，江苏自2010年开始强调推进绿色建筑，目前江苏的绿色建筑数量占到全国总量近四分之一，也是全国占比最多的。在面对如此巨大的住房和城乡基础设施需求面前，江苏抓住快速城镇化阶段大量建造机会，积极推进绿色行动，在建筑节能和绿色建筑、节约型城乡建设、绿色生态省级示范城区、智慧城市管理运营等方面开展了大量工作，取得了巨大的成绩。目前，江苏省获联合国人居奖和中国人居奖城市全国最多、获国家生态市、国家园林城镇数量全国最多、获国家级历史文化名城和名镇数量全国最多、节能建筑规模全国最大、绿色建筑和国家级可再生能源建筑一体化示范项目数量全国第一。

4. 区域分类指导城市化发展

苏南苏北城市化达到的水平及所处的阶段并不相同。苏南地区城市化水平达到70%以上，已实现地区城市化，现在发展的侧重点放在“面”上，着力提升发展城市群和城市化质量，全面推进区域城市现代化和城乡一体化。而苏中、苏北地区城市化水平虽然也超过50%，仍处于城市化的快速发展阶段，与苏南地区仍有差距。苏北、苏中地区城市化发展的重点放在“点”上，大力发展各类中小城市和小城镇，合理、优化城镇空间布局。特别是在小城镇发展上，抓住苏南等发达地区产业向外转移的有利契机，把小城镇建设与承接产业转移有机结合起来，选择建制镇和部分条件较好的中心镇，通过采取加大基础设施投入，改善产业发展环境，安排一些公共工程项目，为返乡农民工定居小城镇提供政策支持等措施，增强综合承载能力和吸纳人口能力，进一步加快人口城市化进程。

5. 始终以人口为核心推进城市化发展

江苏新型城镇化首先突出以人为本，全省现有进城务工半年以上人员约1000万人，其中本省约600

万、外省约400万，正逐步把有能力、有意愿、长期在城镇务工经商的农民工及其家属转为城镇居民。在户籍制度上，实行放宽中小城市的落户条件，合法固定住所和合法稳定职业只要有一项即可；一人一居住证，在全省都可通用；省辖市市内居民户口通迁。在住房制度上，健全城镇住房制度，完善以公共租赁住房为主要方式的新型住房保障制度，构建保障性住房准入退出机制，探索将稳定就业的进城务工人员纳入住房公积金制度覆盖范围。建立以土地为基础的不动产统一登记制度，实现信息联网。

在公用交通方面，积极发展快速公共汽车、现代有轨电车。基本实现100万人口以上城市中心城区公共交通站点500米全覆盖。在居民素质方面，推荐中高职衔接和普职沟通贯通，试行普通高校、高职院校、成人高校之间的学分转换，建设职业教育创新发展实验区。建立健全新型职业化农民教育。

2015年江苏加快推进新型城镇化和城乡发展一体化，城乡统筹发展水平提高。全省城镇化率达到66.5%，比上年提高1.3个百分点。苏南转型升级步伐加快，苏中整体发展水平提升，苏北全面小康社会建设取得新成效。

浙江省城镇化进程与措施

1.建立健全有利于城市经济发展的体制机制

围绕破解中心城市“节点功能弱，集聚能力弱，资源整合能力弱”，全面深化改革，通过深化改革为加快城市经济发展提供体制机制保障，进一步释放城市经济的发展活力。一是着眼于加快构筑城市经济新优势进一步完善省管县体制，合理调整行政区划，条件成熟的发达地区可以通过撤县(市)设区，适当扩大中心城市规模，提升中心城市在区域经济发展、公共资源整合和产业布局中的统筹协调能力。二是着眼于要素集约、功能集成建立健全都市区协同发展体制机制，省级有关部门加强都市区规划研究，加快建立省级层面的都市区协调机制，促进都市区内资源要素共享、产业分工合作、优势互补，推进都市区产业提升、融合发展。三是着眼于城乡一体发展构建统筹城乡体制机制，加快“三权到人(户)，权随人(户)走”的农村土地制度改革，引导和鼓励农民进城，有序推进农业转移人口市民化，加快建立城乡一体的基本公共服务供给和社会保障制度。

2.实施创新驱动，加快构筑创新型城市产业体系

通过创新驱动调整优化城市产业布局和结构，着力解决城市经济发展中“传统产业升级难、大企业大产业形成难、高新产业发展难、现代服务业发展难”的“四难”问题，培育创新型城市产业体系，促进城市经济转型升级。一是支持和推动中心城市成为创新驱动的排头兵和示范点，加快建设一批孵化器、科创中心、科技城等符合不同层次创新需求的平台载体，完善城市创新体系，打造城市创新生态系统，为产业提升和城市经济发展提供支撑。二是积极培育创新型经济和信息经济，各中心城市大力推进产品创新、产业创新和商业模式创新，支持和发展一批高科技企业、创新型企业，加快发展信息产业、装备制造业等既代表发展趋势又具有基础和需求的高端产业，优化城市产业结构。三是大力发展服务业，加快提升和完善中心城市商贸服务、信息服务、科技创新服务、金融服务和物流枢纽等功能，优先发展总部经济、信息、科技、研发设计、文化创意、金融、现代物流等现代服务业，提升城市产业层次。四是提升产业综合竞争力，积极实施“四换三名”，引进一批大企业、大项目、好企业、好项目，鼓励龙头骨干企业和优势企业通过购并做大做强，培育一批著名企业，切实增强城市产业综合竞争力。

3.优化环境、吸引和集聚高层次人才创业创新

世界上所有成功城市的共同经验，就是吸引各行各业精英人才，为他们提供便于创新创业、交流合作的环境。许多研发中心和企业总部的迁移是和创新型人才、管理精英的流动密不可分的。如果一个城市的商务交流平台有限，教育资源不足，生活休闲场所匮乏，那么人才的流失就会成为必然。因此，支持中心城市创新完善人才政策，着力打造人才高地。一是进一步提高引进人才的生活保障待遇。创新完善人才政策，建设一批高质量的国际学校和医院，为高层次人才在通关、社会保险、子女就学、配偶安置等方面给予优惠，解决他们的后顾之忧。二是进一步助力创业创新。对于创新人才，鼓励大学、科研

机构等用人单位直接聘任引进人才担任中层以上领导职务或高级专业技术职务，所需编制和职数可实行计划单列，也可设立专业技术特设岗位；对于创新人才，可设立专项资助计划、专项资金支持、高层次人才创业园区或基地，对创办高新企业给予减免税政策等。三是加快提升中心城市高等教育质量和水平，积极引进建设大院大所，为集聚和吸引高层次人才提供平台载体。

4. 扩大有效投资，着力增强中心城市经济发展承载力

主动顺应城市经济发展需要，进一步加大城市基础设施和公共服务领域的有效投资，充分发挥重点项目对城市经济发展的支撑作用和对产业转型升级的引领作用，提高城市经济发展后劲和可持续发展能力的强劲支撑，推动全省经济平稳较快发展。一是加大公共服务设施和基础设施建设力度，特别要针对城市拥堵问题，加快市内交通、停车场所、城际轨道交通建设；加快都市区内高效物流网络建设，提升都市区内和城际物流网络效率，提升经济运行效率。二是加大信息基础设施建设力度，加快宽带网络、移动接入、城域无线网络设施等建设，促进中心城市信息覆盖、建设智慧城市、数字城市。三是加大城市生态环境建设力度，加快节能减排、新能源可再生能源、循环经济建设，抓好城市空气、水体、垃圾、噪声的治理。四是加大产业投资力度，重点引进省外浙商的公司总部和高端项目，央企的重大投资项目，以及世界500强和国内外知名企业；支持和发展一批高科技企业、创新型企业，鼓励龙头骨干企业和优势企业通过购并中小企业做大做强，培育一批大产业。

5. 充分发挥政府在城市经济发展中的引导和服务作用

发展城市经济，在充分发挥市场配置资源决定性作用的同时，更加重视政府在总体规划、主动调控和引导服务上的作用。一是有关部门加强对城市经济和都市区经济的研究规划，建立省级层面的统筹协同机制，对发展城市经济相关的重大事项给予指导和统筹协调，创新探索跨区域财政转移支付等利益协调机制和合作机制，加强都市区内和城际、县域之间的协同物流网络规划研究。二是各中心城市应立足自身实际，研究制订定位准确、目标明确、思路清晰的城市经济发展战略，合理规划中心城市与周围腹地错位发展的产业体系，积极探索创新加快城市经济发展的政策体系和发展路径。三是着力推进一批城市产业大平台、大项目建设，按照产业集聚、要素集约、产城融合、功能集成的要求，紧密结合"五水共治""三改一拆"，规划建设一批产业功能区块，推动高端产业集聚集约发展，特别是使那些联系成本高的商业、金融、信息和以柔性化生产体系为主的中小企业在功能区块集中，形成一批产业特色突出、产业链条完整、产业分工合理、布局优化的现代产业集群和高新技术产业基地。

安徽省城镇化进程与措施

1. 探索建立农业转移人口市民化推进机制

1)户籍制度改革。制定差别化的户口迁移政策，引导人口从皖北向皖江等重点开发区域城市集聚；全面推进辖区城乡户籍一元化管理改革，制定城乡统一的配套政策；全面实行居住证制度，拓宽居住证的服务保障功能。

2)劳动就业培训。采取政府购买服务方式，扩大培训覆盖面；扎实推进"春潮行动""阳光工程"等技能提升计划；加快企业培训法制化进程；农民工获得职业资格证书或专项职业能力证书的，政府按现有规定给予补贴。

3)完善住房供应体系。认真落实廉租住房、公共租赁住房并轨运行政策，引导社会资本参与棚户区改造。到2015年底，五年新增廉租住房、公共租赁住房、各类棚户区改造以及农村危房改造等保障性住房200万套，中等偏下收入家庭住房问题得到明显缓解。

4)增强教育保障。采取"定点学校接收、相对就近入学"的办法，确保进城务工人员随迁子女零障碍入学，对随迁子女拨付与城市学生同等标准的生均综合经费。

5)提供医疗卫生保障。在现有统筹层次基础上，分步推进城镇居民医保与新农合整合；引入商业保险承办城乡居民大病保险事务；探索建立跨省医保费用及时结算机制。

6)健全养老服务体系。实施统一的城乡居民基本养老保险制度，推动农村居民养老保险规范接入城镇居民养老保险体系；研究确定合理的省以下各级财政投入责任分担机制；鼓励将符合条件的被征地农民纳入城镇职工养老保险。

7)建立农业转移人口市民化成本分担机制。政府承担教育等基本公共成本，并建立与常住人口规模挂钩机制；完善财政转移支付制度，建立省以下转移支付同农业转移人口市民化挂钩机制；企业依法承担部分成本；农民工承担参加城镇养老和医疗等社会保险、住房公积金以及就业培训成本中的个人支出部分。

2.建立多元化可持续城镇化投融资机制

1)发挥金融机构重要作用。加强与国家开发银行等金融机构合作，探索棚户区改造和开发区产城一体化融资新模式。

2)健全地方债券发行管理制度。编制公开透明的城市政府资产负债表；建立政府债务风险预警管控机制和政府债务的风险偿债基金；争取省级政府发行地方政府专项债券的举债融资权限。

3)创新市场化融资模式。建立政府引导、市场决定的市政公用产品和服务价格形成机制，制定企业通过 PPP 等模式进入特许经营领域的办法。

3.创新城镇规划体制机制

1)强化规划引导作用。推进经济社会发展规划、城乡规划、土地利用规划等“三规合一”；推进县城近期发展地区控制性详细规划全覆盖。

2)建立和完善跨区域城市发展协调机制。积极参与长三角城市群规划建设；加快推进皖江城市带、合肥经济圈、皖北城市群建设；探索建立城市群和城市组团发展协调机制。安徽省将以长江为轴，以合肥、芜湖、安庆为区域中心城市，推动沿江城市跨江合作和联动发展；同时推动淮南、六安和桐城三市向合肥集聚发展；力争打造成长江流域具有重要影响力的现代化城市群。

3)建立健全新型城镇化标准体系。加快与新型城镇化发展相配套的规划、建设、管理与评价等标准的制定和修订，强化标准实施与监督，探索建立可复制可推广的标准化模式。

4.提高城镇建设水平

1)推进绿色城市建设。加强城市环境综合整治；开展“三线三边”治理；创建绿色低碳城市；建立生态环境损害责任终身追究制。

2)推进智慧城市建设。推进“宽带安徽”建设，实现城市无线移动宽带和主要公共场所无线局域网服务全覆盖。

3)推进人文城市建设。保护历史文化遗产，传承优秀传统文化，创造体现徽风皖韵的城市精品。

4)推动开发区产城一体化试点。优化开发区各类规划，科学定位园区主导产业，提高项目容积率、工业用地投资强度和亩均税收额度，建立开发区与城镇一体化布局和联动发展机制。

5)深入推进美丽乡村试点省建设。推进村庄建设、环境整治、兴业富民、土地整治、管理创新工程，培育中心村、整治自然村、提升特色村，加快农村新型社区建设。

5.提升城镇创新驱动能力

1)着力在管理体制、服务功能、文化教育、人才培养、制度设计、政策引导、发展环境等方面提升城镇创新功能，推动创新型城镇建设，提高城镇创新活力和竞争力。

2)坚持“试点先行、以点带面、分步推进”的原则，以信息化、智能化助推城镇化，积极开展智慧城市、生态城市、宜居城市试点工作，探索新型城镇化的模式和机制。

3)推动电信网、广电网、互联网“三网融合”，推广应用物联网、云计算等信息技术，加快智慧社区、智慧场区、智慧园区建设。加大科技研发投入和高端人才培养，发挥市场主导和企业主体作用，促进集成创新和自主创新等多种方式加快城镇发展，提升城镇化的科技含量和创新水平。

二、居民收入情况

(一)一市三省居民收入情况

表 1　2012—2015 年长三角地区一市三省城镇居民人均可支配收入　　单位:元

	2012 年	2013 年	2014 年	2015 年
上海市	40188	43851	47710	
江苏省	29677	31585	34346	37173
浙江省	34550	37080	40393	
安徽省	21024	23114	24839	

表 2　2012—2015 年长三角地区一市三省农村居民人均可支配收入　　单位:元

	2012 年	2013 年	2014 年	2015 年
上海市	17401	19208	21192	
江苏省	12202	13521	14958	16257
浙江省	14552	17494	19373	
安徽省	7160	8098	9916	

(二)省辖市居民收入情况

表 1　2012—2015 年长三角地区各省辖市城镇居民人均可支配收入　　单位:元

	2012 年	2013 年	2014 年	2015 年
一、江苏省				
南京市	35092	39115	42568	46104
无锡市	35663	38420	41731	45129
徐州市	21716	22015	24080	26219
常州市	33326	36288	39483	42710
苏州市	39079	42964	46677	50390
南通市	28292	30641	33374	36291
连云港市	20816	21470	23595	25728
淮安市	20950	23582	25798	28105
盐城市	21941	23669	25854	28200
扬州市	25712	27770	30322	32946
镇江市	30045	32748	35752	38666
泰州市	26574	28705	31346	34092
宿迁市	16991	18480	20396	22233
二、浙江省				
杭州市	35704	40925	44632	

续表

	2012年	2013年	2014年	2015年
宁波市	38043	40426	44155	
温州市	34820	37266	40510	
嘉兴市	35696	38671	42143	
湖州市	32987	35750	38959	
绍兴市	36911	39567	43167	
金华市	33164	36386	39807	
衢州市	26232	27981	30583	
舟山市	34224	37799	41466	
台州市	33979	36480	39763	
丽水市	26309	28005	30413	
三、安徽省				
合肥市	25434	28083	29348	
淮北市	20360	22460	23787	
亳州市	20488	22605	21192	
宿州市	19731	21713	21941	
蚌埠市	20629	22739	24147	
阜阳市	18972	20933	21715	
淮南市	20733	22920	26267	
滁州市	20426	22591	22091	
六安市	19369	21275	20610	
马鞍山市	30397	34048	32560	
芜湖市	23784	26264	27384	
宣城市	20478	22731	26289	
铜陵市	24685	27154	29234	
池州市	21386	23482	22295	
安庆市	20453	22683	22109	
黄山市	21208	23356	24194	

表2 2012—2015年长三角地区各省辖市农村居民人均可支配收入 单位:元

	2012年	2013年	2014年	2015年
一、江苏省				
南京市	14786	16011	17661	19483
无锡市	18509	20223	22266	24155
徐州市	10762	11513	12811	13982
常州市	16737	18169	20133	21912
苏州市	19396	21410	23560	25580
南通市	13231	14268	15821	17267

续表

	2012 年	2013 年	2014 年	2015 年
连云港市	9589	10463	11698	12778
淮安市	9838	10762	12010	13128
盐城市	11898	12913	14414	15748
扬州市	12686	13775	15284	16619
镇江市	14518	15876	17617	19214
泰州市	12493	13609	15076	16410
宿迁市	9495	10418	11677	12772
二、浙江省				
杭州市	17017	21208	23555	
宁波市	18475	21879	24283	
温州市	14719	17549	19394	
嘉兴市	18636	22396	24676	
湖州市	17188	20257	22404	
绍兴市	17706	21307	23539	
金华市	13286	16661	18544	
衢州市	10714	13811	15354	
舟山市	18601	21401	23783	
台州市	14567	17523	19362	
丽水市	8855	12171	13635	
三、安徽省				
合肥市	9081	10352	14407	
淮北市	7286	8240	9116	
亳州市	6552	7456	8967	
宿州市	6635	7571	8332	
蚌埠市	7674	8741	10511	
阜阳市	5922	6763	8213	
淮南市	7835	8869	10547	
滁州市	8091	9183	9171	
六安市	6535	7431	8287	
马鞍山市	10920	12340	14969	
芜湖市	9675	10962	14606	
宣城市	9036	10247	11251	
铜陵市	9847	11187	16405	
池州市	7986	9080	10629	
安庆市	6820	7748	9024	
黄山市	9161	10389	10942	

(三)促进居民收入的措施与进展

上海市居民收入基本情况与措施

1.加快转型发展,以就业结构优化带动劳动者收入增长

一是以产业升级带动就业岗位提升。大力发展现代服务业和先进制造业,全力推进自贸区和科创中心建设,创造大量高附加值、高收益的就业岗位,以吸引一批高层次、高收入人才集聚,进一步做大"蛋糕"。二是以教育培训促进劳动力素质提升。顺应结构调整的需要,进一步深化教育体制改革,健全覆盖全体劳动者的职业培训体系,努力提升劳动者队伍的整体素质,帮助劳动者进入中、高收入岗位就业,实现收入增长。

2.发挥政府主导作用,着力提高中低收入者收入

一是完善公共财政体系框架,进一步加大转移支付力度。二是进一步完善城乡社会保障体系,持续提高各项民生保障待遇标准。连续较大幅度提高城乡养老金、最低生活保障家庭低保金、失业保险金等民生保障待遇标准,以增加居民转移性收入。民生保障待遇标准增长幅度不低于居民可支配收入增幅。加快建立城乡统一的居民医疗保险制度,逐步提高城乡居民基本医保待遇水平。三是继续稳步提高最低工资标准,促进低收入职工工资较快增长。"十二五"期间,继续较大幅度提高上海最低工资标准,争取提高幅度高于全市职工平均工资增幅2～3个百分点。积极探索行业最低工资制度,进一步总结环卫行业经验,适时在绿化、公路养护、物业管理等低收入的公共服务行业推行。

3.运用市场化调节手段,引导企业建立职工工资正常增长机制

一是继续推动政府购买服务的公共服务行业率先建立一线职工工资正常增长机制。继续在绿化、路政、水上客运、水闸运营养护、供水、排水、住宅物业等公共服务行业探索建立一线职工工资正常增长机制,提高低收入职工工资水平。在合理确定劳动定额标准的基础上,保障政府购买服务资金的足额投入。此外,要合理确定服务收费价格,保障增资经费的稳定来源。二是健全更具实效的工资集体协商机制。切实发挥工会组织在推进企业工资集体协商中的作用,进一步增强劳动关系各方的代表性,健全主体清晰、程序规范、富有实效的工资集体协商机制。不断扩大工资集体协商的覆盖面,积极探索行业性、区域性工资集体协商,保障职工工资增长与企业效益、劳动生产率提高同步。三是进一步健全并发挥"三项制度"的作用。进一步健全工资增长指导线、劳动力市场工资指导价位和行业人工成本"三项制度",实行定期发布,有效发挥"三项制度"对面上企业工资分配的指导作用。

4.积极创造条件,拓展城乡居民收入渠道

一是加快完善金融市场体系,拓展居民增收渠道。健全多层次的资本市场体系,推动股权融资,规范发展债券市场,提高中小企业直接融资比例,缓解中小企业融资难的突出矛盾,扶持民间创业经营,增加居民经营性收入。加强资本市场监管,规范资本市场发展,落实上市公司分红制度,保护投资者、特别是中小投资者的合法权益。鼓励创新金融产品,强化投资理财渠道监管,规范交易方式,满足居民多样化金融理财的需求。加快利率市场化进程,适度扩大存贷款利率浮动范围,实行存款保险制度,保护存款人权益。促进房地产市场有序健康发展,在加强保障性住房建设、满足中低收入群众基本住房需求的基础上,鼓励发展房屋租赁市场,引导居民中长期投资和稳定获得租金收益。二是健全技术要素参与分配机制。推进建立以实际贡献为评价标准的科技创新人才薪酬制度,鼓励企事业单位对高层次、高技能人才实行协议工资、项目工资等。进一步完善张江示范区企业股权和分红激励办法,创新激励科技成果转化的分配制度和政策,保障技术成果在分配中的应得份额。三是积极创造条件鼓励创业致富。进一步打破市场垄断和各种隐性壁垒,坚持权利平等、机会平等、规则平等,鼓励民营资本以多种方式参与国资国企改革。继续加大对市民自主创业的政策支持,积极营造有利于"大众创业、万众创新"的社会氛围,鼓励和引导市民创业致富。

5. **加大城乡统筹力度，促进建立农民增收的长效机制**

一是加快推进农村土地制度和集体经济组织产权制度改革。在全市郊区范围内尽快完成农村集体资产所有权调查、确权登记和集体经济组织成员界定、农龄统计公示等基础性工作。积极推进农村集体经营性建设用地入市试点，农村集体经营性建设用地出让、租赁、入股，实行与国有土地同等入市、同权同价。完善集体资产收益分配机制，推进集体经济组织资产的股份制改造，按其成员拥有股权的比例进行收益分配，保障农民获得长期稳定的财产收入。二是促进发展家庭农场。按照《关于本市加快推进家庭农场发展的指导意见》的精神，进一步加大土地、资金、技术、人才等多方位的政策支持力度，鼓励农业走规模适度、集约生产、专业经营的发展新路，提高农业劳动生产率和土地产出率，增加农民的经营性收入。三是加快建立现代农业示范区。落实《上海市2015－2017年国家现代农业示范区建设三年行动计划》，推进农业科技创新，着力培育新型职业农民，推进现代农业发展由数量增长为主转向以质量效益为中心，带动农民增收。四是大力促进非农就业。全面落实《上海市人民政府关于本市加快城乡一体化发展的若干意见》，加快谋划支持纯农地区发展的扶持政策，进一步加大岗位补贴、社保补贴、职业培训等政策帮扶力度，重点促进离土农民实现非农就业，增加农民工资性收入。

2015年，上海居民人均可支配收入达49867元，比上年增长8.5％，扣除价格因素，实际增长6.0％。其中，城镇常住居民人均可支配收入52962元，增长8.4％，扣除价格因素，实际增长5.9％；农村常住居民人均可支配收入23205元，增长9.5％，扣除价格因素，实际增长6.9％。全市居民人均消费支出34784元，比上年增长5.2％。其中，城镇常住居民人均消费支出36946元，增长5.0％；农村常住居民人均消费支出16152元，增长9.0％。

江苏省居民收入基本情况与措施

1. **多措并举促进城乡居民增收**

合理提高机关事业单位工资标准，并健全工资决定和正常增长机制、壮大股份合作经济、发展民营经济、鼓励创业就业，优化公共就业服务，2015年形成"城乡一体，平台到村，联系到户，服务到人"的就业服务体系。加强救助帮扶，不断提高城乡居民收入水平。探索农民增收长效机制，更加关注低收入群体和困难群众，城乡居民收入达标人口比例提高4个百分点，居民收入持续增加。城乡居民收入差距进一步缩小，城乡居民收入比从上年的2.30∶1缩小为2.29:1。

2. **发展多种形式适度规模经营政策**

引导土地经营权规范有序流转，创新土地流转和规模经营方式，积极发展多种形式适度规模经营。尊重农民意愿，因地制宜、循序渐进，不强制推动。土地流转坚持农村土地集体所有权，稳定农户承包权，放活土地经营权，以家庭承包经营为基础，推进家庭经营、集体经营、合作经营、企业经营等多种经营方式共同发展；既注重提升土地经营规模，又防止土地过度集中，兼顾公平与效率，提高劳动生产率，土地产出率和资源利用率。鼓励和支持承包土地向专业大户、家庭农场、农民合作社流转，发展多种形式的适度规模经营。现阶段，对土地经营规模相当于当地户均承包地面积10至15倍、务农收入相当于当地二、三产业务工收入的，给予重点扶持。

3. **加大金融创新力度，鼓励居民财产向资本转化**

引导新兴产业创业投资，支持金融机构开展消费金融创新，开发储蓄、债券、保险、股票、期货、基金、外汇、黄金、信托资产等金融产品，推出适合大众需求的投资少、稳健型、多样化的金融理财产品。发展信托、融资、租赁和财务公司。规范发展民间金融，鼓励引导民间资金直接投资。放宽居民投资领域，降低投资门槛和交易费用。普及理财知识，增强居民投资理财能力与风险防范能力。完善公民财产权保护制度，促进物权管理办法改革，明晰居民的房屋所有权、土地使用权。坚持房屋拆迁市场定价，根据经济社会发展及物价等情况适时调整土地征收补偿标准，构建合理的土地收益分配机制，推进集体建设用地流转。鼓励通过动产、不动产投资，将资金、技术、管理等要素转化为经营性产权，开展股权、债权、知识产权质押、抵押融资，依法增加红利、租金、利息等财产性收入。健全资本市场体系。发展产权交易市场，支持居民经营性产权自由流动、交易。推进投融资体制改革，积极发展创业投资，拓宽民间资本投资渠道，引导民间资本进入实体经济，鼓励民资进入基础产业、基础设施、市政公用事业、社会事业、金融服务等领域。培育专业理财机构，发展个人理财行业，引导资产管理、融资、代理等中介服务组织参与交易活动。

4. 实施创业富民

降低创业门槛，本省城乡居民申请个体工商业、合伙企业、独资企业登记，不受出资额限制。征得利害关系人同意和合同约定情况下，允许创业者将家庭住所、租借房、临时商业用房等作为创业经营场所。允许将能够有效划分的同一地址登记为多家企业或个体工商户经营场所。鼓励拥有创新成果的科技人员和科研团队创办、联办科技型企业。对持《就业失业登记证》并符合规定条件的人员从事个体经营的，在三年内按照每户每年8000元为限额依次扣减其当年实际缴纳的营业税、城市维护建设税、教育费附加和个人所得税。对企业吸纳符合条件人员，在三年内根据实际招用人数，按照每人每年4800元的标准，依次扣减营业税、城市维护建设税、教育费附加和企业所得税。

加强信贷支持，扩大小额担保贷款规模，提高贷款额度，降低反担保门槛。加快发展科技保险，鼓励担保公司开展科技担保业务，大力发展中小企业集合债券和集合票据，支持科技型企业在中小板、创业板上市，扩大直接融资规模。符合条件的城乡劳动者，申请小额贷款并从事微利项目的，由财政据实全额贴息；从事非微利项目的，给予50%的贴息。对利用自有住房初次创业运营正常的，给予水电等创业运营经费补贴。

优化创业服务。扩大创业培训范围，对符合条件人员按规定给予创业培训补贴。依托公共就业服务体系，建立公共创业指导中心。完善创业项目开发、征集、论证、推介机制，促进项目与创业者有效对接。利用经济开发区、工业园区、高新技术园区、大学科技园区、星火培训基地、科技成果转化服务中心等企事业单位，建立一批创业孵化基地及创业见习(实训)基地。

5. 居民生活水平不断提高

2015年江苏全省居民人均可支配收入29539元，比上年增长8.7%。按常住地分，城镇居民人均可支配收入37173元，增长8.2%；农村居民人均可支配收入16257元，增长8.7%。全体居民人均可支配收入中位数25095元，比上年增长10.1%。全省居民人均可支配收入中，按五等份分组，低收入组人均可支配收入8485元，增长12.3%；中低收入组人均可支配收入16614元，增长10.8%；中等收入组人均可支配收入25122元，增长9.9%；中高收入组人均可支配收入36374元，增长6.1%；高收入组人均可支配收入68590元，增长6.3%。全省居民人均消费支出20556元，比上年增长7.3%。

浙江省居民收入基本情况与措施

1. 保经济持续稳步增长，提质增效，夯实居民增收基础

以“四换三名”工程为抓手，加快腾笼换鸟、机器换人、空间换地、电商换市的步伐，大力培育名企、名品、名家，同时完善科技、人才支撑，加快建设先进制造业基地，再造工业核心竞争力，不断强化浙江新的产业比较优势，提高浙江工业产品在国际市场的核心竞争力；让高能耗、高污染、低产出的发展模式渐行渐远，真正实现生态文明型的经济发展方式，从而确保浙江省经济能够可持续增长。加快三大产业结构调整步伐，重点培育发展信息、环保、健康、旅游、时尚、金融等七大新兴行业，在局部区域逐步取代传统产业占据主导地位，成为经济发展的重要引领和拉动力量；转换三大需求重心，逐步确立消费对经济增长拉动的基础地位，从基本的吃、穿、用、住、行逐渐向信息消费、绿色消费、养老消费、健康消费、文化消费、旅游消费等新的服务型消费领域扩展；从生存型消费向发展享受型消费升级、从物质消费向服务消费升级、从传统消费向新型消费升级，让个性化、多样化消费渐成主流；提高浙江省产品在国际市场的竞争力，吸引更多的消费者购买本地产品，从而将企业产品转化为效益，形成产、供、销一条龙良性循环，拉

动浙江省经济稳步增长。

2. 把握收入增长区间，分好蛋糕，实现与经济同步增长

把握好城乡居民收入增长的合理区间，突出初次分配，确保居民收入与经济同步增长。提高企业职工工资收入占企业净收入的份额。不断增加企业职工的工资收入水平，确保每年有所增长，还可将企业职工的工资收入增幅与企业净收入增幅挂钩，实现与企业经营成果共享；提高个体经营者和小微企业经营者在初次分配中的收入所得。一方面适当减轻私营企业的税收比例，减轻企业来自于政府税收压力、特别是中、小企业的压力，另一方面政府通过简政放权、财政和金融支持等措施减少个体经营者或小微企业经营者的经营成本；逐渐提高机关事业单位人员的工资水平。一方面要随着地方财政收入的提高而逐年有小幅增长，另一方面要根据物价上涨幅度对机关事业单位就业人员的工资进行定期微调，确保机关事业单位职工收入逐年有所增长。

3. 缩小收入差距，共同富裕，实现收入全面增长

加大浙中南地区经济发展，通过多种渠道保持经济增长，同时强化收入分配等政策倾斜力度，不断提高浙中南地区居民收入水平，特别是工资收入水平；加大浙中南贫困地区扶贫力度。有针对性地扶贫，对因老弱病残、缺劳动力、缺资金等原因致贫的加大政府转移支付的扶贫力度；提高有劳动力但没有工作而致贫的家庭的收入水平，一方面可通过就业培训及相关部门协助至少对每个家庭安排一人就业，另一方面要立足于当地自然资源和人文民俗资源，发展特色田园式农业、生态旅游业和农家乐，提高其经营收入。

缩小行业间工资收入差距，缩小高低收入户间的收入差距。一方面要强化直接税的主体地位，提高工资薪金所得税起征点，调节过大收入差距，采取相应转移支付方式加大对低收入群众的转移支付力度，另一方面进一步完善公共财政分配体制，把更多的资金用于提供公共产品，提高低收入居民的养老、医疗、住房、教育等方面的保障水平。

4. 扩大收入增长渠道，提升质量，实现收入可持续增长

创新农村家庭生产销售和经营方式。大力推广高效、生态循环的新型种养模式，加快发展绿色农业，从根本上提高农产品质量和安全系数，提高浙江省农产品在市场上的竞争力；大力发展农村电子商务，推动农业生产经营规模化、网络化、品牌化，把高品质的农产品和手工工艺品以便捷的渠道和公道的价格销售出去，提高农村居民来自第一、二产业的经营收入；加快发展休闲观光农业，鼓励和支持农民利用特色资源发展农家乐、乡村民宿、休闲农庄等乡村旅游，鼓励有条件的地方加快推进乡村旅游景区化，提高农村居民来自于第三产业的经营收入。

保障农村居民土地及房屋权益，拓宽农民增加财产性收入渠道。深化资本市场和农村土地确权改革，对集体资产股份行使占有、收益、有偿退出及抵押、担保、继承权，同时对宅基地行使用益物权，慎重稳妥推进农民住房财产权抵押、担保、转让，通过上述三个渠道提高农村居民财产性收入；增加理财产品，提高城乡居民来自于投资的财产性收入。转变居民投资理财的理念，加大宣传力度，对每种理财产品的风险与利益透明化，增强投资理财者对理财产品的知晓度，根据个人抵御风险的能力来参与理财。创新开发适合大众承受能力的理财产品，特别是时间短、见效快、收益稳的理财产品。

5. 抓住政策机遇，向政策要推力，实现收入较快增长

扩大物价补贴发放对象范围需要从城市扩展到农村、特别是失地农民。从以往只对企业退休人员、贫困群体发放价格补贴扩大到所有消费者。将物价补贴作为一项常规政策来执行，根据 CPI 增长幅度按月或按季发放价格补贴，避免居民收入因物价上涨而缩水。

加大农业补贴资金整合力度，调整优化涉农专项资金支出结构，建立农业补贴标准动态调整机制，尽快完善耕地保护、土地承包经营权和林权流转以及粮油生产等直补办法，确保农村居民转移性收入；完善生态公益林补偿制度和激励制度，按规模、成本和收益情况每年按不同标准给予适当补贴；逐步扩大农业保险保费补贴范围。重点对具有风险性、创新性的农业生产和经营项目逐步扩大到补贴范围，并逐年提高其中的相关补贴项目标准和农产品收购保护价等。

2015 年浙江全体居民人均可支配收入为 35537 元，同比名义增长 8.8%，扣除价格影响因素，实际增长 7.3%。分收入来源看，人均工资性收入 20654 元，同比增长 8.3%；人均经营净收入 6182 元，同比增长 3.7%；人均财产净收入 4079 元，同比增长 13.7%；人均转移净收入 4622 元，同比增长 14.3%。按常住地分，城镇居民人均可支配收入 43714 元，同比增长 8.2%，扣除价格影响因素，实际增长 6.7%；农村居民人均可支配收入 21125 元，同比增长 9.0%，扣除价格影响因素，实际增长 7.5%。

安徽省居民收入基本情况与措施

1. 确保工资性收入稳定增长

安徽省面对经济新常态，紧紧围绕改革主线，及时出台工资改革、车改等实施方案；同时，围绕自主创新主题推动“大众创业，万众创新”带动全省经济全面稳健发展，城镇居民就业形势较为稳定。全省各地积极落实各项工资新政策，多地分别提高津补贴、养老金和最低生活保障标准。从 2014 年下半年开始，安徽省淮南、安庆、淮北、滁州、宿州、六安、池州、宣城等市出台新的增资政策。如淮南市提高公益性岗位人员和机关事业单位非在编聘用人员工资。滁州市乡科级正职津补贴上涨 24.2%。据安徽省人社厅发布《关于 2015 年调整企业退休人员基本养老金的通知》，全省企业退休人员养老金标准同比提高。从 2015 年开始，多地城市最低生活保障标准不断提高，如合肥市由户月人均 460 元调整为 510 元，芜湖市由 320 元提高到 380 元。

工资改革方案落实提高了城镇机关事业单位工作人员工资和离退休人员离退休费。按照国办发〔2015〕3 号文件要求，安徽省政府出台了《安徽省人民政府办公厅转发省人力资源社会保障厅省财政厅关于调整机关事业单位工作人员基本工资标准和增加离退休人员离退休费实施意见的通知》，各市县在三季度开始执行；从 2014 年 10 月 1 日起调整机关事业单位工作人员基本工资标准和增加机关事业单位离退休人员离退休费，并一次性补发到位，工资性收入明显增加。同时，省直机关车改工作已于 9 月份正式实施，各地车改也将在年底前陆续开展，一定程度上提高了机关事业单位人员收入水平。

2015 年城镇居民人均工资性收入 16929 元，同比增长 9.1%。在城镇居民可支配收入中，工资性收入占 62.8%，比上年提高了 0.3 个百分点，仍为全省城镇居民收入主要来源。

2. 优化创业环境，经营净收入增加较多

2015 年安徽城镇居民人均经营净收入 4172 元，同比增加 291 元，增长 7.5%，增幅较去年同期提高了 4 个百分点。2015 年以来，安徽省积极鼓励非公有制经济发展，放宽私营、个体企业准入条件，进一步改善营商和创业环境。积极扶持小微型企业发展，截止 2015 年底，全省培育认定 105 个“安徽省小微企业创业基地”，入驻企业数 5960 户，带动就业 19.31 万人。培育省级产业集群专业镇 189 个，聚集规模以上企业 4357 户，占全省规上企业数的近 1/4；实现营业收入 6745.5 亿元，增长 19.7%，占全省规上企业营业收入的近 1/5；从业人员 153.76 万人，增长 12.1%。营业收入百亿元以上产业集群专业镇 15 个，其中超 200 亿元的 3 个。小微企业中有很多是科技型企业，对全省工业企业技术升级和科技创新起着积极的推动作用，省政府在融资、税收等方面给予大力扶持，有效地调动了下岗再就业人员和高校毕业生自主创业的积极性，全省个体、私营企业经营状况逐步趋好，经营收入稳定增长。

3. 财产性收入增速下滑，需拓展收入增长点

2015 年安徽城镇居民人均财产性收入 1882 元，同比增加 94.2 元，增长 5.3%，较上年同期下降了 1.2 个百分点。2015 年安徽城镇居民人均出租房屋收入较上年人均减少 26.6 元，同比下降 6.4%；专利版权等资产收入较上年人均减少 32.6 元，同比下降九成。为稳住财产性收入增长，围绕投融资改革激活民间投资，放开市场准入，提高民间资本的投资积极性，以投资结构的优化带动投资效益的改善。

逐步加大财政转移支付力度。随着经济发展，城镇居民贫富差距仍处高位，对低收入家庭加大财政转移支付力度。对弱势群体逐步提高救助标准，对贫困家庭给予定点帮助和精准扶贫，对失业群体给予

教育及培训支持，增加就业机会。同时，增加廉租房、教育和医疗等公共品的投入，保障低收入家庭生活水平能够稳定地提高。

4. 转移性收入增速下滑，需加大社会救助范围

2015 年安徽城镇居民人均转移性收入为 3953 元，同比增加 299 元，增长 8.2%，较上年同期下降了 4.1 个百分点。从转移性收入构成看，分项收入呈现"四增四降一平"格局。养老金或离退休金收入、家庭外出从业人员寄回带回收入、赡养收入、从政府和组织得到实物及服务收入四项收入较上年同期均有不同程度的增加。其中，养老金或离退休金收入增加最多，人均同比增加 485 元。社会救济和补助收入、政策性生活补贴收入、报销医疗费收入、其他经常转移收入与上年同期相比呈不同程度减少，其中，其他经常转移收入减少最多，人均同比减少 153 元。其他政策性补贴收入人均为 20.5 元，同比持平。

2015 年安徽省民生工程将保障孤儿基本生活单独立项实施，建立健全孤儿救助管理工作体系，向社会散居或福利机构集中供养的孤儿发放生活补助，保障其基本生活权益。全省保障约 2.7 万孤儿，要求集中供养与散居供养的每人每月补助金额在 600 元至 1000 元及以上不等。在满足孤儿群体救助目标之外，专项开展生活无着人员社会救助，安徽省保障约 15 万救助对象。根据救助对象实际需求，按照自愿、无偿原则，对生活无着的流浪乞讨人员提供系列救助服务：包括主动救助、生活救助、医疗救治、教育矫治、返乡救助、临时安置、源头预防、未成年人社会保护等。

5. 积极推进农业规模化、标准化发展促增收

安徽加大土地流转力度，推进土地向规模经营集中，推进农业标准化基地创建工作，积极发展特色高效农业。当涂县还培育农业经营主体促增收。通过培育扶持农业产业化龙头企业、种养大户、农民专业合作组织的发展，发挥其在促进农民增收中的带动作用。同时，当涂县强化技能培训、增强农民就业能力促增收。按照培育新型农民的标准，大力实施农村劳动力转移就业培训"阳光工程"，使大多数农民获得了一技之长，逐步转向非农产业和城镇就业。科技推动是推动农民增收的又一有效措施。积极引进国内科研院所与农业企业开展产学研合作，全面实施种植业、畜牧业、林业、渔业科技入户工程，提升种养水平，提高农产品产量和效益，促进农民增收。

2015 年安徽城镇居民人均可支配收入为 26936 元，同比增长 8.4%，扣除价格因素实际增长 7.0%，收入增速高于全国，绝对数居中部六省第 3 位。2015 年，安徽城镇居民人均可支配收入名义增速比全国高 0.2 个百分点，居全国第 11 位，扣除价格因素实际增速比全国平均水平高 0.4 个百分点。从中部六省看，安徽城镇常住居民人均可支配收入居第 3 位，增幅居第 4 位。

三、劳动就业情况

（一）一市三省劳动就业情况

2012—2015 年长三角地区一市三省从业人员数　　单位：万人

	2012 年	2013 年	2014 年	2015 年
上海市	1115.50	1315.09	1317.38	
江苏省	4759.53	4759.89	4760.83	4758.5
浙江省	3691.24	3708.73	3714.15	
安徽省	4206.80	4275.90	4311.00	

(二)省辖市劳动就业情况

2012—2015年长三角地区各省辖市就业人员数

单位:万人

	2012年	2013年	2014年	2015年
一、江苏省				
南京市	451.8	452.4	453.0	455.0
无锡市	389.1	389.2	389.5	390.0
徐州市	478.7	478.7	480.9	482.1
常州市	280.9	280.9	281.0	281.0
苏州市	694.3	695.2	693.4	691.4
南通市	468.9	467.2	462.0	460.0
连云港市	249.2	250.2	251.1	250.3
淮安市	280.4	281.3	281.9	282.5
盐城市	447.7	446.4	445.5	445.7
扬州市	265.8	265.7	265.6	264.5
镇江市	192.0	192.1	192.7	193.1
泰州市	284.4	284.2	285.0	281.3
宿迁市	276.4	276.4	279.2	281.6
二、浙江省				
杭州市	644.43	650.51	654.92	
宁波市	501.58	503.36	511.50	
温州市	577.88	573.96	567.57	
嘉兴市	327.13	327.70	332.29	
湖州市	180.32	180.90	182.97	
绍兴市	343.90	344.39	345.67	
金华市	343.45	345.29	345.51	
衢州市	133.35	133.60	134.16	
舟山市	72.90	72.65	74.32	
台州市	389.26	397.15	402.15	
丽水市	139.20	140.07	140.63	
三、安徽省				
合肥市	484.9	504.4	513.9	
淮北市	113.5	114.1	114.8	
亳州市	338.5	339.1	353.4	
宿州市	359.1	362.1	369.9	
蚌埠市	226.0	199.4	218.5	

续表

	2012 年	2013 年	2014 年	2015 年
阜阳市	611.1	629.3	610.1	
淮南市	138.1	140.2	138.0	
滁州市	276.7	280.4	282.6	
六安市	403.5	404.9	433.2	
马鞍山市	127.2	131.7	136.9	
芜湖市	195.9	197.8	200.8	
宣城市	202.2	202.7	203.0	
铜陵市	46.0	46.3	47.7	
池州市	112.1	113.1	114.1	
安庆市	431.9	434.6	436.7	
黄山市	96.1	97.3	98.0	

(三)促进劳动就业的措施与进展

上海市劳动就业基本情况与措施

1. 坚持扩大就业发展战略,制定稳定岗位就业援助特别计划

把稳定和扩大就业作为经济运行合理区间的下限,将城镇新增就业和调查失业率作为宏观调控重要指标,纳入本市国民经济和社会发展规划及年度计划。科学把握宏观调控的方向和力度,以稳增长促就业,以鼓励创业就业带动经济增长。加强财税、金融、产业、贸易等经济政策与就业政策的配套衔接,建立宏观经济政策对就业评价影响机制。政府将根据“困难企业”中实行岗位共享或处于停工状态的员工人数,由失业保险基金给予不超过 6 个月的社会保险费补贴和岗位补贴。实行岗位共享或处于停工期间,职工的工资报酬可通过协商重新确定。“困难企业”可实行灵活的工时制度,包括“不定时工作制”或“综合计算工时工作制”,其中后者的计算周期可放宽到一年。

拓宽就业渠道,加大对“就业困难人员”的安置力度,具体指连续处于实际失业状态 6 个月以上的 7 类人员:大龄失业、协保人员;城镇零就业家庭成员;农村低收入家庭成员;连续享受最低生活保障 3 个月以上的家庭成员;中等残疾或部分丧失劳动能力的人员;被征地并领取生活补贴期满后仍难以实现就业的人员;刑释解教人员。对于吸纳“就业困难人员”就业的企业将给予一次性补贴,标准为:吸纳城镇登记失业人员就业,补贴每人每年 10000 元;吸纳协保人员、农村富余劳动力以及一次性缴纳社会保险费已满 15 年的征地人员,补贴每人每年 5000 元;补贴期限最长不超过 2 年。

针对高校毕业生,上海还推出了 6 个专项计划,引导和扶持高校毕业生就业。普通高校专升本人数增加到 3400 人,研究生招生计划数增加到 2.73 万人;招聘 1800 人到郊区镇校任教,1000 人参加郊区医疗卫生建设;选聘高校毕业生当村官,参加“三支一扶”计划的招募人数增加到 1000 人,大学生志愿服务西部计划人数增加到 300 人;为毕业生提供 5000 个岗位,鼓励毕业生到社区、居委会、社会组织等实现就业;见习基地增至 3000 家,除企业外,还将拓展到事业单位,接受毕业 2 年内的大学生共 3 万人;为自愿延迟就业的本科生进行技能培训。

2. 发展吸纳就业能力强的产业,着力培育产业新增长点

创新服务业发展模式和业态,运用各种新兴技术改造提升传统服务业,加快互联网、大数据、云计算等新技术,在服务业重点领域的推广应用。鼓励和引导生产性服务业企业开展“互联网+”跨界联动,着力培育产业新增长点。推动商业业态创新和模式创新，大力发展以网络技术为基础的各类消费和生活性公共服务平台，发展网络消费，线上线下融合消费为核心的电子商务模式，促进研发、咨询、营销、代运营、金融、广告等电子商务专业服务业，加快发展跨境电子商务。培育战略性新兴产业和先进制造业，挖掘第二产业就业潜力。

3. 新一批高校创业指导站名单出炉惠及更多大学生创业者

继2015年4月首批12家高校创业指导站全面建成后，本次又有16所高校通过了人社部门和教育部门的评估验收，加入高校创业指导站的队伍。截止目前，上海市共有28所高校建成高校创业指导站，专家志愿团的服务也将进一步深入校园，为大学生创业者授业解惑，做好他们创业途中的引路人。当前上海正处于"创新驱动发展、经济转型升级"的关键时期，在努力实现"四个率先"、建设"四个中心"，加快建设具有全球影响力的科技创新中心的进程中，上海始终坚持"民生为本、人才优先"，着力健全面向全体劳动者的职业培训制度，加强高技能人才培养，广泛开展职业技能竞赛活动，完善政策加大投入，不断推动技能人才队伍的壮大发展。2015年末，上海高技能人才占技能劳动者比重已达30.17%。

作为国内首创的创业专家服务组织，上海市创业指导专家志愿团针对不同的咨询需求，形成了"5＋1"的特色服务形式，即包括门诊、会诊、上门指导、结对、网上咨询和专家讲座在内多种方式。随着社会发展速度的加快和移动终端的普及，青年创业者越来越需要"短平快"的指导。

4. 支持小微企业发展，发挥其吸纳就业的主渠道作用

发挥小微企业吸纳就业的主渠道作用，引导银行业金融机构针对小微企业经营特点和融资需求特征，创新产品和服务。发展融资性担保机构和再担保机构，完善风险分担机制，为小微企业提供融资支持。落实支持小微企业发展的税收政策，加强市场监管执法和知识产权保护，对小微企业亟需获得授权的核心专利申请优先审查。发挥新型载体集聚发展的优势，支持符合条件的区县成为国家小微企业创业创新基地示范城市。

5. 积极预防和有效调控失业风险

积极预防和有效调控失业风险，做好失业保险基金支持企业稳岗政策的落实工作，鼓励生产经营困难企业通过与职工进行集体协商，采取在岗培训、轮班工作、弹性工时、协商抽薪等办法，不裁员或少裁员。对确实要裁员的，制定人员安置方案，实施专项就业帮扶行动，妥善处理劳动关系和社会保险接续，促进失业人员尽快再就业。

在这一系列措施之下，2015年上海将新增就业岗位50万个，其中解决农村富余劳动力非农就业岗位10万个，年内完成农民工职业培训10万人；大学生初次就业率达到70%；城镇登记失业率控制在4.5%左右。

江苏省劳动就业基本情况与措施

1. 确定就业目标，贯彻落实《实施意见》

促进就业稳定增长、积极推进大众创业、提升就业创业能力和公共服务水平是江苏《关于进一步做好新形势下就业创业工作的实施意见》中的三个重点。2015年，江苏围绕健全和完善创业带动就业、重点群体就业、企业吸纳就业、就业创业服务、就业创业工作机制等扶持政策和创新举措上下功夫，在创业带动就业方面，着力优化创业创新环境，推进创业载体建设，拓宽创业投融资渠道，支持创业担保贷款发展，落实创业创新税费优惠政策，加大创业扶持力度，支持电子商务创业，鼓励科技人员创业。在统筹重点群体就业方面，鼓励高校毕业生多渠道就业，加强对困难人员的就业援助，促进农村劳动力转移就业，做好退役军人的就业工作。在鼓励企业吸纳就业方面，加大援企稳岗力度，发挥小微企业就业主渠道作用，完善小微企业吸纳就业扶持政策，鼓励企业稳定用工。在优化就业创业服务方面，完善就业创业服务体系，推进就业服务信息化建设，加强人力资源市场建设，强化职业培训和创业培训，完善就业失业登记办法。在健全就业创业工作机制方面，做到加强组织领导，强化考核奖惩，保障资金投入，加强统计监

测，注重舆论引导。

2. 抓住重点，精准发力使各项就业政策实施到位

在经济新常态下，守住保就业的下线至关重要。2015 年江苏就业总量压力较大和结构性矛盾并存，全年供求缺口约 80 万个，比往年略有扩大。仅高校毕业生就达 55.2 万人，再创历史新高。江苏把高校毕业生就业作为重中之重，加强分类指导，深入实施大学生就业促进和创业引领“两大计划”，开展了系列专项活动，如“智汇无锡”大学生创业系列活动等。组织开展就业政策宣传月和就业促进月“两大行动”，进一步完善高校毕业生实名制登记管理服务，确保高校毕业生就业创业工作实现“双提升”。为鼓励企业特别是中小企业更多更好地吸纳高校毕业生就业，江苏相继出台一系列扶持中小微企业健康发展的政策措施，同时持续深化商事制度改革和行政审批制度改革，极大地激发了市场活力，为促进高校毕业生就业提供了广阔的空间。其次是着力解决结构性失业问题，积极应对经济下行、化解产能过剩和淘汰落后产能过程中的减员、待岗现象，妥善解决下岗分流职工的再就业问题。通过转型转产、主辅分离、多种经营等方式实行企业内部分流，加大公益性岗位开发力度提供托底帮扶，促进分流职工转岗就业创业。

3. 江苏盐城市实施“515”人才引进三年行动计划

盐城市“515”人才引进三年（2015—2017 年）行动计划，着力以人才集聚助推绿色发展，以人才优势构筑发展优势，打造江苏沿海人才发展新高地，人才工作整体实力跻身长三角地区和全国同类城市先进行列。从 2015 年起到 2017 年，每年引进 50000 名大学生（其中全日制本科及以上不低于 50%）、10000 名专门人才、500 名领军人才。“三星级”政策支持引进大学生；“四星级”政策支持引进专门人才；“五星级”政策支持引进领军人才，各星级政策对应相应的优惠政策予以鼓励。同时，“系统化”措施配套服务人才，充分调动用才主体积极性，全面激发人才创造活力。

4. 江苏泰州立足实际，全面推进就业创业

泰州实施“652”人力资源集聚行动计划，确保一年内聚集 60 家优质人力资源服务机构、确定 50 家生源较多的合作院校、建立 20 个人力资源丰富的劳务合作基地。组织实施技能人才“326”培训工程，三年内全市培训产业工人 30 万人、新增技术工人 20 万人、培养高技能人才 6 万人。集中精力抓好高校毕业生就业，确保泰州籍高校毕业生年底就业率不低于 93%、“两困”毕业生就业率 100%。全面落实全民创业 30 条政策，加快构建政府激励创业、社会支持创业、劳动者勇于创业的新机制，最大限度地释放创业活力，形成谋创业、争创业、创成业、创大业的生动局面。两项保障：政策保障、公共服务保障。聚焦政策效果和能力建设，加强绩效评估，坚持部门自评和第三方评估相结合，重点对社保补贴、培训补贴、创业补贴、小额担保贷款等优惠政策实施情况进行全面评估，在实效性上下功夫。研究制定政府购买公共创业服务目录，引入专业服务机构、咨询机构、行业协会等社会优质资源参与公共创业服务，提高服务质量。加强就业信息化建设，建立全市人力资源招聘服务系统，提升“15 分钟公共就业服务圈”运行能力。

5. 2015 年全省劳动就业取得进展

年末全省城乡从业人员 4758.5 万人，比上年末增加 2.33 万人，其中，第一产业 875.56 万人，第二产业 2046.16 万人，第三产业 1836.78 万人，分别占全省总数的 18.4%、43% 和 38.6%。城镇新增就业 139.84 万人，年末城镇登记失业人数 36.01 万人，比上年末减少 0.56 万人，城镇登记失业率控制在 3.00%。

帮助城镇失业人员再就业 77.74 万人，其中就业困难人员就业 13.34 万人，城镇零就业家庭动态为零；新增转移农村劳动力 20.97 万人，累计转移 1875.1 万人，转移比重 71.5%；实施高校毕业生就业见习计划，安排 2.57 万名未就业高校毕业生参加见习，2.36 万人通过见习实现就业，其中见习期满留岗就业的 1.94 万人；扎实做好离校未就业高校毕业生实名制登记管理，离校未就业毕业生实名登记率和服务率均为 100%；招录“三支一扶”高校毕业生 399 名，其中支教 90 名、支农 86 名、支医 34 名、扶贫 175 名，水利 14 名；高校毕业生年末总体就业率 96.7%。

深入推进创业带动就业工作。支持 19.54 万人成功自主创业并带动就业 74.34 万人，其中，引领大

学生创业 2.58 万人，扶持农村劳动力创业 6.36 万人；开展创业培训 25.35 万人。

浙江省劳动就业基本情况与措施

1.拓展新的就业领域，积极推进大众创业

着力发展智力密集型、技术密集型等产业，提高劳动密集型产业附加值，进一步提高就业吸纳能力。大力发展信息经济、环保、健康、旅游、时尚、金融、高端装备制造等七大产业，培育就业新的增长点，加快形成推进产业转型升级与促进就业的良性互动机制。

放宽市场准入。深化商事制度改革，推行注册资本认缴登记制。全面实行营业执照、组织机构代码证、税务登记证、社会保险登记证、统计登记证"五证合一"登记制度，实现"一表申请、一口受理、协同审批、一证五码"。在国家统一实施社会信用代码后，全面推行"一照一码"登记模式。继续放宽企业住所(经营场所)登记条件，推行"一照多址""一址多照"等举措。积极探索全程电子化登记，推行企业名称远程自助查重申报，简化冠名程序。实行减税降费。高校毕业生、登记失业人员等创办个体工商户、个人独资企业的，可依法享受税收减免政策。支持农民工返乡创业，落实定向减税和普遍性降费政策。将企业吸纳就业税收优惠的人员范围由失业 1 年以上人员调整为失业半年以上人员。

2.支持农村电子商务创业

重点人群从事农村电子商务创业的，一次性创业社保补贴和带动就业补贴标准可上浮 20%。对从事农产品网络销售、农民网络消费服务的电子商务企业招用毕业年度(毕业当年 1 月 1 日至 12 月 31 日)离校未就业高校毕业生，与其签订 1 年以上劳动合同并依法缴纳社会保险费的，按企业为其实际缴纳部分给予社保补贴(包括基本养老保险、基本医疗保险、失业保险，下同)，期限不超过 3 年。

城乡劳动者在村级电子商务服务站服务 1 年以上并依法缴纳社会保险费的，经人力社保、财政部门认定，可享受一次性创业社保补贴，其中毕业年度离校未就业高校毕业生的补贴标准可提高到 1 万元。就业困难人员到村级电子商务服务站就业并依法缴纳社会保险费的，经人力社保、财政部门认定，可参照公益性岗位政策给予岗位补贴和社保补贴，不再享受一次性创业社保补贴。

8 月份，浙江省农村电子商务创业带动就业工作现场会在遂昌召开，会议交流学习各地农村电商创业就业工作的做法和经验，实地调研了遂昌县网店协会、赶街遂网公司、竹炭创业园区等。通过借力，扎实推进农村创业就业各项工作，为增加城乡居民收入、促进农村电商发展作出新贡献，为浙江省经济转型、就业增长和大众创业助力加码。

3.加强困难人员就业援助

进一步规范就业困难人员认定程序，实行实名制动态管理和分类帮扶。用人单位招用就业困难人员，签订劳动合同并依法缴纳社会保险费的，按规定给予社保补贴。就业困难人员实现灵活就业并依法缴纳社会保险费的，按规定给予社保补贴。

规范公益性岗位开发管理，科学设定岗位总量，制订岗位管理办法，探索委托社会力量参与岗位管理。就业困难人员在公益性岗位上岗的，给予社保补贴和岗位补贴，社保补贴和岗位补贴期限不超过 3 年，对初次核定享受补贴政策时距退休年龄不足 5 年的人员，可延长至退休。

加强对就业困难人员在岗情况的管理和工作考核，建立定期核查机制，完善就业困难人员享受扶持政策期满退出办法，并做好政策衔接和后续的就业服务工作。确保零就业家庭、最低生活保障家庭等困难家庭至少有 1 人就业。在核定最低生活保障家庭和最低生活保障边缘家庭收入时，其首次就业或自主创业 1 年内所取得的收入可不计入，1 年以后扣减必要的就业成本后再行计入。

4.加大退役军人就业扶持

落实军转干部及随军家属就业税收政策，以及自主择业军转干部、自主就业退役士兵、随军家属就业扶持政策。对符合政府安排工作条件的退役军人，要确保岗位落实。全省公安和司法行政系统招录人民警察(司法助理员)学员和浙江警官职业学院招录省属监狱系统人民警察学员时，安排不少于 10%

的名额面向退役士兵招录。细化完善国有、国有控股和国有资本占主导地位企业按比例预留岗位择优招录的措施。退役士兵报考公务员、应聘事业单位职位的，在军队服现役经历视为基层工作经历，服现役年限计算为工作年限。

5. 鼓励科研人员创业

高校、科研院所等事业单位专业技术人员离岗创业的，经原单位同意，可在3年内保留人事关系，与原单位其他在岗人员同等享有参加职称评聘、岗位等级晋升和社会保险等方面的权利。原单位应当根据专业技术人员创业的实际情况，与其签订或变更聘用合同，明确权利义务。

6. 浙江天台县全力搭建“一园一街一村”众创空间

天台县有效利用社会资本力量，聚力构建“一园一街一村”众创空间，在电商创业集聚区设立2个电商创业服务中心，配备专职人员，即时提供政策咨询、补贴发放、创业沙龙等多项服务。积极推进乡镇基层服务平台、人力市场、“就业E通”、人力资源网“四网合一”，为电商创业者提供更加便捷、高效、快速创业就业信息。充实创业导师库，完善创业导师预约坐诊制度，为创业者“问诊把脉”。该县电商创业大学生810余人，带动就业1760余人，年营销额突破5亿元。

2015年浙江省城镇新增就业人数110.5万，登记失业率控制在2.93%。

安徽省劳动就业基本情况与措施

1. 建立创业服务六项衔接机制

一是创业政策宣传衔接制度。通过在各级工商行政管理部门工商登记服务窗口摆放宣传资料，在人力资源社会保障部门网站和工商行政管理部门网站开设专栏，进一步拓展创业政策宣传渠道，让创业者第一时间了解政策，提高政策知晓率，让更多符合条件的创业者主动申报享受扶持政策。二是市场主体信息共享机制。通过就业失业和劳动用工备案管理信息系统、工商登记管理信息系统，实现劳动用工信息、工商登记注册信息、企业信用信息等交换与共享，共同为创业者提供服务、落实政策。三是创业培训对接机制。通过开展创办企业培训、创业模拟实训、丰富创业培训内容，提高创业者的能力和成功率。四是创业贷款对接机制。通过工商行政管理部门推荐创业者或小型微型企业申报创业贷款，让更多的创业者企业享受到金融支持和财政贴息。五是创业数据共享机制。通过工商部门及人资保障部门的简报、函、分析材料等，实现数据共享，及时掌握重点群体创业状况，为政府重大产业布局以及制定就业创业政策提供参考。六是部门定期会商机制。通过召开年度部门会商会，研判形势，针对突出问题，及时研究解决，为创业者提供精准创业服务。

2. 组织实施职工转岗技能培训

鼓励各类企业结合岗位需要，对产能过剩企业分流人员、下岗失业人员和就业困难群体进行转岗技能培训，有效提升其适应新岗位的能力，促进其实现高质量的转岗就业。企业与转岗人员签订6个月以上期限劳动合同，自主开展技能培训或委托培训机构实施技能培训的，可向所在地人力资源社会保障部门申领一次性培训补贴。培训补贴标准不低于人均300元。鼓励产能过剩的企业结合技术进步和产品优化升级需要，开展在岗职工岗位技能提升培训或委托技工院校、培训机构实施岗位技能提升培训，有效提升职工应用新技术、新工艺、新材料、新设备的能力。企业可根据职工培训后取得中级工、高级工、技师、高级技师国家职业资格证书的人数，按人均500元、1000元、2000元、3000元标准，向所在地人力资源社会保障部门申领培训补贴。产能过剩企业职工下岗后参加就业技能培训，人力资源社会保障部门按规定给予培训补贴；初次鉴定取得职业资格证书或专项职业能力证书的，人力资源社会保障部门给予鉴定补贴。下岗职工属于就业援助对象的，培训期间按规定给予生活费补助。

3. 贯彻落实省政府“四进四扶”工作要求

按照省人社厅、省教育厅、省财政厅《关于印发安徽省就业创业“四进四扶”推进落实办法的通知》(皖人社发〔2015〕43号)精神，厅党组成员、副厅长刘少华率省就业创业“四进四扶”园区推进小组赴合肥巢湖经济开发区开展服务活动。小组先后赴园区百大未名生物医药、三瓜公社、中科燃机研究院等企业开展指导服务活动，该组首先听取了园区企业介绍，详细了解企业融资、职业培训、劳动用工以及和谐劳动关系建设情况，对企业关心的问题进行了详细解答，并与三瓜公社创业大学生代表进行深入交谈，为创业大学生宣讲政策、答疑释惑。刘少华指出，人社部门要以这次"四进四扶"进园区活动为契机，切实服务好园区企业发展，要加强园区企业员工职业技能培训，强化劳动用工管理，积极构建和谐劳动关系；要重点落实企业创业担保贷款、稳岗补贴、社保补贴、"工学一体"等一系列政策措施，为企业提供人力资源服务，稳定更多就业岗位，服务园区企业健康发展。与此同时，省就业创业"四进四扶"园区推进小组还在合肥巢湖经济开发区举办了就业创业政策宣讲，就业处、劳动关系处以及合肥市就业服务中心相关负责同志，分别从企业就业创业政策、企业和谐劳动关系构建、企业劳动用工指导服务等方面做了深入浅出的讲座，120 余名园区以及企业人力资源部门同志参加讲座，收到了很好的效果。

4. 安徽淮北市扩大就业和稳定就业并举

淮北市开展"就业援助月""春风行动""自强车队"残疾人专场招聘会等活动，共举办 20 余场专场招聘会，提供 2 万余个就业岗位，为 2 万余名劳动者提供求职、就业创业、劳动维权以及法律援助等就业服务。成立"一网五点"动态监测工作领导小组，制定工作方案，建立考核机制，认真做好每一期的监测数据填报、分析及上报工作。全面实施"你招工、我帮办"企业用工帮办计划。建立与开发区就业工作月度联席会议制度，加强沟通交流，及时了解掌握开发区企业情况，对园区用工管理提出切实可行的意见建议，共同制定解决问题的办法。加强"就业 E 通"建设，推进就业服务信息化。联合有实力、信誉度高、社会影响力强的民办中介机构共同举办企业用工招聘会，聚集人气，使求职者现场接触、了解"就业 E 通"，相互传递，扩大影响。在继续使用"淮北就业"公众号的基础上，开发"淮北就业微信订阅号"新功能，实现互动式查询岗位信息、政策法规、办事指南等新型信息化公共就业服务功能。2015 年上半年全市新增城镇就业 27582 人，其中下岗失业人员再就业 6154 人、困难人员就业 1111 人；城镇失业率控制在 3.8%以内。新增农村劳动力转移就业 9824 人，开展创业培训 1890 人；发放小额担保贷款 8106 万元。

5. 安徽宿松县开展失业保险稳岗补贴申领发放

一是早谋划。年初就制定相关预算，在确定上一年度年末失业保险基金滚存结余能够保证 2015 年 6 个月失业人员失业保险金、医疗补助金等基本生活保障支出的基础上，稳岗补贴将从失业保险基金中列支。依据 2015 年前两个季度失业保险基金征收情况进行预算，根据失业保险缴费信息梳理筛选出合乎条件企业，测算稳岗补贴发放企业和发放总额，确保用于稳岗补贴资金不超过当年征收失业保险费的 50%。二是广宣传。在县内各新闻媒体及时发布稳岗补贴申报信息，并通过宿松县就业局微信公众号群发平台群发微信，通过短信群发平台向上年度申报企业联系人群发短信，在宿松县企业用工服务 QQ 群内发布公告。三是明流程。在文件和网络公告中，明确稳岗补贴申报对象和标准、申报程序和材料及其他注意问题，企业所申报的材料由县就业局、县人社局、县财政局三家单位先后审核批准，最终由县财政局交由经办银行将稳岗补贴款汇入符合条件企业财政对公账户。四是严审核。企业申报稳岗补贴需提供上年度失业保险缴费凭证，工作人员对缴费凭证与人社金保工程系统及地税征缴系统失业保险征缴数据进行比对，核实申报企业上一年度失业保险缴费总额，最终确定申报企业稳岗补贴金额。初审结束再报送县人社局、县财政局审核审批，层层把关，严格审核，确保稳岗补贴安全发放。另外，建立享受稳岗补贴政策企业违反不裁员承诺时补贴资金追回机制，对于未履行承诺而裁员的企业，将按照实际裁员人数追回补贴资金，并取消其后续岗位补贴享受资格。

2015 年末，安徽全省就业人员 4342.1 万人，比上年增加 31.1 万人。其中，第一产业 1396.2 万人，减少 19.1 万人；第二产业 1232.1 万人，增加 21 万人；第三产业 1713.8 万人，增加 29.2 万人；城乡私营企业就业人员和个体劳动者 919.3 万人，增加 102.9 万人。全年城镇实名制新增就业 65.2 万人，下岗失业人员再就业 26.3 万人。年末城镇登记失业率 3.14%，比上年下降 0.07 个百分点。全省农民工总量 1858.8 万人，其中外出农民工 1371.4 万人。

四、社会保障情况

(一)一市三省社会保障情况

2012—2015 年长三角地区一市三省城镇职工基本医疗保险人数　　单位:万人

	2012 年	2013 年	2014 年	2015 年
上海市	1376.00	1394.09	1420.85	
江苏省	2155.47	2274.73	2361.81	2429.00
浙江省	1670.97	1791.08	1900.0	
安徽省	974.76	944.87	1660.0	

(二)促进社会保障的措施与进展

上海市社会保障情况

1. 出台举措促进社保制度城乡统一

破除城乡户籍限制,实施城乡职工统一的失业保险制度。用人单位招用上海农村户籍人员的,单位和个人均按照与城镇户籍人员一致的缴费比例缴纳失业保险费。参加失业保险的农村户籍人员失业后,可进行失业登记,享受与城镇登记失业人员同等的失业保险待遇。

逐步实现城镇居民基本医疗保险和新型农村合作医疗两项制度统筹发展,建立统一的城乡居民基本医疗保险制度,将村卫生室纳入上海医保联网结算系统。实行联网结算后,村卫生室应基本保持原有的功能、规模、收费、服务不变。

打通农民合作社等集体参加职保的渠道;实施离土农民促进就业专项扶持政策;强化对上海农民的职业培训和完善技能鉴定机制;进一步完善上海农业领域的职称政策。上海还实行倾斜政策,加大引进和稳定郊区公共服务人才的力度。如进一步完善农村地区的专业技术人才收入激励机制;完善基层卫生和农技单位专技岗位结构比例管理;完善高校毕业生到农村基层服务收入增长机制等。

2. 做好失业保险支持企业稳定岗位

在调整优化产业结构中更好地发挥失业保险预防失业、促进就业作用,激励企业承担稳定就业的社会责任,有效防范失业风险,对采取有效措施不裁员、少裁员,稳定就业岗位的符合政策范围和基本条件的企业,由失业保险基金给予稳定岗位补贴。在企业实施兼并重组、化解产能过剩和淘汰落后产能期间给予稳岗补贴,稳岗补贴额度为企业及其职工上年度实际缴纳失业保险费总额的 50%,所需资金从失业保险基金中列支。

3. 推进机关事业单位工作人员养老保险制度改革

为促进机关事业单位深化改革,形成人员能进能出、合理流动的灵活机制,更好地保障机关事业单位工作人员的基本养老保障权益,改革机关事业单位职工养老金计发办法,实行"老人"老办法、"新人"新制度、"中人"逐步过渡;建立与企业职工统一的社会统筹和个人帐户相结合的基本养老保险制度;单位和个人实行共同缴费。改革前已退休的"老人",维持原待遇标准不变;对改革后在机关事业单位参加工作的"新人",按照多缴多得、长缴多得的原则计发基础养老金和个人账户养老金;对于改革前已在机关事业单位工作改革后退休的"中人",在计发基础养老金和个人账户养老金的基础上,再发给过渡性养老金。今后根据职工工资增长和物价上涨等情况,由国家统筹安排,适时调整机关事业单位退休人员基本养老金水平。另外,在实施改革的同时,机关事业单位还将为工作人员建立职业年金制度,单位的缴费比例为8%，个人的缴费比例为4%。

4.推进本市建筑施工企业依法参加工伤保险

由于建筑业劳动力密集，工种转换快，人员流动性大，属于工伤风险较高行业，又是农民工集中的行业。为提高建筑业职工工伤维权能力，将在本市行政区域内从事房屋建筑工程、市政基础设施工程、公路、水运等建设项目施工的各类建筑施工企业及其职工纳入参保范围。建筑施工企业中相对固定的职工，按用人单位参加工伤保险；不能按用人单位参保的职工，可优先按建设项目参加工伤保险，由总承包单位在项目取得施工许可证前至项目所在地的区县社保经办机构一次性代缴工伤保险费，争取实现当年新建项目全部参保。

5.**2015年上海社会保障取得进展**

全年新建和筹措各类保障性住房和实施旧住房综合改造19.7万套，基本建成20.5万套。完成中心城区二级旧里以下房屋改造65.9万平方米。至年末，城镇居民人均住房建筑面积35.5平方米，折合人均住房居住面积18.1平方米。居民住宅成套率达到96.8%。至年末，全市共有1493.80万人（包括离退休和“镇保”人员）参加城镇职工基本养老保险，有89.77万人参加城乡居民基本养老保险。城镇最低生活保障标准从上年的每人每月710元提高到790元，农村最低生活保障标准从每人每月620元提高到790元，城乡低保标准实现统一。月最低工资标准从1820元提高到2020元，小时最低工资标准从17元提高到18元。

至年末，全市共有1377.32万人（包括离退休人员）参加职工基本医疗保险。至年末，城镇居民基本医疗保险的参保人数达262.87万人。

至年末，全市民政部门共有各类提供住宿的收养性社会服务机构706个，床位12.97万张，其中养老机构699家，床位12.6万张。在全市养老机构中，由社会投资开办的有344家，床位5.8万张。至年末，全市有社区居家养老服务社244家，为30.2万名老年人提供居家养老服务。社区老年人日间服务中心442家，社区老年人助餐服务点634个。

全年各级政府支出城镇居民最低生活保障金14.20亿元、农村居民最低生活保障金1.94亿元、农村五保供养资金0.18亿元、粮油帮困资金0.55亿元、医疗救助金2.67亿元（含资助参保金3319.8万元）。年内新办福利企业10家，新安置180名残疾人就业。

江苏省社会保障情况

1.完善社会保障制度从三个方面入手

一是把握城镇化政策机遇，完善农民工工资增长与保障机制，把农民工的住房、教育、卫生、养老等需求纳入城镇化发展规划统筹考虑；二是积极推进社会保险扩面提标。加强社会保险制度整合衔接，逐步提升统筹层次。进一步完善城乡基本养老保险制度，整合城乡居民基本医疗保险制度，构建城乡统一的失业保险制度，加快建立大病保险制度，努力实现应保尽保，不断扩大各类社会保险覆盖面；三是逐步健全特困人员供养制度，完善医疗、教育、就业、住房救助制度及临时救助制度，完善残疾人、困境儿童和孤儿基本生活保障制度，健全优抚对象抚恤补助标准调整机制。

2.构建城乡一体社会保障体系，提高城乡居民保障性收入

建立与经济发展水平相适应的社会保障待遇正常调整机制，完善养老服务和社会救助体系，加快城乡居民基本医疗保险制度并轨。加大住房保障力度，推进公共租赁住房与廉租房并轨运行，逐步建立以共有产权管理为核心的购买型住房保障制度。

2015年全省组织实施全民参保登记计划，提高社会保障扩面征缴质量。根据国家统一部署，开展机关事业单位养老保险制度改革，继续调整企业退休人员基本养老金，城乡居民基本养老保险基础养老金最低标准提高到每人每月105元。完善社会救助制度，健全城乡低保标准调整机制，农村低保标准提高到每人每月335元以上。全面实施城乡居民大病保险，城乡居民医保财政补助标准提高到每人每年380

元以上，人均基本公共卫生服务经费标准提高到40元以上。完善社会养老服务体系，推动医养融合发展，新建2000个社区居民养老服务中心和2000个社区老年人助餐点，让老年人就地就近得到专业化养老服务。构建公共租赁住房、政策性住房和商品住房多层次住房供应体系，持续推进棚户区危旧房改造，加强保障性住房建设和管理，新开工建设26万套，基本建成28万套。不断提高民生六大体系建设的层次和水平，确保人民群众持久稳定地得益受惠。

3. 人社基本公共服务体系全面建立，服务能力实现新跃升

江苏所有街道（乡镇）、社区（行政村）建立基层人社平台，配备专兼职工作人员3.5万名，持证上岗率达84%，年均为超过1亿人次提供面对面服务。新发放社会保障卡4673万张，持卡人数由"十一五"末的943.8万人提升至5616.8万人，率先开通"江苏就业E图"，积极建设"电子社保"，城乡居保"四个不出村"便民服务实现全覆盖，75%的统筹地区实现省内异地就医联网结算。率先建成"标准统一、服务规范、联动响应"的12333综合咨询服务体系，被部评定为全国12333一体化建设示范基地。省人力资源社会保障门户网站和移动终端年访问量达1.4亿人次。

4. 机关事业单位人员养老金发放逐步实行社会化服务

各地可根据机关事业单位的特点，积极探索机关事业单位退休人员社会化管理服务方式，提高机关事业单位社会保险社会化管理服务水平，普遍发放全国统一的社会保障卡，实行基本养老金社会化发放。加强街道、社区人力资源社会保障工作平台建设，加快老年服务设施和服务网络建设，为退休人员提供方便快捷的服务，不断提高退休人员的生活质量。

全省各地根据机关事业单位工作人员养老保险制度改革的实际需要，加强社会保险经办机构能力建设，通过适当调剂增加编制和政府购买服务等方式充实工作人员，提供必要的经费和服务设施。各级社会保险经办机构要做好机关事业单位养老保险参保登记、缴费申报、基金征收、关系转移、待遇核定和支付等工作。按照国家和省统一制定的业务经办规程和信息管理系统建设要求，建立健全管理制度，由省级集中管理数据资源，实现规范化、信息化和专业化管理，不断提高工作效率和服务质量。

5. 社保制度建设取得重大突破，覆盖城乡的社保体系基本建成

全面建立并整合城乡居民基本养老保险制度，35个统筹区实现城镇居民医保和新农合制度整合，启动实施机关事业单位养老保险制度改革。城乡基本养老、城镇基本医疗、失业、工伤、生育保险参保人数比"十一五"末分别增加880万、766万、337万、388万和385万，主要险种参保率由"十一五"末的95%提高到97%左右。企业退休人员基本养老金连续调整，月人均水平达2460元，比"十一五"末增长68%。城乡居民养老保险基础养老金最低标准由初始的每人每月60元提高到105元。城镇职工和城镇居民医保政策范围内住院医疗费用报销比例分别达84%和72%以上，比"十一五"末分别提高4个和12个百分点，城乡居民大病保险参保患者合规医疗费用报销比例平均提高10个百分点，累计26.8万人受益，补偿金额达12.1亿元。失业保险金月人均水平达1018元，比"十一五"末增长82%。

浙江省社会保障情况

1. 推进养老保险制度改革

做好2015年企业退休人员基本养老金、城乡居民基础养老金以及相关人员待遇调整工作，企业退休人员基本养老金增长10%，城乡居民省定基础养老金提高20元/月。

制定全省机关事业单位养老保险制度改革实施方案及相关配套政策，启动全省机关事业单位养老保险制度改革。加强基本养老保险基金中长期运行分析，研究制定新一轮省级养老保险调剂政策。推动全省社会保险资金保值增值工作上新台阶。

2. 完善基本医疗保障制度

提高城乡居民基本医疗保险财政补助标准到每人每年400元以上，同步提高个人缴费水平，健全稳定可持续的筹资机制。继续推动城乡医保制度的整合。推动各地全面建立疾病应急救助制度，做好疾病应急救助基金的筹措落实工作。推动大病保险制度全覆盖和大病保险制度市级统筹。协同推进医保支付方式改革，支持提升医保信息化、智能化监管手段。

3. 做好社会救助和社会福利工作

健全社会救助制度体系，完善城乡居民临时救助办法，研究推进城乡低保制度统筹发展，完善低保标准制定和调整办法。做好困难群众基本生活救助工作，落实资金确保城乡居民最低生活保障标准同比增长8%以上。按户籍人口不低于年人均15元标准筹集医疗救助资金。做好困境儿童保障工作，将孤儿、事实无人抚养和贫困家庭重残、重病儿童优先纳入儿童福利保障范围。支持推进社会救助机构能力建设，配合“救急难”试点工作，支持全省社会救助信息管理系统和社会救助家庭经济状况核对平台建设。

支持城乡社区居家养老服务照料中心和养老机构建设，研究各类养老服务的财政投入和保障机制，推进政府购买养老服务。

加大残疾人事业投入，支持残疾人康复和托养体系建设，提高就业年龄段无固定收入残疾人生活补贴月标准至125元。

4. 率先出台失业保险降费政策

2015年1月初，省人力社保厅会同相关部门联合印发《关于调整失业保险费率有关问题的通知》(浙人社发〔2015〕3号)，将全省失业保险费率从2015年1月1日起统一由3%调整为2%，用人单位和职工个人费率均下调0.5个百分点，比国家政策提前2个月下调了失业保险费率。文件印发后，及时调整当年失业保险费征收计划，督促各地加强宣传，主动联系企业修改缴费申报金额，并启动了社保经办机构申报缴纳系统和地税部门征缴系统的调整工作，增设系统降费统计功能，确保政策一出台，系统即运行，降费见实效。同时，将年度失业保险费清算补差与降费工作结合起来，协调推进，对进度较慢，前期已按原费率多征收的失业保险费，一律要求予以返还或进行抵扣，使政策在当年3月底即全面执行到位。

5. 完善扩大失业保险稳岗补贴政策

2015年2月，省人力社保厅根据人社部文件精神，制定出台了《关于失业保险支持企业稳定岗位有关问题的实施意见》(浙人社发〔2015〕30号)，对符合条件的企业以发放稳定岗位补贴的方式，帮助、鼓励企业稳定职工队伍，开展内部转岗培训和技能提升培训，以稳发展促转型，稳定就业岗位。7月，针对原有稳岗政策适用范围窄、申请条件高、补贴标准低等问题，又出台了《关于进一步做好失业保险支持企业稳定岗位工作有关问题的通知》(浙人社发〔2015〕86号)，对政策逐一进行了调整完善：一是扩大适用对象，将兼并重组、化解产能过剩、淘汰落后产能等三类企业扩大到所有符合条件的企业；二是降低申请条件，取消连续2年履行参保缴费义务的条件要求，只要依法参保缴费就可以申请补贴；三是提高补贴标准，标准由原来的企业上年度失业保险单位缴费部分的30%或50%，调整为单位缴纳的失业保险费和职工个人缴费总额的50%；四是延长执行期限，由原来的执行至《失业保险条例》修订出台为止延长到2020年。政策力度加大后，企业申报的积极性大大提高。

6. 抓好社保扩面提标，有关数据较上年有所增长

按照国家部署提高退休人员和城乡居民基本养老金水平。健全医疗保险稳定可持续筹资和报销比例调整机制，推进大病保险制度全覆盖。进一步提高低保标准、补助水平和覆盖范围。工伤人数减少10%以上。

全年参加企业基本养老保险人数2398万人，参加城镇职工基本医疗保险人数1993万人，参加失业保险人数1260万人，参加工伤保险人数1930万人，参加生育保险人数1285万人。正常缴费企业退休人员基本养老金月均水平超过2750元；城乡居民基础养老金最低标准提高到120元；因工死亡职工供养亲属抚恤金月人均提高130元。

年末在册低保对象66.5万人，其中，城镇7.3万人，农村59.2万人(含五保对象2.6万人)。低保资金(含各类补贴)支出25.8亿元；城乡低保平均标准分别为每人每月653元和570元，分别比上年增长

11.2%和17%。获得生活补助的城乡低收入家庭持证重度残疾人7.3万名，发放补助金额5.35亿元，比上年增长11.5%。

全年共支出医疗救助资金10.1亿元，比上年增加0.3亿元。中央和省财政投入补助资金3.1亿元，新增各类养老机构床位数3.6万张，新建成社区居家养老服务照料中心6120个。年内共发行各类福利彩票146.7亿元，比上年增加8.9亿元，共筹集公益金40.7亿元。

安徽省社会保障情况

1. 以保障基本民生为重点，着力深化社会保障制度改革

推进社会保险扩面征缴，启动实施工伤保险省级统筹，增加企业退休职工基本养老金。完善机关事业单位人员工资制度，提高基本工资标准并建立正常调整和增长机制，实行乡镇工作补贴，推进机关事业单位养老保险制度改革。提高重点优抚对象抚恤和生活补助、城乡社会救助对象补助水平，全面实施临时救助制度，完善重特大疾病医疗救助政策。新增各类保障性安居工程40万套，基本建成24万套，推进棚户区改造货币化安置，实施农村危房改造10万户。

2. 岳西县巧打“组合拳”，推进居保新政策落实

一是主攻宣传，突出“亮点”，推动新政策家喻户晓。岳西县城乡居保实施办法出台后，各乡镇在村口、路口等醒目位置悬挂宣传标语，在金融机构、政府机关的显示屏打出温馨提示，吸引群众关注政策变化。同时，开展“经办人员进乡村”活动，县、乡经办人员深入村头巷尾、田间地头，与居民面对面讲清新政策的惠民亮点。二是立足于早，同步推进，启动参保缴费专项行动。2015年伊始，对近年来未交费人群进行核对，对因前期缴费档次低而未缴费人员，及时告知新政档次调整变化，做好动员工作。加强参保人员信息变更管理，对参保档次调整的人员，由各乡镇直报县级经办机构审核，确保扣款及时、贴补到位。三是优化分工，整合待遇发放管理模式。以城乡居保待遇类各项表格为参考标准，逐步完善被征地农民社会保障、老农保养老金、“老字号”补助、村干养老保险待遇发放等表格。重点加强参保人员注销申报力度，建立申报奖惩机制，形成“村级申报、乡镇审核、县级管理”的新模式。四是落实奖励，量化考核，建立民生工程激励机制。岳西县采取以奖代补的激励机制，将城乡居保工作成效与经费保障挂钩，实行目标考核，分级拨付工作经费。确立城乡居保工作经费专款专用原则，要求工作经费落实到村，充分调动乡镇、村组工作人员积极性。

3. 淮北市四措施促进完善社会保障体系

一是出台《淮北市城镇基本医疗保险统筹基金总额控制管理暂行办法》《关于调整和完善淮北市城镇基本医疗保险政策的通知》、本地化省人社、财政厅《关于我省灵活就业人员参加城镇企业职工基本养老保险有关问题的通知》《关于开展建筑业参加工伤保险“同舟计划”专项扩面行动工作方案的通知》等政策。稳步推进淮北矿业、皖北煤电两大集团公司职工医疗、生育保险纳入市级统筹。积极推进建筑领域农民工参加工伤保险。全面实施机关事业单位自行申报缴纳社会保险费工作。

二是扎实开展“全民参保推进年”活动，搭建社会保险征缴稽核网上办事平台，加大餐饮、娱乐等服务行业的参保扩面征缴稽核力度，规范企业、机关事业单位参保缴费行为，扎实推进建筑领域农民工参加工伤保险，确保“应保尽保”。

三是顺利完成离退休人员养老金调整工作，为76041名离退休职工调整养老金，人均月增加184.46元。推进省际异地就医联网结算，我市与三家外省医院实现了联网运行，方便了群众外出就医。累计发放失业金1442万元，为4464人次代缴医疗保险费为605万元。审核拨付工伤保险待遇1亿元。支付生育保险待遇705万元。

四是加强社保基金监管，强化对城镇居民医疗保险、新农合重复参保人员医疗费用报销的监管，减轻基金支付压力。梳理规范业务经办流程，完善业务大厅便民设施和窗口工作人员管理制度，提高服务水平和服务质量。

4. 全省提升社会保障公共服务水平，提升民生工程

健全公共服务体系，加快公共就业人才市场整合，推进人力资源服务业发展，建成就业创业网上办事系统和全省公共招聘信息网，健全和完善异地就医结算体系。加强基层就业和社会保障服务平台建设，整合社会保险经办资源。大力推进社会保障卡应用，继续做好社会保障卡发放工作，确保年内持卡人数达到4000万人。

巩固提升民生工程。投入726.5亿元，继续实施33项民生工程。调整完善实施内容24项，提高补助标准9项，其中城乡居民基本医保财政补助标准由人均320元提高到380元，城乡居民基础养老金由每月55元提高到70元，农村五保供养补助标准由1870元提高到2050元。强化民生工程绩效管理，完善考核评价办法和建后管养机制，扩大惠泽民生的效益。

5. **2015年安徽省社会保障有关数据**

年末全省参加城镇基本养老、基本医疗保险人数分别为857.8万人和1734.9万人。参加失业保险人数为436.6万人，全年累计为13.9万名失业人员发放了不同期限的失业保险金。全省参加工伤、生育保险人数分别为528.9万人和499.3万人。城乡居民养老保险参保人数3396.6万人。参加新型农村合作医疗的农业人口5190.8万人，参合率为101.7%。年末64.7万人享受城市居民最低生活保障，196.3万人享受农村居民最低生活保障，农村五保供养42.1万人。全年民政部门直接救助88.2万人次，资助参加基本医疗保险301.2万人。

五、教育发展情况

(一)一市三省教育发展情况

2012—2015年长三角地区一市三省在校学生人数 单位：万人

	2012年	2013年	2014年	2015年
上海市	200.8	202.98	201.23	
江苏省	1004.88	989.82	1013.44	1036.51
浙江省	751.44	747.18	750.19	
安徽省	925.26	912.02	901.8	

(二)促进教育发展的措施与进展

上海市教育发展

1. 坚持立德树人根本任务，提升德育工作实效性

大中小学德育内容和工作体系一体化。开展大中小学德育课程一体化研究和试点，完善大中小学德育顶层内容体系教育序列。编制中小学各学段、各学科落实德育目标的教学指导意见，研制教材调整及教学实施一体化方案。启动高校哲学社会科学课程德育试点，推进高校形势与政策课程教学规范化，建立高校马克思主义理论学科同城平台，启动高校思想政治理论课拔尖人才培养计划。制定实施高校辅导员队伍建设发展规划，探索辅导员队伍与思政课教师协同育人机制。加强全国大中小学课程德育研究协同创新中心、上海市课程德育研究发展中心和高校课程德育研究基地建设。

完善区县校外教育联席会议制度。建设学生社会实践电子学生证信息平台，加快推进校外教育信息化管理。扩大电子学生证和中小学生社会实践“家庭护照”使用范围，推动校外教育场馆设置专门部

门和人员。建设一批学生“社区实践指导站”，建立一批中华优秀传统文化传习示范基地与市级示范性活动场所。

2. 推进城乡一体化建设，促进基础教育高位均衡发展

发布实施上海市第三轮学前教育三年行动计划（2015—2017年）。出台2015年义务教育阶段学校招生入学实施意见，完善随迁子女就读义务教育管理办法。推进义务教育学区化和集团化办学，促进学区和集团内优质资源共建共享。2015学年起，全市17个区县全面试行学区化集团化办学。实施新一轮“新优质学校”建设行动计划，建设更多家门口的好学校。进一步推动中心城区优质教育资源赴郊区新城和大型居住社区办分校、郊区农村义务教育学校委托管理等工作，整体提升郊区学校内涵发展水平。完成新一轮中小学课程方案和课程标准修订工作。全面推进小学阶段基于课程标准的教学和评价工作，出台小学低年级等第制评价指南。改革高中教学组织形式，推行分层走班教学，开展学生生涯与学涯指导。今年是上海高考综合评价录取改革试点的第一年。经教育部批准，复旦大学和上海交通大学2015年在上海市实施综合评价录取改革试点（简称“综合评价录取”）。

全面实施第二轮上海市特殊教育三年行动计划（2014—2016年）。推行特殊教育儿童入学前医学鉴定，探索针对不同残疾类别、年龄阶段残疾儿童医教结合服务的有效方法，完善特殊教育医教协同保障机制。研制学前特殊儿童课程实施指南、随班就读课程实施指南，修订辅读学校九年义务教育学科课程指导纲要。

3. 创新人才培养模式，深化高等教育内涵式发展

深入实施本科教学质量与教学改革工程，全面实施高校骨干教师教学激励计划和青年教师担任助教制度，建设精品课程、全英语课程和虚拟仿真实验教学示范中心，建设教学名师和教学团队，规划优秀教材。深入实施各类卓越人才教育培养计划。支持高校参照国际等效的专业认证标准，建设一批一流本科专业。探索高校与行业企业、科研院所协同育人机制，加快创新创业人才培养。研制本科专业教学评估指标体系，引导高校建立五年一轮的本科专业自我评估机制。健全高校年度本科教学质量报告发布制度。

探索高端紧缺人才与高层次应用人才培养模式，深化专业学位研究生培养综合改革，探索构建行业规范化培训、职业资格认证与专业学位教育相结合的制度。优化完善上海市学位授权体系，启动上海市学位点合格评估、研究生学位论文抽检。

全面实施上海高等学校学科发展与优化布局规划，开展高校高峰高原学科一期建设。试行国际（同行）评估和个性化投入方式，研制基于学校整体发展的学科绩效评价方案。

4. 创新体制机制，规范支持民办教育健康发展

扶持与规范并重。出台上海市非营利民办高校示范校创建校相关配套政策。研制非营利民办中小学试点办法，开展第二轮民办中小学特色学校、优质幼儿园创建。出台上海市进一步完善鼓励社会力量兴办教育的政策措施。开展民办学校招生与收费制度改革，完善民办学校学费指导价管理，进一步扩大民办学校收费自主权，配套完善民办学校学费专户管理等制度。

管理机制与制度健全。探索混合所有的社会力量办学体制，鼓励和吸引国有企业以及各种公有、民营、外资等社会力量以多种方式参与办学。完善民办学校教师“年金制”等社会保障机制，支持民办学校稳定骨干教师队伍。探索民办教育第三方独立评价机制，培养更多专业化的第三方机构参与民办学校办学过程和办学质量评估。

5. 加强人才培养和引进力度，提升教师队伍整体水平

探索建立中小学校长任用、管理、考核机制。加强特级校长、特级教师流动的过程管理与考核。完善中小学校长专业发展培养培训制度。开展中小学教师资格定期注册制度改革试点，完善见习教师规范化培训制度，扩大中小学教师职务制度改革试点。健全中小学幼儿园教师培训体系，启动实施中小学教师信息技术应用能力提升工程，构建研训一体的教师专业发展机制。

继续实施上海高校特聘教授（东方学者）岗位计划，启动"青年东方学者"岗位计划。深入实施中青年教师国外访学进修计划、青年骨干教师国内访学计划、教师产学研践习计划和青年教师培养资助计划等。全面实施师资博士后制度、新教师岗前培训制度和教学科研启动资助工作。

岗位人事制度改革。研制高校教师队伍配置标准、高级专业技术职务岗位结构比例调整完善办法、职员职级制度改革方案等。完善中小学机构编制和教师配置标准。研制中专、技校教师系列正高级职称评聘办法。探索构建适应上海市教育行业特点的薪酬及激励机制。

6. 充分发挥区位优势，提升教育国际化和信息化水平

进一步优化来华留学生类型结构，稳步扩大来华留学生招生规模，聚焦扩大学历留学生数量与比例、促进留学生所学专业分布多元化。探索把学历留学生规模和教学质量作为评价高校留学生教育水平以及给予相应支持的重要依据。进一步完善高校学生海外学习、实习机制。

深化与国际友好城市各项交流活动。办好"上海暑期学校"项目和"上海国际友好城市青少年夏令营"。推动国际教育组织落户上海，启动赴国际教育组织实习计划。探索建立上海国际教育服务园区、中小学国际理解与非通用语种教育研究实践基地。启动上海市涉台青少年交流平台建设，组织实施2015年沪台中学生体育节。支持和推进沪台、沪港、沪澳各项师生交流合作项目。成功举办第十二届上海教育博览会。

信息化管理与服务。启动基础教育教学平台建设，建立教师备课系统。开展中小学"一师一优课、一课一名师"活动。以高校课程资源中心、高职人才培养数据平台、"易班"学生网络互动社区、开放实训中心、教育行政管理平台等项目建设为引领，探索基于在线平台的教育教学与管理模式。建设国家和上海市教育决策支持平台，形成基于大数据的教育决策咨询服务机制。

江苏省教育发展

1. 以省级统筹为抓手，提高教育整体发展水平

健全并落实教育现代化示范区建设联席会议制度，召开全省教育现代化示范区建设现场推进会，推动示范区大胆探索、率先突破。依据教育现代化建设监测评估情况，及时研究分析、切实指导各地解决教育现代化建设中的突出问题。围绕全省教育现代化建设中的重点、难点及热点问题，开展重点专题调研。继续推进长三角教育协作发展。强化教育发展保障。全面落实教育投入政策，确保实现教育经费增长的法定要求落实到位。完善各级各类教育投入保障机制，逐步提高各级各类教育生均财政拨款标准，保障教育重点项目经费需要，生均拨款增量部分重点用于内涵建设。继续推进高中阶段学校基本建设债务化解工作，严格管控高校基本建设规模和新增债务。落实省定中职学校生均财政拨款标准，完善普通高中生学费动态调整机制。鼓励高校争取社会资金和各地政府支持。强化教育财务管理，不断提高经费使用效益。

开展县级政府教育工作省级督导考核，完善全省中小学校责任督学挂牌工作。加强教育信息化建设，完成"三通两平台"建设，启动智慧教育建设工程，提升教育管理、教育教学的条件网络化、内容数字化、手段智能化水平。积极提出教育立法、修法建议，推动教育法规、规章和规范性文件的"立、改、废、释"，启动《江苏省职业教育校企合作促进条例》立法调研。完善依法行政工作制度，推行重大教育决策程序，开展依法治校示范校创建。

2. 以提高质量为核心，科学配置教育资源

积极推进基础教育均衡发展。实施学前教育第二期"五年行动计划"，坚持规模与质量并重、公办与民办并举，大力发展普惠性幼儿园，重点发展农村学前教育。组织11个县（区）迎接并通过教育部义务教育均衡发展督导评估，实现全省所有县（市、区）全部通过国家认定。做好义务教育质量监测。促进普通高中教育多样化特色化，健全拔尖创新人才联合培养机制，深化普通高中课程基地建设，提升内地高中班教育教学和管理水平。推进现代职业教育体系建设，组织现代职业教育体系建设报告会。总结推

广职业教育创新发展实验区典型，积极开展建立现代职业学校制度试点。启动第三批省高水平现代化职业学校创建工作。着力提升教学质量，全面建立职业学校学生学业水平测试制度和技能抽测制度，建立职业学校毕业生质量跟踪制度。开发中职、五年制高职专业核心课程标准，加强中等职业教育品牌、特色专业建设，建设50个高水平示范性实训基地。

召开全省继续教育工作会议，完善开放大学办学系统，举办面向老年群体的学历和非学历教育培训，推进“江苏终身教育学分银行”制度和规范建设，加强社区教育机构标准化建设。承办好全国终身教育活动周的总开幕式。大力提升高等教育内涵建设水平。引导高校合理定位，注重内涵发展、特色发展，调整课程结构，更新教学内容，建立符合时代要求的课程体系。实施江苏高校品牌专业建设工程。遴选省级实验教学与实践教育中心、省大学生实践创新训练计划资助项目、省示范性高职院校建设单位，加强产教深度融合实训基地建设。

3. 以体制机制为关键，深化教育改革开放

深化国家教育体制改革项目试点，重点抓好阶段评估成效明显的试点项目建设，组织开展改革试点项目检查，培育改革典型。加快推进高校分类发展、分类管理、分类评价试点和民办教育营利与非营利分类管理改革试点，进一步探索独立学院有效的发展方式。统筹推进普通高考、成人高考、自学考试、对口单招、专转本等一系列招考制度改革，探索建立多元化的人才评价选拔制度体系，逐步形成分类考试、综合评价、多元录取的考试招生制度。

加快高校章程建设，完成地方公办高校章程制定和核准工作，形成“一校一章程”格局。研究制订营利与非营利民办高校分类管理、分类支持办法，大力支持非营利性民办高校发展。积极落实《留学江苏行动计划》，启动省级预科教育基地和重点目标学校建设，遴选建设第二批省级高校外国留学生英语精品课程，加快建设留学生教育服务平台，加大对外推介我省高等教育的力度，扩大来苏留学生规模，打造“留学江苏”品牌。继续探索集群式孔子课堂建设新模式。强化教育国际交流新平台建设，启动与加拿大安省大学交流联盟建设，推进与巴西以及澳门. 葡语国家和地区的交流与合作。

4. 以人民满意为标准，解决教育热点难点问题

强化就业创业指导服务，加强就业工作区域联盟建设，促进高校毕业生充分就业、高质量就业，确保我省高校毕业生初次就业率不低于70%、年终总就业率不低于90%。通过政府补贴、扩大助学金奖学金规模和覆盖面、完善助学贷款政策等办法，保证每一个学生能够完成学业。适应城镇化的不断推进，完善外来务工就业人员随迁子女入学政策，保障他们平等接受义务教育权利。加强农村寄宿制学校建设和管理，建立健全农村留守儿童教育服务体系，使留守儿童能够正常接受教育。加快特殊教育学校建设，提高特殊学校办学水平，保障残疾孩子平等接受教育。

针对各类教育群众反映的热点问题，明确师德建设解决的重点，学前教育教师严禁体罚儿童；义务教育教师严禁从事有偿家教；高中阶段和中职教师严禁收受礼金礼物；高等教育教师要端正学风，克服学术不端行为。加强教师培养培训，实施“卓越教师培养计划”，招收免费男幼师600人，受教育部委托开展师范类专业认证试点。完成各级各类教师省级培训12万人。着力抓好农村教师队伍建设。大力培养高层次人才，实施各类人才工程，选聘60名江苏特聘教授，开展职业教育高层次人才专项培训。

5. 以服务发展为导向，提升教育贡献度

择优认定若干江苏高校协同创新中心，遴选推荐第三批国家“2011协同创新中心”。健全高校科技创新体系，加强高校重点实验室、大学科技园等科技创新平台的建设与管理，建设一批国家级科技创新平台。深化高校科技体制机制改革，积极推进产学研合作，大力促进科研成果转化。引导高校找准定位，自主开展技术开发和社会服务，提升自主创新和服务经济社会发展能力。繁荣发展高校哲学社会科学，遴选一批高校哲学社会科学创新团队，积极推进高校新型智库建设。深入开展中华经典诵写讲行动，完善书香校园创建工作。精心组织第18届全国推广普通话宣传周江苏系列活动。继续加强江苏语言与文化资源有声数据库建设。扎实推进高水平农科教结合富民示范基地建设，继续开展劳动力转移培训等各项培训。认真做好教育对口支援，提升支援工作的针对性和实效性。推进江苏教育博物馆筹建工作。

浙江省教育发展

1.坚持问题导向，进一步深入推进各项教育改革

切实组织好高职院校提前招生、9类职业技能统一考试和首次新高考选考、学业水平考试工作，加强对高中学校课程安排的指导，并在推进相关启动工作中进一步深入宣传解读高考招生制度改革试点方案。完善中考招生制度。把特长生招生严格纳入升学考试，做到中考成绩在录取中所占权重不低于30%，招生计划控制在总招生数的5%以内。积极深化课程改革。普通高中学校要适应高考招生制度改革要求，全面实行必修课分层走班教学；选修课程要加强顶层系统设计，围绕主干课程及课程群进行开发开设。认真落实学生选课权，探索建立与选课选专业相适应的学时制、学分制，完善"3+2"、五年一贯制招生，大幅度增加中职升本科、高职高专升本科招生计划，努力拓宽职业教育发展空间和通道，满足学生直接就业和继续升学的不同选择需要。完善教育教学评价制度。重点完善学生综合素质评价制度和学校发展性评价制度。学校发展性评价要引进"增值评价"方法，重在考核学校在促进不同情况学生进步方面的努力程度和实绩。

多形式推进社会力量办学。宜民则民，宜公则公，重点扶持发展优质民办教育，

积极引导民办学校把办学重心转向内涵发展，着力培育办学特色，提升办学质量。扩大教育开放。"千校结好"活动要在教师互访、学生交流和远程课堂教学上多做推动，学习境外先进的教育理念和教学方法。

2.突出加强校园管理

年内公办普通高校基本实现"一校一章程"，三分之一公办中小学校完成章程制定。从目前社会现实出发，章程制定首先规范学校内部治理体系和治理制度，同时积极创造条件，从规范教育部门与学校关系入手，先易后难，逐步明晰和规范学校与政府的关系。认真完善和落实教育行政部门的"权力清单"和"责任清单"，依法落实学校办学自主权，切实把下放给学校的权力下放到位，防止"明放暗不放"；同时改进事中事后监督管理，确保监督不脱节。

环境文化建设已有良好基础的学校，进一步推进课堂课程文化、社团文化、制度文化、精神文化建设，积极打造"快乐校园"。各地重点帮助农村学校和城镇薄弱学校规划建设校园文化环境。坚持不懈地推进大学生文明寝室创建活动，立足学生自我管理和服务，增强文化内涵，做到日日有整理、月月有评比。鼓励高校创造条件推行书院制、社区制服务和管理。进一步丰富"一站式"学生事务中心的服务内容，推动心理咨询和各类党团活动、社团活动更多地进驻大学生公寓。

3.提高教育教学质量

丰富教学形式和方式，探索长短课、大小班、多学期制，鼓励推广分层教学。深入组织农村自然小班学校开展小班化教学试点，形成经验，扩大推广。加强对幼儿教育的指导，坚持游戏为主，扭转小教化倾向。加快现代职业教育体系建设，优化学校布局和专业结构调整，推动职业教育与产业企业密切融合，全面开展工学交替式教学，探索建立现代学徒制。巩固特殊教育成果，积极推动残疾人教育向学前教育尤其是职业型高中段教育延伸。依托电大系统，启动建设学分银行。

组织开展第二批基本实现教育现代化县(市、区)评估。在推动创先争优的同时，切实加强对教育薄弱地区的指导和帮助。一方面要继续组织发达地区对口帮扶欠发达地区；另一方面要切实加强基础教育重点县工作，实行分类指导，困难的予以有力帮扶，对尚需努力的予以跟踪督促，全面推进薄弱学校改造，努力抬高教育洼地，促使全省各县(市、区)都能加快步入创建教育现代化的行列。

在本科高校启动实行校(院)长教学述职评议制度，同时组织教学巡查组，有计划地对高校教学情况进行诊断性巡回检查。加大专业调整优化力度，积极支持高校做减法，努力提高教育资源配置效率。制

订指导意见，推动更多的普通本科院校向应用型或应用技术型高校转型，既支持整个学校转型，也支持若干专业转型。选择3—5所高职院校与普通本科院校合作开展“高职一本科一体化”高技能人才培养试点。配合推进课程改革和课堂教学创新，继续多形式开发网络课程、微课程资源，促进普通高中网上课程系统化。组织高校建设“慕课”等教育教学开放在线平台。做好协同创新平台、产学研联盟中心建设，组织高校围绕浙江省七大重点培育产业开展紧密型的产学研联盟服务。选择若干有积极性的高校探索建设科技经纪人制度。

4.深入抓好教师队伍建设

深入落实中小学教师和高校教师师德师风建设两个指导性意见。严格教师资格注册制度，对违反师德要求的教师予以暂缓注册或不予注册，对严重违反师德或违法违纪的教师坚决予以清退。

完善培训机构、培训项目优胜劣汰机制，着力提高培训质量。减少各级各类统一培训，切实落实教师的培训选择权。科学安排，学校支持，努力减少工学矛盾。加强高校教师发展中心建设，各个高校都要全面建立青年教师专业发展培训制度。

落实扩大中小学教师高级职称比例的政策；指导各地各高校统筹制订教师职称评聘中长期规划，并通过“退二进一”、能上能下等办法，逐步化解一些高校高级职称比例偏紧的矛盾。严格招聘管理，加强组织培训，基本解决幼儿教师持证率过低问题。稳妥推进省属高校编制实名制管理工作。督促各地建立“农村特岗教师津贴”制度，进一步增加偏远地区学校的吸引力。研究完善教师绩效工资政策，增强激励机制，工资增量更多地向教学任务重、教学工作做得好的一线教师倾斜。

5.继续为师生办好一批实事

一是把义务教育公办中小学生均公用经费基准定额分别提高40元，把农村中小学爱心营养餐资助标准提高到每人每天5元；二是完成薄弱学校改善基本办学条件项目250个，把义务教育标准化学校比例提高到80%以上；三是促使中小学食堂全面实现标准化管理；四是推动90%以上公办高校图书馆中的阅览室、自修室配备安装冷暖空调；五是在50%以上义务教育农村寄宿制学校配备设置学生热水沐浴设施；六是把中小学校塑胶运动跑道建成率提高至75%；七是在90%中小学校建成加热保温饮水设施；八是资助1000所农村中小学校建设8000套学生数字学习系统，资助50所普通高中装备创新实验室；九是资助欠发达地区30所中小学校每校聘请1名外籍教师任教，资助150名高校教师赴境外进行访学，资助50名中小学名师名校长赴海外研修，资助120名本科生赴境外高校修学；十是完成杭州祥符桥省高校人才公共租赁房项目主体工程建设，启动并完成下沙省高校人才公共租赁房前期工作。

安徽省教育发展

1.立德树人任务有效落实，义务教育均衡发展迈上新台阶

建立70余个弘扬社会主义核心价值观名师工作室，推进核心价值观融入教育教学全过程。加强革命传统教育，组织学校开展中国人民抗日战争暨世界反法西斯战争胜利70周年纪念活动。加强优秀传统文化教育，亳州市国学经典进校园工作得到中央媒体的广泛关注。实施大学生社会责任学分制，鼓励学生积极参加社会实践和志愿者服务。印发《关于全面加强和改进学校美育工作的实施意见》。大力开展阳光体育活动，确保每天锻炼一小时。425所学校被确定为全国校园足球特色学校，合肥市包河区被确定为全国校园足球试点县区。

完成829所义务教育学校标准化建设年度任务，学校标准化覆盖率提高到85%。全面改善贫困地区义务教育薄弱学校基本办学条件，改造校舍和运动地面积961.8万平方米，购置教学生活设备157.4万台件套、图书783.5万册。全省70个县(市、区)通过县域义务教育均衡发展国家评估认定，通过率位居全国第7位，中部地区第2位。完善城市义务教育阶段划片、就近、免试入学制度。确定一批地区和学校，开展中小学创新教育试点。建立义务教育均衡发展监测管理系统。

2. 推进现代职业教育体系建设，建设高等教育强省

建立完善职业教育生均拨款制度，高职生均经费2015年提高到9600元、2016年提高到10800元；中职生均经费2016年不低于5000元。统筹5.2亿元资金，实施现代职业教育质量提升计划。推进职业教育市级统筹和资源整合，全省撤并中职学校47所，职业院校新增专业点490个，取消专业点177个。皖北各市职教园区建设初具规模。311所中职学校与1536家企业开展了校企合作。在33所中职学校开展首批省级现代学徒制试点，4所职业院校入围首批国家级现代学徒制试点单位。中职毕业生"双证书"获取率超过90%。

投入37.9亿元实施支持本科高校发展能力提升计划和高等教育振兴计划。遴选安徽大学等9所高校为高校综合改革首批试点。全省立项建设8所地方特色高水平大学、9所地方应用型高水平大学和16所地方技能型高水平大学。院校设置工作卓有成效，高等教育布局结构不断优化，特别是亳州师范高等专科学校顺利升本，16个市实现本科高校全覆盖。深化高等学校创新创业教育改革，开展"双创之星"评选表彰活动。33所地方高校获批1857项国家级大学生创新创业训练计划项目，位列全国第二。积极推进"安徽继续教育网络园区"建设，入驻本科高校27所，平台资源总数1.3万个，在线学习人数超过1万人。

3. 全面加强教师队伍建设，推进国家教育信息化试点建设

制定出台关于我省实施乡村教师支持计划的具体办法，实施中职中小学教师队伍建设改革省级示范项目。博望区、肥西县被确定为国家首批教师"县管校聘"管理改革示范区，教师管理体制改革案例获全国教育改革创新案例特别奖。制订《安徽省深化中小学教师职称制度改革实施方案》。出台《关于推进县域内义务教育学校校长教师交流轮岗的实施意见》，交流轮岗比例达到10.7%。全省统一招聘中小学新任教师9029名，80%以上安排到农村学校；在32个县招聘"特岗教师"2665名。"国培计划"集中支持乡村教师专业发展，组织8.88万名教师参加业务培训，组织14万名教师参加信息技术应用能力提升培训。启动新一轮核编工作，实行城乡统一的中小学教职工编制标准。全省80个县(区)15.1万名乡村教师享受乡村教师生活补助，年金额约3.6亿元。将教师周转房纳入省保障房建设中，实现解决教师周转房工作"常态化"。平稳完成27.72万老民师身份和教龄认定工作，有效化解历史遗留问题。完善师德师风建设与教师管理投诉网络平台功能，实现省、市、县三级联动监管。2015年平台共受理各类投诉举报724件，查实518件，处理344人。

基于省级教育数据中心建成资源应用平台和管理公共平台，是全国首个互联互通、共建共管的基础教育信息化共享平台，被评为安徽省信息化十件大事之首。截至年底，全省中小学宽带接入率99.67%、校园网建有率97.36%、班级多媒体题配备学校覆盖率96.38%。实施第二批在线课堂项目，覆盖范围扩大至59个县1986个教学点。在首届国际教育信息化大会上，安徽省做法被教育部列在"中国信息化应用模式创新的探索"6个案例之一。

4. 稳妥推进考试招生制度改革，持续改善教育民生

制订《安徽省深化考试招生制度改革实施方案》《普通高中学业水平考试实施办法》《普通高中学生综合素质评价实施办法》。调整和规范高考加分，加分项目减少45%。职业院校分类考试试行一生多录、自主确认的模式，2015年单独录取考生4.8万余人。畅通农村贫困地区学生就读重点高校的升学渠道，单独录取5621名，比上年增加1118名。首次实施普通中专招生网上录取，中招规模保持稳定。

启动实施教育扶贫全覆盖行动，全面覆盖贫困地区每一所学校、每一位教师、每一名学生及每一个建档立卡家庭。分别安排下达皖北地区和大别山集中连片特困地区基础教育和职业教育转移支付资金63.1亿元和35.59亿元，占全省资金总量的52.6%和29.7%。全省共发放普通高校、中职学校和普通高中家庭经济困难学生奖助资金和免学费补助资金25.2亿元，惠及学生94.7万人次。新建、改扩建公办幼儿园556所，学前教育三年毛入园率达到80.1%。完善农村义务教育寄宿制学校保障措施，推进农村留守儿童关爱工作常态化。按照"两为主""两纳入""三个一样"要求，消除进城务工人员随迁子女就学障碍，随迁子女在公办学校接受义务教育的比例达90%。实施特殊教育提升计划，投入3600万元建设随班就读学校的特殊教育资源教室或中心。

5. 扩大教育对外交流合作，加强党风廉政和政风行风建设

积极推进“留学安徽”项目，16所高校现有在读外国留学生1713人，比上年增长62%。3所省属高校在5个国家设立了5所孔子学院，学员总数达4512名。全面开展对俄罗斯教育交流与合作。李克强总理和德国默克尔总理考察安徽时，提出在合肥学院建立中德教育合作示范基地。深化长三角地区教育协作发展，召开第七届长三角教育协作发展会议，联合发布《马鞍山共识》；主办长三角地区高校创新创业教育改革研讨会。

扎实开展“三严三实”专题教育，深入查摆问题，强化整改落实。出台进一步加强和改进新形势下高校宣传思想工作的实施意见，建立高校意识形态问题会诊机制和考核问责机制。扎实开展“正风肃纪排查整治”“严肃财经纪律严格财务管理”等专项行动，认真查处发生在群众身边的“四风”和腐败问题。建立规范中小学办学行为省、市、县三级教育行政部门联动机制，省教育厅加大明察暗访力度，黄牌警告12所省级示范高中，通报批评9所公办学校和6所民办学校。推行行政权力清单制度，权力事项由135项精简至40项。加强政府信息公开，促进权力运行公开透明。教育系统一批学校和单位被评为全国、全省文明单位，涌现出身患绝症坚守讲台的盛黎明、见义勇为献出生命的何九春、扎根深山三十余载的胡飞泉等一批模范典型。

六、文化发展情况

(一)一市三省文化发展

2012—2015年长三角地区一市三省报纸、期刊发行种数 单位:种

	2012年	2013年	2014年	2015年
上海市	726	726	727	
江苏省	593	594	596	585
浙江省	293	292	294	
安徽省	278	278	278	

(二)促进文化发展的措施与进展

上海市文化发展

1. 加快发展文化创意产业

2015年，将围绕“加快实施创新驱动发展战略，全力建设具有全球影响力的科技创新中心”的总体要求，以融合发展为主线，以园区为载体，以搭建公共服务平台为手段，以重大文创项目建设为抓手，从以下五个方面继续推动文化创意产业快速健康发展，确保全面完成“十二五”规划目标：一、围绕科技创新中心建设，进一步推动产业融合发展；二、以深化改革为引领，进一步激发文创企业活力；三、聚焦重大项目建设，引领产业转型升级加快发展；四、继续优化产业发展环境，营造良好发展氛围；五、加强体制机制建设，发挥社会各界合力。着力打造文化创意产业的升级版。要找准文创产业在全球科技创新中心建设中的位置和发力点，运用创新精神和“互联网+”发展思维，着力推进体制机制创新、内容创新、融合创新、商业模式创新。要聚焦重点产业、丰富产业主体，进一步提升文化创意产业的核心竞争力。要处理

好政府与市场的关系，该放的切实放给市场，同时政府要在文创产业规划，文化与金融、科技、贸易等跨界融合，扶持政策落地等方面更好地发挥作用，推动本市文化创意产业加快发展，为上海建设具有全球影响力的科技创新中心作出新的贡献。

2. 2015年上海艺术文化新鲜事

5座郊野公园将免费开放。上海市规土局已在申城郊区初步选址21个郊野公园。首批选择青浦区青西郊野公园、松江区松南郊野公园、闵行区浦江郊野公园、崇明长兴郊野公园、嘉定区嘉北郊野公园作为建设试点，2015年建成开放，届时市民可以免费入园游玩。

2015年艺术圈的大活动"不朽的梵高"感映艺术大展4月底登陆上海，并且是以一种令人意想不到的方式造访上海！此次梵高感映艺术大展，将运用多屏幕投影技术和梵高的绘画艺术相结合，3000多幅梵高名画的多感官视听盛宴，全面颠覆传统观展理念。2015年4月28日至8月30日，新天地太平湖上将矗立起2000多平方米的艺术城堡。

2015年二季度，位于静安雕塑公园内的上海自然博物馆新馆将正式开放，届时将展出11000余件标本，有珍稀物种标本近千件，将集中展出！其中，不少展品是从老馆搬来的，相信会勾起不少大朋友们的童年回忆。

作为台湾首创"生活产业与文创平台"的诚品生活将于2015年入驻上海中心52、53层空中大堂及地下一层，整体结构将运用"上海中心"的垂直城市设计特色，透过不同的空间组合以及款待的心意，提供阅读、文创服务与商品展售。预计诚品书店总面积约6500平方米，将成为名符其实上海最高的空中文化新地标。

万众期待的樱桃小丸子25周年博览会，将于2015年2月4日在上海高岛屋拉开帷幕！这是日本知名动漫品牌《樱桃小丸子》在中国的首次官方大展，是为纪念《樱桃小丸子》动画开播25周年所举办的大型博览会。此次博览会动用5个楼层，占地面积2000平方米，为国内最大"樱桃小丸子"展。所有展区围绕"梦"的主题进行搭建。

2015年1月22日，中国最大的奥特莱斯项目——上海浦东祝桥奥特莱斯将开业，祝桥奥特莱斯呈现了纯正的意大利小镇建筑风格，200多家世界大牌将入驻，全场最低3折起。该商场位于迪士尼和浦东机场之间，距离地铁2号线远东大道站仅400米。算得上是2015年最值得一去的购物新地标！

3. 集中科技之力，带动广播电视和新闻出版创新发展

加快完成全市有线电视数字化整转工作和区县有线电视网整合，积极培育发展一批创意创新能力强、制作技术先进、商业模式新颖的节目及广播电视剧制作企业。大力推动数字技术、网络技术在广播电视领域的应用，重视对智能电视产业链、3D电视和激光电视等新技术的应用开发，重视商业模式的创新应用，牢牢把握"三网融合"提升广播电视业发展能级的重大机遇，发展移动多媒体广播电视、高清电视、网络广播电视等新媒体，拓展跨区域数字内容产业空间，构建虚拟消费市场格局，重点做专、做优、做强娱乐新媒体、生活新媒体等特色媒体。大力发展手机电视、电子书、电子阅读器等手持移动新兴媒体。

聚焦重大出版工程，推出一批重量级学者、作家的作品，一批反映经济社会科技文化最新成就、具有广泛市场影响力的精品力作。重点推动传统内容生产供应企业主动实施战略转型，依托多媒体的发展不断扩大数字内容产品开发力度和生产能力。整合优化本市传统新闻出版领域的内容资源，提高本市骨干新闻出版机构对优秀数字版权资源的获取和使用能力，建设数字出版发行平台，积极探索数字出版产业商业模式。重点支持纸质有声读物、电子书、手机报、数字报、电子阅报栏和网络出版物等新兴出版发行业态发展。依托数字出版技术，促进传统印刷复制企业升级转型，向高、精、专、特、分众服务方向发展。

4. 重视原创，提升艺术业整体发展水平

艺术业是文化创意产品创作创新、展示、流通的关键领域。以主旋律创作和上海原创为重点，实施好重点艺术创作工程。积极整合剧场资源，繁荣文艺演出市场。推动电影、动漫产业的快速发展。积极

发挥非物质文化遗产保护对产业的带动作用，培育工艺品展示、交易市场健康发展，大力提升艺术业在文化创意创新发展中的引领能力。

(1)文艺创作。努力把上海建成优秀文艺作品的重要原创基地。继续深化重点文学报刊和专业文学出版单位在培育文学原创上的重要作用。支持和引导有影响力的文学网站健康发展。鼓励文学评论与文学创作相互促进。启动上海重大历史题材美术创作项目。建立优秀美术原创作品的政府采购收藏机制。发挥制度创新在面向社会扶植美术原创、资助公益性美术原创活动、建设上海本土美术原创人才储备库方面的积极作用。

(2)演艺。加大对国家级、市级重点院团扶持力度，鼓励各类国有、民营文艺院团或企业开发有特色的舞台艺术原创作品，争取形成一批具有市场效益、长演不衰的原创保留剧目。支持在沪各类具有民族特色、地方特点的文艺院团或企业利用上海的艺术资源优势，不断创新开发适应城市特点和需求的原创舞台艺术作品。积极吸引国内乃至国际知名的演艺企业在本市新建、改建、收购或租用剧场，使国内外优秀演出剧目汇聚上海，推动上海成为演艺交流中心。

(3)电影。以构建国际化电影生产大基地、大市场为目标，充分发挥上海作为国家电影生产老基地的作用。大力扶持民营电影企业诞生和成长，扩大电影生产规模。积极扶持动画电影、科教电影创作和生产，支持特种形式影片的研究和应用，鼓励创新观影形式。加快发展数字放映影院和银幕数量，确保电影院线票房、本地电影票房居全国前列。

(4)动漫。积极推动具有示范和引领作用的优秀动漫电影、电视剧的创作生产。积极支持三维动画电影技术的研发和运用。加强对基于移动通信平台的手机动漫产品的研发。积极推动动漫衍生产品的开发、生产，完善和拓展动漫产业链。继续发挥动漫行业社会组织的服务作用，促进产业链的进一步整合。积极支持动漫企业争取文化部“原创动漫扶持计划”的认定和资金扶持。

(5)非物质文化遗产开发利用。在有效保护非物质文化遗产代表性项目的基础上，充分发挥非物质文化遗产资源的特殊优势，合理利用非物质文化遗产代表性项目，开发具有区域、民族特色和市场潜力的文化产品、文化服务。

(6)艺术品展示及拍卖。继续推动艺术品一级市场发展，继续发挥产业园区、画廊和艺术品经营、美术会展等在艺术品展示、交易、流通领域的重要作用。不断活跃和规范艺术品二级市场，培育壮大国内艺术品拍卖机构，扩大与境外著名艺术品拍卖机构的合作，共同促进艺术品拍卖市场的健康繁荣发展。依托虹桥商务区及世博园区等的新建大型会展场所资源，大力培育发展艺术品展示、交易及拍卖机构，形成一流、高端艺术品展示及拍卖的集聚效应，共同繁荣上海艺术品交易市场。

江苏省文化发展

1.剧种艺术精彩纷呈，尊重历史体现人文

我省今年举办了多场全国性的话剧巡回演出，其中以南京烈士陵园风景名胜古迹为背景的《雨花台》自 2015 年 9 月 28 日首演以来，已在南京、北京、上海、武汉、广州等地正式演出 40 场，共有 6 万余人次观看。“信仰至上、对党忠诚、舍身为民、勇于担当”，雨花英烈事迹所蕴含的红色基因，凝结成这部舞台艺术精品，给党员们上了一堂生动的党课，也使全国高校青年学子们受到一场难忘的心灵洗礼。无独有偶，这部话剧在北大首演即获得一致好评，荣获了话剧金狮奖提名。

其他城市也陆续推进了一系列话剧艺术，盐城市着力抓好以中国梦为主的现实题材、以盐城特色文化为主题的地域题材、以抗战胜利 70 周年等历史节点为契机的重大题材和以百姓生活为视角的民生题材创作。重点打磨大型现代淮剧《小镇》，力争获得国家级大奖；编演大型综艺剧《多彩的盐城》，打造城市文化新名片；排演大型原创舞剧《烽烟桃花飞》，纪念抗日战争胜利 70 周年。积极组织参加省内外和国家重大艺术赛事，力争取得好成绩。

2. **第三产业推动转型,科技之光梦想启航**

人民日益增长的物质文化需求同落后的社会生产建设向来是社会主义社会的发展矛盾。为了逐步解决这一问题,江苏将文化产业与第三产业水乳交融,运用科技和物流,将文化产业之梦变为了实实在在的高品质生活。现今随着各种电子阅读方式的兴盛,传统的纸质阅读受到挑战;原先餐厅门前排起长龙,现在只需轻轻一点手机,就可足不出户也能品尝美食。传统文化产业虽然面临着极大的挑战,但是这些产业积极寻求第三产业的帮助,扩大自身的文化软实力。比如淘宝、京东的兴盛就让这些传统的实体书店可以通过网络营销的手段进行升级包装;传统的小吃店、蛋糕房以及许多餐馆酒店也通过微信支付、支付宝支付的方式,让广大居民不用携带钱包就可轻松支付。现今随着江苏各科技公司的携手努力,逐步完善了针对百姓日益增长的物质文化需要而形成的第三产业的有关第三方 APP 应用服务,让大家都能根据个人的物质文化需求,私人订制。

3. **城市广场蜂拥而建,文化更加造福民生**

江苏各大城市正积极推进城市综合广场的建设。以江苏南京为例,城市综合性广场及周边配套商场、餐饮业、娱乐场所都在不断改造升级。除新街口和河西万达广场外,又逐步规划开发湖南路地下商城、金茂 UME 国际广场、龙江新城市广场的转型升级,新建江宁天元中路太阳城城市广场。并且大力开发各城市广场及相关配套文化的 APP 应用,让百姓能够与时代讯息更近一步。在餐饮方面,逐步开放多元的美食文化,从中国的粤菜、川菜,到韩国的烤肉,泰国的咖喱,都能在这些地下商城和城市广场发现它们的踪迹;在服饰方面,逐步开发开放更适合普通大众尤其是更迎合年轻人时尚猎奇心理的特色服装;在电影方面,在原有 3D 电影的基础上又逐步开发出全方位、全物理操控,让影迷们身临其境的 4D 电影技术,电影类型更加丰富,影迷互动更加方便,电影院还增设专门的影迷粉丝见面会、观众与明星的互动环节,让大家对幸福洋溢的文化生活有了更高的期待。

4. **非物质文化遗产保护卓有成效**

在非物质文化遗产保护方面,各大城市都积极有为,想尽一切办法保护非物质文化遗产不受破坏或毁灭。非物质文化遗产的保护与积极申报,都反映出我们渴望在现今快节奏的生活中重新寻觅古人那份清新雅致生活的期盼。正因如此,南京、苏州和扬州在这个方面重点着墨,让古代文明得以继续熠熠生辉。南京通过对明代十三城门、后增辟城门和外郭 18 城门地名的完整保护,让大家得以重新体会南京明代时期的恢弘气势;对城墙排水设施的维护让南京这座城在雨天时得以避免城市内涝;城墙上的走道更是成为人们日常休闲娱乐的好去处。南京还打造了秦淮夫子庙至中华门风光带,切实维护传统文化,继城市名曲《茉莉花》和天然雕琢的雨花石传遍江苏、享誉世界后,老门东的糖人、糖芋苗、锅贴乃至琵琶名曲《梅花三弄》《琵琶语》也得以积极维护并申遗。不仅如此,地铁四号线与五号线的建设过程中都发生了与非物质文化遗产相冲突的事件,因此城市交通规划中不断改线甚至并线,绕开文物,使万株梧桐以及七桥瓮桥体得以完整保护。苏州通过城市园林整体规划,使得人景合一,昆曲、苏绣与评弹相得益彰,使城市发展更加清婉;扬州通过对各个体经营户以及餐饮、美发行业的综合整治,使得“三把刀”更加体现出辉煌色彩,扬州的广陵书社作为一家传统的文化产业传播单位,积极推进扬州传统非物质文化遗产的保护与发展,《广陵散》《十面埋伏》《高山流水》等一系列古琴曲得以完整留存,古琴成为扬州非物质文化遗产的一大特色。

5. **文化市场管理放管结合规范有序**

坚持简政放权,落实先照后证要求,定向修改娱乐场所、营业性演出、上网服务场所审批事项,降低了市场准入门槛,激发了社会力量兴办文化企业的活力。提升监管水平,积极推广文化市场技术监管与服务平台建设应用,全省基本实现全员、全业务进入平台,平台基础数据激活率已达 99%以上,位居全国前列。培育基层执法人员的综合素质,通过以案施训、个案指导、大案要案督办、组织法制讲师团赴基层驻队巡讲和开展执法案卷评查等多种方式,提升基层执法人员综合能力和办案水平。积极开展“平安文化市场”创建活动,切实加强文化市场监督管理,常态化开展文化市场执法检查,组织农村演出市场、暑

期文化市场等四次文化市场专项整治行动，全年办结案件3105件，取缔非法经营场所1217家，移交司法机关案件35起。2015年，在文化部全国文化市场综合执法重大案件评比活动中，获得十大案件1件，重大案件4件；在文化部行政执法案卷评查活动中，获得十佳案件1个，优秀案件1个，规范案件1个，两次执法业务评比均居全国第一。培育发展艺术品市场，举办首届江苏省艺术品博览会，吸引了近400家国内外艺术机构、超过10万人次参观展览，现场成交额达2.86亿元，意向合同金额近12亿元，被授予"中国十佳优秀特色展会奖"，新华社深度报道了首届江苏省艺术品博览会盛况和做法。推进艺术品行业诚信体系建设，组织开展2015年艺术品经营十佳诚信单位评选。联合中国人民银行南京分行出台《关于推动艺术品金融业务发展的意见》，与中国农业银行江苏省分行、招商银行南京分行、北京银行南京分行分别签署《艺术品金融合作战略框架协议》

浙江省文化发展

1. 着力推动艺术创作繁荣

坚持以人民为中心的创作导向，坚持以社会主义核心价值观为引领，加强文艺精品创作，重点围绕"中国梦"、纪念中国人民抗日战争暨世界反法西斯战争胜利70周年爱国主义题材，以及浙商、"21世纪海上丝绸之路"等重大创作选题，征集、储备、资助一批优秀剧本，论证、创作、提高一批原创精品，着力抓好话剧《钱江潮涌》(暂名)、越剧《杭兰英》、京剧《东极英雄》等重点剧目，重点提高越剧《二泉映月》、舞剧《王羲之》、民乐组曲《九章·富春山居乐》、昆剧《大将军韩信》等精品剧目。探索项目制、联盟制、订单式等艺术生产样式，实现艺术产品投资主体多元化和收益分配多样化，激发艺术创作活力。制定实施《浙江省文艺工作者职业道德准则》和《文艺工作者深入基层蹲点采风活动实施管理办法》，开展"深入生活、扎根人民"主题实践活动。加大对省属文艺院团的扶持力度，指导省属文艺院团编制中长期发展规划，逐步实现"一团一(剧)场"。鼓励国办文艺院团与媒体合作，通过开辟专栏等方式，实现常态化的舞台艺术普及宣传。建立文艺评论员队伍，实施浙江中青年评论人才培养计划。承办第八届全国儿童剧优秀剧目展演，举办第五届浙江省曲艺杂技魔术节、浙江省传统戏剧经典剧目展演、纪念中国人民抗日战争暨世界反法西斯战争胜利70周年优秀作品展演等重大艺术活动。制定实施《浙江省传统戏剧保护振兴计划》。加强国家艺术基金项目申报工作。

2. 大力发展文化产业，推动现代文化市场体系建设

启动实施文化系统管理的文化产业转型升级"六大计划"，即小微文化企业扶持计划、文化与科技融合发展计划、文化金融合作计划、特色文化产业提升计划、文化企业上市培育计划、文化产业人才培训计划，提高文化产业发展的规模化、集约化、专业化水平，助推经济转型升级。继续支持中国(义乌)文交会转型提升工作，做强中国(杭州)国际动漫节等展会。健全文化金融投融资体系，积极创建国家文化金融合作试验区。进一步深化文化产业示范基地(园区)的巡检和考核工作。编制《浙江文化产业发展报告》。以省文化厅与省科技厅会商协作机制为牵引，推动文化与科技融合发展，力争有10个以上的文化与科技协作项目落地，推进省级文化科技重点实验室建设和管理工作，重点培育1—2家文化部重点实验室。建立和完善演出联盟、剧院联盟等新型营销模式，培育演出消费市场。启动新一轮文化市场行业发展报告编制工作，重点探索建立各行业发展评价指标体系和相关发展"指数"，为行业发展和企业生产经营活动提供方向指引。着手推动江浙沪文化市场一体化机构的组建，深化江浙沪文化市场融合发展。制定出台推动文化市场行业协会建设的指导性意见，逐步引导行业协会承接政府转移的部分职能。

3. 加强文化遗产保护利用工作，建设优秀传统文化传承体系

推进良渚遗址申遗工作，争取良渚遗址列入2017年中国世界文化遗产正式申报项目。协调大运河沿线各地建立完善大运河长效管理机制。推进国保省保集中成片传统村落整体保护利用工作。继续做好浙江省第一次全国可移动文物普查工作，完成文物信息采集登录及审核。全面完成省级以上文保单位保护范围和建设控制地带的划定并上报省政府批准公布。完善考古发掘项目管理制度，推进东海海域海上丝绸之路文物保护与考古工作。启动一批大遗址保护展示工程。规范全省文物保护工程管理。深入实施文物平安工程。加强文物安全监察和执法。进一步推进国家文化遗产保护科技创新联盟(浙江省)的建设。探索建立覆盖全省的博物馆运行评估管理体系和机制,继续开展国有博物馆对口帮扶民办博物馆工作,开展民办博物馆运行评估。开展“浙江省优秀传统文化传承体系建设(非遗工作)深化年”活动。推进各地非遗数据库、非遗展示场所建设。做好第五批国家级代表性传承人推荐和第五批浙江省非遗名录评审。利用“2005 年 5 月时任浙江省委书记习近平四次就非遗保护工作作出重要批示”十周年之际,召开纪念座谈会,举办全国原生态非遗展演。制订非遗保护基地建设指导意见,建立退出机制。加强传统戏剧保护工作,办好第十届浙江省非物质文化遗产节暨“浙江好腔调”传统戏剧系列展演,深入开展浙江省濒危剧种守护行动,强化师徒传承机制,构建省市县乡村五级保护工作体系。

4. 完善艺术教育体系,加强文化人才培养

推进浙江音乐学院(筹)师资队伍和学科建设,确保顺利通过全国高校设置评审委员会审核和教育部批准,正式建校,做好新校区秋季开学工作。推动浙江艺术职业学院建设,进一步发挥好文化人才培训基地作用。鼓励探索校团合作办学、省地合作共建等办学新机制,带动相关附属学校(附中、附小)建设,形成层次清晰、各具特色的艺术教育体系。继续加强拔尖艺术人才、青年艺术人才培养,组织举办省属舞台艺术拔尖人才培养对象成果展示、“新松计划”实施 10 周年系列研讨展示、全省青年演奏员大赛、第 10 期全省青年戏曲表演人才高级研修班。加强紧缺创作人才培养,继续实施全省中青年编剧扶持计划,举办第 2 期全省中青年创作人才(作曲)高级研修班。深入实施基层文化队伍素质提升工程,培训群众文化骨干 1 万名。完善民营文艺表演团体人才培养机制,拓展培训范围,由单一的越剧培训转向多剧种培训,助推传统戏剧传承与振兴。完善各类专业技术人才评价机制,探索建立人才柔性流动机制。

5. 进一步推动文化走出去,提升浙江文化影响力

服务国家外交大局,组织我省有代表性的文化艺术项目赴南非、土耳其和爱尔兰举办“美丽浙江文化节”,赴智利参加“中国文化年”活动,赴秘鲁、摩洛哥、科威特、南非、马拉维、赞比亚等国举办“欢乐春节”系列演出活动,赴摩洛哥、科威特参加“中阿友好年”活动;实施中非文化交流合作计划,组织文化艺术展演团体与莫桑比克、马达加斯加、马拉维等国开展文化交流和合作项目,承办非洲文化人员来浙访演和培训活动。进一步深化对港澳台文化交流,赴台举办第九届台湾·浙江文化节,积极参与承办文化部“情系青春——浙台青年吴越文化行”活动,扶持和促成与港澳台文化艺术界的各项交流。认真贯彻落实《国务院关于加快发展对外文化贸易的意见》,推进发展对外文化贸易,构建双边、多边政府间文化贸易对话机制,组织文化企、事业机构参加国际重要贸易会展和活动。搭建公共服务平台,完善本系统文化交流和文化贸易重点项目库。建立文化“走出去”资源、渠道和项目的统筹协调机制。

安徽省文化发展

1. 保护文物安全,做好文物单位管理工作

2015 年的 1 月和 2 月,安庆市、巢湖市和石台县三地就保护文物安全,做好文物单位管理工作进行了为期近半个月的整治工作。安庆市文广新局对市辖三区进行文物古建筑消防安全工作检查,检查内容包括市辖三区安徽大学红楼及敬敷书院旧址、太平天国英王府、倒扒狮历史文化街区、同仁医院旧址、熊成基安庆起义会议旧址等 24 处国保、省保及古民居的消防安全工作。市文广新局负责人强调,文物古建筑消防安全防火问题是文物保护工作的重中之重。市属三区文广新局必须按照“属地管理”的原则,逐一梳理安全管理环节和程序,逐项落实管理措施,不漏细节;要认真落实安全排查,整改安全隐患,不存侥幸;巢湖市文物管理所组织开展了文物消防安全知识培训讲座。参加培训的有冯玉祥旧居、张治中故居、李克农故居、昭忠祠全体工作人员。此次培训采取集中授课方式,邀请合肥助安防火技术咨询服务中心老师讲课。培训通过触目惊心的典型火灾案例,以图片、视频等形式展现了消防安全的重要性。市文物管理所负责人要求各单位切实提高思想认识,认真抓好冬季安全隐患排查和整治工作,增强工作人员消防灭火能力，确保文物安全；石台县文广新局、文物管理所与县消防大队联合开展省级文物保护单位消防安全专项检查。检查组一行先后对仙寓镇崇德堂戏台、大演乡严氏宗祠、横渡镇琏溪汪氏宗祠、丁香镇华桥胡氏宗祠进行消防安全专项检查。县文物管理所为每处省保单位更换新的灭火器，县消防大队给当地的村委会负责人和文保单位管护人详细讲解消防灭火器的使用方法以及防火知识。

2. 扎实推进动漫产业发展，公共图书馆进入全面数字化时代

根据文化部文化产业司关于做好2015年"国家动漫企业项目资源库"有关工作的通知要求，省文化厅组织全省动漫企业申报，共有8家企业申报了9个项目。经审核，安徽天同人合文化传播股份有限公司"丝路飞歌系列"、合肥橡树动画有限公司"人鱼森林的宝藏"、安徽盛乐高网络科技有限公司"农场小主欢乐送"、安徽樱艺缘文化传播有限公司"黄梅妞妞与花戏楼"等4个项目入选国家动漫企业项目资源库。

4月23日至24日，国家数字图书馆推广工程、全省公共图书馆阅读推广联盟数字服务宣传推广培训在繁昌县举办。这次培训活动由安徽省图书馆、芜湖市图书馆、繁昌县文广新局等主办，繁昌县图书馆承办，得到国家图书馆、安徽省文化厅的支持和指导，全省图书馆阅读推广联盟的107个公共图书馆、200余人参加，是安徽为落实文化部关于做好公共数字文化项目建设要求的重要举措。数字图书馆建设，将打破阅读的时间空间限制，为读者提供更加丰富多样和便捷的阅读资源、阅读方式，将有力推动数字环境下的全民阅读，是继文化资源共享工程后又一重大文化惠民工程。安徽近年积极推进该项文化惠民工程，搭建数字阅读、移动阅读的软硬件平台，积累数字阅读资源，省馆和13个市图书馆进行了数字图书馆工程建设。这次培训旨在全省公共图书馆系统进一步树立数字文化项目建设、服务理念，学习相关知识，拓展视野，接受技能训练，为数字图书馆建设覆盖全省提供人才支撑。

3. 芜湖方特，一个欢乐的天堂

在芜湖市的文化企业中，芜湖方特是值得说的一家。截止到2015年4月18日，芜湖华强麾下的芜湖方特旅游度假区(简称方特)的3个主题公园，7年间共接待游客2249万人次，年均接待游客321万人次，这是被业界同行羡慕不已的数字。芜湖市旅游部门相关负责人表示，现在全国有70多家旅行社同芜湖方特签约，主题公园的集群发展，使芜湖的特色文化产业变得更加坚实。

芜湖华强的母公司深圳华强原是旅游设备供应商，落户芜湖后，华强的业态定位不再以出售设备为主，而是以建设科技和文化密切融合的主题公园为发展重心。他们握有动态立体跟踪技术、智能控制技术等10多项先进技术、设备和专利，并将这些技术和设施用来演绎具有文化、思想内涵的中国故事和体验项目。于是，《聊斋》《西游传说》《水漫金山》等以让人耳目一新的画面出现，《恐龙危机》《维苏威火山》等教育人们要有灾难和危机意识，《猴王》《丛林故事》等演艺节目以国人耳熟能详的孙悟空为主角，展现传统文化。可以说，芜湖方特的成功，是高科技与文化创意、旅游跨界融合的结果。

一直以来，芜湖方特都非常注重对传统文化的挖掘，即将开业的第四个主题公园《东方神画》是以非遗为主题，集中展示国家级和安徽省级非遗项目近300个；已经动工建设的《复兴之路》，则将再现中华百多年来的重大历史事件。

4. "2015台湾·安徽文化交流周"在宝岛成功举办

6月24至30日，"2015台湾·安徽文化交流周暨安徽电视周"在宝岛台湾成功举办。海基会董事长林中森，中国国民党荣誉副主席蒋孝严，省委常委、宣传部长曹征海等分别在开幕式上致辞。

曹征海代表省委、省政府和6900万安徽人民向台湾同胞致以诚挚问候，向长期致力于两地交流合作的各界朋友表示衷心感谢。他说，安徽与台湾有着源远流长、割舍不断的血脉情缘。两岸三通以来，两地政商界高层多次成功互访，交流合作日益频繁，人员往来更加密切。真诚希望更多台湾朋友到安徽走一走、看一看，加深了解，加强合作，增进友谊，互利共赢！

文化周期间，安徽文化交流团还拜访了著名画家欧豪年先生及佛光山星云大师，并走进台中、高雄等地举办皖台出版合作恳谈会、两岸图书及商品交流展、来买书城上线仪式、走访基层社区等一系列展览展示和交流参访活动。

此次活动由安徽文化产业发展促进会主办、安徽广播电视台承办，以举办“安徽电视周”为主体，文化、发行、出版等相关单位和企业积极参与，活动内容丰富多彩。安徽文化交流团通过打好“铭传牌、包公牌、亲情牌”，不断加深台湾民众对安徽的关注和了解，持续推进皖台文化深入交流与合作。

5. 安徽省8家民营剧团获国家资助

2015年安徽省8家民营剧团获得文化部与财政部联合下发的优秀基层戏曲院团奖励资金。8家剧团分别为：芜湖县黄梅戏剧团、望江县长江黄梅戏剧团、利辛县文苑演艺传播有限责任公司、南陵县新黄梅文化演艺传媒有限公司、利辛县皖豫豫剧团、休宁徽胜黄梅戏剧团、无为县江涛庐剧艺术团、天长市俞金花扬剧团。

7月上旬，国务院印发支持戏曲传承发展若干政策的通知，着力保障基层戏曲从业人员的社会权益，完善戏曲表演团体人才培养机制，将民营剧团的专业技术人员纳入职称评审范围。

安徽省现有民营剧团1500多家，其中戏曲类剧团占据半壁江山，涵盖了黄梅戏、庐剧、泗州戏、花鼓灯、豫剧、花鼓戏、梆剧、扬剧等多种艺术样式。在“送戏进万村”活动中，民营剧团中标率为78%。我省自2009年以来在全国较早实施扶持民营院团的措施，连续六年安排专项经费加大扶持力度，陆续在千余民营剧团中评选出“百佳院团”及十大名团、名剧、名角、名经纪，鼓励他们出新作、出人才。

七、体育发展情况

（一）上海市促进体育发展的措施与进展

1. 明确重点，深化改革，增强体育发展活力

厘清体育行政部门权力边界，减少审批事项，放宽市场准入，实施负面清单管理模式，加强事中事后监管。研究制定体育工作综合评价体系，从群众体育、竞技体育、体育产业、体育文化等方面综合评价政府体育工作。制定体育产业实施意见，完善体育产业工作机制。以竞赛表演业为龙头，提高场馆综合利用效益。全力办好2015世界花样滑冰锦标赛。加强科学规划，凡是国际上最有影响的、受众面最广的赛事，争取再引进新的；凡是已经落地的，提高其运作商业化、市场化、专业化水平和程度。培育和开发各类赛事资源，鼓励社会力量举办商业性赛事，完善体育赛事的管理体制。进一步加大赛事培育力度，继续重点培育F1中国大奖赛、ATP1000网球大师赛等十二大品牌赛事，基本实现“一月一品牌”的格局，发挥引领示范效应。以健身休闲业为重点，促进市民体育健身消费。推进职业体育发展。

2. 全面落实全民健身的国家战略，推动群众体育发展

充分发挥政府、社会、市场三个主体作用，促进老年、在职、青少年三类人群健身活动齐头并进。做好增量、盘活存量，着力抓好体育设施规划、结合、建设三个环节，满足市民健身需求。利用全国第六次体育场地普查数据，根据上海经济发展水平、城市规模、人口数量和结构，加快研究各类公共体育设施的规划和布局，提出相应的设施建设标准。在新建、改建和扩建郊野公园、城市公园、公共绿地、广场时，建设球场、健身步道、自行车绿道等设施。在新建改建学校设施时，持续推进学校体育场地“分割工程”。在旧城改造和新城、大型居住区等规划建设时，同步配套建设相应的公共体育设施。推进崇明、奉贤、临港、闸北等体育中心，陈家镇、长兴岛、前滩、南桥、松江、罗店等区域大型体育主题公园，环崇明岛、外环绿带、青浦青西自行车健身绿道等项目建设。

2015年上海全民健身300指数为254分，全民健身总体发展情况令人满意。其中，全市经常参加体育锻炼的人数比例为40.8%，人均体育场地面积为1.76平方米，人均全民健身日常工作经费达17.3元。2015年底，全市建有社区市民体质监测站114个，覆盖56.4%的街道乡镇。成年人、老年人体质达标率为97.1%，青少年体质达标率为96.1%。

3.全面启动振兴“三大球”的系统工程

重视职业联赛，完善“三大球”项目工作体系，协调指导俱乐部运营管理；协调和指导职业俱乐部提高专业化、规范化管理水平。建立“三大球”项目信息情报数据库，掌握最新人员、技术等信息，为俱乐部参加联赛提供指导服务。强化后备力量。大力推进校园“三大球”工作，完善“三大球”体育传统项目学校布局和校园“三大球”联赛竞赛体系，提升青少年“三大球”精英培养能级，建设3－4个“三大球”精英培养基地，引导社会力量参与“三大球”精英运动员培养，开展普及类青少年“三大球”赛事，加大“三大球”教练队伍建设。营造良好环境，充分利用政府、企业、社会的资源优势，给予多方面、多维度支持，形成全社会共同关心参与的发展环境和氛围。推进公益性“三大球”场地设施建设。全力支持打造崇明足球县，积极探索振兴足球的新模式。

4.体教结合，提高青少年体育发展水平

破解学生“喜欢体育但不喜欢体育课”的难题，帮助学生掌握可以伴其终身的体育技能，养成终身体育锻炼的兴趣和习惯，2015年，“小学兴趣化，初中多样化，高中专项化”体育课程改革全面实施。38所高中、22所小学和23所初中成为体育课改的试点学校。2015年市、区两级共有421名专业教练员开展了进校园带训工作，9个区县168所中小学开展了学校体育课配送服务。

构建系统化的青少年足球后备人才培养机制。市体育局命名10家单位为上海市青少年足球精英培养基地。市教委整合社会优质资源，引进一流教练团队，在16个区县设立青少年校园足球精英训练营，全市参训总人数达到3000人。

组织开展学校体育竞赛和活动，培育青少年品牌赛事。选择以网球、乒乓球、武术项目为突破口，建立基于积分制的评价体系，鼓励学校的办赛和参赛热情；在继续办好暑期传统比赛的基础上，新增“五星体育杯”足球赛、游泳赛、“解放日报杯”网球赛、“东方体育日报杯”排球杯四项赛事，坚持政府搭台、媒体办赛，参赛人数达2万人。

在部分中小学试点开展全天候操场建设，为学生雨天及雾霾天锻炼提供保障；在部分区县开展学校体育馆“上天入地”试点建设，利用楼顶、地下资源，突破中心城区学校场地资源严重不足的局限。

5.扩大体育产品和服务供给，促进体育消费

优化体育服务业、体育用品制造业及相关产业结构，实施体育服务业精品工程、体育用品制造业创新提升工程和体育产业融合发展工程。加快体育产业要素结构升级，培育专业人才、品牌、知识产权等高级要素。着力扶持、培育一批有自主品牌、创新能力和竞争实力的骨干体育企业。引导有实力的体育企业以资本为纽带，实行跨地区、跨行业、跨所有制的兼并、重组、上市。

推广运用政府和社会资本合作模式，加大财政金融扶持力度，支持社会力量进入体育产业领域，建设体育设施，开发体育产品，提供体育服务。联合发展改革、财政等部门，根据关于加快推进健康与养老服务工程建设的相关要求，放宽市场准入，发挥政府购买服务等支持作用，进一步丰富体育服务供给。鼓励各地研究制定引导体育消费的政策措施，有条件的地区可以探索面向特定人群或在特定时间试行发放体育消费券。加强体育场馆等体育消费基础设施建设与改造，引导社会力量盘活存量资源，改造旧厂房、仓库、老旧商业设施等用于体育健身，鼓励机关、学校等企事业单位的体育场馆设施向社会开放。

(二)江苏省促进体育发展的措施与进展

1.深化江苏体育改革发展

加快推进简政放权、管办分离、放管结合、优化服务，强化规划制定、政策调节、市场监管、公共服务等职能。切实优化体育行政机构设置和职能配置，进一步理顺体育行政部门与事业单位之间的关系，修订完善行政部门和事业单位职能，科学配置行政权力事项。深化体育部门行政审批制度改革，加快形成权界清晰、分工合理、权责一致、运转高效、法治保障的体育机构职能体系，从事前审批向事中事后监管转变，加快构建行政监管、信用管理、行业自律、社会参与相结合的综合监管体系，不断提升依法行政工作水平。立足自身实际情况有序推进改革，注重改革的前期调研、论证和试点，加强改革过程中的内外部沟通协调。进一步推动足球改革发展，贯彻落实好国家和省足球改革要求，推动足球协会与体育行政部门脱钩，夯实足球发展的社会基础，大力推动业余足球发展，在全社会宣传倡导健康向上的足球文化。把好改革节奏，明确改革的具体任务、时间节点和责任部门，建立督查机制，加强协调推动。

2. 大力开展全民健身活动

定期举办全民健身日、全民健身运动会、农民体育节、老年人体育节等活动，丰富妇女、儿童、职工、残疾人、少数民族等各类人群体育活动形式和内容。打造"一县(市、区)多品"特色健身活动，组织创编、推广新优健身项目，推动城乡社区依托传统节日、体育赛事、重大庆典活动和民间体育资源，开展群众喜闻乐见、丰富多彩、特色鲜明的健身活动全民健身体系不断健全。12个省辖市建成功能齐全的体育中心和5000平方米以上的全民健身中心，90%以上的县(市、区)建成"新四个一"工程，建成城市社区"10分钟体育健身圈"，新建健身步道6500公里，基本实现行政村体育设施全覆盖，人均公共体育场地面积达2.01平方米，高出全国平均水平0.55平方米。体育社会组织网络健全，共有县级以上体育社团3237个、各类体育俱乐部11653个、团体会员15000余个、个人会员170万余人。社会体育指导员24.4万人，万人拥有社会体育指导员30人，建成市级以上体质测定与运动健身指导站70个，全民健身电子地图实现全覆盖。全民健身活动广泛开展，经常参加体育锻炼的人数比例达35%，全省国民体质合格率达92.1%。

3. 逐步转变竞技体育发展方式

动态调整奥运争光项目、全运夺牌项目和集体球类项目的组成，明确优势与潜优势项目、重点与一般项目，实施分类指导。深化项目(群)管理体制机制改革，坚持以项目(群)管理为主线的管理体制，逐步建立与完善责、权、利相统一的项目中心管理制度。修订完善激励奖励政策体系，深化收入分配制度改革，探索建立有利于调动积极性的收入分配体系。探索符合江苏实际的职业体育发展模式，完善俱乐部法人治理结构，营造职业体育发展良好环境。按照"谁主管、谁负责"原则，紧紧抓住"定责、履职、问责"三个环节，健全"一级抓一级、层层抓落实"的赛风赛纪责任落实机制。

竞技体育实力稳中有升。省优秀运动队多元化办队局面基本形成，与南京、苏州、常州、无锡市体育局以及南京工业大学、海澜集团等联办或共建29个项目。职业体育迈出新的步伐，8支职业体育俱乐部参加全国职业联赛，江苏舜天足球队首获全国足协杯冠军。竞技运动水平不断提升，在第一届全国青运会上，获得金牌34枚，金牌、奖牌、总分均列全国第二，南京市代表团金牌、奖牌、总分均列全国第二。

4. 健全后备人才培养体系

创建国家高水平体育后备人才基地，力争创建数量位居全国前列，努力提升省辖市青少年训练质量。加强基层青少年训练单位管理建设，推动县级青少年训练持续健康发展，扩大青少年训练规模。改革省运会青少年部竞赛办法，突出项目发展重点、后备梯队建设和人才输送贡献，调整训练结构，优化资源配置。

青少年体育切实加强。体教结合机制不断完善，积极开展青少年阳光体育运动联赛，大力发展校外足球、篮球等项目活动中心，与教育部门共同推进学生体质健康促进行动计划、农村中小学运动场地塑胶化建设工程。校园足球活动大力开展，创建618所全国校园足球特色学校。后备人才培养成效显著，创建37所国家级后备人才基地(总数并列全国第一)、36所国家级单项体育后备人才基地、43所省级后备人才基地，创建23所国家级体育传统项目学校。

5. 加快推动体育产业发展

积极支持体育用品及相关产品制造业创新发展、转型发展，提高产品竞争力和附加值。引导体育用品及相关产品制造企业鼓励开展个性化定制服务，引导更多制造型企业参与体育服务业发展，增加附加值，拉长产业链。依托大型建筑物或体育设施，打造集健身休闲、竞赛表演、体育培训、用品销售、商贸会展等多元功能的体育服务综合体，满足群众多元化多样性体育需求。

体育产业日益壮大。加快发展体育产业促进体育消费政策体系更加完善，2015年4月省体育产业集团正式挂牌成立。省级体育产业发展引导资金拉动效应明显，2010至2015年来累计投入4亿元扶持

569个项目，带动社会投资近240亿元，财政投入乘数比达1∶60。命名省级体育产业基地59家，涌现一批年销售额在5亿元以上的大型体育企业。

（三）浙江省促进体育发展的措施与进展

1. 落实全民健身国家战略，深入抓好群众体育“提升年”

着力抓好体育场地设施建设和开放工作。召开11个分管市长和省级有关单位参加的加强体育设施建设和利用工作座谈会，在东阳市召开全省加强体育场地设施建设和利用工作现场会，多管齐下，多措并举，切实加强体育场地设施建设利用工作。至2016年初，全省已建成国家级全民健身活动中心（基地、健身步道）13个，省级全民健身中心18个、乡镇（街道）全民健身中心及中心村全民健身广场（体育休闲公园）425个，健身绿道超过1000公里，人均体育场地面积达到1.6平方米。至2015年底，全省公共体育设施和3422所符合开放条件的学校体育场地设施全部免费或低收费向社会开放。

办好省首届生态运动会、省第二届海洋运动会，组队参加全国性赛事活动。通过开展海滨千人竞步走、亲子登山运动会、骑行赛、乡村马拉松、排舞比赛等451场形式多样的绿色阳光健身活动，直接参与群众达13余万人次，营造了社会崇尚科学健身的浓厚氛围。组织省级相关人员对11个市申报体育强镇（乡）、体育特色镇（乡）、先进街道、先进体育总会和特色幼儿园进行抽查。目前，全省共有71个体育强县（市、区），覆盖率近80%。将医保卡余额用于健身消费作为局主要领导牵头协调的年度重点工作，争取省人社厅等部门及地方政府的重视支持。认真推进体育社团组织社会化实体化工作，全省有44家省级体育协会入驻省黄龙体育中心的“孵化基地”集中办公，实行三年免租金、财务独立等管理模式，开创国内省级体育社团组织管理运行新模式，得到国家体育总局调研组的充分肯定。

2. 围绕“1617”目标任务，突出抓好竞技体育“攻坚年”

积极推进“1617”备战工作。组织开展多轮备战盘点，对备战“1617”奥运会全运会的重点项目、重点运动员实施重点服务保障，组织省局备战专家组专家分赴各训练单位实地了解各运动队训练备战情况，每周梳理重点运动员训练动态信息，每月汇总重点运动员训练竞赛情况，为科学备战提供依据。

全力做好亚运会申办工作。积极配合杭州市做好申办各项工作，在省委、省政府和国家体育总局的大力支持下，9月16日在土库曼斯坦首都，杭州成功获得2022年第19届亚运会举办权。成立了足球改革工作领导小组，组织人员进行实地调研，拟订《浙江省关于贯彻落实〈中国足球改革发展总体方案〉的实施意见》和《浙江足球超级联赛方案》，并征询各方意见。

协调杭州、宁波、温州市做好全国第一届青运会参赛工作，获30金、28银、19铜，创1队6人7次7项目全国青年纪录。举办2015年浙江省第三届青少年学生阳光运动会，242所学校、4382人参加了12个项目的比赛。根据国办23号文件要求，与省教育厅就运动员文化教育工作进行协商，并到相关体校进行调研和督导，促进各地将体校文化教育纳入教育事业发展规划统筹考虑，实现2015年省青少年锦标赛赛前文化测试全覆盖。

3. 政府引导和市场决定相结合，着力抓好体育产业“突破年”

积极做好《关于加快发展体育产业促进体育消费的实施意见》相关责任分解落实，制定下发《浙江省体育局等九部门关于推进体育场馆运营管理改革，提高公共服务水平的实施意见的通知》、《浙江省体育局等三部门关于加强体育场地设施建设的通知》等“1+X”配套政策，省政府召开了全省促进体育产业发展电视电话会议，建立省体育产业发展联席会议制度。认真开展体育产业专项统计，委托专业调查机构对全省5580家体育企业进行入户调查。

推动体育产业融合发展。加大体育特色小镇培育力度，赴平湖、德清、永康、东阳等地开展体育特色小镇创建调研，鼓励各地培育体育特色小镇。目前绍兴市柯桥区酷玩小镇、平湖市九龙山航空运动小镇等体育特色小镇已申报省第二批特色小镇。浙江省淳安县、宁海县获批国家体育产业基地，大丰实业、华鹰集团获批国家体育产业示范单位。联合上海、江苏、安徽等省市体育局，主办第二届长三角运动休闲体验季浦江、三门、江山站活动，联合发布《长三角体育产业发展蓝皮书》。

大力推进本体产业发展。2015 杭州马拉松、2015 环太湖国际公路自行车赛、中国运动休闲大会等品牌赛事活动得到社会广泛参与。拓宽体育产业融资渠道。与建行浙江省分行签订战略合作框架协议，浙江黄龙体育发展有限公司、建银国际财富管理有限公司和莱茵达体育发展股份有限公司三方共同出资设立体育产业基金管理公司。

4. 围绕中心、服务大局，努力抓好保障机制"建设年"

成立了由局主要领导任组长的"十三五"规划编制领导小组，制定"十三五"规划编制工作计划，先后赴全省 11 个市和江苏、上海等地开展专项调研，对我省体育事业发展现状进行全面总结分析，对"十三五"期间我省体育改革发展的基本理念、目标任务、主要举措、重大项目进行深入研究谋划。

加强党群和党风廉政建设。扎实开展"三严三实"专题教育，在省局系统部署开展服务型机关基层党组织建设推进年活动和"深改革、强规范、提能效"作风建设专项行动，切实做到"规定动作保质量、自选动作有特色"。规范政务服务网建设。推进政策法规工作。制定《浙江省体育局关于加强行政规范性文件管理的若干意见》，全面清理行政规范性文件，全年新制定行政规范性文件 10 件、修订 13 件。

（四）安徽省促进体育发展的措施与进展

1. 加快转变政府职能，深化体育体制创新

创新体育事业发展的体制机制，加快各级体育部门从"办体育"向"管体育"转变，按照"实施事业分类管理、分清投资责任主体、吸引社会多方参与"的原则，强化体育行政部门在政策调节、市场监管、社会管理、公共服务等方面的职能。深化体育社会组织管理改革，建立"行政机构－协会组织－社会团体－民间组织"纵向到底、横向到边的体育社会组织网络，注重发挥体育行业协会的自律组织功能，充分发挥事业单位、体育协会、中介机构在承接政府职能转移，协助政府部门开展行业管理、社会服务的作用，积极推动政事分开、政企分开、管办分离。

完善体育事业发展投入机制，建立健全体育事业发展财政保障机制，完善政府投入为主、社会支持为辅、体彩公益金为补充的多元化投入机制。各级财政对体育事业经费投入要随着当地经济社会发展和财政增长逐年增加；要重点安排专项资金支持公共体育设施和公共体育服务体系建设。设立乡镇农民体育健身工程专项资金。鼓励社会力量积极参与体育强省建设，捐助或自建设非营利性公共体育设施。鼓励社会各种资本以独资、合资、合作、联营、参股、特许经营等方式投资体育产业。

2. 更新体育发展观念，转变体育发展方式

加强体育发展的长远谋划、顶层设计和统筹协调。建立以群众体育为基础、竞技体育为带动的体育发展格局，体育发展模式从粗放型向集约型转变，体育发展管理从经验决策型向科学决策型转变。加快研究制定符合安徽实际的群众体育、竞技体育、体育产业、青少年体育、运动员文化教育和保障工作等相关政策，逐步形成适应经济社会发展的体育政策体系。

努力建设高素质人才队伍，坚持人才优先发展战略，着力培养和引进一批适应安徽省体育事业发展要求的高层次体育人才和紧缺人才。进一步优化人才结构，打造一支具有较高政策理论水平、较强科学决策能力的高素质体育管理人才队伍，培养一支具有良好经济专业知识背景和市场运作能力的体育产业经营人才队伍以及一支具有较高执教水平的优秀教练员人才队伍。

3. 以完善基本公共体育服务体系为重点，推动群众体育大发展

大力开展体育健身活动和竞赛，按照"管办分离"工作原则，全面整合社会各界力量，充分发挥各级体育职能部门、各行业体育组织、各类体育社团开展全民健身活动的积极性，组织发动各行各业、社会各层面群体参与体育活动。

以贯彻《安徽省全民健身实施计划（2011—2015 年）》为主线，强化体育公共服务职能，形成了覆盖城乡、具有安徽特色的全民健身公共服务体系。农民体育健身工程全省 15539 个行政村实现全覆盖，建成 66 个国家级乡镇农民体育健身示范工程、679 个乡镇全民健身广场、131 个县（区）全民健身广场、40 个

“雪炭工程”、8个国家级全民健身中心，建成3573个全民健身苑、7个国家级和458个省级社区体育健身俱乐部、3个国家级全民健身户外活动基地、5800个省级全民健身示范晨晚练点；建成1个省级、16个市级和49个县级国民体质监测中心，建成6个国家级、3所省级青少年户外体育活动营地、174个国家级和171个省级青少年体育俱乐部。各级各类体育社团1750个，会员总数达143.3万人；认证74635名公益性社会体育指导员、2950名职业社会体育指导员；全省每年组织开展百人规模以上的群众体育健身活动超千次，每年超千万人次参加健身活动。全省第4次国民体质监测结果显示，全省国民体质总体合格率为87.4%。

4. 以提升竞技体育竞争力为重点，实现竞技体育整体水平的突破

建立层次分明、职责清晰、任务明确、计划周密、措施完善、保障有力、奖惩严明、运转有效的组织管理体系和工作制度，认真总结安徽省竞技体育发展规律、运动项目制胜规律以及运动训练规律、运动队管理规律和备战参赛规律，切实解决制约安徽竞技体育发展的关键问题。科学调整竞技体育项目结构，综合评估竞技项目发展潜力和价值，坚持以缩短战线、突出重点、调整结构、提高效益为原则，做强做大排球、田径等传统优势项目，提升射击、柔道、篮球、游泳等潜优项目水平。运动员文化教育经费要列入本级财政预算，并加大经费投入，保证必要的训练和参赛经费。

体育发展环境有效改善。截止2015年底，全省拥有体育场地67000个以上，场地面积8000万平方米以上，人均体育场地面积1.37平方米以上。围绕“奥运争光、全运争先”总体目标，基本实现了“巩固”“提升”阶段的目标任务。2015年在首届全国青年运动会上，我省运动员获5枚金牌、6枚银牌、12枚铜牌和40个优胜名次，合肥市代表团获得体育道德风尚奖。

5. 以体育产业结构优化为重点，实现体育产业规模和效益的协调发展

加快构建现代体育产业体系，坚持特色化、集群化、融合化发展方向，建立以体育竞赛表演业为龙头，以健身休闲业、体育培训业、体育用品业和体育彩票业为支柱的体育产业体系。根据集中与分散相结合的原则，在建立体育企业相对集中的体育产业中心园区，形成空间聚集效应的同时，又在周边的各区、县着力打造一批独具特色的体育产业基地，形成点面结合、错位发展、特色鲜明的体育产业基地空间布局。

2011至2014年，安徽省体育产业总产值年均增速超过30%，全省体育产业总产值由2011年的79.43亿元增至2014年的221.71亿元，占全国的比重由0.75%提升到1.68%；体育产业增加值由2011年的30.03亿元增至2014年的82.19亿元，占全国的比重由1.35%增至2.08%。体育产业经营单位超过1.1万个、从业人员7.1万余人。2011年至2015年11月30日，全省销售体育彩票累计总额186.26亿元，筹集体彩公益金43.37亿元。

八、卫生发展情况

（一）一市三省文化发展

2012—2015年长三角地区一市三省医疗卫生机构床位数 单位：万张

	2012年	2013年	2014年	2015年
上海市	10.96	11.43	11.75	
江苏省	33.31	36.83	39.23	41.36
浙江省	21.33	23.01	24.58	
安徽省	22.23	23.60	25.21	

(二)促进卫生发展的措施与进展

上海市卫生发展情况

1.不断增强公共卫生服务能力

以保障城市公共卫生安全和人群健康为重点，加强疾病和健康危害因素监测、预警体系建设，提升卫生应急处置能力；完善基本公共卫生和计划生育公共服务项目内容和服务标准，促进卫生计生基本公共服务优质均等；充分利用信息技术，拓展公共卫生信息化应用，实现对高血压、糖尿病、脑卒中等重点疾病的自动识别、筛选推送、有序分诊，支持社区卫生服务中心、综合性医疗机构和公共卫生专业机构协同落实“三位一体”的全程健康管理。

2015年是上海市卫生事业发展“十二五”规划的收官之年，上海顺利完成了第三轮公共卫生体系建设三年行动计划，五大类共计47个项目，全部达到预期目标，初步建成了涵盖妇幼保健、疾病预防控制、精神卫生、眼病防治和口腔病防治的市—区县—社区三级网络体系，培养了一支专业的疾病预防控制队伍。全面实施国家基本和重大公共卫生服务项目。在全国率先推行实施社区居民大肠癌筛查、60岁以上老年人肺炎疫苗免费接种两项重大公共卫生服务项目。实行公共卫生服务分级分类管理。率先实现国家卫生区(县)全覆盖，设立首个世界卫生组织健康城市合作中心。

2.提高医疗卫生资源的运行效率

落实各级各类医疗机构的功能和职责，构建分级诊疗新秩序。推行居民与“1＋1＋1”医疗机构(一家社区医院＋一家二级医院＋一家三级医院)组合签约政策。发挥医联体作用，促进整合性医疗服务体系的形成。通过在医联体内部各级医疗机构的合作，促进分级诊疗制度的实现。

为均衡全市优质医疗资源布局，上海在2012年启动“5＋3＋1”郊区三级医院建设工程，达到全市每个郊区县都有一所三级综合医院。2015年，上海市人民政府办公厅印发《本市社区卫生服务综合改革试点方案》，建立了包括平台功能、基本标准、内部管理、配套机制、家庭医生制度、信息标准、其他任务在内的7类58条改革试点申报标准，从试点起步，争取1—2年内覆盖所有社区卫生中心。康复、老年护理、精神卫生、妇幼保健等短缺领域资源配置得到加强。进一步完善院前医疗急救网络，建立全市统一的指挥调度系统，平均急救站点间距趋于合理。

3.不断深化医疗卫生改革

“十二五”期间，上海制定实施深化公立医院体制机制改革三年行动计划(2013—2015年)，以信息化为支撑，推动建立公立医院全面预算管理、投入、分配、评价、监管、药品供应保障等新机制。进一步深化全面预算管理，完善医疗收支预算核定方法，实施“双控双降”(控制医疗收入和医疗成本增长率，降低药品收入和卫生材料收入增长率)；坚持公益性，深化市级医院内部绩效考核和收入分配制度改革，转变以科室经济收支结余分配的模式；健全公立医院财政投入机制，全额保障公立医院基本建设和大型设备购置等资金，并投入15亿元开展市级医院基本建设化债工作；完善价格调整机制，分批调整多项医疗服务收费项目；建立医患纠纷第三方调解机制。启动医疗联合体试点，推进“黄埔—卢湾”“崇明—新华”等区域性医疗联合体建设，建立联合体章程，重构医疗机构的功能定位。

推进社区综合改革。深化收支两条线管理，建立实施家庭医生制度，推动社区卫生服务向社区综合健康管理模式转型。全面实施国家基本药物制度，在国家目录基础上建立本市补充目录，基层医疗卫生机构全部配备使用基本药物并实行零差率销售。制定鼓励社会办医政策，推进浦东、新虹桥两个国际医学园区建设，在中国(上海)自贸实验区开展设立外商独资医疗机构改革试点。

4.推进老年护理服务体系建设

探索生活照料和康复关怀融为一体的新型养老服务模式，探索医养结合模式，将医疗卫生和养老服务融合发展，鼓励社会资本参与老年护理服务；将部分二级医疗机构转型为老年病医院或老年护理院，

结合当前老年医疗护理床位紧缺的现状，采取政府与社会资本合作模式，充分利用社会资本的活力，激发和带动相关养老产业的发展；进一步推广家庭病床服务模式，结合家庭医生签约制度，更多地将社区卫生服务中心的功能触角延伸至社区居民家中。

“十二五”期间，政府对卫生投入不断增多，从2011年的119.2亿元到2014年的174.78亿元，三年间增加了55.58亿元，上海医疗机构整体服务能力也不断增强。2011—2014年，上海市医疗机构（含部队医院）的总诊疗人次从20205.30万人次增加到25834.62万人次，增长了5629.32万人次，增幅为27.86%；住院人数也从268.02万人次增长到345.11万人次，增长了77.09万人次，增幅为28.76%。

5.加强卫生事业学科人才建设

改善执业环境。从制度上保障医生多点执业合法性，探索人事制度的改革，保障医师执业的灵活性。加强中青年人才队伍的建设，积极引进海外高层次卫生人才。建立和完善住院医师、专科医师、全科医师规范化培训制度，完善继续医学教育相关制度，提升临床医师队伍整体素质。

上海在全国率先实施住院医师规范化培训，“十二五”期间共招录培训对象11839人。推进医教结合，住院医师规范化培训与临床医学硕士专业学位衔接改革试点获2014年国家级教学成果特等奖，建立专科医师规范化培训制度，探索专科医师规范化培训与临床医学博士专业学位教育衔接。实施医学领军人才培养计划、公共卫生学科人才计划、新百人和新优青培养计划。推进学科优势与临床优势相互促进，实施转化医学重点项目、卫生适宜技术推广计划、重中之重临床医学中心和重点学科建设计划，医学科技创新能力不断增强。医学科研工作取得丰硕成果，上海卫生计生系统共有38项成果获国家科技奖，67项成果获中华医学科技奖。

江苏省卫生发展情况

1.加大对公立医院的改革力度

优化医疗资源配置，重点扶持精神、儿童、传染、康复等专科医疗服务能力建设。督促各级政府成立公立医院管理委员会及办公室，探索建立以理事会等为核心的多种形式的公立医院法人治理结构，形成决策、执行、监督相互分工、相互制衡的运行机制。配合制定实施《城市公立医院价格改革方案》，推进城市公立医院改革医药补医机制，启动医药价格综合改革试点工作。

以6个先行先试地区为重点，统筹推进市域范围内的公立医院综合改革，在管办分离、“三医联动”、建立公立医院运行新机制等方面重点突破。研究制定分级诊疗制度建设的实施意见。通过医疗集团、县乡村一体、委托经营管理、对口支援等多种模式，推动医疗卫生工作重心下移、医疗卫生资源下沉。进一步完善县级公立医院改革措施，积极探索编制备案制度，推行公开招聘、岗位管理和人员聘用制度。积极鼓励社会资本参与医疗服务体系建设，优先支持举办非营利性医疗机构，特别是举办康复、医养结合、护理院等资源短缺专业机构，最大限度放宽规划限制。大力推行医疗纠纷第三方调解机制和医疗责任保险制度，积极开展医疗风险互助金制度试点。

2015年江苏省医疗机构总诊疗人次近5.5亿，其中，在乡镇卫生院和社区卫生服务中心（站）诊疗人次占诊疗总量的29.44%。

2.抓好计划生育服务管理

全省人口自然增长率控制在4‰左右，出生政策符合率保持在95%以上，出生人口性别比下降至112以下。平稳实施单独两孩政策，加强政策解读和舆论引导，开展政策实施情况评估和跟踪监测，建立出生人口预警机制。稳定和加强基层计划生育工作网络和队伍，配齐配强村级计生专干，健全计划生育基层协会组织。制定流动人口基本公共卫生计生服务意见和服务管理工作规范，加强统筹管理和区域协作，落实流动人口卫生计生公共服务均等化。全面推进幸福家庭创建活动，开展计划生育家庭居家养老照护试点工作。

3.夯实基层卫生服务网底

推进县级医院标准化、规范化建设；制定吸引人才的特岗补助等政策，引导高层次人才到县级医院就业；继续开展县级医院转设为三级医院试点；从每所县人民医院、县中医院遴选5个专科加强建设扶持，强化专科服务能力，为群众就近就医创造条件。以示范乡镇卫生院、示范村卫生室和特色科室建设为抓手，促进基层机构加强能力建设，扩大服务供给。年内，省扶持140个基层机构基础设施建设和280个基层机构设备装备，建成50个省示范乡镇卫生院、200个省示范村卫生室，培育建设100个乡镇卫生院特色科室，启动城市社区卫生服务中心特色科室试点工作。

在农村，发挥乡镇卫生院健康管理团队服务的支撑作用，全面推进乡村医生签约服务试点，力争覆盖所有县(市、区)；在城市，稳步开展重点人群个性化签约服务试点，力争实施家庭医生制度的社区卫生服务中心比例达到80%。以县为单位人口参合率继续保持在98%以上，力争各级财政最低补助标准不低于380元。进一步完善新农合补偿方案，扩大门诊统筹基金规模，缩小政策补偿比与实际补偿比差距。全面推进新农合混合支付方式改革，将按病种付费的病种数扩大到30—50种。在全面实施大病保险制度的基础上，鼓励个人对自付医疗费用部分投保商业补充医疗保险。

4.全面加强公共卫生服务工作

不断完善疾病预防控制体系，强化疾控机构能力建设。继续实施血吸虫病、艾滋病、结核病、疟疾、麻风病等重点传染病以及地方病防治“十二五”规划，落实职业病等重大公共卫生服务疾病预防控制项目。加强爱国卫生工作。落实国务院《关于进一步加强新时期爱国卫生工作的意见》，组织开展新一轮城乡环境卫生整洁行动。推进农村改厕工作，新增农村无害化卫生户厕34万座。完善覆盖城乡的饮用水卫生监测网络，不断提升饮用水卫生监测能力。

健全卫生应急体系，不断推进基层卫生应急能力规范化和卫生应急队伍建设，强化紧急医学救援基地网络建设管理，开展卫生应急演练，加强卫生应急宣传和培训，增强公众卫生应急能力，全面提升突发公共卫生事件预警和处置水平。力争全省50%县(市、区)达到省级卫生应急工作规范化建设、5—8个乡镇(街道)达到省级卫生应急工作乡镇(街道)规范建设要求。

5.加快智慧健康信息化进程

申报“江苏智慧健康服务工程”项目，推动省、市、县三级健康信息平台建设升级，开展省级平台(二期)项目建设，加大信息资源综合开发利用力度。完善市、县级平台考核评价指标体系，促进互联互通和有效应用。建立和完善信息标准规范和健康统计指标体系，督促标准规范的应用落地。推进公共卫生、医疗服务、计划生育、药品管理、医疗保障和综合监管等业务信息系统，以及卫生计生各类服务资源、全员人口信息、电子健康档案和电子病历数据库建设。

徐州市于2015年搭建完成人口资源、电子健康档案与电子病历三大数据库，与省平台、部分县级平台和二级以上医疗机构实现了对接，初步实现健康档案与诊疗信息整合、共享和交换、综合业务信息的分析与决策管理等功能，缓解基层卫技人员缺乏的矛盾，减轻群众经济负担，体现“信息惠民”。

浙江省卫生发展情况

1.优化医疗资源配置

合理调控公立医院数量规模。加大优质医疗资源下沉力度，全面铺开城市医院与县级医院合作办医，全面建立城市医院与社区卫生服务机构的分工协作关系，全面推进县乡村卫生一体化发展，形成省市县联动、县乡村一体的资源下沉工作新局面。加强资源下沉长效机制建设，鼓励地方政府与城市医院共同投资举办医院，扶持有产权纽带关系的合作办院项目，支持医疗联合体和医疗集团发展，促进下沉工作常态化、可持续。落实基层首诊，进一步强化基层医疗卫生机构的基本医疗和转诊服务职能，加强全科医生队伍建设，推进责任医生签约服务。建立上下级医疗机构之间的便捷转诊通道，上级医院对经转诊的患者实行优先接诊、优先检查、优先住院，并畅通慢性期、恢复期患者向下转诊通道。完善分级诊

疗标准和流程，促进医疗机构规范有序分诊，做到患者"应留尽留，该转即转"。

2015 年. 浙江卫生强省，全民健康六大工程建设全面推进，城乡医疗卫生资源总量增加、结构优化，"双下沉、两提升"工程全面实施，基层服务能力明显增强，中医药服务进一步普及。2015 年，每千人口床位 4. 92 张，每千人口执业（助理）医师 2. 85 人、注册护士 2. 89 人，分别较 2010 年的 3. 38 张、2. 1 人和 1. 82人增长 45. 56％、35. 71％和 58. 79％。

2. 改革公立医院管理体制

各级政府可以组建由政府负责同志牵头，政府有关部门、利益相关方组成的公立医院管理委员会，卫生计生部门设立专门的公立医院管理委员会办公室，具体落实对公立医院发展规划、重大项目实施、财政投入、运行监管、绩效考核和对外合作等综合管理职能。实施公立医院院长任期制、年度目标责任制和问责制，探索实施公立医院财务总监或外部监事派驻制度。加快推进公立医院院长职业化、专业化建设，完善院长选任或竞聘办法，逐步建立院长任职资格制度，探索实行副院长由院长推荐产生的任免制度。加快公立医院法人治理结构建设，进一步明确公立医院独立法人地位，建立健全集体决策机制，落实公立医院用人自主权、绩效工资内部分配权、年度预算执行权及其他经营管理自主权，行政部门和个人不得干预医院经营管理自主权范围内的事务。

2015 年，浙江基层卫生综合改革不断深化，基本医疗卫生服务体系更加健全，基本药物制度全面建立，全民基本医保制度逐步完善，人均基本公共卫生服务经费稳步提高，公立医院药品加成全面取消，综合改革有序实施。药品采购供应机制、分级诊疗制度、社会办医等改革统筹推进。

3. 创新公立医院人事薪酬管理

创新公立医院编制管理方式，探索推行公立医院编制备案制管理，加强总量控制，实行动态调整。全面推行聘用制度、岗位管理制度和公开招聘制度。以核定的人员总量为基础设置岗位。坚持按需设岗、竞聘上岗、按岗聘用、合同管理，变固定用人为合同用人，变身份管理为岗位管理。结合实际妥善安置未聘人员。落实医院用人自主权。研究制定符合行业特点的薪酬改革方案，改革现有事业单位工资管理模式。公立医院工资总额，依据公立医院目标管理和绩效考核结果量化核定；对目标管理和岗位绩效考核优秀的单位，适度放开工资总额管制。公立医院院长和管理层逐步实行年薪制，并与年度目标管理和绩效考核挂钩。医务人员工资，由医院通过内部绩效考核并经职代会通过后自主分配。

4. 完善公立医院经济运行新机制

实施以医保谈判和支付方式改革、医疗绩效评价考核、医疗和价格行为监管等为核心的综合控费措施，严控医疗总费用和均次费用的不合理增长。建立健全公立医院监管信息系统，实时掌握医院的质量安全、价格、医疗费用等数据指标，实现对公立医院运营管理的动态化监测、常态化评估。根据医疗服务市场发展状况和医药卫生体制"保基本"的要求，进一步缩小医疗服务政府定价范围，充分发挥医保控费和市场定价的作用，建立以成本和收入结构变化为基础的价格动态调整机制。探索成立由医疗机构、医保经办机构、商业保险公司、医学行业协会（学会）、专家和患者代表等利益相关方组成的价格谈判委员会，谈判确定医疗服务价格，报有关部门备案，向社会公开，物价、人力社保、卫生计生等部门加强监督。结合临床路径管理，逐步减少按项目定价，积极探索按病种、按服务单元确定价格。

5. 推进"三医"联动改革

完善药品采购供应机制。加快建立药品分类采购新机制、医保支付标准新机制、药品集中采购监管新机制，构建全省统一的信息流、商流、资金流"三流合一"网上药品采购交易平台，逐步形成采供主体有序竞争、医保支付标准挂钩与政府监管服务相结合的'阳光采购'模式，实现药品实际交易价格主要由市场竞争形成。推进医保支付制度改革。加强医保支付总额预算管理，全面推进总额控制下的多种付费方式改革，包括按病种付费、按服务单元付费、按人头付费等复合型付费方式，探索推进按疾病诊断相关组（DRGs）付费方式，建立激励与约束并重的支付机制。

强化医疗行业服务监管。强化依法监管职能，加强监督体系建设，增强医疗监管能力，完善机构、人员、技术、设备等准入和退出机制。强化对医务人员执业行为的监管，严格控制抗菌药物不合理使用，严格控制高值医用耗材的不合理使用，严厉查处不合理用药、用材和过度检查(检验)及重复检查(检验)等行为。

安徽省卫生发展情况

1.“三同步”改革效果初显

2015年4月1日起，安徽省100家城市公立医院同步取消15%的药品加成，实现全省公立医疗机构取消药品加成全覆盖；同步调整医疗服务价格，CT、核磁共振、超声等大型设备检查价格在现行基础上降低10%，体现医务人员技术劳务价值的手术费、治疗费和护理费平均提高35%、20%和50%左右，普通门诊诊察费由3元提高到10元，专家诊察费由5元提高到20元，初步理顺了省、市、县级医院诊察费价格；同步推进药品集中带量采购，全省16个市分别组成联合体，17家省属医院组成1个联合体，开展药品集中带量采购，带量采购后比省集中采购价平均降低15%，基层医疗机构、公立医院配送企业分别由原来的275家、330家减少到125家、224家。

2.组建医联体推动分级诊疗制度建设

以三级医院为牵头单位，联合二级医院和社区卫生服务机构，组建城市医联体，2015年已开始推开；以城市三级医院为龙头，联合县级医院组建城乡医联体，17家省属医院与101家县级医院建立了协作关系；以三级医院重点和优势专科为依托，构建覆盖省市县二级以上医院的专科、专病医联体；以县级公立医院为龙头，与乡镇卫生院、村卫生室联合，建立紧密的县乡村医疗卫生服务共同体，每个县组建2－3家医共体，医共体内建立双向转诊机制，实行医保资金总额预付，首批试点县住院人员平均回流7%。

加强基层医疗机构的能力建设，加强基层医疗卫生人才队伍建设，加强全科医生的培养；全面提高县级公立医院综合能力，整合推进区域医疗资源共享和加强信息化建设。积极推行“病重治疗在医院，康复管理在社区”的服务模式，对于急性期和病情不稳定的患者，基层医疗卫生机构要及时转诊到医院进行规范治疗，病情稳定后回到村(社区)接受康复性治疗。

3.人事薪酬制度改革“三创新”

创新编制管理，在保留现有审批编制基础上，实行编制备案制管理，备案编制人员与审批编制人员享有同等待遇；创新医院用人制度，由医院公开、公平、公正招聘，最大限度地将用人权放给医院，2015年共招聘10249人；创新薪酬分配制度，在二级以上公立医院实施专项绩效奖励，把医务人员收入与规范用药用材、规范诊疗行为、提高服务质量等挂钩，实现优绩优酬。

4.医保管理体制改革取得进展

按照政府主导、市场运作、管办分开、适度竞争的原则，在已实现城镇居民医保和新农合两项制度并轨的25个统筹市、县，开展商业保险机构经办城乡居民医保试点，充分发挥商业保险机构在规范医疗行为、控制医药费用等方面的作用。目前已通过公开招标选出6家有资质的商业保险公司，正在组织开展相关培训，2016年1月正式启动。同时，加快医保支付方式改革，近300个常见病种实行按病种付费，县级医院全面推开“临床路径＋病种付费”，相关病种入径率不断提高，其中6个试点县入径率超过60%。

5.基层医疗卫生服务能力提高

全面取消基层卫生医疗机构收支两条线管理，按照“事业一类保障、二类管理”的原则，实行财政经费定项补助政策，收支结余主要用于基层医疗卫生机构职工福利、奖励、业务发展等。创新村医养老保障机制，对退出村医从到龄且退出的次月起，按60周岁前从事村医工作年限发放补助，解决了4.7万老村医养老问题。加大信息化建设等投入，2015年安徽省财政安排1.86亿元，支持37家县级医院及140家中心乡镇卫生院信息化建设试点，建设联结县乡医院的影像和检验中心。

2015年4－11月，全省100家城市公立医院门急诊、住院次均药品费用同比分别下降4.8%和13.5%，门急诊、住院次均费用增幅同比回落3.7个和2.3个百分点，药品和设备检查费减收、医疗服务

价格增收、药品带量采购节支后，医院增收6329万元，医务人员支出占总支出的比重由改革前的28.4%提高到33.7%，专家每半日担负诊疗人次减少2.9人，每诊疗人次延长2分钟，省监测的三级医院患者满意度持续提高，2015年底达到91.8%，初步实现了患者费用不增逐减、医院和医务人员收入不减逐增的目标。

九、环境保护情况

(一)一市三省环境保护情况

表1　2012—2015年长三角地区一市三省二氧化硫排放总量　　单位：万吨

	2012年	2013年	2014年	2015年
上海市	22.82	21.58	18.81	
江苏省	99.20	94.17	90.47	83.51
浙江省	61.10	57.90	56.00	
安徽省	46.98	45.02	44.06	

(二)促进环境保护的措施与进展

上海市的环境保护

1.继续深化大气污染防治

为进一步治理大气污染，出台了清洁空气行动计划考核办法和实施细则，落实结果公开、跟踪评估和重点督查。出台清洁空气行动计划的“升级版”，提前、强化和新增了一批措施。制定实施了冬季空气质量保障联动方案，进一步强化了重污染临时管控措施。完成中小燃煤锅炉、窑炉的清洁能源替代2442台，取缔经营性茶水炉灶3684台，完成取消分散燃煤的工作目标。

高污染车辆限行范围进一步扩大，提前完成2005年底前注册营运黄标车淘汰的国家考核任务，基本达成全面淘汰黄标车的目标。在深化150家挥发性有机物(VOCs)重点企业治理的同时，全面启动2000余家挥发性有机物(VOCs)排放企业治理工作。推广安装颗粒物和噪声在线监测系统近1000套，覆盖建筑工地、重点道路、码头堆场和混凝土搅拌站等重点领域。强化长三角区域协作，全面落实年度10项重点工作，出台实施区域协同推进高污染车辆环保治理行动计划、港口船舶大气污染防治工作方案，启动机动车异地协同监管和船舶排放控制区建设。

2.加快推进水污染防治和土壤污染治理

落实国家《水污染防治行动计划》，以保障饮用水安全和改善水环境质量为核心，高标准编制出台本市实施方案，提前实施了城镇污水处理厂提标改造、中心城区污水管网完善和泵站旱流截污、郊区县污水管网建设和截污纳管、畜禽养殖场布局调整和中小养殖场关停等重点工作。建成区直排污染源截污纳管攻坚战进入收官阶段，全市污水全收集、全处理建设方案基本落地。公布市民身边的百条中小河道水质和24条黑臭河道治理“一河一策”，19条河道已启动整治，浦东合庆镇九队宅河等8条河道水质明显改善。

不断加强土壤污染治理，出台污染场地修复工程环境监理及验收工作规范，形成了《上海市工业用地全生命周期土壤(含地下水)环境保护若干规定》，滚动实施全市潜在污染场地排查，加快落实重点区域和地块治理修复。

3.强力推进区域生态环境综合整治

出台《关于进一步加强本市部分区域生态环境综合治理工作的实施意见》，形成了市委、市政府领导联系督导，市环保局和市住房城乡建设管理委双牵头的强力推进机制，聚焦浦东合庆镇、青浦青东农场等11个地块的“五违”问题，实施连片整治、整体转型。2015年底，整治工作全面完成节点目标，区域违法行为和环境矛盾得到有效遏制。出台实施《金山地区环境综合整治行动方案》，对照国际先进水平，以解决恶臭污染为重点，加快推进金山地区环境治理和绿色转型。2015年252项整治任务已全部完成，2016年和2017年部分重点项目也已启动前期工作。

全年新增绿地1000公顷、造林10万亩、立体绿化40万平方米，7个郊野公园和外环生态专项建设进展顺利。全市建成区绿化覆盖率达38.5%，森林覆盖率达15%，自然湿地保有率达32.28%，“环、楔、廊、园、林”基本生态空间格局初步形成。建筑、交通等领域也加快绿色转型。落实装配式建筑600万平方米，同比增长近50%，获得绿色建筑标识认证达2520万平方米，规模和质量均居全国前列。累计推广新能源汽车26165辆，洋山、吴淞港口岸电设施基本建成，率先启动港口非道路移动机械污染防治。在浦东临港、松江南部新城、普陀桃浦3个地区启动了海绵城市建设首批试点。

4.强化产业污染防治，推动绿色转型发展

通过提高准入、严化标准和加强监管等综合手段，倒逼产业结构调整和发展方式转变。能源结构优化和绿色能源发展方面，实施年度煤炭消费总量控制目标，单位GDP能耗进一步下降。按计划全面完成燃煤电厂脱硫脱硝除尘改造，并进一步出台更高标准的本市煤电节能减排升级与改造实施方案。大力发展清洁能源和可再生能源，全市风电、光伏装机分别达到62万和31万千瓦，同比分别增长67%和50%。工业污染防治和绿色发展方面，出台“198”区域建设用地减量化的指导意见，建立新增建设用地和土地减量化的增减挂钩机制，全面启动工业用地和经营性用地的全生命周期管理。收严产业、土地、能耗、环保等准入条件，即将出台新版《产业结构调整负面清单及能效指南》和《上海产业用地指南》，推动工业转型升级。桃浦、南大、吴淞等重点区域转型取得重大进展，“三高一低”产业调整力度进一步加大。

农业污染防治和绿色发展方面，按照与欧盟接轨的环境承载标准编制养殖业布局规划，完成15家规模化畜禽养殖场治理，关停中小不规范养殖场2000余家。推广应用高效低毒低残留农药250万亩次、绿色防控技术10万亩次、有机肥20万吨，农药化肥使用强度持续降低。健全市、区、乡镇、村四级秸秆禁烧巡查队伍，主要秸秆综合利用率达到92%。

固废污染防治和资源化利用方面，加快“一主多点”生活垃圾末端处置设施建设，基本建成奉贤、金山、崇明项目，垃圾无害化处理率达到100%。生活垃圾分类减量覆盖面累计近380万户，绿色账户覆盖达100万户。在松江、长宁、浦东试点推进废旧物资回收利用与垃圾收运体系“两网协同”。危险废物和医疗废物基本得到安全处置。

5.不断健全制度体系，加大环境执法力度

持续生态文明制度改革创新，完善监管制度，环境执法力度进一步加大。生态文明制度建设方面，全面落实2015年度本市生态文明体制改革9项工作要点。基本形成本市生态红线划分方案，开展以污染源全过程管理和环评等审批简政放权为重点的环保管理制度改革方案研究，扩大排污许可证至区管重点排污企业并启动证后监管试点，出台了《上海市挥发性有机物排污收费试点实施办法》，形成《上海市环境污染第三方治理管理办法(试行)》，加快推进第三方治理七大领域试点示范。环境法治方面，启动《上海市环境保护条例》修订，出台《上海港船舶污染防治办法》，加强内河水域船舶环境管理；发布了大气综合、工业炉窑、汽车涂装、涂料工业等6项地方排放标准，修订2项机动车排放限值。加大环境执法力度，出台《本市贯彻〈国务院办公厅关于加强环境监管执法的通知〉的实施意见》，成立本市环保执法检查领导小组，启动环境保护大检查，建立考核通报、跟踪督查和责任追究机制，加强了行动衔接机制。全面落实《环境保护法》、《大气污染防治法》和《上海市大气污染防治条例》，实施按日计罚、查封扣押等

新手段。全市共查处环境违法案件 2590 件，处罚金额共计 1.73 亿元，同比分别增长 33.5%和 67.3%。

江苏省的环境保护

1. 大力推进产业转型升级

严把能耗增长和污染物排放源头关。严格实施项目能评和环评制度，把主要污染物排放总量指标作为环评审批的前置条件。对钢铁、有色、建材、石化、化工等高耗能行业新增产能实行能耗等量或减量置换。对节能目标完成进度滞后、被列入一级预警的地区，暂停钢铁、有色、化工、造纸、建材及单(多)晶硅等高耗能新建及扩能项目能评审查，对列入一级和二级预警地区已建成的高耗能项目暂缓接电。

积极化解产能严重过剩矛盾。严格项目管理，所有新(改、扩)建项目均实施产能减量置换。各地、各有关部门不得以任何名义、任何方式核准或备案产能严重过剩行业新增产能项目；调整优化存量，加大力度淘汰低端产能、压缩过剩产能。

2015 年，服务业和十大战略性新兴产业增加值占地区生产总值比重力争达到 48%和 10%。加快产业化基地建设，形成一批拥有自主知识产权和核心竞争力的自主品牌装备与产品。积极培育“节能医生”、节能量审核、碳排放核查等第三方机构，鼓励通过合同能源管理方式为用能单位提供节能服务，在污染减排重点领域加快推行环境污染第三方治理。

推动能源生产和消费方式变革。以大气污染防治为契机，控制能源和煤炭消费总量，围绕保证我省能源供应安全，建立多元供应体系，着力发展非煤能源，不断提高清洁能源消费比重。2015 年，非化石能源占一次能源消费总量比重达 7%以上，形成煤、油、气、核、新能源、区外来电多轮驱动的能源供应体系。继续推行节能发电调度，优先调度风电、生物质发电、太阳能光伏等新能源和可再生能源发电，实现全部上网、全额收购，维持核电机组满负荷运行；燃煤机组优先调度容量大、效率高和装有脱硫脱硝设施的机组发电，提高大机组发电利用小时。

2. 加快建设节能减排降碳工程

大力组织实施节能改造工程，以冶金、化工、建材、纺织、电力等主要耗能行业为重点，加快实施锅炉、窑炉和电机系统节能改造以及余热余压利用、能量系统优化等节能技术改造工程。组织实施重点节能技术装备应用示范工程，鼓励实施合同能源管理工程，形成节能能力 400 万吨标准煤。组织实施重点减排工程 3628 个。全省化学需氧量、氨氮、二氧化硫、氮氧化物排放总量分别为 105.46 万吨、13.77 万吨、83.51 万吨和 106.76 万吨，较 2014 年分别削减 4.13%、3.43%、7.70%和 13.38%。

落实《江苏省 2014 年大气污染防治工作计划》(苏大气办〔2014〕6 号)，合力推动全省生态红线区、高污染燃料禁燃区、省级以上(含省级)开发区内 10 蒸吨/小时及以下的燃烧高污染燃料锅炉实现清洁能源、可再生能源、热电联产机组替代或淘汰，其中燃煤小锅炉重点整治项目 2247 项(2376 台)，计划整治小锅炉 4620 蒸吨。2014—2015 年合计完成 1.1 万蒸吨燃煤锅炉淘汰任务。加大机动车减排力度。公安交管部门强化源头控制和路面管理，对达到报废标准的车辆，逐一通知车主办理注销报废手续；对逾期未检验的车辆，督促车主及时补检或尽快报废，车辆已经灭失的予以依法注销。全面禁止尾气排放不符合标准的车辆禁止落户和转入。全省环境空气中 PM2.5、PM10、二氧化硫、二氧化氮年均浓度分别为 58 微克/立方米、96 微克/立方米、25 微克/立方米和 37 微克/立方米；与 2014 年相比，全省环境空气质量有所改善；PM2.5 年均浓度较 2014 年下降 12.1%。

强化水污染防治。编制实施江苏省水污染防治行动实施方案，重点保护饮用水源地和水质较好湖泊，重点治理劣五类等污染严重水体。扎实开展新一轮太湖治理，加快推进淮河长江重点流域水污染防治工程项目，确保完成国家规划考核 80%的目标。强化南水北调工程沿线和通榆河水污染防控，确保合格水北送。每年整治 100 条城市河道，2015 年年底基本消除城市河道黑臭现象。

3. 狠抓重点领域节能降碳

加强工业节能降碳。深入开展千企节能低碳行动，到 2015 年，千家企业基本建立能源管理体系。

建立实施企事业单位碳排放报告制度，强化节能降碳目标责任评价考核，落实奖惩制度。2015年，全省规模以上工业企业单位增加值能耗比2010年降低20%以上，千家企业"十二五"累计实现节能量2500万吨标准煤，形成一批能效国际先进、国内领先的节能标杆企业。

自2015年起，新建民用建筑全面按一星级绿色建筑标准设计建造。完善规划许可、设计审查、施工验收环节的绿色建筑监管制度。完善绿色生态城区规划建设指标体系，加强规划设计、材料选用、技术集成、运营管理等方面的绿色低碳措施，把节约型城乡建设十项工程落到实处。强化交通运输节能降碳。开展绿色循环低碳交通运输省份建设，打造一批绿色循环低碳交通示范城市和公路、港口、航道、天然气车船等主题性项目。

4. 强化技术支撑

加强技术创新。围绕节能减排重点行业和关键技术领域，实施节能减排科技支撑行动。着力突破节能减排关键核心技术；着力推进节能减排新技术、新成果转化与产业化；着力推进产学研合作和产业技术创新战略联盟建设；着力加强节能减排科技创新平台建设。

加快先进技术推广应用。围绕低品位余热利用、高效换热、燃烧技术、变频调速技术和新型高效电机应用等，组织实施节能低碳技术装备应用示范工程，通过现场会等多种形式向社会推广一批重大节能低碳技术及装备，带动节能低碳共性关键技术推广应用，鼓励用能单位积极采用先进适用技术进行节能改造。推进能效标识和节能低碳产品认证。

5. 进一步创新体制机制

控制能源消费增量。按照国家下达我省2014—2015年能耗增量及年均增速控制目标，制定出台《江苏省控制能源消费总量工作方案》，在充分考虑各地经济发展水平、产业结构和发展潜力的基础上，将能耗增量控制目标和年均增速控制目标作为预期性指标分解至各省辖市。

完善价格政策。贯彻落实国家差别电价和惩罚性电价政策，加大差别电价和惩罚性电价实施力度。对电解铝企业、水泥熟料生产企业实行差别化电价政策，并逐步扩大到其他高耗能行业和产能过剩行业。落实国家燃煤发电机组环保电价政策，鼓励燃煤发电企业进行环保设施改造等。

强化财税金融支持。贯彻落实苏政发〔2013〕147号文件精神，强化政府对节能环保工程的引导，逐步加大公共财政对节约能源、环境保护、生态建设和工业循环经济的投入力度，落实合同能源管理财政奖励资金，提高获得国家财政资金的合同能源管理项目的省级配套标准，严格落实国家鼓励合同能源管理项目的所得税减免政策，促进节能服务业发展。

建立碳排放权、节能量和排污权交易制度。大力促进自愿减排交易，鼓励企业进行碳资产开发；开展全省碳排放权交易市场总体方案研究，加强碳排放市场支撑体系建设，探索设立碳排放交易市场，培育一批第三方核证机构，加快培养碳交易服务专业人才，研究开发与碳交易、碳资产相关联的金融衍生品。

强化电力需求侧管理。指导苏州市推进电力需求侧管理综合试点工作，探索符合市场经济规律的综合试点模式，提升区域电能管理水平，至2015年年底，实现有效降低100万千瓦电力负荷。

浙江省的环境保护

1. 全面推进水环境综合整治

以"清三河"牵引重点污染源治理，全面启动实施"消灭黑臭河、劣Ⅴ类水三年行动计划"。基本完成黑河、臭河治理，50%以上的县（市、区）创建成"清三河"达标县。力争省控监测断面劣Ⅴ类水比例较2014年下降1个百分点。配合相关部门加大城镇截污纳管力度，加快推进污水处理厂提标改造；推动农村生活污水治理，组织实施中央农村环境综合整治项目；深化畜禽养殖污染防治，完成禁养区养殖场关停搬迁。加强饮用水源保护，全面完成集中式饮用水水源地合格规范饮用水源创建，在一级保护区推广物理隔离和短信提示，编制实施全省饮用水源保护规划。加强千岛湖、东钱湖、湖山湖等重点湖库生态

环境保护。推进杭州湾、乐清湾、象山港、三门湾、台州湾等重要海湾污染治理。落实流域水环境治理责任,深入实施“河长制”和跨行政区域河流交接断面水质保护考核。突出抓好钱塘江流域整治,加快推进钱塘江流域主要污染河段整治。积极配合做好其他省级河流“河长制”相关工作。

2.全面推进大气污染防治

协调推进六个专项行动,优化产业布局,县以上城市建成区基本完成大气重污染企业关停搬迁。调整能源结构,加快淘汰燃煤小锅炉,创建高污染燃料禁燃区,实现县以上城市供气管网全覆盖;加快推进脱硫脱硝工程和除尘设施建设,加大火电机组超低排放清洁化改造力度。加强机动车排气污染防治,基本淘汰黄标车,年底前全面供应国Ⅴ标准车用汽柴油。深化工业废气治理,加快石化行业VOCs污染整治,推广泄漏检测与修复技术体系,完成电力、钢铁、水泥、平板玻璃行业大气污染限期治理。加强城市和农村烟粉尘治理,强化建筑工地和道路清扫扬尘管理,县以上城市城区全面开展餐饮油烟治理;深入推进秸秆综合利用,着力减少秸秆焚烧。开展大气污染防治行动计划中期评估,强化重点任务和重点项目督查。完善考核预警体系,全面实施大气污染防治行动计划实施情况考核办法。落实区域空气重污染应急联动工作方案,制定完善各市重污染天气应急预案。积极参与长三角地区联防联控。

3.全面推进土壤污染防治,全面完成减排任务

制定土壤污染防治行动计划,突出永久性基本农田土壤污染防治重点。推进危废和污泥精细化管理,开展危险废物专项核查,加快信息化监控、处置费统一结算平台建设。建成温州、舟山、兰溪3座危废处置设施,全面实现垃圾焚烧飞灰无害化处置。排查处置12处以上企业原址场地污染,11个设区市分别建成1个污染场地防治示范工程。加强重金属污染物减排,全面完成18个重点防控区重金属污染整治,突出抓好涉汞行业整治。

全力抓好各级减排计划的制定实施,加强任务分解和跟踪督办,确保79个年度国家责任书项目和省减排计划项目按期完成。加强重点减排工程设施运行监管,充分发挥减排效益。全面推进刷卡排污系统建设,所有市控以上重点污染源实施刷卡排污总量控制。完善减排监测体系,强化减排预警、约谈和考核。

4.抓倒逼优服务,着力推进经济转型升级

从严执行“三位一体”和“两评结合”的新型环境准入制度。逐步提高环境准入条件。从严执行已出台的9大重点行业环境准入标准,制定出台制革、氨纶、涤纶、黄酒酿造、垃圾焚烧等行业环境准入意见。加快推进严于国家标准的地方环境标准体系建设,重点在重污染行业和特色行业污染物排放地方标准制订方面取得突破。出台农村生活污水治理、纺织染整工业大气污染物排放地方标准,制订化学合成类制药工业大气污染物和重点工业行业VOCs排放标准。到2015年底,太湖流域、钱塘江流域污水处理厂出水水质执行一级A标准,其他流域污水处理厂执行一级B标准。

加快淘汰落后产能,重污染行业整治列入关停的企业关停到位,就地整治的企业全面完成整治任务,入园的企业基本完成搬迁任务。开展重污染企业“三三制”评价排序,落实总量指标、排污收费、环保电价等差别化激励约束政策。加强环评市场监管,优化环评服务。高效服务重大工程建设,开辟绿色通道,提前介入、主动服务,推进环评审批、项目验收提速增效,确保重大基础设施项目、民生和产业转型升级项目顺利推进。

5.抓改革优管理,不断完善环保长效机制

开展排污许可证管理与环保审批、验收、执法有效整合的制度创新,探索实践排污许可证“一证式”管理模式,将项目环评审批验收、排污收费、总量控制、排污交易、标准执行等环境管理要求体现到排污许可证管理中,使排污许可证成为政府监管的依据、企业守法的文书、公众监督的平台。编制市县生态环境功能区划,明确各环境功能分区差别化环境目标和管控措施,实行负面清单管理。研究制定《浙江省环境功能区划管理办法》。继续探索开展环评审批备案制改革,及时总结试点经验,力求取得重大突破。进一步健全完善新型环境准入制度体系,梳理完善权力清单和责任清单,建立完善权力流程和制度规范。完善环评承诺与责任追究制度。完善环境保护市场调节机制。发挥市场在环境资源配置中的作用,全面推行排污权有偿使用和交易,扩大交易标的,发展二级交易市场,推进排污权抵押。

6. 抓基础强支撑,切实提升整体能力

加强环保技术的研发、推广和转化,深化水专项、气专项等重大课题研究,努力突破关键共性技术。加强综合防治和管理技术研究,有序推进饮用水源保护、区域性雾霾防治、城镇污水深度处理等科技项目。以科技创新公共服务平台为依托,推广环保先进适用技术。支持环保龙头企业通过兼并重组、组建技术联盟、牵头重大技术研发等做强做大。积极推进环境污染第三方治理,完善自动监测监控系统第三方运维体系。完善监测体系,完成所有地表水交接断面自动监测站点建设,发布自动监测数据。全面建成大气复合污染立体监测网络和区域环境空气质量日报预报系统。构建全省核与辐射环境预警监测体系,推进省部辐射环境监测重点实验室建设。加强企业环境自行监测,确保省控以上企业自行监测结果公布率达到80%以上。加强重点污染源和环境质量自动监控系统运行管理,提高稳定运行率和合格率。积极推动自动监测数据在地表水交接断面水质考核中全面应用。加强污染源监督性监测和环境执法联动,实现监督性监测超标查处率100%。推进数字环保建设,坚持环境监管业务和政务管理信息化一体,建立大数据平台、环境监控平台和公众参与平台。积极推进河道监控信息系统建设,加快建立钱塘江和全省河长制管理信息系统。

安徽省的环境保护

1. 推进传统产业结构调整,培育发展新兴产业

严控高耗能行业新增产能,化解产能过剩,各地区、各有关部门不得以任何名义、任何方式核准或备案产能严重过剩行业新增产能项目,依法依规全面清理违规在建和建成项目。2015年在完成"十二五"淘汰落后产能任务的基础上,再淘汰一批炼钢、炼铁、水泥等落后产能。加强对服务业和战略性新兴产业相关政策措施落实情况的督促检查,力争到2015年服务业增加值、战略性新兴产业产值均达到万亿元,第三产业增加值占生产总值的比重达到38%。加快实施《安徽省节能环保产业发展规划》,努力将节能环保产业培育成为我省新的经济增长点。到2015年,节能环保产业年产值达到2200亿元。

研究制定降低煤炭消费比重政策措施,严控煤炭消费过快增长。加快推进煤炭清洁高效利用,开展燃煤电厂供电煤耗检测验证,加快推进分散燃煤(重油)锅炉和窑炉的清洁能源替代。因地制宜大力发展风能、太阳能、生物质能等可再生能源,到2015年非化石能源占一次能源消费量的比重提高到6%左右。严把固定资产投资项目节能审查关,完善节能评估与审查程序,新建高耗能项目能效水平必须达到国内先进水平,将有限新增能源消费空间优先配置到低投入、低消耗、少排放、大产出、大收益、可持续的产业中。严格控制新建造纸、印染、农药、氮肥、煤电、钢铁、水泥等项目,新建项目按照最严格的环保要求建设治污设施。

2. 实施节能降碳工程

工业行业清洁生产技术改造工程。对化工、钢铁、煤炭等重点工业企业实施余热、余压、余能综合利用,推广应用高效节能环保型锅炉。预计项目总投资12亿元,2014—2015年计划完成投资5亿元,推动传统产业能源利用效率提高。实施技术节能降碳工程。加快实施节能技术装备产业化示范工程,推广应用低品位余热利用、节能与新能源汽车、节能家电、稀土永磁电机等先进技术装备,实施高效节能技术和产品产业化示范,扩大绿色产品消费。重点在合芜蚌自主创新试验区实施AH动力锂电池产业化、LED芯片制造产业化等节能技术产品装备和产业化项目,预计项目总投资248亿元,2014—2015年计划完成投资48亿元。实施管理节能降碳工程。实施万千家企业节能低碳行动,建立健全节能管理、监察、服务"三位一体"的节能管理体系,做好万千家企业节能低碳行动的指导、监督、考核工作,并将考核结果对外公告,对未完成年度节能任务的用能企业,限期整改。到2015年实现1500万吨标准煤的节能目标任务。

3.抓好抓实重点领域,落实污染减排目标

推进建筑节能降碳。深入开展绿色建筑行动,贯彻落实《安徽省绿色建筑行动实施方案》,公共机构建筑和政府投资的学校、医院等公益性建筑以及单体超过2万平方米的大型公共建筑要全面执行绿色建筑标准。到2015年末,全省20%的城镇新建建筑按绿色建筑标准设计、建造,全省新建绿色建筑1000万平方米以上。加快绿色建材推广应用,通过标准化设计、工业化生产、装配式施工、信息化管理等方式,大力推进建筑产业现代化。

强化交通运输节能降碳。加快推进综合交通运输体系建设,积极开展绿色循环低碳交通运输体系试点建设,深化"车船路港"千家企业低碳交通运输专项行动。加速淘汰高耗能老旧汽车,引导运营车辆向大型化、专业化、节能化方向发展。促进甩挂运输发展,普及ETC系统应用。大力发展公共交通,加速公交车辆更新换代,鼓励使用新能源、节能环保公交车辆,积极推进"公交都市"及智能公交示范工程建设。

严格落实污染减排目标任务。完善城镇污水收集管网,到2015年,所有县级行政区及重点流域的重点建制镇建成生活污水集中处理设施,设市城市城镇污水处理率达到85%,县城所在镇达到75%。改造现有污水处理设施,提高脱氮除磷能力。设市城市污水处理厂污泥无害化处理处置率达到75%,缺水城市再生水回用率达到10%。强化垃圾渗滤液治理,实现达标排放。加大造纸、印染、化工、食品饮料等重点企业工艺技术改造和废水治理力度。70%以上规模化畜禽养殖场和养殖小区配套建设固体废物和废水贮存处理设施,实施废弃物资源化利用。现役燃煤机组全部安装脱硫设施,不能稳定达标排放的要进行更新改造或淘汰,烟气脱硫设施要按照规定取消烟气旁路,30万千瓦以上燃煤机组全部实施脱硝改造;熟料生产规模在4000吨/日以上的新型干法水泥生产线必须实施脱硝改造;所有规模以上钢铁烧结机和球团设备建成烟气脱硫设施;通过实施区域禁行、开展非现场和现场执法、联合行动、实地督查等措施,2015年合肥市淘汰黄标车43998辆,淘汰率87.1%,其中2005年底前注册营运的黄标车13484辆全部淘汰。实施燃煤锅炉节能环保综合提升工程,到2015年底淘汰落后锅炉6000蒸吨以上,推广节能环保锅炉。

4.加强政策扶持力度强化财政激励政策

建立完善有利于节能的激励和约束政策体系,统筹发挥财政资金的激励引导作用,加强统筹安排,提高资金使用效率,激发企业节能改造的积极性。完善资金和项目建设监督管理程序,严格执行项目竣工验收制度,确保政策性资金使用安全有效。落实价格税收政策。落实差别电价和惩罚性电价政策,对节能目标完成进度滞后地区进一步加大差别电价和惩罚性电价执行力度,将差别电价和惩罚性电价政策逐步扩大到其他高耗能行业和产能过剩行业。严禁地方对高耗能企业实施优惠电价,落实燃煤机组环保电价政策。严格落实合同能源管理项目企业所得税优惠政策。执行绿色信贷政策。落实国家节能降碳、循环经济绿色信贷政策,鼓励商业银行加大对节能降碳项目支持力度;指导企业开展清洁发展机制节能降碳国际合作,支持符合条件的企业上市、发行非金融企业债务融资工具、企业债券等,拓宽融资渠道。

5.发挥市场调节作用

探索建立节能减碳交易试点。开展节能量交易、碳排放交易方案研究,加快制定节能量交易、碳排放交易工作实施方案,研究制定节能量、碳排放权交易制度,研究建立我省节能量、碳排放权交易市场。鼓励有条件的地区开展节能量交易试点。推动合同能源管理健康发展。引导专业化节能服务公司采用合同能源管理方式为用能单位实施节能改造,扶持壮大节能服务产业。研究制定合同能源管理项目暂行管理办法,建立合同能源管理项目管理、节能量审核管理制度,促进合同能源管理节能服务业健康发展。强化电力需求侧管理。落实电力需求侧管理办法,研究制定相关配套政策,完善激励机制,严格目标责任考核。推动省级电力需求侧管理平台建设,推广电能服务,完善服务体系,继续推进电力需求侧管理试点。着力推进工业领域电力需求侧管理,加快工业企业电能管理系统建设,利用信息化技术推动节电技术进步和管理水平提升。电网企业要确保完成年度电力电量节约指标，电力用户要积极采用节电技术产品，优化用电方式，提高电能利用效率。2014－2015年，通过电力需求管理实现节约电量7亿千瓦时以上，节约电力16万千瓦以上。

2015年，全省可吸入颗粒物年均浓度较上年下降15.8%，酸雨污染状况有所减轻，超额完成大气污染防治年度目标任务。地表水总体水质属轻度污染，省辖淮河流域总体水质由中度污染好转为轻度污染，巢湖西半湖由中度富营养好转为轻度富营养。16个设区的市集中式生活饮用水水源地水质达标率为97.8%。城市声环境质量总体稳定，辐射环境质量和生态环境质量整体良好。

十、社会稳定情况

上海促进社会稳定的政策措施

1.以街镇和居村为重点，加快基层治理创新

一是深化街镇体制改革。按照权责一致的原则，在街道层面将行政执法类、专业管理类等事务全部收至区级条线部门，在镇级政府层面，按照强镇扩权思路，将必要的行政执法类、专业管理类事务职能权限下放授权给镇政府。同时加强队伍编制和财力资源等保障，全面做实做强社会治理职能。二是提高社区共治水平。在街道党工委和镇党委的领导下，逐步探索搭建起辖区内不同党组织之间的工作平台和常态化工作机制，切实建立起驻区单位与社区和谐共赢的机制。积极利用街镇层面的“社区委员会”，整合街道党政部门、属地单位、社会组织、企业法人、社会各界人士、居民等多元社会力量，对社区内重大事项开展议事、协商、评议、监督工作，强化公众在公共服务和社区发展中的话语权。三是推进村居民自治。激发社区基层活力。加快制定出台减轻居村行政负担的清单目录，建立以居民评议意见为主要权重的居村工作考核办法，激发村居委自治意识和活力。以居住区内的难点问题为议题积极开展居民会议和评议会、协调会、听证会，让广大居民在实际问题的解决中感受自治、学习自治。四是深化网格化治理，提升城市综合服务管理效能。推进网格化综合管理向居民区和农村地区拓展，以城市化网格管理中的责任网格为基准科学设置管理网格，强化对于需要多部门协调解决的城市管理顽疾问题的牵头处置责任。进一步推进网格化与大联动、大联勤的融合，探索建立全市统一规范的网格化运营管理机制，积极利用新媒体等信息化手段。

2.提升城市安全生产与运行能力

一是加强源头预防和常态排查。加强政府对重点行业企业的监管，强化企业的安全隐患“常态排查”工作，突出生产安全隐患的源头治理，加强对生产的全过程监控，强制企业建立视频监控体系，建立科学预警机制。二是强化安全治理责任制。明确社会各领域安全责任主体，强化安全工作的考核奖惩和责任追究机制，保证安全治理工作不留死角。通过增加政府购买服务等手段来保证公共安全事业的资源投入，研究制定总体性的公共安全法规，为公共安全建设提供必要的法律依据。细化对关系公共安全的机构、人员资质和设施的规范，加大对企业、社会组织及个人公共安全行为的执法监督力度。三是构建应对快速、组织科学、运转高效的应急处置体系。通过立法严格规定突发事件的应急处置程序，实现全市应急管理部门的优势互补、资源共享，进一步加强专业救援队伍的人力物力建设，积极探索组织动员社会力量参与应急管理与服务的长效机制，形成应急救援的合力。四是持续加强公共安全教育宣传。增强居民群众“危机是常态”的忧患意识和公共安全意识，普及基本安全常识，并通过定期演练应急计划和开展专门训练，提高个人的应急避险与自救互救能力。

3.最大限度减少群体性事件发生

一是强化社会风险与矛盾的源头治理。以强化“政社互动”为核心，完善重大事项社会稳定风险分析和评估制度，健全民意表达机制，强化在公共政策制定环节，特别是城乡规划建设中的公共参与，努力将规划和建设对群众利益的负面影响降低到最小，从源头减少社会矛盾。二是充分发挥信访工作的社会减压阀功能。畅通和拓宽信访渠道，倡导“网上信访”，充分发挥 12345 市民服务热线的功能，并按照“谁主管，谁负责”的原则，落实各领域、各区域内信访问题的责任，特别要强化基层属地责任，努力把信访问题解决在基层和萌芽状态，防止扩散、发酵。三是加强社会治安综合治理。深入开展平安建设，强化城乡结合部等重点地区的治安防控体系，加强对突出治安问题和部分外来人口群体的排查治理。

4. 加强社会建设领域法律制度建设

一是完善公共服务领域特别是民生领域的法律法规。进一步完善义务教育、职业教育、高等教育等领域的法律法规，保障上海教育综合改革的有序推进。进一步完善保障就业、扶持创业的法律法规，切实改善就业和创业环境。健全医疗保障、医疗服务、药品供应和政府监管等方面的法律法规，确保上海医药卫生体制改革的顺利推进。进一步完善健全食品安全监管体系、规范食品生产经营秩序，落实企业主体责任的法律法规，形成有效衔接的食品安全法律法规体系。加快制定实施促进慈善事业发展的法律法规，推动形成与优秀传统文化及经济发展水平相一致的慈善事业发展体系。二是加强社会治理领域立法。探索制定有利于广大市民畅通有序的诉求表达、矛盾调处、权益保障的法律法规，制定广大市民实行自我管理、自我服务和参与社会事务管理法律法规，使相关部门在认定和处理中做到有法可依。三是加强社会组织立法。研究制定相关法律法规，完善政府向社会组织购买服务、予以财政补助和税收优惠等扶持政策。加快建立统一登记、各司其职、协调配合、分级负责、依法监管的社会组织法律体系。围绕支持和发展志愿服务组织，上海研究制定和修订完善相关法律法规，规范志愿者招募注册，建立志愿服务记录制度把志愿服务纳入规范化、法制化轨道。

5. 加快社会领域基础设施建设

一是建立个人信息管理系统。由市级层面牵头统筹，在公安人口信息系统的基础上，整合社保、征信、工商、税务、治安等多系统个人信息，加快全市统一的个人信息基础数据库建设。同时，加快建立社会管理负面清单和失信惩戒制度，明确规定具有不良信用记录的主体所应受到的惩罚，同时不能享受相应的社会福利和服务。二是推进“智慧社区”建设。综合运用物联网、云计算等技术，整合社区内人、财、物、技、组织等供给与需求的海量数据，发展智慧物业管理、智慧居民自治、智慧养老服务、智慧家居等信息化服务和管理，形成信息化、智能化的社区治理平台，为居民提供安全、高效、便捷的智慧化服务，全面满足居民的生存和发展需要。三是研究推进居住证与积分“一证管理”模式。研究将现有居住证、临时居住证统一为居住证“一证”，规定来沪人员到上海后必须履行办理居住证义务，要求必须凭居住证在上海就业、居住和生活等。同时，规定来沪人员的居住证积分义务，根据不同积分档次提供有梯度、有差别的公共服务，而且根据居住证及积分信息加强人口管理，使积分成为来沪人员接受服务与管理的有效“指挥棒”。

江苏省促进社会稳定的政策与措施

1. 由“管控为主”向“法治引领”转变，以法治化理念引领社会治理全局

一是运用法治强化社会治理责任。提高政府公信力和执行力，依靠法律法规和制度规范协调各种利益关系，依照法定权限和法定程序对社会事务进行管理、决策和调控，实现政府治理和社会自我调节、居民自治良性互动。二是运用法治促进维权维稳。深化涉法涉诉信访改革，充分发挥法律手段在维持社会秩序、化解社会矛盾纠纷中的功能和作用，引导群众通过法律渠道表达诉求，运用法律武器维护合法权益，构建理性、和谐的社会环境。三是运用法治树立司法权威。继续深化司法体制改革，建立开放、动态、透明、便民的阳光司法机制和严格规范的司法工作机制，促进严格、公正、文明司法，确保宪法和法律的正确、有效实施。

2015 年围绕法治公安建设，江苏公安机关建立了更加高效的执法运行体系，在县级公安机关及派出所全面建立案件管理、执法办案、涉案财物管理“三个中心”；建立了更加严密的执法管理体系，组建执法管理、行政复议、法律顾问“三个委员会”，加强对执法活动全过程、全环节的系统管理；全面公开办案、办事、服务、监督四个方面65类270项执法公开事项，率先在互联网公开所有行政复议、行政处罚法律文书5400余份；建立公安机关行政权力事项清单和责任清单制度，有效提升公安执法服务水平。

2. 由“政府统揽”向“社会共治”转变，以多元化主体协作共同治理

一是推进基层民主。充分保障基层群众民主自治权利，政府对村居自治范围内的事，做到“施策不施令、指导不干预、包容不包揽”，切实做到问政于民、问需于民、问计于民。二是推行“政社互动”。通过政府购买服务、公益项目创投、金融支持等方式，精心培育公益性社区社会组织，努力形成社区建设与社会组织发展各具特色而又相互促进的社会治理新格局。三是完善治理渠道。建立和完善公共参与的制度框架，鼓励和支持各类社会组织、企事业、基层单位和公民个人参与社会治理，使多元主体形成社会治理整体合力。

为了让人民群众少烦心、少花钱、少跑腿，江苏公安机关推出改革惠民五项措施：省辖市范围内户口通迁、身份证补领换领异地办理、机动车省内异地检验，简化出入境办证手续、边检登轮许可证省内“一证通”等，惠及千万群众。此外，省公安厅去年先后取消、下放、转移和调整行政审批事项20项，在省内推行流动人口居住证制度，共发证1930余万张，已全面完成集中换发证任务，暂住证成为历史，千万外来务工人员从中获益。

3. 由“传统粗放”向“现代立体”转变，以智能化手段提升治理能力

一是加快社会管理综合治理平台建设。建立以信息处理、视频监控、数据分析等功能为主的区综合信息平台，实现社会治理信息互通共享。二是加快政府公共服务平台建设。大力推进便民服务信息系统建设，提高行政审批事项网上办理水平，完善网上为民办事流程，形成“一站式”网上办事、“一网通”网上咨询、“一体化”网上服务的电子政务体系。三是加快社会公共安全保障与应急处置平台建设。畅通信息预警上报渠道，提高公共危机事件处置的智能化技术支撑水平，实现指挥可视化、智能化，为各类重大活动安全保卫及处置突发性、群体性事件和恐怖事件提供强有力的技术与信息支撑。

江苏公安机关坚持传统+科技、人脑+电脑、脚板+网络，以科技信息化引领带动现代警务机制建设，增强公安工作活力和发展后劲。大力推进“警务大数据”工程，引进运用大数据、云计算、物联网等先进技术，深入打造对付犯罪的“杀手锏”，进一步推动信息共享应用，为维护治安和服务群众提供更加有力的信息支撑。加快推进技防城、技防入户和视频监控“村村通”工程建设，打造技防江苏升级版。联合电信、网络企业，组建网络和手机防病毒诈骗中心，提高预防减少此类不法活动的能力。

4. 由“被动滞后”向“超前动态”转变，以长效化机制加强源头预防

一是健全社会稳定风险评估机制。强化群众参与，加强对评估结果运用的监督，最大限度防止因决策不当引发社会矛盾。二是健全群众诉求表达和利益协调机制。推动领导干部联系群众长效化、常态化，推广“阳光信访”，依法及时就地解决群众合理诉求。三是健全基层网格服务管理机制。做到一口受理、一网协同、实时监控、限时办理，推动社会治理向前端、向基层延伸，及早预防化解社会矛盾。

2015年，江苏公安机关坚持危害严重的大案侦破不放松、涉及民生的小案不放过，打击重心更多转向群众关注的多发性案件和新型犯罪案件，以雷霆之势严打各类犯罪实现常态化。年内，全省组织开展了打击盗抢骗等侵财犯罪质效提升年，打击制售伪劣食品药品、污染环境犯罪“利剑行动”，打击非法集资、传销、假币等经济犯罪系列性专项行动，严打整治网络违法犯罪“净网”行动，都取得了重大战果，破案数比上年均有明显提升，其中破获的通讯网络诈骗案件超过80%。从2015年4月1日起，江苏警方根据公安部统一部署，集中开展“猎狐2015”专项行动，加大境外追捕逃犯力度，全年组织10余批次精干小组赴境外开展缉捕工作，抓获境外逃犯81名，抓获数和抓获率均位居全国前列。

2015年11月24日至25日，第四次中国—中东欧国家领导人会晤在苏州市成功举行。该项重大活动安保警卫任务十分繁重，江苏公安机关在省委、省政府和公安部的领导下，超前谋划，精心组织，圆满

完成了安保警卫各项任务，被公安部通令嘉奖。去年，中国一中东欧领导人会晤、世界佛教论坛、国家公祭日等重大国际国内活动相继在江苏举办，抗战胜利70周年纪念活动则是举国盛事。在这些重大活动安保中，江苏各级公安机关以强有力的组织体系、工作班子、指挥机制确保了安保工作的每一项要求、每一条指令都及时传导到每个作战单元，落实到每个岗位，推进到"最后一米"。广大公安民警夜以继日连续作战，巡逻防控、排查隐患、现场保卫，把责任扛在肩上，把要求落在行动上，以过硬的执行力打赢了每一场安保硬仗。

浙江省促进社会稳定的政策与措施

1. 服务中心，"大平安"促民富民安

作为大平安理念的最生动诠释，融发展与稳定于一体的违法建筑和水环境整治，已成为平安浙江建设的应有之义。2015年，全省各地以法治为引领，全力推进"五水共治""三改一拆"等重点工作，"治"出了美丽环境、"拆"出了品质生活，为浙江的发展书写了灿烂的篇章。

2015年，经济领域风险显露，运用法治思维和法治方式服务保障经济转型升级，是平安浙江建设的一场"硬仗"。对于关而不清、倒而不破、债权债务关系长期搁置的"僵尸"企业，浙江法院先行先试，探索用法治方式助其"解围"，找寻出路。温州一家鞋业公司，1997年即被工商管理部门吊销营业执照，成为"僵尸"企业，16年来，该企业一直关而不清，债权债务关系长期悬搁。2015年，温州市瓯海区法院适用简易审理程序，短短40天即促成该企业债权债务人达成破产清算和解协议，裁定确认无争议债权46.5万元，债务人股东代为清偿债务23.25万元，实现50%的普通债权清偿率。40天，也创造了浙江法院审结破产清算案件用时的最短纪录。

省高院的数据显示，2015年以来，全省法院注重运用法治方式完善对涉困企业的差异化处置，受理破产案件307起，通过司法程序化解银行不良资产1325亿元，盘活企业存量资产184亿元，一批可淘汰的"僵尸"企业退出市场，为实现"腾笼换鸟"、兼并重组、转型升级提供了有利条件。

改善城市交通拥堵状况，也是平安浙江建设的重要内容之一。2015年，全省公安交警部门严厉整治道路交通违法行为，开展"三查三治""打非治违"等专项行动，查处旅游客车、校车违法、假牌假证、毒驾、酒驾等严重违法行为2000万起，查处的交通违法总量较上年同比增长11.7%，城市交通状况得到有效改善。

2015年，全省所有县（市、区）公办学校实现零择校，并全部通过国家义务教育基本均衡县评估，统一的城乡医疗保险制度也已建成，全民医保基本实现，医学人才和城市医院"双下沉"深入推进，县域医疗卫生机构服务能力和群众满意率达到"两提升"。

2. 打防结合，增强人民群众安全感

平安建设好不好，直观地反映在社会治安上。针对影响群众安全感的突出治安问题，2015年，浙江省各地各部门打防结合，开展各类专项整治行动，切实保障人民群众生命财产安全。

网络时代，通讯网络诈骗成为群众的"心头恨"。对此，浙江警方放出大招，自去年10月底开始，在湖州、杭州、温州成立反诈骗中心，至当年底，共破获通讯网络诈骗案件1110起，收缴赃款2653万元。"根据反诈骗流程，接警后，我们通过三方通话，同步追查诈骗电话、网址和银行账户，只需要一两分钟，就可以将骗子圈出来，挽回损失并通过运营商技术阻断，截断诈骗电话、网址在辖区的'投放'。"湖州市反诈骗中心负责人孙晟说。

群众的需要和诉求，就是平安建设的努力方向。2015年8月14日，杭州市时代电子市场里人头攒动、热闹非凡，沈女士的心却凉了一大截，她7岁的儿子不见了。好在2小时后，杭州警方将被拐走的孩子送到了她面前。案件的顺利侦破，得益于杭城上空无处不在的视频监控。2015年，全省已建成社会治安视频监控探头150余万个，几乎所有城乡公交车都配备了视频监控，全天候"不眨眼"地守护着浙江大地。

视频监控若有死角，则用平安巡防来填补。2015年，浙江全面推进平安巡防队伍建设，做实专职、壮大兼职、动员志愿者，平安巡防力量不断加强，巡防触角延伸到末梢。“参加巡防，既锻炼了身体，还守护了自己居住的社区，一举两得。”抓到过不少小偷的杭州平安巡防志愿者傅先生乐呵呵地说。

如今，一个全覆盖、多层面、立体化的社会治安防控体系已初步形成。在扎实推进道路交通、消防等事故隐患排查治理的同时，浙江省重点强化长途客车、公交、地铁、高铁等安保措施，部署开展危爆物品、寄递物流清理整治专项工作，筑牢社会公共安全的“铜墙铁壁”。

3. 源头治理，维护社会长治久安

自20世纪60年代初，历史的目光聚焦到诸暨枫桥始，浙江的平安就有了更丰富的内涵——发动和依靠群众，坚持矛盾不上交，就地解决。几十年来，我省坚持和发展“枫桥经验”，实现源头治理，将矛盾化解在基层，维护社会长治久安。

不仅派出所逐步实现“警调衔接”全覆盖，全省法院系统也有不少“活雷锋”。为打通服务群众的“最后一公里”，将矛盾纠纷化解在基层，嵊州法院以人民法庭为阵地，建立并落实了“一镇一法官”“一月一巡回”“一村一联络”“一庭一亮点”“一季一通报”的“五个一”人民法庭工作机制，实现司法服务零死角。“法庭以每个法官作为与各乡镇结对的连接点，形成法庭与各乡镇的联系网，更好地掌握辖区潜在的纠纷隐患，提前介入化解纠纷，收到了很好的成效。”嵊州法院院长陈建民说，自“一镇一法官”机制实施以来，该院5个人民法庭共17名法官与辖区乡镇进行了结对，通过走访共化解矛盾纠纷372起。

化解矛盾纠纷不能只当“消防员”，还要从源头上预防。杭州滨江区浦沿街道杨家墩社区有条“垃圾街”曾因美食而闻名，但街巷狭窄、拥挤，违法搭建现象严重，加之人口结构较为复杂，存在较大安全隐患。为彻底消除隐患，浦沿街道计划对该社区全面整治，考虑到成片拆违涉及多方利益、矛盾多发，浦沿街道在决策前对项目进行了社会稳定风险评估，并根据评估结果和建议稳步推进该社区拆违工作，从源头上预防矛盾发生，顺利助力“垃圾街”旧貌换新颜。2015年，全省评估涉及群众切身利益、民生问题等领域的重大事项4000余件，防范和消除了一批不稳定因素。

4. 固本强基，基层社会治理再创新

2015年，浙江省开展“创新基层社会治理推进年”活动，抓“三治”、强基层、防风险、促提升，不断深化创新基层社会治理，提升社会风险防控能力，为社会和谐稳定提供坚强保障。

2015年，“互联网+平安”“云上浙江”成为浙江省社会治理和助推社会稳定工作的新基因、新载体。省平安建设信息系统网络移动终端，已覆盖全省所有市、县(市、区)、乡镇(街道)和90%以上的村(社区)，与“网格化管理、组团式服务”两网融合，互相联动，初步形成了网上网下整体作战的工作体系。全省10.9万个网格、23.4万余名专兼职网格员通过逐级上报、部门联动、闭环处置、四色预警等工作机制，真正实现了“人在网中走，事在格中办”，大大提升了基层社会治理能力。信息化治理，提升了基层发现问题、解决问题、服务群众的能力，而探索法治、德治、自治相结合的“三治合一”基层社会治理模式，则是成功激发全社会参与社会治理的热情，实现基层治理多赢的“法宝”。

桐乡河山镇，因为养猪污染问题，叔侄反目、兄弟结仇等矛盾时有发生，占全镇人口20%的养猪户让其他80%的村民苦不堪言。如何更好地协调养猪与生态环境的矛盾，做到生猪养殖业减量提质？河山镇充分运用“三治合一”，法治先行，成立道德评判团凝聚共识，以村民自治巡查团作约束，引导养殖户适时转产。期间，既无一起强拆，也无一起因拆猪棚而引发的上访事件。与此同时，在“三治合一”基层治理新样本的指引下，全省100%的村、社区制订修订了村规民约、社区公约，“立家训、树家风”活动在全省掀起一股热潮。

如今，充满活力、和谐发展的浙江美丽图景愈发清晰。2015年12月，第二届世界互联网大会在乌镇召开，浙江以最靓丽的面貌让世界各国来宾感受到了平安浙江的魅力，收获了各方的“点赞”。

安徽省促进社会稳定的政策与措施

1.强化顶层设计、强化协作配合，社会治安防控取得实效

2014年10月以来，安徽省委办公厅、省政府办公厅先后印发了《关于持续推进全省立体化数字化社会治安防控体系建设的意见》(皖办发〔2014〕36号)及《关于进一步完善社会治安防控体系深化平安安徽建设的意见》(皖办发〔2015〕51号)，部署开展全省社会治安防控体系"12346"工程，取得一定进展。近年来，全省社会治安大局持续稳定，群众安全感和对公安工作满意度保持高位，2013至2015年度，安徽省群众安全感分别为92%、93.11%、93.84%，群众对公安工作的满意度分别为86%、88.21%、89.14%，已连续三年保持上升。2015年，全省街面两抢案件大幅下降41.7%；三类可防性案件同比下降3.3%，其中入室抢劫下降16.5%、撬盗机动车案件下降23%。

为贯彻落实省两办文件，2015年以来，省公安厅出台了一系列配套文件，其中，治安总队起草了《关于推行农村地区"一村一警"包村联系制度的意见》《关于加强单位内部治安防控网建设的意见》《关于进一步加强城区"网格化"巡逻防控工作的意见》；情报指挥中心起草了《安徽省公安机关紧急布控勤务规定(试行)》；人事处起草了《关于加强全省公安机关警务辅助人员管理的指导意见》；科信处起草了《关于加强全省社会治安视频防控系统建设与应用工作的指导意见》《安徽省农村地区安全技术防范建设2015—2016年工作方案》；交警总队起草了《安徽省主干公路交通安全防控体系建设三年规划》《全省公安机关公路电子监控设备2014年至2016年建设、管理和发展规划》；网安总队起草了《安徽省公安机关网络安全保卫部门装备建设三年规划(2014年—2016年)》。各部门警种正着力推进各项制度的全面落实。

在省综治办协调和领导下，省公安厅充分发挥主力军作用，各方协作形成工作合力，把社会治安防控体系建设纳入市级综治工作考核、市级公安机关年度绩效考核，确保工作稳步推进。

2.理念更新，由"管理"向"治理"转变

2015年安徽省正处于改革攻坚期和深水区，各类社会矛盾不断凸显。新常态下，要保证改革蹄疾步稳，必须既确保社会大局稳定，又充分释放发展活力。"在秩序和活力之间求得平衡，唯有推动传统社会管理向现代社会治理转型。"省人大代表王磊认为，"管理"和"治理"尽管只是一字之差，却是打破"一放就乱、一管就死"怪圈的关键。

政府超越单纯依靠控制来实现秩序和稳定的管理思维，更加注重在帮扶、服务中解决问题、促进和谐。近年来，全省推动流动人口登记管理"暂"改"居"改革，为刑释等特殊群体提供职业培训和过渡性安置等做法，正是"服务为先"理念的体现。

由"管"而"治"，意味着更加突出系统性、协调性。"社会领域的一些问题，往往有着深层次背景原因，'头痛医头、脚痛医脚'难以奏效。"黄文琴代表建议，政府部门应将着力点更多地放在消除滋生问题的土壤上，从源头上化解矛盾纠纷。

由"管"而"治"，意味着充分发挥社会组织等多元主体的参与作用。去年，全省降低社会组织登记门槛的改革效应进一步显现，全省新增直接登记社会组织1816个。"登记管理'松绑解套'的同时，还应加大简政放权力度，为社会组织发挥作用提供空间。

3.法为准绳，营造公平正义的社会环境

法律是调节利益关系、化解矛盾纠纷的基本准则，具有确定性和稳定性，体现着公平正义的精神。制定法律是寻求和凝聚共识的过程，通过广泛征求意见和集中讨论、民主表决，形成大多数人可以接受的方案，才能充分整合各方利益诉求，化解利益冲突。

维护合法权益，理应通过法治渠道。去年以来，安徽省推进涉法涉诉信访改革，探索建立依法处理涉法涉诉信访问题新机制，正是以法治方式化解信访难题的具体举措。安徽将拓宽涉法涉诉信访渠道、降低受理门槛，建立错误纠正和瑕疵补正机制，健全依法终结制度，解决"入口不畅、有错不纠"等问题。

对于不合法、不合理的利益诉求应坚决抵制，对合法、合理诉求坚决维护，才能在公平、公正中实现定纷止争的目的。以法治求善治，增强全社会法治意识是基础。应当深入开展以宪法为核心的法制宣传教育，让法治观念和法治精神深入人心，形成全民守法的良好氛围，构建理性、和谐的社会环境。

4.资源下沉，将更多力量投放到基层

基层是解决社会问题、处理矛盾纠纷的第一道关口，也是社会治理的重点和难点。当前，社会治理的不同领域均面临基层力量不足问题，亟须创新体制机制，将人、财、物等资源更多投放到基层。

近年来，安徽省推进社区管理体制改革，加强社区扁平化、网格化、信息化管理和社会化服务。2015年继续深化改革，破除体制机制障碍，加大经费补贴力度，提高社区工作人员待遇，同时在干部选拔、任用上更加关注基层，激发更多有能力的年轻人服务基层。政府将继续改善城乡社区设施条件，加快构建布局合理、功能互补、运行规范，政府公共服务、居民互助服务、市场有偿服务相衔接的社区服务网络，提升服务群众的能力。

2015年安徽省各级各部门结合实际、开拓思路、大胆创新，着力加强社会服务管理信息化建设，逐步形成了以城市安全为主导的合肥模式，以落实政府清单行政办事线化为方向的亳州模式等。实践证明，安徽省将公共服务信息系统与视频监控系统统筹起来，建设统一的数据中心，整合公共服务和城市安全方面的数据群，打破了碎片化管理和服务模式，实现统筹管理、统一服务。同时，在海量信息的基础上，运用大数据技术，为政府决策提供参考，为部门工作提供指导，为服务群众提供方向，为城市安全提供保障，实现变被动式静态管理到主动式动态服务、事后防控到事前预警的转变，充分挖掘出政府数据信息的最大潜在价值。

第六篇

经济社会发展重要指标

第一章 长三角地区重要经济发展指标

表 1 长三角地区国民经济和社会发展总量与速度指标(2015 年)

指 标	长三角	上海市	江苏省	浙江省	安徽省
人口与就业					
人口(万人)					
年末常住人口	22879.57	2415.27	7976.30	5539.00	6949.00
就业(万人)					
从业人数	14195.76	1361.51	4758.50	3733.65	4342.1
宏观经济					
国民核算(亿元)					
地区生产总值	160131.95	25123.45	70116.38	42886.49	22005.63
第一产业	8385.47	109.82	3986.05	1832.91	2456.69
第二产业	70693.95	7991.00	32044.45	19711.67	10946.83
第三产业	81052.53	17022.63	34085.88	21341.91	8602.11
固定资产投资(亿元)					
全社会固定资产投资总额	102888.19	6352.70	45905.17	26664.72	23965.6
财政(亿元)					
地方财政收入	20812.33	5519.50	8028.59	4809.94	2454.3
地方财政支出	27764.12	6191.56	9687.58	6645.98	5239.0
物价(上年=100)					
居民消费价格指数		102.4	101.7	101.4	101.3
国内商业					
社会消费品零售总额(亿元)	64701.03	10131.50	25876.77	19784.74	8908.02
对外经济贸易和旅游					
进出口总额(亿美元)	13929.39	4517.33	5456.14	3467.84	488.08
出口	8450.83	1969.69	3386.68	2763.32	331.14
教育、科技、文化					
教育					
高等学校本专科在校学生(万人)	441.3	51.16	171.57	105.5	113.07
普通中学在校学生(万人)	870.5	57.05	284.52	225.3	303.63
小学在校学生(万人)	1359.01	79.87	499.64	357.00	422.50
文化					
图书出版量(亿册)	16.16	3.53	6.23	3.67	2.73
杂志出版量(万册)	37201	12800	11431	7719	5251
报纸出版量(亿份)	76.03	10.80	26.39	28.36	10.48

续表

指 标	长三角	上海市	江苏省	浙江省	安徽省
家庭、生活、环境					
家庭					
生活					
城镇常住居民人均可支配收入(元)		52962	37173	43714	26936
农村常住居民人均可支配收入(元)		23205	16257	21125	10821

表 2 长三角地区国民经济和社会发展结构指标(2015 年) 单位:%

指 标	上海市	江苏省	浙江省	安徽省
人口与就业				
人口				
城乡结构				
城镇		66.5	65.8	50.5
乡村		33.5	34.2	49.5
性别结构				
男	49.6	50.33	50.5	50.8
女	50.4	49.67	49.5	49.2
就业				
产业结构				
第一产业	3.38	18.4	13.2	32.1
第二产业	33.77	43.0	48.3	28.4
第三产业	62.85	38.6	38.5	39.5
宏观经济				
国民核算				
地区生产总值产业结构				
第一产业	0.4	5.7	4.3	11.2
第二产业	31.8	45.7	46.0	49.7
第三产业	67.8	48.6	49.8	39.1
产业经济				
工业				
工业产值按轻重分				
轻工业		27.4	39.6	
重工业		72.6	60.4	
运输业				
货运量结构				
铁路	0.5	2.4	1.7	2.9
公路	44.5	53.6	61.1	66.7

续表

指　标	上海市	江苏省	浙江省	安徽省
水运	54.6	38.0	37.3	30.4
民用航空	0.4			0.001
对外经济贸易和国际旅游				
海外旅游人数结构				
外国人	76.81	65.8	66.4	58.3
港澳同胞	8.44	4.8	15.5	41.7
台湾同胞	14.75	29.3	18.1	
教育、科技、文化				
教育				
在校学生结构				
大学生	27.2	17.0	15.3	10.4
中学生	30.3	33.4	32.8	30.8
小学生	42.5	49.6	51.9	38.9
专任教师结构				
大学生	25.01	15.7	12.4	9.4
中学生	42.76	43.7	47.1	39.3
小学生	31.48	40.6	40.5	38.5
生活、环境				
生活				
城镇居民消费结构				
食品	26.2	28.1	28.2	33.7
衣着	5.0	7.1	7.1	8.1
居住	32.8	22.6	25.2	20.1
其他		42.2	2.4	2.3
农村居民消费结构				
食品	35.0	31.7	31.1	35.8
衣着	5.3	6.0	5.9	5.6
居住	26	20.6	23.2	21.2
其他		41.7	1.9	1.8

表 3　长三角地区主要年份地区生产总值(按当年价格计算)　　单位:亿元

年　份	长三角	上海市	江苏省	浙江省	安徽省
1989	3484.08	696.54	1321.85	849.44	616.25
1990	3760.85	781.66	1416.50	904.69	658.00
1991	4247.98	893.77	1601.38	1089.33	663.50

续表

年 份	长三角	上海市	江苏省	浙江省	安徽省
1992	5427.24	1114.32	2136.02	1375.70	801.20
1993	7480.44	1519.23	2998.16	1925.91	1037.14
1994	10057.96	1990.86	4057.39	2689.28	1320.43
1995	13022.89	2499.43	5155.25	3557.55	1810.66
1996	15243.59	2957.55	6004.21	4188.53	2093.30
1997	17152.56	3438.79	6680.34	4686.11	2347.32
1998	18596.62	3801.09	7199.95	5052.62	2542.96
1999	20042.81	4188.73	7697.82	5443.92	2712.34
2000	22367.98	4771.17	8553.69	6141.03	2902.09
2001	24812.01	5210.12	9456.84	6898.34	3246.71
2002	27871.27	5741.03	10606.85	8003.67	3519.72
2003	32765.23	6694.23	12442.87	9705.02	3923.11
2004	39484.43	8072.83	15003.60	11648.70	4759.30
2005	46520.72	9154.18	18598.69	13417.68	5350.17
2006	53939.39	10366.37	21742.05	15718.47	6112.50
2007	64321.98	12188.85	26018.48	18753.73	7360.92
2008	74994.48	13698.15	30981.98	21462.69	8851.66
2009	82564.81	15046.45	34457.30	22998.24	10062.82
2010	98698.44	17165.98	41425.48	27747.65	12359.33
2011	115969.99	19195.69	49110.27	32363.38	15300.65
2012	126191.12	20181.72	54058.22	34739.13	17212.05
2013	138557.44	21818.15	59753.37	37756.58	19229.34
2014	149677.80	23567.70	65088.32	40173.03	20848.75
2015	160131.95	25123.45	70116.38	42886.49	22005.63

本表对2005年后部分数据按各省统计年鉴进行修正。

表4 长三角地区主要年份第一产业生产总值 单位:亿元(按当年价格计算)

年 份	长三角	上海市	江苏省	浙江省	安徽省
1990	644.45	34.24	355.17	255.04	
1991	624.42	34.06	345.14	245.22	
1992	690.65	34.16	393.82	262.67	
1993	844.38	37.82	490.59	315.97	
1994	1170.24	47.61	683.98	438.65	
1995	1476.02	59.82	866.24	549.96	
1996	1652.84	68.72	989.18	594.94	

续表

年 份	长三角	上海市	江苏省	浙江省	安徽省
1997	1726.73	72.03	1035.8	618.9	
1998	1730.30	73.84	1047.16	609.3	
1999	1718.17	74.49	1037.37	606.31	
2000	2497.77	76.68	1048.34	630.98	741.77
2001	2593.03	78.00	1094.48	659.78	760.77
2002	2658.98	79.68	1110.44	685.20	783.66
2003	2710.72	81.02	1162.45	717.85	749.40
2004	3215.63	83.45	1367.58	814.10	950.50
2005	3401.18	80.34	1461.51	892.83	966.50
2006	3574.98	93.80	1545.05	925.10	1011.03
2007	4104.35	101.84	1816.31	986.02	1200.18
2008	4725.96	111.80	2100.11	1095.96	1418.09
2009	5034.21	113.82	2261.86	1163.08	1495.45
2010	5743.83	114.15	2540.10	1360.56	1729.02
2011	6788.07	124.94	3064.78	1583.04	2015.31
2012	7392.70	127.80	3418.29	1667.88	2178.73
2013	7622.24	124.89	3469.86	1760.34	2267.15
2014	7928.16	124.26	3634.33	1777.18	2392.39
2015	8385.47	109.82	3986.05	1832.91	2456.69

本表对 2005 年后部分数据按各省统计年鉴进行修正。

表 5 长三角地区主要年份第二产业生产总值 单位:亿元(按当年价格计算)

年 份	长三角	上海市	江苏省	浙江省	安徽省
1989	1504.49	466.18	657.06	386.25	
1990	1606.37	505.60	692.59	408.18	
1991	1838.67	550.64	793.92	494.11	
1992	2450.08	677.39	1119.26	653.43	
1993	3484.39	902.38	1598.05	983.96	
1994	4733.34	1148.45	2186.77	1398.12	
1995	5989.19	1419.41	2715.26	1854.52	
1996	6903.01	1596.72	3074.12	2232.17	
1997	7740.45	1774.02	3411.86	2554.57	
1998	8278.94	1871.89	3640.10	2766.95	
1999	8879.53	1984.64	3920.15	2974.74	
2000	10974.23	2207.63	4435.89	3273.93	1056.78

续表

年　份	长三角	上海市	江苏省	浙江省	安徽省
2001	12138.40	2403.18	4907.46	3572.88	1254.88
2002	13654.46	2622.45	5604.49	4090.48	1337.04
2003	16627.80	3209.02	6787.11	5096.38	1535.29
2004	20425.39	3892.12	8437.99	6250.38	1844.90
2005	24388.53	4452.92	10524.96	7164.75	2245.90
2006	28533.95	5028.37	12282.89	8511.51	2711.18
2007	33674.98	5678.51	14471.26	10154.25	3370.96
2008	38995.61	6235.92	16993.34	11567.42	4198.93
2009	41333.53	6001.78	18566.37	11860.16	4905.22
2010	49596.23	7218.32	21753.93	14187.36	6436.62
2011	57771.82	7927.89	25203.28	16331.27	8309.38
2012	61381.65	7854.77	27121.95	17000.09	9404.84
2013	65431.45	7907.81	29086.08	18047.52	10390.04
2014	69274.94	8167.71	30854.50	19175.06	11077.67
2015	70693.95	7991.00	32044.45	19711.67	10946.83

本表对 2005 年后部分数据按各省统计年鉴进行修正。

表 6　长三角地区主要年份第三产业生产总值　　单位：亿元（按当年价格计算）

年　份	长三角	上海市	江苏省	浙江省	安徽省
1989	793.58	200.73	340.61	252.24	
1990	882.03	241.82	368.74	271.47	
1991	1121.39	309.07	462.32	350	
1992	1485.31	402.77	622.94	459.6	
1993	2114.54	579.03	909.52	625.99	
1994	2833.96	794.80	1186.64	852.52	
1995	3747.02	1020.20	1573.75	1153.07	
1996	4594.45	1292.11	1940.91	1361.43	
1997	5338.06	1592.74	2232.68	1512.64	
1998	6044.43	1855.36	2512.69	1676.38	
1999	6732.77	2129.60	2740.30	1862.87	
2000	8895.98	2486.86	3069.46	2236.12	1103.54
2001	10080.58	2728.94	3454.90	2665.68	1231.06
2002	11557.83	3038.90	3891.92	3227.99	1399.02
2003	13462.71	3404.19	4493.31	3890.79	1638.42
2004	15843.41	4097.26	5198.03	4584.22	1963.90

续表

年　份	长三角	上海市	江苏省	浙江省	安徽省
2005	18731.01	4620.92	6612.22	5360.10	2137.77
2006	21830.46	5244.20	7914.11	6281.86	2390.29
2007	26542.65	6408.50	9730.91	7613.46	2789.78
2008	31272.91	7350.43	11888.53	8799.31	3234.64
2009	36197.08	8930.85	13629.07	9975.01	3662.15
2010	43358.39	9833.51	17131.45	12199.74	4193.69
2011	51410.10	11142.86	20842.21	14449.07	4975.96
2012	57416.77	12199.15	23517.98	16071.16	5628.48
2013	65503.75	13785.45	27197.43	17948.72	6572.15
2014	72474.70	15275.73	30599.49	19220.79	7378.69
2015	81052.53	17022.63	34085.88	21341.91	8602.11

本表对2005年后部分数据按各省统计年鉴进行修正。

表7　长三角地区主要年份工业生产总值　　　单位:亿元(按当年价格计算)

年　份	长三角	上海市	江苏省	浙江省	安徽省
1990	1467.7	469.83	634.13	363.74	
1991	1678.98	514.79	725.83	438.36	
1992	2236.35	636.68	1017.94	581.73	
1993	3174.94	846.71	1451.97	876.26	
1994	4319.96	1074.37	2002.22	1243.37	
1995	5421.34	1308.2	2467.63	1645.51	
1996	6191.49	1452.79	2754.80	1983.9	
1997	6900.59	1598.91	3016.44	2285.24	
1998	7312.85	1670.19	3157.69	2484.97	
1999	7855.65	1787.98	3387.99	2679.68	
2000	9678.28	1998.96	3848.52	2945.70	885.10
2001	10681.57	2166.74	4270.90	3181.94	1062.00
2002	12004.04	2368.02	4880.09	3640.84	1115.09
2003	14664.66	2941.24	6004.65	4462.97	1255.80
2004	18087.87	3593.25	7514.39	5491.33	1488.90
2005	21751.77	4129.52	9440.18	6344.71	1837.36
2006	25593.59	4670.11	11097.64	7585.47	2240.37
2007	30304.06	5298.08	13105.24	9090.74	2810.00
2008	34890.58	5784.99	15271.20	10328.72	3505.67
2009	36379.18	5408.75	16464.94	10440.77	4064.72

续表

年 份	长三角	上海市	江苏省	浙江省	安徽省
2010	43698.37	6536.21	19277.65	12477.11	5407.40
2011	50921.70	7208.59	22280.61	14370.50	7062.00
2012	53934.29	7097.76	23908.47	14902.22	8025.84
2013	57360.69	7139.18	25503.86	15837.20	8880.45
2014	60553.19	7362.84	26962.97	16771.90	9455.48
2015	61641.05	7162.33	27996.43	17217.47	9264.82

表 8 长三角地区主要年份建筑业生产总值 单位:亿元(按当年价格计算)

年 份	长三角	上海市	江苏省	浙江省	安徽省
1990	138.67	35.77	58.46	44.44	
1991	159.69	35.85	68.09	55.75	
1992	213.73	40.71	101.32	71.70	
1993	309.45	55.67	146.08	107.70	
1994	413.38	74.08	184.55	154.75	
1995	567.85	111.21	247.63	209.01	
1996	711.52	143.93	319.32	248.27	
1997	839.86	175.11	395.42	269.33	
1998	966.08	201.70	482.41	281.97	
1999	1023.88	196.66	532.16	295.06	
2000	1295.95	208.67	587.37	328.23	171.68
2001	1456.82	236.44	636.56	390.94	192.88
2002	1650.42	254.43	724.40	449.64	221.95
2003	1963.15	267.78	782.46	633.42	279.49
2004	2337.52	298.87	923.60	759.05	356.00
2005	2633.53	323.40	1084.78	816.81	408.54
2006	2933.31	358.25	1185.25	919.00	470.81
2007	3360.21	380.43	1366.02	1052.80	560.96
2008	4105.03	450.93	1722.14	1238.70	693.26
2009	4954.34	593.03	2101.43	1419.38	840.50
2010	5897.86	682.11	2476.28	1710.25	1029.22
2011	6850.13	719.30	2922.67	1960.78	1247.38
2012	7447.35	757.01	3213.48	2097.86	1379.00
2013	8148.36	791.08	3590.16	2243.01	1524.11
2014	8836.75	831.86	3899.47	2467.10	1638.32
2015	9167.94	855.22	4055.42	2558.38	1698.92

表 9 长三角地区主要年份地区生产总值中第一产业比重 单位：%（按当年价格计算）

年 份	长三角	上海市	江苏省	浙江省	安徽省
1990	20.8	4.4	25.1	24.9	
1991	17.4	3.8	21.5	22.5	
1992	14.9	3.1	18.4	19.1	
1993	13.1	2.5	16.4	16.4	
1994	13.4	2.4	16.9	16.3	
1995	13.2	2.4	16.8	15.5	
1996	12.6	2.3	16.5	14.2	
1997	11.7	2.1	15.5	13.2	
1998	10.8	1.9	14.5	12.1	
1999	9.9	1.8	13.5	11.1	
2000	11.2	1.6	12.2	10.3	25.6
2001	10.5	1.5	11.6	9.6	23.4
2002	9.5	1.4	10.5	8.6	22.3
2003	8.3	1.2	9.3	7.4	19.1
2004	8.1	1	9.1	7	20.0
2005	7.3	0.9	7.9	6.7	18.1
2006	6.6	0.9	7.1	5.9	16.6
2007	6.4	0.8	7.0	5.3	16.3
2008	6.3	0.8	6.8	5.1	16.0
2009	6.1	0.8	6.5	5.1	14.9
2010	5.8	0.7	6.1	4.9	14.0
2011	5.9	0.7	6.2	4.9	13.2
2012	5.9	0.6	6.3	4.8	12.7
2013	5.5	0.6	5.8	4.7	11.8
2014	5.3	0.5	5.6	4.4	11.5
2015	5.2	0.4	5.7	4.3	11.1

表 10 长三角地区主要年份地区生产总值中第二产业比重 单位：%（按当年价格计算）

年 份	长三角	上海市	江苏省	浙江省	安徽省
1990	51.8	64.7	48.9	45.1	
1991	51.3	61.6	49.6	45.4	
1992	53.0	60.8	52.4	47.5	
1993	54.1	59.4	53.3	51.1	
1994	54.2	57.7	53.9	52.0	
1995	53.4	56.8	52.7	52.1	
1996	52.5	54.0	51.2	53.3	
1997	52.3	51.6	51.1	54.5	

续表

年 份	长三角	上海市	江苏省	浙江省	安徽省
1998	51.6	49.3	50.6	54.8	
1999	51.2	47.4	50.9	54.6	
2000	49.1	46.3	51.9	53.3	36.4
2001	48.9	46.1	51.9	51.8	38.7
2002	49.0	45.7	52.8	51.1	38.0
2003	50.7	47.9	54.6	52.5	39.1
2004	51.7	48.2	56.3	53.6	38.8
2005	52.4	48.6	56.6	53.4	42.0
2006	52.9	48.5	56.5	54.1	44.4
2007	52.4	46.6	55.6	54.1	45.8
2008	52.0	45.5	54.8	53.9	47.4
2009	50.1	39.9	53.9	51.6	48.8
2010	50.3	42.1	52.5	51.1	52.1
2011	49.8	41.3	51.3	50.5	54.3
2012	48.6	38.9	50.2	48.9	54.6
2013	47.2	36.2	48.7	47.8	54.0
2014	46.3	34.7	47.4	47.7	53.1
2015	44.2	31.8	45.7	45.9	49.8

表 11 长三角地区主要年份地区生产总值中第三产业比重 单位:%(按当年价格计算)

年 份	长三角	上海市	江苏省	浙江省	安徽省
1990	28.4	30.9	26.0	30.0	
1991	31.3	34.6	28.9	32.1	
1992	32.1	36.1	29.2	33.4	
1993	32.8	38.1	30.3	32.5	
1994	32.4	39.9	29.2	31.7	
1995	33.4	40.8	30.5	32.4	
1996	34.9	43.7	32.3	32.5	
1997	36.1	46.3	33.4	32.3	
1998	37.7	48.8	34.9	33.2	
1999	38.8	50.8	35.6	34.2	
2000	39.8	52.1	35.9	36.4	38.0
2001	40.6	52.4	36.5	38.6	37.9
2002	41.5	52.9	36.7	40.3	39.8
2003	41.1	50.9	36.1	40.1	41.8

续表

年 份	长三角	上海市	江苏省	浙江省	安徽省
2004	40.1	50.8	34.6	39.4	41.3
2005	40.3	50.5	35.6	40.0	40.0
2006	40.5	50.6	36.4	40.0	39.1
2007	41.3	52.6	37.4	40.6	37.9
2008	41.7	53.7	38.4	41.0	36.5
2009	43.8	59.4	39.6	43.4	36.4
2010	43.9	57.3	41.4	44.0	33.9
2011	44.3	58.0	42.4	44.6	32.5
2012	45.5	60.4	43.5	46.3	32.7
2013	47.3	63.2	45.5	47.5	34.2
2014	48.4	64.8	47.0	47.8	35.4
2015	50.6	67.8	48.6	49.8	39.1

表 12 长三角地区主要年份地区生产总值构成中工业比重 单位：%（按当年价格计算）

年 份	长三角	上海市	江苏省	浙江省	安徽省
1989	48.1	62.1	45.4	40.8	
1990	47.3	60.1	44.8	40.2	
1991	46.8	57.6	45.3	40.2	
1992	48.3	57.1	47.7	42.3	
1993	49.3	55.7	48.4	45.5	
1994	49.4	54.0	49.3	46.2	
1995	48.4	52.3	47.9	46.3	
1996	47.1	49.1	45.9	47.4	
1997	46.6	46.5	45.2	48.8	
1998	45.6	44.0	43.9	49.2	
1999	45.3	42.7	44.0	49.2	
2000	45.2	41.9	45.0	48.0	30.5
2001	44.6	41.6	45.2	46.1	32.7
2002	44.7	41.2	46.0	45.5	31.7
2003	46.5	43.9	48.3	46.0	32.0
2004	47.8	44.5	50.1	47.1	31.3
2005	48.4	45.1	50.8	47.2	34.3
2006	48.9	45.0	51.0	48.3	36.7
2007	48.3	43.5	50.4	48.5	38.2
2008	47.7	42.2	49.3	48.2	39.6
2009	44.7	36.0	47.8	45.4	40.4

续表

年　份	长三角	上海市	江苏省	浙江省	安徽省
2010	44.6	38.1	46.5	45.0	43.8
2011	43.9	37.6	45.4	44.4	46.2
2012	42.7	35.2	44.2	42.9	46.6
2013	41.4	32.7	42.7	41.9	46.2
2014	40.5	31.2	41.4	41.7	45.4
2015	38.5	28.4	39.9	40.1	42.1

表 13　长三角地区主要年份地区生产总值中建筑业比重　　单位：%（按当年价格计算）

年　份	长三角	上海市	江苏省	浙江省	安徽省
1989	4.5	4.8	4.3	4.7	
1990	4.5	4.6	4.1	4.9	
1991	4.5	4.0	4.3	5.1	
1992	4.6	3.7	4.7	5.2	
1993	4.8	3.7	4.9	5.6	
1994	4.7	3.7	4.5	5.8	
1995	5.1	4.5	4.8	5.9	
1996	5.4	4.9	5.3	5.9	
1997	5.7	5.1	5.9	5.7	
1998	6.0	5.3	6.7	5.6	
1999	5.9	4.7	6.9	5.4	
2000	5.8	4.4	6.9	5.3	5.9
2001	5.9	4.5	6.7	5.7	5.9
2002	5.9	4.4	6.8	5.6	6.3
2003	6.0	4.0	6.3	6.5	7.1
2004	5.9	3.7	6.2	6.5	7.5
2005	5.7	3.5	5.8	6.1	7.6
2006	5.4	3.5	5.5	5.8	7.7
2007	5.2	3.1	5.3	5.6	7.6
2008	5.5	3.3	5.6	5.8	7.8
2009	6.0	3.9	6.1	6.2	8.4
2010	6.0	4.0	6.0	6.2	8.3
2011	5.9	3.7	5.9	6.1	8.2
2012	5.9	3.8	6.0	6.0	8.0
2013	5.9	3.6	6.0	5.9	7.9
2014	5.9	3.5	6.0	6.1	7.9
2015	5.7	3.4	5.8	6.0	7.7

表 14　长三角地区生产总值项目结构(增加值)(2015 年)　　单位:亿元

指　标	长三角	上海市	江苏省	浙江省	安徽省
地区生产总值	160131.95	25123.45	70116.38	42886.49	22005.63
第一产业	8385.47	109.82	3986.05	1832.91	2456.69
第二产业	70693.95	7991.00	32044.45	19711.67	10946.83
工业	61641.05	7162.33	27996.43	17217.47	9264.82
建筑业	9167.94	855.22	4055.42	2558.38	1698.92
第三产业	81052.53	17022.63	34085.88	21341.91	8602.11
交通运输、仓储和邮政业	6262.21	1133.17	2705.44	1631.88	791.72
信息传输、软件和信息技术服务业	5272.30	1376.69	1870.81	1693.01	331.79
批发和零售业	17702.86	3824.22	6992.68	5245.03	1640.93
住宿和餐饮业	2976.86	374.63	1189.40	995.02	417.81
金融业	13630.43	4162.70	5302.93	2922.93	1241.87
房地产业	8676.72	1699.78	3755.45	2351.42	870.07
租赁和商务服务业	6300.52	1475.72	2845.33	1147.95	831.52
科学研究和技术服务业	2406.42	713.37	998.71	550.21	144.13
水利、环境和公共设施管理业	952.70	103.62	496.67	232.15	120.26
居民服务、修理和其他服务业	2538.49	279.56	1259.45	621.63	377.85
教育	4602.12	684.63	2195.15	1212.73	509.61
卫生和社会福利业	2894.34	478.36	1230.89	842.65	342.44
文化、体育和娱乐业	1358.88	179.85	635.64	344.05	199.34
公共管理、社会保障和社会组织	5009.00	505.61	2376.46	1454.67	672.26

第二章　长三角地区重要社会发展指标

表 15　长三角地区总人口基本情况

单位:万人

年　份	长三角	上海市	江苏省	浙江省	安徽省
2000	19421.78	1321.63	7327.24	4679.91	6093.0
2001	19538.86	1327.14	7354.92	4728.80	5128.0
2002	19635.60	1334.23	7380.97	4776.40	6144.0
2003	19767.39	1341.77	7405.82	4856.80	6163.0
2004	19938.09	1352.39	7432.50	4925.20	6228.0
2005	19945.66	1360.26	7474.50	4990.90	6120.0
2006	20099.38	1368.08	7549.50	5071.80	6110.0
2007	20276.26	1378.86	7624.50	5154.90	6118.0
2008	20912.36	1888.46	7676.50	5212.40	6135.0
2009	21052.32	1921.32	7724.50	5275.50	6131.0
2010	21575.51	2302.66	7869.34	5446.51	5957.0
2011	21677.26	2347.46	7898.80	5463.00	5968.0
2012	21765.41	2380.43	7919.98	5477.00	5988.0
2013	21882.64	2415.15	7939.49	5498.00	6030.0
2014	21976.74	2425.68	7960.06	5508.00	6083.0
2015	22074.57	2415.27	7976.30	5539.00	6144.0

表 16　长三角地区劳动就业基本情况(2015 年)

单位:万人

指　标	长三角	上海市	江苏省	浙江省	安徽省
从业人员合计	14195.76	1361.51	4758.50	3733.65	4342.10
第一产业	2810.46	46.01	875.56	492.69	1396.20
第二产业	5542.29	459.74	2046.16	1804.29	1232.10
第三产业	5843.01	855.76	1836.78	1436.67	1713.80
年末城镇登记失业人数	125.41	24.81	36.01	33.69	30.9
年末城镇登记失业率(%)		4.1	3.00	2.93	3.1

表 17　长三角地区从业人员基本情况

单位:万人

年　份	长三角	上海市	江苏省	浙江省	安徽省
2000	7889.47	745.24	4418.14	2726.09	
2004	8311.34	836.87	4482.52	2991.95	
2005	8474.20	863.32	4510.12	3100.76	
2006	8622.65	885.51	4564.76	3172.38	

续表

年　份	长三角	上海市	江苏省	浙江省	安徽省
2007	8932.23	909.08	4618.14	3405.01	
2008	9188.66	1053.24	4648.89	3486.53	
2009	9331.04	1064.42	4674.64	3591.98	
2010	13089.19	648.49	4754.68	3636.02	4050.0
2011	13657.57	1104.33	4758.23	3674.11	4120.9
2012	13773.07	1115.50	4759.53	3691.24	4206.8
2013	14113.43	1368.91	4759.89	3708.73	4275.9
2014	14151.61	1365.63	4760.83	3714.15	4311.0
2015	14195.76	1361.51	4758.50	3733.65	4342.1

表 18　长三角地区年末尚有失业人员　　单位:万人

年　份	长三角	上海市	江苏省	浙江省	安徽省
2000	72.26	20.08	30.36	21.82	
2004	100.47	27.43	42.9	30.14	
2005	98.1	27.5	41.63	28.97	
2006	97.32	27.82	40.40	29.1	
2007	94.64	26.78	39.26	28.6	
2008	98.77	26.60	41.09	31.08	
2009	99.29	27.87	40.74	30.68	
2010	128.01	27.73	40.65	31.13	28.5
2011	137.35	27.33	41.45	31.67	36.9
2012	137.33	27.05	40.47	33.41	36.4
2013	138.41	26.37	37.61	34.93	39.5
2014	134.64	25.63	36.57	33.14	39.3
2015	125.41	24.81	36.01	33.69	30.9

表 19　长三角地区人民生活水平情况(2015 年)

指　标	上海市	江苏省	浙江省	安徽省
就业				
城镇居民家庭每户就业人口(人)	1.26	1.65	1.61	1.61
每一城镇就业者负担人数(人)	2.09	1.80	1.77	1.83
城镇登记失业率(%)	4.1	3.00	2.93	3.1
收入与支出				
城镇居民人均可支配收入(元)	52962	37173	43714	26936
城镇居民生活消费支出(元)	36946	24966	28661	17234
农村居民人均可支配收入(元)	23205	16257	21125	10821

续表

指　标	上海市	江苏省	浙江省	安徽省
农村居民生活消费支出(元)	16152	12883	16108	8975
职工年平均工资(元)	71268	67200	66668	55139
人均储蓄存款余额(元)	96612		61778	
生活质量				
居民家庭恩格尔系数(%)		28.9		
城镇居民		28.1		33.7
人均住房面积(平方米)		45.2	48.0	
农村人均住房面积		55.0	61.28	46.76
城市公用事业				
用水普及率(%)	99.99	99.8	99.95	98.79
人均公共绿地面积(平方米)	7.60	14.6	13.19	13.37
文化、教育和卫生				
文化				
城镇每百户拥有彩色电视机(台)	177	169.5	174	129.63
农村每百户拥有彩色电视机(台)	148	145.8	161	121.33
每百户家用电脑拥有量(台)	117	72.8	77.6	
城市	126	90.6	95.68	73.95
居民家庭文教娱乐支出比重(%)	10.7	11.79	10.06	
城市	11.0	12.25	10.34	11.1
教育				
每万人口在校学生数(人)				
大学生数	212	234.6	190.4	231
中学生数	246	356.7	519.1	324
小学生数	331	626.4	644.5	695
平均每一教师负担学生(人)				
大学	12	17.5	17.73	18.5
中学	11	10.6	12.69	14.9
小学	15	18.0	18.33	17.7
卫生				
每万人拥有医生数(人)	26.0	23.7	28.5	15.51
居民家庭医疗保健支出比重(%)	6.5	6.86	5.94	
城市	6.4	6.39	5.37	6.23

表 20　长三角地区农村居民人均可支配收入基本情况

单位:元

年　份	上海市	江苏省	浙江省	安徽省
2000	5565	3595	4254	1935
2001	5850	3785	4582	2020
2002	6212	3996	4940	2118
2003	6658	4239	5431	2127
2004	7337	3754	6096	2499
2005	8342	5276	6660	2641
2006	9213	5813	7335	2969
2007	10222	6561	8265	3556
2008	11385	7357	9258	4202
2009	12324	8004	10007	4504
2010	13746	9118	11303	5285
2011	15644	10805	13071	6232
2012	17401	12202	14552	7160
2013	19208	13598	17494	8098
2014	21192	14958	19373	9916
2015	23205	16257	21125	10821

表 21　长三角地区城镇居民家庭人均可支配收入基本情况

单位:元

年　份	上海市	江苏省	浙江省	安徽省
2000	11718	6800	9279	5294
2001	12883	7375	10465	5669
2002	13250	8178	11716	6032
2003	14867	9263	13180	6778
2004	16683	10482	14546	7511
2005	18645	12319	16294	8471
2006	20668	14084	18265	9771
2007	23623	16378	20574	11474
2008	26675	18680	22727	12990
2009	28838	20552	24611	14086
2010	31838	22944	27359	15788
2011	36230	26341	30971	18606
2012	40188	29677	34550	21024
2013	43851	32538	37080	23114
2014	47710	34346	40393	24839
2015	52962	37173	43714	26936

表 22　长三角地区城镇居民家庭恩格尔系数

单位:%

年　份	上海市	江苏省	浙江省	安徽省
2000	44.5	41.1	39.2	45.7
2001	43.4	39.7	36.3	44.2
2002	39.4	40.4	37.9	43.2
2003	37.2	38.3	36.6	44.2
2004	36.4	40.0	36.2	43.9
2005	35.9	37.2	33.8	43.7
2006	35.6	36.0	32.9	42.4
2007	35.5	36.7	34.7	39.7
2008	36.6	37.9	36.4	41.0
2009	35.0	36.3	33.6	39.6
2010	33.5	36.5	34.3	38.0
2011	35.5	36.1	34.6	39.8
2012	36.8	35.4	35.1	38.7
2013	34.9	34.7	34.4	39.1
2014	35.0	28.5		33.3
2015		28.1		33.7

表 23　长三角地区城镇居民家庭基本情况(2015 年)

指　标	上海市	江苏省	浙江省	安徽省
基本情况				
调查户数(户)		4200		
平均每户家庭人口(人)	2.64	2.98	2.85	2.95
平均每户就业人口(人)	1.26	1.65	1.61	1.61
平均每一就业人口负担人数(人)	2.09	1.80	1.77	1.83
平均每户就业面(%)		55.55	56.40	54.77
人均家庭总收入				
人均可支配收入(元)	52962	37173	43714	26936
人均家庭总支出				
人均消费性支出(元)	36946	24966	28661	17234
#食品(元)	9691	7004	8092	5802
衣着(元)	1711	1781	2041	1403
家庭设备用品及服务(元)	1573	1517	1360	926
医疗保健(元)	2362	1594	1539	1073
交通通讯(元)	4457	3620	4753	2266
娱乐教育文化服务(元)	4046	3058	2963	1913
居住(元)	12137	5645	7231	3460

表 24　长三角地区农村居民家庭基本情况(2015 年)

指　标	上海市	江苏省	浙江省	安徽省
基本情况				
调查户数(户)		2400		
平均每户家庭人口(人)	2.47	2.96	2.89	3.02
平均每户就业人口(人)	1.54	1.92	1.83	1.98
平均每一就业人口负担人数(人)	1.60	1.54	1.58	1.53
人均家庭总收入				
人均可支配收入(元)	23205	16257	21125	10821
人均家庭总支出				
人均消费性支出(元)	16152	12883	16108	8975
＃食品(元)	5660	4078	5008	3212
衣着(元)	857	778	951	503
家庭设备用品及服务(元)	723	754	805	498
医疗保健(元)	1464	1088	1246	808
交通通讯(元)	2046	1880	2566	1056
娱乐教育文化服务(元)	893	1320	1486	834
居住(元)	4161	2650	3732	1900

表 25　长三角地区房地产投资主要指标(2015 年)

指　标	上海市	江苏省	浙江省	安徽省
房屋建筑面积(万平方米)				
施工面积	15095.33	58118.44	41687.33	34244.67
＃住宅	8372.12	42315.98	25117.15	23233.38
竣工面积	2647.18	10296.96	5892.86	5537.74
＃住宅	1588.95	7930.21	3938.03	4099.21
商品房销售情况				
房屋销售面积(万平方米)	2431.36	11414.05	5985.30	6174.09
商品房销售额(亿元)	5093.55			2202.97

表 26　长三角地区商品零售价格指数　(上年＝100)

年　份	上海市	江苏省	浙江省	安徽省
2000	96.4	98.6	99.0	98.0
2001	98.6	98.9	98.1	99.6
2002	98.7	98.4	98.7	99.2
2003	99.0	99.8	99.6	101.3
2004	100.9	102.2	102.7	102.7
2005	99.4	100.3	100.9	100.6

续表

年　份	上海市	江苏省	浙江省	安徽省
2006	100.2	100.8	100.8	100.8
2007	102.4	102.9	103.8	104.5
2008	105.3	104.9	106.3	106.3
2009	99.4	98.9	98.8	99.0
2010	101.7	103.2	103.9	103.2
2011	104.1	104.6	105.5	105.3
2012	101.2	102.1	101.9	102.1
2013	100.2	101.4	101.0	101.2
2014	100.9	101.6	100.9	100.4
2015	101.1	100.6	99.9	99.7

表 27　长三角地区居民消费价格指数　（上年＝100）

年　份	上海市	江苏省	浙江省	安徽省
2000	102.5	100.1	101.0	100.7
2001	100.0	100.8	99.8	100.5
2002	100.5	99.2	99.1	99.0
2003	100.1	101.0	101.9	101.7
2004	102.2	104.1	103.9	104.5
2005	101.0	102.1	101.3	101.4
2006	101.2	101.6	101.1	101.2
2007	103.2	104.1	104.2	105.3
2008	105.8	105.2	105.0	106.2
2009	99.6	99.6	98.5	99.1
2010	103.1	103.6	103.8	103.1
2011	105.2	105.1	105.4	105.6
2012	102.8	102.6	102.2	102.3
2013	102.3	102.3	102.3	102.4
2014	102.7	102.2	102.1	101.6
2015	102.4	101.7	101.4	101.3

表 28　长三角地区主要年份农业总产值　单位:亿元(当年价格)

年　份	长三角	上海市	江苏省	浙江省	安徽省
2000	1707.14	89.81	1096.02	521.31	
2005	2875.60	111.25	1291.06	654.81	818.48
2006	3128.43	119.99	1416.91	684.00	907.53
2007	3459.20	126.74	1542.53	735.92	1054.01

续表

年 份	长三角	上海市	江苏省	浙江省	安徽省
2008	3893.34	135.52	1746.83	813.10	1197.89
2009	4278.42	147.53	1948.20	879.05	1303.64
2010	5010.56	155.27	2269.56	1041.30	1544.43
2011	5672.90	165.07	2640.95	1152.04	1714.84
2012	6235.20	171.48	2966.72	1229.36	1867.64
2013	6680.11	172.28	3167.78	1336.79	2003.26
2014	7037.49	169.51	3362.81	1385.96	2119.21
2015	7493.46	162.04	3722.10	1434.71	2174.61

表 29 长三角地区主要年份林业总产值 单位:亿元(当年价格)

年 份	长三角	上海市	江苏省	浙江省	安徽省
2000	86.06	1.41	30.17	54.48	
2005	218.29	11.11	45.27	83.51	78.4
2006	239.10	10.43	54.25	86.04	88.38
2007	264.90	10.05	58.88	95.47	100.50
2008	295.44	9.12	64.92	106.95	114.45
2009	308.67	8.99	70.79	117.64	111.25
2010	340.28	7.53	78.12	119.35	135.28
2011	416.57	7.62	92.81	134.07	182.07
2012	460.92	9.55	99.74	142.14	209.49
2013	491.56	9.65	107.30	141.54	233.07
2014	557.03	8.78	118.18	147.00	283.07
2015	582.98	12.15	129.09	151.63	290.11

表 30 长三角地区主要年份渔业总产值 单位:亿元(当年价格)

年 份	长三角	上海市	江苏省	浙江省	安徽省
2000	648.29	37.92	313.01	297.36	
2005	1109.93	51.64	511.86	380.81	165.62
2006	1129.49	55.25	552.21	347.53	174.50
2007	1198.11	54.19	579.00	369.90	195.02
2008	1363.01	57.11	665.75	407.82	232.33
2009	1465.85	53.53	719.25	435.48	257.59
2010	1674.87	52.62	805.25	522.18	294.82
2011	2117.14	54.72	1060.44	655.75	346.23
2012	2364.33	57.45	1235.40	687.05	384.43
2013	2608.04	59.89	1351.11	757.97	439.07
2014	2728.30	62.50	1426.74	779.36	459.70
2015	2900.23	51.79	1517.51	855.86	475.07

表 31 长三角地区主要年份畜牧业总产值 单位:亿元(当年价格)

年 份	长三角	上海市	江苏省	浙江省	安徽省
2000	701.82	87.35	430.53	183.94	
2005	1492.99	54.34	599.14	285.95	553.56
2006	1360.94	46.29	544.48	279.01	491.16
2007	1767.34	58.00	704.38	367.60	637.36
2008	2210.61	68.40	916.46	418.86	806.89
2009	2139.28	64.61	873.97	404.88	795.82
2010	2299.55	62.90	923.25	448.42	864.98
2011	2897.81	77.44	1190.50	546.33	1083.54
2012	2967.54	72.59	1226.18	549.04	1119.73
2013	3009.73	69.97	1222.22	546.18	1171.36
2014	2906.92	69.93	1182.69	472.23	1182.07
2015	3012.86	65.61	1262.09	426.18	1258.98

表 32 长三角地区粮食产量 单位:万吨

年 份	长三角	上海市	江苏省	浙江省	安徽省
2000	4497.63	174.00	3106.63	1217.00	
2004	3785.52	106.29	2829.06	850.17	
2005	3770.37	105.36	2834.59	830.42	
2006	3992.26	111.30	3041.44	839.52	
2007	4043.11	109.20	3132.24	801.67	
2008	4066.71	115.67	3175.49	775.55	
2009	4140.93	121.68	3230.10	789.15	
2010	4124.17	118.40	3235.10	770.67	
2011	4211.31	121.95	3307.76	781.60	
2012	7553.77	122.39	3372.48	769.80	3289.10
2013	7550.68	114.15	3422.98	733.95	3279.60
2014	7776.74	112.89	3490.62	757.40	3415.83
2015	7963.74	112.08	3561.34	752.20	3538.12

表 33 长三角地区棉花产量 单位:万吨

年 份	长三角	上海市	江苏省	浙江省	安徽省
1980	57.72	7.62	41.81	8.29	
1990	54.06	1.22	46.42	6.42	
2000	34.49	0.12	31.45	2.92	
2004	52.74	0.18	50.28	2.28	
2005	34.61	0.18	32.27	2.16	

续表

年 份	长三角	上海市	江苏省	浙江省	安徽省
2006	40.69	0.20	38.14	2.35	
2007	37.54	0.25	34.75	2.54	
2008	35.74	0.32	32.60	2.82	
2009	28.62	0.26	25.55	2.81	
2010	29.37	0.35	26.08	2.94	
2011	28.40	0.48	24.68	3.24	
2012	54.81	0.38	22.04	2.99	29.40
2013	49.23	0.39	20.93	2.80	25.11
2014	44.88	0.12	15.95	2.48	26.33
2015	37.09	0.04	11.69	1.99	23.37

表 34 长三角地区油料产量 单位:万吨

年 份	长三角	上海市	江苏省	浙江省	安徽省
1980	77.1	9.6	38.64	28.86	
1990	178.94	18.2	112.39	48.35	
2000	299.90	16.37	225.65	57.88	
2004	294.54	7.39	238.38	48.77	
2005	273.07	6.94	215.99	50.14	
2006	269.72	5.31	218.18	46.23	
2007	192.44	3.62	145.08	43.74	
2008	195.16	3.60	150.29	41.27	
2009	208.86	3.39	162.23	43.24	
2010	193.73	2.29	151.97	39.47	
2011	185.76	1.86	144.05	39.85	
2012	414.67	1.73	146.95	38.30	227.69
2013	415.08	1.50	150.37	37.78	225.43
2014	407.34	1.28	146.60	30.66	228.80
2015	403.49	1.18	143.11	31.35	227.85

表 35 长三角地区农业现代化情况

指 标	长三角	上海市	江苏省	浙江省	安徽省
农业机械化情况					
机耕面积(千公顷)	11653.93	339.7	6066.15	960.22	4287.86
机械收获面积(千公顷)	12605.96	152.8	5142.77	869.75	6440.64
农村电气化情况					
农村用电量(亿千瓦小时)	2905.85	7.35	1836.19	905.56	156.75

续表

指　标	长三角	上海市	江苏省	浙江省	安徽省
农用物资使用情况					
化肥施用量(折纯量)(万吨)	756.12	9.92	319.99	87.52	338.69
农用塑料薄膜使用量(万吨)	29.66	1.80	11.32	6.75	9.79
农药使用量(万吨)	25.00	0.44	7.81	5.65	11.1

表 36　长三角地区规模以上工业企业单位数(2015 年)　　单位:个

项　目	长三角	上海市	江苏省	浙江省	安徽省
总　计	117726	8994	48488	41167	19077
按轻重工业分					
轻工业			17977	20244	7991
重工业			30511	20923	11086
按行业分					
制造业	115551	8921	47832	40455	18343
农副食品加工业	4286	142	1660	768	1716
食品制造业	1464	218	414	361	471
酒、饮料和精制茶制造业	846	37	193	228	388
烟草制品业	19	2	6	3	8
纺织业	10528	187	4632	4996	713
纺织服装、服饰业	6724	357	2495	2748	1124
皮革、毛皮、羽毛及其制品和制鞋业	2896	116	628	1844	308
木材加工和木、竹、藤、棕、草制品业	2506	69	1325	470	642
家具制造业	1519	169	282	771	297
造纸和纸制品业	1894	188	591	871	244
印刷和记录媒介复制业	1701	163	639	550	349
文教、工美、体育和娱乐用品制造业	3235	127	1286	1332	490
石油加工、炼焦和核燃料加工业	262	37	142	55	28
化学原料和化学制品制造业	7125	738	3740	1629	1018
医药制造业	1765	199	710	448	408
化学纤维制造业	1445	27	798	582	38
橡胶和塑料制品业	6383	713	2094	2482	1094
非金属矿物制品业	6985	381	2795	1637	2172
黑色金属冶炼和压延加工业	2795	108	1362	887	438
有色金属冶炼和压延加工业	2204	130	1049	803	222
金属制品业	7300	732	3168	2487	913
通用设备制造业	10471	1171	4239	3924	1137

续表

项　目	长三角	上海市	江苏省	浙江省	安徽省
专用设备制造业	6274	622	3079	1653	920
汽车制造业	4900	522	1662	1851	865
铁路、船舶、航空航天和其他运输设备制造业	1782	123	912	562	185
电气机械和器材制造业	10224	860	4090	4047	1227
计算机、通信和其他电子设备制造业	4900	475	2614	1295	516
仪器仪表制造业	1878	199	889	651	139
其他制造业	639	42	160	333	104
废弃资源综合利用业	471	27	146	139	159
金属制品、机械和设备修理业	130	40	32	48	10
电力、燃气及水的生产和供应业	1435	72	510	559	294
电力、热力的生产和供应业	843	36	292	332	183
燃气生产和供应	252	13	99	82	58
水的生产和供应业	340	23	119	145	53

表 37　长三角地区规模以上工业企业主营业务收入(2015 年)　　单位:亿元

项　目	长三角	上海市	江苏省	浙江省	安徽省
总　计	283525.49	34172.22	147074.45	63214.41	39064.41
按轻重工业分					
轻工业			40447.03	25200.43	13033.87
重工业			106627.42	38013.98	26030.54
按行业分					
制造业	267499.78	32572.16	141448.16	58159.19	35320.27
农副食品加工业	8898.06	378.42	4615.55	1004.88	2899.21
食品制造业	2843.15	706.29	944.87	564.10	627.89
酒、饮料和精制茶制造业	2273.96	135.52	1068.28	451.39	618.77
烟草制品业	2345.35	999.37	546.71	453.03	346.24
纺织业	14005.14	232.24	7029.56	5767.25	976.09
纺织服装、服饰业	8171.18	373.90	4386.08	2410.90	1000.30
皮革、毛皮、羽毛及其制品和制鞋业	3004.61	179.43	1033.00	1381.60	410.58
木材加工和木、竹、藤、棕、草制品业	3455.05	72.39	2259.80	466.03	656.83
家具制造业	1795.83	284.15	336.35	848.63	326.70
造纸和纸制品业	3334.36	262.24	1538.07	1174.44	359.61
印刷和记录媒介复制业	1766.71	187.47	778.95	392.09	408.20
文教、工美、体育和娱乐用品制造业	4377.68	500.65	2007.91	1415.05	454.07
石油加工、炼焦和核燃料加工业	4982.85	1166.06	2170.61	1191.08	455.10

续表

项 目	长三角	上海市	江苏省	浙江省	安徽省
化学原料和化学制品制造业	26601.80	2652.47	16591.41	5265.47	2092.45
医药制造业	6012.54	659.35	3479.50	1158.12	715.57
化学纤维制造业	5101.50	32.04	2561.72	2408.29	99.45
橡胶和塑料制品业	7930.04	880.85	2963.77	2683.61	1401.81
非金属矿物制品业	9397.49	569.60	4668.92	1874.60	2284.37
黑色金属冶炼和压延加工业	14998.53	1423.86	9554.59	2054.99	1965.09
有色金属冶炼和压延加工业	9682.59	398.02	4054.26	2434.97	2795.34
金属制品业	10564.17	926.53	6080.31	2330.45	1226.88
通用设备制造业	17425.55	2586.71	8676.20	4101.17	2061.47
专用设备制造业	9871.13	1084.52	5833.51	1551.98	1401.12
汽车制造业	18840.71	6574.19	6487.01	3495.68	2283.83
铁路、船舶、航空航天和其他运输设备制造业	5829.22	783.17	3798.03	953.65	294.37
电气机械和器材制造业	28524.93	2215.65	15871.35	5992.42	4445.51
计算机、通信和其他电子设备制造业	28710.87	5706.66	18200.18	2854.30	1949.73
仪器仪表制造业	4674.93	354.44	3341.22	784.78	194.49
其他制造业	766.68	54.18	290.61	317.26	104.63
废弃资源综合利用业	1008.79	25.48	244.22	308.69	430.40
金属制品、机械和设备修理业	304.37	166.30	35.61	68.29	34.17
电力、燃气及水的生产和供应业	13474.20	1593.65	5002.45	4878.08	2000.02
电力、热力的生产和供应业	11651.44	1126.70	4412.72	4299.12	1812.90
燃气生产和供应	1391.94	385.13	443.39	418.86	144.56
水的生产和供应业	430.82	81.82	146.34	160.10	42.56

表 38 长三角地区规模以上工业企业利润总额(2015 年) 单位:亿元

项 目	长三角	上海市	江苏省	浙江省	安徽省
总 计	18207.48	2680.53	9686.84	3839.99	2000.12
按轻重工业分					
轻工业			2761.46	1504.98	787.41
重工业			6925.38	2335.01	1212.71
按行业分					
制造业	16974.66	2574.33	9110.88	3440.82	1848.63
农副食品加工业	469.64	12.41	290.93	37.03	129.27
食品制造业	194.44	44.26	70.87	46.88	32.43
酒、饮料和精制茶制造业	286.42	16.23	160.55	38.59	71.05
烟草制品业	397.85	246.49	91.35	38.08	21.93

续表

项　目	长三角	上海市	江苏省	浙江省	安徽省
纺织业	732.00	14.06	360.00	308.35	49.59
纺织服装、服饰业	507.22	6.76	310.85	142.35	47.26
皮革、毛皮、羽毛及其制品和制鞋业	169.85	11.89	60.93	67.26	29.77
木材加工和木、竹、藤、棕、草制品业	230.06	1.64	168.40	25.29	34.73
家具制造业	124.29	31.56	17.10	56.73	18.90
造纸和纸制品业	164.82	7.78	81.06	56.60	19.38
印刷和记录媒介复制业	141.05	18.62	71.59	21.37	29.47
文教、工美、体育和娱乐用品制造业	264.57	30.31	130.70	79.19	24.37
石油加工、炼焦和核燃料加工业	238.23	50.29	79.35	105.96	2.63
化学原料和化学制品制造业	1691.40	178.05	1101.25	282.87	129.23
医药制造业	667.59	108.39	362.89	135.52	60.79
化学纤维制造业	204.75	0.77	102.53	96.21	5.24
橡胶和塑料制品业	503.12	61.12	195.17	149.74	97.09
非金属矿物制品业	585.80	29.30	295.55	109.12	151.83
黑色金属冶炼和压延加工业	417.34	16.61	333.65	53.86	13.22
有色金属冶炼和压延加工业	255.22	9.12	171.43	57.48	17.19
金属制品业	631.30	52.90	389.58	117.53	71.29
通用设备制造业	1235.84	161.54	669.88	275.13	129.29
专用设备制造业	683.33	60.60	436.49	104.61	81.63
汽车制造业	2060.85	1078.11	595.43	282.51	104.80
铁路、船舶、航空航天和其他运输设备制造业	293.78	3.86	264.66	9.32	15.94
电气机械和器材制造业	1900.86	151.84	1095.77	360.97	292.28
计算机、通信和其他电子设备制造业	1399.31	121.27	882.16	279.24	116.64
仪器仪表制造业	426.25	37.73	288.95	77.42	22.15
其他制造业	51.69	3.36	16.67	18.63	13.03
废弃资源综合利用业	32.81	2.27	12.74	4.93	12.87
金属制品、机械和设备修理业	12.99	5.19	2.41	2.05	3.34
电力、燃气及水的生产和供应业	1294.60	108.16	589.74	387.19	209.51
电力、热力的生产和供应业	1158.42	93.85	510.38	364.32	189.87
燃气生产和供应	100.49	7.81	60.77	16.02	15.89
水的生产和供应业	35.69	6.51	18.58	6.85	3.75

表 39 长三角地区规模以上工业企业利税总额(2015 年)

单位:亿元

项 目	长三角	上海市	江苏省	浙江省	安徽省
总 计		4690.26		6575.72	3452.33
按轻重工业分					
轻工业				2733.90	1386.36
重工业				3841.82	2065.97
按行业分					
制造业		4524.96		5951.58	3130.36
农副食品加工业		19.28		53.96	166.74
食品制造业		84.78		69.72	51.18
酒、饮料和精制茶制造业		27.22		68.10	133.25
烟草制品业		1030.55		385.65	250.51
纺织业		20.60		499.43	71.98
纺织服装、服饰业		12.99		240.19	73.78
皮革、毛皮、羽毛及其制品和制鞋业		19.57		122.79	41.81
木材加工和木、竹、藤、棕、草制品业		3.82		41.61	49.99
家具制造业		39.88		88.17	28.45
造纸和纸制品业		18.29		97.52	26.33
印刷和记录媒介复制业		26.94		36.09	39.13
文教、工美、体育和娱乐用品制造业		37.35		122.24	36.74
石油加工、炼焦和核燃料加工业		358.15		380.28	118.93
化学原料和化学制品制造业		262.37		429.74	177.69
医药制造业		153.32		212.37	80.98
化学纤维制造业		1.21		139.56	8.15
橡胶和塑料制品业		88.39		233.86	133.96
非金属矿物制品业		46.17		180.93	227.43
黑色金属冶炼和压延加工业		44.15		98.25	70.10
有色金属冶炼和压延加工业		11.80		100.60	40.77
金属制品业		80.03		195.27	104.56
通用设备制造业		235.09		437.31	185.66
专用设备制造业		90.44		166.80	119.15
汽车制造业		1443.52		430.46	184.23
铁路、船舶、航空航天和其他运输设备制造业		−0.17		29.72	25.73
电气机械和器材制造业		198.15		550.10	436.32
计算机、通信和其他电子设备制造业		106.97		377.87	158.30
仪器仪表制造业		46.06		111.54	29.25

续表

项目	长三角	上海市	江苏省	浙江省	安徽省
其他制造业		6.18		30.63	15.21
废弃资源综合利用业		3.09		15.19	40.18
金属制品、机械和设备修理业		8.77		5.63	3.87
电力、燃气及水的生产和供应业		166.55		599.55	293.22
电力、热力的生产和供应业		145.24		562.93	268.07
燃气生产和供应		11.3		23.06	19.95
水的生产和供应业		10.02		13.56	5.20

表 40 长三角地区建筑业总产值

单位:亿元

年份	长三角	上海市	江苏省	浙江省	安徽省
2000	3561.58	631.64	1546.17	1383.77	
2005	11924.58	1889.25	4368.95	4743.30	923.08
2006	14579.47	2285.38	5424.85	5701.0	1168.24
2007	18088.53	2524.18	7010.57	7036.8	1516.98
2008	21506.71	3071.76	8308.46	8268.6	1857.89
2009	26081.59	3830.53	10264.92	9746.21	2239.93
2010	31781.95	4300.19	12405.90	12210.90	2864.96
2011	38480.44	4586.28	15122.74	15171.80	3599.62
2012	45153.43	4843.44	18423.55	17656.00	4230.44
2013	52716.03	5102.84	21990.84	20658.80	4963.55
2014	58244.00	5499.94	24592.93	22668.20	5482.93
2015	60114.82	5652.47	24785.81	23980.60	5695.94

表 41 长三角地区交通运输基本情况(2015 年)

指标	长三角	上海市	江苏省	浙江省	安徽省
运输线路长度(公里)					
铁路营业里程	9831	456	2679	2527	4169
公路通车里程	476955	13195	158805	118015	186940
#高速公路	13530	825	4539	3917	4249
内河航道里程	41115	2058	23559	9769	5729
客运量总计(万人)	463554	18571	153943	203933	87107
铁路	126665	9692	16116	92304	8553
公路	321815	3766	134553	105424	78072
水运	6531	113	2392	3841	185
民用航空	8543	5000	882	2364	297
旅客周转量(亿人公里)	5578.17	1661.03	1566.40	1092.53	1258.21

续表

指　标	长三角	上海市	江苏省	浙江省	安徽省
货物运输量总计(万吨)	849353	91239	211648	200710	345756
铁路	19027	471	5066	3332	10158
公路	507174	40627	113351	122547	230649
水运	309857	49770	80343	74797	104947
货物周转量(亿吨公里)	39349.95	19553	8887.71	9868.98	1040.26
民用车辆拥有量(万辆)	4691.65	332.35	1699.46	1613.99	1045.85
＃民用汽车拥有量	3164.64	282.32	1247.86	1121.63	512.83
＃载客汽车	2820.45	256.26	1143.57	1012.46	408.16
载货汽车	301.43	19.49	90.39	103.99	87.56
＃私人汽车	2728.55	250.51	1076.90	978.01	423.13
港口货物吞吐量(万吨)	491209	71740	233289	138136	48044

表 42　长三角地区客运量基本情况　　单位:万人

年　份	长三角	上海市	江苏省	浙江省	安徽省
1980		2369	34002	28454	
1990		3835	48339	60347	
2000	300303	6893	107244	124133	62033
2005	388231	9487	145204	160669	72871
2006		10205	161425	174626	
2007		10371	187241	189658	
2008		10927	208237	217209	
2009		11136	201262	222130	
2010	627673	13432	226627	228017	159597
2011	678613	13519	247405	231900	185789
2012	730955	14547	268371	234366	213671
2013	431870	15933	152172	136790	126975
2014	445278	17560	156016	131879	139823
2015	463554	18571	153943	203933	87107

表 43　长三角地区铁路客运量基本情况　　单位:万人

年　份	长三角	上海市	江苏省	浙江省	安徽省
1980		1692	3364	2421	
1990		2476	4788	3018	
2000	14774	2980	4891	3909	2994
2005	19731	4313	6658	5274	3486
2006		4458	7293	5588	

续表

年　份	长三角	上海市	江苏省	浙江省	安徽省
2007		4795	7658	5931	
2008		5343	8846	6448	
2009		5161	9167	6508	
2010	28992	6095	9711	7634	5552
2011	31215	6198	10598	8439	5980
2012	33625	6758	11757	8725	6385
2013	39196	7972	13435	10579	7210
2014	45754	9194	15374	13214	7972
2015	126665	9692	16116	92304	8553

表 44　长三角地区公路客运量基本情况

单位:万人

年　份	长三角	上海市	江苏省	浙江省	安徽省
1980		200	26463	19326	
1990		605	41850	51083	
2000	279217	2482	101713	116996	58026
2005	361904	2468	138287	152222	68927
2006		2784	153824	165441	
2007		2872	179206	179501	
2008		2934	199008	206111	
2009		2995	191001	210584	
2010	588889	3634	215850	215708	153697
2011	637005	3477	235673	218415	179440
2012	686511	3748	255358	220517	206888
2013	379893	3720	135555	121185	119433
2014	385342	3754	137270	112915	131403
2015	321815	3766	134553	105424	78072

表 45　长三角地区水运客运量基本情况

单位:万人

年　份	长三角	上海市	江苏省	浙江省	安徽省
1980		446	4175	6702	
1990		555	1701	6214	
2000	4851	539	514	2938	860
2005	3417	626	37	2510	244
2006		68	27	2792	
2007		95	27	3164	
2008		89	32	3494	

续表

年　份	长三角	上海市	江苏省	浙江省	安徽省
2009		90	686	3680	
2010	3969	85	590	3155	139
2011	4278	78	579	3466	155
2012	4273	66	594	3454	159
2013	5701	68	2454	3111	68
2014	6412	90	2563	3581	178
2015	6531	113	2392	3841	185

表 46　长三角地区民用航空客运量基本情况　单位：万人

年　份	长三角	上海市	江苏省	浙江省	安徽省
1995		567	48	235	
2000		892	126	290	
2005	3118	2080	222	663	153
2006	3608	2309	280	805	214
2007		2609	350	1062	
2008		2565	351	1156	
2009		2890	408	1358	
2010	5846	3642	476	1520	208
2011	6115	3766	555	1580	214
2012	6545	3974	662	1670	239
2013	7080	4173	728	1915	264
2014	7770	4522	809	2169	270
2015	8543	5000	882	2364	297

表 47　长三角地区货运量基本情况　单位：万吨

年　份	长三角	上海市	江苏省	浙江省	安徽省
1980		20037	16527	9577	
1990		22848	49399	33474	
2000	257810	47954	90436	74884	44536
2005	374970	68741	112909	126192	67128
2006		72617	125114	140110	
2007		78108	143805	153334	
2008		84347	166322	146654	
2009		76967	160967	151258	
2010	668250	81023	188558	170563	228106
2011	760045	93318	212594	185717	268416

续表

年　份	长三角	上海市	江苏省	浙江省	安徽省
2012	829197	94376	231295	191084	312442
2013	869890	91535	194048	187915	396392
2014	926752	90341	208623	193488	434300
2015	849353	91239	211648	200710	345756

表 48　长三角地区铁路货运量基本情况　　单位：万吨

年　份	长三角	上海市	江苏省	浙江省	安徽省
1980		4484	3420	1523	
1990		1257	4235	1691	
2000	13560	1055	4077	1955	6473
2005	19714	1278	5090	2960	10386
2006		1223	5169	3231	
2007		1143	5177	3447	
2008		1012	5118	3398	
2009		941	6137	3435	
2010	23312	959	6374	3888	12091
2011	24843	888	7282	4166	12507
2012	24158	825	7223	3847	12263
2013	23103	694	6806	4037	11566
2014	20675	549	6090	3548	10488
2015	19027	471	5066	3332	10158

表 49　长三角地区公路货运量基本情况　　单位：万吨

年　份	长三角	上海市	江苏省	浙江省	安徽省
1980		7284	4427	3012	
1990		8714	27904	22879	
2000	175173	28369	59056	55008	32740
2005	240047	32684	76301	81448	49614
2006		33799	84319	89342	
2007		35634	97473	98742	
2008		40328	110302	91625	
2009		37745	104002	95802	
2010	451442	40890	123500	103394	183658
2011	511609	42685	140803	108654	219467
2012	569461	42911	153696	113393	259461
2013	554797	43809	103709	107186	300093
2014	589530	42848	114449	117010	315223
2015	507174	40627	113351	122547	230649

表 50　长三角地区水运货运量基本情况

单位:万吨

年　份	长三角	上海市	江苏省	浙江省	安徽省
1980		8267	6482	5042	
1990		12864	15908	8904	
2000	67585	18442	25902	17921	5320
2005	112727	34557	29277	41768	7125
2006		37342	32862	47522	
2007		41041	37858	51129	
2008		42729	42799	51614	
2009		37983	42016	52002	
2010	183118	38803	48702	63258	32355
2011	212712	49389	54012	72872	36439
2012	223474	50302	58639	73817	40716
2013	239318	46697	70909	76662	45050
2014	303335	46583	75328	72837	108587
2015	309857	49770	80343	74797	104947

表 51　长三角地区民用车辆拥有量(2015 年)

单位:万辆

指　标	长三角	上海市	江苏省	浙江省	安徽省
合　计	4691.65	332.35	1699.46	1613.99	1045.85
汽车		282.32	1247.86	1121.63	
载客汽车	2820.45	256.26	1143.57	1012.46	408.16
＃轿车		187.28	841.77	727.82	
载货汽车	301.43	19.49	90.39	103.99	87.56
摩托车	1234.99	42.90	441.28	463.94	286.87
拖拉机		1.05		23.01	236.68

表 52　长三角地区私人车辆拥有量(2015 年)

单位:万辆

指　标	长三角	上海市	江苏省	浙江省	安徽省
民用汽车		250.51	1076.87	978.01	
载客汽车	2507.91	208.22	1022.22	910.40	367.07
轿车		161.98	773.89	669.39	
载货汽车	564.76	0.25	455.54	65.76	43.21
摩托车	1225.51	41.74	437.90	460.78	285.09

表 53　长三角地区邮电业务基本情况(2015 年)

指　标	长三角	上海市	江苏省	浙江省	安徽省
邮电业务总量(亿元)	6578.81	1166.07	2280.60	2392.11	740.03
函件(亿件)	19.31	9.07	4.88	4.52	0.84
特快专递(亿件)	78.59	17.08	22.90	38.31	0.30
报刊期发数(万份)			1104.06		597
年末固定电话(万户)	5008.71	797.29	1972.99	1499	739.43
年末移动电话用户(万户)	23185.87	3259.93	8227.33	7466	4232.61
国际互联网用户(万户)	5007.00	620	2183.06	1316	887.94
邮路及农村投递路线总长度(万公里)	304.66	6.12	35.15	243.97	19.42
邮电通信工具拥有量					
长途光缆线路长度(公里)			38841	26299	

表 54　长三角地区社会消费品零售总额　单位:亿元

年　份	长三角	上海市	江苏省	浙江省	安徽省
1980		80.43	122.56	74.87	
1990		333.86	515.43	353.75	
1995		1050.96	1741.92	1472.66	
2000		1865.28	2908.46	2553.59	
2005	15137.55	2979.50	5735.50	4645.85	1776.70
2006		3375.20	6706.19	5357.97	
2007		3873.30	7985.90	6271.32	
2008		4577.23	9905.10	7533.30	
2009		5213.11	11487.72	8666.19	
2010	34331.44	6186.58	13606.34	10387.02	4151.50
2011	40677.54	7185.83	16058.31	12532.80	4900.60
2012	46136.70	7840.40	18411.11	14199.59	5685.60
2013	52450.70	8556.96	20878.20	15970.84	7044.70
2014	58553.90	9303.49	23458.07	17835.34	7957.00
2015	64701.01	10131.5	25876.77	19784.74	8908.00

表 55　长三角地区批发和零售总额　单位:亿元

年　份	长三角	上海市	江苏省	浙江省	安徽省
1980		70.28	114.35	69.62	
1990		265.67	472.72	321.45	
1995		864.01	1573.01	1360.01	
2000		1493.13	2583.19	2235.01	
2005		2637.29	5051.70	4033.32	
2006		2987.54	5898.79	4687.61	

续表

年　份	长三角	上海市	江苏省	浙江省	安徽省
2007		3428.43	7023.48	5488.43	
2008		4051.51	8890.30	6678.37	
2009		4610.76	10312.81	7708.05	
2010	30705.69	5494.69	12207.18	9231.22	3772.60
2011		6446.61	14320.87		4321.40
2012		7039.16	16448.83		5005.50
2013		7714.96	18694.85		6225.50
2014		8414.81	21229.55		7032.90
2015		9116.93	23414.30		7912.10

表 56　长三角地区餐饮业总额　　单位:亿元

年　份	长三角	上海市	江苏省	浙江省	安徽省
1980		3.41	4.72	2.86	
1990		17.08	24.17	15.90	
2000		134.12	269.59	237.67	
2005		342.21	583.09	534.85	
2006		387.66	678.83	613.63	
2007		444.87	810.56	724.04	
2008		525.72	826.10	804.09	
2009		602.35	957.23	905.75	
2010	3440.24	691.89	1147.99	1072.46	527.90
2011		739.22	1359.27		579.20
2012		801.24	1588.08		680.10
2013		842.00	1788.44		819.20
2014		888.68	2040.85		924.10
2015		1014.57	2263.56		995.90

表 57　长三角地区限额以上批发和零售业法人企业数(2015 年)　　单位:个

项　目	长三角	上海市	江苏省	浙江省	安徽省
总　计	47943	5796	19043	16574	6530
＃国有及国有控股			863	861	410
批发业	28160	3853	10753	11336	2218
＃国有及国有控股			551	449	227
按登记注册类型分					
内资企业	26137	2467	10384	11084	2202
国有企业	409	54	246	51	58

续表

项　目	长三角	上海市	江苏省	浙江省	安徽省
集体企业	93	11	49	21	12
股份制企业	178	79	14	23	62
私营企业	19019	1556	7554	8650	1259
港、澳、台商投资企业	745	465	162	115	3
外商投资企业	1278	921	207	137	13
按行业分					
农、林、牧产品批发	1147	46	651	214	236
食品、饮料及烟草制品批发	2160	289	838	656	377
纺织、服装及家庭用品批发	5733	559	1640	3347	187
文化、体育用品及器材批发	882	122	263	442	55
医药及医疗器材批发	1069	179	284	342	264
矿产品、建材及化工产品批发	11540	1492	4988	4403	657
机械设备、五金交电及电子产品批发	4227	870	1501	1545	311
贸易经纪与代理	389	134	147	93	15
其他批发	1013	162	441	294	116
零售业	19783	1943	8290	5238	4312
＃国有及国有控股			312	412	183
按登记注册类型分					
内资企业	19038	1662	8077	5059	4240
国有企业	190	59	70	30	31
集体企业	213	32	116	41	24
股份制企业	211	54	17	32	108
私营企业	12412	816	5504	3338	2754
港、澳、台商投资企业	416	158	118	97	43
外商投资企业	329	123	95	82	29
按行业分					
综合零售	2435	267	875	486	807
食品、饮料及烟草制品专门零售	1998	130	1010	303	555
纺织、服装及日用品专门零售	1394	279	586	303	226
文化、体育用品及器材专门零售	1073	132	531	234	176
医药及医疗器材专门零售	1055	108	467	277	203
汽车、摩托车、燃料及零配件专门零售	7014	718	2771	2265	1260
家用电器及电子产品专门零售	2264	107	993	585	579
五金、家具及室内装修材料专门零售	1228	98	665	192	273
货摊、无店铺及其他零售业	1322	104	392	593	233

表 58　长三角地区限额以上批发和零售业产业活动单位(2015 年)

单位:个

项　目	长三角	上海市	江苏省	浙江省	安徽省
总　计			31369		
#国有及国有控股			4087		
批发业		7333	12734		
#国有及国有控股			1300		
按登记注册类型分					
内资企业		4102	12196		
国有企业		94	340		
集体企业		22	90		
股份制企业		649	16		
私营企业		1866	8187		
港、澳、台商投资企业		1121	237		
外商投资企业		2110	301		
按行业分					
农、林、牧产品批发		60	712		
食品、饮料及烟草制品批发		1219	1024		
纺织、服装及日用品批发		1385	1780		
文化、体育用品及器材批发		190	286		
医药及医疗器材批发		360	360		
矿产品、建材及化工产品批发		2279	6335		
机械设备、五金交电及电子产品批发		1415	1606		
贸易经纪与代理		177	147		
其他批发		248	484		
零售业		12279	18635		
#国有及国有控股			2787		
按登记注册类型分					
内资企业		8882	17148		
国有企业		144	189		
集体企业		102	211		
股份制企业		754	22		
私营企业		2569	7940		
港、澳、台商投资企业		1187	430		
外商投资企业		2210	1057		
按行业分					
综合零售		5162	3469		

续表

项　目	长三角	上海市	江苏省	浙江省	安徽省
食品、饮料及烟草制品专门零售		1840	2928		
纺织、服装及日用品专门零售		2201	929		
文化、体育用品及器材专门零售		384	964		
医药及医疗器材专门零售		1138	2862		
汽车、摩托车、燃料及零配件专门零售		846	4736		
家用电器及电子产品专门零售		376	1555		
五金、家具及室内装修材料专门零售		135	721		
无店铺及其他零售		197	471		

表 59　长三角地区限额以上批发和零售业从业人员(2015 年)

单位:人

项　目	长三角	上海市	江苏省	浙江省	安徽省
总　计	2939325	818044	988545	757248	375488
#国有及国有控股			110649	107651	67837
批发业	1375148	450960	414793	387872	121523
#国有及国有控股			63895	66992	38050
按登记注册类型分					
内资企业	1006931	164475	351730	374111	116615
国有企业	57918	3573	22540	18791	13014
集体企业	3556	396	1438	1059	663
股份制企业	41173	20486	740	395	19552
私营企业	484950	70248	168037	201392	45273
港、澳、台商投资企业	142913	115769	18229	8242	673
外商投资企业	225304	170716	44834	5519	4235
按行业分					
农、林、牧产品批发		2078	26372	5170	
食品、饮料及烟草制品批发		54336	64149	59712	
纺织、服装及日用品批发		142781	101890	117488	
文化、体育用品及器材批发		15009	15465	12601	
医药及医疗器材批发		49689	43559	28467	
矿产品、建材及化工产品批发		60677	101015	108194	
机械设备、五金交电及电子产品批发		103236	50164	49988	
贸易经纪与代理		8564	2427	1377	
其他批发		14590	9752	4875	
零售业	1564177	367084	573752	369376	253965
#国有及国有控股			46754	40659	29787

续表

项 目	长三角	上海市	江苏省	浙江省	安徽省
按登记注册类型分					
内资企业	1216021	205741	452411	326272	231597
国有企业	17303	3942	7246	1783	4332
集体企业	8158	1434	3980	2046	698
股份制企业	43435	18342	561	603	23929
私营企业	569500	71948	231833	156290	109429
港、澳、台商投资企业	170432	67621	69589	19138	14084
外商投资企业	177724	93722	51752	23966	8284
按行业分					
综合零售		123297	209446	116774	
食品、饮料及烟草制品专门零售		22167	44695	13500	
纺织、服装及日用品专门零售		114660	41617	31514	
文化、体育用品及器材专门零售		11194	25816	12100	
医药及医疗器材专门零售		12484	40177	24451	
汽车、摩托车、燃料及零配件专门零售		42034	130404	118669	
家用电器及电子产品专门零售		13853	45282	26289	
五金、家具及室内装修材料专门零售		7368	17668	5153	
无店铺及其他零售		20027	18647	20926	

表 60 长三角地区对外经济主要指标(2015 年) 单位:亿美元

指 标	长三角	上海市	江苏省	浙江省	安徽省
进出口总额	13929.39	4517.33	5456.14	3467.84	488.08
进口总额	5478.55	2547.64	2069.45	704.52	156.94
初级产品			253.40	238.74	79.75
工业制成品			1749.47	465.78	77.19
出口总额	8450.53	1969.69	3386.68	2763.32	331.14
初级产品			50.99	83.20	18.25
工业制成品			3285.58	2680.12	312.90
合同外商直接投资项目(个)	10654	6007	2580	1778	289
合同外商直接投资	1300.64	589.43	393.61	278.22	39.38
实际外商直接投资	733.13	184.59	242.75	169.60	136.19
接待海外旅游者(万人次)	2561.84	800.16	305.01	1012.04	444.63
外国人	1746.91	614.64	200.84	672.25	259.18
港澳台同胞	814.91	185.52	104.17	339.78	185.44
旅游外汇收入(亿美元)	185.38	59.60	35.27	67.88	22.63

表 61 长三角地区合同外商直接投资项目(2015 年)

单位:个

指标	长三角	上海市	江苏省	浙江省	安徽省
合计	10654	6007	2580	1778	289
合资经营企业	2558	1391	606	430	131
合作经营企业	14	6	3		5
独资经营企业	8039	4600	1963	1325	151

表 62 长三角地区合同外商直接投资金额(2015 年)

单位:亿美元

指标	长三角	上海市	江苏省	浙江省	安徽省
合计	1300.64	589.43	393.61	278.22	39.38
合资经营企业	234.87	101.76	61.00	55.53	16.58
合作经营企业	5.70	2.71	1.91		1.08
独资经营企业	1007.17	457.41	322.28	205.90	21.58

表 63 长三角地区实际外商直接投资金额(2015 年)

单位:亿美元

指标	长三角	上海市	江苏省	浙江省	安徽省
合计	775.36	184.59	284.98	169.60	136.19
合资经营企业	174.45	39.27	47.44	44.42	43.32
合作经营企业	8.54	5.37	2.47		0.7
独资经营企业	566.98	138.34	228.38	113.79	86.47

表 64 长三角地区接待海外旅游者人数和收入(2015 年)

项目	长三角	上海市	江苏省	浙江省	安徽省
接待人数(人次)	25618377	8001600	3050104	10120384	4446289
外国人	17469180	6146400	2008386	6722552	2591842
日本	2031252	929300	397104	531329	173519
新加坡	613738	198500	66501	204909	143828
美国	1680514	770800	209899	485003	214812
加拿大		189000	75996	126603	
英国	551495	217000	54009	194909	85577
法国	536726	204200	44066	203637	84823
德国	720434	299700	98979	226266	95489
意大利		119200	32146	281502	
澳大利亚		190500	53500	127899	
港澳台同胞	8149197	1855200	1041718	3397832	1854447
旅游外汇收入(亿美元)	185.3863	59.60	35.2729	67.8847	22.6287

表 65　长三角地区国内旅游者人数　　单位:万人次

年　份	长三角	上海市	江苏省	浙江省	安徽省
2003		7603.00	11423.82	8429.00	
2005	43688.26	9012.00	17234.26	12758.00	4684.00
2007	60357.60	10210.00	23198.60	19100.00	7849.00
2009	78765.60	12361.00	29726.60	24410.00	12268.00
2010	101830.60	21463.00	35518.60	29500.00	15349.00
2011	121058.81	23079.00	41150.01	34295.00	22534.80
2012	139884.51	25094.00	46437.41	39124.00	29229.10
2013	154570.30	25991.00	51539.20	43439.00	33601.10
2014	169705.12	26818.00	57113.32	47875.00	37898.80
2015	186438.35	27569.00	61933.65	52532.00	44403.70

表 66　长三角地区保险业务主要指标(2015 年)　　单位:亿元

指　标	长三角	上海市	江苏省	浙江省	安徽省
保费收入	5249.32	1125.16	1989.91	1435.33	698.92
财产险	1904.32	355.40	672.19	646.72	230.01
#机动车辆保险			531.15	522.38	222.36
人身意外伤害险	880.91	769.77	54.22	43.66	13.26
健康险			179.58	112.78	58.61
寿险			1083.92	632.16	353.70
各项赔款和给付	2041.90	473.59	732.59	558.82	276.90
财产险	1094.37	191.38	403.04	379.69	120.26
#机动车辆保险			315.95	311.29	117.49
人身意外伤害险	308.72	282.22	15.26	8.70	2.54
健康险			46.09	27.62	23.77
寿险			268.21	142.81	110.44

表 67　长三角地区科研机构数(2015 年)　　单位:个

指　标	长三角	上海市	江苏省	浙江省	安徽省
科技机构数(个)	41047	2547	23101	10582	4817
#科研单位	444	111	142	96	95
大中型工业企业	16535	2188	7432	2929	3986
高等院校	1759	114	971	645	29

表 68　长三角地区三种专利申请受理量(2015 年)　　单位:件

项　目	长三角	上海市	江苏省	浙江省	安徽省
申请受理量合计	963315	100006	428337	307263	127709
#发明	337572	46976	154608	67674	68314
实用新型			154281	150172	51559
外观设计			119448	89417	7836

表 69　长三角地区三种专利授权量(2015 年)　单位:件

项　目	长三角	上海市	江苏省	浙江省	安徽省
授权量合计	604935	60623	250290	234983	59039
＃发明	88141	17601	36015	23345	11180
实用新型			119513	124465	41094
外观设计			94762	87173	6765

表 70　长三角地区文化艺术和文物事业机构情况(2015 年)　单位:个

项　目	长三角	上海市	江苏省	浙江省	安徽省
艺术业		233	653		1693
＃艺术表演团体	3188	180	369	1024	1615
图书馆业	361	25	114	100	122
群众文化服务业	4609	237	1396	1417	1559
群众艺术馆、文化馆	364	25	115	102	122
文化站	4245	212	1281	1315	1437
艺术教育业	27	1	14	6	6
文艺科研	29	2	9	7	11
文物业	1099	11	423	388	277
博物馆	806	99	312	224	171

表 71　长三角地区教育事业基本情况(2015 年)

指　标	长三角	上海市	江苏省	浙江省	安徽省
学校数(所)					
普通高等学校	420	67	137	108	108
普通中学	9474	790	2885	2275	3524
小学	17251	764	4068	3300	9119
特殊教育	289	29	106	86	68
专任教师(万人)					
普通高等学校	26.64	4.16	10.72	5.95	5.81
普通中学	77.72	5.50	30.84	18.66	22.72
小学	76.33	5.23	27.79	19.48	23.83
特殊教育	0.82	0.12	0.33	0.23	0.14
招生数(万人)					
普通高等教育	131.75	14.07	49.96	30.93	36.79
研究生	13.64	4.6	5.10	2.15	1.79
本专科生	122.71	14.07	44.86	28.78	35.00
普通中学	309.25	16.87	116.74	74.87	100.77

续表

指 标	长三角	上海市	江苏省	浙江省	安徽省
小学	241.97	15.58	91.96	59.88	74.55
特殊教育	1.19	0.06	0.38	0.24	0.51
在校学生(万人)					
普通高等教育	461.86	51.16	187.13	105.46	118.11
研究生	40.77	13.82	15.56	6.35	5.04
本专科生	434.91	51.16	171.57	99.11	113.07
普通中学	903.38	27.05	347.43	225.27	303.63
小学	1359.00	79.87	499.64	356.99	422.50
特殊教育	6.31	0.45	2.31	1.62	1.93
毕业生数(万人)					
普通高等教育	124.46	12.87	52.69	28.11	30.79
研究生	11.26	3.73	4.28	1.71	1.54
本专科生	116.93	12.87	48.41	26.40	29.25
普通中学	317.05	14.55	120.18	74.93	107.39
小学	195.53	13.79	64.69	52.73	64.32
特殊教育	0.80	0.08	0.35	0.24	0.13

表 72 长三角地区卫生事业机构数(2015 年) 单位:个

项 目	长三角	上海市	江苏省	浙江省	安徽省
总 计	92933	5016	31925	31139	24853
医院	3986	338	1581	1049	1018
综合医院	2349	181	1013	485	670
中医院	363	18	104	144	97
中西医结合医院	82	8	25	31	18
专科医院	1066	106	364	366	230
疗养院	121	25	75	13	8
社区卫生服务中心	11767	1035	2782	6020	1930
卫生院	4887	1271	1035	1199	1382
门诊部	3165	633	1100	1247	185
专科疾病防治院(所、站)	128	21	44	16	47
疾病预防控制中心(防疫站)	361	19	120	101	121
卫生监督所	342	18	108	103	113
医学科学研究机构	35	9	8	7	11

第七篇

重要文献

第一章　上海市政府相关文件

关于进一步加强质量发展工作提升本市质量竞争力的若干意见

为深入贯彻党的十八届三中、四中全会精神，促进上海创新驱动发展、经济转型升级，加快建设具有国际竞争力的质量高地，现就进一步加强质量发展工作，提升本市质量竞争力提出如下若干意见：

一、高度重视质量发展工作，进一步明确质量发展战略地位

（一）全面落实质量发展规划。牢固树立"质量是上海发展的生命"理念，按照"国内领先、国际一流"的要求，沿着"国际化、市场化、法制化"途径，做好质量工作。全面完成国务院《质量发展纲要（2011－2020年）》《计量发展规划（2013－2020年）》《上海市质量发展规划（2011－2020年）》《上海市人民政府关于贯彻国务院印发的〈计量发展规划（2013－2020年）〉实施意见》中提出的各项工作任务和目标，定期开展规划推进落实情况的评估考核。把质量发展目标任务纳入本市"十三五"国民经济和社会发展规划，进一步明晰产品、服务等微观质量和经济发展质量的关系，完善质量发展的整体制度设计，坚持发挥好市场在资源配置中的决定性作用和政府在质量发展中的引导、扶持、规范、监管作用。（市发展改革委、市质量技监局牵头负责）

完善对区县政府质量工作考核体系。（市质量安全工作领导小组牵头负责）将质量工作纳入各区县区域经济社会发展规划、纳入财政预算、纳入政府绩效考核、纳入政府工作报告、纳入领导班子和领导干部综合评价中。推动区内街道、镇开展质量强镇（街道）活动。（各区县政府牵头负责）

研究出台开展"质量强业"指导意见，推动本市主要行业全面实施"以质取胜、品牌发展、标准引领"三大战略，全面提升本市各行业质量竞争力。（各市级部门按照职责分工分别负责）

（二）大力推进质量发展相关制度建设。推进《上海市检验检测管理条例》（暂名）立法调研。探索开展"上海制造""上海服务"等区域品牌无形资产保护制度的立法调研。推动与质量相关的重点法规规章的研究起草工作，力争在2020年形成具有上海特色的质量发展、质量安全方面的制度体系。（市质量技监局、市政府法制办牵头负责）

（三）健全完善质量发展领域的投入机制。根据本区域经济社会发展的情况，进一步健全完善质量发展资金投入机制，保障质量奖励、质量教育宣传、质量示范试点等工作开展。（市财政局牵头负责）在产业、科技、中小企业、自主品牌等专项资金中加大对质量提升、质量创新、自主品牌建设等项目的支持力度，加大对质量技术机构的培育力度。（市经济信息化委、市科委按照职责分工负责）各区县政府要增加对区域质量发展工作的资金投入。鼓励有条件的区县设立质量发展专项资金。（各区县政府牵头负责）

二、严格质量管理，强化企业质量主体作用

（一）严格企业质量主体责任。明确企业是质量责任的主体，引导企业建立和完善质量安全控制关键岗位责任制，落实企业法定代表人的质量责任。（市建设管理委、市经济信息化委、市商务委、市国资委、市质量技监局按照职责分工负责）进一步发挥国有企业主体作用，将质量竞争力要求纳入企业内部经营考核体系。（市国资委、市质量技监局牵头负责）

建立和优化各类企业特别是小微企业的质量管理体系，组织实施小微企业质量管理素质提升工程，免费开展计量、标准、认证、检验检测和质量法律法规培训，推广应用先进管理方法和先进标准，引导企业健全质量管理体系；夯实标准化基础，鼓励小微企业建立健全企业标准体系，不断提高标准化意识和能力，支持小型微型企业参与地方标准、行业标准和国家标准制修订工作。鼓励有条件的企业参与社团

标准的制定。(市质量技监局、市经济信息化委按照职责分工负责)

(二)激励企业开展质量提升。鼓励和引导企业联合、产学研合作、上下游合作,强化保证质量的关键技术、前沿技术和基础技术研究,推广先进工艺技术,加快产业结构调整。通过加强技术创新、管理提升、质量比对,建成一批现场管理示范基地、技术开发或管理研究质量创新基地。大力强化品牌工作,形成一批上海名牌孵化基地、卓越绩效模式实践示范基地、出口质量安全示范区域,提升产品、服务的品牌附加值。(市质量技监局、市经济信息化委、上海出入境检验检疫局按照职责分工负责)深入推进张江等全国知名品牌示范区建设,进一步发挥品牌集聚、示范和辐射效应,探索名牌培育和发展新机制。(各区县政府、市质量技监局按照职责分工负责)推进建筑业企业施工现场质量管理标准化工作,规范现场质量管理行为。推进建筑信息模型(BIM)技术在工程建设管理中的运用。(市建设管理委牵头负责)

(三)创新企业质量管理制度。充分发挥本市各类组织机构的技术资源优势,开展相关技术规划的编制,加强对质量基础理论与方法的研究应用和实践验证,为建设具有全球影响力的科技创新中心提供质量基础保障。加快建立企业质量首负责任制,简便消费者自主维权。建立和完善缺陷产品召回制度,完善缺陷产品召回管理制度,整合缺陷产品召回工作机构。(市质量技监局牵头负责)

探索实施质量保险制度,降低企业质量风险损失,维护消费者合法权益。(市质量安全工作领导小组牵头负责)进一步建立和完善工程质量终身负责制度和服务质量保障制度,进一步建立和完善产品、服务、工程、人居四大质量相关标准体系,强化企业质量自我承诺制度、企业标准自我声明公开制度、企业信息公示查询制度建设。(市质量技监局、市建设管理委、市商务委、市工商局按照职责分工负责)

三、遵循市场规律,创新市场调节的质量治理制度

(一)建立以问题为导向的质量问题发现机制。加强事中事后监管,加强对质量数据(信息)收集、整理、分析、处置能力的建设,建立多部门质量信息共享机制,及时发现系统性质量问题。研究建立质量数据中心,强化质量数据资源的整合、利用能力,促进质量数据和信息向社会开放,提升社会各方对质量问题的共同监督力度。(市质量技监局、市经济信息化委按照职责分工负责)对涉及人体健康和人身、财产安全的产品,持续推进产品伤害和质量信息监测体系建设。(市质量技监局、市教委按照职责分工负责)建立涵盖政府、企业、社会及第三方机构的重大质量问题报告制度和质量安全事件应急预案体系。进一步加快研究构建科学可行公正的产品和服务质量评价体系。(市质量安全工作领导小组牵头负责)

(二)建立以共治为导向的大质量工作机制。进一步发挥市、区县两级质量安全工作领导小组的统筹协调作用,健全政府、行业、企业、消费者等各类质量工作网络。建立区域性质量问题多元共治工作体制和机制,加强区域整治,推动产业升级。(市质量安全工作领导小组牵头负责)成立行业质量发展协调机构,进一步发挥行业协会承接政府质量管理转移职能的作用。(市质量技监局、市社团局按照职责分工负责)完善建材产品质量监管沟通机制,实现生产领域、流通领域和工程现场的建材监管联动。(市建设管理委牵头负责)

(三)建立以市场为导向的质量技术服务培育机制。加强标准、计量、检验检测、认证认可、技术研发等方面的质量技术服务机构的培育工作。科学规划本市量传溯源体系、构建产业计量测试服务体系、完善民生安全计量保障体系和构建能源资源计量服务体系。改革政府对检验检测行业的监管方式,推进检验检测资源整合和效率优化,推动检验检测服务平台建设,围绕战略性新兴产业领域、低碳发展和绿色发展领域、关键民生领域及上海的优势产业领域,加强先进重大装备、新材料、新能源汽车等领域的第三方检验检测服务。落实卫星导航与定位服务、智能电网分布式电源装备等在建国家质检中心筹建,在新兴技术领域与优势产业领域积极谋划和培育新的国家质检中心,着力推进以在沪国家质检中心为核心的技术联盟建设。(市质量技监局牵头负责)

(四)建立以满意为导向的服务业质量提升机制。进一步发挥市质量安全工作领导小组的综合协调作用和各职能部门的行业管理作用,探索建立"1+X"的服务业质量提升工作机制。(市质量安全工作领导小组牵头负责)强化服务业质量提升工作与服务业发展的结合度,逐步出台服务业主要行业的服务质

量提升工作实施方案。(各市级部门按照各自职责分工负责)加快推动服务认证制度体系建设,推广电子商务等相关服务认证,提高行业服务水平。大力开展服务业标准化试点示范,鼓励服务业企业加快自主品牌建设,形成一批培育创新能力较强、技术水平较高、运作模式领先、具有一定国际影响力的服务业上海本土品牌,形成若干具有社会影响力的服务产业集聚区。(市质量技监局牵头负责)

四、夯实质量发展基础,营造公平的质量发展环境

(一)全面推进全民质量教育。建立完善质量教育的长效机制,形成高校、研究院所、行业协会和企业的质量教育网络,提供丰富的质量教育资源,全面提升市民的质量素质。充分利用高校的专业优势,加强质量人才培养。加强中小学质量教育社会实践基地建设,优化实践内容,形成适合中小学生的质量教育品牌课程。加强质量培训,引导企业全面落实质量主体责任,推进首席质量官、一线企业职工等人才质量培训工作,打造一支有能力、高素质、职业化的企业高级质量管理人才队伍。加强对消费者的质量宣传和教育引导,鼓励消费者对产品和服务进行监督和评价,维护质量权益。不断丰富质量教育方式方法,强化社会各方面的质量观念。(市质量技监局、市教委、市人力资源社会保障局、市总工会、市工商局、市消保委按职责分工负责)

(二)加快建设质量信用体系。按照本市社会信用体系建设的整体部署,推动企业信用信息公示发布机制建设,加强质量监测、违法案例等的信息公开力度。完善质量信用记录,强化质量信用信息归集和共享,不断健全相关信息系统。(市质量技监局、市经济信息化委按照职责分工负责)健全质量信用评价机制,继续开展规范质量信用档案建设和质量信用信息评价、使用的地方标准研究制定工作。推进诚信计量体系建设,结合文明社区创建、经营者自我承诺等活动,开展"诚信计量示范社(街)区"创建活动。(市质量技监局负责)扩大质量信用信息应用,在政府采购、工程招投标等领域带头应用质量信用信息,实施联动奖惩。(市经济信息化委、市质量技监局、市财政局、市建设管理委按照职责分工负责)

(三)严厉打击各类质量违法行为。加大对人民群众反映强烈、关系人民群众身体健康和生命财产安全的问题的整治力度,依法严厉查处各类质量违法行为,打击各种虚假宣传和质量欺诈行为。对违反法律法规禁止性规定的市场主体、对达不到质量强制性标准的市场主体,依法作出处理直至吊销其相关证照。继续完善举报投诉受理处置机制,严格落实有奖举报制度。加大质量违法案件的曝光力度,强化行政执法与刑事司法的有效衔接,震慑质量违法行为。(各市级部门、各区县政府按照职责分工分别负责)

五、加强组织实施,进一步推动质量事业发展

(一)明确工作要求。市质量安全工作领导小组要加强对质量发展工作的组织领导,加强研究和推进。各市级部门要主动对接国务院相关部委,落实中央有关质量发展的要求。各区县、各部门要进一步深化对质量工作的认识,根据市政府统一部署,把质量发展列入议事日程,围绕各自承担的任务,结合本区域实际和各自工作职责,抓好落实,主动作为,出台有针对性的配套政策措施。

(二)加大宣传力度。加强质量文化建设,深入宣传在推动质量共治、改善质量宏观管理、提升质量发展水平、提升全民质量意识的经验案例,在优化市场环境、促进转型升级、服务开放战略上所做的重要工作,充分体现"追求卓越"的上海城市精神。组织好"3·15国际消费者权益日""质量月"等群众性质量活动,激发公民个人在创造质量方面的作用,形成"人人重视质量、人人创造质量、人人享受质量"的社会氛围。

(三)加强监督检查。各区县、各部门要认真落实本意见提出的各项措施和要求,并加强督促检查。市政府将结合政府质量工作考核,组织对有关工作落实情况进行督导和检查。

上海市人民政府
2015年3月4日

上海市城市更新实施办法

第一条(目的)

为适应城市资源环境紧约束下内涵增长、创新发展的要求，进一步节约集约利用存量土地，实现提升城市功能、激发都市活力、改善人居环境、增强城市魅力的目的，根据有关法律、法规，结合本市实际，制定本办法。

第二条(定义和适用范围)

本办法所称城市更新，主要是指对本市建成区城市空间形态和功能进行可持续改善的建设活动，重点包括：

(一)完善城市功能，强化城市活力，促进创新发展；
(二)完善公共服务配套设施，提升社区服务水平；
(三)加强历史风貌保护，彰显人文底蕴，提升城市魅力；
(四)改善生态环境，加强绿色建筑和生态街区建设；
(五)完善慢行系统，方便市民生活和低碳出行；
(六)增加公共开放空间，促进市民交往；
(七)改善城市基础设施和城市安全，保障市民安居乐业；
(八)市政府认定的其他城市更新情形。

本办法适用于本市建成区中按照市政府规定程序认定的城市更新地区。已经市政府认定的旧区改造、工业用地转型、城中村改造的地区，按照相关规定执行。

第三条(工作原则)

城市更新工作，遵循“规划引领、有序推进，注重品质、公共优先，多方参与、共建共享”的原则。

第四条(城市更新要求)

城市更新应当坚持以人为本，激发都市活力，注重区域统筹，调动社会主体的积极性，推动地区功能发展和公共服务完善，实现协调、可持续的有机更新。

第五条(城市更新工作领导小组)

由市政府及市相关管理部门组成市城市更新工作领导小组，负责领导全市城市更新工作，对全市城市更新工作涉及的重大事项进行决策。市城市更新工作领导小组下设办公室，设在市规划国土资源主管部门，负责全市城市更新协调推进工作。

第六条(市级管理部门职责)

市规划国土资源主管部门负责协调全市城市更新的日常管理工作，依法制定城市更新规划土地实施细则，编制相关技术和管理规范，推进城市更新的实施。

市相关管理部门依法制定相关专业标准和配套政策，履行相应的指导、管理和监督职责。

第七条(区县人民政府职责)

区县政府是推进本行政区城市更新工作的主体。

区县政府应当指定相应部门作为专门的组织实施机构，具体负责组织、协调、督促和管理城市更新工作。

第八条（管理制度）

城市更新工作实行区域评估、实施计划和全生命周期管理相结合的管理制度。区域评估要确定地区更新需求，适用更新政策的范围和要求；实施计划是各项建设内容的具体安排；全生命周期管理是以土地合同的方式，通过约定权利义务，进行全过程管理。

第九条（区域评估的内容）

城市更新区域评估应当形成区域评估报告，主要包括以下内容：

（一）进行地区评估。按照控制性详细规划，统筹城市发展和公众意愿，明确地区功能优化、公共设施完善、城市品质提升、历史风貌保护、城市环境改善、基础设施完善的目标、要求、策略，细化公共要素配置要求和内容。

（二）划定城市更新单元。按照公共要素配置要求和相互关系，对建成区中由区县政府认定的现状情况较差、改善需求迫切、近期有条件实施建设的地区，划定城市更新单元并予落实。

第十条（区域评估的公众参与）

区域评估时应当组织公众参与，征求市、区县相关管理部门、利益相关人和社会公众的意见，充分了解本地区的城市发展和民生诉求，结合城市发展和公共利益，合理确定城市更新的需求。

第十一条（区域评估的确定）

组织实施机构组织区域评估并形成报告，经区县政府常务会议审议通过后，由区县政府批准，并报送市城市更新工作领导小组办公室备案。

涉及本市历史文化风貌区等重要地区、跨行政区的区域评估，需预先经过市规划国土资源主管部门综合平衡。

第十二条（实施计划的编制）

以城市更新区域评估为依据，以现有物业权利人的改造意愿为基础，落实区域评估的要求，发挥街道办事处和镇乡政府的作用，统筹各方意见，合理应用政策，形成依法合规的城市更新实施计划，确定城市更新单元内的具体项目，经批准后组织实施。

第十三条（实施计划的内容）

城市更新实施计划主要包括以下内容：

（一）明确城市更新单元内的具体项目，制定城市更新单元的建设方案。一个城市更新单元内可以有一个或多个城市更新项目。

（二）确定城市更新单元建设方案的实施要求，协商明晰单元的更新主体、权利义务、推进要求。

第十四条（实施计划的公众参与）

城市更新实施计划应当依法征求市、区县相关管理部门、利益相关人和社会公众的意见，鼓励市民和社会各界专业人士参与实施计划的编制工作。

第十五条（实施计划的确定）

城市更新实施计划形成后，经区县政府常务会议审议通过后，由区县政府批准，并报送市城市更新工作领导小组办公室备案。其中，建设方案涉及调整已批准规划内容的，在实施计划编制过程中，市规划国土资源主管部门与区县政府共同明确规划调整要求，市规划国土资源主管部门同时按照规定履行相应审批程序。

市、区县规划土地管理部门按照管理权限，依法审批城市更新建设项目。

第十六条(全生命周期管理)

城市更新项目实行土地全生命周期管理。由市、区县规划土地管理部门会同产业投资、社会服务、公共事业、建设管理等相关管理部门，综合产业功能、区域配套、公共服务等因素后，提出城市更新项目功能、改造方式、建设计划、运营管理、物业持有、持有年限和节能环保等要求，将其纳入土地出让合同进行管理。

第十七条(规划政策)

城市更新规划政策包括以下内容：

(一)在符合区域发展导向和相关规划土地要求的前提下，允许用地性质的兼容与转换，鼓励公共性设施合理复合集约设置。

(二)在同一街坊内，对符合相关要求的地块可进行拆分合并等地块边界调整。

(三)在地块所处高度分区的范围内，建筑高度可进行适当调整，超过高度规定，应当进行规划论证。风貌保护、净空控制等地区按照相关规定执行。

(四)按照城市更新区域评估的要求，为地区提供公共性设施或公共开放空间的，在原有地块建筑总量的基础上，可获得奖励，适当增加经营性建筑面积，鼓励节约集约用地。增加风貌保护对象的，可予建筑面积奖励。

(五)因确有实施困难，在满足消防、安全等要求的前提下，按照规定征询相关利益人意见后，经规划土地管理部门同意，部分地块的建筑密度、建筑退界和间距等可以按照不低于现状水平控制。

(六)城市更新中应当采用绿色、低碳、智能技术，实现节能环保高标准，加快低碳智慧城市建设。鼓励对建筑第五立面进行生态化、景观化以及其他有益于增加公共价值的改造利用。

第十八条(土地政策)

城市更新土地政策包括以下内容：

(一)现有物业权利人或者联合体为主进行更新增加建筑量和改变使用性质的，可以采取存量补地价的方式。城市更新项目周边不具备独立开发条件的零星土地，可以扩大用地方式结合城市更新项目整体开发。

(二)城市更新项目的土地使用条件应当根据经批准的控制性详细规划确定。以拆除重建方式实施的，可以重新设定出让年期；以改建扩建方式实施的，其中不涉及用途改变的，其出让年期与原出让合同保持一致，涉及用途改变的，增加用途部分的出让年期不得超过相应用途国家规定的最高出让年期。现有物业权利人或者物业权利人组成的联合体，应当按照新土地使用条件下土地使用权市场价格与原土地使用条件下剩余年期土地使用权市场价格的差额，补缴土地出让价款。

(三)城市更新按照存量补地价方式补缴土地出让金的，市、区县政府取得的土地出让收入，在计提国家和本市有关专项资金后，剩余部分由各区县统筹安排，用于城市更新和基础设施建设等。对纳入城市更新的地块，免征城市基础设施配套费等各种行政事业收费，电力、通信、市政公用事业等企业适当降低经营性收费。

(四)城市更新的风貌保护项目，参照旧区改造的相关规定，享受房屋征收、财税扶持等优惠政策。

第十九条(规划土地历史问题处理)

城市更新项目范围内的违法建筑、违法用地,应当结合城市更新项目依法予以处置。

第二十条(附则)

相关管理部门及其工作人员在城市更新管理中有违法违纪行为的,应当追究相关责任。

对城市更新物业权利人违反城市规划和土地管理等方面法律、法规的行为,应当依法追究责任。

本办法自 2015 年 6 月 1 日起施行,有效期至 2020 年 5 月 31 日。

关于进一步推进政府效能建设的意见

为深入贯彻落实党的十八大和十八届二中、三中、四中全会精神,转变政府职能,降低管理成本,提高政府办事效率和服务质量,增强政府管理的能力和水平,做到“高度透明、高效服务,少审批、少收费,尊重市场规律、尊重群众创造”,为“创新驱动发展、经济转型升级”创造良好环境,现就本市进一步推进政府效能建设提出如下意见。

一、工作目标

在市委、市政府领导下,围绕“法不禁止的,市场主体即可为;法未授权的,政府部门不能为;法有规定的,政府部门必须为”,围绕提高政府部门工作效率、管理效益,推进行政权力标准化建设,推进专业化职业化公务员队伍建设,推进政府管理创新改革,完善权力运行机制,深化部门基础管理,开展政府部门效能评估,提升行政监督实效,切实在服务中实施管理,在管理中实现服务,全面提升政府治理能力,为加快推进“四个率先”,加快建设“四个中心”和社会主义现代化国际大都市提供有力保障。

二、主要任务

(一)推进行政权力标准化建设

1. 实施目录管理。建立上海市行政权力目录管理制度,实现“行政权力进目录、目录之外无权力”,不进目录,不得实施。凡要增加行政权力,必须在实施前进行登记备案,列入目录后方可实施。建立行政权力动态清理机制。按照“有权必有责、权责一致、法定责任必须为”的原则,建立上海市行政责任目录管理制度,对目录内的行政责任,不得擅自取消或调整。

2. 编制业务手册。业务手册为行政权力的操作标准,行政机关应当按照业务手册要求作出权力决定。业务手册要依法合理制定,做到权限合法、业务穷尽。业务手册应科学合理细化、量化作出权力决定的条件、标准、范围、申报材料、程序、环节、事后监督措施等,规范裁量范围、种类、幅度。业务手册没有规定的,不得实施。

3. 公开办事指南。办事指南为管理相对人申请办理和行政机关行使职权的具体依据,对符合办事指南要求的,行政机关应予以办理和行使。通过办事指南,把办事的具体条件、要求,明确告知管理相对人,让管理相对人一目了然,一次准备好所需申报材料。依法向社会公开行政权力办事指南,探索建立办事指南社会公开评价、动态完善制度。

4. 推进行政权力电子化、信息化。依据业务手册,建立、调整、升级和改造部门业务系统。在推进行政权力工作流程、法律文书、申报材料等电子化、信息化的同时,探索并逐步实现行政权力实体性规范的电子化、信息化。推进网上预审当场受理或当场发证。创新网上告知、公示、咨询、查询、反馈等网上服务方式。

5. 共享行政权力数据。推进行政权力实施信息在行政机关之间依法共享。对依法通过共享方式从其他行政机关获取的行政权力信息，可以作为作出决定的依据，不再重复采集。行政机关要取消和删除重复的材料、重复的表式，不得要求申请人重复提供。要利用共享的行政权力信息，对所涉及的有关材料进行比较对照，核实真实性。

6. 开展实时监督检查。建立行政权力标准化管理系统，运用网络信息技术，对行政权力业务手册和办事指南的具体执行情况，开展实时监控、预警纠错、效能评估、满意度调查等活动，及时发现和纠正行政权力实施中存在的问题，确保行政权力标准化管理真正落到实处。

（二）完善权力运行机制

1. 优化政府机构设置和职能配置。按照“精简、统一、效能”的原则，理顺政府部门之间和政府部门内设机构之间的职能分工。按照“财权与事权相匹配、管理重心适当下移”等原则，合理划分市、区（县）、乡镇街道事权。按照“决策权、执行权和监督权既相互制约又相互协调”的原则，科学设定政府部门的权力结构、运行机制和职责权限。

2. 建立健全岗位责任制。根据因事定岗、因岗定责、因责定标、因岗择人，将部门职责和工作任务、工作目标分解落实到具体机构、岗位及承办人员。探索建立岗位责任书制度，合理划分上下级、平级、部门内部不同机构和岗位之间的职权，清晰明了各岗位的工作内容、职责、权限、标准、程序和衔接方式等。

3. 规范行政决策活动。建立健全行政机关重大决策制度，把公众参与、专家论证、风险评估、合法性审查、集体讨论决定列为重大行政决策法定程序。重视发挥各类智库的作用。完善行政机关内部重大决策合法性审查机制。建立重大决策终身责任追究制度及责任倒查机制。依法公布部门行政决策清单。

4. 建立行政协助制度。对于独自行使职权不能实现行政目的的、不能自行调查执行公务需要的事实资料的、执行公务所必需的文书资料信息为其他行政机关所掌握的等，可以请求相关行政机关协助。被请求协助的行政机关应当及时履行协助义务，不得推诿或者拒绝协助。不能提供行政协助的，应当以书面形式及时告知请求机关并说明理由。

5. 健全行政争议协调制度。在管理过程中，对管辖区域、管理事项、管理衔接和配合、管理依据适用等发生争议的，争议各方应当先自行协调，自行协调不成的，应当及时提请相关协调机关组织协调。协调机关在协调过程中，对不立即采取措施可能对公共利益造成重大影响的，可以依法决定由某个政府部门先采取措施，其他政府部门应当予以支持和配合。

6. 强化层级监督。探索层级监督新方式、新方法，建立健全经常性的监督制度。加强上级行政机关对下级行政机关具体行政行为的监督。健全和完善政府部门内部上级对下级的监督制度，明确政府部门内部层级监督的对象、内容、权限、形式等。建立健全部门内部相关信息公开制度，完善信息内部公开的内容、范围、方式和程序。

（三）深化部门基础管理

1. 加强行业基础工作建设。建立健全包括基础数据、业务数据和管理数据等的行业基础信息数据库。积极运用大数据的方法，通过多渠道的数据采集和快速综合的数据处理，提升社会治理能力，实现政府公共服务的技术创新、管理创新和模式创新。推进机构编制、政策制定、公务员管理、资金活动、政府采购、财务管理、公务用车等部门内部各类业务活动的标准化管理。

2. 全面推进行政规划编制和实施。建立健全各类行政规划的管理制度。坚持行政规划为政府管理的依据和标准，政府管理应当符合经批准的行政规划。理顺控制性详细规划与相关专业规划的关系，控制性详细规划与涉及的专业规划应尽量做到同步编制、同步审批。

3. 规范工作计划管理。按照可量化、可衡量、可实现的要求，将部门的年度工作从时间、数量、质量等维度，细化分解为季度考核指标，形成年度工作计划。根据法定职责、上级机关和政府下达的工作任务提出年度工作任务和工作目标。年度工作计划依法通过报刊、政府公报、部门网站、新闻发布会等形

式，及时向社会公布。

4. 强化限时办结制度。各类事项明确规定办理时限的，必须在规定时限内办结；没有规定的，依法合理确定办理时限。部门之间办理请示、报告、询问、答复、征求意见、会签文件、商洽工作等，应当明确办结期限，依法向社会公开。政府部门应当将办理时限分解到具体的工作机构和岗位，并使实际办结的期限尽可能少于规定的期限。

5. 规范文书和建档管理。制定本部门文书的统一格式，或者使用国家统一的文书格式。工作人员应当规范制作、使用文书。建立健全文件材料归档制度，政府部门行政行为实施完毕后，应当及时开展相关文件、证据资料的收集和整理工作，按照规定归档。同时，将相关文件材料的收集、整理、归档、利用等工作纳入档案管理范畴。

6. 开展部门内控机制建设。建立部门预算、收支等各类经济活动的风险评估和控制制度。定期梳理部门各类经济活动的业务流程，分析经济活动风险，确定风险点，选择风险应对策略。对财政资金分配使用、国有资产监管、政府投资、政府采购、公共资源转让、公共工程建设等岗位，实行分事行权、分岗设权、分级授权，定期轮岗，强化内部流程控制。

（四）推进专业化职业化公务员队伍建设

1. 健全公务员职位分类管理。推进综合管理类公务员职业化发展，严格按照国家即将出台的行政执法类和专业技术类公务员管理暂行规定，结合本市实际，研究制定公务员分类管理的相关配套政策并积极组织实施。全面推进司法系统人员管理体制改革试点工作。扎实推进聘任制公务员试点工作，研究制定本市聘任制公务员管理办法实施细则和工作规范。健全科学的公务员职位分类管理体系，完善不同类别公务员招录、考核、晋升、培训等相关配套办法。

2. 健全公务员考核评价机制。完善公务员绩效考核制度，探索建立公众评价制度，开展第三方评估。注重业绩考核，注重平时考核与年度考核结合，建立考核与选拔任用、正常退出、培养教育、奖励惩处等管理环节紧密衔接机制，引导公务员创造一流公共服务。

3. 健全公务员激励保障机制。加快建立公务员与企业相当人员薪酬水平调查比较制度。健全公务员工资正常增长机制，规范公务员津贴补贴。建立绩效奖励制度，根据绩效考核结果合理确定绩效奖励类别与标准。建立公务员职务与职级并行制度，发挥职级在确定工资待遇方面的作用，实行职级与待遇挂钩，实现职务与职级并行。

4. 健全公务员教育培训机制。完善新录用公务员初任培训，使新录用公务员全面掌握机关实务、群众工作、公文写作、沟通协调等方面基本技能。创新公务员在职培训，切实抓好公务员职业道德建设、处级领导职务公务员培训、行政执法人员培训和基层一线公务员培训。开展项目化专题培训，将课程培训与课题研究结合，通过培训，推动瓶颈问题的化解。围绕勤政教育强化效能意识，提高履职能力。

5. 加强公务员队伍作风建设。加强机关文化建设，树立现代管理理念，促进改革创新，始终勤政为民，践行法治原则，严守清正廉洁。发挥各级领导干部在机关文化建设中的主导作用，督促工作人员遵守行为守则，履行岗位职责。探索建立公务员训诫制度和警醒教育制度。

（五）推进政府管理创新改革

1. 建立健全政府管理流程再造工作机制。定期或不定期分析政府管理现状，评估优化部门办事事项、流程、环节、时间等，发现并及时改进不足之处。开展专门化创新、定制化创新等，制定提高效率、改善服务的方案，设计新的业务模式。推行最佳管理做法，注重成本效益分析。完善项目化管理工作机制。推进政府管理制度化、制度流程化、流程信息化。

2. 创新政府管理方式。从比较单一手段的管理模式向综合运用多种手段的管理模式转变，从过于依赖行政手段向以法律和经济手段为主、将行政手段作为法律和经济手段无法解决时的一种过渡性的特殊手段转变。利用间接管理手段、动态管理机制和事后监督检查，加强对经济和社会事务的管理。利用发展战略、规划、政策、标准等，加强对市场活动监管。

3. 扩大政府通过购买服务履行职责的范围。将适合采取市场化方式提供、社会力量能够承担的公共服务和政府履职所需服务项目，按照规定通过政府购买服务方式，交由社会力量承接。研究制定政府通过购买服务履行职责事项清单。

4. 大幅度减少政府对资源的直接配置。对于有限自然资源的开发利用、特许和专营权项目、有额度和指标限制的事项、公共资产等，通过招投标、拍卖、挂牌、专营权转让、租赁、承包等市场机制及其他管理方式进行配置。推进资源交易平台的市场化配置。

5. 发动社会各方面力量推进事中事后监管。强化生产经营者主体责任，明确市场主体是生产经营的责任主体。全面推动社会信用体系建设，引导企业强化信用自律。发挥行业协会商会自律作用。发挥专业服务机构的服务、沟通、鉴证、监督等功能。推动形成社会性约束和惩戒。推进标准监管、风险管理、分类监管、技术监管和社会监督。

6. 优化政府服务。实现政府服务提供主体和提供方式的多元化，加强对社会力量提供服务的监督管理。探索推进代办服务、事先告知、提前介入、首问负责、AB 角岗位、到期提醒、咨询服务、跟踪提示等，开展规范服务达标活动、优质服务窗口创建活动等。完善公共服务事项节假日办理，建立节假日办事事项目录管理制度。

(六)提升行政监督实效

1. 强化政府督促检查。抓好政府会议决定事项、政府领导同志批示和交办事项等贯彻落实情况的督促检查。建立流程式工作规范、无缝式责任分工、目标式跟踪落实的工作制度。完善限期报告制度、调查复核制度、情况通报制度、责任追究制度和督查调研制度。

2. 健全执法监督。开展行政执法案卷评查和抽查。完善行政执法监督建议书制度，推进执法问题的整改。强化行政复议，对行政执法行为违法或者不当的，应当决定撤销、变更该行政行为或者确认该行政行为违法，并可以出具书面整改建议。完善行政复议委员会开门复议审理机制。

3. 推进机构编制监督检查。加强对机构限额和编制总量控制、职能配置、机构设置、编制配备、领导职数配备等情况的监督检查和自查自纠。依法向本单位工作人员或者社会公开不涉及国家秘密的编制和实有人员等情况。定期评估政府部门机构编制的执行情况和职责的履行情况。

4. 深化审计监督。加大对依法行政情况的审计力度，查深查透查实审计发现的重大违法违纪问题。着力检查领导干部守法守纪守规尽责情况，促进领导干部主动作为、有效作为，切实履职尽责。依法依纪反映不作为、慢作为、乱作为问题，促进健全责任追究和问责机制。

5. 发挥财政监督职能作用。建立覆盖所有财政资金运行全过程的监督机制。实施财政监督与财政管理相结合，将监督结果作为预算安排的重要参考依据。加强对财税政策制定与调整的监督制衡，建立对预算编制、执行、绩效管理和评审工作的监督制约机制。加强绩效监督，提高财政资金使用效益。

6. 落实行政监察监督执纪问责。深化"四风"突出问题专项整治，抓好中央八项规定精神的贯彻落实。坚决查处有令不行、有禁不止的行为，做到有案必查、有贪必肃。建立健全责任倒查追究机制，严格落实"一案双查"制度，紧盯不落实的事、严查不落实的人，严格问责不作为，严肃惩治乱作为，限期整改慢作为。

(七)开展政府部门效能评估

1. 建立政府部门效能评估制度。将效能评估作为政府管理的一项基本制度，纳入市政府、区(县)政府、乡镇政府(街道办事处)工作部门日常管理全过程，落实到具体部门和岗位。探索建立效能数据库，建立和落实效能数据质量控制和检查审核制度。建立效能评估人员数据库。

2. 突出效能评估重点。围绕政府部门基础管理、行政权力运行、部门内部管理等情况，就部门管理资源是否科学配置、部门管理要素是否优化、部门运作方式是否完善、部门工作作风是否改进等，进行全面评估。效能评估应当揭示政府管理的效能状况，反映效能建设制度设计与实施运行的有效性。

3. 完善效能评估方式。对于可以量化的部分，运用效能考核的方式，就工作完成情况、行政权力办

理情况、改革创新情况、行政监督情况和部门人均公用经费支出情况等进行效能评估。对于不可量化的部分，运用效能评价的方式，开展定期或不定期的综合和专项效能评价。政府部门每年应当向社会公示年度自我综合效能评价报告，接受评议。

4. 注重效能评估结果运用。评估结果纳入领导班子和领导干部年度(绩效)考核，以及职能配置、机构设置、编制配备、干部考核。效能评价报告提出的工作改进建议，应当采取措施予以落实，并开展跟踪监督。根据效能评估结果，确立效能目标，明确效能努力方向和要求，制定提高效能的具体计划和措施。

5. 形成效能持续改进的长效机制。建立负责综合协调、解决效能低下的工作平台，通过"12345"市民服务热线等各类渠道发现问题，研究解决问题，形成工作闭环。对于涉及制度设计和实施运行不合理的，进一步深化改革，完善和优化各项管理制度、业务流程；涉及职责不清、职能交叉的，进一步明确职责、理顺关系；涉及推诿扯皮、敷衍塞责的，予以通报批评、对责任人调离现岗位和停职等；不履行或者不正确履行法定职责的，依照法纪追究责任。

三、保障措施

(一)加强组织领导。政府效能建设的主体是各级政府部门。各级政府及其部门主要负责人对职责范围内效能建设负全责，分管领导对其职责范围内的效能建设负直接领导责任。成立政府效能建设工作领导小组，与行政审批制度改革工作领导小组"一个机构、两块牌子"，组织、指导、研究、协调、管理、推进、监督部门政府效能建设工作。

(二)开展监督检查。对政府部门及其工作人员履行职责的效能情况，进行重点或专项监督检查。推出一批政府效能建设的具体标准。建立效能风险管理制度。运用科技手段开展政府效能建设。做好效能建设信息的公开工作。探索建立效能建设讲评会制度。建立管理制度效能审查机制，从源头上提高政府效能建设水平。

(三)强化社会监督和效能问责。建立全方位多渠道政府效能问题的投诉机制，探索建立政府效能建设监督员制度，多途径获取群众满意度情况。发挥社情民意调查、新闻媒体舆论监督、第三方机构专业评估等在发现效能问题上的作用。建立效能建设问题清单制度，明确牵头领导和责任单位，形成常态化推进机制。加大效能问责力度，公开曝光典型案件。

第二章　江苏省政府相关文件

关于加快发展对外文化贸易的实施意见

为深入贯彻党的十八大、十八届三中四中全会精神，落实习近平总书记视察江苏时关于"推动文化建设迈上新台阶"的重要指示，更好地发挥对外文化贸易对于拓展文化发展空间、提升江苏文化软实力、推进产业和外贸结构优化升级的重要作用，根据《国务院关于加快发展对外文化贸易的意见》(国发〔2014〕13号)等文件要求，结合我省实际，提出如下实施意见。

一、总体要求

(一)指导思想。深入贯彻中央关于提高文化开放水平的战略部署，抓住深化文化对外开放、转变经济发展方式的机遇，主动适应经济发展新常态，坚持统筹发展，坚持政策引导，坚持企业主体，坚持市场运作，积极参与国际文化合作和竞争，推动更多具有中国特色、江苏特质的优秀文化产品和服务走出去，不断扩大贸易规模、优化贸易结构、提升贸易质量，努力打造以技术、品牌等为核心的江苏文化出口竞争新优势，为促进文化产业和服务业发展、拉动消费和投资增长、改善人民群众生活作出积极贡献。

(二)主要目标。力争到2020年，建设20个左右具有一定实力的省级对外文化贸易基地(示范区)，当年入选国家级文化出口重点企业和重点项目50个左右、培育省级文化出口重点企业和重点项目100个左右，在境外布局一批具有较强辐射力的文化贸易平台，打造一批具有国际竞争力和影响力的文化出口品牌产品与服务，培养一批熟悉外贸业务的文化企业家和外向型人才，全省对外文化贸易额进一步扩大，在对外贸易总额中的比重明显提高。

二、主要任务

(一)打造文化出口重点企业、重点项目。

促进文化企业、文化产业转型升级，推动我省更多文化企业和产品进入《国家文化出口重点企业目录》和《国家文化出口重点项目目录》。参照国家文化产品和服务出口指导目录以及重点企业、重点项目目录，统筹考虑省文化产业单位名录库中文化企业的出口总额、产品结构、科技含量、市场潜力等因素，制订我省文化出口重点企业和重点项目评价办法，定期发布《江苏文化出口重点企业目录》和《江苏文化出口重点项目目录》。

(二)支持文化出口重点领域。

1. 支持文化与科技深度融合，充分运用现代科技改造提升演艺娱乐、广播电视、出版及版权服务、工艺美术、会展等传统文化产业，加快发展创意设计、数字影视、网络电视、数字出版、动漫游戏等以创意为核心、具有高增值性的新型文化业态，形成对外文化贸易新增长点。支持文化企业增加对文化出口产品和服务的研发投入，提升对国际先进技术的消化、吸收和再创新能力，开发具有自主知识产权的关键技术和核心技术。

2. 鼓励和引导文化企业加大内容创新力度，突出文化产品和服务的思想内涵和文化内核，深入挖掘和整理各类文化资源，创作开发展示中华优秀文化和当代中国形象、贴近境外受众文化需求和消费习惯、具有较强表现力和吸引力的原创文化产品与服务，形成核心竞争力强、附加值高的国际知名品牌。鼓励省内高等院校以境外孔子学院为窗口，以本土校园为主阵地，以深受国际学生喜爱的汉语、泛文化类课程为主打教育类文化产品，招收更多国际学生，深化对外文化贸易内涵。

（三）建设文化出口重点平台和渠道。

1. 依托省内现有文化产业园区（基地）等，建设20个左右具有一定出口规模、出口潜力较大、出口配套条件较好的省级对外文化贸易基地（示范区），具体办法另行制定；适时创建国家级对外文化贸易基地（示范区）。充分发挥省文化产业聚合服务平台等作用，鼓励文化企业借助电子商务等新型交易模式拓展国际业务。

2. 以外向型骨干文化企业为基础，逐步在美、欧及我周边国家和地区建设一批文化贸易平台，形成合理布局。支持文化企业参加境内外重要国际性文化展会和文化活动，扩大与"一带一路"沿线国家以及港澳台地区的文化产业交流合作。支持我省招收国际学生的高等院校在境外重要教育展会和招生活动中，推广以课程形式为主的教育类文化产品，吸引更多境外文化消费者通过在校学习形式消费文化产品。扶持我省重点文化企业通过新设、收购、合作等方式，在境外开展文化领域投资合作，拓展国际营销网络，扩大境外优质文化资产规模。鼓励外向型骨干文化企业带动上下游相关企业抱团"走出去"，建立差别化经营体系，实现优势资源有效配置。引导企业在开展市场经营的同时，做好正面宣传江苏、提升江苏对外形象工作。

三、政策措施

（一）增强对外向型文化企业的综合支持。

1. 推动各类相关资源向国家级和省级文化出口重点企业和项目适度倾斜。鼓励金融机构对符合信贷条件的国家级和省级文化出口重点企业及项目提供优质金融服务。支持符合条件的国家级和省级文化出口重点企业通过发行企业债券、公司债券、非金融企业债务融资工具等方式融资。推动国家级和省级文化出口重点企业尽快成为海关高信用企业，享受海关便捷通关措施。

2. 认真落实支持现代服务业、中小企业特别是小微企业等发展的有关优惠政策，做大做强一批具有国际竞争力的外向型文化企业。鼓励和支持国有、民营、外资等各种所有制文化企业从事国家法律法规允许经营的对外文化贸易业务，并享有同等待遇。对面向国际市场的文化产品和服务生产，在编创、设计、翻译、配音、市场推广等方面予以重点支持。支持文化出口企业加强境外自主品牌建设，对其境外商标注册、出口产品认证、境外广告宣传、自主知识产权保护费用给予一定比例补助。对文化出口企业和项目，鼓励保险机构提供出口信用保险服务，在风险可控的前提下可采取灵活承保政策，优化投保手续。对面向境外市场生产销售外语出版物的民营文化企业，经批准可配置专项出版权。

（二）加大对开拓国际市场的支持力度。

1. 在年度贸易促进计划中，逐步增加对外文化贸易展会占服务贸易展会的比重，到2020年达到40%左右。支持企业参加对外文化贸易展会，对其参加列入贸易促进计划展会的参展费用给予适当补助。

2. 加快政府职能转变，减少对文化出口的行政审批事项，简化手续，缩短时限。对国有文化企业从事文化出口业务的编创、演职、营销人员等，不设出国（境）指标，简化因公出国（境）审批手续，出国一次审批、全年有效；对国有文化企业、行业主管部门的相关负责人因公临时出国按有关规定办理。

3. 对图书、报纸、期刊等品种多、时效性强、出口次数频繁的文化产品，经海关批准，实行集中申报管理。为文化产品出口提供24小时预约通关服务等便利措施。对文化企业出境演出、展览、进行影视节目摄制和后期加工等所需暂时进出境货物，按照规定加速验放。对暂时出境货物使用暂准免税进口单证册（ATA单证册）向海关申报的，免于向海关提供其他担保。

4. 加强相关知识产权保护，研究建立文化知识产权价值评估体系，及时提供海外知识产权、法律体系及适用等方面咨询，支持文化企业开展涉外知识产权维权工作。

（三）强化财政资金支持。

1. 将对外文化贸易纳入文化领域各类专项资金和基金、省级商务发展资金的重点扶持范围，将文化科技纳入相关科技发展规划和计划。

2. 充分发挥财政资金的杠杆作用,综合运用多种政策手段,对文化服务出口、境外投资、市场开拓、营销渠道和公共服务平台建设、文化贸易人才培养等方面给予支持。运用财政资金支持融资担保,发挥贷款风险补偿机制作用,为外向型文化企业融资提供风险屏障。鼓励文化企业充分利用金融资源推动文化出口,地方财政可利用已有专项资金给予一定的贴息。

(四)完善税收扶持政策。

1. 根据国家确定的具体范围,对国家重点鼓励的文化产品出口实行增值税零税率;对国家重点鼓励的文化服务出口实行营业税免税;结合营业税改征增值税改革试点,逐步将文化服务行业纳入改革试点范围,对纳入增值税征收范围的文化服务出口实行增值税零税率或免税。为承担国家鼓励类文化产业项目而进口国内不能生产的自用设备及配套件、备件,在政策规定范围内,免征进口关税。落实有利于文化内容创意生产、非物质文化遗产项目经营的税收优惠政策。

2. 在国务院批准的中国服务外包示范城市从事服务外包业务的文化企业,符合现行税收优惠政策规定的技术先进型服务企业相关条件的,经认定后,可享受减按 15%的税率征收企业所得税和职工教育经费不超过工资薪金总额 8%的部分税前扣除政策。

3. 对从事文化产业支撑技术等领域的文化企业,按规定认定为高新技术企业的,减按 15%的税率征收企业所得税;开发新技术、新产品、新工艺发生的研究开发费用,允许按国家税法规定,在计算应纳税所得额时加计扣除。文化产业支撑技术等领域的具体范围和认定工作另行明确。

4. 经认定并符合软件企业相关条件的动漫企业,可申请享受国家现行鼓励软件产业发展的所得税优惠政策;2017 年年底前,符合条件的动漫企业,按规定享受增值税优惠政策;经认定的动漫企业自主开发、生产动漫直接产品,确需进口的商品可按现行规定享受免征进口关税和进口环节增值税的优惠政策。

(五)提升金融服务水平。

1. 鼓励金融机构按照风险可控、商业可持续原则探索适合对外文化贸易特点的信贷产品和贷款模式,开展供应链融资、海外并购融资、应收账款质押贷款、仓单质押贷款、融资租赁、银团贷款、联保联贷等业务。完善无形资产、艺术品和收益权抵(质)押权登记公示制度,积极探索扩大文化企业收益权质押贷款的适用范围。

2. 积极发挥专业增信机构作用,为中小文化企业发行中期票据、短期融资券、中小企业集合票据、中小企业私募债券等债务融资工具提供便利。支持符合条件的文化出口项目发行非金融企业资产支持票据和证券公司资产证券化产品。鼓励有跨境投资需求的文化企业在境内发行外币债券。支持文化出口企业在国务院批准的额度内,赴香港等境外人民币市场发行债券。支持符合条件的文化企业在境内外资本市场上市融资,简化境外上市、并购等核准、备案手续。鼓励符合国家规定的相关金融机构以投资参股等形式支持文化出口。

3. 鼓励保险机构加大创新型文化保险产品开发力度,开展文化企业知识产权侵权险、贷款保证保险,艺术品综合保险,演艺、会展、动漫游戏、出版物印刷复制发行和广播影视产品完工险、损失险和关键人员无法从业保险,团体意外伤害保险、特定演职人员人身意外伤害保险等新型险种和业务。创新出口信用保险产品,大力发展海外投资险,合理降低保险费率,扩大政策性保险覆盖面,促进文化企业海外投融资业务发展。根据我省文化贸易实际情况,研究制定文化产业保险扶持政策,引导外向型文化企业积极投保文化产业保险。

4. 鼓励融资性担保机构和其他各类信用中介机构开发符合文化企业特点的信用评级和信用评价方法,通过直接担保、再担保、联合担保、担保与保险相结合等方式为文化企业提供融资担保服务,多渠道分散风险。利用中小企业发展专项资金等对符合条件的融资性担保机构和担保业务予以支持。

5. 推进文化贸易投资的外汇管理便利化,确保文化出口相关跨境收付与汇兑顺畅,满足文化企业跨

境投资的用汇需求。支持符合条件的文化企业开展内保外贷、外汇资金集中管理和境外放款，扩大投融资渠道。支持文化企业采用出口收入存放境外等方式提高外汇资金使用效率。简化跨境人民币结算手续和审核流程，提升结算便利，降低汇率风险。鼓励境内金融机构开展境外项目人民币贷款业务，支持文化企业从事境外投资。发挥政策性银行等金融机构作用，吸收社会资本参与，采取债权、基金等形式，为“走出去”企业提供长期外汇资金支持。

（六）加强人才培养和引进。

鼓励宣传文化、教育、外事、商务等部门与高等院校和文化企业加强合作，在境内外举办各种形式的学习班、研究班等，对文化贸易从业人员和主管部门工作人员进行培训，提高综合素质和业务水平。将文化贸易人才纳入“五个一批”人才培养计划，鼓励高等院校加快建设与对外文化贸易相关的重点专业和学科，选择部分重点院校作为文化出口专门人才培养基地，培养一批高层次复合型专业人才。将文化贸易人才引进纳入“江苏省高层次创新创业人才引进计划”，完善户籍、机构编制、收入分配、社会保险、配偶子女入学就业等鼓励政策，加快各类优秀人才引进；对引进的国外高层次人才，使其享受外国专家政策待遇。

四、组织领导

（一）在省文化改革发展领导小组统筹指导下，建立省商务厅、省委宣传部、省文化厅、省新闻出版广电局、省财政厅、省科技厅、省教育厅、人民银行南京分行、南京海关、省外办、省国税局、省地税局、省统计局等部门和单位参加的省级对外文化贸易联席会议制度，联席会议办公室设在省商务厅。要明确任务落实责任，完善和细化相关政策措施。各地也要抓紧建立本地区的对外文化贸易工作联系机制，加强统筹协调和资源整合，形成推进对外文化贸易工作合力。

（二）大力发展对外文化中介机构，推动成立省级文化出口联盟，在商务、宣传文化等行业主管部门指导下，整合企业力量，扩大国际交流，加强行业自律，提供法律咨询和信息服务，帮助企业开拓海外文化市场。加强对外文化贸易公共信息服务，及时发布国际文化市场动态和国际文化产业政策信息。

（三）结合《文化及相关产业分类（2012）》，整理形成我省文化产品和服务进出口统计目录，制定相关统计指标，完善对外文化贸易统计和分析体系，建立科学、统一、全面、客观的统计调查制度、信息管理制度和数据发布制度，设立对外文化贸易项目库。对在对外文化贸易工作中作出突出贡献的单位和个人，加大宣传和表彰、奖励力度，激发各方面的积极性、主动性、创造性，营造对外文化贸易发展的良好氛围。

江苏省人民政府

2015年3月21日

关于加快发展生产性服务业促进产业结构调整升级的实施意见

为贯彻落实《国务院关于加快发展生产性服务业促进产业结构调整升级的指导意见》（国发〔2014〕26号），加快重点领域生产性服务业发展，进一步推动江苏产业结构调整和经济转型升级，结合我省实际，现提出如下实施意见。

一、总体要求

（一）指导思想。

以邓小平理论、“三个代表”重要思想、科学发展观为指导，认真贯彻落实党的十八大、十八届二中三中四中全会和习近平总书记系列重要讲话精神，主动适应、积极引领经济发展新常态，深入推进转型升级工程，进一步科学规划布局，放宽市场准入，完善行业标准，营造良好环境，加快生产性服务业创新发展，实现生产制造与信息技术服务的深度融合，促进农业生产和工业制造现代化，推动我省产业结构优化升级，加快构建以服务经济为主的现代产业体系，为“迈上新台阶、建设新江苏”提供有力支撑。

(二)基本原则。

——坚持市场主导。处理好政府和市场的关系，使市场在资源配置中起决定性作用和更好发挥政府作用，鼓励和支持各种所有制企业根据市场需求，积极发展生产性服务业。

——强化改革引领。以服务业体制机制改革为重点，深化服务业领域投融资体制改革，进一步简政放权、优化审批，营造生产性服务业发展的良好环境。

——实施创新驱动。建立与国际接轨的专业化服务业体系，鼓励企业开展科技创新、产品创新、管理创新和商业模式创新，推动云计算、物联网服务、电子商务、互联网平台经济等新兴服务业态发展。

——突出发展重点。以优化整合全产业链、促进企业向价值链高端发展为方向，结合我省实际，着力推进生产性服务业重点领域加快发展，培育壮大优势行业和薄弱环节，加快推动产业转型升级。

——推进集聚发展。适应新型工业化、信息化、城镇化、农业现代化发展趋势，把握“一带一路”、依托长江建设中国经济新支撑带、苏南现代化示范区、沿海开发等区域发展重大战略，因地制宜引导生产性服务业在中心城市、工业开发区、现代农业产业基地以及有条件的城镇等区域集聚，实现特色发展和差别发展。

(三)发展目标。

以产业转型升级需求为导向，进一步加快生产性服务业发展，着力实施生产性服务业“双百工程”，鼓励企业向价值链高端发展，推动园区提高集聚区发展水平，推进农业生产和工业制造现代化，加快生产制造与信息技术融合，促进我省产业逐步由生产制造型向生产服务型转变。

1.促进生产性服务业规模扩张和质态提升并重。年度生产性服务业增速高于服务业增速，生产性服务业增加值占全省服务业增加值比重逐年提高，到2020年提高到58%。

2.加大生产性服务业企业培育力度。大力实施“生产性服务业百企升级引领工程”，引导生产性服务业企业运用现代科技信息技术，加大科技研发力度，推进企业技术创新、管理创新、制度创新和模式创新，全面提升生产性服务业企业核心竞争力。

3.加快生产性服务业集聚区提档升级。重点实施“生产性服务业百区提升示范工程”，进一步完善配套服务功能，增强其要素吸附能力、产业支撑能力和辐射带动能力，培育形成100家在全国有较强影响力和示范作用的生产性服务业集聚区。到2020年，营业收入超1000亿元的服务业集聚区5—6家，超500亿元的10—12家。(责任单位：省发展改革委、省统计局)

4.引导制造业企业向价值链高端攀升。围绕产品功能升级，创新商业模式，由单一提供产品向提供产品加服务转变，培育一批制造业服务化示范企业，实施一批制造业服务化示范项目。(责任单位：省经济和信息化委)

二、主要任务

深入贯彻落实省委、省政府关于进一步加快发展现代服务业的若干意见，促进重点产业提档升级，突出抓好规模实力优、带动作用强的科技服务、信息技术服务、金融服务、现代物流、商务服务、服务外包等六大重点服务产业。同时，立足江苏实际，培育壮大成长潜力大、市场前景广的电子商务、节能环保服务、检验检测、售后服务、人力资源服务、品牌和标准化等6个服务业细分领域和行业。

(四)科技服务。

围绕深入实施创新驱动战略、拓展科技创新工程的总体要求，实施“科技服务体系建设行动计划”，积极发展研究开发、技术转移、检验检测认证、创业孵化、知识产权、科技咨询、科技金融、科学技术普及等专业科技服务和综合科技服务，提升科技服务业对科技创新和产业发展的支撑能力。积极开展研发

设计服务，加强新技术的研发和推广应用，加快创新成果产业化步伐。开展面向生产性服务业企业的知识产权培训、专利运营、分析评议、专利代理和专利预警等服务，深化科技和金融结合，积极发展创业孵化服务和科技咨询服务。鼓励整合资源，创新服务模式和商业模式，发展全链条的科技服务。建立主要由市场评价创新成果的机制，加快科技创新转化为现实生产力。（责任单位：省科技厅、省经济和信息化委、省发展改革委、省知识产权局、省质监局）

以服务制造业、设计产业化为基本导向，积极发展工业设计服务，促进企业培育品牌、提升产品、提高价值。充分发挥制造企业在推动工业设计发展中的主体作用，鼓励有条件的企业建立设计中心，在市场调研、技术转化、产品设计、工艺设计、包装设计等重点环节提高设计创新和系统集成能力。大力发展专业化设计及相关定制、加工服务，鼓励建立专业化、开放型的工业设计企业，促进工业企业与工业设计企业合作。到2020年，建成10家左右国家级工业设计中心和100家省级工业设计中心以及5家辐射力强、服务体系完善、带动作用明显的省区共建工业设计示范园。积极推动南京紫东国际创意园加快中国工业设计服务中心建设，推进工业设计产学研用合作，面向全省制造业提供更好的工业设计服务整合、转化和推广，加快设计创新成果产业化步伐。（责任单位：省经济和信息化委）

（五）信息技术服务。

加快发展以云计算、大数据、物联网、移动互联网等为代表的信息服务业，积极运用现代信息技术推动制造业的智能化、柔性化和服务化，促进大规模定制生产等模式创新发展。加快面向工业重点行业的知识库建设，创新面向专业领域的信息服务方式，提升服务能力。加强相关软件研发，提高信息技术咨询设计、集成实施、运行维护、测试评估和信息安全服务水平，面向工业行业应用提供系统解决方案，促进工业生产业务流程再造和优化。推动工业企业与软件提供商、信息服务提供商联合提升企业生产经营管理全过程的数字化水平。支持工业企业所属信息服务机构面向行业和社会提供专业化服务。加快农村互联网宽带基础设施建设，推进网络信息进村入户。力争到2020年，全省主营业务收入超10亿元的软件和信息服务企业达到80家左右，其中，超100亿元10家、超500亿元1家。（责任单位：省经济和信息化委、省发展改革委、省通信管理局）

重点突破虚拟化、并行计算、海量信息处理、大数据存储、数据挖掘、建模融合等一批关键核心技术，打造包括芯片、硬件、终端、网络、云中心建设运营、云应用在内的完整产业链。加快建设云计算重点实验室、工程技术平台、公共服务体系和云计算中心，以服务需求引导云计算和大数据产业健康发展。鼓励在政府公共服务、城市管理、电信等领域开展示范应用，加快拓展云服务市场，打造全国领先的云计算、云存储、云安全、云应用服务中心。大力发展商业智能服务，构建基于互联网的大数据采集、分析、挖掘和决策服务系统，加快发展基于大数据分析的精益生产、精准营销、精确物流和市场决策等商业化服务。支持国家四大运营商在江苏建设全国或区域性数据中心。推进国家超级计算（无锡）中心建设和无锡国家云计算服务创新发展试点。引导互联网企业加快向移动互联网领域渗透，在车联网、智能家居、互联网金融、教育、健康、媒体等领域实现新突破。抢抓产业互联网机遇，推进智能制造发展，形成产业互联网先发优势。突破物联网关键技术，开展物联网信息采集、传输、存储、处理等相关软件技术和产品研发，拓展物联网运营服务和增值服务，加快培育物联网信息服务新模式。建立行业和应用标准，大力推进公共交通、环境监测、医疗卫生等领域的物联网应用服务，重点实施物联网应用示范工程，加快无锡国家传感网创新示范区、南京物联网软件产业基地、苏州物联网产品制造基地等重点产业基地建设，培育一批物联网软件、系统集成和运营服务重点企业，将我省建成物联网应用示范先行区。（责任单位：省经济和信息化委、省科技厅、省发展改革委）

（六）金融服务。

壮大地方金融实力，完善地方金融企业法人治理结构，鼓励银行、证券、保险等骨干金融企业强强联合，探索以相互参股等方式整合资源、共赢发展。鼓励民间资本进入金融行业，规范发展小额贷款公司、典当行、金融租赁公司、消费金融公司、企业集团财务公司、融资性担保公司、商业保理公司等非金融机构和网络借贷、网络证券、网络保险、网络支付、众筹等新型业态，健全金融市场体系。支持紫金投资、无锡国联、苏州国发等地方金融控股平台创新发展，增强对银行、证券、期货、保险、信托等金融机构和新型金融市场主体、金融中介服务机构的综合性投资能力，提升控股公司金融资产管理水平和运行质量。支持“开鑫贷”P2P网上借贷平台发展。（责任单位：省金融办、人民银行南京分行、江苏银监局、江苏证监局、省经济和信息化委、省商务厅）

着力推进融资租赁发展，建立完善融资租赁业运营服务和管理信息系统，丰富租赁方式，提升专业水平，形成融资渠道多样、集约发展、监管有效、法律体系健全的融资租赁服务体系。紧密联系产业需求，积极开展租赁业务创新和制度创新，大力推广大型制造设备、施工设备、运输工具、生产线等融资租赁服务，支持中小微融资租赁企业发展。鼓励融资租赁服务企业加强与商业银行、保险、信托等金融机构合作，多渠道拓展融资空间，实现规模化经营。引导企业利用融资租赁方式，进行设备更新和技术改造。建设程序标准化、管理规范化、运转高效的租赁物与二手设备流通市场，建立和完善租赁物公示、查询系统和融资租赁资产退出机制。加快研究制定融资租赁行业的地方性法规和规章，建立系统性行业风险防范机制。（责任单位：省金融办、省商务厅）

（七）现代物流。

抓住机场、轨道交通、深水航道等重点工程建设机遇，加快形成南京、徐州、连云港三大国家级区域性物流枢纽城市，打造苏锡常、南通省级区域性物流枢纽城市（群）。完善物流建设和服务标准，引导物流设施资源集聚集约发展，培育一批综合物流中心、专业物流中心和配送中心，加快快递业发展。引导企业剥离物流业务，培育壮大本土现代物流企业，进一步优化供应链管理服务，促进向第三方、第四方物流服务转型。推动快递业与制造业、电子商务、跨境网购、交通运输业协同发展，规范快递市场监管，促进快递企业转型升级。完善农村物流服务体系，加强产销衔接，扩大农超对接规模。在关系民生的农产品、药品、快速消费品等重点领域开展标准化托盘循环共用示范试点。推进电子口岸和大通关建设，拓展综合保税区等海关特殊监管区功能，努力形成接轨国际、服务全国、辐射周边的现代物流产业高地。

完善物流业与制造业联动发展对接平台，促进建立新型的产业联动战略合作关系，推动物流业与制造业深度融合，鼓励有条件的生产制造型企业积极引入物流供应链管理理念，加快向制造服务型企业转型。大力培育重点物流基地（园区）和重点物流企业，充分发挥物流基地（园区）整体效能和集聚带动作用，鼓励和吸引更多的骨干物流企业入驻基地（园区），促进供应链相关环节在物流基地（园区）内实现集聚、衔接和联动。引导扶持一批综合能力较强、行业影响较大的第三方物流企业上规模、上水平，发挥引领带动作用，着力打造江苏物流知名品牌。

加强核心技术开发，重点推进云计算、物联网、北斗导航及地理信息等技术在物流智能化管理方面的应用。加强综合性、专业性物流公共信息平台和货物配载中心建设，衔接货物信息，匹配运载工具，提高物流企业运输工具利用效率，降低运输车辆空驶率。依托一批重点物流基地（园区），推进物流过程可视化智能管理调度中心、智能化物流配送中心、智能化口岸物流等物联网物流应用示范基地建设。在汽车、钢铁、医药等重点行业，推进智能物流数据中心和分析应用中心建设，打造一批区域和行业智能物流公共信息平台。优化物流配送网络，鼓励统一配送和共同配送，实现交通物流、产地物流和城市配送物流无缝衔接，形成成本最低、时间最短、效率最高的物流运作网络。推广甩挂运输和多式联运，推进新能源汽车、仓库太阳能发电、托盘共用系统应用，实现物流产业低碳绿色发展。充分利用重大技术装备“首购首用”政策，推动物流新技术在港口物流、冷链物流、产品溯源管理等重点领域的应用，实现物流全过程监控和管理。（责任单位：省经济和信息化委、省发展改革委、省商务厅、省交通运输厅、省邮政管理局、省公安厅）

（八）商务服务。

大力发展法律服务、评估检测、会计审计、广告咨询等商务服务业，推动商务服务专业化、规模化、国际化发展。引导商务咨询企业以促进产业转型升级为重点，加快发展战略规划、营销策划、市场调查、管

理咨询等提升产业发展素质的咨询服务，积极发展资产评估、会计、审计、税务、勘察设计、工程咨询等专业咨询服务。鼓励生产性服务业企业创造自主知识产权，加快数字版权保护技术研发，扩大知识产权基础信息资源共享范围，加强知识产权执法，保护创新积极性。完善知识产权交易和中介服务体系，加强知识产权咨询服务，发展检索、分析、数据加工等基础服务，培育知识产权转化、投融资等市场化服务。加快南京河西CBD、昆山花桥国际商务城、连云港大陆桥国际商务中心等重点载体建设，努力把江苏建设成为商务服务最好、商务成本最低、商务环境最优的省份。（责任单位：省发展改革委、省财政厅、省审计厅、省质监局、省知识产权局）

（九）服务外包。

把握全球服务外包发展新趋势，积极承接离岸服务外包业务，大力培育在岸服务外包市场。适应生产性服务业社会化、专业化发展要求，鼓励服务外包，促进企业突出核心业务、优化生产流程、创新组织结构、提高质量和效率。引导社会资本积极发展信息技术外包、业务流程外包和知识流程外包业务，为产业转型升级提供支撑。鼓励政府机构和事业单位购买专业化服务，加强管理创新。支持企业购买专业化服务，构建数字化服务平台，实现包括产品设计、工艺流程、生产规划、生产制造和售后服务在内的全过程管理。加快南京、苏州、无锡3个国家服务外包示范城市和省级示范城市、示范区建设，培育一批服务外包领军企业和集聚区，打造全国服务外包高地和国际知名的服务外包产业集聚地。（责任单位：省商务厅）

（十）电子商务。

积极推动电商拓市，深化大中型企业电子商务应用，促进大宗原材料网上交易、工业产品网上定制、上下游关联企业业务协同发展，创新组织结构和经营模式。引导小微企业依托第三方电子商务服务平台开展业务。引导和支持生产企业利用电子商务强化供应链管理，提高专业化生产制造能力，发展网络定制产品。推动关键技术与电子商务融合发展，引导电子商务企业积极应用云计算、大数据、移动互联网等新一代信息技术，加强数据分析和价值挖掘。支持省内有条件的电子商务企业和金融机构发展互联网金融业务，加强个人理财、小微企业融资、保险等领域的产品创新，构建移动支付、在线支付、跨境支付等多元化电子支付体系，打造集网络销售、网络支付、融资服务等多业务于一体的综合平台。支持苏宁集团以互联网零售为主体，打造线上线下融合的O2O全渠道、全开放运营模式。加强网络基础设施建设和电子商务信用体系、统计监测体系建设，不断完善电子商务标准体系和快递服务质量评价体系。推进农村电子商务发展，积极培育农产品电子商务和有利于农民就地就业的特色电子商务，鼓励网上购销对接等多种交易方式。积极争取开展跨境电子商务进出口试点，探索政策突破和业务模式创新，支持有条件的城市先行先试。到2020年，电子商务对全省经济增长的贡献度显著提高，全省电子商务发展水平位于全国前列。（责任单位：省商务厅、省发展改革委、省经济和信息化委、省金融办）

依托电子信息产业基础，大力发展以内外交易和服务经济为目的的互联网平台，重点打造大宗商品现货交易平台、壮大特色电子商务流通平台、培育生活需求细分服务平台、提升信息化资讯服务平台、构建互联网金融服务平台，支持有条件的地区面向重点行业领域发展专业特色平台。鼓励有条件的企业向平台化转型，加快电子商务支付类、应用及平台建设类、营销服务类、物流服务类等平台型、功能型企业发展，着力培育一批信誉好、实力强的平台龙头企业。推动电子商务平台不断丰富商品和服务种类，逐步形成不同类型平台企业配套发展、协同联动、服务共赢的“平台集聚经济”。支持面向跨境贸易的多语种电子商务平台建设、服务创新和应用推广。优化配套环境，推动信息技术、信用、物流、检测、认证等服务体系发展，促进贸易、服务、金融和物流效率不断提升，使平台经济成为全省实施转型升级战略的重要推动力。（责任单位：省发展改革委、省经济和信息化委、省商务厅）

（十一）节能环保服务。

健全节能环保法规和标准体系，增强节能环保指标的刚性约束，严格落实奖惩措施。大力发展节能减排投融资、能源审计、清洁生产审核、工程咨询、节能评估等第三方节能环保服务体系。规范引导建材、冶金、化工、能源企业协同开展城市及产业废弃物的资源化处理，建立交易市场。鼓励结合改善环境质量和治理污染的需要，开展环保服务活动。发展系统设计、成套设备、工程施工、调试运行和维护管理等环保服务总承包。鼓励大型重点用能单位依托自身技术优势和管理经验，开展专业化节能环保服务。探索排污权抵押融资模式，拓展节能环保设施融资、租赁业务。大力推广合同能源管理，积极探索节能量市场化交易。建设再生资源回收体系和废弃物逆向物流交易平台。积极发展再制造专业技术服务，建立再制造旧件回收、产品营销、溯源等信息化管理系统。推行环境污染第三方治理。继续开展省级以上开发区生态园区创建工作，积极引导生产性企业实现资源、能源综合利用。大力推进南京江宁经济技术开发区、宜兴环保科技工业园、盐城环保科技城、泰兴环保科技产业园发展环保服务业。（责任单位：省经济和信息化委、省环保厅、省发展改革委、省能源局）

（十二）检验检测。

加强计量、检测技术、检测装备研发等基础能力建设，发展面向设计开发、生产制造、售后服务全过程的观测、分析、测试、检验、标准、认证等服务，建设一批国家级和省级产品质检中心和产业计量测试中心。加快发展药品、医疗器械、农产品质量安全、食品安全等检验检测以及进出口检验检疫服务，加强先进重大装备、新材料、新能源汽车等领域的第三方检验检测服务，积极发展在线检测。开拓电子商务等服务认证领域，完善检验检测认证服务体系。引导检验检测认证机构集聚发展，加快推进业务相同或相近的检验检测认证机构整合。鼓励不同所有制检验检测认证机构平等参与市场竞争，培育一批技术能力强、服务水平高、规模效益好、具有一定国际影响力的检验检测认证集团。（责任单位：省质监局、省食品药品监管局、江苏检验检疫局）

（十三）售后服务。

鼓励企业将售后服务作为开拓市场、提高竞争力的重要途径，增强服务功能，健全服务网络，提升服务质量，完善服务体系。完善产品“三包”制度，推动发展产品配送、安装调试、以旧换新等售后服务，积极运用互联网、物联网、大数据等信息技术，发展远程检测诊断、运营维护、技术支持等售后服务新业态。大力发展专业维护维修服务，加快技术研发与应用，促进维护维修服务业务和服务模式创新，鼓励开展设备监理、维护、修理和运行等全生命周期服务。积极发展专业化、社会化第三方维护维修服务，支持具备条件的工业企业内设机构向专业维护维修公司转变。完善售后服务标准，加强售后服务专业队伍建设，健全售后服务认证制度和质量监测体系，不断提高用户满意度。（责任单位：省工商局、省经济和信息化委、省质监局）

（十四）人力资源服务。

以产业引导、政策扶持和环境营造为重点，推进人力资源服务创新，大力开发满足不同层次、不同群体需求的各类人力资源服务产品。提高人力资源服务水平，促进人力资源服务供求对接，引导各类企业通过专业化人力资源服务提升人力资源管理开发和使用水平，提升劳动者素质和人力资源配置效率。加快形成一批具有国际竞争力的综合型、专业型人力资源服务机构。支持中国苏州人力资源服务产业园等重点园区建设，加快人力资源服务产业集聚。统筹利用高等院校、科研院所、职业院校、社会培训机构和企业等各种培训资源，强化生产性服务业所需的创新型、应用型、复合型、技术技能型人才开发培训。加快推广中关村科技园区股权激励试点经验，调动科研人员创新进取的积极性。营造尊重人才、有利于优秀人才脱颖而出和充分发挥作用的社会环境。围绕我省构建现代产业体系发展目标，加快培养造就一支门类齐全、技艺精湛、素质优良的技能人才队伍。（责任单位：省人力资源社会保障厅）

（十五）品牌和标准化。

积极推动服务业企业自主品牌创建，重点培育金融、现代物流、商务服务等生产性服务业品牌，创建电子商务、云计算、物联网等新兴服务业品牌，形成一批在全国乃至国际范围内有影响力的江苏服务业品牌企业和江苏服务业区域品牌。重点支持技术先进型生产服务业企业和省级服务外包基地完善商标战略规划、创建知名品牌。大力开展“标准提升服务质量行动”，突出抓好信息、物流、金融、科技、商务服

务、电子商务等重点领域和新型业态服务标准的制(修)订、实施与推广，积极推进国家级、省级服务业标准化示范项目，建设一批服务业标准化试点示范单位。加大生产性服务业标准的推广应用力度，积极争取国家级服务业标准化项目。鼓励具有自主知识产权的知识创新、技术创新和模式创新，积极创建知名品牌，增强独特文化特质，以品牌引领消费，带动生产制造，推动形成具有江苏特色的品牌价值评价机制。(责任单位:省工商局、省质监局、省发展改革委、省经济和信息化委)

三、落实和完善支持政策

(十六)扩大改革开放。

进一步放开生产性服务业领域市场准入，营造公平竞争环境，不得对社会资本设置歧视性障碍，鼓励社会资本以多种方式发展生产性服务业。进一步减少生产性服务业重点领域前置审批和资质认定项目，加大市场监管力度，建立健全有利于公平竞争的体制机制。允许社会资本参与应用型技术研发机构市场化改革。鼓励社会资本参与国家和省级服务业综合改革试点。(责任单位:省工商局、省发展改革委、省商务厅)

引导外资企业来苏设立生产性服务业企业、各类功能性总部和分支机构、研发中心、营运基地等。统一内外资法律法规，推进生产性服务业领域有序开放，放开建筑设计、会计审计、商贸物流、电子商务等服务业领域外资准入限制。加快落实服务业进一步扩大开放的政策措施，对已经明确的扩大开放要求，要抓紧制定配套措施。积极对接中国(上海)自由贸易试验区，研究探索对外商投资实行准入前国民待遇加负面清单的管理模式。加强苏港、苏澳、苏台、苏新服务业合作，加快推进昆山与台湾地区的服务业合作试点。(责任单位:省商务厅、省发展改革委)

鼓励有条件的企业依托现有产品贸易优势，在境外设立分支机构，大力拓展生产性服务业发展空间。推进境外投资项目备案和企业备案单一窗口模式试点，进一步提高生产性服务业境外投资的便利化程度。鼓励企业利用电子商务开拓国际营销渠道，积极争取跨境电子商务通关试点。鼓励设立境外投资贸易服务机构，做好境外投资需求的规模、领域和国别研究，提供对外投资准确信息，为企业“走出去”提供咨询服务。(责任单位:省商务厅、省发展改革委)

(十七)完善土地和价格政策。

合理安排生产性服务业用地，提升节约集约用地水平。强化生产性服务业土地保障，对列入省重大项目投资计划符合点供条件的生产性服务业项目，可由省国土资源部门给予优先保障;对列入现代服务业“十百千”行动计划的生产性服务业重点项目，其用地指标由各地给予优先保障。鼓励工业企业以利用自有工业用地或提高容积率等方式，兴办促进企业转型升级的自营生产性服务业，经依法批准，对提高自有工业用地容积率用于自营生产性服务业的工业企业，可按新用途办理相关手续。鼓励通过推进城镇低效用地再开发，发展生产性服务业。(责任单位:省国土资源厅)

建立完善主要由市场决定价格的生产性服务业价格形成机制，规范服务价格。建立科学合理的生产性服务业企业贷款定价机制，加大对生产性服务业重点领域企业的支持力度。对工业企业分离出的非核心业务，在水、气方面实行与原企业相同的价格政策。符合条件的生产性服务业重点领域企业，可申请参与电力用户与发电企业直接交易试点。加强对生产性服务业重点领域违规收费项目的清理和监督检查。(责任单位:省物价局、省能源局)

(十八)创新金融服务。

鼓励商业银行按照风险可控、商业可持续原则，开发适合生产性服务业特点的各类金融产品和服务，积极探索金融机构针对平台企业特点创新金融产品和服务方式，开展产业链融资、企业圈融资、商圈融资等创新实践。支持节能环保、检验检测等服务业项目以预期收益质押获得贷款。积极探索利用知识产权质押、仓单质押、信用保险保单质押、股权质押、商业保理等多种方式融资的可行措施。建立生产性服务业重点领域企业信贷风险补偿机制。搭建方便快捷的融资平台，支持符合条件的生产性服务业企业上市融资、通过银行间债券市场融资，拓宽企业融资渠道。对省生产性服务业示范企业，优先支持其发行中长期企业债券、银行间市场债务融资工具，对于规模较小但具有稳定现金流的项目，支持其通过项目信托计划、资产证券化等多种方式扩大资金来源。完善动产抵（质）押登记公示体系，建立健全动产押品管理公司监管制度。根据研发、设计、应用的阶段特征和需求，建立完善相应的融资支持体系和产品，支持商业银行发行专项金融债券，服务小微企业。对符合条件的中小企业信用担保机构实行免征营业税政策。鼓励融资性担保机构扩大生产性服务业企业担保业务规模。（责任单位：人民银行南京分行、江苏银监局、省金融办、省发展改革委、省经济和信息化委、省财政厅、省国税局、省地税局）

（十九）完善财税政策。

积极推进营业税改征增值税试点扩围工作。根据生产性服务业产业融合度高的特点，完善促进生产性服务业的税收政策。支持集团型物流企业总分机构实行增值税合并纳税，以适应物流业网络化经营要求，平衡物流企业集团税负。研发设计、检验检测认证、节能环保等科技型、创新型生产性服务业企业，可申请认定为高新技术企业，享受15%的企业所得税优惠税率。加大生产性服务业企业研究开发费用加计扣除以及高新技术企业、进口设备税收减免等优惠政策落实力度。对生产性服务业企业发生的符合规定的研发费用，未形成无形资产计入当期损益的，在按规定据实扣除的基础上，按研发费用的50%加计扣除；形成无形资产的，按照无形资产成本的150%摊销。对缴纳房产税、城镇土地使用税确有困难的生产性服务业企业，经有关部门批准后，可按规定减免相关税收。地方财政在各自事权和支出责任范围内，重点支持公共基础设施、市场诚信体系、标准体系建设以及公共服务平台等服务业发展薄弱环节建设，探索完善财政资金投入方式，提高资金使用效率，推动建立统一开放、规范竞争的服务业市场体系。鼓励开发区、产业集群、现代农业产业基地、服务业集聚区和发展示范区积极建设重大服务平台。积极研究自主创新产品首次应用政策，增加对研发设计成果应用的支持。完善政府采购办法，逐步加大政府向社会力量购买服务的力度，凡适合社会力量承担的，都可以通过委托、承包、采购等方式交给社会力量承担。（责任单位：省财政厅、省国税局、省地税局、省科技厅）

充分发挥省级服务业发展专项引导资金的作用，重点支持生产性服务业“双百工程”和重大项目建设。创新引导资金扶持方式，探索以服务业股权投资基金、创业投资基金和融资增信等方式，吸引各类社会投资和金融机构加大对生产性服务业企业和项目的支持力度，更大限度地发挥财政资金使用效率。改革鼓励服务业企业创新的支持方式，加大力度奖励创新成果，营造企业创新的良好氛围。（责任单位：省财政厅、省发展改革委）

四、营造服务业发展良好环境

（二十）加强组织领导。建立健全与生产性服务业发展新任务、新要求相适应的工作体系和推进机制，省服务业领导小组负责推进全省生产性服务业发展，领导小组办公室负责生产性服务业的组织协调、统筹规划、任务分解和政策研究，相关部门按行业领域和职责分工，制定具体推进措施，确保各项目标任务完成。各地结合实际，建立市级层面相应工作机构和推进机制，共同推动我省生产性服务业加快发展。（责任单位：省发展改革委、省服务业发展领导小组成员单位）

（二十一）强化人才支撑。发挥中高级专业人才对生产性服务业企业创新的关键作用，研究制定吸引和留住中高级专业人才的政策措施。鼓励创新型人才发展，省高层次创新创业人才引进计划专项资金为服务业企业引进高层次人才提供经费支持。建设大型专业人才服务平台，增强人才供需衔接。各地可结合实际对面广量大的生产性服务业紧缺人才培训给予适当补助。建立人才国际化政策体系，在海外人才落户、住房安排、社会保障、子女入学、配偶安置、重大科技项目承担、参与国家标准制定等方面优先予以支持。（责任单位：省委组织部、省财政厅、省人力资源社会保障厅）

（二十二）建立健全统计制度。以国民经济行业分类为基础，结合我省实际，抓紧研究制定江苏生产性服务业及重点领域统计分类，完善相关统计制度并在此基础上构建更加科学合理的指标体系，明确各

有关部门相关统计任务。建立健全有关部门信息共享机制，逐步形成年度、季度生产性服务业信息发布制度。（责任单位：省统计局）

各地、各有关部门要根据本实施意见精神研究制定具体操作办法和实施细则，确保各项工作和政策措施落到实处。省发展改革委要加强统筹协调，会同有关部门对落实情况进行自查和跟踪分析，每半年向省政府报告1次落实情况，重大问题及时报告。

江苏省人民政府
2015年4月11日

关于在公共服务领域推广政府和社会资本合作模式的实施意见

为贯彻《国务院办公厅转发财政部发展改革委人民银行关于在公共服务领域推广政府和社会资本合作模式指导意见的通知》（国办发〔2015〕42号）精神，围绕增加公共产品和公共服务供给，充分发挥社会资本积极作用，改革创新公共服务供给机制，大力推广政府和社会资本合作（Public—Private Partnership，以下简称PPP）模式，促进稳增长、促改革、调结构、惠民生、防风险，现就推广政府和社会资本合作提出以下实施意见。

一、充分认识推广政府和社会资本合作模式的重大意义

政府和社会资本合作（PPP）模式是公共服务供给机制的重大创新，即政府采取竞争性方式择优选择具有投资、运营管理能力的社会资本，双方按照平等协商原则订立合同，明确责权利关系，由社会资本提供公共服务，政府依据公共服务绩效评价结果向社会资本支付相应对价，保证社会资本获得合理收益。PPP模式能充分发挥市场机制作用，从而提升公共服务的供给质量和效率，实现公共利益最大化。

（一）有利于加快转变政府职能，实现政企分开、政事分开。社会资本承担公共服务项目的设计、建设、投资、融资、运营和维护等责任，政府作为监督者和合作者，减少对微观事务的直接参与，加强发展战略制定、社会管理、市场监管、绩效考核等职责，有助于简政放权，理顺政府与市场关系，深化投融资体制改革，推进国家治理体系和治理能力现代化。

（二）有利于打破行业准入限制，激发经济活力和创造力。PPP模式将有效打破社会资本进入公共服务领域的各种限制，鼓励国有企业、民营企业、混合所有制企业等各类型企业积极参与提供公共服务，大幅拓展社会资本特别是民营资本的发展空间，激发市场主体活力和发展潜力，为中小企业提供更多参与机会，有利于盘活社会存量资本，形成多元化、可持续的公共服务资金投入渠道，打造新的经济增长点，增强经济增长动力。

（三）有利于完善财政投入和管理方式，提高财政资金使用效益。在PPP模式下，政府以运营补贴等作为社会资本提供公共服务的对价，以绩效评价结果作为对价支付的依据，并纳入预算管理、财政中期规划和政府财务报告，按照代际公平的原则分担公共资金投入，有效弥补当期财政投入不足，有利于减轻当期财政支出压力，平滑年度间财政支出波动，防范和化解政府性债务风险。

二、明确政府和社会资本合作模式的总体要求

（一）指导思想。

坚持以党的十八大和十八届三中、四中全会精神为指导，按照省委、省政府决策部署，全面深化改革，立足江苏实际，改革创新公共服务供给机制和投入方式，发挥市场在资源配置中的决定性作用，引导和鼓励社会资本积极参与公共服务供给，不断提升我省公共服务保障水平。

（二）遵循原则。

1. 依法合规，重诺履约。将政府和社会资本合作纳入法制化轨道，建立健全制度体系，保护参与各方的合法权益，明确全生命周期管理要求，确保项目规范实施。政府和社会资本法律地位平等、权利义务对等，合同双方必须牢固树立法律意识、契约理念，坚持平等协商、互利互惠、诚实守信、严格履约。

2. 回报合理，风险分担。建立合理的投资回报机制，稳定社会资本收益预期。加强项目成本监测，要充分调动社会资本积极性，确保社会资本有盈利但不暴利。在政府和社会资本间合理分配 PPP 项目风险，原则上项目设计、建造、财务和运营维护等商业风险由社会资本承担，政策和最低需求等风险由政府承担，不可抗力等风险由政府和社会资本合理共担。

3. 公开公正，规范透明。PPP 项目必须坚持程序规范透明，通过公开、公平、公正的竞争方式选择社会资本方。依法充分披露 PPP 项目重要信息，保障公众知情权。

4. 积极稳妥，有序推进。坚持必要、合理、可持续的财政投入原则，有序推进 PPP 项目实施，控制项目的政府支付责任，防止政府支付责任过重加剧财政收支矛盾，而带来支出压力。

（三）发展目标。

立足于加强和改善公共服务，形成有效促进 PPP 模式规范健康发展的制度体系，培育统一规范、公开透明、竞争有序、监管有力的政府和社会资本合作市场。把政府的政策目标、社会目标和社会资本的运营效率、技术进步有机结合起来，促进社会资本竞争和管理创新，确保公共利益最大化。

（四）适用范围。

在能源、交通运输、水利、环境保护、市政工程、农业、林业、科技、保障性安居工程、医疗、卫生、养老、教育、文化等公共服务领域，鼓励采用 PPP 模式，吸引社会资本参与。其中，在能源、交通运输、水利、环境保护、市政工程等特定领域需要实施特许经营的，按《基础设施和公用事业特许经营管理办法》执行。

1. 存量项目。积极运用转让—运营—移交（TOT）、改建—运营—移交（ROT）等方式，将具备条件的政府融资平台公司存量公共服务项目转型为 PPP 项目，引入社会资本参与改造和运营，在征得债权人同意的前提下，将政府性债务转换为非政府性债务，腾出资金用于重点民生项目建设。大力推动融资平台公司与政府脱钩，进行市场化改制，健全完善公司治理结构，对已经建立现代企业制度、实现市场化运营的，在其承担的地方政府债务已纳入政府财政预算、得到妥善处置并明确公告今后不再承担地方政府举债融资职能的前提下，可作为社会资本参与当地 PPP 项目，通过与政府签订合同方式，明确责权利关系。严禁融资平台公司通过保底承诺等方式参与 PPP 项目，进行变相融资。

2. 新建项目。新建公共服务类项目，应优先采用 PPP 模式，由地方政府根据当地经济社会发展需要，结合财政收支平衡状况，按照项目实施周期、收费定价机制、投资收益水平、风险分配基本框架和所需要的政府投入等因素，统筹论证新建项目的经济效益和社会效益，并进行财政承受能力论证，逐步增加运用 PPP 模式的比例。合理选择建设—运营—移交（BOT）、建设—拥有—运营（BOO）等运作方式，保证决策质量。

三、规范推进政府和社会资本合作项目实施

（一）严格规范实施要求。各地应按照预算法、合同法、政府采购法及实施条例精神，按照国办发〔2015〕42 号文件要求，建立健全 PPP 项目实施制度体系，严格规范项目识别、准备、采购、执行、移交各环节操作流程，实施项目全生命周期管理，保证项目实施质量，维护国家利益、社会公共利益和社会资本的合法权益。

（二）建立完善遴选机制。各级行业主管部门根据经济社会发展需求及行业发展规划，从新建、改建项目或存量公共资产中遴选潜在项目，社会资本可向行业主管部门推荐合作项目。项目发起人应提交可行性研究报告、项目产出说明、存量公共资产的历史资料和初步实施方案等相关资料，明确 PPP 项目的实施机构、合作模式、期限与回报机制等。各地财政部门应会同发展改革及各相关职能部门对征集的

PPP 项目进行评估、论证等筛选工作，确定备选项目，制定 PPP 项目年度和中期开发计划，建立动态管理、滚动实施、批次推进的 PPP 项目储备库。省财政部门应会同省发展改革委及省各行业主管部门对各地、各部门报送的项目进行审查、论证，建立并完善全省 PPP 项目库。

(三)科学进行评估论证。各地对备选项目进行科学评估论证，积极借鉴物有所值(Value for Money)评价理念和方法，对拟实施 PPP 项目进行筛选，确保在增加供给、优化风险分配、提高服务质量和运营效率、降低项目成本、促进创新和竞争等方面比传统政府采购模式更具优势。应按照《政府和社会资本合作项目财政承受能力论证指引》(财金〔2015〕21 号)要求，对拟实施 PPP 项目从股权投资、运营补贴、风险承担、配套投入等方面进行全生命周期财政支出责任识别，结合本级财力状况、收支结构、债务水平等方面进行财政可承受力评估，促进中长期财政可持续发展。各级政府每一年度全部 PPP 项目财政支出责任量化额度，可按不超过一般公共预算支出 10%比例安排。

(四)合理确定权利义务。各地财政部门应会同发展改革及各相关职能部门对项目实施机构制定的 PPP 项目实施方案及合同条款进行联合评审，并报同级政府批准。应树立平等协商的理念，按照权责对等原则合理分配项目风险，按照激励相容原则科学设计项目实施方案及合同条款，明确项目的产出说明和绩效要求、收益回报机制、退出安排、应急和临时接管预案等关键环节，实现责权利对等。引入价格和补贴动态调整机制，充分考虑社会资本获得合理收益。如单方面构成违约的，违约方应当给予对方相应赔偿。建立投资、补贴与价格的协同机制，为社会资本获得合理回报创造条件。

(五)择优选择合作伙伴。各级政府应当按照相关法律法规规定，公开选择 PPP 项目合作伙伴。依托政府采购信息平台，及时、充分向社会公布项目采购信息。综合评估项目合作伙伴的专业资质、技术能力、管理经验、财务实力和信用状况等因素，依法择优选择诚实守信的合作伙伴。加强项目政府采购环节的监督管理，保证采购过程公平、公正、公开。省级以上试点示范项目在省级政府采购平台组织实施。

(六)推动项目落地实施。项目实施单位应会同相关职能部门按照合同约定，督促社会资本方按时足额出资设立项目公司，保证按时完成项目融资并履行建造、运营、维护和移交等合同义务，定期监测项目产出绩效指标，依约提请财政部门支付费用，并执行约定的奖励、惩处及超额收益分享条款。社会资本要履行好社会责任，严格按照约定保质保量提供服务，维护公众利益。要积极进行业务转型和升级，从工程承包商、建设施工方向运营商转变，实现跨不同领域、多元化发展。咨询、法律、会计等中介机构要提供优质价廉的服务，促进项目增效升级。

(七)保障服务持续有效。按照合同约定，对项目建设情况和公共服务质量进行验收，逾期未完成或不符合标准的，社会资本要限期完工或整改，并采取补救措施或赔偿损失。健全合同争议解决机制，依法积极协调解决争议。确需变更合同内容、延长合同期限以及变更社会资本方的，由政府和社会资本方协商解决，但应当保持公共服务的持续性和稳定性。项目资产移交时，要对移交资产进行性能测试、资产评估和登记入账，并按照国家统一的会计制度进行核算，在政府财务报告中进行反映和管理。

(八)建立绩效管理体系。积极构建政府、公众共同参与的综合性评价体系，建立事前设定绩效目标、事中进行绩效跟踪、事后进行绩效评价的全生命周期绩效管理机制，对项目的产出目标实现程度、运营管理、资金使用、成本费用、公共产品和服务质量、公众满意度等进行综合评价，评价结果依法公开。将政府付费、使用者付费与绩效评价挂钩，绩效评价结果作为调价的重要依据，确保实现公共利益最大化。

四、强化政府和社会资本合作政策制度保障

(一)加强项目财政管理。开展财政承受能力论证，统筹评估和控制项目的财政支出责任，促进中长期财政可持续发展。各地应针对政府付费、使用者付费、可行性缺口补助等不同支付机制，将项目涉及的运营补贴、经营收费权和其他支付对价等，按照国家统一的会计制度进行核算，纳入年度预算、中期财

政规划，在政府财务报告中进行反映和管理，并向本级人大或其常委会报告。存量公共服务项目转型为PPP项目过程中，应依法进行资产评估，合理确定价值，防止公共资产流失和贱卖。项目实施过程中政府依法获得的国有资本收益、约定的超额收益分成等公共收入应上缴国库。

（二）健全价格调整机制。积极推进公共服务领域价格改革，按照补偿成本、合理收益、节约资源、优质优价、公平负担的原则，依据项目运行情况和绩效评价结果，加快健全公共服务价格调整机制。完善政府价格决策听证制度，提高价格管理水平，广泛听取社会资本、公众和有关部门意见，及时披露项目运行过程中的成本变化、公共服务质量等信息，确保定价调价的合规性、科学性和透明度。

（三）完善财税支持政策。各地应积极探索财政资金撬动社会资金和金融资本参与PPP项目的有效方式，通过以奖代补等措施，引导和鼓励地方融资平台存量项目转型为PPP项目。统筹运用公共服务领域各类建设专项资金，综合采取资本金注入、财政奖励、运营补贴、投资补贴、融资费用补贴等多种方式，优先落实对采取PPP模式项目的支持。财政和税务部门应落实和完善国家支持公共服务事业的税收优惠政策，公共服务项目采用PPP模式的，可按规定享受相关税收优惠政策。鼓励各级政府在承担有限损失前提下，与具有投资管理经验的金融机构或社会资本按照政府引导、市场化运作原则，发起设立PPP合作基金，政府也可单独发起设立PPP支持基金。省财政部门发起设立江苏省PPP融资支持基金，通过股权、债权等形式为全省PPP项目提供融资增信支持。鼓励各级政府建立PPP项目的各类财政支持机制。

（四）做好综合金融服务。鼓励金融机构积极发挥融资顾问、财务顾问作用，通过投资、信贷、债券、票据、租赁、证券、保险等多类型业务产品组合，为PPP项目提供金融支持。引导商业性金融机构创新符合PPP模式特点的金融服务，优化信贷评审方式，积极拓宽项目融资渠道。支持政策性、开发性金融机构发挥中长期贷款优势，加强信贷规模统筹调配，优先保障PPP项目融资需求。鼓励符合条件的项目运营主体在资本市场通过发行公司债券、企业债券、中期票据、定向票据等市场化方式进行融资，鼓励项目公司发行项目收益债券、项目收益票据、资产支持票据等。鼓励社保资金和保险资金按照市场化原则，创新运用债权投资计划、股权投资计划、项目资产支持计划等多种方式参与项目。对符合条件的“走出去”项目，鼓励政策性金融机构给予中长期信贷支持。鼓励依托各类产权、股权交易市场，为社会资本提供多元化、规范化、市场化的退出渠道。金融监管部门应加强监督管理，引导金融机构正确识别、计量和控制风险，按照风险可控、商业可持续原则支持PPP项目融资。

（五）保障项目用地供给。实行多样化土地供应，保障PPP项目建设用地。对符合划拨用地目录的项目，可按划拨方式供地，划拨土地不得改变土地用途。建成的项目经依法批准可以抵押，土地使用权性质不变，待合同经营期满后，连同公共设施一并移交政府；实现抵押权后改变项目性质应该以有偿方式取得土地使用权的，应依法办理土地有偿使用手续。不符合划拨用地目录的项目，以租赁方式取得土地使用权的，租金收入参照土地出让收入纳入政府性基金预算管理。以作价出资或者入股方式取得土地使用权的，应当以市、县人民政府作为出资人，制定作价出资或者入股方案，经市、县人民政府批准后实施。

（六）简化项目审核流程。进一步减少审批环节，建立PPP项目实施方案联评联审机制，提高审查效率。项目合同签署后，可并行办理必要的审批手续。发展改革、规划、国土资源、环境保护等部门要优化办理流程，缩短办理时限，加快项目立项、规划选址、用地预审、项目方案核准审批等手续办理。对实施方案中部门联合审核时已明确的相关事项，不再重复作实质性审查。

（七）建立多层次监督管理体系。行业主管部门应制定不同领域的行业技术标准、公共产品或服务技术规范，加强对公共服务质量和价格的监管。财政部门要加强对PPP项目中财政资金使用监管，严禁转移、挪用政府资本金、投资补助、引导基金等用于PPP项目的各项资金。依法充分披露项目实施相关信息，切实保障公众知情权，接受社会监督。

（八）完善法律法规体系。推进相关立法，着力解决PPP项目运行与现行法律之间的衔接协调问题，

明确政府出资的法律依据和出资性质，规范政府和社会资本的责权利关系，明确政府相关部门的监督管理责任，适时出台地方性法规或规章，进一步规范 PPP 模式的运用。

五、组织实施

（一）加强组织领导。省政府各有关部门要按照职责分工，负责相关领域具体工作，加强对地方推广 PPP 模式的指导和监督。省财政部门要会同有关部门，加强沟通协调和信息交流，完善体制机制。教育、科技、民政、人力资源社会保障、国土资源、环境保护、住房城乡建设、交通运输、水利、农业、商务、文化、卫生计生等行业主管部门要结合本行业特点，积极运用 PPP 模式提供公共服务，探索完善相关监管制度体系。各市、县（市）人民政府应建立政府与社会资本合作协调工作机制，要结合已有规划和各地实际，出台具体政策措施并抓好落实，推动 PPP 项目落地实施。

（二）做好试点推介。省财政部门会同省发展改革委及其他行业主管部门，根据各地经济社会发展及政府债务水平等实际情况，在各地报送并列入全省 PPP 项目库中，选取社会公益效益较好、实施条件较为成熟的重点项目，开展试点工作，并及时总结典型案例，组织交流推广，发挥好示范带动作用，并积极向财政部进行示范项目推荐。对列入国家和省级层面的试点示范项目，在政府投资补助、财政专项资金安排及基金支持等方面予以重点和优先安排。

（三）搭建信息平台。各级政府要切实履行规划指导、识别评估、咨询服务、宣传培训、绩效评价、信息统计、专家库和项目库建设等职责，深入推进政务诚信、商务诚信和社会诚信建设，建立统一信息发布平台，及时向社会公开项目实施情况等相关信息，积极实现合作各方主体信用的记录、整合和应用，推进守信激励、失信惩戒机制有效运转，确保 PPP 项目实施公开透明、有序推进。

（四）提升专业能力。加强引导和培育，有效发挥专业咨询机构在 PPP 项目的评估论证、方案设计、资产评估、财务测算、法律界定、合同管理等方面的积极作用，增强项目决策科学性和管理专业性。政府部门及相关机构应立足工作实际需要，鼓励各类市场主体加大人才培训力度，加快形成政府部门、高校、企业、专业咨询机构联合培养人才的机制，建设一支高素质的专业人才队伍，提高项目组织实施能力和监督管理水平。鼓励有条件的地方政府统筹内部机构改革需要，设立专门机构或整合专门力量，承担 PPP 模式推广职责。

在公共服务领域推广政府和社会资本合作模式，是深化经济体制改革、加快转变政府职能、提高财政资金效益、创新投融资机制、保障和改善民生的一项重要工作，事关人民群众切身利益，全省上下要高度重视，积极稳妥推进。各地、各部门要充分认识推广政府和社会资本合作模式的重要意义，把思想和行动统一到中央和省的决策部署上来，精心组织实施，加强协调配合，切实履行职责，形成工作合力，共同抓好落实。省财政厅要强化统筹协调，会同有关部门对本意见落实情况进行督促检查和跟踪分析，重大事项及时向省政府报告。

江苏省人民政府
2015 年 9 月 5 日

第三章 浙江省政府相关文件

关于加快发展时尚产业的指导意见

时尚产业是具有高创意、高市场掌控能力、高附加值特征，引领消费流行趋势的新型产业业态。我省时尚产业基础条件良好，发展空间广阔。为加快时尚产业发展，现提出如下指导意见：

一、总体要求和发展目标

（一）总体要求。以深化改革和创新发展为动力，紧紧把握个性化、多样化消费的新常态和“互联网＋”发展趋势，按照“强化两端、优化中间、重点突破、示范引领”的思路，加快构建具有时代特色的时尚产业链，着力提升时尚产业创新设计能力、营销渠道掌控能力和智能制造水平，充分发挥重点城市和重点产业基地示范引领作用，切实提高企业品牌知名度和市场占有率，加快形成时尚产业发展的新业态、新模式，为我省经济持续健康发展注入新的活力。

（二）发展目标。到 2020 年，力争把时尚产业培育成为规模超万亿元的大产业，形成以设计、营销为核心，以智能制造为基础，以自主品牌为标志的时尚产业体系，加快建设以创新设计引领的时尚产业创造中心，努力成为国内时尚产业发展的先行区和示范区。具体目标如下：

——产业规模和效益显著提高。到 2020 年，全省以自主设计、自主品牌为标志的时尚产业销售收入达到 6500 亿元以上，时尚产业全产业链销售收入达到 10000 亿元以上；产业销售利润率实现较大幅度提高。

——时尚产业名城和基地建设取得显著进展。杭州市、宁波市、温州市基本形成设计引领、品牌荟萃、消费集聚、市场活跃、在国内外具有较大影响力的时尚产业名城；形成一批具有较强创新设计能力和品牌影响力的特色时尚产业基地。

——知名时尚品牌企业竞争力显著增强。形成 10 家左右年销售收入超百亿元的时尚品牌龙头企业、100 家左右年销售收入超十亿元的时尚品牌骨干企业、1000 家左右年销售收入超亿元的时尚品牌创新型企业，并努力培育若干个具有国际影响力的自主品牌。

——时尚创新设计能力显著提升。培育一批设计研发人员超百人、设计水平居全国前列的时尚设计机构，培养 100 个时尚设计领军人才，形成由创新设计引领带动时尚产业发展的新局面。

二、产业重点

顺应世界产业发展趋势，依托我省时尚产业基础和优势，重点发展时尚服装服饰业、时尚皮革制品业、时尚家居和休闲用品业、珠宝首饰与化妆品业、时尚消费电子产业等五个领域。

（一）时尚服装服饰业。依托现有基础，重点发展丝绸、毛衫、纺织面料和女装、男装、童装、休闲装等，努力建成国际丝绸时尚中心、具有国际先进水平的时尚服装服饰基地和时尚纺织面料基地。

（二）时尚皮革制品业。依托现有基础，重点发展一批时尚皮鞋、皮衣及皮具制品，努力建成集设计、制造、交易、发布为一体的全国时尚皮革中心、国际知名的时尚皮革产业基地。

（三）时尚家居和休闲用品业。围绕现代生活品质需求，重点发展时尚家具、家用纺织品、厨具、照明灯具、户外休闲用品及工艺美术等产品，努力建成全国重要的时尚家居和休闲用品产业基地。

（四）珠宝首饰与化妆品业。依托现有基础，加快发展高档黄金首饰、珍珠饰品及其他饰品和化妆品

等，努力建成全国流行饰品中心，培育形成若干国内珠宝首饰与化妆品知名品牌。

（五）时尚消费电子产业。适应未来发展趋势，积极发展智能家电、可穿戴电子产品等新型消费电子产品，培育一批数字家庭产业基地。

三、平台建设

（一）开展时尚产业名城建设试点。在杭州市、宁波市、温州市开展时尚产业名城建设试点。各试点城市要按照产城融合的要求，统筹考虑区位条件、资源禀赋、产业基础等因素，加强时尚产业发展规划，合理布局一批时尚产业发展平台，集聚时尚产业高端要素，成为时尚文化浓厚、时尚产业发达、时尚活动丰富、能够引领时尚潮流的时尚产业名城。

（二）开展特色时尚产业基地建设试点。充分发挥我省产业集群优势，不断提升产业集群创新设计能力和品牌创新能力，建设一批特色时尚产业基地，推进时尚产业做大做强。重点推进柯桥面料、海宁皮革制品、诸暨珍珠饰品、义乌饰品、临海休闲用品、嵊州领带服饰等产业集群开展特色时尚产业基地建设试点，打造国内外具有较大影响力的特色时尚产业示范基地。

（三）规划建设一批特色小镇。按照企业主体、资源整合、项目组合、产业融合的要求，在时尚产业重点发展领域规划建设一批产业特色鲜明、体制机制灵活、人文气息浓厚、生态环境优美、多种功能叠加的特色小镇，打造产业、文化、旅游“三位一体”的时尚产业发展新载体，推进时尚产业集聚、创新和升级。

（四）规划建设一批时尚产业园。顺应网络时代大众创业、万众创新的新趋势、新特点，规划新建或利用工业厂房、仓储用房等存量房产、土地资源改扩建一批集设计研发、品牌创建、时尚发布和公共服务等功能于一体的时尚产业园，打造时尚产业“众创空间”和集聚高端资源的“时尚谷”。支持有条件的龙头企业建设时尚产业园。着力创建一批时尚产业示范园区，引领带动时尚产业发展。

四、培育名企、名品

（一）培育重点企业。强化企业在时尚产业发展中的主体作用，大力实施名企战略，着力培育引领时尚产业发展的知名企业。支持龙头企业利用产品、品牌经营与资本运作做大做强；支持企业实施全球化战略，收购国外研发机构、品牌和营销网络；支持企业向集设计研发、运营管理、集成制造、营销服务于一体的企业总部转变，通过产业链整合和延伸，实现大中小企业协同发展。将符合条件的时尚产业重点企业纳入“三名”工程予以培育，着力提升我省时尚产业企业竞争力。

（二）培育时尚品牌。大力实施品牌创新、质量创新和标准创新工程。鼓励企业加快制订品牌发展战略，形成一批具有自主知识产权的知名品牌，不断促进品牌提档升级，创建世界级品牌。鼓励有实力的企业收购国际知名品牌，支持国内品牌到境外注册商标，培育时尚产业省著名商标，大力支持时尚企业创建驰名商标。将具有良好质量基础和市场基础的时尚品牌纳入“三名”工程予以培育，着力打造国际知名时尚品牌。推动我省知名时尚品牌与国内具有较大影响力的知名商业零售终端企业对接合作，拓展知名品牌营销渠道，提高产品品牌知名度和市场占有率。

五、创新设计

（一）支持时尚产业省级重点企业设计院的创建。选择符合条件的时尚产业制造企业和设计企业开展省级重点企业设计院的创建工作，支持企业引进国内外高端设计人才和团队，加快提升时尚创新设计能力。对省级重点企业设计院，由省财政每家给予500万元资助。

（二）支持设计人才创办时尚设计企业。发挥特色小镇、省级特色工业设计示范基地、时尚产业园等的资源集聚和平台支撑作用，加强创业孵化，为时尚设计人才创业提供房租优惠、创业资本、市场开发以及设计数据库、设计软件与设计装备使用等支持和服务。推动建立时尚产业设计企业与制造企业的协同发展机制，开展订单式、契约式、股权式等多种形式的设计服务。鼓励各地出台支持时尚产业制造企业购买设计服务的政策，培育壮大设计服务市场，带动时尚设计企业发展。

（三）加强时尚产业人才培养。建立多渠道、多层次的时尚产业人才培养体系，支持和引导高等院校、中职学校培养时尚产业相关人才；加强对时尚产业人才的继续教育，充分利用大中专院校的教育资源和国内外各类教育培训机构、互联网平台等开展时尚产业人才的再培训、再教育；支持各类时尚企业自办培训机构，鼓励高等院校与企业合作建设时尚产业人才实习实训基地。实施时尚产业“名师培育计划”，对列入时尚产业“名师培育计划”的人才予以相关政策支持和重点培养。

六、创新商业模式

（一）推进时尚设计模式创新。鼓励支持时尚设计机构或人才，通过线上线下平台承接国内外设计项目。鼓励时尚产业企业运用互联网思维创新设计研发方式，加快建立以用户为中心、平台化服务、社会化参与的新型设计组织模式，积极探索基于互联网的个性化定制、众包设计等设计创意模式。支持网络众创设计，鼓励以互联网为依托创建网络众创平台，建设一批时尚设计数据库，提供在线设计工具，打造在线创客平台和创客设计基地。

（二）推动时尚产品营销模式创新。鼓励时尚产业企业基于互联网创新产品营销模式，加快开展网络营销或电子商务，积极探索移动电子商务、众筹营销、网上定制等新型营销模式。支持依托大型电子商务平台创建集时尚名品展示、发布、交易等功能的“在线时尚产业带”、网上“时尚名品馆”。支持传统市场、商业街改造升级，打造一批线上线下融合，集产品设计、展示、体验、购物等功能为一体的时尚“街、廊、馆、店、场”。支持企业通过互联网形成专业化分工、协同创新和制造的产业联盟。

（三）推进时尚产业企业制造模式创新。加强传统工艺的保护和传承，重视挖掘运用传统手工技艺、加工方法打造时尚精品。鼓励采用高新技术和先进适用技术改造提升传统工艺，实现产品、工艺、技术的升级换代。支持时尚产业企业运用互联网、物联网、工业云、大数据等技术提高生产装备智能化、生产过程自动化、生产管控一体化、产业链协同网络化水平。支持有条件的企业在建立网络化、智能化制造体系的基础上发展小批量定制生产模式。

七、宣传推广

（一）支持举办大型时尚活动。按照专业化、市场化、国际化、品牌化发展的要求，重点支持杭州、宁波、温州等地举办国内外时尚流行趋势发布、时尚设计师大赛、时尚品牌展览展示、时尚论坛等系列活动，提升我省时尚产业和品牌在国内外的知名度和影响力。

（二）加强对时尚产业发展的宣传。加强主流媒体对时尚产业发展的舆论引导，鼓励广播、电视、报刊、网络等媒体开辟设置专门的时尚栏目，广泛传播现代时尚理念，宣传健康的时尚消费方式，加大对特色小镇、时尚产业企业、时尚品牌的宣传，提升我省时尚品牌知名度。着力树立和宣传一批时尚产业领军人物，引领和带动我省时尚产业发展。

八、政策措施

（一）加大财政扶持。省工业和信息化、战略性新兴产业、商务促进等专项资金要加大对时尚产业发展的支持力度，重点用于省级重点企业设计院的创建、大型时尚活动、整体宣传、人才培养和公共服务平台建设等。省转型升级产业基金、信息经济创业投资基金要通过股权投资等方式支持时尚产业发展。各市、县（市、区）政府要根据财力安排一定的扶持资金，结合实际有重点地支持本地时尚产业发展。

（二）加强用地保障。加强对时尚产业重大项目建设的用地保障。时尚产业特色小镇享受《浙江省人民政府关于加快特色小镇规划建设的指导意见》（浙政发〔2015〕8 号）确定的土地要素保障政策。时尚

产业园建设可作为整体列入省重点工程项目，各地要优先安排建设用地指标。鼓励用地单位在不改变用地主体、不重新开发建设等前提下，利用工业厂房、仓储用房等存量房产、土地资源开展研发设计和电子商务等业务。在符合城乡规划前提下，经规划、国土资源部门批准临时改变建筑用途的，其原土地用途可暂不变更，并按规定缴纳土地收益金。

（三）加大金融支持。加强时尚产业金融服务体系建设。鼓励金融机构根据时尚产业特点创新金融产品和服务，加快发展商标权质押等新型信贷业务；支持符合条件的时尚产业企业探索开办面向中小时尚产业企业的小额贷款公司；支持符合条件的自主品牌企业通过上市、发行债券等直接融资。

（四）加大品牌、技术、设计保护力度。加强创意设计、专利技术、商标品牌等知识产权的行政保护，鼓励企业对自主设计品牌进行知识产权登记，对线上线下产品的各种侵权行为开展多部门联合执法，形成企业自我保护、行政保护和司法保护“三位一体”、相互衔接的保护体系。

九、工作机制

（一）加强组织协调。建立由省经信委牵头的省时尚产业发展工作协调小组（以下简称省协调小组），省委宣传部、省发改委、省教育厅、省科技厅、省财政厅、省人力社保厅、省国土资源厅、省环保厅、省建设厅、省商务厅、省文化厅、省地税局、省工商局、省质监局、省新闻出版广电局、省统计局、省旅游局、省国税局、省金融办及人行杭州中心支行等相关单位参加，加强对时尚产业发展工作的组织领导和统筹协调。各地也要建立相应的工作推进机制。充分发挥时尚产业相关行业协会作用，适时建立时尚产业联盟（或联合会），促进时尚产业各领域之间的融合和跨界合作。

（二）加强统计监测。加快建立时尚产业统计指标体系和调查制度，健全相关信息发布机制。加强对本意见落实情况的监督检查和跟踪分析，适时对各地时尚产业推进工作与发展情况进行通报。

各地、各有关单位要根据本意见精神，抓紧制订加快时尚产业发展的具体政策措施，并抓好贯彻落实。

浙江省人民政府

2015 年 5 月 29 日

关于全面开展县域经济体制综合改革的指导意见

近年来，围绕进一步深化经济体制改革，充分激发市场主体活力，我省先后在嘉善、海宁、柯桥、平湖、德清、开化、淳安、诸暨、新昌等地批准实施了一系列县域改革试点，取得了积极进展和明显成效。为全面推广试点经验，系统、整体、协同推进县域经济体制综合改革，特制定如下指导意见。

一、总体要求

（一）指导思想。

全面贯彻落实“四个全面”战略布局，以经济转型升级为主线，以县（市、区）为主体，坚持问题导向和目标导向相结合、“自上而下”与“自下而上”相结合、试点先行和整体推进相结合，总结推广县域经济体制改革试点成功经验，全面建立要素分层定价、企业分类指导、农村产权“确权、活权、同权”、扩大民间资本进入社会领域、企业投资高效审批和创新驱动发展等体制机制，切实提升改革综合效应，为全省经济发展提供体制保障。

（二）基本原则。

突出问题导向。围绕落实国家和全省重大战略部署，研究分析和解决经济发展新常态下面临的突出问题，通过深化改革破除体制机制障碍，增强经济发展动力。

注重系统推进。强化改革的全局意识，注重经济体制改革的系统性、整体性、协同性，强化组织领导和统筹协调，推进重点改革任务落实和重大改革措施落地，形成上下联动、部门协同推进改革的强大合力。

坚持依法有据。把先行先试和于法有据统一起来，重大改革确保在法治轨道上推进。及时开展地方法规、政府规章的梳理、修订工作，加快形成与全面深化改革相适应的法规、规章体系，为全面深化改革提供重要保障。

发挥综合效应。进一步解放思想，留足改革创新空间，在鼓励和支持地方、基层、群众发挥首创精神、率先探索试验的基础上，整合可复制推广的试点经验，实现以试点突破之功收全局推进之效。

二、主要任务

(一)全面建立以“亩产效益”为导向的资源要素差别化配置机制。

1. 建立健全“亩产效益”综合评价体系。结合区域产业结构和企业规模特点，综合考虑亩均产出、亩均税收、单位能耗、单位排放等指标，建立健全分类分档、公开排序、动态管理的企业综合评价机制，构建客观合理反映实际情况、科学衡量企业效益的指标评价体系。(牵头单位:省经信委)

2. 完善差别化的资源要素价格机制。根据企业综合评价情况，建立差别化电价、非居民用水超计划累进加价、污水处理复合计价收费、用能总量核定和指标交易、排污权有偿使用和交易等制度，推进城镇土地使用税政策调整，倒逼落后产能淘汰退出，实现资源利用效率最大化。(牵头单位:省经信委、省物价局)

3. 建立区域性要素交易综合平台。整合排污权、用能指标、土地、产权、人才、技术等各类要素，推动综合性要素交易平台建设。整合提升要素交易平台功能，完善运行规则和交易流程，推动土地、排污权、用能、碳排放权等资源要素自由交易、市场化配置。(牵头单位:省发改委、省金融办)

4. 建立生态环境财政奖惩制度。按照“谁受益谁补偿”“谁污染谁付费”要求，在全省重点生态功能区县全面建立财政奖惩与主要污染物排放总量挂钩、财政生态补偿与出境水质和森林覆盖率挂钩机制。(牵头单位:省财政厅、省环保厅)

(二)全面推进正向激励与反向倒逼相结合的产业结构调整创新机制。

1. 建立“三位一体”的项目投资准入制度。规范产业投资项目准入标准，建立以空间准入、行业准入和项目准入为主要内容的“三位一体”准入制度，促进产业向主平台集中、项目向重点产业集中、要素向优质项目集中。建立工业投资项目准入标准动态调整机制，对符合产业投资项目准入标准的新建项目，在供地、融资、排污权指标、能耗指标、审批服务、财政扶持等方面给予优先保障。(牵头单位:省发改委、省经信委)

2. 建立以“四换三名”为核心的企业分类指导制度。依托企业综合信息平台，建立“企业体检档案”和综合绩效评价办法，实施企业分类指导、资源要素差别化配置、产业政策分类引导联动机制，加快推进“四换三名”，激励和倒逼产业结构调整和落后产能退出。(牵头单位:省经信委)

3. 建立“五化联动”的企业自主创新服务机制。建立健全创新主体企业化机制，全面实施在企业逐级培育、梯队建设重点企业研究院制度，深化技术创新开放合作机制，推进企业主导与高校、科研院所协同创新。建立推广企业技术创新激励人本化机制，提高企业科研人员创造性劳动分配比重。健全完善科技创新发展平台化机制，推进科技企业孵化器、众创空间、科技创新服务平台、高新区等创新平台发展。健全完善技术成果商品化机制，深化技术中介机构的企业化运作改革，推进技术市场建设。建立健全创新服务社会化机制，大力推行“创新服务券”等购买公共服务方式，推进公共科研资源向社会开放共享。(牵头单位:省科技厅)

（三）全面推进城乡一体化发展体制机制创新。

1.全面推进“三权到人（户）、权跟人（户）走”改革。加快推进农村“三权”确权颁证，尽快将权证发放到人（户），以“精准确权”全面保障农民财产权益。加快完善“权跟人（户）走”配套制度，推进农村产权流转交易市场建设，建立健全农村产权综合交易服务平台，支持和鼓励开展农村承包土地经营权抵押贷款试点、农村“三权”保证保险贷款试点，探索开展农民住房财产权抵押贷款试点，以“充分活权”全面激活农村沉睡资产。（牵头单位：省农办、省农业厅、省金融办）

2.稳妥推进农村土地制度改革试点。根据中央统一部署，有序推进农村集体经营性建设用地入市试点和农村宅基地制度改革试点，建立健全农村集体经营性建设用地市场交易规则和服务监管制度，逐步形成同权同价、流转顺畅、收益共享的农村集体经营性建设用地入市制度和依法公平取得、节约集约使用、自愿有偿退出的农村宅基地制度。（牵头单位：省国土资源厅、省财政厅）

3.加快推进农业经营体制改革。促进土地经营权有序流转和适度规模经营，培育壮大专业大户、家庭农场、农民合作社、农业产业化龙头企业等新型农业经营主体，引导各类主体通过相互参股等形式开展合作。探索建立农业公共服务委托和购买等有效形式和机制，促进农业服务产业发展壮大。深化供销合作社、农业生产经营管理体制和农村合作金融体系改革，加快构建生产、供销、信用“三位一体”农民合作经济组织体系和运行机制。（牵头单位：省农办、省农业厅）

4.完善城乡基本公共服务均等化体制机制。建立供水、公交、污水处理、垃圾处理等城乡基础设施一体化运行机制，促进城乡基础设施和公共设施共建共享。完善教育医疗等公共资源均衡配置机制，推进城乡义务教育资源统筹配置和合理流动，建立优质医疗资源下沉长效机制，完善分级诊疗模式，推动形成合理有序就医格局。建立城乡统一的户籍管理制度，逐步取消依附于原有户籍基础上的各项差异政策。统筹推进城乡社会保障体系建设，完善社会保险关系转移接续政策，推进城乡社会救助等制度并轨。（牵头单位：省发改委）

（四）建立健全鼓励和吸引民间资本进入社会事业领域的体制机制。

1.建立健全社会事业投资经营公平准入竞争机制。简化审批程序，优化规划、用地、招生、大型设备配备、医保定点、技术许可等审批流程，完善公建民营、民办公助、混合经营的体制机制。坚持基本公共服务标准化、均等化原则，严格控制城市公立医院、公办非义务教育学校、公办养老机构、公办体育文化场馆的建设规模和标准，拓展民间投资空间。（牵头单位：省发改委）

2.建立健全国有和民办社会事业人才双向流动机制。深化事业单位人事制度改革，实施机关事业单位养老保险制度改革。完善专业技术人才第三方水平考试、资格认证和人事代理机制，改革完善行业执业注册制度，进一步消除对民办机构专业技术人员的限制条件。深化财政专项资金管理清单制度和政府购买公共服务改革，保障民办机构参与公平竞争。（牵头单位：省人力社保厅、省财政厅）

3.创新完善民间资本投资社会领域回报机制。加大政府和社会资本合作（PPP）引导基金对社会事业领域的支持。探索建立民间资本投资社会事业适度回报和奖励制度，试行投资者自取得收入之日起，每年可按年贷款基准利率的一定比例提取投资收益；完善股权变更、机构解散和清算机制，依法保护投资者的合法权益。投资者将民办医院、学校、养老院、体育文化场馆等无偿捐献的，当地政府给予一次性奖励。（牵头单位：省发改委、省财政厅）

（五）全面建立企业投资项目高效审批制度。

1.继续取消和下放一批审批事项。根据国务院下放和取消审批事项文件，清理和取消一批审批事项，落实好下放事项承接工作，建立省市县三级行政审批事项动态目录。推广嘉兴审批层级一体化改革试点经验，结合各地实际，下放一批省级管理权限到市、县（市、区），下放一批市级管理权限到县（市、区），基本实现市县同权，切实提升审批效率。（牵头单位：省法制办、省发改委）

2.完善企业投资项目并联高效审批机制。推广柯桥试点经验，制定深化企业投资项目高效审批改革实施方案。实施整合前置审批、联合测绘、开工前联合审查、建设协同监管、竣工联合验收等制度，实行并联审批和全流程优化，加快形成企业投资项目高效审批机制。探索开展自土地转征用审批至施工许可全流程50天高效审批试点，进一步优化审批流程。（牵头单位：省发改委）

3.积极探索企业投资项目政府不再审批改革试点。完善试点地区企业投资项目政府不再审批的负面清单制、准入标准制、企业依法承诺制、备案制等制度，鼓励其他地区探索制定企业投资项目政府不再审批相关办法。（牵头单位：省发改委）

4.建立完善投资项目网上审批机制。加快建设投资项目在线审批监管平台，实现纵横连贯联合审批"一张网"，推动落实投资项目网上并联核准制度。加快浙江政务服务网与全国投资项目在线审批平台的互联互通，促进投资审批等信息资源公开和共享，实现"制度＋技术"的有效监管。（牵头单位：省政府办公厅、省发改委）

5.建立健全事中事后监管机制。贯彻落实《浙江省人民政府办公厅关于深化审批制度改革切实加强事中事后监管的意见》（浙政办发〔2015〕75号），制定以市场准入标准为基础，开工许可、施工监管和竣工验收为主要内容的事中事后监管办法。对监管重点领域和关键环节，明确监管责任主体，强化现场监管，推进协同监管和综合执法。推进统一投诉举报平台建设，建立健全联合执法协调指挥机制。建立随机抽取检查对象、随机选派执法检查人员的抽查机制，规范部门自由裁量权。加强监管综合信息平台建设，构建监管信用体系，鼓励行业自律和社会参与，全力构建事中事后监管体系。（牵头单位：省发改委、省编委办）

6.加快推进中介服务市场化改革。全面清理现行行政审批前置环节的技术审查、评估、鉴证、咨询等有偿中介服务事项，规范服务时限和收费项目，出台中介服务目录。推进中介机构与机关事业单位脱钩改制，研究制定国有资产处置、人员安置等配套政策。加快市县中介市场建设，实现网上中介市场或相对集中中介超市全覆盖。（牵头单位：省发改委、省人力社保厅、省编委办）

三、配套政策

（一）差别电价政策实施主体和责任主体由各设区市人民政府调整为各市、县（市、区）人民政府，当地电力公司收缴的差别电价款可直接缴入当地财政。各县（市、区）在执行国家、省和所在设区市有关差别电价政策的基础上，结合实际制定实施细则并组织认定执行。（牵头单位：省经信委、省物价局、省财政厅）

（二）在污水处理费标准不低于国家最低标准的前提下，非居民生活污水处理收费价格，由市、县（市、区）政府自行确定。（牵头单位：省物价局、省财政厅）

（三）产业功能区块外关停企业可纳入复垦开发，对闲置土地，依法可征收土地闲置费的，按出让或划拨土地价款的20％征收；依法可无偿收回的，坚决无偿收回。（牵头单位：省国土资源厅、省财政厅）

（四）在已将土地管理相关审批权限委托下放给试点县（市、区）的基础上，根据前期试点工作评估情况和县（市、区）国土资源管理工作实际，报经省政府批准后，稳步有序推进有关委托下放工作。（牵头单位：省国土资源厅）

四、保障措施

（一）加强组织领导。省经济体制改革工作领导小组及其办公室要加强组织协调和指导服务，审定各县（市、区）经济体制综合改革总体方案。省级有关部门要加强对综合改革工作的指导和服务，加大财税、价格、金融、土地等方面支持力度，并于2015年底前出台相关配套政策措施。各设区市要建立健全相应的推进机制，加强对综合改革工作的支持和指导。各县（市、区）要切实承担改革主体责任，认真制定综合改革方案和年度工作要点，抓好改革项目的推进落实工作。2015年11月底前将综合改革方案报

省经济体制改革工作领导小组办公室，2015年底前启动实施综合改革。

（二）加强督促考评。建立综合改革工作台账制度，县（市、区）改革推进情况定期报送省经济体制改革工作领导小组办公室。建立综合改革工作评估考核机制，健全第三方评估机制，加强对改革面上推广与点上试验的进展评估，综合改革年度及阶段性评估报告提交省经济体制改革工作领导小组办公室和省级相关部门，综合改革实施情况作为市县领导班子和省直部门目标责任考核的重要依据。

（三）加强宣传总结。加强对经济体制综合改革工作的舆论引导，大力宣传推广出台的重大改革方案和实施的重大改革举措，对改革过程中涌现出来的好经验、好做法进行总结和提炼，不断加以丰富和完善。省经济体制改革工作领导小组办公室要协调解决综合改革过程中的困难和问题，重大问题及时报告，确保改革顺利实施。

浙江省人民政府

2015年9月28日

关于加快建立现代财政制度的意见

根据党的十八大关于全面深化改革的战略部署和党的十八届三中全会关于深化财税体制改革的目标任务，为进一步促进我省经济可持续发展、民生可持续改善、生态可持续优化，现就加快建立具有浙江特色的现代财政制度提出如下意见：

一、总体要求

（一）指导思想。

全面贯彻中央有关财税改革的精神，认真落实《中华人民共和国预算法》，遵循“促进发展、保障民生、科学理财、加强监管”的理财观，做好“生财、聚财、用财”三篇文章，大力支持实施以浙商回归、“五水共治”“三改一拆”“四换三名”等为主要内容的转型升级组合拳，促进稳增长、调结构、惠民生、优生态。

（二）总体目标。

坚持市场化、法治化方向，进一步深化财税体制改革，到2020年基本建立具有浙江特色的、有利于“加快发展、优化生态、改善民生、强化统筹、讲求绩效”的现代财政制度，促进政府治理体系和治理能力现代化，为我省经济社会更好更快发展增添新的动力和活力。

（三）基本原则。

1. 处理好政府与市场、政府与社会、省与市县三个关系。发挥市场决定性作用，转变政府职能，激发市场和社会的活力；强化财政职能作用，保持现有财力格局和省管县财政体制总体稳定，强化区域统筹发展。

2. 统筹兼顾效率与公平。优化财政资源配置，助推经济转型升级，提升经济发展的质量和效益；建立事权和支出责任相适应的制度，推进基本公共服务均等化，增强人民群众的获得感。

3. 坚持顶层设计、稳步推进。坚持改革总体目标方向，增强改革的系统性、整体性、协同性，结合我省实际，准确把握改革的时机、节奏和力度，积极稳妥、有序地推进改革。

4. 推进预算公开、透明，提升预算绩效。实施全面规范、公开透明的预算制度，将公开透明、提升绩效贯穿预算改革和管理全过程，强化预算监督和约束作用，促进阳光政府、法治政府、服务型政府建设。

二、创新财政理财机制

（一）积极发挥政府产业基金作用。深化“四张清单一张网”改革，创新财政支持经济发展方式。省政府设立200亿元的省级政府产业基金，采用市场化运作模式，支持信息经济、环保、健康、旅游、时尚、金融、高端装备制造等七大产业以及农业农村发展。积极引导市县政府加快设立各类产业基金，力争通过三年努力，全省政府产业基金规模达到1000亿元以上，并通过与社会资本、金融资本的充分结合，撬动社会资本投入10000亿元左右，助推产业转型升级。

（二）加大创新驱动发展的财政支持力度。完善财政投入机制，推进创新驱动发展战略全面实施。优化科技支出和科技资源配置结构，积极引导科技创新能力建设，推动科技成果转化应用，提高科技产出绩效。2016—2020年，省政府安排创新强省资金100亿元，并通过增量调存量、省市县共建、引导社会资本投入等方式，多渠道筹措各类资金200亿元以上，重点支持杭州城西科创大走廊等创新平台建设，促进大众创业万众创新和绿色产业发展，强化高层次人才和高技能人才队伍建设，提升高等院校、职业教育的办学质量。

（三）大力推动公共基础设施多元化投入。创新公共产品供给机制，大力推广政府和社会资本合作（PPP）模式，吸引社会资本参与公共产品和公共服务项目多元化投资、专业化运营管理。省政府设立100亿元的基础设施建设基金（包括PPP基金），支持重大公共基础设施建设和PPP项目，力争通过三年努力，引入金融等社会资本形成800亿元的基础设施建设基金规模。

（四）积极稳妥推进社会保险基金保值增值。强化社会保险基金投资管理和监督，依法推进基金市场化、多元化投资运营。在确保社会保险基金可持续支付和安全运行的前提下，利用社会保险基金结余进行保值增值运行，提高基金收益水平。加强社会保险基金预算管理，在精算平衡的基础上实现社会保险基金的可持续运行。

（五）强化多渠道民生保障机制。树立全社会共推民生发展的理念，强化“政府主导、各方共担”的多渠道民生保障机制，逐步提升我省民生保障和基本公共服务均等化的水平。发挥政府主导作用，坚持公共财政导向，加大对教育、医疗、就业、社保、保障房等民生事业的资金保障工作，确保新增财力的三分之二用于民生。充分发挥市场机制、社会管理和个人能动的积极作用，调动市场、社会和个人各方共推民生改善的积极性。

（六）积极推进政府购买服务。创新财政供给方式，加快政府职能转移，推进事业单位改革，促进“养人”向“办事”转变。可以由社会力量提供的公共服务和政府履职辅助性服务，通过在减人或不增人的前提下，逐步纳入政府购买服务目录，稳步扩大政府购买服务支出规模。2017年在全省基本建立比较完善的政府购买服务制度，促进公共服务更好提供。

三、深化财政体制改革

（一）合理划分事权和支出责任。逐步建立事权与支出责任相适应的制度。把受益范围覆盖全省、外部性强、信息复杂程度低的全省性公共产品和服务作为省级事权；把信息复杂程度较高但受益范围跨区域、外部性较强的公共产品和服务作为省与市县共同事权；把地域性强、信息复杂程度高的区域性公共服务作为市县事权。省和市县按照事权划分相应分担支出责任，属于省级事权，其支出责任由省级财政承担；属于省和市县共同事权，其支出责任（或筹资责任）由省级财政和市县财政按比例分担；属于市县事权，其支出责任由市县财政承担。省级财政可通过安排转移支付将部分省级事权的支出责任委托地方承担。

（二）完善转移支付制度。完善省级一般性转移支付制度，逐步提高省本级财力安排一般性转移支付比重，到2017年达到60%以上。省政府出台重大增支政策形成的地方财力缺口，原则上通过一般性转移支付适当调节。优化完善转移支付地区分类分档体系，以各市、县（市）经济社会发展水平、经济动员能力和财力状况等因素为依据分为二类六档，建立换档激励奖补机制。优化转移支付资金使用方向，重点支持海洋经济等国家战略，以及省委、省政府一系列转型升级组合拳的加快实施。逐步取消竞争性

领域财政专项资金，省级部门一般不再直接向企业分配和拨付资金。

（三）健全生态文明建设财政政策。积极推进主体功能区战略，按照省政府推进国家主体功能区建设试点示范的总体部署，逐步扩大生态环境财政奖惩政策实施范围。落实淳安县等26个县发展实绩考核办法。继续实施生态环保财力转移支付制度、与污染物排放总量挂钩财政收费制度、省级重点生态功能区建设示范财政政策和重点生态公益林补偿机制。践行“绿水青山就是金山银山”理念，不断加大生态文明建设转移支付力度，支持重点生态功能区建设示范、生态补偿、资源节约和循环利用、新能源和可再生能源开发利用、环境基础设施建设、生态修复与建设、先进适用技术研发示范等，努力把我省建设成为全国生态文明示范区。

（四）建立高新技术产业地方税收增量返还财政奖励政策。引导激励市、县（市）加快发展高新产业，建立高新技术产业地方税收增量返还奖励政策。经国家认定的高新技术企业的企业所得税地方部分增收上交省当年增量部分奖励返还给各市、县（市）。

（五）优化收入激励奖补政策。建立第三产业地方税收收入增长奖补政策。从2015年起，对丽水市等29个一类市、县（市），在确保实现当年财政收支平衡、确保完成民生改善等政府职责任务的前提下，实行省激励补助与其第三产业地方税收收入增长率挂钩，奖励与其第三产业地方税收收入增收额挂钩的办法。奖励资金主要用于促进第三产业发展。

完善地方财政收入激励奖励政策。从2015年起，对杭州市等30个二类市、县（市），在确保实现当年财政收支平衡、确保完成政府职责任务的前提下，实行省奖励与其地方财政税收收入增收额挂钩的办法，适当提高挂钩比例。奖励资金主要用于支持经济转型升级、七大产业和农业农村加快发展。

（六）加大区域统筹发展激励奖补政策力度。实施设区市区域统筹发展收入激励政策。从2015年起，省对设区市的收入激励奖补，与设区市所辖县（市）地方财政税收收入当年增收额挂钩，并适当提高挂钩比例。

完善设区市对所辖县（市）年度财政补助奖励政策。从2015年起，除省收入激励奖补资金外，对设区市以自有财力安排的对所辖县（市）年度财政补助资金，省按一定奖补系数兑现区域统筹发展激励奖补资金，并适当提高对杭州市等6个设区市的奖补系数。

省对设区市实施区域统筹发展激励奖补政策后，各设区市需将省收入激励奖补和财政补助奖励资金全额用于所辖县（市）的区域统筹发展，不得将支出责任转嫁给所辖县（市），也不得违反规定从所辖县（市）统筹资金。市、县（市）政府不得擅自调整省出台的基本民生支出政策，确需调整的，设区市政府应统筹考虑所辖县（市），并承担相应的支出责任，同时需报经省政府审批同意后执行。

四、完善财政预算制度

（一）抓好增收节支，健全预算平衡机制。大力培植财源，依法组织收入，收入预算逐步从约束性转向预期性，不得向征管部门下达收入任务，不收过头税，严格减免税。加强政府非税收入管理，省级部门一般不再直接向企业收取行政事业性收费。逐步提高国有资本经营收益收缴比例，到2020年提高到30%。认真贯彻厉行节约的各项规定，规范公务支出标准，严格控制一般性支出。改进年度预算控制方式，一般公共预算审核的重点由平衡状态、赤字规模向支出预算和政策拓展，建立跨年度预算平衡机制，推动中期财政规划管理。

（二）完善政府预算体系，推进预算公开透明。全面推进政府预算体系建设，将政府所有收入和支出全部纳入预算管理，做到预算一个“盘子”、收入一个“笼子”、支出一个“口子”。加快完善预算支出定额和标准体系，强化人员编制、资产状况、预算执行率和绩效评价结果与预算安排相挂钩的机制。强化预算绩效管理，凡是使用财政预算资金的部门和地区，都应当对预算支出绩效情况开展绩效评价；同时，加大绩效评价结果在预算资金分配中的应用力度。进一步细化政府预决算公开内容，扩大部门预决算公开范围，除涉密信息外，所有使用财政预算资金的部门和地区都应公开预决算。加大"三公"经费公开力度，细化公开内容。对预决算公开过程中社会关切的问题，要规范整改、完善制度。

（三）加大预算统筹力度，发挥资金使用效益。清理规范重点支出同财政收支增幅或生产总值挂钩事项。对重点支出，根据推进改革的需要和确需保障的内容统筹安排，优先保障，不再采取先确定支出总额再安排具体项目的办法。统一预算管理权，逐步将所有预算资金纳入财政部门统一分配。从2016年起，国有资本经营预算收入原则上都要由财政统筹安排。加大政府性基金预算、国有资本经营预算与一般公共预算的统筹力度。强化"存量调结构、增量优方向、增量调存量"的统筹机制。推进跨部门资金的统筹使用。建立结转结余资金定期清理机制，对结余资金和连续两年未用完的结转资金，一律收回统筹使用。对不足两年的结转资金，不需按原用途使用的，应及时统筹用于经济社会发展急需资金支持的领域。

（四）深化专项资金管理改革，促进绩效提升。深入推进专项性一般转移支付改革、竞争性分配改革，建立健全财政专项资金管理清单制度，按规定在浙江政务服务网上向社会公开。对上级政府下达的专项转移支付，下级政府可在不改变资金类级科目用途的基础上，结合本地实际，将支出方向相同、扶持领域相关的专项转移支付资金统筹使用。从2016年起，财政专项转移支付要在向同级人民代表大会提交的预算报告中明确到地区和项目。改革先确定专项总额再安排具体项目的办法，要加大整合归并、减少财政专项资金的力度。市、县（市）政府从2016年起，要逐步取消由本级财力安排的部门财政专项资金，基本支出以外的支出需求都要按规定编制项目预算。加强预算项目库管理，做好项目前期准备，从2017年起，凡是没有入库的项目，一般不得安排项目预算。实施项目周期滚动管理，完善项目退出机制。

（五）加强预算执行管理，强化预算约束。硬化预算约束，做到"先有预算、后有支出"。年度预算执行中除救灾等应急支出通过动支预备费解决外，一般不出台增加当年支出的财政政策；确需出台的财政政策，通过以后年度预算安排资金。规范预算变更，各单位的预算支出应当按照预算科目执行，确需调整的，须报同级财政部门审批。加快预算下达和预算执行进度。规范国库现金管理，提高国库资金收支运行效率。各级财政库款余额要达到财政部规定的标准以内。清理整顿财政专户，规范权责发生制核算，探索实施权责发生制的政府综合财务报告制度。

（六）规范政府债务管理，切实防范债务风险。强化财政部门归口管理政府债务制度，严格举借审批和预算管理。加快政府债券置换政府存量债务进度，降低政府债务成本。地方政府举借债务只能采取政府债券方式，在国家下达的限额内报经本级人民代表大会或其常委会批准后，分类纳入预算管理。地方政府债务只能用于公益性资本支出或适度归还存量债务，不得用于经常性支出。建立地方政府信用评级制度。省级政府对市县政府债务实行不救助原则，市县政府要切实担负起主体责任，建立债务风险预警和应急处置机制。剥离融资平台公司政府融资职能，妥善处理在建项目后续融资问题。强化地方政府债务限额管理和动态监控，实施高风险地区化债计划管理，建立市县政府债务风险控制与省对市县转移支付、省对市县政府债务限额分配挂钩机制。完善债务报告和公开制度，建立考核问责机制，将政府债务指标纳入党政领导班子政绩考核体系。

（七）强化预算监督，严肃财经纪律。加强《中华人民共和国预算法》宣传和培训，增强各地、各部门依法理财治税的意识和能力。落实税收法定原则，加强收入征管。落实预算法定原则，严格预算管理。强化预算编制、执行、监督"三位一体"全过程、全方位财政运行机制。加快推进"数字财政"建设，建立财政财务数据共享机制，提升财政管理和服务水平。建立健全财政运行质量评价考核机制，实施财政收支质量通报问责制度。所有使用财政预算资金的机关和企事业单位都要自觉接受审计监督。主动接受人大的监督，听取政协的意见和建议，认真落实审计整改意见。加快建立内部控制制度，有效防范各类业务风险。强化部门预算主体责任，建立财政资金使用监督问责机制。严肃查处财经违法、违规行为，落实《中华人民共和国预算法》等法律法规规定的法律责任。

五、工作要求

建立现代财政制度事关经济社会发展全局，涉及方方面面的利益调整，情况复杂，而且时间紧、任务重。各地、各部门要高度重视、提高认识，切实把思想和行动统一到党中央、国务院和省委、省政府的决策部署上来；要敢于担当，主动作为，切实履行职责，注重协调配合，形成"上下同欲、共谋发展"的良好氛围；要精心组织、周密部署、狠抓落实，确保各项改革工作顺利推进。

浙江省人民政府

2015 年 12 月 8 日

第四章 安徽省政府相关文件

关于全面深化农村金融综合改革的意见

为巩固扩大农村金融综合改革试点成果，不断深化农村金融改革创新，发展普惠金融，激发农村金融活力，提升"三农"、小微企业金融服务水平，促进县域经济持续健康发展，省政府决定在全省全面推进农村金融综合改革，现提出如下意见：

一、总体要求

1. 指导思想。认真贯彻落实党的十八大、十八届三中、四中全会和习近平总书记系列重要讲话精神，以及国务院关于金融服务"三农"、小微企业发展的决策部署，以发展普惠金融为主攻方向，以有效增加农村金融资源供给为主线，深入推进金融组织创新、机制创新、产品和服务方式创新，加强金融服务支撑体系建设，综合运用财政税收、货币信贷、金融监管等政策措施，推动金融资源向"三农"、小微企业和县域倾斜，确保农业和小微企业信贷总量持续增加、贷款比例不降低。

2. 改革目标。到 2017 年，县域存贷比达到 65%左右，农村保险深度和密度进一步提升，县域直接融资比重有较大幅度提高，县域融资担保放大倍数达到 5 倍以上，农村金融基础设施现代化水平明显提升，县域征信体系全面建成，涉农金融机构特别是地方法人金融机构进一步发展壮大。多层次、广覆盖、低成本、可持续的现代农村金融服务体系基本形成。

二、培育壮大金融市场主体

3. 持续推进农村商业银行改革发展。长久牢固坚持立足县域、服务"三农"和小微企业的定位，建立健全现代商业银行制度，有序推进农村商业银行增资扩股。鼓励通过 IPO、资本重组等方式壮大资本实力，到 2017 年每个市有 1 家以上农村商业银行上市或在新三板、区域性股权交易市场挂牌。支持有条件的农村商业银行发行优先股、二级资本工具和"三农"、小微企业专项金融债。鼓励监管级别二级以上的农村商业银行跨区域设立分支机构。加强服务能力建设，推动产品服务转型升级。（省政府金融办、安徽银监局、安徽证监局、人行合肥中心支行、省农信社按职责分工负责）

4. 深化省农村信用社联合社改革。探索实施企业化改革，加快淡出行政管理，强化服务功能，优化协调指导职能，为农村商业银行提供信息科技、产品研发、教育培训、风险防控等服务。（省政府金融办、安徽银监局、省农信社按职责分工负责）

5. 加强徽商银行县域金融服务能力建设。推进徽商银行与县(市)政府战略合作。支持徽商银行开展农村普惠金融试点，探索小微信贷新模式，扩大县支行小微信贷审批权。支持在有条件的乡镇加快设立分支机构，参与设立村镇银行等新型农村金融机构。（省政府金融办、安徽银监局、人行合肥中心支行、徽商银行按职责分工负责）

6. 规范发展新型农村金融组织。争取在农业人口较多及小微企业集中的市辖区设立村镇银行，争取在具备条件的县(市)设立 2 家以上村镇银行，支持其在乡镇布设网点。探索组建村镇银行金融服务公司。积极争取民营银行试点。积极探索新型农村合作金融发展的有效途径，稳妥开展农民合作社内部资金互助试点。鼓励有条件的地方建立合作性的村级融资担保基金。支持大型农机具生产企业发起设立主要服务"三农"的金融租赁公司。鼓励民间资本在县域发起设立融资租赁公司、典当行。（省政府金融办、安徽银监局、人行合肥中心支行、省农委、省商务厅、省财政厅按职责分工负责）

7.促进大中型银行重心下沉。引导和支持大型商业银行加快县域空白网点布局，加快实现县域全覆盖，鼓励在有条件的乡镇增设具备信贷功能的分支机构。支持股份制银行加快向县域和乡镇延伸服务网点。鼓励商业银行单列涉农信贷计划，下放县域分支机构贷款审批权限，推行尽职免责制度。农业发展银行要加大对水利、贫困地区公路等农村基础设施建设的贷款力度，审慎发展自营性业务。开发银行要创新服务“三农”、小微企业的融资模式，进一步加大对农业、农村的中长期信贷投放。鼓励邮储银行拓展农村金融业务，稳步发展涉农、小微企业信贷。（安徽银监局、人行合肥中心支行按职责分工负责）

8.推动农村产权流转交易市场健康发展。稳妥建设集信息发布、交易组织、咨询、投融资、电子交易平台等为一体的农村产权流转交易机构，逐步形成全省统一联网的农村产权流转交易市场体系。培育发展土地、林权、资产评估等中介组织，完善中介服务功能。（省农委、省林业厅、省国土资源厅、省政府金融办按职责分工负责）

三、创新金融产品和服务方式

9.强化信贷服务产品创新。引导金融机构为小微企业、新型农业经营主体量身定做金融产品，推行“一次核定、随用随贷、余额控制、周转使用、动态调整”的信贷模式，合理确定贷款额度、放款进度和回收期限。加快推广微贷技术。依托农业产业化龙头企业，推广产业链金融模式。促进信贷资金与政府扶贫资金有机结合，通过“银行＋政府＋农户”模式，帮助农村贫困户脱贫致富。继续加大小额担保财政贴息贷款等对农村妇女、新型农业经营主体和小微企业的支持力度。积极推广涉农和小微企业专营机构、信贷工厂等模式。（省政府金融办、人行合肥中心支行、安徽银监局、省财政厅、省人力资源社会保障厅按职责分工负责）

10.推进抵质押担保方式创新。探索开展农村土地承包经营权、宅基地使用权、农民住房财产权抵押担保贷款试点。推广以大型农业机械设备、运输工具、林木所有权、林地使用权、水域滩涂养殖权、承包土地收益权、农产品订单、知识产权等为标的的新型抵质押担保方式。利用涉农保险作为增信要素，探索拓宽涉农保险保单质押范围。鼓励农业企业为农户、家庭农场、农民合作社提供贷款担保。（省政府金融办、人行合肥中心支行、安徽银监局、省农委、省林业厅、省工商局、省农信社、徽商银行按职责分工负责）

11.切实降低融资成本。认真落实国务院关于着力缓解企业融资成本高问题的一系列政策措施，以及“七不准、四公开”规定，提高贷款审批和发放效率。银行业金融机构要清理各种不必要的资金“通道”和“过桥”环节，取消不合理收费，严禁“以贷转存”“存贷挂钩”等变相提高利率、加重企业负担的行为。对于符合条件可以直接发放贷款的小微企业，不应追加担保。（安徽银监局、人行合肥中心支行、省政府金融办按职责分工负责）

四、稳步建设发展资本市场

12.促进县域企业上市（挂牌）融资。健全证券投行业务保荐代表人对口联系服务市县机制。实施县域企业改制达标工程，力争到2017年全省县域直接融资后备企业达到1500家以上。推动具备条件的企业分类对接多层次资本市场，在主板、中小板、创业板以及境外资本市场上市和再融资，鼓励县域企业在全国股转系统和省区域性股权交易市场挂牌。促进省股权托管交易中心开设农业、林业板块，建立工商登记部门与省区域股权交易市场的股权登记对接机制，为企业股权质押融资提供便利，积极争取与沪深交易所和全国股转系统建立转板机制。（省政府金融办、安徽证监局、省农委、省林业厅、省经济和信息化委、省科技厅、省文化厅、省旅游局、省工商局按职责分工负责）

13.扩大债券融资规模。推动县域企业与多元化债券市场对接，支持发行企业债、公司债和中小企业私募债。鼓励各市采用集中增信、风险补偿、成本补贴等方式，组织发行中小企业集合债、小微企业增信集合债、中小企业集合票据、区域集优集合票据等直接融资产品。逐步扩大短期融资券、中期票据规模。(省政府金融办、省发展改革委、人行合肥中心支行、安徽证监局按职责分工负责)

14.加快农产品期货市场发展。支持省属期货公司提升资本实力,拓展场外衍生交易产品,参与农产品现货交易。支持农户、农业企业和农村经济组织进行风险管理,积极推广"银行+涉农企业+期货+农户"产业链经营模式、"期货+土地(林地)流转权"流转模式,不断扩大农产品期货品种和区域覆盖范围。加强对投资者的风险意识教育和风险管理培训,切实保护投资者的合法权益。(省政府金融办、省农委、安徽证监局按职责分工负责)

五、大力发展"三农"保险

15.稳步推进政策性农业保险。通过整合涉农专项资金和优化调整支出结构等方式,落实财政对主要粮食作物保险的保费补贴,逐步减少或取消产粮大县三大粮食作物县级财政保费补贴。以新型农业经营主体为重点,积极推广政策性保险附加补充商业保险试点。扩大森林保险。鼓励有条件的地方对特色优势农产品保险提供保费补贴,不断提高设施农业、淡水养殖、中药材、毛竹、果树、油茶、茶叶等特色农业保险的覆盖率。争取开展巨灾保险试点,建立完善农业保险大灾风险分散机制。(省财政厅、省政府金融办、安徽保监局、省林业厅按职责分工负责)

16.拓展"三农"保险广度和深度。探索开展农产品目标价格、收入指数保险试点,推广天气指数、渔业互助保险试点。鼓励开展多种形式的互助合作保险。支持农业龙头企业资助订单农户参加农业保险。积极发展农村小额信贷保证、农房、农机具、设施农业以及农民养老健康、农村小额人身保险等普惠涉农保险业务。开展商业保险机构经办基本医疗保险试点并逐步推开。引导保险资金通过股权、债权等多种形式,支持现代农业、农村基础设施、农村养老服务设施等建设。(安徽保监局、省政府金融办、省财政厅按职责分工负责)

17.健全"三农"保险服务体系。支持涉农保险机构加快发展,积极争取设立地方农村寿险法人机构。推动保险机构下沉服务重心,支持保险机构在县域及乡镇布网设点,提高保险机构覆盖率。加强农业保险经办机构与乡镇政府代办机构合作,完善基层服务网络体系。(省政府金融办、安徽保监局按职责分工负责)

六、完善政策性融资担保体系

18.加强政策性融资担保机构能力建设。省财政2015年起连续3年每年安排11亿元,各市、县(市、区)等额配套,用于充实县(市、区)符合条件的政策性融资担保机构资本金。加强省信用担保集团再担保功能建设,强化对县域融资担保机构的信用增进、风险分担、经营指导等作用。建立以融资担保作用发挥和风险防控为核心指标的融资担保机构绩效评价体系,建立融资担保放大倍数、服务企业户数、综合费率、风险控制等与政策扶持挂钩机制。(省财政厅、省政府金融办、省信用担保集团按职责分工负责)

19.丰富普惠担保服务。拓展村级金融服务室(站)功能,建立网上担保受理服务平台,按照"信用互助组+担保+信贷"模式,面向农民开展小额信贷担保服务。建立统保统贷平台,组织政策性担保体系平台与开发银行试点,为"三农"、小微企业等服务。推行"担保+PPP"模式,支持现代农业发展和新农村建设。(人行合肥中心支行、省政府金融办、省财政厅、省农委、省信用担保集团按职责分工负责)

20.加快建立风险补偿和分散机制。探索建立银担合作风险分担机制,不断完善小微融资担保业务风险政、银、担、企多方共担机制,鼓励设立风险补偿专项基金或担保基金对小微企业融资担保贷款损失进行补偿。鼓励政策性融资担保机构与保险机构开展"担保+保险"合作,丰富风险分散方式。(省财政厅、省政府金融办、省信用担保集团按职责分工负责)

21.实施素质提升工程。推动政策性融资担保机构完善法人治理结构,完善运行、风险控制、用人和

激励约束机制。加快信息化建设,推进业务管理流程化、规范化,2015年底基本实现业务办理和日常管理信息化。加强业务监管,引导其坚守主业、大力创新、合规经营、防范风险。(省政府金融办、省财政厅、省信用担保集团按职责分工负责)

七、加快建设信用体系

22.建立县域动态信用信息采集机制。以县(市、区)为单位建立动态征信数据库,全面开展农户、农村企业、农村经济组织等涉农主体信用信息采集工作。有效整合县域信用资源,实现税务、法院、环保、社保、公安、市场监管、公用事业等部门社会信用信息的采集归档和共享,构建农户、居民、企业三位一体的信用信息数据库,实现与省公共信用信息服务平台共建共享。加快将符合条件的融资担保机构、小额贷款公司等接入征信系统。2017年底前实现农户、农民合作社、家庭农场及中小企业信用信息全覆盖,并接入省公共信用信息共享服务平台。深入开展信用户、信用村、信用乡镇和金融生态环境创建与评价活动。加快建立全省融资担保机构、小额贷款公司信用信息系统,加强机构和从业人员信用信息记录,并纳入省公共信用信息共享服务平台和人民银行征信系统。(省发展改革委、人行合肥中心支行、省政府金融办按职责分工负责)

23.建立信用评价及成果运用机制。建立由政府有关部门牵头,银行和涉农主体、小微企业参与的信用评级体系,引导金融机构根据农户、小微企业信用状况设定授信等级,发放信用贷款,实现信用评价结果与信贷服务的有效对接。推行小额贷款公司、融资担保公司信用评级、分类监管和信用报告使用制度。(省发展改革委、人行合肥中心支行、省政府金融办、省信用担保集团按职责分工负责)

八、着力改善金融基础设施

24.实施基础金融服务"村村通"工程。依托行政村两委所在地、特约商户、农村社区超市、供销社系统经营网点以及农民合作社等具备安全条件的场所,布设ATM机等金融自助服务终端。加快建设农村金融服务室(站),2015年底实现行政村全覆盖。(省政府金融办、安徽银监局、人行合肥中心支行、省财政厅按职责分工负责)

25.加强农村支付体系建设。推进县域银行网点全面加入大、小额支付系统,加强非现金支付工具推广应用和支付清算系统建设,推广网上银行、电话银行、手机银行等电子支付工具。(人行合肥中心支行、安徽银监局、省政府金融办、省财政厅等按职责分工负责)

九、加强政策支持和风险防控

26.强化财税政策支持。改革相关资金投入方式,加强财政与金融协同联动,综合运用风险补偿、贷款贴息、保费补贴、税收优惠、奖励补助等多种手段,引导金融机构加大对"三农"、小微企业的信贷投入。继续对融资担保机构实行免征营业税政策,取消免税行政审批。对符合条件的融资担保机构,继续实行所得税优惠政策。积极落实农村金融机构定向费用补贴、县域金融机构涉农贷款增量奖励、农业保险保费补贴等政策。(省财政厅、省国税局、省地税局按职责分工负责)

27.加大金融政策支持力度。落实新增存款用于当地和商业银行新设县域分支机构信贷投放承诺制度。改进法人银行业金融机构合意贷款管理,鼓励在风险可控的前提下多存多贷。进一步改进存贷比管理,增加存贷比指标弹性。灵活运用支农支小再贷款、再贴现、差别存款准备金率等政策工具,引导银行业金融机构强化对县域的信贷资源配置,确保涉农和小微企业贷款增幅不低于各项贷款平均增幅。健全对银行业金融机构的绩效考评体系,引导其统筹经济效益和社会效益,树立正确的目标导向。对符合条件的小微企业和"三农"融资担保贷款,可不列入存贷比考核范围;对银行不承担风险或者只承担部分风险的,可适当下调风险权重。(人行合肥中心支行、安徽银监局、安徽证监局、安徽保监局、省政府金融办、省财政厅按职责分工负责)

28.加强金融风险防控。强化金融监管协调机制建设。探索完善地方金融监管体制，根据各类金融机构审批权限、业务特点和风险状况，界定管理、监管部门的职责和风险责任。综合采取市场准入、资金运用等措施，做好风险识别、监测、评估、预警和控制工作。各地各有关部门要落实金融风险事件处置的组织职责，妥善处置各类金融风险，严厉打击非法集资等金融违法犯罪行为和逃废金融债务行为，严防区域性系统性金融风险。（省政府金融办、省公安厅、人行合肥中心支行、安徽银监局、安徽证监局、安徽保监局按职责分工负责）

十、加强组织领导

29.建立工作推进机制。省金融工作领导小组统筹推进农村金融综合改革工作。各市县要成立由政府主要负责同志任组长的金融综合改革领导小组，及时出台和完善实施方案，强力推进，抓好落实。建立省金融工作领导小组成员单位、相关金融机构对口联系市县机制，指导和帮助市县开展农村金融综合改革。建立农村金融综合改革量化考核统计指标体系。完善涉农和小微企业贷款统计制度。建立人才交流机制，从金融机构选派业务骨干挂职担任副县（市、区）长，鼓励各地与金融机构开展双向人才交流，提升县域金融工作水平。（省委组织部、省政府金融办、省统计局、人行合肥中心支行、各市县人民政府按职责分工负责）

30.加强宣传培训和督查考核。编写金融知识通俗读本，定期组织开展金融政策集中宣讲和“送金融知识进乡村、进社区、进企业、进学校”活动，加强金融知识和政策培训。加强农村金融综合改革绩效考核，建立通报制度，由省政府金融办按季通报各地改革进展情况。各市各有关部门、各金融机构于每年1月底前，将上一年度农村金融综合改革情况报省政府并抄送省政府金融办。（省政府金融办、各市县人民政府按职责分工负责）

安徽省人民政府
2015年2月10日

关于金融支持服务实体经济发展的意见

为应对经济下行压力，缓解实体经济特别是小微企业和“三农”发展融资难题，改善金融服务，促进经济持续健康发展，现提出如下意见：

一、设立续贷过桥资金。省财政安排10亿元，按各市、县（市、区）上年度小微企业纳税额、上年末小微企业贷款余额分别在全省占比（权重各半）合并计算比例分配，于9月底前以超调库款资金形式拨付到市，由市统筹使用。各市、县（市、区）按不低于2倍配套，以市或县（市、区）为单位设立续贷过桥资金，对本地范围内依法合规经营、生产经营正常、具有持续经营能力和财务状况、信用状况良好、还款能力与还款意愿强、没有挪用贷款资金、没有欠贷欠息等不良行为、原流动资金周转贷款为正常类，且符合新发放流动资金周转贷款条件和标准的小微企业提供短期过桥资金。各地财政部门要会同有关单位按照“专款专用、封闭运行”原则，合理确定服务对象、申请条件，资金额度、期限、费率，科学设置审核程序和资金划转流程，切实加强管理，严密防范风险，并于10月底前正式运作。省财政厅要会同省政府金融办、省经济和信息化委等部门，建立科学评价机制，按季度考核通报，督促各地提高资金使用效率，确保年度资金周转率（续贷过桥资金累计发生额/续贷过桥资金数额）达到12次以上。

二、实施新型政银担合作机制。全省政策性融资担保机构新发生的单户在保余额500万元以下各类融资担保业务全部纳入“4321”政银担合作试点。省财政每年安排3亿元，建立省级融资担保风险补偿专项基金。不动产登记部门和工商、公安、林业等部门要为融资担保机构提供最高额抵质押、余值抵质押、多个债权人共同抵质押等多种形式的登记服务，合理设定抵质押有效期，不得指定或强制评估。

各级政府要积极运用业务补助、创新奖励、增量业务奖励等方式鼓励和引导银行、担保机构进一步扩大“4321”模式应用范围。银行业金融机构要建立合理的风险分担机制，完善基层行和信贷人员考核办法，不得将应承担的风险转嫁给企业；银监部门要加强与有关部门、担保机构的沟通和合作，加强政策扶持，强化风险分担，开展督促检查，确保实现“4321”模式贷款占小微企业贷款比重有较大幅度提升。

三、开展“税融通”业务。对已有纳税记录、无不良信用记录、纳税信用级别不低于B级的中小微企业发放“税融通”贷款。需要融资担保的，市县以企业近2年年平均纳税额的1—5倍核定担保额度，由政策性融资担保机构提供低费率担保增信服务。经办银行应及时向已核定公示担保额度并提出申请的企业发放贷款，并给予利率优惠。从企业提出申请到最终放款，在材料齐全情况下原则上办理时间5个工作日以内。各地要尽快出台“税融通”实施细则，金融主管部门按季度通报业务进展情况，争取2015年底前实现全省覆盖。

四、提高贷款审批效率。各银行业金融机构要通过提前进行续贷审批、设立循环贷款、实行年度审核制度等措施降低企业融资成本。各银行省级分行要优化贷款审批流程，根据资产质量、风险管理能力及所在地信用环境，2015年底前选择不少于10家县(市)支行，扩大其小微企业、“三农”贷款审批权限。根据涉农、小微企业生产经营特点、规模、周期和风险状况等因素，合理确定贷款期限，对经营正常、效益良好、能及时还本付息的涉农、小微企业有中长期贷款需求的，要发放中长期贷款，不得以短接长，分解发放短期贷款。

五、推进“两权”抵押贷款试点。银行业金融机构要积极开展农村承包土地经营权和农民住房财产权抵押贷款试点业务。对符合条件的农村金融机构，人行合肥中心支行要加大支农再贷款支持力度。各地要加快农村“两权”确权登记颁证进度，加快农村产权交易服务平台建设，力争2015年底前全部挂牌营业。建立“两权”抵押、流转、评估、收储的专业化服务机制。鼓励有条件的地方探索组建国有性质的农村资产经营管理公司，参与处置相关不良债务。

六、鼓励农村商业银行发行金融债券。推动农村商业银行发行小微企业、“三农”金融债，拓宽信贷资金来源。省信用担保集团和符合条件的市、县(市、区)国有融资担保机构对农村商业银行发债项目给予优惠担保费率，年化费率最高不超过1%。

七、支持企业上市(挂牌)。省成立产业发展基金并发起设立若干支子基金。各市要设立天使基金，规模原则上不少于1亿元，形成覆盖企业种子期、初创期、成长期、成熟期等全生命周期的基金集群，对接多层次资本市场。企业因上市改制和内部资产重组需要补交的相关税费，执行国家和省规定的相关优惠政策。企业因上市(挂牌)改制需要补缴的企业所得税，继续按照《安徽省人民政府关于关于促进经济持续健康较快发展的意见》(皖政〔2013〕5号)精神执行到2017年。对改制完成并办理上市辅导备案登记的拟上市企业，省财政给予30万元奖励，成功上市后再给予70万元奖励，其所在地政府相应分别给予不低于30万元、70万元奖励。皖北地区和大别山片区每培育1家在沪深港交易所上市的企业，省财政给予企业所在地政府100万元奖励，专项用于推进企业上市工作。对成功在“新三板”和省区域性股权交易市场挂牌融资的中小企业，省及所在地财政分别按首次股权融资额的1%给予奖励，单个企业省财政奖励金额不超过70万元(与办理上市辅导备案登记，沪深港交易所上市不重复奖励)。

八、积极发展小微金融服务主体。积极支持设立面向小微企业、“三农”的村镇银行、融资(金融)租赁公司、消费金融公司、小额贷款公司、典当行。对融资租赁公司设立子公司不设最低注册资本限制。简化船舶、农机、医疗器械、飞机等设备融资租赁登记许可或进出口手续。在经营资质认定上同等对待租赁方式购入和自行购买的设备。各地要督促财政和税务部门按照皖政〔2013〕5号文件规定，将符合条件的小额贷款公司、融资性担保机构相关财税支持政策落实到位。

九、发挥互联网金融普惠功能。鼓励省内金融机构打造创新型互联网金融平台，支持符合条件的企业开展互联网金融业务、申请获得互联网金融牌照，发展总部型互联网金融，力争2016年实现互联网金融业态全覆盖。支持互联网金融企业工商注册登记、网站备案和申领增值电信业务经营许可。推动金融机构在农村地区发展移动金融服务，解决农村金融服务网点覆盖面不足的问题，创新服务“三农”的移动金融服务和产品，提升金融机构在"三农"领域的服务质量和效率。鼓励有条件的地方，对落户企业给予适当奖补，对落户企业新技术、新产品研发费用税前加计扣除。从2015年起，对互联网金融企业自成立之日起10年内所纳企业所得税省级留成部分全额返还给所在地市级财政，用于支持当地符合"双创"条件的互联网金融发展。鼓励省各类产业发展引导基金和子基金规范投资互联网金融企业。

十、完善小微企业贷款统计监测制度。各金融机构要按照国家统计局等有关部门小微企业划分标准，将个体工商户贷款、私营企业主贷款纳入小微企业贷款统计范围，根据贷款真实用途，准确开展小微企业贷款统计。人民银行、银监部门各分支机构要加大对金融机构统计数据真实性的监测、检查、考核，确保数据准确。

十一、加大政策落实力度。落实新增存款用于当地和商业银行新设县域分支机构信贷投放承诺制度。人行合肥中心支行要按月开展金融机构降准释放流动性使用效果专项监测。各地要完善金融机构考核办法，建立以金融机构落实国家政策实效和服务地方发展贡献度为主要内容的考核评价指标体系，考核结果与地方政府对金融机构支持挂钩，并作为效能考核重要依据。各地要进一步加强政银企对接。各级金融办要与同级人民银行、银监分支机构建立会商机制，定期或不定期通报情况，对落实国家宏观金融政策有力、效果显著的商业银行予以表扬；对落实不力、存贷比过低、未实现"三个不低于"目标的商业银行分、支行主要负责人进行约谈，督促整改，并通报至其上级银行。

十二、优化金融生态环境。积极搭建小微企业信息共享平台，按照"政府引导、市场运作"原则组建征信公司，建立健全信用体系、评级发布制度和信息通报制度。继续组织开展信用户、信用村、信用乡(镇)创建活动。积极引导小微企业提高自身素质，改善经营管理，健全财务制度，增强信用意识。支持银行维护金融债权，切实打击恶意逃废银行债务行为。妥善处置金融风险事件，着力构建良好的金融生态环境。

省政府金融办要会同省相关单位、金融机构按照本意见精神，细化措施，压实责任，考核指导，跟踪督办，促进我省实体经济持续健康发展。

安徽省人民政府
2015年9月20日

关于进一步加强社会信用体系建设的意见

为深入贯彻党中央、国务院关于社会信用体系建设的决策部署和国务院《社会信用体系建设规划纲要(2014—2020年)》，进一步加强我省社会信用体系建设，构建"信用安徽"，现提出以下意见：

一、总体要求

1.指导思想。全面贯彻党的十八大和十八届三中、四中全会精神，深入贯彻落实习近平总书记系列重要讲话精神，围绕政务诚信、商务诚信、社会诚信和司法公信建设，以加强信用信息记录和共享、强化信用产品应用、培育壮大信用服务市场、构建守信激励和失信惩戒机制为重点，加快完善信用法规制度和标准体系，大力推进诚信文化建设，提高全社会诚信意识和信用水平，使诚实守信逐步成为全民的自觉行为规范，优化经济社会运行环境。

2.建设目标。到2020年，社会信用法规制度和标准体系基本建立，以信用信息资源共享为基础覆盖全社会的征信系统基本建成，信用监管体制基本健全，信用服务市场体系基本完善，守信激励和失信惩戒机制作用有效发挥，政务诚信、商务诚信、社会诚信和司法公信建设取得明显进展，全社会诚信意识普遍增强，经济社会发展信用环境显著改善，市场和社会满意度大幅提升，"信用安徽"建设跃上新台阶。

二、突出社会信用体系建设重点领域

3.加快推进政务诚信建设。严格依法行政，全面推进政务公开，规范政府决策行为，推行政府权力清单和责任清单制度，切实提高政府工作效率和服务水平。建立健全政务和行政承诺考核制度，严格履行政府向社会作出的承诺，把发展规划、经济社会发展目标落实情况和为民办实事践诺情况作为评价政府诚信水平的重要内容，以政务诚信示范引领全社会诚信建设。加强公务员诚信管理和教育，建立公务员诚信档案，将公务员诚信记录作为干部考核、任用和奖惩的重要依据，打造一支守法守信、高效廉洁的公务员队伍。

4.深入推进商务诚信建设。以生产、流通、金融、税务、价格、工程建设、公共资源交易、招标投标、交通运输、电子商务、统计、中介服务、会展广告等领域为重点，完善企业诚信管理制度，加快建立守信激励和失信惩戒机制，营造公开、公平、公正的商务信用氛围和守法经营环境。

5.全面推进社会诚信建设。以医药卫生、计划生育、社会保障、劳动用工、教育和科研、文化旅游、体育、知识产权、国土资源开发利用、水利建设、环境保护、能源节约、互联网应用服务等领域和社会组织、自然人信用建设为重点，突出诚信文化建设，逐步形成以诚相待、以信为本、和谐友爱的人际关系，促进社会文明进步，实现社会和谐稳定和长治久安。

6.大力推进司法公信建设。推进审判公开、检务公开、警务公开、狱务公开、戒毒执法公开，全面推行“阳光司法”。建设完备的法律服务体系，推进法律服务从业人员规范执业，建立诚信承诺和宣誓制度。深化司法体制和工作机制改革，提高司法工作的科学化、制度化和规范化水平，完善司法工作内外部监督机制，夯实司法公信的制度基础。

三、加强公共信用信息征集与共享

7.加快建立健全公共信用信息记录。各级行政、司法和社会管理机构要建立完善内部工作机制，明确信用信息范围和内容，充分利用现有信息系统，全面记录、归集行政、司法和社会管理中产生的社会成员信用信息，建立信用信息数据库，确保信用记录真实、准确、完整、可追溯。

8.加快建设省公共信用信息共享服务平台。加快制定公共信用信息目录和标准，建设数据交换系统，归集整合行政、司法和社会管理中产生的信用信息，建成全省统一的公共信用信息共享服务平台，并适时与国家和区域信用信息平台实现互联互通。建立公共信用信息交换机制，依法推进行政、司法和社会管理机构信用信息系统与平台互联互通，实现信用信息资源共享。

9.加强公共信用信息公开。严格按照国家和省有关规定，及时公开公示在履行职责过程中产生的政府信息、司法信息、企业信息和其他社会管理信息。充分发挥省公共信用信息共享服务平台的综合归集作用，整合公共信用信息资源，推行“一站式”查询服务，方便社会依法了解信用主体的信用状况。保障公共信用信息安全，建立信用信息侵权责任追究机制，保护信用信息主体合法权益。

四、强化信用信息应用

10.加强公共信用信息应用。政府部门要发挥带头示范作用，在公共资源交易、招标投标、行政审批、市场准入、资质审核、政府性资金安排、就业服务、评优评先等行政与社会管理事项中，以及食品药品安全、环境保护、教育和科研、国土资源开发利用、水利建设、安全生产、社会治安、产品质量、工程建设、旅游管理、电子商务、证券期货、融资担保、股权投资、中介服务等关系人民群众切身利益、经济健康发展、社会和谐稳定的重点领域，充分应用公共信用信息，加强事中事后监管。

11.有效利用社会信用信息。行政、司法和社会管理机构通过购买服务，依法使用社会力量提供的信用产品、大数据资源和技术服务，创新服务和监管方式，提升履职能力和水平。省公共信用信息共享服务平台要采取多种方式，积极利用社会信用信息资源，不断充实信用信息数据库，扩大信用信息覆盖范围，完善综合服务功能。

五、加快发展信用服务市场

12.积极培育各类信用服务机构。政府通过公开信用信息、购买信用服务、引导市场主体应用信用产品、营造公平竞争环境等方式，大力培育和发展信用服务机构。鼓励社会资本设立多种形式和业态的信用服务机构，支持实力较强、规模较大、市场信誉度较高的信用服务机构创立品牌，发展成为龙头企业，符合条件的信用服务机构，按有关规定享受现代服务业和高新技术产业各项优惠政策。

13. 大力发展信用服务业。支持信用服务机构建立以自然人、法人和其他组织为对象的征信系统，依法采集、整理、加工和保存在市场交易和社会交往中形成的信用信息，建立涉及经济社会各领域、各环节的市场主体信用记录。支持信用服务产品广泛应用和开发创新，大力发展信用征集、信用咨询、信用评估、信用担保、信用保险和大数据服务等多种业态，促进信用服务业发展壮大。

14. 规范信用服务市场。完善信用服务市场监管体系，建立信用服务机构和从业人员的信用记录，依法实施信用服务分类监管，切实维护市场秩序。发展信用服务行业自律组织，建立信用服务机构和从业人员基本行为准则和业务规范，强化自律约束，提升信用服务行业市场公信力和社会影响力。

六、加强守信激励和失信惩戒

15. 建立守信激励机制。将各类诚信企业和模范个人表彰信息作为诚信信息录入信用档案。行政、社会管理机构在市场监管和公共服务过程中，对守信者实行优先办理、简化程序、“绿色通道”和重点支持等激励政策。鼓励企业在市场交易过程中，对守信者给予价格优惠和服务便利。以未成年人轻微失信行为自我改正为重点，建立信用修复制度，发挥守信正向激励作用。

16. 健全失信联合惩戒机制。行政、司法和社会管理机构要依法依规建立失信黑名单制度，通过自身信息系统、省企业信用信息公示系统和省公共信用信息共享服务平台，交换发布制假售假、偷逃税费、逃废债务、恶意欠薪、消防违法、安全生产违法、严重交通违法、失信被执行人等失信信息。制定失信行为惩戒办法，综合运用市场性、行政监管性、行业性、司法性、社会性等约束和惩戒手段，对失信主体实行多部门、跨地区联合惩戒，使失信者寸步难行。

七、推动社会信用体系建设创新示范

17. 开展区域信用建设综合示范。自 2015 年起，选择有条件的市、县和经济开发园区，在开展信用信息记录、推动信用产品和服务创新应用、培育信用服务机构、公开典型失信行为、建立社会信用奖惩联动机制、实施诚信文化建设等方面，进行综合试点示范。支持试点市、县综合运用信用管理方法，在文明创建、社会治安综合治理、社会稳定风险评估、政府债务风险防范、生态环境保护等方面进行探索和创新。

18. 推进重点领域和行业试点示范。省相关行业主管部门开展行业信用建设试点，完善行业信用记录，健全信用奖惩联动机制，探索建立市场退出和行业禁入制度。行政、司法和社会管理机构根据职责分工，选择群众反映强烈、社会关注度高、影响面广的重点领域，制定信用评价标准，进行信用等级评定，实行分类管理。推进小微企业信用体系建设试点，依托省公共信用信息共享服务平台，实现小微企业信用信息资源共享。

19. 优化金融生态环境。建立包括银行、证券、保险业机构以及各类具有金融交易行为和为金融业服务的企事业单位在内的信息采集和综合统计体系，推进与省公共信用信息共享服务平台信息交换和共享。推动金融信用信息应用，健全金融行业守信激励和失信惩戒制度，加强工作督查与考核评估，营造良好的金融生态环境。

20. 全面深化农村信用体系建设。在深化试点基础上，全面开展农户、农村企业、农村经济组织等涉农主体信用信息采集工作，有效整合县域信用资源，推动税务、社保、市场监管等部门信用信息归集共享。加快建立全省融资担保机构、小额贷款公司信用信息系统，加强机构和从业人员信用信息记录，并纳入省公共信用信息共享服务平台。扩大信用信息应用范围，建立完善信用评价及成果运用机制。在信用户、村、乡（镇）、文明村镇和金融生态环境创建，以及计划生育、社会保障、治安管理、美好乡村建设等方面，创新管理方式方法。

八、实施诚信文化建设工程

21.弘扬诚信文化。继承徽文化的优良传统,秉持现代市场经济的契约精神,大力弘扬“诚实、厚道,守信、担当”的诚信文化理念,践行社会主义核心价值观。宣传部门和各类媒体要不断创新方式方法,全方位、多层次宣传诚信文化,使诚信文化理念深入人心。大力宣传安徽好人、道德模范、诚信企业,办好安徽好人馆,树立各类诚信典型,使全社会学有榜样、赶有目标,形成守信光荣、失信可耻的社会氛围。

22.加强诚信教育。加强医务人员、律师、会计师、环境影响评价工程师、社会工作者等公共服务人员诚信教育,提高诚信意识,培养职业操守。推动企业加强诚信教育,建立信用培训制度,完善企业信用管理体系,履行企业信息公示义务,引导经营者自觉抵制失信行为,促进企业职工诚实守则。构建诚信教育体系,把诚信教育内容有机融入到基础教育、高等教育、职业教育、成人教育等相关课程,引导师生以诚立身、诚信做人。围绕信息系统建设和信用信息应用等,开展必要的政策培训。

23.实施专项文化工程。深入开展诚信专题活动,有步骤、有重点组织“诚信活动周”“质量月”“安全生产月”“诚信兴商宣传月”、“3・15”国际消费者权益日、“6・14”信用记录关爱日、“征信宣传周(月)”等公益活动。突出诚信主题,制作题材多样、表现活泼的系列公益广告,拍摄贴近大众生活、群众喜闻乐见的影视片。针对诚信缺失、诚信建设需求迫切的行业和领域,开展专项教育和治理活动,及时曝光造假欺诈、见利忘义、损人利己等行为,树立行业诚信风尚。

九、加强社会信用体系建设交流合作

24.深化长三角区域合作。围绕建立趋同的信用制度和标准、共享的信用信息资源、共同遵守的惩戒机制,与沪、苏、浙加强交流与合作,在信用信息征集、产品应用、联动奖惩、制度保障、信用服务市场发展等领域,进一步推进区域信用一体化进程。

25.推动跨地区跨行业合作。推进建立长江经济带、中原经济区区域信用交流和联动机制,开展信用领域专项合作。加强与兄弟省市、特定地区的信用合作,推进跨省区公共信用信息互查、诚信企业互认、信用服务机构备案互认工作,交流信用体系建设经验。支持皖江示范区、皖南国际文化旅游示范区、合肥经济圈、皖北地区、皖西革命老区,以及省内各市之间的一体化信用体系建设。支持食品药品、税务、环保、水利、社保、交通、工商、质监、公安、司法等行业和部门开展合作,依托省公共信用信息共享服务平台,推进信用信息交换共享,实施失信联合惩戒。

十、完善保障体系

26.健全工作推进机制。完善省社会信用体系建设联席会议制度,统筹协调全省社会信用体系建设。各地各有关部门要把社会信用体系建设纳入重要工作内容,明确工作机构,确定责任单位和责任人,负责推动本地区、本部门社会信用体系建设,必要经费纳入财政预算予以保障,确保各项工作落实到位。社会信用体系建设情况委托第三方机构进行评估,并纳入政府目标管理绩效和机关效能建设考核范围。

27.强化规划引领。制定出台安徽省社会信用体系建设规划纲要,明确全省社会信用体系建设的指导思想、基本原则、主要目标、重点任务和工作措施。细化年度工作重点,确定责任单位、完成时限。各级政府要将社会信用体系建设纳入国民经济和社会发展规划,制定相应的实施方案,分解落实任务,压实工作责任。

28.推进信用法规制度建设。推进信用立法工作,使信用信息征集、共享、使用、信用信息安全和主体权益保护等有法可依。加快信用规章制度建设,明确信用信息记录主体责任,确保信用信息客观、真实、准确和及时更新。完善信用信息共享、公开、分类管理制度,推动信用信息资源有序开发利用。贯彻执行社会信用相关国家标准、行业标准,统一信用指标目录和建设规范,使用公民、法人和其他组织统一社会信用代码。加强信用标准化研究,推动相关地方标准、企业联盟标准及团体标准的制定与实施,加快构建安徽省社会信用标准体系，不断提升信用建设制度化、规范化水平。

29. 加强专业人才队伍建设。加强学科专业建设，支持有条件的高等院校设置信用管理专业或开设相关课程，鼓励在研究生培养中开设信用管理研究方向。鼓励有条件的教育培训机构开展信用管理职业培训，完善信用管理职业资格认证，培养信用管理专业化队伍。引进信用管理高级人才，建立信用管理专家库，支持开展学术交流和专题研究，为社会信用体系建设提供智力支撑。

第八篇

大事记

大事记(2015年)

一月

1日 安徽省贸促会为安徽省五矿发展进出口有限责任公司签发新版电子原产地证书(ECO)。

2日 杭州高新区(滨江)与深圳证券签订战略合作协议,建设深圳证券杭州公共服务平台。

3日 上海筷箸文化促进会计划将筷箸习俗申请为上海市非物质文化遗产。
中国科学技术大学谢毅院士获"十佳全国优秀科技工作者"奖。

4日 江苏政务服务网上大厅运行。
合肥公共安全产业集群被科技部认定为创新型产业集群试点。

5日 国家技术转移东部中心落户上海市杨浦区湾谷科技园。

6日 浙江省成为全国唯一的现代生态循环农业发展试点省。
合肥市第十二届青少年科技创新市长奖举行颁奖大会。

7日 《上海市集体合同条例修正案(草案)》提交审议。
2014年江苏省十大新闻评选揭晓。

8日 上海浦东张江推全国首张"科技信用卡",最高额度150万元,随借随还,解决中小科技企业资金周转难题
2014年度浙江新农村建设带头人"金牛奖"评选在杭州揭晓。
"江苏最美法官"颁奖仪式在南京举行。
安徽省国家地理标志产品保护网上线运行。

9日 2014年度国家科学技术奖揭晓,上海54项,浙江34项获奖,江苏57个项目上榜。

10日 《戏画麒芳——中国戏曲人物画名家邀请展》在上海图书馆开幕
南京市政府发布《南京市关于批准再生育一个孩子特殊情形的规定》。
中国国际工程咨询公司在安徽省合肥召开引江济淮工程项目建议书咨询评估会。

11日 新华日报纪念创刊77周年。

12日 上海张江国家自主创新示范区第一批试点单位授牌暨人才网开通仪式举行。首批55个试点单位,形成"政府引导+市场化运作"模式
江苏省2014年国家自然科学基金项目3460项,经费总额20多亿元,位居全国省份第一。

13日 上海自贸区内试点放开在线数据处理与交易处理业务的外资股权比例限制,外资股权比例可至100%。
江苏省2015年政府法制工作会议在南京召开。
"徽商"获中国驰名商标认定。

14日 浙江省秦山核电厂第9台机组并网发电,成为中国最大的核电基地。
江苏省宣传部长会议在南京召开。
安徽省马钢车轮通过IRIS国际铁路行业标准认证。

15日 上海出入境检验检疫局与上海浦东新区政府签合作备忘录,推17项改革措施,探索自贸区制度创新辐射途径。
浙江舟山群岛新区部省际联席会议在北京召开,提出加快建设江海联运服务中心。

江苏上市公司规模仅次于广东、浙江,居全国第三。

安徽合力叉车销售收入和利润连续24年蝉联全国叉车行业第一。

16日　第六届“海外清华学子浙江行”启动。

江苏省十二届人大常委会第十四次会议决定任命徐南平为江苏省人民政府副省长。

2014年安徽省亿元以上在建重点项目4082个,完成投资9798.2亿元。

17日　上海2014年市民文化节家庭阅读大赛颁奖及展演举行。

由杭州职业技术学院和浙江西子航空工业有限公司合作共建的西子航空工业学院在杭州挂牌成立。

“新常态…新布局·新力量—第八届新华高峰会”在南京新华报业传媒广场举行。

江苏省华西村党委书记吴协恩荣获“2014中国改革十大创新人物”殊荣。

太平湖国家湿地公园被国家林业局正式批准为“国家湿地公园”。

安徽省泛长三角区域经济合作研究会第二次会员代表大会在合肥召开。

18日　上海市杨浦区档案馆晋升国家一级档案馆。

19日　首家国际汉语师范教育机构,国际汉语教师学院在华东师大国际汉语教师研修基地成立。

浙江省发布“最美司法行政人”。

20日　“2015上海市慰问高层次人才暨在沪外国专家新年音乐会”在上海大剧院举行。

义乌市农民合作经济组织联合会正式成立。

江苏省第五届紫金山文学奖在南京颁奖。

安徽省2015年度中央投资18.24亿元,用于解决农村饮水安全问题。

21日　上海举行党政负责干部会议,通报“12·31”外滩拥挤踩踏事件调查报告和黄浦区部分领导干部违反中央八项规定的调查结果,宣布问责处理决定。

2014年度风云浙商颁奖仪式在杭州举行。

安徽中国科学技术大学地球和空间科学学院教授陈晓非入选国际大地测量与地球物理学联合会(IUGG)首批会士。

中国第一个国家级实验室,国家同步辐射实验室“合肥光源”重大维修改造项目通过中科院验收。

22日　2015国际滑联世界花样滑冰锦标赛组委会在沪成立。

浙江省总工会下发关于加强和规范基层工会经费收支管理的实施细则。

23日　上海市税务部门公布“2014年第三产业税收排名前100位企业名单”和“2014年工业税收排名前100位企业名单”。

王荣平同志被选举为江苏省盐城市市长。

安徽省获批国家新型城镇化综合试点省。

24日　追授邹碧华同志全国模范法官、上海市优秀共产党员荣誉称号命名表彰大会举行。

25日　上海市2015年的经济社会发展目标是“经济平稳增长,结构继续优化,质量效益进一步提高,全市一般公共预算收入与经济保持同步增长。”

《浙江省社会养老服务促进条例》获得通过,3月1日起施行。

安徽农业大学申报的“省部共建茶树生物学与资源利用国家重点实验室”正式获批建设。

26日　黄莉新同志任南京市委书记。

27日　安徽省政协十一届三次会议在合肥安徽大剧院举行第二次大会。

28日　上海淞沪抗战纪念馆举行“一·二八”淞沪抗战83周年纪念仪式,并启动上海淞沪抗战主题公园建设。

浙江宁波诺丁汉大学毕业生裘嘉毅荣获英国皇家注册建筑设备工程师协会主席奖。

29 日 中国政府网发布《国务院关于推广中国(上海)自由贸易试验区可复制改革试点经验的通知》。

2015 意大利米兰世博会中国馆商店签约仪式在杭州举行。

江苏省获批成为国家新型城镇化综合试点省,同时获批的还有安徽省。

30 日 浙江省生态办公布《浙江省大气污染防治行动计划实施情况考核办法(试行)实施细则》。

江苏省委关于巡视整改情况的通报。

31 日 首届世界互联网大会总结表彰会在杭州举行。

中国科学技术大学科技成果"量子通信安全传输创世界纪录"成功入选 2014 年中国十大科技进展新闻。

二月

1 日 上海文化产权交易所(南通)交易中心在江苏省南通揭牌。

《江苏省大气污染防治条例》通过。

2 日 浙江省互联网金融年会在杭州举行。

由科技部科技人才交流开发服务中心、江苏省科技厅和常州市科技局合作共建的科技领军人才创新驱动中心签约。

安徽省 169 项成果获得 2014 年度安徽省科学技术奖。

3 日 上海市宣传思想文化工作会议举行。

全国首张全省域文化地图——浙江省文化地图出炉。

2014 江苏经济发展年报出炉。经济总量首次超 6 万亿美元,人均 GDP 居全国各省区首位。

2014 年度中国科学院杰出科技成就奖颁奖仪式在京举行,安徽中国科学技术大学侯建国院士领衔的"单分子尺度的量子调控研究集体"榜上有名。

4 日 全国流动人口关怀关爱活动在安徽省蚌埠启动。

5 日 浙江省湖州举行 2015 年第一季度重大项目集中开工,共 72 个项目,总投资 488 亿元。

6 日 杭州社区微公交开通。

江苏吴江民营经济注册资本破 1500 亿元。

"文化演艺产业与管理研究中心"暨首批合作项目签约仪式,在合肥工业大学举行。

7 日 国内首个互联网创新中心在浙江省金华市成立。

安徽省君子文化研究会在合肥成立

8 日 江苏省江南大学熊幼翎教授获得 2015 年瑞典皇家农林科学院 Bertebos 奖,是首位获此殊荣的华人。

9 日 首个股票期权产品上证 50ETF 期权合约上市交易,中国境内资本市场正式迈入期权时代。

上海证券交易所成为境内第一家产品线横跨现货与衍生品市场的综合型交易所。

中国(杭州)跨境电子商务空港园区在杭州市萧山区开园,中国(杭州)智慧信息产业园在杭州市拱墅区开园。

10 日 "新华—浦发长三角小微企业景气指数报告(2014 年)在上海发布。"

2014 年度优秀全国科普教育基地,上海 6 家,浙江 2 家,江苏 5 家,安徽 1 家获得称号。

11 日 上海市实施由人大选举和任命的人员就职时向宪法宣誓的制度。

江苏省统战部长会议在南京召开。

12日　中国人民银行上海总部发布《中国(上海)自由贸易试验区分账核算业务境外融资与跨境资金流动宏观审慎管理实施细则(试行)》,全面放开本、外币境外融资,取消境外融资的前置审批,用风险转换因子等新的管理方式优化境外融资结构。

总投资近70亿元的"中海油"等一批重大项目在浙江省宁波市北仑区开工。

2014年度江苏省科学技术奖励名单揭晓,193项具有领先水平的科技成果上榜。

13日　从2015年1月1日起,浙江省城乡居民基本养老保险基础养老金最低标准由每人每月100元调整为120元。

安徽省从2015年起将农村教师公共租赁住房项目纳入地方保障性住房建设范围。

14日　上海启动中医药领军人才项目——"海上名医传承高级研修班"。通过一对一跟师中医大家、重温古籍、游学寻根等教学方式培养新一代海派名中医。

江苏省第六届十大杰出专利发明人评选揭晓。

安徽省2015年实施生态环保十大重点工程,预计项目总投资1373亿元。

15日　杭州市举行富阳撤市设区授牌仪式,富阳区成为杭州市第九个区。

16日　上海市2015—2017年基础设施建设投入向郊区倾斜,重点推进逾200项重大工程。

"心动安徽·最美人物"评选活动揭晓。

安徽省全椒县襄河镇河湾社区的吴敬梓故居免费对外开放。

17日　浙江省委、省政府在省人民大会堂举行春节团拜会。

18日　2015年"温暖除夕夜——上海社会各界迎新春慈善晚会"在上海玉佛禅寺举行。

"双乐春节…美好江苏"中国文化节在捷克首都布拉格开幕。

19日　上海图书馆举办"品赏文字之美　分享读书之乐"家庭读书乐专题展。

20日　浙江省永康市象珠镇清渭街升平中路25号的文雄烟花爆竹销售点发生爆炸事故,共造成5人死亡、3人受伤。

21日　合肥市第二十一届新春文化庙会迎来羊年首场演出。

22日　上海民营影视力量亮相奥斯卡,携手好莱坞团队打造史诗级战争大片《大轰炸》。

23日　上海玉佛禅寺举办新春帮困助学金颁发仪式,寺庙出资25万元,资助一批品学兼优的家庭贫困学生。

24日　由上海爱家集团投资、江苏博洲房地产开发有限公司开发,预计4年内投入18亿元完成建设的泰州姜堰区"三水新都会"项目奠基。

25日　以"创新工程"实现"双轮驱动",上海社科院智库科研步入体制机制改革期。

上海第三次经济普查数据公布,三产企业和就业占比显著提升。

26日　南京市政府办公厅《关于控制老城范围内学校医院合理规模的指导意见》,首次动用问责制,严禁老城范围内学校、医院原地扩建,引导优质资源向郊区和新区迁移。

浙江省嘉善与中国恒天集团签订合作协议,恒天将投入约52.6亿元在浙江西塘镇祥符荡建设西塘祥符荡文化艺术产业园项目。

新的《安徽省城乡医疗救助实施办法》将因病致贫家庭重病患者列入救助对象范围,并明确对低保对象和特困供养人员住院自负费用救助比例不低于70%。

27日　上海、吉林两地签署了《上海市人民政府吉林省人民政府战略合作框架协议》。

28日　江苏省政务服务中心、省公共资源交易中心运行。

安徽省举行"把安徽打造成长江经济带重要战略支点"情况通报会。

山东省东营市中级人民法院公开宣判安徽省人民政府原副省长倪发科受贿、巨额财产来源不明案。

《安徽省国土资源厅实施省委省政府国土资源指标考核暂行办法》出台。

三月

1 日 上海市宝山区 20 多个重点产业项目将集中启动。

上海《黄浦江两岸地区公共空间建设三年行动计划(2015 年—2017 年)》正式实施。

江苏省颁发全国首本不动产权证书

江苏省镇江市、无锡市、泰州市入选第四届全国文明城市，江苏全国文明城市总数位居全国第一。

《安徽省国土资源厅实施省委省政府国土资源指标考核暂行办法》出台。

2 日 被喻为“上海城乡发展一体化路线图”的《中共上海市委、上海市人民政府关于推进新型城镇化建设促进本市城乡发展一体化的若干意见》正式出台。

杭州市政府和富士康科技集团签署全面战略合作协议。

江苏省哲学社会科学工作领导小组第三次会议在南京召开。会议讨论并通过了《2015 年度社科强省建设工作要点》。

3 日 浙江省长兴市共有 31 个项目进行集中开竣工仪式，共投资 88 亿元。其中，浙商回归项目 19 个，占比为 62.52%

4 日 《上海市文化创意产业发展三年行动计划(2016—2018 年)》发布。

2015 年上海市重大工程建设工作会议召开。全年计划投资约 1071 亿元。

江苏省经信委公布了 2015 年江苏省 444 个重点工业投资项目，总投资 5508 亿元，项目全部建成达产后预计新增销售收入 1.1 万亿元、利税 1927 亿元。

安徽省首个试点启运港退税政策在芜湖落地。

5 日 浙江省诸暨市被国家住建部、发改委命名为第七批(2014 年度)国家节水型城市。

国内规模最大、集聚程度最高的疫苗生产基地，中国医药城中崇信诺泰州项目破土动工。

中国科大量子信息实验研究获重大突破，多自由度量子隐形传态首次实现。为发展可扩展量子计算和量子网络技术奠定基础。

6 日 中国家用纺织品(春季)博览会在浙江省海宁许村中国家纺城开幕。

2014 年江苏省建筑企业总产值达 24593 亿元，居全国第 1 位，浙江(22668 亿元)、湖北(10060 亿元)分居第二、第三位。

7 日 温州获批两岸民营经济示范区。

安徽中科院教授、中科院院士谢毅等 5 位女科学家获得 2015 年度“世界杰出女科学家奖”。

8 日 习近平总书记对上海自贸试验区的建设提出了明确要求。

新华报业传媒集团视觉传媒中心正式成立。

9 日 “浙江科技创新云服务平台”上线。

安徽省高院宣布诉讼服务网及 12368 诉讼服务热线正式开通。

10 日 国网浙江省电力公司发布 2014 年服务浙江经济社会发展白皮书。

南京市下发《关于政府投资建设项目审计监督全覆盖的实施意见》，政府投资建设项目实行“必审制”。

中科大管理学院宣布该院正式通过国际精英商学院协会(简称 AACSB)认证，成为中国内地第 10 家通过 AACSB 认证的单位。

11 日 浙江省开展 12365 热线“局长接线日”活动。

12日 国内最大的"互联网＋"合作项目,上汽集团与阿里巴巴集团在杭州共同宣布,出资10亿元成立国内首个"互联网汽车基金"。

浙江省安吉县重奖近百家对当地发展做出贡献的企业,奖励总额达1.23亿元。

全国唯一的跨境电子商务综合试验区落户杭州。

2015年长三角铁路建设全年计划完成建设投资559亿元,确保6个项目开通和12个项目开工建设,开通运营里程超过1200公里。

13日 "2014上海油画雕塑院年度展"在上海油画雕塑院美术馆开幕。

江苏援塞抗疫医疗队启程。

14日 沪藏文化艺术交流中心在上海市长宁区剑河路开幕。

南京大学紫金传媒研究院(北京)在北京成立。

15日 中华宗教文化交流协会、中国佛教协会、第四届世界佛教论坛江苏组委会,在北京举行筹备工作备忘录签字仪式暨首次新闻发布会。

16日 上海市科委向全市公开征集众创空间备案,将以政府购买服务方式,对尚未享受过创业服务补贴的众创空间给予后补贴支持。

世界首款超级电容现代无轨储能式电车在浙江省宁波鄞州亮相,总投资10亿元的现代电车研发制造中心同时奠基。

17日 第四届"全国文明城市"揭晓,江苏省张家港成功实现"全国文明城市"四连冠,也是全国唯一获此殊荣的县级市。

安徽省合肥综合保税区获验收合格证书。

18日 纪念汪道涵同志诞辰100周年理论研讨会在上海社联举行。

2015年皖江青年科技创新创业大赛启幕。

19日 太湖流域水环境综合治理省部际联席会议第六次会议在江苏省苏州召开。

安徽省特种设备检测院、上海市特种设备监督检验技术研究院战略合作签字仪式在合肥举行。

20日 上海市民族工作会议在上海展览中心举行。

明代著名作家冯梦龙故居重建工作在江苏省苏州相城区启动。

2015中国·砀山梨花旅游暨民俗文化节,在安徽省砀山县举行。

安徽省有90个村开展了集体产权制度改革试点,量化集体资产6.5亿元。

"2015畅想春天·徽商之夜"徽商盛典在合肥举行。

21日 中国地球物理学会地球物理技术委员会2015年学术会议在安徽省勘查技术院举行

22日 首趟返程"义新欧"中欧班列(马德里—义乌国际铁路集装箱班列)抵达浙江省义乌。

江苏省经信委和江苏省纺织工业协会在上海召开新闻发布会,推介将于9月11—13日在南京举办的第十七届江苏国际服装节和10月中旬在吴江盛泽举办的第二届江苏纺织品博览会。

江苏省徐州宿迁淮安盐城铁路项目获批。

安徽省宁国被国家林业局认定为全国唯一的国家山核桃生物产业基地。

23日 上海市工商局发布的《上海市企业住所登记管理办法》规定农村宅基地上的房屋可以登记为企业住所。

江苏省政府在南京举办重大项目投融资对接会,有105个项目达成合作意向,涉及总投资1700多亿元。16个项目现场签约,其中融资授信项目12个,授信额230多亿元;引入社会资本投资项目 4 个，协议投资额近 50 亿元。

24 日 上海仪电（集团）有限公司和罗兰贝格企业管理（上海）公司举行战略合作协议签约仪式暨智慧城市生态系统研讨会。

上海华谊集团控股的双钱股份复牌并公告重大资产重组方案。

宿迁被命名为“国家卫生城市”。

全国爱国卫生工作会议暨全国城乡环境卫生整洁行动现场会在安徽省马鞍山市当涂县召开。

25 日 2015 国际滑联世界花样滑冰锦标赛开幕式在上海东方体育中心举行。

浙江高考取消五类加分项目，体育、奥数、科技类竞赛等加分均不再保留。

江苏省新材料产业协会专家委员会在宁揭牌，18 位国际顶尖专家成为委员会专家。

全国残疾人事业“十三五”发展纲要编制会在合肥召开。

26 日 吴朝晖担任浙江大学校长。

江苏省首个国家级文化产业试验园区——南京秦淮特色文化产业园正式挂牌。

安徽省出台全国首部非煤矿山管理地方法规。

27 日 上港集团成功中标以色列海法新港 25 年的码头经营权项目。预计总投资约 4.7 亿美元。

江苏省人民代表大会常务委员会关于批准江苏省 2015 年地方政府债券收支安排及省级预算调整方案的决议。

安徽省与台资企业经贸合作恳谈会在广东省东莞市举办。

28 日 2015 中国（杭州）财富管理论坛在杭州余杭梦想小镇举行。

博鳌亚洲论坛 2015 年年会开幕式后，江苏省人民政府举办博鳌亚洲论坛江苏专场交流会。

29 日 “创业浦江”行动计划（2015－2020 年）在上海众创空间大会上发布。

2015 江苏体育产业大会在南京举行，《长三角地区体育产业发展报告》同时首发。

来自上海、南京、武汉、重庆等沿江城市专家学者齐聚南通大学江苏长江经济带研究院，出席“长江经济带跨区域合作研讨会”。

30 日 浙江省国土资源厅设立厅不动产登记局，地籍管理处在厅不动产登记局挂牌。

中宣部授予浙江省皮肤病防治研究所上柏住院部医疗队“时代楷模”荣誉称号。

财政部核定安徽省 2015 年第一批地方政府债券置换存量债务额度 322 亿元。

31 日 第 25 届上海白玉兰戏剧表演艺术奖揭晓。

浙江省启动了 76 个省重点项目集中开工建设，总投资 852 亿元，年度投资 154 亿元。

《法治江苏建设指标体系（试行）》印发，将作为衡量评价领导干部工作实绩的重要依据。

安徽省决定自 2015 年 1 月 1 日起，对 2014 年 12 月 31 日前已办理退休（含退职）并按月领取养老金的企退人员增加基本养老金。

四月

1 日 “徽风皖韵中国行——安徽精品剧目全国巡演”启动仪式在合肥举行。

2 日 2015 年意大利米兰世博会中国路演上海站在上海国际时尚中心举行。

据国家发改委发布的全国工业运行数据，2015 年前 2 个月，江苏规模以上工业企业实现利润 1100 亿元，居全国首位。

从 2015 年 3 月 1 日起，安徽省失业保险费率统一暂由 3%调整为 2%。

3 日 上海市政协 2015 年度协商工作计划向社会公布。

纪念抗战胜利 70 周年寻访活动启动。

安徽省 22 个村（社区）获第六批“全国民主法治示范村（社区）”。

江苏省暨南京市各界凭吊革命先烈活动在雨花台烈士陵园举行。

4 日　来自苏州、嘉兴、湖州两省三地所属 9 个县市（区）、13 个古镇的代表，在苏州共同签署《江南水乡古镇联合申报世界文化遗产协定》，并一起见证江南水乡古镇联合申报世界文化遗产办公室成立。

原创黄梅戏《寂寞汉卿》在安徽大剧院上演。

5 日　浙江省宁波市浙商回归开门红，一季度实到资金 137.93 亿元

6 日　第五届国际语言教育政策学术研讨会在南京东南大学结束。

安徽四创电子股份有限公司第四届中国智能交通市场年会上跻身“城市智能交通亿元俱乐部”，并荣获“十大优秀系统集成商”称号。

7 日　由 8 家浙江民企和一家投资方共同发起的浙江民营企业联合投资股份有限公司在杭州正式投入运营，首期实缴注册资本 50 亿元。

第二届夏季青年奥林匹克运动会总结表彰大会在宁举行。

8 日　2015 年上海市文化创意产业推进工作会议在上海科学会堂召开。

江苏省在全国率先从政府层面建立了困境儿童分类保障制度。

2015 年安徽省推出文化产业重点招商项目 330 个，投资总额 3308.09 亿元，计划引进资金 2809.63 亿元。

9 日　上海宝山 2015 年重大工程建设推进会暨吴淞口国际邮轮港后续工程启动，将投资 270 亿元，重点推进 40 个市、区两级重大工程建设项目，打造宝山城市功能转型“升级版”。

浙江省海宁浙商回归一季度新开工项目 17 个；实到资金 18.2 亿元。

大气污染、船舶污染、秸秆禁烧等问题，在长三角地区已经实现或正在探索异地同管；在水污染等其他环境治理方面，长三角地区也将探索联动治理机制。

合肥再获“中国家电产业基地”称号。

10 日　沪港经贸合作会议第三次会议在沪举行。

杭州高新区建立 10 亿元规模的滨江众创基金。

第四届中国苏州文化创意设计产业交易博览会开幕。

合肥市 2015 年将建立重大决策终身责任追究制度及责任倒查机制，“终身绑定”责任，确保重大决策合法、科学和顺利实施。

安徽中鼎密封件股份有限公司斥资 9500 万欧元（约合 1.035 亿美元）并购德国企业 WEGU 的 100%股权

11 日　2015 中国国际电商博览会在义乌开幕。

江苏省二套房贷新政落地，南京苏州二套房首付降至 4.5 成，其余 11 市降至 4 成安徽省自动化装备、智能交通、现代农业装备、固废危废焚烧处理装置及尾气控制、汽车车身电气控制技术等 5 家被批准为国家地方联合工程研究中心。至此，安徽省国家级工程研究中心（工程实验室）总数达到 28 家。

12 日　2015 中国（义乌）世界电子商务大会在浙江省义乌举行。

常州科教城与沈阳机床、上海联纵智达三方签约，共同在常州科教城建设全国第一家 i5 智能工场。

13 日　上海市人民政府与腾讯公司在沪签署战略合作框架协议。安徽到国务院正式批复杭州临江高新技术产业园区升级为国家高新技术产业开发区。

江苏省委、省政府召开深入实施转型升级工程推动经济发展迈上新台阶工作会议，为建设

新江苏筑牢坚实基础安徽淮南市 2015 年开工、续建亿元以上重大项目 54 个，总投资额 759.4 亿元。

14 日 浙江省政府与中广核集团有限公司在杭州签署深化合作协议，合力推进国家清洁能源示范省建设。

2015 年一季度江苏省共有 8 家企业获准发行企业债券，核准规模合计 80 亿元。

15 日 第十五届劳伦斯世界体育奖在上海颁奖。

浙江省科学技术奖励大会在杭举行。

安徽省一季度全省规模以上工业实现增加值 2335.2 亿元，同比增长 9%。

16 日 上海市国家现代农业示范区建设工作动员会召开。

世界首款超级电容现代无轨储能式电车在宁波鄞州亮相，总投资 10 亿元的现代电车研发制造中心同时奠基。

“两岸黄埔纪念抗日战争胜利 70 周年座谈会”在宁召开。

一季度安徽省亿元以上在建徽商回归项目 204 个，投资总额 762 亿元，实际到位资金 292 亿元。在建 10 亿元以上项目 17 个，到位资金 57 亿元。

17 日 位于上海嘉定区的上海金融谷正式开园。

孔晓宏当选黄山市市长.

18 日 “在国家战略的伟大旗帜下”浦东开发开放 25 年大型主题展览在上海市浦东展览馆开幕。

浙江省首届生态运动会在浙江安吉开幕。

江苏首个省市共建互联网产业园落户江苏省扬州市。

2015 年“食品安全江淮行”活动在安徽省合肥启动。

19 日 浙江省发布《关于发挥资本市场作用助推经济转型升级的若干意见》，助力实体经济借力资本市场实现经济转型、产业升级。

江苏新华报业传媒集团“正义之胜——纪念中国人民抗日战争暨世界反法西斯战争胜利 70 周年新华报业全媒体行动”及“重读新华日报，穿越 70 年追访正义之胜”出境采访活动启动。

2015 年“书香安徽阅读季”暨第六届“省直机关读书月”游园活动启动仪式在合肥渡江战役纪念馆广场举行。

20 日 由国家开发银行旗下的国开金融牵头多家投资机构注入 30 亿元资金，参与百联集团旗下百联股份的定向增发，百联股份重组成为上海国企改革重组创新发展重大事件。

国务院印发《进一步深化中国(上海)自由贸易试验区改革开放方案》，提出 25 项主要任务和措施。

江苏省全民阅读活动领导小组(扩大)会议在南京召开。

“网络名人探访长江经济带——皖‘约’徽风里”活动在合肥启动。

21 日 浙江省—捷克皮尔森州经贸友好交流会在杭举行。

宁锡常徐等市房贷政策落地，首套房首付比例降至两成。

22 日 上海松江区行政服务中心漕河泾松江新兴产业园分中心正式挂牌

首个江苏全民阅读日主题书展在南京市新华书店举行。

23 日 第三届中国(上海)国际技术进出口交易会在上海世博展览馆开幕。

陈金彪同志任中共浙江省绍兴市委书记。

江苏省和南京市在玄武湖公园举办首个江苏全民阅读日活动，并启动第十一届江苏读书节暨第二十届南京市读书节。

江苏省新四军研究会和南京市委宣传部等在南京渡江战役胜利纪念碑中心广场举行“永远

的风帆”主题仪式,纪念渡江战役胜利暨南京解放 66 周年。

24 日 浦东发行全国首张“知识产权金融卡”,企业最高可获 500 万元授信额度。

安徽省政府出台《关于贯彻国家依托黄金水道推动长江经济带发展战略的实施意见》。提出安徽省必须充分发挥好承东启西、通江达海、腹地广阔的优势,努力建设成为长三角世界级城市群的新兴增长极。

安徽省与内蒙古自治区政府能源战略合作协议签约仪式在合肥举行。

25 日 2019 年出版的《辞海》(第七版)编纂出版工作启动大会在沪举行。

总投资 10 亿元的西南交大盐城轨道交研中心,在盐城环科城揭牌

第 53 届世界乒乓球锦标赛在苏州开幕。

26 日 “象随心生”——来自捷克的当代艺术展在上海当代艺术博物馆开幕。

国内首支人才基金——江苏人才创新创业基金举行揭牌仪式。

27 日 全国最大的数字阅读运营企业——咪咕数字传媒有限公司落户杭州。

江苏省 146 名全国劳动模范和先进工作者赴京参加全国表彰大会。

28 日 创办于 1960 年的“上海之春”国际音乐节奏响第 32 度春之声。

上海远东出版社获得法国国家图书馆独家授权,以原材质、原大小、原件再造的 155 年前皇家御苑盛景的绢本《圆明园四十景》面世。

浙江省首个两岸中小企业园区——温州台湾中小企业园区在温州揭牌。

江苏沿海产业投资基金成立。

29 日 《上海市城市更新实施办法》5 月正式实施。

徐立毅任浙江省温州市副市长、代市长。

30 日 上海市政府与中国移动、正大集团在沪签署战略合作备忘录,共建亚太示范电子口岸网络,

浙江省 92 人获全国劳模荣誉称号,32 人获全国先进工作者荣誉称号。

五月

1 日 出席第十届二岸经贸文化论坛的中国国民党主席朱立伦一行抵达上海。

浙江省委、省政府在杭州召开浙江省庆祝“五一”国际劳动节暨劳动模范和先进工作者表彰大会。

安徽省农委在全省选择 10 至 15 个县或市,开展设立融资风险补偿基金支持农民合作社、家庭农场发展试点。

2015 年全国企业文化示范基地现场会在南京召开。

2 日 浙江省平阳县龙山游乐园一游乐设施发生意外事故,造成五名游客当场受伤。

江苏省盐城技师学院被人社部确立为第 43 届世界技能大赛电气装置项目中国集训基地。

3 日 第十届二岸经贸文化论坛在上海举行。

《2015 二岸城市文化创意产业竞争力研究报告》在浙江省杭州市发布,杭州文化实力稳居大陆第三。

安徽新创精品剧目黄梅大戏《小乔初嫁》在国家大剧院精彩上演。

第 53 届世界乒乓球锦标赛在苏州市落下帷幕。

第十届“江苏青年五四奖章”评选揭晓。

4 日 中共上海市委公布并实施《关于进一步规范本市领导干部配偶、子女及其配偶经商办企业行为的规定(试行)》。

第十一届中国国际动漫节在杭州市落下帷幕。

江苏省举办以“创新启迪梦想·创业成就未来”的团日活动。

5日 上海市委书记韩正会见宁夏回族自治区党委书记李建华率领的考察团一行。

安徽省在建重点项目3323个，完成投资1900.1亿元，占年度计划投资的21.1%。

江苏省委、省政府召开贯彻落实“一带一路”国家战略、大力拓展对内对外开放新空间工作会议。

6日 上海市市长杨雄率领上海市政府代表团访问阿联酋。

浙江省政府常务会议通过《浙江省行政处罚裁量基准办法》。

驻滇全国政协委员考察团到江苏省调研考察。

7日 上海市政协举办“委员界别活动日”。

李岚清篆刻书法素描艺术展在杭州市开幕。

安徽省委书记张宝顺在合肥会见美国国际华人科技工商协会主席李大西一行。

新华报业“正义之胜”采访组抵达德国首都柏林。

8日 上海市质子重离子医院举行开业仪式。

浙江省政府召开第45次常务会议，审议《关于创新财政支持经济发展方式加快设立政府产业基金的意见》。

“安徽新创精品剧目晋京展演”之徽剧《惊魂记》亮相北京长安大戏院，收获满堂喝彩。

全国政协常委、提案委员会主任孙淦率调研组到江苏省进行专题调研。

9日 上海社科院举行“苏联卫国战争与中国”学术研讨会。

浙江省省长李强率浙江代表团启程前往白俄罗斯、以色列、西班牙三国访问。

安徽省长王学军在合肥会见国家发改委副主任、国家能源局局长努尔·白克力一行。

侵华日军南京大屠杀遇难同胞纪念馆获新华社江苏分社捐赠行草书法长卷《祭南京殇胞文》。

10日 丁法章回忆录《我的新闻人生》由复旦大学出版社出版。

中共中央政治局常委、中央纪委书记王岐山到浙江调研，并主持召开部分省区市纪委书记座谈会。

中国科技大学熊宇杰教授名列全国首届“最美青年科技工作者”榜单。

南京市在全国45个重点城市拥堵排名从第6名跌落至26位。

11日 上海市市长杨雄率领上海市政府代表团访问土耳其友好城市伊斯坦布尔和安卡拉。

安徽省政协召开“《安徽省消费者权益保护条例》修订”立法协商会。

第五届全国道德模范推荐和江苏省道德模范评选活动正式启动。

12日 上海市委书记韩正会见美国霍尼韦尔公司董事长兼首席执行官高德威一行。

上海市市长杨雄率上海市政府代表团访问新加坡。

浙江省委书记夏宝龙到位于杭州滨江区的浙江科技大市场考察。

安徽省医疗便民服务平台正式上线。

江苏省第十二届人大常委会举行第三十三次主任会议。

13日 全国政协副主席马飚率全国政协无党派人士界委员考察团在上海考察。

浙江省委书记夏宝龙在杭州会见由全国政协副主席何厚铧率领的澳门访问团。

安徽省委书记张宝顺、省长王学军与16个省辖市及2个省直管县党委、政府主要负责同志签订了2015年度综治工作(平安建设)目标管理责任书。

14日 中亚、黑海及巴尔干地区央行行长组织第33届央行行长会议在上海开幕。

浙江—以色列科技对接会在特拉维夫举行，浙江省省长李强出席并致辞。

浙江省委书记夏宝龙会见美国印第安纳州州长迈克·彭斯一行。

九三学社第十三届中央常务委员会第十一次会议在安徽省合肥市召开。

第11届中国(深圳)文博会开幕,江苏省3家文化企业入围全国30强。

15日　印度总理莫迪抵达上海访问。

"浙江政协·崇学讲坛"第二十讲在杭州举行。

安徽省举行推进普法责任制电视电话会议。

江苏省省长李学勇在南京会见澳大利亚驻华大使孙芳安一行。

16日　上海市委书记韩正会见印度总理莫迪一行。

"2015全球对冲基金西湖峰会"在杭州开幕。

大型原创舞剧《徽班》在北京天桥剧场成功演出,安徽新创精品剧目晋京展演至此完美收官。

江苏省社会科学院在南京召开"新常态下江苏'十三五'经济发展思路与对策研究"论坛。

江苏省省长李学勇率领江苏代表团赴贵州考察交流。

17日　刘翔在上海宣布退役,获颁中国田径杰出贡献奖。

中共中央政治局委员、国务院副总理马凯在江苏调研新能源汽车产业发展。

18日　上海市举行市科学技术奖励大会第32届"上海之春"国际音乐节闭幕。

浙江省第九次归侨侨眷代表大会在杭州开幕。

安徽省奇瑞汽车、江淮汽车、华菱汽车、科大讯飞等84家重点企业参展、参会第九届中国中部投资贸易博览会。

江苏省委书记罗志军主持召开各民主党派省委、省工商联负责人和无党派人士代表座谈会。

19日　上海市委书记韩正会见浙江省委常委、宁波市委书记刘奇、市长卢子跃率领的宁波市党政代表团一行。

第七届中国·浙江瓜菜种业博览会在浙江省杭州萧山举行。

全国人大常委会副委员长、农工党中央主席陈竺率农工党中央调研组到江苏省开展专题调研。

20日　2015上海"宁波周"的重头戏:宁波—上海投资合作洽谈会暨项目签约仪式在上海举行。

英国爱丁堡大学与浙江大学正式签署协议,加盟浙大国际联合学院(海宁国际校区)合作办学。

安徽省黄梅戏演员韩再芬、何云双双摘得第27届"中国戏剧奖·梅花表演奖"。

香港江苏社团总会在香港成立。

21日　上海社联举行"问题意识和学术情怀——《探索与争鸣》创刊三十周年报告会"。

浙江省政协召开十一届十二次常委会议,围绕全面加强基层党组织和基层政权建设进行专题政治协商。

全国妇联组织评选出100户全国"最美家庭",安徽省的铜陵叶官山家庭、合肥薛华超家庭、宣城陈金海家庭等3户家庭榜上有名。

22日　国际权威学术期刊《细胞》发布同济大学附属同济医院孙毅教授团队的室管膜静息态神经干细胞的研究成果。

浙江省贯彻落实全国推进简政放权放管结合职能转变工作会议精神暨召开审批制度改革领导小组会议。

中国科技大学科学家潘建伟、张强等与清华大学马雄峰合作,在国际上首次实验演示了高容错率量子密钥分发。

中美欧日韩知识产权局第八次局长会议在江苏省苏州市举行。

23 日 上海首家民营银行——上海华瑞银行宣布正式营业。

中国科技大学第 34 届郭沫若奖学金颁奖典礼在合肥举行，34 名学子获得最高奖。

全国政协常委、教科文卫体委员会主任张玉台率调研组到江苏省进行专题调研。

24 日 上海市纪委举办加强派驻机构建设工作培训班，38 家市纪委派驻机构全部到位。

来自浙江省丽水的巴比松画派画家代表团首次访问法国巴比松市。

安徽省向全省 16 座生物质电厂下达农作物秸秆发电财政奖补资金 5977 万元，加快推进秸秆能源化利用。

25 日 中国共产党上海市第十届委员会第八次全体会议在市展览中心举行。

习近平总书记到浙江省考察。

浙江省召开全省政法系统"三严三实"专题党课。

安徽省 28 个文化招商项目在第十一届中国(深圳)国际文化产业博览交易会上成功签约。

江苏省政协举行"三严三实"专题党课暨专题教育部署会。

26 日 上海推进科创中心建设 22 条意见发布。

浙江省政协"开展'一打三整治'专项执法行动，推进浙江渔场修复振兴"主题与相关部门开展对口协商。

安徽省省长王学军在合肥会见由全国人大常委会副委员长、民建中央主席陈昌智率领的全国人大水污染防治法执法检查组一行。

江苏省十二届人大常委会第十六次会议在南京开幕。

27 日 上海市市长杨雄召开市政府常务会议，研究部署 2015 年政府信息公开工作。

浙江省委副书记王辉忠在杭州会见台湾海峡交流基金会董事长林中森一行。

中国科技大学校友杨培东、柏梅与其他 7 位科学家，在各自领域取得突出成就荣获美国劳伦斯奖。

江苏省省长李学勇在连云港市主持召开贯彻落实国家"一带一路"战略部署、促进沿东陇海线地区发展座谈会。

28 日 上海市委书记韩正邀请上海市十八家文艺院团负责人座谈。

浙江省委召开常委会传达学习习近平总书记在浙江省考察和在华东七省市"十三五"时期经济社会发展座谈会上的重要讲话精神。

安徽省推出 127 个 PPP 项目进入国家 PPP 项目库，数量位列全国第一。

2015 中国南通江海国际博览会在江苏省南通市开幕。

29 日 "纪念'五卅'运动暨上海总工会成立九十周年座谈会"在上海展览中心举行。

安徽省纪委常委会议研究决定，对蚌埠市工商行政和质量技术监督管理局局长王斌的严重违纪问题予以立案。

江苏省人大机关举行"三严三实"专题党课暨专题教育动员会。

江苏省委书记罗志军到南京市青少年宫参加"建设新江苏、争当好少年"少先队庆"六一"主题活动。

30 日 上海市委副书记应勇接见第七次全国少代会上海市代表和市十佳少先队员。

全国人大常委会副委员长陈昌智率队到安徽省，就《水污染防治法》贯彻实施情况开展执法检查。

九三学社江苏省委庆祝建社 70 周年。

31日 江苏有17人(组)入选“中国好人榜”名列全国第一。

六月

1日 上海市委书记韩正率中共代表团访问德国。

中共中央决定:王学军同志任安徽省委书记;张宝顺同志不再担任安徽省委书记、常委、委员职务。

王学军同志任安徽省委书记,张宝顺同志不再担任安徽省委书记、常委、委员职务。

江苏省委书记罗志军在苏州市主持召开地方和基层单位文化建设调研座谈会。

2日 第九届“陈云与当代中国”学术研讨会在上海陈云纪念馆举行,陈云研究网站同时正式开通。

浙江省省长李强赴丽水调研,提出打造“绿水青山就是金山银山”实践样板。

安徽省在全省范围内组织开展打击传销“皖剑—2015”行动,充分发挥行政执法和刑事打击双重作用。

江苏省政府召开常务会议,审议《关于推进文化建设迈上新台阶的意见》。

3日 上海市科委会同市发改委制订上海建设综合性国家科学中心的方案。

中央文明办确定5月份“中国好人榜”107人入选名单,安徽4人入榜。

江苏省委书记罗志军主持召开省“十三五”规划编制工作领导小组第一次会议。

4日 中国人大制度理论研究会在上海举行。

2015中国义乌进口商品博览会在浙江省义乌国际博览中心开幕。

安徽省检察机关将非法收受贿赂的外逃安徽省阜阳市国税局局长柴国良,将其缉捕归案。

江苏省委书记罗志军主持召开省委全面深化改革领导小组第九次会议,强调提高领导谋划推进落实改革能力水平。

5日 上海市人民政府与中国社会科学院在上海签署合作协议。

全国农村基层党建工作座谈会在浙江省杭州召开。

安徽省委书记王学军在合肥会见由国家税务总局局长王军任组长的国务院第十一督查组一行。

江苏省委、省政府召开全省民族工作会议暨第七次全省民族团结进步表彰会。

全国政协常委、香港江苏社团总会会长唐英年率访问团到江苏考察。

6日 上海市委书记韩正率中共代表团访问比利时。

浙江省省长李强会见比利时西弗兰德省省长卡尔·德卡卢维一行。

安徽省制定了《安徽国家新型城镇化试点省三年行动计划(2015—2017年)》,重点推进农业转移人口市民化“153”行动。

全国政协副主席何厚铧率领澳门特别行政区全国政协委员考察团到江苏考察。

7日 沪昆高铁“第一长隧道”壁板坡隧道全线贯通。

安徽皖垦种业股份有限公司等47家企业正式被认定为2014年度安徽省诚信示范企业。目前全省共有诚信示范企业88家。

江苏省副省长张雷率有关部门赴省水上搜救中心现场部署“东方之星”号客轮翻沉事件失踪人员搜寻工作。

8日 第21届上海电视节开幕。

首届中国—中东欧国家投资贸易博览会、第十七届浙洽会、第十四届消博会在浙江省宁波市举行。

李锦斌任安徽省人民政府副省长，并任代理省长。

江苏省政府在“世界海洋日”和全国“海洋宣传日”在南京召开长江海豚保护工作座谈会。

9日 上海市委书记韩正率中共代表团访问瑞士。

上海市政协考察团到浙江省考察并举行座谈会。

浙江省面向29家政府一般债券承销团成员，成功招标发行400亿元2015年浙江省政府一般债券(置换债券)。

安徽省委书记王学军在合肥会见上海市政协主席吴志明一行。

江苏省委、省政府召开推动文化建设迈上新台阶专题工作会议。

10日 上海市市长杨雄在上海会晤金砖国家新开发银行候任行长卡马特一行。

上海市政协考察团来皖考察省政协协商民主建设情况。

江苏省委、省政府决定授予王芳等10位同志第二届“紫金文化奖章”，许钧等10位同志为第二届“江苏社科名家”。

11日 上海市副市长屠绍光会见来访的伦敦证券交易所接团首席执行官罗睿铎一行。

中国民主促进会第十三届中央常务委员会第十一次会议在杭州开幕。

安徽亳州市涡阳县楚店镇后水波村的国家粮食丰产科技工程示范区超高产攻关田，实收平均亩产为758.5公斤，成为今年安徽省小麦最高单产纪录。

国务院副秘书长肖亚庆代表“东方之星”号客轮翻沉事件救援和处置前方指挥部看望慰问江苏前方工作组。

中国科协与江苏省政府在南京举行深入实施创新驱动发展战略合作协议签字仪式。

12日 上海市政协主席吴志明率领上海市政协考察团结束浙皖苏的学习考察返沪。

中共浙江省委十三届七次全体(扩大)会议在杭州举行。

安徽省农村商业银行办公室主任暨舆情管理培训班在合肥举办。

江苏省科学技术协会第九次代表大会在南京隆重开幕。

13日 上海市委书记韩正会见由主席昂山素季率领的缅甸全国民主联盟代表团。

第18届上海国际电影节在上海大剧院拉开帷幕。

浙江省108人入选第十一批国家“千人计划”名单。

第一届合肥国际放射医学物理论坛在中国科学技术大学举行。

2015中国文化遗产日暨第七届省文物节主会场系列活动在江苏省镇江市开幕。

14日 浙江省第九次律师代表大会在杭州召开。

合肥市轨道交通3号线工程初步设计审查会在合肥召开。

江苏省科学技术协会第九次代表大会圆满闭幕。

江苏省省长李学勇率江苏省友好代表团访问德国。

15日 上海市委书记韩正会见“知名专家国情调研组”。

安徽省水稻、小麦和玉米三大口粮作物的保险金额分别提高至每亩406元、367元和282元，提标比例分别为23%、36%和13%。

江苏省被列为全国PPP试点省份，签约4个重大项目，落实社会资本投资额47亿元。

16日 上海市委书记韩正、市长杨雄会见喀什地委副书记、行署专员帕尔哈提·肉孜率领的新疆喀什党政代表团一行。

浙江省农村电子商务工作现场会在临安召开。

安徽省十二届人大常委会第二十一次会议在省人大会议中心开幕。

17日 第十一次中越二党理论研讨会在上海开幕。

浙江省政府召开全省资本市场发展暨推进上市公司并购重组大会。

安徽省政府发展研究中心主任、党组书记吴克明涉嫌严重违纪，接受组织调查。

江苏省政协以“发展高效设施农业、促进农业增效农民增收”为主题，在江苏省镇江市丹徒区举行委员专题活动日。

18日　浙江省全面实行营业执照、组织机构代码证、税务登记证、社会保险登记证和统计登记证“五证合一”登记制度。

安徽省宣传文化系统第五次读书报告会在安徽大剧院举行。

首届江苏省艺术品博览会在南京市举行。

19日　上海市委书记韩正会见参加第36届世界头脑奥林匹克决赛的上海获奖队。

浙江省中小学育人工作座谈会在杭州举行。

安徽省纪委查处6起违反中央八项规定和省委三十条规定精神典型问题予以通报曝光。

纳米比亚总统根哥布在首都温得和克会见到访的江苏省省长李学勇一行。

20日　上海市市长杨雄会见喀麦隆共和国总理菲勒蒙·扬一行。

总投资18.63亿元的德力西智能工业园项目在浙江省乐清柳市镇开工建设。

第29届奥林匹克日长跑活动上午九时在合肥等11个城市同时开跑。

江苏省召开苏州历史文化名城保护工作推进大会，出台《关于加强苏州国家历史文化名城保护和管理的意见》。

21日　上海国际电影节10项金爵奖揭晓。

浙江省委副书记王辉忠率团出席庆祝香港回归祖国18周年暨香港浙联会第九届理事会就职仪式。

由商务部主办、安徽国际商务职业学院承办的“2015年非洲国家生活污水和饮用水处理技术培训班”在合肥市开班。

22日　2015年全国艺术体操冠军赛在上海国际体操中心举行。

《安徽国家新型城镇化试点省三年行动计划(2015—2017年)》出炉，重点推进到2017年，常住人口城镇化率达到54%，户籍人口城镇化率达30%左右。

23日　上海市委书记韩正、市长杨雄会见由州委书记武玉嶂、州长白加扎西率领的青海省果洛藏族自治州党政代表团一行。

率团在香港访问的浙江省委副书记王辉忠拜会全国政协副主席董建华。

安徽省累计发放夏粮收购贷款41.2亿元，支持收购今年新产小麦26.4亿斤。

江苏省政府与哈萨克斯坦国有铁路股份公司在北京进行工作会商。

24日　上海市政府与中国核工业集团公司在沪签署战略合作框架协议。

浙江省洞头县举行洞头先锋女子民兵连建连五十五周年纪念活动。

安徽文化交流团启程赴台，参加在宝岛举办的“2015台湾·安徽文化交流周”活动。

江苏·克州产业援疆项目签约仪式在克州阿图什市举行。

25日　比利时王国国王菲利普抵沪访问。

上海市委书记韩正、市长杨雄会见由省长谢伏瞻率领的河南省政府代表团。

浙江省省长李强在杭州会见西班牙巴塞罗那自贸区主席乔迪·科内特。

安徽省属少数民族散居省份，据第六次全国人口普查统计，全省有55个少数民族，少数民族常住人口40万人。

以江苏“十三五”发展战略思路为主题的江苏发展高层论坛第34次会议在南京大学举行。

26日　以“新常态下的金融改革与扩大开放”为主题的2015陆家嘴论坛在黄浦江畔拉开帷幕。

浙江省党委系统督查工作会议在杭州召开。

全国农村社区建设试点工作推进会在安徽省淮北市召开。

江苏省委书记罗志军在苏州会见比利时国王菲利普及皇后玛蒂尔德一行。

江苏省委书记罗志军在南京会见出席全国禁毒工作先进集体和先进个人表彰大会载誉而归的江苏省代表。

27 日 中国首条国产心脏起搏系统生产线在上海张江高科技园区落成。

浙江中医药大学具有自主知识产权的抗癌中药注射液获美国食品药品监督管理局评审通过。

合肥经济圈人才招聘会在合肥市举行。合肥、淮南、六安、滁州、桐城五市 220 家企事业单位提供各类岗位 3000 余个。

江苏省省长李学勇到省防汛防旱指挥部主持召开防汛视频会议。

28 日 原创昆曲《春江花月夜》在上海大剧院成功完成首轮三场演出。

浙江省磐安县维新乡廿四尖山巅，随着 34 台 80 米高的风力发电机迎风转动，全省目前最大的风力发电场正式投运。

合福高铁正式开通运营。

29 日 浙江省政府召开中国(杭州)跨境电子商务综合试验区建设推进大会。

4 时 41 分在安徽省亳州市蒙城县(东经 116.8 度，北纬 33.4 度)发生 3 级地震，震源深度 14 公里。

长江南京以下深水航道建设二期工程推进会暨领导小组第三次会议在江苏省召开。

30 日 上海市举行庆祝中国共产党成立 94 周年座谈会。

浙江省委书记夏宝龙在杭州会见载誉归来的浙江省禁毒获奖先进集体代表和先进个人。

安徽省被评为全国优秀县委书记的 4 名书记，在北京接受表彰并受到习近平总书记会见。

交通部部长杨传堂到江苏省调研考察并主持召开长江南京以下浑水航道建设二期工程推进会暨领导小组第三次会议。

七月

1 日 上海市委书记韩正主持召开市委全面深化改革领导小组第九次会议。

从浙江省委组织部获悉，全省共有共产党员 374.76 万名。

“科技梦·中国梦——中国现代科学家主题展”2015 年全国巡展(合肥站)在合肥市科技馆开幕。

江苏省代表团在新疆检查推进省援疆工作的落实情况。

2 日 中宣部、文化部在上海召开创新公共文化服务体系运行机制经验交流会。

浙江省人大宣传工作会议在杭州召开。

安徽省政协召开推进建筑产业现代化对口协商会。

国务院同意设立南京江北新区，这是全国第 13 个、江苏省首个国家级新区。

3 日 浙江省“三改一拆”工作现场推进会在诸暨举行。

安徽省对口援疆的和田地区皮山县发生 6.5 级地震后，安徽援疆指挥部按照皮山县应急预案的统一部署，迅速投入到抗震救灾工作中。

今年 1—5 月，江苏 47702 个规模以上工业企业合计实现利润 3401 亿元，继续稳居全国首位。

4 日 上海越剧院 60 周年庆，沪苏浙闽 12 个剧团、32 台剧目、35 场演出拉开 2015 年上海越剧嘉年华大幕。

浙江省温岭市大溪镇一鞋厂发生房屋倒塌事故,不少员工被困倒塌的房屋内。台州市、温岭市和大溪镇立即组织救援。

2015 中国(合肥)战略性新兴产业发展高峰论坛在合肥市召开。

民盟江苏省十一届十三次常委会议在宿迁市召开。

5 日　上海市委市政府发布《关于深化人才工作体制机制改革促进人才创新创业的实施意见》。

杭州市与国家"千人计划"专家联谊会、甘中学博士团队分别签署战略合作协议。

皖赣两省合作交流座谈会在合肥举行。

江苏省省长李学勇主持召开省政府专题会议,听取关于深入贯彻落实习近平总书记对江苏工作新要求开展重点课题调研情况汇报。

6 日　上海五色石医学研究有限公司自主研发的"SMN1 基因外显子缺失检测试剂盒",成为沪上首家进入"绿色特批"通道的医疗器械企业。

安徽省共有 10 人入选第五届全国道德模范评选表彰活动的 327 名全国道德模范候选人名单。

苏南国家自主创新示范区建设部际协调小组在北京召开第一次会议。

2015 米兰世博会迎来南京周。

7 日　"国际视野下的中国抗战·上海回忆"图片展在上海图书馆开展。

浙江省物产集团上半年出口 13.16 亿美元,同比增长 218.99%,旗下的外贸综合服务平台——"义乌通"出口服务量突破 8 亿美元。

安徽省政协召开抗战文物保护与利用对口协商会。

"不屈的江淮、伟大的胜利"江苏省纪念中国人民抗日战争胜利 70 周年图片展在南京城市规划展览馆开幕。

8 日　上海市委书记韩正会见上海市市长国际企业家咨询会议成员、蒂森克虏伯集团董事会主席海里希·赫辛根一行。

"2015 浙江·台湾合作周"暨第二届海峡二岸民营经济创新发展论坛在浙江省温州市举行。

全国草牧业发展工作会议在安徽省蚌埠市召开。

9 日　上海市市长杨雄率领上海市代表团赴黑龙江省学习考察。

安徽省代省长李锦斌主持召开省政府第 54 次常务会议,审议并原则通过《安徽省政府权力运行监督管理办法》《安徽省行政许可中介服务管理办法》。

10 日　上海市市长杨雄率领上海市代表团赴吉林省学习考察。

由杭州市援建的阿克苏市就业培训中心正式通过验收。将成为当地群众培训的新平台,有效促进当地就业。

马鞍山市造血干细胞捐献者刘志文完成造血干细胞采集,并交由印度骨髓库人员立即送往印度,以挽救一名印度男孩的生命。

江苏省新闻资料协会第四次会员大会在南京召开。

11 日　上海十万防汛大军严阵以待超级强台风"灿鸿"。

超强台风"灿鸿"直扑浙江,中心位于象山东南方向大约 266 公里的东海海面上,近中心最大风力达 16 级。

邓小平同志视察黄山 36 周年纪念日。电影《邓小平登黄山》首映礼暨"黄山不会忘记"颁奖礼在黄山市香茗大剧院举行。

江苏省省长李学勇到省防汛防旱指挥部主持召开视频会议。

12 日 上海市举行外滩国际金融峰会。

浙江省委省政府指导组赴舟甬绍台指导对第 9 号台风“灿鸿”救灾工作。

国家发改委下达中央预算内资金，其中 1.33 亿元支持安徽省 44 个社会养老服务体系建设项目；1.6 亿元支持 16 个中等职业学校基础设施建设和购置必要的教学实验实训设备。

13 日 浙江省社会科学界联合会第七次代表大会在杭州开幕。

安徽省印发“实践养成”“学雷锋志愿服务”“文化培育”“典型示范”“推广普及”“政策法规导向”等六个专项行动方案。

国家检查组到江苏检查贯彻落实习近平总书记重要讲话和第五次全国边海防工作会议精神情况。

14 日 解放日报连续第 13 年推出的品牌栏目“解放热线·夏令行动”再度开通。

浙江省铁路和公路二侧“四边三化”专项整治推进会在杭州召开。

上午 9 时，芜湖长江公路二桥全线唯一一条隧道——全长 345 米的脊岭湾隧道顺利贯通。

中共江苏省委十二届十次全会在南京举行。

15 日 致公党上海市委召开七届七次全会。

回归浙商总投资达 100 亿元的浙江省丽水千峡湖休闲旅游项目正式开工建设，总投资达 65 亿元的温州鹿城区滨江商务区金融广场项目正式开工。

安徽省政府下发通知，取消和调整一批行政审批项目等事项，主要涉及投资创新创业、企业生产经营、促进就业等方面内容。

16 日 上海市委书记韩正会见台湾少数民族访问团一行。

上海市市长杨雄会见美国芝加哥市市长代表、副市长史蒂夫·利赫率领的代表团一行。

安徽好人馆与 3 所院校共建社会主义核心价值观教育实践基地揭牌仪式在省道德讲堂举行。

第五届江苏书展在在徐州开展。

17 日 2015 中国(上海)国际青少年校园足球邀请赛圆满落幕。

浙江省上半年完成投资 1751 亿元，同比增长 19.6%，完成全年计划的 61.2%。

安徽省粒子空间、WM 众创智慧谷、十八号聚变场、合肥梦工厂、5F 创咖、芜湖长江鲨 6 家众创空间获科技部火炬中心批复纳入国家级科技企业孵化器管理支持体系。

江苏省南京市召开全省大气污染防治联席现场会。

18 日 由复旦管理学奖励基金会与复旦大学联合主办的“2015 复旦管理学国际论坛”在上海召开。

杭州众创空间联盟正式成立。

第 30 届全国少年儿童出版社社长年会在安徽省合肥市召开。

中共中央政治局委员、中组部部长赵乐际到江苏省调研。

19 日 浙江省文化精品扶持工作第十批扶持项目出炉，72 个项目入选。

第 19 届 RoboCup 机器人世界杯赛在安徽省合肥市拉开帷幕。

江苏省上半年累计完成国税收入 3133.04 亿元，同比增长 8.34%。

20 日 斐济共和国总理乔萨亚·沃伦盖·姆拜尼马拉马抵沪访问。

上海市委书记韩正会见新西兰总督杰里·迈特帕里。

浙江省上半年生产总值达 19281 亿元，比去年同期增长 8.3%。

安徽省质量和标准化研究院与上海市质量和标准化研究院建立战略合作关系。

2015 江苏首届国际青少年足球友好邀请赛在南京拉开帷幕。

21 日 上海市委书记韩正会见在上海正式开业的新开发银行管理层。

浙江省委书记夏宝龙主持召开省全面深化改革领导小组第六次会议。

安徽省汽车骨干企业坚持多元化开拓国际市场，1月至6月，全省实现整车出口额7.8亿美元，同比增长24.3%，继续保持全国第一。

江苏省委召开常委议警会议，专题研究推进省武警总队全面建设问题。

22日　上海市人大常委会第二十二次会议举行全体会议。听取2015年上半年国民经济和社会发展计划执行情况的报告。

浙江省浙商回归工作推进会在嘉兴市召开。

第19届RoboCup机器人世界杯在合肥闭幕，中国科学技术大学蓝鹰队分别在“服务机器人精确测试”“机器人足球仿真2D”两个项目中夺冠，在“家庭服务机器人”项目中获得亚军。

中国工程院到江苏省考察。

23日　全国人大常委会消费者权益保护法执法检查组在浙江省开展执法检查。

安徽省财政厅面向10家2015年第一批省政府置换债券定向承销团成员，定向承销发行了100.8亿元置换债券。

江苏省上半年实现生产总值33927亿元，同比增长8.5%，高于全国水平1.5个百分点。

24日　中国(上海)自由贸易试验区推进工作领导小组举行全体会议。

“情系二岸——二岸青年吴越行”活动在杭州启动。

安徽省援疆干部耿晓原被评为2014年度“最美新疆人”，是全疆评选出的40个“最美援疆干部”之一。

《2014年新闻出版产业分析报告》显示，译林出版社在文艺类图书出版单位总体经济规模排名中位居第一。

25日　上海市静安区72街坊旧城区改建意愿征询同意率达97.42%，即将启动旧城区改造。

外交部、公安部、民政部在上海共同召开境外非政府组织座谈会。

浙江师范大学、浙江中医药大学、浙江科技学院等41所普通本科院校(含独立学院)，试点加强应用型建设。

上海铁路局合肥货运中心合肥北站物流基地，满载皖产家电的“中欧班列”首发西班牙。

江苏省追逃办成功将“百名红通”嫌犯钱增德从肯尼亚缉捕归案。

26日　上海高端智能装备首台突破项目支持限额，从800万元提升至3000万元。

《2015胡润浙江地区财富报告》显示，浙江地区高净值人群数量全国排名第4。

其中600万资产富裕人士达41万。

马钢公司自主设计研发的首款超高强热冲压成型零件B柱，交付某汽车公司装车应用，标志着马钢在汽车零部件高强化、轻量化技术应用领域迈出重要一步。

中国工程院在南京召开苏南制造发展战略座谈会。中国工程院院长周济主持并讲话。

27日　上海市委书记韩正向市老领导、老干部、老同志通报全市重点工作。

浙江省委召开全面深化法治浙江建设工作交流会。

安徽省大别山区、皖南山区、沿江江南遭遇暴雨袭击，受灾人口211.9万人，国家减灾委、民政部启动国家自然灾害Ⅳ级救灾应急响应，并派出工作组赴灾区。

国务院在江苏省徐州市召开油气输送管道安全隐患整治攻坚现场推进会。

28日　中国科学院、上海市人民政府在沪签署合作协议，双方将全面深化合作，共同推进上海建设具有全球影响力的科技创新中心。

全球生命科学领域首个综合性的大科学装置——国家蛋白质科学研究(上海)设施在沪通

过国家验收。

浙江省绍兴打造高端纺织、先进装备制造、绿色化工材料、金属制品加工、生命健康、文化旅游、信息经济、现代住建八大千亿级产业。

29日 上海市委书记韩正会见西班牙皇家马德里足球俱乐部主席佛罗伦蒂诺·佩雷斯一行。

浙江省政协主席读书会在杭州举行。

滁州市民洪凤姬领取安徽省颁发的首本《中华人民共和国不动产权证书》,标志着省不动产统一登记取得重大进展和实质性成果。

30日 上海市市长杨雄率领上海市代表团赴辽宁省学习考察。

浙江省举行省双拥领导小组全体会议。

安徽省法院2015年年中工作会议在合肥召开。

建军88周年到来之际,江苏省委书记罗志军到第一集团军某防化团看望慰问部队基层指战员,向驻苏部队官兵致以节日祝贺。

31日 2015上海学生纪念中国人民抗日战争暨世界反法西斯战争胜利70周年歌会活动在西岸艺术中心举行。

农工党浙江省委会在杭州召开纪念会,庆祝中国农工党成立85周年。

安徽省直单位帮扶泗县扶贫开发工作调度会在合肥召开。

八月

1日 上海沪剧院经典传承版《芦荡火种》在沙家浜部队诞生地江苏常熟首演。

上半年浙江省属国有企业在实现营业收入保持稳定的同时,实现利润156.2亿元,同比增长49.3%,其中电力、金融、交通等板块增长较快。

由安徽、江西、福建三省省委宣传部联合组织的皖赣闽主流媒体"行走中国最美高铁线"联合采访活动在合肥南站启动。

庆祝建军88周年军政座谈会在南京举行。

2日 同济大学与台湾中山大学联合主办"中山—同济CSEMBA论坛"在上海举行。

浙江省十二届人大常委会审议《浙江省流动人口居住登记条例(修订案)》,草案取消临时居住证,统一实行《浙江省居住证》制度。

安徽省林业科学研究院主持,江苏省林业科学研究院、南京林业大学和安徽全椒县瓦山林场参加的国家林业科研专项"抗松材线虫病马尾松种源及抗性育种技术研究",在北京通过专家验收。

江苏省政府在北京与农业部举行工作会商。

3日 上海市市长杨雄会见韩国首尔特别市市长朴元淳和济州道知事元喜龙一行。

浙江省义乌市上半年全市进出口总额156.1亿美元,同比增长43.5%,分别高于全国和全省50.1个和46个百分点。

4日 中共中央批准,董云虎同志任上海市委委员、常委。上海市委决定,董云虎同志任市委宣传部部长。

上海市市长杨雄率领上海代表团赴西藏学习考察。

浙江省委举行"浙江论坛"报告会。

安徽省政协召开书画研究院成员会议,做好人民政协书画工作,服务大团结大联合事业。

江苏省上半年47726家规模以上工业企业合计实现利润4189亿元,连续七个月稳居全国首位,占同期全国规模以上企业利润的14.7%。

江苏省政府与中国保监会在南京举行工作会商。

5 日　上海交通大学附属瑞金医院胰腺外科团队历经十年攻关,胰腺癌治疗跻身世界最高水平。

年轻的教授级高工徐新德,博士毕业带着“全球类胡萝卜素微胶囊化”项目来到浙江省新昌制药厂,成功开发叶黄素咀嚼片,占据 40%以上的国际市场份额。

李国英同志任安徽省委委员、常委、副书记。

江苏省检察机关公诉工作会议在南京召开。

6 日　上海市委书记韩正会见美国药典委员会全球首席执行官罗纳德・皮尔文昌智一行。

安徽省博物院在老馆举办《明德至善家国天下——徽州优秀传统文化展》,用 100 多件展品多角度诠释徽州文化的核心价值。

江苏省新三板挂牌公司达 391 家,仅次于北京的 497 家,居全国第二。

7 日　2014 年上海市全民健身发展指数发布,显示经常参加体育锻炼人数比例 40.4%,市区二级对市民人均投入日常工作经费为 14.1 元。

浙江省防汛指挥部召开全省防御第 13 号台风(苏迪罗)视频会议,启动防台风Ⅱ级应急响应。

江苏省政府出台《关于进一步做好新形势下就业创业工作的实施意见》。

8 日　全国第七个“全民健身日”,上海市推出了场馆开放、赛事活动、技能培训、体质监测四大板块活动。

浙江省驻京办被首都文明委授予“首都文明单位标兵”,成为 52 家省级驻京机构中唯一的“双拥标兵”单位。

位于安徽省合肥市包河景区清风阁旁的包公邮局正式开业,这是国内首个以包公命名的邮局。

江苏省常州市 18 家省、市“众创空间”集中授牌。

9 日　上海国拍发布公告,8 月份上海个人非营业性客车额度拍卖投放 7454 辆,其中在用额度 454 辆,警示价为 79900 元。

台风“苏迪罗”造成浙江省超过 158.4 万人受灾,直接经济损失达 40.39 亿元。

安徽省体育代表团精彩亮相在鄂尔多斯市举行的第十届全国少数民族传统体育运动会。

国家工信部将江苏省镇江市列入全国“工业绿色转型发展试点城市”。

10 日　上海市召开十二届五十次主席会议,审议《推进环境治理能力现代化,提高生态文明建设水平》课题调研报告。

国家减灾委、民政部派出两个工作组赶赴浙江省灾区查看灾情、协助和指导救助工作。

江苏省盐城市大数据产业专场推介会在北京举行。

阿里巴巴宣布将以约 283 亿元人民币战略投资苏宁云商,成为第二大股东。

11 日　上海抗战历史地图系列之《慈善救助分布图》和《上海淞沪抗战分布图》在上海师范大学发布。

由浙江省委宣传部、浙江广电集团、浙江卫视制作的三集大型政论纪律片《绿水青山就是金山银山》播出。

12 日　解放日报新媒体中心和上海广播电视台版权资产中心暨上海音像资料馆合作推出的多媒体产品《上海抗战地图》正式上线解放网。

浙江省省长李强在杭州调研推进“浙江制造”品牌和质量建设工作并主持召开企业座谈会。

安徽省争创全国文明城市工作结对共建暨座谈培训会在铜陵市召开。

江苏省举办隆重纪念恽代英诞辰一百二十周年座谈会。

13 日 “血沃淞沪”——八一三淞沪会战主题展”和上海四行仓库抗战纪念馆正式开展、开馆。

浙江省省委在天荒坪镇召开习近平同志发表“绿水青山就是金山银山”重要讲话 10 周年座谈会。

安徽省 7 市入围中国海关公布的“2014 年中国外贸百强城市”名单榜。

第三届江苏省“十大美德少年标兵”建议人选公示。

1—7 月，江苏省进出口 19062.8 亿元，同比下降 4.8%，降幅窄于全国 2.5 个百分点。

14 日 2015 年上海嘉定科技博览会举行，中科院上海分院与嘉定区政府签署科技创新成果转化集聚区战略合作框架协议。

全国农村精神文明建设工作经验交流会在浙江省湖州召开。

由中国第二历史档案馆编辑整理的《中国战区受降档案》在南京举行新书首发暨赠书仪式。

15 日 “中流砥柱——中国共产党与全民抗日战争文物图片展”在中共一大会址纪念馆正式开幕。

浙江省省长李强在浙江分会场参加国务院召开的全国安全生产电视电话会议，部署落实安全生产工作。

安徽省入围“2014 年中国黄金十大产金省”榜单。

海内外各界爱好和平人士在侵华日军南京大屠杀遇难同胞纪念馆举行第 14 次国际和平集会。

16 日 上海作家金宇澄凭借《繁花》获得第九届茅盾文学奖。

浙江省台州市上半年完成技改投资 236.83 亿元，同比增长 14.1%。3 个项目入选国家产业振兴和技术改造项目。

来自安徽省各地的 20 名小发明家飞赴神秘的创新之国——以色列，开始为期 10 天的异域科学探索之旅。

江苏著名作家、省政协副主席苏童的长篇小说《黄雀记》获得第九届茅盾文学奖。

17 日 2014 年度上海市市长质量颁奖仪式举行。

上海市市长杨雄会见台北市市长柯文哲。

中国奥申委向亚奥理事会正式递交了杭州代表中国申办 2022 年第 19 届亚运会的意向书。

“媒企面对面——省级党报联盟聚焦江苏民企”采访调研活动在南京正式启动。

18 日 以“城市发展与青年自主创业”为主题的 2015 上海——台北城市论坛”在上海举行。

浙江省监狱工作会议在杭州召开。

国家旅游局复函安徽省政府，同意合肥市开展创建环巢湖国家旅游休闲区试点工作。

江苏省人大常委会副主任史和平率江苏代表团在青海省考察对口支援工作。

19 日 2015 上海书展暨“书香中国”上海周在上海展览中心开幕。

黑龙江省政府代表团到浙江省考察。

中科大郭光灿院士领导的中科院量子信息重点实验室李传锋研究组，在固态系统中首次实现对三维量子纠缠态的量子存储，保真度高达 99.1%，存储带宽达 1 千兆赫，存储效率为 20%，该存储器还具有对高达 51 维量子态的存储能力。

江苏省设立 100 亿 PPP 融资支持基金出资人。

20 日 上海市市长杨雄会见日本乐天集团董事长三木谷浩史和泰国正大集团执行副董事长谢吉人一行。

浙江省委书记夏宝龙和省长李强分别会见来访的日本静冈县知事川胜平太一行。

安徽省委书记王学军在合肥会见中国恒天集团董事长张杰一行。

江苏省政府宣布出台《江苏省人民政府关于落实国家“一带一路”战略部署建设沿东陇海线

经济带的若干意见》。

21 日　上海市政协工作会议在上海市党校举行。

百贤亚洲研究院 2015 暑期优化课程闭幕式在浙江大学召开。

安徽省对 98 起突出环境问题实施省级挂牌督办,范围覆盖各市。

江苏省委第九巡视组巡视省海外企业集团有限公司工作动员会召开。

22 日　由上海黄浦区发起的"书香思南人文中轴"阅读推广平台正式成立。

12 家皖企跻身"2015 中国企业 500 强"榜单,铜陵有色集团 2014 年营业收入超过 1363 亿元,继续排在入围皖企首位。

第二届江苏省篆刻艺术展在省现代美术馆开幕。

江苏省省长李学勇会见国家民委副主任陈改户率领的全国少数民族参观团。

23 日　上海自贸区首批 8 家大宗商品现货市场之一的上海国际棉花交易中心通过开业验收。

杭州汽轮机股份有限公司参加神华宁煤 400 万吨/年煤制油项目配套国产化首台套 10 万空分空压机组整机试验见证会。

安徽建工集团联手兴业银行、浦发银行发起设立规模近 400 亿元的 PPP 专项产业基金,预计可撬动 2000 亿元资金规模的 PPP 项目。

纪念高邮战役胜利 70 周年理论研讨会在江苏省高邮举行。

24 日　上海四行仓库抗战纪念馆、国歌展示馆、金山卫城南门侵华日军登陆处入选第二批 100 处国家级抗战纪念设施、遗址名录。

全国药品审评审批制度改革工作会议在上海召开。

浙江省侵浙日军投降仪式旧址和千人坑遗址、宁波樟村四明山烈士陵园入选国务院公布的第二批 100 处国家级抗战纪念设施、遗址名录。

中韩(无锡)科技金融服务合作区在无锡新区正式揭牌。

25 日　上海市委书记韩正会见全国少数民族参观团一行。

浙江省公布全省第一批 40 名抗日烈士和 1 个英雄群体。

安徽省表彰在岗位上取得优异成绩的范传临等 50 名大学生村官,授予他们"安徽省优秀大学生村官标兵"荣誉称号。

全国工商联发布中国民营企业 500 强榜单,江苏占 91 席。

26 日　二战期间犹太人鲁道夫·莫斯伯格所开的"白马咖啡馆"穿越时空,重返上海提篮桥。上海犹太难民纪念馆新馆暨新建纪念设施开放仪式举行。

第四届中非民间论坛在浙江省义乌市举行,国家副主席李源潮出席开幕式并致辞。

集中展示近年来安徽出版的 2000 余种皖版图书精品力作盛装亮相第 22 届北京国际图书博览会。

南京军区举行纪念中国人民抗日战争暨世界反法西斯战争胜利胜利七十周年歌咏大会在军区大礼堂隆重举行。

27 日　上海市委书记韩正会见多哥国民议会议长德拉马尼一行。

浙江省经信委与阿里巴巴集团共同启动"中国制造·浙江好产品"行动。

安徽省著名残疾人举重运动员王键在第九届全国残疾人运动会先期举行的举重比赛中夺得了一枚金牌,并打破了全国、亚洲记录。

江苏省委常委召开扩大会议,传达学习习近平总书记在中央第六次西藏工作座谈会上的重要讲话精神。

28 日　全新改版的上海人大门户口网站——"上海人大网"正式亮相。

上海交响乐团在联合国总部首演交响序曲《上海 1937》,拉开纪念联合国成立暨世界反法西斯战争胜利 70 周年音乐会大幕。

浙江省海港投资运营集团有限公司在舟山揭牌,标志着海港一体化发展取得重大突破。

浙江省省长李强会见美国密歇根州州长里克·斯奈德一行。

安徽省"文化进万家共筑中国梦"第二届安徽文化惠民消费季活动在合肥市安徽图书城拉开帷幕。

中国新四军和华中抗日根据地研究会与江苏省文联、省书协、江苏省新四军、北京新四军研究会联合在南京举行报告会、书画展等系列活动。

29 日 上海举行 2015 年秋季上海高校党政负责干部会议。

浙江省测绘与地理信息局在全省举办测绘法宣传周活动。

九三学社安徽省委在合肥市召开庆祝九三学社创建 70 周年大会。

九三学社江苏省委在南京举行建社 70 周年纪念大会。

30 日 上海 144 市民合唱队伍参加了 2015 年上海市民文化节·金秋闵行上海市合唱展演。

浙江日报与浙江省青年基金会共同筹得爱心助学款 840 万元,帮助贫困大学生圆大学梦。

"祭奠抗战英灵祈福世界和平"大型佛事祈福活动在江苏省句容宝华山隆昌寺举行。

31 日 上海市政府兼职法律顾问聘任及签约仪式在人民大厦举行。

浙江省委常委会召开会议,传达学习中央第六次西藏工作座谈会精神,研究部署全省贯彻落实工作。

安徽省政协举办"互联网金融发展"对口协商会。

江苏省第八批科技镇长团出征,528 名来自全国高校院所和党政机关的优秀人才下派到江苏 97 个县(市、区)发展一线。

九月

1 日 江苏教育咨询委员会全体会议在南京举行。

江苏与哈萨克斯坦国签署战略合作协议。

浙江省与四川省在杭州举行经济社会发展情况交流会。

上海国际能源创新中心揭牌。

安徽省重点水利工程建设调度会在合肥召开。

首届安徽省青年互联网创业高峰论坛暨大赛颁奖仪式在铜陵举办。

2 日 第三届世界浙商大会第二次筹备工作会议在杭州召开。

由上海市科技妇工委主办的"同心筑梦——上海科技巾帼创新论坛"举行。

合肥农交会已敲定 193 个签约项目,签约总金额 561.5 亿元。

3 日 24 辆上汽大通 G10 成为大阅兵军方指挥用车。

4 日 江苏省纪念中国人民抗日战争暨世界反法西斯战争胜利 70 周年大会在南京举行。

上海市举办"新发展观与金砖合作"国际研讨会。

5 日 江苏一埃塞俄比亚投资促进论坛举行。

上海市宗教界举行纪念中国人民抗日战争暨世界反法西斯战争胜利 70 周年活动。

6 日 中国盐城·第五届沿海发展人才峰会在上海举办。

杭州建设国家自主创新示范区。

第四届中国创新创业大赛国家行业赛在上海举行。

2015 年安徽省民营企业百强排序发布会在合肥召开。

7 日　江苏省新华报业“传媒智库看常州”启动。

上海、安徽、内蒙古旅游合作交流签约仪式暨联合推介活动在上海市举行。

8 日　民盟中央在江苏调研高教工作。

浙江省集体土地入市落下第一槌。

“合作共赢共创未来,中国企业走进拉美”活动在上海举行。

100 吨级的渔政执法船在安徽巢湖下水。

9 日　第三届民盟教育论坛在江苏省江阴开幕。

浙江省在杭州举行“浙江论坛”报告会。

安徽亳州举办 2015 年国际中医药博览会暨第 31 届全国中药材交易会。

10 日　“江苏高科技高成长 30 强”揭晓。

浙江省在杭州举办“2015 年浙江 CIO 峰会”。

中国国际工程咨询公司在合肥召开高速铁路项目可行性研究。

11 日　世界中国烹饪联合会授予江苏扬州市“国际美食之都”匾牌。

浙江省启动企业简易注销改革。

上海市人民政府与中国船东互保协会在沪签署战略合作备忘录。

“上海博物馆文物保护科技中心”举行落成典礼。

2015 安徽青年现代农业创业创富大赛新闻发布会暨启动仪式在合肥举行。

12 日　历史文献纪录片《燃烧的影像》在南京举行展映。

2015 中国安徽(合肥)农业产业化交易会举行。

安徽省股权托管交易中心举行农业板开板仪式。

13 日　江苏省政府与国家海洋局在南京举行工作会商,并签署合作框架协议。

安徽宿州市举行首届半程马拉松赛。

14 日　2015 年法治江苏建设高层论坛在镇江举行。

第六届“引凤工程”在南京开幕。

第六届中国浙江商务服务交易博览会在杭州开幕。

浙江省政府与东航集团公司签订战略合作框架协议。

国务院批复同意上海、南京、等 9 个城市开展国内贸易流通体制改革综合试点。

首届合港创业交流大赛总决赛在合肥举行。

安徽省与韩国江原道缔结友好省道关系签约仪式在合肥举行。

15 日　经国务院港澳办批准,南京港澳仲裁院正式揭牌。

宁镇扬智库联盟揭牌仪式在南京举行。

第二届省外浙商市场采购浙货对接会启动。

上海企业百强榜公布。

首届安徽(国际)新媒体短片大赛在合肥拉开帷幕。

16 日　江苏省 2015 年政府和社会资本合作(PPP)省级试点项目推介会在南京召开。

第 34 届亚奥理事会代表大会上宣布:“中国杭州获得 2022 年亚运会举办权。”

国家新型工业化产业示范基地工作交流会在安徽马鞍山市召开。

17 日　由新华报业传媒集团主办的视觉江苏网(www. vijs. net)航拍频道上线。

浙江省二十二家医院组建医疗联合体。

上海公布第六批爱国主义教育基地。

2015 中国国际石油化工大会在沪举行。

安徽省国防教育委员会举行第十五个全民国防教育日主题活动。
安徽省第十一届社会科学知识普及活动月开幕式举行。

18 日 中国生产力学院江苏分院在宁挂牌成立。
滇浙经贸合作知名企业座谈会在杭州举行。
浙江省政府与中国工商银行股份有限公司签署战略合作协议。
上海市人民政府与清华大学在沪签署《战略合作框架协议》。
安徽省加快调结构转方式促升级动员大会召开。

19 日 第十届台商论坛在江苏淮安开幕。
第十二届中亚和上合组织国际学术研讨会在上海召开。
安徽省委、省政府召开全省加快调结构转方式促升级动员大会。
安徽省首家工业产品绿色设计中心落户芜湖。

20 日 12301 国家智慧旅游公共服务平台在常州上线。
浙江省淳安举行新兴产业项目签约仪式，总投资额达 105.45 亿元。
由沪台两地共同举办的"第八届沪台民间论坛"在上海举行。
由中国美协和安徽省文联共同主办的全国山水画作品展在合肥开幕。

21 日 江苏省委召开全省农村基层党建工作座谈会。
"2015 年亚洲品牌 500 强"榜在香港揭晓，浙报集团所属浙江日报和钱江晚报入选。
安徽省十二届人大常委会第二十三次会议开幕。

22 日 江苏省十二届人大常委会第十八次会议在南京开幕。
2015 年中国全球投资峰会在杭州举行，杭州获得最高奖项——"中国最佳城市"。
沪粤闽津检察机关服务自贸区建设交流研讨会在上海召开。
国家烟草专卖局在合肥召开全国烟草行业物流工作现场会。
2015 年全国城市商业银行年会在安徽合肥市召开。

23 日 江苏省政协十一届十一次常委会议在南京开幕。
第五届江苏省道德模范揭晓。
中国社会科学院和中共浙江省委共同主办了《中国梦与浙江实践》丛书首发式。
浙商成长基金在杭州成立。
第九届参事国是论坛在上海举行。
2015 首届海峡两岸（合肥）健康养老产业合作论坛在合肥举办。
全国推进权责清单工作座谈会在合肥召开。

24 日 第三届世界大型基金会高峰论坛在南京举行。
中国浙江（国际）餐饮美食博览会暨第五届浙江厨师节举行。
中拉法律研讨会暨中国—拉美法律研究中心（上海）成立仪式在上海举行。
海峡两岸（合肥）纪念刘铭传首任台湾巡抚 130 周年大会在安徽省肥西县举行。
安徽省政府与中国农业发展银行在北京签署战略合作协议。

25 日 浙江省十二届人大常委会第二十三次会议在杭举行。
上海外国语大学各国议会研究中心成立。
全国首个海峡两岸医学教育交流基地在安徽成立。
皖台青年创新创业交流周暨海峡两岸（合肥）青年创新创业创优研讨会举办。
国家开放大学安徽特殊教育学院揭牌仪式暨首届新生开学典礼在合肥举行。

26 日 首届"南京青年文化周"在南京拉开帷幕。

宁波轨道交通 2 号线一期开通试运营、铁路宁波站交通枢纽全面投用。

首届临商大会在浙江省临安举行,集中签约 25 个项目,总投资额达 169 亿元。

2015 年上海市民文化节中华语言文字大赛总决赛举行。

27 日 第六届中国国际物博会在江苏无锡举行。

28 日 “雨花英烈精神”研讨会在南京举行。

南京证券与加拿大证券经营机构阿尔塔资本在南京签署战略合作框架协议。

浙江省政府与美国六旗集团、北京山水文园集团签署旅游产业发展合作备忘录。

浙江音乐学院(筹)正式投入使用。

致公党上海市委举行纪念中国致公党成立 90 周年暨上海建立组织 35 周年大会。

第七届中国(安庆)黄梅戏艺术节在安徽省安庆市开幕。

29 日 全国司法行政戒毒工作会议在杭州召开。

浙江宁波舟山港集团有限公司揭牌仪式举行。

“上海物业”APP 上线试运行。

安徽省政府与中国工商银行在合肥签署“走出去”战略合作协议。

“第三届安徽文化论坛”在合肥举行。

30 日 第五届中国(苏州)房车露营大会暨房车展开幕。

2015 年“上海市荣誉市民”称号和“白玉兰荣誉奖”颁授仪式举行。

宁(南京)安(安庆)高铁进行全线拉通试验。

十月

1 日 《浙江省重大行政决策程序规定》今起施行。

上海全面实施“三证合一、一照一码”登记制度改革。

以“环境科技创新与学科建设”为主题的第四届中国环境院所长论坛在合肥召开。

2 日 江苏省南通市首个国际航班启航。

由中国文字博物馆、杭州博物馆联合举办的《汉字源流展》在杭州开幕。

3 日 由江苏省举办的“纪念抗日战争胜利 70 周年楹联大奖赛”在南京落幕。

4 日 中国科协最新公布第九次公民科学素质调查结果:江苏省首次跃居全国省份第一。

第 22 届中国国际钱江(海宁)观潮节落幕。

“2015 年上海市民文化节・金山系列文化活动”举行。

5 日 2015 年中国常州科技经贸洽谈会召开,20 个重大项目签约。

“精彩江苏”进剑桥启动。

宁波籍科学家屠呦呦荣膺 2015 年诺贝尔生理学或医学奖。

上海交响乐团 2015—2016 团厅音乐季开幕音乐会举行。

6 日 江苏省首次用大数据监测旅游客流。

7 日 江苏泰州市政府与中国农业发展银行江苏省分行签署战略合作协议。

上海医药集团股份有限公司宣布与丁香园建立全面战略合作伙伴关系。

8 日 江苏省新增 31 项政府转移职能项目。

江苏省文化投资集团开门营业。

浙江新闻移动客户端实现全省 11 个市“新闻+服务”功能全覆盖。

“2015 上海国际珠宝展览会暨上海国际黄金珠宝节”开幕。

第七届中国(安庆)黄梅戏艺术节闭幕。

9日 “一流大学建设系列研讨会”暨中国大学校长联谊会在南京大学举行。

第二届西部优秀企业家江苏行暨“一带一路”建设高端峰会在连云港举行。

“浙江政协·崇学讲坛”在杭州举办。

全国中国特色社会主义理论体系研究中心工作会议在杭州召开。

上海市组建住房和城乡建设管理委员会。

2015年度长三角地区合作与发展联席会议在安徽马鞍山市召开。

首届世界众筹大会500强项目安徽海选赛在六安市举行。

10日 第十届中国泰州科技洽谈会开幕。

2015中国转化医学大会在杭州召开。

“探知未来2015年全国青年科普创新实验暨作品大赛”在上海复赛。

安徽省政协十一届十三次常委会议暨专题协商会开幕。

合肥市与中科院合肥物质科学研究院签署共建“合肥离子医学中心”合作协议。

11日 首届紫金·江苏文学期刊优秀作品奖颁奖典礼在南京举行。

2015年国际泳联10公里马拉松游泳世界杯赛在浙江省千岛湖鸣枪开赛。

北外滩景观歌剧《茶花女》在上海港亮相。

上海、江苏、浙江、安徽等11省市旅游部门在上海共同签署合作宣言。

中国致公党成立90周年暨致公党安徽省委成立25周年纪念大会在合肥举行。

12日 第六届中国昆剧艺术节在江苏昆山开幕。

以“互联海上丝路、共享发展成果”为主题的2015国际海岛旅游大会在浙江召开。

国际丝路之绸研究联盟在杭州成立。

上海艺海剧院上演了“海上艺家亲”,庆祝艺联成立十周年。

安徽省侨联华侨国际文化交流促进会在合肥成立。

13日 浙江省测绘地理信息应用成果和地图展览上线开通。

2014年度上海市质量金奖颁发。

2015年徽商回归暨长三角产业合作发展恳谈会在合肥举办。

14日 新加坡—江苏合作理事会第九次会议在新加坡召开。

2015中国国际(浙江)旅游重大项目投资洽谈会暨民宿高峰论坛召开。

“中国在中亚的合作及其对地区和平稳定的影响”国际研讨会在沪举行。

第四届中国精神分析大会在合肥开幕。

15日 江苏省重点水运建设项目——芜申线高溧段三级航道整治工程通过交工验收。

2015年杭州文博会开幕。

“2015长三角土地展暨高层研讨会”在沪举行。

第五届中国农民歌会在安徽滁州开幕。

16日 第十七届中国杭州西湖国际博览会举行。

2015中国“互联网+创业”大会在江苏宿迁市举行。

2015苏州河文化艺术节在上海拉开帷幕。

克罗地亚共和国总统科琳达·格拉巴尔-基塔罗维奇抵沪访问。

第四届中国国际动漫创意产业交易会在安徽芜湖开幕。

17日 江苏省体育总会第六次代表大会在南京召开。

2015浙江长兴国际贸易洽谈会暨首届长商大会开幕。
第17届中国上海国际艺术节开幕。
合肥经济技术开发区2015年重大项目集中开工仪式举行。

18日 民盟江苏省十一届十四次常委会议在南京召开。
全国新型智库机构评估与治理创新专题研讨会在南京举行。
浙江省科技体制改革和创新体系试点建设推进会暨长兴政产学研合作大会召开。
东部地区公共行政组织（EROPA）2015年年会在上海召开。
“互联网＋农业”研究促进中心在上海成立。
全国干部驻村帮扶工作现场会在安徽省潜山县召开。

19日 由南京大学与韩国高等教育财团联合主办的首届“南京论坛”在南京开幕。
浙江省首次举办的最具成长性科技型企业百强评选活动在杭州启动。
上海市人大主办的上海人大新闻宣传工作培训班开班。
2015年“全国大众创业万众创新活动周”合肥分会场活动拉开帷幕。

20日 “苏港合作联席会议”第三次会议在香港举行。
第十届“金钟奖”民乐比赛在南京开幕。
浙江省政协“浙江政协·民生论坛”举行。
美国百人会代表团访问上海。
“2015年新方志论坛”在沪开幕。
合肥市举行第三届大学生职业生涯设计暨创新创业大赛启动仪式。

21日 2015江阴经贸合作洽谈会开幕，55个重大项目成功签约，总投资达913.12亿元。
第十七届中国塑料博览会在浙江省余姚市举行。
北京大学、清华大学、中国人民大学等40余所高校与浙江湖州签署合作协议。
上海市住房和城乡建设管理委员会成立。
发改委和全国工商联举行PPP项目推介会，苏皖等七省推出9400亿元投资项目。

22日 “嬉戏谷大学暨主题公园研究所揭牌盛典”在江苏常州举行。
2015性别平等与企业社会责任（杭州）国际会议暨“他为她”行动在杭州开幕。
525家跨国公司地区总部落沪上海。
2015第十二届中国计算机大会在合肥举行。

23日 2015海峡两岸（江苏）名优农产品展销会在江苏镇江开幕。
第五届江苏—澳门·葡语国家工商峰会在澳门开幕。
国际丝绸企业促进发展联盟创始成员大会在杭州召开。
“阿拉创新在行动”年度上海企业创新文化品牌展评发布活动举行。
2015安徽资本要素对接暨新型政银担企合作推进会在合肥举行。
安徽省政府研究设立了总规模800亿元至1000亿元的安徽省产业发展基金。

24日 第四届世界佛教论坛在江苏无锡开幕。
“无锡灵山海峡两岸交流基地”授牌仪式举行。
2015年浙江—北京高层次人才洽谈会召开。
2015宁波国际马拉松赛在杭州区开跑。
英国BBC爱乐乐团首次访沪。
由上海市社会科学界联合会、中共徐汇区委宣传部共同举办的文化主题系列讲座开讲。

25日 中国水利高等教育100年论坛在河海大学召开。

由中国文联和苏州市政府共同主办的第十四届中国戏剧节在苏州拉开帷幕。
第三届世界浙商大会在杭州开幕。
由中共上海市委党史研究室等联合主办的"新四军与上海"学术研讨会举行。
中国文艺评论家协会戏剧戏曲艺术委员会在沪成立。

26 日 "中国境内最后的'慰安妇'摄影展"在上海开展。
"2015 长三角互联网金融高层对话"论坛召开。

27 日 2015 浦江创新论坛在上海开幕。
由无锡市工商联(总商会)主办的第二届全球锡商大会在无锡举行。
第十届海外英才杭州项目对接会在杭州市召开。
由科技部和上海市人民政府共同主办的 2015 浦江创新论坛在沪开幕。
以"中国梦・劳动美・幸福路"为主题的 2015 全国全健排舞大赛在合肥举行。

28 日 "2015 年百名海外博士江苏行"活动在南京启动。
浙江省在湖州召开工作现场会,为小微企业减免税费 60 亿元。
苏浙皖沪三省一市公安机关区域警务合作第七次联席会议在上海召开。
全国公安政务新媒体暨微警务论坛在合肥举行。

29 日 第二届文化创意高端论坛在南京举行。
江苏省首届地理标志商标暨地理标志商标发展论坛在淮安开幕。
安徽省全面推进气象现代化暨人工影响天气工作座谈会在合肥召开。

30 日 以"创意城市,设计融合"为主题的 2015 南京创意设计周开幕。
中国法治现代化研究院在南京师范大学成立。
浙江省政府成立数据管理中心。
第十七届中国上海国际艺术节西藏文化周开幕。
安徽省高院发布参考性案例规范标准。
中德中小企业论坛在合肥举行。

31 日 第四届行政文化论坛在杭州举行。
首届全球创客大会・浙商 2015 年会在浙江嘉兴举行。
上海民进市委举行庆祝中国民主促进会成立 70 周年大会。
中德经济顾问委员会座谈会在合肥举行。

十一月

1 日 江苏省第三届"紫金・人民文学之星"颁奖典礼在苏州大学举行。
江苏镇江荣获 2015 年中国十大活力休闲城市称号。
杭州被评为 2015 中国十大活力休闲城市。
第二十七次上海市市长国际企业家咨询会议举行。
中国电科第 38 所承建的"无线合肥"项目启动构建。

2 日 中华全国新闻工作者协会主办的第二十五届中国新闻奖评选在南京揭晓。
浙江金融资产交易中心和现代国际金融理财标准(上海)有限公司签定合作协议。
第十届上海市自然科学牡丹奖授奖暨纪念 20 周年学术报告会在复旦大学举行。
由中国科学院举办的第二届核能安全技术高峰论坛在合肥举行。

3 日 2015 两岸企业家紫金山峰会在南京开幕。
2015 国际社会养老事业发展合作论坛在江苏宜兴举行。

第十七届中国国际工业博览会在上海举行。

4 日　首届海峡两岸老龄服务论坛在南京举行。

浙江艺术职业学院建校 60 周年庆祝大会举行。

国际剧协国际总部落户上海。

5 日　2015 中国(无锡)国际新能源大会在江苏无锡揭幕。

浙江钱塘智谷人才峰会召开。

上海(国际)赛事文化及体育用品博览会在上海世博展览馆开幕。

6 日　首届国际能源变革论坛在苏州开幕。

江苏省与加拿大安大略省经济技术合作洽谈会在南京举行。

2015 新疆名优特及精深加工农产品展示会在上海举行。

安徽省质量品牌升级江淮行首发式在滁州市举行。

7 日　第四届全球(南京)研发峰会在南京举行。

“万斛汇西湖——西湖博物馆建馆十周年受赠文物展”在杭州拉开帷幕。

上海—悉尼金融研讨会举行。

纪念人工全合成结晶牛胰岛素 50 周年暨加强原始创新座谈会在上海召开。

第 40 届 ACM 国际大学生程序设计竞赛亚洲区合肥赛区开赛。

8 日　第四届中国盐城·国际环保产业博览会落幕。

浙江万事利获评全国生态文明示范企业。

上海国际护理技能大赛举行。

9 日　江苏省首次法官遴选委员会和检察官遴选委员会会议在宁召开。

第六届浙江泰顺廊桥文化旅游节开幕。

上海外国语大学“跨文化交际”课程在英国慕课平台“未来学习”正式上线。

江淮“JAC 一家亲”服务技能大赛全国总决赛在合肥落幕。

10 日　连云港首列开往乌兹别克斯坦塔什干的国际班列从连云港港驶出。

孙冶方经济科学奖颁奖典礼在浙江财经大学举行。

2015 年全国女子拳击冠军赛在浙江奉化落幕。

民盟先贤与文化复兴论坛在上海社科院举行。

安徽省第二届中国非物质文化遗产传统技艺大展开幕。

11 日　江苏省哲学社会科学界第九届学术大会开幕式在徐州举行。

30 亿元直升机项目落户江苏镇江。

杭州职业技术学院非物质文化遗产传承教学创业基地挂牌成立。

华东六省一市政协第二十二次提案工作座谈会在上海召开。

“2015 上海外资研发中心论坛”举行。

安徽省皖南国际文化旅游示范区与东盟旅游合作恳谈会举行。

12 日　2015 两岸文学对话在南京开幕。

江苏省首家创新创业创意学院在南京中医药大学揭牌成立。

杭州市中医院成为中国卒中中心一员授牌仪式举行。

新疆生产建设兵团与上海市 2016—2025 年干部人才培训合作签约仪式举行。

安徽省政协举办推进文化产业转型升级界别协商会。

13 日　江苏省农村妇女创业创新行动现场推进会在镇江召开。

中国有史以来最大规模的南宋文物大展在杭州开展。

"鄞州银行杯"2015 中国食品论坛在浙江宁波举行。
浙江省法学会第七次代表大会在杭州召开。
2015 中国好创业博览会暨创业大赛在沪举行。
第九届中国(合肥)国际家用电器暨消费电子博览会举办。

14 日 以"跨境、跨界、创客"为主题的互联网十商业巅峰论坛在浙江宁波举行。
2015 上海城市发展创新论坛举行。
由安徽博物院与北京鲁迅博物馆共同举办的新文化运动百年纪念展开展。

15 日 东南大学"道德发展智库"和"中国特色社会主义发展研究院"启动仪式举行。
"金华银行杯"2015 创客空间 · 基金项目海选总决赛在浙江杭州举行。
第十三届全国鸟类学术研讨会在合肥召开。

16 日 绿色经济行动合作伙伴关系(PAGE)中国项目在南京启动。
江苏扬州市与法国奥尔良市签署两市友好交往备忘录和旅游合作协议。
第四届杭商论坛在杭州举行。
世界华人美术教育大会在上海举行。
安徽省十二届人大常委会第二十四次会议开幕。

17 日 第三届江苏互联网大会在南京召开。
沪苏大丰产业联动集聚区成立。
2015 首届中国(杭州)旅游创客大赛在杭州启动。
"中国(合肥)—加拿大智能制造合作交流会"在合肥举行。

18 日 江苏省新华报业传媒集团"交汇点"新闻客户端上线。
浙江宁波市"小微企业三年成长计划"工作推进会举行。
2015 上海台北双城健康讲坛暨第 26 届解放健康讲坛在台北举办。
上海莱佛士国际医院项目举行奠基仪式。
安徽省最长的公路隧道主体工程岳西至武汉高速公路明堂山隧道宣告完工。

19 日 德国在华投资首个现代农业种植合作项目落户江苏农垦。
全国检验检疫通关一体化在苏州启动。
江苏跨境电商物流新通道"跨易达"启动。
第七届"杭州微信自媒体交流论坛"暨"杭州阳光微信联盟成立仪式"举办。
上海市社会科学界第十三届学术年会大会举行。
由商务部和上海市人民政府主办的"第四届中国国际石油贸易大会"在上海举行。
长江中游城市群四省会城市在合肥召开人社工作一体化发展第三届会商会。

20 日 致公党江苏省委纪念中国致公党成立 90 周年大会在南京举行。
第十一届杭州市道德模范(平民英雄)评选活动揭晓。
第六届世界中国学论坛在沪开幕。
安徽省文物部门公布重大成果:东至华龙洞发现完整直立人头骨化石。

21 日 中国共产党江苏省第十二届委员会第十一次全体会议在南京举行。
"喜迎峰会 · 相约杭州"杭州爱乐乐团专场音乐会在杭州奏响。
上海交大与中国海洋发展研究会在沪联合举办国际研讨会。
安徽省修订法规:21 类重大事项须由省人大常委会讨论决定。

22 日 2015 中国 · 合肥(大圩)马拉松赛在合肥大圩鸣枪开赛。
第三十一届中国植保信息交流暨农药械交易会在合肥开幕。

23 日　2015 中国中小企业全球发展论坛在浙江宁波举行。
国家森林生态标志产品品牌体系暨电商交易平台建设在安徽池州启动。

24 日　第四次中国—中东欧国家领导人会晤在江苏苏州举行。
阿里巴巴集团与浙江省高院的合作,共同打造"智慧法院"。
第八届沪港大都市发展研讨会在香港举行。
安徽省宁国市获国家知识产权示范市称号。

25 日　中德工业 4.0 技术展示创新中心在江苏苏州揭牌。
2015 中国家纺大会在江苏海门开幕。
2015 农业电商峰会在浙江宁波举行。
2015 中国投资人峰会暨第二届黄浦江论坛在上海举行。
水利部淮河水利委员会淮河防洪除涝减灾实体模型在合肥市完成主体工程建设。

26 日　江苏省哲学社会科学界第九届学术大会在南京举行。
由杭州市人力资源和社会保障局主办的 2015 杭州创业活动周拉开序幕。
上海久事(集团)有限公司举行揭牌仪式。
华东检察研究院在沪设立。
安徽省宣传思想文化重点工作推进会在合肥举行。

27 日　中国博物馆事业研讨会在江苏南通举行。
中国国际金融学会学术年会暨 2015《国际金融研究》论坛在杭州举办。
杭州市温州商会成立十五周年庆典大会在杭举行。
镇江城建项目招商会在沪举行。
国家新闻出版广电总局安徽分院挂牌暨核心项目集中签约仪式在合肥举行。
中国现代农业装备职业教育集团在安徽芜湖成立。

28 日　江苏省首届苏台基础教育发展论坛在苏州举行。
首届全国大学校友创新创业大赛华东赛区总决赛在江苏苏州举行。
第九届中国"新星杯"故事型原创漫画大赛颁奖盛典在杭州拉开帷幕。
第七届苏浙沪皖知联会主题论坛在上海举行。
安徽省时代少儿文化发展有限公司揭牌成立。

29 日　2015 年第二届弘艺杯大众跆拳道精英赛在浙江宁波举行。
徽商文化与当代价值学术座谈会在安徽省歙县举行。

30 日　江苏省十二届人大常委会第十九次会议在南京开幕。
商合杭高铁浙江段在湖州安吉开工建设。
国家工商总局和世界知识产权组织在上海举行中国商标金奖颁奖大会。
安徽地域法治文化交流研讨会在合肥召开。
商丘至合肥至杭州铁路在合肥肥东开钻。
安徽省新闻道德委员会在合肥成立。

十二月

1 日　按照历史原貌修缮的南京利济巷慰安所旧址陈列馆对公众开放。
浙江省繁荣发展社会主义文艺推进会在杭州召开。
第 18 届中国国际海事会展在上海开幕。

2 日　江苏连云港高公岛渔港开港。

宁波机场三期扩建工程全面开工。
"2015 年上海志愿服务论坛"在华东理工大学举行。
全国检察机关检务保障工作会议在合肥召开。

3 日 江苏建筑产业现代化推进会在常州召开。
2015 年宁波市残疾人职业技能大赛在浙江宁波举行。
长江三角洲地区三省一市主要领导座谈会在合肥举行。
上海海外联谊会成立 30 周年纪念大会举行。

4 日 中国汽车技术转移大会在苏州召开。
2015 年大型食品安全知识展览活动在杭州开幕。
中国话剧协会 2015 年全国会员大会在上海开幕。
安徽省"百城万店诚信建设"示范单位授牌仪式在亳州举行。

5 日 2015"情动江苏·杰出国际友人"颁奖仪式在宁举行。
江苏省打造升级版治安防控体系。
浙江大学国际医院正式开业。
第十八届"上海十大杰出青年"评选颁奖活动举行。
第二届"中国大学智库论坛"年会在上海开幕。
合肥市城管局与公益法律援助中心联合成立全省首个环卫工人法律服务工作站。

6 日 南京至安庆高铁正式开通运营。
10 集大型电视纪录片《外国人眼中的南京大屠杀》首映式在南京举行。
2015 中国民族民间舞蹈大课堂展演"活动在浙江举行。
复旦大学创新创业学院揭牌。
宁(南京)安(安庆)高铁正式开通运营。

7 日 《中国区域创新能力评价报告 2015》发布,江苏区域创新能力再次摘得桂冠。
"创新社会治理加强基层建设"研讨会在上海举行。
安徽省 12 件专利获第十七届中国专利奖。

8 日 纪念"一二·九"运动 80 周年活动在南京航空航天大学举行。
宁波市历史文化名城名镇名村与遗产保护工作现场推进会在浙江宁波召开。
"众创未来、沪动全球——2015 上海创新锋锐论坛"开幕。
安徽省第四届装备制造产品(芜湖)产需对接会举办。

9 日 江苏省科技服务进产业园区合作项目对接会在南京举行。
2015 中国安徽中小企业投资与贸易合作对接会在合肥市举行。
中欧地理标志保护研讨会在安徽黄山举行。

10 日 2015 年度国家级国际科技合作基地中,江苏有 3 家上榜。
南京大学国际化示范学院揭牌。
2015"文化在城市可持续发展中的角色"国际会议在杭州举行。
2015 上海国际收藏论坛暨艺术电商全球峰会举行。
2015 合肥农产品产销对接会暨农产品网博会开幕。

11 日 首届"宪法精神与妇女维权"论坛在南京举行。
江苏省农科院林芝博士服务工作站揭牌。
2015 中国茶业博览会在杭州举行。
纪念中国民主建国会成立 70 周年大会在上海展览中心举行。

中科大成果荣登国际物理学十大突破榜首。

12日 江苏省高等教育学会成立30周年庆典活动在宁举行。
安徽省政府与国土资源部中国地质调查局在合肥签署合作协议。

13日 连云港至哈萨克斯坦物流基地中欧班驶出铁路专列。
安徽省金融资产交易所在合肥开业。

14日 2015中国(浙江)新三板高峰论坛暨投融资洽谈对接会在杭州举行。
第12届CASIO杯翻译竞赛颁奖典礼在上海举行。

15日 2015中国(苏州)境外投资与服务高峰论坛在苏州举办。
江苏省哲学社会科学界第九届学术大会苏南区域专场在镇江召开。
第二届世界互联网大会·互联网之光博览会在浙江乌镇开幕。
“人人享有信息:信息无障碍国际研讨会”开幕式在沪举行。
安徽省十二届人大常委会第二十五次会议开幕。

16日 江苏省“文化强省建设与优秀传统文化”理论研讨会在南京举行。
中国轨道交通应用人才培养联盟在南京成立。
中国(宁波)人力资源服务创新创业大赛决赛在浙江宁波开幕。
由解放日报社主办的《新“区势”·新传播——2015上海政务新媒体论坛》举行。
安徽省循环经济研究院在安农大举办专题报告会。

17日 由江苏省统计局和省社科院联合举办的“江苏经济发展新动能”研讨会在宁召开。
浙江省人民政府和国家标准化管理委员会在杭州签署合作备忘录。
上海拍卖行业协会成立20周年大会上获悉:沪拍卖业20年成交4500亿。
安徽省政府与国家发展改革委、农业部举行合作备忘录签约仪式。

18日 第二届江苏品牌农资暨农技成果(南京)交易会在南京开幕。
第八届(中国·温州)网络旅游节在浙江温州召开。
由上海交通大学与临港管委会联合发起的上海智能制造研究院成立。
安徽省“双百优双十佳医生护士”颁奖仪式在合肥举行。
安徽省质量协会企业首席质量官分会在合肥成立。

19日 民盟江苏省十一届五次全委会议在南京开幕。
人力资源管理全国博士后学术交流活动大会在南京举行。
民盟江苏省十一届五次全委会议在南京开幕。
浙江大学“中国文艺评论基地”揭牌。
中俄超导质子联合研究中心签约暨揭牌仪式在合肥举行。
安徽省糖尿病中医药健康管理联盟成立。

20日 “江苏省技术转移联盟”在南京成立。
上海三中院(铁路中院)揭牌。
皖江文化博物馆在合肥开馆。

21日 苏宁集团与江苏国信集团签署协议,全面接手江苏国信舜天足球俱乐部。
上海市政协审议市政协2015年优秀提案奖(草案)和优秀提案特别奖(草案)。

22日 江苏省第九届学术大会学术聚焦专场暨江苏新型智库发展高层论坛在苏州召开。
湖州师院与阿塞拜疆语言大学联合申办孔子学院正式获批。
上海市青少年校园足球精英训练营成立。
“安徽企业在非洲”经验报告会在合肥召开。

23 日 江苏省新闻道德委员会在南京成立。
“浙江省应急广播中心”、“浙江省应急广播频率”授牌仪式在杭州举行。
安徽省首次拉响重污染天气省级预警。
民建安徽省委纪念中国民主建国会成立 70 周年大会在合肥举行。

24 日 江苏省人大常委会在南通召开全省人大工作理论研讨会暨优秀论文表彰会。
中国药科大学基础医学与临床药学院在南京揭牌成立。
安徽省旅游商品“双百”评选揭晓。

25 日 长三角旅游合作第五次联席会议在江苏苏州召开。
农工党江苏省十一届五次全委(扩大)会议在南京召开。
上海市延安东路隧道大修工程全面竣工,实现双线双向通行。
农工党上海市委全会召开。
中国农工民主党安徽省第十届委员会第六次全体会议在合肥召开。

26 日 国家安全教育试验项目中学示范基地建设总结交流会在江苏如东召开。
第二十一届上海高校学生创造发明“科技创业杯”奖揭晓。
安徽省社会科学界第十届学术年会在合肥举行。

27 日 2015 苏州太湖国际马拉松开跑。
杭州飞往西班牙马德里的直航航班开通。
首届“上海市优秀首席信息官”评选活动收官。
中国民主同盟安徽省第十二届委员会第六次全体会议在合肥召开。

28 日 江苏扬子江药业集团荣获 2015 年度“质量之光”质量标杆企业荣誉称号。
江苏省社科院“江苏区域现代化研究院”高端智库揭牌仪式在南京举行。
第 30 届电视剧“飞天奖”颁奖典礼在杭州举行。
上海国际金融中心建设“科技创新板”开盘。
安徽省农业信贷担保有限责任公司挂牌运营。

29 日 江苏省妇联在南京召开十二届三次执委(扩大)会议。
浙江省文学艺术界联合会第八次代表大会在杭州开幕。
安徽省属文化单位与中国移动安徽公司战略合作签约仪式在合肥举行。

30 日 2016 年省暨盐城市文化科技卫生“三下乡”集中服务活动在江苏省阜宁县举行。
上海市浙江商会 2015 年会举行。
首届“读懂世界”上海论坛(2015)举行。
省属文化单位与中国移动安徽公司战略合作签约仪式在合肥举行。

31 日 江苏交通一卡通开通仪式暨综合交通运输服务工作汇报会在南京举行。
杭州第二条过江隧道——望江路过江隧道开工建设。
上海市商务委:2015 年,上海合同利用外资达到 589 亿美元,同比增长 86%。
安徽省名优农产品绿色食品交易会在沪举行。
安徽省政府政务微博微信综合服务平台——“安徽省人民政府发布”上线运行。

图书在版编目（CIP）数据

长三角年鉴. 2016 / 孙克强主编. --南京：河海大学出版社，2017.2

ISBN 978-7-5630-4730-7

Ⅰ.①长… Ⅱ.①孙… Ⅲ.①长江三角洲-2016-年鉴

Ⅳ.①Z525

中国版本图书馆CIP数据核字（2017）第030427号

书　　名 / 长三角年鉴（2016）
书　　号 / ISBN 978-7-5630-4730-7
主　　编 / 孙克强
协　　办 / 长三角城市经济协调办公室 / 长江经济网 / 长三角智库
责任监制 / 蔡荣治
通讯地址 / 南京市虎踞北路 12 号　　　邮政编码：210013
编辑部电话 /（025）83750085
网　　址 / www.yangtze.org.cn

出　　版 / 河海大学出版社
地　　址 / 南京市西康路 1 号（邮编：210098）
电　　话 /（025）83737852（总编室）　（025）83722833（发行部）
网　　址 / http://www.hhup.com
电子信箱 / hhup@hhu.edu.cn
责任编辑 / 毛积孝
责任校对 / 李元松　范　蓉
装帧设计 / 南京东汉文化传播有限公司

总 经 销 / 河海大学出版社发行部
经　　销 / 江苏省新华发行集团有限公司
读者服务 / 邮购部（025）83722833
印　　刷 / 南京市文博印刷厂

开　　本 / 880 毫米 ×1230 毫米　1/16
印　　张 / 57.5
插　　页 / 24
字　　数 / 1597 千字
版　　次 / 2017 年 2 月第 1 版
印　　次 / 2017 年 2 月第 1 次印刷
定　　价 / 498.00 元（精装）